国家社科基金
GUOJIA SHEKE JIJIN HOUQI ZIZHU XIANGMU
后期资助项目

北朝墓志文献研究

上

赵海丽 著

山东人民出版社·济南

国家一级出版社 全国百佳图书出版单位

图书在版编目（CIP）数据

北朝墓志文献研究/赵海丽著 .--济南：山东人
民出版社，2022.10
ISBN 978－7－209－13760－7

Ⅰ.①北… Ⅱ.①赵… Ⅲ.①墓志—研究—中国—北
朝时代 Ⅳ.①K877.454

中国版本图书馆 CIP 数据核字（2022）第 026321 号

北朝墓志文献研究
BEICHAO MUZHI WENXIAN YANJIU

赵海丽 著

主管单位 山东出版传媒股份有限公司
出版发行 山东人民出版社
出 版 人 胡长青
社 址 济南市市中区舜耕路 517 号
邮 编 250003
电 话 总编室（0531）82098914
市场部（0531）82098027
网 址 http：//www.sd－book.com.cn
印 装 山东新华印务有限公司
经 销 新华书店

规 格 16 开（165mm×238mm）
印 张 63
字 数 1047 千字
版 次 2022 年 10 月第 1 版
印 次 2022 年 10 月第 1 次
ISBN 978－7－209－13760－7
定 价 88.00 元
如有印装质量问题，请与出版社总编室联系调换。

国家社科基金后期资助项目
出版说明

后期资助项目是国家社科基金设立的一类重要项目，旨在鼓励广大社科研究者潜心治学，支持基础研究多出优秀成果。它是经过严格评审，从接近完成的科研成果中遴选立项的。为扩大后期资助项目的影响，更好地推动学术发展，促进成果转化，全国哲学社会科学工作办公室按照"统一设计、统一标识、统一版式、形成系列"的总体要求，组织出版国家社科基金后期资助项目成果。

全国哲学社会科学工作办公室

弁　言

徐传武

　　赵君海丽，非以聪明乖巧示人，却以忠厚勤苦著称，不但于行政事务被人称许，而且于学业著述亦成就斐然。原理工高校之学子，竟然在被人视为畏途的古典文献园域里闯出一片天地，着实令人叹赏：非大智慧大能耐，何以至此？

　　海丽君于硕士阶段写成《洛阳伽蓝记研究》① 论文，颇得同行专家好评。我在该书《序言》中曾说该论文"所涉面广，所研度深，文史哲社，无所不及，探赜索隐，创获良多"；并赞扬海丽君"治学途术之规正，治学方法之合理，治学功夫之扎实"；"为人恭而谨，让而温，良而佳，有兰桂之质，有风云之气，淡泊于名利之外，宁静于冷寂之中"。而今即将付梓之博士论文《北朝墓志文献研究》，在这诸多方面更是大有进展，更是创获良多。该论著先后荣获2008年度山东大学优秀博士学位论文奖，2009年全国优秀博士学位论文提名奖，2015年被国家社科基金后期资助项目立项。约略言之，该论著如下几个方面值得我们关注：

　　本论著比较全面而综合地考察了北朝墓志文献的各个方面，将墓志与史传文献相结合，对北朝墓志的形制，包括选材、制作、定型与志石级别等都进行了较为系统的综合研究，对北朝墓志的发生、演变、定型以及墓志与拓片之鉴定、辨伪、收藏、保护等也都做出了较为细致、较为切实的探讨，可以说从某些方面、某些角度填补了古典文献领域在北朝墓志研究方面的空缺或不足；可以说从某些方面、某些角度丰富了石刻文献学研究内容。

　　本论著将古典文献学与古代文学、古代历史学以及古代社会学、古代民俗学等等结合起来，从墓志物质层面解读出活生生的社会内容，佐证当时的社会制度；从墓志文演变角度发现这一特殊文体的演变历程及其结构变化，补充北朝文学资料或研究的层面；从历史学的角度，运用墓志文献补充与纠正某些传世史料的错谬与不足；从民俗学的角度，揭示当时的一些社会风俗及民俗现象，诸如丧葬和丧期、死亡和寿命、当

---

　　①　赵海丽：《洛阳伽蓝记研究》，北京：高等教育出版社，2007年版。

时的婚俗婚姻状况以及各个民族的融合。解读或者说揭示了蕴藏在北朝墓志中多方面的文化信息，填补了北朝文学、史学、社会学等研究领域的一些学术空白点。本论著的学术成果对于相关学科的建设与拓展都可能是会有所裨益的，某些地方或者说某些成果甚至具有独有的不可替代的作用。

本论著从文献学角度出发，以考古材料为依托，以历史文献、考古、文学、文字学、书法、文化史理论作为支撑，将文献学、历史考据学、文学、语言分析等方法，尽量做到了交叉综合和相互补充的灵活运用。本论著开拓和扩展了墓志计量文献学研究的新模式，对北朝墓志文献进行了多方位、多层次的探索性研究，使论证显得更为有力，结论显得更为扎实可靠。本论著借鉴计量统计方法，对北朝墓志资料进行必要的分门别类的统计分析，丰富了计量文献学的研究方法。

本论著整体框架结构比较合理，布局比较得当，史料比较翔实，论证也比较充分，结论也比较允当，较好地实现了历史线索与逻辑线索，微观剖析与宏观把握，史料考据与理论提升的较为有机的融合；可为学者提供较为全面的、较为便利的、较为权威的墓志文献整理与研究方面的资料参考与学术观点，亦有助于中国古典文献学、北朝文化史等领域的研究与拓展。

萧涤非先生曾经给他的爱徒李从军①博士写的诗句曰："报君一语君休怪，青出于蓝莫笑蓝。"② 萧涤非先生应该是自谦之语，但我想到萧先生的诗句每每想到我的好多学生真有"青出于蓝而胜于蓝"的感觉，我真的不是自谦。在《山东大学报》记者对我的采访稿中，我曾提到海丽君的大名，并且说：

> 我曾给研究生们读过一首打油诗："天下文章数浙江，浙江文章数我乡，我乡文章数家兄，家兄请我改文章。"这首诗的本意是自夸"我"的文章是最好的，但我却故意作另一种解释：文章还是"家兄"最好，但却要来请我修改。（意思是我修改文章还是挺高

---

① 李从军，山东大学中文系博士毕业，师从萧涤非教授。曾任中宣部副部长、新华社党组书记、社长。中共第十七届、十八届中央委员，十届全国人大常委会委员。

② 萧涤非：《寄从军》一诗于1991年2月14日写就，引自萧涤非《杜甫研究全集》附编，哈尔滨：黑龙江教育出版社，2006年版，第109页。

明的！)①

我在修改文章、指导论文写作方面的确还有自己的长处，我的有些硕士生、博士生的论文我可能写不出来，但在修改、提建议方面还是有自己的独到之处的。

在山东大学儒学高等研究院学生对我的采访稿中，我特别提到海丽君的大名，并且说：

> 赵海丽同学通过查找《中国史历日和中西历日对照表》把南北朝时期某月是大月还是小月推算的清清楚楚，一丝不苟地完成得很好。在百篇论文评选中，评委们认为这些极为细小的地方她都做得十分到位（一般人很难搞清楚），这些细小的地方也赢得了评委们的认可。②

"这些细小的地方"，她比较注意。但由于全文七十余万字，可谓煌煌巨著，洋洋大观，涉及的面太广，牵扯到的问题太多，正像我在《洛阳伽蓝记研究·序言》中所说的："但几微末节，尚多需精雕细刻，白珪之玷，犹多要磨合之处。"③ 即便这部论著正式出版之后，我们还要时时注意，有些地方还需要修改，有些地方还需要精确，有些地方还需要扩展，有些地方还需要深入。导原植根，真的还有好多工作可以做和应该做。然我们研究了这个课题，就等于要和她结缘一辈子，想躲也躲不开，想躲也不能躲得开。

孟老夫子把"得天下英才而教育之"④ 当成非常快乐的事情。萧涤非先生给他的爱徒李从军博士的诗句，我体会到了他为有优异的学生而快乐，而自豪，而骄傲，我这方面也是深有体会，我也为有海丽君这样的好学生而快乐，而自豪，而骄傲。

萧涤非先生年龄大了以后，好多事情幸亏得到李从军博士的帮助和关照，萧涤非先生给他的爱徒李从军博士的诗是春节那天写成的，萧涤

① 薛国兰：《要有"精品"意识——徐传武教授谈创新型研究生培养》，《山东大学报》2008年9月24日。

② 孙颖睿：《鸳鸯绣出从教看，要把金针度与人——徐传武教授访谈录》，引自《华夏职教研究》2021卷。

③ 赵海丽：《洛阳伽蓝记研究·序言》，北京：高等教育出版社，2007年版。

④ 《孟子·尽心上》。

非先生对他的爱徒李从军博士还饱含着深深的感激之情。在萧涤非先生生前和身后，李从军博士对萧先生及其子孙的事情，都给了好多关照。这对师徒，也真是师生关系的美好典范了。前面说过，海丽君非常忠厚，她还非常朴实，对人非常友善，待人非常诚恳。内子病重期间，她是关怀备至；内子弥留之际，还在感念着海丽君的关心。我的子女学习工作等等事情，也得到海丽君的多方关照。我有海丽君这样的好学生，觉得也是很幸运，很幸福的事情。借着这次写序的机会，表示我和我的家人对她的感谢。

适逢夏历五月，恰是石榴花怒放的季节，所以人们往往称夏历五月为"榴月"。石榴花也是一种"俏也不争春"的奇花。宋代程垓有描写石榴的词，曰："夏围初结，绿深深处红千叠；杜鹃过尽芳菲歇，只道无春、满意春犹惬。折来一点如猩血，透明冠子轻盈帖；芳心蹙破情忧切，不管花残、犹自拣双叶。"① 石榴虽然开花颇晚，但却"绿深深处红千叠"，"折来一点如猩血"，赢得"满意春犹惬"。想到海丽君的为人，她不去与人争一时的高低，她不去匆匆完成一些应景的巧事，但却像石榴花那样，红得厚重，红得耀眼，这部多年心血铸成的大著作，就是一个明证。

海丽君之论著于国家社科基金后期资助顺利结项并即将付梓，我感到非常高兴。海丽君让我写个序，惜卑之无甚高论，难中肯綮，不揣浅陋，勉力为之，弁之简端，尚祁大家暨广大读者，不吝赐教。

太岁玄黓摄提格端阳于山东大学不聊之斋

4

---

① ［宋］程垓：《醉落魄·赋石榴花》。

体悟与感言

蔡先金

学术是作为精神上的志业，学术训练是精神贵族的事。这是德国社会学家马科斯·韦伯关于学术的著名论断。学术之研究确实是人类探索精神之体现，也是文明进步之阶梯，还是研究者生命价值之所在。倘若没有学术之事业，这个世界必将黯然失色；倘若没有从事学术研究的学人群体，人类的全部知识生产必将受阻甚或停滞。所以，学术事业历来受到人们的追求，学人也在自我认可的同时受到人们的尊重。然而，面对熠熠生辉的学术事业，为何常常令人望而却步，因为学术研究并非一件容易的事情，犹如负重登山，尽管峰顶风景迷人，越行则越重，越高则风险越多，有可能半途而废，甚至有可能跌入深谷。王安石《游褒禅山记》有言："夫夷以近，则游者众；险以远，则至者少。"此乃公理也。赵君海丽选定北朝墓志为研究对象，洸洸汔汔，孜孜矻矻，笔耕不辍，用力十余载，终于完成《北朝墓志文献研究》这一奉献于学林之成果。

华夏文化绵延五千年，波及千万里，既有源头活力，又能容纳天下。《隋书·经籍志》云"广谷大川异制，人居其间异俗"。每个朝代有每个朝代文化之优胜，每个区域有每个区域文化之特质，争奇斗妍，荦荦大观，汇聚成华夏文明的汪洋大海。南北朝时期，地分南北，游牧民族与农耕民族既碰撞又融合，鲜卑文化与中原文化既各异又统一，《隋书·儒林传》云："大抵南人约简，得其英华；北学深芜，穷其枝叶。"历数北朝文化，墓志当为耀眼，无疑可占传统文化一席之地。北朝墓志文献研究的价值与意义也就不言而喻了。

人，万物之灵，但有生有死，难得永恒，是故永恒成为了生命意义的终极追求。《诗》曰："胡不万年？"于是乎衍生出特有的东方生死观念、态度及其价值取向，那就是《中庸》所云"事死如事生，事亡如事存，孝之至也"。读懂了墓志，基本上也就可以知晓东方的生命与死亡哲学了。墓志，勒石铭记，为东方死亡哲学之产物，当然，声望的永续依靠的还是亡者生前创造与展现的生命价值，正如王安石《宝文阁待制常公墓表》所言："呜呼，公贤远矣！传载公久，莫如以石。石可磨也，亦可涵也，谓公且朽，不可得也。"

墓志，是志石与刻文结合体，是文化的体现，然其滥觞于汉，发达于魏，兴盛于唐，延续至今。南北朝时期，为何北朝墓志之风相比南朝炽盛，这大抵是由于中原为中原文化正朔，易于延续汉降刻石文化，同时北魏鲜卑族倾慕中原文化规制，这些都为墓志文化流行大开其道。志石材料来自于朴野的大自然，犹如拓拔鲜卑游牧民族的性格；刻文书写彰显的是中原文明的气质；文明化育其实是自然人文化与人文自然化的双向过程，这种双向互动推进了文明的进程。

墓志研究不是研究其构成的物质材料，而是研究萦绕其上的精神意蕴；也不是研究死亡密码，而是关注生命之存在形态，体现出对于生命的整体关照。北朝墓志是北朝人留下的文化现象，值得后来人瞻仰与研究。北朝墓志除了记录了大量的历史信息资料，还奉献出了大量的文化成果，在文学领域，它奉献了墓志文体并保留了大量的可供诵读的散韵文章，在数千年的中国文学史中固可占据重要位置；在书法领域，它创造了魏碑体并存下了大量的上乘书法作品，供后人顶礼膜拜，至今也难以超越，为书法艺术百花园增添了无尽的魅力；在雕刻领域，它承前继后地丰富了石头雕刻技艺，无论是墓志函盖的设计制作还是志文在模写上石后的精雕细凿，都是工匠们的一次或二次创作，留给后人的是叹为观止的精湛技艺，难怪活字印刷术成为了中国奉献于人类文明的四大发明之一；在文献学领域，它丰富了中国古典文献学的框架体系，成为了不可或缺的研究对象，可谓取之不尽，用之不竭；在谱牒学领域，它弘扬"慎终追远，民德归厚"的精神，成为世系编纂的重要文化力量，启迪后世谱牒学的发展。欲知有关北朝墓志更为详细的研究内容，赵君海丽的《北朝墓志文献研究》一书值得阅读参考，当然面对如此厚实的大部头，非有兴趣者不可尽享其善美，非有意志力者不可穷其奥妙，非有足够功夫者不可达其境界。

赵君海丽教授，曾任职高校图书馆馆长一职，内外兼修，自身涵养贤淑，温和善待外部世界；庭内贤妻良母，社会职业兢兢业业；既为经师又做人师，教学相长；学术事业矢志不渝，深耕出土文献学沃土，努力有所建树。现在呈现出的《北朝墓志文献研究》，是在全国优秀博士学位论文提名基础上完善的结果，也是国家社科基金后期资助项目的成果，更是其学术事业的一个阶段性总结。人们常说，影响人一生就是关键性的几步，其实人的一生能够做出一两件自己感觉到具有价值和意义的事情亦足矣。不知赵君海丽对此如何理解？也许她会认可这种说法，因为她也就是这样实践的。一般日常生活的世界构成了个体的人生图景，所以一般日常生活才是具体的、真实的人生体现，我们需要珍惜当下生存的世界，过好每一天才不枉过此生，正如奥斯特洛夫斯基所言："人最宝贵的东西是生命。生命属于我们只有一次。人的一生应当这样度过：当他回首往事时不因虚度年华而悔恨，也不因碌碌无为而羞耻。"然而，面对现实的世界与生活，复杂而多变，比如宏观地说疫情蔓延、局部战乱、大国博弈，微观地说家长里短、职业料理、油盐酱醋茶，哪一项都牵动着人心与生活，所谓岁月静好无非就是取决于我们勇猛精进的人生态度和我为人人与人人为我的外部协调系统。赵君海丽一定期望任何人都能够这样述说自己的一生：这个世界，我来过了，我尽力了，我生活了，我奉献了，我享受了世界的赐予与人生的美好，人生亦足矣！

回望过去，看看来时的路，我们就会长见识、知得失、镜鉴未来。有句名言，忘记过去就意味着背叛。研究历史，回味文化的积累，这是我们全部知识的重要源泉和民族自信心的重要支点。环视周遭，人们的短视行为，大都是因为缺乏历史洞见，因为看到过去多远也就决定看到未来多长；人们重蹈历史覆辙而不能自拔，那是因为人们忽视了当下的现实是由历史条件决定的。阅读可以改变人生，培根《谈读书》云："读书之用有三：一为怡神旷心，二为增趣添雅，三为长才益智。"[1] 阅读可以改变世界，马克思《关于费尔巴哈的提纲》言："哲学家们只是用不同的方式解释世界，问题在于改变世界。"[2] 愿我们多读点历史，增长我们的智慧，如培根所言"读史使人明智"；指向我们的未来，如孔子所言"告诸往而知来者"；函育我们善良的美德，如苏格拉底所言"知识就是美德"。恰逢盛世，但愿学术事业昌盛，民族实现伟大复兴，民众达到美好生活向往！

公元 2022 年 5 月 3 日（星期二）写于济南无影山崇簧书房

---

① ［英］培根著，曹明伦译：《培根随笔集》，北京：人民文学出版社，2018 年版，第 190 页。
② 选自《马克思恩格斯选集》第 1 卷，北京：人民出版社，1995 年版，第 54—57 页。

目 录

北朝墓志文献研究

北朝墓志文献研究

第一章 绪 论

　　墓志蕴涵资讯颇丰，文献价值不菲，值得我们予以关注与研究。从哲学意义上说，墓志是人对自身一种终极反照的关怀之物，其表象上虽是用于标识死者的一种"符号"，实质上是在抒发生者的一种情怀，于是乎墓志同死亡与情怀一起成为"生命礼赞"的一部分，昭示着死亡不再是一件与我们毫不相干的事情。墓志通用于世界众多民族，且呈现出各具特色的不同样式，像古代埃及①等上古文化遗址中，都曾发现过墓志铭。我国墓志文化历史久远、蕴涵丰富且自成体系。而北朝墓志在墓志文化的整体演化过程中又占有极其重要的地位，当如一块历史的"璞璧"，值得后人细细切磋，辨章其学术，考镜其源流，发现其价值，此乃是从事古典文献整理与研究者不可推卸的责任。然而，北朝墓志文献目前的景况可谓是藏在深处知甚少，对其作整体关注与研究者更为寥寥。本文就是基于这样的认识予以选择的。

1

第一节 墓志溯源

一、墓志起始说考察

　　欲慎重了解某一事物，当溯其源流，方可管窥一斑进而统揽全貌。历史文献中有关墓志起源的记载，可谓众说纷纭，莫衷一是。愈是异说纷呈之处就愈需做出必要的梳理，以便剔除谬误，以正视听。现从各种不同墓志起始说中择其要者罗列如下：

　　（一）始于秦代说

　　秦始皇陵西侧赵背户村秦刑徒墓，发现于1979年12月，当时清理了一批墓葬，出土的陶文分印记8件；瓦志刻文18件。其内容有的简单，仅刻地名与人名；有的则比较全面，如姓名、籍贯、爵位以及身份均刻写清晰。当年发掘领队袁仲一先生在1980年的中国考古学会第二次

---

　　① 古埃及第18位法老王图坦卡蒙的陵墓上就镌刻着这样一行墓志铭："谁要是干扰了法老的安宁，死亡就会降临到他的头上。"

年会上，首次提出了秦刑徒瓦文为最早墓志的观点①。不久，秦始皇陵俑坑考古发掘队对该处秦刑徒墓中出土的陶文进行了研究并撰文。该文记载，出土的18件瓦文，其中第2件上刻有2人的籍贯姓名，共为19人的墓志文，合计112字。字体基本是阴刻小篆。根据瓦文提供的内容，这一墓地的上限年代应在秦始皇二十六年（前221年）统一六国时，下限年代为二世二年（前208年）。这批瓦文墓志的格式约可分为四类：第一，有地名和人名的6件。第二，有地名、爵名和人名的2件。第三，有地名、刑名和人名的1件。第四，有地名、刑名、爵名和人名的，又可分为二式。一写某地、某刑、某爵、某人的2件。另一写某地、某刑，或某地、某爵、某人的6件。它与洛阳出土的汉代刑徒墓砖文相较，既没有部署、狱名、郡名和死亡的时间，同时也无"死（尸）在此下"等用语，这当是秦汉刑徒墓志文的不同特点。该文认为："刑徒墓的瓦文，截至目前，可以说是我国发现最早的墓志，对于研究我国墓志的发展以及秦律都具有重要的价值。"② 后来，袁仲一在《秦代陶文》③ 一书中再次申明了墓志始于秦代的看法。此说依据出土的刑徒瓦文与陶文进行推测，引发了墓志起源问题的再讨论。但是，除刑徒瓦与陶文外，迄今在已发掘的秦代墓葬中还未见有类似墓志物品出土。

（二）始于西汉说

清代叶昌炽《语石》云："王氏《萃编》曰：《西京杂记》称前汉杜子春④临终，作文刻石，埋于墓前。《博物志》载西京时南宫寝殿有《醇儒工史威长葬铭》。此实志铭之始，今皆不传。"⑤ 王昶在《金石萃编》中依据《西京杂记》和《博物志》两部书的记载内容为"志铭"立论，现录其原文，明晰条理。《西京杂记》载："杜子春葬长安北四里。临终作文曰：'魏郡杜邺，立志忠款。犬马未陈，奄先草露。骨肉归于后土，气魄无所不之。何必故丘？然后即化。封于长安北郭，此焉宴

① 袁仲一、程学华：《秦始皇陵西侧刑徒墓地出土的瓦文》，引自中国考古学会编辑《中国考古学会第二次年会论文集1980》，北京：文物出版社，1982年版，第186—195页。
② 始皇陵秦俑坑考古发掘队：《秦始皇陵西侧赵背户村秦刑徒墓》，《文物》1982年第3期，第11页。
③ 袁仲一：《秦代陶文》，西安：三秦出版社，1987年版。
④ 程章灿：《石学论丛》，台北：台湾大安出版社，1999年版。该书《墓志起源考》一文考"杜子春"为"杜子夏"之讹。
⑤ [清]叶昌炽撰，王其祎校点：《语石》卷四，沈阳：辽宁教育出版社，1998年版，第95页。

息。'及死，命刊石埋于墓侧。墓前种松柏树五株，至今茂盛。"① 《博物志》载："汉西都时，南宫寝殿内有醇儒王史威长死。葬铭曰：'明明哲士，知存知亡。崇陇高垒，非宁非康。不封不树，作灵乘光。厥铭何依，王史威长。'"② 又，徐师曾《文体明辨·序说》"墓志铭"云："按志者，记也；铭者，名也。古之人有德善功烈可名于世，殁则后人为之铸器以铭，而俾传于无穷，若《蔡中郎集》③ 所载《朱公叔鼎铭》是已。至汉，杜子夏始勒文埋墓侧，遂有墓志，后人因之。"④ 杜子夏是西汉后期人，自撰的铭文类似于后世墓志铭中的散体"志"文；醇儒王史威长为西汉何时人也，现已无考，其葬铭近似于有韵的"铭"文，后世定型的墓志铭常常两者兼有。据此文献论定"墓志"起始于西汉，论据着实有些牵强。

（三）始于东汉说

罗振玉《辽居稿》对东汉延平元年（106 年）《贾武仲妻马姜墓记》有跋："汉人墓记前人所未见，此为墓志之滥觞。"⑤ 施蛰存先生认为："1930 年洛阳出土了伏波将军马援的女儿马姜的墓志（延平元年），山西（按：山东）峄县出土了'杜临为父作封记'（延熹六年），这两块方石虽然没有写明是墓志，但其作用及文体，显然是墓志。于是我们可以把墓志创始的时代提早到东汉。"⑥ 马衡先生研究了光绪后期至民国初期在河南孟津出土的刑徒砖志后，论述了墓志之制："始于东汉，《隶释》载张宾公妻穿中文（建初二年），即圹中之刻。……为后世墓志之权舆。"⑦ 赵万里《汉魏南北朝墓志集释》（以下简称《集释》）卷一《冯恭石椁题字》（西晋太康三年）考释："近年陕北出土郭仲理石椁，亦皆有铭⑧。……稍后以志铭代椁铭，与前世风尚殊矣。"诸说或以文献记载为由，或以出土实物为据，以墓志本置于墓中、与标记亡者身份或记述亡者事迹有关的铭刻文字为标准，来判断墓志这一文体的发生。

---

① ［晋］葛洪：《西京杂记》卷三，引自［明］程荣《汉魏丛书》，长春：吉林大学出版社，1992年版。

② ［晋］张华撰，范宁校正：《博物志》卷七，北京：中华书局，2014 年版，第 85 页。

③ 《蔡中郎集》中有碑铭谏文 37 篇。

④ ［明］徐师曾著，罗根泽校点：《文体明辨序说》，北京：人民文学出版社，1962 年版，第148 页。

⑤ 罗振玉：《辽居稿》卷二十，民国石印本。

⑥ 施蛰存：《金石丛话》，北京：中华书局，1991 年版，第 37 页。

⑦ 马衡：《凡将斋金石丛稿》，北京：中华书局，1977 年版，第 89 页。

⑧ 20 世纪 30 年代，陕北出土的东汉郭仲理、郭季妃石椁，分别刻有"故雁门阴馆丞西河圜阳郭仲理之椁""西河圜阳郭季妃之椁"。

（四）始于魏晋说

唐代封演《封氏闻见记》引王俭《表记》记载，魏侍中缪袭改葬父母，制墓下题版文。原此旨将以千载之后，陵谷迁变，欲后人有所闻知，其人若物殊才异德者，但记姓名、历官、祖父、姻媾而已。若有德业，则为铭文。又，如《徐及夫人彭城刘氏合祔铭并序》云："古之葬者无铭志，起自魏时，缪袭乃施之嗣子。"① 一曰"改葬父母"，一曰"施之嗣子"，限于文献而无法考实。但缪袭制墓葬铭志一事不见于史传，故以缪氏为墓志始作俑者便无坚证。另，日本学者日比野丈夫在《关于墓志的起源》一文中指出："由于魏晋时代严禁在墓前立碑，迫不得已，在墓中埋下小型的石碑来代替墓碑，这被看作是墓志的起源。"② 范文澜《中国通史简编》亦云："东汉时立碑极滥，曹操下令不得厚葬，又禁立碑。晋武帝下诏废禁，自后墓志铭代碑文而兴起。"③ 此说主要是依据历史风尚及典章制度而作出的推论。

（五）始于南朝说

清代顾炎武《金石文字记》卷二《大业三年荥泽令常丑奴墓志》跋云："墓之有志，始自南朝。"④ 《南齐书》载："近宋元嘉中，颜延（之）作王球石志。素族无碑策，故以纪德。自尔以来，王公以下，咸共遵用。"⑤ 清代端方《陶斋藏石记》卷五《刘怀民墓志》曰："刘怀民志作于大明七年，适承元嘉之后，此志铭文字导源之时代也。"⑥ 墓志始于南朝说源于史书记载及南朝出土石刻。

以上诸说各存依据，或为历史文献，或为出土实物，或为典章政令，或为铭文内容，但令人疑惑的是诸说为何不得统一？其真实原因何在？这就需要透过现象，寻找隐藏其背后的本质。

二、墓志衍生相关物略说

在早期墓葬中埋有各种不同类型的文字刻写物，每种刻写物都有可

① 周绍良、赵超：《唐代墓志汇编》，上海：上海古籍出版社，1992 年版，第 2164 页。

② ［日］日比野丈夫：《墓志の起源について》，引自《江上波夫教授古稀纪念论文集·民族·文化篇》，东京：山川出版社，1977 年版；赵超在《墓志溯源》一文中曾引用日比野丈夫观点，《文史》第 21 辑，北京：中华书局，1983 年版，第 44 页。

③ 范文澜：《中国通史简编》（修订本第二编），北京：人民出版社，1964 年第 4 版，第 292 页。

④ ［清］顾炎武：《金石文字记》，引自《康熙亭林遗书十种本》。

⑤ 《南齐书》卷十《志第二·礼下》，北京：中华书局，1972 年版，第 158 页。

⑥ ［清］端方：《陶斋藏石记》，宣统之年石印本；赵万里：《汉魏南北朝墓志集释》第一册，北京：科学出版社，1956 年版，第 5 页。

能被认为是墓志的原生态，由此，当然就会产生不同的墓志衍生说，于是乎墓志的研究就与这些不同的刻写物发生了联系，现需逐一摆明。

（一）明旌

明旌，早在周代就产生了。"明旌"为丧具之一。《礼记》云："铭，明旌也。以死者为不可别已，故以其旗识之。"① 又，《仪礼》曰："亡，则以缁长半幅，赪末长终幅，广三寸。书铭于末，曰'某氏某之柩。'"② 这面明旌是死者的代表物，因此，象征了死者在另一个世界的存在。出丧时明旌作为幡信在棺前举扬，而入葬后则覆盖于棺上。汉时，明旌作为丧具，仍在被使用。山东临沂银雀山汉墓、甘肃武威汉墓群均出土了多幅"明旌"实物。如武威磨咀子汉墓中发现了西汉时的几件丝、麻质料的旌幡，上书死者的籍贯姓名，偶有其他语句，分别是用朱或墨书写就。其中一件铭文为"平陵敬事里张（第1行）伯升之柩过所毋留（第2行）"；还有一件为"故臧北乡阖导里壶子梁之（柩）"③。到了唐代，明旌已经不再覆于棺盖上，而是和墓志相类，一起置放于墓门前。《通典》记载："主人拜稽颡。施旌铭志石于圹门之内，置设讫，掩户，设关钥，遂复土三。"④ 因此，这种明旌与后世设立砖、石质墓志的作用是不尽相同的。且明旌与志石同时使用，亦说明明旌不可能是墓志之源。

（二）官私名印

考随葬官私印章之俗，可上推至春秋战国时期。曹锦炎《古玺通论》一书曾引用大量古代文献与出土实物作考证，认为对春秋时玺印的普遍使用，已不用怀疑。当时人们把印章作为重要的凭信，既为日常文书使用，又示证身份。死后，就将印章随同下葬，所以在这一时期的墓葬中出土了相当数量的官私名印，起到了标志墓主身份的作用。在汉代，墓葬中出土印章的现象更为普遍，如长沙西汉墓、广州南越墓、徐州汉墓中，均发现过大量官私名印。但名印只是一种标识器物，并不是专门

① 《礼记·檀弓》，引自陈戌国点校《周礼·仪礼·礼记》，长沙：岳麓书社，1989 年版，第 315 页。

② 《仪礼·士丧礼》，引自陈戌国点校《周礼·仪礼·礼记》，长沙：岳麓书社，1989 年版，第 231 页。

③ 甘肃省博物馆：《甘肃武威磨咀子 6 号汉墓》，《考古》1960 年第 5 期，第 10—12 页；陈贤儒：《甘肃武威磨咀子汉墓发掘》，《考古》1960 年第 9 期，第 15—28 页；马怡：《武威汉墓幡物释考》，引自张德芳、孙家洲《居延敦煌汉简出土遗址实地考察论文集》，上海：上海古籍出版社，2012 年版，第 91—98 页。

④ ［唐］杜佑撰，王文锦等校点：《通典》卷一百三十九《礼九九·开元礼纂类三十四·凶礼六》，北京：中华书局，1988 年版，第 3544 页。

作为墓志使用的铭刻材料。

（三）刑徒墓刻文瓦砖

最早刑徒陶文出土于陕西秦始皇陵西侧的临潼区赵背户村，该处为秦时修建始皇陵的刑徒墓地，文字刻写在残板瓦或残筒瓦的内外侧，主要记述死者姓名、籍贯、身份等，如"东武罗""邹上造姜""东武居赀上造庆忌"等。此种标志死者的刻文形制为东汉刑徒墓沿袭，衍变为独特的刑徒砖铭。东汉刑徒砖铭大多出土于当时的都城河南洛阳附近。最早见于著录的为1907年《神州国光集》第七集，刊载的一件刑徒砖文。继而，端方《陶斋藏砖记》著录了100余件。罗振玉在《恒农冢墓遗文》和《恒农砖录》等书中编辑了200余件摹拓。另外，《草隶存》《广仓砖录》亦有著录。据统计，1949年以来，洛阳地区考古发掘出土了大量东汉刑徒墓砖铭，共有1464件，计14095字①。东汉刑徒砖铭文记录死者姓名、籍贯、身份、刑名、卒年、死因等各种内容亦不等，如"五任冯少""梁国下邑髡钳赵仲""右部无任勉刑颍川颍阴鬼新范雍不能去留官回致毉永初元年六月廿五日物故死在此下""右部无任沛国与秋司寇周捐永初元年六月十一日物故死在此下官不负"等②。这些刑徒墓铭文与墓志在埋设目的上虽然具有标识死者等相通之处，但刑徒墓刻文瓦砖显然只适用于刑徒葬，而且迄今在秦汉时期的官吏或黎民百姓的墓中未发现过类似的铭刻。所以，刑徒墓砖瓦铭只做特殊之用，与墓志相去甚远，不可断然确定墓志导源于刑徒墓砖瓦铭，即使此种刻物对墓志的形成曾产生过诸多影响。

（四）柩铭

在棺椁或棺柩③上刻写铭文的习俗可以追溯至先秦。《庄子·则阳》记狶韦言论："夫灵公也死，卜葬于故墓，不吉；卜葬于沙丘而吉。掘之数仞，得石椁焉，洗而视之，有铭焉，曰：'不冯其子，灵公夺而里之。'夫灵公之为灵久矣！之二人何足以识之。"④ 现存实物中有1942年四川芦山县出土的东汉建安十六年（211年）王晖石棺，棺首刻有妇人

① 王镛：《中国书法全集9·秦汉金文陶文》，北京：荣宝斋出版社，1992年版，第18页。
② 张政烺：《秦汉刑徒的考古资料》，《历史教学》2001年第1期，第36—39页；黄士斌、作铭：《汉魏洛阳城刑徒坟场调查记》，《考古通讯》1958年第6期，第40—44页；中国科学院考古研究所洛阳工作队：《东汉洛阳城南郊的刑徒墓地》，《考古》1972年第4期，第2—19，68—69页，附图版肆、伍。
③ 棺外的套棺为椁；棺已盛尸为柩。
④ 刘建国、顾宝田：《庄子译注》，长春：吉林文史出版社，1993年版，第525页。

掩门的画像，右侧刻写铭文①，这是可见较早的枢铭原状。晋代枢铭亦有物证，如西晋太康三年（282年）《冯恭石椁题字》："晋故太康三年二月三日己酉赵国高邑导官令大中大夫冯恭字元恪。"但是，西晋另存一种独立式"枢铭"，该类枢铭虽于铭中称作某氏之枢，却非刻于棺椁之上，而是单独刻成一块小型的碑石，如元康六年（296年）《贾充妻郭槐枢铭》，圭首形制，高76厘米、宽31.2厘米。又，元康八年（298年）《魏雏枢铭》亦为一附有两个小石柱的砖铭，高45.5厘米、宽21厘米。这种枢铭已与两汉时期所称的枢铭有所不同，而与墓中出土的西晋永平元年（291年）《徐夫人菅洛碑》② 相似，实类墓志器物。

（五）告地状

在西汉早期的墓葬中，出土了一些书写在木质简牍上的文书——告地状，其格式、内容及一些常用词语皆类于当时实用的官司文书，只是告地状是写给阴间有司而已。告地状目前仅见于西汉墓葬。如1975年在湖北江陵凤凰山168号汉墓中出土了一枚竹牍，内容为告地下官吏的冥间文书，即告地状，墨书隶体，文字清晰。内容为："十三年五月庚辰，江陵丞敢告地下丞：市阳五大夫燧少（一说当释作"自"）言与大奴良等廿八人，大婢益等十八人，轺车二乘，牛车一两，骊马四匹、騮马二匹，骑马四匹，可令吏以从事。敢告主。"③ 又见凤凰山10号汉墓④、湖南马王堆3号汉墓⑤、江苏邗江胡场5号汉墓⑥亦出土了告地状。告地状有意或无意地起到了标志墓主的作用，不可否认其与墓志之间存在一些相通之处。

（六）题记画像石

西汉后期，墓葬中兴起画像石，画像石上除了画像之外还刻有一些

---

① 迅冰：《四川汉代雕塑艺术》图版29，北京：中国古典艺术出版社，1959年版。

② 《贾充妻郭槐枢铭》《魏雏枢铭》《徐夫人菅洛碑》分别见于赵万里《集释》卷一，第2页。

③ 舒之梅：《从江陵凤凰山一六八号墓看汉初法家路线》，《考古》1976年第1期，第24—27，附图版玖、拾；张显成：《简帛文献学通论》，北京：中华书局，2004年版，第262页；骈宇骞、段书安：《二十世纪出土简帛综述》，北京：文物出版社，2006年版，第417页。文中记载告地状内容，个别字有差异。

④ 裘锡圭：《湖北江陵凤凰山十号汉墓出土简牍考释》，《文物》1974年第7期，第49—62、68页。

⑤ 何介钧：《长沙马王堆二、三号汉墓·田野考古发掘报告》第一卷，北京：文物出版社，2004年版。

⑥ 王勤金等：《江苏邗江胡场五号汉墓》，《文物》1981年第11期，第12—23页，附图版伍；梁勇：《江苏邗江胡场五号汉墓木牍、铜印及相关问题再考》，《东南文化》2011年第2期，第55—59页。

具有识墓作用的文字。如河南唐河出土一刻于墓中主室中央石柱的画像题记："郁平大尹冯君孺人始建国天凤五年十月十七日癸巳葬。千岁不发。"① 至东汉，盛行在墓中不同的显眼位置，如墓门、墓柱、墓石壁等上面刻有墓主的姓名、籍贯、官职、丧葬时间、简单事迹或祈愿祷文等文字，而画像则为人物、花木、鸟兽、神怪、故事、建筑等。这些画像石在陕西、江苏、河南、山东等地皆有发现。如江苏徐州铜山东沿村出土的东汉永平四年（61 年）画像石题记②、山东枣庄贺窑村出土延光三年（124 年）画像石题记③、陕西出土永元十二年（100 年）《王得元画像石题记》④ 等等，均属此类。这些在汉代刻石中占有相当大比重的题记，是作为画像石的附属题名出现的，虽不特别作为墓志使用，但开创了在墓葬中使用石质文字铭刻的先例。其成篇的石刻铭文，如永寿元年《徐州从事志墓题记》⑤，已具有成熟墓志文体中志传文的性质。

（七）买地券

买地券是为死者向土地爷购买墓地的合同，是冥界土地所有权的证明。根据其形式内容，可分为实用型和迷信型两种。实用型是记载土地买卖关系，模仿现实生活中的土地券约，可起凭信作用的证券。如熹平五年（176 年）《刘元台买地券》，其内容与日常使用的地契没有什么不同，文曰："熹平五年七月庚寅朔十四日癸卯，广□乡乐成里刘元台从同县刘文平妻□□代夷里冢地一处，贾家二万。即日钱毕。南至官道，西尽□渎，东与房亲，北与刘景□为家。时临知者刘元泥，状安居，共为卷书平誓。不当卖而卖，辛为左右所禁固平□为是正。如律令。"迷信型往往随葬于坟墓，是为死者购买阴宅冢地的契约性文券，加入了镇墓解释的文字，实际就是"阴间"对"阳间"买地券的翻版。1990 年，河南偃师县城关镇北窑村东砖场东汉墓中出土了一件墓砖铭，其铭文为："永

① 黄运甫、闪修山：《唐河汉郁平大尹冯君孺人画像石墓》，《考古学报》1980 年第 2 期，第 239—262 页；闪修山：《唐河汉郁平大尹冯君孺人画像石墓研究补遗》，《中原文化》1991 年第 3 期，第 77—81 页。

② 王黎琳、李银德：《徐州发现东汉画像石》，《文物》1996 年第 4 期，第 28—31 页。该画像石阴刻隶书铭文计 35 字。

③ 枣庄文物管理站：《山东枣庄画像石调查记》，《考古与文物》1983 年第 3 期，第 24—30 页。文载王山头题刻画像，文字长达 150 字左右，有明确纪年，为建光二年作品。

④ 陕西省博物馆、陕西省文物管理委员会：《陕北东汉画像石刻选集》，北京：文物出版社，1959 年版。

⑤ 卢芳玉：《新见汉代志墓刻铭研究札记》，《中国书法》2004 年第 11 期，第 39—47 页，第 45 页附图版。此墓石 1982 年发现于江苏徐州，镌刻范围高 33 厘米、宽 38 厘米，计 235 字。

平十六年四月廿二日，姚孝经买桥家冢地约亩。出地有名者以券书从事□中弟□周文功□。"此砖刻被学者定为中国目前已知的年代最早的墓志①。但从铭文看，它更可能是一件作为迷信用品的买地券②。1977年于长沙县麻林桥一墓中出土了南朝《徐副买地券》③。该买地券刻在一平板青石上，全券493字，是目前所见字数最多、内容最完整的南朝买地券。其文后附有图形，应为符箓。此券显然属于迷信型。南朝时期，土地买卖盛行，土地私有观念高度发展，这种观念迫使人们不仅渴望在现实生活中获得土地，而且期待死后继续占有土地。迷信型"买地券"就是当时的人们期待死后继续占有土地最直接的表现。买地券与墓地购置及道教鬼神崇拜有关，并非真实的土地券约，此葬俗延至明清。显然，它们与后来的墓志之间没有什么明显的联系，而日本学者日比野丈夫曾经以附有买地券的北魏延兴二年（472年）《申洪之墓志》为例，推测买地券可能是墓志的起源之一。该结论不足取，其原因在于日比野丈夫对申洪之墓志中有关土地买卖记录的误读。

（八）墓砖铭

砖作为一种建筑材料使用，很早就已经产生。但其上出现文字，主要还是秦汉以后的现象。早期的砖铭内容多为模印的官司名、地名等，如秦始皇陵1号兵马俑坑出土的模印砖铭"都仓"。汉代以来，利用砖材加以刻画、形成砖铭的现象逐渐增多。如晚清民国时期著名的收藏鉴赏家方若《校碑随笔》"建武墓砖文字"载："篆书。阳文十三行，行二字，归予。建武廿五年建初四年并书。砖文类墓志，墓志盖始于东汉也。山东青州出土，文中佯借作祥。未见著录。父以建武二十五年母以建初四年终少子侵行丧如礼大孙注已佯。"（王壮弘）增补"建武墓砖"："此砖出土不止一方，然皆同出一范。'礼'字下皆作'太岁在已佯'，方氏误释'大孙注已佯'，盖未见清晰之拓本。"④东汉末年至魏晋南北朝时期仍有在墓砖上刻铭的现象，如"延熹七年五月九日已卯入时雨万畾年""甘露二年胡公辅立葬，宜子孙，寿万年，胡世子宜万""宋元嘉廿二年，沈麻雁冢""晋故使持节都督青徐诸军事征东将军，军司关中侯

① 王竹林：《河南偃师东汉姚孝经墓》，《考古》1992年第3期，第227—231页，附图版肆；王木铎：《洛阳新获砖志说略》，《中国书法》2001年第4期，第47—49页。
② 赵超：《古代墓志通论》，北京：紫禁城出版社，2003年版，第38页；涂白奎：《〈姚孝经砖文〉性质简说》，《华夏考古》2005年第1期，第87—88页。
③ 肖湘：《长沙出土南朝徐副买地券》，《湖南考古学辑刊》第1辑，1982年版。
④ ［清］方若著，王壮弘增补：《增补校碑随笔》，上海：上海书店出版社，2008年版，第21页。

房府君之墓。君讳宣，字子宣，和明人也。璜君之子，夫人王氏。大康三年二月六日"①。墓砖铭可分为两种：甲种用印模大量印制，同一墓中出现多块；乙种刻文或写文，一般一墓一块，内容与形制同石制墓志最为接近。南北朝隋唐时期出现了不少砖质墓志，至于一些缺少石料的地区则全用墓砖刻写墓志。这时的墓砖铭已经过渡为墓志。砖尺寸较大，文体也渐趋完整，但与石墓志相比仍较简率，与汉魏两晋时期的墓砖铭相比则无根本上的区别。

（九）镇墓瓶

东汉墓中出土有镇墓朱书陶瓶，其朱书内容与格式同告地状有相似之处，但增加了一些禳灾祈福的祷词。东汉熹平元年（172年）陈刻敬瓶朱书内容为："熹平元年十二月四日甲申，为陈刻敬等立冢墓之根。为生人除殃，为死人解适。告西冢、公伯地下，二千石仓林君武夷王：生人上就阳，死入（人）下归阴。生人上就高台，死人深自藏。生人南，死人北，生死各自异路。急急如律令。善者陈氏吉昌，恶者五精自受其殃。急。"② 另外，东汉初平四年（193年）王氏朱书陶瓶的朱文亦有相似的内容③。陶瓶朱书作为一种独立的墓中铭文，显然与墓志相去甚远。

（十）墓记（封记）

东汉时期的墓记，又称封记，一般是长篇铭文，没有固定的刻写位置及形制。1929年在洛阳北郊王窑村出土东汉延平元年（106年）九月十日《贾武仲妻马姜墓记》，该墓记刻于红砂岩上，据郭玉堂当时所见，"似黄肠石，字刻石端"，收购者"剖取其刻字一端，而弃其余"④。该石铭文共15行，约200字，乃称文体较为完备、专门为标志墓主之作。这件墓记的体例与内容，与后代正式定型的墓志十分相似。此类墓记，东汉时期墓葬中屡有出土。如1982年，江苏邳县燕子埠乡青龙山发掘了缪宇墓⑤，在墓门门楣石上刻有志文，门楣石长152厘米、高37厘米、厚17厘米，志文镌刻范围高33厘米、宽38厘米，凡17行，10—19字不

① 赵超：《墓志溯源》，《文史》第21辑，北京：中华书局，1983年版，第49页。

② 王镛：《中国书法全集9·秦汉金文陶文》，北京：荣宝斋出版社，1992年版，第213—214页。"死入（人）下归阴"一句，原作拓片为"入"字，疑误写，应为"人"字。

③ 唐金裕：《汉初平四年王氏朱书陶瓶》，《文物》1980年第1期，第95页，附图版玖。

④ 郭玉堂：《洛阳出土石刻时地记》，洛阳：大华书报供应社，1941年版；黄展岳：《早期墓志的一些问题》，《文物》1995年第12期，第51—58页。黄先生认为："王窑村一带系东汉帝陵区，曾多次发现黄肠石和黄肠石刻，马姜墓石为黄肠石刻无疑，马姜墓应是黄肠石墓。此墓石原来很可能是嵌在墓室壁的明显部位。"

⑤ 尤振尧、陈永清、周晓陆：《东汉彭城相缪宇墓》，《文物》1984年第8期，第22—29页。

等，计241字。志载墓主卒于东汉和平元年（150年），葬于元嘉元年（151年）。据载1980年同地出其墓题记①。铭文的内容格式、石刻的放置情况与后来的墓志十分相近，以至于赵超认为："这些墓记可能就是最早的墓志，只不过当时不称作墓志罢了。"②

（十一）墓碑

马衡云："庙门之碑用石，以丽牲，以测日景。墓所之碑用木，以引绳下棺。"刻辞之碑"始于东汉之初，而盛于桓灵之际……汉碑之制，首多有穿，穿之外或有晕者，乃墓碑施鹿卢之遗制。其初盖因墓所引棺之碑而利用之，以述德纪事于其上，其后相习成风，碑遂为刻辞而设。"③墓碑铭文多为鸿篇巨制，其文体显示出受汉代诗赋等文体的影响，起首即叙死者名字籍贯，追述祖系；然后颂扬功德，表示哀悼；最后往往以四言韵文结尾。墓碑的前身当即西汉坟墓上的墓表。《汉书》曰："葬之肥陵……树表其上曰：'开章死，葬此下。'"颜师古注云："表者，竖木为之，若柱形也。"④木质易朽，又需刊名为记，东汉改在下葬时装辘轳系棺的石碑上刻铭。铭文遂发展为具有规整格式的诔颂。《后汉书》载："林宗既葬，同志者立碑，蔡邕为其文，谓卢植曰：'吾为碑铭多矣，皆有惭德，惟郭有道无愧色耳。'"⑤蔡邕尚且大量撰写碑文，可见其文体在当时已普遍流行。是故，东汉以降，所称墓表实乃墓碑，显然有别于西汉墓表的概念，如元初元年（114年）《谒者景君墓表》、中平三年（186年）《汤阴令张迁表颂》等⑥。魏晋之时，禁止厚葬，不得树碑立阙。诏令一到，石兽碑表，一禁断之。东汉盛极一时的墓碑顿时消失，然而，铭刻墓葬的观念无法立即消除，世人多变通铭刻转入地下，于是乎汉代偶尔可见的碑形铭刻此时多出现在墓室中。迄今出土的魏晋时期墓中铭刻大多为缩小了的碑形，竖立着安放在墓室内，有的直称为碑形墓志，如西晋永平元年（291年）《徐夫人菅洛碑》、元康九年（299年）《美人徐氏之铭》、永嘉元年（307年）《王浚妻华芳之铭》⑦。直至十六国时期，这种碑形铭刻仍在流行。1975年，甘肃武威赵

① 汪小烜：《1990—1999新出汉魏南北朝墓志目录》，引自武汉大学中国三至九世纪研究所《魏晋南北朝隋唐史资料》第18辑，武汉：武汉大学出版社，2001年版。
② 赵超：《古代墓志通论》，北京：紫禁城出版社，2003年版，第43页。
③ 马衡：《凡将斋金石丛稿·中国金石学概要》，北京：中华书局，1977年版，第66、69页。
④ 《汉书》卷四十四《淮南厉王刘长传》，北京：中华书局，1962年版，第2141—2142页。
⑤ 《后汉书》卷六十八《郭太传》，北京：中华书局，1965年版，第2227页。
⑥ 赵超：《墓志溯源》，《文史》第21辑，北京：中华书局，1983年版，第51页。
⑦ 邵茗生：《晋王浚妻华芳墓志铭释文》，《文物》1966年第2期，第41—44、59页。

家磨村出土一件前秦时碑形铭刻，碑额处题为"墓表"，为建元十二年（376 年）《梁舒暨夫人宋华墓表》①。清末光绪年间和 20 世纪 70 年代，陕西咸阳先后出土了后秦弘始四年（402 年）的吕宪、吕他二方墓表②，2000 年，宁夏固原博物馆在彭阳县新集乡征集到的刊刻于前秦建元十六年（380 年）《梁阿广墓表》③，均为碑形铭刻，且首额刊题"墓表"，可见墓志这种称呼在当时还没有出现，但这种碑形铭刻对后世影响很大，以至于北魏墓志发现有作碑形的，如司马金龙及妻钦文姬辰墓志④为碑形。至隋唐墓碑重新兴起，士公大人、富豪士族的丰碑巨碣到处林立，墓中往往还有一块与墓碑内容相同的墓志，并成一组，构成了唐代以降墓葬刻辞的主要形式。

综上各种墓葬铭刻状况，或先墓志而形成，或后墓志仍延续，但在各种铭刻丧葬习俗中，都不同形式地存在着标志墓主的作用。随着标志墓主习俗与墓葬形制的改变，墓志这种固定的形制正在孕育形成之中。从广义而言，这些铭刻皆可谓墓志衍生相关物；从墓志自身而言，这些铭刻还需经过进一步发展，才能成为严格意义上的墓志。

三、墓志名物考实

墓志为名，起于何时？名生之前，是否有此物？若有此物，又何名焉？名生之后，此物又作何发展？此物发展到何时，名物相称方成定制？明察墓志名实，乃溯源墓志的关键。

（一）墓志释名

墓志，又称"葬志""志文""坟记""圹铭""埋铭"等等，而其

① 钟长发、宁笃学：《武威金沙公社出土前秦建元十二年墓表》，《文物》1981 年第 2 期，第 8 页；宿白：《武威行——河西访古丛考之一（上）》，《文物天地》1992 年第 1 期，第 6 页。

② 吕宪墓表的图版与录文请参考《书道博物馆图录》，二玄社，1989 年版，第 54、74 页；李朝阳：《吕他墓表考述》，《文物》1997 年第 10 期，第 81—82 页；路远：《后秦〈吕他墓表〉与〈吕宪墓表〉》，《文博》2001 年第 5 期，第 62—65、28 页。

③ 宁夏固原博物馆：《固原历史文物》，北京：科学出版社，2004 年版，第 113—114 页；罗新：《跋前秦梁阿广墓表》，引自中国文物研究所《出土文献研究》（第八辑），上海：上海古籍出版社，2007 年版，第 235—239 页。

④ 山西大同市博物馆、山西省文物工作委员会：《山西大同石家寨北魏司马金龙墓》，《文物》1972 年第 3 期，第 26—27 页，有录文与图；杨泓：《北朝文化源流探讨之一——司马金龙墓出土遗物的再研究》，《北朝研究》1989 年第 1 期，第 13—21 页；殷宪：《北魏早期平城墓铭析》，《北朝研究》第一辑，北京：燕山出版社，2008 年版，第 163—192 页；宋馨：《司马金龙墓葬的重新评估》，引自殷宪《北朝史研究·中国魏晋南北朝史国际学术研讨会论文集》，北京：商务印书馆，2004 年版，第 561—581 页。

训释亦不统一。释名种种，当为明察，以防歧义。现可略举几说，如清代龚自珍《说碑》云："仁人孝子，于幽宫则刻石而埋之，是又碑之别也。"梁玉绳《志铭广例》云："凡刻石显立墓前者曰碑、曰碣、曰表，惟纳于圹中谓之志铭。"近代学者马衡《凡将斋金石丛稿》云："冢墓之文，有墓志，有墓篆。墓志记年月姓名及生平事迹，系之以铭，故又谓之墓志铭。"① 另外，明代徐师曾《文体明辨·墓志铭》、清代赵翼《陔余丛考·墓志铭》等文中都有近似的说法。现代《辞源》释"墓志铭"为"埋在墓中的志墓文。用正方两石相合，一刻志铭，一题死者姓氏、籍贯、官爵，平放在棺前"②。这些释名方式未免笼统，往往模糊了墓志与其他圹中刻铭的界限。亦显得简略。所以进行释名辨析，有助于对墓志的起源与发展产生更深刻的认识。

1. 志墓与墓志

"志墓"和"墓志"是两个不同的概念，不可混淆。"志墓"主要是指标识墓葬的一种行为，是一种起源很早的习俗，可溯至新石器时代早期。新石器时代，出现了氏族公共墓地，虽然"墓而不坟"③ 即不封不树，考古却发现墓葬井然有序，墓坑排列整齐，墓葬方向也基本一致，如半坡墓地、华县元君庙氏族部落墓地、齐家文化氏族公共墓地④等等。由此说明，当时已有"志墓"习俗。进入文明时代，该习俗发展更为繁杂，"志墓"样式亦愈加繁多。

"墓志"则是指墓葬中一种特殊铭刻文字之物。广义地说，墓葬之中凡是铭刻文字之物皆可称之为"墓志"，然而，一般皆从狭义角度去认识墓志，即作为一专属名词，指在"铭刻文字之物"具有一定的形制之后，方可称之为"墓志"，这样就可以将其同其他"志墓"之物区别开来，如画像石等。因此，赵超认为，应该把志墓这种丧葬习俗与成为一种石刻形制的墓志分开来研究⑤。

2. 志墓文与墓志文

"志墓文"是志墓活动留下的文字，如陕西绥德县苏家圪坨东汉

① 马衡：《凡将斋金石丛稿》，北京：中华书局，1977 年版，第 89 页。
② 《辞源》(修订本)1—4 合订本，北京：商务印书馆，1988 年版，第 337 页。
③ 《礼记·檀弓》，引自陈戍国点校《周礼·仪礼·礼记》，长沙：岳麓书社，1989 年版，第297 页。
④ 徐吉军：《中国丧葬史》，南昌：江西高校出版社，1998 年版，第 11—17 页。
⑤ 赵超：《中国古代石刻概论》，北京：文物出版社，1997 年版；赵超：《墓志溯源》，《文史》第21 辑，北京：中华书局，1983 年版，第 43—55 页。

《杨孟元画像石志墓题记》：“西河太守行长史事离石守长杨君孟元舍永元八年三月廿一日作。”① 山东泗水县南陈村东汉汉安元年（142 年）画像石题记：“汉安元年泰岁在午使师弟伯天□（第一行）□作寿石堂室人马甫大鱼皆食大（第二行）仓长生久寿不复老□（第三行）。”② 志墓文大多刻在墓室立柱、横梁石或位置明显的画像石旁，不单独置石（或砖）刻记，起初人们着意“志墓”，而轻于“志人”。

“墓志文”是墓志之物上铭刻的文字，又常简称为“墓志”，因此“墓志”与“墓志文”常常通用，不加区别。当然，若从广义上说，刑徒瓦砖志文，如“阆陵居赀便里不更牙”（79C49）③，也可称为“墓志文”。但是，我们一般还是将其称为“刑徒瓦砖志文”，而不称其为墓志文。墓志文大多写刻在单独设置方形或长方形的砖或石质上，其内容重在“志人”，而非“志墓”，其文体也逐渐有了固定的格式。墓志文一般分为三部分：一为首题；二为“志”，即用叙述性的语言记死者姓名、籍贯、郡望、官爵、丧葬时间等生平履历；三为“铭”，即用韵文表达哀悼及称颂之意。这三部分各具相对独立性，可以分人撰写。如唐代郑嗣恭《卢氏夫人墓志铭》云：“志所以纪年月也，铭所以赞德行也，故请述作者若不以文业光称，则以能彰美叙事者为之。”④

由此看来，墓志作为一种铭刻之物，应符合这样三大特征：一为埋设在墓葬中，专门起到标志墓主的作用；二为有相对固定的外形形制；三为有一定的文体和行文格式⑤。因此，“墓志”这一概念在现实使用中就具备两个含义：一是指在墓葬考古挖掘中发现的一种用于葬礼的实物，即一种重要的随葬品；一是专指刻录在这种实物上的文字，即“墓志文”。

（二）名与物的演变

考证“墓志”一名的起源，可依据传世文献与出土实物。叶昌炽《语石》云：“东汉碑额皆书某君之碑，惟曲阜《孔君碑》出于墓中，额止‘孔君之墓’四字。其即如后世之墓志欤。然叙事文颇简质，与他汉

① 吴兰：《陕西绥德汉画像石墓》，《文物》1983 年第 5 期，第 28—32 页。
② 赵宗秀：《山东泗水南陈东汉画像石墓》，《考古》1995 年第 5 期，第 390—395 页。
③ 始皇陵秦俑坑考古发掘队：《秦始皇陵西侧赵背户村秦刑徒墓》，《文物》1982 年第 3 期，第 7 页。
④ 周绍良：《全唐文新编》，长春：吉林文史出版社，2000 年版，第 9542 页。
⑤ 赵超：《古代墓志通论》，北京：紫禁城出版社，2003 年版，第 33 页。

碑无异。"① "世传墓志，始于《颜延年》，晋以前无有也。"② 叶氏先疑《孔君碑》为实物"墓志"，后又确认"墓志始于颜延年"，为传世文献中的"墓志"，但并没有指明"墓志"之名的起始。颜延年志今已不见，但可查知颜延年卒于南朝刘宋时期孝建三年（456年）。唐代封演《封氏闻见记》卷六《石志》记西晋《王戎墓志》："东都殖业坊十字街有王戎墓，隋代酿家穿旁作窖，得铭曰：'晋司徒尚书令安丰侯王君铭。'有数百字。"③ 可知身为"竹林七贤"之一的王戎，其墓志在隋代洛阳（东都）出土，该志亦为洛阳历史上有文献记载的最早被发现的一方墓志④。另外，郑樵《金石略》卷上"三国晋南朝"中亦记："晋王戎碑，惟存数十字，西京。"可知南宋时尚存有残石，以后散佚了。由于是酿酒家掘窖而偶然发现的，可推测是在墓室内偶然发现了墓志。《金石略》称之为"碑"，其实非碑，而为碑形墓志。据《晋书》载王戎："永兴二年，薨于郏县，时年七十二，谥曰元。"⑤ 故制作时间应距惠帝永兴二年（305年）王戎去世时间不远。《南齐书》载有司奏："大明故事，太子妃玄宫中有石志。参议墓铭不出礼典。近宋元嘉中，颜延（之）作王球石志。"⑥ 可知此"石志"意指"墓铭"，但未出现"墓志"一名。可惜的是这篇"石志"文字未见流传，其实物亦未被发现。墓志之名始见于梁朝沈约《宋书》，记建平宣简王宏卒于大明二年（458年）"上（孝武帝刘骏）痛悼甚至，每朔望辄出临灵，自为墓志铭并序"⑦。后唐李延寿《南史》亦载："上痛悼甚至，每朔望出临灵，自为墓志铭并诔。"⑧

东汉末年和西晋墓中或有与墓志相近的方版和小型墓碑出现，但均不自名为墓志。如1965年，北京八宝山出土了西晋永嘉元年（307年）《王浚妻华芳之铭》，首题为"晋使持节侍中都督幽州诸军事领护乌丸校尉幽州刺史骠骑大将军博陵公太原晋阳王公故夫人平原华氏之铭"。朱剑

① ［清］叶昌炽撰，王其祎校点：《语石》卷四，沈阳：辽宁教育出版社，1998年版，第95页。

② ［清］叶昌炽撰，王其祎校点：《语石》卷一，沈阳：辽宁教育出版社，1998年版，第3页。

③ ［唐］封演撰，赵贞信校注：《封氏闻见记校注·石志》卷六，北京：中华书局，1958年版，第51页。

④ 赵振华：《洛阳地下墓志的发现流徙与收藏著录研究》，引自《洛阳古代铭刻文献研究》，西安：三秦出版社，2009年版，第1页。

⑤ 《晋书》卷四十三《王戎传》，北京：中华书局，1974年版，第1235页。

⑥ 《南齐书》卷十《志第二·礼下》，北京：中华书局，1972年版，第158页。

⑦ 《宋书》卷七十二《文九王》，北京：中华书局，1974年版，第1860页。

⑧ 《南史》卷十四《宋宗室及诸王列传下》，北京：中华书局，1975年版，第400页。

心《金石学》云："《广博物志》又载齐武帝欲为裴后立石志墓，王俭以为非古。或谓自宋始，（元嘉中，颜延之为王球作墓志，有铭。按：朱氏误将"石志"作"墓志"。）或谓自晋始，（隋得王戎墓铭。）或又据崔子玉书张衡墓铭，云东汉时即有之。然汉魏以前墓石，不独今所未见，即欧赵亦无著录。晋始有刘韬房宣两志，仅记年月姓名爵里而已。至南北朝，始有文字，后系以铭。……固与神道碑、墓表、墓碣、据事直书，畅所欲言者，其例各殊矣。"① 朱氏言语如此之多，但仍未说出"墓志"名之始也。《四库总目提要·墓铭举例》云："墓志之兴，或云宋颜延之，或云晋王戎，或云魏缪袭，或云汉杜子夏，其源不可详考。"似难有定论。

据考古发现，现知标明有"墓志"的最早实物，为1958年2月在汉魏故城区洛河北岸龙虎滩村附近发现的刑徒墓砖："永元四年九月十四日无任陈留高安髡钳朱敬墓志"②，此年为东汉和帝刘肇永元四年，亦即公元92年，"墓志"之名可能自此始矣。又，出土于河南洛阳曹魏景元三年（262年）《陈蕴山墓志》③，其首题作"大魏故陈公墓志"，此类亦为较早写明"墓志"名称的实物。标明"墓志铭"的出土实物，以早年出土于山东益都、刻于南朝刘宋孝武帝大明八年（464年）《刘怀民墓志铭》为最早，其首题为"宋故建威将军齐北海二郡太守笠乡侯东阳城主刘府君墓志铭"④。

墓志之物，从广义上说，形制初无定式。秦刑徒瓦志均用废弃的建筑用瓦刻成，形式不一，长、宽一般在20—25厘米间。洛阳汉刑徒砖志也是全部用废弃的整砖或残砖写刻而成，形状大小无统一规格，多数放

① 朱剑心：《金石学》，北京：文物出版社，1981年版，第174—175页。
② 黄士斌、作铭：《汉魏洛阳城刑徒坟场调查记》，《考古通讯》1958年第6期，第40—44页。此文亦收入洛阳市文物局、洛阳白马寺汉魏故城文物保管所：《汉魏洛阳故城研究》，北京：科学出版社，2000年版，第139页。
③ 王宏理：《志墓金石源流》，北京：中国文史出版社，2002年版，第78、211页。文记"此志为方形，据北图本2册19页载，拓片高36、宽32厘米。不仅可见志石（非碑形）有首题，且有'墓志'二字"。
④ 洛阳文物工作队：《洛阳出土历代墓志辑绳》，北京：中国社会科学出版社，1991年版。该书载西晋《南阳王妃墓志》一件，刻于晋愍帝建兴三年（315年），志石高36厘米、宽36.5厘米，行款整齐，首题为"晋故以左丞相都督诸军事南阳王妃墓志铭并序"。志文12行，满行19字，志石最后刻有颂文4行。又编载北魏太武帝始光二年（425年）《靳英墓志》一件，并被认为是发现最早的北朝墓志，石高30厘米、宽29厘米，志文7行，满行13字，后刻颂文3行，首题为"魏故靳府君墓志铭"。这两块明言"墓志铭"的刻物形制规范，行款整齐，志文格式已经定型。若不为伪作，当早于"刘怀民墓志"，但现存疑。已有学者证其为伪作。

置在骨架的上部和下部。1991 年，河南偃师南蔡庄出土的东汉建宁二年（169 年）《肥致碑》，晕首，高 98 厘米、宽 48 厘米、厚 9.5 厘米，碑身刻界格，长方形趺座，座长 74 厘米、宽 44 厘米、高 12 厘米，首题"河南梁东安乐肥君之碑"，形制模仿东汉常见的晕首墓碑，置立于墓内南侧室，为所见最早的晕首碑形"墓志"①。1973 年，山东高密市田庄乡住王村出土了刊刻于东汉熹平四年（175 年）《孙仲隐墓志》，圭形首，无穿，高 88 厘米、宽 34 厘米，额无题字。其文隶书 6 行，每行 9 字。石平置于石门内约一米半许，圭首对向墓门。此为东汉另一种形制的"墓志"②。这一形制的"墓志"在北魏早期亦有发现，如 1965 年在辽宁朝阳市城北西上台发掘的《刘贤墓志》，刻石作小碑形，由螭首、碑身、鳌座三部分组成。高 103 厘米、宽 30.4 厘米、厚 12 厘米，碑首刻四螭，外轮廓为圆雕，阴、阳两面的图案花纹剔地隐起，阳面天宫题"刘成主之墓志"3 行 6 字。墓志中无明确纪年，据考当在北魏文成帝拓跋濬在位期间，即公元 452—465 年之间③。北朝刘贤与南朝刘怀民墓志大致刻写于同一时期，但我们一般是从狭义的角度去认识"墓志"，刘怀民墓志更接近于定型的墓志形制，只是较为粗陋，但不失为现今所见最早的墓志实物。

当"墓志"名与物相统一之后，随着这一刻写物的不断定形，墓志的内涵与外延也日益固定。当墓志形成有"志盖"与"志身"的固定形制、固定文体之后，墓志就成为墓中铭刻使用时间最长、最稳定的一大类型。

第二节　北朝墓志兴盛的背景与分期

一、北朝墓志兴盛的社会文化背景

墓志既生渐多，南北朝以降，已"王公以下，咸共遵用"了，名人雅士亦多为他人作墓志铭文。北朝相比南朝，墓志则更为兴盛，可谓

① 樊有升：《偃师县南蔡庄乡汉肥致墓发掘简报》，《文物》1992 年第 9 期，第 37—42 页。石藏偃师商城博物馆。

② 于令庵：《山东近年出土之东汉碑刻》，《书法》1988 年第 4 期；于书亭、李储森：《山东高密新发现汉孙仲隐墓志》，《书法》1991 年第 4 期；李储森、张晓光、孙建华《山东发现东汉墓志一方》，《文物》1998 年第 6 期，第 73，89 页。《孙仲隐墓志》志石现藏高密市博物馆。

③ 曹汛：《北魏刘贤墓志》，《考古》1984 年第 7 期，第 615—621 页。志称："魏太武皇帝开定中原，并有秦陇，移秦大姓，散入燕齐。君先至营土，因遂家焉。"推测《刘贤墓志》可能是北魏早期石刻。

"北方多埋幽之碣"①。邢子才、温子升等善为志铭，墓志制作亦已成定制。历史进入北朝时期，空间限定于北方区域，墓志遂成为典型的文化现象，且蔚然成风。为何会带来墓志的兴盛？这主要是时代使然。

（一）碑禁在先

东汉后期，厚葬之风盛行，天下葬死者奢靡，相互标榜，竞相夸耀，以至累及民生。山东武氏石室石阙铭记"造此阙直钱十五万"②；崔寔父死，"剽卖田宅，起冢茔，立碑颂。葬讫，资产竭尽"③。传世汉碑碑阴，亦能见门生故吏出钱千百之数目。王符曾尖锐地指出："今京师贵戚，郡县豪家，生不极养，死乃崇丧，或至刻金镂玉，襦梓梗枏，良田造茔，黄壤致藏，多埋珍宝偶人车马，造起大冢，广种松柏，庐舍祠堂，崇侈上僭。宠臣贵戚，州郡世家，每有丧葬，都官属县，各当遣吏赍奉，车马帷帐，贷假待客之具，竞为华观。……但作烦搅扰，伤害吏民。"④ 当时，经济待兴，民风需整，浮华之风亟予杜绝，统治者便一再禁碑，王充《论衡》曰："圣贤之业，皆以薄葬省用为务。"⑤ 至"建安十年，魏武帝以天下雕弊，下令不得厚葬，又禁立碑"⑥。而后魏文帝下过"薄葬诏"，高贵乡公也立过禁令⑦，五六十年间碑禁一直很严。两晋沿袭曹魏禁碑之令。晋武帝咸宁四年（278年），因禁令弛替，故又下诏曰："此石兽碑表，既私褒美，兴长虚伪，伤财害人，莫大于此。一禁断之。其犯者虽会赦令，皆当毁坏。"⑧ 因禁令极为森严，皇戚官僚、士族豪强皆不得立碑，只能变通将墓碑做小，放置于墓圹，即使是晋朝开国元勋贾充的妻子、晋惠帝皇后贾南风的母亲郭槐也不例外。已出土《徐夫人菅洛碑》《处士成晃碑》《沛国相张朗碑》《晋中书侍郎荀岳碑》等皆属此

① ［清］叶昌炽撰，王其祎校点：《语石》卷二《江南四则》，沈阳：辽宁教育出版社，1998年版，第42页。见后第三章"砖志"中详引。
② 蒋英炬、吴文祺：《汉代武氏墓群石刻研究》，济南：山东美术出版社，1995年版；"中央研究院"历史语言研究所：《汉代武氏墓群石刻研究·（七）拓片著录范例——汉代石刻画像》，第00099号，陈秀慧2004年6月30日修订，第63页。
③ 《后汉书》卷五十二《崔寔传》，北京：中华书局，1965年版，第1731页。
④ ［汉］王符撰，［清］汪继培笺，彭铎校正：《潜夫论笺校正》，北京：中华书局，1985年版。
⑤ ［汉］王充撰，黄晖校释：《论衡》，北京：中华书局，2018年版，第838页。
⑥ 《宋书》卷十五《志第五·礼二》，北京：中华书局，1974年版，第407页。
⑦ 《宋书》卷十五《志第五·礼二》："魏高贵乡公甘露二年，大将军参军太原王伦卒，伦兄俊作《表德论》，以述伦遗美，云'祗畏王典，不得为铭'，乃撰录行事，就刊于墓之阴云尔。"北京：中华书局，1974年版，第407页。
⑧ 《宋书》卷十五《志第五·礼二》，北京：中华书局，1974年版，第407页。

类①。《宋书》载："至元帝大兴元年，有司奏：'故骠骑府主簿故恩营葬旧君顾荣，求立碑。'诏特听立。自是后，禁又渐颓。"② 于是乎大臣长吏，趁机常有私下立碑。刘宋裴松之又上表议碑禁，言辞甚切，由是又加禁断③。至梁朝天监六年（507 年），"申明葬制，凡墓不得造石人兽碑，唯听作石柱，记名位而已"④。当时萧秀为帝弟，爵列诸王，立碑尚须表请诏许，其制度森严，可以想见⑤。由于碑禁影响，墓碑不能兴建，但社会上已经形成了一套世代相传的丧葬习俗，形成了根深蒂固的用铭刻来标志墓葬的观念，此等不可能在短期内改变。于是，人们就更多地采用变通的方法，把文字铭刻转入地下，故南朝常以墓志替代碑铭，但南朝出土墓志实为太少。中原地域，汉时人多于墓立碑，至魏晋方禁碑不止，为北朝时兴墓志埋下伏笔。东晋王朝迁至江南仍承接禁碑遗风，但屡禁而屡弛。

北朝时期早有"刊石勒铭"之事，凡征战凯旋、巡幸御设乃至建庙置塔，均刊石立碑，书文纪事在当时社会中已广泛运用。如帝（桓帝十一年）英杰魁岸，马不能胜。常乘安车，驾大牛，牛角容易石。帝曾中蛊，呕吐之地仍生榆木。参合陂土无榆树，故世人异之，至今传记。帝统部凡十一年。后定襄侯卫操，竖碑于大邗城，以颂功德⑥。（太平真君）四年春正月己巳，征西将军皮豹子等大破刘义隆将于乐乡，擒其将王奂之、王长卿等，强玄明、辛伯奋弃下辨遁走，追斩之，尽虏其众。庚午，行幸中山。二月丙子，车驾至于恒山之阳，诏有司刊石勒铭⑦。灵丘南有山，高四百余丈。乃诏群官仰射山峰，无能逾者。帝弯弧发矢，出山三十余丈，过山南二百二十步，遂刊石勒铭⑧。太安四年，车驾北征，骑十万，车十五万辆，旌旗千里，遂渡大漠。吐贺真远遁，其莫弗乌朱驾颓率众数千落来降，乃刊石记功而还。……皇兴四年，予成犯塞，车驾北讨。……旬有九日，往返六千余里，改女水曰武川，遂作《北征

① 《晋书》卷五十六《孙绰传》，北京：中华书局，1974 年版，第 1547 页。文载："绰少以文才垂称，于时文士，绰为其冠。温、王、郄、庾诸公之薨，必须绰为碑文，然后刊石焉。"
② 《宋书》卷十五《志第五·礼二》，北京：中华书局，1974 年版，第 407 页。
③ 《宋书》卷六十四《裴松之传》，北京：中华书局，1974 年版，第 1699 页。
④ 《隋书》卷八《志第三·礼仪三》，北京：中华书局，1973 年版，第 153 页。
⑤ 《梁书》卷二十二《太祖五王列传》，北京：中华书局，1973 年版，第 345 页。文载：（安成康王秀）"故吏夏侯亶等表立墓碑，诏许焉。"《南史》卷五十二《梁宗室》，北京：中华书局，1975 年版，第 1290 页。文载："表立墓碑志。"
⑥ 《魏书》卷一《序纪》，北京：中华书局，1974 年版，第 7 页。
⑦ 《魏书》卷一《世祖纪》，北京：中华书局，1974 年版，第 95 页。
⑧ 《魏书》卷一《高宗纪》，北京：中华书局，1974 年版，第 119 页。

颂》，刊石纪功①。太武帝时，崔浩等奉诏撰修国史，叙成国书三十卷，立石铭刊，尽述国事，备而不典。据载立于衢路的国史碑"营于东郊东三里，方白三十步，用功功三百万乃讫"。北朝未有禁碑，孝文帝反而倡导立碑。"太后与高祖游于方山，顾瞻川阜，有终焉之志，因谓群臣曰：'舜葬苍梧，二妃不从。岂必远祔山陵，然后为贵哉！吾百年之后，神其安此。'高祖乃诏有司营建寿陵于方山，又起永固石室，将终为清庙焉。太和五年起作，八年而成，刊石立碑，颂太后功德。太后以高祖富于春秋，乃作《劝诫歌》三百余章，又作《皇诰》十八篇，文多不载。太后立文宣王庙于长安，又立思燕佛图于龙城，皆刊石立碑。"② 太和十八年（494 年）迁都洛阳，"经比干之墓，伤其忠而获戾，亲为弔文，树碑而刊之"。十九年（495 年）夏四月，"又诏兖州为孔子起园柏，修饰坟垅，更建碑铭，褒扬圣德"。中原顺应墓志之礼俗，北方鲜卑亦尾随汉人推波助澜。于是乎北魏时兴厚葬之风，朝廷对臣僚葬事大行赏赐，孝文帝太和二十三年（499 年）赵郡王元干卒，被赐"东园祕器、敛服十五称，赗帛三千匹"③；宣武帝时，宗室元飈薨，"世宗为举哀于东堂，给东园第一祕器、朝服一袭、赗钱八十万、布二千匹、蜡五百斤，大鸿胪护丧事"④；元澄于神龟二年薨，"澄之葬也，凶饰甚盛"⑤。史书多有记载，不一而足。此乃北朝墓志碑铭勃兴的机缘。

（二）胡族汉化

胡族汉化有诸多方面的表现。首先，胡族上层汉文化水平颇高。如匈奴刘渊综览诸子并略诵经书；羯族石勒雅好文学；鲜卑慕容俊博观群书；氐族苻坚博学多才艺；羌族姚泓尤好吟咏；卢水胡沮渠蒙逊博涉群史。其次，在社会组织与经济生活上趋同汉族⑥。汉化是胡族进化中不可阻挡的潮流，孝文帝迁都洛阳后更是自觉推进汉化政策，明言："国家兴自北土……此间用武之地，非可文治，移风易俗，信为甚难。崤函帝宅，河洛王里，因兹大举，光宅中原。"⑦ "断诸北语，一从正音。"⑧ 又改姓氏，革服制，彻底汉化，使得拓跋鲜卑建立的北魏成为一个影响极

---

① 《魏书》卷一百三《蠕蠕列传》，北京：中华书局，1974 年版，第 2295—2296 页。

② 《魏书》卷十三《皇后列传》，北京：中华书局，1974 年版，第 329 页。

③ 《魏书》卷二十一《献文六王列传》，北京：中华书局，1974 年版，第 543 页。

④ 《魏书》卷二十一《献文六王列传》，北京：中华书局，1974 年版，第 583 页。

⑤ 《魏书》卷十九《景穆十二王列传》，北京：中华书局，1974 年版，第 480 页。

⑥ 参见陈寅恪：《魏晋南北朝史》，万绳楠整理，合肥：黄山书社，1987 年版，第 100—107 页。

⑦ 《魏书》卷十九《景穆十二王列传》，北京：中华书局，1974 年版，第 464 页。

⑧ 《魏书》卷二十一《献文六王列传》，北京：中华书局，1974 年版，第 536 页。

为深远的王朝，波及中亚以至欧洲，以至于当时中亚以至拜占庭都称中国为拓跋民。北魏拓跋族原有烧葬之俗，《宋书》载："死则潜埋，无坟垄处所，至于葬送，皆虚设棺柩，立冢椁，生时车马器用皆烧之以送亡者。"① 迁都洛阳后，变革葬俗作为一项政治措施，鲜卑贵族死葬北邙而不归葬故里，太和十九年（495 年）孝文帝颁诏"迁洛之人，自兹厥后，悉可归骸邙岭，皆不得就茔恒代"②；又"迁洛之民，死葬河南，不得还北"③。既然如此，北魏丧葬的习俗必仿效中原。墓志本为中原产物，南朝墓志之物寥存，叶昌炽称之为"东南风气未开"④，存世和见于著录的南朝墓志亦大多为乔迁到江左的北方世家大族，他们引领北望，希冀子孙将骸骨迁回故里先人旧茔。如 1964 年在南京戚家山出土的东晋《谢鲲墓志》记："晋故豫章内史陈国阳夏谢鲲幼舆，以泰宁元年十一月廿八日假葬建康县石子冈。在阳大家墓东北四丈。妻中山刘氏。息尚，仁祖。女真石。弟褒，幼儒。弟广，幼临。旧墓在荥阳。"⑤ 北魏葬俗的汉化使得相关的埋葬制度亦趋于中原原有的定规，墓志礼俗也由此得到了应有的继承与发扬，以至于墓志在北魏成为重要的丧葬文化之一。

（三）故土情结

北魏孝文帝迁洛以前，北方战火不断，故土难离，依恋家乡，归乡安葬就是这种情感在殡葬方面的体现。北魏时期的张谠延兴四年（474年）卒，其子张敬伯"求致父丧，出葬冀州清河旧墓，久不被许，停枢在家积五六年"⑥。北魏初年的赵琰"初为兖州司马，转团城镇副将。还京，为淮南王他府长史。时禁制甚严，不听越关葬于旧兆。琰积三十余年，不得葬二亲。……年八十卒。迁都洛阳，子应等乃还乡葬焉"⑦。北魏孝文帝迁都后，革除鲜卑旧俗，改变代人丧葬地点，绝代人故土之恋，许多鲜卑贵族在朝廷令旨威严之下，不得不丧葬河洛，但代人仍期望设一方墓志，以待时机让子孙迁葬代北。孝文帝亦深知鲜卑贵族的心态，

① 《宋书》卷九十五《索房传》，北京：中华书局，1974 年版，第 2322 页。

② 《魏书》卷二十《文成五王列传》，北京：中华书局，1974 年版，第 527 页。

③ 《魏书》卷七《高祖孝文帝》，北京：中华书局，1974 年版，第 178 页。

④ ［清］叶昌炽：《语石》卷二《江南四则》，沈阳：辽宁教育出版社，1998 年版，第 42 页。见第三章"砖志"中详引。

⑤ 南京市博物馆：《南京出土六朝墓志》，北京：文物出版社，1980 年版；华人德：《论东晋墓志兼及兰亭论辨》，引自华人德《华人德书学文集》，北京：荣宝斋出版社，2008 年版，第 23 页。

⑥ 《魏书》卷六十一《张谠传》，北京：中华书局，1974 年版，第 1369 页。

⑦ 《魏书》卷八十六《赵琰传》，北京：中华书局，1974 年版，第 1882 页。

于太和十九年九月下诏："诸有旧墓，铭记见存，昭然为时人所知者，三公及位从公者去墓三十步，尚书令仆、九列十五步，黄门、五校十步，各不听垦殖。"① 据出土墓志形制分析，北魏的墓志已经进入丧葬礼制范畴。碑志互设，本以备"陵谷变迁，丘垅可识""陵谷俱迁，镌石记之"，以及"刊石纪终，俾示来世"，既有皇上恩准，于是纷纷立碑志以使"铭记见存"。如葬于延昌四年（515 年）《邢峦墓志》曰："惧陵谷之革位，市朝之或侵，乃缀志镌铭，以永扬休音。"② 故北魏墓志大量设置，是在孝文帝迁都洛阳以后，主要集中于当时京畿，今洛阳、偃师一带，而边镇地区少见。1979 年，呼和浩特市内发现的北魏墓，随葬品的形制与河南洛阳地区发现的北魏王公贵族的出土物毫无二致，反映了代北拓跋鲜卑的上层也已汉化，年代当在孝文迁洛以后，而墓中无墓志，这也可作为一旁证，说明邙洛一带北魏王公贵族墓中都设墓志，有迁葬代北或家族墓地的用意。后来，随着政治经济生活的稳定，使定居在洛阳的鲜卑贵族开始耽于安乐，也不再想迁回代北旧地了，而设立墓志的风气却在上层阶级形成了一种制度被固定了下来。久之，贵族士大夫已养成刻铭纪功、颂德的风尚，观其墓志文辞多有镌勒金石、传之不朽之语，此好名之风亦助推北朝墓志骤增。

二、北朝墓志的历史分期

"南北朝"是一个带有地缘性的政治概念，"南北"显然属于地理范畴，而"朝"却属于政治范畴，这就是史学家所作的历史分期。学者对"南北朝"史或"南北朝"文学史等学科研究，首先明确时限，大多倾向于始于十六国，而止于隋朝。因此，对于北朝墓志文献研究的历史分期，依据当权者的兴衰脉络，亦依从文史之时限踪迹，划定北朝墓志的阶段界限。

（一）端倪期：十六国及北魏平城时代

十六国时期，从公元 304 年匈奴刘渊建立"汉"国起，至公元 439 年"北凉"灭亡，历时 135 年，有几十股政治势力先后登上历史舞台，但其分布地域主要集中在关东、关西、陇上三个地区。关东地区有汉（前赵）、后赵、前燕、后燕、南燕、北燕、西燕；关西地区有前秦、后秦、西秦、夏；陇上地区有前凉、后凉、南凉、北凉、西凉。执掌十六

① 《魏书》卷七《高祖孝文帝》，北京：中华书局，1974 年版，第 178 页。
② 《邢峦墓志》《邢伟墓志》《邢晏墓志》引自沧州市文物局：《沧州出土墓志》，北京：科学出版社，2007 年版，第 2—3、4—5、14—16 页。

国政权的少数民族主要有鲜卑、匈奴、羯、氐、羌等，其中鲜卑最具势力。慕容鲜卑建立了"四燕"政权，乞伏鲜卑建立了"西秦"政权，秃发鲜卑建立了"南凉"政权，至于拓跋鲜卑则创建了"北魏"政权，雄居北方。鲜卑族拓跋部建立的北魏王朝在天兴元年（398 年）至太和十八年（494 年）将近一个世纪的时间里是以平城为其统治中心的，我们不妨称之为北魏平城时代。十六国时代及北魏平城时期是北朝墓志的端倪期，在这一段时期内，铭刻出土稀少。2001 年在宁夏彭阳出土的前秦建元十六年（380 年）《梁阿广墓志》，志石材料为灰砂岩石，上为圆弧形，下为方形，由碑座和碑身两部分组成，并有榫卯结构。墓志高 36 厘米、宽 27.5 厘米。墓志的圆形额头正中竖刻篆书"墓志"，墓志正面隶书阳刻铭文，横排 9 行，竖行每行满刻 8 字，全文共计 72 字。在墓志背面隶书阴刻有"碑志及送终之其于凉州作致" 12 字。墓主人梁阿广为袭爵兴晋王司州西川的领民酋长大切门将。这方墓志为研究墓碑向墓志转变提供了实物证据。墓志的形制既具有墓碑的形式，也具备墓志的雏形，是从地表碑转埋于地下的墓志之最初形式。鲜卑族拓跋部素有铭刻传统，留存最早的当是"猗卢之碑"残石[1]；还有刻于太武帝太平真君四年（443 年）《嘎仙洞祝文刻石》[2] 等等。

（二）勃兴期：北魏洛阳时期

孝文帝太和十八年迁都洛阳，墓志发展也随之进入了一个勃兴时期。这一时期墓志渐趋定型化，在刻制工艺上已很考究，形制上多作方形，两石相合，成函盝式，平放墓中，上面为志盖，文字作篆或隶，亦有真书，犹如碑之额；下则为志身，开头有首题，文体上有志传文与志铭文，后或有尾记。自此，永为定式。虽间有做成各种特异形状者，只是少数别出心裁而已。这是中国历史上墓志形成定制的关键时期，也就是这一时期，为日后中国特有的墓志文化奠定了重要的发展基础，绵绵一千余年，成为各代丧葬礼俗中主要的墓中铭刻。康有为认为北碑（按：亦包括"墓志"）莫盛于魏，莫备于魏。盖乘晋、宋之末运，兼齐、梁之流风，享国既永，艺业自兴。孝文黼黻，笃好文术，润色鸿业。故太和之后，碑版尤盛，佳书妙制，率在其时。延昌、正光，染被斯畅。考其体裁俊伟，笔气深厚，恢恢乎有太平之象。晋、宋禁碑，周、齐短祚，故

---

① 田余庆：《拓跋史探·关于"猗卢之碑"残石拓片》，北京：生活·读书·新知三联书店，2003 年版，第 261 页。

② 米文平：《鲜卑石室寻访记》，济南：山东画报出版社，1997 年版，第 55 页。

言碑者必称魏也①。北魏才俊一时乐于墓志创作，邢子才为李礼之墓志②，温子升为元树墓铭③，墓志文化蔚然成风。

（三）延续期：东魏北齐及西魏北周

公元534年，北魏孝武帝元脩奔关中依宇文泰，政权随之分裂为东、西魏。高欢另立孝静帝元善见，并迁都于邺。公元550年，高欢之子高洋禅代东魏政权，建立北齐，仍以邺为都。故自东魏以后，墓志又多出于邺都附近，即今河南安阳、河北磁县一带，而邙洛墓志几近绝迹。公元557年，宇文觉禅代西魏，建立北周，都为长安。西魏墓志仅有数方，出土地点都在西安附近。北周公卿及其眷属也多设墓志，如《庾子山集》中就收入墓志铭19篇；而出土墓志远较北齐少，且地点分散。东魏北齐、西魏北周是北朝的第三个历史时期，持续时间46年。公元581年，隋禅代周。公元589年，隋灭陈，完成了中国的统一。中国自晋朝（316年）以来273年的南北分裂局面彻底结束，南北朝时代也同时宣告成为历史。隋唐以后，墓志超越前期，又盛为一个新阶段，蔚为大观。

第三节　北朝墓志文献研究的成果与存在的问题

人类只能按照自己曾处的位置来判断现在所处的位置，否则就会冒着不理解我们自己的风险为代价的④。德国哲学家尼采也认为："我们只有站在现在的顶峰才能解释过去。"⑤ 是故，为了在研究中少走弯路，并能够站在前人的肩膀上向上攀登，我们很有必要了解北朝墓志文献研究的现状，以求更丰厚的成果。

墓志原本深埋墓穴当中，出土以后方显露于世。起初，作为石刻文献的墓志并没有像其他金石一样引起人们足够的重视。从现有古代金石著录情况所见，国人正式注意到古代墓志的价值，开始大量收藏以及考释研究，虽肇始于宋，但兴盛期当在清代，如郑杰《唐陈观察墓志考》、梁玉绳《志铭广例》等，且后承余绪不绝。为何在清前叶学人们如此重

① 康有为著，姜义华、张荣华编校：《广艺舟双楫·备魏第十》，北京：中国人民大学出版社，2010年版，第49页。

② 《北史》卷一百《李产之传》，北京：中华书局，1974年版，第3322页。

③ ［唐］欧阳询：《艺文类聚》卷四十七《职官部三·司徒》，上海：上海古籍出版社，1999年版，第837页。

④ ［美］小罗伯特·B.埃克伦德、小罗伯特·F.赫伯特著，张凤林译：《经济理论和方法史》（第四版），北京：中国人民大学出版社，2017年版，第2页。

⑤ ［德］卡西尔著，甘阳译：《人论》，上海：上海译文出版社，1985年版，第228页。

视墓志文献，这除了与乾嘉时代墓志的大批发现有关外，还得益于清初崇尚"朴学"之风。学者以高古自居，经学中汉学出世，卑视唐宋，唯将精力集中在经史考证与诠释上，即藉金石文字以为证经订史的工具，墓志出土日多，摹拓流传益广。

北朝墓志的出土与研究受到广泛关注始于清代末年，亦与清代书法中的碑帖之争相关联。清代碑学崛起，这是书法发展到一定阶段出现的回归和突进，为北朝墓志研究起到了推波助澜的效用。自北碑倡导以来，这种对北朝石刻的关注不只局限于宇内，甚至波及海外，造成洛阳等地北朝墓葬遭到大肆盗掘。从清末到 20 世纪 30 年代，南北朝墓志，尤其是北朝墓志的出土达到了一个高潮。罗振玉《墓志征存目录》记当时所见目录达 3083 件之多。于右任《鸳鸯七志藏石》记收藏北朝墓志 149 种179 石。自西方新的考古学研究方法传入中土，考古挖掘备具科学，墓志出土亦成规模，呈现出从事著录、研究的学者日益增多趋势。前人与时贤，先在墓志的著录、隶释、整理等方面做了大量工作；再将石刻文字与史料考证相辅相成；然后发展到将墓志的形制、制作方法等都作为研究对象，极大地推进了墓志研究的深入与提高。尤其是近 10 年间，学术界在北朝墓志加以汇集刊布以及对其进行考证研究等方面取得了很大的成果，陆续出版了大批历代的墓志图录、文字集录、集释，发表了大量的考证文章。在考古发掘中新出土的墓志材料也不断被介绍出来，使得墓志研究较以往更为便利。北朝墓志在综合研究方面的成果更是令人瞩目，如在历史地理、文学艺术、金石考古、语言文字、社会文化等方面，学人们发表论文，出版专著，乐此不疲。总之，墓志的研究已从传播介绍逐步走向学术研究领域。

国外也有一批学者致力于石刻文献研究。如日本学者日比野丈夫《关于墓志的起源》、水野清一《墓志的起源》、窪添庆文《墓志的起源及其定型化》、中村圭尔《刘岱墓志铭考——南朝的婚姻和社会阶层》、中田勇次郎《中国的墓志》、福原启郎《西晋の墓志の意义》[①] 等等。

① ［日］水野清一：《墓志について》，《书道全集》第六卷，东京：平凡社，1958 年版；［日］窪添庆文：《墓志的起源及其定型化》，引自中国魏晋南北朝史学会、武汉大学中国三至九世纪研究会《魏晋南北朝史研究：回顾与探索——中国魏晋南北朝史学会第九届年会论文集》，武汉：湖北教育出版社，2009 年版，第 674—694 页；［日］中村圭尔：《刘岱墓志铭考——南朝的婚姻和社会阶层》，东京：东洋学报 61—63，1980 年版；［日］中田勇次郎：《中国の墓志》，《中田勇次郎著作集》，东京：二玄社，1984 年版；［日］福原启郎：《西晋墓の墓志の意义》，引自砺波护《中国中世の文物》，东京：京都大学人文科学研究所，1993 年版。

学者们在北朝墓志研究领域取得了一些可喜的成果，但存在的问题也不少，具体表现在以下几个方面：

　　第一，北朝墓志文献研究相对于中国丰富的石刻文献来说，只是处于起步阶段，零星而不系统，缺乏自己的相对独立性。有的研究只是简单地套用通过文献研究得出的结论，用教条来代替对出土墓志资料具体细致的分析；有的缺乏与历史背景进行主动的、直接的联系；有的缺乏对已出土的墓志资料特性的正确理解和认识；有的缺乏对已有文献资料的认知，对一些问题的认识有误差，往往导致一些错误结论。

　　第二，著录的多，研究的少。历代出土北朝墓志甚多，大多对摹拓、收藏表现某种兴趣，再进一步就是进行墓志整理与图录编排，甚或进行必要的隶释和校订。而现在考古工作者主要是对新出土墓志发表发掘简报或单篇考释文章。于是，墓志编纂与整理就显得庞杂而零乱。目前最为缺乏的是对墓志进行更高层次的研究，那是需要研究者具有必要的素养和下更大气力的一项工作，为此大家常表现出为难情绪，犹如面对丰富的金矿而无法开采，甚是遗憾。

　　第三，缺乏从文献学的角度对北朝墓志进行系统梳理与研究。现有的研究成果只是偶尔表现出对墓志的文献性关照，至今还没有出现一部关于北朝墓志文献的研究专著；已有一些研究成果仅存在于笼统的泛泛而谈，缺乏一种断代式深入的文献考察；另有在墓志文献研究过程中存在着只知其一而不及其余的现象。

　　第四，研究方法显得单一。人们往往注意对一件或几件墓志进行考证，如一个个不相连贯的糖葫芦，缺乏对一批墓志进行综合性的深入研究，即使有之，数量也是有限的。

　　第五，北朝墓志的数字化、网络化建设相对滞后。将中古时期的北朝墓志，甚至整个中古时期的石刻资料数字化使用，同时更为便捷地网络化检索与传递，多层面达到方便检索与利用之目标，则当是学界的又一巨大任务与重要贡献。

　　目前，围绕北朝墓志这一中心，这种断代研究的空白点处处皆是。要填补空白，必须从单一到综合、从微观到宏观、从凌乱到系统、从历史到现实、从表面到内涵，对北朝墓志多视角多方法地进行高层次更深入地研究，充分利用好这份宝贵的文化遗产，去开拓新领域，探论新问题。那是需要研究者具有必要的素养和下更大气力的一项艰巨工作，我们必须为之努力奋斗！

第四节　北朝墓志文献研究的意义、
　　　目标及方法

当下学者认为："墓志是我国历史上的人物传记，是研究我国历史的大百科全书，是极为珍贵的历史档案资料。"① 从中国古典文献学研究领域来说，北朝墓志是一个不可或缺的组成部分，并处于十分重要的文献地位。香港中文大学著名教授饶宗颐先生视觉敏锐，80 年代初，在所撰《唐宋墓志：远东学院藏拓片图录》引言中指出："向来谈文献学（philology）者，辄举甲骨、简牍、敦煌写卷、档案四者，为新出史料之渊薮。余谓宜增入碑志为五大类。碑志之文，多与史传相表里，阐幽表微，补阙正误，前贤论之详矣。"② 是的，断代式地研究北朝的社会、文学、宗法、民俗等方面，都离不开对北朝出土文物的研究，否则各项研究会显得残缺不全。如果说北朝存在具有影响大众的民俗文化，那么墓志可谓独占鳌头，那时没有哪种民俗文化的影响力能够超过墓志。北朝墓志大量记录着那个时代人们的生存状况，保留着那个朝代的特殊文化，如墓志的文字形体多变，使它成为研究古代文字的重要资料；墓志文体脱胎于四言诗，深受《诗经》及历代悼亡诗的影响，四四格式尤多，篇幅长短不一，为运用各种写作手法提供了广阔的天地；墓志大量用典，形成含蓄婉转的文风；墓志本身就是一个语言宝库，对于研究汉语词汇及辞书编纂具有不可低估的价值。总之，北朝墓志的大量出土，为政治、历史、文学、文字、语言、文献、地理、民俗、谱牒、中西交通、社会、经济、宗教传播诸方面的研究提供了丰富的资料，是其他一些考古文字资料所难以相比的。特别是通过墓志这种器物来阐述人类对于生命与死亡的认识，并去探讨人类思想演化的历史应是最有实证意义的。

因为墓志使用年代的久远，相对独立的与固定的外部形制，程式的文体，特定的礼仪意义，特别是出土数量丰富，所以它具有作为独立专题综合研究的有利条件。同时应看到北朝墓志文献研究的任务是繁重的，待研究的课题比比皆是，如墓志的演变过程如何？墓志制作的程序如何？

---

① 余扶危、张剑：《洛阳出土墓志卒葬地资料汇编·前言》，北京：北京图书馆出版社，2002年版，第1页。

② 饶宗颐：《唐宋墓志：远东学院藏拓片图录·引言》，香港：中文大学出版社，1981年版，第1页。

墓志中的一些语词到底做何解释？墓志如何反映当时的礼制？如何甄别墓志文的真伪？墓志中所反映的信息如何统计？北朝"书同文"情况如何？墓志中记录的历史资料如何与史书对校？墓志如何反映当时的社会文化与习俗？南朝与北朝之间的墓志如何比较？墓志如何为鲜卑人接受？如何建立北朝墓志文献研究的理论模式？等等。所以，研究北朝墓志文献存在诸多难点：一是我们缺乏一套研究中国出土墓志文献的理论模式，因此，该论题在研究过程中，第一，既要善于摸索与总结，又要创新与发展。

第二，出土的北朝墓志资料相对庞杂，而提供研究墓志的文献却相对匮乏，这不仅需要检索文献的工夫，而且在研究中还会受到文献资料短缺的困扰。

第三，北朝墓志文献研究跨历史、文学、艺术等诸多学科领域，虽然这一研究课题具有独特的吸引力，但需要有渊博的知识和驾驭文献的能力，这是一项具有挑战性的艰巨任务，须做大量的准备工作，非下大气力不可。

本论著将采取纵向与横向多视角研究相结合的方法，既梳理清晰墓志的发展脉络，又重点关注墓志所蕴含的丰富人文信息、功能、作用和价值的专题研究，使之自成体系的研究，为此，我们主要确立了以下几个目标：

第一，全面而综合考察北朝墓志文献，力图建立起北朝墓志文献研究体系。文献学具有其本身的学术规范，我们需要从文献学的角度重新系统地审视墓志文献，从墓志载体到墓志真伪辨别，从墓志的出土地理分布到墓志的出土时间跨度，从墓志的收藏与保护到墓志文献的开发利用等等，从而填补系统研究北朝墓志文献的空白，建立起一个墓志断代文献研究范式。

第二，深入挖掘北朝墓志文献资料，发现墓志文献中具有价值性的存在，填补现有资料研究的不足与空白。恩格斯说："和任何新的学说一样，它必须首先从已有的思想材料出发，虽然它的根源深藏在物质的经济的事实中。"① 我们必须将墓志放回它们原生的环境中去认识和研究，为其他学科的研究提供必要的学术依据。

第三，大胆地将数理统计的一些方法运用到墓志文献的研究中去，

---

① 中共中央马克思恩格斯列宁斯大林著作编译局：《马克思恩格斯选集》第三卷，北京：人民出版社，1972年版，第404页。

对墓志文献进行必要的分门别类的统计分析，描绘出直观的计量统计图形，开辟墓志计量文献学的新模式，挖掘出隐藏在数字及图形背后的真实，并用数字说出其他文字难以表述的话语。

论题研究的分量无非表现在两个重要方面：一是思想的力量。二是方法的差异。有什么样的研究路径与方法，就有可能结出什么样的研究成果。本论著研究拟从文献学角度出发，以考古材料为依托，以历史文献、考古、文学、文字学、书法、文化史为理论支撑，并借鉴石刻及相关门类的研究成果与方法，对北朝墓志文献的渊源、载体以及文学、史学、社会学、文献学等方面的价值进行多方位、多层次的探索性研究。在研究中力求把握以下几个方面：

第一，以马克思主义的辩证唯物论为指导，确立正确的研究方向，但也适当借鉴当今适用的西方有关理论，坚持理论与实践相结合。

第二，继承和发扬传统的研究方法，尊重史实、史料、证据，采取严谨、踏实的研究态度。

第三，运用王国维提倡的二重证据法，将文献资料与地下出土资料相结合，科学地对待历史，做好"释古"与"正古"工作。

第四，采用个案考察与理论总结、演绎与综合、定性与定量等理论与方法，综合性地研究北朝墓志文献问题，比如运用计量统计的方法，对于墓志样本进行统计分析，得出量化结论而非定性说法。又如利用文献学、文学、历史学、考古学、文化学等多学科领域的理论与方法，综合性、集合式地研究北朝墓志文献问题。

第二章　北朝墓志的出土整理与研究

　　墓志一般是埋在墓室中的，幽秘不见天日。若见墓志，必为出土。迄今墓志出土方式可分为三大种类，即非法盗掘遗留、墓圹自然显露与科学考古发现。古时墓志出土多依靠前两种方式，近现代则主要是有计划地科学发掘。据古文献记载，先秦时期盗掘坟墓是常有之事，所以，北朝坟墓被后人盗掘也不足为奇了。早期盗掘出的墓志因不视为陪葬财物而不为盗墓者所重视，亦未必会引起世人注意，而视之如旧石，常遭丢弃。"国宝"级的许阿瞿"志墓文"画像石，1973 年出土于南阳市东郊的曹魏墓中，是三国人用汉代画像石作墓顶石之用的①。至于北朝人对碑志亦不为珍惜，如郭玉堂《洛阳出土石刻时地记》载，刊刻于北魏延昌四年（515 年）三月十八日《山晖墓志》的志石为晋碑毁治，反面晋刻可辨；赵万里《集释》记葬于北周建德六年（577 年）四月三十日《□安宁墓志》，志为磨旧碑改刻，近下端处尚存旧碑字迹；又，葬于北魏孝昌二年（526 年）正月十三日《吴高黎暨妻许氏墓志》，志石上端截作龛形，内镌佛像，原为造像石后借此刊刻墓志铭文。墓志出土，何时逐渐吸引了世人关注的目光，最早见于南朝梁时萧统《文选》卷五十九单列"墓志"始，而墓志又成为文人雅士收藏与研究对象，当在宋代金石学兴起之后。"古无金石之学，至宋，乃有欧阳公《集古录》、赵明诚《金石录》、洪氏《隶释》及《隶续》、娄氏《汉隶字源》，是金石一家始于宋儒也"②。元、明两代，或因蒙古人入主中原而文化不兴，或因理学盛行坐而论道，金石学渐有衰退迹象。但元代潘昂霄《金石例》却开

---

① 南阳市博物馆：《南阳发现东汉许阿瞿墓志画像石》，《文物》1974 年第 8 期，第 73—75 页；吕凤林：《最早的墓志铭》，《人民日报》(海外版)2003 年 5 月 19 日。

② ［清］皮锡瑞：《南学会讲义》(第七讲)；漆永祥：《乾嘉考据学研究》，北京：中国社会科学出版社,1998 年版,第 13 页。

碑志义例研究之先河。色目人葛逻禄迺贤《河朔访古记》十卷①，突破了金石学家闭门研究铭刻之风气。清朝以降，墓志搜求与研究才真正进入隆盛时期，墓志的史料与文物价值得以发现，名家涌现，著述丰富，开辟了墓志出土整理与研究的新天地。

第一节　清代以前北朝墓志的出土与著录

一、两宋时期北朝墓志的搜访与著录

中国历史进入两宋时期，学术文化获得了极大的发展，陈寅恪先生认为："华夏民族之文化，历数千载之演进，造极于赵宋之世。"② 在重文轻武、"郁郁乎文哉"的社会中，文物搜访和研究达到了一个高峰，欧阳修、赵明诚、米芾等可谓名重一时，领时风之先。

宋人一般将碑与墓志统合起来，没有进行严格区分。当时的碑志整理范式主要为两个方面：第一，进行碑目整理或题跋考证；第二，进行录文整理，并附以题跋考证，间或加以摹刻的碑额图或碑上的图像，碑刻行款、形制介绍的碑式，或按年代先后、按碑志所在的地域进行分类著录考证等。

宋代以文物的分类、藏品的著录等项目皆臻于相当完备的程度。崔文印先生曾将宋代从事金石研究的学者分为四个流派，即"一是以欧阳修、赵明诚为代表的著录派，侧重古器物的存目与考订。二是以吕大临、王黼为代表的图绘器形、摹录款识派，侧重传宣古器物的原形和文字。三是以薛尚功、王俅为代表的录文派，只侧重录写和考释器物铭文，不再涉及器物的图形。四是以张抡、黄伯思等为代表的考评派，侧重对器物功用或铭文的解说"③。崔先生对宋代整个金石学界的概括较为准确，四大流派代表着宋代学者在金石考古学方面的主要成绩，同时也不失墓

---

① ［元］葛逻禄迺贤：《河朔访古记》，记录并考订古遗址、古碑刻著作。书成于至正二十三年（1363 年）。葛逻禄迺贤，字易之，色目人，生卒年月不详。其先世居金山之西一带，元初入仕中国，后随其兄居浙江，遂定居浙江鄞县，曾任浙东东湖书院山长，后荐授翰林国史院编修官，著成《河朔访古记》十六卷。此书明初收入《永乐大典》后，即佚而不传。清乾隆间修《四库全书》时从《永乐大典》中辑出 130 余条，厘为三卷（《四库全书总目提要》著录为二卷），由武英殿聚珍版印行。现存诸条中属常山郡的 60 条，属魏郡的 43 条，属河南郡的 29 条，共 132 条（《四库全书总目提要》共辑出 134 条）。此书突破了自宋代以来金石学家门考订铭刻文字的学风，注重遗址的实地调查，是中国考古学史上较重要的著作之一。

② 陈寅恪：《金明馆丛稿二编》，上海：上海古籍出版社，1980 年版，第 245 页。

③ 崔文印：《宋代的金石学》，《史学史研究》1993 年第 2 期，第 62—71 页。

志研究之功，对我们探究当时的墓志文献研究状况，颇有启发意义。

（一）欧阳修《集古录》与欧阳棐《集古录目》

欧阳修（1007—1072），字永叔，号醉翁、六一居士，吉州吉水人，北宋文学家、史学家、金石学的先驱开拓者。他编辑和整理金石遗文上千卷，并撰成《集古录跋尾》十卷，简称《集古录》，其中前有拓本，后有金文跋20余篇，其他绝大部分为石刻跋尾，这是今存最早的金石学著作。欧阳修《集古录》一书将自己收集到的历代碑刻资料计400余种，均以时代为序著录，于所录石刻一一题跋。该书亦首次著录墓志，如南朝宋大明六年（462年）《宗悫母夫人墓志》、齐《海陵王昭文墓铭》2方，以及唐贞观二十三年（649年）《陈张慧湛墓志铭》等，虽然著录中无北朝墓志，但因有墓志著录和碑志题跋开拓之功值得重视。后其子欧阳棐继承其父衣钵，完成《集古录目》，云："《集古录》既成之八年，家君命棐曰：'吾集录前世埋没阙落之文，独取世人无用之物而藏之者，岂徒出于嗜好之僻，而以为耳目之玩哉？其为所得亦已多矣，故尝序其说而刻之。又跋于诸卷之尾者，二百九十六篇，序所谓可与史传正其阙谬者，已粗备矣。若撮其大要，别为目录，则吾未暇，然不可以阙而不备也。'棐退而悉发千卷之藏而考之曰：呜呼！可谓详矣。"① 而欧阳棐《集古录目》因"撮其大要，别为目录"，成为墓志目录著述之最早。该书虽已亡佚，但后经黄本骥、缪荃孙等辑校，有遗文六卷行世。

赵万里先生云："前人著录古冢墓遗文，盖肇自赵宋之世。欧阳永叔《集古录》首考宋宗悫母夫人、南齐海陵王二志，以补益史传。沈存中《梦溪笔谈》、黄伯思《东观余论》亦详载海陵王志出土始末。知宋人留意于前代薶幽之文，亦与三代彝器两京碑刻无异。"②

欧阳氏父子二书开启了历代碑刻亦包括墓志的专题研究和目录著述之先河，为后人留下了宝贵的文化财富。唯有遗憾只存目录未录志文及跋尾过简。

（二）赵明诚《金石录》

赵明诚（1081—1129），字德父，密州诸城人，著名金石学家。他幼好金石之学，终生不渝，写就《金石录》。是书以所藏三代彝器及汉唐以来石刻，仿欧阳修《集古录》例编排成帙。前十卷皆以时代为次，

---

① ［宋］欧阳修撰：《集古录跋尾》，［宋］欧阳棐撰：《集古录目·集古录目记》，上海：上海古籍出版社，2020年版，第405页。

② 赵万里：《集释·序》，北京：科学出版社，1956年版，第1页。

自第一至二千咸著于目。每题下注年月、撰书人名；后二十卷为辨证，凡跋尾502篇。《金石录》是宋代收录较为丰富的金石学代表作，其"序"言："余自少小喜从当世学士大夫访问前代金石刻词，以广异闻。后得欧阳文忠公《集古录》，读而贤之，以为是正讹谬，有功于后学甚大。惜其尚有漏落。又无岁月先后之次，思欲广而成书，以传学者。……自三代以来，圣贤遗迹著于金石者多矣。盖其风雨侵蚀，与夫樵夫、牧童毁伤沦弃之余，幸而存者止此耳。"[①] 全书收石刻1900余种，只收入了107方历代墓志，其中著有北朝墓志7方，即有目有跋者3方，有目无跋者3方，无目有跋者1种。该书著录的信息甚为明细，如志名、刊刻时间、撰书者等内容。具体列表示意如下：

表2-1

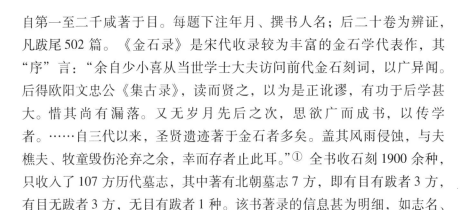

序号	志名	刊刻时间	备注
第三百四十五	后魏张夫人墓志	北魏延昌元年（512）十月	有目无跋
第三百五十四	后魏瀛州刺史孙惠蔚墓志	北魏神龟元年（518）五月	有目有跋
第三百八十五	东魏张早墓志	东魏兴和二年（540）十月	有目无跋
第三百八十九	魏岐州刺史王毅墓志	西魏大统九年（543）十月	有目无跋
第四百二十	后周太学生拓跋府君墓志	北周保定元年（561）十一月	周弘正撰 有目有跋
第四百三十四	后周同州刺史普六如忠墓志	北周天和三年（568）七月	有目有跋
第四百四十四	后周温州刺史乌丸僧修墓志	北周天和七年（572）三月	无目有跋

赵明诚在著录之余，略作考究。《后魏孙公墓志》不载姓名、乡里、年寿，赵氏根据其志文考证出孙公为《魏书·儒林传》中的孙惠蔚。《后周太学生拓跋府君墓志》载"君讳吐度真"，赵氏从该"虏语"名中看出玄机，虽然自孝文帝尽易"虏语"姓氏，北周却复改从旧，故不足怪也。《后周同州刺史普六如忠墓志》与《后周温州刺史乌丸僧修墓志》跋尾中，赵氏以《志》考史传文献，并认为"皆当以《墓志》为正"，可资借鉴。赵万里言："视欧赵征文考献，孳孳惟恐不足，固有间矣。顾欧赵考证虽密，然未录志文，使人无由窥豹，终为憾事。"[②] 可见，赵明诚《金石录》有以传后学之功，却亦有只存目录未录志文，且跋尾过简之憾。

① ［宋］赵明诚撰，金文明校证：《金石录校证·金石录序》，桂林：广西师范大学出版社，2005年版，第1—2页。
② 赵万里：《集释·序》，北京：科学出版社，1956年版，第1页。

（三）郑樵《金石略》

郑樵（1104—1162），字渔中，福建莆田人，因居县内有夹漈山，学者尊称为夹漈先生。郑氏所著《通志》二十略，其中专列《金石略》。郑氏《金石序》云："今之方册所传者，已经数千万传之后，其去亲承之道远矣。惟有金石所以垂不朽，今列而为略，庶几式瞻之道犹存焉。"① 郑氏著录北朝墓志与赵明诚《金石录》著录虽有雷同，但郑氏有渐广之功，且首次将墓志收录于史学著作之中，亦当属开创之举。

（四）陈思《宝刻丛编》

陈思，字续芸，宋临安（杭州）人。曾编刊《宝刻丛编》《海棠谱》《书苑英华》《小字录》及《两宋名贤小集》等。《宝刻丛编》二十卷，卷帙浩繁，文献价值不菲。该书的著录从战国时秦国石鼓文、诅楚文到五代时的石刻文字的目录。全书按《元丰九域志》所载宋朝地方行政区划编排，并包括了淮河以北地区。将保存于各州郡的石刻名目依年代顺序排出，凡地点不详的石刻都列在第二十卷之中。书中每条石刻名称之后，摘录了各家的题跋，主要有《集古录》《金石录》《隶释》《隶续》，还有《诸道石刻录》《访碑录》《京兆金石录》《复斋碑录》，以及曾南丰《集古录》《资古绍志录》等。《四库全书总目提要》对其评价为："然金石目录自欧阳修、赵明诚、洪适三家以外，惟陈思《宝刻丛编》颇为该洽，而又多残佚不完。独此书搜采赡博，叙述详明，视郑樵《金石略》、王象之《舆地碑目》，增广殆至数倍。前代金石著录之富，未有过于此者。深足为考据审定之资，固嗜古者之所取证也。"该书从卷20开始著录北朝墓志，计有4方，皆出自于《金石录》，且比其著录的北朝墓志少了3方。

表2-2

序号	志名	刊立时间	出处
1	瀛州刺史孙惠蔚墓志	北魏神龟元年（518）五月立	《金石录》
2	张早墓志	东魏兴和二年（540）十月立	《金石录》
3	同州刺史普六如忠墓志	北周天和三年（568）七月立	《金石录》
4	温州刺史乌丸僧修墓志	北周天和七年（572）三月立	《金石录》

（五）董逌《广川书跋》

董逌为北宋藏书家、书画鉴定家。《广川书跋》（全十卷）是董氏著

---

① ［宋］郑樵：《通志·金石略·金石序》，北京：中华书局，1995年版，第1843页。

录金石碑帖并鉴赏点评之作，即于金石与法书碑版并重。卷六为三国至隋代碑帖，凡 42 种。其中跋北周《乌丸僧修墓志》1 方。首先节录志文，分析乌丸僧修世袭；其次结合传世文献，考证乌丸氏迁徙及改姓；最后论述建德改元史实。跋文 500 余字，考论精当。今《乌丸僧修墓志》已亡佚，幸赖该书存其大略，故其史料价值颇高。至于其他辨真伪、订源流、求旁证之论，都相当严谨。

总之，赵宋时代，随着古器物大量出土，学者亦勤加搜集研究，继刘敞、欧阳修之后，吕大临、薛尚功、黄伯思、赵明诚、洪适等各有著述，形成了一种专门的学问金石学。王国维云："宋人治此学，其于搜集、著录、考订、应用各方面无不用力，不百年间遂成一种之学问。"① 宋代学者在对文物的分类、藏品的著录中，包括北朝在内的墓志通常夹杂在石刻文献的著录与考订中，作为石刻文献存目的构成部分而存在，并未以独成体系之面貌呈现。

二、元、明时期北朝墓志的著录及释例

元、明时期，文物的搜访和研究没有间断，但其水平不及宋代。金人蔡珪《古器物谱》为较早的古器物谱录。元代潘昂霄《金石例》发明了石刻释例之学，对以后的石刻文献研究产生了深远的影响。

潘昂霄，字景梁，号苍崖，元代济南历城人，谥文僖。潘氏雄文博学，为世所重，著《金石例》，采集秦汉及唐宋诸家金石文例，发凡起例，编纂而成，主要讨论碑、碣、墓志等石刻文献的起源、制度、格式等基本问题。是书一卷至五卷述铭志之始，于品级、茔墓、羊虎、德政、神道、家庙、赐碑之制，一一详考；六卷至八卷述唐韩愈所撰碑志，以为括例，于家世、宗族、职名、妻子、死葬日月之类，咸条列其文，标为程式；九卷则杂论文体；十卷则史院凡例。《四库全书总目提要》云："其书叙述古制，颇为典核。虽所载括例但举韩愈之文，未免举一而废百。然明以来金石之文，往往不考古法，漫无矩度，得是书以为依据，亦可谓尚有典型，愈于率意妄撰者多矣。"《金石例》指墓志碑文的写作体例，最先注意到碑志文字义例。原为讲明古代金石文体，以匡正当时萎靡不振的文风，但由于取材多为金石文制及碑碣墓铭等史料，成为后世金石学家编纂考订金石文物之书的重要参考。作为石刻释例之学的先

---

① 王国维：《宋代之金石学》，引自《王国维论学集》，北京：中国社会科学出版社，1997 年版，第 201 页。

导，受其启发和影响，明清以来，续补之作愈出愈多，如明代王行《墓铭举例》、清代黄宗羲《金石要例》；嘉庆、道光年间金石义例专著接踵问世，有梁玉绳《志铭广例》、李富孙《汉魏六朝墓铭纂例》、郭恁《金石例补》、吴镐《汉魏六朝墓志金石学》与《唐人志墓金石例》、梁廷艳《金石称例》、冯登府《金石综例》、王芑孙《碑版文广例》、刘宝楠《汉石例》、鲍振芳《金石订例》、郭麐《金石例补》等。如此，光绪十一年朱记荣辑编成《金石全例》，收入相关十种金石义例研究专著，标志着金石义例之学在清代成熟，从此，释例之学逐渐成为一种学术传统。

元末明初陶宗仪《古刻丛抄》曾辑录志铭原文。

进入明代，学者们将金石志书的著录形式有所改进，如按地域之别来著录，或扩展至全国。如顾起元《金陵古金石考目》专录金陵地区金石存佚情况；又见于奕正《天下金石志》按省、府、县著录北直隶至贵州十五地碑刻1000余种。"这种按地域著录金石的志书，有利于宏观通览全国金石分布情况，但过分追求宏观，抄录前代志书，以及忽略北朝墓志，也导致各地碑志数目未至详尽"①。

明代学者也留意于石刻文字的搜集，开拓了研究领域。如以辑录全文的方式保存石刻文献（碑刻68种），其代表者为都穆《金薤琳琅》和《吴下塚墓遗文》。其中《吴下塚墓遗文》一书收录绝大多数都是墓志录文，没有题跋考证，也没有附拓本图版。又以题跋考证的方式研究石刻文献，其著名者为赵崡《石墨镌华》、郭宗昌《金石史》和胡谧（生卒年不详）《山西金石记》。而南北朝题跋著述中，尤以胡谧《山西金石记》为代表。《山西金石记》（10卷），仅收录山西金石，计《张黑女墓志》《龙骧将军杜何拔墓志》《侍中骠骑大将军太保刘懿墓志》《彭城太妃墓志》《齐侍中开府仪同三司韩祐墓志》《齐赵郡太守申穆墓志》《齐中山太守苏顺墓志》7方，均为前世未见著录者。在题跋内容上，该书首先著录刊刻年代、书体及收藏地；其次对墓志进行考证，若有前贤论说，则引其文后再加按语，称引《集古录》《金石录》《金石略》等较多。这种体例对后生的此类著述的编纂产生了广泛的影响。又见王行《墓铭举例》更是对墓志铭写作方法进行分析的专书等。

明代学术不很发达，但学者留意于石刻文字的搜集，在以辑录全文的方式保存石刻文献，开拓了研究领域。

---

① 王连龙：《南北朝墓志集成·前言》，上海：上海古籍出版社，2013年版，第3页。

第二节　清代北朝墓志的出土整理与研究

一、朴学开道

清代是金石学的鼎盛期，金石之学成为专学，故梁启超云："金石学之在清代又彪然成一科学也。"① 明亡之后，取而代之的是崛起于关外的清王朝，学者痛定思痛，时代学术主潮由厌倦主观的冥想而转向于客观的考察②。《四库全书总目提要》云"盖明代说经，喜骋虚辨。国朝诸家，始变为征实之学，以挽颓波。古义彬彬，于斯为盛！"③ 清初征实学风为朴学之兴起了先导作用。乾隆学者洪亮吉云："迨我国家之兴，而朴学始辈出，顾处士炎武、阎征君若璩首为之倡。"④ 乾隆之世，已厌旧学。乾隆以前的金石学尚不发达，乾嘉学者实事求是，形成学宗汉儒的考据之风。风气既开，一扫悬揣之空谈，而金石学亦沿波而起。乾嘉学派为考订经史而广泛搜考金石文字，推动金石学迅速发展。梁启超谈到清代金石学时言："此学极发达，里头所属门类不少，近有移到古物学的方向。"⑤

清代碑学的发展脉络为"郑燮、金农发其机，阮元导其流，邓石如扬其波，包世臣、康有为助其澜，始成巨流耳"⑥。马宗霍又将清碑学发展分为两个阶段：嘉道之际为唐碑期，而咸同之际为北碑期。据统计，现存金石学著作中，北宋至乾隆以前 700 年间仅有 67 种，其中宋人著作 22 种；而乾隆以后约 200 年间却有 906 种之多；清代以前的金石学家 360 人，而清一代达 1056 人，占总数的三分之二以上⑦。金石著作之多，金石学家之众，足以说明金石学在朴学时兴后的盛状。康有为于 1889 年脱稿的《广艺舟双楫》为碑学理论集大成之作，自 1891 年始的 7 年间印刷达 18 次之多，可见流布深广。其言："碑学之兴，乘帖学之坏，亦因金石之大盛也。……出碑既多，考证亦盛，于是，碑学蔚为大国。适乘帖微，入缵大统，亦其宜也。"又云：

---

① 梁启超：《清代学术概论》，上海：上海古籍出版社，1998 年版，第 58 页。

② 梁启超：《中国近三百年学术史》，北京：东方出版社，1996 年版，第 5、1 页。

③ 《四库全书总目提要》卷十六经部·诗类二《毛诗稽古编》册一，第 323 页。

④ ［清］洪亮吉：《卷施阁文甲集》卷九《邵学士家传》。

⑤ 梁启超：《中国近三百年学术史》，北京：东方出版社，1996 年版，第 29 页。

⑥ 丁文隽：《书法精论》，北京：人民美术出版社，1986 年版，第 96 页。

⑦ 金石学著作据容媛《金石书录目》、金石学家据朱剑心《金石学》统计，参见陈星灿：《中国史前考古史研究(1885—1949)》，北京：生活·读书·新知三联书店，1997 年版，第 58 页。

乾、嘉之后，小学最盛，谈者莫不藉金石，以为考经证史之资。专门搜辑著述之人既多，出土之碑亦盛。于是山岩屋壁、荒野穷郊，或拾从耕父之锄，或搜自官厨之石，洗濯而发其光采，摹拓以广其流传。若平津孙氏、侯官林氏、偃师武氏、青浦王氏，皆辑成巨帙，遍布海内。其余为《金石存》《金石契》《金石图》《金石志》《金石索》《金石聚》《金石续编》《金石补编》等书，殆难悉数。故今南北诸碑，多嘉、道以后新出土者，即吾今所见碑，亦多《金石萃编》所未见者。出土之日，多可证矣。①

　　此处康氏所言之"碑"已涵盖"墓志"，在其罗列北朝碑之名目中就含有：

表2-3

序号	墓志名称	刻志时间
1	司马元兴墓志	永平四年
2	司马景和妻孟敬训墓志铭	延昌三年
3	刁遵墓志铭	熙平元年
4	司马昞墓志铭	正光二年
5	郑道忠墓志	正光三年
6	陆希道墓志盖	正光四年
7	鞠彦云墓志	正光四年，有盖
8	李超墓志铭	正光五年
9	吴高黎墓志	孝昌三年
10	刘玉墓志铭	孝昌三年
11	张玄墓志	普泰元年
12	司马升墓志	天平三年
13	李宪墓志	元象元年
14	高湛墓志铭	元象元年
15	王偃墓志铭	武定元年，有盖篆书
16	崔颋墓志	天保四年

---

① 康有为著，姜义华、张荣华编校：《广艺舟双楫·尊碑第二》，北京：中国人民大学出版社，2010年版，第11—12页。

序号	墓志名称	刻志时间
17	王怜妻赵氏墓志	天保六年，有额
18	皇甫驎墓志	延昌四年
19	房周陁墓志	天统元年
20	朱岱林墓志铭	武平元年，有额
21	李琮墓志	武平五年，有侧
22	陈留太守墓志	残石
23	梁子彦墓志	武平二年
24	贺屯植墓志	保定四年
25	时珍墓志	宣政元年

清代墓志研究成为碑学的一部分，乃时代使然，正如康氏言清季之碑学，"道光之后，碑学中兴，盖事势推迁，不能自己也"①。到了同治、光绪年间，金石学成为其时最流行的几种学问之一②。

二、出土与搜访

乾嘉朴学推动鉴赏文物之风炽盛，此风又激发清人对古物的搜求最力。故从道光年间始，官吏如阮元、张廷济、吴荣光、刘喜海、吴式芬等皆搜访钟鼎彝器和碑刻拓本既多且精而著称于时，成为清代后期金石碑版鉴藏的开启风气者。

北朝墓志的出土，主要集中在北朝历代统治中心及名门望族墓地。这一特点的形成，显然是传统的聚族而葬的古老习俗，在门阀世族制社会里发展膨胀的结果。地不爱宝，墓志出土日多，康有为云："然道、咸、同、光，新碑日出，著录者各有不尽。学者或限于见闻，或困于才力，无以知其目而购之。知其目矣，虑碑之繁多，搜之而无尽也。"③ 文人雅士搜访墓志的目的无非三者：一为以之证史，作为文史资料看待。二为喜好其书法，从书法角度洞察之。三为玩赏古物，其中也不免附庸作雅之人。但清代后期，时代的大趋势发生了较大转折，偏重于经世致

① 康有为著，姜义华、张荣华编校：《广艺舟双楫·尊碑第二》，北京：中国人民大学出版社，2010 年版，第 11 页。

② 梁启超：《中国近三百年学术史》，北京：东方出版社，1996 年版，第 34 页。

③ 康有为著，姜义华、张荣华编校：《广艺舟双楫·尊碑第二》，北京：中国人民大学出版社，2010 年版，第 14 页。

用的今文经学势力逐步扩大，导致社会搜访、鉴藏金石碑版活动更多地是出于对收藏价值和艺术风格的追求。

表2-4　　　　　　　　清代出土部分北朝墓志

序号	墓志名称	刻志时间	出土时间	出土地点
1	刁遵墓志	北魏熙平二年（517）	雍正年间	河北南皮刁楼废寺址
2	司马绍墓志①	北魏永平四年（511）	乾隆二十年（1755）	河南孟县东北葛村
3	司马昞墓志	北魏正光元年（520）	乾隆二十年（1755）	河南孟县东北葛村
4	孟敬训墓志	北魏延昌三年（514）	乾隆二十年（1755）	河南孟县东北葛村
5	司马升墓志	东魏天平二年（535）	乾隆二十年（1755）	河南孟县东北葛村
6	陆希道墓志	北魏正光四年（523）	乾隆五十四年（1789）移置县忠义祠	河南孟县张河村
7	韩显宗墓志	北魏太和廿三年（499）	同治年间（一说为光绪十六年，即1890）	河南洛阳西北水口村
8	王绍墓志	北魏延昌四年（515）	光绪年间	河南洛阳北南陈庄南
9	陆绍墓志	北魏建义元年（528）	光绪年间	河南洛阳东北马沟
10	于纂墓志	北魏孝昌三年（527）	宣统元年（1909）	河南洛阳东北刘家坡村
11	元飏墓志	北魏延昌三年（514）	宣统二年（1910）	河南洛阳北张羊村西北姚凹村
12	石婉墓志	北魏永平元年（508）	宣统年间	河南洛阳北张羊村南
13	郑子尚墓志	北齐武平五年（574）	清末端方家藏	河南安阳或山东郓城
14	元演墓志	北魏延昌二年（513）	清代末年	河南洛阳北张羊村
15	元飏妻墓志	北魏延昌二年（513）	宣统二年（1910）	河南洛阳北张羊村西北姚凹村
16	元珍墓志	北魏延昌三年（514）	清代末年	河南洛阳北张羊村西北姚凹村

① 司马昞及妻孟敬训墓志铭，与昞的父亲绍（亦称司马元兴），另有司马的族人昇的墓志铭一起于乾隆二十年（1755年）于河南省孟县出土，史书称"四司马墓志"。

序号	墓志名称	刻志时间	出土时间	出土地点
17	元祐墓志	北魏神龟二年（519）	清代末年	河南洛阳北高沟西
18	李彰墓志	北魏太昌元年（532）	清代末年	河南洛阳东北20公里省庄村南
19	显祖嫔侯骨氏墓志铭	北魏景明四年（503）	宣统三年（1911）	河南洛阳北安驾沟
20	朱岱林墓志	北齐武平二年（571）	雍正三年（1725）	访见于山东寿光北田刘村
21	高植墓志	北魏正光二年（521）	康熙年间	山东德州
22	崔颙墓志	北齐天保四年（553）	乾隆年间	山东益都
23	高湛墓志①	东魏元象二年（539）	乾隆十四年（1749）	山东德州卫第三屯
24	王偃墓志	东魏武定元年（543）	光绪元年（1875）	山东陵县东门外3里河刘家庄
25	时珍墓志	北周宣政元年（578）	光绪七年（1881）	山东诸城西古娄乡
26	李谋墓志	北魏孝昌二年（526）	光绪十八年（1892）官府没收得此石	山东安丘
27	房周陁墓志	北齐天统元年（565）	光绪初年	山东益都
28	鞠彦云墓志②	正光四年（523）	光绪初年	山东黄县
29	高肱墓志	北齐天统二年（566）	光绪初年	河北磁县
30	贾瑾墓志	北魏普泰元年（531）	光绪年间	山东长山县
31	逢哲墓志	北齐武平二年（571）	宣统元年（1909）	山东沂水县
32	李璧墓志	北魏正光元年（520）	宣统年间	山东德州
33	李颐墓志	北魏孝昌二年（526）	清代	山东昌邑
34	刘颜砖志	北魏熙平元年（516）	光绪年间	河北保定望都县东关外里
35	刘懿墓志	东魏兴和二年（540）	道光初年	山西忻县西九原岗

① 高湛墓志见于多家金石著述，有钱大昕《潜研堂金石文跋尾》、阮元《山左金石志》、王昶《金石萃编》、洪颐煊《平津读碑记》、黄本骥《古志石华》、朱士端《宜禄堂金石记》、傅以礼《有万憙斋石刻跋》、李宗莲《怀岷精舍金石跋尾》、罗振玉《山左冢墓遗文》、赵万里《集释》等。高湛为高肇之次子。

② 《鞠彦云墓志》见于汪鋆《十二砚金石过眼续录》、范寿铭《循园古冢遗文跋尾》、罗振玉《山左冢墓遗文》、吴鼎昌《慕汲轩志石文录续编》、赵万里《集释》等多种著述著录。

三、著录、考释与研究

清代金石学著作颇多，且多有特色，江阴缪荃孙云："自来考金石者，以国朝为极盛，郡多专志，代有名家。"① 在早期的金石学著述里，学者多偏重于碑志而略于鼎彝。梁玉绳《志铭广例》、李富孙《汉魏六朝志墓金石例》、吴大澂《愙斋集古录》、毕沅《关中金石记》、孙星衍《寰宇访碑录》、端方《陶斋藏石记》、王昶《金石萃编》等从不同方面反映了金石学发展的水平。后来，金石学著作出现了一些新的类别，专记一个时代的如《两汉金石记》；专记一个地区的有《两浙金石志》；另外还有资料汇编以及金石学史方面的著作，如《金石学录》等也都纷纷出现。梁启超总结清代金石学研究状况时云②：

> 金石学之在清代又彪然成一科学也。自顾炎武著《金石文字记》，实为斯学滥觞。继此有钱大昕之《潜研堂金石文字跋尾》，武亿之《金石三跋》，洪颐煊之《平津馆读碑记》，严可均之《铁桥金石跋》，陈介祺之《金石文字释》，皆考证精彻，而王昶之《金石萃编》，荟录众说，颇似类书。其专举目录者，则孙星衍、邢澍之《寰宇访碑录》。其后碑版出土日多，故《萃编》《访碑录》等再三续补而不能尽。

> 顾、钱一派专务以金石为考证经史之资料，同时有黄宗羲一派，从此中研究文史义例。宗羲著《金石要例》，其后梁玉绳、王芑孙、郭麐、刘宝楠、李富孙、冯登府等皆赓续有作③。别有翁方纲、黄易一派，专讲鉴别④，则其考证非以助经史矣。包世臣一派专讲书势⑤，则美术的研究也。而叶昌炽著《语石》，颇集诸派之长，此皆石学也。

（一）武亿《授堂金石跋》

清代武亿（1745—1799），字虚谷，一生搜集碑刻逸闻，著述颇丰，

---

① ［清］胡聘之：《山右石刻丛编》缪荃孙序，南昌：江西人民出版社，1988 年影印本。

② 梁启超：《清代学术概论》，上海：上海古籍出版社，1998 年版，第 58 页。

③ ［清］梁玉绳《志铭广例》二卷、王芑孙《碑版文广例》十卷、郭麐《金石例补》二卷、刘宝楠《汉石例》六卷、李富孙《金石学录》四卷、冯登府《金石综例》四卷。

④ ［清］翁方纲《两汉金石记》廿二卷，黄易《访碑图题记》一卷等。

⑤ ［清］包世臣《艺舟双楫》六卷，附录三卷，《安吴论书》一卷。

主要有《授堂金石三跋》十卷、《授堂金石文字续跋》十四卷（当代合而名为《授堂金石跋》二十四卷），以及《偃师金石遗文记》《安阳县金石录》《读史金石集目》《（嘉庆）宝丰县志》《钱谱》等。《授堂金石跋》是武氏毕生心血之结晶，共搜集金石文字619篇，上起西周，下迄元朝。有关墓志共计53篇，其中北朝墓志9篇，分别是北魏《司马升墓志铭》《司马元兴（司马绍）墓志铭》《司马景和妻墓志铭》《洛州刺史刁遵墓志铭》《司马景和墓志铭》《崔敬邕墓志铭》《陆希道墓志铭》；东魏《法师惠猛墓志铭》；北齐《开府仪同三司韩祐墓志铭》。每一篇文字皆先录文后跋语，考证精核，甚至对顾亭林《金石文字记》、欧阳修《集古录》中考订失当处予以指谬。《授堂金石跋》运用北朝墓志解决一些学术问题，价值颇高，值得后人效仿。

第一，纠误。如关于司马楚之之子的名字问题，一般史书皆谓司马延宗，而武氏引《司马升墓志铭》所载，司马楚之之子名司马进宗，并非"延宗"，当以墓志为正。

第二，补阙。如在《司马元兴墓志铭》跋中指出《晋书》之失，司马元兴为河间王钦之玄孙，"然史未尝著其详，则史之疏也"。又多处补《魏书·司马叔璠传》之缺失，云："《魏书·司马叔璠传》但云：'父县之'，亦不载其历官、赠谥……又《志》文云：'大魏蒙授安远将军、丹阳侯'与史《传》同。其'赠平西将军、雍州刺史，谥曰简公，'《传》更未之及。叔璠次子道寿，史载其为'宁朔将军宜阳子'。与《志》文合。惟《志》言：'骠骑府从事中郎、镇西将军、洛阳王府长史，'《传》亦略而不书，宜皆取征于此文也。元兴亦见《魏书》，但云'道寿长子元兴袭父爵'而已，今《志》石题首'违故宁朔将军、固州镇将、镇东将军、渔阳太守，宜阳子'，史指其'袭父爵'，以'宁朔将军，宜阳子并与道寿爵父同也'。然《志》文云：'君讳绍，字元兴'，史录其字，而佚其名，其为缺记，其小失也哉！"

第三，考释。如《开府仪同三司韩祐墓志铭》中记载韩祐历官"授陵江将军、食招越县干"。《集古录》云："食县干，入官衔，盖当时之制，亦不可详也。"武氏考订为："南北朝多有干僮，以给杂役。《碑》称'食县干'，当由出钱供役，而食其资，亦如食邑，户入官衔之比，理可通也。"

第四，发现新行状例。如《崔敬邕墓志铭》之文体中叙述崔敬邕三代为皇祖考与皇祖妣、皇考与皇妣及其夫人，"此惟行状序三代有此式，今用于《志铭》，亦金石例所希也"。

第五，正俗。如《法师惠猛墓志铭》云："法师缘姓阴氏，燉煌人。"武氏云："书僧云缘姓，不作俗姓，亦为《志》释氏者，又举一例。"

（二）钱大昕《潜研堂金石文跋尾》

清人钱大昕（1728—1804），字晓徵、及之，一字辛楣，号竹汀，晚又号潜𡩋老人，嘉定外冈人。钱氏学养丰厚，凡文字、音韵、训诂、历代典章制度、官制、氏族、古今地理沿革、金石画像、篆隶、算术、历法等无不精通。而金石研究为其学术生涯之重要领域，自言："金石之学，与经史相表里。"因为"金石铭勒，出于千百载以前，犹见古人真面目，其文其事，信而有征，故可宝也。"又云："碑志之文，近于史者也。"① 钱氏治史，能利用金石文字资料，与文献记载互相参证，以证史、补史、考史、辨伪。除《廿二史考异》《十驾斋养新录》中，有不少以金石文字谈史的篇章，以及编有《天一阁碑目》二卷外，而集中他研究金石成果的是《潜研堂金石文跋尾》。

钱氏于乾隆三十六年（1771年），累积题跋厘为六卷，题名为《金石文跋尾》，由其门生李文藻刊印行世。其中录文并题跋北朝《司马绍墓志》《刁遵墓志》《高植墓志》《李超墓志》《高湛墓志》《朱岱林墓志》等 6 种。后《金石文跋尾》从正集、续集（乾隆四十六年《续刊金石文跋尾》七卷），直到三集六卷（乾隆五十三年）、四集六卷（嘉庆八年）、长沙龙氏刻本（光绪十年），则将四集汇成一书，分元、亨、利、贞四集，前后历时 30 余年，胡元常又在《潜研堂全书》中编定为二十卷，共 800 余条，于前人所著录予以辨伪、改题、考误、增补等，尤为卓荦。王鸣盛称自宋以来著录家完备可称者有欧阳修、赵明诚、都穆、赵崡、顾炎武、王澎、朱彝尊七家，而竹汀《潜研堂金石文跋尾》乃尽掩七家出其上，遂为古今金石之冠② 。钱氏家藏拓本二千余种，加上其终生搜集的金石铭刻录为《潜研堂金石文字目录》八卷（乾隆四十七年）和《附录》二卷（乾隆四十九年），以朝代先后为序，注明石刻的撰、书、题者之名，雕刻的年月，存佚地点以及书体之别异等，不明者阙之，漫灭残缺者注明之，无确切年代者附于每代末以俟后人考稽。钱氏云："自宋以来，谈金石刻者有两家：或考稽史传，证事迹之异同；或

---

① 漆永祥：《乾嘉考据学研究》，北京：中国社会科学出版社，1998 年版，第 193—194 页。

② ［清］钱大昕：《潜研堂金石文跋尾·王鸣盛序》，引自《嘉定钱大昕全集》，杭州：浙江古籍出版社，1997 年版。

研讨书法，辨源流之升降。"① 其金石之学掩盖前人及时贤之处亦主要在于以金石材料考证史传方面，以至于"横纵钩贯，援据出入"，取得了"超轶前贤"的成就②。

（三）王昶《金石萃编》

清人王昶（1725—1806），字德甫，一字兰泉，又字琴德，号述庵，江苏青浦人。王氏学识广博，通经史考据之学，并受当时学术风气的影响，酷嗜金石之学。自云："余弱冠即有志于古学，及壮游京师始嗜金石。朋好所赢，无不丐也。蛮陬海澨度可致，无不索也。两仕江西，一仕秦；三年在滇，五年在蜀，六出兴桓而北，以至往来青、徐、兖、豫、吴、楚、燕、赵之境，无不访求也。"③ 王氏前后花费了将近 50 年，于嘉庆十年（1805 年）汇编完成《金石萃编》一百六十卷，乃为中国石刻文献研究史上的一部经典之作。

《金石萃编》突出的贡献就是保存了大量石刻文献。王氏认为："夫旧物难聚而易散也，后人能守者少而不守者多也。使瑰伟怪丽之文销沉不见于世，不足以备通儒之采择，而经史之异同详略，无以参稽其得失，岂细故哉！"④ 而其突出特点为收录的资料相对完备。全书收录的金石拓本共计 1094 种，每种拓本不论篇幅长短，全部照录原文，对于剥泐残损的地方，则以"□"代替所缺文字，以待将来增补。这种纂录原文的方式虽说并非创始于王氏，宋、元、明三代都曾有人这样做过，但是王氏一书堪称是录文类著作中的上乘之作。是故，顾燮光评语："青浦王述庵司寇搜罗古刻一千五百余通，成《金石萃编》一百六十卷，甄录全文，详载行款，缀附题跋，费五十年光阴，集廿余人智力，成此伟著，自谓'欲论金石，取足于此，不烦他索'，殆非夸语。"⑤

《金石萃编》收录北朝墓志 8 方，分别是北魏司马元兴、司马景和妻、刁遵、高植、司马昞、怀令李超；东魏司马昇、高湛等墓志。王氏先载各志的出土、传拓、收藏及其品相状况，再跋文阐释墓志文内容，大多比照史书予以考订。如《高植墓志》记："石高三尺四寸，广二尺

---

① ［清］钱大昕：《潜研堂金石文跋尾·王鸣盛序》，引自《嘉定钱大昕全集》，杭州：浙江古籍出版社，1997 年版。

② ［清］钱大昕：《潜研堂金石文跋尾·王鸣盛序》，引自《嘉定钱大昕全集》，杭州：浙江古籍出版社，1997 年版。

③ ［清］王昶著，王其祎校点：《金石萃编·序》，北京：中国书店出版社，1985 年影印本，第 1 页。

④ ［清］王昶著，王其祎校点：《金石萃编·序》，北京：中国书店出版社，1985 年影印本，第 2 页。

⑤ 顾燮光著，王其祎校点：《梦碧簃石言》，沈阳：辽宁教育出版社，2001 年版，第 179 页。

三寸五分。二十一行，每行二十八字。正书。今在德州田氏家。"又有按语："此碑从德州田氏家藏残石拓出，碑中一穿，径八寸许而不圆，似经后人凿损者，余未损处亦多磨泐。左空处有'龙飞凤舞'四字，笔画字体迥与本碑不同，文义不相联属，疑是后人妄刻。"其出土经过记为："景州城东十八里，有村名六屯，本蓚地割属惠州，河岸雨圻得一石，土人取之置野寺中，字迹残阙，什（十）不存一矣。"①又比照史书核定高植身世。其对墓志出土及存放经过、传拓尺寸以及以史书核定高植身世等方面均记述的十分详赡，成为《金石萃编》的突出特色。

清代后期金石学的一个明显趋势是在广泛搜集的基础上，收藏、著录都开始向着系统全面的方向发展。顾燮光云："继《萃编》成书者，如吴氏《筠青馆金石记》、瞿氏《古泉山馆金石文编》、严氏《金石萃编正续》、朱氏《金石萃编补辑》，今均不传。陆蔚庭《八琼室金石文字补正》若干卷，原稿虽存，未有刻本。陆氏《金石续编》二十一卷，已梓印于世，足与媲美。其余如方氏《金石萃编补正》、黄氏《金石萃编补目》、王氏《金石萃编补略》、毛氏《金石萃编补遗》，具体而微，不足观矣。"②武进陆耀遹《金石续编》仅收北齐《朱岱林墓志铭》1方，但为长文，共1349字。大兴方履篯《金石萃编补正》四卷，惜无一篇北朝墓志。清天门胡聘之整个仿照王昶《金石萃编》体例，撰《山右石刻丛编》，"己亥仲冬付梓，辛丑季秋讫工"即清光绪二十七年（1901年）刊本，洋洋四十卷，撰其目的"专主存并冀之文献补诸史之阙略，不矜宝刻之宏富，侈艺林之雅谈"③，而只收录了北朝墓志1方，即《刘懿墓志》。另外，孙星衍、严可均《平津馆金石萃编》、刘承干《希古楼金石萃编》、罗尔纲《金石萃编校补》、沈钦韩《读金石萃编条记》、罗振玉《金石萃编校字记》，皆为续补王氏之作。

（四）孙星衍《寰宇访碑录》

孙星衍（1753—1818），字伯渊，一字渊如，号薇隐、季述，阳湖（今江苏常州）人。孙氏博通经史、文字、音韵、诸子百家、金石碑版等。其著述《寰宇访碑录》十二卷。该书以年代为序，著录三代至元代

① [清]王昶著，王其祎校点：《金石萃编》卷二十九《北魏三·高植墓志》，北京：中国书店出版社，1985年影印本，第1页。
② 顾燮光著，王其祎校点：《梦碧簃石言》，沈阳：辽宁教育出版社，2001年版，第179—180页。
③ [清]胡聘之：《山右石刻丛编》后序胡聘之记，南昌：江西人民出版社，1988年影印本，第1页。

碑刻 7853 种，其数量丰富，体例完备，信息全面，为宋元明以来较为系统、规范的石刻目录学之作而享有盛誉。其中著录北朝墓志 11 方，包括司马绍、司马景和妻、刁遵、崔敬邕、高植、陆希道、怀令李超、法师惠猛、司马昇、高湛、朱岱林等墓志。孙氏《寰宇访碑录》虽著录北朝墓志较为丰富，但也存在一些不足。如叙述《怀令李超墓志铭》《南秦州刺史司马升墓志》仅是错误地沿用《中州金石记》的说法，而未加考证出现了讹误。

自孙氏《寰宇访碑录》刊出后，为之订补者有赵之谦《补寰宇访碑录》五卷、内附《失编》，杨守敬《三续寰宇访碑录》，顾颉刚认为此"三书为治碑志学的必须工具书"①。另外还有罗振玉《再续寰宇访碑录》二卷及《寰宇访碑录刊误》一卷、刘声木《续补寰宇访碑录》二十五卷、《寰宇访碑录校勘记》十一卷、《补寰宇访碑录校勘记》二卷、《再续寰宇访碑录校勘记》一卷等。刘声木诸书对南北朝墓志的增补较多，仅《续补寰宇访碑录》一书就有 80 方。

（五）吴式芬《金石汇目分编》

吴式芬（1796—1856），字子苏，号诵孙，海丰（今山东临沂）人。其笃好金石文字，收集的金石遗物和拓片。编著《攈古录》二十卷及《攈古录金文》三卷 9 册；与潍县陈介祺合编《封泥考略》十卷；撰《金石汇目分编》二十卷；著有《陶嘉书屋钟鼎彝器款识》《双虞壶斋八种日记》《双虞壶斋印存》《寰宇访碑录校本》《印谱》《江西金石存性总目》《昭代名人尺牍》《唐宋元明人摘句》《诵孙缀锦集》《陶嘉书屋诗赋》等多部著作。在《金石汇目分编》一书中，以行政区划，分二十省，按府、州、县著录各地金石碑刻。《攈古录》一书以时间为序，著录元代以前金石器物 18000 余种，并于著目下作简要介绍。其中著录北朝《鱼玄明墓志》《司马绍墓志》《刁遵墓志》《崔敬邕墓志》等 21 方。

（六）陆增祥《八琼室金石补正》

陆增祥（1816—1882），字星农，又字魁仲，号莘农，太仓（今属江苏）人。其性好金石文字，搜罗遍天下。积录既多，踵王昶《金石萃编》，成《八琼室金石补正》一百三十卷，凡 3500 余通，比王昶所收多出 2000 种，堪称金石学的集大成之作。另有《八琼室金石祛伪》一卷。

陆氏初受陆耀遹子嗣之托校订《金石续编》，察觉该书所收碑志实嫌不足，再比较汪鋆"过眼而录之"的《十二砚斋金石过眼录》疏于考

---

① 顾颉刚：《当代中国史学》，上海：上海古籍出版社，2002 年版，第 24 页。

校，便欲另起炉灶，续成《萃编》未竟之业。在资料搜集广度方面，《八琼室金石补正》同《萃编》一样自先秦而止于北周，但另著《元金石偶存》；而对于三代彝器、杂器、镜铭、瓦当与砖文，则有取舍，又别为《金石札记》四卷，在保存原有金石学的基础上重在突出"刻石"独立的价值。《补正》收录北朝墓志 14 方，而增录皇甫驎、郑道忠、吴高黎、刘玉、张元、刘懿、源磨耶、崔颀、李琮、贺屯植等墓志 11 方之多，并且这些墓志大多录其全文。首先，详加校订，且考核尤为精审。如考证北魏《孟敬训墓志》之别体字，并指出墓志中将"梁郡"错撰为"南梁郡"地望之误。其次，以志证史，修正史传之谬。如考证《郑道忠墓志》云："考'道忠'，《魏书》作'忠'无'道'字。附《郑羲传》，云：'字周子，右军将军镇远将军，卒赠平东将军徐州刺史。'《志》作'后军将军'，与《传》不同，《传》之误也。《志》不书赠官者，略之也。"在《八琼室金石祛伪》一卷中，陆氏指出了北魏《高植墓志》和《房周陁墓志》之伪。

（七）陈介祺《簠斋金石文字考释》

陈介祺（1813—1884），字寿卿，号簠斋、海滨病史、齐东陶父等，潍县（今山东潍坊）人。陈氏积学好古，笃嗜收藏，数十年不间断。其收藏种类广泛，数量繁浩，尤以《毛公鼎》[1] 为海内之冠。著有《簠斋金石文字考释》《簠斋藏古目》《簠斋藏古目》《簠斋藏陶》《十钟山房印举》等著述。继之，后人辑《陈簠斋尺牍》也保留了丰富的学术资料。

（八）叶昌炽《语石》与《缘督庐日记》

叶昌炽（1849—1917），字鞠裳，号缘督，江苏武进人。其学识渊博，尤擅目录版本、金石之学，著述甚富。叶氏"访求逾二十年，藏碑至八千余通"[2]；又集经幢 500 件，遂自题居室为"五百经幢馆"。在此基础上撰写《语石》《邠州石室录》等。

《语石》写作始于光绪二十六年庚子三月，至次年十月下旬完成初稿[3]。此后，经过多年增删订补，于宣统元年在苏州刊刻。书板半页 11

① 毛公鼎，现存台北故宫博物院，是金文的经典名作。传清代道光末年于陕西岐山出土。高 53.8 厘米、口径 47.9 厘米。圆形，二立耳，深腹外鼓，三蹄足，造型端庄稳重。颈部饰重环纹及弦纹各一道，简朴庄严。腹内铸有铭文 32 行，499 字，毛公鼎因作者毛公而得名，是现存青铜器铭文中较长的一篇。

② ［清］叶昌炽撰，王其祎校点：《语石·叙目》，沈阳：辽宁教育出版社，1998 年版，第 11 页。

③ 上海图书馆藏有稿本 10 卷，叙目一卷（叶昌炽、张炳翔等校）。又初稿一卷。

行，行23字。小字双行，行亦23字。全书约17万字，在整理体式上仿照缪荃孙《艺风堂金石文字目》。《语石》不同于以前的碑刻书籍，它不是简单地编个碑刻目录或抄成一部碑刻文字的汇编，而是从各种不同的角度，对大量的碑刻作详尽的讲述。全书共写474则，分成十卷。卷一以朝代为序，概述先秦至元代石刻；卷二以地域为别，论述各地及域外石刻；卷三、卷四论石刻内容及碑帖区别；卷五论碑刻以外各种石刻；卷六论碑文文体、撰人、书人、刻工等；卷七、卷八论碑刻书写；卷九论碑文格式及避讳；卷十论石刻"版本"及传拓装潢等。这种既分类又系统的讲述，即使今天看来亦颇为科学。书卷一、四中有论及北朝墓志多处，是进行北朝墓志研究者不可或缺之文。尽管《语石》问世后碑刻又陆续发现，后人也有撰著，但均不脱离《语石》之框架，《语石》至今仍是学者研究碑刻的重要著述。近人柯昌泗《语石异同评》，对《语石》所论，按条加以补充订正，指出其异同，间亦评论叶氏之得失，而体例不改。

《邠州石室录》三卷，著录石室题名凡103通，其中唐24通，宋64通，金1通，元16通，分二册装订，书板分文字和图版两部分。该书始作于光绪二十八年，即叶氏出任甘肃学政之时，成书在民国四年。后收入《嘉业堂金石丛书》《续修四库全书》以及20世纪70年代后期台湾新文丰出版公司出版的《石刻史料新编》第二辑中。就文字量而言《邠州石室录》远远比不上《语石》，大致仅相当于后者的三分之一，但是其编纂难度更甚，因为《语石》里面只有极少量的籀文及小篆，而《邠州石室录》则多图版，该书未有北朝碑志事例的记载。

叶昌炽的又一贡献是为后人留下了一部四十三册近二百万字的《缘督庐日记》手稿，因其号缘督，故名，现藏苏州市图书馆。《缘督庐日记》自清同治庚午九年（1870年）闰十月十三日起，至民国六年（1917年）九月十五日绝笔，前后长达48年，内容丰富，其数十年间叶氏生平事迹、学术兴衰、政治得失、风俗变迁，无不包揽，兼具史料学术价值和书法珍藏价值，素有清末"四大日记"①之一的美誉，被认为是重要的学术日记。其所记有关北朝墓志出土、流传与搜求方面的资料甚为丰富。如日记尾部专门记有叶氏所撰《隋荣泽令常丑奴墓志跋》全文。《缘督庐日记》中多处多次记载《语石》与《邠州石室录》编纂过程与

---

① 叶昌炽《缘督庐日记》与《翁同龢日记》《湘绮楼日记》《越缦堂日记》被"称为近代四大日记"。

其中的真知灼见。叶昌炽为对历代石刻做全方位研究第一人，既在体例上创新，又在收录范围上有新的增加。

（九）缪荃孙《艺风堂金石文字目》

缪荃孙（1844—1919），字炎之，一字筱珊，号艺风，江苏江阴人。缪氏学问渊博，交游广泛，著述繁富，尤于金石碑刻及目录版本之学造诣最深，其辑《艺风堂金石文字目》，所收各类石刻超过1万种，大都出于自藏，这是一般收藏者难以达到的。值得重视的是在该书尾部单附墓志一卷，集中著录从晋至元历代墓志，其中北朝司马绍、刁遵、郑道忠等墓志35方。据王连龙考证，新增卜文、王僧、皇甫楚、梁子彦、曹礼等墓志均为前代未见，价值极高，专目墓志开创了墓志目录专书的新模式①。后缪禄保又辑录《艺风堂续藏金石文字目》五卷。

（十）端方《匋斋藏石记》

端方（1861—1911）一生热衷古物收藏与鉴赏，藏石达643种之多，请人逐一录其碑文、刻记，他本人亲撰考释文字，编为《匋斋藏石记》四十四卷，收录了端方所经手的历代石刻铭文，详加记录与考订，其中北朝墓志有《皇甫驎墓志》《司马景和墓志》等13方，史料价值较高。其他著作尚有《匋斋藏砖记》《匋斋藏印》等。

（十一）尹彭寿《山左南北朝石刻存目》

尹彭寿，晚晴金石学家，淹博嗜古，精训诂，工篆隶，为时人瞩目。著《山左南北朝石刻存目》一卷，专录南北朝时期山东石刻，属于断代地方性石刻目录著述。书中收录北魏刁遵、高植、□玄、鞠彦云、高湛；东魏王偃墓、崔颜、周陁、朱岱林、时珍等北朝墓志10方，并注明时代、书体、所在地等信息，于探索山东地区北朝石刻，特别是墓志文献多有裨益。

清朝金石文献目录学高度发展，具有影响的学者与金石著作可谓多矣。如毕沅也认为金石可证经史，历官所至，注意搜集金石文字。任陕抚时，与钱坫、孙星衍等辑《关中金石记》八卷；改任豫抚，编录《中州金石记》五卷，录文并题跋河南中州古代碑刻数百种，其中有北朝《怀令李超墓志》1方；抚鲁时，又与学政阮元合编《山左金石志》二十四卷。这些金石志或记详载了碑石广阔尺寸、字径大小，行数多少，使后学明了原石形制。诸志均著录碑铭全文，并对其碑文有所考释。李遇孙撰《金石学录》四卷，收录历代有关金石学的人物、事迹、著作等资

① 王连龙：《南北朝墓志集成·前言》，上海：上海古籍出版社，2013年版，第4页。

料，采集丰富；又有《栝苍金石志》十二卷、《续志》四卷。其后陆心源、魏锡曾、诸德彝皆有续作补订。黄本骥《古志石华》三十卷，与其他志书金石并收不同，该书只录文墓志，并作题跋，是为墓志著录专书。其中著录僧慧猛、司马绍、司马晒妻孟氏、刁遵、高植、司马晒、陆希道、李超、司马昇、高湛、王通等北朝墓志11方；黄氏又著《金石萃编补目》著录郑道忠、崔敬邕、张元、僧思猛、崔颜、朱岱林墓志等北朝墓志6方以及僧法懃塔志1方。其后毛凤枝（生卒年不详）《关中金石文字存逸考》增补北朝《贺屯植墓志》1方。赵绍祖《金石文钞》亦收录墓志录文，如《崔敬邕墓志》1方；后赵氏继作《金石续钞》，又录《司马绍墓志》录文1方。夏宝晋（生卒年不详）《山右金石录跋尾》一书题跋并考证东魏《刘懿墓志》1方。又见刘喜海（生卒年不详）《长安获古编》、张廷济（1768—1848）《金石文字》等著述皆具盛名。这一时期亦见纯粹金石题跋之作多部，如洪颐煊曾据孙星衍旧藏，编撰《平津读碑记》，该书为纯粹金石题跋之作，题跋司马绍、司马景和妻孟氏、刁遵、高植、司马晒、李超、司马昇、高湛、崔颜、朱岱林北朝墓志10方。《三续》又跋北魏《郑道忠墓志》1方。又见严可均编《铁桥金石跋》，其亦为纯粹金石题跋之作，曾题跋《崔颜墓志》1方。值得关注的是这一时期也产生了传世文献与出土文献结合编纂之作，如严可均《全上古三代秦汉三国六朝文》为总集。严氏从别集、总集、史书、类书、金石拓片等，广收博采，编制成书15集。其中《全后魏文》《全北齐文》《全后周文》等均涉及传世与出土北朝墓志录文。又如高锴《武乡金石志》以山西武乡县碑刻为著录对象，其中收录庾信撰《宇文显和墓志》录文，可与《庾子山集》中收录之文相对照，这又属于传世文献与出土文献相印证和校勘之作。

总之，清代金石学大兴，相关成果也极为丰硕。就碑志整理而言，有很大一部分著作仍然沿袭宋代的整理模式，或专做碑志的目录整理，或专做题跋考证，也有整理录文并附加题跋者。按地域进行整理更是蔚然成风，各省、各县地方志中都辟有"金石"一栏，就是很好的明证。清代在金石整理的体例上较宋、明有很大进步。第一，出现了整理石刻法帖或图像的专书，尤其是汇集拓本成书，为整理碑志提供了一个新的范式。第二，根据传统文献（如正史《晋书》《北史》等）提供的碑志信息，拓展了碑志著录的范围。第三，出现了鉴别伪碑的著作。在墓志整理方面，清人除了沿袭明代的做法，对墓志录文进行专门整理，并附题跋考证外，开始墓志目录整理，并专门搜集整理砖志①。正如梁启超在总结清一代金石学研究的脉络时所言："顾（炎武）、钱（大昕）一派专务以金石为考证经史之资料，同时有黄宗羲一派，从此中研究文史义例。宗羲著《金石要例》，其后梁玉绳、王芑孙、郭麐、刘宝楠、李富孙、冯登府等皆庚续有作。别有翁方纲、黄易一派，专讲鉴别，则其考证非以助经史矣。包世臣一派专讲书势，则美术的研究也。而叶昌炽著《语石》，颇集诸派之长，此皆石学也。"②

第三节　民国时期至新中国成立前北朝墓志的搜访整理与研究

一、出土与搜访

从清代末年到20世纪30年代，南北朝墓志，尤其是北朝墓志的出土达到了一个高潮。1840年，鸦片战争以后，中国逐步沦为半殖民地和半封建社会，同时帝国主义也开始了对中国文化的侵略和文物掠夺。至40年代末，出土墓志数量增至数千方，主要的出土地点有曾为北魏首都的河南洛阳地区，曾为东魏与北齐首都的河北邺城地区，以及西魏与北周首都的陕西西安附近。1904年10月，汴洛铁路开建，带来了古墓文物的批量出土，外籍铁路职员的收购和径自偷运出境，以及国内外收藏者大肆购买中国古代艺术品，引发了盗掘古墓不良风气的产生和这一阶段墓志的大量出土。随着以前无人过问的三彩器、陶俑、镇墓兽等文物受到外国收藏者的青睐，价格暴涨，造成了民间大量盗掘古墓，因而亦有大量墓志出土。这些石刻蕴涵丰富的历史价值，很快被国内学者与文人收藏家所认知并得到高度重视。国内的著名收藏家如罗振玉、缪荃孙，关葆益，董康，李盛铎，于右任，徐森玉、李根源等人，均从事墓志搜访。柯昌泗对此详加记载：

　　开封图书馆就近搜访唐志，约二百石，魏志亦仅有六石耳。精品时多散在四方。元显㑺石式最奇，吴兴徐森玉丈（鸿宝）以谂北京教育部出重资购置天安门上历史博物馆。馆中寻又得元羽、于景

①　刘琴丽：《近七十年来中古墓志的整理与研究》，《理论与史学》第2辑，2016年版，第130—147页。
②　梁启超：《清代学术概论》，上海：上海古籍出版社，1998年版，第58页。

二石。鄞县马君叔平又为北京大学购得穆绍一石。私家之藏，以阳湖董授经丈（康）诵芬室，德化李椒微丈（盛铎）木犀轩，暨徐氏所得最多。既而武进陶兰泉观察（湘）亦事购藏，董氏之石，旋让与之。诸家皆吝传拓，纸墨甚精，俱有藏石目录行世。其他若腾冲李印泉省长藏寇臻、王绍、寇演、寇凭、寇治、陆绍六石。罗师藏周安、耿媛、元彦、尼统慈庆四石。天津徐弢斋总统藏元鸾、元绪、北海王妃李氏、元维四石。南海陈氏藏石夫人、元诠、元倪三石。萧山张岱杉（弧）藏元晫、元珏二石。鄞县马氏藏冯迎男、元遒二石。番禺叶誉虎（恭绰）藏元始和一石。会稽周养庵（肇祥）藏元毓一石。山阴张政和（允中）藏元华光一石。义州李小石（放）藏元演一石。通州张仲郊（文祁）藏元昭一石。

近年固始许光宇（霁祥）收拾藏弄，得元则、元宥二石，此皆豫人之藏石者也①。

关于邺城地区出土的东魏北齐墓志的搜访情况，柯昌泗曾记载：

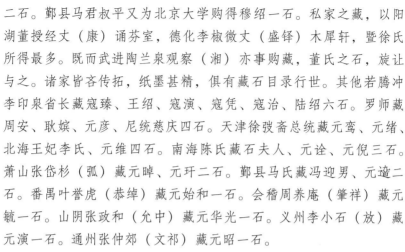

癸丑二月，南海邓秋枚（实）方设神州国光社于上海，闻安阳古肆中陈有新出志石，亟如邺，购得元晫、元贤、赵道德诸石。同时所出张满、侯海、徐之才、萧正表、邢夫人五石，先为磁人购留藏于劝学所，其后又藏元鸷夫妇、梁伽耶三石，俗所云磁州八种者也。范鼎卿宰安阳，进卿廉察留意河朔古迹、设古籍保存所于邺，志石出土，即购置所中，不令远售。凡得元湛夫妇、元显、元均、叔孙固、东安王太妃陆氏、任城王太妃冯氏、穆子岩、窦泰夫妇、石信十石。

初惟元宝建归顾鼎梅，元悰归周养庵，隗天念归李小石，魏僧朂归方药雨，司马遵业归南海姚铭清（礼成），乐陵王百年夫妇归罗师，高建夫妇归陶兰泉，崔宣华归徐森玉，盖可屈指计也。

磁县后出高淯、暴诞二石，尚归公有。

予在旧京，见志石自邺中来者，若东魏间伯昇夫妇、元子邃夫人李氏、宗欣、李挺、齐襄乐王妃敬氏、崔茂、元子邃、刘悦、胡公夫人李氏、徐彻、薛广，惟间元两夫妇李挺等五石，为徐森玉购

---

① [清]叶昌炽撰，柯昌泗评，陈公柔、张明善点校：《语石 语石异同评》（考古学专刊丙种第四号），北京：中华书局，1994年版，第242—243页。

得，其余皆不知所在。而后魏李遵一石，尤为邺中志石之冠①。

关于北周的墓志出土情况，柯昌泗亦有记载：

> 北周志石出土亦常在洛邺两地，洛有韩木兰、寇胤哲、梁嗣鼎，皆于氏藏。寇峤夫人薛氏，罗师藏。邺有张君夫人郝氏、安定□安宵，皆天津王氏藏。齐扶风公主，长白心畲王孙（溥儒）藏。
>
> 山西□□出北周李义确（按：当为李义雄），河南修武出北周马龟，县公歁（按：歁为"款"的异体字）局（典）藏。陕西长安出北周何□宗，县人段氏藏②。

柯昌泗所叙及的各件墓志，出土后又经过了频繁的转手播迁，四处流传，甚至有的流往国外，其收藏处及存在与否都很难一一查考。

据统计，被盗的北魏墓最少不下于 500 座③。郭玉堂《时地记》记录了此间洛阳北邙一带大批盗墓出土的北朝墓志约 250 方，亦详细写明这些墓志出土的时间和地点，访求情况，价值颇高品相极好的北朝石刻被盗掘的情况，以及所能了解到的墓中同出器物等，对于了解这一时期墓葬的分布及相关问题有着重要的参考价值。记载的墓志多鸿篇巨制，除有裨益于史学外，其书法上承秦汉隶书，下启隋唐楷书，形成了独具一格的"魏碑体"嘉惠后学。

二、整理与研究

民国至新中国成立前这段时期，诸家搜访行为的广泛与数量的增多，墓志收藏之风亦盛行起来。学者们大致继承了清朝金石学研究的传统，就墓志原石与金石拓本收藏而言，多为私人行为，规模不大；亦有图书馆一类的国立部门即公家参与。随之北朝墓志的著录整理与研究也是后来者居上，但主要限于题跋，篇幅较小，未成规模。这一时期，国内著名私与公的收藏与整理范围，大致可分为收藏、编目、出版三类。收藏有原石与拓本之分；专藏、泛藏之别；编目有略目、详目之别；出版亦

① [清]叶昌炽撰，柯昌泗评，陈公柔、张明善点校：《语石 语石异同评》（考古学专刊丙种第四号），北京：中华书局，1994 年版，第 243—244 页。
② [清]叶昌炽撰，柯昌泗评，陈公柔、张明善点校：《语石 语石异同评》（考古学专刊丙种第四号），北京：中华书局，1994 年版，第 244 页。
③ 黄明兰：《洛阳北魏世俗石刻线画集》，北京：人民美术出版社，1987 年版，第 2 页。

有图版、释文及图文对照之异。随着新出墓志的不断整理出版，墓志的研究亦迅速展开。到了40年代末，不仅形式已由简单题跋向翔实考证迈进，内容也由墓志本身向历史社会等方面深入。这一时期，有关墓志研究的论著，约有近百篇部，对于后人的墓志研究产生了广泛而深远的影响。

（一）罗振玉《芒洛冢墓遗文》《墓志征存目录》《魏书宗室传注》

罗振玉（1866—1940），初字坚白，后改字式如、叔蕴、叔言，号雪堂，晚号贞松老人、松翁、仇亭老民，原籍浙江上虞县永丰乡。他开创了诸多领域的学术研究，为近世著名的国学大师。罗振玉最早发现了殷墟文字、西陲简册、敦煌遗书、中州明器、大库史料的价值，并做了深湛的学术研究，开一代学术风气，取得了举世瞩目的成就。

罗振玉收集历代石刻及商周秦汉铜器拓片极富，并在此基础上，做了大量的整理出版工作。如结集《芒洛冢墓遗文》，其书载："爰就出土之地，分类校录，自芒洛始，岁律再更，成书三卷，颜之曰《芒洛冢墓遗文》。念洛阳之在往昔，屡为都会，古刻如林，《中州金石记》所载，乃不及什一，而异邦人之访古于我河朔，购古刻以去者趾相联。有朝出重泉，夕登市舶，未传拓一纸者。士夫所获，或亦辗转归于海外，其幸存者，亦不谋流传，及一入肆贾之手，则列石以市，不许施墨，谓伤古泽。一旦得善价，乃亟毡包，席裹以去，如是者比比。故集录之事，其在今日，诚不宜或后。"①《芒洛冢墓遗文》一书将105方墓志按时代先后排列，首列志石名称，序列长宽尺寸、行数、字数、书体、篆盖，有的还注明出土时间及石藏何处，其后照录志文。该书录文江阳王次妃、王绍等北朝墓志11方。其后又据新旧材料作《续编》《补遗》《续补》《三编》《四编》《四编补遗》。其中《芒洛冢墓遗文补遗》录文韩显宗、□渊、惠猛法师等北朝墓志3方；《芒洛冢墓遗文续编》录文张安姬、吴高黎、陆绍、元毓等北朝墓志4方；《芒洛冢墓遗文续补》录文王遗女、元倪、元显魏等北朝墓志3方；《芒洛冢墓遗文三编》录文侯夫人、寇臻、元诠等北朝墓志15方；《芒洛冢墓遗文四编》录文元羽、元诠等北朝墓志15方；《芒洛冢墓遗文四编》录文元羽、元鸾、元始和、元思等北朝墓志48方。

历年所成各编辑自汉迄金各朝墓志、神道碑、塔记、地券等620种。其中记录了从未著录过的北朝墓志92方。罗氏尚辑《中州冢墓遗文》一卷，补遗一卷，录晋至元等朝代的河南出土石刻84石，其中以孟县的魏

---

① 《芒洛冢墓遗文·序》。

四"司马"墓志为著名。其录司马景和妻孟敬训、司马绍、司马昞等北朝墓志7方。《京畿冢墓遗文》还著录有出土的姚纂、刁遵、李璧、王僧、李宪、范思彦、李琮等北朝墓志7方。《蒿里遗文目录》正十卷,补一卷①,《蒿里遗文目录续编》一卷,补一卷。该目分八大类:墓碑征存、墓志征存、元魏宗室妃主志存、海东冢墓文存、砖志征存、塔铭征存、地卷征存、蒿里余载。自晋至元,亦按年序列,并记首题、年月、撰书人及书体。其中卷二"墓志征存"著录韩显宗、许和世、寇臻等北朝墓志96方。又有《元魏宗室妃主志存》,专辑北朝元氏墓志《前河间王元泰安讳定墓志》《侍中司徒公广陵王墓志》《使持节城阳怀王墓志》等84方。卷三"砖志征存"著录《京兆张婴砖》《邸香妻张砖》《雍州刺史鱼玄明》等65方。该书于"海东冢墓文存"中收日本墓志8方,高丽墓志70方,开拓了墓志著录的新领域。

罗氏编辑的还有襄阳、广陵、吴中、山左、三韩、邺下、东都、两浙、恒农、山右冢墓遗文等多种,其中《山右冢墓遗文》录北朝《刘懿墓志》1方;《山左冢墓遗文》录鞠彦云、□玄、李谋、高湛、刘玉、王偃、朱岱林等北魏墓志7方;北齐《房周陀墓志》《逄哲墓志》2方等。在刊行诸多冢墓遗文的基础上,罗氏形成了《上虞罗氏冢墓遗文汇编》及《唐风楼②碑录》(三十一卷)、《唐风楼金石文字跋尾》等一系列综合性著述,不仅存目,而且录文。其中《唐风楼金石文字跋尾》题跋《惠猛法师墓志》《司马昞墓志》《魏贾太妃砖志》等北朝墓志3方,为学界提供了丰富的碑志原始及考释材料。

罗氏还刊发了《洛阳存古阁藏石目》一卷,《墓志征存目录》四卷。《墓志征存目录》记当时所见墓志多达3980余方,其中,收录北朝墓志334方。罗氏《雪堂金石文字跋尾》四卷,收有不少墓志题跋,如元演、寇凭、刘阿素、张安姬、杨遗女等北朝墓志45方。罗氏在众多冢墓遗文的基础上还编辑了《六朝墓志菁英》初编、二编。针对六朝时期的墓志,罗氏言:"非贵胄显仕,无敢滥用,故传世至罕,而文字皆华赡可喜……光、宣之间,中州古志出丘垄间者多魏、齐物,予有所闻知,必购求精拓。"在其历年所搜集的50余方墨本中精选18方,依时间先后为初编,其中刊出北朝墓志拓本16方;复选14方为二编,其中刊出北朝

①　罗振玉:《蒿里遗文目录》正十卷,补一卷,收入《石刻史料新编》第2辑,台湾:新文丰出版公司,1979年版。

②　唐风楼。

墓志拓本 11 方。于 1917 年印行①。这 32 方墨本中，25 方为洛阳出土的北魏、隋墓志，2 方为偃师出土的西晋墓志。选用初拓影印，皆可传世。罗氏在孙星衍《寰宇访碑录》十二卷的基础上，刊出《再续寰宇访碑录》二卷，《寰宇访碑录刊谬》一卷，《补寰宇访碑录刊误》一卷。罗氏旅居日本时，通过了解日本收藏者，检阅西方人著作，调查中国古董商等方式，得知 140 多种中国石刻流入日本、欧美诸国，便于 1915 年作《海外贞珉录》一卷。罗氏还大量编辑影印了各类器物图录，如《殷墟古器物图录》（1916 年）、《贞松堂吉金图》（1935 年）等。此外，还广泛编录了明器、古镜、瓦当、玺印、封泥、符牌、钞币、刑徒砖、买地券等专集。其中不少文物已佚，藉罗氏集录得以保存图像及铭文。

罗氏在广泛搜求石刻拓本等丰富资料的基础上，开创了诸多领域的学术研究，成绩斐然为后学称道。他善于以新获出土材料与文献相比堪研究，并不断充实已成著作，为罗氏治学的一大特点。如罗氏"以传记诸志互校"，复取《北史》比堪来校对《魏书》，著成《魏书宗室传注》，又作《魏宗室世袭表》，两者并行②，该书刊印于 1924 年，为当时以北魏墓志研究《魏书》的一部专著。其后"遇新获元魏墓志墨本，时取校勘，每有补正，辄记诸书眉，涂乙殆遍"。其去世后，子福颐"移录补订各条，凡得四百余则，厘为一卷"③，成《魏书宗室传注校补》，入《贞松老人遗稿》乙集。

罗氏在《鞠信墓志跋》一文中考证了鞠信为高昌鞠氏王室华胄；《伪周张怀寂墓志跋》考证张怀寂先世均为高昌魏氏王国高官，奠定了利用墓志研究高昌国史的基础。此外，罗氏利用高昌墓砖编制《高昌约氏年表》（改订本，1922 年；增订本，1933 年），与黄文弼利用高昌墓砖编制《高昌国期氏纪年》（《高昌第一分本》，1931 年），至今仍为研究高昌国史的学者所重视。罗氏在清人劳经原《唐折冲府考》一文的基础上，利用墓志撰成《唐折冲府考补》及《唐折冲府考补拾遗》，此与谷霁光《唐折冲府考校补》④ 仍为研究唐折冲府制度的学者所重视。

罗氏研究墓志除收集拓本、刊印遗文、创作专著外，还写下了大量的考跋。其论著和序跋文字多篇，先后辑入《丁戊稿》《后丁戊稿》《辽

---

① 中国书店于 1990 年 7 月出版是书初、二编之合刊本，名曰《六朝墓志菁华》。

② 《魏书宗室传注·序》。

③ 《魏书宗室传注校补》，罗福颐后记，1943 年刊本。

④ 罗振玉：《唐折冲府考补》，《唐折冲府考补拾遗》；谷霁光：《唐折冲府考校补》，均收入《二十五史补编》，北京：开明书店，1935 年版。

居杂稿》《辽居杂著丙编》《永丰乡人稿》《贞松老人遗稿》等著述中多达170余篇，其中大部分为研究邙洛墓志的成果。罗氏还著有《金石萃编校字记》一卷，《增订碑别字》五卷，《碑别字拾遗》一卷等相关研究论述行世。

（二）于右任《鸳鸯七志斋》

于右任（1879—1964），原名伯循，字诱人，曾用名刘学裕，原春雨，号髯翁，晚年又号太平老人，陕西泾阳县斗口村人。清代末年，国势衰微，天下动荡，洛阳一带盗掘古墓之风渐起，古代陵墓几被尽数盗掘，许多稀世珍宝遂被窃运海外。于氏对古代文物的散落和流失痛心疾首，于是殚精竭虑多方搜集，尤以北魏碑志为重，其中绝大多数出土于河南洛阳，个别出土于安阳地区。1930年，于氏从藏品中选出285方，将这批墓志的文字辑录汇成专册，题名为《鸳鸯七志斋》。1942年，于氏在《说文月刊》中曾云："每览志文，与征伐官制诸端，可补前史疏漏；与氏族之可考南北播迁之原委，与文辞可增列代骈散之别录；与书法可知隶楷递变之途径。学者寻绎史材，且不止此，亦治文史者之一助也。"这应是北朝墓志的综合作用所在，但也不乏广泛意义。在此基础上，赵力光先生于1995年编辑出版了《鸳鸯七志斋藏石》一书，前附《藏石概论》，将西安碑林所藏于氏捐赠墓志石刻悉数入录，是一部系统整理、完整收录于氏藏石（拓本）的专著。

（三）张钫《千唐志斋藏志》

张钫（1886—1966），字伯英，号友石，河南新安县人。张氏一生酷爱金石书画，勤于搜访与收藏。1953年，张钫编《千唐志斋藏志》，该书收千唐志斋藏西晋至民国墓志拓片1360件，包括西晋1、北魏3、隋2、唐1209、五代22、宋85、明31、清1、民国6，所据拓片为郭玉堂旧藏，依墓主葬期为序。1982年，河南省文物研究所整理全部藏品，武志远、郭建邦汇编出版《千唐志斋藏志》上、下两册，由文物出版社于1983年出版。是书收录新安县铁门镇千唐志斋所藏墓志的拓本1360件，包括北魏3方。以年代顺序编排，是一部完整著录千唐志斋所藏历代墓志的专门图录，向学术界提供了收藏于一处的全部原始资料；台湾亦以《中国历代墓志大观》的名义出版了《千唐志斋藏志》。

（四）郭玉堂《洛阳出土石刻时地记》

郭玉堂（1888—1957），字翰臣，居号"十石经斋"，铺号"墨景堂"，河南孟津县平乐人，近代著名金石学者和拓片收藏家。20世纪20年代应聘任北平图书馆、北平故宫博物院名誉调查员、考古采访员。

1935 年，郭氏根据张钫收集的唐代墓志编辑了《千唐志斋藏石目录》，计斋内藏石 1578 件，以及《千唐志斋藏文集》三十卷。还著有《朱粉砖志铭》五卷、《洛阳访古记》一卷、《洛阳伪造墓志》等。新中国成立前出土的墓志均为非科学考古发掘所得，往往缺乏准确的出土地点与其他相关信息，给学者对碑志的研究带来了很多困难，于是，郭氏搜集石刻出土之原委与时地资料，经王广庆整理，汇集成册《洛阳出土石刻时地记》，记载了大批这一时期洛阳北邙一带墓志的发现、访求情况。共收东汉至隋石刻 479 种，其中墓志占 411 种，最为大宗。所收石刻按朝代排列，同朝的则以时间先后为序。每一种石刻下记录出土时间、地点，有些还记载了发掘者、石刻的简单介绍或墓葬的简要情况。书末附有洛阳出土石刻地图一幅。此书于 1941 年由洛阳大华书报供应社印刷发行，印数有限，国内外罕见。同时由于出版仓促，印制粗糙，校对草率，书中模糊，错讹颇多。日本学者气贺泽保规教授积数年之功，对原书文本作了细致的校勘，将书中所收石刻资料编制成详细的目录，还以"郭玉堂与《洛阳出土石刻时地记》"为题对民国时期洛阳地区北朝隋唐墓志的盗掘与搜集情况做了详尽的介绍与分析，编著《复刻洛阳出土石刻时地记——附解说·所载墓志碑刻目录》①，为学术界提供了宝贵的资料②。

（五）范寿铭《元氏志录》

范寿铭（1870—1921），字鼎卿，晚号循园，山阴人，范文澜的叔父。范氏 16 岁时以第一名的成绩入绍兴府学，清光绪十九年（1893 年）中举人。官任河南安阳、内黄等地知县，先后 7 年。他一生酷爱金石，任安阳知县时，设立了古迹保存所。在河北道尹任内，与顾燮光遍历太行山 8 年，访得自汉迄元各书未有著录的金石 700 余种，撰成《河朔古迹志》八十卷、《图象》一卷。著述尚有《安阳金石目》一卷、《元氏志录》一卷、《循园金石文字跋尾》二卷、《循园古冢遗文跋尾》六卷、《钟山忆语》及个人文集，均由顾燮光为之刊行。其中《安阳金石目》载："都凡贰百余种，其中十之三四皆前人所未著录，如《杜宏》《元晖》《公孙月右》《乞伏保达》诸志，于北朝地理官制关系綦宏。"③《元氏志录叙》记："拓跋氏以胡族入主中国，至拓跋宏雅好读书，手不释

① ［日］气贺泽保规：《复刻洛阳出土石刻时地记》，明治大学东洋史资料丛刊 2，东京：东京汲古书院，2002 年版。

② 侯旭东：《气贺泽保规教授〈复刻本洛阳出土石刻时地记〉简介》，《中国史研究动态》2003 年第 11 期，第 30—31 页。

③ 顾燮光撰，王其祎校点：《梦碧簃石言》，沈阳：辽宁教育出版社，2001 年版，第 157 页。

卷，该涉经史，好为文章，于是文教以兴。凡造像、碑志之精美者，皆太和以后所作也。而近出元氏诸志，尤多杰作，想见当时曳裾侯门者，皆一时文学之选，梁武帝所以有曹植、陆机复生北土之叹。其后枝分叶布，世历齐、隋，其风未替，墨本流传，视若球璧。盖其刻画文字不少简率，若《元铨》、《元钦》、《元珍》、《元彦》、《元显魏》、《元显俊》、《元祐》夫妇、《元飏》夫妇各志，尤足 视唐宋，陵轹钟王，非第为考证文献之资而已。今就所得拓本，自景明以至武定都四十一种。附以北齐一种，著录于后，以备考焉。"① 范寿铭《元氏志录》作于戊午（民国七年），收元氏人物等志 41 种，后顾燮光又补至癸亥止出土者 34 种，共计 75 种。《元氏志录》集中著录了北朝元姓宗室人物的出土墓志，前所仅见。

《循园古冢遗文跋尾》六卷为单一墓志题跋之作。其中题跋韩显宗、元羽、侯夫人等北朝墓志 115 方。为避免重复，凡《金石萃编》《续编》《古志石华》等专书曾出现的墓志，以及无拓本，字迹残泐的墓志等，均不收录。书末又附《元氏志录补遗目录》，系顾燮光增补，多为范氏未见者。

（六）顾燮光《梦碧簃石言》及《古志新目初编》

顾燮光（1875—1949），字鼎梅，号崇堪，浙江会稽人。他博雅好古，擅书法、绘画。在卫辉居住 8 年，访得古人未著录的自汉迄元金石 700 余种。所藏碑拓以墓志为最富，其中尤以在延津学舍访得的北宋后久已湮没的汉刘熊碑最为珍贵。

顾燮光潜心研究金石碑刻，并以"金佳石好楼"命其斋名。著有《梦碧簃石言》六卷，共 84 则，略仿叶昌炽《语石》框架，分类讲述，多为当时新出石刻与新资料。卷二墓志类中分别介绍了元显魏、元诠、皇甫驎、元宝建 4 方北朝墓志。卷四"直隶磁州魏齐各刻"记新出土魏齐墓志 9 方：《魏华山王妃公孙氏》《司空公张满》《魏华山王元鸷》《伏波将军诸冶令侯海》《安丰王妃冯氏》《侍中司空吴郡王萧正表》《齐是连公妻邢夫人》《太尉府墨曹参军梁伽耶》《西阳王徐之才》。至丁巳年新出土如《元憕》《元显》《元均》《广阳文献王》《文献王妃王氏》《东安王太妃》《文宣王文静冯太妃》《乐陵王高百年》《妃斛律氏》《高建》及其妻《王氏》，或为桓桓者所据，或为京估所得。在"山东图书馆藏石"所罗列的目录中，记有李谋、李璧 2 方北魏墓志。在"开封图书馆隋唐墓志"及"河阴县新出土隋唐墓志"2 篇中记诸多新出土的隋唐墓

① 顾燮光撰，王其祎校点：《梦碧簃石言》，沈阳：辽宁教育出版社，2001 年版，第 158 页。

志。在"范鼎卿吉光零拾及元氏志录"一文中，详载范寿铭事迹与著述情况。

顾燮光一生著述丰富，除《梦碧簃石言》六卷刊印外，还有《古志汇目初集》六卷、《古志新目初编》（附伪刻目）四卷、《河朔新碑目》三卷、《刘熊碑考》、《两浙金石别录》、《袁州石刻记》各一卷。其中与北朝墓志有关的是《古志汇目初集》和《古志新目初编》，且两目版本众多。《古志汇目初集》见1920年石印本，1934年重订石印本。该目根据传世石刻著作，辑录历代墓志、塔铭，自北周至辽金，按年序列，每方墓志下均记名称、书体、撰书者、立石年月、地点等，并注明出处。其中包含左监门卫将军刘英润妻杨瑱、秘书丞晋阳王雍等北朝墓志132方。顾燮光在编撰《古志汇目初集》后，又获新出土墓志200余方。后又续撰《古志新目初编》（附伪刻目）四卷，见1918年石印本，1923年增订石印本。该目收集洛阳北邙新出墓志，自汉至明，亦按年序列，记注体例与前目同，又新增出土地或藏石地。其中北朝墓志增补较多，计有安西将军雍州刺史□公鱼玄明、魏故处士元理、使持节征北大将军相州刺史南安王元桢等265方。《古志新目初编》还注意到了墓志的作伪值得称道，并于第四卷附"伪作各目"，自汉至明，按年序列，具有较高的参考价值。

光绪三十四年（1908年），吴隐纂辑，顾燮光编《六朝志铭丛录》，由西泠印社石印出版，收录吴隐所藏六朝墓志80方，皆旧拓本或新出土墓志之初拓本，开本阔大，图版清晰。

（七）杨殿珣《石刻题跋索引》

杨殿珣（1910—1994），字琚飞，直隶（今河北）无极人。1935年毕业于北平师范大学中文系，曾任北平图书馆编辑、中文采访股股长。新中国成立后，历任北京图书馆采访部主任、参考部主任，为研究馆员，长期主持图书采访工作，并从事古典目录学的研究，编有《石刻题跋索引》《中国历代年谱总录》《清代文集分类索引》。其中《石刻题跋索引》于1941年由商务印书馆刊行，选用前代金石志书134种，时刻条目4万余种，其中墓志2325种。收有关北朝石刻题跋目录137种。该书为金石学考据必备的工具书。杨氏言："本编所收书籍，以论石刻者为主，其专论金文者不录；以有关考证者为主，其专评书法者不录；凡只录石刻文字者，虽无题识，而详记行款字体，可资考核者，一并录入。"[①] 全

---

① 杨殿珣：《石刻题跋索引·凡例》，北京：商务印书馆，1990年版，第5页。

书分石刻为 7 类：墓碑、墓志、刻经、造像、题名题字、诗词、杂刻。各类之内，大体依时代先后排列。每件石刻大字列其题目，小字注其出处。同一件石刻有多人题跋者，则重复立目，排在一起。书后附有四角号码条目索引。至 1957 年出修订本时，又增加叶奕苞《金石录赓跋》等 4 种征引书目，计征引前代金石志书 138 种。1977 年，台湾新文丰出版公司出修订本；1990 年，商务印书馆又影印为增订本。可见该书不断影印增订实为金石学考据必备的工具书。该书略显不足之处，一是失收书目较多，甚至较为重要的如郑樵《金石略》、朱长文《墨池编》、胡谧《山西金石记》、于奕正《天下金石志》、朱晨《古今碑帖考》、陈汉章《集古录补目》等著述，乃至著录南北朝墓志尤丰之作亦未被收入，如李富孙《汉魏六朝墓铭纂例》（民国影印别下斋校本四卷 4 册，亦有民国商务印书馆 1937 年出版本）详考汉魏六朝碑碣铭文格式、内容、演进等内容。又有吴镐《汉魏六朝志墓金石例》等；二是"墓志"与"杂刻"类别界定不严，如"杂刻"中存在墓砖、砖记、塔铭等本属"墓志"范畴的石刻。

（八）方若《校碑随笔》

方若（1869—1954）《校碑随笔》1 册。该书前有王鼎序、凡例与目录。正文不分卷次，按照时代先后共收集考校秦汉至五代的碑铭石刻共计 450 种。其中孟炽、韩显宗、司马昞、司马昭、杨范等北朝墓志 67 方。对于每一种碑刻拓本的考校，更关注于拓本面貌的描述，"以阙字之多少考定拓本之新旧，虽一字角之漫漶，一波磔之蚀泐，无不语焉独详，一开卷披览即能示学者以径途"；以及不同拓本之间的考证与鉴别，如北凉以前碑，凡未见前代著录者，均刊以全文。文中附记有河南龙门、山东云峰山等地碑目 108 种。因为方氏收藏广泛，所据拓本多为早拓或精拓，关于石刻早期及全貌的论述较为权威，对后世石刻拓本收藏及录文研究考订具有重要的参考价值。王壮弘为之增补为《增补校碑随笔》，增录元弼、元羽、寇臻、元绪、元详等北朝墓志 39 方。

（九）黄立猷《石刻名汇》

黄立猷为清末民初金石收藏家、藏书家。好金石学，藏历代金石拓本数万通。清末金石学家田士懿曾记其"通赡精博，嗜碑版尤郅，研讨金石文字，参稽钩考，罔间昕夕。数十年来随时搜采，宦辙所到，不惜重金购觅。书贾亦往往持善本投，以故蓄金石书不下七百余种"；称其"藏金石书能如此美富者，海内当无第二人"；言其藏书及金石处为"万碑馆"。《石刻名汇》著录《高景墓志》《宗愍母郑夫人墓志》《卢夫人李氏墓志》《崇公禅师塔铭》等南北朝墓志338方，又著录《吴妃墓砖》《苑氏墓砖》等砖志94方。又《补遗》一卷，增补《徐氏墓志》《元天穆墓志》等10方，《续补》一卷，又录《王蕃墓志》《成嫔墓志》等墓志16方。

（十）吴鼎昌《慕汲轩志石文录》

吴鼎昌（1884—1950），清末秀才出，民国后曾任《大公报》总办，中交两行首脑，著名实业家。1938年至1945年任贵州省主席兼滇黔绥靖公署副主任。吴氏喜爱古物收藏，撰《慕汲轩志石文录》，为一部体例完备的纯墓志类录文著述。该书具有结构清晰，层次分明的特点。如先于墓志首题下介绍书法、尺寸、容字、存佚等情况，然后抄录墓志释文。收录元略、元珍、元始和、杨胤等北朝墓志64方，其中墓主皇家元氏人物众多。后又撰《慕汲轩志石文录续编》，收录《鞠彦云墓志》等多方。总之，吴氏两书收录它书所不见的北朝墓志11方。

除以上列出的学者及书目外，还有狄楚青《六朝墓志精华》四集16册。收录晋至隋墓志100方，均为原拓影印，图录著述，字迹清晰。张维《陇右金石录》十卷，收录先秦至明代在陇右发现铜器铭文、铜镜、碑刻、摩崖文字，共1303块，卷一为上古至隋，其中著录北周墓志《石兰靖墓志》《宇文广墓志铭》《赵佺墓志》3方。罗福颐《满洲金石志》及《满洲金石志别录》，收录北朝墓志15方。王广庆《洛阳访古记》发表在《河南大学文学院学术丛刊》第一卷，河南大学文学院编辑，河南大学发行，大华书报供应社印刷，民国三十年一月出版。《洛阳访古记》1933年完成初稿，1939年写定，记述了民国年间作者在洛阳访察古墓葬、碑刻墓志等情况。《河南文史资料》第23辑（1987年9月）刊出经过整理的全文。关百益《审美堂藏石录》一卷于1914年印行。该书收藏北魏墓志《北魏王绍墓志》《北魏刘华仁墓志》《北魏陆绍墓志》3方，北齐造像2种等。民国时期墓志的整理已成规模，研究也在跟进，有单篇墓志研究论文的刊行，如同氏《跋尔朱敞父子墓志》[1]，朱克卿、关百益、许平石等《跋魏元显魏铅志》[2]，孙文青《魏元怀墓志跋》[3]等。

---

① 同氏：《跋尔朱敞父子墓志》，《图书季刊》[新]九卷1948年第1，2期。
② 朱克卿、关百益、许平石等：《跋魏元显魏铅志》，《河南博物馆馆刊》1936年第2期。
③ 孙文青：《魏元怀墓志跋》，《河南博物馆馆刊》1937年第9期。

第四节　新中国成立后北朝墓志的科学考古
发现整理与研究

一、科学的考古发现

新中国成立后，考古工作基本踏上了科学的发展轨道，出土的南北朝墓志，绝大多数是通过正式考古发掘得到的，具有完整的发掘记录。这对于深入全面地研究这一时期的墓志制度具有重要意义。以下主要介绍北朝墓志的出土情况，其出土地域仍以各朝代的都城附近为主。

（一）河南境内

河南历史文化积淀深厚，亦为北朝墓志的主要出土地。虽然邙山一带的大量墓葬早已遭到盗掘，但自新中国成立后，仍有部分墓志出土。现将邙山一带部分出土墓志列表如下：

表 2-5

墓主名称	刻志时间	出土时间	出土地点
朱阿买夫妇铭①	北朝时期	民国年间	河南洛阳
寇猛墓志②	北魏正始二年（506）	1956 年	河南洛阳西车站
元邵墓志③	北魏武泰元年（528）	1965 年	河南洛阳盘龙冢村东南
吕通墓志④ 吕仁墓志	北魏正光五年（524） 北魏普泰二年（531）	1987 年	河南洛阳吉利区
郭定兴墓志⑤	北魏正光三年（522）	2001 年	河南洛阳纱厂西路
罗宗墓志⑥	北魏神龟二年（519）	2004 年	河南洛阳北邙山
罗宗妻陆蒺藜墓志	北魏普泰元年（531）		

① 赵君平：《邙洛碑志三百种》，北京：中华书局，2004 年版，第 31 页。

② 侯鸿均：《洛阳西车站发现北魏墓一座》，《文物参考资料》1957 年第 2 期，第 86 页，附图。

③ 黄明兰：《洛阳北魏元邵墓》，《考古》1973 年第 4 期，第 218—224、243 页，附图版捌—拾贰。

④ 程永建：《河南洛阳市吉利区两座北魏墓的发掘》，《考古》2011 年第 9 期，第 44—57 页；张蕾：《读北魏吕达、吕仁墓志》，《淮阴师范学院学报》2012 年第 5 期，第 647—653 页。

⑤ 王文浩、王遵义：《洛阳纱厂西路北魏 HM555 发掘简报》，《文物》2002 年第 9 期，第 9—20 页。

⑥ 薛海洋、白玫：《近年新出历代碑志精选系列——北魏罗宗墓志附罗宗妻陆蒺藜墓志初拓本》，郑州：河南美术出版社，2008 年版；赵君平、赵文成：《河洛墓刻拾零》上册，北京：北京图书馆出版社，2007 年版，第 26 页。

墓主名称	刻志时间	出土时间	出土地点
元渊墓志①	北魏孝昌三年（527）	2006 年	河南洛阳北邙
杨茔墓志②	西魏大统七年（541）	2005 年	河南洛阳宜阳
杨兰墓志③			
张丰姬墓志④	北魏正光四年（523）	不详	河南洛阳郊区邙山乡井沟
冯熙墓志⑤	北魏太和十九年（495）	不详	河南洛阳北芒（邙）山
刘荣先妻马罗砖志⑥	北魏神龟二年（519）	不详	河南洛阳北邙山
杨机及妻梁氏墓志⑦	东魏天平二年（535）	不详	河南洛阳西南宜阳县丰李镇马窑村三道岭
董富妻郭氏砖志⑧	北魏太和十二年（488）	1996 年	河南洛阳
韩无忌砖铭⑨	北朝时期（386—534）	1998 年	河南洛阳东郊白马寺镇大杨树村北砖厂
元洪敬墓志⑩	北齐河清四年（565）	2000 年	河南洛阳
王虬墓志⑪	北魏正光四年（523）	21 世纪初	河南洛阳
裴谭墓志⑫	北魏孝昌元年（525）	2005 年	河南洛阳孟津县邙山
贾祥墓志⑬	北魏孝昌二年（526）	2007 年	河南洛阳孟津县
婑马铭⑭	北魏皇兴三年（469）	2002 年	河南洛阳

① 赵君平、赵文成:《秦晋豫新出土墓志搜佚》1 册，北京:国家图书馆出版社，2011 年版，第 29 页;齐运通:《洛阳新获七朝墓志》，北京:中华书局，2012 年版，第 23 页。

② 赵君平、赵文成:《河洛墓刻拾零》上册，北京:北京图书馆出版社，2007 年版，第 40 页。

③ 赵君平、赵文成:《河洛墓刻拾零》上册，北京:北京图书馆出版社，2007 年版，第 41 页。

④ 洛阳市第二文物工作队乔栋、李献奇、史家珍:《洛阳新获墓志续编》，北京:科学出版社，2008 年版。

⑤ 李风暴:《北魏〈冯熙墓志〉考评》，《中国书法》2010 年第 6 期，第 129—131 页。

⑥ 王木铎:《洛阳新获墓志说略》，《中国书法》2001 年第 4 期，第 47—49 页。

⑦ 沈天鹰等:《洛阳北魏杨机墓出土文物》，《文物》2007 年第 11 期，第 56—69 页。

⑧ 石战军:《北魏董富妻郭氏墓》，《中原文物》1996 年第 2 期，第 100—101 页。

⑨ 王木铎:《洛阳新获砖志说略》，《中国书法》2001 年第 4 期，第 47—49 页;赵君平:《邙洛碑志三百种》，北京:中华书局，2004 年版，第 33 页。

⑩ 山房:《齐太尉中郎元府君墓志》，《书法》2002 年第 1 期。文称此志 2000 年出土于河南洛阳，与墓志所载葬于邺城野马岗不合;或是迁葬，但无相关记载，暂放此处。

⑪ 陈辉、薛海洋:《近年新出历代碑志精选系列——北魏王虬墓志初拓本》，郑州:河南美术出版社，2008 年版。

⑫ 薛海洋、陈辉:《近年新出历代碑志精选系列——北魏裴谭墓志初拓本》，郑州:河南美术出版社，2008 年版;赵君平、赵文成:《河洛墓刻拾零》上册，北京:北京图书馆出版社，2007 年版，第 30 页。

⑬ 赵君平、赵文成:《秦晋豫新出土墓志搜佚》1 册，北京:北京图书馆出版社，2011 年版，第 27 页。

⑭ 赵君平、赵文成:《河洛墓刻拾零》上册，北京:北京图书馆出版社，2007 年版，第 15 页。

墓主名称	刻志时间	出土时间	出土地点
赵亿墓志①	北魏孝昌二年（526）	2003 年	河南洛阳
孙桃史墓志②	北魏永平二年（509）	2004 年	河南洛阳
张甸保记③	北齐武平三年（572）	2005 年	河南洛阳
常敬兰墓志④	北魏神龟元年（518）	2009 年	河南洛阳关林镇
杨济墓志⑤	北魏武泰元年（528）	不详	河南洛阳
缑光姬墓志⑥	北魏正光六年（525）	不详	河南洛阳
李达妻张氏墓志⑦	北魏孝昌三年（527）	不详	河南洛阳
元祉墓志⑧	北魏永安三年（530）	不详	河南洛阳
王怀本墓志⑨	北魏孝昌三年（527）	2000 年	河南洛阳
张斌墓志⑩	北魏孝昌三年（527）	2001 年	河南洛阳
辛穆墓志⑪	北魏武泰元年（528）	2006 年	河南洛阳
徐起墓志⑫	北魏武泰元年（528）	不详	河南洛阳
于神思墓志⑬	北魏孝昌三年（527）	不详	河南洛阳⑭
王馥墓志⑮	北魏建义元年（528）	不详	河南洛阳
长孙季墓志⑯	北魏太昌元年（532）	2000 年	河南洛阳
元孟瑜墓志⑰	东魏武定八年（550）	2000 年	河南洛阳

① 赵君平、赵文成：《河洛墓刻拾零》上册，北京：北京图书馆出版社，2007 年版，第 33 页。
② 赵君平、赵文成：《河洛墓刻拾零》上册，北京：北京图书馆出版社，2007 年版，第 17 页。
③ 赵君平、赵文成：《河洛墓刻拾零》上册，北京：北京图书馆出版社，2007 年版，第 44 页。
④ 赵君平：《北魏〈常敬兰墓志〉摭谈》，《书法丛刊》2010 年第 3 期，第 18—29 页。
⑤ 洛阳市第二文物工作队乔栋、李献奇、史家珍：《洛阳新获墓志续编》，北京：科学出版社，2008 年版；赵君平：《邙洛碑志三百种》，北京：中华书局，2004 年版，第 25 页。
⑥ 赵君平：《邙洛碑志三百种》，北京：中华书局，2004 年版，第 17 页。
⑦ 赵君平：《邙洛碑志三百种》，北京：中华书局，2004 年版，第 19 页。
⑧ 李钦善：《洛阳新出土北魏〈元祉墓志〉》，《中国书法》2012 年第 12 期，第 178—181 页。
⑨ 赵君平：《邙洛碑志三百种》，北京：中华书局，2004 年版，第 20 页。
⑩ 赵君平：《邙洛碑志三百种》，北京：中华书局，2004 年版，第 21—22 页。
⑪ 何俊芳：《北魏辛穆墓志铭考释》，《洛阳理工学院学报》（社会科学版）2011 年第 1 期，第 77—79 页。
⑫ 赵君平：《邙洛碑志三百种》，北京：中华书局，2004 年版，第 23 页。
⑬ 赵君平：《邙洛碑志三百种》，北京：中华书局，2004 年版，第 26 页。
⑭ 赵君平：《邙洛碑志三百种》，北京：中华书局，2004 年版，第 26 页。
⑮ 赵君平：《邙洛碑志三百种》，北京：中华书局，2004 年版，第 24 页。
⑯ 赵君平：《邙洛碑志三百种》，北京：中华书局，2004 年版，第 30 页。
⑰ 赵君平：《邙洛碑志三百种》，北京：中华书局，2004 年版，第 32 页。

墓主名称	刻志时间	出土时间	出土地点
元昂墓志①	北魏永安元年（528）	不详	河南洛阳
杨倪墓志②	北魏永安二年（529）	不详	河南洛阳
王茂墓志③	东魏天平四年（537）	不详	河南洛阳
刘悦墓志④	北齐天保三年（552）	不详	河南洛阳
李爱妇赵树墓砖铭⑤	北魏永兴二年（533）	不详	河南洛阳汉魏故城（1997年于民间发现）
侯掌墓志⑥	北魏正光五年（524）	1985年	河南孟津邙山乡30里铺村
王温墓志⑦	北魏太昌元年（532）	1989年	河南孟津朝阳乡西沟村西地
穆循墓志⑧	北魏永平二年（509）	1991年	河南孟津宋庄乡南310国道
元冏墓志⑨	北魏永平四年（511）	1991年	河南孟津宋庄乡东山头村310国道
张忻墓志⑩	北齐天统三年（567）	1993年	河南孟津宋庄乡南310国道
于昌容墓志⑪	北魏熙平元年（516）	1998年	河南孟津朝阳乡南陈庄村

① 胡海帆：《〈元昂墓志〉及北魏阳平幽王嗣息之探析》，《中国国家博物馆馆刊》2011年第9期，第110—123页。

② 胡湛：《张海书法艺术馆藏北朝墓志校考及其书艺特征与价值》，《中国书法（B）》2016年第12期，第87—93页。

③ 胡湛：《张海书法艺术馆藏北朝墓志校考及其书艺特征与价值》，《中国书法（B）》2016年第12期，第87—93页。

④ 齐运通：《洛阳新获七朝墓志》，北京：中华书局，2012年版，第39页。

⑤ 王木铎：《洛阳新获砖志说略》，《中国书法》2001年第4期，第47—49页。

⑥ 赵春青：《洛阳孟津晋墓、北魏墓发掘简报》，《文物》1991年第8期，第48—61页。

⑦ 张乃翥：《北魏王温纪史沟沉》，《中原文物》1994年第4期；米亮、李德方：《洛阳孟津北陈村北魏壁画墓》，《文物》1995年第8期。

⑧ 洛阳市第二文物工作队：《画像砖石刻墓志研究》，郑州：中州古籍出版社，1994年版，第204—206页。

⑨ 310国道孟津考古队：《洛阳孟津邙山西晋北魏墓发掘报告》，《华夏考古》1993年第1期，第42—51页。

⑩ 洛阳市第二文物工作队：《洛阳新获墓志》，北京：文物出版社，1996年版，图版见第10页，录文见第202页。

⑪ 赵振华、梁锋：《北魏于昌容墓志》，《河洛史志》1999年第1期；朱绍侯：《〈北魏于昌容墓志〉研究》，引自洛阳古代艺术博物馆《洛阳出土墓志研究文集》，北京：朝华出版社，2002年版，第282页；赵君平、赵文成：《河洛墓刻拾零》上册，北京：北京图书馆出版社，2007年版，第21页。

墓主名称	刻志时间	出土时间	出土地点
赵暄墓志①	北魏永安二年（529）	1998 年	河南孟津平乐村
释僧芝墓志②	北魏熙平元年（516）	2000 年	河南孟津平乐镇朱仓村
韩枚墓志③	北魏正光五年（524）	2007 年	河南洛阳孟津县
赵使君墓志盖④		2009 年	河南孟津平乐镇朱仓村
墓志盖⑤		2009 年	河南孟津平乐镇朱仓村
张太和墓志⑥	北魏太昌元年（532）	2000 年	河南孟津北邙山
长孙嵩墓志铭⑦	北魏正光五年（524）	2000 年	河南孟津
长孙子梵墓志⑧	北魏普泰元年（531）	2001 年	河南孟津
源延伯墓志⑨ 源模墓志	北魏永安元年（528）	21 世纪初	河南孟津
王皓墓志⑩	北魏延昌二年（513）	2003 年	河南孟津冢头村
张问墓志⑪	北魏孝昌元年（525）	2003 年	河南孟津邙山
乞伏晔墓志⑫	北魏熙平二年（517）	2003 年	河南孟津
元瓒墓志⑬	北魏神龟二年（519）	2004 年	河南孟津

① 赵振华：《赵暄墓志与都洛北魏朝廷的道教政治因素》，《河南科技大学学报》2004 年第 3 期，第 30—33 页；赵君平、赵文成：《河洛墓刻拾零》上册，北京：北京图书馆出版社，2007 年版，第 35 页。
② 赵君平、赵文成：《河洛墓刻拾零》上册，北京：北京图书馆出版社，2007 年版，第 20 页。
③ 赵君平、赵文成：《秦晋豫新出土墓志搜佚》1 册，北京：北京图书馆出版社，2011 年版，第 27 页。
④ 卢青峰等：《洛阳孟津朱仓北魏墓》，《文物》2012 年第 12 期，第 38—51 页。
⑤ 卢青峰等：《洛阳孟津朱仓北魏墓》，《文物》2012 年第 12 期，第 50 页。
⑥ 赵君平、赵文成：《河洛墓刻拾零》上册，北京：北京图书馆出版社，2007 年版，第 38 页。
⑦ 赵君平：《邙洛碑志三百种》，北京：中华书局，2004 年版，第 16 页。
⑧ 赵君平：《邙洛碑志三百种》，北京：中华书局，2004 年版，第 28—29 页。
⑨ 白立献、梁德水：《近年新出历代碑志精选系列——北魏源延伯墓志初拓本》，郑州：河南美术出版社，2010 年版；李钦善：《北魏〈源延伯墓志〉概说》，《中国书法》2010 年第 7 期，第 128—131 页；杨庆兴：《新见〈源延伯墓志〉》，《中国书法》2016 年第 6 期，第 197—199 页。
⑩ 赵君平、赵文成：《河洛墓刻拾零》上册，北京：北京图书馆出版社，2007 年版，第 18 页；王连龙：《王皓墓志考略》，《中国书法》2009 年第 7 期，第 75—77 页。
⑪ 赵君平、赵文成：《河洛墓刻拾零》上册，北京：北京图书馆出版社，2007 年版，第 32 页。
⑫ 赵君平、赵文成：《河洛墓刻拾零》上册，北京：北京图书馆出版社，2007 年版，第 24 页。
⑬ 赵君平、赵文成：《河洛墓刻拾零》，北京：北京图书馆出版社，2007 年版，第 25 页；薛海洋、陈辉：《近年新出历代碑志精选系列——北魏元瓒墓志初拓本》，郑州：河南美术出版社，2007 年版。

墓主名称	刻志时间	出土时间	出土地点
穆景胄墓志①	北魏建义元年（528）	2005 年	河南孟津宋庄乡
舆氏墓志②	北魏熙平元年（516）	2006 年	河南孟津麻屯镇
元道隆墓志③	北魏永安元年（528）	2000 年	河南孟津朝阳镇
元诞业④	北魏永安元年（528）	不详	河南孟津朝阳镇
尹祥墓志⑤	北魏孝昌二年（526）	1986 年	河南偃师南蔡庄乡
染华墓志⑥	北魏孝昌二年（526）	1990 年	河南偃师城关镇杏元村砖厂
殷伯姜墓志⑦	北魏孝昌元年（525）	1990 年	河南偃师南蔡庄乡
元睿墓志⑧	北魏熙平元年（516）	1991 年	河南偃师城关镇杏元村首阳山电厂
皮演墓志⑨	北魏熙平元年（516）	1995 年	河南偃师首阳山镇香玉村
李略墓志⑩	北魏永安元年（528）	2000 年	河南偃师首阳山镇寨后村
魏将奴砖铭⑪	北魏太和九年（485）	2000 年	河南偃师
慕容纂墓志⑫	北魏永安二年（529）	2003 年	河南偃师首阳山镇

① 赵君平、赵文成：《河洛墓刻拾零》上册，北京：北京图书馆出版社，2007 年版，第 34 页；郑志刚、夏京州：《稀见古石刻丛刊——北魏穆景胄墓志》，郑州：河南美术出版社，2010 年版。

② 赵君平、赵文成：《河洛墓刻拾零》上册，北京：北京图书馆出版社，2007 年版，第 22 页。

③ 乔栋、李献奇、史家珍：《洛阳新获墓志续编》，北京：科学出版社，2008 年版；赵君平：《邙洛碑志三百种》，北京：中华书局，2004 年版，第 27 页。

④ 洛阳市文物工作队：《洛阳出土历代墓志辑绳》，北京：中国社会科学出版社，1991 年版，第 52 页。

⑤ 李献奇、郭引强：《洛阳新获墓志》，北京：文物出版社，1996 年版，图版第 13 页，录文及研究第 199—200 页。

⑥ 五竹林：《河南省偃师两座北魏墓发掘简报》，《考古》1993 年第 5 期，第 414—425 页；洛阳市第二文物工作队：《洛阳新获墓志》，北京：文物出版社，1996 年版，图版第 14 页，录文及研究第 200—201 页；李献奇：《北魏六方墓志考释》，引自洛阳市第二文物工作队编《画像砖石刻墓志研究》，郑州：中州古籍出版社，1994 年版，第 210—213 页，收有染华墓志拓片的照片，并作了简短考证。

⑦ 李献奇、郭引强：《洛阳新获墓志》，北京：文物出版社，1996 年版，图版见第 12 页，录文及研究见第 198—199 页。

⑧ 徐殿魁：《河南偃师县杏园村的四座北魏墓》，《考古》1991 年第 9 期，第 818—831、872 页。

⑨ 洛阳市第二文物工作队：《洛阳碑志选刊》，《书法丛刊》1996 年第 2 期；马志强：《〈皮演墓志〉略论》，《北朝研究》1997 年第 4 期。

⑩ 引自中国西泠网北魏《馆藏魏志八品》之六《李略墓志》。

⑪ 赵君平、赵文成：《河洛墓刻拾零》上册，北京：北京图书馆出版社，2007 年版，第 16 页。

⑫ 郭宏涛、赵振华、董炳磊：《偃师新出北魏〈慕容纂墓志〉及其书艺》，《书法丛刊》2008 年第 3 期，第 34—39 页。

墓主名称	刻志时间	出土时间	出土地点
王遇墓志①	北魏正始元年（504）	不详	河南偃师首阳山镇北邙山
缑静墓志②	北魏建明二年（531）	2009 年	河南偃师
房文姬墓志③	北魏孝昌二年（526）	不详	河南偃师
元琛墓志④	北魏神龟二年（519）	不详	河南偃师顾县乡营坊村
司马悦墓志⑤	北魏永平四年（511）	1979 年	河南孟县城关乡斗鸡台村
郑胡墓志⑥	北魏太昌元年（532）	60 年代	河南开封朱仙镇老谭家寨村
席盛墓志⑦	北魏正光四年（523）	1987 年	河南灵宝焦村镇焦村
元苌墓志⑧	北魏熙平二年（517）	2002 年	河南济源
城皋县人墓砖铭⑨	北朝·魏（386—556）	1996 年	河南荥阳
董保和墓砖铭⑩			
董康生妻墓砖铭⑪			
李晖仪墓志⑫	北魏永熙二年（533）	2002 年	河南荥阳

① 赵君平：《北魏〈王遇墓志〉释略》，《书法丛刊》2013 年第 5 期，第 25—30 页。

② 白立献、梁德水：《近年新出历代碑志精选系列——北魏缑静墓志初拓本》，郑州：河南美术出版社，2010 年版。

③ 赵君平：《邙洛碑志三百种》，北京：中华书局，2004 年版，第 18 页。

④ 赵振华：《北魏元琛墓志跋》，引自赵振华《洛阳古代铭刻文献研究》，西安：三秦出版社，2009 年版，第 272—275 页。

⑤ 尚振明：《孟县出土北魏司马悦墓志》，《文物》1981 年第 12 期，第 44—46 页，附图版肆；尚振明：《河南省孟县出土北魏司马悦墓志》，《考古》1983 年第 3 期，第 279—281。

⑥ 丘刚：《启（开）封故城遗址的初步勘探与试掘》，《中原文物》1994 年第 2 期，第 22—25 页；郭世军、刘心健：《开封发现北魏郑胡墓志砖》，《文物》1998 年第 11 期，第 82—83 页。

⑦ 中国文物研究所、河南省文物研究所：《新中国出土墓志·河南·贰》，北京：文物出版社，1994 年版，图版见上册第 321 页，录文见下册第 329—330 页。

⑧ 刘莲香、蔡运军：《北魏元苌墓志考略》，《中国历史文物》2006 年第 2 期，第 57—66 页；薛海洋、陈辉：《近年新出历代碑志精选系列——北魏元苌墓志初拓本》，郑州：河南美术出版社，2007 年版；黄吉军、马寅清：《北魏元苌墓志浅释》，《书法丛刊》2007 年第 2 期，第 30—58 页；赵君平、赵文成：《河洛墓刻拾零》，北京：北京图书馆出版社，2007 年版，第 23 页。

⑨ 刘彦峰、于宏伟、马黔斌：《郑州市几座隋墓的发掘》，《中原文物》1997 年第 3 期，第 61—69 页。

⑩ 刘彦峰、于宏伟、马黔斌：《郑州市几座隋墓的发掘》，《中原文物》1997 年第 3 期，第 61—69 页。

⑪ 刘彦峰、于宏伟、马黔斌：《郑州市几座隋墓的发掘》，《中原文物》1997 年第 3 期，第 61—69 页。

⑫ 赵君平、赵文成：《河洛墓刻拾零》上册，北京：北京图书馆出版社，2007 年版，第 39 页；郑志刚、夏京州：《稀见古石刻丛刊——北魏李晖仪墓志》，郑州：河南美术出版社，2010 年版。

北魏分裂成东魏、西魏，接着是北齐、北周。东魏和北齐的统治中心移到邺城、晋阳。接近邺城的河南安阳一带也有较多的贵族官员居住，新中国成立后出土了不少北齐墓志。现将部分出土墓志列表如下：

表2-6

墓主名称	刻志时间	出土时间	出土地点
郑平暨妻于氏墓志①	北齐河清四年（565）卒 隋开皇十六年（596）葬	1956 年	河南安阳琪村
范粹墓志②	北齐武平六年（575）	1971 年	河南安阳洪河屯乡洪河屯村
高洋妃颜玉光墓志砖③	北齐武平七年（576）	1972 年	河南安阳许家沟乡水冶镇清峪村
和绍隆与妻元华墓志④	北齐武平四年（573）	1975 年	河南安阳安丰张家村
赵明度墓志⑤	东魏天平四年（537）	2007 年	河南安阳安丰乡洪河村
贾进墓志⑥	北齐武平三年（572）	2009 年	河南安阳安丰乡北李庄
宋迎男墓砖铭⑦	北齐河清四年（565）	2005 年	河南安阳
高慈妻赵夫人⑧	东魏元象元年（538）	不详	河南安阳
褚宝慧墓志⑨	北齐皇建二年（561）	不详	河南安阳
刘难陀墓志⑩	北齐天统四年（568）	不详	河南安阳
于孝卿墓志⑪	北齐天统五年（569）	不详	河南安阳
任逊墓志⑫	北齐武平二年（571）	不详	河南安阳

① 周到：《河南安阳琪村发现隋志》，《考古通讯》1956 年第 6 期。

② 河南省博物馆：《河南安阳北齐范粹墓发掘简报》，《文物》1972 年第 1 期，第 47—50 页。

③ 安阳县文教局：《河南安阳县清理一座北齐墓》，《考古》1973 年第 2 期，第 90—91 页。

④ 李秀平、于古：《安阳北齐和绍隆夫妇合葬墓清理简报》，《中原文物》1987 年第 1 期，第 14—16 页，附图并录文；中国文物研究所、河南省文物研究所：《新中国出土志·河南·壹》，北京：文物出版社，1994 年版，图版见上册 430 页，录文见下册 399—400 页。

⑤ 孔德铭、焦鹏、申明清：《河南安阳县东魏赵明度墓》，《考古》2010 年第 10 期，第 93—96 页。

⑥ 孔德铭、焦鹏、申明清：《河南安阳县北齐贾进墓》，《考古》2011 年第 4 期，第 42—49 页。

⑦ 胡海帆、汤燕：《中国古代砖刻铭文集》（下），北京：文物出版社，2008 年版，174 页。

⑧ 薛海洋、陈辉：《近年新出历代碑志精选系列——东魏高慈妻赵夫人墓志初拓本》，郑州：河南美术出版社，2007 年版。

⑨ 郑志刚：《北齐石刻五种》，《书法丛刊》2011 年第 3 期，第 24—27 页。

⑩ 郑志刚：《北齐石刻五种》，《书法丛刊》2011 年第 3 期，第 28—31 页。

⑪ 郑志刚：《北齐石刻五种》，《书法丛刊》2011 年第 3 期，第 32—35 页。

⑫ 郑志刚：《北齐石刻五种》，《书法丛刊》2011 年第 3 期，第 36—39 页。

墓主名称	刻志时间	出土时间	出土地点
赵鉴墓志①	东魏元象元年（538）	不详	河南安阳
间详墓志②	东魏武定二年（544）	不详	河南安阳
李宁墓志③	北齐天保八年（557）	不详	河南安阳
韩彦墓志④	东魏兴和三年（541）	2006 年	河南安阳
元孝辅墓志⑤	北齐天保三年（552）	2008 年	河南安阳
尉园墓志⑥	北齐武平六年（575）	不详	河南安阳
李元俭墓志⑦	北周建德留念（577）	不详	河南安阳
慧光(俗杨姓)墓志⑧	东魏元象元年（538）	2002 年	河南安阳
田盛墓志⑨	东魏兴和二年（540）	不详	河南安阳
李云妻郑氏墓志⑩	北齐武平七年（576）	1958 年	河南濮阳这河砦村
李云墓志	北齐武平七年（576）		
吕羘墓志⑪	东魏武定二年（544）	1967 年	河南卫辉太公泉乡吕村
刘晦墓志⑫	西魏大统十七年（551）	1998 年	河南三门峡
慕容纂墓志⑬	东魏兴和四年（542）	不详	河南

（二）河北境内

1948 年，考古工作者曾清理了旧称"十八乱冢"，即河北景县县城

① 赵君平、赵文成:《秦晋豫新出土墓志搜佚》1 册,北京:北京图书馆出版社,2011 年版,第 44 页;郑志刚:《稀见古石刻丛刊·东魏赵鉴墓志》,郑州:河南美术出版社,2010 年版。
② 衣雪峰:《东魏的平宽书风——间详墓志》,《东方艺术·书法》2016 年第 4 期(下半月),第 58—83 页。
③ 张彪:《李宁墓志——北齐复古书风的意义》,《东方艺术·书法》2016 年第 6 期(下半月),第 70—85 页。
④ 赵君平、赵文成:《秦晋豫新出土墓志搜佚》,北京:北京图书馆出版社,2011 年版,第 48 页。
⑤ 王连龙:《新见北朝墓志集释》,北京:中国书籍出版社,2013 年版,第 126 页。
⑥ 王连龙:《新见北朝墓志集释》,北京:中国书籍出版社,2013 年版,第 166 页。
⑦ 王连龙:《新见北朝墓志集释》,北京:中国书籍出版社,2013 年版,第 193 页。
⑧ 赵立春:《邺城地区新发现的慧光法师资料》,《中原文物》2006 年第 1 期,第 69—76 页。
⑨ 贾振林:《文化安丰》,郑州:大象出版社,2011 年版,第 167 页。
⑩ 周到:《河南濮阳北齐李云墓出土的瓷器和墓志》,《考古》1964 年第 9 期,第 482—484 页,附图并录文。
⑪ 中国文物研究所、河南省文物研究所:《新中国出土墓志·河南·壹》,北京:文物出版社,1994 年版,图版见上册 62 页,录文见下册 48 页。
⑫ 《中国文物报》1998 年 7 月 12 日。
⑬ 张彪:《从未中断的脉络——〈慕容纂墓志〉》,《东方艺术》2016 年第 8 期,第 120—133 页。

东南的一组墓群，出土了 300 余件器物。1955 年，北京历史博物馆在此进行调查，收集到一些墓志。以后，河北等地文博单位又陆续进行调查，结果发现出土墓志的墓葬均为砖室墓，石质墓志安放在墓中死者的头前，出土的随葬品很是考究，墓葬的规格也比较高级，墓中出土的青瓷尊、玻璃碗等，具有重要的研究价值。这一墓群的性质，由于墓志的明确记载而确认为封氏家族墓地①。赞皇高邑里村、前坊栅等地还发现了北齐李林、李稚廉墓志，以及北魏李静、李玄、李带等李氏家族成员的墓葬②。磁县周围曾出土过一些东魏、北齐墓志。在河北磁县东陈村发掘尧氏家族墓群。另在河北临城西镇村西北的北齐墓群中出土了一批赵郡李氏墓志③。现将部分出土墓志列表如下：

表 2-7

墓主名称	刻志时间	出土时间	出土地点
封魔奴墓志	北魏正光二年（521）		
封延之墓志	东魏兴和三年（541）		
封延之妻崔长晖墓志	隋开皇九年（589）		
封子绘墓志	北齐河清四年（565）	1948 年	河北景县县城东南十八乱冢
封子绘妻王楚英墓志	隋开皇三年（583）		
祖氏墓志盖④			
封孝琬墓志⑤	北周大象元年（579）	1966 年	
封孝琬妻崔娄诃墓志	隋开皇十九年（599）		
高雅墓⑥	东魏天平四年（537）	1973 年	河北景县大高乐村

① 张季：《河北景县封氏墓群调查记》，《考古通讯》1957 年第 3 期，第 33—36 页。《封魔奴墓志》是河北景县封氏墓群中年代最早者，不仅可补正史，而且对研究北朝历史，特别是渤海封氏家族的兴衰有较高的参考价值。

② 李金波：《就考古发现谈赵郡李氏家族》，《文物春秋》1991 年第 2 期，第 37—46 页。

③ 李建丽、李振奇：《临城李氏墓志考》，《文物》1991 年第 8 期，第 85—90 页。与《李祖牧墓志》同墓出土的，还有其妻《宋灵媛墓志》，相邻的北齐还出土了李祖牧的第三子《李君颖墓志》。据《临城李氏墓志考》一文，这片北齐墓地有墓四座，其中 2 号墓是李祖牧夫妇合葬墓，4 号是李君颖墓，1 号是李祖牧的母亲宋氏墓，而 3 号是李君颖的哥哥李君明墓。李君明与父母及弟同日营葬，3 号也应有墓志，清理中尚未发现。李祖牧的母亲宋氏下葬较早，不知是否有墓志。李祖牧正史缺载，其为赵郡李氏。李祖牧的祖父《李宪墓志》于清代同治九年（1870 年）出土于赵州，拓片图版收入赵万里《集释》卷六，第 62 页，录文见赵超《汉魏南北朝墓志汇编》第 328—332 页。

④ 张季：《河北景县封氏墓群调查记》，《考古通讯》1957 年第 3 期，第 36 页，附图并录文。盖称"魏故郡君祖氏墓志铭"，志石边长 60.3 厘米。

⑤ 裴淑兰：《封孝琬及其妻崔氏墓志》，《文物春秋》1990 年第 4 期，第 11—15、50 页。

⑥ 何直刚：《河北景县北魏高氏墓发掘简报》，《文物》1979 年第 3 期，第 20、23 页，附图。

墓主名称	刻志时间	出土时间	出土地点
封柔墓志①	东魏武定四年（546）合葬	1956 年	河北吴桥大齐区西宋门乡小马厂村西南
封柔夫人博陵崔氏墓志			
封柔继夫人毕修密墓志铭			
李祖牧墓志	北齐武平五年（574）	1975 年	河北临城县西镇村
李祖牧妻宋灵媛墓志			
李祖牧三子李君颖墓志			
司马兴龙墓志②	东魏兴和三年（541）	1953 年	河北磁县西南滏阳村簸箕冢
元诞墓志③	东魏天平三年（536）	1970 年	河北磁县双庙乡东小屋村
尧荣妻赵胡仁墓志④	东魏武定五年（547）	1974 年	河北磁县东陈村
尧峻墓志⑤	北齐天统三年（567）	1975 年	
尧峻妻吐谷浑静媚墓志⑥	北齐天统三年（567）		
尧峻妻独孤思男墓志⑦	北齐武平二年（571）		
尧奋墓志⑧	东魏兴和三年（541）	不详	
独孤华墓志⑨	北齐天统三年（567）	不详	

①　张平一：《河北吴桥县发现东魏墓》，《考古通讯》1956 年第 6 期，第 42 页，附图版 11。

②　郑绍宗：《北魏司马兴龙墓志铭跋》，《文物》1979 年第 9 期，第 64—65 页，附图。司马兴龙，字兴龙，河内温（今河南省温县）人，晋司马氏宗室后裔。起家拜鲁阳太守，太和十四年（490 年）正月八日卒于朔州（今山西朔县）城内，年 40，诏赠使持节、司徒公、都督定瀛沧幽殷五州诸军事、骠骑大将军、定州刺史。东魏兴和三年（541 年）十一月十七日改葬于邺城西北十五里滏阳城西南。

③　汤池：《河北磁县出土北魏乐王元诞墓志》，《文物资料丛刊》第 1 期，北京：文物出版社，1979 年版，第 189—191 页，附图并录文。

④　磁县文化馆：《河北磁县东陈村东魏墓》，《考古》1977 年第 6 期，第 391—400、428 页，附图。

⑤　朱全开：《河北磁县东陈村北齐尧峻墓》，《文物》1984 年第 4 期，第 16—22 页。

⑥　朱全开：《河北磁县东陈村北齐尧峻墓》，《文物》1984 年第 4 期，第 22 页。

⑦　朱全开：《河北磁县东陈村北齐尧峻墓》，《文物》1984 年第 4 期，第 22 页。

⑧　胡湛：《张海书法艺术馆藏北朝墓志校考及其书艺特征与价值》，《中国书法（B）》2016 年第 6 期，第 87—98 页；朱梁梓：《新出〈尧奋墓志〉〈独孤华墓志〉鸳鸯墓志及其书风探究》，《中国书法（B）》2016 年第 6 期，第 109—114 页。

⑨　胡湛：《张海书法艺术馆藏北朝墓志校考及其书艺特征与价值》，《中国书法（B）》2016 年第 6 期，第 87—101 页；朱梁梓：《新出〈尧奋墓志〉〈独孤华墓志〉鸳鸯墓志及其书风探究》，《中国书法（B）》2016 年第 6 期，第 109—114 页。

墓主名称	刻志时间	出土时间	出土地点
高润墓志①	北齐武平七年（576）	1975 年	河北磁县东槐树村
李难胜墓志②	北齐武平元年（570）	1978 年	河北磁县申庄乡政府驻地北
垣南姿墓志③	北齐太宁二年（562）	1957 年	河北磁县讲武城
元良墓志④	北齐天保四年（553）	1978 年	河北磁县讲武城乡孟庄村南
茹茹公主闾叱地连墓志⑤	东魏武定八年（550）	1979 年	河北磁县大冢营村
赵炽墓志⑥	北齐天统三年（567）	1998 年	河北磁县城南申庄乡西陈村
元祐墓志⑦	东魏天平四年（537）	2006 年	河北磁县县城南
元始宗墓志⑧	北齐武平五年（574）	不详	河北磁县
梁安宁墓志⑨	北周建德六年（577）	不详	河北磁县
甄凯墓志⑩	北魏正光六年（525）	1957 年	河北无极南苏乡史村
李希宗墓志⑪	东魏武定二年（544）	1975 年	河北赞皇南邢郭村
李希宗妻崔氏墓志	东魏武定七年（549）		
李希礼墓志⑫	北齐天保七年（556）		

---

① 磁县文化馆：《河北磁县北齐高润墓》，《考古》1979 年第 3 期，第 235—243 页。

② 张利亚：《磁县出土济南愍悼王妃李尼墓志述略》，《北朝研究》1996 年第 3 期；殷宪：《济南愍悼王妃李尼墓志的书法价值》，《北朝研究》1996 年第 3 期。

③ 《考古》1959 年第 1 期，第 25 页，附图。

④ 张子英：《河北磁县北齐元良墓》，《考古》1997 年第 3 期，第 33—39 页，附图无录文。

⑤ 朱全开、汤池：《河北磁县东魏茹茹公主发掘简报》，《文物》1984 年第 4 期，第 7—9 页；薛海洋、陈辉：《近年新出历代碑志精选系列——东魏茹茹公主墓志初拓本》，郑州：河南美术出版社，2008 年版。

⑥ 张子英：《磁县出土北齐赵炽墓志》，《文物》2007 年第 11 期，第 95—96 页。

⑦ 朱岩石、何利群：《河北磁县发现东魏皇族元祐墓》，《中国文物报》2007 年 7 月 11 日第 2 版。

⑧ 孟繁峰等：《新中国出土墓志·河北·壹》，北京：文物出版社，2004 年版，第 29 页。

⑨ 石永士、王素芳、裴淑兰：《河北金石辑录》，石家庄：河北人民出版社，1993 年版，第 431 页。

⑩ 孟昭林：《无极甄氏诸墓的发现及其有关问题》，《文物》1959 年第 1 期，第 45—46 页，附图并录文。

⑪ 李晋栓等：《河北赞皇东魏李希宗墓》，《考古》1977 年第 6 期，第 372、382—390 页，附图；孟繁峰等：《新中国出土墓志·河北·壹》，北京：文物出版社，2004 年版，第 12 页。

⑫ 李晋栓等：《河北赞皇东魏李希宗墓》，《考古》1977 年第 6 期，第 372、382—390 页；孟繁峰等：《新中国出土墓志·河北·壹》，北京：文物出版社，2004 年版，第 17 页。

墓主名称	刻志时间	出土时间	出土地点
李骞墓志铭①	北齐天保元年（550）	不详	河北赞皇
李德元墓志②	北齐天保七年（556）	不详	河北赞皇
李希仁墓志③	北齐天保七年（556）	不详	河北赞皇
李伯钦墓志④	北魏景明三年（502）	2001 年	河北临漳
于彧墓志⑤	东魏元象元年（538）	不详	河北临漳
元嶷墓志⑥	东魏兴和三年（541）	不详	河北临漳
魏神墓志⑦	北齐天保元年（550）	不详	河北临漳
吴穆墓志⑧	北齐天保九年（558）	不详	河北临漳
元羽妻郑始容太妃墓志⑨	北齐河清三年（564）	2004 年	河北临漳汉魏邺城故地
袁月玑墓志文⑩	北齐天统五年（569）	不详	河北临漳县西
薛怀俊暨妻皇甫艳墓志⑪	北齐天统四年（568）	不详	河北临漳境内
慕容签墓志⑫	东魏天平四年（537）	不详	河北临漳
邢伟墓志⑬	北魏延昌四年（515）	1956 年	河北河间沙洼乡南冬村东

① 赵生泉：《〈李骞墓志〉跋》，《东方艺术》2008 年第 4 期，第 68—69 页，附《李骞墓志》拓片；金传道：《北朝〈李骞墓志〉考释》，《河北科技大学学报》（社会科学版）2014 年第 12 期，第 17—22 页。

② 孟繁峰等：《新中国出土墓志·河北·壹》，北京：文物出版社，2004 年版，第 16 页。

③ 石永士、王素芳、裴淑兰：《河北金石辑录》，石家庄：河北人民出版社，1993 年版，第 431 页。

④ 刘恒：《北朝墓志题跋二则》，《书法丛刊》2002 年第 2 期，第 2—9 页。

⑤ 胡湛：《张海书法艺术馆藏北朝墓志校考及其书艺特征与价值》，《中国书法（B）》2016 年第 6 期，第 87—93 页。

⑥ 胡湛：《张海书法艺术馆藏北朝墓志校考及其书艺特征与价值》，《中国书法（B）》2016 年第 6 期，第 87—94 页。

⑦ 胡湛：《张海书法艺术馆藏北朝墓志校考及其书艺特征与价值》，《中国书法（B）》2016 年第 6 期，第 87—98 页。

⑧ 胡湛：《张海书法艺术馆藏北朝墓志校考及其书艺特征与价值》，《中国书法（B）》2016 年第 6 期，第 87—101 页。

⑨ 丛文俊：《新出土北朝小楷墓砖墨迹（墨书未刻）〈魏广陵王元羽妻郑太妃墓志〉考》，《中国书法》2005 年第 9 期，第 24—26 页。

⑩ 许万顺：《新出土北齐〈蔡府月玑袁氏墓志文〉》，《中国书法》2005 年第 4 期，第 33 页。

⑪ 刘恒：《新出土石刻题跋二则》，《书法丛刊》2000 年第 3 期。

⑫ 许万顺：《新发现的东魏慕容鉴墓志》，《中国书法》2012 年第 6 期，第 202—203 页。

⑬ 孟昭林：《记后魏邢伟墓出土物及邢峦墓的发现》，《考古》1959 年第 4 期，第 209—210 页；赵超：《汉魏晋南北朝墓志汇编》，天津：天津古籍出版社，2008 年版，第 78—69 页；沧州市文物局：《沧州出土墓志·北魏故博陵太守邢府君（伟）墓志》（简称《邢伟墓志》），北京：科学出版社，2007 年版，第 4—5 页。

墓主名称	刻志时间	出土时间	出土地点
邢峦墓志①	北魏延昌四年（515）	不详	
邢晏墓志②	东魏兴和三年（541）	不详	
韩贿夫人高氏③	北魏正光五年（524）	1964 年	河北曲阳嘉峪村
尉陵墓志④	北魏永熙三年（534）	不详	河北曲阳
尉陵妻贺示廻墓志⑤	北魏永熙三年（534）	不详	河北曲阳
□忝墓志⑥	北齐武平五年（574）	1974 年	河北盐山刘范乡蔡八里村
张僧显墓志⑦	北齐河清四年（565）	不详	河北盐山
崔景播墓志⑧	东魏武定元年（543）	1963 年	河北博野同连村南
常袭妻崔隆宗女墓记⑨	北魏神龟三年（520）	1984 年	河北迁安征集
段荣墓志⑩	东魏元象元年（538）	1993 年	河北曲周北油村
赵谧墓志⑪	北魏景明二年（501）	1997 年	河北赵县西封村
崔昂墓志⑫ 崔昂前妻卢修娥墓志	北齐天统二年（566）	1968 年	河北平山上三汲乡上三汲村南
崔昂后妻郑仲华墓志⑬	隋开皇八年（588）		

右侧竖排：第二章 北朝墓志的出土整理与研究

---

① 石永士、王素芳、裴淑兰：《河北金石辑录》，石家庄：河北人民出版社，1993 年版，第 211 页；沧州市文物局编：《沧州出土墓志·北魏故车骑大将军瀛洲刺史平舒邢公（峦）墓志》（简称《邢峦墓志》），北京：科学出版社，2007 年版，第 2—3 页。

② 石永士、王素芳、裴淑兰：《河北金石辑录》，石家庄：河北人民出版社，1993 年版，第 225 页；沧州市文物局编：《沧州出土墓志·北魏故博陵太守邢府君（晏）墓志》（简称《邢晏墓志》），北京：科学出版社，2007 年版，第 14—16 页。

③ 郑绍宗：《河北曲阳发现北魏墓》，《考古》1972 年第 5 期，第 34—35、72—75 页。

④ 侯璐：《保定出土墓志选编》，石家庄：河北美术出版社，2003 年版，第 4 页。

⑤ 侯璐：《保定出土墓志选编》，石家庄：河北美术出版社，2003 年版，第 11 页。

⑥ 王志斌、张长发：《河北盐山出土北齐□忝墓志》，《文物》1997 年第 7 期。

⑦ 孟繁峰等：《新中国出土墓志·河北·壹》，北京：文物出版社，2004 年版，第 19 页。

⑧ 甄家斌：《〈北魏镇远将军崔景播墓志铭〉简介》，《中国书法》1993 年第 2 期。

⑨ 李子春、刘学梓：《河北迁安县发现北魏墓志》，《文物》1998 年第 11 期，第 84 页。

⑩ 李伟科：《北齐武威王墓志》，《文物春秋》1997 年第 2 期。

⑪ 李俊卿：《北魏〈赵谧墓志铭〉跋》，《文物春秋》2003 年第 6 期；许万顺：《新出土〈大魏赵谧墓志〉》，《中国书法》2004 年第 7 期，第 37 页。

⑫ 河北省博物馆、文物管理处：《河北平山北齐崔昂墓调查报告》，《文物》1973 年第 11 期，第 30—38 页；洛阳古代石刻艺术馆：《隋唐五代墓志汇编·河北卷》，天津：天津古籍出版社，1991 年版，第 6 页；李建丽：《崔昂墓志考》，《书法丛刊》2001 年第 2 期。

⑬ 罗新、叶炜：《新出魏晋南北朝墓志疏证》，北京：中华书局，2005 年版，第 389—390 页。

墓主名称	刻志时间	出土时间	出土地点
崔宣靖墓志① 崔宣默墓志	北周大象元年（579）	1998 年	河北平山上三汲乡上三汲村
常文贵墓志②	北齐武平二年（571）	1977 年	河北黄骅西才元村
李玄墓志③	东魏天平五年（538）	不详	河北高邑
李稚廉墓志④	北齐武平五年（574）	不详	河北高邑
李林墓志⑤	北魏太昌元年（532）	不详	河北高邑
房兰和墓志⑥	东魏武定元年（543）	不详	河北石家庄
路众及妻潘氏墓志⑦	北齐太宁元年（561）	不详	河北柏乡
张法墓志⑧	北齐天统元年（565）	不详	河北满城
李盛墓志⑨	北魏永熙三年（534）	不详	河北行唐
李瞻墓志⑩	北魏正始五年（508）	不详	河北隆尧
李君妻祖氏墓志⑪	北周大象三年（581）	不详	河北隆尧
崔宾媛墓志⑫	北魏神龟二年（519）	1996 年	河北元氏县

（三）山西境内

山西大同附近，是北魏早期的都城平城所在地。近年来这里出土了一些重要的墓志。太原附近，是东魏、北齐重要官员的墓葬所在，也是我国发现北齐墓葬最多的地区之一。现将部分出土墓志列表如下：

① 丛文俊：《北魏崔宣默、崔宣靖墓志考》，《中国书法》2001 年第 11 期，第 56—61 页；刘恒：《北朝墓志题跋二则》，《书法丛刊》2002 年第 2 期。
② 王敏之：《黄骅县北齐常文贵墓清理简报》，《文物》1984 年第 9 期，第 41—42 页。
③ 石永士、王素芳、裴淑兰：《河北金石辑录》，石家庄：河北人民出版社，1993 年版，第 431 页。
④ 孟繁峰等：《新中国出土墓志·河北·壹》，北京：文物出版社，2004 年版，第 28 页。
⑤ 孟繁峰等：《新中国出土墓志·河北·壹》，北京：文物出版社，2004 年版，第 6 页。
⑥ 孟繁峰等：《新中国出土墓志·河北·壹》，北京：文物出版社，2004 年版，第 11 页。
⑦ 孟繁峰等：《新中国出土墓志·河北·壹》，北京：文物出版社，2004 年版，第 18 页。
⑧ 侯璐：《保定出土志选编》，石家庄：河北美术出版社，2003 年版，第 23 页。
⑨ 孟繁峰等：《新中国出土墓志·河北·壹》，北京：文物出版社，2004 年版，第 7 页。
⑩ 引自《邢州金石录》；李亚平：《金石拓本题跋集萃》，石家庄：河北美术出版社，2012 年版，第 44 页；叶炜、六秀峰：《墨香阁藏北朝墓志》，上海：上海古籍出版社，2016 年版，第 6 页。
⑪ 孟繁峰等：《新中国出土墓志·河北·壹》，北京：文物出版社，2004 年版，第 36 页。
⑫ 刘恒：《北魏崔宾媛墓志》，北京：荣宝斋出版社，2003 年版；陶钧：《北魏崔宾媛墓志考释》，《收藏家》2012 年第 6 期，第 25—34 页；叶炜、六秀峰：《墨香阁藏北朝墓志》，上海：上海古籍出版社，2016 年版，第 14 页；陈爽：《出土墓志所见中古谱牒研究》，上海：学林出版社，2015 年版，第 353—356 页。

表 2-8

墓主名称	刻志时间	出土时间	出土地点
司马金龙墓铭	北魏太和八年（484）	1965 年	山西大同石家寨
司马金龙妻钦文姬辰墓铭	北魏延兴四年（474）		
高琨墓志①	北魏延昌三年（514）	70 年代初	山西大同小南头村
韩裔墓志②	北齐天统三年（567）	1973 年	山西大同祁县白圭镇
封和突墓志③	北魏正始元年（504）	1981 年	山西大同小站村花圪塔台
元淑墓志④	北魏永平元年（508）	1984 年	山西大同小南头乡东王庄
陈永夫妇墓砖铭⑤	北魏延兴六年（476）	1995 年	山西大同阳高县东马家皂乡强家营村
宋绍祖墓志⑥	北魏太和元年（477）	2000 年	山西大同水泊寺乡曹夫楼村东北雁北师院
杨众庆墓砖铭⑦	北魏太和元年（477）	2001 年	山西大同城南七里村
叱干渴侯墓砖铭⑧	北魏天安元年（466）	2002 年	山西大同市区东面 3 公里御河东岸迎宾大道
□一□墓砖铭⑨			
屈突隆业墓砖⑩	北魏太和十四年（490）	2001 年	山西大同二电厂东南变电所

---

① 王银田：《元淑墓志考释——附北魏高琨墓志小考》，《文物》1989 年第 8 期，第 66—68 页。

② 陶正刚：《山西祁县白圭北齐韩裔墓》，《文物》1975 年第 4 期，第 69、73 页，附图并录文。

③ 马玉基：《大同市小站村花圪塔台北魏墓清理简报》，《文物》1983 年第 8 期，第 3—4 页，附图。

④ 大同市博物馆：《大同东郊北魏元淑墓》，《文物》1989 年第 8 期，第 57—65 页；王银田：《元淑墓志考释——附北魏高琨墓志小考》，《文物》1989 年第 8 期，第 66—68 页。

⑤ 殷宪：《北魏早期平城墓铭析》，《北朝研究》第一辑，北京：燕山出版社，1999 年版，第 163—192 页。

⑥ 刘俊喜、张志忠、左雁：《大同市北魏宋绍祖墓发掘简报》，《文物》2001 年第 7 期，第 19—39 页；张庆捷、刘俊喜：《北魏宋绍祖墓两处铭记析》，《文物》2001 年第 7 期，第 58—61 页；刘锁祥：《神奇的墓铭书法——大同出土北魏宋绍祖墓铭砖书法简叙》，《中国书法》2003 年第 4 期，第 71—72 页；张志忠：《北魏宋绍祖墓石椁的相关问题》，《北朝史研究》，北京：商务印书馆，2004 年版，第 500—506 页。宋绍祖墓是目前所能见到的唯一有明确纪年和精美石椁的北魏平城时期墓葬。

⑦ 张海燕等：《山西大同七里村北魏墓群发掘简报》，《文物》2006 年第 10 期，第 25—49 页；张志忠：《大同七里村北魏墓杨众庆墓砖铭析》，《文物》2006 年第 10 期，第 82—85 页。

⑧ 刘俊喜等：《山西大同迎宾大道北魏墓群》，《文物》2006 年第 10 期，第 50—71 页；殷宪：《〈叱干渴侯墓砖〉考略》，《中国书法》2006 年第 9 期，第 84—86 页。

⑨ 刘俊喜等：《山西大同迎宾大道北魏墓群》，《文物》2006 年第 10 期，第 50—71 页。

⑩ 殷宪：《〈太和十四年屈突隆业墓砖〉考略》，《书法丛刊》2005 年第 3 期，第 17—19 页。

墓主名称	刻志时间	出土时间	出土地点
阳成惠也拔残砖志①	北魏太和十四年（490）	2005 年	山西大同井间
盖天保墓砖铭②	北魏太和十六年（492）	2005 年	山西大同城东南
元郁及妻慕容氏墓志③	北魏熙平元年（516）	不详	山西大同古平城遗址
张肃俗墓志④	北齐天保十年（559）	1955 年	山西太原西南蒙山山麓圹坡
柳子辉墓志⑤	北齐天保七年（556）	1960 年	山西太原双塔郑村
辛凤麟妻胡显明墓志⑥	北魏正光三年（522）	1973 年	山西太原南郊东太堡砖厂
辛祥墓志⑦	北魏神龟三年（520）	1975 年	
辛祥妻李庆容墓志	北魏永平三年（510）		
娄叡墓志⑧	北齐武平元年（570）	1979 年	山西太原南郊王郭村
韩祖念墓志⑨	北齐天统四年（568）	1982 年	山西太原小井峪村
库狄业墓志⑩	北齐天统三年（567）	1984 年	山西太原小店区南坪头村

---

① 殷宪：《北魏早期平城墓铭析》，《北朝研究》第一辑，北京：燕山出版社，2008 年版，第 163—192 页。

② 殷宪：《北魏早期平城墓铭析》，《北朝研究》第一辑，北京：燕山出版社，2008 年版，第 163—192 页；殷宪：《盖天保墓砖铭考》，《晋阳学刊》2008 年第 3 期，第 25—34 页；殷宪：《北魏盖天保墓砖及其书法》，《中国书法》2009 年第 6 期，第 102—105 页。

③ 王连龙：《新见北魏〈济阴王元郁墓志〉考解释》，《古代文明》2010 年第 4 期，第 77—82 页。

④ 山西省博物馆：《太原圹坡北齐张肃［俗］墓文物图录》，北京：中国古典艺术出版社，1958 年版，第 22 页附图版。文称此为典型的贫民墓志。

⑤ 王玉山：《太原市南郊清理北齐墓葬一座》，《文物》1963 年第 6 期，第 48—50 页，附图并录文。

⑥ 《考古学集刊》1981 年第 1 期，第 201—202 页，附图；王天麻：《北魏辛祥家族三墓志》，《文物季刊》1992 年第 3 期，第 80—85、36 页。

⑦ 代尊德：《太原北魏辛祥墓》，《考古学集刊》第 1 期，北京：中国社会科学出版社，1981 年版，第 199—200 页；王天麻：《北魏辛祥家族三墓志》，《文物季刊》1992 年第 3 期，第 80—85、36 页。

⑧ 山西省考古研究所、太原市文物管理委员会：《太原市北齐娄叡墓发掘简报》，《文物》1983 年第 10 期，第 1—23 页；山西省考古研究所、太原市文物考古研究所：《北齐东安王娄叡墓》，北京：文物出版社，2006 年版。娄叡是北齐神武帝高欢妻子神明皇后的侄子，为北齐丞相，其墓的发掘是十分重要的北朝墓葬发现，墓中的 240 余平方米精彩壁画是古代美术史上的珍贵宝物。墓志为该墓及墓中壁画提供了确切的时代证据。研究者曾根据娄叡的身份与他和朝廷的密切关系，推测这些壁画是当时朝廷专用的著名画师所作。

⑨ 太原市文物管理委员会 1982 年发掘，资料待发。

⑩ 常一民、渠传福、阎跃进：《太原北齐库狄业墓》，《文物》2003 年第 3 期，第 26—36 页。

墓主名称	刻志时间	出土时间	出土地点
贺娄悦墓志①	北齐皇建元年（560）	1986 年	山西太原北郊区义井乡神堂沟
张海翼墓志②	北齐天统元年（565）	1991 年	山西太原晋源区寺底村
贺拔昌墓志③	北齐天保四年（553）	1999 年	山西太原西南万柏林义井村
狄湛墓志④	北齐河清三年（564）	2000 年	山西太原迎泽区王家峰村
□憘墓志⑤	北齐武平三年（572）	2001 年	山西太原龙堡村
徐显秀墓志⑥	北齐武平二年（571）	2002 年	山西太原迎泽郝庄乡王家峰村
窦兴洛墓志⑦	北齐天保十年（559）	2002 年	山西太原晋源区罗城镇开化村
优婆塞夏侯念墓志⑧	北齐天保三年（552）	2003 年	山西太原寺底村
刘贵墓志⑨	北齐河清二年（563）	2003 年	山西太原岗头村
李诜墓志⑩	北魏太和二十三年（499）	1957 年	山西曲沃秦村
库狄洛及妻斛律昭男墓志⑪	北齐河清元年（562）	1973 年	山西晋阳寿阳县贾家庄
库狄洛妾尉氏墓志	北齐天保十年（559）		
裴良墓志⑫	北齐武平二年（571）	1986 年	山西襄汾永固乡家村
赵猛墓志⑬	北魏正光五年（524）	1987 年	山西永济蒲州镇侯家庄村南

① 常一民:《太原市神堂沟北齐贺娄悦墓清理简报》,《文物季刊》1992 年第 3 期,第 33—38,附图版肆、伍;渠川福:《北齐〈贺娄悦墓志铭〉释考》,《北朝研究》1990 年上半年刊。

② 李爱国:《太原北齐张海翼墓》,《文物》2003 年第 10 期,第 41—49 页。

③ 太原市文物考古研究所:《太原北齐贺拔昌墓志》,《文物》2003 年第 3 期;周铮:《对贺拔昌墓志的几点看法》,《文物世界》2002 年第 4 期,第 37 页。

④ 太原市文物考古研究所:《太原北齐狄湛墓》,《文物》2003 年第 3 期,第 37—42 页。

⑤ 太原市文物考古研究所 2001 年 6 月清理,资料待发。

⑥ 常一民、裴静蓉、王普军:《太原北齐徐显秀墓发掘简报》,《文物》2003 年第 10 期,第 4—40 页。

⑦ 商彤流等:《太原开化村北齐洞室墓发掘简报》,《考古与文物》2006 年第 2 期,第 7—12 页。

⑧ 山西省考古研究所、太原市文物考古研究所 2003 年发掘,资料待发。

⑨ 太原市文物考古研究所 2003 年 4 月清理,资料待发。

⑩ 杨富斗:《山西曲沃县秦村发现的北魏墓》,《考古》1959 年第 1 期,第 43—44 页。

⑪ 王克林:《北齐库狄迴洛墓》,《考古学报》1979 年第 3 期,第 394—398 页;山西省考古研究所:《山西碑碣》,太原:山西人民出版社,1997 年版,第 23—25 页。

⑫ 李学文:《山西襄汾出土东魏天平二年裴良墓志》,《文物》1990 年第 12 期,第 86—90 页;周铮:《裴良墓志考》,《北朝研究》1994 年第 1 期。

⑬ 李百勤等:《河东出土墓志录》,太原:山西人民出版社,1994 年版。

墓主名称	刻志时间	出土时间	出土地点
裴子诞墓志	北齐武平二年（571）		
裴子通墓志	隋开皇十一年（591）	1992 年	山西运城河东博物馆从山西晋南民间收集
裴子休墓志①	隋开皇五年（591）		
韩买奴墓志②	北齐天保七年（556）	2002 年	山西晋阳榆次
杜何拔墓志③	西魏大统十三年（547）	不详	山西晋中

（四）山东境内

山东出土的北朝墓志主要是当地的一些高级官员以及世族大姓的墓志。如 1969 年在山东德州胡官营出土的北魏神龟二年（519 年）二月二十日《高道悦及夫人李氏墓志》④。山东临淄大武乡窝托村清河崔氏家族墓葬⑤的发掘，是山东省较为重要的世族大姓考古发现。崔氏在北朝乃至隋唐时期是具有相当影响的北方世族大姓。山东出土的北朝墓志分布较广，如表所示：

表 2-9

墓主名称	刻志时间	出土时间	出土地点
崔鸿墓志	北魏孝昌二年（526）		
崔鹔墓志	东魏天平四年（537）		
崔鹔妻张玉怜墓志	东魏天平四年（537）		
崔混墓志	东魏元象元年（538）	1973 年	山东临淄大武乡窝托村南辛店电厂
崔德墓志	北齐天统元年（565）		
崔博墓志	北齐武平四年（573）		
崔猷墓志	北魏延昌元年（512）	1983 年	

---

① 杨明珠、杨高云：《北齐裴子诞兄弟三人墓志略探》，《北朝研究》1993 年第 3 期；杨明珠、杨高云：《晋南发现北齐裴子诞兄弟墓志》，《考古》1994 年第 4 期，第 338—342 页。此文又被收入山西省考古学会、山西省考古研究所《山西省考古学会论文集》（二），太原：山西人民出版社，1994 年版。晋南的裴氏世族，在北朝与隋唐时期是著名大姓。裴子诞的两个弟弟子通、子休葬于隋代。

② 2002 年发现，晋中文物局渠全增先生存有墓志拓片。

③ 晋华：《三晋石刻总目·晋中市卷》，太原：山西古籍出版社，2004 年版。

④ 秦公：《释北魏高道悦墓志》，《文物》1979 年第 9 期，第 61—63 页，附图并录文。墓主高道悦是太子中庶子。由于当时高姓的族望在渤海郡蓨县，所以归葬于原蓨县所在地山东德州；赖非：《北魏高道悦墓地调查及其墓志补释》，引自《德州考古文集》，南昌：百花洲文艺出版社，2000 年版，第 1—23 页。

⑤ 苏玉琼、蒋英炬：《临淄北朝崔氏墓》，《考古学报》1984 年第 2 期，第 221—244 页；张光明、李剑：《临淄北朝崔氏墓地第二次清理简报》，《考古》1985 年第 3 期，第 216—221 页，附图。

墓主名称	刻志时间	出土时间	出土地点
羊祉墓志①	北魏熙平元年（516）	1964 年	山东新泰天宝镇颜庄村宫里镇
羊祉妻崔神妃墓志	北魏孝昌元年（525）		
羊深夫人崔元容墓志②	东魏武定二年（544）	1973 年	
高道悦墓志	北魏神龟二年（519）	1969 年	山东德州胡官营出土
傅竖眼墓志③	北魏永熙三年（534）	1970 年	山东淄博淄川区二里乡石门村
房悦墓志④	东魏兴和四年（542）	1972 年	山东高唐城关
贾思伯墓志⑤	北魏孝昌元年（525）	1973 年	山东寿光城关镇李二村
贾思伯妻刘静怜墓志	东魏武定二年（544）		
明赍墓志⑥	东魏兴和三年（541）	1973 年	山东陵县东北于集乡孟家庙村
明赍子明湛墓志	北齐武平二年（571）	1982 年	
朱林㩉墓志⑦	北周大象二年（580）	1985 年	山东博兴马家村
刁翔墓志⑧	北齐天统元年（565）	1985 年	山东乐陵杨家乡史家村
崔芬墓志⑨	北齐天保二年（551）	1986 年	山东临朐冶源镇海浮山

---

① 舟子：《羊祉与石门铭初考三题》，《文博》1989 年第 3 期，第 58—60 页；周郢：《新发现的羊氏家族墓志考略》，引自《周郢文史论文集》，济南：山东文艺出版社，1997 年版，第 46—80 页。

② 常明：《东魏〈羊令君妻崔夫人墓志铭〉考》，《书法丛刊》2003 年第 2 期；周郢：《新发现的羊氏家族墓志考略》，引自《周郢文史论文集》，济南：山东文艺出版社，1997 年版，第 46—80 页。

③ 张光明：《山东淄博市发现北魏傅竖眼墓志》，《考古》1987 年第 2 期，第 109—113 页，附图并录文。

④ 山东省博物馆文物组：《山东高唐东魏房悦墓清理简报》，《文物资料丛刊》1978 年第 2 期，第 107—109 页，附图。

⑤ 寿光县博物馆：《山东寿光北朝贾思伯墓》，《文物》1992 年第 8 期，第 15—19 页，附图无录文。

⑥ 赖非：《齐鲁碑刻墓志研究》，济南：齐鲁书社，2004 年版，第 302—306 页；刘文海：《北朝明赍墓志释及其书法》，《中国书法》2008 年第 5 期，第 55—56 页。

⑦ 赖非：《齐鲁碑刻墓志研究》，济南：齐鲁书社，2004 年版，第 367 页。

⑧ 李开岭、刘金亭：《山东乐陵出土北齐墓志》，《考古》1987 年第 10 期，第 954—955 页，附图。

⑨ 山东省文物考古研究所、临朐县博物馆：《山东临朐北齐崔芬壁画墓》，《文物》2002 年第 4 期，第 4—20、22—26 页；临朐县博物馆：《北齐崔芬壁画墓》，北京：文物出版社，2002 年版；山东省文物考古研究所：《前进中的十年》，引自《文物考古工作十年》，北京：文物出版社，1991 年版。

墓主名称	刻志时间	出土时间	出土地点
羊烈墓志①	隋开皇九年（589）	1993 年	山东新泰羊流镇北
羊烈夫人长孙敬颜墓志	隋开皇十二年（592）		
邓恭伯妻崔令姿墓志②	东魏元象元年（538）	1965 年	山东济南历城姚家镇圣佛寺
傅华墓志赵奉伯墓志盖③	北齐武平七年（576）	1977 年	山东济南槐荫段店镇后周王村
张道贵墓志④	北齐武平二年（571）	1984 年	山东济南历城姚家镇马家庄北
陈三墓志⑤	北齐武平五年（574）	1989 年	山东济南八里洼小区
房子明墓志⑥	北齐天统元年（565）	80 年代	山东济南南部
朱绪墓志⑦	北周宣政元年（578）	2013 年	山东青州城南郊井亭村

（五）陕西境内

陕西关中地区历来是华夏文化的一个中心，虽然在魏晋北魏时期，它的地位有所削弱，但仍然有一定的大姓势力存在。西魏和北周时期，这里又作为政治中心，聚集了一批官员贵族，他们定居并丧葬在关中，其墓葬制度沿袭北魏程式，从而也有一定数量的墓志出土。如在陕西华阴五方村及潼关等地发掘的杨氏族葬墓地，并出土了一批北朝杨氏人物墓志，对了

---

① 王尹成：《新泰文化大观》，济南：齐鲁书社，1999 年版。
② 王建浩、蒋宝庚：《济南市东郊发现东魏墓》，《文物》1966 年第 4 期，第 56 页，附图。崔令姿亦为清河崔氏宗支后人。令姿夫邓恭伯，北魏初名臣邓渊之曾孙。夫妇俩生前信崇佛教，曾流下不少崇教拜佛的遗迹。《续修历城县志》载济南市历山黄石崖有孝昌二年帝主元氏法义三十五人造像记："大魏孝昌二年九月丁酉朔廿八日甲辰，帝主元氏法义卅五人，敬造弥勒像一驱。普为四恩三有，法界众生，愿值弥勒。都维那比丘静志……邓恭伯、崔令姿、鱼小姬……"此造像记至 1955 年尚存数字。《崔令姿墓志》的出土地点，杨震方《碑帖叙录》误作"1965 年 1 月在河南洛阳市东郊出土"，应予以正之。
③ 韩明祥：《释北齐宜阳国太妃傅华墓志铭》，《文物》1985 年第 10 期，第 55—57 页，附图。
④ 韩明祥、赵镇平、仓小义：《济南市马家庄北齐墓》，《文物》1985 年第 10 期，第 42—48、66、105 页；韩明祥：《济南历代墓志铭》，济南：黄河出版社，2002 年版，第 3—4 页。
⑤ 房道国、李铭：《济南发现北齐陈三墓》，《中国文物报》1989 年第 50 期；山东省文物考古研究所：《前进中的十年》，引自《文物考古工作十年》，北京：文物出版社，1991 年版。
⑥ 赖非：《齐鲁碑刻墓志研究》，济南：齐鲁书社，2004 年版，第 366 页。
⑦ 李森：《新见〈魏故乐安太守朱府君墓志铭〉考析》，《华夏考古》2016 年第 1 期，第 103—106 页；张彪：《延续中的书法——从北周〈朱绪墓志〉说起》，《东方艺术书法》2017 年第 6 期，第 36—55 页。

解这一地区的大姓世族生活状况有重要的参考价值①。1986 年至 1990 年，陕西考古工作者配合咸阳底张湾北国际机场修建工程，发掘了十余座北朝墓葬，出土了一批极为珍贵的文物。其中包括 10 方贵族官员及其配偶的墓志。现将部分出土墓志列表如下：

表 2-10

墓主名称	刻志时间	出土时间	出土地点
杨范墓志②	北魏永平四年（511）	清代末年	
杨胤墓志	北魏熙平元年（516）		
杨阿难墓志③	北魏永平四年（511）	1971 年	
杨颖墓志			
杨播墓志	北魏熙平元年（516）	1974 年	
杨舒墓志④	北魏熙平二年（517）	1984 年	陕西华阴五方村
杨遁墓志⑤	北魏太昌元年（532）	1985 年	
杨侃墓志⑥	北魏太昌元年（532）	1986 年	
杨椿妻崔氏墓志⑦	北魏永平四年（511）	1986 年	
杨晖墓志⑧	北魏太昌元年（532）	1989 年	
杨氏墓砖⑨	北朝时期制	1989 年	

---

① 杜保仁、夏振英：《华阴潼关出土的北魏杨氏墓志考证》，《考古与文物》1984 年第 5 期，第 16、17—27 页，附图并录文。
② 《杨范墓志》《杨胤墓志》见于赵万里：《集释》，图 210、211，北京：科学出版社，1956 年版。
③ 《杨播墓志》《杨阿难墓志》《杨颖墓志》《杨泰墓志》《杨泰妻元氏墓志》《杨胤季女墓志》6 方墓志见于杜保仁、夏振英：《华阴潼关出土的北魏杨氏墓志考证》，《考古与文物》1984 年第 5 期，第 16、17—27 页，附图并录文。
④ 崔汉林、夏振英：《陕西华阴北魏杨舒墓发掘简报》，《文博》1985 年第 2 期；马志祥：《北魏杨舒墓志》，《书法丛刊》2007 年第 5 期，第 32—33 页。
⑤ 张江：《华山碑石》，西安：三秦出版社，1995 年版，拓片图版见第 14 页，录文第 238—239 页。
⑥ 《华山碑石》著录，拓片图版见第 15 页，录文见第 239 页。
⑦ 《华山碑石》著录，拓片图版见第 9 页，无录文。
⑧ 《华山碑石》著录，拓片图版见第 13 页，录文见第 239 页。
⑨ 《华山碑石》首次著录，拓片图版见第 22 页。

墓主名称	刻志时间	出土时间	出土地点
杨顺墓志①	北魏太昌元年（532）	1993 年	陕西华阴五方村
杨顺妻吕法胜墓志②	北魏正光四年（523）		
杨穆墓志③	北魏时被害于家中		
杨昱墓志④	北魏太昌元年（532）		
杨仲宣墓志⑤	北魏太昌元年（532）		
杨钧墓志⑥	北魏建义元年（528）	21 世纪初	
杨椿墓志⑦	北魏太昌元年（532）	不详	
杨孝邕墓志⑧	北魏太昌元年（532）		
杨子谧墓志⑨	北魏太昌元年（532）	2003 年	
杨广墓志⑩	北魏太昌元年（532）		
杨地伯墓志⑪	北魏太昌元年（532）		
杨孝桢墓志⑫	北魏太昌元年（532）		
杨子谐墓志⑬	北魏太昌元年（532）		
杨严墓志⑭	北魏太昌元年（532）		

北朝墓志文献研究 上

86

① 《华山碑石》著录,拓片图版见第 16 页,录文第 240—241 页。杨顺妻吕氏墓志拓片图版见《华山碑石》第 12 页,无录文。
② 《华山碑石》著录,拓片图版见第 12 页,无录文。
③ 《华山碑石》著录,拓片图版见第 20 页,录文见第 243—244 页。
④ 《华山碑石》著录,拓片图版见第 18 页,录文见第 241—242 页。
⑤ 《华山碑石》著录,拓片图版见第 17 页,录文见第 241 页。
⑥ 陈辉、薛海洋:《近年新出历代碑志精选系列——北魏杨钧墓志初拓本》,郑州:河南美术出版社,2008 年版。
⑦ 王庆卫:《新见北魏〈杨椿墓志〉考》,引自中国文物研究所《出土文献研究》(第八辑),上海:上海古籍出版社,2007 年版,第 240—249 页。
⑧ 薛海洋、陈辉:《近年新出历代碑志精选系列——北魏杨孝邕墓志初拓本》,郑州:河南美术出版社,2007 年版。
⑨ 陈旭鹏、杨锁强:《北魏末期弘农华阴杨氏家族六方墓志》,《中国书法 B》第 6 期,第 95—105 页。
⑩ 陈旭鹏、杨锁强:《北魏末期弘农华阴杨氏家族六方墓志》,《中国书法 B》第 6 期,第 95—105 页。
⑪ 陈旭鹏、杨锁强:《北魏末期弘农华阴杨氏家族六方墓志》,《中国书法 B》第 6 期,第 95—105 页。
⑫ 陈旭鹏、杨锁强:《北魏末期弘农华阴杨氏家族六方墓志》,《中国书法 B》第 6 期,第 95—105 页。
⑬ 陈旭鹏、杨锁强:《北魏末期弘农华阴杨氏家族六方墓志》,《中国书法 B》第 6 期,第 95—105 页。
⑭ 陈旭鹏、杨锁强:《北魏末期弘农华阴杨氏家族六方墓志》,《中国书法 B》第 6 期,第 95—105 页。

墓主名称	刻志时间	出土时间	出土地点
杨泰墓志	北魏熙平三年（518）	1969 年	陕西华阴南孟塬迪家
杨泰妻元氏墓志	西魏大统十七年（551）		
（乌丸光夫人）叱罗招男墓志①	北周武成元年（559）	2000 年	陕西华阴
杨胤季女墓志	北魏神龟二年（519）	1981 年	陕西潼关管南
匹娄欢暨妻尉迟氏墓志②	北周建德元年（572）	1953 年	陕西咸阳底张湾
步六孤须蜜多墓志③	北周建德元年（572）		
独孤信墓志④	北周孝闵帝元年（557）		
杜欢墓志⑤	北周建德五年（576）		
王士良墓志⑥	隋开皇三年（583）	1988 年	
王士良妻董荣晖墓志⑦	北周保定五年（565）		
王钧墓志⑧	北周建德五年（576）		
若干云墓志⑨	北周宣政元年（578）		
独孤藏墓志⑩	北周宣政元年（578）		
尉迟运墓志⑪	北周大成元年（579）		
贺拔氏墓志⑫	隋仁寿元年（601）		

---

① 赵君平、赵文成：《秦晋豫新出土墓志搜佚》1 册，北京：国家图书馆出版社，2011 年版，第 60 页。
② 张伯龄：《北朝墓志英华》，西安：三秦出版社，1988 年版。
③ 李子春：《三年来西安市郊出土碑志有关校补文史之资料》，《文物》1957 年第 9 期，第 52 页；高峡：《碑志集评》，引自《碑林集刊》第四辑，西安：陕西人民美术出版社，1996 年版，第 148 页。
④ 张伯龄：《北朝墓志英华》，西安：三秦出版社，1988 年版。
⑤ 茹士安、何汉南：《西安地区考古工作中的发现》，《考古通讯》1955 年第 3 期；夏鼐：《清理发掘和考古研究——全国基建中出土文物展览会参观记》，《文物参考资料》1954 年第 9 期。
⑥ 周伟洲：《周书·王士良传补证》，引自《北朝史研究》，北京：商务印书馆，2004 年版；又见员安志：《中国北周珍贵文物——北周墓葬发掘报告》，西安：陕西人民美术出版社，1992 年版，第 126—129 页。
⑦ 员安志：《中国北周珍贵文物》第 123—125 页。
⑧ 员安志：《中国北周珍贵文物》第 57—59 页；又见《咸阳碑刻》图 10，第 388 页。
⑨ 员安志：《中国北周珍贵文物》第 72—75 页。
⑩ 员安志：《中国北周珍贵文物》第 89—92 页。
⑪ 员安志：《中国北周珍贵文物》第 101—104 页。
⑫ 员安志：《中国北周珍贵文物》第 107—108 页。

墓主名称	刻志时间	出土时间	出土地点
贺兰祥暨妻刘氏墓志①	北周保定二年（562）	1965 年	陕西咸阳周陵乡贺家村
侯义墓志②	西魏大统十年（544）	1984 年	陕西咸阳渭城区窑店乡胡家沟村
张宜墓志③	北魏熙平二年（517）	1986 年	陕西咸阳渭城区正阳镇征集
叱罗协墓志④	北周建德四年（575）	1989 年	陕西咸阳北斗乡蕲里村东
拓跋虎墓志⑤	北周保定四年（564）	1990 年	陕西咸阳渭城区渭城乡坡刘村
拓跋虎妻尉迟男墓志⑥	北周天和四年（569）		
柳鸳夫人王令妩墓志	北周天和三年（568）	1990 年	陕西咸阳渭城区渭城乡坡刘村西
谢婆仁墓志砖⑦	西魏大统十六（550）	1991 年	陕西咸阳文林路北
宇文俭墓志⑧	北周建德七年（578）	1993 年	陕西咸阳国际机场新建停机坪
独孤浑贞墓志⑨	北周武成二年（560）	1993 年	陕西咸阳渭城区北杜镇成仁村

① 刘晓华：《北周贺兰祥墓志及其相关问题》，《咸阳师范学院学报》2001 年第 5 期；拓片图版及参考录文见《咸阳碑石》第 5—8 页以及《新中国出土墓志·陕西·壹》上册第 21 页，下册第 17—18 页。

② 孙德润、时瑞宝：《咸阳市胡家沟西魏侯义墓清理简报》，《文物》1987 年第 12 期，第 63—64 页，图版及录文，又可见《咸阳碑石》第 1—2 页以及《新中国出土墓志·陕西·壹》上册第 19 页、下册第 16 页。

③ 马志祥：《北魏张宜墓志》，《书法丛刊》2007 年第 5 期，第 30—31 页。

④ 员安志：《中国北周珍贵文物》第 31—34 页；瞿安全：《〈叱罗协墓志〉考释》，引自《碑林集刊》第八辑，西安：陕西人民美术出版社，2002 年版，第 38—48 页。

⑤ 李朝阳、马先登：《咸阳市渭城区北周拓跋虎夫妇墓清理记》，《文物》1993 年第 11 期，第 35—39 页；员安志：《中国北周珍贵文物——北周墓葬发掘报告》，西安：陕西人民美术出版社，1993 年版，第 5—8 页；牟发松：《〈拓跋虎墓志〉释考》，引自《魏晋南北朝隋唐史资料》第 18 辑，武汉：武汉大学出版社，2001 年版。

⑥ 王连龙：《新见北朝墓志集释》，北京：中国书籍出版社，2013 年版，第 175 页。

⑦ 刘卫鹏：《咸阳西魏谢婆仁墓清理简报》，《考古与文物》2003 年第 1 期，第 4—11 页；刘卫鹏等：《咸阳西魏谢婆仁墓》，《文博》2004 年第 1 期，第 79—80 页；马永强、孙爱芹：《咸阳出土西魏墓砖铭商榷》，《考古与文物》2004 年第 4 期，第 28 页。

⑧ 陕西省考古研究所：《北周宇文俭墓清理发掘简报》，《考古与文物》2001 年第 3 期，第 27—40，97 页。

⑨ 李朝阳：《咸阳市郊北周独孤浑贞墓志考述》，《文物》1997 年第 5 期，第 84—85、58 页；柳秀芳：《北魏独孤浑贞墓志》，《书法丛刊》2007 年第 5 期，第 36—37 页；又见《咸阳碑刻》图 8，第 385—386 页。

墓主名称	刻志时间	出土时间	出土地点
北周武帝孝陵志与武帝武德皇后志①	隋开皇二年（582）	1993 年	陕西咸阳底张镇陈马村东南
宇文通墓志②	北周天和七年（572）	2001 年	陕西咸阳国际机场二期扩建工程工地
乌六浑显玉墓志			
权白女墓志			
独孤宾墓志③	北周建德元年（572）	2007 年	陕西咸阳底张镇龙枣村
宇文显墓志④	北周建德二年（573）	2005 年	陕西咸阳北古洪渎原
姬买勠墓志⑤	西魏大统五年（539）	1954 年	陕西西安西郊三民村
邵真墓志⑥	北魏正光元年（520）	1955 年	陕西西安市郊任家口村西北 1 里
邓子询墓志⑦	西魏大统十二年（546）	1956 年	陕西西安东郊韩森寨
朱龙妻任氏墓志⑧	西魏大统十五年（549）		
单英儒墓志⑨	北周建德五年（576）	50 年代	陕西西安
杜祖悦墓志⑩	北魏正光五年（524）	近代	陕西西安

① 马先登：《北周武德皇后墓志》，《文物天地》1995 年第 2 期；朱振宏：《北周武德皇后墓志考释研究》，《唐史论丛》，2015 年第 1 期，第 296—328 页；曹发展：《北周武帝陵志、后志、后玺考》，《中国文物报》1996 年 8 月 11 日；《大陆杂志》第 93 卷第 5 期；陕西省考古研究所、咸阳市考古研究所：《北周武帝孝陵发掘简报》，《考古与文物》1997 年第 2 期，第 8—28 页；侯养民、穆渭生：《北周武帝孝陵三题》，《文博》2000 年第 6 期，第 40—43、49 页；《咸阳碑刻》第 390 页，图 13。

② 邢福来、李明：《咸阳发现北周最高等级墓葬》，《中国文物报》2001 年 5 月 2 日第 0906 期第 1 版。

③ 刘呆运等：《北周独孤宾墓发掘简报》，《考古与文物》2011 年第 5 期，第 30—37 页；刘呆运、李举纲：《北周〈独孤宾墓志〉探微》，《考古与文物》2011 年第 5 期，第 80—83、96 页。

④ 王其祎、李举纲：《新出土北周建德二年庾信撰〈宇文显墓志铭〉勘证》，引自中国文物研究所《出土文献研究》第八辑，上海：上海古籍出版社，2007 年版，第 250—259 页。

⑤ 《考古学报》，1963 年第 2 期，第 91 页；高峡：《碑志集评》，引自《碑林集刊》第四辑，西安：陕西人民美术出版社，1996 年版，第 144—145 页。

⑥ 陕西省文物管理委员会：《西安任家口 M229 号北魏墓清理简报》，《文物参考资料》1955 年第 12 期，第 59—65 页，附图并录文。

⑦ 《考古学报》，1963 年第 2 期，第 91 页；高峡：《碑志集评》，引自《碑林集刊》第四辑，西安：陕西人民美术出版社，1996 年版，第 145 页。

⑧ 张伯龄：《北朝墓志英华》，西安：三秦出版社，1988 年版。

⑨ 高峡：《碑志集评》，引自《碑林集刊》第四辑，西安：陕西人民美术出版社，1996 年版，第 149 页。

⑩ 薛海洋：《从新发现北魏〈杜祖悦墓志铭〉谈起》，《中国书法》2011 年第 6 期，第 128—129 页。

墓主名称	刻志时间	出土时间	出土地点
辛术墓志①	西魏大统十二年（546）	不详	陕西西安
（辛术妻）裴氏墓志②	北周保定二年（562）	不详	
（辛术兄）辛璞墓志③	北魏永熙三年（534）	不详	
李稚华墓志④	北周保定四年（564）	不详	陕西西安三兆村南
尉迟元伟墓志⑤	北周大象元年（579）	不详	陕西西安
裴智英墓志⑥	北周建德二年（573）	不详	陕西西安
王迴叔墓志⑦	北周武成二年（560）	不详	陕西西安
柳桧墓志⑧	西魏废帝二年（553）	不详	陕西西安
拓跋育墓志⑨	北周明帝二年（558）	1982年	陕西西安长安大兆乡小兆寨西曹村间
宇文瓘墓志⑩	北周宣政元年（578）	1987年	陕西西安长安郭杜镇岔道口村
元世绪墓志⑪	北周天和六年（571）	不详	陕西西安长安韦曲镇
韦孝宽及妻郑毗罗墓志⑫	北周大象三年（581）	1990年	陕西西安长安韦曲镇北原
韦彧墓志	北魏孝昌二年（526）	1998年	
韦彧妻柳敬怜墓志	西魏大统十五年（549）	1998年	
韦彪墓志 韦彪妻柳遗兰墓志⑬	北周建德五年（576）	1998年	

① 王连龙：《新见北朝墓志集释》，北京：北京书籍出版社，2013年版，第108页。
② 王连龙：《新见北朝墓志集释》，北京：北京书籍出版社，2013年版，第109页。
③ 引自孔夫子拍卖网。
④ 胡戟、荣新江：《大唐西市博物馆藏墓志》，北京：北京大学出版社，2012年版，第10页。
⑤ 王连龙：《新见北朝墓志集释》，北京：中国书籍出版社，2013年版，第190页。
⑥ 王连龙：《新见北朝墓志集释》，北京：中国书籍出版社，2013年版，第182页。
⑦ 王连龙：《新见北朝墓志集释》，北京：中国书籍出版社，2013年版，第169页。
⑧ 王连龙：《新见北朝墓志集释》，北京：中国书籍出版社，2013年版，第116页。
⑨ 祥生：《长安发现北魏献文皇帝之孙墓志》，引自《碑林集刊》第四辑，西安：陕西人民美术出版社，1996年版，第62—63页。
⑩ 宋英、赵小宁：《北周〈宇文瓘墓志〉考释》，引自《碑林集刊》第八辑，西安：陕西人民美术出版社，2002年版，第49—56页。
⑪ 胡戟、荣新江：《大唐西市博物馆藏墓志》，北京：北京大学出版社，2012年版，第16页。
⑫ 戴应新：《韦孝宽墓志》，《文博》1991年第5期，第54—59、78，附图版贰。
⑬ 周伟洲、贾麦明、穆小军：《新出土的四方北朝韦氏墓志考释》，《文博》2000年第2期，第65—72页。

墓主名称	刻志时间	出土时间	出土地点
安伽墓志①	北周大象元年（579）	2000 年	陕西西安未央大明宫乡炕底寨村
韦辉和墓志②	北魏永熙二年（533）	2001 年	陕西西安长安韦曲镇塔坡村
韦乾墓志③	北魏永熙三年（534）		
莫仁相墓志④	北周宣政元年（578）	2009 年	陕西西安长安韦曲夏殿村西
莫仁诞墓志	北周建德六年（577）		
康业墓志⑤	北周天和六年（571）	2004 年	陕西西安北郊区坑底寨村
李诞墓志⑥	北周保定四年(564)薨	2005 年	陕西西安北郊南康村
韩无忌砖志⑦	北周保定二年（562）	1999 年	陕西西安长安东
郑术墓志⑧	北周天和四年（569）	2002 年	陕西西安长安镐京乡丰镐村
赵超宗墓志⑨	北魏永平元年（508）	2002 年	陕西西安长安少陵原
赵超宗妻王氏墓志⑩	西魏大统二年（536）	2002 年	陕西西安长安
叱罗氏墓志⑪	北周建德二年（573）	60 年代	陕西三原陵前乡肖家村
金予史军墓志⑫	西魏废帝元年（552）	1997 年	陕西蓝田冯家村
赵悦墓志⑬	西魏废帝三年（554）	不详	陕西户县

91

① 陕西省考古研究所：《西安发现的北周安伽墓志》，《文物》2001 年第 1 期，第 4—26 页；又见陕西省考古研究所：《西安北周安伽墓》，北京：文物出版社，2003 年版，第 59—63 页。
② 王文刚等：《西安南郊北魏北周墓发掘简报》，《文物》2009 年第 5 期，第 21—49 页。
③ 王文刚等：《西安南郊北魏北周墓发掘简报》，《文物》2009 年第 5 期，第 21—49 页。
④ 李明等：《北周莫仁相、莫仁诞墓发掘简报》，《考古与文物》2012 年第 3 期，第 3—15 页；周伟洲：《北周莫仁相、莫仁诞父子墓志释解》，《考古与文物》2013 年第 1 期，第 73—79 页。
⑤ 程林泉、张翔宇：《西安北郊再次发现北周粟特人墓葬》，《中国文物报》2004 年 11 月 24 日第 1 版；孟西安：《西安再次发现北周粟特人墓葬证实——千年前西安已是国际性都市》，《人民日报》（海外版）2004 年 11 月 15 日第 7 版。
⑥ 程林泉：《陕西西安发现北周婆罗门后裔墓葬》《谈谈对北周李诞墓的几点认识》，分见《中国文物报》2005 年 10 月 21 日第 1、7 版。
⑦ 王木铎：《洛阳新获砖志说略》，《中国书法》2001 年第 4 期，第 47—49 页。
⑧ 任平、宋镇：《北周〈郑术墓志〉考略》，《文博》2003 年第 6 期，第 62—63、80 页。
⑨ 赵力光：《北魏赵超宗墓志》，《书法丛刊》2007 年第 5 期，第 28—29 页。
⑩ 赵力光：《西魏赵超宗妻王氏墓志》，《书法丛刊》2007 年第 5 期，第 34—35 页。
⑪ 李春风：《北周叱罗氏墓志考》，《泾渭稽古》1996 年第 1 期。
⑫ 阮新正：《陕西蓝田县发现的西魏纪年墓》，《考古与文物》2006 年第 2 期，第 13 页。
⑬ 刘兆鹤、吴敏霞：《户县碑刻》，引自《陕西金石文献汇集》，西安：三秦出版社，2005 年版。

墓主名称	刻志时间	出土时间	出土地点
乞伏龙瓒墓志①	北周建德三年（574）	不详	陕西彬县太裕乡蒙家岭村
宇文测墓志②	西魏大统四年（538）	2007 年	陕西
杨恩墓志③	北魏永平二年（509）	不详	陕西
韦隆妻梁氏墓志④	西魏废帝元年（552）	不详	陕西
韦隆妻梁氏墓志⑤	西魏大统十年（544）	不详	陕西

另外，华阴杨氏人物中北魏杨逸、杨宜成、杨俭、杨俭夫人罗氏、杨褒、杨遵智、杨叔贞、杨幼才；以及后述杨津、杨熙仙、杨无丑三志；北周杨操、杨庆等墓志⑥因未见原志拓片，因此诸志出土时间、地点、刻志时间均待著录。

（六）其他地域

河南、河北、山西、山东、陕西这些北朝历代统治中心附近地区，由于聚集了大量官员贵族，是当时使用墓志最多之地。至于其他地方使用墓志这种丧礼用品，只是相对较少而已，其中发现重要的墓志列表如下：

表 2-11

地域	墓主名称	刻志时间	出土时间	出土地点
北京	傅隆显墓志⑦	北齐武平二年（571）	1963 年	北京怀柔韦里村

① 陈跃进：《陕西彬县发现北周乞伏龙瓒墓志石》，引自《碑林集刊》第九辑，西安：陕西人民美术出版社，1996 年版，第 163—164 页。

② 胡戟、荣新江：《大唐西市博物馆藏墓志》1 册，北京：北京大学出版社，2012 年版，第 4 页。

③ 吴钢：《全唐文补遗千唐志斋新藏专辑》，西安：三秦出版社，2006 年版，第 440 页；北京图书馆出版社：《墓志精华三十八种》，北京：北京图书馆出版社，2001 年版；王连龙：《新见北魏〈杨恩墓志〉与华阴杨氏谱系补正》，《社会科学战线》2012 年第 10 期，第 117—119 页。

④ 毛远明：《汉魏六朝碑刻校注》8 册，北京：线装书局，2008 年版，第 222 页。

⑤ 毛远明：《汉魏六朝碑刻校注》8 册，北京：线装书局，2008 年版，第 185 页。

⑥ 毛远明：《汉魏六朝碑刻校注》（全 11 册），北京：线装书局，2008 年版。杨遵智、杨叔贞、杨幼才三方墓志均出自此书。王庆卫、王炫：《隋代华阴杨氏考述——以墓志铭为中心》，引自《碑林集刊》第十一辑，西安：陕西人民美术出版社，2005 年版，第 234—270 页。文中记载《杨钧墓志》《杨宜成墓志》《杨操墓志》《杨庆墓志》《杨俭墓志》《杨俭夫人罗氏墓志》均为千唐志斋博物馆藏石；《杨孝邕墓志》《杨褒墓志》据陈根远先生所藏拓片墓志；《杨遵智墓志》《杨叔贞墓志》《杨幼才墓志》拓片见于西安古旧书店书肆。

⑦ 郭存仁：《北京郊区出土一块北齐墓志》，《文物》1964 年第 12 期，第 68 页，附图并录文。

地域	墓主名称	刻志时间	出土时间	出土地点
辽宁	刘贤墓志	北魏永平至和平年间（452—465）	1965年	辽宁朝阳城北西上台
	张略墓志①	北魏皇兴二年（468）	1987年	辽宁朝阳于家窝铺凌河机械厂
	崔遹墓志②	后燕建兴十年（395）	1979年	辽宁朝阳十二台营子
	李廆砖志③	前燕太宁二年（324）	1992年	辽宁锦州海锦大厦
甘肃	王真保墓志④	大赵神平二年（529）	1972年	甘肃张家川木河
	梁舒暨妻宋华墓表	前凉建元十二年（376）	1975年	甘肃武威西北赵家磨村
	梁府君墓表⑤	五凉时期（314—439）	1977年	甘肃酒泉肃州区果园乡丁家闸
	李超夫人尹氏墓表⑥	西凉嘉兴二年（418）	1999年	甘肃酒泉肃州区果园乡丁家闸
	赵佺墓志铭⑦	北周天和六年（571）	不详	甘肃天水秦城区瓦窑坡北山香山寺
	猲生墓志⑧	西魏大统九年（543）	不详	甘肃天水
宁夏	员标墓志⑨	北魏景明三年（503）	1964年	宁夏彭阳县彭阳乡姚河村

① 辽宁省文物考古研究所、朝阳市博物馆：《朝阳市发现的几座北魏墓》，《辽海文物学刊》1995年第1期，第140—146页。

② 参见《朝阳十二台营子发现后燕崔遹墓志》，《辽宁文物》1980年第1期；陈大为、李宇峰：《辽宁朝阳后燕崔遹墓的发现》，《考古》1982年第3期，第27—30页。

③ 辛发、鲁宝林、吴鹏：《锦州前燕李廆墓清理简报》附拓片图版，《文物》1995年第6期，第42—46页。

④ 秦明智、任步云：《甘肃张家川发现"大赵神平二年"墓》，《文物》1975年第6期，第86页。这件墓志不仅展示了西陲地区也在使用墓志的现象，还填补了历史文献中缺载的一段陇上地方历史，恢复了万俟丑奴使用的国号与年号。

⑤ 吴礽骧：《酒泉、嘉峪关晋墓的发掘》，《文物》1979年第6期，第1—17、97—99页，附图版壹—叁。

⑥ 肃州区博物馆：《酒泉小土山墓葬清理简报》，《陇右文博》2004年第2期，第17—20页。

⑦ 高世华：《赵佺墓志铭及相关史事考述》，《天水师范学院》2002年第4期，第35—37页。

⑧ 王连龙：《新见北朝墓志集释》，北京：北京书籍出版社，2013年版，第105页。

⑨ 杨宁国：《宁夏彭阳出土北魏员标墓志砖》，《考古与文物》2001年第5期，第91—92页；罗丰：《北魏员标墓志》，引自《桃李成蹊——庆祝安志敏八十寿论文集》，香港：香港中文大学出版社，2004年版。

地域	墓主名称	刻志时间	出土时间	出土地点
宁夏	李贤墓志①	北周天和四年（569）	1983 年	宁夏固原南郊乡深沟村
	吴辉墓志	西魏大统十三年（547）	1983 年	
	宇文猛墓志②	北周保定五年（565）	1993 年	宁夏固原南郊乡王涝坝村
	大利稽冒顿砖志③	北周建德元年（572）	1994 年	宁夏固原西郊乡北十里村
	田弘墓志④	北周建德四年（575）	1996 年	宁夏固原南城乡
内蒙古	姚齐姬墓砖铭⑤	北魏太和二十三年（499）	1986 年	内蒙古包头土右旗萨拉齐镇北

在新疆的吐鲁番地区，出土砖志最早有记载可据的是清代末年吐鲁番厅巡检张清于1910年在高昌故城北郊挖掘古墓时出土的唐武周长寿三年（694年）《张怀寂墓志铭》1方，为石质，志文最初著录在1911年王树枏《新疆访古录·金石志》一书中。继此以后，由于清政府的腐败无能，西方探险家纷纷到西域进行探险活动，大量掠夺古代文物。日本的大谷光瑞、桔瑞超等人于1912年在吐鲁番阿斯塔那发掘，发现17件墓志，掠走5件，剩下的12件丢弃在墓地中，直至新中国成立后才被新疆维吾尔自治区博物馆考古队发现并收藏。1930年参加中瑞合作科学考察的黄文弼先生在吐鲁番西面的雅尔崖地区进行发掘，发现墓砖、墓碑

① 韩兆民：《宁夏固原北周李贤夫妇墓发掘简报》，《文物》1985 年第 11 期，第 14—20 页；顾铁符：《关于李贤氏姓、门望、民族的一些看法》、罗丰：《李贤夫妇墓志考略》、王卫明：《北周李贤夫妇墓若干问题初探》，《美术研究》1985 年第 4 期；韩兆民：《北周李贤墓志铭考释》，《宁夏文史》第五辑；韩兆民：《固原北周李贤夫妇合葬墓发掘的主要收获》、何继英、杜玉冰：《浅谈固原北周李贤墓的学术价值》，《宁夏文物》1986 年第 1 期；宿白：《宁夏固原北周李贤札记》，《宁夏文物》1989 年第 3 期，第 1—9 页。李贤夫妇合葬墓志的出土，为确定该墓的时代提供了明确的证据，从而为北朝晚期墓葬的编年研究提供了一个墓主明确、时间清楚的标尺。墓葬还保存了大量壁画，借助墓志可以知道他们绘制的具体时间，对于了解北朝绘画技艺以及考察隋唐壁画的源流都具有重要意义。
② 宁夏文物考古所固原工作队：《固原北周宇文猛墓发掘简报》，引自《宁夏考古文集》，银川：宁夏人民出版社，1996 年版，第 146 页。
③ 罗丰：《北周大利稽氏墓砖》，《考古与文物》2003 年第 4 期，第 68—70 页。
④ 原州联合考古队：《北周田弘墓》，日本勉诚出版社，2000 年版，第 316、57—58 页；原州联合考古队：《北周田弘墓》，北京：文物出版社，2009 年版；周佩妮：《北周田弘墓出土文物的重要学术价值》，《宁夏师范学院学报（社会科学）》2011 年第 4 期，第 99—102 页；马晓玲：《北周考古的新发现——〈北周田弘墓〉述评》，《华夏考古》2012 年第 4 期，第 146—150 页。
⑤ 郑隆：《内蒙古包头市北魏姚齐姬墓》，《考古》1988 年第 9 期，第 856—857 页。

120件，后来收集在他编撰的《高昌砖集》一书中。这些出土墓志有相当一部分属于中原南北朝时期的遗物。吐鲁番市的哈拉和卓古墓区、阿斯塔那古墓区、雅尔崖古墓区以及鄯善县的鲁克沁古墓区是新疆出土墓志较多的地区，1958年以来，新疆博物馆考古队曾多次在这些地区进行发掘，出土墓砖志、墓碑100余件。使用墓志的人大多是官员及家属。墓志铭文简单，在砖或碑上面用墨或朱砂书写铭文，仍像晋代以后的部分墓志那样自称为墓表。

（七）不明出处的墓志

传世墓志中有些墓志出土的时间与地点不详，有待考证。现作部分罗列如下：

北魏太武帝正平年间（451—452年）《孙恪墓铭》①；正始四年（507年）秋《张夫人墓志》，今藏西安碑林博物馆②。孝昌元年（525年）十二月二日《元悫墓志》③；孝昌元年（525年）十一月十九日《封□妻长孙氏墓志》④，今藏香港；永平四年十一月十七日《杨老寿墓志》⑤、熙平元年（516年）二月十二日《杨熙仙墓志》⑥、正光二年（521年）十一月廿六日《程昈墓志》⑦ 均藏河北正定县墨香阁。永平元年（508年）十一月六日王埵奴、熙平三年（518年）二月二十三日宇文永妻韩氏二方墓志⑧，洛阳张赫坤藏志；熙平二年（517年）二月廿三日《赵盛夫妻墓志》⑨，石存洛阳，不详出土时间、地点。墨拓留藏于坊间。熙平三年（518年）二月三日《杨无丑墓志》⑩，今藏香港中文大

① 殷宪：《北魏早期平城墓铭析》，《北朝研究》第一辑，北京：燕山出版社，2008年版，第163—192页。

② 陕西省古籍整理办公室主编、陕西省博物馆张伯龄编著：《北朝墓志英华》，西安：三秦出版社，1988年版，第12页。

③ 洛阳市文物工作队：《洛阳出土历代墓志辑绳》，北京：中国社会科学出版社，1991年版，第44页。

④ 王壮弘：《北魏封君夫人长孙氏墓志》，《书法》1995年第3期。

⑤ 叶炜、六秀峰：《墨香阁藏北朝墓志》，上海：上海古籍出版社，2016年版，第8页。

⑥ 赵君平：《邙洛碑志三百种》，北京：中华书局，2004年版，第11页；叶炜、六秀峰：《墨香阁藏北朝墓志》，上海：上海古籍出版社，2016年版，第10页。

⑦ 赵耀辉：《北魏〈程昈墓志〉简说》，《青少年书法》2013年第12期，第49—50页；郭茂育、谷国伟、张新峰：《新出土墓志精粹·北朝卷上》，上海：上海书画出版社，2014年版，第5页。

⑧ 洛阳市第二文物工作队等：《洛阳新获墓志续编》，北京：科学出版社，2008年版。

⑨ 郑志刚、夏京州：《稀见古石刻丛刊——北魏赵盛夫妻墓志　唐吕府君墓志》，郑州：河南美术出版社，2010年版。

⑩ 在湖南省博物馆与香港中文大学文物馆联合举办的"中国古代铭刻文物展"中展出，照片及拓片图版，发表于为该展览而出版的《中国古代铭刻文物》一书中，该书还提供了录文及简短考证。

学文物馆；景明元年（500年）十一月十九日《元荣宗墓志》①，现藏洛阳古代艺术博物馆；《侯忻墓志》②，中国历史博物馆90年代征集并收藏；太昌元年（532年）十一月十八日《长孙季墓志》③，洛阳赵光潜藏拓，太昌元年十一月十九日《杨津墓志》④。

1984年，沁阳市文物普查时发现东魏天平元年（534年）十一月十七日《姜夫人墓志》⑤，现藏沁阳市博物馆；元象元年（538年）十一月十七日《郭挺墓志》⑥；武定五年（547年）五月十三日《田洛墓记》⑦，不详出土时间、地点。

刊刻于西魏大统三年（537年）十一月十一日《刘阿倪提墓志》⑧，现藏大唐西市博物馆。

1976年文物普查时在河南焦作市郊区安阳城乡毛寨村征集北齐天保三年（552年）正月十五日《居士□道明墓志》⑨，现藏焦作市博物馆；《赵征兴墓志》⑩，拓片存南京市文物研究所；北齐《刘宾及妻王氏墓志》⑪，现藏洛阳博物馆，志主刘宾死于北齐时，先葬邺城，其妻王氏卒于隋代，故移刘宾与王氏合葬于洛阳，墓志写刻于刘宾夫妻合葬时，先记刘宾，后记王氏，一方墓志两位志主；武平七年五月七日《可朱浑孝裕墓志》⑫，现藏河南省许昌市民间；葬于北齐天统元年（565年）《卢

---

① 洛阳市文物工作队：《洛阳出土历代墓志辑绳》，北京：中国社会科学出版社，1991年版，第16页。

② 周铮：《北魏侯忻墓志考释》，《北朝研究》1997年第3期。

③ 洛阳市第二文物工作队等：《洛阳新获墓志续编》，北京：科学出版社，2008年版。

④ 王庆卫、王炫：《新见北魏〈杨津墓志〉考》，引自《碑林集刊》第十四辑，西安：陕西人民美术出版社，2009年版，第1—6页。

⑤ 《新中国出土墓志·河南·壹》上册第172页。

⑥ 郑志刚、尚晓周：《稀见古石刻丛刊——东魏郭挺墓志》，郑州：河南美术出版社，2010年版。

⑦ 郑志刚、夏京州：《稀见古石刻丛刊——东魏田洛墓记 北魏元飏墓志残石》，郑州：河南美术出版社，2010年版。

⑧ 胡戟、荣新江：《大唐西市博物馆藏墓志》1册，北京：北京大学出版社，2012年版，第2页。

⑨ 《新中国出土墓志·河南·壹》上册第145页；任军伟：《北齐道明墓志及其相关问题》，《书法丛刊》2010年第2期，第52—61页。

⑩ 贺云翱：《〈齐故平南将军太中大夫金乡县开国侯赵君墓志铭序〉及其考释》，《南方文物》1999年第2期，第93—97页。

⑪ 沈淑玲、唐俊玲：《刘宾与妻王氏墓志考释》，《中原文物》1997年第2期，第99、75页。刘宾郡望是彭城丛亭里刘氏，刘芳之曾孙，祖父刘廒，父刘鹭。

⑫ 罗新：《跋北齐〈可朱浑孝裕墓志〉》，《北大史学》第八辑，北京：北京大学出版社，2001年版，第135—151页。

誉墓志》①，时间地点不详，该志现藏河北涿州市文保所；葬于北齐天保八年（557年）八月十八日《元鉴墓志》②；河清三年（564年）闰九月十五日《丰洛墓志》③薨于晋阳；天统四年（568年）《宋休墓志铭》④出土时间地点不详；武平元年（570年）《胡君妻李胜鬓墓志》⑤已出土，时间地点不详；武平三年（572年）《张洁墓志》⑥属于流散文物，出土时间、地点均不明确；武平七年（576年）三月十二日《张谟墓志》拓片为殷宪先生2007年于市井间购得，已有拓片行于世，说明该墓志已出土，但时间地点均不详⑦。

北周建德元年（572年）十一月二十二日《达符忠墓志》⑧因并非科学发掘，该志的出土的时间具体地点等情况已难知其详。建德四年（575年）正月廿八日《徒何纶墓志》⑨，为2002年初西安市公安局查获一盗卖文物案时收缴所得；新近出土为李献奇、周铮所见《杨济墓志》⑩，刊刻于建德六年（577年）。

二、整理成果多样化

20世纪中期以来，随着新的考古学科学研究方法的传入，经科学考古发掘出土的北朝墓志材料也不断被刊发介绍出来，使得墓志整理工作更为便利，对更加深入全面地研究这一时期的墓志资源具有重要意义。

① 涿州市文物保管所：《涿州贞石录》（涿州历史文化丛书），北京：燕山出版社，2005年版，第112页。
② 郑志刚、夏京州：《稀见古石刻丛刊——北魏元长文墓志》，郑州：河南美术出版社，2010年版。
③ 罗新：《新见北齐丰洛墓志考释》，《北朝史研究》，北京：商务印书馆，2004年版，第165—183页。文载："2000年夏，我有机会见到三合北齐墓志，现场作了录文和拓片。根据墓志志文，这三合墓志应当都出土于河北省临漳县与河南省安阳市之间的地带，现收藏在河南省许昌市民间。"
④ 张彪：《亦须悟得隶法——北齐〈宋休墓志〉》，《东方艺术·书法》2017年第10期下半月，第68—85页。
⑤ 文物出版社：《中国金石集萃》第8函《六朝墓志》，北京：文物出版社，1992—1994年版，第97页。
⑥ 李森：《新见北齐张洁墓志考鉴》，《考古与文物》2008年第1期，第100—101页。
⑦ 殷宪：《北齐张谟墓志及其书法》，《中国书法》2012年第4期，第178—180页。
⑧ 陈财经：《读北周信州总绾(管)达符忠墓志》，引自《碑林集刊》第十四辑，西安：陕西人民美术出版社，2009年版，第7—12页。
⑨ 刘合心、呼林贵：《北周徒何纶志史地考》，《文博》2002年第2期，第66—69页。
⑩ 李献奇、周铮：《北周隋五方杨氏家族墓志综考》，引自《碑林集刊》第七辑，西安：陕西人民美术出版社，2001年版，第56、59页；罗新、叶炜：《新出魏晋南北朝墓志疏证》，北京：中华书局，2005年版，第284页。

同时，也呈现出从事著录、研究的学者日益增多的趋势。前人与时贤，在墓志的著录、隶释、整理等方面做了大量工作，使得整理工作不断取得长足进步。尤其是近十年间，学界在北朝墓志加以汇集刊布，以及对其进行考证研究等方面取得了很大的成果，陆续出版了大批历代的墓志图录、文字集录、集释等方面的著述。人们对墓志的整理也在不断地改进，由单体逐渐向集体方向发展，如出版图录、编写发掘报告、整理专题报告和综合性研究等，给学界提出了更多的新课题，极大地推进了墓志整理的深入，呈现出整理成果多样化的新局面。

（一）北朝墓志的编目与索引

20 世纪 50—70 年代，学界已有将不同地域的出土墓志资料加以编目刊行之举，只是规模较小。如北京市文物工作队编《北京市出土墓志目录》第一编出版。该目收录了 1951—1964 年北京地区出土的墓志 151 方、买地券 4 方。张钫编《千石斋藏志目录》，北京石默斋 1953 年版。该书收录千唐志斋馆藏墓志 1346 方。王鑫、程利主编《中国科学院图书馆藏石刻编年草目》（全 12 册），1957 年油印本。开封博物馆藏编《馆藏石刻目录初稿》，1963 年油印本。该本著录石刻约 900 种，洛阳出土的墓志 448 种，墓志盖 287 种，计 735 种。其中北魏墓志 10 种，志盖 2 种。

80 年代以后，学者倾向于墓志编目，且多有建树。这类编目整理工作涵盖范围广，跨度时间长，具有集成性质，是石刻研究者重要工具书。并且这一时期又出现了按照出土地域进行北朝墓志整理的重要范式。

1. 按不同地域对北朝墓志原石及拓本的编目刊行

（1）北京地区

徐自强主编《北京图书馆藏石刻叙录》，书目文献出版社 1988 年版。北京图书馆金石组编《北京图书馆藏中国历代石刻拓片汇编》（全 101 册），中州古籍出版社 1989 年版。收录拓本 1.6 万余种。其中第 3—8 册收录北朝石刻拓本。每种拓本仅有照片和说明，无释文。徐自强主编，王翼文、冀亚平编辑《北京图书馆藏墓志拓片目录》，中华书局 1990 年版。该书收录 50 年代以后，北京图书馆入藏的墓志拓片 4638 种，其中北魏 252 种，东魏 38 种，西魏 1 种，北齐 47 种，北周 19 种，北朝无年月 2 种。较 1941 年出版的《国立北平图书馆藏碑目（墓志类）》目录多出 1243 种，删伪拓、重出之后，实多出 1400 种。另外，徐自强主编，王翼文、冀亚平编辑《北京图书馆藏北京石刻拓片目录（三国—南北朝石刻）》，北京图书馆出版社 1994 年版。该书收录北京图书馆收藏的现存于北京地区的石刻拓片共6340种，属于地域性的石刻拓本目录。

孙贯文编著《北京大学图书馆藏金石拓片草目》先以油印本行世。自1991年起，该目分（1）辑、（2—7）辑，由科学出版社陆续分载《考古学辑刊》。石刻拓本依时代排列，洛阳出土的历代碑刻墓志拓本多有记录，且遍览金石著作，将已见于著录之拓本一一标明著录书籍之卷页。该目收录汉至唐代中晚期石刻拓本条目4000余条。对北京大学图书馆藏的石刻拓本进行全面鉴定、去伪存真、断代排序，按历史年代顺序列出详尽目录，并且对各种石刻进行有关情况的介绍，如石刻的年代、所在地、传流情况、别名、重要特征、真伪、书体、主要内容及有关历代金石著录等，都作了一定的考证与说明。2016年，孙贯文先生的高足赵超先生向出版社提供了经孙先生修订的《草目》油印本，并于书前撰文，详细介绍了孙先生的生平，交谊，特别是学术贡献，以及在现代金石研究界的崇高地位。又将孙先生的相关学术论著做了整理汇集附于《草目》之后。如此，孙贯文编著《北京大学图书馆藏历代金石拓本草目》（上下册），三晋出版社2020年刊行。新版《草目》不仅是一部惯用性极强的工具书，而且其中所作考述、校正，以及金石收藏的掌故轶事等，或足资谈助，更有益于研究。胡海帆、汤燕、陶诚编《北京大学图书馆藏历代墓志拓片目录》（全2册），2013年由上海古籍出版社出版。该书著录从汉至民国墓志10194种，其中北朝《鱼玄明墓志》《司马金龙墓志》等634种；唐代为最大宗，达6000余种；另有63种朝鲜出土墓志。出土地以中原为主，江西中部有一定规模。全书分为正文、附录两部分。正文收录原刻、翻刻墓志。附录收录汉刑徒葬砖（附录一）和伪刻墓志（附录二）。其中每条目录著录内容包括：正题名；原题名（志石首题、尾题、盖题、额题等）、别名；责任者；墓志年代；墓志出土地及流传、现藏地；书体；行款；拓片尺寸；附注；著录文献（出现频次高或书名较长的文献用简称）；原刻拓片藏本情况（包括各复本典藏号、数量、印本、失拓等内容）；翻刻拓片藏本等情况。

刘之光编《馆藏石刻目》北京石刻艺术博物馆丛书（二），今日中国出版社1996年版。北京市文物研究所编《北京市文物研究所藏墓志拓片》，北京燕山出版社2003年版。该书以图谱形式，收集从西晋至清代墓志272方，其中收录北齐墓志1方。

（2）洛阳地区

河南省文物局编《河南碑志叙录》意在将河南出土和传世之现存碑志全部收录，分辑编写出版，为金石爱好者提供检索之便。由中州古籍出版社于1992年出版了第一辑。该书著录东汉至清末墓志、塔铭、造像石、庙碑、功德记等994种。注明出土时间、地点、尺寸、书体、容字，以及简介志文的主要信息等，有的碑志附局部图版，计272幅。其中著录元偃、元龙、元始和等北魏墓志162方，图版48幅；著录元宝建、李挺、元湛等东魏墓志15方，图版3幅；著录元贤、元子邃、石信、赫连子悦等北齐墓志20方，图版6幅；著录高妙仪、寇峤妻薛氏、寇炽等北周墓志6方，图版3幅。计收录北朝墓志203方，附局部图版60幅。中原石刻艺术馆编《河南碑志叙录（二）》，即第二辑，由河南美术出版社于1997年出版。该书上起东汉，下至明清，共收碑志1410种，附局部图版227幅，全书约30万字，体式与第一辑相同，所收碑志多系近年出土或以往不被金石学家所重未曾著录者。其中著录皮演、殷伯姜等北魏墓志47方，图版2幅；北周《卢兰墓志》1方；未知年月《惠猛法师墓志》1方，均无图版。计收录北朝墓志49方，附图版2幅。

余扶危、张剑主编《洛阳出土墓志目录》，朝阳出版社2001年版。该书收录洛阳出土的东汉至民国时期的墓志和墓志拓片3386种，其中著录北魏到北周墓志299方。该录包括志石首题、大小尺寸、出土时间地点、收藏单位、著录、墓主人卒时、葬时、志盖铭文、志文撰书、镌刻者等。编排先以朝代，后按葬年、月、日来顺序，为学术研究提供方便。洛阳市文物考古研究院编《洛阳出土墓志目录续编》，于2012年由国家图书馆出版。该书收录见于近几年著录的洛阳出土墓志1785方，按照墓主葬年时间先后编排，涉及东汉至民国18个历史时期，其中以唐代墓志居多。每方墓志著录首题、墓主卒葬时间、志石尺寸、志文行字、书丹者、墓志出土地点及收藏处所、资料出处等信息。书后编制墓主姓名索引，附录几种相关墓志书目录。该书增录《冯熙墓志》《杨恩墓志》等北朝墓志78方，大致可反映出河南北朝墓志出土及保存情况。

（3）陕西地区

李慧主编《陕西石刻文献目录集存》，三秦出版社1990年版。该书将1949年前有关陕西石刻的著述加以编目，整理出墓志448方，其中魏晋南北朝占132方。

陈忠凯、王其祎、李举纲、岳绍辉编《西安碑林博物馆馆藏碑刻总目提要》，线装书局2006年版。该书收录2005年12月以前入藏碑林的各类有铭记的碑刻总计1842种，3187石，分为碑石、墓志、造像、经幢及2005年入藏碑志五个部分，包括西安碑林藏墓志1053方，其中北朝墓志171方。著录内容：序号、藏石编号、名称、时代、形制尺寸、撰书人及刻绘者、书体、行字数、额盖题、出土时地及入藏时间、《西安碑林全集》页数、著录、备注等内容。无释文。其体例严谨，内容丰富。

（4）山西、辽宁地区

《三晋石刻总目》（全9册），由山西古籍出版社自1998年开始连续出版。该目每卷编著都以本地区"石刻概述"起始，后以区或县为序著录碑志，其内容介绍包含诸多考证信息。书末有附录以朔州市卷为例，附录一"本卷收录石刻分域统计表"，附录二"本卷收录石刻分域分年代统计表"。目前已见吴均《三晋石刻总目·运城地区卷》，山西古籍出版社1998年版；王怀中、孙舒松、郭生竑编著《三晋石刻总目·长治市卷》2000年版；张鸿仁、李翔主编《三晋石刻总目·阳泉市卷》2003年版；2004年版有吴广隆、秦海轩《三晋石刻总目·晋城市卷》、解希恭、张新智编著《三晋石刻总目·临汾市卷》、晋华编著《三晋石刻总目·晋中市卷》；董瑞山、古鸿飞、高平编著《三晋石刻总目·大同市卷》2005年版。该卷"大同市博物馆存碑目录"有申洪之、司马金龙、封和突、元淑等北魏墓志4方；2006年版有雷云贵编著《三晋石刻总目·朔州市卷》。该卷未收北朝墓志；张崇颜、王德苓编著《三晋石刻总目·太原市卷》。其中"太原市文物管理委员会存碑目录"有北齐《东安娄王墓志》1方。还见一些地域卷亦收藏有北朝墓志，如西魏《杜何拔墓志》《暴诞墓志》《元良墓志》《赵炽墓志》，北齐《李难胜墓志》等。

辽宁省地方志编委会主编《辽宁省志·文物志》，辽宁人民出版社2001年版。该书第一编"遗迹遗存"下第六章"石刻"中有关于辽西地区出土北朝墓志的介绍。

2. 对碑志通史性编目索引与金石志书的汇集

王壮弘、马成名编著《六朝墓志检要》，上海书画出版社1985年版；上海书店出版社于2008年出修订本。该书收辑自汉到隋墓志近千种，并注明每种墓志的尺寸、行数、书体、真伪、时代、出土时地以及有关拓本的情况。收录的北朝墓志有523方，其中北魏380方，西魏与东魏56方，北齐与北周87方。

毛汉光编《历代墓志铭拓片目录》，台北"中研院"历史语言研究所1985年版。该目收录的墓志以台湾"中研院"历史语言研究所傅斯年图书馆藏拓为主，并附人名索引，以备查检。由于时间自晋一直延续到1979年，是收录墓志年代较长的目录之一。

荣丽华编集，王世民校订《1949—1989四十年出土墓志目录》，中华书局1993年版。该目收录新出墓志1646方，按志主卒年排列，每方墓志下均注明盖称、首题、年月、字数、撰书人、出土情况、资料来源，为当时收录新出墓志较全的一部目录，收北朝墓志93方，其中北魏40方，东魏13方，西魏7方，北齐30方，北周3方。

2001年，汪小烜编《1990—1999新出汉魏南北朝墓志目录》，武汉大学《魏晋南北朝隋唐史资料》第18辑刊出，旨在续《1949—1989四十年出土墓志目录》，主要收录1990—1999年见诸大陆台湾各主要考古、文博杂志及部分历史杂志刊登的新出汉至隋墓志，以报道为主，考证文章为辅，所收墓志均按志主的卒年排列。

刘丽琴《汉魏六朝隋碑志索引》（全6册），中国社会科学出版社2020年版。该书主要对汉至隋代的碑志（包括墓碑、墓碣、墓幢、墓阙、塔铭、纪德碑、纪功碑以及墓志、墓表、墓记）作索引。每种碑志索引条目，除简介外，原则上按照图版著录、录文著录、碑目题跋著录、相关研究论文和备考五个部分编撰，以期尽量提供每方碑志的详细著录情况和学术研究前沿。征引文献以《石刻史料新编》为大宗，并尽量包括未收入该书的其他古代和近现代金石著作以及总集、别集和方志中收录的碑志，亦包括"伪刻"索引。

以上是针对每种碑志资料进行的编目或索引。

汇集征引历代金石志书工作台湾新文丰出版公司走在了前列。该公司于1977—2006年分100册，及第一、二、三、四辑，分别出版《石刻史料新编》系列。该丛书汇集征引历代金石志书1095种，蔚为大观。

（二）墓志多式版本结集

墓志的图版本、释文本、图文对照本等相继出版。

1. 图版本数量增多

赵万里先生在北朝墓志的整理方面，有开拓性、研究性与集大成性等诸方面贡献巨大，功不可没。

赵万里（1905—1980）为古文献学家、目录学家。在清华国学研究院任教时，得到王国维的指导，在文史、戏曲、金石、版本、目录、校勘等学科方面打下了坚实的基础。1928年转往北海图书馆（北京图书馆前身）工作，历任中文采访组组长、善本考订组组长、善本部主任，并在北京大学、清华大学、中法大学、辅仁大学任教，讲授中国史料目录学、目录学、校勘学、版本学、中国雕版史、中国戏曲史、中国文学史、词史等课程。1949年以后担任北京图书馆研究员，兼善本特藏部主任，1964年被选为第三届全国人民代表大会代表，1979年当选为中国图书馆学会名誉理事，1980年6月25日卒于北京。

1936 年，赵万里著《汉魏六朝冢墓遗文图录》十卷，由"中研院"历史语言研究所石印出版。1953 年扩编为《汉魏南北朝墓志集释》（一函八册，简称《集释》）。《集释》十卷《补遗》一卷，是科学出版社出版于 1956 年的影印线装本。该书为隋以前墓志拓本的集大成之作，收集汉魏至隋墓志拓本 609 种，图版 780 余幅。其中北魏 286 种，而元氏墓志拥有压倒性多数，为 159 种。该书图版部分力求以整纸初拓足拓本影印。就当时所能见到的全部汉魏南北朝隋墓志逐一记年、月、日、拓本尺寸、行字数、书体、出土地，并对有关史实加以考证，重要题跋选附于后。并将前人题跋一一罗列，然后再增跋赵氏自己的考证观点；若无前人跋者，赵氏直接考证。使后学能够比较全面地了解这些墓志的信息。书内墓志一般依朝代葬日排列，夫妇各勒一志者，则俪妇志于夫志之后，以便检索。北魏宗室墓志，依《魏书·宗室传》世系为次，不依葬日。北齐墓志亦仿北魏例，以宗室冠首。是书于石质墓志拓本有见必录，砖志则仅选印文字精好易于制版或志文有关史事者。该书是集 20 世纪 50年代以前出土墓志之大成及相关研究的总结，是学者研究魏晋南北朝历史与考古的基本史料。但没有录文是其一大缺憾。

张彦生著《善本碑帖录（考古学专刊乙种第十九号）》，中华书局1984 年刊行。该书分四卷，前 3 卷为秦汉至唐宋的碑刻，第 4 卷为唐元明丛帖，于每一碑帖目下，叙述书体、年代、出土地、容字等信息后，详细考证不同拓本损泐、新旧拓本差异、翻本与伪刻不同，及传世拓本纸墨、装潢等特征。该书收藏《韩显宗墓志》等北朝墓志 23 方，均为墓志名品。

进入 80 年代，随着印刷技术的快速发展，墓志图版著作刊行的数量递增，在质量上尤为改观，远超前代。

（1）按单一地域对北朝墓志拓本的图录

第一，北京地区

关于北京地区各文博机构及大学博物馆或图书馆的馆藏碑志石刻编目，多以高质量的图版形式呈现，为重要整理内容。

北京图书馆金石组编《北京图书馆藏中国历代石刻拓本汇编》按时代顺序编排成 100 册，索引 1 册，由河南中州古籍出版社 1989—1991 年连续影印出版。该书收拓本 15687 种，有关北朝墓志的著录在第 3—8册，有元桢、元偃、元简、鞠彦云等北朝墓志 380 方。其篇帙宏大，收藏丰富，图版清晰，制作精良，大多为整纸拓本，凡经名家收藏、批校、题跋者，首先入选，时代上自先秦，下至民国，每种拓本注明尺寸、真伪传授源流等，为一大型石刻资料汇编，可谓空前。

北京大学图书馆金石组胡海帆、汤燕编《北京大学图书馆藏历代金石拓本菁华》，文物出版社 1998 年版；金石组又编《北京大学图书馆新藏金石拓本菁华 1996—2012》，2013 年刊行。两书所选用的拓片以传世旧藏为主。为填补新中国成立后新出土发现金石资料的缺环，弥补收藏结构的不足，自 1996 年以来，北大图书馆每年拨款购买新拓，迄今已累计收集新拓片 12100 余份。其中有司马金龙、李伯钦、司马悦等北朝墓志 38 方。金石组再编《1996—2017 北京大学图书馆新藏金石拓本菁华（续编）》，由北京大学出版社 2018 年刊行。该书为纪念 2018 年北京大学建校、北大图书馆建馆 120 周年，北大图书馆经过 1 年精心准备，从 20 年来北大图书馆新藏金石拓本中挑选了 312 种精品（编 282 号），配以带有研究性质的说明文字，8 开彩版图录。其所收拓本有甲骨金器、瓦当砖陶、碑志和法帖四大类，多为 30 年来新出土、新发现的重要金石，亦有部分北大无藏的稀见旧拓。这些拓本上起殷商，下迄近代，或涉历史风云人物，或涉重要史实，或裨益于史学研究，或展示书法新佳作，其为集中展示新中国出土金石文物、极具史料价值的一部新资料集。

中国国家博物馆编《中国国家博物馆馆藏文物研究丛书·墓志卷》，上海古籍出版社 2017 年版。该书系中国国家博物馆馆藏文物研究丛书之一。图录了该馆收藏的墓志 81 方，其中北魏墓志 5 方、志盖 1 种，东魏、北齐、北周墓志各 1 方。

第二，河南地区

河南是北朝墓志出土量最大的省份，因此刊行的墓志图录也最多。

李仁清编《中国北朝石刻拓片精品集》（套装上下册），大象出版社 2008 年版。该书以河南北朝碑刻墓志、佛教造像和石窟高浮雕为对象，用 450 余幅拓印形式对其现状进行表现，并对其流传经过和书法艺术价值以中日英三语作较全面的介绍，内容涉及碑刻、墓志、雕饰、人物、造像碑等，反映了北朝时期的代表性石刻艺术。

洛阳市文物工作队编《洛阳出土历代墓志辑绳》，中国社会科学出版社 1991 年版。收录墓志 835 方，其中北魏墓志 42 方。该书刊印拓本而不附释文及考证，自晋至清，多为最新出土，是当时收录新出墓志较为完整的一部图录。

陈长安主编《隋唐五代墓志汇编》，天津古籍出版社 1991 年版。该书共 30 册，洛阳卷就占了 15 册，收集隋唐五代墓志 5001 方，其中洛阳墓志 2957 方，按地区编排，新旧混杂，问题不少，为收录墓志较有争议的一部图录。

赵君平编《邙洛碑志三百种》，中华书局2004年版。该书收录碑志306种，其中有杨熙仙、源显明等北朝墓志22方，包括北魏19方，东魏1方，无年月2方。编者在整理拓片图版的同时，还进行了考证，颇具史料及收藏价值。

赵君平、赵文成编《河洛墓刻拾零》（全2册），北京图书馆出版社2007年版。该书所收为洛阳地区出土的墓刻拓片（包括砖刻和石刻）计510种，图版695幅。其中《王皓墓志》《元芣墓志》等北朝墓志28方。其收录多为新出土和世所未刊者，具有较高的文物、文献和书法价值。

齐渊编《洛阳新见墓志》，上海古籍出版社于2011年版。该书所收为河南新出土的一批墓志，约50余种，时代为北魏至隋唐。其中北魏墓志有元进、元泛略、缑光姬、长孙盛、缑静、尧遵、辛穆、源延伯、长孙季、赵广者、长孙忻、剧市等诸志。

齐运通编《洛阳新获七朝墓志》，中华书局2012年版。该书所收皆近几年在河南洛阳一带出土的墓志390方，其中北魏27方，东魏4方，北齐4方。较重要的有罗宗、元汎略、元渊、辛穆、源延伯、穆景相、邸珍等墓主的墓志，大多为首次发表。该书采用大8开开本，影印墓志拓片，并做简要定名、考释。

齐运通、杨建锋编《洛阳新获墓志二〇一五》，中华书局2017年版。该书收录近年来洛阳及周边地区新出土的墓志（墓莂、经幢、镇墓石）拓本凡398种。其中《王遇墓志》《元皓墓志》（含东魏、西魏）等北魏墓志23种，北齐7种，北周5种。其纪年起自东汉永初元年（107年），讫元至治元年（1321年）。其所收墓志之价值，涉及政治、军事、民族、文学、家庭、宗教、艺术等诸多领域，多可补正史之缺。

河南省文物研究所、河南省洛阳地区文管处合编《千唐志斋藏志》（上下册），文物出版社1984年影印本。该书收录了张钫千唐志斋所藏墓志1360余方，以唐代为主1209方，志盖拓本92方，为石刻精本图录，无释读录文。其中图录薛慧命、元子正、元恭等北朝墓志3方。以年代顺序编排，是一部完整著录千唐志斋所藏历代墓志的专门图录，向学界提供了收藏于一处的全部原始资料。

谭淑琴主编《琬琰流芳——河南省博物馆藏碑志集萃》，中州古籍出版社2015年版。该书图录司马悦、元芣等北朝墓志10方。

张海书法艺术馆编《张海书法艺术馆馆藏图录》（一）与（二），张海书法艺术馆2011年版。该图录包含北朝墓志12方。张海主编，薛帅杰、张永强执行主编《张海书法艺术馆馆藏石刻选》，刊行张海书法艺术馆馆藏张斌、杨倪等北魏墓志 2 方，王茂、于彧、元颢、韩彦、尧奋等东魏墓志 5 方，杨莹、杨兰等西魏墓志 2 方，麴绅、吴穆、独孤华等北齐墓志 3 种，合计收录北朝墓志 12 方，多为精品。

安阳市文物考古研究所、安阳市博物馆编著《安阳墓志选编》，科学出版社 2016 年版。该书收录了安阳市文物考古研究所发掘出土的墓志 116 方，以及安阳市博物馆藏墓志 38 方，其中北朝墓志 10 方，具有较高历史、文学、书法价值。

第三，陕西地区

陕西省古籍整理办公室主编，陕西省博物馆张伯龄编著《北朝墓志英华》，三秦出版社 1988 年版。该书从西安碑林珍藏的 180 余种北朝墓志中，选出较有代表性的 137 种汇集成册，以飨读者。

高峡主编《西安碑林全集》，广东经济出版社与深圳海天出版社 1999 年联合出版。该书收录西安碑林所藏的碑刻、墓志、造像、线刻画、画像石题记等浩帙 200 卷，近 3 万张图片，宣纸印刷，二十五函，可谓图文并茂，洋洋大观，具有很高的资料价值。该书第一次对西安碑林藏石进行全面系统的整理出版，收录汉至近代墓志近 800 方，而洛阳出土的北魏及隋墓志 323 方，其中图版与介绍说明北朝墓志 171 种。

西安碑林博物馆编《西安碑林墓志百种》，三秦出版社于 2015 年版。该书从馆藏近 3000 方墓志中遴选 100 方书法精美、史料珍贵者，为西安碑林所藏墓志之精华，其中北朝墓志 27 方。每种墓志，按入葬年代前后次序编排，先以图版形式展示墓志全貌，有墓志盖者兼附志盖照片。再以志文标题、形制纹饰、行款书体、卒葬时间、出土时地、入藏时间等信息一一介绍。

陕西历史博物馆编《风引歌薤——陕西历史博物馆藏墓志萃编》，陕西师范大学 2017 年版。该书是陕西历史博物馆历年征集的古代墓志计 99 种的精选集，其中北朝墓志 7 方。如弘农杨氏家族杨阿难、杨颖、杨播、杨泰等北魏 4 方，对了解和研究北魏时期弘农杨氏家族在关中地区的政治与社会地位及其影响颇为重要。另有《冯景之墓志并盖》《侯义墓志》2 方，北周《任老墓志并盖》1 方。此等多为墓志中之精品，具有较高的学术价值和史料价值。

第四，山西地区

张培莲主编《三晋石刻大全》（全 47 册），三晋出版社 2010 年版。如《太原市迎泽区卷》（2014 年）中收录北齐《斛律夫人墓志》等 5 方；《大同市南郊区卷》（2014 年）中收录北魏《孙恪墓志》《钦文姬辰墓志》等 7 方；《晋城市高平市卷》（2011 年）中收录北魏《郭君墓志》1 方；《晋中市榆次区卷》（2012 年）中收录北齐《太妃墓志》《□买墓志》2 方；《晋中市寿阳县卷》（2010 年）中收录北齐《狄顺隅王墓志》《斛律夫人墓志》《尉氏墓志》3 方；《临汾市侯马市卷》（2011 年）中收录北魏《李铣墓志》1 方；《临汾市临汾卷》（2016 年）中收录东魏《裴良墓志》1 方，北齐《裴子诞墓志》1 方；《运城市盐湖区卷》（2010 年）中收录北齐《裴子诞墓志》1 方等。

大同北朝艺术研究院编《北朝艺术研究院藏品图录·墓志》，文物出版社 2016 年版。该书图录洛阳、邺城等地出土的邢合姜、建康长公主、拓跋忠等北朝墓志 55 方，拓本图版清晰，书后并附原石图版，可作比较。

第五，山东地区

山东石刻艺术博物馆编《山东石刻艺术选粹·历代墓志卷》全 10 册 1 函，宣纸拓本，浙江文艺出版社 1996 年版。该书收录北魏至元代共计 52 方墓志于塔铭。其中包含《于纂墓志》《崔鸿墓志》《李谋墓志》等北魏墓志 10 方，东魏《崔混墓志》《崔元容墓志》《房悦墓志》等 6 方，北齐《陈三墓志》《明湛墓志》《道贵墓志》等 10 方，计收录北朝墓志 26 方。

第六，辽宁地区

辽宁省博物馆编《北魏墓志二十品》，文物出版社于 1990 年版。仿《龙门二十品》之例，将该馆藏魏志汇为一集，而其中 18 志为洛阳出土，各志前置全拓本，后列开条剪装本。

第七，上海地区

上海博物馆图书馆编《戚叔玉捐赠历代石刻文字拓本目录》精装本，上海古籍出版社 2006 年版。该目为书画家戚叔玉捐赠给上海博物馆的碑帖拓片。自上古迄清代计 4800 余种，分为墓志、造像、杂刻、画像、砖瓦、泉币、青铜、发帖、杂类等九类，其中还不乏珍善之本。拓本著录内容包括出土时间、出土地点、流传存佚情况、特殊形制、撰书者姓名等信息，既是石刻研究方面的重要工具，更是文史研究的参考文献。

上海图书馆编《上海图书馆藏善本碑帖》（上下册），上海古籍出版社于 2005 年版。该书是上海图书馆所藏善本碑帖之精粹，收集了 76 种善本碑帖拓本，几乎囊括其馆藏所有孤本和一级文物。图录部分所录拓本采用选页方式，原大或接近原大地展现原作的神采；封首题签和拓本后的名人题跋则完整收录，彩色精印。详细历述每件碑帖之原石原刊的朝代、时间、地点、撰书者姓名，追述原件或遗迹的历史及现状且佐以文献印证，考辨其刻本、拓本的版本情况和历代递藏源流，著录该版本字迹磨泐存字状况及题跋者、观款者、校记者、印章主人的姓名等信息。

上海图书馆编《上海图书馆藏善本碑帖综录》（全三卷），上海书画出版社2017年版。该书收录上海图书馆所藏善本碑帖计300种，包括碑刻250种，刻帖50种。其中北朝墓志17方。这些善本碑帖集中展示近20年来上海图书馆碑帖研究方面的最新成果。

第八，甘肃地区

清代乾嘉学者邢澍《寰宇访碑录》《金石文字辩异》和《金石札记》，以及民国著名学者张维《陇右金石录》《陇右金石续录》等著述，在甘肃金石碑志的收录与研究方面可谓厥功甚伟，但邢、张二人的著作中涉及陇南的金石题刻仅有1003种，而所收陇南市一区八县的金石文献仅有156种。赵逵夫主编《陇南金石校录》（全4册），社会科学文献出版社2018年版。该书160余万字，对1949年以前陇南行政区内九个区县的金器铭文、碑碣摩崖等金石文献进行了系列著录，并提供拓片图版或原石照片，弥补了这一地区金石碑志收录与研究不足之缺憾。该书收录了从商代至民国时期现在的陇南市行政区域内的金石文献，包括金、石两大部分，由拓片或原物照片、金器铭文、碑刻三部分组成，按时代顺序排列，并在每一种文献后面附有校记，包含出土时间地点、形制、收藏地、着录等信息，收录校注条目达7000余条，为陇南古代政治、历史、教育、民族、宗教、民俗文化、文学、艺术的研究提供了第一手数据。

于右任先生一生嗜爱金石碑铭及其拓片的收藏，其藏石种类多样、数量庞大，且保存较为完整，具有较高的学术价值。前文已记叙，于右任先生曾将旧藏碑石捐献给西安碑林，但在西安和南京两地仍收藏有大量金石拓本。抗战时期，南京处拓本毁于战火。新中国成立后，于右任的女婿屈武将西安处拓本捐赠予西北民族学院（今西北民族大学前身）。这批金石拓本中北朝墓志占有一定的数量，多为早期精拓，具有极高的文物价值、艺术价值和资料价值。郭郁烈主编《西北民族大学图书馆于右任旧藏金石拓片精选》，上海古籍出版社2008年版。编者精选于右任旧藏碑志、石经法帖、经幢铭文200余种拓本图录，以时代先后排列。其中多虽不见经传，然尤其稀缺珍贵之品。杨莉、赵兰香编著《西北民族大学图书馆于右任旧藏金石拓片总目提要》，甘肃文化出版社2013年出版。该书是西北民族大学图书馆珍藏的于右任先生旧藏金石拓片的目录提要计3000种，7000余页。

第九，台湾地区

毛汉光编《"中央研究院"历史语言研究所藏历代墓志铭拓片目录》《"中央研究院"历史语言研究所藏历代碑志铭、塔志铭、杂志铭拓片目录》，台北"中研院"历史语言研究所1985年版。两目收录的墓志以台湾"中研院"历史语言研究所傅斯年图书馆藏拓为主，并附人名索引，以备查检。由于时间自晋一直延续到1979年，是当时收录墓志年代最长的一部目录。

中研院史语所佛教拓片研读小组编《"中央研究院"历史语言研究所藏北魏纪年佛教石刻拓本目录》，中研院史语所2002年版。该书整理、收录中研院史语所傅斯年图书馆所藏北魏纪年佛教石刻拓片目录254种，包括僧人的墓志塔铭。

（2）按多地域对北朝墓志拓本的综合图录

赵君平、赵文成《秦晋豫新出墓志蒐佚》（全4册），北京图书馆出版社2011年版。该书将陕西、山西、河南新出土的墓志700余方汇为一编，其中北魏23方、东魏10方、西魏1方、北齐15方、北周8方，计收入北朝墓志49方。又编纂《秦晋豫新出墓志蒐佚续编》（全5册），国家图书馆出版社2015年版。该书收录从汉代到民国间的碑志图录1000余种，其中第一册收录北魏《赵谧墓志》《元昭墓志》等51方，东魏《张略墓志》《辛琛墓志》等16方，西魏《韩乐妃墓志》《朱欣墓志》等6方，北齐《赫连迁墓志》《李宁墓志》等27方，北周《拔拔儿墓志》《裴智英墓志》等13方，计北朝墓志达113方。皆为近年新出土或以前出土未曾著录的墓志，极具文史及书法价值。每种墓志从墓志名称、首题、墓志尺寸、志盖文字及尺寸、卒葬年月及撰书镌者、出土时地等六个方面为读者提供精确的描述，使这些碑志文献真正起到"校史书之谬误、补典籍之缺失"的作用。只著录图版，没有进行文字释读为两书明显不足。

杨玉钰主编《中国西南地区历代石刻汇编》（全20册），天津古籍出版社1998年版。该书第1—2册为四川重庆卷；第3册四川凉山卷；第4—8册为广西省博物馆卷；第9—13册为广西桂林卷；第14册为云南省博物馆卷；第15—18册为云南大理卷；第19—20册为贵州卷。碑刻涉及政治、经济、军事、文化、交通、水文、地震、宗教、民俗等方面的内容。

赵平等编《中国西北地方历代石刻汇编》（全 10 册），天津古籍出版社 2000 年版。该书汇集 1600 余种西北地区的石刻拓本，每幅图版都配有交代碑刻撰者或墓志志主以及石刻的出土时间、地点、尺寸等信息的简单注解。

（3）按时代对北朝墓志拓本的结集整理

挑选拓本图版按时代汇集成书，可以使读者一览碑志的大体面貌，一睹当时之文物风采。这些拓本图版不仅能够真实地反映当时的书写格式、字体变化、俗体字写法，碑志上的图像、碑志形制的大小变化，还能反映时人的一些世俗观念；同时也具有一定的史料价值。因此拓本本身能够为学者提供一些录文之外的研究领域。

魏碑是中国书法发展史中重要的里程碑，是隶书发展到楷书必不可少的过渡阶段。刊行者从欣赏与学习研究书法的目的出发，挑选精致完好拓本图版。如戚叔宝、许宝驯、王壮弘编《北魏墓志百种》，上海书画出版社 1987 年版。函 10 辑，每辑（袋）装 10 张印刷拓片。刊行北魏墓志精品拓片 100 种。上海图书馆历史文献研究所编《北魏墓志选粹》（上下册），湖北美术出版社 2001 年版。该书收录北魏墓志 45 种，所选全部为图版，除二种为日本珂罗版精本外，其余悉数据原石拓本，以整纸（缩印）、局部裁割或裱本（原大）两种方式影印，既能见志石全貌，又保存了文字原迹，印刷精美。张伯龄编《北朝墓志英华》，三秦出版社 1988 年版。该书以整理拓本为主，一版一印，每页一墓志，偶有局部放大图，无释文。

在北魏难以计数的墓志中，皇家墓志有着独特的艺术价值。辽宁省博物馆编《北魏皇家墓志二十品》，文物出版社 1990 年版；天津人民美术出版社编《北魏皇家墓志二十品》，天津人民美术出版社 2003 年版。两书各精选近些年出土的北魏皇家墓志 20 方，纯拓片出版，具有很高的学习、欣赏、收藏价值。又见上海书画出版社编辑《魏墓志精粹》，上海书画出版社 2008 年版。该书精选了 14 方北魏墓志以图版形式刊行。

郭茂育、谷国伟、张新峰《中国书法精粹：新出土墓志精粹》（全 6 册），上海书画出版社 2014 年版。该书所选 80 余方墓志是从多方搜集的 150 余方新出土墓志中遴选而出。其中墓主多为高官甚至皇族，在书写上具有一定的代表性。每种墓志都有整拓，在整拓旁均附有该墓志的详细介绍文字。包括墓志尺寸，出土时间、地点，现藏地点，墓主身份及生平，书丹、镌刻者情况，书法艺术风格等信息介绍。且整拓后均附有原大剪裱本。

文物出版社编辑并于1992—1994年出版的《中国金石集萃》（全十函）。该书为石印，函套装，所印铭文清晰，一律原大，较好地保存了原拓本的风貌。所收内容为：商周金文、商周秦汉金文、历代铜镜、秦汉瓦当、石刻造像、汉画像砖、六朝墓志、隋唐墓志等八类金石拓本，共计1000余种，其中第7、8两函为六朝墓志。王靖宪主编《中国碑刻全集》（全六卷），人民美术出版社2010年版。该书收录我国先秦至元代的著名碑刻，其中有摩崖，墓志，造像题记等。王靖宪又主编《中国美术全集》，人民美术出版社2006年版。该套丛书"古代部分"60册，"书法篆刻篇"7册中"魏晋南北朝书法"1册，其中收集北朝墓志若干种。

（4）对精品北朝墓志拓本的题跋

王敏辑注《北京图书馆藏善拓题跋辑录》，文物出版社1990年版。该书是对馆藏善拓题跋进行汇集，包括题跋北魏《刁遵墓志》2种，东魏《高湛墓志》1种，北齐《高阳王康穆墓志》《朱岱林墓志》2种，计收录北朝墓志题跋5种。李亚平主编《金石拓本题跋集萃》，河北美术出版社2012年版。该书收录北朝墓志拓本题跋共27种。其中北魏《赵谧墓志》《杨熙迁墓志》《李伯钦墓志》等7种，东魏《高娄斤墓志》《段渊墓志》《高永乐墓志》等10种，北齐《韩智慧墓志》《独孤忻墓志》《尔朱世邕墓志》等7种，北周《郑生墓志》《崔宣默墓志》《崔宣靖墓志》3种。

2. 释文本亦有多种

墓志释文是墓志文本形成的重要环节，亦是墓志深入研究的基础与保障。王连龙先生认为，墓志的释文辑录有两条线索：一是作为文体类型，出现在不同时代的传世文集和类书中。二是作为出土文献，出土后被厘定释文，编辑成出土文献集。两条线索，一早一晚，泾渭分明，时有交叉印证，皆为墓志录文的重要来源①北朝墓志的录文以庾信《庾子山集》为代表。该集著录北周《郑伟墓志》《莫陈道生墓志》《宇文显和墓志》等21种，并存墓志文。后类书《艺文类聚》存北朝墓志文《韩公墓志》《元树墓志》《祖莹墓志》3种。总集《文苑英华》在"妇人"部录庾信所撰北周妇人墓志文13种。而专门录文墓志的著述以元末明初陶宗仪《古刻丛抄》为最早。该书收碑刻72种，全录其文，是为出土墓志的录文整理之作。前文已述，进入清代，尤以乾嘉之后，学者莫

---

①　王连龙：《南北朝墓志集成·前言》，上海：上海古籍出版社，2013年版，第16页。

不藉金石以为考经证史之资，金石释文之作渐多。到了民国时期，学者对墓志录文的著述呈现专业化和集成化之势。新中国成立后，墓志的整理刊布得以快速发展，尤其是进入21世纪80年代以后，墓志释文的整理工作越发得到重视，为后来墓志高质量的整理刊布，以及深入研究打下了良好的基础。这时的释文本，有的是单纯的墓志录文；亦有墓志释文与简介或题跋；还有除墓志释文外，又见考释、简介或题跋于一体之作。

辽阳市文物管理所编《辽阳碑志选》和《辽阳碑志选》（第二集），均属于内部资料，分别于1976年和1978年编印。该选集于每种墓志下先有简介，后有释文。王晶辰主编、王菊耳副编《辽宁碑志》，辽宁人民出版社2002年版。该书为《辽宁省·文物志》"石刻"章的姐妹篇，即将《辽宁省·文物志》编余的350种作为《辽宁碑志》的下编，依《辽宁省·文物志》"石刻"章体例编辑（唯碑志属地按现行市县名称标注），形成统一体例。书末附有《辽宁碑志编年目录》《辽宁各市、县碑志目录》《辽宁碑志校勘记》三书。其中辽海出版社编审刘发编著《辽宁碑志校勘记》一书录有刘贤、张略等北魏墓志。

贵州省博物馆编著《贵州省墓志选集》，贵州省博物馆1986年版。该书每种墓志下先有释文，后有编者按。陈柏泉编著《江西出土墓志选编》，江西教育出版社1991年版。该书收录唐至清墓志220方，均为50年代以后出土。每种墓志下先有释文，后有作者按和墓主简介资料。遗憾的是两书均无北朝墓志收录。

陈继瑜、傅仁杰、吴钧、李汉英、李百勤执笔《河东出土墓志录》，山西人民出版社1994年版。该书收录墓志119方，不包括圹记、砖志、行状、自志、买地券等，其中仅收录北魏《赵猛墓志》1种。

谭棣华《广东碑刻集》，广东教育出版社2001年版。该书编者穷十年之力，对珠三角地区的碑刻进行系统收集和整理，共收集碑刻、铭文965种。未有北朝墓志。

韩明祥《济南历代墓志铭》，黄河出版社2002年版。该书所收上起于东魏，下至民国的墓志、圹志、塔铭、地券共100种，其中东魏1种、北齐3种，均为新中国成立以后济南地区出土的石刻瑰宝。

吴钢主编《全唐文补遗》（千唐志斋新藏专辑），三秦出版社2006年版。该书收录了20世纪90年代以来千唐志斋新收藏的墓志600余种，惜只有录文，未收拓片。

李永强、余扶危编《洛阳出土少数民族墓志汇编》，河南美术出版社 2011 年版。该书收录了洛阳出土少数民族墓志 500 余方，每种墓志前面都有录文，后面大致都附录保存情况，出土时间，地点，现收藏单位等信息。

刘瑞昭著《汉魏石刻文字系年》，新文丰出版公司 2001 年版。该书被《香港敦煌吐鲁番研究中心研究丛刊》收入，较为全面地收集宋代以来著录的汉魏石刻（包括大量墓志）文字资料，共收录汉魏石刻 771 种，简介之外，1949 年以后新出土的碑刻，附录原文。

专门辑录墓志文，不附图版，不作题跋，仅少数几种墓志释文后加上按语，以赵超《汉魏南北朝墓志汇编》最为著名。该书由天津古籍出版社于 1992 年出版。该书是魏晋南北朝墓志研究史上的一个新阶段，亦是收录出土墓志并予以释文的集大成者。共收 686 方墓志，其中北朝《元桢墓志》《元简墓志》等 576 方。其最大优点是在赵万里先生《集释》一书在北京图书馆、北京大学图书馆藏拓片的基础上，补充收集了1949—1986 年间全国各地出土的汉魏南北朝墓志，均依据拓本及照片，以通用繁体字释文，以供各方面研究使用，为后学墓志整理奠定了好的基础，在南北朝墓志文献研究中具有开创之功。赵氏核对原石拓本，科学考释墓志原文，使得该书保存较高的学术水准。但其不足是缺少研究，而且放弃了隋志，对于了解和研究北朝史有明显缺憾。

罗新、叶炜《新出魏晋南北朝墓志疏证》，中华书局 2005 年出版。该书所收魏晋南北朝墓志，起三国之始迄杨隋之末，凡未被赵万里及赵超两书收入的，以及 1986 年至 2003 年发表的魏晋南北朝墓志，利用拓片图版重新录文，并附简略考释，赋予学术化之作。书中共收入墓志231 方。其中北魏 43 方，东魏与北齐 23 方。西魏与北周 28 方，存目 38方。这些墓志中不乏重要的考古材料与历史资料，由于它们大多是经由科学发掘出土的，其资料的全面性与考古断代上的价值是以前传世墓志所不能相比的。

王连龙《南北朝墓志集成》（上下册），由上海古籍出版社 2013 年出版。该书对截止于 2018 年底已见古代金石志书、近现代学术著作及期刊论文公开刊布的南北朝墓志 1468 方。其中，北朝 1363 方，南朝 98方，残志 7 方进行整理。上册为"释文编"，下册为"索引编"。编撰墓志著录目录 50 万余字，释文 100 万余字，编撰墓志人名索引 7000 余个、地名索引 6000 余个，官名索引近 6000 余个，数量巨大，篇帙浩繁，可谓南北朝墓志文献之集大成之作。

以上所述多为以墓志释文为主的结集著述。

另外，辑录金石志书的汇总结集亦见，而数量极少。如韩理州等编《全北齐北周文补遗》《全北魏东魏西魏文补遗》《全三国两晋南北朝文补遗》系列，由三秦出版社分别于 2008 年、2010 年、2013 年刊行。如《全北魏东魏西魏文补遗》一书即依照清人严可均辑录《全后魏文》体例略加修正，对北魏及东西魏时期的文章进行了辑补，共辑入单篇散文 1547 篇，其中有作者可考的 89 篇，可确定作时的 1000 余篇。该书所辑录的文章，对研究后魏政治、军事、经济、外交、文化以及民族、宗教、文学等，都有着重要的意义。该系列多辑录相关金石志书，可备校勘之用。

3. 图文对照本渐为整理主流

（1）按地域的北朝墓志图文对照整理刊行

第一，《新中国出土墓志》丛书

从 20 世纪 80 年代开始，学者们积极开展了区域性的石刻整理，尤以图文对照本形式刊行为重。集中按地域进行墓志整理刊行，王素主编《新中国出土墓志》便是这一重要范式的典型代表。该书是中国文物研究所与全国各省、市文博考古及古籍整理单位合作编辑的一部多卷本的大型丛书，由文物出版社不定期出版，收录 1949 年以来出土和发现的历代墓志，分省加以著录。其依墓志年代和地域编排，包括说明、图版和录义，属于典型的图文对照本。所收墓志大部分未曾发表，具有较高的文献价值、史料价值和艺术价值。书后附按地域排列《墓志检索表》和《本书人名索引》。自 1994 年以来，已出版了河南卷三全 6 册，陕西卷三全 6 册，河北卷一全 2 册，江苏卷二全 4 册、上海天津卷一全 2 册，北京卷二全 2 册，重庆卷一全 1 册等内容，还有很多省份的整理工作没有完成，后续各册仍在编撰与待版中。

中国文物研究所、河南省文物研究所合编《新中国出土墓志河南（壹）》，文物出版社出版 1994 年版，上册图版，下册释文。该卷收录北魏《司马悦墓志》1 方，东魏《吕昞墓志》《姜夫人墓志》2 方，北齐《范粹墓志》《颜玉光墓志》《明道墓志》《和绍隆墓志》《元华墓志》5 方，计收录北朝墓志 8 方。《新中国出土墓志河南（贰）》（2003 年）收录河南省出土墓志 360 余方，墓志年代从北魏至清末民初。多数墓志尚未发表，收录北朝《席盛墓志》2 方。《新中国出土墓志河南（叁）·千唐志斋（壹）》（2008 年）收录了 20 世纪 90 年代以来千唐志斋新收藏墓志 350 方，拓本、录文和介绍并具。收北魏《谭棻墓志》《元璨墓志》《赵绍墓志》3 方。

故宫博物院、陕西省古籍整理办公室合编《新中国出土墓志陕西

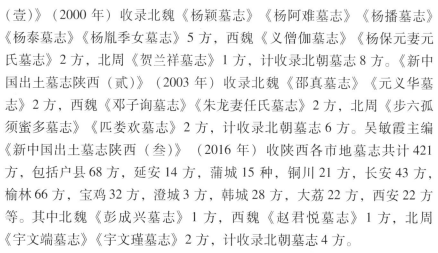

（壹）》（2000 年）收录北魏《杨颖墓志》《杨阿难墓志》《杨播墓志》《杨泰墓志》《杨胤季女墓志》5 方，西魏《义僧伽墓志》《杨保元妻元氏墓志》2 方，北周《贺兰祥墓志》1 方，计收录北朝墓志 8 方。《新中国出土墓志陕西（贰）》（2003 年）收录北魏《邵真墓志》《元义华墓志》2 方，西魏《邓子询墓志》《朱龙妻任氏墓志》2 方，北周《步六孤须蜜多墓志》《匹娄欢墓志》2 方，计收录北朝墓志 6 方。吴敏霞主编《新中国出土墓志陕西（叁）》（2016 年）收陕西各市地墓志共计 421方，包括户县 68 方，延安 14 方，蒲城 15 种，铜川 21 方，长安 43 方，榆林 66 方，宝鸡 32 方，澄城 3 方，韩城 28 方，大荔 22 方，西安 22 方等。其中北魏《彭成兴墓志》1 方，西魏《赵君悦墓志》1 方，北周《宇文端墓志》《宇文瑾墓志》2 方，计收录北朝墓志 4 方。

中国文物研究所、北京石刻艺术博物馆合编《新中国出土墓志北京（壹)》（2003 年）、《新中国出土墓志北京（贰)》（2003 年）未有北朝墓志收录。

中国文物研究所、河北省文物研究所合编《新中国出土墓志河北（壹)》（2004 年）收录北魏《邢伟墓志》《常袭妻崔氏墓记》《李带墓志》《甄凯石志》《李林墓志》《李盛墓铭记》6 方，东魏《元诞墓志》《李玄之铭》《崔景播墓志》《房兰和墓记》《李希宗墓铭》《赵胡仁墓志》《高湛墓志》7 方，北齐《元良墓志》《李德元墓志》《尧峻墓志》等 21 方，北周《李府君妻祖夫人墓志》1 方，合计收录北朝墓志 35 方。

中国文物研究所、常熟博物馆合编《新中国出土墓志江苏（壹）常熟》（2006 年）；故宫博物院、南京市博物馆《新中国出土墓志江苏（贰）南京》（2014 年）收录 1949 年至 2012 年 12 月入藏南京市博物馆的墓志 305 方，约半数以上的墓志首次刊布。只可惜江苏的这两套书未收北朝墓志。

中国文物研究所、重庆市博物馆合编《新中国出土墓志重庆（壹)》（2002 年）收录自公元 1949 年以来重庆出土的历代墓志 170 余方，包括说明、图版、录文等几部分。但未收北朝墓志。

中国文化遗产研究院、上海博物馆、天津文化遗产保护中心合编《新中国出土墓志（上海天津）（上下)》（2009 年）为新中国出土墓志第一期工程的最后一卷，收录上海市和天津市出土墓志共 261 方。该卷除图版与著录、释文外，另加索引。

总之，该套大型丛书既有拓本图版，又有释读录文，但考证研究相对不足。

第二，按单一地域的北朝墓志图文对照整理

从收集到的相关著作来看，几乎全国各个省都进行过相关的工作，整理数量极为庞大，只是由于地域差异，数量参差不齐，因此整理出来的成果也多少各异。在这些地域中，北朝墓志最为集中的省份是河南、陕西、陕西、河北和山东五省。

洛阳地区。洛阳市第二文物工作队李献奇、郭引强编著《洛阳新获墓志》，文物出版社1996年版。计收录东汉至民国墓志183方，附志盖8石。其中北魏7方，北齐1方。该书由著名的史学家李学勤先生作序，其收录的墓志突出的特点是一个"新"字。因为只有少数墓志单独在有关刊物发表过，绝大多数墓志均为首次向学界公布。前为图版，后附释文，对每种墓志都进行了认真的考证，拓片精心印制。《洛阳新获墓志续编》是继《洛阳新获墓志》后，由洛阳市第二文物工作队乔栋、李献奇、史家珍将近十年间发掘和征集的历代墓志325方编著而成，科学出版社2008年版。其中魏志9方，前为图版，后为释文（未加标点）考释及纹饰线图，洋洋大观，美不胜收。

朱亮、何留根编著《洛阳出土北魏墓志选编》，科学出版社2001年版。该书收录洛阳出土的北魏墓志近273种，精心录文，并对照原拓本认真校对，加以厘定和标点；每篇墓志录义后，扼要注明原石出土时地、尺幅以及藏拓本等信息；后附墓志拓本240幅；并编有志目年号索引与墓志目录；收录73种洛阳北魏伪刻墓志目录，将其中49种予以录文、详加点校、辨正讹误，并附有伪刻墓志拓本43种，以供参考鉴别；书末附墓志中出现的有关人名索引。该书较其他有三个突出特点：一是释文为主，图录为辅。二是释文准确。三是去伪存真。正如王连龙先生所言："这样的编排，无论是在体例上，还是在内容上，都有开创意义，对南北朝墓志辨伪有所裨益。"①

杨作龙、赵水森等编著《洛阳新出土墓志释录》，北京图书馆出版社2004年版。该书公布了48方2000年以来在洛阳地区新征集的墓志资料，体例清楚，考证详尽，印刷精美。全书三编，第一编《墓志研究与考释》，主要是对洛阳出土墓志的整理与研究；第二遍《新出土部分墓志叙录》，对32方墓志进行录文、标点，并对志主家世与文字作者加以考释，每篇都附有墓志的拓片；第三编《新出土墓志目录》，对163方墓志进行编目，其中北魏墓志2方。

---

① 王连龙：《南北朝墓志集成·前言》，上海：上海古籍出版社，2013年版，第19页。

郭茂育、赵水森编《洛阳出土鸳鸯志辑录》，国家图书馆出版社2013年版。该书将洛阳出土鸳鸯志作为辑录对象，对鸳鸯志进行搜集、点校、编目、辑录。第一部分为辑录篇，共选取了洛阳新出土的80对鸳鸯志，配以图版说明，并予以释文、点校和句读。第二部分为备要篇，在查阅相关历史文献的基础上，对鸳鸯志中的人物或重大事件的文献线索进行整理、归纳，力图把文献学、校勘学运用到墓志研究中。第三部分是附录篇，主要是对辑录篇中没有展示的187对鸳鸯志以题录的形式列举，并注明了出处，方便研究者的查阅和研究。书后配有完备的检索系统，极大便利了读者的使用。

贾振林主编《文化安丰》，大象出版社2011年版。该书全面科学、图文并茂地记载了位于安阳县安丰乡的古墓志铭、古碑刻等多处文物遗址、遗迹，为读者走近安丰、了解安丰、研究安丰提供了翔实的资料。其第六章"古墓志铭集粹"展示了将近200种原碑及拓片，其中许多拓片是首次公开。其中收录吕麟、李伯钦、姬君等北魏墓志12方，东魏慕容鉴、郭挺、闾仪同、吕盛等墓志39方，北齐叔孙君、元让、和君等墓志100方，北周李元俭、刘君、曹宇文等墓志5方。计收录北朝墓志156方。其精品、上品者众多。按朝代编排，将拓片照片、墓志简介、原文或释文或解读放在同一页面展示，便于读者深入理解和研究。

陕西地区。作为自古帝都文明昌盛的陕西地区，古代文化遗存众多，乃是碑刻遗存与发展最见丰富之所在，故专门之碑刻书籍缘此而见者多矣。其中以陕西地区石刻之著述，以及陕西出土与发现的墓志等器物铭文，加以综汇结集为主要成果。

《陕西石刻文献目录集存》。李慧主编《陕西石刻文献目录集存》（全24册），三秦出版社1990年版。该书将1949年前有关陕西石刻的著述加以编目，整理出墓志448方，其中魏晋南北朝占132方。又见李域铮编著《陕西古代石刻艺术》，三秦出版社1995年版。该书分"陕西石刻概述""西安碑林中的书法艺术"和"历代墓志"三个部分，从陕西现存石刻种精选了具有代表性的作品253种，其中包括《元定墓志》《元签墓志》等北朝墓志精品。每种作品都有创作时代、尺寸、收藏地点的介绍，亦有评析。书前附有铜版纸全彩插图35幅。

《陕西金石文献汇集》。三秦出版社从1991年起陆续出版《陕西金石文献汇集》（全24册）。该丛书辑录先秦至中华人民共和国成立以前，陕西境内的陶文、甲骨文、金文、碑碣、墓志等器物铭文，按地区、单位编辑。各册按中国历史纪年编年顺序编排。每篇均有说明和录文。重要碑石、墓志还加了考释或按语，字迹清晰者附以拓片图版，不能制版者附以照片；内容一般的只附录文。该部丛书包含众多不同的碑志版本。如张鸿杰《咸阳碑石》（1990 年）收录《张宜墓志》《独孤浑贞墓志》等北朝墓志 8 方；张沛《安康碑石》（1991 年）为陕西省安康地区碑石文献专集，内容包括现存的碑碣、墓志与摩崖刻石，同时还收录了部分与碑石文献具有同样价值的金文、砖铭、钟款、地券、木碑和瓷志。其所收录的碑石，除墓碑外，有一半以上散见于县城、乡镇及其附近，又有近半数存于各寺庙之中。安康地区现存碑石不仅内容丰富、种类繁多，数量不少，而且颇具特色，很有价值；董国柱《高陵碑石》（1993 年）；张沛《昭陵碑石》（1993 年）；赵力光《鸳鸯七志斋藏石》（1995 年）将于右任先生捐赠给西安碑林的墓志藏品，包括汉至宋代墓志 318 种 387 石（含墓志盖），进行整理编辑而加以刊布；张江涛《华山碑石》（1995 年）。该书收录了华山及华阴境内，自春秋战国迄中华人民共和国成立前的碑碣、墓志、石柱题刻、砖铭、瓦当等文献遗存 306 种，其中南北朝碑 1 种、墓志 14 种、墓砖 2 种、隋墓志 1 种；陈显远《汉中碑石》（1996 年）；刘兰芳与张江涛合编《潼关碑石》（1999 年）收录碑石墓志 106 种，这些碑石著录既有拓本图版，又有录文及考释，具有较高的研究价值。其中收录北朝墓志内容颇丰，不容忽视；康兰英《榆林碑石》（2003 年）未收录北朝墓志；李慧与曹发展合编《咸阳碑刻》（2003 年）收录北朝墓志 8 方，其中北魏《张宜墓志》《张宜世子墓志》《张宜世子妻墓志》3 方，北周《尉迟将男墓志》《宇文俭墓志》5 方；王友怀主编、张进忠编著《澄城碑石》（2005 年）收录了澄城县自北魏至中华人民共和国成立前的碑碣、墓志、石柱题刻、瓦当等文献遗存 100 多件，反映了有关澄城地区政治、经济、军事、文化、教育、宗教、民俗等史事资料；刘兆鹤、吴敏霞《户县碑刻》（2005 年）收录 280 余种碑刻。既包括自晋至民国户县名人及一般人物的墓志、墓碑、墓砖和地莂，又包括记载 1949 年以前发生在户县境内的历史事件碑碣；赵康民、李小萍《临潼碑石》（2006 年）是一部以碑石为主，兼收并蓄铜器和陶器上刻、铸的史料实录，如实地汇集了临潼区古代的风土民俗、宗教活动、回汉纷争、地名、书法、华清池的变迁等史料。公布这些地域的碑志材料，其中有很大一部分为墓志资料，图版、释文与考证兼备，有着较高的学术价值。

长安博物馆等公署文博单位。西安市长安博物馆编《长安新出墓志》，文物出版社 2011 年版。该书辑录西安市长安区新出土北魏至清墓志 184 方，其中北朝墓志 3 方。按中国历史纪年编年顺序编排。所辑录墓志每篇均有录文，并配以图版和说明。西安市文物稽查队编《西安新获墓志集萃》，文物出版社 2016 年版。编者为“文物稽查队”，说明西安对文物工作的重视，对盗掘之风坚决打压之势。该书收录了西安地区新出土墓志百余种，其中收录北周《元儒墓志》《拓拔（跋）济墓志》《李稚华墓志盖》3 种；亦包含有高规格的李唐王室墓志等，此等多为首次公布的金石资料，历史研究价值颇高。该书以墓志图版、说明文字、录文三部分内容的集合之作。

西安碑林博物馆。该馆是陕西乃至全国收藏石刻之重镇，因此对西安碑林所藏墓志进行全面系统的整理刊行之举，历来受到学界重视。如赵力光主编，裴建平、陈忠凯副主编《西安碑林博物馆新藏墓志汇编》（全 3 册），线装书局 2007 年版。该书收录的是 1980 年至 2006 年 12 月期间西安碑林博物馆新入藏的墓志 381 方，既有拓片图版，也有录文释读。其中收录赵超宗、赵超宗妻王氏、张宜、杨舒、杨昁、辛苌、独孤浑贞等北朝墓志 7 方。赵力光主编《西安碑林博物馆新藏墓志续编》（上下册），陕西师范大学出版社 2014 年版。该书收录 2007 年至 2013 年期间入藏的 231 方墓志，编排体例也依照前书。包含辛术、辛术妻裴氏、侯兴、拓跋宁、宇文业暨妻张氏、宇文逢恩等北朝墓志 6 方。这些书籍的出版，给我们展示了西安碑林博物馆馆藏北朝墓志的大致情况。

大唐西市博物馆。胡戟、荣新江编《大唐西市博物馆藏墓志》（全 3 册），北京大学出版社 2012 年版。该书收录该馆经学者专家反复鉴定遴选的精品墓志、墓碑计 500 种，从北朝至清代，图文并茂。其中北魏《刘阿倪提墓志》《宇文测墓志》2 方，北周《叱罗招男墓志》《王光墓志》《李稚华墓志》《徒何欎墓志》《是云偘墓志》《元世绪墓志》《若干荣墓志》7 方，计收录北朝墓志 9 方。

山西地区。山西地域的墓志整理工作，在利于掌握山西各地石刻分布情况等方面，有着扎实的基础与积累。

《〈山右石刻丛编〉〈山西通志·金石记〉石刻分域目录》。清代学者胡聘之《山右石刻丛编》为当时山西省收录最多，著录最详，考证最精的石刻学著作之一。该书以年代为序，收录山西北魏至元的碑志文 720 种。其中北魏 2 种，东魏 11 种，西魏 1 种，北齐 12 种，北周 2 种，计收录北朝碑志 28 种。该书亦是山西地区古代政治，经济，文化艺术，风土人情以及社会生活各领域的实录，既可与地方文献书籍相互印证，亦可弥补书籍资料的不足，或作为修订地方文献的实物证据。后《山西通志·金石记》增录碑志文至1550余种。刘舒侠将两书合编为《〈山右石刻丛编〉〈山西通志·金石记〉石刻分域目录》，山西人民出版社1990年刊行。其内所收碑志按光绪年间州府行政区划重新编制目录。

《三晋石刻大全》。李玉明、王雅安总主编《三晋石刻大全》，由三晋出版社刊行。图文对照，拓本与录文并重。目前已见《太原市迎泽区卷》（2014年）收录北齐《库狄顺阳墓志》《尉氏墓志》《斛律夫人墓志》《韩公墓志》《徐显秀墓志》5方；《大同市南郊区卷》（2014年）收藏北魏《孙恪墓志》《申洪之墓铭》《钦文姬臣墓志》等7方；《朔州市怀仁县卷》（2014年）收北魏《丹阳王墓砖铭》1方；《晋城市高平市卷》（2011年）收北魏《郭君志铭》1方；《晋中市榆次区卷》（2012年）收北齐《太妃墓志》《□买墓志》2方；《晋中市寿阳县卷》（2010年）收北齐《库狄顺隅墓志》《斛律夫人墓志》《尉氏墓志》3方；《临汾市侯马市卷》（2011年）收北魏《李铣墓志》1方；《临汾市襄汾县卷》（2016年）收东魏《裴良墓志》1方、北齐《裴子诞墓志》1方；《运城市盐湖区卷》（2010年）收北齐《裴子诞墓志》1方等。还见著录有北魏《司马金龙墓志》《封和宠墓志》《辛祥墓志》《宋超祖墓志》4方，东魏《刘懿墓志》1方，北齐《张肃墓志》《库狄迴洛墓志》《娄君墓志》《韩裔墓志》4方等。

各地碑志汇编。以各地名义进行碑志汇编工作一直在跟进。如李百勤《河东出土墓志录》（山西人民出版社，1994年）；秦海轩《晋城金石志》（海潮出版社，1995年）；崔正森、王志超著《五台山碑文选注》（北岳文艺出版社，1995年）；吴钧编注《河东盐池碑汇》（山西古籍出版社，2000年）；王树新主编《高平金石志》（中华书局，2004年）；常福江《长治金石萃编》（山西春秋电子音像出版社，2006年）等。这些碑志书籍中含有大量墓志，拓本图版与文字抄录并举，并简要说明碑志的基本情况。

北朝艺术研究院。大同北朝艺术研究院编著《北朝艺术研究院藏品图录·墓志》，文物出版社2016年版。该书选取馆藏墓志55方，时代为北魏至隋代，每件墓志均配有拓片和释文，是研究北朝至隋时期政治、经济、历史的很好补充资料。图版前后有专家学者的相关研究文章。值得一提的是前言由殷宪撰文《北朝墓志的史学和书学价值》是一篇极具学术性的文章。

山西以省名义刊行的碑志汇编多属于选编类。如山西省考古研究所编《山西碑碣》，山西人民出版社1997年版。马金花编《山西碑碣续编》，三晋书社 2011 年版。续编一书采用全新的编排体例，从农贸水利、交通防御、教育义行、律令规约、灾害、佛教、诗文歌赋、法书箴铭等 12 个方面，介绍山西地区明清时期的精品碑碣共 190 种，从侧面反映了山西这一历史时期的社会状况。孙富安编《山西古代石刻集萃》，山西科学技术出版社 2005 年版。

总之，山西省的墓志整理还处在零散编辑刊行中，缺乏系统性，后续汇编工作仍很艰巨。

河北地区。新中国成立以来对河北地区出土墓志做征集编研的专项工作起始于 1986 年，为此，1987 年至 1989 年由省、地（市）县三级文物工作者全面展开了出土墓志的调查、征集、传拓与资料整理，出现了一批整理与研究成果。

《河北金石辑录》。石永士、王素芳、裴淑兰《河北金石辑录》，作为河北出版史志文献丛书的一部分，由河北人民出版社 1993 年出版。该书将河北省内所有金石搜集起来，共得目录 3595 种，选 182 种做重点介绍，其中"墓志"部分著录了河北省出土的《邢峦墓志》《邢伟墓志》等北朝墓志 30 方。包括辑录其文字，并附印拓片和照片，以及考订介绍文字。

按地市县区等地方进行碑志整理工作。杨少山主编、董凌魁点校《涿州碑铭墓志》，河北教育出版社 1991 年版。该书部分碑铭附拓片；刘海文主编《宣化出土古代墓志录》，远方出版社 2002 年版。该书收录墓志 57 种，未收北朝墓志。除家族墓之外，基本上按时代顺序排列；侯璐《保定出土墓志选注》，河北美术出版社 2003 年版；邓文华编著《景州金石》，中国文史出版社 2004 年版；杨卫东、黄涿生主编《涿州贞石录》，北京燕山出版社 2005 年版。该书收录了涿州市境内现存南北朝时期至民国时期历代碑刻 37 种、墓志 21 种；沧州市文物局编《沧州出土墓志》，科学出版社 2007 年刊行。该书收录沧州境内出土墓志 108 方，时代从北魏到民国，跨越近 1500 余年。收录了原石拓片，抄录志文并作断句、简注等。其中北魏《邢峦墓志》《邢伟墓志》等 5 方，东魏《王僧墓志》《邢晏墓志》2 方，北齐《常文贵墓志》等 3 方，计收录北朝墓志 10 方；田国福《河间金石遗录》，河北教育出版社 2008 年版。该书第四部分为"墓志"，收录《定君墓志》《元廞墓志》《邢峦墓志》《邢伟墓志》《邢晏墓志》等多种北朝墓志。

由上述诸书可观，河北各地市区的碑志整理亦存在一些不足，如无统一编撰机构领导，编撰水平参差不齐；体例与出版机构均据各自情况而定；又因版本分散，学界使用不便。

《墨香阁藏北朝墓志》。叶炜、刘秀峰主编《墨香阁藏北朝墓志》，上海古籍出版社2016年版。该书收录河北正定墨香阁金石收藏家刘秀峰先生所藏墓志151种（按：原书以"种"介绍为据，故暂为"种"），每种墓志均有完整拓片图版，全文录文。墓志的时间为北魏宣武帝至隋炀帝时期，其中北朝墓志112种，包括北魏《李瞻墓志》《元进墓志》《杨老寿墓志》等14种，东魏《元颢墓志》《任祥墓志》《田盛》等31种，北齐《李骞墓志》《元叡墓志》《崔仲姿墓志》等62种，北周《崔宣靖墓志》《崔宣默墓志》等5种。另有隋代墓志30种、另葬年不详墓志6种，总计墓志148种。其中，石质墓志127种，砖质墓志21种。另有3种西晋碑型墓志作为附录。墨香阁藏品中东魏、北齐墓志多达90种，且6种葬年不详墓志的志主也都去世于北齐年间。显而易见，东魏、北齐墓志是墨香阁藏北朝墓志的特色所在。有些或为首次发布，或虽屡见拓片却不知志石所在，该书以明确的收藏集中发布，且拓片精良，录文准确，其内容包括重要历史人物及丰富的社会信息，对北朝研究意义重大而引人注目。但该书在文字释读方面存在不少疏误，在一定程度上影响了学界的阅读与利用。①

山东地区。山东省的碑志整理以济南、淄博、曲阜、泰山等地为中心。

《山东省志·文物志》。山东省地方编纂委员会编《山东省志·文物志》，山东人民出版社1996年版。该书第七编"文物藏品"中第六章"石刻"，辑录了北魏《刁遵墓志》《高道悦墓志》《李璧墓志》《鞠彦云墓志》《李谋墓志》5方，东魏《房悦墓志》1方，北齐《崔芬墓志》1方，计收藏北朝墓志7方。

《山东石刻分类全集》。张广存主编，山东石刻分类全集编委会编《山东石刻分类全集》（全8册），由青岛出版社和山东音像文化出版社合作于2013年出版。该书集萃了山东古代石刻的精华（秦至唐），收录石刻1000余种，图版3800余幅，碑版、汉画像石以拓片为主，佛造像则为精美图片，多是据山东省石刻艺术博物馆馆藏拓本新拍摄的，少数来自其他图书。每一类石刻图片之前都有该类石刻的研究历史、保存现状、石刻内容等信息介绍，对大量未公开的石刻拓片进行了分类与考释。其中《历代墓志卷》分属于第五卷，始于东汉，迄于后周。每一种墓志

---

①　周阿根：《墨香阁藏北朝墓志录文献疑》，《江海学刊》2021年第4期，第146页。

包括图版，以及与图版式样对应的移录释文，收录《韩显宗墓志》《元湛墓志》等北朝墓志 43 方。

辽宁地区。辽宁省博物馆和成濑映山合编著《辽宁省博物馆藏碑志精粹》，由文物出版社与日本中教出版株式会社合作（中日文）于 2000 年出版。该书将 20 世纪前期由罗振玉收藏的河南洛阳出土的著名碑志收录，其中北魏《刘贤墓志》《元飏墓志》《元钻远墓志》等 21 方，东魏《元玕墓志》《华山王妃公孙氏墓志》《萧正表墓志》等 8 方，北齐《高建墓志》《高淯墓志》《高建之妻王氏墓志》等 6 方，北周《寇胤哲墓志》1 方，计收录北朝墓志 36 方。又集初拓本缩小影印予以系统刊布，其中初拓本（Ⅰ）有北魏《显祖嫔侯夫人墓志》《元飏墓志》2 方，北齐《世宗嫔司马显姿墓志》1 方；初拓本（Ⅱ）北魏《元钦墓志》1 方，北齐《乐陵王妃斛律氏墓志》1 方。罗继祖有序云："先祖雪堂公好蓄碑刻；尝欲广集传世金石文字为一编，造端广袤，志弗克逮，乃分地为之，即《芒洛诸冢墓遗文》是也，金文甲骨别自成编，然已及身未竟。晚年购致元魏志铭数十品，后以赠伪满沈阳博物馆，即今辽博之前身，今俱见书中。"[①] 该书书前除四家序文外，还有作者的《辽宁省博物馆藏碑志精粹概说》，可资研究参考。该书是一部极有价值的碑刻史料集，既刊布拓片，又进行文本识读，并从历史、书法等方面作了简要的考评，为碑刻文献增添了一份宝贵的资料。

新中国成立后，辽宁地区出土北魏墓志 2 方。如 1965 年，辽宁朝阳城北西上台出土北魏《刘贤墓志》；1987 年，辽宁朝阳于家窝铺凌河机械厂出土北魏皇兴二年（468 年）《张略墓志》[②]，均见学者考释研究。

北京地区。周铮《中国历史博物馆藏法书大观》第十卷为《墓志拓本》，日本京都柳原书店与上海教育出版社合作于 1997 年联合出版。自 2018 年，安徽美术出版社与中国国家博物馆联袂推出《中华宝典——中国国家博物馆馆藏法帖书系》第一期开始，第五辑介绍的是《独孤信墓志》（北周刻石）。

故宫博物院编《故宫博物院藏历代墓志汇编》，紫禁城出版社 2010 年版。该书将故宫博物院自 1949 年以后，从不同渠道收集的历代墓志资

---

① 辽宁省博物馆：《辽宁省博物馆藏碑志精粹·序》，北京：文物出版社、日本中教出版株式会社，2000 年版，第 8 页。

② 辽宁省文物考古研究所、朝阳市博物馆：《朝阳市发现的几座北魏墓》，《辽海文物学刊》1995 年第 1 期，第 140—146 页。《刘贤墓志》与《张略墓志》均在此文考释研究中。

料进行了汇总整理。墓（砖）志以时代、葬日先后为序排列，无纪年者排至该朝代最后。对每篇墓志、砖志标注其基本信息。墓志拓片字迹的清晰，富有美感。从三国至清的墓志皆释出志文，与拓片相互对应呈现。其中有北朝墓志 14 方。其亦为故宫博物院整理收录所藏历代墓志较全，介绍也较为详细的一部书。

四川与甘肃地区。彭州博物馆所藏墓志，皆彭县李宗昉先生所搜集。李先生昔任川军将领，轸念山河残破，文物日就湮灭，于征战之隙，留意搜集，乃以私俸购得数百种，以赠乡邦，遂为彭州博物馆典藏之瑰宝。刘雨茂、荣远大、丁武明编彭州博物馆藏《李宗昉集北朝隋唐碑拓》，四川美术出版社 2010 年版。该书收录北朝隋唐墓志凡 300 余种拓本，其中北魏《元简墓志》《元孟辉墓志》《卢令媛墓志》等 100 方，东魏《李挺墓志》《李艳华墓志》《元仲英墓志》等 6 方，北齐《叱列延庆妻尔朱元静墓志》《崔宣华墓志》《元子邃墓志》等 8 方，北周《时珍墓志》《梁嗣鼎墓志》《元寿安妃卢兰墓志》等 6 方，计收入北朝墓志拓本 120 方。这些墓志皆附图版，且加正字录文。新中国成立后，甘肃天水先后出土西魏大统九年（543 年）《猲生墓志》[1] 和北周天和六年（571 年）《赵侳墓志》[2]，计出土北朝墓志 2 方，均有学者考释文章，见图版及释文。

台湾地区。毛汉光编著《唐代墓志铭汇编附考》（全 18 册），台北"中研院"历史语言研究所于 1984—1994 年连续出版。该书虽然均为传世墓志，但图版、释文隔页对照，并附校注、考释，制作甚为精良。

（2）砖志整理结集

砖志也是墓志的重要形式之一。学者们在注重墓志著录的同时，亦勿忽视对砖志著录结集之用力。如殷荪主编《中国砖铭》（全 3 册），江苏美术出版社 1998 年版。该书收录中国历代砖刻铭文，图文并茂，极具史料参考价值。

胡海帆、汤燕《中国古代砖刻铭文集》（上下册），文物出版社 2008 年版。该书将全国各地历来流传的与近五十年中出土的砖刻 2005 种（干刻 1338 种，湿刻 667 种）汇编成书。时代上起战国，下迄清朝。其中北魏 77 种，东魏 13 种，西魏 3 种，北齐 37 种，北周 4 种，北朝（无纪年）25 种，合计收录北朝砖志 159 种。该书体例严谨，将原砖材料的出

① 王连龙：《新见北朝墓志集释》，北京：北京书籍出版社，2013 年版，第 105 页。
② 高世华：《赵侳墓志铭及相关史事考述》，《天水师范学院》2002 年第 4 期，第 35—37 页。

处、尺寸、出土地点、时代等一一附及。每种砖文均配有拓片（或实物）彩色和黑白图版与释文，编排有序，并且附有索引，便于检索。如此丰富的砖刻铭文材料，既可综观一种习俗的演变过程，亦可拥有并欣赏丰富多彩的多种书体。

侯灿、吴美琳著《吐鲁番出土砖志集注》（上下册），巴蜀书社 2003 年版。该书收录了 20 世纪期间吐鲁番地区共出土的砖志 328 种，其中被确认为大凉时期的 4 种、麹氏高昌王朝的 206 种、唐西州时期的 118 种。这些砖志年代上起大凉承平十三年（455 年），下迄唐建中三年（782 年），前后长达 320 余年。著者在搜集过程中竭其所能，有图版的收图版，有录文的收录文，编入该书有图版录文对照的 270 种，有录文缺图版的 58 种。该书是 20 世纪间搜集吐鲁番出土砖志最为完备的资料，尤其是有相当一部分图版系首次刊布，更为珍贵。唯缺憾未收北朝砖志。

（3）通史性释文和图版对照整理与研究成果斐然

《北朝墓志精粹》（全二辑套装），上海书画出版社 2021 年版。该书分册汇编的墓志绝大多数为数十年来所出土，自 100 余方北朝墓志中精选而成。所收墓志最早者《司马金龙墓志》，刻于北魏太和八年（484 年）。最晚者为《崔宣默墓志》，刻于北周大象元年（579 年）。共收北朝各时期墓志 70 方，其中北魏 55 方，东魏 5 方，西魏 3 方，北齐 4 方，北周 3 方。这些墓志有的是各级博物馆所藏，有的是私家所藏，除少数曾有原大出版以外，绝大多数的都是首次原大出版，亦有数件墓志属于首次面世。由于收录的北魏墓志数量相对最多，又以家族、地域或者风格进行分类。元氏墓志辑为 2 册；杨氏墓志辑为 1 册；山东出土墓志辑为 1 册；书法刚健者、奇崛者、清劲者与整饬者各辑为 1 册；东魏与西魏辑为 1 册；北齐与北周辑为 1 册。所有选用的墓志拓片均为精拓原件拍摄，先为墓志整拓图，次为原大裁剪图，有志盖者亦均如此（偶有略缩小者均标明缩小比例），旨在为书法爱好者和学习者提供更为丰富的书法资料。

毛远明著《汉魏六朝碑刻校注》正文 10 册，总目提要 1 册，线装书局 2008 年版。总目收录 2008 年以前出土或著录的汉魏南北朝时期诸类石刻近 2600 种，收集碑碣 1417 通，制作成拓片图录 1500 幅。其中南北朝墓志 798 方。该书据图录准确释文，为学界提供了一个著录石刻的范围和时代更加广泛，并且科学实用又操作性强的整理碑刻文献的样本，是近年来石刻文献研究领域学术性较高的佳作。该书只校注有拓本者，失收墓志较多，以及图版影印清晰度欠缺，使其美中不足。

王连龙《新见北朝墓志集释》，中国书籍出版社 2013 年版。该书主要对近年新发现的北朝墓志资料进行考释，具体分为北朝墓志文释读及墓志原拓图版展示两大部分。在第一部分的墓志释读中，对精选出的 2003 年以来，在学术刊物公开发布的墓志，以及公私博物馆等机构收藏的新见北朝墓志，逐一考订志文，释读相关史料价值及艺术价值。在第二部分的墓志图版展示中，提供原石拓片高清图版。该书收集墓志北魏 18 方，东魏 9 方，西魏 4 方，北齐 12 方，北周 11 方，附记 3 方，计收录北朝墓志 57 方。

科学考古发掘使得墓志新资料不断出土并得以刊布。如河南美术出版社于 2007 年及 2010 年分别出版了《近年新出历代碑志精选系列》《稀见古石刻丛刊》，所刊出的新出碑志均包括初拓本图版、录文及释解。止于 2018 年，该精选系列已刊出北魏墓志 3 方，东魏墓志 1 方；该石刻丛刊已刊出 14 种碑志，其中北魏墓志 6 方，东魏墓志 3 方，北齐 1 方。

三、北朝墓志的专题性研究

断代并专题性地研究北朝的历史、文化、社会、文学、宗法、民俗等方面，都离不开对北朝出土墓志的关注与探讨，否则各项研究会显得残缺不全。20 世纪 80 年代以后，随着新旧墓志的不断整理刊布，墓志的研究呈现突飞猛进发展之势。到了 90 年代末，有关墓志研究的论著，已达近千篇部，使得墓志的研究进入了一个全新的发展阶段，探讨的问题之深入，涉及的领域之广阔，前所未有。具体表现在两方面，一是针对北朝墓志某方面的考论，宛然成为一项专门的学问。如历史、地理、文学、艺术、金石考古、语言文字、社会文化等方面，学人们发表了大量的考证文章，出版专著，乐此不疲。二是北朝墓志在综合研究方面的成果更是令人瞩目。总之，墓志的研究已从传播介绍逐步走向学术研究领域。随着墓志专题性与综合性研究之深入，亦涌现出一大批墓志研究的专家学者。周绍良、贺梓城、罗宗真、张忱石、鲁才全、侯灿、王素、徐自强、陈柏泉、齐心、吴梦麟、周伟洲、赵超、程章灿、罗新、殷宪、王连龙等都曾发表和出版含金量极高的墓志研究的论文及专著，成果斐然。同时，也呈现出了新的研究动向，如北朝墓志文献的数字化与网络化建设的步伐也在加快。

（一）北朝历史研究的拓展

北朝历史研究领域，向来不乏硕学大家，但考证北朝史实，却不能忽视王国维的"二重证据法"，即"幸于纸上之材料外，更得地下之新材料"，一方面"补正纸上之材料"，另一方面"证明古书之某部分全为实录"。这种"古史新证"的方法对于利用北朝墓志去研究北朝历史亦是适用无疑的。南北朝时期，由于地域分裂，政权频繁更迭，以及兵燹人祸，历史文献遭受毁损遗失，流传下来的已不甚完全。而北朝时期大量的墓志材料多记载确凿的历史事实，是非常难得的第一手资料，定可为北朝历史补证所需，而补史之阙，正史之谬，亦恰为文献工作者之责。如岑仲勉以《贞石证史》为旗帜，倡言："读碑志之文，先须知其立场与史传有别，要多从客观着想，如是，则采其长以补史所不足，石刻之致用，宁得云小补乎哉。"① 陆扬《从墓志的史料分析走向墓志的史学分析——以〈新出魏晋南北朝墓志疏证〉为中心》② 一文从墓志的史料分析来进一步探讨南北朝墓志在史学上的利用价值。此文为学界进一步拓宽北朝墓志研究视角开启了"天窗"。

1. 历史事件研究

针对北朝墓志所反映的重大历史事件，学界一直有较多的关注。如房祥美《墓志所见北魏重大历史事件及相关问题研究》③ 一文从墓志的角度，分析发生在北魏前期的太武帝灭佛，后来佛教的发展，以及著名望族清河崔氏之崔浩因修国史而惨遭太武帝杀戮的历史事实。论文将墓志与《北史》《魏书》等内容相结合，总结出从北魏建国伊始，胡汉二者之间便存在隔阂。又从元郁、元丽等皇族墓志探讨北魏中期的夺爵事件，以及从权阉王琚及其子王皓等人墓志分析北魏宦官专权事件。北魏末期包括六镇起义以及后来的葛荣造反，尔朱荣在镇压起义过程中势力迅速扩张等一系列重大事件的发生，为北魏建立以来所有矛盾的大爆发。这一时期出土的墓志数量较多，为研究这一阶段的历史提供了有利证据。刘军《三方元魏宗室墓志透露的历史真相》④ 一文探讨河南洛阳城北邙山出土的北魏宗王元羽、元详和元勰墓志在内容、风格和形制方面高度相似，但等级规格却远逊于宗室同等级成员的墓志，似有特意贬抑之痕迹。结合具体的历史语境，对三方墓志进行系统的排比研究，是管窥北魏统治集团内部关系和洛阳时局的有效方法，恰可证明皇权与宗王相权

① 岑仲勉:《贞石证史》，引自岑仲勉《金石论丛》，北京:中华书局，2004 年版，第 81 页。

② 陆扬:《从墓志的史料分析走向墓志的史学分析——以〈新出魏晋南北朝墓志疏证〉为中心》，《中华文史论丛》2006 年第 4 期，第 95—127 页。

③ 房祥美:《墓志所见北魏重大历史事件及相关问题研究》，山东师范大学硕士学位论文，2016 年。

④ 刘军:《三方元魏宗室墓志透露的历史真相》，《文物春秋》2015 年第 3 期，第 68—72 页。

的冲突是宣武政局的主要矛盾。以上两文均是利用北魏墓志结合传世文献来对北魏时期政局发生的重大历史事件展开探讨，赋予北朝历史研究之新视野。

2. 政治制度研究

将石刻文献与传世文献进行印证和增补，同样也能扩宽对北朝政治制度的研究视野。如李春莹《石刻文献中所见北魏制度研究》① 一文主要对北朝墓志中有关北魏政治制度进行探讨，论述北魏时期的管理、选官与封爵等制度。北魏后宫女官是一个几乎被忽略的群体，而出土的北魏后宫女官墓志为其存在留下了宝贵证据。如杜镇《墓志所见北魏后宫女官及相关问题研究》② 一文尝试着从出土墓志材料出发，结合史传，对北魏后宫女官群体进行综合研究，为北魏胡族政权增添了更加个性化的特色。高敏《跋北齐娄睿墓志》③ 一文利用墓志资料探讨了东魏北齐封爵制度中的虚封与实封等问题。

3. 关于少数民族与边疆地域史研究

魏晋南北朝是我国历史上民族融合的重要时期，以鲜卑族为代表的北方少数民族在中古之逐步汉化是中国民族发展史上的重大事件。近年来，相关的少数民族史、边疆地域史等逐渐进入学者碑刻研究的视野。

李鸿宾《中古墓志胡汉问题研究》④ 著述辑录和研究了隋唐五代时期非汉民族的墓志和碑铭，结合传世文献对其中若干墓志反映的各民族之间的交往与联系进行探索。项目的开展对研究中古时期的民族关系有重要的学术意义。刘连香《民族史视野下的北魏墓志研究》⑤ 著述通过全面梳理，从墓主的人员构成、墓葬分区、反映乡里结构等方面探讨其民族融合过程，从而丰富了民族史学研究的内容。

魏宏利《北朝碑志所见北方少数民族之汉化》⑥ 一文分别从族源出处、文武转化、人际伦理等方面考察，揭示出少数民族在接受汉化的过程中所面临的复杂挑战以及其内在的矛盾与冲突。尽管面临种种矛盾与问题，但总的历史趋势却是向着民族大融合的方向发展，这种大融合为

---

① 李春莹：《石刻文献中所见北魏制度研究》，哈尔滨师范大学硕士论文，2021年。

② 杜镇：《墓志所见北魏后宫女官及相关问题研究》，西北大学硕士学位论文，2012年。

③ 高敏：《跋北齐娄睿墓志》，《史学月刊》1991年第1期，第25—32页。

④ 李鸿宾：《中古墓志胡汉问题研究》，西宁：宁夏人民出版社，2013年版。

⑤ 刘连香：《民族史视野下的北魏墓志研究》，北京：文物出版社，2017年版。

⑥ 魏宏利：《北朝碑志所见北方少数民族之汉化》，《西安电子科技大学学报》（社会科学版）2006年第3期，第100—104页。

后来隋唐盛世的出现奠定了重要的基础。

张学锋《墓志所见北朝的民族融合——以司马金龙家族墓志为线索》[①] 一文考察了北朝贵族成员琅琊康王司马金龙家族墓志明确而详细地保留了这一时期北方各族群间混血与融合的细节，研究丰富和拓展了十六国北朝时期民族融合问题的内涵。

（二）北朝文学研究领域

中国的墓志文学与国外一样，墓志作品对后世作家产生过重大影响。墓志在古希腊时期就已作为一种文学现象，古希腊作家撰写的各种墓志作品，对古罗马和文艺复兴时期的作家曾产生过巨大影响。语言在墓志文中得到了尽情的驰骋与发挥，可以说将语言运用到了极致。在死亡的虚无世界里，墓志文又建立起了一个乌托邦，只是有所不同而已，一个是进入死寂的虚无，另一个却是具有语言意义的图景。萨丕尔曾说："语言是文学的媒介，正像大理石、青铜、黏土是雕塑家的材料。每一种语言都有它鲜明的特点，所以一种文学的内在的形式限制和可能性——从来不会和另一种文学完全一样。用一种语言的形式和质料形成的文学，总带着它的模子的色彩和线条。"北朝墓志文使用的是中古时期的语言，在当时的政治、经济、社会尤其是文学环境下，既深刻地打上了时代的烙印，又显示出墓志文文学语言的魅力。

1. 北朝墓志文体研究

学者关注北朝墓志文本的拣择、描述，来补充北朝文学的基本材料，说明北朝文学发展的各个环节，解释北朝文学特征形成的历史与文化原因，为全面客观地描述北朝文学，提供文本、历史与文化等方面的支持。

程章灿《墓志文体起源新论》[②] 一文认为关于墓志的起源，多着眼于丧葬制度，而没有对制度与文体之间的界限加以厘清。从文体发展的角度看，墓志文经历了从志墓到墓记再到墓志的发展过程；认为作为有一定行文格式的墓志，是一种起于江左的文体，其出现时间应在晋宋之际。

魏宏利《北朝碑志文研究》[③] 一书从北朝碑志文学特性的角度分四个部分对其创作进行全面的梳理和总结。一是对北朝碑志创作基本情况

---

① 张学锋：《墓志所见北朝的民族融合——以司马金龙家族墓志为线索》，《许昌学院学报》2014 年第 3 期，第 1—6 页。

② 程章灿：《墓志文体起源新论》，《学术研究》2005 年第 6 期，第 136—140 页。

③ 魏宏利：《北朝碑志文研究》，北京：中国社会科学出版社，2016 年版。

的概述。二是对北朝碑志思想内容所作的讨论。分别从家族观念、忠孝观念、事功观念以及生死观念等方面对北朝碑志的思想世界进行深入探讨和分析。三是对北朝碑志的文体研究，也是该书的重点内容。借鉴现代文体学的概念分别就北朝碑志文体的体制、题材内容、语体以及表现方式作了重点的讨论，这其中也包含了对北朝碑志艺术特色和语言风格的分析。四是对北朝碑志的作者、材料来源等问题进行了初步探讨。

黄金明《汉魏晋南北朝诔碑文研究》① 一书独辟第五章"儒学的复兴：北朝碑志的繁兴"，分析了北朝碑志繁兴的社会文化背景；探讨了北朝碑志与北朝文学的观念及演进；解读了北朝碑志的社会文化意蕴。

张鹏《北朝石刻文献的文学研究》② 一书以北朝石刻文献为研究对象，运用文体学、文本分析以及文学史研究等方法，对石刻文献中包含的文学文体、文学文本及其所体现出的文学的时序特征、地域特征以及与文学有关的宗教、文化因素等做了全面论述。

2. 北朝墓志引《诗》研究

墓志文体脱胎于四言诗，深受《诗经》及历代悼亡诗的影响，四四格式尤多，篇幅长短不一，为运用各种写作手法提供了广阔的天地，形成了含蓄婉转的文风。墓志引《诗》之研究见《北朝墓志引〈诗〉研究》《魏晋南北朝"墓志铭"引〈诗经〉篇名考》《北魏碑刻引用〈诗〉研究》等多篇论文。如杜丽娜《北朝墓志引〈诗〉研究》③ 一文通过对北朝墓志的整理及研究，发现其中征引《诗经》的内容有很多，对其征引内容的统计及分析，有助于更好地解读墓志，以及了解《诗经》在北朝的传播及运用情况。该文也对北朝墓志引《诗》的共性；以及北朝男、女两性墓主引《诗》的不同特点进行了探讨。台湾林登顺《魏晋南北朝"墓志铭"引〈诗经〉篇名考》，主要从文学角度切入研究魏晋南北朝"墓志铭"引《诗经》篇名情况。以赵超《汉魏晋南北朝墓志汇编》中的556种墓志为考察对象，发现其中征引《诗经》篇名的比例可达22.6%，由此可见《诗经》受重视程度之高④。吕蒙《北魏碑刻引用〈诗经〉研究》⑤，重点介绍北魏碑刻引《诗》的基本状况及其异文情况。

① 黄金明：《汉魏晋南北朝诔碑文研究》，北京：人民文学出版社，2005 年版。
② 张鹏：《北朝石刻文献的文学研究》，北京：中国社会科学出版社，2015 年版。
③ 杜丽娜：《北朝墓志引〈诗〉研究》，河北师范大学硕士学位论文，2018 年。
④ 林登顺：《魏晋南北朝"墓志铭"引〈诗经〉篇名考》，引自杜丽娜《北朝墓志引〈诗〉研究》，河北师范大学硕士学位论文，2018 年，第 1—2 页。
⑤ 吕蒙：《北魏碑刻引用〈诗经〉研究》，西南大学硕士学位论文，2008 年。

3. 北朝墓志用韵探索

汉语断代北朝音韵研究比较薄弱。现在较为系统地研究南北朝音韵的是王力先生《南北朝诗人用韵考》① 和于安澜先生《汉魏六朝韵谱》②。而全面利用北朝墓志铭的韵文材料的研究者少而又少，但也不乏对墓志铭用韵的特点、规律进行专项的归纳和揭示的学者，在这一领域不断地耕耘和积累，基本发挥出墓志语料应有的作用。比较有代表性的如刘盛举《魏晋南北朝墓志铭用韵初探》③ 以魏晋南北朝墓志铭为主要对象，其中北朝墓志铭为大宗，运用二重证据法，将魏晋南北朝墓志铭的用韵与南北朝诗人用韵进行比较，从而释读文字，进行校勘；准确确定韵例，判断韵字，进行穷尽性的统计；公布全部韵读；做出韵谱，初步探讨了魏晋南北朝时期汉语音韵的继承和演变在传世文献与出土文献中的异同。

4. 北朝墓志对断代文学史研究的作用

对断代北周文学史研究，学者也关注到北朝墓志铭文对文学史的补充作用。如高赟《北周文学研究》④，其上编第五章"西魏北周出土文献——墓志'文学'研究"，分"出土西魏北周墓志概况""出土西魏墓志及其文学研究""出土北周墓志及其文学研究"三个部分展开论述。以出土的西魏北周墓志视角考察这段时期墓志的演进和文学特点，从一个侧面反映北周文学的文学水平。下编第三章"庾信及其文学作品研究"中第四节"庾信北朝文研究"包括"碑志"内容，也关注到庾信墓碑传文、墓志铭传文、墓碑志铭辞均各具文学特色。

（三）北朝语词文字研究方面

墓志本身就是一个语言宝库，对于研究汉语词汇及辞书编纂具有不可低估的价值。同时，墓志的文字形体多变，使它成为研究古代文字的重要资料。墓志词语研究，着眼于挖掘墓志的语料价值，通常从墓志词语的词性、语义、构词方式及特征等方面展开研究，甚或将研究所得用于纠正、补订《汉语大词典》等大型辞书的例证。

1. 北朝墓志语词整理与研究

吴金华《三国志校诂》、王云路与方一新合著《中古汉语语词例释》

---

① 王力：《南北朝诗人用韵考》，引自《龙虫并雕斋文集》（第一册），北京：中华书局，1982年版。

② 于安澜：《汉魏六朝韵谱》，郑州：河南人民出版社，1989年版。

③ 刘盛举：《魏晋南北朝墓志铭用韵初探》，西南师范大学硕士学位论文，2004年。

④ 高赟：《北周文学研究》，中国社会科学院大学博士学位论文，2020年。

两书，在用墓志文献研究词汇方面，具有开端之功。罗维明《中古墓志词语研究》于2003年由暨南大学出版社出版。该书主要依据赵超《汉魏南北朝墓志汇编》、周绍良《唐代墓志汇编》《唐代墓志汇编续集》中的一些词汇，计释词条232条，主要反映六朝隋唐时期的词汇面貌，必要时则上溯先秦两汉，下延后世，以明其源流演变。其为研究墓志语词的专著，成果丰富。魏平《试论汉魏南北朝墓志的语言研究价值》①、袁步昌《北朝墓志词语拾零》②、张颖慧《北朝碑志词语例释十二则》③、李红《北魏墓志词汇研究》④ 等几文以北朝墓志等作为研究对象，运用传世文献与出土文献相印证的方法、共时研究与历时研究相结合的方法及排比归纳法，结合词典学、训诂学、语义学等相关理论知识，对其中的词汇进行解纳整理，可补《汉语大词典》在词目、义项、例证和释义等方面的不足。

周丹《汉魏南北朝墓志中丧葬类词语研究》⑤ 一文较为系统地考察了汉魏南北朝墓志中的丧葬类词语，对此类词语进行了分析和透视，发掘其中所蕴含的各种社会文化信息，以及成词特点及表意特点。

近几年针对北朝墓志委婉语词、复音词和构词语素等方面开展研究，出现了几篇较有分量的硕士论文。如张蕊寒《〈墨香阁藏北朝墓志〉委婉语词研究》⑥ 以《墨香阁藏北朝墓志》中的118种墓志为研究对象，按照委婉语的评判标准筛选出224个委婉语词，以使用目的作为分类标准分为避忌型、尚雅型和礼节型三大类进行释义说明，并将之与同时期传世文献《魏书》和稍后的隋唐墓志进行共时和历时的比较，总结出北朝墓志委婉语词区别于其他而富有自身的特点，即存在复音委婉词。孙利杰《墨香阁藏北朝墓志复音词研究》⑦ 一文界定复音词的标准划分出墨香阁北朝墓志中的复音词1892个，并归纳总结墨香阁北朝墓志复音词的特点。席兰《〈墨香阁藏北朝墓志〉人物品评词研究》⑧ 一文以墨香阁收藏112种北朝墓志为研究材料，以人物品评词为研究对象，在词与字、

① 魏平:《试论汉魏南北朝墓志的语言研究价值》,《乐山师范学院学报》2006年第3期,第55—58页。
② 袁步昌:《北朝墓志词语拾零》,《语文学刊》2010年第15期,第68—70页。
③ 张颖慧:《北朝碑志词语例释十二则》,《贵州师范学院学报》2019年第11期,第7—13页。
④ 李红:《北魏墓志词汇研究》,安徽大学硕士学位论文,2013年。
⑤ 周丹:《汉魏南北朝墓志中丧葬类词语研究》,华中师范大学硕士学位论文,2009年。
⑥ 张蕊寒:《〈墨香阁藏北朝墓志〉委婉语词研究》,陕西理工大学硕士学位论文,2021年。
⑦ 孙利杰:《墨香阁北朝墓志复音词研究》,河北师范大学硕士学位论文,2019年。
⑧ 席兰:《〈墨香阁藏北朝墓志〉人物品评词研究》,陕西理工大学硕士学位论文,2021年。

词组理论的基础上，对北朝墓志862个人物的品评词作穷尽式搜集与整理，主要从分类描写、同义聚析、增补辞书、纵横比较诸方面展开探讨，以揭示墨香阁藏北朝墓志人物品评词的特点。以上三篇论文主要围绕墨香阁所藏的北朝墓志进行相关研究，对整个汉语词汇史的发展作一个补充。不足之处在于以墨香阁一处之北朝墓志藏品作为研究对象，其数量极为有限，如此以点概面难以形成较有说服力的新观点。黄晓伟《魏晋南北朝墓志复音形容词研究》[①] 的目的是做好对魏晋南北朝墓志复音形容词的分析、描写和研究的基础性工作，对中古汉语词汇的研究乃至整个汉语词汇史的研究都具有重要价值。刘燕《魏晋南北朝墓志高频构词语素研究》[②]一文从语素的构词能力、语素意义、语素在复合词中的位置分布以及所构词语的结构类型四个方面，从微观角度对魏晋南北朝墓志中的语素进行了封闭性的计量研究，揭示出当时常用语素构词的特点、规律及其背后的制约因素。

　2. 北朝墓志文字整理与研究

　（1）准确释文

　　在全面收集北朝墓志文献，以科学的方法和规范的体例考订细致，准确释文，为出土文献的整理研究开辟新视野，提供新工具。即可谓在北朝墓志语言文字研究方面提供材料最翔实、成就颇高、贡献突出的学者为毛远明和王连龙两位先生。毛远明《汉魏六朝碑刻校注》一书收有碑碣1417种，制作成拓片图录1500幅，其中南北朝墓志798种。据图录准确释文，并加上现代标点；广集众本，精心校勘；对碑铭中的疑难词语简要注释和考辨，并辅以提要。该书可谓现今汉魏六朝碑刻语言文字研究方面材料最翔实、成就颇高的代表性著作。王连龙《南北朝墓志集成》（上下册）编撰墓志著录目录50万余字，释文100万余字，编撰墓志人名索引7000余个、地名索引6000余个，官名索引近6000余个，数量巨大，篇帙浩繁。其学术价值具体体现在以下四个方面：一是开创性，作为第一部南北朝墓志文献集成，填补当前相关研究的空白。二是资料性，收集全面，考订细致，形式多样，具有较高的资料性。三是实用性，编撰方法科学实用，可以有效地服务于学术研究活动。四是学术性，建立在专业知识及科学方法基础上学术研究，为出土文献的整理研究开辟了一个新的视野。该书全面收集南北朝墓志文献，以科学的方法

133

---

　① 黄晓伟：《魏晋南北朝墓志复音形容词研究》，西南大学硕士学位论文，2010年。
　② 刘燕：《魏晋南北朝墓志高频构词语素研究》，西南大学硕士学位论文，2009年。

和规范的体例为学界称颂。

（2）字形演变

北朝是楷书发展演变的重要阶段，其复杂性与特殊性尤其值得关注。臧克和《汉魏六朝隋唐五代字形表》① 著述以汉魏六朝隋唐五代石刻简牍类材料用字为原形，构建汉字发展历程中篆隶楷等主要书体类型实际使用坐标，按书体、按时代的编排呈现形式，使得书体发展、字形演变、媒介因素，其时代坐标，到眼即辨。该书字形编排合理，对语言文字工作者、书法艺术爱好者具有重要的参考价值。邹虎《魏晋南北朝石刻新出字形研究》② 一文对魏晋南北朝各种新出字形的研究，对我们把握汉字的历史发展进程，考辨字形源流，考察字体演化，进而探寻一时期汉字构形方式及其发展变化形式大有裨益。

曾良《隋唐出土墓志文字研究与整理》③ 一书就墓志（包括北朝墓志）文字，特别是俗写为重点关注，考证俗字，识辨校读、考订补充等，以探讨墓志文字的一些规律。龙仕平、何山《汉魏六朝墓志构件讹混举隅研究》④ 一文认为汉魏六朝墓志文字材料真实，字形丰富，其构件讹混现象十分普遍，既有规律性，又有特殊性，有必要进行归纳考察，以便为碑刻异体字研究、汉字构形研究、古籍整理和汉字发展史等研究提供有益帮助。

（3）碑别字辨别

秦公与刘大新先生共同编写了《碑别字新编》，由文物出版社于1984年出版。此后由于不断有大量的碑刻资料被发现，前后供参阅碑刻拓本及实物达千种，又于1995年出版了《广碑别字》一书。刘大新先生又于2016年出版了《碑别字新篇（修订本）》，该书共收字头3500余字，重文别字21300余字；所收录的别字系人工摹写；书后附《笔画检字表》可供读者查阅。陆明君《魏晋南北朝碑别字研究》于2009年由文化艺术出版社出版。该书在充分利用各种拓本资料的基础上，对魏晋南北朝时期石刻中的异体别字进行了较全面的考察、梳理和研究。全书旨在探讨魏晋南北。碑别字的形成原因及各类生成途径，以形为主，通观变迁，注重考察、解索碑别字字源，并力求克服囿于字形静态分析的

① 臧克和：《汉魏六朝隋唐五代字形表》，广州：南方日报出版社，2011年版。
② 邹虎：《魏晋南北朝石刻新出字形研究》，西南大学硕士学位论文，2014年。
③ 曾良：《隋唐出土墓志文字研究与整理》，济南：齐鲁书社，2007年版。
④ 龙仕平、何山：《汉魏六朝墓志构件讹混举隅研究》，《重庆三峡学院学报》2012年第6期，第97—100页。

弊端，立足于从实际书写与镌刻的视角对碑别字进行探讨。该书体例精审、资料详备、考证扎实、思路清晰、论说中肯，多有填补学术空白之处，对帮助人们了解、认识及辨析这一特殊时期石刻中的异体别字具有重要的参考价值。毛远明《汉魏六朝碑刻异体字典》[①] 一书以《汉魏六朝碑刻异体字语料库》为依托，搜集了1416种汉魏六朝碑刻拓片，经过认真释读、考辨、整理，提取其中的全部异体字，所有字形一律以碑刻拓片、照片上的文字为依据，所取异体字字样，一律使用剪切的文字。这是我国第一部碑刻异体字典，拓展了学科研究范围，在学术史上具有里程碑意义，将会成为文史、书法等学科研究的重要工具书。

（四）北朝古典文献学领域

"墓志是我国历史上的人物传记，是研究我国历史的大百科全书，是极为珍贵的历史档案资料。"[②] 从中国古典文献学研究领域来说，北朝墓志是一个不可或缺的组成部分，并处于十分重要的文献地位。香港中文大学著名教授饶宗颐先生视觉敏锐，80年代初，在所撰《法国远东学院藏唐宋墓志拓本图录》"引言"一文中指出："向来谈文献学（philology）者，辄举甲骨、简牍、敦煌写卷、档案四者，为新出史料之渊薮。余谓宜增入碑志为五大类。碑志之文，所与史传相表里，阐幽表微，补阙正误，前贤论之详矣。"[③]

1. 特殊的文献载体形态

作为物，北朝墓志游走于写本、石本、拓本与印本之间，是一种特殊的文献载体形态。程章灿《尤物：作为物质文化的中国古代石刻》[④] 一文从物质文化角度来研究古代石刻，可以为古代文献研究开启一个新的论述视角：物是文献的重要属性之一，文献既有作为文本的文化性，也有作为物的文化性。该文为墓志文献研究从物质文化角度开启了一个新的论述参照。

2. 碑刻文献学通论著述

碑刻（亦包括北朝墓志）文献学是一门新兴的学科，历朝历代留存

① 毛远明：《汉魏六朝碑刻异体字典》（上下册），北京：中华书局，2014年版。
② 余扶危、张剑：《洛阳出土墓志卒葬地资料汇编》，北京：北京图书馆出版社，2002年版，第1页。
③ 饶宗颐：《法国远东学院藏唐宋墓志拓本图录》"引言"，引自《饶宗颐史学论著选》，上海：上海古籍出版社，1993年版，第547页。
④ 程章灿：《尤物：作为物质文化的中国古代石刻》，《学术研究》2013年第10期，第127—136页。

的丰富的碑刻文献为学科研究储备了可供开采的大批资料，以往碑刻文献研究的成果为学科研究积累了丰厚的学术内涵，多学科交叉研究的视野为学科建设呈现出广阔的发展前景。如毛远明《碑刻文献学通论》，中华书局 2009 年版，就属于此类专著。该书以碑刻文献为研究对象，从理论上阐明了碑刻文献学的学科体系，并碑刻文献学的学科理论进行了开拓性的探索，推进了文献学研究的发展。该书重要的学术价值如下：一是全面系统地论述碑刻文献学研究的各个方面，为学科的深入研究提供翔实的资料线索、丰富的学术信息和具体的研究方法，从而奠定了学科研究的基础。二是从碑刻文献的保存、著录和辑集论述碑刻文献的整理。三是在对前人碑刻文献研究成果和不足作出客观评价的基础上，作者继往开来，阐论了建设、发展碑刻文献学学科的思路和拓展学科研究的众多领域。该部论著在碑刻文献学学科建设等方面的贡献是巨大的。

（五）北朝书法艺术研究领域

北朝时期诸帝皆喜润色金石，刻碑之风继东汉之后愈演愈烈，其中以墓志为最多。又因北朝以魏最盛，出土的碑刻亦最多，是墓志中之大宗，故世又称"魏碑"。北朝墓志反映了魏碑体书法的产生和演进过程，因此，历来是书法界和收藏家们眼中的瑰宝。同时，墓志作为民间书法奉为圭臬，其书风甚至影响至今。

1. 墓志赏析与评价

世界图书出版公司于 2007 年策划出版了《中国书法经典百品丛书》，其中傅如明编著《碑刻书法百品》、赵际芳编著《墓志书法百品》、杨频编著《碑额志盖书法百品》。该丛书按照书法史发展中不同载体或题材来分类，借鉴、参考并引用了前贤及当代学者的专著、教材和资料，体系科学，特色鲜明。每种墓志图版下有该志出土时间、地点，墓志尺寸、字数，收藏地等信息介绍；尤为重要地赏析评价每种墓志书法特点。其中《墓志书法百品》收录元桢、元均之、元肃等北魏墓志 89 方，东魏《郗盖袄墓志》《崔景播墓志》2 方，北齐《高百年墓志》1 方；《碑额志盖书法百品》收录北魏《元简妃常氏墓志盖》《穆彦墓志盖》《宋灵妃墓志盖》等 19 种，东魏《封延之墓志盖》《祖氏志盖》2 种，北齐《刘悦墓志盖》《步六孤须蜜多墓志盖》《赫连子悦墓志盖》3 种，北周《高妙仪墓志盖》1 种。

北京图书馆出版社主编《墓志精华三十八种》，北京图书馆出版社 2001 年版。该书精选收录汉至唐代的墓志 38 种，其中不少是近期出土的墓志精品。如 1997 年 10 月出土的颜真卿撰文并书写的《郭虚己墓志》，碑石保存较好，其拓片效果甚佳，远胜宋拓颜氏《多宝塔碑》，被书法界专家誉为颜氏碑帖第一品。又如所收唐代书法名家"草圣"张旭于天宝元年书写的楷书《严仁墓志》，不仅是张氏存世极少的楷书作品之一，与郭志相比，二者有许多相似之处，从中可视张颜二人书法上的师承关系。其中收《元演墓志》《徐起墓志》等北魏墓志数种。

李域铮等编著《西安碑林书法艺术》① 一书内收录了很少一部分于右任藏石拓片，而在附录《西安碑林藏石细目》中将于氏藏石悉数列目，散见于碑石、墓志部分。又见李域铮编著《陕西古代石刻艺术》②一书分"陕西石刻概述""西安碑林中的书法艺术"和"历代墓志"三个部分，从陕西现存石刻种精选了具有代表性的作品 253 种，并详细介绍了每种作品的创作时代、尺寸、收藏地点，及其准确的评析。书前附有铜版纸全彩插图 35 幅。其中包括《元定墓志》《元签墓志》等北朝墓志精品。该书又分别于 1992 年、1997 年出版了增订本，就所收藏的汉至近代碑石 3500 余方的书法艺术价值予以全面研究。杨鲁安《北魏刁遵墓志初拓本跋》等论文，对北朝书体风格作了精辟的评析。

2. 北朝墓志不同书体研究

郑中华《东魏北齐碑志书法中隶化现象研究》③ 及郑巧莉《北朝隶书墓志研究》④ 两文认为北朝隶书墓志书法具有独特的风格特点，普遍呈现出篆、隶、楷书杂糅的现象，并时常运用装饰性笔画。朱智武《六朝墓志书体及相关问题辨析》⑤ 以上三文分别从楷书和隶书等书体角度对北朝墓志的字形结构作出了分析。

3. 北朝墓志书法艺术研究

丛文俊先生领衔对北朝墓志书法进行系统研究，其《魏碑体考论》⑥及其学生马新宇《魏晋南北朝时期墓志题铭研究》⑦ 等皆取得了令人瞩目的成果。刘正成主编、三国两晋南北朝编，本卷华人德主编《中国书法全集 13·三国两晋南北朝墓志卷》荣宝斋 1995 年版。该书包括原色拓本选页、魏晋南北朝墓志概论、三国两晋南北朝墓志作品、作品考释、

① 李铮：《西安碑林书法艺术》，西安：陕西人民美术出版社，1983 年版。
② 李铮：《陕西古代石刻艺术》，西安：三秦出版社，1995 年版
③ 郑中华：《东魏北齐碑志书法中隶化现象研究》，浙江大学硕士学位论文，2013 年。
④ 郑巧莉：《北朝隶书墓志研究》，山东曲阜师范大学硕士学位论文，2019 年。
⑤ 朱智武：《六朝墓志书体及相关问题辨析》，《南京晓庄学院学报》2014 年第 3 期，第 12—16、123 页。
⑥ 丛文俊：《魏碑体考论》，《中国书法》2003 年第 3 期，第 42—53 页。
⑦ 马新宇：《魏晋南北朝时期墓志题铭研究》，吉林大学硕士学位论文，2001 年。

墓志年表、墓志出土及收藏分布图。主要从书法角度欣赏和关注北朝等时期的墓志。

许丞宗《北魏墓志书风探究》① 认为，北魏墓志是墓志书法中最具有代表性和最具影响的部分，有突出的典型性。不管是从艺术风格或是历史影响来看，北魏墓志都具有其自身独特的魅力与书法价值。以北魏洛阳墓志为主体的大量墓志在近现代书法史上具有重要地位，它促进了清代碑学的兴盛，也影响催生了一批书法名家。正是由于其独特的风格和美学魅力，关注墓志文化的学者日渐增多，研究成果不断问世。同时，墓志书法的艺术魅力为越来越多的学书者所认识，它正日益成为一个新鲜的书法资源宝库。另外，书法艺术类期刊，如《中国书法》《书法》《东方艺术》《书法丛刊》等，亦比较集中地公布北朝墓志材料，刊发探讨北朝墓志书法艺术的考论或赏析论文。

学界亦不乏关于地域性北朝墓志书法研究。从洛阳出土墓志看北魏墓志书法艺术方面有多篇论文刊发。如顾涛《洛阳北魏墓志楷书书风的演变与分期》②《从洛阳出土墓志看北魏墓志书法的内在审美价值》③ 两文，以及刘连香、张会芳《千岩竞秀，万壑争流——洛阳出土北魏墓志书法概论》④ 一文，对洛阳出土的北魏墓志书法艺术进行探讨，不论从汉字发展史还是书法艺术史方面，都具有很高的历史文化价值和意义。张宇《冀北地区北朝墓志书法研究》⑤ 一文对冀北地区所见北朝墓志书法按不同时期的字体、书风进行分析对比，发现北朝中后期的书风，摆脱了北魏前期书风的影响，呈现出"平划宽结"的风貌，借此对整个书法史正书的演变有着非常重要的意义，对当下楷书、隶书的发展以及诸多书家的创作心态有着独特的启发。陕西省博物馆李域铮、赵敏生、雷冰编著《西安碑林书法艺术》，陕西人民美术出版社1983年版。其中收入诸多北朝墓志图版，每条目有简介文字。赵珊珊《山东出土北朝墓志书法研究》⑥ 一文旨在搜集山东出土北朝墓志数量资料的基础上，结合

① 许丞宗:《北魏墓志书风探究》,上海师范大学硕士学位论文,2013年。
② 顾涛:《洛阳北魏墓志楷书书风的演变与分期》,《艺术探索》2011年第4期,第12—14、145页。
③ 顾涛:《从洛阳出土墓志看北魏墓志书法的内在审美价值》,《史学月刊》2011年第8期,第125—128页。
④ 刘连香、张会芳:《千岩竞秀,万壑争流——洛阳出土北魏墓志书法概论》,《中国书画》2011年第7期,第49—53页。
⑤ 张宇:《冀北地区北朝墓志书法研究》,河北大学硕士学位论文,2021年。
⑥ 赵珊珊:《山东出土北朝墓志书法研究》,上海大学硕士学位论文,2020年。

北朝的山东世家大族的地域因素与墓志、书法演变的发展过程，对出土墓志书法进行风格研究，进一步完善丰富山东出土北朝墓志书法审美价值与意义；并试图深入探讨北朝后期出现的书法复古的因素，全面诠释山东出土墓志书法在南北朝书法史的价值与意义。

（六）北朝家族谱牒与联姻研究

北朝墓志大量记录着那个时代人们的生存状况，如存在众多皇宗室、"帝室九姓"、汉族官僚及高门大姓谱牒及家族联姻等信息而使学者关注。

1. 北朝墓志对元姓皇宗室谱系的补充

范寿铭《元氏志录》作于民国七年，收元氏人物等志 41 种。后顾燮光又补至癸亥止出土者 34 种，共计 75 种。《元氏志录》集中著录了北朝元姓宗室人物的出土墓志，前所仅见。赵万里《集释》一书亦将元姓皇宗室各支分别归纳排列，考证了有关人事之间的关系，补充订正了古代文献的记录。

2.《新唐书·宰相世系表》的补正

《新唐书·宰相世系表》是正史中唯一的大型人物谱系表，自宋代开始就有学者进行校补，但多利用传世材料。罗振玉利用新出土墓志进行补正，成《新唐书宰相世系表补正》，周绍良又作《新唐书宰相世系表校异》，赵超汇集前人成果，利用新出墓志写成《新唐书宰相世系表集校》，中华书局 1988 年版。该书对原书错误、脱漏等处作了大量的校勘补正，其中利用北朝墓志条目亦不在少数。

中古时期（包括北朝），士族作为一个特殊的阶层，在政治、文化、社会等领域，表现活跃，占据着社会的高层。郡望建构和谱系塑造是中古士族门第成立的重要条件。郡望和士族互为唇齿，相辅相成。近年来学者们多注重对某一大族与门第名望相当的族姓联姻，以助力家族势力的增强等方面的研究，取得了较高的学术成果。

3. 中古大族联姻关系的综合性探索

台湾在此方面较有成就的学者是"中研院"历史语言研究所的毛汉光先生，他所著《中古大族著房婚姻之研究——北魏高祖至唐中宗神龙年间五姓著房之婚姻关系》一文，利用墓志等石刻材料与文献结合，深入考察了陇西李氏、赵郡李氏、太原王氏、荥阳郑氏、范阳卢氏、清河崔氏、博陵崔氏等五姓七望的相互通婚情况。越是大姓中的名支著房，越重视与门第名望相当的族姓联姻，这种风气对当时的社会习俗、文化走向乃至政治格局都产生了很大的影响。该文在家族联姻关系的综合性研究方面取得了较高的成就。

陈爽《出土墓志所见中古谱牒研究》① 一书通过文本辨析和图版对照，判定大量魏晋南北朝墓志直接抄录了墓主家族谱牒，并对谱牒残章做了辑录和格式复原。这一研究可视为中古社会史资料的一次重新发现。从墓志中辑录到两百余件原始谱牒，内容涉及魏晋南北朝家庭结构、性别比例、婚姻状况、嫡庶之别等中古社会史的重要内容，从而拓展了中古社会史研究的学术视野。

陶钧《北魏崔宾媛墓志考释》② 一文介绍刊刻于北魏神龟二年（519年）《崔宾媛墓志》一盒，志石正方形，传1996年出土于河北元氏县。志石、志盖、志盖斜边均题文字，共计1569字。三处所载世系人物见于《魏书》《北史》者凡20余人，多为北魏著名人物。并由崔氏一门之世系，可印证当时婚姻中的门第观念、父母之命，近亲姻缘、异辈婚姻，族与族之间互为嫁娶世代通婚，婚龄特点等婚俗状态。诸多信息可补证史书之阙。又因牵涉书法史中巨擘与书法精妙。因此，该志具有多方面的重要价值。

高诗敏《有关北朝博陵崔氏的几个问题》③ 一文针对北朝时期的博陵崔氏婚姻关系方面，认为其家族与赵郡李氏联姻独多等信息，利用墓志等石刻材料与传世文献结合进行相关考述。夏炎《中古世家大族清河崔氏研究》④，天津古籍出版社2004年版。该书利用墓志等石刻材料与传世文献相结合，从宏观到微观对中古世家大族清河崔氏展开个案研究。

范兆飞《中古郡望的成立与崩溃——以太原王氏的谱系塑造为中心》⑤ 一文以石刻资料（包括北朝墓志）所见太原王氏的祖先书写为中心，旁涉其他士族门第的谱系塑造，考察中古郡望演变的历史过程，在洞悉这个面相的基础上深入理解中古时期的国家与社会、地域与家族的力量消长是如何展开的，认为中古太原王氏的郡望和谱系的构成具有典型性特征。从而见证中古门第郡望从界限森严到普遍滥用的演变过程，也是国家与社会力量角逐消长的鲜活反映。

① 陈爽：《出土墓志所见中古谱牒研究》，上海：学林出版社，2015年版。
② 陶钧：《北魏崔宾媛墓志考释》，《收藏家》2012年第6期，第25—34页。
③ 高诗敏：《有关北朝博陵崔氏的几个问题》，《首都师范大学学报》（社会科学版）1998年第5期，第76—82页。
④ 夏炎：《中古世家大族清河崔氏研究》，天津：天津古籍出版社，2004年版。
⑤ 范兆飞：《中古郡望的成立与崩溃——以太原王氏的谱系塑造为中心》，《厦门大学学报》2013年第5期，第28—38页。

除了我们熟知的琅琊王氏、清河崔氏、博陵崔氏、范阳卢氏等汉族第一流高门之外，还有许许多多的次等士族，如华阴杨氏、南阳张氏、河东柳氏等，以及鲜卑勋臣八姓中的部分姓氏。杜葆仁、夏振英《华阴潼关出土的北魏杨氏墓志考证》①，王庆卫、王炫《隋代华阴杨氏考述——以墓志铭为中心》及《隋代弘农杨氏续考——以墓志铭为中心》②，杨为刚《中古弘农杨氏贯望与居葬地考论———以新出墓志为中心》③，龙适平、毛远明《隋代弘农华阴杨氏家族再考述》④，伊波涛《北魏时期杨播家族建构祖先谱系过程初探——以墓志为中心》⑤，以上五文考证了1949年以来在华阴与潼关出土的诸多杨氏墓志，根据墓志记载的内容，结合正史等文献综合研究，排列出秦汉至南北朝时期一直声名显赫的华阴杨氏这一大姓的主要成员世系。墓志所反映的婚姻状况，如选择门第、姑舅联姻、冥婚、择偶条件、离婚、再娶等，对认识北朝社会生活颇有裨益。

仇鹿鸣《制作郡望：中古南阳张氏的形成》⑥一文认为南阳张氏是一个虚拟的郡望，并没有可靠士族谱系的支持。张姓士人通过对传说与历史人物事迹的拼接，重构对祖先的记忆，制作形成了南阳张氏郡望并逐步完善其谱系。北朝隋唐之际谱系与郡望知识的逐步普及化，北朝社会伪冒郡望风气的盛行，皆有助于这一虚拟郡望的形成。南阳张氏郡望构拟的过程，也反映出郡望这一身份标识符号在中古社会中的作用与意义。

近年随着新的墓志出土，又为中古时期河东世家大族柳氏的存在和兴盛增添了实证材料。多有论文考述。如宁琰《北周康城恺公柳带韦墓志考释》⑦、赵世金《新见〈北周宇文鸿渐墓志〉研究二题》⑧结合近年

---

① 杜葆仁、夏振英：《华阴潼关出土的北魏杨氏墓志考证》，《考古与文物》1984年第5期，第17—27、16页，附图并录文。
② 王庆卫、王煊：《隋代华阴杨氏考述——以墓志铭为中心》，《碑林集刊》第十一辑，西安：陕西人民美术出版社，2005年版，第243—270页；王庆卫、王煊《隋代弘农杨氏续考——以墓志铭为中心》《碑林集刊》第十二辑，西安：陕西人民美术出版社，2006年版，第199—222页。
③ 杨为刚：《中古弘农杨氏贯望与居葬地考论———以新出墓志为中心》，引自《西安碑林》第十五辑，西安：陕西人民美术出版社，2009年版，第227—236页。
④ 龙适平、毛远明：《隋代弘农华阴杨氏家族再考述》，《文献》2010年第1期，第119—127页。
⑤ 伊波涛：《北魏时期杨播家族建构祖先谱系过程初探——以墓志为中心》，《中国史研究》2013年第4期，第101—116页。
⑥ 仇鹿鸣：《制作郡望：中古南阳张氏的形成》，《历史研究》2016年第3期，第21—39页。
⑦ 宁琰：《北周康城恺公柳带韦墓志考释》，《文博》2020年第5期，第79—82、78页。
⑧ 赵世金：《新见〈北周宇文鸿渐墓志〉研究二题》，《敦煌学辑刊》2020年第4期，第162—165页。

出土的柳氏家族人物墓志，对西魏北周时期入关的西眷柳氏家族世系、婚宦等进行考述。

龙成松《中古胡姓家族研究——以族源、地域、文化为中心》[1] 一文分为族源研究、地域研究、文化研究三个部分。其中族源研究部分主要关注胡、汉融合中相关认同因子嬗变的问题，深入探讨胡、汉融合过程的复杂性和多元性。地域研究部分重点论述胡姓家族融入汉人地方社会进程中的诸问题，包括胡姓家族内部结构的凝聚和分化，地域分布、聚居，地方认同等，而粟特后裔会稽康希铣家族正好提供了剖析胡姓家族地方社会的经典案例。文化研究部分选取了宗教、族群文化、经学、文学四个方面的家族案例，点、面结合，试着勾勒中古胡姓家族的文化群像，概观地认识这一群体在中古文化史上的影响。

王化昆《北朝隋唐河洛大族于氏的几个问题》[2] 一文认为河洛于氏以北魏名将于栗碑为始祖。北朝隋唐时期，河洛于氏人才辈出而显赫。但有关史书对其记载时有出入。虽然有些史书将其记为代州或雍州及京兆等地人，但经过对史料及有关墓志、神道碑的研究认定，于氏始终为河南洛阳人；且对其他一些问题进行了订正或对史书有所补充，并据此列出于氏十八代世系表。

王斯超《北朝尔朱氏家族墓志研究》[3] 以出土北朝尔朱氏家族四方墓志作为研究对象，对其中所涉及的人物关系、碑文校笺、书法艺术等进行考察分析。

以上诸文以北朝时期的家族墓志为研究对象，或通过墓志所载史实考订与地名梳理，揭示世家大族在北朝时期的兴衰、迁变历程；或探讨、订补家族世系、联姻、政治得失及民族融合等情况，对北朝世家大族研究有较大推进。

（七）北朝文化交流与宗教研究

北魏孝文帝迁都洛阳之后，鲜卑皇族集团的汉化进程明显加快，其宗室子弟不断趋于雅化；相关墓志还体现出鲜卑皇族重视女子文化教育这一现实。如王永平《墓志所见北魏后期迁洛鲜卑皇族集团之雅化——

---

① 龙成松：《中古胡姓家族研究——以家族、地域、文化为中心》，武汉大学博士学位论文，2016年。

② 王化昆：《北朝隋唐河洛大族于氏的几个问题》，《洛阳工学院学报》（社会科学版）2002年第3期，第5—11、33页。

③ 王斯超：《北朝尔朱氏家族墓志研究》，山西大学硕士学位论文，2020年。

以学术文化积累之提升为中心的考察》① 一文从北朝墓志的角度考察孝文帝及其他北魏后期统治者重视设置、完善国子学等学校教育，鲜卑皇族宗室子弟普遍入学接受汉文化启蒙教育，以致早慧的宗族子弟层出不穷这一现象。认为孝文帝等统治者注意为诸王精心挑选宾友、僚佐，诸王也竞相招集汉族名士，形成了一些藩邸文化中心。与汉族名士的密切接触，对其文学艺术才情与经史学术修养的提升具有直接的促进作用。

1. 北朝墓志关于胡人文士化记载

正史中虽然有关于胡人文士化记载，但材料较少而且比较零散，而墓志中则有明显的集中记载。伊珊珊《墓志所见元魏徙洛胡人勋贵的文士化趋势》② 一文以邙山出土的元皇宗室及贵族墓志视角进行研究，人文墓志内容反映出内徙胡人的文士化趋势是确凿无疑的。同时，墓志内容也弥补了正史中的缺漏和不足之处。该文通过整理汇总墓志材料，对比补充正史，集中展现北魏内徙胡人的文士化风貌，并以此为基点，考察北魏贵族化进程，从而反映胡人在南北文化的交流和统一中作出的努力，借此填补前人研究的缺憾。关于北朝女性的生活状态和思想情感世界，传世文献中留下的资料不多。

2. 北朝墓志反映中外民族的交流与融合

北朝隋唐时期是古代丝绸之路上著名的商业民族粟特人在中国历史上、古代中西文化交流史上最为活跃的时期，在政治、经济、文化和军事方面占据重要地位。随着20世纪以来考古学工作的不断开展，在中国境内自西向东的丝绸之路沿线的一些重镇与政治、文化中心陆续发现了多座北朝、隋唐时期的入华粟特人墓葬，分布在新疆吐鲁番、甘肃天水、宁夏固原与盐池、陕西西安及邻近地区、山西太原及汾阳等地。尤其是山西太原和陕西西安连续几年考古发现了数座重要墓葬，出土的几种北朝时期的墓志，即粟特人隋《虞弘墓志》，以及北周《安伽墓志》《史君墓志》《康业墓志》；罽宾人《李诞墓志》。另外，宁夏固原隋唐史姓墓是国内目前已知的大型粟特人家族墓地。此等墓葬所出土的北朝墓志甚为可贵，很快就引起了学界的广泛关注，并由此多角度地展开积极探讨。揭开了粟特国、罽宾国人员与中原政权的交往，反映了中外民族的交流与融合。

① 王永平：《墓志所见北魏后期迁洛鲜卑皇族集团之雅化——以学术文化积累之提升为中心的考察》，《学习与探索》2011年第3期，第259—264页。

② 伊珊珊：《墓志所见元魏徙洛胡人勋贵的文士化趋势》，吉林大学硕士论文，2016年。

1999 年，山西太原发现了虞弘及夫人墓。荣新江《隋及唐初并州的萨保府与粟特聚落》，张庆捷《虞弘墓志考释》，林海村《稽胡史迹考——太原新出隋代虞弘墓志的几个问题》，周伟洲《虞弘墓志释证》，罗丰《一件关于柔然民族的重要史料——隋〈虞弘墓志〉考》，山西省考古研究所、太原市文物考古研究所等《太原隋虞弘墓》等数篇文章①深入探讨了墓主虞弘生平事迹及属国等问题。

2000 年，陕西西安发现了安伽墓。陕西省考古研究所尹申平、邢福来、李明《西安发现的北周安伽墓》②一文认为从安伽的名字和他来自河西粟特人聚居之地姑臧，可以肯定他是来自中亚安国（Bukhara）的粟特人。北周时任同州（陕西大荔）萨保，即中央政府任命的同州地区的胡人聚落首领。诸多内容既有和文献材料相互印证之处，也有补充文献记载不足之处，特别是粟特聚落与突厥的密切关系。

2003 年，在西安市未央区大明宫乡井上村东，距安伽墓约 2.5 千米处清理了北周史君墓。杨军凯《北周史君墓双语铭文及相关问题》③一文据"刊碑墓道"刊刻汉文和粟特文考证，认为这是目前发现的有明确纪年的、最早的粟特文和汉文对应的题刻，具有极其重要的学术价值。墓志证实千年前西安已是国际性都市的事实。

2004 年，在南距安伽墓仅 150 米的地方又发现了北周粟特康业墓。程林泉、张翔宇《西安北郊再次发现北周粟特人墓葬》，孟西安《西安再次发现北周粟特人墓葬证实——千年前西安已是国际性都市》二文④认为墓主康业，康居国王后裔。"康国"是汉魏隋唐时期昭武九姓胡国之一。墓志证实了千年前西安已是国际性都市的事实。

2005 年，西安市北郊南康村村民在基建工程中，发现一座北周李诞

① 荣新江：《隋及唐初并州的萨保府与粟特聚落》，《文物》2001 年第 4 期，第 84—89 页；张庆捷：《虞弘墓志考释》，《唐研究》第 7 卷；林海村：《稽胡史迹考——太原新出隋代虞弘墓志的几个问题》，《中国史研究》2002 年第 1 期，第 71—84 页；周伟洲：《虞弘墓志释证》，引自荣新江、李孝聪：《中外关系史：新史料与新问题》，北京：科学出版社，2004 年版，第 247—257 页；山西省考古研究所、太原市文物考古研究所、太原市晋源区文物旅游局：《太原隋虞弘墓》，北京：文物出版社，2005 年版；罗丰：《一件关于柔然民族的重要史料——隋〈虞弘墓志〉考》，《文物》2002 年第 6 期，第 78—83、93 页。

② 尹申平、邢福来、李明：《西安发现的北周安伽墓》，《文物》2001 年第 1 期，第 4—26、110，图版 1、2 页。

③ 杨军凯：《北周史君墓双语铭文及相关问题》，《文物》2013 年第 8 期，第 49—58 页。

④ 程林泉、张翔宇：《西安北郊再次发现北周粟特人墓葬》，《中国文物报》2004 年 11 月 24 日第 1 版；孟西安：《西安再次发现北周粟特人墓葬证实——千年前西安已是国际性都市》，《人民日报》（海外版）2004 年 11 月 15 日第 7 版。

墓。程林泉《陕西西安发现北周婆罗门后裔墓葬》《谈谈对北周李诞墓的几点认识》两文①据志文"太祖以君婆罗门种，屡蒙赏"，婆罗门为古印度四大种姓中最高贵的种姓，专门从事宗教和祭祀活动。又载墓主"正光中（520—525）自罽宾归阙"。罽宾，中国汉代至唐代对中亚一个国家或地区的译称。李诞墓线刻内容以伏羲、女娲、四灵等传统图案为主，具有强烈的中土文化气息。

3. 北朝墓志体现女性的宗教信仰

20世纪以来，北朝女性墓志铭大量出土，相关志文中或多或少存留下了其时女性生活、思想、信仰的印迹，是正史之外难得的资料，成为研究当时各个阶层女子生活的直接史料。这一视角引起了部分学者的注意，如王亚楠《北朝墓志与女性的佛教信仰》② 一文根据墓志碑铭的内容，北朝女性崇佛者可大致分为三类：一是皇后嫔妃、女官为代表的宫廷成员；二是官宦家庭的女子；三是普通平民女子。墓志所载北朝敬佛女性整体分为两大类：普通信徒与出家女尼。通过对北朝女性崇佛思想的考量，可进而探讨北朝女性的社会地位及佛教在当时社会发展的兴盛程度。

学界从北朝女性墓志着手，探讨在北朝多民族文化交流与碰撞的背景中，北朝女性的价值观、婚恋观和才性修养等呈现出多元、矛盾的状态。杨柳《多民族文化背景中的北朝女性墓志书写》③ 一文从北朝女性墓志的记载反映出原中原儒家文化的影响渐趋深入，北方少数民族固有的文化传统、价值理念，一并融入北朝女性世界中，在冲突中趋向整合。以上诸篇为女性墓志的专题研究提供了良好的范例。

（八）北朝地名学方面

地名具有极强的时代概念。近几年来，学界针对北朝墓志所记载的京城里坊与墓主丧葬地等一些地名展开研究，不断有新成果呈现。

1. 北朝墓志丧葬地研究

陈长安《邙山北魏墓志中的洛阳地名及相关问题》一文，探讨了北魏墓志中反映出的一些地名，以及与其相关的一些问题，对解决一些历史问题十分有益。另有余扶危、张剑《洛阳出土墓志丧葬地资料汇编》。

---

① 程林泉：《陕西西安发现北周婆罗门后裔墓葬》《谈谈对北周李诞墓的几点认识》，分见《中国文物报》2005年10月21日第1,7版。

② 王亚楠：《北朝墓志与女性的佛教信仰》，郑州大学硕士学位论文，2019年。

③ 杨柳：《多民族文化背景中的北朝女性墓志书写》，《湖北民族学院学报》（哲学社会科学版）2018年第4期，第124—130页。

该书继承了《洛阳出土石刻时地记》编撰主旨，收录了见于1998年以前著录的洛阳出土的有丧葬地的墓志，按朝代先后分东汉、西晋、北魏、隋、唐、五代、金、元、明进行编排，同时代按墓主丧葬地的地域归类，共收录资料4347条。每条资料内容包括志石首题、墓主讳字、籍贯、丧葬时间和地点、志石出土时间、地点及著录书籍等。书后附有墓主人名索引。该书关于北朝墓志的收录按北魏洛阳城和皇陵、洛州以外的州郡县两部分进行收录。因按丧葬地域归类，因此存在一志多用现象。共收录北朝墓志资料331条。该书为近几年来墓志研究的新成果，旨在为历史和人物研究提供方便，特别是它对于研究古代洛阳都城里坊制度、京畿行政区划、地理山川形势。帝王陵墓的位置及贵族墓葬分布等，以及有关人物的研究具有重要的史料价值。《洛阳出土石刻时地记》《洛阳出土墓志丧葬地资料汇编》前后相承，对洛阳历史地理研究亦具有重要价值。

2. 京畿里坊与乡里村坊

张金龙《北魏洛阳里坊制度探微》① 将大量北朝墓志同历史文献相结合，对北魏时期洛阳里坊的数目、名称以及地方基层行政组织的特点等问题进行了细致的研究。黄敏《出土墓志与东魏北齐邺京行里制度探析》② 一文通过对4种东魏北齐时期墓志记载墓主的居宅异于常例，为某行某里，或某行某坊，以及墓主身份等因素的综合研判，并结合史书记载，可知东魏初至北齐末，某行某里（坊）是邺京里坊称谓的一种常用格式，对照可知邺京部分行名与里名相同，由此可知东魏北齐邺京里坊的设置沿袭北魏洛阳里坊制度；黄氏又著《汉魏六朝石刻乡里村坊研究》③ 一书，在职官地名传统专题研究的基础上，从文化人类学的视角，考辨石刻中记载的乡里村坊的地理位置，探寻当地的宗教文化、民族融合与交往、侨民流徙和家族郡望等文化现象。

四、北朝墓志的综合性研究

随着出土墓志数量的不断增加，学界对墓志资料的使用越来越普遍，各类以墓志为对象的研究成果不断涌现。已有成果在整体上丰富并推进

① 张金龙：《北魏洛阳里坊制度探微》，《历史研究》1999年第6期，第51—67页。
② 黄敏：《出土墓志与东魏北齐邺京行里制度探析》，《四川文物》2020年第2期，第71—76页。
③ 黄敏：《汉魏六朝石刻乡里村坊研究》，北京：中国社会科学出版社，2019年版。

了综合的北朝墓志研究，其综合性研究也呈现出多面性，如有通论，有二者、或三者、或多学科交叉性研究，或题材涉猎金石学多个种类的研究论文结集等。

（一）通论性著述

学界较早围绕古代石刻开展通史性研究，多部极有分量的著述相继呈现。

赵超《中国古代石刻概论》，文物出版社 1997 年版。该书概括性地介绍了中国古代石刻的类型及其演变、古代石刻的存留及发现情况、历代石刻的研究情况以及石刻铭文的常见体例，总结归纳了石刻铭文应当如何释读、石刻及其拓本如何辨伪鉴定等，是一部全面系统了解中国古代石刻的基础性著作。该书 1997 年刊行为初版，而中华书局 2019 年版为增订本，增加内容逾倍，新加图版 200 多幅，随文相配，使本书更具可读性和直观性。

2003 年，学界又有两部重要的通论性著述问世，产生广泛影响，分别是徐自强、吴梦麟著《古代石刻通论》，紫禁城出版社 2003 年版；赵超著《古代墓志通论》，紫禁城出版社 2003 年版。不可否认这两部重要的通论著述是在《概论》等论著的基础上完成的。徐与吴之著述是吸收近十多年来在石刻整理研究中，学者们的一些新思路和论述，结合文物考古界的研究成果合作完成的。该书分石刻的起源，各代石刻，各类石刻，各地石刻，附录收入《古代记时法举例》等内容展开相关考述。赵书是墓志研究第一本通论性专著，也是学者关于墓志研究不可或缺的一部重要著作。正如赵先生在引言中所述："近几十年来，尤其是近十年间，学界在将历代墓志加以汇集刊布以及对其进行研究考证等方面取得了很大成果，陆续出版了大批历代的墓志图录、文字集录，发表了大量考证论文。在考古发掘中新出土的墓志材料，也不断被介绍出来。使得对于墓志的研究在今天比以往任何时候都更为便利，涌现出的成果十分喜人，体现出文物考古工作者的不懈努力。在这些成果的基础上，我们试将有关墓志的研究情况与基本常识予以总结。"① 不可否认该书对北朝墓志的研究有抛砖引玉之功。

（二）北朝墓志综合性研究

1. 碑志研究的开拓性尝试

关于墓志的综合性研究，马长寿先生《碑铭所见前秦至隋初的关中

---

① 赵超:《古代墓志通论》,北京:紫禁城出版社,2003 年版。

部族》① 一书做了很多开拓性尝试，提出了不少颇具启发性的问题。周双林先生认为："这部著作还有一个非常突出的特点，就是将碑铭资料的利用同民族学、历史地理学、社会学、统计学等不同学科的研究方法结合起来，不是做零散的考证，而是对一定时间一定地区民族融合情况进行比较系统的研究，从而得出对魏晋南北朝民族史乃至整个中国古代民族史都有重要参考价值的结论。"② 罗丰评价："（这部书）通过文献与碑铭相互印证，梳理了前秦至隋初二百年间关中少数部族的历史变迁，堪称石刻研究的经典之作，也为墓志研究做出了垂范。其宏大的视野和研究的深度，学界至今难以企及。"③

2. 家族谱系"伪冒"与"攀附"的新视野

仇鹿鸣《"攀附先世"与"伪冒士籍"——以渤海高氏为中心的研究》一文借鉴"古史辨"学说，提出"攀附先世——氏族谱系的纵向延伸"和"伪冒士籍：氏族谱系的横向叠加"这样两个重要概念。在具体研究中，仇氏结合史传记载，选取了从北魏到隋唐数十种渤海高氏墓志进行对比和考察，发现"透过《新唐书宰相世系表》与相关墓志的记载，高氏先祖的活动似乎清晰可见，魏收尚不明了之事，到了数百年之后的唐人那里却完全不成为问题，不仅是姓名，连字号、官位、事迹都了解的一清二楚"；揭示出"渤海高氏本非汉晋旧族，但是通过攀附陈留高氏和齐国高氏，成功地将其家族先世追溯到春秋时期。随着渤海高氏郡望的形成，高崇、高肇、高颍、高欢等房支纷纷通过各种手段冒姓渤海高氏，这些冒入的高氏在唐代构成了渤海高氏谱系中重要的组成"④。陈爽高度评论，（该）文章没有以墓志作为标题，"墓志"甚至出现在提要和关键词中，但却是一篇质量上佳的墓志研究作品。墓志史料对于中古研究一个最为直接的推进就是促成了士族个案研究的繁荣。这篇文章的新意在于把墓志中记述的谱系提升到"伪冒"与"攀附"的大视野下展开研究，在这个视角下，每方墓志中的世系记述，就不再是一个简单非此即彼的正误问题，而是探究谱系作伪的具体过程和主观意

① 马长寿：《碑铭所见前秦至隋初的关中部族》，北京：中华书局，1985 年版。
② 周双林：《二十世纪利用碑铭资料研究魏晋南北朝史综述》，《中国史研究动态》2002 年第 4 期，第 19—25 页。
③ 罗丰：《关中胡人：马长寿和他的〈碑铭所见前秦至隋初的关中部族〉》，引自周伟洲《西北民族论丛》第六辑，北京：中国社会科学出版社，2008 年版，第 119—132 页。
④ 仇鹿鸣：《"攀附先世"与"伪冒士籍"——以渤海高氏为中心的研究》，《历史研究》2008 年第 2 期，第 60—74 页。

图，以墓志为坐标，渤海高氏冒入之迹斑斑可见，其对祖先谱系的构建过程也昭然若揭。文章开辟了一个新的研究方向，形成了一种新的研究理路①。

3. 文学与文化视角的结合

推动专题研究的深入，以及方法论的实践与示范性等方面，学界亦作尝试。如马立军《北朝墓志文体与北朝文化》② 一文主要考察了北朝墓志的文体特点与文化内涵。作者首先梳理了历代有关北朝墓志研究的得失，总结并提出研究北朝墓志的基本方法当是循"例"以求"义"。北朝墓志文例、人物的文化内涵，以及庾信墓志之于北朝墓志的意义等论述，都颇具创新价值与启发意义。

（三）地域性北朝墓志综合研究

学界将各地域出土的北朝墓志内容同历史文献互证、文献与图像资料互补、微观梳证与宏观研究相结合的多种方法，来展现北朝墓志所反映的地域历史画面，从而使人们更深入、具体、鲜活地了解北朝社会的方方面面。

王国棉《墓志与北朝社会——以山西大同出土墓志为主》③ 一文以山西大同出土的北朝时期的墓志为主要线索，探讨北朝墓志的起源，创作的历史背景、发展阶段，以及各发展阶段的基本特点，揭示在山西大同发现的平城时期的北朝墓志所反映的历史内容，分析北朝墓志内容所蕴含的思想观念等，突出了山西大同地域北朝墓志所呈现出胡族汉化民族融合这一特有的文化特征。

学者亦有采取数据统计、图表和历史文献法来对北朝墓志进行综合梳理与研究，取得了较好的效果。如杨璐瑶《北朝艺术研究院藏墓志整理与研究》④ 以北朝艺术研究院藏北朝墓志为研究对象，对墓志中出现的诸多人物进行关系梳理补正史料；并对诸墓志的书法风格采用图像对比、举例分析等多方法进行研究。

综合论述某一地区墓志的出现与发展、地域分布、望族墓地及墓志考释等内容，赖非《齐鲁碑刻墓志研究》⑤ 一书做了很好的探索。该书

---

① 陈爽：《中古墓志研究三题》，引自《隋唐辽宋金元史论丛》第七辑，上海：上海古籍出版社，2017 年版，第 15—21 页。
② 马立军：《北朝墓志文体与北朝文化》，北京：中国社会科学出版社，2015 年版。
③ 王国棉：《墓志与北朝社会——以山西大同出土墓志为主》，山西大学硕士学位论文，2009 年。
④ 杨璐瑶：《北朝艺术研究院藏墓志整理与研究》，山西大学硕士学位论文，2019 年。
⑤ 赖非：《齐鲁碑刻墓志研究》，济南：齐鲁书社，2004 年版。

以齐鲁碑志为研究对象，分"汉代碑刻""云峰刻石""北朝摩崖刻经""汉—唐墓志"四部分内容。尤以"汉—唐墓志"部分以北朝墓志为主体展开系列研究，即从北魏宣武帝开始，至隋朝灭亡，山东也和中原洛阳地区一样，墓志数量大增，可谓山东地区墓志发展的黄金时代；其形制也由长方形向正方形转变；墓志文内容格式也由内容简单，叙事扼要简明向内容丰富，叙事详细，志题、志文、志铭三部分完备，并形成了基本的格式。"山东望族墓地及墓志考释"一章，围绕出土的北朝至隋墓志，以大幅笔墨探讨了"清河崔氏""新泰羊氏""渤海高氏""东清河房氏"等山东地区南北朝隋唐时期代出显官的名门大族的家族成员谱系关系。

（四）石刻类别性研究图书或论文结集

1. 多种类石刻研究图书或论文结集

（1）按类别的研究图书汇编

国家图书馆善本金石组编《石刻文献全编》（全15册），按朝代进行分编，涵盖秦砖汉瓦到碑文等中国古代石刻各个类别，上起先秦、下迄清末的大型石刻史料汇编计收石刻文献17000余篇。其中有"先秦秦汉魏晋南北朝石刻文献全编"一、二两册。

（2）按类别的研究论文结集

李献奇、黄明兰《画像砖石刻墓志研究》，中州古籍出版社1994年版，该书将洛阳出土的画像砖、造像、画像石棺、碑刻墓志等方面研究论文结集出版，题材涉猎金石学的多个种类。

2. 地域性墓志研究图书或论文结集

（1）地方金石志书结集

国家图书馆出版社辑《地方金石志汇编》（全80册），国家图书馆出版社于2005—2011年出版。该书是继国家图书馆出版社《地方经籍志汇编》之后，推出的《地方专志丛书》的第二种。该丛书所收录的130余种地方金石志，多出自名家大家之手，如缪荃孙、金毓黻、徐世昌等，该类文献有相当一部分处于稿本状态，即使单册刊印，亦影响甚微。赖各图书馆多年的极力收藏与保护，今汇辑而刊之，为学界提供第一手文献亦便于检索利用。

（2）地域墓志研究论文结集

赵振华主编、洛阳古代艺术馆编《洛阳出土墓志研究文集》，朝华出版社2002年版。该书汇集学者论文29篇，对河南洛阳地区出土墓志多角度的进行研究。赵振华另一部专著《洛阳古代铭刻文献研究》，三秦出版社 2009 年版。该书是赵先生关于河南洛阳地区古代铭刻文献研究的论文集。如果说《洛阳出土墓志研究文集》称得上是中国第一部专门研究洛阳墓志的论文集。而《洛阳古代铭刻文献研究》一书的出版，更为全面地展示了赵先生的学术成就。该书收录论文 80 篇，上起先秦铜器铭文，下迄清代银锭和民国纸币，涉及领域既宽且广。他注重综合性研究与综合性命题。在"综合论述篇"的《洛阳地下墓志的发现流徙与收藏著录研究》一文中，较多谈到北朝墓志的发现流徙与收藏著录研究等情况。在"汉魏晋北魏篇"中，"北魏《元琛墓志跋》""偃师新出北魏《慕容纂墓志》及其书艺""《赵暄墓志》与都洛北魏朝廷的道教政治因素"三篇文章中就新近出土发现的三方北魏墓志，进行了墓主人物与宗教，以及墓志书艺等方面的研究分析。在"民族异域篇"的《洛阳、西安出土北魏与唐高句丽人墓志及泉氏墓地》一文，是对百年来洛阳等地出土北魏、唐代高句丽贵族的 14 方墓志，首次进行全面系统的收集、整理与研究，可以正史和补史，是研究中古时期东北亚历史非常重要的石刻文献资料。

高峡《陕西碑石墓志资料汇编》一书围绕书法法帖、碑石、墓志，以文物时代为编排顺序，共收集从 1923 年至 1992 年有关介绍以西安碑林所藏碑石墓志为主兼及陕西各地碑石墓志的资料和文章 152 篇。这些文章主要选自《考古》《文物》《考古与文物》《考古学报》等刊物及部分论文集、学报和报纸。另外还附录了 10 种书籍和 222 篇文章的目录，以备检索。

吕建中、胡戟主编《大唐西市博物馆藏墓志研究》《大唐西市博物馆藏墓志研究续一》两书，前者精选 20 篇会议的发言和论文结集，以大唐西市博物馆收藏墓志约 500 种为对象，广视角多方法地对这批珍贵的史料进行研究，所收各篇均有极高的学术水准。后者为西安、洛阳、山西、北京、河北、甘肃等地墓志的收藏研究编年资料汇编的论文结集，以便专家学者研究利用。

西安碑林博物馆编《碑林集刊》亦为年刊，自 1993 年创刊以来，积极探索，勇于创新，栏目设置及内容节奏经过编排与改进，为北朝墓志研究学者提供了新的学术平台，其中以收集诸多北朝墓志考释论文值得关注。南京博物馆编《南京博物馆集刊》，西北大学文化遗产与考古学研究中心《西部考古》，清华大学出土文献研究与保护中心编《出土文献》，中国魏晋南北朝史学会、大同平城北朝研究会编《北朝研究》等亦属此类。

五、北朝墓志的域外研究

国外也有一批学者致力于石刻文献研究，他们用另一种眼光看待中国的历史与文化。这批学者当中，也不乏对北朝墓志关注的学者，而以日本学者成果最丰。

（一）日本学者北朝墓志的编目与索引

日本学者较早针对北朝等墓志的发现、访求及收藏等情况，或一一列目，或予以校勘，便于学者利用。气贺泽保规教授的石刻研究，最早为刊登于 1982 年《书论》第 18 号的《中国新出石刻关系资料目录（一）》。此后他继续孜孜不倦地研究了三十余年，尤其他编著出版的《唐代墓志所在总合目录》及众多石刻相关书目。《洛阳出土石刻时地记》于 1941 年由洛阳大华书报供应社印刷发行，该书记载了大批这一时期洛阳北邙一带墓志的发现、访求情况。共收东汉至隋石刻 479 种，其中墓志占 411 种，最为大宗。该书印数有限，国内外罕见。同时由于出版仓促，印制粗糙，校对草率，书中模糊，错讹颇多。日本学者气贺泽保规教授积数年之功，对原书文本作了细致的校勘，将书中所收石刻资料编制成详细的目录，还以"郭玉堂与《洛阳出土石刻时地记》"为题对民国时期洛阳地区北朝隋唐墓志的盗掘与搜集情况做了详尽的介绍与分析，编著《复刻洛阳出土石刻时地记——附解说·所载墓志碑刻目录》①，为学界提供了宝贵的资料②。

梶山智史编《北朝隋代墓志所在综合目录》，《明治大学东洋史资料丛刊》，汲古书院 2013 年版。该书是总结了中国北朝、隋代墓志的出土场所和收藏场所以及著录情况的目录。笔者一直致力于掌握北朝隋代墓志史料内容，首先发表了《北朝墓志所在综合目录》与《隋代墓志所在综合目录》，汲古书院 2013 年版。截止到 2005 年末，确认北朝墓志 779 种，隋代墓志 483 种，合计 1262 种。在之后发表的《新出北朝隋代墓志所在综合目录（2006—2010 年）》（《明大アジア史论集》第 15 号，2011 年）中，明确了从 2006 年到 2010 年之间新发现并公开的北朝墓志 235 种、隋代墓志 121 种、合计 356 种的墓志的所在和著录状况。通过以上的目录掌握了该时代的墓志合计 1618 种，其中北朝 1014 种，隋代 604

---

① ［日］气贺泽保规：《复刻洛阳出土石刻时地记》，明治大学东洋史资料丛刊 2，东京：汲古书院，2002 年版。

② 侯旭东：《气贺泽保规教授〈复刻本洛阳出土石刻时地记〉简介》，《中国史研究动态》2003 年第 11 期，第 30—31 页。

种。以这些目录中积累的信息为基础，再加上从 2011 年到 2013 年 5 月为止新获知的信息，又汇集出版一本书。该书中收录的墓志数量，北朝 1211 种，隋代 716 种，合计达到 1927 种。该目录是北魏、东魏、北齐、西魏、北周、隋的各个时代的墓志按年代顺序排列，明确了其所在、著录状况，关于北魏分裂以后的时代，分为东魏、北齐和西魏、北周排列。在各墓志上编号，并记录墓志名、纪年、出土场所、收藏场所、著录。另外，纪年的话，在一年后用括弧括起来标记西历。在目录的末尾附上按照笔画顺序排列墓志名的"墓志名索引"。

中滨慎昭编《淑德大学书学文化やソター藏中国石刻拓本目录》，名古屋爱知淑德大学出版社 1997 年版。

中村圭尔、室山留美子在赵超《汉魏晋南北朝墓志汇编》与罗新、叶炜《新出汉魏晋南北朝墓志疏证》所录墓志资料基础上，编成《魏晋南北朝墓志人名地名索引》（《平成 20 年度科学研究费补助金报告书》2008 年 9 月）、《魏晋南北朝墓志官职名索引》（《平成 17 年度—21 年度文部科学省特定领域研究成果报告》2009 年 11 月）亦具参考价值。

高桥继男编《中国石刻关系图书目录（1949—2007）》，汲古书院 2009 年版。该书收录了 2007 年前出版的中国石刻相关研究书目 3000 余种。

中田勇次郎编《中国墓志精华》，中央公社论 1975 年版。其中挑选了一百方中国古代墓志图版，附解说。

中滨慎昭编《淑德大学书学文化センタ———藏中国石刻拓本目录》，日本淑德大学出版社 2007 年版。该目收录了该大学所藏从北魏到中华民国的 602 种墓志拓片目录，其中，中古时期墓志有 590 种，并有少数为大陆所不见者。

《日本京都大学藏中国历代文字碑刻拓本汇编》（全 10 册），美国克鲁格出版社 2015 年版；新疆美术摄影出版社 2016 年版。该书按断代编排，中古时期占了 7 册。

（二）日本学者北朝墓志研究成果颇丰

窪添庆文先生是较早关注北朝墓志研究的学者。《墓志的起源及其定型化》[①] 是窪添庆文较早发表的一篇文章。《北魏墓志中の铭辞》[②] 一文

① ［日］窪添庆文：《墓志的起源及其定型化》，引自中国魏晋南北朝史学会、武汉大学中国三至九世纪研究会《魏晋南北朝研究：回顾与探索——中国魏晋南北朝史学会第九届年会论文集》，武汉：湖北教育出版社，2009 年版，第 674—694 页。
② ［日］窪添庆文：《北魏墓志中の铭辞》，《立正大学文学部论丛》第 133 卷，2011 年。

是窪添庆文先生于 2011 年正式发表的另一篇文章。窪添庆文先生的专著《墓志を用いた北魏史研究》① 围绕墓志的定型化、北魏墓志史料中的官僚制度、世家大族等方面展开了深入探讨。

松下宪一《北魏の国号"大代"と"大魏"》,《史学杂志》113 编 6 号,2004 年版。该文曾调查国号"大代"的使用情况,亦证明了"代"原为鲜卑族地名,离中原偏远,小方势力终不如"魏"号正统。认为从北魏到西魏普遍使用国号"大代"。

松下宪一又撰《北魏墓志的等级制度考略》一文,引自《中国魏晋南北朝史学会第十届年会暨国际学术研讨会论文集》,第 542—550 页。

伊藤敏雄《墓志を通した魏晋南北朝史研究の新たな可能性》《平成 22—26(2010—2014)年度科学研究费补助金"石刻史料と史料批判による魏晋南北朝史の基本问题の再检讨"中间成果报告书》,2013 年 5 月。

还有一些日本学者对墓志的起源及形制,以及社会婚姻关系等问题展开讨论。如日比野丈夫《关于墓志的起源》、水野清一《墓志的起源》、中村圭尔《刘岱墓志铭考——南朝的婚姻和社会阶层》、中田勇次郎《中国的墓志》、福原启郎《西晋の墓志の意义》② 等。

辽宁省博物馆和成濑映山合编著《辽宁省博物馆藏碑志精粹》,文物出版社与日本中教出版株式会社合作(中日文)2000 年版。其"序言"为日本学者片山智士《寄语日中合作出版》《访辽宁省博物馆》两文。书尾为田中东竹《关于北魏墓志铭》一文。

中村圭尔撰,米婷婷译《〈新中国出土墓志〉刊行 20 周年纪念——中日合作中国石刻国际研讨会报告》③ 一文介绍了 2015 年 12 月 12 日,为纪念《新中国出土墓志》出版 20 周年,中日联合在日本东京明治大学骏河台校区的自由塔大楼举行"中国石刻国际研讨会",这成为岁末压轴的一场学术盛宴。出席会议的有来自北京故宫博物院、南京市博物馆

---

① [日]窪添庆文:《墓志を用いた北魏史研究》,东京:汲古书院,2017 年版。

② [日]水野清一:《墓志について》,《书道全集》第六卷,东京:平凡社,1958 年版;[日]中村圭尔:《刘岱墓志铭考——南朝的婚姻和社会阶层》,东洋学报 61—3,1980 年版;[日]中田勇次郎:《中国の墓志》,《中田勇次郎著作集》,东京:二玄社,1984 年版;[日]福原启郎:《西晋の墓志の意义》,引自砺波护《中国中世の文物》,京都:京都大学人文科学研究所,1993 年版。

③ [日]中村圭尔撰,米婷婷译:《〈新中国出土墓志〉刊行 20 周年纪念——中日合作中国石刻国际研讨会报告》,引自《碑林集刊》第二十二辑,西安:三秦出版社,2016 年版,第 288—292 页。

和日本明治大学、国学院大学、中央大学、东洋大学、埼玉大学、日本女子大学、关西大学、相爱大学及日本学术振兴会、东亚石刻研究会、唐代史研究会、魏晋南北朝史研究会等单位的专家、学者数十人。他们对中国石刻研究的现状和未来两大问题进行了深刻的探讨。会后，日本著名六朝史和中国石刻研究专家中村圭尔撰写参会报告，对这次会议进行了全面评述。文中也介绍了会议的一些细节，该会主办者——日本明治大学前教授气贺泽保规发表了题为《构筑近代中国石刻研究基础的人们新中国出土墓志》创刊20周年寄语的演讲。后续七位学者作了精彩的学术报告。其中四位日本学者的论文，仅小林聪先生（埼玉大学教育学部教授）《从墓志看北朝隋唐南朝系人士——为了理论框架的构建》一文与北朝墓志有关。该文旨在通过北朝隋唐的墓志阐明南朝系人士在北朝隋唐的状况及动态，对南朝系人士移居北方的状况，依照移居时间与移居路线（王朝间的迁移）进行分类统计，进而可见南朝系人士的婚姻关系、原籍移动状况等，考察他们对于南朝的身份认同及南朝的心理感受。另三篇是高桥继男（东洋大学文学部教授）《国号"隋"字在唐代的变化》，山下将司（日本女子大学文学部准教授）《西安新出土"唐·翟天德墓志"——近年大量出土的"原石不详墓志"》，森部丰（关西大学文学部教授）《唐代奚、契丹史研究与石刻史料》，探讨隋唐历史与石刻史料等问题。

（三）德国学者北朝墓志研究

德国学者宋馨《关陇地区对北朝墓志形制的影响》，引自中国魏晋南北朝史学会、山西大学历史文化学院编《中国魏晋南北朝史学会第十届年会暨国际学术研讨会论文集》，北岳文艺出版社 2012 年版，第533—541 页。

第三章 北朝墓志的形制

墓志既是物质材料的构成物，又是精神文化的寄托品。作为生者对亡灵丧葬之物，北朝墓志表现出生者世界的风俗与形制以及对死者的态度。从墓志整个制作过程看，既有选材、加工等技术层面的问题，又有遵循北朝一整套社会礼仪、政治制度等问题。正如"学者们所反复强调的那样，一座有功能的纪念碑，不管它的形状和质地如何，总要承担保存记忆，构造历史的功能，总力图使某位人物、某个事件或某种制度不朽，总要巩固某种社会关系或某个共同体的纽带，总要界定某个政治活动或礼制行为的中心，总要实现生者与死者的交通，或是现在和未来的联系"①。在某种程度上说，墓志就是一种纪念碑。因此，我们应该从出土的北朝墓志中解读出当时北朝生者世界的状况，发现蕴藏在墓志中的北朝文化信息。这才是我们今天面对古人留下的遗产所应有的举措。

第一节 北朝墓志的材料与制作

一、材料

墓志的材料是墓志的载体，使用何种材料亦有选择，并非随意而为。北朝人制作墓志大多选用石质材料，极少情况下才选用砖材。古人树碑志以选嘉石为重，来表达生命不朽和长生的观念。如东汉《泰山都尉孔宙碑》末云"陟名山，采嘉石"；《元氏封龙山碑》中亦有"遂采嘉石，造立观阙"之辞；《隶释》载，汉武梁祠堂碑云："孝子仲章、季章、季立，孝孙子侨，躬修子道，竭家所有，选择名石，南山之阳，擢取妙好，色无斑黄。"北魏延昌二年（513年）刊刻《元演墓志》"镂石标美，万代流馨"；孝昌元年（525年）刊刻《裴谭墓志》"浮生若寄，所托遗尘，镌兹幽石，晰彼来晨"；建义元年（528年）刊刻《杨钧墓志》"雕金难朽，闰石永流"；宣政元年（578年）《莫仁相墓志》"勒兹玄石，用铭幽路""自非金石，岂得长宁"。由此可知北朝人在选用石质良材时

---

① ［美］巫鸿著，郑岩、王睿编，郑岩等译：《礼仪中的美术——巫鸿中国古代美术史文编》，北京：生活·读书·新知三联书店，2005年版，第48页。

亦郑重有加。自古以来，人类依托于自然界而生存，但对石头的利用却情有独钟①，为此我们将人类社会的发展最早分出了旧石器时代和新石器时代，而且石刻是一种全球性文化现象②。人们乐于利用金石作为书写材料，刻文纪事，就绝非偶然了。石产出于山，而山在古人眼中既是祭祀的对象，又是登天通神的阶梯或天柱。张光直认为："卜辞中陟降两字都从阜，意足迹通过山阜而升降，这已经很清楚地表现了山阜在殷商巫觋作业中的重要性。"③ 然后，山石又与人的生命发生了联系，象征人的长生。屈原《九章·涉江》云："登昆仑兮食玉英。与天地兮同寿，与日月兮齐光。"曹植《飞龙篇》亦云："寿同金石，永世难老。"在阴阳两个世界的观念中，阴间世界是对阳间世界的一个重要延伸，只是生命的存在形式不同而已，生者祈望死者活的灵魂不灭，如此，坚硬的石头被赋予了灵性。从这个意义上看，生者选择石质作为墓志材料是有一定的生命观念与文化意义的，而不仅仅是一种有形的物质材料，正如东魏兴和二年（540年）刊立《敬使君碑》④ 铭云："式裁金石，永昭不朽。"当然，在可以用来雕刻的材料中，与木料、象牙、金属相比较，石头是一种特别适宜于雕刻的材料，并且石头本身已有坚固持久的客观性。但是，我们若仅从材料本身质地来解释墓志选料问题，那就显得十分肤浅了。黑格尔在谈到古典石头建筑时也没有忘记石头承负的"信任幻想"的作用，石头"由于生来就是相对地无形式的，可以打磨成任何形状，所以它既宜用于象征型建筑，又宜用于浪漫型建筑及其信任幻想的

---

① 据调查，新石器时代和青铜时代早期人类遗留下大量的巨石建筑遗址。如黎巴嫩的太阳神殿、古埃及金字塔、法国的"石林路"，以及英国、德国、意大利、荷兰、土耳其等地有巨石建筑。中国的辽东半岛、山东半岛、福建东山（蛙人岩画）、四川盆地、西藏高原等地，史前时期的巨石文化遗址也有相当广泛的分布。

② 陈兆复、邢琏：《外国岩画发现史》，上海：上海人民出版社，1993年版，第1页。该书记载，从现有的资料看，当岩画在旧石器时代晚期最初出现于非洲、亚洲和欧洲的时候，到现在，它的传统已超越三四万年；索南：《嘉那嘛呢石经堆：让石头铭记信仰》，引自《中国社会科学报》2014年3月5日B02版。文中记载，青海省玉树藏族自治州新寨村，坐落于长江源头的通天河流域。在这里，人们世世代代用石头铭刻着自己的信仰，沉淀和积攒下一个巨大的藏传佛教石刻经文石堆——嘉那嘛呢石经堆。此堆由佛教高僧嘉那道丁桑秋帕永（又名嘉那活佛）于1715年创建，历经300多年的不断累堆，目前已形成长283米、宽74米、高3米，占地面积超20000平方米的嘛呢石经城，另外还包括一座大法场、一座大转经堂、两座佛堂、10个大转经筒、300多个小转经筒、十几座佛塔，约计25亿块嘛呢石。2005年，嘉那嘛呢石经堆荣获上海大世界吉尼斯之最。

③ 张光直：《中国青铜时代》，北京：生活·读书·新知三联书店，1999年版，第266页。

④ 全称《敬使君显俊碑》，刻于东魏兴和二年（540年），系为颂扬北齐仆射永安侯敬使君显俊营造禅静寺的功德而立。碑在河南长葛县，清乾隆三年（1738年）于长葛县辘轳湾出土，后归知县许莲峰，移置陉山书院。碑阳楷书26行，每行51字，计1300余字。

形式"①。自从生者选择了山石作为墓志的材料，山石就肩负起传承文化的使命。倘若生者选用砖材或木材作为石材的替代品，那只是物质材料发生了变化，而其寄托的精神观念与文化意义并没有发生实质性的转变，亦如北魏正始元年（504 年）《王遇墓志》末句："敢凭幽石，敬播兰猷。"神龟二年（519 年）《崔宾媛墓志》有感言："于是伤陵谷之质迁，怀金石之无灭，敢勒玄涂，式昭余列。"普泰元年（531 年）《穆绍墓志》云："金石万固，德音不忘。"

二、墓志加工

墓志的制作工序大体包括选材、志料规整、预画界格（包括格式设计）、墓志文写作、志文书丹或摹勒、雕刻（包括绘制纹饰）等若干步骤，一般是由丧家、志文者、书家、工匠共同合作完成。墓志选材及其尺寸大小是有一定制度规定的，一般不得违反礼制而发生"僭越"现象。至于在墓志加工过程中是否需要举行一些必要的祭祀礼仪，就不得而知了，但我们从出土墓志中发现用丹朱书写志文，就可推想墓志在制作的过程中是很有文化讲究的，而今我们只能从墓志加工的技术层面来予以叙述了。

（一）刻制工序

1. 规整材料

任何自然材料皆为毫无规则可言的自然形状，石质材料需要经过修裁、打磨加工，才能符合丧家对墓志的形状、尺寸的需要。如果是选用砖质材料，就需要形成泥土毛坯，然后焙烧成型，出炉后还应去毛刺、打磨，如此完成墓志的规整过程。

2. 书丹和摹勒

古代墓志志文与纹饰上石主要有两种方法：书丹和摹勒。

书丹（或用丹），即书画者直接在石头上书写，以备镌刻。从自然属性来说，丹是一种朱砂，颗粒状，比粉状的墨稳定性强，写在光华的石上不流、不走样；而墨含油分，遇石收缩，不能保持笔触的原形。另外，碑石一般是灰色或青色，朱砂或墨迹明显，便于奏刀。朱书和墨迹在我国很古时期已有使用，出土文物中时有发现。如山西省襄汾县陶寺遗址出土的

① ［德］黑格尔著，朱光潜译：《美学》第三卷上册，北京：商务印书馆，1979 年版，第 66 页。

新石器晚期一扁壶上朱书"文"字①；据《殷墟文字丙编》记载，在卜骨上也发现过朱书的简单文辞，如该书中的329、374、404等编号的龟甲上均有殷代贞卜者朱书的字迹②；山西侯马市秦村出土了数千件战国初期朱书墨迹玉片石片（主要是朱书）的侯马盟书标本③；《后汉书》载熹平四年蔡邕奏求正定六经文字灵帝许之，邕乃自书（丹）于碑，使工镌刻立于太学门外④；稍后的曹魏《王基碑》出土时所见"仅刻中段，上下丹书隐隐可见"，即未刻部分还保留朱书⑤；出土的高句丽壁画墓已发现有墨书铭⑥；高昌墓砖亦时有未及镌刻的朱字留下来⑦；1965年在大同出土的北魏太和八年（484年）司马金龙墓木板屏风为墨写书迹；2002年于大同民间得北魏孝庄帝永安二年（529年）四耶耶骨石棺墨书⑧。至于砖志也有用墨书的，如河北临漳汉魏邺城故地出土，刻于河清三年（564年）正月二十日《元羽妻郑始容墓志》；河南安阳县许家沟水冶镇清峪村出土，卒于北齐武平七年（576年）八月二十六日《高洋夫人颜玉光墓志》；两方砖志出土时均墨书未刻。阮元《北碑南帖论》云："隶字书丹于石最难，北魏、周、齐、隋、唐，变隶为真，渐失其本。而其书碑也，必有波磔杂以隶意，古人遗法犹多存者，重隶故也。"⑨在众多北魏墓志的作品中仅有极少数书丹者留名，这说明唐代那种请名人书丹和书丹者署名的风气在北朝社会还远远没有形成，书人署

① 李健民：《论陶寺遗址出土的朱书"文"字扁壶及相关问题》，《中国书法》2000年第10期，第18—20页。文载山西省襄汾县陶寺遗址是我国新石器时代晚期的大型聚落遗址，陶寺文化时期，经碳十四年代测定，距今约四千六百年至四千年左右，大体相当于我国古史传说中的尧舜禹时期。

② 董作宾：《小屯·殷墟文字丙编》；启功：《关于法书墨迹和碑帖》，引自《现代书法论文选》，上海：上海书画出版社，1980年版，第245页。文载："殷虚出土的甲骨和玉器上就已有朱、墨写的字。"

③ 朱仁夫：《中国古代书法史》，北京：北京大学出版社，1992年版，第65页。

④ 《后汉书》卷六十《蔡邕传》，北京：中华书局，1965年版，第1990页。

⑤ 马子云：《碑帖鉴定浅说》，北京：紫禁城出版社，1986年版，第49—50页；[清]武亿撰，高敏、袁祖亮校点：《授堂金石跋》，郑州：中州古籍出版社，1993年版，第43页。在王基碑条下文载："碑石出土，仅刻其半，土人传云，下截朱字隐然，惜无人辨识，付之镌工，遽磨拭以没，今存者凡得三百七十字，姓名俱不见。"

⑥ [韩]高光仪：《四—七世纪高句丽壁画墓墨书铭书法研究》，《中国书法》2000年第5期，第53—58页。文中记载，目前所发现的高句丽时期壁画墓约95座，墨书约有17座。

⑦ 侯灿、吴美琳：《吐鲁番出土砖志集注》，成都：巴蜀书社，2003年版。书中彩图砖志文中朱字可见。

⑧ 殷宪：《近年所见北魏书迹二则》，《书法丛刊》2005年第3期，第14页。

⑨ 黄简：《历代书法论文选》，上海：上海书画出版社，1979年版，第635页。

名尚属偶然①。

摹勒上石，是将文字写在纸上，再在纸背以朱砂依样勾勒字的轮廓（称为双勾），然后复于备刻的石头上，以纸数层叠放于摹纸上，以石均匀研磨，使双勾朱砂粘于面上，据此可刻。摹勒上石之后，书家的墨迹仍然可以保留下来。摹勒相对书丹出现较晚，但被广泛采用，如唐《怀仁集王羲之圣教序碑》末书"文林郎诸葛神力勒石，武骑尉朱静藏镌字"；《汉纪信碑》书"勒碑人史正勤，石工张敬镌字"；勒石或勒碑即摹勒上石。

3. 雕刻

墓志无论是书丹上石或摹勒上石，之后都是由刻者操刀，按其笔迹细致地进行镂刻，形成刻文，字迹往往明显地留有刀切之痕。在进入雕刻程序之后，刻工的技艺与水平就显得十分重要了。如刊刻于北魏太和十六年（492年）《盖天保墓砖铭》刻工不佳影响砖铭效果。该刻工多以单刀深刻，因而更显草率，重意而轻形。横笔往往两头刻尖，不藏不护，除"太和"二字的撇捺成形外，其余都以尖刀收笔，成长三角，完全不把书丹者的底本放在眼里，有的字任意增减笔画，如"将""台""定"等。又见孝昌三年（527年）《宁懋墓志》，虽书写甚佳，但刻工粗劣，或是字缺笔增笔甚多，以至无法辨识；或是刊石时将书丹的笔画抹去而导致漏刻与误刻。阮元《北碑南帖论》曰："北朝碑字破体太多，特因字杂分隶，兵戈相间，无人讲习，遂致六书混淆，向壁虚造。"② 关于书刻过程，启功先生有很好的描述："先用朱笔写在石面上（因为石面颜色灰暗，用朱笔比较明显），称为'书丹'；然后刻工就在字迹上刊刻。最低的要求是把字迹刻出，使它不致磨灭；再高的要求便要使字迹更加美观。"③

（二）刻工

墓志铭字迹与纹饰之美观离不开刻工。黑格尔在《美学》中曾提出"艺术接近手工业"这一观点；马克思在《资本论》中就古典手工业劳动特征亦做过分析，并强调："他们的职业带有半艺术性。"这里要论说

---

① 北魏太和二十二年《始平公造像题记》记书者朱义章；北魏永平元年《元淑墓志》记书者魏洽；北魏正光五年《比丘尼统慈庆墓志》记书者为李宁民；北魏孝昌三年刊立《龙门石窟碑》记书者为王实；北魏武泰元年《元湛妻薛慧命墓志》署"门师释僧泽书"，等等。

② 黄简：《历代书法论文选》，上海：上海书画出版社，1979年版，第636页。

③ 启功：《从河南碑刻谈古代石刻书法艺术》，引自《启功丛稿·论文卷》，北京：中华书局，1999年版，第137页。

的刻工无疑属于手工业者。刻工在古代与画工、锦匠等技能手工者一样，应该属于"百工"之列。三代之世，百工是有较高社会地位的，《尚书》中多有记载，如《舜典》载帝舜任命垂担任掌管百工的官；《益稷》述帝庸作歌曰："股肱喜哉！元首起哉！百工熙哉！"《洛诰》载周公语云："予齐百工，伻从王于周。"《周礼》亦载："国有六职，百工与居一焉。"① 诸多记载以百工为官名。刻工为百工之一，多世守其业，专精其能，形成职业性氏族或家族。正如刘勰《文心雕龙》开首用"云霞雕色，有逾画工之妙；草木贲华，无待锦匠之奇"来称颂工匠技能的奇妙超拔，自然包括字迹与纹饰美丽创造者的"天工神匠"刻工。春秋末年"礼崩乐坏"，社会大动荡、大分化打乱了原有的秩序，也改变了百工原有的成分，其地位日显低微，官方役使百工，要求其工艺质量已有明确规定，《礼记·月令》云："物勒工名，以考其诚；功有不当，必行其罪，以穷其情。"疏云："每物之上，刻勒所造工匠之名于后，以考其诚信与不。若其用材精美，而器不坚固，则功有不当，必行其罪罚，以穷其诈伪之情。"② 工匠在兵器上题铭由来已久。如燕国有国君直接控制武器制作的作坊，传出燕下都的兵器上常有某王作及工官、工匠题铭，如："郾（燕）王詈乍（作）行议戉。右攻君（工尹）青其，攻（工）竖。"（铜戈）三晋各国的兵器，主要是由各武库（上库、下库、右库、左库、武库等）控制的作坊制造，上面的刻铭一般是表明由相邦某或司马某、司寇某、县令某所辖，再刻某库的工师和工匠名。如"元年，相邦春平侯。邦右库工师赵痽，冶韩开执剂"（铜矛）"十二年，邦司寇赵新。邦右库工师□孙，冶巡执剂。"（铜剑）"三年，令□唐工师。下库工师公孙□，冶炻执剂。"（铜剑）此题铭中的"司寇"，是司刑法之官。秦国兵器作坊主要有二种，大凡在栎阳、咸阳等都城内制造的，刻相邦和工师、工匠之名，如"十三年，相邦义之造。咸阳工师田，工大人耆，工颊。"（铜戈）另一种系"上郡"所造，上刻"上郡"守及工师和刑徒题铭。如："（秦王政）廿五年，上郡守□造。漆工师□，丞□，工城旦□"（铜戈）刑徒归属"司寇"管辖，兵器制作由"司寇"领辖，可推

----

① 《周礼·冬官·考工记》，引自陈戍国点校：《周礼·仪礼·礼记》，长沙：岳麓书社，1989年版，第116页。
② 《礼记·月令第六》，引自陈戍国点校：《周礼·仪礼·礼记》，长沙：岳麓书社，1989年版，第350页。

知其工匠亦为刑徒①。还见秦兵马俑身上刻有工匠名字，已经发现的陶工名有80余个，均刻在陶俑身上的一些不被人所注意的地方②。"汉代诸碑多不著撰人书人，刻工尤不显名氏"③。晋时还用法律的形式对百工加以规定："八年己巳诏书申明律令，诸士卒百工以上，所服乘皆不得违制。若一县一岁之中，有违犯者三家，洛阳县十家已上，官长免。"④ 降至北朝，刻工的社会地位日见卑微，更是大不如前。《魏书》载世祖拓跋焘于太平真君五年（444年）颁诏曰："今制自王公已下至于卿士，其子息皆诣大学。其百工伎巧、驺卒子息，当习其父兄所业，不听私立学校。违者师身死，主人门诛。"⑤ 又载高宗拓跋濬于和平四年（463年）十二月颁诏云："今制皇族、师傅、王公侯伯及士民之家，不得与百工、伎巧、卑姓为婚，犯者加罪。"⑥ 可见，北魏皇室法令的严苛，令人甚惧，也使得刻工成为无可改易的卑贱者。因此，在碑铭上落署姓名更是难上加难，偶有一见实属意外之举。

对于刻工这一劳动者群体，古今学者们是作过关注的。文献中首先提到镌刻刻工的应当是叶昌炽的《语石》，共记载刻工82人⑦。阚铎的《金石考工录》，收录刻工214人。曾毅公《石刻考工录》⑧ 中所录历代刻工近1800人。现在可知，最早在刻石上署名的刻工，是东汉元和四年（117年）《祀三公山碑》的刻工宋高。此碑在列举参与立石的长史、五官掾、户曹、将作掾、元氏令、丞、迁掾、户曹史等人之后，最后刻下工匠名字"工宋高"。镌刻本身是将书家笔墨神韵再现在石料之上本属不易，如地位低微且书学修养一般的刻工，对书家的书迹笔画及字体结构，很难有尚佳表现，为此，一些书家就亲自操刀凿字，充当刻工角色。如三国时期的钟繇、晋代的戴奎、唐代的李雍等，皆在其列。著述中记录北朝的刻工仅武阿仁、刘同和等数人。这些人都是于史无征的平凡人物，但在碑志的制作过程中充分发挥了他们的艺术创造力，无论什么样的书家所写的文

---

① 北京大学历史系考古教研室：《战国秦汉考古（上）》（中国考古学之四），1973年6月试用讲义，第34—35页。

② 徐卫民：《从考古文献资料看秦之管理》，《西部考古》2016年第1期，第113—118页。

③ ［清］永瑢等：《四库全书总目》卷八十六朱珪《名迹录》提要，北京：中华书局，1965年版。

④ 《晋书》卷四十六《李重传》，北京：中华书局，1974年版，第1310页。

⑤ 《魏书》卷四《世祖纪》，北京：中华书局，1974年版，第97页。

⑥ 《魏书》卷五《高宗纪》，北京：中华书局，1974年版，第122页。

⑦ ［清］叶昌炽撰，王其祎校点：《语石》卷六，沈阳：辽宁教育出版社，1998年版，第176—187页；［清］叶昌炽撰，柯昌泗评，陈公柔、张明善点校：《语石·语石异同评》（考古学专刊丙种第四号），北京：中华书局，1994年版，第411—417页。

⑧ 曾毅公：《石刻考工录》，北京：书目文献出版社，1987年版。

字，一旦经过刊刻就融进了刻工的作用，是他们的艺术再创造。遗憾的是，留下了大量石刻艺术作品，却没能留下刻工的名字。

表 3-1

作者	著作或论文题名	刻工数量（人）	北朝刻工（姓名）	备注
叶昌炽	《语石》	82	北魏：武阿仁	在书刊上首先提到镌刻工，宣统年间（1909—1911 年）出版
黄锡蕃	《刻碑姓名录》	425	无	已知最早的专辑石刻刻工著作，中国书店 1959 年版
		639	无	现藏北京图书馆善本部未正式出版
阚铎	《金石考工录》	214	无	约 1930 年出版
傅抱石	《中国绘画史变迁史纲·中国美术年表》	无	无	1929 年撰成，1931 年初版，1998 年上海古籍出版社重印。该书在年表中辑入刻工，充分肯定了刻工对绘画史的贡献
曾毅公	《石刻考工录》	近 1800	无	该书是曾毅公在 60 年代编成的《石刻刻工录》的基础上加工完成。曾氏从事石刻整理研究工作几十年的成果之一。收集到的镌刻工人近 1800 人，引用碑刻目 900 余条，该书是一部通代石刻刻工资料汇辑资料性与工具性
路远	《西安碑林藏石所见历代刻工名录》	无	无	无
冀淑英	《谈谈明刻本及刻工》	无	无	无
官桂铨	《〈石刻考工录〉补正》	无	无	《文献》1990 年第 1 期 该书主要根据福建省图书馆所藏拓片，辑录"镌工及墓主多数是福建人"，辑得不见于《石刻考工录》的刻工 70 余人，碑刻目 120 余条

作者	著作或论文题名	刻工数量（人）	北朝刻工（姓名）	备注
刘汉忠	《〈石刻考工录〉续补》	290	无	《文献》1991 年第 3 期 该书所收集的刻工自梁至清代近 290 人不见于《石刻考工录》和《补正》，另有 51 人虽名字见于《石刻考工录》，而所刻碑目可补，共引用碑目 330 条
程章灿	《石刻刻工研究》	无	无	上海古籍出版社 2008 年版
	《〈石刻考工录〉补遗（上）》	无	无	南京大学出版社《古典文献研究》（1991—1992 年）
	《〈石刻考工录〉补遗（下）》	无	无	南京大学出版社《古典文献研究》（1993—1994 年）
	《宋代石刻刻工辑补》①	无	无	《文献》1994 年第 4 期
	《石刻考工录续补》	无	无	无
	《两种碑刻集中的刻工资料——〈石刻考工录〉三补》	无	无	《古典文献研究》第五辑，江苏古籍出版社 2002 年版
	《〈石刻考工录〉补编》	超 4000 人	北魏：田平城 于仙 北齐：武遇福 北周：僧绪	所录历代刻工超过 4000 名，涉及碑目超过 4500 条，皆超出《石刻考工录》一倍以上

　　志文作者、书者、刻工，三者的地位是渐次下落的，这从遗留下来的石刻题署中可见一斑。北魏永平二年（509 年）《石门铭》②后记："梁秦典签太原郡王远书，石师河南郡洛阳县武阿仁凿字。"在排列顺序上，刻工放于最后，而且"石师河南郡洛阳县武阿仁凿字"显然为武阿仁自己所附加，其字迹风格与前迥异，为此还为己加上"石师"称号。

---

①　程章灿《〈石刻考工录〉补遗（上）》《〈石刻考工录〉补遗（下）》《宋代石刻刻工辑补》三篇论文均收入程章灿《石学论丛》，台北：台北大安出版社，1999 年版。

②　《石门铭》刻在陕西褒城县治北十华里古栈道上，北魏正始年间，因古栈道年久失修，无法通行，梁、秦二州刺史羊祉、贾三德奉诏重修褒斜道，费时两年。竣工时，就石门摩崖勒铭以记其功。此刻与汉代《石门颂》并称为双绝。1967 年，国家在石门所在地修建大型水库时，将"石门十三品"摩崖刻石从崖壁中凿出，于 1971 年迁至汉中市博物馆。

汉代石刻刻工自称石师者最为常见，如《孔耽碑》《封龙山颂》《桂阳太守周府君碑》《三公山碑》《白石神君碑》等，刻造者皆称“石师”，石师应是汉代尤其是东汉时代人们对石刻工匠的通用称谓。石师的称谓，也在北朝石刻中得以沿用，就如《石门铭》中所记述“石师河南郡洛阳县武阿仁”。太和四年（480年）《刘英妻杨珽墓志》记李约书，魏则之文。太和二十二年（498年）《始平公造像记》① 末记“朱义章书，孟达文”。景明三年（502年）《孙秋生造像记》② 后记：“孟广达文，萧显庆书。”正光五年（524年）《比丘尼统慈庆墓志》记尼卒后，皇帝诏曰“尼历奉五朝，崇重三帝……乃命史臣作铭志之”，最终“征虏将军中散大夫领中书舍人常景文，李宁民书”。武泰元年（528年）《元湛妻薛慧命墓志》载“门师释僧泽书”。诸志刻工多无署名。就目前所见北朝较早出现刻工题署的是北魏太和十二年（488年）所刻《晖福寺碑》③，碑阴落款“秘书傅恩□制文，钜鹿苏□刊文”，文字现已漫漶不可辨。署名虽有对死者尊敬之意，而丧家亦借社会名人以显示死者生前的声望和影响，但地位低下的刻工终无署名资格。

刻工的技艺大多由家族传承，有一定的书法修养又兼通刻工技艺，可能会有很高的刻铭水平，但其低微的身份，当不会接受很多教育，难免在刻石中暴露出文化涵养与书刻水平低的欠缺。北魏永安二年（529年）《元馗（字道明）墓志》末行记“都合五百一十七字也”，许是模仿古经籍每卷后计字数，或是偶尔加之，对该志来说，并没有实际意义。而刻工不解其意，照直刻就。由此可以说明，要么是刻工的雕刻具有很大的被动性和被约束性，照抄志文全部；要么是刻工只是工匠而已，文化水平低，以致不知其文用意。启功先生在谈到刻工作用时曾指出：“书法有高低，刻法有精粗，在古代碑刻中便出现种种不同的风格面貌。”④ 在墓志制作过程中，因刻工的镌刻水平、书写能力、工作态度、材质的区别以及应用场合的不同等因素，均左右着作品的最终面貌。我国著名

① 全称《比丘慧成为亡父始平公造像题记》，题记在龙门石窟古阳洞北壁，刻于北魏孝文帝太和二十二年（498年）九月，楷书10行，行20字，有方界格，石高75厘米，宽39厘米。

② 全称《新城县功曹孙秋生、刘起祖二百人等造像题记》，刻于北魏景明三年（502年），在龙门石窟古阳洞南壁佛龛中。原石高104厘米，宽49厘米，存字约1000左右。

③ 全称《宕昌公晖福寺碑》，系北魏太和十二年（488年）七月在李润镇北寺村建成晖福寺后立于寺内，碑高294厘米，宽90厘米，碑文24行，行44字，现藏西安碑林。

④ 启功：《从河南碑刻谈古代石刻书法艺术》，引自《启功丛稿·论文卷》，北京：中华书局，1999年版，第137—138页。

汉代摩崖石刻之一《石门颂》①，因选用石质为云母石岩，较一般石料坚硬得多，如此一来，又加上摩崖石刻，难以奏刀，便形成了瘦细浑圆、粗细均匀、磔笔弯卷的形态。再如汉代的铜器铭文也是直来直去、粗细一致，更是因为材料导致风格的变异，而非书刻者有意追求所谓的风格。书刻于北周末年的崔宣靖、崔宣默两方墓志，出于一人手笔，而以刻工不同使面目略异。比较而言，兄宣靖志精佳于弟宣默志，兄志点画式样完整美观，笔势清楚，通篇和谐一贯；弟志因凿刻习惯，多为散断之形，古朴简质，诸多差异尽为刻工所致。沈曾植在《海日楼论书》中对刻工屡有抱怨，如"北齐《使持节都督元贤》，此志有行法，惜刻手太粗。北魏《乐安王元绪》，笔意剧似《司马景和》，刻工草草，可惜也"②。

墓主身份不同，受雇佣的刻工则不同。墓主身份高者，往往墓志刻技精湛，正如北周宣政元年（578年）《时珍墓志》所言："选择良工，镌成雅吭。"如孝文帝儿子元怿、元怀，女儿元瑛，女婿高猛等墓志，刊立时间集中在孝明帝时9年间，书丹刻工虽未留下姓名，但书法峭丽俊秀，镌刻圆润精美，无疑是当时名家。刊刻于孝昌元年（525年）《元怿墓志》法体宽博，隶意秀润，字型略扁，刻工足领书丹者对墓主之尊重，运刀气贯韵足，书刻近乎一致，敬仰之情跃于石上。刊立于熙平二年（517年）《元怀墓志》，《松翁近稿》评价："此志大书，端劲秀拔，魏宗室诸志中之极佳者。"③再加上刻工刀法的方整，又增添了许多威严的气氛。《高猛墓志》刻于正光四年（523年），《元瑛墓志》刻于孝昌二年（526年），两方夫妇墓志均结体险峻，点画挺拔劲健，刻工将严整庄和与排宕潇洒的情趣糅合在了一起。北魏熙平二年（517年）《元遥墓志》比其妻《梁氏墓志》早立2年，二志同时出土，然书刻非一人。《元遥墓志》刻法谨严，章法整饬；而《梁氏墓志》则相对略显草率。神龟二年（519年）《高道悦墓志》与其夫人《李氏墓志》合为一盒，同出一人之手，然李氏志刻工不如高志精细，尤其是末尾所列子孙名位，刻得比较轻率。在北魏墓志盛行的年代，刻工当为"百工"中一重要成

---

① 《石门颂》全称《司隶校尉犍为杨君颂》，又称《杨孟文颂》。东汉桓帝建和二年（148年）十月刻，在陕西褒城县东北褒斜谷古石门隧道的西壁上。高261厘米，宽205厘米，书22行，计622字。1967年，国家在石门所在地修建大型水库时，将"石门十三品"摩崖刻石从崖壁中凿出，于1971年迁至汉中市博物馆。

② 沈曾植：《海日楼论书》，引自《明清书法论文选》，上海：上海书店出版社，1994年版，第921页。

③ 赵万里：《集释》四元怀墓志考证，引自《松翁近稿》，北京：科学出版社，1956年版，第39页。

分，由于刻工技艺的高低，在此群体中自然会有高低之分，刻工精湛者也自然会多为大族所役用。如正光六年（525年）《李超墓志》字体工整，与一般北魏墓志的风格有所不同，《独学庐二稿》称："北魏志墓之石，笔画皆不工，此志独端好有法，字亦不杂伪体，殆当时名手也。"[①]孝昌二年（526年）《元琰墓志》比其妻《穆玉容墓志》晚刻7年，二志同时出土，而书刻皆极精，字迹亦全同，可能是同一位刻工所为。又见元定与元荣宗为父子，同日葬，两志格式字体又完全一致，必出同一人之手。元信是元悛、元惜兄弟的伯父，同日葬，诸志书体相似，殆出自同一刻工。正光五年（524年）《元谧墓志》文字结构方整，与肃宗昭仪胡明相、冯邕妻元氏、元谭妻司马氏、元晫、元纂诸志相似。亦有元朗与于纂墓志；张安姬与刘华仁墓志书体亦相似，殆出自同一位刻工。

若偶遇群体罹难之灾，刻工就会被组织起来集体劳作，为众亡灵雕刻碑志，此时书者、刻工甚众，则会各显千秋。北魏建义元年（528年）尔朱荣发动"河阴之难"，王公百官被杀者超过二千人，其丧葬之事应有专人营办，墓志的书丹者、刻凿者亦有专人负责。如元瞻、元谭均是遇难者，其从罹难到营葬不足三个月，而墓志既字数多又书刻精湛。邙洛所出如元悛、元惜、元馗、元维、元邵、元均之、元钦、元周安、元顺、元彝、元瞻、元略、元钦、元湛、元子永、元毓、元昉、元谭、元子正、元悌、王诵、唐耀等，皆死于"河阴之难"，其中多半葬于同年七月间，而视其志文，书刻皆异，非出于少数人之手。总体看来，急就草成之作甚少，知多数刻工为技法精湛的名家。由此可见北魏"皇族宗室墓志是郑重之作，石质优良，刻工的刀法精湛，转笔的柔韧，折笔的峻峭，都惟妙惟肖地刻画出来了。书丹者必是当时的胜手"[②]。同样情况见于弘农杨氏祖茔所出墓主同日卒又同日安葬的几方墓志，如杨子谧、杨子谐、杨孝桢、杨广、杨地伯与杨严6方墓志为同一人书丹，然刻工不同，多有精良。

北朝墓志刻制已经成为一种技术性职业劳动，刻工也已经成为社会职业化群体。刻工之间技术传承主要依靠师徒制和家传制两种方式，我们从墓志中存在的刻制变例的现象中就可以了解到一块石志可能多人参与雕刻，这也说明墓志刻制有流水作业的可能性。

（三）镌刻技法

石雕艺术在我国有着悠久历史，殷墟考古中出土的石虎、石人等精

① ［清］石韫玉：《独学庐二稿》，清乾嘉间刻本。
② 刘涛：《中国书法史·魏晋南北朝卷》，南京：江苏教育出版社，2002年版，第434页。

美雕物，说明了远在纪元前12世纪，我国就有了水平较高的石雕艺术。到了秦汉南北朝时期，石雕艺术得到进一步发展，应用范围扩大，无论在宫邸，或在陵墓前，常立以石雕作品，如石人、石牛、石羊、石虎等，以增加雄伟之感。中国古代的雕刻艺术是以平面刻为主要传统。东汉画像石以及南北朝时期部分墓志的纹饰，就是明显的代表①。而佛教造像中浮雕和圆雕等表现形式的传入，给中国石刻艺术带来了新的内容与表现手法，这个变化在北朝墓志的刻制工艺中表现得尤为充分。

1. 用刀方法

正如沈鹏所言："在笔发明以前和发明以后，'刀'曾经很长时期是书写用具。甲骨文、金文、碑帖上的文字，无不是刻制出来的。"② 书家有高低，刻工有优劣，石刻书法艺术水平的高下，既取决于书写者的书艺，也取决于镌刻者的技术，即刻工用刀来书写的再创作，后者的作用更是不容忽视。墓志无论是书丹上石或摹勒上石，之后都是由刻工操刀，按其笔迹细致地进行镂刻，形成刻文。学者们对此有精辟的论述："惟刀法之妙，如轮扁斫轮，痀偻承蜩，心自知之，口不能言。"③ "一画之势，可担千钧；一点之神，可壮全体。"④ 反之，"一画失所，如壮士折一肱；一点所失，如美人眇一目。"⑤ 要具有增一分则嫌长，减一分则嫌短的造化，才能进入刀法的佳境。如刊刻于北魏熙平二年（517年）《崔敬邕墓志》，由于刻法变化，用刀有粗细，深浅不同，故产生纵横使转不为法度所拘的特殊趣味。用刀刻制主要有单刀法和双刀法。单刀法，一刀刻一笔，一笔刻一刀。单刀刻石，有鲜明的特征，一是笔画细，二是笔画一侧毛茬，一侧光滑。如北魏正始二年（505年）《元鸾墓志》就是典型的单刀法刻就。以单刀刊刻笔画很具难度，必须一次奏刀就要将笔画的造型刻画准确，而且不能复刀，不能修饰。"单刀斫入"，斜刀刻字，使得每个拟化的字口向内倾斜，成一锐角。对于这样刻法的碑志，拓本的字口往往是"越来越瘦"。因为拓碑一般是拓一张洗一遍，随着时间的推移，碑志会越磨越薄，字口越来越瘦。因此鉴定此类刻法的碑志，笔

① 李发林：《略谈汉画像石的雕刻技法及其分期》，《考古》1965年第4期，第199—204页。
② 沈鹏：《书画论评》，成都：四川美术出版社，1985年版，第262—263页。
③ ［明］沈野：《印谈》，引自韩天衡《历代印学论文选》，杭州：西泠印社出版社，1999年版，第63页。
④ ［明］程远：《印旨》，引自韩天衡《历代印学论文选》，杭州：西泠印社出版社，1999年版，第101页。
⑤ ［明］周应愿：《印说》，引自韩天衡《历代印学论文选》，杭州：西泠印社出版社，1999年版，第98页。

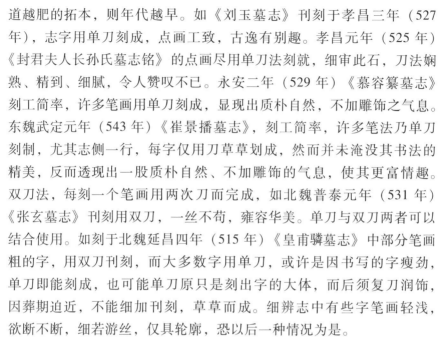

道越肥的拓本，则年代越早。如《刘玉墓志》刊刻于孝昌三年（527年），志字用单刀刻成，点画工致，古逸有别趣。孝昌元年（525年）《封君夫人长孙氏墓志铭》的点画尽用单刀法刻就，细审此石，刀法娴熟、精到、细腻，令人赞叹不已。永安二年（529年）《慕容纂墓志》刻工简率，许多笔画用单刀刻成，显现出质朴自然，不加雕饰之气息。东魏武定元年（543年）《崔景播墓志》，刻工简率，许多笔法乃单刀刻制，尤其志侧一行，每字仅用刀草草划成，然而并未淹没其书法的精美，反而透现出一股质朴自然、不加雕饰的气息，使其更富情趣。双刀法，每刻一个笔画用两次刀而完成，如北魏普泰元年（531年）《张玄墓志》刊刻用双刀，一丝不苟，雍容华美。单刀与双刀两者可以结合使用。如刻于北魏延昌四年（515年）《皇甫驎墓志》中部分笔画粗的字，用双刀刊刻，而大多数字用单刀，或许是因书写的字瘦劲，单刀即能刻成，也可能单刀原只是刻出字的大体，而后须复刀润饰，因葬期迫近，不能细加刊刻，草草而成。细辨志中有些字笔画轻浅，欲断不断，细若游丝，仅具轮廓，恐以后一种情况为是。

2. 刻制技法

在石质材料上进行镌刻的技法有多种，现予以叙述：

第一，平面阴线刻。平面阴线刻即先用平刀剔去粗糙的表面，将石面磨制平整，然后直接用阴线条刻出文字的轮廓。它是沿着文字内廓、外廓以刀斜切，使线条横切面呈"⋁"形；或者沿着文字轮廓线一侧以刀竖切，沿着另一侧轮廓线斜切而入，使线条横切面呈现"⋃"形。此法适用于形体较小、线条较细的文字。它临摹所用"双勾"之法异曲同工。此类作品突出特点是文字表面没有凹凸，文字内部及外部余白在同一平面上。平面阴线刻是中国古代较为传统的雕刻工法，突出线条的屈曲变化，也更有利于表现文字的细部装饰，并使之具有类同于纹饰图案化的视觉效果。如北魏孝昌二年（526年）《李谋墓志》题额"大魏故介休县令李明府君墓志"，同年刊刻的《于仙姬墓志盖》均为阳文浅刻，即在笔画轮廓外侧施以细线阴刻，使笔画凸现阳文效果。永安二年（529年）《穆彦墓志盖》，文字凿刻潦草稚拙，线条粗深不一，"故""穆"字有用力太过或断刻现象。另见北周建德六年（577年）《张满泽妻郝氏墓志盖》《莫仁诞墓志盖》、宣政元年（578年）《莫仁相墓志盖》、隋开皇九年（589年）《张礼暨妻罗氏墓志盖》、开皇十二年（592年）《郑道育墓志盖》等，题铭中均有明显的线刻遗痕。由此，可以确定阴线刻在志盖题铭中用途较广，既可单独用来铭刻文字，也可作为刻制工序之一。

同时，既可作为借鉴艺术石刻雕琢方法的证明，也可说明古代艺术工匠常常身兼多能的实际情况。

第二，凹入平面刻。凹入平面刻即在磨制平整的石面上，先用阴线勾出文字的轮廓，再沿着文字的轮廓线将石面削低，使文字表面呈略低于余白面的凹面。这种方法与传统石刻题铭的阴刻法不同，它是沿文字双廓线纵切，然后铲平内部，使线条横切面呈"凵"形；也有沿双廓线向两侧斜切者，使线条横切面呈"凵"形。此法适用于形体较大、线条较宽的文字。凹入平面刻多见于汉代以后的碑志上额题名，碑志上额题名一般剔得较深，随着日光照射角度的变化，在文字内部形成不同效果的阴影，立体感极强，也颇有装饰意味。如北周宣政二年（579 年）《寇胤哲墓志盖》题铭，点画起止有如刀削，斜切而入，斜切而出，点画接搭处故意留出断点切痕。

第三，平面浅浮雕。平面浅浮雕即在平整石面上，沿着文字外廓将余白面减地或部分减地，文字浮起较低的雕刻技法。从拓片上看，这类作品文字外廓线一般凿刻较深；多设有方线界格，界格线两侧凿刻较深；余白面拓痕清晰并略显粗糙，剔地深浅不一。如北魏孝昌二年（526 年）《寇治墓志盖》、北齐河清三年（564 年）《高百年墓志盖》题铭，均表现出平面浅浮雕的特点。

第四，平面高浮雕。平面高浮雕即在平整石面上，沿着文字外廓将余白面剔地较深，文字浮起较高的雕刻技法。这类作品，因具有较强的立体感，更接近于真正的浮雕效果。从拓片来看，1993 年出土于陕西咸阳底张镇陈马村《高祖武帝孝陵志》一合①，盖题文字刻法最为典型，阴刻篆书"大周高祖武皇帝孝陵"，3 行，行 3 字，线条平直圆润，凿刻刚劲准确，余白面几无拓痕。相比之下，合葬于此亦成一合《北周武德皇后②墓志》，盖面阳刻篆书"周武德皇后志铭"，文字刻制均不精，余白面铲地深浅不一，远不及高祖武帝志盖精刻形成的浮雕效果好。

在这四种雕刻技法中，平面阴线刻和凹入平面刻因其底地磨平，阴

勒线条用得丰富而巧妙，近于绘画，属于"拟绘画"类技法，后两种阴勒线条浅而粗率劲直，属于"拟浮雕"类技法①。而后三种雕刻方法均非中国古代传统的铭刻技法，是汉代以后随着佛教造像技法的传入与石雕的兴盛，中外雕刻技法的融合而出现的。南北朝墓志题铭继承了这些技法，并将装饰性和艺术性完美地结合起来，使得墓志题铭效果更趋于图案化、浮雕化。

3. 刻书形体

在志石上镌刻书迹时会出现不同的文字形体：第一种，刻工技术高超，不用书丹直接奏刀，故其字的体势固由刀法而出，其结构亦稍随刻工不同略有出入。如盖题文字形体较大，线条较粗，以日常使用的普通毛笔似乎很难胜任这一过程。更重要的是，志盖题铭书体的装饰性极强，细微之处很难通过书写来完成。对于书写经验较少、文字基础较差的工匠来说，这项工作尤为艰巨。而书写经验丰富的工匠能以刀代笔，直接在石面上刻画字形轮廓，故其字的体势固由刀法而出。第二种，尽量忠实书家的笔迹，纤毫不爽。如《张玄墓志》的刻工细致入微，纤毫毕现地将书者变化丰富、巧妙多姿的用笔依照书写化的风格呈现出来，反映出了原墨迹的气韵。《李思训碑》②和《真赏斋帖》③亦当如此。如要毫发毕肖地精雕细刻，还要注意书家用笔的轻重、提按的细微变化。反之，刻出的字就会粗放质拙，形成刀味多于笔味的效果。第三种，注意刀刻的效果。如果镌刻笔写书法时，由笔画的外侧下刀，字画必粗壮丰腴；在笔画内侧下刀，字画必细瘦清劲；用刀方折，则锋棱毕现，斩钉截铁；用刀圆转，则肌骨圆润，浑劲内含。这类刻法与墨迹的差别甚大，是书刻结合的艺术。

---

① 信立祥：《汉代画像石综合研究》，北京：文物出版社，2000年版，第37页。

② 《李思训碑》全称《唐故云麾将军右武卫大将军赠秦州都督彭国公谥曰昭公李府君神道碑并序》，亦称《云麾将军碑》，李邕撰文并书。唐开元八年（720年）立于今陕西境内。《金石萃编》卷七十二载："碑高一丈一尺三寸六分，宽四尺八寸五分，三十行，满行七十字。"碑石下半段文字已残缺。

③ 《真赏斋帖》刻于明嘉靖元年（1522年）。无锡华夏把家藏钟繇《荐季直表》、王羲之《袁生帖》、唐王方庆进《万岁通天帖》墨迹编次成《真赏斋帖》三卷。此帖由书画家文徵明父子勾摹，章简甫镌刻。由于摹勒、镌刻都是当时名手，被誉为明刻帖第一。刻成不久遭倭乱，石毁于火。复刻稍逊，故有火前本与火后本之别。火前本的袁泰跋第十行与第十一行刻时颠倒位置，重刻时纠正过来，于是成为前后两本显著区别之一。世重火前本，然传世稀少。故宫博物院藏《真赏斋帖》一册，44页，每页纵27.4厘米、横15厘米，托裱，蝉翼拓，拓工装潢极精细。此为火前本，淡墨精拓，不差纤毫，可谓"纸如黄绢，墨如蝉翼"；容庚《丛帖目》著录。

（四）刻制变例

在已出土的北朝墓志中，我们时常能发现一些墓志的刻制现象已经超出常规，成为个案，这些案例的形成大多是由于刻工在刻制过程中所为，即便是北朝显要人物的墓志，也有不少出现了一些刻制工艺的变例。前人对此多有论及，如清代钱泳谈论北朝碑刻时称："惟时值乱离，未遑讲论文翰，甚至破体杂出，错落不检，而刻工之恶劣，若生平未尝识字者，诸碑中竟有十之七八，可笑也。"① 沈曾植论及北朝墓志时，亦多有"惜刻工之拙也""惜刻工太粗"之语②。就是因为刻工的"太拙""太粗"，才产生了今天所见"刻制变例"的有趣现象。

1. 一志异刻

所谓一志异刻，指同一方志石文字，由于镌刻原因，或更改镌刻方法，或变换镌刻工具，或由不同刻工刻制，从而使其形体、气韵、风格呈现出差异的刻例。判断的标准很复杂，最基本的内容应包括书体风格、点画样态、石花及镌刻的熟练程度等几个方面。

（1）志盖题铭的一志异刻

河南洛阳出土的北魏孝昌二年（526年）《元寿安墓志》的志盖题铭为"魏侍中司空元公墓志"9字，3行。右行3字"魏侍中"镌刻精美，线条匀一而屈曲圆转；中行"司空元"3字的字形稍窄；左行3字"公墓志"形体略宽，棱角间出，与当时方圆结合的刻制技法相似，但刻工明显粗劣，此志盖题铭应出二人或三人之手。同年刊刻《寇治墓志》志盖楷书中杂有古文、篆隶；亦有《寇偘墓志》志盖楷书中偶杂篆字；河南濮阳出土北齐武平六年（575年）《李云墓志》，志盖的书体在隶楷中掺入篆法。此3方墓志因书体杂糅③，最终导致一志不同的刻制形体，成为异刻。陕西咸阳出土隋开皇十五年（595年）《段威墓志》志盖题铭

① ［清］钱泳：《履园丛话·书学》，引自黄简《历代书法论文选》，上海：上海书画出版社，1979年版，第621页。

② 沈曾植：《海日楼书论》，引自《明清书法论文选》，上海：上海书店出版社，1994年版，第920—921页。

③ 《隋书》卷三十二《经籍志》载，晋与南朝尚有释正度《杂体书》九卷、萧子政《古今篆隶杂字体》一卷、《古今八体六文书法》一卷，以及《古今文等书》一卷、《篆隶杂体书》二卷等，北京：中华书局，1973年版，第945页。可见当时各种书体已经形成，不仅研究者试图将各种书体综合研究，书法实践者亦有将各种书体混杂使用的现象；启功先生称杂糅字体"不过是掉书袋习气而已"，引自《古代字体论稿》；华德人《论北朝碑刻中的篆隶真书杂糅现象》认为，其出现是和宗教有关，而绝非卖弄学问的一种习气；王元军《六朝书法与文化》认为："碑刻中杂体书的出现，应该与当时的'参和古意，颁布六书'是同步的，都是复古之风的反映与体现。"

"周故使持节骠骑大将军开府仪同三司甘河洮三州诸军事三州刺史新阳公段君之墓志"，6 行，36 字，书体风格式样与陕西三原出土的隋代《李和墓志》志盖镌刻极近，地域特征明显，但前者书刻及装饰均不如后者精细，尤其段氏志盖左上部"三""州""公""段"4 字的刻制技法与其他字迥异，均轮廓外剔地较深，有较强的浮雕感，其他字仅在轮廓线外部分剔地，一看便知非同一工匠刻制。

（2）志石铭文的一志异刻

首先，一人采用不同的刻制技法或多人同刻一石而使墓志文呈现异刻现象。

第一，志传文与志铭文有明显界限的异刻现象

墓志铭多由散文叙述志传文与赞颂志铭文两部分构成。正是由于志传文与志铭文的文体不同，作用不同，变换镌刻方法或更换镌刻工匠，往往在它们的交接处。镌刻使由一人书写的志传文与志铭文呈现出整殇与草率、细劲与丰腴、流美与质拙等不同的风韵特点①。如北魏孝昌二年（526 年）《伏君妻岔双仁墓志》志传文部分用刀拘束，笔画刻得板直粗重，形成了较为古拙的书法特点；志铭文部分用刀精细流畅，笔画之间有很好的呼应关系，从而使一方墓志的书法形成了质拙与流美的不同风格。正始四年（507 年）《元鉴墓志》书写草率，点画狼藉，简笔字较多。镌刻更为潦草，一个笔画往往是一刀刻过即罢，不再补刀修饰，因而显得粗野有余而温蕴不足，刀味浓于笔韵。此志的志传文与志铭文的刻法区别也较大，志传文用刀放纵，刻字多粗劣，变形、省简、缺漏、残坏、讹形等触目皆是；志铭文用刀慎敛，刻制稍好，但仍掩饰不了技艺的低下和改造书写原貌的严重程度，形成了前者粗犷狂逸后者质拙浑朴的不同书法风韵。显然该志由一人书丹，二人同时凿刻。此志是北魏诸元氏墓志中较有特色的一方。正光五年（524 年）《郭显墓志》、河清三年（564 年）《高百年墓志》，因志传文与志铭文各用不同的镌刻方法，形成了一方志石具有不同的书法风韵。北齐天保三年（552 年）《闾子璨墓志》亦为志传文与志铭文有着明显界限而形成了异刻现象。志传文部分用刀有力，笔画刻得板直粗重，棱角分明，线条拙朴，形成了较为古拙的书法特点。志铭文部分用刀精细，笔画精瘦，刻制流畅，笔画之间亦有很好的呼应关系，从而使一方墓志的书法形成了拙朴与精美的不同风格。北齐天保二年（551 年）《段通墓志》为志传文与志铭文有明显界

---

① 杨克炎：《北魏墓志中的同志异刻现象》，《书法研究》1995 年第 1 期，第 81 页。

限的异刻现象较为特殊的一例。其志传文与志铭文分刻于两方石上，第一石23行，满行23字，楷书，刻制首题与志传文；第二石14行，满行16字，楷书，刻制志铭文与尾记；石面为正方形，边长42厘米。两石均为楷书，形体差异很大，第一石刻制的规整，清晰，而第二石草率，随性，刻制无力，字浅，拓片缺乏清晰，形成了志传文与志铭文有明显界限，且分属两石，由两位刻工完成，这样形成的异刻现象，在北朝已出土墓志中为仅见的一例。

第二，志传文与志铭文没有明显界限的异刻

如景明三年（502年）《李伯钦墓志》的志传文镌刻前后有别，巧拙不一，当由两刻工分别奏刀而成。以风格推断，大抵前8行及后12行上半为一人所刻，其技艺娴熟，刀法准确，遇笔锋起落与点画映带处，皆能虚实合度，毫发毕现；后12行下半为另一人所刻，其刀法粗狠生硬，点画方板尖锐多呈现楔形，且误笔讹字屡见，刻者不顾书丹径直下刀之法似龙门题记。比较前后的重字，笔意刀痕，泾渭分明，这种一志两刻的做法，无疑使其书法艺术价值受到一定的影响。正始四年（507年）《元思墓志》是北魏墓志中书刻水平较为上乘的一方。但正是由于镌刻的方法不同，从而形成了有一定差别的书风。志传文开头前4行上半部与志铭文上半部呈同一刻风，其特色是风韵内含，忠实地再现了用笔轻重变化及笔锋的隐现，书味更浓于刀味。志铭文下半部与志传文绝大部分为同一刻法，其特色是笔画锋棱毕现，呈等线体，带有较浓重的刀味。当是不同刻工镌刻的结果。类似情况如神龟三年（520年）《元晖墓志》志铭文左上角，倒数6行上半部、第7行6字、第8至第10行上端各2字与其他文字的刊刻风格不同，刀法粗率，横竖画为等线，且棱角毕现；而志传文与志铭文下半部刻的横细竖粗，点画秀逸内含，方圆并用。无疑一人所书，二人所刻。建义元年（528年）《元恢墓志》志传文的前半部叙述元恢的曾祖父、曾祖母，祖父、祖母，父母情况，后半部记叙墓主生平事迹的大多内容及志铭文下部4行各5字为一名工匠刻制，自"君讳"起，第2、3行上部8字，第4、5、6行上部9字，以及志铭文大多内容，由另一工匠镌刻，所刻刀法较前粗显，使得整篇粗细分明。永熙二年（533年）《元赞墓志》首题第1行，志传文第8、9行上部6字与志铭文为同一刻法，其余为另一人刻制。永安二年（529年）《山徽墓志》志文镌刻本为楷书，但最后9行，约90字，竟然刻出了行书的意趣，说明这一部分镌刻操刀者为老手，技法运用纯熟，从而将书写的楷字刻出了行书情韵。正光四年（523年）《元彬墓志》显系两刻工所制，刻风一为粗重，草率而天成；一为纤细，秀气而矜持，两刻工交错而行，竟无定制。其一刻工在已刻制部分文字的志石上，任选一片而刻，可谓只见文字不见其余，至于志文书法章法及行气一概不予顾及，在尊重原书迹的基础上，有意或无意地表露出自身刻制风格。同年刊刻的《常季繁墓志》志文前半部分镌刻极精，无纤毫刀凿痕迹，如睹墨迹，但从第 15 行起的后半部分，另易一人镌刻，刀法较为粗率。永安三年（530 年）《元液墓志》从右第 15 行起至 28 行止中部，志传文与志铭文各占数行，字体与其他刻制不同，似乎刀法有力，棱角更加分明。北齐武平二年（571 年）《明湛墓志》的写、刻水平都不算高，志传文中前 7 行出于一位刻工，用刀生疏，转折多违原书意而信手刻之。自第 8 行始至篇末为另一人刻制，刀法基本忠于笔法，起、收、转、折颇多率意。延昌四年（515 年）《山晖墓志》志传文与志铭文大部分由一人刊刻，刀法精湛，笔画疏朗清劲；而上部数行中只有几字换一人刊刻，点画粗糙，线条臃肿孱弱，使得上下神韵迥别出现异刻。孝昌二年（526 年）《杨乾墓志》左上角数行与其他文字刊刻有别，分明为二人所刻。

第三，志传文或志铭文中局部出现异刻

在志传文中出现异刻现象的墓志有以下几例：北魏延昌二年（513 年）《元演墓志》是起首处镌刻者技术水平太低而由刻艺高者接手的一个范例。此志的前 2 行刀法稚嫩，字形、点画把握不准。自第 2 行"里人"起，以下文字用刀沉稳圆熟，镌刻水平较高，刻出的文字水平是前面所难以达到的。正光四年（523 年）《席盛墓志》志传文从第 5 行下半部，即记述墓主子嗣信息起，刊刻出现了极为特殊的情况，"息男孝安年卅二；息男孝□年廿一；息男孝雅年十七；息男孝□年十六；息男孝□年十四；息男孝□年八；息男孝国年四"中，除了"息男孝雅年十七"与上下志文文字风格相同外，其余笔画刻得极粗，采用方折刻法，棱角突出，石花明显，显得极为稚拙，与墓志整体刻法形成了强烈的反差。很可能刻工将墓志刻制完成，因书者对墓志子嗣情况不甚了解，只是将自己知道的"息男孝雅年十七"刻上，其余空留出界格供墓志家人填补，待墓志家人发现后就请另一刻工为之，终因水平太差而形成志石文字整体的不协调。正光五年（524 年）《元悦妃冯季华墓志》志传文的前半部叙述冯季华的先祖、父母、姊妹的婚配情况，刻镌草率，紧凑无界格；后半部记叙墓主生平事迹及颂语志铭文，镌刻俊秀，界格分明有章法，明显出于两位刻工之手。同年刊刻的《元璨墓志》，志传文右上角约 9 行，左下角约 6 行为一人所刻，其余为另一人刻制，显然由两位刻工合作而成。永安二年（529年）《元继墓志》自第16至20行，从上自下数第18字以后10字左右，形成一块长方形粗刻线条文字，在篇幅中较为醒目。熙平元年（516年）《王昌墓志》的镌刻显得奇妙，志传文竟然因刻法变化而形成了几种不同的书风。特别是自第10行"叔度无以比其量"起5行，约50字，其中一部分文字刻得既潦草又刀法幼稚，另约20字又刻得特别成熟，是刻工故意变化镌刻方法，还是几名初学者轮换练习而造成的后果，就不得而知了。正始二年（505年）《李蕤墓志》志传文左上部约40字、孝昌二年（526年）《元寿安墓志》、永安元年（528年）《元景略妻兰将墓志》志传文右上角数行、永安二年（529年）《王翊墓志》前7行大多文字、永熙三年（534年）《僧令法师墓志》前9行、东魏兴和二年（540年）《闾伯昇暨元仲英墓志》起首数行、北齐天保四年（553年）起始"唯大魏齐天保四年岁"8字比其志余字刊刻字形小，笔画细而少力等均有异刻现象出现。东魏武定六年（548年）《元延明妃冯氏墓志》、北齐皇建二年（561年）《邢阿光墓志》、太宁元年（561年）《石信墓志》、武平元年（570年）《刘悦墓志》志传文楷书中偶杂篆字，不同书体杂糅在一起，镌刻文字显得极不协调，而形成异刻。

在志铭文中出现异刻现象的例子较为少见，如北魏孝昌二年（527年）《元固墓志》志铭文部分倒数9行，每行11字，百字有余，镌刻的笔画粗肥臃肿，字的结构也往往因运刀不准而走形，与其余部分形成差距较大的书法风韵。

第四，不规则异刻现象

出土墓志中偶见有一志三人或多于三人刻制，以及一人刻制由于运用不同的技法而形成了不规则的异刻现象。如北魏正光二年（521年）《高唐县君杨氏墓志》中有载多人刊刻之事实，志传文曰："合宫悲愍，同声凄泪。遂相与镌铭刊诔，记号云尔。"铭辞也称："不幸号折，合宫悲泪，刻石刊号，以诒来视。"延兴三年（473年）《申洪之墓铭》，铭文分为两部分，一为志传文，13行，行20字，186字，介绍了墓主的郡王、家世、卒葬时间、地点；另一为附记，3行，行15至18字，50字，记录了葬地购买情况。此墓铭前7行是生涩的隶体，8到10行变成了方笔隶楷体，后面的3行有类似买地券之类的附记，非通常所见面对阴曹地府虚拟文契的买地券，而是面对现实世界实实在在的墓地产权说明，刻成了自由度很大的圆笔楷书体，糟糕的刻工对此墓铭强化的是方重古拙，而形成了一石三体的情况，很有可能是三名刻工刻制而成。太和二十三年（499 年）《韩显宗墓志》志文开始前 6 行由一人刊刻，另易一人镌刻余文，形成另一刻风，尤其最后一行"大和廿三年岁次乙卯十二月壬申朔廿六日丁酉"改变书体，由楷转篆刻制，形成了不规则的异刻现象。正光四年（523 年）《元尚之墓志》为长方柱形志，四面镌字，字状如方柱，刻风各不相同。第一、二两块石面刻字阴秀；第三块石面刻字雄壮；第四块镌刻偏于稚拙，显然此方墓志由多位刻工合作而成。孝昌二年（526 年）《秦洪墓志》志文前 4 行首 4 字，计 16 字，笔画刻得极粗，采用方折刻法，棱角突出，显得稚拙，与墓志整体刻法形成了强烈的反差。很可能前 16 字为新手所为，终因水平太差停止，而由刻技较高者接手完成。奇怪的是最后"妻钜鏕取钟葵"6 个字似一工匠用刀随意镌刻而成，使整方墓志出现三处异刻。相似刊刻另见正光二年（521 年）《内司杨氏墓志》、东魏武定四年（546 年）《元融妃卢贵兰墓志》、北齐武平四年（573 年）《高僧护墓志》、隋开皇十二年（592 年）《李则墓志》、大业十一年（615 年）《萧翘墓志》等。

其次，一方志石因补刻、挤刻或改刻亦可形成异刻现象。

丧家在通过请托等各种途径拿到文士根据墓主情况写好的墓志铭文字，丧家告知家族祖先及子嗣等人员信息，直接请文士书写好后，再由刻工刻制好墓志铭。其中此种情况有的置于志尾部而形成尾记；或在序前录入叙述先世祖父名爵与官职信息，叙述家族子息部分置于志尾。若丧家没有清晰地交代请文士书写的家族人员信息，只让预留空格，那么，刻工按照丧家现给与的家族祖先及子嗣等人员信息在留白处直接镌刻，文字或多或少，如此，一方志石因补刻、挤刻或改刻而形成异刻现象就在所难免了。

第一，补刻形成的异刻

补刻是为了追加书写墓志时没有写的内容。补刻大都因时间急迫，不经书写直接刊刻于石上。如北魏熙平元年（516 年）《吐谷浑玑墓志》，最后 2 行"临葬引路，蒙旨赠使持节宁朔将军、河州刺（史），记铭后"，已经要埋葬了，皇帝封赠的圣旨才下来，只好草草补刻于墓志结尾处，以增光彩，但匆忙中"河州刺史"竟落"史"字。正始四年（507年）《元鉴墓志》第 3 行"赠齐州刺吏①王如故谥"9 小字，似随意刻于空闲处。据《魏书》记载，元鉴死后谥曰"悼王"，封赠下来时，墓志已刻好，唯有补刻，而补刻又漏"悼"字。神龟二年（519 年）《寇凭

---

① "吏"与"王"之间空一格。

墓志》最后1行"夫人洛州刺史天水杨终敬之孙，征虏府司马杨页穆长女"23字，因字数多超出原有留白规划，且刻得草率支离，与墓志正文书风相差甚远，估计是补空白以刀代笔直接镌刻而就。北齐天统元年（565年）《房周陁墓志》志铭文皆为楷书，唯铭后"房仁墓志记铭之"7字变篆书，为罕见书例，似是工匠不经书写直接补刻于石上，因书体不同而形成了异刻。补刻也有志文成稿时尚不明死者卒、葬日、赠官及夫人、子嗣情况，刻制时工匠留出空格，待补刻完成。如北魏武泰元年（528年）《杨济墓志》中，杨济的卒、葬日及夫人、子嗣情况，为后来补加，线条刻制粗阔，与墓志正文书风有明显差异。同样情况有刊刻于太昌元年（532年）《杨侃墓志》首行补刻"杨君墓志铭"5字以及《杨遁墓志》首题"魏故车骑大将军仪同三司幽州刺史杨君墓志铭"1行均是补刻。另有《杨昕墓志》最后1行下部"太昌元年迁葬于华阴之旧茔"12字，与墓志其他文字不相类，可能是杨昕先殡洛阳，墓志也制作于洛阳，孝武帝太昌元年十一月，在洛阳的杨氏宗族死于普泰之难者归葬华阴，杨昕一同迁葬，这方墓志亦随西迁，只是在末尾补刻了这12字，补刻时虽有意模仿墓志正文笔意，但仍有较大的差距。北齐天保元年（550年）《李骞墓志铭》末端3行文字记载兄弟及子嗣情况，字体明显比正文小，此种因字大小不同而形成了异刻。同样情况见北周天和三年（569年）《李贤墓志》末端5行文字记载墓主李贤12位子嗣的名、官职与爵位等情况，随意补刻上的，字体比正文小，很明显是由两位刻工刻制而成，此种因字大小不同书风存异而形成了异刻。建德二年（573年）《裴智英墓志》末端3行文字记载墓主裴智英世子的名、官职、爵位及婚配关系，以及女儿的出嫁后的身份等情况，补刻上的字体比正文小，异刻明显。同样情况见天平四年（537年）《慕容鉴墓志》1行23个字记载墓志刊立时间挤占了15个格，使用年号与干支记时法。

　　因补刻形成异刻最为典型的为《裴良墓志》，该墓志志石面与志盖盝顶上文字是分两次刻制上去的。第一次时在东魏孝静帝天平二年（535年），裴良去世初次安葬于绛县其父裴保欢墓附近时，墓志志石文字刻制于此时。因墓志铭文字较多，墓主家庭成员的情况就刻制在志盖盝顶的各个刹面上。到北齐后主武平二年（571年）进行第二次安葬，裴良与妻赵氏合葬于临汾的汾绲堆，这时距墓志最初写刻已36年，其家庭成员的情况也有了很多变化，需再作交代，于是补刻在志盖盝顶各个可以书写之处，因补刻而形成明显异刻现象。

第二，挤刻形成的异刻

北魏墓志制作有"量石裁文"之举，也有"因辞选石"之措，均可使墓石与墓志内容恰好相合。如《石婉墓志》言"恨量石裁文，书德不尽"。如果墓志石大而词少或字小，则必留有空白；如果通篇文字布局欠考虑，志石容纳不下志文内容，则必形成疏密不均的挤刻现象。挤刻的目的是为维持原内容的完整性。挤刻也会使一方墓志产生不同的书法风韵。如西魏废帝二年（553年）《韦彪妻柳遗兰墓志》志石原有界格，14行，每格书刻一字正常满行14字。该志首题占三行，第3行余留5格，推测整篇墓志刊刻后，发现要添加内容，于是，在首题第3行后余留5格内，不按界格双排刻写各9字，字体是缩小刻制的，而使得整幅墓志明显异刻。北魏神龟二年（519年）《杨胤季女墓志》，志石原有界格，11行，每格书刻一字正常满行12字。该志首题与尾记明显区别于正文，且两处文字大小有别。首题"魏故华荆秦济四州刺史杨胤季女之墓志"，12格刊刻了17字；记录该志刊刻时间的尾记文字"维大魏神龟二年岁次己亥七月戊寅朔廿九日丙午起志"，顶端空1格，11格刊刻了23字，文字明显比首题及正文字体小，很像正文刊刻结束，突然发现应作交代的内容还未刻上，不按界格草刻而就，明显形成异刻。神龟三年（520年）《张弁墓志》，志石原有界格，28行，满行28字，每格书刻一字。首题"魏故清河太守张府君之石志铭"（13字）；序介绍了墓主家族祖父张幸（18字）及父张略之（10字）的官爵情况，前3行均未沾满；其墓志正文即志传与志铭，书法清秀，刻制规整；尾记2行主要记载墓主夫人及子嗣官职爵位情况，全部信息只有32字，因占不满2行56字格，介绍子嗣间均有空1或2格，待刻制完成，发现还剩余8格。墓主于神龟三年二月廿八日卒，其年十一月十五日窆，因其年七月北魏改元"正光"，墓主下葬时非"神龟三年"，而是"正光元年"，推测刊刻者随性而刻制"正光元年十一月十五日刻讫"，即墓主下葬及墓志刊立完成的准确时间。12个字要占剩余的8格，唯有将字缩小挤刻而成。字虽小，但与正文相比，书风未变。东魏武定五年（547年）《东安王妃陆顺华墓志》，原刻有横竖界格，每格书刻一字，志铭文尾句："严霜夜切，悲风晓劲。玉体长潜，金声可咏。"16字仅写成小体字2行，占原志文4个字间距，缺笔丢画现象严重，草草挤刻，见意而已，勉强将内容挤下，其风格与前大不相同。北魏永平元年（508年）《元飖墓志》，原刻有横竖界格，每格书刻一字，15行，满行17字。志尾内容："太妃长乐潘氏祖猛青州治中东莱广川二郡太守父弥平原乐安二郡太守妃陇西李氏祖宝仪同三司敦煌宣公父冲司空清渊文穆公。"此志尾原预留的 2 行 34 格留白原本为记录潘、李二妃的世系而设，但加入二妃祖、父官位 54 字，显然志面余格不够，只能把字体改小，分上下两栏双行挤写刻制而成。同样情况见孝昌二年（526 年）《元义墓志》，尾处原预留的 2 行，行 40 字，第一格刻制 43 字；第二行刻制 45 字，且两行中间均有两处各空 2 格，如此，改变了原字间距，以挤刻方式刻制形成异刻制。建义元年（528 年）《武昌王妃吐谷浑氏墓志》，原刻有横竖界格，每格书刻一字。刻制中发现剩余 42 格要镌刻 56 字，若按格界刻写，如何也完成不了，因此自第 15 行第 9 字起，一律不按原界格，将字间距缩小，刻法也较前草率了许多，采用挤刻方式刻完了志文内容，而最后 1 行仍有余格，如此，前后书刻风格大相径庭，此种属于界格布局与志文不符。永平二年（509 年）《杨恩墓志》①，前 9 行按横竖界格刻字，满行 12 字，最后 1 行 12 格刻了 26 个字，不按原界格与字体，甚为草率。永熙二年（533 年）《高树生墓志》首题及志传文前 9 行，不按格界而是拥挤小于墓志正文字体刻制形成了前后明显差异的异刻现象。东魏武定四年（546 年）《卢贵兰墓志》，此志尾记录卢贵兰三个儿子的爵位、字、官职等信息。原志文行 22 字，后续文字内容全不按着原格界刻字，而是缩小文字刻制，分别为第一行 44 字，第二行 44 字，第三行 24 字，第四行 42 字，形成明显拥挤小于墓志正文字体的异刻现象。亦有西魏大统二年（536 年）《赵超宗妻王氏墓志铭》，志石原有界格，第 4 至第 24 行，行字不等，满行 28 字，每格书刻一字，此部分为墓志正文，书法清秀，刻制规整。前 3 行与后 7 行上半部，记载墓主祖父母身份、子女婚配对方出身及官位情况，书刻字间距明显比墓志正文减小，刻法较正文稍有草率；后 7 行下有双行小字，记载赵超宗子女婚配对方祖父的名与官职，"类似古代文书中的注释之体，这种书写形式在迄今刊布的魏晋南北朝墓志中唯此一例，与阮孝绪在《七录》中所说谱状'即注记之类'的特征非常契合"②。此处刊刻完全不按原界格，密密麻麻刻制完后，下方仍有空余的界格，刻法更是草率，如此挤刻形成的异刻现象甚为明了。北周大象三年（581 年）《韦孝宽墓志》，刻文 40 行，每行满格 40 字，笔力瘦劲整密，高俊秀逸，富魏晋风韵。唯最后 5 行字小而拥挤，每两格刻 3 字，字迹甚为潦草。天和六年（571 年）《元世绪墓志》刻文 20 行，每行满

---

①　见 2007 年 9 月 17 日琉璃厂在线履薄斋《杨恩墓志》拓片。

②　陈爽：《出土墓志所见中古谱牒研究》，上海：学林出版社，2015 年版，第 82 页。

格 23 字，刻制完成后，发现缺少首题，于是在首行处刻制首题文字，原行 23 格，补刻也是挤刻上 26 字，且字体小的仅仅占满 16 格，很是影响志面的美感。

第三，改刻形成的异刻

改刻的目的是保证内容的正确性。如西魏大统十年（544 年）《侯义墓志》原志石墓主的名、字似被改刻过，今作"君讳义，字僧迦"，而原作"君讳刚，字乾之"。看来墓志撰文者认为墓主为侯刚而非侯义，刊刻者一仍其误，至后才发现有错，改刻过来，以至于影响了墓志镌刻的整体效果。北周武成元年（559 年）《乌丸光夫人叱罗招男墓志》，志石原有界格，刻文 16 行，每行满格 15 字。前 12 行楷书俊秀洒脱；后 4 行记载墓志叱罗招男的祖父及子嗣情况，其中前 2 行字体明显小于前文并拥挤刻写，后 2 行似乎刻制有误，涂掉后，字体放大草就"女摸耶出枑枑氏，次女须摩提"，字迹潦草了许多，完全不按原界格刻制，如此，整幅志文出现三处异刻，并且出自两位刻工，前 12 行出自一位刻工；后 4 行是由另一位刻工补刻及改刻而成。

2. 一墓双志同文异刻

1987 年 8 月，洛阳市文物工作队在洛阳市黄河北岸的吉利区配合洛阳炼油厂三联合装置车间的基建工程开展考古工作，发掘了一批古代墓葬。其中的两座北魏墓葬规模较大，编号为 C9M315 墓出有 2 盒墓志，均为青石质，正方形。其一位于墓室内东南部。盖作盝顶，无字，四角各铆有一铁环，铁环直径 8.2 厘米。志石长宽均 74 厘米，表面磨光，有阴线界格，志文为阴刻。志文共 28 行，满行 28 字。其二位于后甬道近墓门处。无盖，长宽均 56 厘米。志文共 28 行，满行 28 字。两志文基本一样，均刻于北魏正光五年（524 年），唯志主名为"通"与前志名"达"不符，但志主的字均为"慈达"，名"达"与字"慈达"中叠"达"字不常见，推测墓主之名应实为"吕通"。两志文个别处并有缺字，结尾处还增加了一段文字："天子哀悼，缙绅悲惜，赠吊之礼，有国常准。乃下诏追赠辅国将军、博陵太守。考德立行，谥曰静。礼也。"从增加的"下诏追赠辅国将军……"等内容看，第一方墓志刻好后未及使用，天子下诏追赠新职，故又新刻一志同时入葬。一墓双志，内容虽然几乎完全相同，但书体风格则差异很大。前志字体较大，用笔方圆兼备，柔中含刚，凝重中带有秀逸。后志字体较小，用笔方正，结构俊朗。

3. 半成品现象

所谓半成品，指志石未经刻完，即匆匆下葬而形成的刻例。

志盖题铭的半成品现象较少，仅见数例。如河南偃师出土的北魏孝昌二年（526年）《尹祥墓志》盖为覆斗形，上刻浅地阳文篆书"魏故□将军"5字，第3字未刻全，据已刻的半边可推知为"明"字，5字仅占志盖三分之一的地位，其余空白未镌刻而成为一件半成品。洛阳出土永熙二年（533年）《石育暨妻戴氏墓志》盖题"魏故沧州刺史石使君墓志铭"12字。左上角"墓"字剔地阳刻，其他字均为阴线双勾；"魏"字田部四个小"口"与"沧""史""使"字的"口"部刻痕形状均不规则；"沧""刺""使"下半部点画接搭处断开；各字所饰体形各异。这些特征表明该志盖题铭未经书丹，由刻工以刀代笔直接在石面刻画出字的轮廓。此外，盖题下方局部直接凿刻了卷草纹饰，但因故未能完成。正光四年（523年）《杨顺妻吕法胜墓志》盖题"故恒农简公/第四子妇吕/夫墓志盖"，很明显第3行夺一"人"字，虽不能称之为半成品，但因字体排列不整，题名语句读来不通，而显得不甚完整。

志石铭文的半成品较多。如北魏太和十四年（490年）《屈突隆业墓砖铭》，阴刻2行，凡18字，第3行未刻，但有单线刻画"屈突隆业铭"字体依稀可见。高昌永平二年（550年）《画承及夫人张氏墓表》，前5行刻字填丹，后3行朱书未刻，前后点画面貌迥异，可见毛笔所书经镌刻后多少掺入刻者有意或无意的误差①。北魏《元瑗墓志》首题"魏故平北将军殷州刺史元君墓志铭"，志文"君讳瑗字仲瑜，河南洛阳人也，景穆皇帝之曾孙，京兆康王之孙，洛州刺史之子"，仅有30余字。而瑗之官阶、丧葬年月俱不书，似镌刻未毕即草草入圹，志石上有预画的界格，清晰可见。正光四年（523年）《席盛墓志》第5至第7行记席盛子女姓名年龄，被凿去6人。而后文本应刊刻席盛死后追赠官职及谥号，皆空而不书，似是撰铭者留待丧家填写，而丧家疏忽并未填写，直接刻制。从这种情况看，前被凿去的6人，许是撰铭者误书，而刻石完成后方被发现；也可能另有家庭纠纷，临时凿去这些子女的名字。永平四年（511年）《元冏墓志》："王景穆皇帝之曾胤，故阳平王之孙。故阳平王第二息。""故阳平王第二息"句"平"与"王"之间空一格，此处连用两个"阳平王"，显然第一个阳平王指元新成，即第一世阳平王，不加谥号是不会令人误解的，但第二个阳平王，即他的儿子元颐

①　李文采：《中国书法史图说》，引自《中国书法史学国际学术研讨会论文集》，杭州：西泠印社，2000年版，第10页。

（初名安寿），则必须在"阳平王"中加入谥号，不然就与其父混同了。《魏书》载，元颐卒后，谥曰"庄"，但墓志撰文者，或不知其谥号①，或谥号还没诏示，于是留出空缺待勒石时填写，或是疏忽，后来竟未填上。相同情况还有熙平元年（516年）《皮演墓志》"谥曰"后空。东魏兴和三年（541年）《封延之墓志》原石刻铭均为四句韵文，最终只是两字"徂辉"，戛然而止，后应有铭文，不知为何未刻。北周大象元年（579年）《安伽墓志》写、刻颇有残漏，如"其年岁次己亥十月己未朔"与"厝于长安之东"两句之间，竟空5格无字；"佳城郁"之后，遗漏一个"郁"字，"缣□易"之后空1格无字。隋大业十二年（616年）《田行达墓志》，墓主于隋炀帝大业十一年（615年）卒，官北周正议大夫，此志中空格多处，大致有三种情况：第一，行文格式。如"皇隋启运"与"皇上问罪辽东"两句"皇"字前、"奉敕事秀"的"敕"字前、"特允天旨"的"天"字前。第二，空格当为撰志者不明事由，留待志主家人补充。如田行达的字，田士通担任何州刺史、葬于大兴县哪个乡等，可能由于匆忙，刊刻时这些内容并未补上。第三，漏刻墓志部分文字。如"僻陋河□，未遑文德""屡摧□丑""补阙拾遗，□救无愆"等中间的缺字，留空未刻，说明刻工已注意，不是疏忽或有意不刻，许是刊刻时字未辨明，待请教补刻，因种种原因，未能补刻而葬。上述所言第二种情况亦见北周建德元年（572年）《达符忠墓志》，志主的卒葬年及葬地均空缺未刻。还见东魏武定四年（546年）《姬朗墓志》只有志传，且其尾端记述完墓主卒、葬时间后，"题兹铭石，式傅朽壤，其词曰"，按常规墓志的写法，后应撰写志铭，似乎本要写上志铭，不知何因却戛然而止，空3行终不再添续志铭文字，最终形成了无志石铭文的半成品。

4. 刻制变例及半成品的现象分析

出现一志异刻或半成品现象，在南北朝时期的志盖及志石题铭中均有不同程度的反映，后期又明显多于前期，这一现象给予我们颇多的启示。

第一，重形式轻质量。士人书法在魏晋南北朝时期具有重要的社会价值和地位，讲究尺牍书法，甚至出现争求书名高下的现象，尺牍争胜

① 根据元颐的母亲、元阆的祖母《李太妃墓志》云："太妃李氏，顿丘卫国人也，魏故使持节大将军阳平幽王之妃，使持节卫大将军青定二州刺史阳平惠王之母。"元颐的谥号应当是"惠"，与《魏书》元颐谥"庄"的记载有别。

无疑是文人的一种风尚，但同时对于碑志书法却又采取了另一种截然相反的态度。迄今，出土的东晋墓志有些数量，竟无1方上有名冠一时的羲之、献之遗迹，有学者认为，碑版文字以方正庄严的古体为重，而宛转流丽的羲之、献之书法是今体，只能在缣纸上大展风流，却不宜于碑版①。事实并非如此，魏时钟繇擅长"铭石书""行押书""章程书"，三体适于碑刻，但钟繇同样没有墓志作品见于记载和考古发现，究其原因是魏晋以来书家不屑碑版②。正如唐代书家徐浩在《论书》中所云："区区碑石之间，矻矻几案之上，亦古人所耻，吾岂忘情耶!"③ 士族名流、著名书家只愿在尺牍中一争上下，而不愿为碑志书丹。这些碑志的书丹者往往是处于社会底层的属史。另外，魏晋南北朝时期请名人书丹、书丹者署名的风气在当时社会还没有形成④。从一志异刻或出现半成品现象来看，因墓志并不显露于地上供人们观赏，而是埋于墓中"惧陵谷易位，市朝或侵，坟堂有改"起标识作用，丧家只认内容无误，或仅是依从这一葬俗，而对墓志刻制效果缺乏足够的重视；又因经过镌刻的字，如不经摹拓再现于世，人们也很难从刻石上看出刻法有何差异。只重形式，不求质量的现实，使丧家对刻工的文化水平及刻制技法要求不高，所以产生刻画草率漏字、布局不整的刻制变例或半成品现象亦不足为奇了。

第二，迫于葬期而速成。古人相信灵魂，亦重视对葬日的选择。东汉王充《论衡》曰："世俗信祸祟，以为人之疾病死亡，及更患被罪，戮辱欢笑，皆有所犯。起功、移徙、祭祀、丧葬、行作、入官、嫁娶，不择吉日，不避岁、月，触鬼逢神，忌时相害。故发病生祸， 法入罪，至于死亡，殚家灭门，皆不重慎，犯触忌讳之所致也。"⑤ 为此，汉代出现了专门用于卜选丧葬吉日的《葬历》，"验之于吉，无不相得"⑥。由于"卜宅兆葬日"的习俗，乃至志石题铭中常有龟筮卜兆之类的文辞。南北朝之际，统治者力倡儒家孝道，丧葬自然成为尽孝的重要形式之一，致使占卜葬日之风大盛，并见诸志文。如西晋元康八年（298 年）《赵氾

① 安旗：《二爨论》，《中国书法》1994 年第 4 期，第 31—39 页。
② 王元军：《六朝书法与文化》，上海：上海书画出版社，2002 年版，第 26 页。
③ ［唐］徐浩：《论书》，引自《历代书法论文选》，上海：上海书画出版社，1979 年版，第 276 页。
④ 施安昌：《"北魏邙山体"书迹目录》，《书法丛刊》第 45 辑，1996 年版。
⑤ ［汉］王充著，黄晖校译：《论衡》卷第二十四《辨祟篇》，北京：中华书局，2018 年版，第 879 页。
⑥ ［汉］王充著，黄晖校译：《论衡》卷第二十四《讥日篇》，北京：中华书局，2018 年版，第 864 页。

墓志》①记"今卜筮良辰，更造灵馆"，可见，如果卜葬之日已到，适逢墓志尚未完工，也就只好"急就"了。若遇集体丧葬，如北朝建义元年（528年）尔朱荣发动"河阴之难"，王公百官被杀者有二千余人，此时刻工就会被组织起来，同时为众亡灵刻志。墓志用以随棺入土，不必昭示于人，且镌刻须赶葬期，二人或多人同时刊刻亦合情合理，于是仓促了事形成一志异刻或出现半成品现象难以避免。倘若刻工技拙，笔意更无从探究，故知刻工技艺高下实于碑志面目可见一斑。

第三，工匠省工逐利。北朝墓志兴盛，当它发展完善，则被纳入礼制范围，成为中上层贵族官僚不可或缺的丧葬用品，丧葬用品及工匠的需求日增。志盖及志石题铭中多有书体风格式样雷同者，如元俊、元愭与元信为同祖叔侄，同日葬，诸志书体相似，殆出自同一刻工。另外，志文雷同的现象亦有发生。北魏延昌元年（512年）《元诠墓志》无铭辞，"曰：等字与司马元兴志同例"；熙平元年（516年）《元彦墓志》"颂曰：与司马景和妻孟氏同例"；孝昌元年（525年）《元暐墓志》末曰"为他志所未见"。元氏宗族墓志多出自内府专职机构，雷同之风尚且如此，更勿论其他。铭辞末尾常有小字标出"其一""其二"之类标记性文字，均可作如是观。墓志的制作既然如此专业化，那么，在经济利益的驱使下，出现潦草粗率或数人并刻现象也就顺理成章了。

第四，数人并镌同哀悼。北魏正光元年（520年）《刘阿素墓志》记"同火人典御监秦阿女等，痛金兰之奄契，乃刊玄石，述像德音"。阿素因家难入宫，卒后伙伴们为其刻石，悯恻之心真挚感人。正光二年（521年）《杨氏墓志》记："合宫悲愍同声泪，遂相与镑铭刊诔，记号云尔。"杨氏乃宫中内司，此言不虚。宫人墓志铭文格式、用语雷同，书者刻工多出自内府。北魏宫人墓志书体均为魏碑体，但刻工略显粗糙。一志异刻者不止于此，而《杨氏墓志》最滥，书迹失真者应以此为最。推测，数人并镌以示哀悼之风，在宫中可能颇为流行。

第五，撰志者与工匠不明墓主及其家人信息。志文的书写与刻制由丧家请来的文人及工匠完成，他们多不了解死者卒、葬日、赠官、爵位及夫人、子嗣等情况而有空留，待明了情况再刻或丧家填刻，如此，待

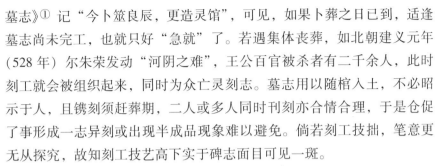

---

① 游学华：《中国古代铭刻文物》，香港：香港中文大学出版社，2001年版，第53号展品。该书为湖南省博物馆与香港中文大学文物馆合办展览的图录集，共收录两馆珍藏商周至唐宋的铭刻文物80项，除铸刻文字外，还有书写在各类器物上的文字资料；该墓志拓片又见《书法丛刊》2002年第3期。

发丧时发现，临时找人补刻，自然与原刻者字体不同；如丧家未发现或已发现而来不及补刻，志石带有空留部分埋葬，就会产生半成品刻石。

第六，追赠迟至而匆匆补刻。半成品的出现，有赶工期和不明墓主家人情况的因素在内。否则，如果单为了省工就利，完全可以仅以阴线刻制，而不必再去费工凿刻，也不必非刻上纹饰不可。如《石育暨妻戴氏墓志》就是特例，从志文内容可知，志主亡于永熙二年（533年）三月七日，下葬日期为同年十一月二十五日，时隔八月有余，应不存在刻制工期短问题。推测可能有"卜兆葬日"或有其他隐由。志盖与志文中多书赠官，此志亦不例外。如果墓主家人等待追赠到来后再发丧，因此出现葬期长现象。从该墓主亡后八个月下葬，而志文已书刻赠官来看，显然与追赠迟至有关；或可参证唐代杜牧"粉书空换旧铭旌"诗句，所谓"粉书"，为铭旌的别称。上书死者官爵，出葬时执于枢前，入葬覆于枢上。"空换"者，乃死者葬后，追赠始到之故①。又，罗振玉就北魏乐安王《元彦墓志》跋云："谥惠王则志文不载，岂子谥在葬后耶？"②所言虽为志文不书谥官，所指却是追赠迟至这一现象，可作此反证。北魏熙平元年（516年）《吐谷浑玑墓志》，最后两行"河州刺□"竟落"史"字，其原因如墓志补刻所言"临葬引路，蒙旨赠使持节宁朔将军、河州刺（史），记铭后"。对丧家及刻工而言，葬日临近，而封赠迟至，葬日既不可改，且墓主家人必以封赠光彩时人及子孙，匆匆补刻将就了事。

由此可以推论，北朝墓志的生产过程包括丧家、朝议追赠、购石、规整制作石面、撰志者、工匠等诸多要素合作而成，任何一种要素不在或不符合正常范围，就会形成刻制变例及半成品的现象出现。

（五）装饰

随着墓志的定型和广泛使用，墓志的装饰也随之发展。比起之前的砖志或碑形志，方形盝顶石质墓志，在镌刻文字、花纹、图像方面，整体布局空间和余地更富优势，使墓志外观愈加精美。从出土有装饰的墓志来看，装饰的部位主要在志盖的盖顶、四边、四刹、四角、盖边以及少数志石的四侧。主题纹饰一般是四神（青龙、白虎、朱雀、玄武），具有时代特色。以线条表现的动物作为变形的纹饰，可以追溯到遥远的石器时代。1956年，在山东日照两城镇龙山文化遗址中发现了刻画动物

---

①　尚秉和：《历代社会风俗事物考》，北京：中国书店，2001年版，第263页。

②　罗振玉：《金石文字跋尾》卷三，引自《永丰乡人稿》，民国上虞罗氏贻安堂凝清室刊本丙稿。

形纹的黑陶片，这种动物的目纹和早期青铜器上动物的目纹线条非常相似。兽面纹的装饰不仅在陶片上有，龙山文化的玉器上也有，甚至同样的纹饰在良渚文化玉器上，特别是玉琮上极为流行。纹饰文化传承至南北朝时期，表现在碑志上的装饰程式并形成其艺术性。《语石》云志盖："四围类有杂花纹，或纠缦如云气，或斜折如阑干，亦如拾级形。余所见经幢，上下边刻镂同，盖当时镌石之工，风气如此。"① 可见当时对于墓志的纹饰已经有了一定的装饰程式。关于墓志装饰研究的重要，夏鼐先生早有论述："不仅可以窥见当时艺术的风尚及其造诣，且亦可以作为断代的标准。"② 目前，墓志装饰研究对象或限于纹饰本身进行论述，如董淑燕《隋唐墓志四神十二辰纹述论》③、张蕴《西安地区隋唐墓志纹饰中的十二生肖图案》④、贺梓城《唐墓志刻饰》⑤、徐殿魁《洛阳地区唐代墓志花纹的内涵与分期》⑥ 等；或作局部的个案分析，如施安昌《北魏冯邕妻元氏墓志纹饰考》⑦《北魏筍景墓志及纹饰考》⑧ 等。这里在各位学者研究成果的基础上，力求对北朝的墓志装饰加以较为全面的考察。

1. 志盖装饰现象

志盖往往雕刻纯文字或既有文字又有纹饰的图案。志盖装饰图案因时代不同而各有特征，据此也可作为考察志石年代的一个重要方面。北魏元姓宗室墓志的志盖中央多刻制莲花，四周多饰以云气纹，刻有仙人、神兽、螭龙、四神等图案；普通官吏则不加纹饰图案者居多。现将北朝墓志的志盖装饰分类如下：

第一种，素面楷书题铭刊刻。南北朝进入楷书时代，志盖也出现了楷书题铭刊刻的现象，此类志盖文字大多结构严谨、姿态平稳、规矩整齐。

① ［清］叶昌炽撰，王其祎校点：《语石》卷四，沈阳：辽宁教育出版社，1998年版，第102页。

② 夏鼐：《武威唐代吐谷浑慕容氏墓志》，引自《考古学论文集》，北京：科学出版社，1961年版，第107页。

③ 董淑燕：《隋唐墓志四神十二辰纹述论》，引自《碑林集刊》第十二辑，西安：陕西人民美术出版社，2006年版，第93—112页。

④ 张蕴：《西安地区隋唐墓志纹饰中的十二生肖图案》，引自《唐研究》第八卷，北京：北京大学出版社，2002年版，第395—432页。

⑤ 贺梓城、张鸿修：《唐墓志刻饰》，《文博》1988年第5期，第55—60页。

⑥ 徐殿魁：《洛阳地区唐代墓志花纹的内涵与分期》，引自《唐研究》第四卷，北京：北京大学出版社，1998年版，第415—460页。

⑦ 施安昌：《北魏冯邕妻元氏墓志纹饰考》，《故宫博物院院刊》1997年第2期，第73页。

⑧ 施安昌：《北魏筍景墓志及纹蚀考》，《故宫博物院院刊》1998年第2期，第21页。

表 3-2 北魏

墓主	题铭	书体	字数	行数
崔宾嫒墓志并盖	盖题"夫人祖经征虏将军兖州刺史襄城侯/祖亲河间邢氏父邃河间太守/魏故南赵郡太守李府君自有别志/廉父挺光州刺史"	正书	476	25
	志盖右侧斜边竖题:"神龟二年岁次己亥四月庚戌朔十二日辛酉/魏故南赵郡太守李府君夫人崔氏墓志铭盖"	正书	36	2
元郁墓志并盖	盖题"仰为亡妣用紫金一/斤七两造花冠双钗/并扶颐若人得者/为亡父母减半造像/今古共福安不慕同"	正书	40	5
元珽妻穆玉容墓志并盖	盖题"魏羽林监轻/车将军太尉/府中兵参军/元珽字珢平/妻穆夫人墓/志铭"	正书	27	6
傅竖眼墓志并盖（两侧有铁环）	盖题:"大魏永熙三年岁/次甲寅二月甲寅/朔七日庚申营讫"	正书	21	3
僧令法师墓志并盖	盖题"大魏故昭/玄沙门大/统令法师/之墓志铭"	正书	16	3
杨顺妻吕法胜墓志并盖	盖题"故恒农简公/第四子妇吕/夫墓志盖"	正书	14	3
高宗夫人于仙姬墓志并盖	盖题"大魏文成/皇帝夫人/于墓志铭"	正书	12	3
于纂墓志并盖	盖题"魏故银青/光禄大夫/于君墓志"	正书	12	3
鞠彦云墓志并盖	盖题"黄县都乡/石羊里鞠/彦云墓志"	正书	12	3
秦洪墓志并盖	盖题"魏故东莞太守秦府君墓志"	正书	11	1
元珽墓志并盖	盖题"魏故豫州/刺史元珽/墓志铭"	正书	11	3
元夫人赵光墓志并盖	盖题"魏故元氏赵/夫人墓志铭"	正书	10	2
寇臻墓志并盖	盖题"幽郢二州寇使君墓志盖"	正书	10	1
寇偘墓志并盖	盖题"魏故舞/阴寇府/君墓志"	正书	9	3
穆彦妻元洛神墓志并盖	盖题"魏故穆/氏元夫/人墓志"	正书	9	3
第一品张安姬墓志并盖	盖题"魏官品一/墓志铭"	正书	7	2
女尚书王僧男墓志并盖	盖题"魏品一/墓志铭"	正书	6	2

墓主	题铭	书体	字数	行数
穆纂墓志并盖	盖题"穆君墓/志之铭"	正书	6	2
高宗嫔耿寿姬墓志并盖	盖题"耿嫔墓志"	正书	4	1
鄁乾墓志并盖	残盖题"墓志铭"	正书	3	
司马眪墓志并盖	盖题"墓志铭"	正书	3	1

此种志盖素面楷书题铭刊刻，多为说明墓主的地位与身份，亦有墓志，或墓铭，亦少有例外，如《元郁墓志》盖题"仰为亡姚用紫金一/斤七两造花冠双钗/并扶颐若后人得者/为亡父母减半造像/今古共福安不慕同"，记载为父母合葬造花冠双钗的花费，并提出"若后人得者，要为亡父母减半造像"的要求。同类情况见《傅竖眼墓志》盖题"大魏永熙三年岁/次甲寅二月甲寅/朔七日庚申营讫"，志盖记载墓主下葬及志石刊立时间。《崔宾媛墓志》志盖覆斗形，上边长 54.5 厘米、下边长 66 厘米，盖正视右侧斜边竖题正书 2 行"神龟二年岁次己亥四月庚戌朔十二日辛酉/魏故南赵郡太守李府君夫人崔氏墓志铭盖"，计 36 字。盖上详记墓主家系，正书 25 行，行 4 至 27 字不等，计 476 字。其志盖长文记述墓主家族众多人员，又于盖侧以大字正书题首，此等与众多墓志志盖楷书题铭刊刻，至多十数字而已不同，此非常规而为特例。

东魏、西魏的有盖墓志制成素面者占大多数。如河北景县出土封氏诸志；无极出土《甄凯墓志》；赞皇出土《李希宗墓志》《李希礼墓志》；墨香阁藏《刘钦墓志》；山东济南出土《崔令姿墓志》；淄博出土《崔德墓志》；河南濮阳出土《李云墓志》；河南沁阳出土《姜夫人墓志》等。亦有志盖制成覆斗形楷书题铭的，有些还在盖面安装铁环提手。这种形式的志盖在北齐、北周尚有。

表 3-3 北齐

墓主	题铭	书体	字数	行数
宋休墓志并盖	盖题"齐故处士宋/君墓志铭记"	正书	10	2
高妙仪墓志并盖	盖题"雍州扶/风郡公/主之铭"	正书	9	3
乞伏保达墓志并盖	盖题"齐故镇/将乞伏/君墓志"	正书	9	3
梁伽耶墓志并盖	盖题"齐故梁/君铭记"	正书	6	2
郑子尚墓志并盖	盖题"郑长/史铭"（字边有眼）	正书	4	2

表3-4　　　　　　　　　　　　　　　北周

墓主	题铭	书体	字数	行数
寇炽妻姜敬亲墓志并盖（有界格）	盖题"故襄城府/君寇公夫/人姜氏铭"	正书	12	3
寇胤哲墓志并盖（有界格）	盖题"魏故中/正寇君/墓志铭"	正书	9	3
寇峤妻薛氏墓志并盖	盖题"邵州使/君寇公/妻薛志"	正书	9	3

第二种，刊刻方形格子，在格内镂刻阳或阴文篆书题铭，偶装铁环。此类刊刻格内文字饱满，大多结构齐整，极富图案性，志盖更显庄重肃穆。

表3-5　　　　　　　　　　　　　　　北魏

墓主	题铭	书体	字数	行数
元焕墓志并盖	盖题"魏故宁朔将/军谏议大夫/龙骧将军荆/州刺史广川/孝王墓志铭"	篆书	25	5
元悌墓志并盖	盖题"魏故侍中/太尉公冀/州刺史广/平王墓铭"	篆书	16	4
元祉墓志并盖	盖题"魏故侍中/太保司徒/公平原武/昭王墓铭"	篆书	16	4
陆希道墓志盖	盖题"魏故泾州/刺史淮阳/男陆史君/墓志之铭"	篆书	16	4
长孙盛墓志并盖①	盖题"魏故左将/军散骑常/侍长孙公/之墓志铭"	篆书	16	4
长孙子梵墓志并盖	盖题"魏故假节/征房将军/益州都督/长孙君铭"	篆书	16	4
赵使君墓志盖（四角及中心有铁环，内环及中心有莲花）	盖题"魏故相州/刺史赵使/君迁窆北/芒之墓志"	篆书	16	4
辛穆墓志并盖	盖题"魏故幽/州刺史/贞简辛/侯墓铭"	篆书	12	4
元湛墓志并盖	盖题"魏故假/黄钺广/阳文献/王之铭"	篆书	12	4
元昂墓志并盖	盖题"魏故光/州刺史/元公墓/志铭记"	篆书	12	4

---

① 见2007年9月17日琉璃厂在线履薄斋《长孙盛墓志》拓片。

墓主	题铭	书体	字数	行数
石育暨妻戴氏墓志并盖	盖题"魏故沧/州刺史/石使君/墓志铭"	篆书	12	4
公孙猗墓志并盖	盖题"魏并夏/二州使/君公孙/公墓志"	篆书	12	4
猴静墓志并盖	盖题"魏故冠/军将军/猴静墓志铭记"	篆书	12	4
李挺继妻元季聪墓志并盖	盖题"魏故司徒/千乘李公/命夫高密长公主铭"	篆书	12	4
萧正表墓志并盖	盖题"魏故侍中/司空公吴/君王墓铭"	篆书	12	3
长孙士亮妻宋灵妃墓志并盖	盖题"魏故广平/郡君长孙/氏宋墓志"	篆书	12	3
元钟墓志并盖	盖题"隋故冠/军司录/元君铭"	篆书	9	3
元继墓志并盖（四角有铁环）	盖题"魏故大/丞相江/阳王铭"	篆书	9	3
元景略妻兰将墓志并盖	盖题"魏故兰/夫人之/墓志铭"	篆书	9	3
元湛妃王令媛墓志并盖	盖题"魏故黄/钺广阳/王妃铭"	篆书	9	3
元湛妻薛慧命墓志并盖	盖题"魏故元/氏薛夫/人铭记"	篆书	9	3
元寿安墓志并盖	盖题"魏侍中/司空元/公墓志"	篆书	9	3
元寿安妃芦兰墓志并盖（四角有铁环）	盖题"大周故/芦大妃/墓志铭"	篆书	9	3
元范妻郑令妃墓志并盖	盖题"故济北/府君郑/夫人铭"	篆书	9	3
元献墓志盖	盖题"魏故济/南王元/献铭记"	篆书	9	3
元毓墓志并盖	盖题"魏故宣/恭赵王/墓志铭"	篆书	9	3
元宝月墓志并盖	盖题"魏故平/西元王/墓志铭"	篆书	9	3
王偃墓志并盖	盖题"魏故勃/海□王/君墓铭"	篆书	9	3
于景墓志并盖	盖题"魏故武/卫于公/之墓志"	篆书	9	3
寇治墓志并盖	盖题"魏故寇/尚书使/君墓志"	篆书	9	3
张宁墓志并盖	盖题"魏故张/君之/墓志铭"	篆书	9	3
张满墓志并盖	盖题"魏故司/空公张/君墓志"	篆书	9	3
侯海墓志并盖	盖题"魏故伏/波侯君/墓志铭"	篆书	9	3
慕容纂墓志并盖	盖题"魏故光/禄卿慕/容纂志"	篆书	9	3
穆彦墓志并盖	盖题"魏故穆/君之/墓志铭"	篆书	8	3

墓主	题铭	书体	字数	行数
杨乾墓志并盖	盖题"魏故清/水太/守墓志"	篆书	8	3
贾祥墓志并盖	盖题"魏故贾/府君之/墓志"	篆书	8	3
元玕墓志并盖（中心有铁环）	盖题"魏故元/使君/之墓铭"	篆书	8	3
元显魏墓志并盖	盖题"魏故元使/君墓志铭"	篆书	8	2
封氏夫人长孙氏墓志并盖	盖题"长孙/氏墓/志"	篆书	5	3

表 3-6　　　　　　　东魏

墓主	题铭	书体	字数	行数
高湛妻茹茹公主墓志并盖	盖题"魏开府仪/同长广郡/开国高公/妻茹茹公/主间氏铭"	篆书	20	5
元光基墓志并盖	盖题"魏故侍中/司空公吴/郡王墓铭"	篆书	16	3
封延之墓志并盖	盖题"魏故侍中/司徒尚书/左仆射/封公墓志铭"	篆书	16	4
祖氏墓志盖	盖题"魏故郡/君祖氏/墓志铭"	篆书	9	3
田盛墓志并盖	盖题"魏故田/府君墓/志铭记"	篆书	9	3

表 3-7　　　　　　　北齐

墓主	题铭	书体	字数	行数
赵彦深墓志并盖（四角有铁环）	盖题"齐故使持节都/督齐兖南青诸/军事齐州刺史/尚书左仆射司/空赵公墓志铭"	篆书	30	5
赫连子悦妻间炫墓志并盖	盖题"齐御史中/丞赫连公/故夫人间/氏之墓铭"	篆书	16	4
库狄回洛墓志并盖	盖题"齐故定州/刺史太尉/公库狄顺/阳王墓铭"	篆书	16	4
间炫墓志并盖	盖题"齐御史中/丞赫连公/故夫人间/氏之墓铭"	篆书	16	4
高建墓志并盖	盖题"齐故齐/沧二州/刺史高/公墓铭"	篆书	12	4
高百年妃斛律氏墓志并盖	盖题"齐故乐陵/王妃斛律/氏墓志铭"	篆书	12	3

墓主	题铭	书体	字数	行数
徐之才墓志并盖	盖题"齐故司徒/公西阳王/徐君志铭"	篆书	12	3
尧峻妻吐谷浑静媚墓志并盖	盖题"齐故尧公/妻吐谷浑/墓志之铭"	篆书	12	3
和绍隆墓志并盖（四角有铁环）	盖题"齐故东/徐州刺/史和公/墓志铭"	篆书	12	4
高百年墓志并盖	盖题"齐故乐/陵王墓/志之铭"	篆书	9	3
皇甫琳墓志并盖	盖题"齐顺阳/太守皇/甫公铭"	篆书	9	3
高肱墓志并盖	盖题"齐故仪/同公/孙墓志"	篆书	8	3
邢阿光墓志并盖	盖题"齐故是/连公妻/邢夫人"①	篆书	9	3
暴诞墓志并盖	盖题"齐故左/仆射暴/公墓铭"	篆书	9	3
刘双仁墓志并盖	盖题"齐故刘/使君墓/志之铭"	篆书	9	3
梁子彦墓志并盖	盖题"齐故仪/同梁公/墓志铭"	篆书	9	
赫连子悦墓志并盖	盖题"齐开府/仆射赫/连公铭"	篆书	9	3
张满泽妻郝氏墓志并盖	盖题"南阳张/君妻郝/夫人志"	篆书	9	3
刘悦墓志并盖	盖题"齐故泉/城王墓/志之铭"	篆书	9	3
尧峻墓志并盖	盖题"齐故仪/同尧公/墓志铭"	篆书	9	3
和绍隆妻元华墓志并盖（两侧有铁环）	盖题"齐故元/夫人墓/志之铭"	篆书	9	3

表3-8 北周

墓主	题铭	书体	字数	行数
若干云墓志盖	盖题"上开府仪/同三司任/成郡公若/干公墓志"	篆书	16	4
独孤藏墓志盖	盖题"大周金州刺史/武平公独孤使/郡之墓志"	篆书	16	3
崔宣默墓志并盖	盖题"魏故广平/王开府祭/酒崔宣默/墓志之铭"	篆书	16	4
崔宣靖墓志并盖	盖题"魏故秘书/郎中崔宣/靖墓志铭"	篆书	12	3
莫仁诞墓志	盖题"大周上开/府故莫仁/诞墓志铭"	篆书	12	3

① "夫人"二字简写成"夫"，仅见于此志。

墓主	题铭	书体	字数	行数
赵佺墓志并盖	盖题"开府仪同/风州刺史/尉迟墓铭"	篆书	12	3
宇文瓘墓志盖	盖题"大周仪/同建安/子之铭"	篆书	9	3
叱罗协墓志	盖题"大周开/府南阳/公墓志"	篆书	9	3
王钧墓志	盖题"太原王/史君墓/志之铭"	篆书	9	3
步六孤须蜜多墓志并盖	盖题"大周谯/国夫人/墓志铭"	篆书	9	3
韦孝宽墓志	盖题"周上柱/国郧襄/公墓志"	篆书	9	3
宇文瓘墓志	盖题"大周仪/同建安/子之铭"	篆书	9	3
独孤宾墓志	盖题"武阳简/公墓志"	篆书	6	2
莫仁相墓志	盖题"大周大/将军定/安公铭"	篆书	9	3

北魏《元焕墓志》志盖题铭分隔成 25 格，每个方格中阳刻篆字，分 5 行。亦有分 4 行者，如元湛、元悌、石育暨妻戴氏、陆希道、公孙猗、高建、赫连子悦妻间炫诸人墓志盖。志盖题铭的方格多为阳刻，而《长孙子梵墓志》志盖为阴文篆书，分 4 行，行 4 字。志盖题铭各例中 9 字分 3 行者最多，其中《邢阿光墓志》志盖题铭本应为"齐故是/连公妻/邢夫人铭"，可能为出于美观考虑，将"夫人"2 字合书成"夫"。与此情况相反，《杨顺妻吕法胜墓志》盖题正书"故恒农简公/第四子妇吕/夫墓志盖"，第 1、2 行虽各 5 字，但排列错乱，很明显第 3 行又夺"人"字，更显不整。偶有 8 字分 3 行，第 2 行中间作空格处理，如《穆彦墓志》盖题篆书"魏故穆/君之/墓志铭"3 行 9 格 8 字，第 2 行"君"与"之"间空一格。《杨乾墓志》盖题篆书"魏故清/水太/守墓志"亦 3 行 9 格 8 字，第 2 行"水"与"太"间空一格。"水"字笔画少，左右两笔各盘叠九绕，此法当为填满界格而设。《元寿安墓志》盖题篆书"魏侍中/司空元/公墓志"3 行 9 字，"中"字竖笔为了填满界格，盘曲折向十次，可见早期叠线篆风格之一斑。元玕、张宁、独孤藏墓志盖为同例，盖题篆书字间有空格。《元显魏墓志》盖题"魏故元使/君墓志铭"，篆书，8 字，2 行，与其他墓志盖题铭略微不同，行与行有间隔。《封君夫人长孙氏墓志》盖题篆书"长孙氏墓志"，3 行共 5 字，文字占石面的上半部，在志石中所仅见。北魏墓志盖安装铁环者不多，如元继、元寿安妃芦兰、辛祥志盖四角安铁环。傅竖眼墓志志盖两端安铁环。东魏、北齐时期的这种志盖有时采用两个或四个铁环。如东魏兴和三年（541 年）《元季聪墓志》；北齐河清三年

（564 年）《闾炫墓志》等。可能这种铁环数目上的差异与志盖的大小有关，也是一种等级区别①。所见西魏、北周的墓志盖亦有采用此类装饰形式，如：北周建德四年（575 年）《叱罗协墓志》；建德五年（576 年）《王钧墓志》等。

第三种，减地刻制长方形边框，内用篆书刻写阳文志铭。例如洛阳出土太和二十三年（499 年）《元简妃常氏墓志》，盖题"太保齐郡顺/王常妃志铭"，篆书，10 字，2 行，类似长方形碑额。又，正光六年（525 年）《李遵墓志》，盖题"魏故龙骧将军/洛州李史君/墓志"，篆书，13 字，3 行，各行类似长方形碑额，刻 6、5、2 字不等。前 2 行长方形碑额尺寸相同，第 3 行长方形碑额尺寸短，两字间隔稍大。此盖书迹有行距无间距，空间章法活泼有趣，字略呈扁方，随体大小，不拘一格。

第四种，志盖方格内阳文篆题，四周雕刻花纹，并有铁环。此类装饰美观，立体感强，层次分明。

表 3-9　　　　　　　　　　　　北魏

墓主	题铭	书体	字数	行数
元天穆墓志并盖（四角有铁环）	盖题"黄钺柱国/大将军丞/相大宰武/昭王墓志"	篆书	16	4
侯刚墓志并盖（四角有铁环）	盖题"魏侍中车/骑大将军/仪同三司/武阳公志"	篆书	16	4
胡明相墓志并盖（四角有铁环）	盖题"魏故胡/昭仪之/墓志铭"	篆书	9	3
尔朱袭墓志并盖（四角有铁环）	盖题"魏故仪/同尔朱/君墓志"	篆书	9	3
笱景墓志并盖（四角有铁环）	盖题"魏故仪/同笱使/君墓铭"	篆书	9	3
元诲墓志并盖	盖题"魏故司/徒范阳/王墓志"	篆书	9	3
张斌墓志并盖（中心有莲花）	盖题"大魏故/张使/君之铭"	篆书	8	3
宇文善墓志并盖	盖题"魏故使持节/车骑将军冀/州刺史/宇文公墓志"	篆书	18	4

---

① 赵超：《古代墓志通论》，北京：紫禁城出版社，2003 年版，第 99 页。

表 3-10 东魏

墓主	题铭	书体	字数	行数
姜夫人墓志并盖（中心有莲花）	盖题"魏故赵氏姜/夫人墓志铭"	篆书	10	2
尧荣妻赵胡仁墓志并盖	盖题"魏故尧/氏赵郡/君墓铭"	篆书	9	2

表 3-11 北齐

墓主	题铭	书体	字数	行数
高建妻王氏墓志并盖	盖题"齐故金/明郡君/墓志铭"	篆书	9	3

志盖面为题铭分隔成若干格，有的题铭字少，为整齐且观赏性强，空字一般留在中心位置作一种美化图案，如北魏《张斌墓志》盖题篆书"大魏故/张使/君之铭铭"3 行 9 格 8 字，前后 2 行各 3 字，中间 1 行 2 字，第 2 行"张"与"使"间空一格，为一莲花图案，似用莲花图案代替文字，方形格子周围与志盖四侧面均刻有云纹装饰。同样情况见东魏《姜夫人墓志》志盖题铭。值得注意的是雕刻花纹与安装铁环并用。

第五种，四周环刻文字，内有装饰图案，亦有铁环。如前所述既有文字又见莲花图案在志盖题铭中甚少。而《赵使君墓志》志盖①为此种情况的特殊之例。2009 年洛阳孟津朱仓一座北魏墓被发掘，出土标本 M60 时墓志被盗，仅残留墓志盖一方。志盖青石质，方形，盝顶，四侧面磨光，志盖面四角及中心各安铁环一个。而中部内环线刻有 5 个莲花图案，四周顺时针外环刻"魏故相州刺史赵使君迁窆北芒之墓志"16 字，每边 4 字。上边长 55.3 厘米、下边长 66.8 厘米、厚 12.3 厘米，铁环孔径 8.5 厘米。墓志盖四周环刻文字，至于目前仅此一例。

第六种，盖无题字全由纹饰装点。此类装饰性极强，具有美术化倾向。

表 3-12

北魏	题铭
冯邕妻元氏墓志并盖	盖无题字，有花纹
元谧墓志并盖	盖无题字，有花纹
元昭墓志并盖（边有四圆环）	盖无题字，有花纹

---

① 卢青峰等:《洛阳孟津朱仓北魏墓》,《文物》2012 年第 12 期,第 49—50 页。

北魏	题铭
元义墓志并盖	盖无题字，有花纹
元恩墓志并盖	盖无题字，有花纹
王悦暨妻郭氏墓志并盖	盖无题字，有花纹

第七种，盖素面无题字，仅有铁环。1979 年，洛阳出土《元昞墓志》志盖，素面，盖的四角有铁环，高 85 厘米、广 84 厘米。

2. 志侧装饰现象

志侧的装饰以蔓草纹、缠枝忍冬纹、变形忍冬纹以及奔兽为主。如北魏神龟三年（520 年）《元晖墓志》的志石四侧面减地阳刻"四神"，即青龙、白虎、朱雀、玄武四种神话动物，这四种动物合称"四神"或"四灵"。"四神"最早见于《曲礼》和《楚辞》，原是用于天文与军事方面的。至西汉淮南王刘安有四神配四方的正式说法，这种观念延至南北朝时仍盛行不衰。《元晖墓志》的四神构图与一般者不同，志石四侧均刻有相对的两个同样的神灵，以及形态各异的云纹。在青龙一面，云纹平静而舒展，与青龙矫健的姿态相应；在白虎的一面，云纹呈急速的反复旋涡状，仿佛虎在咆哮，致使四周气浪翻滚，两个白虎的中央刻了一枝莲花与忍冬；在朱雀的一面，云纹滚动富有节奏和韵律，与凤鸟安闲宽和的神韵相映成辉；在玄武的一面，略刻数朵祥云，外侧还刻有一只神兽，为羊首、狮身，羊蹄、狮尾，身有飞翼，头有独角，似是麒麟。志石四侧所刻图案，构图手法高超，雕刻精细优美，富有音乐感和运动感，是北朝墓志石中花纹图饰的最上乘者。孝昌二年（526 年）《元义墓志》，志盖刹与侧刻云气、火焰图案；志石四侧各刻有四位神像，共十六位。正光五年（524 年）《元谧墓志》四刹均刻卷草纹，当中刻一兽面。东魏、北齐墓志的志侧装饰，延续了北魏后期的手法。如东魏武定五年（547 年）《尧荣妻赵胡仁墓志》，盝顶形志盖的四刹刻有四神纹饰与莲花忍冬纹。武定八年（550 年）《郭钦墓志》四刹均刻莲花。

北周时期的志侧装饰，有些显得较为粗略，但装饰意味仍十分浓厚，图案的处理上亦有创新。如卒于北周建德四年（575 年）《段威墓志》，志侧图案是墓志装饰中别具风格的一例。此志盖四刹有四神；志身周边则刻十二生肖，背景采用象征的手法刻出了山和树，所刻动物也不求形似，意到而非笔到。宣政元年（578 年）《若干云墓志》，志盖四刹刻有莲花与朱雀组成的卷曲纹样，每边四组，每组有一只朱雀和一朵莲花；

志盖四侧刻有蔓草花纹，花瓣肥大，这些花纹均以单线刻成，显得甚为草率。同年刊刻的《独孤藏墓志》，志盖四刹刻十六组朱雀展翅纹；四侧又刻八组朱雀展翅飞跃图案，并饰以卷草、流云、连珠等纹；志石四侧刻十二生肖原形于壶门内，但排列顺序与现在不同。大成元年（579年）《独孤运墓志》的志盖装饰比较新颖，四刹采用减地刻忍冬花纹，细致匀称；志铭外侧加刻了一圈单线蔓草纹，与若干云志盖四侧的纹饰相近。

3. 装饰现象分析

墓志装饰是墓志的组成部分，能和墓葬中其他随葬品相对照，更直观地反映当时丧葬精神与社会风尚①。北朝墓志装饰变化较多，内涵丰富。

首先，志盖题铭文字装饰有其特征。从字体方面来看，志盖标题简介墓主地位身份，因其严肃典重，雕刻文字多用阳文，有界格，力求行列方正规整，字体以古为主，篆书为首选，比重最大，线条圆转流利，极富生动性与趣味性。就排列布局而言，盖文起首多标明朝代，如"魏故""齐故"；中间标明官职姓氏，如"东莞太守秦府君""使持节都督齐兖南青诸军事齐州刺史尚书左仆射司空赵公"；最后以"墓志铭"或"墓志"收尾。为了保持志盖布局方整的需要，以3行9字的九宫格布局为常见，程式化的痕迹较重。但亦有灵活使用的情况出现，如题铭中少则4字，多者10余字，25字以上的志盖实属罕见；起首朝代前有的加"大"，朝代后多数加"故"；中行有空格现象；结尾的"墓志铭"有的简为"墓铭"或"墓志"，甚至只留一个"墓"字，亦有加"之"成为"墓志之铭"或"之墓志铭"。刊刻的繁简，字数多少，或与墓主的地位身份有关。如此精心设计，达到了和谐完整的装饰效果。

其次，就纹饰装饰内容而言大致分为四类。

第一，儒学传统题材。北魏鲜卑统治者重视宣扬代表封建道德的儒家传统观念，他们以此来为推行"汉化"政策服务。另外，汉代儒家从神仙家那里继承过来的"四神"——即支配东西南北的方位神灵"青龙""白虎""朱雀""玄武"等，以及其他一些神异形象也极为常见。"四神"纹饰，具有标志方位，表现宇宙空间的象征意义，它又代表天上的神灵，具有辟邪作用。此种情况列表如下：

① 董淑燕：《隋唐墓志四神十二辰纹述论》，引自《碑林集刊》第十二辑，西安：陕西人民美术出版社，2006年版，第93页。

表 3-13

墓主	纹饰特点
元天穆墓志盖	志盖中篆题，4 行 16 字。志铭四周刻有青龙、白虎、朱雀、玄武四灵，背景衬有云气。四角有莲花四朵，外层有云纹
肃宗昭仪胡明相墓志盖	志盖中篆题，3 行 9 字。志铭四周刻有青龙、白虎、朱雀、玄武四灵，背景衬有云气。四角安有铁环，四刹衬有云纹
尔朱袭墓志盖	志盖中篆题，3 行 9 字。志盖四刹刻有青龙、白虎、朱雀、玄武四灵，单个出现，四灵上乘坐着仙人，羽带飞扬，背景衬有云气、树木等纹样。这些形象与后衬的云纹纹饰都十分精细生动，富丽幻象，精湛绝美
元恩墓志盖	盖无题字，中央一朵大莲花，四周刻有青龙、白虎、朱雀、玄武四灵。但四灵中的玄武身体为龟蛇合形，头部接合怪兽头像，其他三神添以羽翼
尧荣妻赵胡仁墓志并盖	志盖中篆题，3 行 9 字。志铭四周刻有青龙、白虎、朱雀、玄武四灵，背景衬有云气
高建妻王氏墓志盖	志盖中篆题，3 行 9 字。志铭四周刻有青龙、白虎、朱雀、玄武四灵，背景衬有云气。四角安有铁环，四刹衬有云纹
段威墓志	志盖四刹有四神，志身周边则刻十二生肖，背景采用象征的手法夹以山树云石，飞虎龙凤，纵刀豪放，生意盎然，古朴典雅，突现了强烈的北方民族艺术的风貌
元晖墓志志侧	志石四侧刻有四神，即青龙、白虎、朱雀、玄武，每侧各一对，两两相对，背景以云纹为饰，宽闲流动，富有节奏韵律，端丽而匀净，飘逸而飞荡。在缤纷灿烂的旋纹里，呈现出乐律和动感，美不胜收
若干云墓志	志盖中篆题，4 行 16 字。志盖四刹刻有莲花与朱雀组成的卷曲纹样，每边四组，每组有一只朱雀和一朵莲花。志盖四侧刻蔓草花纹，花瓣肥大
独孤藏墓志	志盖中篆题，3 行 16 字。志盖四刹刻十六组朱雀展翅纹，四侧又刻八组朱雀展翅飞跃图案，并饰以卷草、流云、连珠等纹。志石四侧刻十二生肖原形于壶门内，但排列顺序与现在不同
以上几方墓志志盖题铭装饰多为篆题，而志石的纹饰图案多以青龙、白虎、朱雀、玄武"四神"为主，亦有云纹装饰的传统题材	

　　第二，表现道家升仙思想和长生之术。自秦汉时起，封建统治者即崇尚道教、巫术和原始神话传说，生时图画神仙于明堂灵台，死后雕刻神仙于享祠墓室，以升仙为题材的绘画刻石极为盛行，魏晋南北朝时期延续了这一传统，以至于北朝时期墓志中亦有此类装饰内容出现。如尔朱袭墓志盖四灵上乘坐着仙人，羽带飞扬，背景衬有云气、树木等纹样；

元晖墓志志侧刻制青龙、白虎、朱雀、玄武，每侧各一对，两两相对，背景以云纹为饰，宽闲流动，富有节奏韵律，端丽而匀净，飘逸而飞荡，等等，尤为突出地表现了"得道成仙"与"羽化升仙"的思想。

第三，受佛教影响的天堂崇拜内容。洛阳北魏墓志装饰中有各种与佛教意识有关的火焰纹、忍冬纹、莲花纹及摩尼珠等纹样图案。除去佛教常用的莲花作为志石装饰外，从墓志纹饰中的云朵、花草等图案造型及雕刻技法上都可以反映出它与当时的佛教石刻造型艺术有着密切的联系。这些图案同样用来表现天神境界，在使用思想上应该还是出于中国古代把墓室看成一个小宇宙的传统意识。

第四，拜火教的天神思想。公元前500—600年，波斯国的先知者琐罗亚斯德（Zoroaster）因波斯人拜火旧俗倡导善恶二原说，言善神创造世界时先从无限光明引火，火生万物。善神清净而光明，恶魔污浊而黑暗，人宜弃恶就善，弃黑暗而趋光明。以火以光表示至善之神并崇拜之，故名拜火教。因拜光又拜星辰，中国人以为拜天，故名之曰"火祆"。拜火教传入早于元魏①。北魏"灵太后时（五一六年至五二七年），胡天神初列祀典，故废诸淫祀，而胡天神独不废，其崇重可知也"②。就今所见冯邕妻元氏、元谧、元昭、元乂、侯刚、笱景诸志志盖纹饰虽各有异，但包含神怪、动物、火焰、莲花或蟠龙、飞天等一些共同内容。他们或为皇孙，或与太后胡氏联姻，或受宠幸，其身世命运与太后密切相关。当朝廷废诸淫祀，尊胡天神之时，他们追随灵太后成为火祆教信徒是很可能的③。陈垣在谈到，《魏书》载灵太后吟诗中隐含祆教教义的成分时，曾言："《灵太后传》又言太后与肃宗幸华林园，宴群臣于都亭曲水，令王公以下各赋七言诗。太后诗曰：化光造物含气贞。帝诗曰：恭己无为赖慈英。玩太后诗，虽仅一句，然吉光片羽，已与火祆教光明清静之旨有合，何其巧也！"④ 以此观《冯邕妻墓志》等，也有文句可作类

① 唐长孺：《魏晋杂胡考》，引自《魏晋南北朝史论丛》，文言："《晋书》卷一〇七《石季龙载记下附石鉴》：'龙骧孙伏都、刘铢等结羯士三千，伏于胡天。'《隋书》卷七《礼仪志》二：'后主［北齐］末年，祭非其鬼，至于躬自鼓儛，以事胡天……后周欲招徕西域，又有拜胡天制，皇帝亲焉。'……可见胡天乃是西域之神，亦即是火祆教。"石家庄：河北教育出版社，2002年版，第400—401页。

② 陈垣著，吴泽主编，陈乐素、陈智超编校：《陈垣史学论著选·火祆教入中国考》，上海：上海人民出版社，1981年版，第112页。

③ 施安昌：《善本碑帖论集》，北京：紫禁城出版社，2002年版，第347页。

④ 陈垣著，吴泽主编，陈乐素、陈智超编校：《陈垣史学论著选·火祆教入中国考》，上海：上海人民出版社，1981年版，第112页。

比。如冯邕妻元氏志云："赫赫帝宗，与日比盛。光光后族，方月均暎。"
元义志云："派道天河，分峰日观，川岳合而为灵，辰昴散而成德。清明
内照，光景外融。"前例以日月比帝宗后族，后例与"化光造物含气贞"
同调，可视为祆教思想的曲折反映。《笱景墓志》的纹饰除存在祆教文化
因素外，还含有波斯——栗特艺术的题材与风格①。列表说明：

表 3-14

墓主	纹饰特点
冯邕妻元氏墓志盖	志盖：中央刻有一朵莲花，镶联珠纹一圈，莲花的周围缠绕着一条蟠龙，翻腾于云火之间。其首尾相间，有须、角、四足，足有四爪。盖顶四角各刻一形象怪异的神物，身披火焰，足生鹰爪。分别注明为：攫天、唅螭、拓仰、拓远。画面空处布满长而横式的云纹和短而立式的火焰纹。 志盖四刹：每面中间绘盛开的花朵，两边有二兽向中间奔跑，形式对称。有狮、牛、羊、马、狗、鹿、鹰、鸡等。 志盖侧面：刻有连续的变形忍冬纹，花纹复杂，布局周密，刻饰精美。 志石侧面：镌刻十四神，表现出北魏石刻艺术的极高水平。 上侧四神：挟石、发走、护攫天、唔石。 下侧四神：挠撮、掣电、欢喜、寿福。 右侧三神：乌攫、礔电、攫撮；羚羊和鹿分刻两旁，皆有双翼。 左侧三神：迴光、捅远、长舌；马和绵羊分刻两旁，亦有双翼
元谧墓志盖	志盖：中央刻莲花，外围双龙盘绕。下有一兽，面似狗，有双翼、鸟尾和爪，嘴衔一根三瓣叶子草。盖四角各有一朵莲花。以火焰纹补白，由八个正方形围成一圈
元昭墓志盖	墓志纹饰拓本仅见墓志顶部：当中为二龙托日，左、右、下三方各刻一神，上方刻二鸡对峙，四角有花四朵，非莲花。云纹、火焰纹作底
元义墓志盖	志盖：中央刻莲花，周围二龙屈曲盘绕，四角有莲花四朵
侯刚墓志盖	志盖：画井字格，中央篆题，4 行 16 字，志铭四周用线划分成八部分。四角为四个正方形，减地刻云纹，并安装了四个铁环。四边为四个长方形，各刻一组飞腾的神怪。长方形四角均饰莲花，外缘刻兽纹
笱景墓志盖	志盖：中央篆额，四角安有铁环，志铭外侧制成斜坡形的四刹，刹上衬有云纹，中部为一丛荷叶与盛开的莲花，摇曳有姿。两侧有人首鸟身的二神相对而立，男戴小冠居右，女盘发髻居左，均着汉人衣冠，褒衣缚带的两神手持一钵与莲花。下刻对称翼牛、翼犬各一，有羽尾。中为火珠形宝供，升腾着火焰，外围饰以花瓣与花叶。左右两侧各刻对称镇墓神兽一对，均间刻云纹。整个志盖的雕刻构图繁复美丽，刀法流畅圆熟，具有很高的艺术水平

---

① 施安昌：《善本碑帖论集》，北京：紫禁城出版社，2002 年版，第 368 页。

墓主	纹饰特点
元海墓志并盖	志盖:雕刻细致优美。其四刹分为上下两层,上层减地刻制变形云纹,下层减地刻有莲花、怪面、神鸟、神兽等图案。这种分层的繁缛纹饰。一直流传到唐代前期,是高级官员墓志的重要装饰
王悦暨妻郭氏墓志盖	盖无题字,中央刻一朵大莲花,四周刻有神怪,背景衬着云气。四角为四朵小莲花,外层有云纹
以上几方墓志纹饰虽各有异,但包含神怪、动物、火焰、莲花或蟠龙、飞天等一些共同内容	

北朝墓志文献研究 上

202

北朝墓志使用花纹装饰仅限于京城附近墓地出土的高层人士,没有形成像唐代那样的程式化,但已经形成了利用墓志装饰表现天地宇宙宗教概念的设计思想,包含了主要的墓志装饰方法,开创了隋唐时期墓志装饰的先河。其雕刻技艺与构图、形象等方面都具有其时代的特征,在艺术风格上与隋唐时期以及其他时代的纹饰有着明显的不同,表现出独特的北朝艺术风貌。它对于考古学研究中的时代判定、对于古代艺术研究及对于了解北朝时期外来文化与中原文化融合,从而形成新的文化思想面貌等方面的研究,都具有重要的参考价值[①]。

第二节 北朝墓志的定型与异型

墓志最初为一石,形制多样,大小、长宽、厚薄、方扁无定制。魏晋时期的墓志,根据形制和质料的不同,大体可以分为碑形志和墓砖志。至北朝时期墓志已基本定型为方型,但仍旧存在着一些异型墓志,如碑形,长方形,龟形等。赵超先生曾有精辟论述:"墓志在南北朝时期定型并在上层社会普遍使用。这个时期是一个社会变动激烈,文化融合与演变表现突出的时代,又是一个四分五裂,地方特征与民族特征都十分明显的时代。墓志恰逢这一时期正式定型,就使它的形制产生了既南北互相影响,有着统一特征,又各自区别,保持着一定地方特色的多样性。"[②]

---

① 赵超:《古代墓志通论》,北京:紫禁城出版社,2003 年版,第 102 页。
② 赵超:《古代墓志通论》,北京:紫禁城出版社,2003 年版,第 82 页。

一、北朝墓志的定型

（一）方形与覆斗形志石

根据已出土的北朝墓志来看，自北魏孝文帝迁都洛阳以后，中原地区使用的墓志基本定型，绝大多数已经采用了正方形或接近正方形的石质材料，志石制作规整，用以刻写铭文的正面以及四个侧面磨光。初期，一般只有志身，不设志盖。这显然是沿袭了砖志的形制特点。如《赵谧墓志》刻写于北魏宣武帝景明二年（501 年），在北魏墓志中属于较早的，志石长方形，志文有铭无序，反映了北魏墓志的早期风格。以后，为防止平置墓中的墓志刻文损坏，人们就在方形志石上再覆一石，被称作"盖"，盖一般被凿成覆斗形。这样逐渐产生了覆斗形的志盖与正方形的志身，形成一盒这种定型的墓志。如《崔鸿墓志》刊刻于北魏孝昌二年（526 年），墓志置于墓门口，正方形，边长 82 厘米，有盖，盝顶形。形制固定的墓志多为方形，一般由两块正方形石组成，上石为盖，下石为志，上下相合，谓之"一合墓志"。北魏人作墓志，人各一盒，有志有盖，即便是夫妻，也无例外。而刻于神龟二年（519 年）的高道悦夫妇墓志实为殊例，将本应是高夫人的墓志盖，镌刻了高道悦的生平、事迹，12 行文字以作铭记，与夫人李氏志铭合而为一。志曰："亡考，常侍使君以太和中薨，虽先有铭记，而陈事不尽。今以荼蓼重被，沉疴再阐，旧山停水，改卜漳东。因此动际，追立志序，即携之于上盖，取父天母地之议，故不别造铭石耳。""取父天母地之议"实为奇思妙构。同样，刻制于神龟二年（519 年）《崔宾媛墓志》亦为典型的覆斗形的志盖与正方形的志身的一盒定型墓志。志盖覆斗形，上边长 54.5 厘米、下边长 67 厘米。盖正视右侧斜边竖题正书 2 行，计 36 字。盖上详细记载墓志家系信息，计 476 字。志石正方形，边长 67 厘米，志石首题：魏故南赵郡太守李府君夫人崔氏墓志铭，正书，1075 字。此款为墓志形制固定的方形覆斗形的一个特例，一是墓志形体大，文字多。志石记载墓主崔宾媛的生平事迹。二是志盖殊非常规地以长文详列其家系。三是志盖右侧又以大字正书题首，在诸多出土墓志中亦属罕见。覆斗形墓志在中国古代墓志中，尤其是北朝到宋代墓志中占有相当大的比例。

（二）北朝墓志形制阐释

石刻的外形与装饰具有很高的研究价值。世界上很多国家都使用墓志，而中国的墓志与之有别。首先，中国的墓志均埋于墓内。其次，自南北朝以来，大多数墓志做成覆斗形，反映了中国古代"天人合一"的宇宙观念。《尸子》云："上下四方曰宇，往古来今曰宙。"宇宙观是人类对宇宙的认识和认知体系。中国古代宇宙观是基于阴阳、四方、五行、八卦等概念的庞大体系。对其认识，典型的是"盖天说"，把"地"看成一个方形的平面，把"天"看成一个圆球形的盖子，"天"圆的盖子覆盖在"地"的平面上。在此认识的基础上，人们将自己日常生活领域，如房屋、宫殿，甚至墓葬建筑，都和宇宙概念联系起来。《老子》曾言"人法地，地法天，天法道，道法自然"①，这种思想在先秦已形成，至汉代得以普及。如周人的祭天坛多有方丘、圜丘的建制。方丘为祭地祇的方形祭坛；圜丘为圆形祭天神的祭坛。《周礼·春官宗伯第三·大司乐》："凡乐，圜钟为宫，黄钟为角，大蔟为徵……冬日至，于地上之圜丘奏之。"疏："土之高者曰丘……圜者，象天圜。"均为"天圆地方"观念的体现。如20世纪80年代初发现于辽宁朝阳的红山文化祭坛遗址，其整体建筑布局和构造特征与上述引文所描述的周代社坛建筑几乎完全相合。整个遗址位于大凌河岸边一个称作东山嘴的近水高台地之上，几座先后出现的圆形祭坛分布于遗址的南侧，一座方形祭坛位于遗址的北侧。又见陕西西安汉代阳陵罗经石建筑遗址，四周是回廊，中心埋设一块石头，上圆下方。模仿人生在世的宇宙环境，创制一个缩小了的象征性的地下宇宙，亦是"天圆地方"②观念在墓葬中的应用。由于建筑材料和建筑技术的限制，人们就用覆斗形的顶来代替穹顶。所以自西汉末年至南北朝时期，墓室内采用覆斗形顶或穹窿顶的十分多见。出土葬品有些纹饰代表四神，有些墓顶画着星象图画，表现了小小墓室，上接天空，下触大地，体现了阴阳五行概念的宇宙模型。这种概念，也融入汉代的画像石创作中：墓室的上端有星象、星图、四神，天神、仙人等；四壁表示地面上的人间，有宴饮图、车马出行图、历史人物故事以及人们生产生活的情景画③。在古代的墓葬中还发现有式④，实际上亦

---

① 《老子·道德经》上篇，引自《诸子集成》第四册，石家庄：河北人民出版社，1986年版，第14页。

② "天圆地方"最早出现于战国时代的文献；位于人民广场的上海博物馆新馆建成于1996年，新馆建筑由方体基座、巨型圆顶及拱型出挑组成，形如铜鼎，暗合中国天圆地方的宇宙观。

③ 巫鸿认为，什么是"天堂"呢？基督教的"天堂"，可以是地上伊甸园或天上的神国，佛教的"天堂"可以是阿弥陀佛的净土或三界诸天。汉代艺术中的"天堂"观念和"天堂"图像则远不如此明确。引自[美]巫鸿著，郑岩、王睿编，郑岩等译：《礼仪中的美术——巫鸿中国古代美术史文编》，北京：生活·读书·新知三联书店，2005年版，第243页。

④ 式是古代数术家占验时日的一种工具，或称式盘、占盘，皆非古代名称。

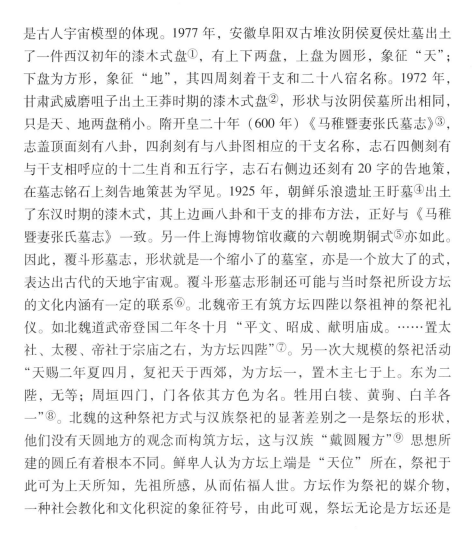

是古人宇宙模型的体现。1977 年，安徽阜阳双古堆汝阴侯夏侯灶墓出土了一件西汉初年的漆木式盘①，有上下两盘，上盘为圆形，象征"天"；下盘为方形，象征"地"，其四周刻着干支和二十八宿名称。1972 年，甘肃武威磨咀子出土王莽时期的漆木式盘②，形状与汝阴侯墓所出相同，只是天、地两盘稍小。隋开皇二十年（600 年）《马稚暨妻张氏墓志》③，志盖顶面刻有八卦，四刹刻有与八卦图相应的干支名称，志石四侧刻有与干支相呼应的十二生肖和五行字，志石右侧边还刻有 20 字的告地策，在墓志铭石上刻告地策甚为罕见。1925 年，朝鲜乐浪遗址王旴墓④出土了东汉时期的漆木式，其上边画八卦和干支的排布方法，正好与《马稚暨妻张氏墓志》一致。另一件上海博物馆收藏的六朝晚期铜式⑤亦如此。因此，覆斗形墓志，形状就是一个缩小了的墓室，亦是一个放大了的式，表达出古代的天地宇宙观。覆斗形墓志形制还可能与当时祭祀所设方坛的文化内涵有一定的联系⑥。北魏帝王有筑方坛四陛以祭祖神的祭祀礼仪。如北魏道武帝登国二年冬十月"平文、昭成、献明庙成。……置太社、太稷、帝社于宗庙之右，为方坛四陛"⑦。另一次大规模的祭祀活动"天赐二年夏四月，复祀天于西郊，为方坛一，置木主七于上。东为二陛，无等；周垣四门，门各依其方色为名。牲用白犊、黄驹、白羊各一"⑧。北魏的这种祭祀方式与汉族祭祀的显著差别之一是祭坛的形状，他们没有天圆地方的观念而构筑方坛，这与汉族"戴圆履方"⑨ 思想所建的圆丘有着根本不同。鲜卑人认为方坛上端是"天位"所在，祭祀于此可为上天所知，先祖所感，从而佑福人世。方坛作为祭祀的媒介物，一种社会教化和文化积淀的象征符号，由此可观，祭坛无论是方坛还是

① 王襄天、韩自强：《阜阳双古堆西汉汝阴侯墓发掘简报》，《文物》1978 年第 8 期，第 12—31 页，附图版贰、叁。
② 甘肃省博物馆：《武威磨咀子三座汉墓发掘简报》，《文物》1972 年第 12 期，第 9—23 页，附图版肆、伍。
③ 田中华：《隋马稚墓志铭释读》，引自《碑林集刊》第三辑，西安：陕西人民美术出版社，1995 年版，第 43—46 页。
④ ［日］原田淑人、田泽金吾：《乐浪：五官掾王旴の坟墓》，东京：东京刀江书院，1930 年版。
⑤ 严敦杰：《跋六壬式盘》，《文物参考资料》1958 年第 7 期，第 20—23 页。
⑥ 马新宇：《试论北朝墓志题铭的文化蕴涵及书体的装饰性问题》，引自《中国当代书法理论家著作论丛·北方书法论丛》，北京：中国社会出版社，2006 年版，第 90 页。
⑦ 《魏书》卷一百八《礼志》，北京：中华书局，1974 年版，第 2735 页。
⑧ 《魏书》卷一百八《礼志》，北京：中华书局，1974 年版，第 2736 页。
⑨ ［汉］刘安：《淮南子·本经》，引自《诸子集成》第十册，石家庄：河北人民出版社，1986 年版，第 120 页。

圆坛，都兼具礼天和礼地的功能。把墓志造成缩小的方坛形状，寄哀、爱、祭、祷于其中。北朝最著名的云冈、龙门石窟文化遗迹中，亦有一定数量顶部凿刻成覆斗形的石窟留存，许是"天位"所在，佑福人世思想的体现。墓志定型也似任何一种器物形制的形成一样，都经历了一个逐渐演化的过程，而墓志定型于北朝，必有着内在与外在的双重原因，此为"厚人伦而一风化"① 之举。

（三）北朝墓志的构成

1. 志盖

《语石》云："碑用额，志用盖，此常例也。……凡墓石出土，其盖往往缺失，十不存五。"② 赵万里《集释》记，南朝墓志中缺盖者有3例：宋《刘怀民墓志》梁《萧敷墓志》及《敬太妃王氏墓志》。赵先生推测，出土实物最早的志盖为北魏《元简妃常氏墓志盖》，是太和二十三年（499 年）以后③。此观点逐渐被考古发掘中新出土的实物所推翻。1992 年 9 至 10 月，内蒙古自治区乌审旗毛乌素沙漠南端出土大夏二年（420 年）《田夓墓志铭》，即大夏国纪年墓志铭④。此志铭呈方砖样，边长 54 厘米、厚 5 厘米，分上下两函。上函无字，下函阴刻 6 行隶书，共 53 字。每字涂以朱砂，此为考古发掘中出土较早的墓砖志盖。广平李氏家族李缉等 5 人砖志⑤，1998 年出土于南京东郊吕家山西南麓 3 座东晋墓葬中。1 号墓主为抚军参军、湘南乡侯李缉及夫人陈氏；2 号墓主为抚军参军、宜都太守李篆及其夫人武氏、何氏；3 号墓主为中军参军李摹。李摹墓志上有志盖性质的刻字砖，砖面中央刻有两个"晋"字，上下相对。墓志砖正面"晋故中军参军广平郡广平县李摹，字仲山"；砖

① ［宋］王称：《东都事略》卷二，南京：江苏广陵古籍刻印社，1991 年影印本。

② ［清］叶昌炽撰，王其祎校点：《语石》卷四，沈阳：辽宁教育出版社，1998 年版，第 102 页。

③ 赵万里：《集释》，北京：科学出版社，1956 年版。

④ 《内蒙古发现大夏国纪年墓志铭》，《内蒙古社会科学》1993 年第 1 期，第 88 页（摘自《内蒙古日报》1992 年 12 月 25 日第 1 版）；《内蒙古首次发现大夏国墓群》，《内蒙古社会科学》1993 年第 5 期，第 95 页；上海博物馆：《草原瑰宝——内蒙古文物考古精品》，上海：上海书画出版社，2000 年版，刊登了墓志铭拓片；［日］三崎良章：《"大夏纪年墓志铭"に见ぇる"大夏二年"の意味》，《早稻田大学本庄高等学院研究纪要》第 20 号，2002 年 3 月。"大夏二年"迄今存在两种说法：一是公元 408 年，《草原瑰宝——内蒙古文物考古精品》采用此说法；另一种是公元 420 年，《内蒙古发现大夏国纪年墓志铭》《内蒙古首次发现大夏国墓群》《"大夏纪年墓志铭"に见ぇる"大夏二年"の意味》采用该说法。笔者同意公元 420 年之说。

⑤ 王志高、张金喜、贾维勇：《南京吕家山东晋李氏家族墓》，《文物》2000 年第 7 期，第 21—35 页；王志高、胡舜庆：《南京出土东晋李氏家族墓志》，《书法丛刊》2000 年第 4 期，附拓片图版和录文。

侧面"升平元年十二月廿日丙午"，晋穆帝升平元年，即公元357年。此砖与墓志砖相扣，为后世志盖的雏形。赵超先生认为，现知最早的有盖墓志如北魏正始二年（505年）二月十七日《寇臻墓志》，志盖上书："幽郢二州寇使君墓志盖"①。而马子云先生以"洛阳邙山出土之太和廿八年（按：应用"廿"年）《南安王元桢墓志》，志石四周边缘凹下半寸许，且首行无标题，标题刻于盖上，惜此盖已佚"为由，推知刊刻于太和二十年（496年）《元桢墓志》为"方志有盖之始"②。殷宪先生在《北魏平城书法综述》一文中记载："孝文帝延兴六年（476年）的《陈永夫妇墓砖铭》并盖……墓铭由两块精美的青砖刻制而成。铭面略凹，四周带框。框宽约3厘米，高不足1厘米，上下框为平面，左右框则呈锯齿形。盖砖与铭面相扣部分平整而微凸，左右亦为锯齿形，上下咬合。"③ 如此，止于目前由新出土的实物可知，北朝最早的有盖墓志是北魏孝文帝延兴六年陈永夫妇墓志砖。

前已叙述大多墓志志盖中央以篆体书刻死者姓氏官职（多为谥官）文字四周刻有纹饰；亦有作楷书及隶楷书者，四周不加纹饰；亦仅刻纹饰或素面无饰者。

覆斗形志盖因盝顶有刹面，情况较为特殊。第一，志盖盝顶为素面或刻写文字。如北魏永平四年（511年）《元囧墓志》志盖呈长方形，盝顶素面，长57厘米、宽48厘米。孝昌二年（526年）《染华墓志》志盖呈正方形，边长43厘米，盝顶素面。北周宣政元年（578年）《宇文瓘墓志》志盖呈覆斗形，顶边长、宽各48厘米，底边长、宽各57厘米，顶面减底阳刻篆书"大周仪同建安子之铭"，3行9字，四刹素面。第二，志盖盝顶刹或侧面刻字。北魏《崔宾媛墓志》志盖为盝顶形，上边长54.5厘米、下边长66厘米，盖正视右侧斜边竖题正书2行36字"神龟二年岁次己亥四月庚戌朔十二日辛酉，魏故南赵郡太守李府君夫人崔氏墓志铭盖"。《裴良墓志》的志盖为盝顶形，边长66厘米，刻有裴良家庭成员情况。这些文字是分两次刊刻的。裴良卒于东魏孝静帝天平二年（535年），初葬于绛县其父裴保欢墓附近，志石文字亦刻于此时。可能志石文字太多，家庭成员情况只好刻在志盖盝顶的各个刹面上。妻子赵氏卒后，夫妇二人于北齐后主武平二年（571年）合葬，

① 赵超：《古代墓志通论》，北京：紫禁城出版社，2003年版，第52页。

② 马子云：《碑帖鉴定浅说》，北京：紫禁城出版社，1986年版，第66页。

③ 殷宪：《北魏平城书法综述》，《东方艺术》2006年第12期，第6—47页。

这时距裴良墓志最初写刻已 36 年，其家庭成员情况也有了很多变化，需再作交代，于是补刻在志盖盝顶侧面。第三，志盖阳、阴面均有刻字。李敬族卒于东魏武定五年（547 年）十一月十四日，十二月廿一日安厝旧里。隋开皇五年冬十月五日、十一月廿五日两次诏赠，于开皇六年正月卅日改葬，刻写墓志，志盖阳面"隋故开府仪同三司定州刺史安平李孝公墓志铭"，志盖阴面刻写墓主的生平事迹，该志文为李敬族子李德林所撰。

志盖作用有三：一是覆于志身上，对志文起到保护作用。二是志盖上刻有图案纹饰，具有装饰美化的效果。三是志盖上刻墓志标题，如同碑额，形式庄重严肃，内容简洁鲜明，对墓主姓氏身份一目了然。

2. 志石

志石为墓志的主要部分，作为刻制墓志铭的载体。一块志石又可分为志阳、志阴、志侧。

（1）志阳

志石的正面，刻有正文，称为墓志铭，包括志传文和志铭文。普遍情况为一石勒一志。就志文字数而言，北魏时期一石勒一志的长铭大志不在少数，如《元延明墓志》全文 1895 字；《元祉墓志》全文 1674 字；《元义墓志》全文 1571 字。但也有特例。如北魏《元淑墓志》《赵盛夫妻墓志》《李达暨妻张氏墓志》《长孙季墓志》均为夫妻二人的合志；东魏《间伯昇暨妻元仲英墓志》、北齐《尉标暨妻王金姬墓志》、北周《匹娄欢暨妻尉迟氏墓志铭》，均为一石勒二志。如《尉标暨妻王金姬墓志》，志石尺寸高 85 厘米、宽 85 厘米，38 行，满行 38 字，全文 1345 字，其中尉标墓志文 944 字，王金姬墓志文 401 字。

（2）志阴

志阳的反面称为志阴。一般而言，志文刻在志阳，倘若志文较长，志阳容纳不下，就续刻于志阴内。《语石》云："墓石皆无阴。惟《刁魏公志》既于铭后书其夫人高氏所自出，（父咸阳文公允）复系其昆弟子姓于阴，为墓石之变例。"[1] 今所见墓志并阴者为数不少，如西晋《司马馗妻王氏墓志》，铭文志阳容纳不下，续刻于志阴。北魏《元倱墓志》志阴详载倱五世祖以下祖妣名位，及倱窆葬时间。韩震、李璧诸志志阴均列曾祖考妣以降名位。亦有《元淑墓志》志阴保持墓志撰作及书写者姓名；《穆绍墓志》志阴有花纹；北齐《尔朱元静墓志》，因志文较长，

① ［清］叶昌炽撰，王其祎校点：《语石》，卷四，沈阳：辽宁教育出版社，1998 年版，第 100 页。

志阳容纳不下，故刊刻于志阴内。志阴刊字约占三分之二，下部空处，大字刊写"墓志之铭"。

（3）志侧

志盖或志石的侧面称为"志侧"。大多是空白或用以刊刻题名。也有因志文较长，志阳、志阴两面容纳不下，而刊刻在志侧。《语石》云："《王僧志》'沧州刺史王僧墓志铭'九字，皆真书，不题盖，而在于志石之侧。魏《曹琮志》，铭后一行书妻钜鹿魏氏，父安东将军瀛州骠骑府长史曲阳男，又记其子四人、女七人及子之妻族、女所适之族，共四行，皆转而刻于左侧。"[1] 北魏孝昌元年（525年）《裴谭墓志》志石左侧刻写裴谭之妻及二子五女情况；永熙三年（534年）《傅竖眼墓志》，志石左侧刻写志文7行；北齐天统四年（568年）《宋休墓志》由于志石石面空间有限抑或计算志文字数有误，志文内容未能全部书刻于志石正面，而是有一部分刻在志石一侧，此部分亦有界格，共14行，满行4字，第11行处有纵裂纹，损3字。又见北周《独孤浑贞墓志》因志阳容纳不下志文内容，就刊在志石左侧，记载了独孤浑贞余下三子的名字与官职。

二、北朝墓志的异型

（一）碑形志

由于禁碑，使原应竖于地面的墓碑，不得不在形制上作一些改变，作为墓志埋入地下。墓志的发展，在东汉、魏、西晋时期经历了一个碑志融合的转变期，出现了一种集墓碑和墓志于一体的碑形志，且以石质材料为主。止于目前出土碑形志的历史已追溯至东汉末年。1991年，河南偃师南蔡庄出土的东汉建宁二年（169年）《肥致碑》；1973年，山东高密住王庄出土的东汉熹平四年（175年）《孙仲隐墓志》。罗振玉《石交录》云："晋人墓志，皆为小碑直立圹中，与后世墓志平放者不同，故无盖而有额。若徐君夫人菅氏、若处士成君、若晋沛国张朗三石，额并径属ムム之碑，其状圆首，与汉碑形制正同，惟大小异耳。"[2] 西晋时期的碑形志数方，如元康三年（293年）《裴祗墓志》[3]，高43厘米、宽20厘米、厚4厘米。元康八年（298年）《赵氾墓表》[4]，高84.5厘米、

---

① ［清］叶昌炽撰，王其祎校点：《语石》卷四，沈阳：辽宁教育出版社，1998年版，第100页。

② 罗振玉：《罗振玉学术论著集》（第三集）《石交录》，上海：上海古籍出版社，2020年版，第263页。

③ 黄明兰：《西晋裴祗和北魏元昄两墓拾零》，《文物》1982年第1期，第70—71页，附图。

④ 新出原石、初拓，香港中文大学文物馆藏石。

宽 38.5 厘米。元康九年（299 年）《徐义墓志》①，长方碑形，圭首方跌，高 93 厘米、宽 52 厘米。永康二年（301 年）《刘宝墓志》② 长方碑形，圆首，高 44 厘米、宽 22 厘米、厚 5.5 厘米。永嘉元年（307 年）《王浚妻华芳之铭》，高 131 厘米、宽 57 厘米。从现有材料看，西晋时期贵族阶层使用的墓志，基本上是做成缩小了的墓碑形状，下面有座，碑身上端做成圆首或圭首，铭文自右向左竖行刻写在碑阳，竖立放置于墓室中。这种墓志形制虽然在江南被名义上继承了华夏正统的东晋王朝继续使用，但实物出土并不多，仅见南京出土东晋太宁元年（323 年）《谢鲲墓志》，高 60 厘米、宽 16.5 厘米，制成圆首小碑形，覆斗形碑座，碑额有穿③。还有江苏吴县出土太宁三年（325 年）《张镇夫妇墓志》④，碑圆首，有跌，作盝顶式，额正背皆有穿，但未刻透。志石高 68.1 厘米、宽 29.5 厘米、厚 13.5 厘米。

十六国时期，北方还保存着使用碑形志的习俗，主要出土于西北地区，如 1975 年甘肃武威赵家磨村出土了一件较为罕见的前凉墓志。原石作碑形，上圆下方。志石高 37 厘米、宽 26.5 厘米、厚 5 厘米。带方形莲花座，座高 9 厘米、长 40 厘米、宽 18.2 厘米。圆首额题"墓表"，是建元十二年（376 年）《梁舒及妻宋华墓表》。清末光绪年间与 20 世纪 70 年代，陕西咸阳先后出土了后秦弘始四年（402 年）的吕宪、吕他墓表。《吕宪墓表》圆首碑形，石质，有长方形碑座。墓表本体高 66 厘米、宽 34 厘米，碑额横排阴刻隶书"墓表"二字，铭文竖排阴刻隶书 35 字。《吕他墓表》，原石形状也是带碑座的圆首小碑型，通高 65 厘米、厚 9 厘米，上宽 32.5 厘米、下宽 34 厘米。原石竖立于墓室中。圆形碑额中央横排阴刻隶书"墓表"，铭文竖排阴刻隶书 35 字。1972 年出土于新疆吐

① 蒋若是、郭文轩：《洛阳晋墓的发掘》，《考古学报》1957 年第 1 期，第 169—185 页，附图版壹、贰、叁、肆；赵芝莲：《洛阳西郊晋墓的发掘》，《考古》1959 年第 11 期，第 606—610 页；陈直：《晋徐美人墓石考释》，《河南文博通讯》1980 年第 1 期，第 25—27 页；胡顺利：《晋徐美人墓石考释补说》，《江汉考古》1986 年第 1 期，第 90 页。

② 胡新立：《西晋刘宝墓志》，《书法艺术报》1994 年 12 月 16 日第 3 版；同文亦见《书法丛刊》2007 年第 3 期，第 20—22 页；佟柱臣：《喜见中国出土的第一块乌丸石刻》，《辽海文物学刊》1996 年第 2 期，第 8—14 页。

③ 南京文物保管委员会：《南京戚家山东晋谢鲲墓简报》，《文物》1965 年第 6 期，第 34—36 页；王去非、赵超：《南京出土六朝墓志综考》，《考古》1990 年第 10 期，第 943—951、960 页；南京市博物馆：《南京出土六朝墓志》，北京：文物出版社，1980 年版。

④ 邹厚本：《东晋张镇墓碑志考释》，《文博通讯》1979 年第 27 期；罗宗真：《六朝考古》，南京：南京大学出版社，1994 年版，第 152 页，附图版 13—2。

鲁番阿斯塔那大凉承平十三年（455年）《且渠封戴墓表》①制作精巧，表头为半圆形，表高43.5厘米、宽26厘米、厚4.4厘米；下有长方形基座，座高13厘米、宽35厘米、厚16厘米。可见在墓中安放小碑形状的墓表这种丧葬习俗是沿袭了晋代的做法。起因于东晋时期，河西一带曾长期遥奉东晋的中央政权，使用晋朝正朔，中原的文人世族迁移此处避难，造成河西地区当时的经济文化繁荣，随之礼仪制度也有所影响与保留。这种墓志形制，又随着这里的居民迁徙传播到各地。1965年在辽宁朝阳发现北魏早期《刘贤墓志》是说明这种文化传播的最好例子。该志作小碑形，志石高103厘米、宽30.4厘米、厚12厘米，螭首，碑额刻写"刘成主之墓志"，下有龟座。1987年在辽宁朝阳又发现北魏皇兴二年《张略墓志》，高87厘米、宽30厘米，形制接近西晋《赵氾墓表》和后秦《吕他墓表》，立置墓中。其发现为接续墓志本身的发展演变过程提供了一个重要环节。

这种仿照碑式的墓志形制在北朝时期还有所遗存。如太和廿二年（498年）《元偃墓志》，高68.7厘米、宽35.5厘米，志形长方，近下端处不镌一字，疑葬时直立圹中，如小碑之式②。正始元年（504年）《封和突墓志》为碑形，志石高42厘米、宽33、厚8.3厘米；座长42厘米、宽25.5厘米、高15厘米。正始四年（507年）《奚智墓志》，高56.5厘米、宽39.3厘米，"此志如小碑之式，与晋荀岳志同式，乃直立圹中者。知元魏时尚沿用此式"③。永平四年（511年）《元侔墓志》，高47厘米、宽29.6厘米，志石竖立，有座，与晋世诸志同。北齐偶见碑形志，如天保七年（556年）《柳子辉墓志》，高121.5厘米、宽52.5厘米、厚13.5厘米。另外，不但墓志外形作碑形者，而且墓志有额，为数甚少亦珍贵，仅有太和八年（484年）《司马金龙墓志》，圆首碑形，石质，有座。墓志石高71厘米、宽56厘米、厚14.5厘米；墓志座长59.8厘米、宽16.5厘米、厚19.8厘米。墓志额题篆文"司空琅琊康王墓表"8字。铭文楷书，阴刻，66字。同墓出土另有墓表一件，铭文同志，墓表石高

---

① 新疆博物馆：《新疆出土文物》，北京：文物出版社，1975年版，图52；周伟洲：《试论吐鲁番阿斯塔那且渠封戴墓出土文物》，引自《西域史地论集》，兰州：兰州大学出版社，2012年版，第37—44页；侯灿：《大凉且渠封戴墓表考释》，《新疆社会科学研究》1984年第11期；新疆文物考古研究所：《阿斯塔那古墓群第十次发掘简报》，《新疆文物》2000年第3—4期合刊，第84—128页；侯灿、吴美琳：《吐鲁番出土砖志集注》上册，成都：巴蜀书社，2003年版，第3—6页。

② 赵万里：《集释》四，元偃墓志考证，北京：科学出版社，1956年版，第25页。

③ ［清］缪荃孙：《丙寅稿》，奚智墓志考释。

64.2 厘米、宽 45.7 厘米、厚 10.5 厘米；座长 47 厘米、宽 14.4 厘米、厚 13 厘米。太和廿三年（499 年）《韩显宗墓志》，高 55.5 厘米、宽 32.8 厘米，额阳文篆书题"魏故著作郎韩君墓志"，3 行，行 3 字。永平元年（508 年）《元淑墓志》，额题"魏元公之墓志"，高 79 厘米、宽 43 厘米、厚 8 厘米。永平元年（508 年）《王垣奴墓志》，额题"魏故广阳靖公王使君之墓志"，高 106 厘米、宽 53 厘米。孝昌二年（526 年）《李谋墓志》，高 75.5 厘米、宽 49 厘米，额题"大魏故介休县令李明府墓志"，正书，6 行 12 字。孝昌三年（527 年）《王怀本墓志》，额题"魏故王公墓志"，正书，2 行 6 字，圭首，高 56 厘米、宽 32 厘米。普泰元年（531 年）《贾瑾暨子晶墓志》，高 93 厘米、宽 57 厘米，额题"贾散骑之墓志"正书，3 行 6 字，为北魏后期之作，仍作碑式已愈发少见。北齐武平三年（572 年）《张洁墓志铭》，圭首碑形，石灰石质，志石通高 73 厘米（含榫）、宽 32 厘米、厚 7 厘米，额题"齐故张君墓志铭"，正书，7 字。武平五年（574 年）《陈三墓志铭》，志石呈碑状，螭首方趺，额长 33 厘米、宽 50 厘米，镌"陈三墓铭"，楷书，4 字。志石长 63 厘米、宽 41 厘米。北朝以后亦有碑形志出现，数量更少，仅见几例，如隋开皇八年（588 年）《淳于俭暨妻孟氏墓志》，志高 95 厘米、宽 40 厘米。唐宋出土墓志中碑形志虽偶有所见，但数量极少。清代叶昌炽对碑形志作过解释："盖志石高不过二三尺，横亦如之。圹中为地甚隘，所容止此，故其为文，不过略叙生平梗概，使陵谷变迁，后人可以识其墓处，觇其行诣而已。若文繁，即不能大书深刻，刻之亦易致磨泐，固与神道碑、墓表、墓碣据事直书，畅所欲言者，其例各殊矣。"[①]

表 3-15　　　　　　　　　　北朝出土碑形志录

碑形志名称	刻制时间	碑形志文情况	碑形志尺寸	出土时间/地点藏地
元偃墓志	北魏太和二十二年(498)年十二月二日	志文 9 行，行 16 字，计 127 字，正书。志形长方，近下端处不镌一字	高 68.7 厘米宽 35.5 厘米	1926 年河南洛阳城北高沟瀍水西岸藏地不详

① 　[清]叶昌炽撰，王其祎校点：《语石》卷四，沈阳：辽宁教育出版社，1998 年版，第 95 页。

碑形志名称	刻制时间	碑形志文情况	碑形志尺寸	出土时间/地点藏地
封和突墓志	北魏正始元年(504)四月	志文12行,满行12字,142字,正书。石质极好,书刻俱佳,铭文完好如初	志石高42厘米 宽33厘米 厚8.3厘米 底座长42厘米 宽25.5厘米 高15厘米	1980年 山西大同小站村花圪塔台 大同市博物馆
奚智墓志	北魏正始四年（507）三月十三日	志文14行,行17字,计222字,正书。此志为小碑之式,与晋荀岳志同式,乃直立圹中者	高56.5厘米 宽39.3厘米	1926年 河南孟津西20公里田沟南岭 西安碑林博物馆
元倪墓志	北魏永平四年（511）十一月五日	志石阳、阴均刊刻文字。志文13行,行19字,正书。志石竖立,有座	高47厘米 宽30.5厘米	1926年 河南洛阳城北40里陈凹 辽宁省博物馆
柳子辉墓志	北齐天保七年（556）十二月三日	志文23行,满行19字,计423字,正书。此志石为碑形	高121.5厘米 宽52.5厘米 厚13.5厘米	1960年 山西太原双塔郑村 藏地不详
司马金龙墓志	北魏太和八年（484）十一月十六日	圆首碑形,石质,有座。墓志额题篆文"司空琅琊康王墓表"8字。志文10行,计66字,楷书,阴刻。同墓出土另有墓表一件,额题篆文8字,志文10行,楷书,铭文同志	志石高71厘米 宽56厘米 厚14.5厘米；墓志座长59.8厘米 宽16.5厘米 厚19.8厘米 墓表石高64.2厘米 宽45.7厘米 厚10.5厘米；座长47厘米 宽14.4厘米 厚13厘米	1965年 藏地不详 《文物》1972年第3期
韩显宗墓志	北魏太和二十三年(499)十二月二十六日	额阳文篆书题"魏故著作郎韩君墓志",3行,行3字。志石18行,行24字,计418字,正书	高55.5厘米 宽32.8厘米	同治年间（一说为光绪十六年,即1890年） 河南洛阳城西北水口村 北图藏拓

214

碑形志名称	刻制时间	碑形志文情况	碑形志尺寸	出土时间/地点藏地
王埋奴墓志	北魏永平元年（508）六月八日薨，十一月六日	额题"魏故广阳靖公王使君之墓志"，12字。志石492字，正书	高106厘米宽53厘米	出土时间不详河南洛阳洛阳张赫坤藏志
元淑墓志	北魏永平元年（508）十一月十五日	额题"魏元公之墓志"，6字。志文20行，满行27字，计554字，正书	高79厘米宽43厘米厚8厘米	1984年山西大同小南头乡东王庄大同市博物馆
李谋墓志	北魏孝昌二年（526）二月十五日	额题"大魏故介休县令李明府墓志"，6行12字。志文18行，行20字，计314字，正书	高75.5厘米宽49厘米	1892年山东安丘山东省博物馆
王怀本墓志	北魏孝昌三年（527）五月二十四日	圭首额题"魏故王公墓志"，正书，2行，6字。志文12行，满行19字，正书	高56厘米宽32厘米	2000年河南洛阳
贾瑾暨子晶墓志	北魏普泰元年（531）十月十三日	额题"贾散骑之墓志"正书，3行，6字。志文24行，行30字，凡678字。此为北魏后期之作，仍作碑式	高93厘米宽57厘米	1891年山东长山北大图藏拓端方旧藏
逢哲墓志	北齐武平二年（571）十月十日	圭首碑形，石灰石质，额题"逢君铭"3字，志文16行，满行22字，楷书	高54厘米宽36厘米	1909年山东益都①潍县郭氏旧藏
张洁墓志铭	北齐武平三年（572）三月十八日	圭首碑形，石灰石质，额题"齐故张君墓志铭"，正书，7字。志文14行，满行24字	志石通高73（含榫）厘米宽32厘米厚7厘米	出土时间、地点、藏地不详
陈三墓志铭	北齐武平五年（574）正月十二日	志石呈碑状，螭首方趺，额镌"陈三墓铭"，楷书，4字。志文阳刻14行，行20字，阴刻5行，行13字	额长33厘米宽50厘米志石长63厘米宽41厘米	1989年山东济南八里洼小区济南市博物馆

---

① 李森:《北齐逢哲墓志出土地点辨正》,《文物春秋》2010年第4期,第59—61页。

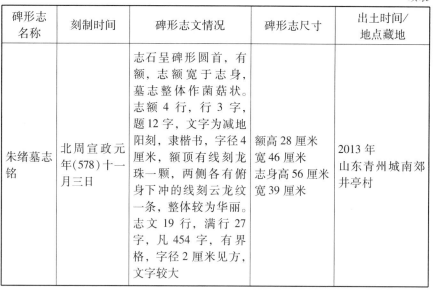

碑形志名称	刻制时间	碑形志文情况	碑形志尺寸	出土时间/地点藏地
朱绪墓志铭	北周宣政元年(578)十一月三日	志石呈碑形圆首,有额,志额宽于志身,墓志整体作菌菇状。志额4行,行3字,题12字,文字为减地阳刻,隶楷书,字径4厘米,额顶有线刻龙珠一颗,两侧各有俯身下冲的线刻云龙纹一条,整体较为华丽。志文19行,满行27字,凡454字,有界格,字径2厘米见方,文字较大	额高28厘米宽46厘米志身高56厘米宽39厘米	2013年山东青州城南郊井亭村

（二）砖志

作为古代建筑构件的重要组成部分,砖伴随着春秋战国大型建筑的出现而产生,并经过数千年的衍生而发展。在砖瓦等建筑材料上刻记死者的姓名身份,据目前考古发现始于秦代徒刑瓦文。汉徒刑砖铭可看作是秦代志墓瓦铭的发展。除徒刑砖铭外,考古发现汉是砖铭志墓兴起期,在陕西、河南、广东、湖北、四川、辽宁、云南、内蒙古等地均有发现,成为贯穿南北的现象①。如收藏于西安秦砖汉瓦博物馆出土于陕西洪洞县的汉4字、12字、16字和32字铭文砖,分别为"践此万岁""海内皆臣,岁登成熟,道毋饥人""海内皆臣,岁登成熟,道毋饥人,践此万岁"。此外该馆还藏有《论语》32字砖"君子有九思,视思明,听思聪,色思温,貌思恭,言思忠,事思敬,疑思问,忿思难,见得思义"②。三国以后,砖铭志墓的流行区域有了显著的变化,即从东汉时普遍兴起,

① 广东省文物管理委员会:《三年来广州市古墓葬的清理和发现》,《文物参考资料》1956年第5期,第21、23页;中国科学院考古研究所洛阳工作队:《东汉洛阳城南郊的刑徒墓地》,《考古》1972年第4期,第6页;黄士斌:《汉魏洛阳坟场调查记》,《考古通讯》1958年第6期,第42—43页;杨豪:《广东韶关市郊古墓发掘报告》,《考古》1961年第8期,第436页;辽宁省博物馆文物工作队:《辽宁盖县九垅地发现东汉纪年砖墓》,《文物》1977年第9期,第93页;许玉林:《辽宁盖县东汉墓》,《文物》1993年第4期,第54—70页;韩维龙、李全立、史磊:《河南淮阳北关一号汉墓发掘简报》,《文物》1991年第4期,第34—46页。
② 西安秦砖汉瓦博物馆共收藏历代精品一千余件,馆内陈列展示的古砖有三百余件,包括素面砖、画像砖、刑徒砖、吉语条砖、年号条砖和铭文方砖等。

转变为两晋南朝在南方特别兴盛。叶昌炽云："北方多埋幽之碣。自唐以前，东南风气未开。江浙间新出墓志，多刻于砖，间亦用石。"① 关于江南使用文字墓砖的情况，清代学者冯登府《浙江砖录》、陆心源《千甓亭古砖图释》、孙诒让《温州古甓记》等书中收集了大量江浙一带出土的东汉魏晋时期的文字墓砖。其文字简单，大多是一些吉语、纪年以及墓主姓名等。砖志中有些可能是使用建筑墓室的砖块，有些可能是特地烧制的大型砖块，因为东汉以后江南一带就流行着制作文字墓砖的风俗，如此由小型碑形志向砖志这种改变是有所基础的。如南京出土刊刻于东晋永和四年（348 年）《王兴之及妻宋和之墓志》（砖志两面刻）②；永和十二年（356 年）《高崧夫人谢氏墓志》及太和元年（366 年）《高崧墓志》③、升平二年（358 年）（卒）《王闽之墓志》；升平三年（359 年）《王丹虎墓志》，太元二十一年（396 年）《谢琰及妻王氏砖志》④ 等，从不够全面的出土材料来看，更多的东晋墓志是使用长方形砖或石制成，尺寸大小并没有固定的标准。南朝刘宋永初二年（421 年）《谢珫砖志》⑤，共有 6 块，分置棺床前左右两壁的底部，单面阴刻文字，6 块砖上的文字合拼而成完整的墓志；元嘉二年（425 年）《宋乞墓志》，砖志 3 块。从目前发掘情况看，设墓志的墓葬，绝大部分为从京洛南渡，祖籍在山东、河南的士族，其初衷为设志以待子孙迁葬旧茔，故墓志多不讲究。这些墓砖铭是正式墓志定型前的一种过渡形式⑥。1992 年 11 月，辽宁锦州市凌河区出土了一件十六国时期前燕《李廆砖志》，这是迄今唯一有准确纪年的前燕墓葬。1999 年，甘肃酒泉丁家闸出上了西凉嘉兴二年（418 年）《李超夫人尹氏墓表》，这是至今发现的唯一一件十六国时期女性的碑形砖志。墓表由碑首、碑身、碑座三部分组成，均为砖质，碑首下部有两个凹槽，当是与碑身连接的榫槽。碑首高 9.8 厘米、宽 24 厘米、厚 3.1 厘米。其上自右而左竖排阴刻 6 行 12 字铭文。碑身由于盗

① ［清］叶昌炽撰，王其祎校点：《语石》卷二，沈阳：辽宁教育出版社，1998 年版，第 42 页。

② 南京市文物保管委员会：《南京人台山东晋兴之夫妇墓发掘报告》，《文物》1965 年第 6 期，第 26—33 页，附图版壹、贰。

③ 王志高、张金喜、贾维勇：《江苏南京仙鹤观东晋墓》，《文物》2001 年第 3 期，第 4—40 页。

④ 南京文物保管委员会：《南京象山东晋王丹虎墓和二、四号墓发掘简报》，《文物》1965 年第 10 期，第 29—45 页；袁俊卿：《南京象山 5 号、6 号、7 号墓清理简报》，《文物》1972 年第 11 期，第 23—41 页，附图版伍、陆；南京博物院：《江苏溧阳果园东晋墓》，《考古》1973 年第 4 期，第 227—231 页。

⑤ 华国荣：《南京南郊六朝谢珫墓》，《文物》1998 年第 5 期，第 4—14 页。

⑥ 赵超：《古代墓志通论》，北京：紫禁城出版社，2003 年版，第 83 页。

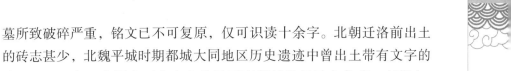

墓所致破碎严重，铭文已不可复原，仅可识读十余字。北朝迁洛前出土的砖志甚少，北魏平城时期都城大同地区历史遗迹中曾出土带有文字的砖瓦。1965 年，大同市区东南六公里石家寨村的司马金龙墓，有墓志、墓表出土的同时，还发现了大量带有文字的模制墓砖，砖长 33 厘米、宽16.5 厘米、厚 6 厘米。砖文为"琅琊王司马金龙墓寿砖"，文字一律刻在砖的小侧面上，长 16.5 厘米、宽 6 厘米。另一种模制砖文是 1993 年在大同市西南 32 公里的怀仁县北七里村（现属朔州市）的丹阳王墓发现的。墓道地面铺以双虎团莲纹和花草纹砖，墓室则多以供养排俑、忍冬纹、龙雀纹等各种纹饰的墓砖砌之，文字砖只是其中一种。此砖长约 36厘米、宽 18 厘米、厚 6 厘米。砖文皆为"丹扬王墓砖"。这两种模制砖文，都是肃穆峻整的隶书。1995 年在大同城西南金属镁厂工地还出土了"宿光明家"墓砖，长 28 厘米、宽 15.5 厘米。1997 年，大同市城南智家堡村北沙场发现了"王羌仁家"墓砖，长 26 厘米、宽 13 厘米，4 字竖排。2000 年于同地出土了明元帝拓跋嗣永兴元年（409 年）的"王斑"和"王礼斑妻舆"墓砖。"王斑"残砖长 15.5 厘米、宽 16.5 厘米、厚 4.5 厘米；"王礼斑妻舆"砖长 28 厘米、宽 13.3 厘米、厚 4.5—5 厘米。此等模制砖文、砖文铭刻，均为不经意之作，而非正式砖志。后陆续有较为正式的砖志出土，但数量甚少。《陈永夫妇墓砖志》刊刻于北魏延兴六年（476 年），1995 年大同市阳高县马家皂乡强家营村出土，高29 厘米、宽 14.5 厘米、厚 6 厘米，刻字 4 行，凡 45 字。《宋绍祖墓砖铭》刊刻于北魏太和元年（477 年），2000 年大同市南郊区曹夫楼村马铺山出土，长 30 厘米、宽 15 厘米、厚 5 厘米，阴刻 3 行 25 字。《盖天保墓砖铭》刊刻于北魏太和十六年（492 年），2005 年大同城东南出土，长 30 厘米、宽 15 厘米、厚 5 厘米，铭文分两部分，前为小字，3 行，计55 字；后为 4 个大字，字径 4—5 厘米。北魏迁洛后，洛阳邙山地区出土的砖志除东汉徒刑砖外，其他砖志并不多见，其数量与石质墓志相比不足百分之一。现将出土的北朝砖志罗列如下：

表 3-16　　　　　　　　　　**北朝出土砖志录**

砖志名称	刻制时间	砖志文情况	砖志尺寸	出土时间/地点
天兴三年八月砖	北魏天兴三年（400）八月	砖面 1 行湿刻 6 字 行书	不详	出土时间不详《中国砖铭》图版 656

砖志名称	刻制时间	砖志文情况	砖志尺寸	出土时间/地点
万纵□及妻樊合会塚墓砖记	北魏太延二年（436）四月九日	砖面3行，行字不等，凡21字，正书	长29厘米 宽13厘米	出土时地不详 北图藏拓
叱干渴侯墓砖铭	北魏天安元年（466）十一月二十六日	灰色素面条砖，阴刻3行，凡35字	长27.2厘米 宽14.2厘米 厚4.5—4.7厘米	2001年 山西大同东面6里御河东岸迎宾大道
鱼玄明墓铭	北魏皇兴二年（468）十一月十九日	4行，行9字，凡35字，正书	长34厘米 宽17厘米	出土时间不详 《中国砖铭》图版662
王源妻曹氏墓记砖	北魏延兴三年（473）十一月八日	3行，行约10字，可辨20余字，正书	不详	出土时间不详 《中国砖铭》图版664
陈永夫妇墓砖铭	北魏延兴六年（476）	刻字4行，足行13字，凡45字。墓铭由两块精美的大青砖刻制而成。下为铭砖，铭面略凹。四周带框。框宽约3厘米，高不足1厘米，上下为平框，左右则呈锯齿形。上为盖砖，与铭面相扣部分平整而微凸，左右亦为呈锯齿形，与铭砖之锯齿相啮合。铭砖和盖砖上侧分别刻有两组精美的忍冬纹饰，极富装饰性	长29厘米 宽14.5厘米 厚6厘米	1995年 山西大同阳高县东马家皂乡强家营村
刘安妙娥墓砖铭	北魏太和元年（477）十一月二十日	3行，行字不等，凡25字，正书	长34厘米 宽18厘米	民国年间 河南洛阳
宋绍祖墓砖铭	北魏太和元年（477）	墓砖灰色，正反面均无纹饰。在砖的一面阴刻3行，凡25字，字径约3厘米，隶书。字上涂朱色	长30厘米 宽15厘米 厚5厘米	2000年 山西大同水泊寺乡曹夫楼村东北雁北师院

砖志名称	刻制时间	砖志文情况	砖志尺寸	出土时间/地点
杨众庆墓砖铭	北魏太和八年（477）十一月	4件,青灰色,形状与普通墓砖相同,一端模印忍冬花纹。砖平面上细线阴刻边框,框内用竖线界格分行,内刻铭文。第1件最完整,界格为纵长方形式样,阴刻铭文4行,行17—18字,凡71字,字径2—2.5厘米,书体属隶体略具楷意。第2件刻铭内容与1完全相同,但似未刻完即废弃。还有2件铭砖残块,保存文字亦为第1、2件中所见。4件实为同一内容的墓砖铭	长31—33厘米宽15厘米厚5厘米	2001年山西大同城南七里村
魏将奴墓砖铭	北魏太和九年(485)卒	无首题,共3行,行6或2字不等	长36.5厘米宽17.5厘米	2000年河南洛阳偃师
董富妻郭氏墓砖铭	北魏太和十二年（488）二月三十日	刻砖铭二块,凡21字。此砖上有烧制时印上的手印	一块砖长26.5厘米宽13.3厘米厚6厘米另一块砖长28.5厘米宽15厘米厚5厘米	1996年河南洛阳
王阿赠墓砖铭	北魏太和十四年（490）九月二十三日葬	不详	不详	出土时间不详陕西西安
屈突隆业墓砖志	北魏太和十四年（490）十一月三日	文阴刻2行,行字不等,凡18字,正书	长29厘米宽15.5厘米厚4—4.5厘米	2001年山西大同二电厂东南变电所
阳成惠也拔砖志	北魏太和十四年(490)	残文3行,存20字	长17.5厘米宽15厘米厚4厘米	2005年见于大同市井间
吕凤砖志	北魏太和十五年（491）五月十五日	不详	不详	1936年河南洛阳东北八里唐寺门村《检要》P49

砖志名称	刻制时间	砖志文情况	砖志尺寸	出土时间/地点
盖天保墓砖铭	北魏太和十六年（492）三月十七日葬	墓砖表面稍加磨光。铭文分两部分，前为小字，3行又1字，字径2厘米许，凡55字；后为"盖兴国父"4个大字，字径4—5厘米，"盖"字最大，长6厘米，凡59字，隶书，铭文深刻而填朱	长30厘米宽15厘米厚5厘米	2005年山西大同城东南拓本见于市井间
石定姬墓砖铭	北魏太和十九年（495）九月□日	两面刻，正面1行4字；背面3行，行7至9不等，凡28字，正书	长28.5厘米宽13.8厘米	出土时间不详河北唐县《专门名家·广仓专录》第2集
惠□□墓砖铭	北魏太和二十年（496）十一月七日	2行，凡15字，正书	长25厘米宽12.5厘米	出土时间不详《中国古代砖刻铭文集》（下）P157
李徐墓砖铭	北魏太和二十一年（497）二月三日	砖面刻3行，行字不等，凡19字，正书。又尾刻篆书2字	不详	出土时间不详《中国砖铭》图版667
未玄庆墓砖铭	北魏太和二十二年（498）	砖面刻2行，行10字，凡14字，正书	不详	出土时间不详《中国砖铭》图版668
苏贯闺砖铭	北魏太和二十三年（499）六月二日	砖面刻4行，行字不等，凡16字，正书	长18厘米宽17.5厘米	出土时间不详《专门名家·广仓专录》第2集
姚齐姬墓砖铭	北魏太和二十三年（499）七月二十八日	砖的背面压印着粗绳纹，正面有阴文铭文"廉凉州妻姚齐姬墓太和廿三年岁次己卯七月廿八日记"，2行，第1行"廉凉州妻姚齐姬墓"字大；第2行"太和廿三年岁次己卯七月廿八日记"字明显变小，凡23字，正书	长33厘米宽15厘米	1986年内蒙包头土右旗萨拉齐镇北
栗妙朱墓砖铭	北魏太和二十三年（499）十月十三日	砖面刻4行，行字不等，凡33字，正书	长31.5厘米宽14.5厘米	出土时间不详《雪堂专录·专志徵存》P4

砖志名称	刻制时间	砖志文情况	砖志尺寸	出土时间/地点
李诜墓砖铭	北魏太和二十三年（499）十二月二十五日	砖面刻6行，行4至8字不等，凡15字，正书	不详	1957年山西曲沃县秦村
玄□姬墓砖铭	北魏太和二十三年（499）	砖面刻2行，行8字，凡35字，正书	长25厘米宽13厘米	出土时间不详《中国砖铭》图版669
张林长墓砖铭	北魏景明三年（502）二月六日	砖面刻3行，行字不等，凡17字，正书	长25厘米宽12.5厘米	出土时间不详《中国砖铭》图版672
赵续生墓砖铭	北魏景明三年（502）八月十三日	砖面刻3行，行字不等，凡23字，正书	长29厘米宽16厘米	出土时间不详《中国砖铭》图版673
员标墓砖铭	北魏景明三年(502)	志砖正面7行，行16字，正文不全，似别有志砖，今已不存。志砖右侧1行15字，凡131字，正书	长36厘米宽16.5厘米厚6厘米	1964年宁夏彭阳县彭阳乡姚河村
许和世墓砖铭	北魏正始元年（504）十二月十三日	志砖刻6行，行5字至9字不等，凡38字，正书	长27厘米宽29厘米	出土时间不详《中国砖铭》图版674
□墓砖铭	北魏正始元年（504）十二月□四日	志砖刻3行，行8字左右，凡12字，正书	不详	出土时间不详《中国砖铭》图版675
鄪月光墓砖铭	北魏正始二年（505）十一月二十七日	砖面刻4行，行9至10字不等，凡35字，正书	长45.8厘米宽23厘米	1931年河南洛阳城东30里天皇岭
孙氏墓砖铭	北魏正始三年（506）二月十九日	砖面刻3行，行字不等，凡19字，正书	长21厘米宽14.5厘米	出土时间不详《检要》P63
杨贵姜墓砖铭	北魏正始四年（507）三月十四日	砖面刻3行，行字不等，凡21字，正书	长30厘米宽15厘米	出土时间不详《中国古代砖刻铭文集》（下）P159
张洛都墓砖铭	北魏正始五年（508）五月十七日	砖面刻2行，行字不等，凡13字，行书	长33厘米宽16厘米	出土时间不详《中国砖铭》图版678

北朝墓志文献研究 上

砖志名称	刻制时间	砖志文情况	砖志尺寸	出土时间/地点
□墓砖铭	北魏永平二年（509）五月十四日	两面刻，凡存13字，正书	长26厘米 宽12.5厘米	出土时间不详 《中国砖铭》 图版679
赵光墓砖铭	北魏永平二年（509）十月十一日	砖面刻2行，行字不等，凡15字，正书	长23厘米 宽14厘米	出土时间不详 《中国古代砖刻铭文集》（下） P160
元德墓砖铭	北魏永平二年（509）十一月十一日	砖面刻4行，行字不等，凡38字，正书	长28.3厘米 宽13厘米	1916年 河南洛阳城北姚凹村
李道胜墓砖铭	北魏永平三年（510）一月二十四日	砖面刻3行，行字不等，凡37字，正书	长28.3厘米 宽12.5厘米	1926年 河北涿县南关
马阿媚墓砖铭	北魏永平四年（511）二月十八日	砖面刻4行，行字不等，凡28字，正书	长28.5厘米 宽17.5厘米	出土时间不详 甘肃
靳彦姬墓砖铭	北魏延昌元年（512）十月十五日	砖面刻4行，行字不等，凡22字，正书	长30厘米 宽27厘米	出土时间不详 《中国古代砖刻铭文集》（下） P161
王文爱及妻刘江女墓砖铭	北魏熙平元年（516）三月四日	三面刻，正面4行，行9字；背面3行，行存8字；侧1行9字，凡66字，正书	长35厘米 宽17厘米 厚5.5厘米	出土时地不详 北图藏拓
王遵敬及妻薛氏墓砖铭	北魏熙平元年（516）九月八日	砖面刻3行，行5至8字不等，凡19字，正书	长33厘米 宽17厘米 厚7.4厘米	出土时地不详 北图藏拓 故宫博物院
刘颜墓砖铭	北魏熙平元年（516）十月四日	砖面刻9行，行14字至26字不等，凡176字，正书	长34.3厘米 宽34厘米	清光绪年间 河北保定望都县东关外
元延生墓砖铭	北魏熙平元年（516）十一月二十一日	砖面刻4行，行9字，凡30字，有界格，正书	长27厘米 宽14.3厘米	1926年 河南洛阳姚凹村北
高阿速墓砖铭	北魏熙平二年（517）二月九日	砖面刻3行，行存字不等，凡15字，正书	长20厘米 宽17厘米	出土时地不详 北图藏拓

砖志名称	刻制时间	砖志文情况	砖志尺寸	出土时间/地点
张雷墓砖铭	北魏熙平二年（517）六月二日	砖面刻2行，行字不等，凡12字，正书	长26.5厘米宽14厘米厚4厘米	出土时地不详《雪堂专砖·专志徵存》P4
刘荣先妻马罗墓砖铭	北魏神龟二年（519）七月五日	砖面刻3行，行字不等，凡19字，正书按：在汉徒刑砖背面刻制	高23.5厘米宽22厘米厚11厘米	出土时间不详洛阳北邙山洛阳王木铎藏拓
达法度墓砖铭	北魏正光元年（520）八月十四日	砖面刻3行，行字不等，凡16字，正书	高23厘米宽16厘米	出土时间不详河北定县
段华息妻范氏墓砖铭	北魏正光二年（521）五月二十一日	砖面刻3行，行字不等，凡18字，正书	高25.5厘米宽12厘米	出土时地不详《中国砖铭》图版685
尹弍和墓砖铭	北魏正光三年（522）四月二十三日	砖面刻3行，行字不等，凡24字，正书	高30厘米宽14.5厘米	出土时间不详河北
姬伯度墓砖铭	北魏正光四年（523）五月二十四日	砖面刻3行，行6字至8字不等，凡21字，有竖界栏，正书	长31.5厘米17.5厘米	出土时地不详《中国砖铭》图版688
平琭显妻李贞姬墓砖铭	北魏正光四年（523）十月	砖面刻3行，行5至6字不等，凡16字，正书	长15厘米宽14.5厘米	出土时间不详北图藏拓
王僧玉妻杜延登墓砖铭	北魏正光五年（524）	砖面刻3行，行7至8字不等，凡17字，正书	长31厘米宽15厘米	出土时间不详《中国古代砖刻铭义集》（下）P164
元伏生妻舆龙姬墓砖铭	北魏孝昌二年（526）十二月二十日	砖面刻3行，行5至8字不等，凡20字，正书	长28厘米宽15.2厘米	出土时间不详河南洛阳邙山《中国砖铭》图版690
张神龙息□□墓砖铭	北魏孝昌三年（527）七月十九日	砖面刻3行，行3至10字不等，凡20字，正书	长33厘米宽15厘米	出土时地不详《中国砖铭》图版690
鲍必墓砖铭	北魏建义元年（528）	砖面刻2行，行字不等，凡9字，正书	长24厘米宽15.5厘米	出土时间不详《雪堂专砖·专志徵存》P5

砖志名称	刻制时间	砖志文情况	砖志尺寸	出土时间/地点
王舒墓砖铭	北魏永安三年(530)九月十一日	砖面刻7行,行7至8字不等,凡50字,正书	长36.8厘米宽36.8厘米	出土时间不详河南洛阳邙山
沈起墓砖铭	北魏永安四年（531）四月二十二日	砖面刻3行,行字不等,凡36字,正书	长26厘米宽12.5厘米	出土时间不详《检要》P186
郑胡墓砖铭	北魏太昌元年（532）十二月□□日	两面刻,正面2行,第1行8字,第2行6字,计14字;背面竖刻14栏,铭文占12栏,末尾空白2栏,每栏内4至8字不等,71字（包括残损不清的4字）,凡85字,有竖界栏,正书	长36厘米宽17厘米厚6厘米	60年代出土80年代征集河南开封朱仙镇老谭家寨村
李爱妇赵树墓砖铭	北魏永兴二年（533）九月七日	砖面刻2行,凡16字,隶正兼书	长30.6厘米宽15厘米厚5.5厘米	出土时间不详河南洛阳汉魏故城
吴名桃妻郎□墓砖铭	北魏时期(386—534)制三月二十七日	砖面刻4行,行存6字,凡18字,正书	不详	出土时间不详《中国砖铭》图版679
辅保达墓砖铭	北魏时期(386—534)制	砖面刻2行,行2字;左侧1行4字;右侧1行1字,凡8字,正书间隶书	长32.5厘米宽16.5厘米厚6厘米	出土时间不详《中国古代砖刻铭文集》（下）P164—165
杨氏墓砖铭	北魏时期(386—534)制	压模阳文,魏书,一为"杨氏世世吉昌";另为"杨氏大吉"。字迹清晰,保存完整	长33厘米宽17厘米厚6.5厘米	1989年陕西华阴县五方村杨氏墓茔
定州中山郡□□妻墓砖铭	北魏时期(386—534)制	砖面刻2行,行字不等,凡14字,正书	长30厘米宽15厘米	出土时间不详《中国古代砖刻铭文集》（下）P166
韩无忌墓砖铭	北魏时期(386—534)制	砖面刻2行,凡6字,正书	长35.5厘米宽17.5厘米厚4.5厘米	1998年河南洛阳东郊白马寺镇大杨树村北砖厂

砖志名称	刻制时间	砖志文情况	砖志尺寸	出土时间/地点
矫军妻王氏墓砖铭	北魏时期(386—534)制	砖面刻3行,行4字,凡12字,正书	不详	出土时间不详《中国砖铭》图版956
来僧护夫妻墓砖铭	北魏时期(386—534)制	砖面刻存2行,行2至8不等,凡存9字,正书	不详	出土时间不详《中国砖铭》图版960
李荣妻郎山晖墓砖铭	北魏时期(386—534)制	砖面刻2行,行3至8字,凡12字,正书	不详	出土时间不详《中国砖铭》图版964
刘夫生女墓砖铭	北魏时期(386—534)制	砖面刻2行,行4字,凡8字,正书	长33厘米宽16厘米	出土时间不详《中国砖铭》图版958
刘平头妻傅双之墓砖铭	北魏时期(386—534)制	砖面刻2行,行5字,凡10字,正书	不详	出土时间不详《中国砖铭》图版971
刘谭刚墓砖铭	北魏时期(386—534)制	砖面刻2行,行5至6字,凡11字,正书	长28厘米宽16厘米	出土时间不详《中国砖铭》图版964
孟珎妻焦氏墓砖铭	北魏时期(386—534)制	砖面刻2行,行4至5字,凡9字,正书	长28厘米宽13.6厘米厚5.8厘米	出土时间不详《中国砖铭》图版970 1952年后藏故宫博物院
裴僧仁墓砖铭	北魏时期(386—534)制	砖面刻1行4字,正书	长34厘米宽16厘米	出土时间不详《循园金石文字跋尾》卷上 P9
宿光明墓砖铭	北魏时期(386—534)制	砖面刻1行4字,正书	长31厘米宽16厘米厚6厘米	1995年山西大同西南
王羌仁墓砖铭	北魏时期(386—534)制	砖面刻1行4字,正书	长31厘米宽16厘米厚6厘米	1997年山西大同东南智家堡
晏崇妻墓砖铭	北魏时期(386—534)制	砖面刻2行,行4字,凡存8字,正书	不详	出土时间不详《中国砖铭》图版961

226

砖志名称	刻制时间	砖志文情况	砖志尺寸	出土时间/地点
杨难受、杨敬德墓砖铭	北魏时期（386—534）制	砖面刻 2 行，行 5 字，凡 10 字，正书	不详	出土时间不详《中国砖铭》图版 967
赵国墓砖铭	北魏时期（386—534）制	砖面刻 1 行 5 字，正书	不详	出土时间不详《中国砖铭》图版 955
张保妻墓砖铭	东魏元象元年（538）三月十七日	砖面刻 2 行，行字不等，凡 16 字，正书	长 32.5 厘米宽 14.5 厘米	出土时间不详《中国古代砖刻铭文集》（下）P168
王立周妻□敬妃墓砖铭	东魏兴和二年（540）闰五月九日	砖面刻 3 行，行字不等，凡 23 字，有竖界栏，正书	长 25 厘米宽 16 厘米	出土时间不详《中国古代砖刻铭文集》（下）P168
范思彦墓砖铭	东魏兴和三年（541）一月二十九日	砖面刻 5 行，行 5 字至 10 字不等，凡 31 字，有竖界栏，正书	长 31 厘米宽 33.5 厘米	出土时间不详《中国砖铭》图版 700
贾尼墓砖铭	东魏武定二年（544）一月二十八日	砖面刻 4 行，行字不等，凡 46 字，有竖界栏，正书	长 29 厘米宽 14 厘米	出土时间不详《中国砖铭》图版 703
张氏妻赫连阿妃墓砖铭	东魏武定二年（544）十月四日	砖面刻 3 行，行字不等，凡 24 字，有竖界栏，正书	长 24 厘米宽 15 厘米	出土时间不详《雪堂专砖·专志微存》P6
罗家娣訾要墓砖铭	东魏武定二年（544）十一月三日	砖面刻 3 行，行字不等，凡 16 字，正书	长 14.5 厘米宽 13 厘米	出土时间不详《中国古代砖刻铭文集》（下）P169
吕光墓砖铭	东魏武定二年(544)	砖面刻左 2 行，行字不等，凡 8 字，正书	长 31 厘米宽 13.5 厘米	出土时间不详《中国砖铭》图版 704
可足浑桃杖墓砖铭	东魏武定四年（546）九月二十一日	砖面刻 7 行，行 10 至 12 字不等，凡 72 字，正书	不详	出土时间不详（近）河北临漳县《中国古代砖刻铭文集》（下）P169

砖志名称	刻制时间	砖志文情况	砖志尺寸	出土时间/地点
乔贰仁墓砖铭	东魏武定五年（547）二月二十日	砖面刻3行,行字不等,凡12字,正隶间书	长23厘米宽16厘米	出土时间不详《中国古代砖刻铭文集》（下）P169
王显明墓砖铭	东魏武定六年（548）四月十五日	砖面刻2行,行9字,凡14字,正书	长23厘米宽16厘米	出土时间不详《中国砖铭》图版705
丁今遵墓砖铭	东魏武定七年（549）七月二十六日	砖面刻3行,行5、6字,凡13字,正书	不详	出土时间不详《中国砖铭》图版706
石绍妻王阿妃墓砖铭	东魏武定八年（550）一月二十日	砖面刻2行,行字不等,凡15字,正书	不详	出土时间不详顾燮光旧藏《中国砖铭》图版695
蒋黑墓砖铭	西魏大统七年(541)	砖面刻2行,行字不等,凡11字,正书	长25.5厘米宽11.5厘米厚6厘米	出土时间不详《中国砖铭》图版706 1952年后藏故宫博物院
任小香墓砖铭	西魏大统十五年(549)八月二十八日	砖面刻3行,行5至6字不等,凡16字,正书	长17厘米宽17厘米	出土时间不详北图藏拓
谢婆仁墓砖铭	西魏大统十六年（550）七月九日	砖面刻凡18字,3行,行字不等,第1行记年月日,字体较小;后2行记人名、住址,字体较大。凡18字,正书	长32.6厘米宽16厘米厚6.5厘米	1991年陕西咸阳文林路北《考古与文物》2003年第1期
张海钦妻苏氏墓砖铭	北齐天保元年（550）三月十日	砖面上刻佛像,下刻记,8行,行字不等,凡49字,记正书	长30厘米宽20.5厘米厚10厘米	2005年河南安阳《中国古代砖刻铭文集》（下）P171
羊文兴息妻马姜墓砖铭	北齐天保元年（550）五月十三日	砖面刻3行,行9至11字不等,凡25字,正书	不详	出土时间不详《中国砖铭》图版708

第三章 北朝墓志的形制

227

砖志名称	刻制时间	砖志文情况	砖志尺寸	出土时间/地点
孟萧姜墓砖铭	北齐天保元年（550）八月二十九日	砖面刻3行，行字不等，凡22字，正书	长27厘米 宽16.5厘米 厚5.8厘米	出土时间不详 河北 藏河北正定县墨香阁
萧丑女墓砖铭	北齐天保二年(551)十一月二十六日	砖面刻3行，行字不等，凡25字，正书	长32厘米 宽16厘米 厚4厘米	出土时间不详 河北 藏河北正定县墨香阁
孙檠龙妻明姬墓砖铭	北齐天保三年（552）七月四日	砖面刻3行，行12字，凡26字，正书	长38.3厘米 宽17.6厘米	出土时地不详 藏西安碑林博物馆
阿刘息清儿墓砖铭	北齐天保四年（553）九月二十一日	砖面刻3行，行字不等，凡16字，正书	长28厘米 宽17厘米	出土时间不详 《中国古代砖刻铭文集》（下）P172
张黑奴妻王洛妃墓砖铭	北齐天保五年（554）十月七日	砖面刻4行，行字不等，凡37字，正书	长25厘米 宽13厘米	出土时间不详 《蒿里遗文目录三上·专志徵存目录上》P4
天保六年正月十五日墓砖铭	北齐天保六年（555）一月十五日	砖面刻1行10字，旁又刻1字；侧1行8字，凡19字，正书	不详	出土时间不详 《中国砖铭》图版710
李识蔺墓砖铭	北齐天保七年（556）四月二十日	砖面刻2行，行字不等，凡11字，正书	长29厘米 宽15厘米	出土时间不详 《循园金石文字跋尾》卷上 P9
魏世儁妻车延晖墓砖铭	北齐天保七年（556）八月二十五日	砖面刻3行，行8字，凡20字，正书	长28厘米 宽14厘米	出土时地不详 北图藏拓
若干子雄妻张比娄墓砖铭	北齐天保七年（556）十二月十五日	分刻2砖，一砖3行，行10字；一砖3行，行8字；凡53字，有方界格，篆隶正兼书	长36厘米 宽17厘米 厚7厘米	出土时间不详（近年） 河南安阳 藏河北正定县墨香阁 《中国书画》2004年第8期

228

砖志名称	刻制时间	砖志文情况	砖志尺寸	出土时间/地点
篡息奴子墓砖铭	北齐天保八年（557）五月二十四日	砖面刻4行,行8至9字,凡32字,正书	长28厘米宽18厘米	出土时地不详罗振玉旧藏北图藏拓
杨六墓砖铭	北齐天保八年（557）七月十二日	砖面刻3行,行字不等,凡24字,正书	长29厘米宽14厘米	出土时地不详北图藏拓
秘天兴墓砖铭	北齐天保八年（557）八月二日	砖面刻2行,行5至8字,凡13字,正书	不详	出土时间不详《中国砖铭》图版711
谢欢同墓砖铭	北齐天保九年（558）十月十六日	砖面刻4行,行字不等,凡30字,正书	长26.6厘米宽12.3厘米厚5.6厘米	出土时地不详北图藏拓1952年后藏故宫博物院
张承墓砖铭	北齐天保十年（559）闰四月八日卒	砖面刻3行,行字不等,凡23字,正书	不详	出土时地不详北图藏拓
刘景墓砖铭	北齐乾明元年（560）二月二十五日	砖面刻3行,行7至9字,凡17字,正书	不详	出土时间不详《中国砖铭》图版713
董显□墓砖铭	北齐乾明元年（560）三月二十一日	砖面刻4行,行字不等,凡33字,正书	长33.5厘米宽16厘米厚4.5厘米	出土时间不详陕西西安1952年后藏故宫博物院
辅□念墓砖铭	北齐皇建二年（561）四月十日	砖面刻3行,行字不等,凡19字,正书	长35厘米宽18厘米厚7厘米	出土时间不详（近年）河北藏河北正定县墨香阁
封胤墓砖铭	北齐太宁二年（562）四月二十四日	砖面刻3行,行6至7字,凡20字,正书	长30厘米宽15厘米厚3.7厘米	出土时间不详（近年）河北藏河北正定县墨香阁《中国书画》2004年第8期
张胡仁墓砖铭	北齐河清元年（562）八月十八日	砖面刻2行,行字不等,凡15字,正书	长32厘米宽16厘米	出土时地不详北图藏拓

砖志名称	刻制时间	砖志文情况	砖志尺寸	出土时间/地点
孙龙贵妻墓砖铭	北齐河清三年（564）九月二十七日	砖面刻4行，行5至8字，凡22字，正书	不详	出土时间不详《中国砖铭》图版715
宋迎男墓砖铭	北齐河清四年（565）四月二十七日	砖面刻4行，行字不等，凡28字，正书	长31厘米宽14.5厘米厚4.5厘米	2005年河南安阳
兖众敬墓砖铭	北齐天统元年（565）五月三日	砖面刻2行，行4至7字，凡11字，正书	不详	出土时间不详《中国砖铭》图版715
刁翔墓砖铭	北齐天统元年（565）十月十二日	砖面刻志文17行，满行20字	长44.3厘米宽44.3厘米厚7厘米	1985年山东乐陵杨家乡史家村
宇文妻吕氏墓砖铭	北齐天统二年（566）六月	砖面刻2行，行字不等，凡9字，正书	长28厘米宽13.7厘米	出土时间不详《中国砖铭》图版718
郭小伯妻徐氏墓砖铭	北齐天统四年（568）十一月二十九日	砖面刻4行，行字不等，凡31字，有竖界栏，正书	长33.5厘米宽15厘米厚5厘米	出土时间不详（近年）河北藏河北正定县墨香阁《中国古代砖刻铭文集》（下）P175
戴仲和墓砖铭	北齐天统五年（569）二月十日	砖面刻3行，行字不等，凡16字，正书	长28.5厘米宽13.5厘米	出土时间不详《考古学报》1959年第2期图版719
扈葳墓砖铭	北齐天统五年（569）四月二十六日	砖面刻2行，行字不等，凡12字，正书	长33厘米宽17厘米	出土时地不详北图藏拓
张明月墓砖铭	北齐天统五年（569）八月三日	砖面刻3行，行字不等，凡17字，正书	长16厘米宽13厘米	出土时间不详《中国古代砖刻铭文集》（下）P176
宇文诚墓砖铭	北齐武平元年（570）六月十九日葬	砖面刻15行，行15字，凡219字，有方界格，正书	长40厘米宽39厘米	出土时间不详河南安阳

砖志名称	刻制时间	砖志文情况	砖志尺寸	出土时间/地点
李彦休墓砖铭	北齐武平元年（570）八月十三日	两旁刻年款，中刻人名 3 字，凡 11 字，正书	不详	出土时间不详《中国砖铭》图版 720
道洪墓砖铭	北齐武平元年（570）十月十七日	砖面刻 6 行，行字不等，凡 22 字，正书	长 15 厘米宽 32 厘米	出土时间不详《雪堂专砖·专志徵存》P10
李好信墓砖铭	北齐武平二年(571)	砖面刻 3 行，行字不等，下方横题 2 字，凡 14 字，正书	长 32.5 厘米宽 15.5 厘米	出土时间不详《中国古代砖刻铭文集》（下）P177
张佃保墓砖铭	北齐武平三年（572）一月十一日	砖面刻 3 行，行字不等，凡 22 字，正书	长 30.3 厘米宽 15.3 厘米	2005 年河南洛阳《中国古代砖刻铭文集》（下）P177
高洋妃颜玉光墓砖铭	北齐武平七年（576）八月二十六日	砖面刻志文墨书 11 行，砖面刻凡 200 余字	志砖梯形长 35 厘米宽 28—35 厘米	1972 年河南安阳许家沟水冶镇清峪村安阳县文物管理所
大利稽冒顿墓砖铭	北周建德元年(572)十二月二十三日	墓砖呈青灰色，左下角已缺损，背面有绳纹，正面将原绳纹磨去后刻字，表面亦残留有绳纹痕迹。现存刻字有 7 行，行 2 至 14 字不等，凡 62 字，砖左下角残缺，正书	长 38 厘米宽 39.2 厘米厚 7.2 厘米	1994 年宁夏固原县西郊乡北十里村
曹永康墓砖铭	北朝·魏（386—556）	砖面刻 2 行，行 6 字，凡 12 字，正书	长 35 厘米宽 18 厘米	出土时地不详北图藏拓
城皋县人墓砖铭	北朝·魏（386—556）	两面刻，二面均 1 行 4 字，正书	不详	1996 年河南荥阳
董保和墓砖铭	北朝·魏（386—556）	砖面刻 1 行 3 字，正书	不详	1996 年河南荥阳
董康生妻墓砖铭	北朝·魏（386—556）	砖面刻 1 行 4 字，正书	不详	1996 年河南荥阳《中原文物》1997 年第 3 期

砖志名称	刻制时间	砖志文情况	砖志尺寸	出土时间/地点
刘登墓砖铭	北朝·魏（386—556）	砖面刻 1 行 4 字，凡，行书	不详	出土时间不详《中国砖铭》图版 941
吕猛妻马氏墓砖铭	北朝·魏（386—556）	砖面刻 2 行，行 10 字，凡 20 字，正书	长 44 厘米宽 22 厘米	出土时地不详北图藏拓
田鸾墓砖铭	北朝·魏（386—556）	砖面刻 3 行，行字不等，凡 9 字，上方又刻 1 字，正书	长 31 厘米宽 14 厘米	出土时地不详北图藏拓
张虎妻赵氏墓砖铭	北朝·魏（386—556）	砖面刻 2 行，行 5 字，侧 1 行 5 字，凡 13 字，上方又刻 1 字，隶书	不详	出土时间不详《中国砖铭》图版 972
赵豪妻公乘墓砖铭	北朝·魏（386—556）	砖面刻 2 行，行 5 字，凡 8 字，正书间隶书	长 34 厘米宽 17.5 厘米	出土时间不详河北藏河北正定县民间《中国古代砖刻铭文集》（下）P179
赵嬭妻郭墓砖铭	北朝·魏（386—556）	砖面刻 2 行，行 5 字，凡 8 字，正书间隶书	长 34 厘米宽 18.5 厘米	出土时间不详《中国砖铭》图版 954
孙休延墓砖铭	北朝（386—581）	砖面刻 2 行，行 9 字，凡 13 字，正书	长 32.5 厘米宽 16.5 厘米厚 7.5 厘米	出土时间不详河北《中国书画》2004 年第 8 期
朱阿买夫妇墓砖铭	北朝（386—581）	砖面刻 1 行 6 字，正书间隶书	长 29.5 厘米宽 16 厘米	民国年间河南洛阳《邙洛碑志三百种》P31《朱阿买夫妇铭》
韩无忌砖铭	北朝时期	无首题，砖面刻 2 行，行字不等，第 1 行 4 字，第 2 行 2 字，凡 6 字，楷书带隶意	泥质灰陶长 32.5 厘米宽 17.5 厘米厚 4.5 厘米	1998 年河南洛阳东郊白马寺镇大杨树村北砖厂现存洛阳董氏《邙洛碑志三百种》P33《韩无忌砖铭》

砖志名称	刻制时间	砖志文情况	砖志尺寸	出土时间/地点
□一□墓砖铭	北朝时期	灰色细绳纹条砖,砖面刻阴刻1行,凡6字	长29.5厘米 宽15厘米 厚5厘米	2002年 山西大同东面3公里御河东岸迎宾大道 藏地不详

（三）柱形志

柱形墓志极为特殊,亦十分罕见。民国十五年（1926年）出土的北魏建义元年（528年）《元均之墓志》为长方柱形志,志高48.4厘米、宽11.2厘米,志形长方柱状,三面镌字,字迹精整茂美,可惜志石下跌失佚。刊刻于正光四年（523年）《元尚之墓志》亦为长方柱形志,志高49.5厘米、宽11.6厘米、厚9厘米,四面镌字,状如方柱。北朝长方柱形志数量少而又少,仅见两例。刊刻于北周大象二年（580年）《朱林橋墓志》为圆柱形志,高23厘米、直径宽22厘米,状如圆柱,仅此一例。

（四）龟形志

中华民族的龟崇拜源远流长。远古时期龟就受到祖先的崇拜而居于显赫地位。如《礼记·礼运》载："麟体信厚,凤知治乱,龟兆吉凶,龙能变化。"麟、凤、龟、龙谓之"四灵"。殷墟甲骨卜辞中"四龙"之一的龟（龟版）的大量使用就说明了"龟兆吉凶"这一事实。或许在殷墟的龟甲占卜以前就有了龟甲卜问的方法。如1987年在安徽含山凌家滩的一座新石器晚期的墓葬中,发现死者的胸上放着一只玉龟,龟分为背甲、腹甲两片,都有小的穿孔,可用绳子连缀起来。在背甲、腹甲中间,夹着一块长方形玉片,其上刻有十分规整的表示四面八方的图案。有学者认为这是一种最早期的龟卜方法①。还有学者认为,不论从整体的精巧,还是图形的对称与计算的精确,及其出土时夹于通体精磨的玉龟之内的状况,认为玉版的图纹反映了一种完满周正与祈吉趋祥的思想,是不会有什么问题的②。不可否认含山凌家滩玉版反映了中国古代的龟灵思想。《洛书》："灵龟,玄文五色,神灵之精也。上隆法天,下方法地,

233

---

① 俞伟超:《含山凌家滩玉器和考古学中研究精神领域的问题》,引自《文物研究》第五辑,合肥:黄山书社,1989年版,第57—63页;俞伟超:《含山凌家滩玉器反映的信仰状况》,引自《古史的考古学探索》,北京:文物出版社,2002年版,第90页。

② 王育成:《含山玉龟及玉片八角形来源考》,《文物》1992年第4期,第56—61页。

能见存亡，明于吉凶。"① 司马迁认为："王者决定诸疑，参以卜筮，断以蓍龟，不易之道也。"② 经考古发现，史前文化中已经大量发现龟甲随葬现象，甚至早到大汶口文化早期③。1984—1987 年，河南舞阳贾湖遗址二期墓葬中发现了经过整治的随葬龟甲，有些还刻有神秘的符号，比大汶口文化早期还要早一千多年④。可知龟灵思想有着古远的源头。而"龟兆吉凶"这一事实一直在后世延续并产生着广泛影响，如 1993 年，江苏连云港式东海县尹湾村六号汉墓出土了木牍 23 枚，竹简 133 枚。其中有一篇《神龟占》（YM6D9 正.1—2）："● 用神龟之法：以月晕以后左足而右行，至今日之日止，问……"其书于一枚木牍的一面，上、中段的内容为"神龟占"；中段绘一神龟图像。《神龟占》是用神龟图规则占卜官府能否捕获盗贼、盗贼的姓氏及其所在方向⑤。

　　龟又是长寿和富贵的象征⑥。《管子》记载："龟生于水，发之于火。于是为万物先。为祸福正。"⑦ 古代神话中就留存大量记载，如黄帝是龟的传人，女娲用龟足支起要坍塌的天，龟背负来神秘"河图"献给人皇伏羲，大禹治水也得神龟相助。古人认为，龟背"上隆象天"，腹甲"下平法地"，龟甲图案是星宿或五行八卦二十四节气的象征，龟是最早的历书，加上长寿等原因，龟居然能"知天之道，明于上古"，"先知利害，察于祸福"，成为传达上天旨意的使者，龟甲占卜风行数千年之久。古人以龟为宝，器物装饰用龟形十分普遍，如龟鼎、龟旗、龟印、龟符等等。龟形墓志是古代特殊的一种墓志形制。龟出现在墓葬中的风俗，

---

① 《洛书》，引自诸子百家丛书《尚书·河图·洛书》本，上海：上海古籍出版社，1993 年版。第 6 页。

② 《史记》卷一百二十八《龟策列传》，第 3223 页。

③ 高广仁、邵望平：《中国史前时代的龟灵与犬性》，引自《中国考古学研究——夏鼐先生考古五十年纪念论文集》，北京：文物出版社，1986 年版，第 57—70 页。

④ 冯沂：《河南舞阳贾湖新石器时代遗址第二至六次发掘简报》，《文物》1989 年第 1 期，第 1—14、47、97—100 页。

⑤ 张显成、周群丽：《尹湾汉墓简牍概述》；《上编·尹湾汉墓简牍校释》，引自《尹湾汉墓简牍校理》，天津：天津古籍出版社，2011 年版，第 1—46、84—86 页。

⑥ 《史记》卷一百二十八《龟策列传》第六十八载"能得名龟者，财物归之，家必大富至千万"；"南方老人用龟支床足，行二十余岁，老人死，移床，龟尚生不死"。《诗经名物解》言："龟蛇伏气，首皆向东。龟咽日气而长寿，故养生者服日华。"葛洪《抱朴子》一书，对于龟不饮、不食、不死以及人效龟长寿等内容均有详细记载。

⑦ 《管子·水地》，引自《二十二子》，第 147 页。

可以追溯到原始社会，那时是用龟甲①。汉代墓葬有用石龟、铜龟支棺床的。陵墓前出现龟碑是很自然的发展。至南北朝时已经出现了神道碑同龟崇拜相结合的形式，如南朝梁代不少帝王的墓碑亦采用龟趺座②，如江苏南京甘家巷梁萧憺墓石碑，碑座为一龟趺，龟首高昂，颇为雄伟。

随着南北文化交流的深入，龟崇拜思想在北朝亦有体现。如北魏平城时期的云冈石窟第7、8窟中间山墙前额处，雕刻一大"龟趺"，托起10米高的巨大石碑，现今大龟趺只剩下四根粗壮有力的腿，但它昂挺的前胸仍昭示着它曾经有过的勇猛和威严③。这时的龟碑已不限于墓前使用，龟墓志亦偶有发现。1965年，辽宁朝阳市城北西上台发掘北魏《刘贤墓志》，被推断为北魏早期石刻（北魏永平至和平年间，452—465年），志作小碑形，下有龟座。又，北魏皇族怀王第四子《元显俊墓志》，1917年出土于河南洛阳北18里后海资村北，刊刻于延昌二年（513年）二月二十九日，由青灰色的水成岩精雕而成，志与盖为一完整龟形，下面有方形座，通高35厘米、长75厘米、宽56.5厘米。龟背甲与龟腹（包括头、四肢）可以分开，龟背甲是墓志盖，中部刻标题，盖题"魏故处士元君墓志"，并在盖题周围饰以龟纹。志身即为龟之身、首、尾及四爪，即龟腹上面磨平，形成方形，刻写铭文。该志石和志盖刻成极为精致完整逼真的龟形④，首开我国此类龟形墓志之先河，弥足珍贵。1973年，陕西三原县焦村出土唐贞观五年（631年）唐高祖李渊堂弟李寿墓志，也是一个完整的龟形，形制更加巨大，为兽首、龟身、四足趴伏于长方形座上，长166厘米、宽96厘米、高64厘米，全身彩绘贴金，雕刻精致逼真。这一由龟头、龟尾、龟身相连的完全写实的龟形墓志，龟的背甲为墓志盖，龟身为用楷书写成的李寿墓志铭。把墓志

---

① 这一点已经被仰韶、大汶口、龙山、大墩子、马家浜等文化遗址随葬龟甲情况及河南舞阳贾湖遗址出土龟甲情况所证明。而1987年安徽含山县凌家滩遗址中出土的玉龟和玉版，更是重要的证据，受到学术界的高度重视。

② ［唐］段成式：《酉阳杂俎》已清楚地称驮碑龟为"龟趺"。龟的负重能力来源于神话中巨龟背负海上神山的传说。

③ 王建column：《北魏云冈》，太原：山西古籍出版社，2004年版，第37页。云冈石窟中期工程，开建于献文帝皇兴年间（467—470年），止于孝文帝太和十八年（494年），约用了23年时间，开凿了第5至第13窟、第1和第2窟，共计11个大洞窟。

④ 赵君平在《洛阳出土墓志研究》一文中认为："据杨慎《升庵外传》，李文正《怀麓堂全集》，徐应秋《玉芝堂谈荟・龙生九子》等书载：'龙有九子，各有所好，各有所司……赑屃，好负重，驮碑的龟趺是其形象。'原来驮碑之龟，原名'赑屃'，为龙的第五子也。既为这样，我们就可明白，原来《元显俊墓志》之所以做成龟形，正式看中了龟这个龙的第五子之故。"按：笔者认为《元显俊墓志》做成龟形的原因是多方面的，此仅为其中之一。

雕刻成龟形，应是寄托了对死者在地下得以安息长眠的愿望。隋《杨君墓志》，志盖中间圆雕一龟，两旁为标题，这也是墓志中少见的。唐代的葬令规定："凡五品以上的为碑，龟趺，螭首；降五品为碣，方趺，圆首。"可见五品以上的官员才有资格雕制龟形的碑座。如《颜氏家庙碑》《道因法师碑》，这些碑座石龟，把唐代雕塑个性化和写实的特点表现得淋漓尽致。2003 年，阜新十三座辽代古墓遭盗后获救。经专家现场考查鉴定，其 5 号墓是辽代寿昌元年（1095 年）永清公主及丈夫的合葬墓，墓内有一龟形座的墓志碑，正面是汉字，反面为契丹文字。人们把墓志制成以长寿著称的龟形，正乃古人相信魂灵永存，祈求功业精神恒久的表现。"龟形在这里的意义，仍然是与式和覆斗形墓志一样，象征着天地宇宙，从而起到驱鬼辟邪、保佑平安的作用"①。

第三节　北朝墓志的志石等级

北朝时期，随着正方形成为主要的墓志形制，结合礼制，已经形成了一套对墓志外形尺寸以及雕饰的正式等级规定。虽然在现有古代文献中还找不到相关记载，但学者们从实物中已总结出一套等级比较明确的墓志使用制度②。根据《隋书·律历志》记载，北魏的尺度有着三种不同的标准，即：后魏前尺、后魏中尺和后魏后尺。赵超在刘复推算出这三种尺度长度的基础上，将北魏方形墓志外形尺寸与其墓主官职等级的对应关系，大致排列出一个北魏官员墓志的等级标准，列表如下：

表 3-17

品秩	墓志尺寸
三公	墓志边长为三尺
一品二品官员	墓志边长为二尺四寸以上
三品官员	墓志边长为二尺以上，二尺四寸以下
四品以下官员	墓志边长在一尺至一尺八寸之间，随等级高下分为一尺、一尺二寸、一尺四寸、一尺六寸、一尺八寸等几个层次

---

① 赵超：《古代墓志通论》，北京：紫禁城出版社，2003 年版，第 115 页。
② 赵超：《试谈北魏墓志的等级制度》，《中原文物》2002 年第 1 期，第 56—63、68 页。

后妃女官墓志外形尺寸按品级高低亦有区分，列表说明：

表 3-18

墓主姓名	官职品级	墓志高（厘米）	墓志宽（厘米）	书体	葬年或卒年
侯骨氏	第一品嫔	40.6	41.5	正书	景明四年（503）
王普贤	贵华恭夫人	55	67.2	正书	延昌二年（513）
耿氏	第一品嫔	43.5	38.3	正书	延昌三年（514）
赵氏	充华　九嫔	31.7	45	正书	延昌三年（514）
成氏	嫔	33.8	28.7	正书	延昌四年（515）
吴光	内司	35.5	47	正书	熙平元年（516）
庚寿姬	嫔	36.2	36.2	正书	神龟元年（518）
高照荣	皇后	83	84.8	正书	神龟元年（518）
刘阿素	大监　赐一品	45	36	正书	正光元年（520）
司马显姿	第一贵嫔	67.2	67.2	正书	正光二年（521）
刘华仁	大监　赠第一品	46.5	53	正书	正光二年（521）
张安姬	第一品	46.3	53	正书	正光二年（521）
缑光姬	第一品　家监	47.5	50	正书	正光六年（525）
王遗女	傅姆	38.2	35	正书	正光二年（521）
冯迎男	女尚书	33.3	33.3	正书	正光二年（521）
王僧男	女尚书　赠品一	39.5	39.5	正书	正光二年（521）
杨氏	内司	36.8	51.7	正书	正光二年（521）
卢令媛	充华	54.7	56	正书	正光三年（522）
孟元华	大监	42.8	40.3	正书	正光四年（523）
杜法真	傅姆	54.5	53.5	正书	正光五年（524）
于仙姬	夫人	46	37.6	正书	孝昌二年（526）
李氏	嫔	61.7	62.5	正书	孝昌二年（526）
胡明相	昭仪	65	67.6	正书	孝昌三年（527）

后妃女官墓志外形最大尺寸为边长北魏尺二尺至二尺四寸，其次为边长北魏尺一尺二寸至一尺六寸，比同品级的男性官员墓志大小低一级。

古文献对于丧葬制度中所立碑碣大小曾作过具体规定，如《隋书·礼仪志三》载："开皇初……其丧纪，上自王公，下逮庶人，著令皆为定制，无相差越。三品已上立碑，螭首龟趺，趺上高不过九尺。七品已上立碑，高四尺，圭首方趺。"《大唐六典》卷四："碑碣之制，五品已上立碑，螭首，龟趺，趺上高不过九尺。七品已上立碑（碣），圭首方趺，趺上不过四尺。若隐沦道素孝义者闻，虽不仕亦立碣。"参照此制，北朝时期，随着正方形成为主要的墓志形制，此时对于墓志的尺寸亦应有等级规定，犹如官位不同待遇不等一般。于是北魏时期形成的这一产物，成为后世墓志制度的参照或在此基础上加以调整改动而渐成定制。

第四章　北朝墓志的作者与文体

鲜卑拓跋发展之初"统幽都之北，广漠之野，畜牧迁徙，射猎为业，淳朴为俗，简易为化，不为文字，刻木纪契而已"①，当然本无文学可言，此乃无可置疑。待太武帝拓跋焘时"稍僭华风"，渐趋汉化，文学可谓渐显端倪。至孝文帝南迁，汉化日炽，文学形势骤变，《北史》曰："及太和在运，锐情文学，固以颉颃汉彻，跨蹑曹丕，气韵高远，艳藻独构。衣冠仰止，咸慕新风，律调颇殊，曲度遂改。"② 由此看来，北朝文学在拓跋汉化过程中与南朝相比则稍逊风骚，正如《周书》所云："竞奏符檄，则粲然可观；体物缘情，则寂寥于世。非其才有优劣，时运然也。"③ 但自孝文帝迁洛改革后，胡汉文化由冲突至融合，促使文学走向繁荣，以至于独具特色。如孝文帝时期在典籍收集整理上表现出极大的热情，从侧面也说明了这一点。"孝文徙都洛邑，借书于齐，秘府之中，稍以充实"④。北魏《李璧墓志》曰："昔晋人失驭，群书南徙。魏因沙乡，文风北缺。高祖孝文皇帝追悦淹中，游心稷下，观书亡落，恨阅不周，与为连和，规借完典。而齐主昏迷，孤违天意。为中书郎王融思狎渊云，韵乘琳瑀，气轹江南，声兰岱北，耸调孤远，鉴赏绝伦，远服君风，遥深纩缟，启称在朝，宜借副书。"仅从借书于齐一事可以看出，孝文帝能够直面北方文化确实的现状，并能积极主动地向文化先进的南朝借鉴、学习，取得汉化改革的"真经"。北魏文学创作在孝文帝"锐情文学"的鼓励下，显现明显的复苏趋势，其"颉颃汉彻，跨蹑曹丕"的气势，亦表现出对自身文学发展积极自信的心态。而表现在墓志文的撰写成文方面，北朝在与南朝文学对峙中自当胜出一头，既数目惊人，又锤炼精熟；既务实尚用，又不乏铺采。相比之下，南朝墓志文则逊色不少。

---

① 《魏书》卷一《序纪第一》，北京：中华书局，1974 年版，第 1 页。
② 《北史》卷八十三《文苑传序》，北京：中华书局，1974 年版，第 2779 页。
③ 《周书》卷四十一《庾信传》，北京：中华书局，1971 年版，第 743 页。
④ 《隋书》卷三十二《经籍志》，北京：中华书局，1973 年版，第 907 页。

第一节　北朝墓志文的作者

　　哀诔志文当是北朝士子文人创作的常见体式之一，《魏书》《周书》《北史》等史书有不少这方面的记载。如《魏书·李仲尚传》："伯尚弟仲尚，仪貌甚美。少以文学知名。二十著《前汉功臣序赞》及季父《司空冲诔》。"①《魏书·高云传》云高云制诗赋诔颂箴论表赞等百余篇，并载高允弟高推遇疾卒于建业，允为之作诔②。《魏书·李彪传》载李彪所著诗颂赋诔章奏杂笔百余篇，并载宋弁卒，"彪痛之无已，为之哀诔，备尽辛酸"③。又，《周书·薛裕传》载薛裕卒，"文章之士诔之者数人"④。哀诔志文作者的创作，有享后人之功。惜北朝哀诔文存者极少，已难知其本貌。但北朝墓志文流传下来的非常多，如严可均校辑《全上古三代秦汉三国六朝文》辑录庾信作墓志文19篇。《北齐书》记载裴诹之："少好儒学，释褐太学博士。尝从常景借书百卷，十许日便返。景疑其不能读，每卷策问，应答无遗。景叹曰：'应奉五行俱下，祢衡一览便记，今复见之于裴生矣。'杨愔阖门改葬，托诹之顿作十余墓志，文皆可观。"⑤ 也就是说，墓志文是当时重要的流行书体，知名的文学家亦可操笔为之。虽墓志文出土尤多，但刻石题署书写人姓名者极少。仅就书工而言，北朝史书记载是少而又少，如《魏书·崔挺传》载："挺幼居丧尽礼。少敦学业，多所览究，……挺与弟振推让田宅旧资，惟守墓田而已。家徒壁立，兄弟怡然，手不释卷。……举秀才，射策高第，拜中书博士，转中书侍郎。以工书，受敕于长安书文明太后父燕宣王碑。"⑥ 此处记载了崔挺"以工书，受敕于长安书文明太后父燕宣王碑"为难见一例。就目前所见墓志铭的作者大约有三类：一是志主自撰与亲属作文；二是朋友或官僚撰志；三是官方属文。

一、志主自撰与亲属作文

（一）志主生前自撰

　　志主生时为己撰写墓志文，历有记载，如《西京杂记》称前汉杜子

<hr />

① 《魏书》卷三十九《李仲尚传》，北京：中华书局，1974年版，第893页。
② 《魏书》卷四十八《高云传》，北京：中华书局，1974年版，第1067—1091页。
③ 《魏书》卷六十二《李彪传》，北京：中华书局，1974年版，第1398页。
④ 《周书》卷三十五《薛裕传》，北京：中华书局，1971年版，第623页；《北史》卷三十六《薛裕传》，北京：中华书局，1974年版，第1330页。
⑤ 《北齐书》卷三十五《裴诹之传》，北京：中华书局，1972年版，第466—467页。
⑥ 《魏书》卷五十七《崔挺传》，北京：中华书局，1974年版，第1264页。

春临终，作文刻石，埋于墓前。南朝刘之遴"湘东王绎尝嫉其才学，闻其西上至夏口，乃秘送药杀之。不欲使人知，乃自制志铭"①。东汉赵岐（又名赵嘉）患重疾卧床七载，深感余日不多，便招来其侄，留下愿望："大丈夫生世，遁无箕山之操，仕无伊、吕之勋，天不我与，复何言哉！可立一员石于吾墓前，刻之曰：'汉有逸人，姓赵名嘉。有志无时，命也奈何！'"②赵嘉参与了自己的后世设计，包括撰写墓志文。

在北朝此亦不为罕事。《魏书》记王显迫害寿兴，被赐死刑，及行刑日，"寿兴命笔自作《墓志铭》曰：'洛阳男子，姓元名景，有道无时，其年不永。'余文多不载"③。《北史·李行之传》记载："临终，命家人薄葬，口授墓志以纪其志曰：'陇西李行之，以某年某月终于某所。年将六纪，官历四朝，道协希夷，事忘可否。虽硕德高风，有倾先构；而立身行己，无愧凤心。以为气变则生，生化曰死，盖生者物之用，死者人之终，有何忧喜于其间哉！乃为铭曰：人生若寄，视死如归。茫茫大夜，何是何非。'言终而绝。"④死者生前自撰，真情实感，多发人生慷慨与感悟，对后人具有重要的启发意义。一般来说，这种墓志文十分珍贵，可惜留下的甚少，至为憾事。

（二）亲属作文

志主亲属为志主作墓志文，亦合乎常理。这类情况在北朝墓志中占有较大的比例。

1. 婿为岳父作志铭

如《冯熙墓志》。据《冯季华墓志》载高祖孝文帝前后纳冯熙四女，二为后，二为昭仪。《魏书》亦载冯熙与夫人博陵长公主卒于代京，后其灵柩俱向伊洛，"柩至洛七里涧，高祖服衰往迎，叩灵悲恸而拜焉。葬日，送临墓所，亲作志铭"⑤。正因为身份特殊，所以其临葬之日，孝文帝本人亲作墓志以纪之。据《魏书》记载高祖孝文帝"雅好读书，手不释卷。《五经》之义，览之便讲，学不师受，探其精奥。史传百家，无不该涉。善谈《庄》《老》，尤精释义。才藻富瞻，好为文章，诗赋铭颂，任兴而作。有大文笔，马上口授，及其成也，不改一字。自太和十年已后诏册，皆帝之文也。自余文章，百有余篇"。由此看来，孝文帝

① 《南史》卷五十《刘之遴传》，北京：中华书局，1975 年版，第 1252 页。
② 《后汉书》卷六十四《赵岐传》，北京：中华书局，1965 年版，第 2121—2125 页。
③ 《魏书》卷十五《昭成子孙列传》，北京：中华书局，1974 年版，第 377 页。
④ 《北史》卷一百《李行之传》，北京：中华书局，1974 年版，第 3321 页。
⑤ 《魏书》卷八十三《道武七王列传》，北京：中华书局，1974 年版，第 1820 页。

"诗赋铭颂"为常有之事，只是正史与出土碑志中所载甚少。今所见《冯熙墓志》为至今所见帝王"亲作志铭"实物的开山鼻祖。若以君臣关系而言，隶属君为臣作志。

2. 夫妻间撰志

刊刻于北魏永兴二年（533年）《宋灵妃墓志》首题"侍中太傅录尚书事冯翊郡开国公第四子散骑常侍征东将军金紫光禄大夫西华县开国侯长孙士亮妻广平郡君宋氏墓志"；志载诏文"录尚书稚第四子妇宋氏"。长孙氏是与北魏宗室拓跋元氏有血缘关系的九个姓族之一，正史记载长孙氏族长孙嵩及长孙道生等，长孙士亮为长孙道生后裔，墓志记："夫亮悲瑟琴之乖好，痛伉俪之不终。既结怨于天道，乃镂石于泉宫。"可知此志出自长孙士亮手笔。墓志载夫人卒时年甫逾笄，亦可知此时士亮尚少。这一点《北史》曾有记载，澄字士亮，年十岁，司徒李琰之见而奇之，遂以女妻焉。又曰："魏文帝与周文及群公宴，从容曰：'《孝经》一卷，人行之本，诸君宜各引《孝经》之要言。'澄应声曰：'夙夜匪懈，以事一人。'座中有人次云：'匡救其恶。'既出西阁，周文深叹澄之合机，而谴其次答者。"[1] 虽正史记载士亮事迹简略，且无文字明确士亮之文采，但正史记其兄长孙绍远"雅好坟籍，聪慧过人。父承业作牧寿春时，绍远年十三。承业管记有王硕者，文学士也，闻绍远强记，遂白承业，求验之。承业命试之。硕乃试以《礼记·月令》。于是绍远读数纸，才一遍，诵之若流。硕叹服之。"[2] 高门大族的传统对子嗣影响深远，由正史与墓志记载来看，长孙家族子嗣"雅好坟籍，聪慧过人"不虚，士亮集文采与忠贞于一身，此志为长孙士亮为妻宋灵妃撰志。同样事例见《元湛妻薛慧命墓志》。志载薛慧命丧葬后，"匹夫怀痛，思王极笔。婴咳哭我，宁不篆石。略镌日者，乃作铭……门师释僧泽书"。可见志由薛慧命丈夫元湛撰写，（释）僧泽书法。元湛其人正史有载，为景穆十二王章武王太洛后裔，只是记述甚略，《魏书》曰："凝弟湛，字镇兴。起家秘书郎，转尚书左司郎中，迁廷尉少卿。庄帝初，遇害河阴。赠征东将军、青州刺史、追封渔阳王，食邑五百户。"[3] 寥寥数笔，未提元湛属文诸事。而《元湛墓志》文记载其生平事迹内容详尽，远胜于史书，可补史阙。尤为不惜笔墨盛赞其文华武略，如"性笃学，尤好文藻。

---

① 《北史》卷二十二《长孙澄（士亮）传》，北京：中华书局，1974年版，第828—829页。

② 《北史》卷二十二《长孙绍远传》，北京：中华书局，1974年版，第824页。

③ 《魏书》卷十九《元湛传》，北京：中华书局，1974年版，第515页。

善笔迹，遍长诗咏。祖孝武，爱谢庄，博读经史，朋旧名之书海。永平四年，旨征拜秘书著作佐郎。追扬雄之踪，义赏名贤，文贬凶党。司空公、任城王，圣朝东阿，爱君文华，启除骑兵参军，寻补尚书左士郎中。握笔禁省，名振朝廷，迁左军将军。后以才丽，旨除中书侍郎。诏策优文，下笔雨流。以君德茂清政，敕兼吏部郎中。诠衡得称，复迁前将军、通直散骑常侍。貂珰紫殿，鸣玉云阁，优游秘苑，仍赏文艺。又以仁明公政，除廷尉少卿。赏能未尽，寻拜正卿。定国释之，何以加也。口不论人，玄同阮公。虽为王人，公事未曾漏泄，时人号曰魏之安世"。由此文朗藻丽的元湛为其妻撰志理所当然。《王震墓志》志序末曰："妻刘，发源丰里，望出彭城。追惟异谷，尚想同衾。悲鸳鸯丧侣。泣半体先摧。故识空煎无益，聊铭石随徽。"知该志是望出彭城之妻刘氏为先逝的丈夫王震所撰。妻为夫撰写墓志为已出土北朝墓志中所仅见，其意义不凡，一方面说明出自世家大族的女子，家学广润子嗣，博读经史诗赋，文华不输男子。另一方面，妻为夫撰志，悲瑟琴不牵，痛伉俪不终，说明夫妻感情深厚离别不舍的伤感。

3. 兄弟间撰志

如《元飏墓志》："季弟散骑常侍、度支尚书、大宗正卿思若，哀玉山之半摧……敬（饰）玄石，以述清徽。"说明元飏的墓志铭是由弟元钦（字思若）所作。《魏书》记钦少好学，早有令誉，时人语曰："皇宗略略，寿安、思若。"[1] 以元钦之学识与文采，为兄作志文为情理之事。《元茂墓志》记其弟元洪略为兄元茂撰铭。传记载乐陵密王元思有四子，景略、庆略、洪略、子业，又据《元茂墓志》称茂字兴略，乐陵密王第三子，又记"弟洪略，悲荼蓼之频降，痛同怀之去就，以名镌石，方与地富"，知兴略为洪略之兄，元洪略为其兄元茂撰铭。元洪略事迹见史"恒农太守、中军将军、行东雍州刺史"[2]，寥寥数字仅载其官职，并无其他，据志知其文采卓卓与兄弟间的情深义重，其辞曰："蔚矣庆门，世有余胤。灼灼吾生，英风早俊。入养孝友，来官忠信。爰居且处，非骄与悇。翱翔疏苑，优游黔室。泛水斜琴，升山命笔。其智岂双，斯仁若一。家无寸缣，书有盈袠。天全地在，君矣去促。玉山变素，金泉卷渌。兄弟长悲，妻儿洞哭。于嗟亲良，如之可赎。"此是弟为其兄撰铭之一例。另有一例见《元钻远墓志》。志载"（元钻远）季弟昭业为其铭曰"，

① 《魏书》卷十九《景穆十二王列传》，北京：中华书局，1974 年版，第 443 页。
② 贾振林：《文化安丰》，郑州：大象出版社，2011 年版，第 516 页。

《元钻远墓志》记钻远为恭宗景穆皇帝之玄孙。祖济阴康王，神情俊拔，道冠今古。父文王。记钻远长兄晖业、季弟昭业。考《景穆十二王列传》，济阴王小新成子郁，其长子元弼有子晖业、昭业，志载钻远字永业，为元弼子等事。史书元弼及其子嗣皆有学尚，能属文，如元弼"刚正有文学"；晖业"涉子史，亦颇属文"；昭业"颇有学尚"，此等与志文记载"父文王才藻富丽，一代文宗"相同，"涉子史，能属文"其家传可见一斑。《元举墓志》亦记其小弟元景文为铭其墓。元举其人于史无征，据志知为章武王太洛后嗣，其小弟景文为举作铭，景文之名亦不见于史，赖志可补阙。《贾瑾暨子晶墓志》文中记载，贾瑾年卅而终，因未婚无子，兄胶州以第二息晶为嗣，有才为官，早卒时年廿一。胶州痛弟息之早终，悲志业不遂，惟缘情以折中，述二亡之存意，故二枢二一坟，乃镌石而作志云尔。是志作者为墓主贾瑾之兄、贾晶之父，官胶州刺史。

4. 内妹夫为姻兄作撰

《李遵墓志》载，"内妹夫张景渊慜王仪之长逝，叹俎川之无返。以舟壑易徙，缣竹难常，敬刊幽石，勒美玄堂。其词曰……"此方墓志正是张景渊为姻兄李遵作志。李遵为北魏政权在河西大族中最有影响的家族之一的陇西李氏家族成员，即李佐之子，李冲之侄。由李遵的门庭势力推断，其内妹夫张景渊的家族地位也是不低的。张景渊其人史书不载，由此方墓志可见文笔流畅，真情意蕴跃然纸上。

5. 子嗣为先人撰志

在已出土的北朝墓志中，子嗣为先人撰志例子较多，甚为常见，如北魏《元绪墓志》载："嗣子痛慈颜之永远，抱罔极之无逮，镌石刊芳，以彰先业之盛烈。乃作颂曰……"可知此志文为元绪子嗣所作。据《魏书·太宗明元帝纪》记载，乐安王范，长子良，其余不载；又据墓志知元绪为良元子，元悦为元绪子。元绪究竟有多少子嗣不得而知，其子嗣文才未见史书记载，唯见《元绪墓志》所叙。《韩震墓志》云："第四息光，惧川移岳毁，无闻声烈，乃刻石壤阴，用传永久。"可见韩震的第四子为父作志。《辛璞墓志》曰："子智伟哀陟岵之永怀，悼明发之无已，痛景轨之棉邈，感辉音之在身，谨铭烈于玄宫，冀流芳于万祀"，由此，知辛璞辛智伟为其父悼怀谨铭。《吕通墓志》中有"小子仁……以镌志，庶流芳于泉户。乃作铭志"，说明吕通墓志是由其子吕仁撰写；同样《吕通子吕仁墓志》则由其子吕叶撰写。《王怀本墓志》文末载："嗣子慎为东河府别将，恐陵谷行迁，式志佳城，乃刊铭础。"此志为王慎为其父所撰。《元过仁墓志》言："若夫陵谷有迁，金石无休，非刊籀钟鼎，

何以述宣芳问，但险易否途，事会旋葬，是以喘息之间，未遑属思，直
书先父位讳，镌之万古，为圹内志叙而已哉，不复立铭云尔。"由"直
书先父位讳，镌之万古"一句知此志作者即是墓主之子。亦有《朱绪墓
志》有着同样记载："有子四人，并摧风树之心，挥枯柏之泣，思欲垂
名万古，遂勒石泉幽。"山东青州市博物馆收藏有一方隋代《朱神达墓
志》，据考朱神达为朱绪之子，由此可知《朱绪墓志》为其子朱神达等
四人撰写①。《羊祉妻崔神妃墓志》中多次提到羊允："允兄弟颇用成立，
实仰禀训诱之恩。……正光五年秋九月廿九日，允第四弟和徂逝，夫人
因此敷疾。……窃此立言不朽，种德留馨。允以残年余喘，曾何万一，
虽不周尽，粗□穷慕，亦是其实录。"依丧葬事宜由第七子羊允主持，志
文又似羊允口气而论，清河崔氏为北朝著姓，有着深厚的文化底蕴，羊
允兄弟赖母崔氏训诱，多能为文，此墓志铭文很可能是子为母作。同样
情况见《尧奋妻独孤华墓志》，志文结尾记："哀子僧宝等以风树伤心藜
荄在念，痛神光之日远，惧陵谷之变迁，乃勒石泉肩托之不朽。"独孤华
子等人为其母撰志勒石。东魏《蔺君妻史郎郎墓志》志文末记载："其
子伏波将军蔺儒等，痛盛德于既往，恐休声之莫传，敬凭文匠，铭斯德
音。"该志铭亦曰："其子五人，追慕钟已。思相兹颜，痛彻心髓。敬凭
文匠，刊石垂美。"该志两处一再强调史郎郎子以蔺儒为首的兄弟五人，
为纪念追忆母亲一生功德，"生男五人，及女一双，男孙女孙，十有五
人，抚育桓桓，并蒙成长，内外奇之，莫不叹羡。至于教男百行，训女
四德，咸获有成，无戾于世，固亦比古敬姜、密母之流"等，故"敬凭
文匠，铭斯德音"，拳拳之心之情深意切表露无遗。《王文爱及妻铭记》
记："并息珍、宝，刊铭记功，以示于后人。"此铭文当为二子为父母铭
记。《长孙季墓志》称："越太昌元年十一月十八日将归祔于先君之神
兆。庆等酷慈颜之永闰，号微感之莫申，瑾追录遗徽，少敷哀苦。长穷
余恨，昊天何追。乃作铭曰。"从此墓志志铭文后所记述的长孙季家族成
员知"庆"正是墓主的三子，时任骠骑将军兼领给事黄门侍郎的长孙
庆。同样的例子见北齐《朱岱林墓志》，志云："第四子敬修，自惟罹此
茶毒，眇然孩幼，离奇以生，龙钟而立……磬兹鄙拙，式序徽猷，思与
泣俱，文兼涕落。先言多不备述，往行尽是阙如，良由才非作者，情隈

① 李森：《考释青州出土的两通隋代墓志》，《华夏考古》2009年第3期，第86—89、107页；
陈英杰：《〈考释青州出土的两通隋代墓志〉补议》，《华夏考古》2014年第2期，第102—
105页。

芜次。从父兄敬范，史君伯第三子脱略荣华，不应征聘，沉深好古，尤工摘属，勒铭黄壤，以播清风。"由此知此志序传文由子敬修所撰，而志铭词由从兄子敬范属文，文皆雅丽，为当时撰文高手。如孝昌二年《秦洪墓志》："惟兹子孙，慕窀穸之苌夜，悲泉堂之永闷，故刊石作颂，以扬芳绪。"是志为墓主子孙所撰，或为他人受其子孙所托而作。北齐姚洪姿与杜孝绩两方墓志①亦由子嗣撰写。如《姚洪姿墓志》尾部记载："息君卿，清都尹功曹，痛屺岵之不见，恐淮海之变物，是故刊勒为颂云尔，其词曰……"知该志出自姚洪姿子君卿之手。《杜孝绩墓志》亦载："长息前开府参军公嗣之词。"知子杜公嗣为父杜孝绩撰志。

6. 志主族人撰志

《韩显宗②墓志》记显宗卒后"绋引在途，魂车靡讬，妻亡子幼，无以为主，唯兄子元雍，仁孝发表，义同犹子，送往念居，摄代丧事。亲旧嗟悼，痛兼绵怆，迺镌制幽铭，以旌不朽之令名"。据《魏书》记载，韩麒麟幼儿好学，美姿容，善骑射；长子兴宗，好学，有文才。年十五，受道太学。后司空高允奏为秘书郎，参著作事。兴宗子子熙，字元雍。少自修整，颇有学识，弱冠，未能自通，侍中崔光举子熙为清河王怿常侍，迁郎中令。初，子熙父以爵让弟显宗，不受。子熙缘父素怀，卒亦不袭。及显宗卒，子熙别蒙赐爵，乃以其先爵位让弟仲穆。兄弟友爱如此。兴宗弟显宗，字茂亲。性刚直，能面折庭诤，亦有才学。沙门法抚，三齐称其聪悟，常舆显宗校试，抄百余人名，各读一遍，随即覆呼，法抚犹有一二舛谬，显宗了无误错。法抚叹曰："贫道生平以来，唯服郎耳。"太和初，举秀才，对策甲科，除著作佐郎。史书中详细记载了显宗上书谏言奏文数例，如迁都速成；提倡节俭；体察民情；劝高祖啬神养性；广纳贤能；和善治国；崇本创新；文明治国；提倡仓储。当为官失意，遇信向洛，乃为五言诗赠御史中尉李彪曰："贾生谪长沙，董儒诣临江。愧无若人迹，忽寻两贤踪。追昔渠阁游，策笃厕群龙。如何情原夺，飘然独远从？痛哭去旧国，衔泪届新邦。哀哉无援民，嗷然失侣鸿。彼苍不我闻，千里告志同。"有《冯氏燕志》十卷、《孝友传》十卷，所作文章，颇传于世。由志所记"唯兄子元雍，仁孝发表，义同犹子，送往念居，摄代丧事。亲旧嗟悼，痛兼绵怆，迺镌制幽铭，以旌不朽之令

---

① 贾振林:《文化安丰》,郑州:大象出版社,2011年版,第325、342页。

② 《北史》卷二十《穆崇传》记载:"孝文追思崇勋,令著作郎韩显宗与真(穆崇子)撰定碑文,建于白登山。"

名",知韩兴宗子韩熙（字元雍）为叔叔韩显宗镌制幽铭以示悼念。韩氏家门才学颇盛,久传于世,韩熙为叔作志可谓一例。《崔宾媛墓志》志尾曰:"文夫人长弟,故廷尉卿国子博士息,本州茂才巨伦孝宗造。"墓志文作者崔巨伦既是墓主崔宾媛的侄子（长弟崔逸息）,又是国子博士本州茂才,其文采卓越见著于正史,他为姑母撰墓志文再合适不过。《北史·崔逸》条下载,（崔逸）子巨伦,字孝宗,幼孤。及长,历涉经史,有文学武艺。叔楷为殷州,巨伦仍为长史、北道别将。在州陷贼,敛恤亡存,为贼所义。葛荣闻其才名,欲用为黄门侍郎,巨伦心恶之。至五月五日,会集官僚,令巨伦赠诗。巨伦乃曰:"五月五日时,天气已大热,狗便呀欲死,牛复喘吐舌。"以此自晦,获免①。虽崔巨伦历涉经史,有文学武艺,亦为国子博士,享誉当时,但其传世作品除了这首文辞粗鄙,意向俚俗,韬晦自全的诗作被收录于《先秦汉魏南北朝诗》②中,无有其他存留。《崔宾媛墓志》的出土,呈现出一代以文学著称之雅士的优秀文本,其文辞雅驯,意切情深,赋予感染,气格自高,实为大家手笔,足以为北朝文学史添一力作,亦可补严可均《全上古三代秦汉三国六朝文》。《张起墓志》题"宗人长兼参军张景邕造",推测族人张景邕为张起作志。

综合上述信息如下:

表 4-1

墓主	志传文、志铭文撰者	书者	两者关系
冯熙墓志	孝文帝元宏		父婿 冯熙为元宏岳父
宋灵妃墓志	长孙士亮		夫妻 宋灵妃为长孙士亮妻
薛慧命墓志	元湛	僧泽	夫妻 薛慧命为元湛妻
王震	刘氏		夫妻 王震为刘氏丈夫
元飏墓志	元钦（字思若）		兄弟 元飏为元钦兄
元茂墓志	元洪略		兄弟 元茂为元洪略兄
元钻远墓志	元昭业		兄弟 元钻远为元昭业兄
元举墓志	元景文		兄弟 元举为元景文兄
贾瑾暨子晶墓志	贾氏		兄弟与父子 贾瑾兄、贾晶父

① 《北史》卷三十二《崔巨伦传》,北京:中华书局,1974 年版,第 1163—1164 页。
② 逯钦立辑校:《先秦汉魏南北朝诗》,北京:中华书局,1983 年版。

墓主	志传文、志铭文撰者	书者	两者关系
李遵墓志	张景渊		内兄弟 李遵为张景渊内姐夫
元绪墓志	子嗣		父子
韩震墓志	韩光		父子
辛璞墓志	辛智伟		父子
吕通墓志	吕仁		父子
吕仁	吕叶		父子
王怀本墓志	王慎		父子
元过仁墓志	元氏		父子
朱绪墓志	四子（朱神达等）		父子
崔神妃墓志	羊允		母子
独孤华墓志	僧宝等		母子
史郎郎	蔺儒等		母子
王文爱及妻刘江女墓砖铭	王珍、王宝		父母与子女
长孙季墓志	长孙庆等		父子
朱岱林墓志	朱敬修撰传文 朱敬范撰铭文		朱岱林为朱敬修父；朱敬范叔叔
秦洪墓志			子孙
姚洪姿	君卿		母子
杜孝绩	杜公嗣		父子
韩显宗墓志	韩元雍		叔侄 韩显宗为韩元雍叔叔
崔宾媛墓志	崔巨伦		姑侄 崔宾媛为崔巨伦（崔宾媛长弟崔逸息）姑姑
张起墓志	张景邕		族人 张起与张景邕同族

二、朋友或臣僚撰志

（一）一人独撰

亲朋好友为卒者撰写墓志以抒发感伤、怀念之情。如北魏《尹祥墓志》载："友人直侵、洛阳令李该，伤崇岳之颓顶，痛瑜干之蓁菹，乃凭笔以追余高，寄铭以传遗词。"墓主尹祥，字僧庆，其名见于《魏书·孝明帝纪》正光五年（524 年）七月："丁丑，念生遣其都督杨伯年、樊元、张良等攻仇鸠、河池二戍，东益州刺史魏子建遣将尹祥、黎叔和击破之，斩樊元首，杀贼千余人。"其曾祖尹阐，任龙骧将军，西平、乐都二郡太守。祖尹宗，任榆中令。父尹虎，任昌国令。尹祥先辈三代为官，但均不见史载。墓志称尹祥"天水上封人"，上封原名上邽，避北魏道武帝讳改。天水尹氏为秦陇大族，魏晋十六国以来，人物甚多，尹祥即为其中一位。志文撰书者，系尹祥生前好友，北魏洛阳令李该。志文所载尹祥为国捐躯的实事，从侧面反映了北魏肃宗孝明皇帝正光年间西北地区动荡不安的政治局势。李该所书尹祥墓志，文笔流畅，特别是叙述仇鸠、河池之战，把山川的险峻，义军排山倒海的军威，官兵孤军无援的畏战情绪，尹祥为国尽忠等等，作了生动的描述，读之如临其境。从中显见李该对好友生平英勇无敌的敬畏以及其过世的哀思感伤。《皇甫驎墓志铭》载："前雍州主簿横水令辛澍与君缠笃，临棺悲恸，弥增哀忉，遂寻君平志，刊记金石。"好友辛澍与皇甫驎情真意切，得知友人离世悲痛万分前来吊唁，受甫驎家人之托撰志抒衷传德。《元弼墓志》载："赵郡李珍悲春秋之无始，托金石以遗文。乃作铭曰：严严垂岫，岋岋高云，鉴兹既镜，怀我哲人。重渊余静，椒萼方纷，如何斯艳，湮此青春。骚骚墟垄，密密幽途，悲哉身世，逝矣亲疏。沉沉夜户，瑟瑟松门，月堂夕闭，穷景长昏。感哀去友，即影浮原，攸攸靡弔，莫莫不存。"赵郡李珍感哀去友为元弼作铭托金石以遗文。邢台隆尧县近年出土的北魏《李瞻墓志》记载，李瞻赵郡伯仁永宁乡吉迁里人，曾祖均，赵郡太守。祖珍，东兖州刺史。父宣茂，太中大夫。君兴趣渊深，聪敏夙成，幼业书史，《毛诗》、《论语》、《孝经》、古文皆并究讲。《字林》《尔雅》《说文》三部，根晓音义，班固《两京》、左思《三都》，悉颂上口。其立才之荣，文学是宝，世号为儒德。此志中李瞻的祖父李珍，很可能就是为元弼作铭托金石以遗文之人。由李瞻经音义赋皆为通晓来看，赵郡李氏此支家传文才称世，不愧"文学是宝，世号为儒德"之名，李珍感哀元弼故去作志以抒怀解痛，文韵舒展，悉颂上口。同样情况亦见《元湛墓志》。其文末署西河宋灵乌文。《元隐墓志》称："门生故吏，叹深梁木，略铭幽坟，言归实录。宣述景行，题记氏族，讬金石之不休，庶德音之长烛。"知此志为墓主门生或僚属所作。《刘华仁墓志》云："傅母遗女，悲悼感结，故刊玄石，述像德音。"华仁卒后，遗女为她刊刻志石。《寇霄墓志》云："朋人司马彧痛道范之速陨，哀松兰之早折，故望泉门而泣德，托玄石以志音。"则知志文作者为司马彧，系墓主生前友人。《李达暨妻张氏墓志》曰："魏郡功曹邵阿，痛坠门之一掩，悲金炉之罢烟，恐高岸之为谷，惧徽言之莫传，乃刊石作铭，播之不朽。"张氏的丈夫李达为相州魏郡魏县崇义乡吉迁里人,而为李达夫妇墓志刊石作铭的邵阿亦为魏郡人,此为同乡好友为官者表达惜情之作。《王导墓志铭》曰:"友人傅灵标文高当世,辑裁之美,藉甚一时,托其为铭。"王导墓志铭为文高当世的好友傅灵标所作。《陆希道墓志》志侧云:"前凉州刺史兼吏部郎中陈郡袁翻字景翔制铭。"是此墓志铭为袁翻所作。"翻少时以才学擅美一时";"所著文笔百有余篇,行于世"①。严可均《全上三代秦汉三国六朝文》辑录袁翻此志并《思归赋》等7篇文章。东魏《郭挺墓志》记:"友人王景迁痛,珪璋奄质,兰桂摧芳,乃刊石记勋,式昭景行。"想必郭挺与王景交往深厚,遇好友离世,活者悲痛掩泣,唯有刊石纪念,以释情怀。北齐《房周陁墓志》志传末记载:"余曾因醮言之次谓之曰:'昔师旷听声观色,惜王子之早逝。仆今视骨看文,恐吾贤亦不眉寿。'当时此谑,事等钟荀之戏。不意一二年间,便致殂殒。于是搦笔衔哀,叙君盛德,冀幽魂有悟,知不爽言。"据此知志文作者系墓主生前友人。

北朝时期有一种现象不容我们忽视,那就是当时著名文人多被延请撰写墓志文。《晋书·孙绰传》曰:"绰字兴公。博学善属文。……绰少以文才垂称,于时文士,绰为其冠。温、王、郗、庾诸公之薨,必须绰为碑文,然后刊石焉。"②北朝亦承此风。《魏书·常景传》记载:"有才思,雅好文章。……世宗季舅护军将军高显卒,其兄右仆射肇私托景及尚书邢峦、并州刺史高聪、通直郎徐纥各作碑铭,并以呈御。世宗悉付侍中崔光简之,光以景所造为最,乃奏曰:'常景名位乃处诸人之下,文出诸人之上。'遂以景文刊石。"③ 杨衒之《洛阳伽蓝记》"永宁寺"条中记载该寺内点宇楼阁,皆典雅秀美,无与伦比。中书舍人常景曾奉胡太后之诏命为寺作文并镌刻于石碑,碑文云:"须弥宝殿,兜率净宫,莫尚于斯也。"北魏正光五年《比丘尼统慈庆墓志》和东魏兴和三年《元鸷墓志》都由常景撰。《比丘统慈庆墓志》末署:"征虏将军中散大夫领中书舍人常景文。"《元鸷墓志》记载:"于是友人车骑大将军、秘书监常景惜白珩之掩曜,悲懋德之未融,镌金石而为志,托宾实以宣风。乃作铭曰:……""景字永昌,和内人也。敏学博通,知名海内。太和十九年为高祖所器,拨为律博士,刑法疑狱,多访于景。正始初,诏刊律

① 《魏书》卷六十九《袁翻传》,北京:中华书局,1974 年版,第 1536、1544 页。
② 《晋书》卷五十六,北京:中华书局,1974 年版,第 1544—1547 页。
③ 《魏书》卷八十二《常景传》,北京:中华书局,1974 年版,第 1801 页。

令，永作通式，敕景共治书侍御史高僧裕、羽林监王元龟、尚书郎祖莹、院外散骑侍郎李琰之等，撰集其事。又诏太师彭城王勰、青州刺史刘芳，入预其议。景讨正科条，商榷古今，甚有伦序，见行于世，今《律》二十篇是也。又共芳造洛阳宫殿门阁之名，经途里邑之号。出除长安令，时人比之潘岳。其后历位中书舍人，黄门侍郎，秘书监，幽州刺史，仪同三司。学徒以为荣焉。景入参近侍，出为侯牧，屋室贫俭，事等农家，唯有经史，盈车满架。所著文集，数百余篇，给事中封晖伯作序行于世。"① 常景即为"以文义见宗，著美当代"的北魏名家，则由他来完成墓志的写作可看出享有此种待遇人物的身份特殊。以比丘尼统慈庆为例，她生前曾在皇宫执事多年，"为恭宗景穆皇帝昭仪斛律氏躬所养恤，共文昭皇太后有若同生"，其尤为突出之行为"侍护先帝于弱立之辰，保卫圣躬于载诞之日"，功德圣尊的她病危之时皇帝元诩"躬临省亲，自旦达暮，亲监药剂"，其死后更是享极殊荣。严可均《全上三代秦汉三国六朝文》辑录常景文章 6 篇，其中 2 篇存目，今据此志可补作品 2 篇。同样情况为皇帝嫔妃或元魏宗室者居多。如北魏《李晖仪墓志》志铭言："友人中书侍郎钜鹿魏收，虽年在雁行，而义均同志，后来之美，领袖辞人，托其为铭，式传不朽。其辞曰：……"魏收亦乃《魏书》撰者，仕历北魏、东魏、北齐三朝，能文善辩，与温子升、邢子才号称"北地三才"。志主李晖仪，祖仪李宝，父李承，嫂崔氏，夫郑平城，长女郑太妃，外孙节闵帝元恭，靡不皇戚豪门而显贵。以此志铭观之，气势磅礴逶迤，音韵铿锵沛达，言辞精湛华美，如是佳品巨制，足证贵胄豪族之堂皇气派，为寻常志铭所不及。志文中"后来之美，领袖辞人，托其为铭，式传不朽"正是对魏收创作才华的高度肯定。据《北史》载李宝子承，孙韶支，李瑾子嗣有产之、蒨之、寿之、礼之、行之、凝之。言："产之兄弟，并有器望。邢子才为礼之墓志云：'食有奇味，相待乃餐，衣无常主，易之而出。'时以为实录。诸妇相亲，皆如姊妹。蒨之死，诸弟不避当时凶暴，行丧极哀。赵郡李荣来吊之，叹曰：'此家风范，海内所称，今始见之，真吾师也。'欲与连类，即日自名劳②之。"③ 此为邢子才为李礼之墓志例。《北史》载裴诹之事："少好儒学，释褐太学博

---

① ［魏］杨衒之撰，周祖谟校释：《〈洛阳伽蓝记〉校释》，上海：上海书店出版社，2000 年版，第 24—25 页。

② 《北史》卷一百《序传》，注十八"即日自名劳之"，张森楷云'劳'疑当作'荣'。北京：中华书局，1974 年版，第 3347 页。

③ 《北史》卷一百《李产之传》，北京：中华书局，1974 年版，第 3322 页。

士。尝从常景借书百卷，十许日便返。景疑其不能读，每卷策问，应答无遗。景叹曰：'应奉五行俱下，祢衡一览便记，今复见之于裴生矣。'杨愔阖门改葬，讬谠之顿作十余墓志，文皆可观。"① 杨氏阖门改葬时，十余墓志全请讬裴谠之创作，除杨愔与裴谠之私交密切外，裴氏的身份与地位，以及文采声誉亦是重要因素。再如《魏书·邢峦传》记载，邢虹"所作碑颂杂笔三十余篇"，邢虹官至司徒属，国子博士，其文华水平可见一斑。庾信是北朝最为著名的文人，宇文逌《庾子山集·序》云其"妙善文词，尤工诗赋。穷缘情之绮靡，尽体物之浏亮。诔夺安仁之美，碑有伯喈之情，箴似扬雄，书同阮籍"，对其所作诗、赋、诔、碑、箴、书等评价至高。正如《周书》本传所言"群公碑志，多相请托"，碑志文亦是《庾子山集》中很重要的一部分，保存了多达33篇的碑志文创作，均为他由南入北以后的作品，其中所撰墓志铭今存19篇。庾信撰写的墓志文现已有出土于世的，与其文集中碑志文字可资勘证的有2方，一为1953年在咸阳底张湾出土的北周建德元年（572年）《步六孤须蜜多墓志铭》，这是庾信60岁时的作品；另为2005年在咸阳北面的古洪渎原出土，庾信61岁时撰写的北周建德二年（573年）《宇文显墓志铭》，志文首题下记："开府新野庾信字子山撰。"综观庾信墓志文叙颂以结合，骈散适并用，行文自流畅，有才而能节，有气而能制，变化中取胜，亦如杜甫称颂："庾信文章老更成，凌云健笔意纵横。"② 可见，这些闻名于当下的文人仕贤，在制撰墓志文的过程中，总会将自己的文采创意等能事带进来，既抚慰宣泄了丧家的悲情，满足了其在社会及家族中的脸面；也彰显了文人墨客的能力与价值，可谓双赢之举。好事是有市场的广延传播性，隋唐以后延请当时著名文人撰写志文之风愈烈。唐代中期以后墓志必刻志文撰书者姓名，许多高官贵戚的志文都出自名家之手。如1951年出土于咸阳《杨执一墓志》为唐代著名诗人贺知章撰写；1952年西安东郊出土《会王李缐墓志》，撰文者是唐代著名文学家白居易，志文铺事摘辞，文笔简约；还有唐代散文大家韩愈撰《李虚中墓志》《试大理评事王君墓志铭》，文字朴实，叙事生动，不愧为名噪一时的大手笔。此等说明当时上层社会附庸风雅风气之盛。

综合上述信息如下：

① 《北史》卷三十八《裴陀附谠之传》，北京：中华书局，1974年版，第1385页。

② ［唐］杜甫：《戏为六绝句》诗句，引自《全唐诗》第四函第三册，上海：上海古籍出版社，1986年版，第556页。

表 4-2

墓主	志传文、志铭文撰者	书者	两者关系
尹祥墓志	李该		朋友
皇甫驎墓志铭	辛澍		朋友
元弼墓志	李珍		朋友
元湛墓志	宋灵乌		朋友
元隐墓志			门生或僚属
刘华仁墓志	遗女		同伙人
刘阿素	秦阿女		同伙人
寇霄墓志	司马彧		朋友
李达暨妻张氏墓志	邵阿		同乡
王导墓志	傅灵标		朋友
陆希道墓志	袁翻		文人
郭挺墓志	王景		朋友
房周阤墓志			朋友
元鸷墓志	常景		著名文人
比丘尼统慈庆	常景		著名文人
步六孤须蜜多墓志铭	庾信		著名文人
宇文显墓志铭	庾信		著名文人

（二）多人合作

一篇墓志由两人合作撰成，一般的分工是一人撰志传文，另一人作志铭文，"撰志撰铭出自二人，则金石文字所罕见"①。如前引北魏《李晖仪墓志》志传文由李氏之子郑伯猷撰，志铭文由名人魏收代作。值得称谓的是时至今日我们竟能看到邢子才和魏收两位文坛巨子撰铭同一家族父子的两方北齐墓志。一方是天保十年（559 年）《崔孝直墓志》，该志先由崔士顺或崔昂，抑或二人共同书写成满含真情实感的志文，再向邢子才求铭文。邢子才（河间邢邵）受敬托亦出于友情为崔孝直撰铭文，"太常卿万年县开国子河间邢子才，当今领袖，天下楷模，虽年位有殊，为情等周旧，敬托为铭，少寄哀苦，其词曰……"邢子才的铭文写得不落俗套，反映出的不光是才情，更是情愫。另一方是初葬于天保六年（555 年）重窆于天保十年的《崔宽墓志》，由魏收为亲戚作铭文。二

---

① ［清］翁方纲:《复初斋文集》,1877 年刻本。

人是父子，崔孝直为父，崔宽为子。魏收为崔宽作铭之所以说为亲情，是因魏收既是崔孝直兄弟的外甥，即崔宽兄弟的外兄，又是崔昂、崔宽兄弟的妹夫或姐夫。志文曰："幼弟士顺，奉对京辇。奄倾半体，肝心寸绝。敢以肤浅，仰述景行。言不尽意，万无一叙。外兄巨鹿魏收，文义综纬，笔墨渊薮。敬托为铭，少寄哀慕。其词曰……"从"幼弟士顺""仰述景行"可知，崔宽志的序文是志主的四弟崔士顺所作；亲戚魏收受敬托为崔宽撰铭文①。《王诵墓志》载："弟衍恋仪形之方阒，悲缣竹之难久，谨序遗行，寄之镌勒，抚军将军顿丘李奖投分有素，藻瞻当时，辄凭以为铭。"知此方墓志铭由其弟王衍作序，李奖撰铭文，合作而成。王衍与李奖皆无作品传世，据此志可补。出土于景县封氏家族墓地北齐《封子绘墓志》，便是由其从兄封孝琰撰序、崔赡撰铭。志言："从弟孝琰以为陆机之诔士平，情则兄弟；潘岳之哀茂春，事实昆季。是以谨撰遗行，用裁志序。所恨少长悬隔，聚散间之，素业贞猷，百不举一。吏部郎中清河崔赡与公礼闹申好，州里通家，摘缀之美，籍甚河朔。敬托为铭，式昭不朽。"虽然《北齐书》言封孝琰"少修饰学尚，有风仪。年十六，辟州主簿，释褐秘书郎。……祖珽辅政，又奏令入文林馆，撰《御览》。孝琰文笔不高，但以风流自立，善于谈谑，威仪闲雅，容止进退，人皆慕之"②。从祖珽荐孝琰入文林馆并撰《御览》来看，其应是以文学见长者。"崔赡"，《北史》《北齐书》均有传。《北齐书》"赡"作"瞻"，当以墓志、《北史》为正。据《北史》记载赡字彦通。洁白，善容止，神采奕然，言不妄发，才学风流为后来之秀。卢思道曾论其文才曰："崔赡文词之美，实有可称，但举世重其风流，所以才华见没。"又载："太宁元年，除卫尉少卿。寻兼散骑常侍，聘陈使主。行过彭城，读道旁碑文未毕而绝倒，从者遥见，以为中恶。此碑乃赡父徐州时所立，故哀感焉。赡经热病，面多瘢痕，然雍容可观，辞韵温雅，南人大相钦服。……还，袭爵武城公，再迁吏部郎中。因患耳，请急十余日。旧式，百日不上，解官。吏部尚书尉瑾性褊急，以赡举措舒缓，曹务烦剧，附驿奏闻，因见代，遂免归。天统末，加骠骑大将军，就拜银青光禄大夫。"③又，《北齐书·武城纪》"（河清元年二月乙卯）诏散骑常侍崔瞻

---

① 殷宪：《邢子才、魏收撰铭的两方北齐墓志——兼及北朝后期墓志的文士撰铭问题》，《中国艺术空间》2015年第6期，第58—65页。

② 《北齐书》卷二十一《封孝琰传》，北京：中华书局，1972年版，第307—308页。

③ 《北史》卷二十四《崔瞻传》，北京：中华书局，1974年版，第874—876页。

（赡）聘于陈"，可推知崔赡被解官，当在河清二年前后。自此时至天统末的五六年中，崔赡当赋闲在家。崔赡为河东武城人，而封子绘为河北清河县，两地为相距不远的邻县，故墓志有"州里通家"之言。封孝琰无文章传世；崔赡，严可均《全上三代秦汉三国六朝文》辑录有《遗李概书》篇。

从前引几例《李晖仪墓志》《王诵墓志》《朱岱林墓志》《封子绘墓志》来看，由家人创作志传文，而志铭文多请有着"领袖辞人""藻瞻当时""尤工摛属""摛缀之美"的社会名流雅士代作。志传文不过是据实而录，即便"才非作者"之人亦能完成，而志铭文以颂扬墓主品德功业为目的，并表达对生命短暂和人生无常的感叹，极富感情色彩，不失华丽的辞藻铺陈，如此则必须为"沉深好古，尤工摛属"者才能胜任。

墓志文亦有由弟子或臣僚分工合作而成。如北魏熙平元年《比丘尼统法师僧芝墓志铭》记"大弟子比丘尼都维那法师僧和、道和，痛灵阴之长徂，恋神仪之永翳，号慕余喘，式述芳猷，若陵谷有迁，至善无昧。乃作铭曰……"又见北齐河清四年《元洪敬墓志》属臣僚分工合作而就。其记"梁尚书比部郎谯国桓柚制序"及"梁侍中陈君袁奭，爱君子之不朽，乃援笔为铭"。可见元洪敬墓志分别由桓柚制序、袁奭制铭，这两人都来自江左。梁陈之际，王琳在北齐支持下立萧方等之子萧庄为梁朝皇帝，与陈霸先对抗。后来王琳战败，萧庄北奔入齐，追随萧庄的江左旧臣颇有其人，见于史籍的如刘仲威[1]。袁奭、桓柚应当都是萧庄逗留淮南时的臣僚，袁奭以萧庄侍中的身份使齐，因而留在邺城[2]。元洪敬丧葬于北齐武成帝河清四年（565 年），桓柚为元洪敬写作墓志，当时也应当在邺城。他们虽然身在邺城，却保留着梁臣的身份，故各称梁朝官衔。这一点由近年出土于河北临漳县西的北齐天统五年（569 年）《袁月玑墓志》可证。志文记载了王琳是蔡彦深袁月玑夫妇的女婿，由于战败，袁月玑与女儿、女婿追随萧庄北奔入齐之事。袁月玑于北齐天统五年（569 年）五月廿九日薨，同年七月廿一日迁葬于邺县之西里。齐司空咨议参军梁侍中御史中丞南阳刘仲威作铭，夫人兄子齐大将军咨议梁侍中奭制序。

两人合作一人撰志文，另一人书写。如太和四年（480 年）《刘英妻杨琰墓志》记李约书，魏则之文。

①　《陈书》卷十八《刘仲威传》，北京：中华书局，1972 年版，第 245 页。
②　《北齐书》卷四十五《文苑传·袁奭》，北京：中华书局，1972 年版，第 626 页。

多人撰文亦有之。如正始元年《王遇墓志》为朋友或同僚分工合作而成，但撰志传文与作志铭文所属在墓志中未加说明。其载："府长吏薛欢、别驾魏顺等，详载景行，志扬不朽。其辞曰：……"从薛欢官职府长吏，魏顺官职别驾来看，其为墓主朋友或同僚。神龟元年《尼慈义墓志铭》云："弟子法王等一百人，痛容光之日远，惧陵谷之有移，敬铭泉石，以志不休。"是文为尼慈义弟子法王等人所作。神龟二年《比丘尼慧静墓志》记："第（弟）子等痛微容之永绝，嗟大德之莫继，为铭泉石，以志不休。"此志为比丘尼慧静弟子们所撰。正光元年《刘阿素墓志铭》有："同火人典御监秦阿女等，痛金兰之奄契，悲红颜而逃年，乃刊玄石，述象德音。"知秦阿女等为刘阿素撰墓志铭。正光四年《王静墓志铭》尾曰："故吏功曹于悦等，痛良木之云摧，惧山川之易改，乃作志铭。"故吏功曹于悦等为王静作志铭。同样情况见东魏元象元年《于彧墓志》，其志文记："故吏河间郡功曹邢仲尚等，悲喆人之速夭，痛梁木之早摧，镌余芳于玄石，述景行以宣哀，乃作铭曰。"可知邢仲尚等人，为同僚长官于彧作志铭以示哀悼。永安二年《元继墓志》称："前佐司徒府咨参军事、太常卿琅琊王衍，前佐司徒府记室参军事、大将军府从事中郎、新平冯元兴等，虑陵谷贸迁，故凿志埏阴，刊载氏族。"则志文应为王衍、冯元兴等人合作完成，且从所称官职来看，王衍、冯元兴等人皆为元继僚属。由《王诵墓志》可知王衍能文；冯元兴事见于《魏书》，称其通《礼》传，颇有文才。江阳王继为司徒，元兴为记室参军，此说与墓志记载相合。元兴有文才在正史中仅有《浮萍诗》，而文集百余篇不见存世①。永熙三年《杜法师墓志铭》载："弟子智微、道逊、觉意等痛慈颜之长往，惧大义之将乖，兴言永慕，乃作铭曰。"是志为杜法师的诸多弟子合作撰成。东魏《杨机墓志》载："故吏王法标等痛兰缸之不曙，悲芳燎之永灭，刊德音于松户，镌景行于泉穴。乃作颂曰……"知杨机卒后，同为官吏的王法标等人为之作颂。北齐《张肃俗墓志》载："诸兄爱同伯雅，睦等元方，悲棣华之稍落，痛荆株之渐亡，聊镌茂范，庶毕天长。乃为铭曰：白杨云聚，丹旐风生，足兴悲于行路，况同气之深情。"则此志为墓主诸兄所作。

合作撰文之风延续不绝。后有唐代黄璞撰《陈岩墓志》云："今将葬矣，合作志铭，以备陵迁。夫志者识也，但书其爵里宅兆，镌之于石，

---

① 《魏书》卷七十九《冯元兴传》，北京：中华书局，1974年版，第1760—1761页。

藏之于幽，识之于后，故其词不缕矣。"①

综合上述信息如下：

表 4-3

墓主	志传文、志铭文撰者	书者	两者关系
李晖仪墓志	郑伯猷 魏收撰铭		李晖仪为郑伯猷母 魏收为著名文人
崔孝直墓志	崔士顺或崔昂撰传文 邢子才撰铭文		崔孝顺与崔士顺为父子 或崔孝顺与崔昂为叔侄 著名文人
崔宽墓志	崔士顺撰传文 魏收撰铭文		崔宽为崔士顺长兄 妹夫或姐夫亦著名文人
王诵墓志	王衍作序 李奖撰铭		王诵为王衍兄； 李奖文学见长
封子绘墓志	封孝琰撰序 崔赡撰铭		封子绘与封孝琰为从兄 弟，且有文采； 崔赡为好友
元洪敬墓志	桓柚制序 袁奭制铭		江左北奔入齐臣僚
比丘尼统法师僧芝墓志铭	比丘尼都维那法师僧和、道和作文		师傅与徒弟
袁月玑墓志	袁奭制序 刘仲威作铭		袁月玑为袁奭姑姑； 刘仲威为江左旧臣
刘英妻杨珽墓志	魏则之文	李约	僚属
王遇墓志	薛欢、魏顺等人所作		朋友或同僚
尼慈义墓志铭	法王等人所作		师傅与徒弟
比丘尼慧静墓志	弟子们撰写		师傅与徒弟
杜法师墓志铭	智微、道逊、觉意等多人撰文		师傅与徒弟
刘阿素墓志铭	秦阿女等撰墓志铭		同伙人
王静墓志铭	于悦等作志铭		故吏
于彧墓志铭	邢仲尚等作志铭		僚属

---

① 周绍良、赵超：《唐代墓志汇编》，上海：上海古籍出版社，1992 年版，第 2528 页。

墓主	志传文、志铭文撰者	书者	两者关系
元继墓志	王衍、冯元兴等 多人作文		僚属
杨机墓志	王法标等多人作文		故吏
张肃俗墓志	多人作文		诸兄

三、官方属文

南朝时，王公百僚的墓志确实有不少是由皇帝及大臣撰文，如宋孝武帝为建平王刘宏、齐武帝敕王融为豫章王萧嶷、梁尚书右仆射徐勉为豫章内史伏暅、陈后主为右卫将军司马申撰志文，等等。1980 年，南京出土了梁《桂阳王萧融墓志》及《桂阳王妃王慕韶墓志》分别由"尚书吏部郎中任昉奉敕撰""吏部尚书领国子祭酒王暕造"。《萧憺碑》记："侍中尚书右仆射宣惠将军东海徐勉造，吴兴贝义渊书，房贤明刻字，郜元上石。"两处"造"之意当属撰文而非书丹。梁永阳昭王萧敷与其妃敬太妃二志，有"臣徐勉奉敕撰之名"。南朝陈《黄法氍墓志》，1989 年出土于南京市南郊雨花区西善桥镇砖瓦厂内。黄法氍为陈朝名将，屡立战功，多次受赏，卒时"赠侍中、中权大将军、司空"，其墓志由当时著名的文学家江总撰志文，顾野王撰铭辞，谢众书写。江、顾都以文辞闻名，而且顾野王身为大著作，总国史之任，撰王公墓志，当出自朝命。以此志与《陈书·黄法氍传》比照，行文十分接近，而叙事稍详，足以说明修撰墓志时使用了秘书省史馆机关原有的史传资料，而且这种资料与后来的《陈书》非常接近。同样的事例，还见于 1988 年出土《梁桂阳王萧象墓志》①。据萧象墓发掘简报，以萧象墓志与《梁书·桂阳嗣王象传》对照，不仅墓志内容与本传完全吻合，甚至行文词句也有很多相同之处，因此该简报认为"墓志和《梁书》应有一定的关系"。事实上这种关系就是同源关系，二者都是依据秘书省有关的史传稿件而稍加改写。据此类推，南朝由朝廷出面营葬的王公贵族，其墓志的撰写一般也就是由秘书省诸著作或相关人员来承担，这些人所依据的资料，只能是秘书省原有的档案（名臣传、功臣传之类），所以在名号、称谓、生平等方面，是符合有关规定的。南朝后期王公墓志的撰作往往出自名家之

---

① 陆建方、王根富：《梁朝桂阳王萧象墓》，《文物》1990 年第 8 期，第 33—40 页。

手，而且志文与铭辞由不同的人写。如《陈书》载：（孙瑒卒后）"尚书令江总为其志铭，后主又题铭后四十字，遣左民尚书蔡征宣敕就宅镌之。其词曰：'秋风动竹，烟水惊波。几人樵径，何处山阿？今时日月，宿昔绮罗。天长路远，地久云多。功臣未勒，此意如何？'时论以为荣。"①

在撰写碑志方面，有皇帝为忠臣亲笔为文，如前引孝文帝为岳父亦臣属冯熙亲撰志文为一例；又见，苏绰于大统十二年卒于官，周文痛惜，至葬日，遣使祭以太牢，周文自为其文②。奉旨行事亦为北朝常见之事。《魏书》："（寇）讚弟谦之有道术，世祖敬重之，故追赠修之安西将军、秦州刺史、冯翊公，赐命服，谥曰哀公，诏秦雍二州为立碑于墓。"③亦见："文明太后为父燕宣王立庙于长安，初成，以羲兼太常卿，假荥阳侯，具官属，诣长安拜庙，刊石建碑于庙门。"④又有拓跋忠少沉厚，以忠谨闻，百僚咸敬之。太和四年，病笃辞退，养疾于高柳。舆驾亲送都门之外，赐杂綵二百匹，群僚侍臣执别者，莫不涕泣。及卒，皆悼惜之，谥曰宣，命有司为立碑铭⑤。北魏勋臣八姓之首穆氏家族之穆真先尚长城公主，拜驸马都尉。后纳文明太后姊。卒，高祖追思其高祖穆崇之功勋，令著作郎韩显宗与真撰定碑文，建于白登山⑥。墓志中亦有史臣秉承皇帝旨意而作，如《元怿墓志》文中称："皇舆临送，哀恸圣衷，乃命史臣，镌芳玄室。"此志乃史臣奉命而作。同样《元熙墓志》称："爰命史臣，勒铭泉室。"《元彝墓志》曰："乃命典臣，镌铭述盛。"《昭仪胡明相墓志》文记："乃命史臣作铭曰。"是元熙、元彝、胡明相三方墓志均为史臣所作。"史臣"代表官方。《任城王妃李氏墓志》文末署："前国太农府功曹、史臣茹敬仲造……伊阙子臣，敢扬明志。"以作志铭者为前国太农府功曹、史臣的身份推测，茹敬仲为任城王元澄的府僚。同样情况见冯会、世宗嫔李氏、侯刚、比丘尼统慈庆、元淑暨妻吕氏、李稚华等已出土墓志。《冯会墓志》记叙太妃冯氏为赵郡王故妃，其卒后，曰："国臣胤等，慕淑音之在斯，悲玉魄之长寂，恨地久之藏舟，勒清尘于玄石。"是知作者为赵郡王府臣僚胤等。此胤当为作者名，因史文无载，其姓不可考。《世宗嫔李氏墓志》从"故简工命能，而作是颂焉"

① 《陈书》卷二十五《孙瑒传》，北京：中华书局，1972年版，第321页。
② 《北史》卷六十三《苏绰传》，北京：中华书局，1974年版，第2243页。
③ 《魏书》卷四十二《寇讚传》，北京：中华书局，1974年版，第946页。
④ 《魏书》卷五十六《郑羲传》，北京：中华书局，1974年版，第1238页。
⑤ 《魏书》卷十五《常山王遵传附拓跋忠传》，北京：中华书局，1974年版，第376—377页。
⑥ 《魏书》卷二十七《穆崇传》，北京：中华书局，1974年版，第662页。

及"何以表功，刊石后陈"等词语来看，应是皇家命能文之士撰作，非一般请托之文。《侯刚墓志》志末署"侍御史谯郡戴智深撰"，以其身份推测田徽宝与戴智深乃受命为墓主作志铭。《比丘尼统慈庆墓志》："乃命史臣作铭志之。其词曰：……征虏将军、中散大夫、领中书舍人常景文，李宁民书。"统慈庆据志文载"历奉五朝，崇重三帝，英名著老，法门宿齿"，可见其当时的地位之高。《元淑暨妻吕氏墓志》志阴保留撰作及书写者姓名"太常博士青州田徽宝造，书者相州主簿魏洽"。《李稚华墓志》在志铭后题写"琅琊王褒书"。由墓志可知田徽宝、魏洽、王褒均为使臣，亦是著名文人。

综合上述信息如下：

表 4-4

墓主	志传文、志铭文撰者	书者	两者关系
元怿墓志			史臣
元熙墓志			史臣
元彝墓志			史臣
胡明相墓志			史臣
任城王妃李氏墓志	茹敬仲		府僚
冯会墓志	胤等人作文		国臣
世宗嫔李氏墓志			能文之士
侯刚墓志	戴智深		史臣
比丘统慈庆墓志	常景	李宁民	史臣著名文人
元淑暨妻吕氏墓志	田徽宝	魏洽	使臣
李稚华墓志		王褒	使臣

墓志文落款时，主办者、撰文者和书丹者区别分明，各司其职。在众多北魏墓志作品中只有少数撰文者署名，书丹者留名更属偶然。如在已出土墓志中书丹者留名仅见《元湛妻薛慧命墓志》门师释僧泽书；《刘英妻杨琎墓志》记李约书；《比丘尼统慈庆墓志》李宁民书；《元淑暨妻吕氏墓志》相州主簿魏洽书；《李稚华墓志》王褒书。上述几位书家中，王褒，史书有载，其书学地位优显，其墨宝以墓志方式得以出土留存，乃至传播以享后世，弥足珍贵。《北史》记，王褒，字子深，琅琊临沂人。曾祖俭。祖骞。父轨。并《南史》有传。褒识量淹通，志怀

沈静，美威仪，善谈笑，博览史传，七岁能属文。外祖梁司空袁昂甚爱之，弱冠举秀才，除秘书郎、太子舍人。梁武帝萧衍嘉其才艺，遂以弟鄱阳王萧恢女妻之。梁元帝萧绎嗣位，因褒既名家，文学优赡，当时咸共推挹，位望隆重，宠遇日甚，而愈自谦损，不以位地矜物，时论称之。周孝闵帝宇文觉践祚，封王褒为石泉县子。明帝宇文毓即位，其笃好文学，时褒与庾信才名最高，特加亲待。由此，在社会上形成了"梁、荆之风，扇于关右，狂简之徒，斐然成俗，流宕忘反，无所取裁"①。《李稚华墓志》记载墓主卒于北周保定四年（564 年），正是王褒被朝廷重用之时，保定中，褒除内史中大夫。武帝宇文邕作象经，令褒注之，引据该洽，甚见称赏。褒有器局，雅识政体，既以累世在江东为宰辅，帝亦此重之。墓主李稚华为冯翊简穆王元季海妃，皇亲重臣，地位显赫，请名臣雅士作书墓志自是清理中之事，时褒与庾信才名最高，而褒尤以书见长，史载，梁国子祭酒萧子云，褒之姑父，特善草隶，褒少以姻戚，去来其家，遂相模范，而名亚子云，并见重于时。唐张怀瓘《书断》亦曰王褒："工草、隶，师萧子云而名亚子云，蹑而踪之，相去何远，虽风神不峻，亦士君子之流止。"书法史上著名的"王褒入关"事件主角之一是王褒，另一位是西魏、北周书法名家赵文深。"及平江陵之后，王褒入关，贵游等翕然并学褒书，文深之书遂被遐弃。文深渐恨，形于言色。后知好尚难反，亦攻习褒书，然竟无所成，转被讥议，谓之学步邯郸焉"②。王褒与赵文深两种不同的书法风格，还有二者在长期隔离后接触所激起的反应，对于南北朝书法史的研究弥足珍贵，其书风影响深远，甚至延续至隋、唐。因此，此事件被广泛引用于南北朝书法史的研究。又见，初，褒与梁处士汝南周弘让相善，及让兄弘正自陈来聘，帝许褒等通亲知音问，褒赠弘让诗并书。"群公碑志，多相托焉。唯王褒颇与信埒，自余文人，莫有逮者"③。以书品高格来匹配地位至尊，王褒为最合适人选。但王褒的书迹在此志发现之前并无任何片纸存遗，因此，该志的出土为研究王褒书迹的唯一实物，意义重大，亦为书家所重。

关于北朝墓志文的落款署名甚少这一事实，当与南北朝时期文人士大夫写文作诗不署名的情形异曲同工。在探讨魏晋人喜欢拟古的风气时，王瑶先生云："古代流传下来的作品，要想知道它们究竟出于何人之手，

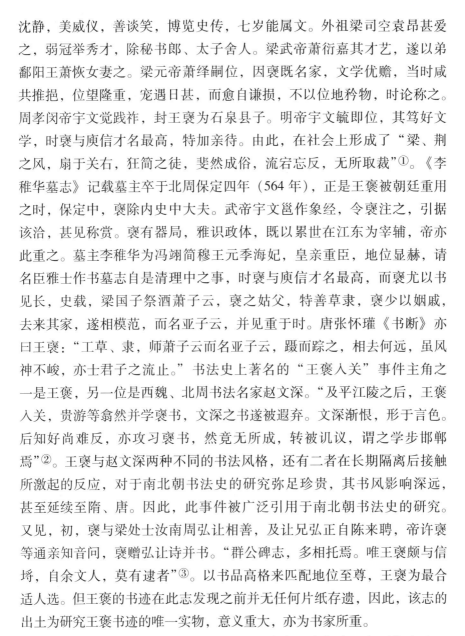

---

① 《北史》卷八十三《文苑序》，北京：中华书局，1974 年版，第 2781 页。

② 《周书》卷四十七《赵文深传》，北京：中华书局，1971 年版，第 848—849 页。

③ 《北史》卷八十三《庾信传》，北京：中华书局，1974 年版，第 2794 页。

是很多都有问题的。……实在因为在早期封建社会的生活中，个人意识并不似后来之强烈，他们注意的只是'言'或'文'的本身，而并不一定特殊注意于立言或属文的'人'。魏晋是个人意识开始逐渐抬头的时期，'人'的观念已经比以前显明多了，但其与现在有显著的不同，是可断言的。所以有许多文章的写作动机，最初也许是为了设身处地的思古之情，也许是为了摹习属文的试作，也许仅只是为了抒遣个人的感怀，初无传于久远之意，自然也就并不一定要强调是自己作的了。"① 撰写墓志文多不署名的道理亦与此相通。撰文和书丹人受请做事，为的只是所纪念的人或事能得到宣扬，传之永久；同时，以此来慰藉丧家亲人离世的悲伤心情。根本的原因仍然在于北朝时期碑志的署名制度尚不成熟，没有明确规范。开始随意性的署名方式逐渐被人们接受，久而久之开始形成一定的规范。这也是北朝墓志文作者少的主要原因之一。而少有的署留姓名者，在不经意间竟传至永远。

第二节　北朝墓志的文体

古代文论中，文体一词，义有多端，或指称体裁，或指称风格，或指称语体，故美国汉学家宇文所安（Stephen Owen）对之不无感喟："既指风格（style），也指文类（genres）及各种各样的形式（forms），或许因为它的指涉范围如此之广，西方读者听起来很不习惯。"② 现云墓志文体，主要是指其文学体裁或文章类别而已。中国古代的墓志文体自产生起，就显示出与其他文学作品明显不同的写作程式，而且成为北朝士子文人创作的重要形式，以至于精熟绝伦，在后世社会上延续使用千余年，留下了大量不同时代与不同风格的作品，这不但在中国文体领域可占有一席之地，而且在中国古代的文学作品宝藏中亦蔚然自成一家。

一、墓志文体的厘定

颜之推《颜氏家训》云："夫文章者，原出《五经》：诏命策檄，生于《书》者也；序述论议，生于《易》者也；歌咏赋颂，生于《诗》者

---

① 王瑶:《拟古与作伪》，引自《中古文学史论集》，上海：上海古籍出版社，1982 年版，第224—225 页。
② ［美］宇文所安著，王柏华、陶庆梅译:《中国文论:英译与评论》，上海：上海社会科学院出版社，2003 年版。

也；祭祀哀诔，生于《礼》者也；书奏箴铭，生于《春秋》者也。"①墓志文与诗歌、箴铭、书牍、传状相比为后起，故古人云"石志不出礼典"②。墓志文随墓志起源而产生，墓志产生之初并不成体例，难以称为独立文体。墓志文体在北朝发展日臻完善，并至于精熟，南朝梁昭明太子萧统在编辑《文选》时就已经将"墓志"作为一独体与其他文体并列了。

墓志文作为文体，古人使用不辍，但在古代文体论著中，首推明代吴讷《文章辨体序说》将墓志单列为一体，并与墓碑、墓碣、墓表齐类。徐师曾《文体明辨序说》因袭吴讷之分类而分析更为详审，然而弊在易生紊乱，需予以明辨。墓志文始终独自作为一个特殊文体存在，与其他文体有异。

（一）墓志文与铭

铭是一种古老的文体，主要用途有二：一为纪念功德，一为指示警戒。《礼记·祭统》云："夫鼎有铭，铭者自名也，自名以称扬其先祖之美，而明著之后世者也。"著功述德，传扬后世，为先秦古器题铭的普遍功用，其后自警寓志、颂美品物，亦借用铭③。东汉蔡邕《铭论》，叙"铭"的功用为"天子令德，诸侯言时计功，大夫称伐"。刘勰《文心雕龙》单列"铭箴"一章，称："铭兼褒赞，故体贵弘润：其取事也必核以辨，其摛文也必简而深，此其大要也。"④

若从勒刻的方式上来说，墓志与勒于砖石的"铭"并无二致，但总体比较起来，墓志文与铭的差别是显而易见的。第一，墓志文承接铭的余绪。按照刘勰《文心雕龙》的说法，铭"盛于三代"，汉魏之后，"以石代金"，碑文与墓志文渐盛，而铭体便逐渐衰没。蔡邕《铭论》云："物不朽者，莫不朽于金石，故碑在宗庙两阶之间。近世以来，咸铭之于碑，德非此族，不在铭典。"第二，墓志文与铭所派用场不同。墓志文专用于"阴府"，而铭却主要用于"阳间"，阴阳两隔，天壤之别。第三，墓志文中"铭"的部分不同于独立文体的"铭"。墓志文中的"铭"为韵文，富想象，丽辞藻，文华美，为墓志文文体中的一部分，并不独立

① ［北齐］颜之推著，王利器集解：《颜氏家训》卷第四《文章》，上海：上海古籍出版社，1980年版，第221页。
② 《南史》卷十一《后妃列传》，北京：中华书局，1975年版，第330页。
③ 丛文俊：《中国古代书法论著的文体、文学描写与书法研究》，《书法研究》2001年第6期，第4页。
④ ［南朝梁］刘勰著，周振甫译：《文心雕龙今译》，北京：中华书局，1986年版，第106页。

成为一体。

（二）墓志文与诔

诔是临丧时累列死者德行之文，作为一种文体，历来无争议。据《周礼》记载，"诔"由"大祝"作，而读"诔"却为史职，如《大史》条："大丧，执法以莅劝防；遣之日，读诔。"《小史》条："卿大夫之丧，赐谥，读诔。"① 刘勰《文心雕龙》云："周世盛德，有铭诔之文。大夫之材，临丧能诔。诔者，累也；累其德行，旌之不朽也。"② 著名的有哀公为尼父作诔，《左传》哀公十六年载："夏四月己丑，孔丘卒。（哀）公诔之曰：'旻天不吊，不憗遗一老。俾屏余一人以在位，茕茕余在疚。呜呼哀哉！尼父，无自律。'"③

将语言用于丧葬礼中，最早的是祝嘏。祝嘏，用言语向鬼神祷告之辞。《尚书·周书·洛诰》云："王命作册逸祝册。"孔颖达疏："'王命作册'者，命有司作册书也。读策告神谓之祝。"《礼记·礼运》云："祝以孝告，嘏以慈告，是为大祥。"孙希旦《礼记集解》云："祝，谓享神之祝辞也。嘏，谓尸嘏主人之辞也。"④ 在古人看来，语言具有神秘的效力和巫术的作用，正如《约翰福音书》载"语言与上帝同在""万物都是借着语言被创造的"。在巫术中，"语言所代表的东西与所要达到的目的，根据原始信仰，都相信与语言本身是一个东西，或与语言保有交感的作用。因为这样，所以一些表示欲望的词句，一经说出，便算达到目的"⑤。诔文与墓志文应该说皆源于祝嘏，只是时代变化而文类异出矣。

诔文与墓志文虽然皆适于丧葬之用，但相差甚远。第一，诔文与墓志文的使用方式不同，诔文适用于讽诵，而墓志文却埋于圹中。第二，诔文兴盛时间早于墓志文。汉代崇儒重丧，诔文兴盛。东汉初期，诔文作为丧葬礼文主要用于朝廷及士子文人；中期则从朝廷走出，面向民间；后期碑文兴盛，丧葬礼文也由诔文逐渐转向碑文⑥。第三，诔文与墓志文的体式有异。诔文既为诵体，必为韵文，故《文心雕龙》云"诔述祖宗，盖诗人之则也"。⑦ 而墓志文却未必全为韵文，亦无须顾及讽诵。

---

① 陈戍国点校：《周礼·仪礼·礼记》，长沙：岳麓书社，1989年版，第68—71页。
② ［南朝梁］刘勰著，周振甫译：《文心雕龙今译》，北京：中华书局，1986年版，第109页。
③ ［战国］左丘明撰，［西晋］杜预集解：《左传（春秋经传集解）》，上海：上海古籍出版社，1997年版，第1818页。
④ ［清］孙希旦撰，沈啸寰、王星贤点校：《礼记集解》，北京：中华书局，1989年版，第594页。
⑤ 李安宅：《巫术与语言》，上海：商务印书馆，民国二十五年版，第13页。
⑥ 黄金明：《汉魏晋南北朝诔碑文研究》，北京：人民文学出版社，2005年版，第10页。
⑦ ［南朝梁］刘勰著，周振甫译：《文心雕龙今译》，北京：中华书局，1986年版，第111页。

（三）墓志文与碑文

碑文乃是铭刻于碑石之文，但后大多为饰终之典。刘熙《释名·释典艺》云："碑，被也。此本葬时所设也，施其辘轳以绳被其上，以引棺也。臣子追述君父之功美，以书其上，后人因焉。无故建于道陌之头，显见之处，名其文，就谓之碑也。"① 至于碑文体式形成于东汉中叶，为秦汉刻石文字与东汉前期稽古礼文——铭颂在演进中相互交融的产物②。《文心雕龙·诔碑》云碑文："其叙事也该而要，其缀采也雅而泽；清词转而不穷，巧义出而卓立；察其为才，自然而至。"③ 东晋末期始禁私碑，碑文成为一种典制，只是极少数人的饰终之典，于是便有了墓志这种与碑文相类似的文体加以补充。由一种文体衍变出另一种相类似的文体常常是这样，一种文体受到了一定的表达范围、对象的限制，于是一种相类似的文体依此而生，使得那些不在范围之内的对象获得了表达，由碑文至墓志，不是一种文体取代另一种文体，而是两种文体并行。刘师培言："自裴松之奏禁私立墓碑，而后有墓志一体。观汉魏刻石之出土者并无墓志，亦足证此体之始于六朝也。墓志一体原为不能立碑者而设，而风尚所趋，即本可立碑或帝王后妃之已有哀辞者亦并兼有之。"④

墓志是墓中铭刻文字与碑文结合的产物，并由碑文而衍生，因而，墓志与碑文有许多相通的地方。从材料形制而言，二者都铭刻于石，且铭石有固定的形制。从文体形式而言，一般都有志、铭，志为韵散结合，铭为四言韵文。从文体功能而言，也都是叙颂亡者德勋以传不朽。然而墓志作为一种新的文体形式，又必然有别于碑文。第一，就对象而言，碑文主要面对帝王及个别贵戚大臣；而墓志起于"素族"。第二，就形制而言，墓碑为长方形石块，直立于坟墓前；墓志为方形石质，有盍顶盖，大多平放在墓室中。第三，就文体功能而言，碑文更注重铭颂德勋；墓志虽也记德铭勋，又很注重记事。第四，就文体形式而言，碑志韵散结合趋于骈俪，碑铭为四言韵文；墓志则志以散为主，铭以四言韵文为主，又杂五言、六言、七言。碑文于志中见辞彩，墓志于铭中显文丽。

（四）墓志文别体及正、变二体

墓志文乃指刻于墓志上的文章，用来记叙死者的生平家世，颂扬其功

---

① ［汉］刘熙：《释名·释典艺》，北京：中华书局，2016 年版，第 93 页。

② 黄金明：《汉魏晋南北朝诔碑文研究》，北京：人民文学出版社，2005 年版，第 47 页。

③ ［南朝梁］刘勰著，周振甫译：《文心雕龙今译》，北京：中华书局，1986 年版，第 113 页。

④ 刘师培：《〈文心雕龙〉讲录二种》，引自陈引驰编校《刘师培中古文学论集》，北京：中国社会科学出版社，1997 年版，第 179 页。

德。明代吴讷《文章辨体序说》云："墓志，则直述世系、岁月、名字、爵里，用防陵谷迁改。"墓志文其序则"传"，其文则"铭"。所谓"序"即志，用散文体写成，序志主身世；所谓"文"即铭，用韵体文写成，赞志主为人。仔细分来，有志无铭，叫墓志；有铭无志，叫墓铭；二者合在一起，叫墓志铭。然而一般笼而统之，皆云墓志。鉴于墓志文体式具有一些特殊情况，徐师曾《文体明辨序说》称之为别体，并将墓志文分为正、变二体。其文云：

> 至论其题则有曰墓志铭，有志、有铭者，是也。曰墓志铭并序，有志、有铭而又先有序者，是也。然云志铭而或有志无铭，或有铭无志者，则别体也。曰墓志，则有志而无铭。曰墓铭，则有铭而无志。然亦有单云志而却有铭，单云铭而却有志者，有题云志而却是铭，题云铭而却是志者，皆别体也。……其为文则有正、变二体，正体唯叙事实，变体则因叙事而加议论焉。又有纯用"也"字为节段者，有虚作志文而铭内始叙事者，亦变体也。

除符合标准墓志文全部构成部件之外的墓志文，一概称之为别体，只是墓志文的一种特殊形式而已，但并没有改变其本身性质。符合标准墓志文体式的墓志文称为正体，而不符合标准墓志文体式的墓志文皆呼之为变体，变体只是正体的一种另类而已，亦没有改变墓志文文体的本身特性。元代潘昂霄《金石例》将墓志写法分为"志式、墓志式、葬志式、殡志式、权厝志式、归祔志式、墓版文式、墓铭式、墓志铭式、墓碣铭、墓砖铭、圹铭式"等，亦无非是列出了墓志文的各种变体而已①。

墓志文体经历了一个发展演变的过程，起初是简陋的，后通过吸收与借鉴其他文体，不断地完善以至于成熟。从整个文体大系统来说，墓志文体继承与借鉴了铭、诔、碑等文体的成分，从圹下出土有关刻铭来看，墓志文的文体及内容则自告地状开始，吸收了枢铭、墓砖铭、墓阙铭、神道、墓碑、墓门等各种刻铭的表现形式，不断变化、充实、发展。南北朝时期既是政治大动荡时期，又是文化发展及文体变革的时期，一朝有一朝的文学，这个时期在南朝涌现出了偶词俪句的骈体文，而在北朝就着力造就尚质朴实的墓志文体。偏挺文采的骈体文矫饰太过而受到后人诟病，力尚实质的墓志文却为后世沿用不衰。

---

① 出土墓志中多题"墓志铭"，而《元羽墓志》首题"侍中司徒公广陵王墓铭志"，此为特例。

二、北朝墓志文的结构

文学作品作为一个系统的整体，皆存在一个内部关系上的自足的、自我决定的结构，无论其结构模式是线性的还是块状的，也无论其结构维度是一维的还是多维的，没有结构则不能称为文学作品。"结构最简单的解释是文学作品的外形，每一个作品都必定有一个外形，即从开始到结尾"①。初期墓志文结构形式多样，发展至北朝时已趋于规范化、模式化。墓志文的结构层次概括起来包括"首题＋序＋志传＋志铭＋尾记"等几个部分。

首题，是指这是哪位墓主的墓志，简单介绍墓主情况，模式基本固定。如"魏故使持节征虏将军华州诸军事华州刺史丘公之墓志"；"齐故乐陵王妃斛律氏墓志铭"。首题的结构大体为：墓主的国籍＋官职＋爵位＋姓氏＋文体名。北齐天保四年（553年）《杨元让妻宋氏墓志》"镇远将军尚书祠部郎中杨元让妻宋氏墓志铭"为已出土墓志中首题内容置于尾记一特例。

序，是指加在志传之前的简短文字。如北魏延昌四年《王绍墓志》"魏故辅国将军徐州刺史昌国县开国侯王使君墓志序：祖奂齐故尚书左仆射使持节镇北将军雍州刺史。夫人陈郡殷氏，父道矜太中大夫。父肃魏故侍中司空昌国宣简公。夫人陈郡谢氏，父庄右光禄大夫宪侯"。《公孙猗墓志》《王诵妻元贵妃墓志》等皆将墓主的先人罗列于墓志文前。序属于墓志文的附属部分，大多墓志文无序，序只是起到交代墓主家族情况的作用。

尾记，铭后附记的简短文字。可以是标识墓志制作时间，如《鄯乾墓志》尾记"大魏延昌元年岁次壬辰八月已未朔廿六甲申记"；《高宗嫔耿氏墓志》尾记"延昌三年七月十五日刊石铭记"；《山晖墓志》尾记"延昌四年三月十八日造"；大多墓志记载墓主的葬日与墓志的刊立时间等同，不明确标注。如《阎详墓志》尾记"武定二年十月廿二日"与葬日同。仅很少志文作明确说明，如《胡显明墓志》，清晰记载了这三方面信息，胡显明卒于正光三年六日十三日；葬于同年十二月二十七日；尾记"魏正光三年十一月十七日刊"；同样情况见《辛祥墓志》。也有既标识墓志制作时间，也说明墓志文字数，如《元馗墓志》尾记"永安二年岁次己酉三月壬子朔九日庚申。都和五百一十七字也"。亦有标识墓葬地点的，如《奚真墓志》尾记"大魏正光四年岁

---

① 杨文虎：《文学：从元素到观念》，北京：学林出版社，2003年版，第51页。

在癸卯十一月癸未朔廿七日已酉葬于洛京西滙泉之源，夫人乐安孙氏合葬"。但更多的是附记墓主世系，如《李蕤墓志》尾记"亡祖宝字怀素仪同三司敦煌宣公；夫人金城杨氏，父讳前军长史；亡父承字伯夫人金城杨氏，父祎前军长史。亡父承字伯业雍州刺史沽臧穆侯；夫人太原王氏，父慧龙荆州刺史长社穆侯；君夫人太原王氏讳恩荣封晋阳县君合葬君墓，父洛成太宰中山宣王。君八男四女"。《寇臻墓志》尾记"夫人本州都谯国高士夏侯融之女，生男五人；后夫人本州治中安定席他之女，生男四人"。一些墓志在"序"或"尾记"中就交代完墓主的家族情况，而《张弁墓志》的序与尾记中分开记载家族人员信息，只是序记述其先人祖与父的名、官职与爵位事迹；其后尾记有两部分内容，既介绍墓主家庭夫人及子嗣现状；又标识出墓志的刊立时间，"正光元年十一月十五日刻讫"。尾记亦属于墓志文的附属部分，只是起到一种标识或说明作用，无文采可言。但极个别墓志的尾记其文荒诞不经，与本墓志文无任何关联，如《吐谷浑玑墓志》尾记"临葬引路，蒙旨赠使持节宁朔将军河州刺（史）记铭后"。而《元子邃墓志》尾记内容更为特别，"今葬后九百年，必为张僧达所开，开者即好迁葬，必见大吉"，此言与元子邃墓志文整篇内容与意义无联系，推测为巫术者为墓主下葬时占卜之词。巫术乃是世界性的历史现象，他是人们利用虚构的"超自然力量"来实现某种愿望的法术。其表现为对万物有灵的信仰和对自然、图腾、祖先的崇拜，并以频繁祭祀、降神附体、跳神驱鬼、卜问神灵等手段为人祈福免灾。北朝丧葬时亦不可避免有巫术者的参与并卜问，让卒去的人灵魂安息，祈福其子嗣繁荣发达。前述从一志异刻或出现半成品现象来看，因墓志并不显露于地上供人们观赏，仅是依从这一葬俗，并无刻制质量要求，所以形成了一些墓志文刻画草率漏字、布局不整等现象出现。《元子邃墓志》的刻制布局不周，文字刻完，志石预留大片空白，随机将占卜之词刻上以补预留，或仅为随意刻录，有趣之举而已，并无实际意义。同例见《太平御览》与《太平广记》①。

---

① 《太平御览》五百五十九引《神怪志》："王果经三峡，见石壁有物悬之如棺，使取之，乃一棺也。发之，骇骨存焉。有铭曰：'三百年后，水漂我至长江，垂欲堕，欲落不落逢王果。'果凄然曰：'数百年前已知有我。乃改葬，祭之而去。'"又见《太平广记》三百九十一引史系："后魏天赐中，河东人张恩盗发汤冢，得志云：'我死后二千年困于恩。'恩得古钟磬，皆投于河。'"又引朝野金载："后魏高流之为徐州刺史，决潓沱河水绕城，破一古墓，得铭曰：'吾死后三百年，背底生流泉，赖逢高流之，迁吾上高原。'流之为造棺椁衣物，取其枢而改葬焉。"

志传与志铭是墓志文的主要构成部分，一般来说，大多墓志文正文只分为志传与志铭两个部分，若说墓志文的文学特性当指于此。志传为记墓主身世，而志铭则为一种颂词，通常为表示哀悼的韵文，在墓志文中称"词""辞""铭"等，以"词""辞"为多，有时甚至不明显标出此三者之名，但其内容仍旧存在。墓志文的此种行文格式及文体构造，有其渊源，非其独造。史书中早有使用，如《左传》中的"君子曰"，《史记》中的"太史公曰"等等，皆成为正文不可分割的部分，绝非貂蝉盈座，而是点睛之笔。如《史记·孔子世家》记：

> 太史公曰：《诗》有之："高山仰止，景行行止。"虽不能至，而心向往之。余读孔氏书，想见其为人。适鲁，观仲尼庙堂车服礼器，诸生以时习礼其家，余祗迴留之不能去云。天下君王至于贤人众矣，当时则荣，没则已焉。孔子布衣，传十余世，学者宗之。自天子王侯，中国言《六艺》者折中于夫子，可谓至圣矣！

《魏书·世祖纪》中"史臣曰"：

> 世祖聪明雄断，威灵杰立，藉二世之资，奋征伐之气，遂戎轩四出，周旋险夷。扫统万，平秦陇，翦辽海，荡河源，南夷荷担，北蠕削迹，廓定四表，混一戎华，其为功也大矣。遂使有魏之业，光迈百王，岂非神叡经纶，事当命世。至于初则东储不终，末乃衅成所忽。固本贻防，殆弗思乎？恭宗明德令闻，凤世殂夭，其戾园之悼欤？

再如刘勰《文心雕龙》"赞曰"及唐司马贞《史记索隐》中"述赞"就更类似于"铭"了。《文心雕龙·辨骚第五》"赞曰"：

> 不有屈原，岂见《离骚》？惊才风逸，壮志烟高。山川无极，情理实劳。金相玉式，艳溢锱毫。

《史记索隐·田敬仲完世家》的"述赞"：

> 田完避难，奔于大姜；始辞羁旅，终然凤凰。物莫两盛，代五其昌。二君比犯，三晋争强。和始擅命，威遂称王。祭急燕、赵，弟列康、庄。秦假东帝，莒立法章。王建失国，松柏苍苍。

在祭祀悼念文中"铭"类文字广为应用。梁沈约《宋书·颜延之传》记载延之"好读书，无所不览，文章之美，冠绝当时"，为湘州刺史张邵祭屈原文以致其意，曰：恭承帝命，建旗旧楚。访怀沙之渊，得捐佩之浦。弭节罗潭，舣舟汨渚，敬祭楚三闾大夫屈君之灵：

> 兰薰而摧，玉贞则折。物忌坚芳，人讳明洁。日若先生，逢辰之缺。温风迨时，飞霜急节。赢芊蓦纷，昭怀不端。谋折仪尚，贞蔑椒兰。身绝郢阙，迹遍湘干。比物荃荪，连类龙鸾。声溢金石，志华日月。如彼树芬，实颖实发。望汨心欷，瞻罗思越。藉用可尘，昭忠难阙。①

在碑文中用"铭"类文字更为普遍。邢子才《景明寺碑》② 中"铭"云：

> 铭曰：大道何名，至功不器。理有罔适，法无殊致。能以托生，降体凡位。士觉如远，一念斯至。德尊三界，神感四天。川流自断，火室不燃。衣生宝树，座踊芳莲。智固有极，道畅无边。

由此看来，墓志文的文体结构形式自有渊源，其文学的正统性也是不证自明。刘师培解释这些文体之后附论赞、铭词之类的原因时认为"论赞铭词旨在总括文意，而与文之繁简无关""盖碑详铭约，约碑之详以为铭，广铭之约即为碑；亦犹史书约纪传而为论赞，恢扩论赞仍成纪传也"。此为符合实际的论述。至于他又猜测"古代笔纸缺乏，抄写匪易。口传心受，必须约其文词且须整齐有韵，始便记诵。若累牍连篇，殆非尽人所能晓喻。故论赞即贯串纪传之大意，铭词乃综括碑文之事实，非于碑传本事之外别有增益也"③。这就只能姑妄听之了。由于志传与志铭在墓志文中放的位置不同，北朝墓志的结构组成形式可以做如下罗列：

（一）"前志传+后志铭"型

此种形式最为常见，也是后来发展的主要固定格式，但又可分为两类：一是传长铭短型，如《李伯钦墓志》《穆循墓志》等；一是传短铭

---

① 《宋书》卷七十三《颜延之传》，北京：中华书局，1974 年版，第 1891—1892 页。
② [唐]欧阳询著，汪绍楹校：《艺文类聚·卷七十七·内典下·寺碑》，上海：上海古籍出版社，1965 年版，第 1314—1315 页。
③ 刘师培：《中国中古文学史讲义》，上海：上海古籍出版社，2006 年版，第 139—140 页。

长型，如《元融妃穆氏墓志》等。

例1：传长铭短型，如《元思墓志》

志文：王讳思，字永全，河南洛阳人也。恭宗景穆皇帝之孙，侍中征北大将军乐陵王之子。王志业冲远，徽章宿著，德侔区宙，功辉四表。历奉三皇，礼握早隆，神机徙御，授后遗之寄，风教旧乡，振光云代。自抚燕地，愚凶革化，移牧魏壤，番丑改识，自东自西，无不开咏。方澄政三才，总调九列，昊天不吊，云光凤没。忽以正始三年岁次丙戌五月乙丑朔六日庚午遇疹，十二日丙子，春秋卅，薨于正寝。岁次丁亥三月庚申朔廿五日甲申窆于瀍涧之滨，山陵东埠。国丧朝彦，家绝刚轨。天子加悼，乃赠镇北大将军。遂刊石追兰，表彰幽美。其辞曰：

巍巍皇胄，日月齐命。玉干天枢，形伟金映。庙算幽通，闷简神性。德充四海，弱冠从政。昂昂朝首，三帝炳盛。含章内秀，独绝水镜。美不可誉，善不可名。何忽茂年，倏焉坠晖。掩光寒暑，闭目背时。痛实国庭，九戚同悲。

例2：传短铭长型，如《郭显墓志》

首题：魏故中给事中谒者開西十州台使郭显墓志铭

志文：父苌命，东兖州别驾。母赵郡李氏。显妻济州平原柏氏。息金龙。息女洪妃，适段苌洛。次息女景妃，适杨康生。龙妻刘氏。龙息文僖，次息见僖。君字季显，并州太原郡晋阳县人也。以魏正光四年岁在六月庚辰朔廿三日壬寅寝疾，卒于河南洛阳都乡受安里，春秋五十三。越正光五年十一月丁未朔廿六日壬申葬于北芒山之西岗。迺刊石表铭，式传不朽。其辞曰：

世禄伊范，卿族斯宁。郁矣华宗，亦丁其庆。高峰远出，长澜眇镜。为龙为光，莫之与竞。台阶峻极，槐路悠凝。唯祖唯父，克践克昇。相门有相，公实载膺。如绛既没，条亦嗣兴。爰自弱年，树此风概。鲠气不群，雄才出辈。因心必尽，率由敬爱。匪勖声名，自然靡悔。厥始登庸，言奋其翼。事君无隐，当朝正色。夙夜在公，逶迤退食。媚兹一人，罄此心力。宝珮锵（锵）①，丰貂蔼蔼。既被华虫，

---

①　墓志原文脱一"锵"字。

亦矫矫旆。辚辚长毂，悠悠高盖。六条已缉，万里云最。来管喉唇，丝纶伊穆。迺作中候，熊罴是肃。出则鹰扬，入为心腹。诚著日碑，勋同博陆。建彼元功，膺兹上赏。玄土白茅，分星画壤。执玉有晖，酌金无爽。利在鸣谦，吝非攸往。百揆已登，三事斯凝。四牡骙骙，六辔耳耳。方驰逸翰，冲天不已。霞路未央，云车遽止。清道还山，徐轩去国。寒浦邅迥，霜源眇默。石磴长芜，泉扃永塞。岸谷将迁，于焉观德。

（二）"前志传＋中间铭＋后志传"型

"铭"存在于"志传"之中，传铭合一。此种结构形式应为变体，非居主流，但亦存在。

例3：《元勰墓志》

首题：魏故使持节侍中假黄钺都督中外诸军事太师领司徒公彭城武宣王墓志铭

志文：王讳勰，字彦和，司州河南洛阳光睦里人也。显祖献文皇帝之第六子，高祖孝文皇帝之弟。仕历侍中已下至太师。十七除官。永平元年岁在戊子，春秋卅六，九月十九日己亥薨。追赠使持节侍中假黄钺都督中外诸军事太师领司徒公，谥曰武宣王。其年十一月六日窆于长陵北山。其辞曰：

承乾体极，胄皇绪圣。睿明凤跻，含仁履敬。德冠宗英，器高时令。铉教孔修，端风丕暎。流恩冀北，申威南郢。遵彼止逊，挹此崇盛。华衮素心，蠲烦息竞。志栖事外，颐道养性。寿乖与善，福舛必庆。隆勋短世，远情促命。遗惠被民，余芳在咏。

太妃长乐潘氏，祖猛，青州治中东莱广川二郡太守。父弥，平原乐安二郡太守。妃陇西李氏，祖宝，仪同三司敦煌宣公。父冲，司空清渊文穆公。

常见的结构形式相同墓志如上所示，鲜有别样者，如北齐《李宁墓志》属于"前志传＋中间铭＋后志传"型，其"中间铭"起始"吾葬后一千一百年，为周所发"与本墓志文无任何关联，推测为巫术卜语。"志铭"全为四字韵文，且分四层含义，八句（32字）为一层，写明"其一""其二""其三""其四"，且两字刊刻时挤占一格。"志铭"如此分层写法甚为特殊。

（三）"志传"型

此种类型只有志传，而无志铭，或许为省事之作，有嫌不足。

例4：《寇臻墓志》

志文：唯大魏正始二年岁次乙酉二月壬寅朔十七日戊午。故中川恒农二郡太守振武将军四征都将转振武将军沘阳镇将昌平子迁假节建威将军签安远府诸军事郢州刺史，皇京迁洛，畿方简重，又除建忠将军，重临恒农太守寇臻，字仙胜，春秋甫履从心，寝疾薨于路寝，礼也。资元后稷，光启康叔。今实上谷昌平人，汉相威侯之裔，侍中荣十世之胤。荣之子孙，前魏因官，遂寓冯翊。公世联冠冕，承绵华阴。晋武公令之曾孙，皇魏秦州刺史冯翊哀公之孙，南雍州使君河南宣穆公之少子，天水杨望所生。公早倾乾覆，奉严母以肃成，幼挺风概，忠孝自穆，长播休誉，金声玉振。凡所逐历，皆求己延旌，无假于人。及宣正文武，莫不以德革弊，方登槐棘，奄焉薨徂。朝野酸痛，主上垂悼。乃追勋考行，显赠龙骧将军幽州刺史，谥曰威。其公之所德，建功立事，皆备碑颂别传，非略志尽也。以正始三年三月廿六日合厝于洛城西十五里大墓所。遂以照被图记，勒铭泉堂云。夫人本州都谯国高士夏侯融之女，生男五人。后夫人本州治中安定席他之女，生男四人。

例5：《高琨墓志》

首题：魏故使持节都督冀嬴相幽平五州诸军事镇东大将军冀州刺史勃海郡开国公墓志铭

志文：延昌三年岁次甲午冬十月丙子朔廿二日丁酉，冀州勃海郡条县崇仁乡孝义里，使持节都督冀嬴相幽平五州诸军事镇东大将军冀州刺史勃海郡开国公高琨，字伯玉。夫人钜镳耿氏，父飏，左光禄大夫勃海郡开国公；母汝南袁氏。

例6：《元寿妃麴氏墓志》

首题：故城阳康王元寿妃之墓志

志文：妃姓麴，沮渠时扬列将军浇河太守麴宁孙之长女。妃姿量外洞，贞丰内效，德比九亲，行征一国，五训具备，礼染家人。

天罚谬婴，滥钟斯亮。春秋七十有三，维大魏正始四年岁次丁亥八月戊子朔十六日癸卯薨于京师，葬于长陵之东，窆于其子怀王之茔。

(四)"志铭"型

此种类型只有志铭而无志传，非完整之墓志文也，更为特例。

例7：《元定墓志》

首题：大魏景明元年岁次庚辰十一月丁酉朔十九日乙卯。景穆皇帝之孙使持节侍中征南大将军都督五州诸军事青雍二州刺史故京兆康王之第四子广平内史前河间王元泰安讳定君墓志铭

志文：天签有魏，诞降维桢。穆矣君王，实属斯生。德唯渊谞，道畅虚盈。声美河间，动飞广平。内光帝度，外耀人经。宜昇槐棘，永锡修龄。如何不吊，掩淑收荣。星沉夏景，月祕秋明。悼盈紫太，哀满神京。敬图玄石，以刊遐馨。

例8：《赵谧墓志》

首题：大魏故持节龙骧将军定州刺史赵郡赵谧墓志铭

志文：远源洪休，与嬴分流。族兴夏商，锡氏隆周。曰维汉魏，名哲继进。行义则恭，履仁必信。笃生君侯，体苞玉润。文以表华，质以居镇。含素育志，非道弗崇。声贞琔响，迹馥兰风。贵闲养朴，去竞违丰。形屈百里，情寄丘中。报善芒昧，仁寿多寋。辞光白日，掩驾松山。深灯灭彩，垄草将繁。德仪永往，清尘空传。

例9：《元荣宗墓志》

首题：大魏景明元年岁次庚辰十一月丁酉朔十九日乙卯，景穆皇帝之玄孙，使持节征南大将军都督五州诸军事青雍二州刺史故京兆康王之第四子广平内史前河间王元定之长子荣宗之墓志铭

志文：刚通乾范，义导人仪。禀叡无恒，曜灵焉知。诞矣王胤，韶也声猗。器同孙满，量超子奇。方申懋烈，光我辰熙。岂图暴夭，弱龄徂亏。兰倾夏馥，玉碎春肌。惨适京甸，悲贯紫墀。勒铭幽宇，扬志玄碑。

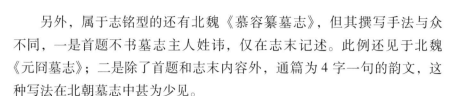

另外，属于志铭型的还有北魏《慕容纂墓志》，但其撰写手法与众不同，一是首题不书墓志主人姓讳，仅在志末记述。此例还见于北魏《元冏墓志》；二是除了首题和志末内容外，通篇为4字一句的韵文，这种写法在北朝墓志中甚为少见。

还有一种情况，志铭分段撰写并予以标明其一、其二、其三等。如天保元年（551年）《岩诠墓志》其辞曰：汉水明珠，蓝田美玉。秀亦瑶才，依君是璞。未遇良工，徒摧荆岳。此见其悲，同兹彼哭。其一，夫君性亮，识通里表。言不曰过，行必由道。爱友釿仁，唯深怀抱。何忽一朝，命同风草。其二，恂恂乡党，偘偘怜家。好精饰席，无置不华。如鸿杂鸟，似月开霞。一闻酸听，载响咨嗟。其三，分鱼念水，别鸟思树。岂白今离，便违昔处。如可赎子，永之无路。天长地久，人其永去。其四，此为8句一段，计4段，为4字一句的韵文。同样写作形制如武定元年（543年）《蔺君妻史郎郎墓志》，志铭为8句一段，计3段，为4字一句的韵文。

墓志文的结构区分之后，就会得到不同类型的墓志文，从而在分析中将不同的墓志文区分开来，愈加清晰地予以认识。面对众多的墓志文，结构区分与分析会得到一些意想不到的效应，研究的思绪也会清晰起来。"一部文学作品是一种协作模式，由各种成分的不同组合而构成。这些因素在作品的机制内部产生文学'效果'，而不指向存在于作品本身系统以外的现实"[1]。这种结构分析只是一种表层的形式的结构区分，而没有进入深层次内容的、情感的、语言的结构性研究。

第三节　北朝墓志文的语言世界

中国的墓志文学与国外一样，墓志作品对后世作家产生过重大影响。墓志在古希腊时期就已作为一种文学现象，古希腊作家撰写的各种墓志作品，对古罗马和文艺复兴时期的作家曾产生过巨大影响，然后这一文学现象又从古希腊和古罗马传入了英国。英国的许多文豪皆创作墓志作品，大文豪莎士比亚自撰墓志铭："看在耶稣的份上，好朋友，切莫挖掘这黄土下的灵柩。让我安息者将得上帝祝福，迁我尸骨者定遭亡灵诅

---

① 王岳川：《艺术本体论》，上海：上海三联书店，1994年版，第221页。

咒。"① 弥尔顿、拜伦、济慈、雪莱等都创作了有名的墓志作品。语言在墓志文中得到了尽情的驰骋与发挥，可以说将语言运用到了极致。在死亡的虚无世界里，墓志文又建立起了一个乌托邦，只是有所不同而已，一个是进入死寂的虚无，另一个却是具有语言意义的图景。萨丕尔曾说："语言是文学的媒介，正像大理石、青铜、黏土是雕塑家的材料。每一种语言都有它鲜明的特点，所以一种文学的内在的形式限制——和可能性——从来不会和另一种文学完全一样。用一种语言的形式和质料形成的文学，总带着它的模子的色彩和线条。"② 北朝墓志文使用的是中古时期的语言，在当时的政治、经济、社会尤其是文学环境下，既深刻地打上了时代的烙印，又显示出墓志文文学语言的魅力。

一、北朝墓志的文学语言特色

有不同特色的语言就会有不同的文风，而不同的文体又需要不同特色的语言。如记述文体就需要平铺直叙的语言，诗词就需要整齐的韵文，骈体文就要讲究对仗工整。南北朝时期，文体的发展变化很大，五言古诗继承汉乐府的传统，得到长足的发展并达到了鼎盛；骈体文的兴盛，成为这个时期重要的文学现象；而汉大赋演变成为抒情小赋，并因骈文的兴盛而增加了骈俪的成分，骈赋在梁陈两朝进入了高峰。这些重大的文体变化，大部分也会影响到北朝墓志铭文体的形成，给这一时期的墓志造成了具有时代语言的特征，产生了庾信《周大将军怀德公吴明彻墓志铭》之类的名作，被誉为"志文绝唱"。

（一）散、韵、史传语言之混用

语言由于使用风格、模式不同是有一定界限的，散文的语言是属于散文的，韵文的语言是属于韵文的，史传的语言是属于史传的，然而在墓志文这里却出人意料地混合为一了，走向了统一，达到一种完美。此时的语言似乎不再是人说语言，而是语言在诉说故去的人、事、情，成为故去人们的主宰。

墓志文的志传部分基本上是为墓主书写一简短的史传，包括其生平履历、重大事件、事业成就，语言既质朴务实，又不乏颂扬厚美，这既

---

① 莎士比亚自撰墓志铭：Good friends, for Jesus's sake forbear To dig the dust enclosed here Blest be the man that spares these stones Cursed be he that moves my bones.

② ［美］爱德华·萨丕尔著，陆卓元译，陆志伟校订：《语言论·语言和文学》，北京：商务印书馆，1997 年版，第 199 页。

是对墓主人生过程的白描，又是对人生生命的礼赞，故散文、史传语言混用，不拘一格。如《元崇业墓志》志传部分：

> 君讳崇业，字子建，洛阳人也。景穆皇帝之曾孙，大将军阳平幽王之孙，车骑大将军仪同三司尚书左仆射宗师之长子。君三光降而为灵，六气结而成烈，秀若高桐，峻似孤岳，藻韵清遥，谈论机发。士流挹其万顷，帝宗叹其千里。弱冠誉高，拜秘书郎中。秉牍麟阁，釐校坟艺，洋洋之美，典素载清。举上第，辟司徒录事参军。君器怀凝峻，神衿挺照，横藻台庭，洒落群外，领袖之望，于焉为首。优贤之举，拜宁朔将军员外散骑常侍。君风量秀整，英拔异流，参侍轩陛，仪形独俊，加以文彩丰艳，草丽雕华，凝辞逸韵，昭灼篇牍。逝将燮礼教于端闱，宣风化于槐路，而辅仁之庆虚文，草露之危先集。春秋卅八，正光五年三月廿七日卒于第。诏赠持节辅国将军平州刺史礼也。

此篇墓志文志传部分，读来与其说是志主史传，不如说是一篇凄美的散文。在人物描写中隐现世间风景，比喻恰切，有洋洋之美，如"秀若高桐，峻似孤岳""士流挹其万顷，帝宗叹其千里"；在人物气质与性格的描写上更是新颖独出，"君器怀凝峻，神衿挺照，横藻台庭，洒落群外，领袖之望，于焉为首""君风量秀整，英拔异流，参侍轩陛，仪形独俊，加以文彩丰艳，草丽雕华，凝辞逸韵，昭灼篇牍"。再如《崔猷墓志铭》追源家族，其实在用散文诗的语言做文学，其志传云：

> 君讳猷，字孝孙，东清河东俞人。启源命族，其来尚矣。少典诞炎，德感火瑞；营都于鲁，王有天下。历八世五百余年，伯夷为尧秩礼，四岳佐禹治洪，太师以翼周建国，穆伯因分封命氏，君其后焉。弈叶英邵，官冕相袭。
> 迺作铭曰：姜川昜瑞，炎德降祥，丕烈不已，乃叶克昌。匡尧赞禹，翼武戡商，遥基蔼蔼，崇构堂堂。

这些墓志文读来似不像实用文体，而像在做文字功夫。

墓志与史传文学形式上皆为庄严文体，要求叙说人物一生，其主角多为缙绅、士大夫之流。墓志借鉴史传文学的手法来写墓志，一般叙事简单，多用概述之语，借形象的比喻以补抽象的不足，以便赞美志主，无需形象描绘，也不用展现人物个性。而史传文学则要着重记叙事件的进展，再现人物性情。不过，优秀的北朝墓志突破了自己的局限，如《元绪墓志》便借用了史传文学的笔法，以志主牵强就官的叙述，突现人物性格，展现当时情景，正如刘勰《文心雕龙·诔碑》所云："夫属碑之体，资乎史才。"其志传描述元绪清才雅誉、崇俭尚朴云：

> 君少恭孝，长慈友，涉猎群书，偏爱诗礼。性宽密，好静素，言不苟施，行弗且合。不以时荣羡意，金玉渎心，雍容于自得之地，无交于权贵之门。故傲僻者奇其器，慕节者饮其风。遇显祖不夺厥志，逢孝文如遂其心。故得恬神园泌，养度茅邦，朝野同咏，世号清玉。及景明初登，选政亲贤，以君国懿道尊，雅声韶发，乃抽为宗正卿。非其好也，辞不得已而就焉。君乃端俨容，平政刑，训以常棣之风，敦以湛露之义。于是皇室融穆，内外熙怡。俄如萧氏窃化，自诏江甸，嶓塜崎岖，局险民勃，接竖之黔，豺目鸟望。天子乃择功臣，以为非君无能抚者。遂策君为假节督洛州诸军事龙骧将军洛州刺史。君高响凤振，惠喻先闻，政未及施，如山黎知德。君乃阐皇风，张天罗，招之以文，绥之以惠。使旧室革音，异民请化，千里齐声，敛曰康哉。

《元彬墓志》亦具有史家笔触，一志书写叔侄两人，家族形象跃然而出：

> 持节征虏将军汾州刺史彬，恭宗景穆皇帝之孙，镇北大将军相州刺史南安王之第二子也。叔考章武王绝世，出纂其后。惟君禀徽天感，发彩蕃华，袭玉声金，章祖继世。温仁著于弱龄，宽恭形于立载。自国升朝，出莅为使持节征西大将军都督东秦邠三州诸军事领护西戎校尉统万突镇都大将夏州刺史。章武王直方悟宪，用勉爵土，收中散第，消遥素里。后以山胡狡乱，征抚西岳，绥之以惠和，靖之以威略。一二年间，群凶怀德。勋绩既昭，朝赏方委，而彼仓不吊，倏焉凤徂。

《元龙墓志》记述其英勇善战，突显一代枭雄形象：

> 君讳龙，字平城，河南洛阳人，平文皇帝之六世孙也。极天为

构，带地称源，盛德显于望云，雄图焕于羁鹿。祖功符彼相，瞻八命以高骧。父任属维城，守四方而作镇。君幼挺奇姿，生而秀颖，早深漠北之志，少禀山西之风。高祖宸居两楹，志清九服，有念名驹，顾怀虎子。太和之始，袭爵平舒男。虽猛志未申，而雄姿简帝。会北虏寇边，烽燧时警，妙简勋胄，以启戎行。乃假君宁朔将军，龚行北讨。帝亲临慰勉，奖以殊绩。君前无横阵，战必先登，以攘敌之功，拜奉车都尉。及大军南伐，师指义阳，复假君龙骧将军大将军司马。君被坚执锐，斩将搴旗。帝嘉厥庸，眷言舍爵，进授行唐伯，授前军将军。赵王以帝弟之尊，作蕃列岳。司武之任，非君勿居，授开府司马。及銮驾亲戎，问罪南服，鼓鼙之思，允属伊人，复以安远将军为右军统军，司马如故。以母忧去官。君至性通神，哀感行路，岂唯致叹加人，故亦非扶不起。既而沔阳即序，江右未宾，金革既兴，呼门复及。复以骁骑将军扈驾南讨，还加闲野将军，骁骑如故。景明在运，边亭息警，我求明哲，属以共治，乃除清河内史，伯如故。复以荆蛮蠢动，将毁王略，辍彼飞铃，统兹戎马，以龙骧将军秉麾南伐。又以义阳尚阻，南师竞进，胜负未形，先鸣莫在。以君功宣历识，气盖当时，选众而举，朝无异议。君临机电决，猛志冲冠，郢城请罪，与有其力。方当骋兹果毅，运此奇谋，扫狡冠于塞垂，追衔刀于江右，而辅善无验，大宝多违，忽阻巷歌，奄捐馆舍。以正始元年十月十六日薨于第，葬于首阳之巅。朝廷兴嗟旧德，永念勋庸，追赠使持节平北将军恒州刺史，谥曰武侯。

其辞曰：长发帝绪，建德应韩。昈昈枝叶，弈弈波澜。犬牙攸在，磐石斯观。三千以击，九万伊抟。闲和有素，道术时钻。北扫严敌，南翼行鸾。旅唯正正，师必桓桓。居难以易，处险而安。运促天长，生危事久。忽变市朝，奄沦丘阜。两宫贻念，六辔骧首。永酸易及，长悲夜厚。

志传写作手法融记叙、议论、抒情为一体，以述德、铭功、纪事为主，句式多变而有情致。而墓志铭文则脱胎于四言诗。《诗经·邶风·凯风》即为一首悼亡诗，曰："凯风自南，吹彼棘心。棘心夭夭，母氏劬劳。凯风自南，吹彼棘薪。母氏圣善，我无令人。爰有寒泉，在浚之下。有子七人，母氏劳苦。睍睆黄鸟，载好其音。有子七人，莫慰母心。"[①]

---

① 姚小鸥：《诗经译注》（上册），北京：当代世界出版社，2009年版，第48—49页。

全诗共4章，每章4句，为悼念亡母而作。北魏墓志铭延续此种格式，无论在内容或形式上，皆打上了四言诗的烙印。如《石婉墓志铭》用四言诗体将墓主描绘成一幅仙风道姑之像：

> 玉生衔闰，桂出含芳。紫金天利，明珠自光。夫人窈窕，性实禀常。心如怀月，言似吐璋。颜如秋玉，色艳春葩。云生公室，言归王家。委縠徐步，望若游霞。陈王羞赋，齐女惭华。学既探玄，才亦成篇。心怀巨宝，口吐芳烟。豪端流璧，素上题琁。阮姬格笔，昭君谢贤。平生自爱，甚慎机微。言恐惊气，行虑动衣。恨不自见，鉴镜之辉。如何一旦，与世长违。兰刈由馨，膏尽缘明。堂潜玉迹，室隐金声。唯闻琴绝，但见遗经。悲言玄石，何以能名。

徐师曾《文体明辨序说》总结铭文格式最为详赡："若夫铭之为体，则有三言、四言、七言、杂言、散文；有中用'兮'字者，有末用'兮'字者，有末用'也'字者；其用韵有一句用韵者，有两句用韵者，有三句用韵者，有前用韵而末无韵者，有前无韵而末用韵者，有篇中既用韵而章内又各自用韵者，有隔句用韵者，有韵在语辞上者，有一字隔句重用自为韵者，有全不用韵者；其更韵，有两句一更者，有四句一更者，有数句一更者，有全篇不更；皆杂出于各篇之中，难以例列。"① 如北魏《慕容纂墓志》除了首题和志末二行内容外，通篇2大段均为4字一句的韵文，且采用规定字数末字押韵的写法，洋洋洒洒朗朗上口，墓志的写作风格尤为特别而引人注目。墓志开首8句介绍鲜卑族慕容氏的发迹史；接下来4句说明前燕国的执政者及其先人；继续12句系指十六国时期慕容氏所建立的后燕政权；第1段末几句叙述慕容宗室矛盾而族人"入秦作辅"，或"移魏加敬"。第2整段述说墓志主人慕容纂的生平经历：

> 君禀三祖，承兹重列。岐嶷体仁，唯明唯哲。如金百练，如玉不涅。宽以怀众，廉以自洁。寒松等操，霜柏并节。景行是崇，敦义是悦。生如者鲜，犹君不绝。如泉自涌，岂云有竭。大夏之才，待时而设。解素登朝，人务其杰。叹舜五臣，嗟尧两八。舒卷从时，

---

① ［明］徐师曾著，罗根泽校点：《文体明辨序说》，北京：人民文学出版社，1998年版，第149—150页。

不要显拔。积智犹江，随人堰决。入侍尽忠，历奉三主。推生远使，积年寒暑。出内唯允，恕效奇武。冀康四海，扫清九宇。思酬中兴，刻石梁甫。大功未登，奄焉沦绪。层峰落岫，良木安所。高堂昼密，泉台通窄。卜远有期，桂酒空贮。修哉昊旻，绵矣苌岨。眇邈坤宫，永言谁与。人百可赎，悼此良辅。

　　志文夸赞墓志慕容纂纯粹宽容而廉洁，松柏节操为人崇仰；富于才干入朝为官守忠尽责。颂扬其经年坐镇州郡，治理一方，却壮志未酬溘然辞世，国失良辅朝野伤悼。此墓志的写作，行次规整，大小匀称，文辞优美，表面看无正式志传文，而以全韵文的志铭文代替了志传文。但墓志如此书写，将墓志主人及其先人的历史浓缩型地叙事概括点到为止，限制了叙事的准确性和完整性，难以展示一般墓志通常使用的交代人物、事件、时间的散文形式条例清晰之志传文的叙事方法，吟诵下来似乎仅能模糊体味慕容家族先人及志主辉煌往昔与傲人功勋，这种写法独特为北朝墓志仅见之特例。北魏《元同墓志》铭文："王诞懋英韵，气烈风舒，筹练七武，粉韨九图。怀仁乐静，含道澄虚，非义靡处，非礼弗居，庶尹皇家，永世国谟。但凝飘春驰，惊渗夏急，早沦金精，凤摧玉粒。赫矣叡王，痛灾祸及，万僚崩叫，千司痛泣。形潜虽永，休风犹集，镂金志石，刊景标立。呜呼哀哉。"此志铭文基本上为4字句，却嵌入了两个5字句作首引，即"王诞懋英韵"及"但凝飘春驰"，这也是比较独特的。北齐《张肃俗墓志》铭词共4句："白杨云聚，丹旐风生，足兴悲于行路，况同气之深情。"前两句为四言，后两句为六言。北周《王钧墓志》铭文基本上为4字句，唯最后为两个6字句，即"安茔卜地，移车盾茎日，邑始唐都，人承周室。……空高玄壤，神识何冲，嗟英毅于三晋，悼埋魂于七雄"。此等为特例。

　　墓志文兼顾实用与文采，亦如"一是良史手笔，二是诗家精神"[1]，往往其文词修饰胜于平素白描，其用语洗练，富有变化，将呆板的墓志志传改进成优美的散文，再附与别致有韵的铭文，亦可谓洋洋大观，叹为观止。如由南入北的庾信在墓志铭的写作中就赋予了史家笔法，而为后世史学家所鉴赏。如唐朝令狐德棻等撰《周书·宇文神举传》，所记宇文显和与魏孝武帝关系的一段文字，明显取自《周宇文显和墓志铭》。出土的北周墓志，亦有模仿庾信诗人情怀者，如《步六孤氏须蜜多墓志

① 李慧：《试议墓志铭变格破体的文学现象》，《文学遗产》2005年第3期，第132—134页。

铭》云："夫人别离亲戚，关河重阻。夷歌一曲，未足消忧；猿鸣三声，沾衣无已。"墓志文使用的语言是与墓志文的情景语境相关的，活着的人们愿意为故去者寻找世上最动听的词汇，企图为墓主建立一个更为美好的语言乌托邦家园。

（二）骈文俪句，含蓄婉转

南北交融，南朝的文风不断吹拂着北朝，熙熙浸润，导致北人对南朝文学模仿的风气盛行。文学的创造离不开文学的传播，文学的发展及其思潮的流变也离不开不同文学的双向涵化。在这双向涵化的过程中，南朝士人承继西晋潘、陆的传统，热衷于追求辞藻的华丽和对偶的工整，永明声律学说兴起以后，当时贵族文人专心在声病丽辞方面争奇斗奇，结果把骈俪文学推到了高峰。北方文人既承继中原朴实文风，又纷纷钦慕和效法南方，南风北渐，北人学南，势在步步深入，精英阶层如魏收、邢邵等模仿沈约、任昉。南朝自南齐以来，文人作诗讲究"四声"的运用，以免"八病"，其中包括双声叠韵运用问题，这也影响到北朝，杨衒之《洛阳伽蓝记》曾载"李元谦乐双声语"故事，北朝墓志文不免受此类南风的影响，亦向骈偶化、辞赋化方向发展，辑事比类，辞藻纷披，宫征靡曼。但北朝文人在因袭模拟南方之后，亦有创意。

《太妃李氏墓志》具有典型的南朝文风，即使江左文士亦不过如此而已。该篇墓志文既有辞赋之气，又有骈俪之势，还不乏博古用典，可谓文采斯盛。其志曰：

> 太妃李氏，顿丘卫国人也。魏故使持节大将军阳平幽王之妃。使持节卫大将军青定二州刺史阳平惠王之母。鸿基肇于轩辕，宝胄启于伯阳，哲人之后，弈叶官华，龟玉相承，重光不绝。祖贤，晋南顿太守。神筌朗悟，知名往朝。父超，宋龙骧将军哲县侯。风德高迈，见重刘主。太妃禀婺光之淑灵，陶湘川之妙气，生而端嶷，幼则贞华，睿性自高，神衿孤远。风仪容豫，比素月而共晖；兰姿焯灼，拟芳烟而等暎。柔湛内恭，温明外发，凝然若云，洁然如玉。若夫汪汪冲操，状蠅渊而独邃；英英瑶质，似和璧而起照。志量宽明，性度方雅，愿史自修，问道铖阙，五礼既融，四德兼朗。九族称其贞淑，邦党敬其风华。于是鸤鸠延娉，玉帛盈门，就百两之盛仪，居层橷以作配。太妃遂内执恭谦，外秉礼宪，慕关雎之高范，遵鸡鸣之鸿轨，柔裕以奉上，慈顺以接下，发言必也清穆，举动其于令则。湛如渌泉之发浦，皎若明月如昇汉。妇德徽于大邦，母仪光于蕃国，四育宝璋，道映当

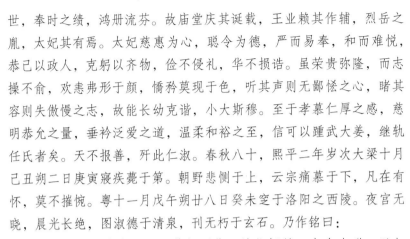

世，奉时之绩，鸿册流芬。故庙堂庆其诞载，王业赖其作辅，烈岳之胤，太妃其有焉。太妃慈惠为心，聪令为德，严而易奉，和而难悦，恭己以政人，克躬以齐物，俭不侵礼，华不损诰。虽荣贵弥隆，而志操不俞，欢恚弗形于颜，憍矜莫现于色，听其声则无鄙怪之心，睹其容则失傲慢之志，故能长幼克谐，小大斯穆。至于孝慕仁厚之感，慈明恭允之量，垂衿泛爱之道，温柔和裕之至，信可以踵武大姜，继轨任氏者矣。天不报善，歼此仁淑。春秋八十，熙平二年岁次大梁十月己丑朔二日庚寅寝疾薨于第。朝野悲恻于上，云宗痛慕于下，凡在有怀，莫不摧恸。粤十一月戊午朔廿八日癸未窆于洛阳之西陵。夜宫无晓，晨光长绝，图淑德于清泉，刊无朽于玄石。乃作铭曰：

　　舒宫降彩，婺光垂曜，若妃诞载，神仪挺妙。克令克聪，以仁以孝，贞华内朗，德音外照。云姿窈窕，容礼堂堂，于穆仁妃，作配君王。温恭有则，闲裕有章，徽声凤振，青风载扬。皎皎玉问，穆穆渊情，谈玄简妙，雅论飞声。如彼泉流，弥洁弥清，如彼琳琅，俞久俞贞。报善未征，云仪奄烈，浩月沉天，白云空结。思鸟啼霜，悲风舞雪，追慕余芳，痛此长绝。

　　北朝墓志文中，骈文俪句，几乎无篇不有，真乃满目文采。如《元显俊墓志》"日就月将，若望舒荡魄。年成岁秀，若腾曦洁草"。《元演墓志》"渊霞虽远，藏之于寸心。幽晓理微，该之于掌握"。《高祖充华赵氏墓志》"谦光柔顺，播夙声于素宗。英清玉粹，登椒华而俞馥"。《孙标墓志》"图构日登，天之崇墉。昭辅宸安，世之盛业""仪昭声雍，诞门眉之光。懋宫在德，作皇帝之相"。《韩氏墓志》"凝质淑丽，若绿葛之延谷。徽音远振，如黄鸟之集灌"。《杨阿难墓志铭》"少淹神光，若明月之弦长汉。幼植寒心，似山松之高五尺"。这种对仗工整的骈偶句，不可一一罗列。朱光潜认为："从前文学批评家常用'气势''神韵''骨力''姿态'等词，看来好似故弄玄虚，其实他们所指的只是种种不同的声音节奏，声音节奏在科学文里可不深究，在文学文里却是一个最主要的成分，因为文学须表现情趣，而情趣就大半要考声音节奏来表现①。"

---

① 朱光潜：《散文的声音节奏》，引自《中国现代散文理论》，南宁：广西人民出版社，1984年版，第128页。

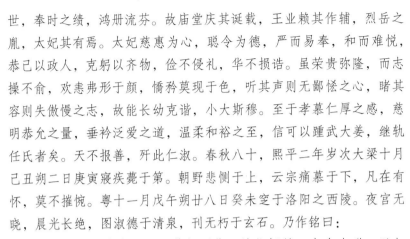

（三）用典之工，博古雅致

衿言数典，以富博为长，墓志文辞章华美之余见用典之工，应资博古，宜穷往烈。元代陶宗仪《南村辍耕录》"文章宗旨"云"埋文圹记，最宜谨严，铭字从金，一字不泛用。善为文者，宜如古诗雅颂之作。行实之作，当取其人平生忠孝大节，其余小善寸长，书法宜略"。"典故"一词的最早文字记载见于《后汉书》："陛下至德广施，慈爱骨肉，既赐奉朝请，咫尺天仪，而亲屈至尊，降礼下臣，每赐宴见，辄兴席改容，中宫亲拜，事过典故。"① 此中典故意为"祖先之典章制度"。而今之谓"典故"是指"典制和掌故"与"诗文中引用的古代故事和有来历出处的词语"②。北朝墓志文中多引见传世文献或史书记载之典，意义极具文化内涵。

1. 引用经书之典

北朝墓志文中多引用《诗经》之典，此乃为词典。《司马显姿墓志》曰："心嘱众嫔，嘈然斯顺，小星重风，螽斯再训。""螽斯"象征子女兴盛，《周南·螽斯》云："螽斯羽，诜诜兮。宜尔子孙，振振兮。螽斯羽，薨薨兮。宜尔子孙，绳绳兮。螽斯羽，揖揖兮。宜尔子孙，蛰蛰兮。"《孟敬训墓志铭》云："故能庆显螽斯，五男三女，出入闺闱。"《元珍墓志》："始荷腹心之任，受六师之重。""腹心"见《周南·兔罝》"赳赳武夫，公侯腹心"，指肚腹与心脏，皆人体重要器官，此处用来比喻贤智策谋之臣。同样的例子见《梁子彦墓志》"凡厥腹心"；以及《韦孝宽墓志》"扞城资腹心之用"。《元华光墓志》："乃备六德以和亲，修害浣以归宁，内协外谐，香音镜郁。""害浣"较早来源为《周南·葛覃》云："害浣害否，归宁父母。"毛传："害，何也。"郑玄笺："浣，濯之耳。"陆德明释文："浣本又作'浣'。"是以"害浣"又作"害浣"。而"害浣害否"之意义是历代解《诗》家都很关注的问题，以"害浣"并结合"归宁"一词，共同体现"害浣害否，归宁父母"所表达的意义。"害浣"本指勤于浣濯，或服浣濯之衣，这里指勤俭之美德。魏晋南北朝时期，割裂经典中的语句构成新词是常见手法。本例中取"害浣"和"归宁"构成新词来赞美元华光的高尚妇德。《元瞻墓志》："及夫切瑳为宝，佩瑜象德，游演应顽，相羊适度。""切瑳"同"切

① 《后汉书》卷四十二《东平宪王苍传》，北京：中华书局，1965年版，第1440页。

② 辞源修订组与商务印书馆编辑部：《辞源》（修订本）1—4合订本，北京：商务印书馆出版，1988年版，第172页。

磋"，早见于《卫风·淇奥》："有匪君子，如切如磋，如琢如磨。""切磋"比喻道德学问方面互相研讨勉励。《乞伏保达墓志》："常谓神听孔明，善人是福。而彼苍多舛，曾不憗遗。"《叔孙协墓志》"人百其身，物无永昌"。"彼苍"与"人百其身"见于《秦风·黄鸟》："彼苍者天，歼我良人。如可赎兮，人百其身。"孔颖达疏："彼苍苍者，是在上之天。""彼苍"代称天；"人百其身"表示对死者极为沉痛的悼念。《杨阿难墓志铭》曰"身伏衡门，名飞帝阙"。《陈风·衡门》云："衡门之下，可以栖迟。泌之洋洋，可以乐饥。""衡门"指隐居之地，显然也借指卑微。如《寇凭墓志》："曲肱衡门，耻为勋偿。守孝园庭，用已留响。"《杨乾墓志》："公士君不求慕达，执事不以为勤政，优游衡门，洗心玄境，爱贤好士，文武兼干。"《元举墓志》："山水其性格，左右琴诗，故潜颖衡门，声播霄岳。"《太妃李氏墓志》记载"于是鸤鸠延娉，玉帛盈门，就百两之盛仪，居层櫼以作配"和"慕关雎之高范，遵鸡鸣之鸿轨"。这里"鸤鸠"不再仅指一礼物而已，重要的是称颂君子的仪表风度，为一种美好的象征。《曹风·鸤鸠》云："鸤鸠在桑，其子七兮。淑人君子，其仪一兮。其仪一兮，心如结兮。""淑人君子，其仪一兮"即是指君子的形象；又"关雎与鸡鸣"见于《周南·关雎》和《齐风·鸡鸣》。《周南·关雎》："《序》：'《关雎》后妃之德也。'瑞辰按：《序》以《关雎》为后妃之德，而下云'所以风天下而正夫妇'，正谓诗所称淑女为后妃，非谓后妃求贤也。"①《齐风·鸡鸣》为一篇妻子催促丈夫早起上朝的诗，书写于墓志中表现了太妃李氏的贤惠。《元嵩墓志》："人之云亡，哀恸邦里。况我孔怀，痛何已已！""孔怀"见于《小雅·常棣》："死丧之威，兄弟孔怀。"郑玄笺："维兄弟之亲，甚相思念。""孔怀"指兄弟的代称。又《元宝月墓志》："奉先思孝，孔怀惟睦。操同柳下，廉均夷叔。"《元或墓志》："孝为心基，义成行本，早违陟岵，兼丧孔怀，训育所资，实唯圣善。"两志中均有"孔怀"出现。《元阿耶墓志》："且夫人笃于同气，孔怀特甚，惟弟及妹，倾心爱友。"《元昭墓志》："时缙绅嫉君能，衣冠姤君美，遂萋菲交构，收君封爵。"《李宪墓志》："既而萋斐内构，瘢疵外成。反顾三河，龙门日远。""萋菲"与"萋斐"同义，见于《小雅·巷伯》："萋兮斐兮，成是贝锦；彼谮人者，亦已大甚！"郑玄笺："喻谗人集作己过以成于罪，犹女工之集采色以成锦文。"这两个用典形式意义相同，都是比喻诬陷他人，罗织成罪的谗言。《封和突墓志铭》铭文"少深岐嶷，长晶宽明，内尽孝思，外竭忠诚"。《杨颖墓志铭》云："至逦孝悌始于岐嶷，恭俭终于缀纩。""岐嶷"出自《大雅·生民》"诞实匍匐，克岐克嶷，以就口食"。岐嶷，言后稷之生其体实长且大，其形则已岐嶷矣。《封延之墓志》："公比翥鸿鹓，齐骧骥骝，神谋上算，每出等夷。""等夷"见于《大雅·桑柔》："贪人败类。"郑玄笺："类，等夷也。"孔颖达疏："类，比类，故为等夷，谓尊卑齐平朝廷之人。""等夷"指尊卑齐平之人。《元孟辉墓志》："诒厥孙谋，及尔君子，播构川河，令问不已。"《大雅·文王有声》："诒厥孙谋，以燕翼子。"毛传："燕，安。翼，敬也。"郑玄笺："传其所以顺天下之谋，以安敬事之子孙。""诒厥孙谋"同"诒厥孙谋"，谓为子孙的将来做好安排。"诒厥"指后嗣、子孙。又《冯季华墓志》："留连垂滞，诒厥方来。"《元仲英墓志》："昔大电启祥，寿丘生圣，诒厥繁茂，代雄朔野。"《诗经》词广为墓志文借用，倘若没有《诗经》的知识背景，就可能出现对墓志文的理解有偏差或失误的现象。

自北魏孝文帝推进鲜卑拓跋族汉化，儒化是其主要内容，因为儒化既能加速汉化，又能显示北魏政权为中国正朔所在。这种儒化反映在北朝的政治体制，等级制度，生活礼制，甚至洛阳城的建筑风格等各个方面。北朝在儒化过程中，信奉儒家经典，这在墓志文中亦大量引用。《礼记·檀弓》记载："孔子蚤作，负手曳杖，消摇于门，歌曰：'泰山其颓乎！梁木其坏乎！哲人其萎乎？'既歌而入，当户而坐。子贡闻之，曰：'泰山其颓，则吾将安仰？梁木其坏，（哲人其萎，）则吾将安放？夫子殆将病也？'遂趋而入。夫子曰：'赐！尔来何迟也！夏后氏殡于东阶之上，则犹在阼也。殷人殡于两楹之间，则与宾主夹之也。周人殡于西阶之上，则犹宾之也。而丘也，殷人也。予畴昔之夜，梦坐奠于两楹之间。夫明王不兴，而天下其孰能宗予？予殆将死也。'盖寝疾七日而没。"①此典故影响极广，在北朝墓志文中引用率极高，如《元略墓志》："梁木顿摧，宿草奄积。歌声停音，琴觞罢席。"《元延明墓志》："无人匪厌，圮剥时来。死归生寄，梁木斯摧。"《长孙瑱墓志》"良木其摧，仲尼兴歌，敬铭玄石，痛矣如何"。《元诠墓志铭》铭文"仁寿谁规，一梦两楹，长沦七尺"。《鄯乾墓志》铭文"如何不淑，摧樑碎玉"。"梁木顿摧""梁木斯摧""良木其摧""摧樑碎玉"为同义，称贤德者逝世，以表达强烈的不舍之情。"哲人其萎"亦为同义。见《王德衡墓志》："岂

① 《周礼·仪礼·礼记》，陈戍国点校，长沙：岳麓书社，1989年版，第303页。

谓传家之感，翻致恭伯之悲，何华先落，哲人其萎，春秋卅一薨于长安。"《李琮墓志》"君濯自朱蓝，学因弓冶"一句，"弓冶"语出《礼记·学记》"良冶之子，必学为裘；良弓之子，必学为箕"，乃为称赞李琮家学深厚，门风不替之语。另外，还可以列举许多引用儒家经典的例子，如《杨阿难墓志铭》云："肇开神迹，则配天以光道。昌构中古，则鸟异以矜德。自兹已降，亦能道素相继，累玉承明，器袭瑚琏，刀锦更持。""瑚琏"，见于《论语·公冶长》："子贡问曰：'赐也何如？'子曰：'女，器也。'曰：'何器也？'曰：'瑚琏也。'"瑚琏，古代盛粮食的器皿。夏曰瑚；殷曰琏；周曰簠簋；宗庙祭祀之贵器。由此"瑚琏之器"喻为治国安邦之才。见《杨泰墓志》："君负润膏腴，承华庆绪；少挺金璋之质，晚怀瑚琏之器；射御偏长，弓马绝伦。"《元寿安墓志》："自是藉甚之声，遐迩属望；瑚琏之器，朝野归心。"《元融墓志》："弱而好学，师佚功倍，由是瑚琏之器，遐迩属心，桢幹之才，具瞻无爽。"《刁遵墓志》："载仁抱义，行藏罔滞，温恭好善，桑榆弥笃。""行藏"见于《论语·述而》："子谓颜渊曰：'用之则行，舍之则藏，唯我与尔有是夫。'"指出处或行止。《萧正表墓志》："坚白聿怀，灵蛇斯握。善价方臻，良工始琢。""坚白"见于《论语·阳货》："不曰坚乎？磨而不磷；不曰白乎？涅而不缁。""坚白"形容志节坚贞，不可动摇。

北朝墓志文除了对《诗经》、儒家经书类文献经典的引用，还有见于传世文献经书类文献经典的引用，意义极具文化内涵。如《公孙略墓志》见"龙潜"一词："会壮帝王升表匈，金镜在握，龙潜代邸，凤隐历山，天眷爱钟，人谋未赞。"《法勤塔铭》亦载："盖龙潜卒起，翻翥入道之心；裁华辍绣，惊飞出尘之意。""龙潜"见于《周易·乾》："初九，潜龙勿用。"李鼎祚集解引马融曰："物莫大于龙，故借龙以喻天之阳气也。初九，建子之月，阳气始动于黄泉，既未萌芽，犹是潜伏，故曰潜龙也。""龙潜"指帝王未即位，隐而未显。也指贤士潜形匿迹。《元宝月墓志》："岂其余庆徒言，与善终谬，长乘驰禁，离伦肆虐，秦缓亏方，夭殄成衅。""余庆"见于《周易·坤》："积善之家，必有余庆；积不善之家，必有余殃。""余庆"谓积德行善之家，恩泽及于子孙。"余庆"一词在北朝墓志中常见，如《元悛墓志》："长澜浚远，层绪攸绵；余庆所及，鋋美在焉。"《笱景墓志》："方当藉此多善，用享余庆，如浮未几，若休奄及。"《尔朱袭墓志》："天地发祥，川岳降祉；余庆在焉，若人生矣。"《宋虎墓志》："修源蔚矣，声流万祀；实有余庆，在君承祉。"北齐《义慈惠石柱颂》："但余庆难凭，白驹易验。"《康业墓志》"积善余庆，嘉福后臻"。《强独乐造像碑》："正在哀迷，未治军府；天鉴积善，冀传余庆。"《元晖墓志》"介如石焉，无俟终日"。"介石"见于《周易·豫》曰："介于石，不终日，贞吉。""介石"谓操守坚贞。《济南愍悼王妃李尼墓志》"方当住持我玄虚，栋隆我净法"。"栋隆"语见《周易·大过》，象曰："栋隆之吉，不桡乎下也。"孔颖达疏："犹若所居屋栋隆起，下必不桡。"此处比喻李尼能担负重任。《元珍墓志》："并虬申豹变，烈气陵霄，世号猛将之门。""豹变"见于《周易·革》："上六，君子豹变，其文蔚也。"孔颖达疏："上六居'革'之终，变道已成，君子处之，虽不能同九五革命创制，如虎文之彪炳，然亦润色鸿业，如豹文之蔚缛。""豹变"谓如豹文那样发生显著变化。比喻人的行为变好或势位显贵。《元朗墓志》曰："其先龙飞创历之元，凤翔出震之美，丹青垂之无穷，国藉炳其鸿烈，文传已详，故可得如略也。""出震"见于《周易·说卦》："帝出乎震。"八卦中震卦位应东方，谓帝出万物于震。"出震"指帝王登基。又《元顼墓志》载："配天瑶绪，就日琼枝。帝唯出震，王乃生知。"《刁遵墓志》："方叔克庄，燕奭遐龄，庶乘和其必寿，泣信顺而徂倾。""信顺"见于《周易·系辞上》："天之所助者，顺也；人之所助者，顺也。""信顺"指诚信不欺，顺应物理。《元腾及妻程法珠墓志》："仁寿无征，信顺虚设，桂宇凝霜，玄堂网雪。"《元恭墓志》："君禀上善之资，启生知之志，崇峰峻极，千刃不得语其崇高，长澜澄镜，万顷无以拟其洪量。孝敬之道发自天真，信顺之理出于神性。"《宋灵妃墓志》："爱初外成，修栗告虔，尽恭孝于舅姑，竭信顺于叔妹，子侄被慈惠之恩，室家显终身之敬。"《元顼墓志》："祖献文皇帝，垂衣驭宇。""垂衣"见于《周易·系辞下》："皇帝、尧、舜垂衣裳而天下治，盖取诸乾坤。""垂衣"谓无为而治。

《元昕墓志》："天□悔祸，隆绪兴妖，履霜已见，燎原行在。""燎原"来源于《尚书·盘庚上》："若火之燎于原，不可向迩。"其指火延烧原野；比喻兵祸。同样记载见于《梁子彦墓志》："及侯景反噬，称兵内侮，远与西贼潜相结附，遂使戎狄无厌，来□有道，冯陵我城邑，摇荡我边疆，驱率犬羊，窃据汝颖，燎原不止，终须扑灭。"《穆亮墓志》曰："以申甫之俊，光辅大宗，弼谐帝猷，宪章百辟。""弼谐"见于《尚书·皋陶谟》："允迪厥德，谟明弼谐。"孔传："言人君当信蹈行古人之德，谋广聪明，以辅谐其政。"孔颖达疏："聪明者自是己性，又当受纳人言，使多所闻见，以博大此聪明，以辅弼和谐其政。""弼谐"谓辅佐协调。同例见于《杨昱墓志》"公若岁有弼谐之誉"。《元袭墓志》：

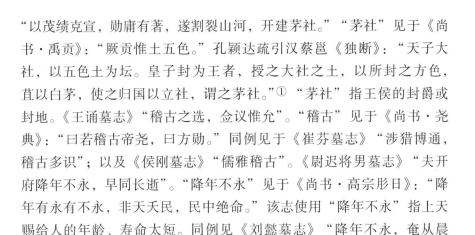

"以茂绩克宣，勋庸有著，遂割裂山河，开建茅社。""茅社"见于《尚书·禹贡》："厥贡惟土五色。"孔颖达疏引汉蔡邕《独断》："天子大社，以五色土为坛。皇子封为王者，授之大社之土，以所封之方色，苴以白茅，使之归国以立社，谓之茅社。"①"茅社"指王侯的封爵或封地。《王诵墓志》"稽古之选，佥议惟允"。"稽古"见于《尚书·尧典》："曰若稽古帝尧，曰放勋。"同例见于《崔芬墓志》"涉猎博通，稽古多识"；以及《侯刚墓志》"儒雅稽古"。《尉迟将男墓志》"夫开府降年不永，早同长逝"。"降年不永"见于《尚书·高宗肜日》："降年有永有不永，非天夭民，民中绝命。"该志使用"降年不永"指上天赐给人的年龄、寿命太短。同例见《刘懿墓志》"降年不永，奄从晨露"；《郑氏墓志》"积善无征，降年不永"；《赫连公妻闾炫墓志》"但降年不永，落彩春中"。

《王诵墓志》："下车裁化，褰帷求瘼。刚柔迭用，宽猛兼治。""下车"源于《礼记·乐记》："武王克殷，反商，未及下车，而封皇帝之后于蓟。""下车"指官吏刚到任。亦见《元延明墓志》："风宣入境，德被下车。豪强屏息，奸酷自引。"《元钻远墓志》："转为齐州东魏郡太守。爰始下车，威声斯洽。"《李宪墓志》："乃除建威将军，赵郡内始。怀组下车，衣绣从政。"《元彧墓志》"移风易俗之典"。"移风易俗"见于《礼记·乐记》："移风易俗，天下皆宁。"亦见于《孝经·广要道》："移风易俗，莫善于乐。"同例还见《元贿墓志》"临政六载，移风易俗"。《匹娄欢墓志》又载："属车书未一，元戎启行，攻城野战，大凡五十，策勋行赏，功恒居多。""车书未一"较早来源于《礼记·中庸》："今天下车同轨，书同文，行同伦。"谓车乘的轨辙相同，书牍的文字相同，表示文物制度划一，天下一统。"车书未一"指国家未统一。《蠕蠕公主闾氏墓志》"先人后己，履信思顺"。"先人后己"指优先考虑他人利益，语见《礼记·坊记》："君子贵人而贱己，先人而后己，则民作让。"亦见《崔景播墓志》"先人后己，信彰侪类"。《尧峻墓志》"不封不树，恐樊绩与寒暑同湮"。《礼记·王制》："庶人县封，葬不为雨止，不封不树，丧不贰事。"孔颖达疏："庶人既卑小，不须显异，不积土为封，不标墓以树。"②"封树"指堆土为坟，植树为饰，古代为士以上的葬礼。另见《宇文俭墓志》"率由古礼，不封不树"。《元诠墓志》"一梦两楹，长沦七尺"。"两楹"原指房屋正

---

① 《十三经注疏》上册，上海：上海古籍出版社，1997年版，第148页。

② 《十三经注疏》上册，上海：上海古籍出版社，1997年版，第1334—1335页。

厅当中的两根柱子，见于《礼记·檀弓上》："予畴昔之夜，梦坐奠于两楹之间……予殆将死也。"后遂以"两楹"作为死亡的代名词，或作"梦奠"，如《元瞻墓志》"梦奠先征，殆将奄及"。

《元液墓志》："及中兴启运，宰辅丕融，委束帛以求贤，骋翘车而纳德。"《元钻元墓志》："方当论道太阶，澄清天下。抟飞九万，逸驾千里。云途未半，翘车已息。"《和绍隆墓志》："若令君之子，似王公之孙，有文有武，多才多艺，翘车接轸，贲帛盈庭。""翘车"见于《左传·庄公二十二年》引逸《诗》："翘翘车乘，招我以弓。"①"翘车"礼聘贤士的车。《尔朱绍墓志》："献可替否，每著于青蒲，顺美匡非，屡彰于朝彦。""献可替否"见于《左传·昭公二十年》："君所谓可而有否焉，臣献其否以成其可。君所谓否而有可焉，臣献其可以去其否。"②"献可"指进献可行者；"替否"为废去不可行者。如此"献可替否"意谓对君主进谏，劝善规过；亦泛指议论国事兴革。《匹娄欢墓志》："运筹帐里，摄甲军中；投醪感惠，贾勇称雄。""贾勇"见于《左传·成公二年》："齐高固入晋师，桀石以投人，禽之而乘其车，系桑本焉以徇齐垒，曰：'欲勇者贾余余勇。'"杜预注："贾，买也。言己勇有余，欲卖之。"③"贾勇"同"贾余勇"，谓竭尽全力，鼓足勇气。《高贞墓志》："杞梓备陈，瑶金必剖。""杞梓"见于《左传·襄公二十六年》："声子通使于晋，还如楚。令尹子木与之语，问晋故焉。且曰：'晋大夫与楚孰贤？'对曰：'晋卿不如楚，其大夫则贤，皆卿材也。如杞、梓、皮革，自楚往也。虽楚有材，晋实用之。'"④"杞梓"杞与梓本为木名，两木皆良才。这里比喻优秀人才。多方墓志均有"杞梓"一词出现，如《元仲英墓志》："爰初濯缨，薄言入仕，齐综骥骤，连阴杞梓。"《和绍隆墓志》："赞务台阶，曳裾槐路，是兼杞梓，实号琳琅。"《朱岱林墓志》："整在晋嗣，美表于赵。垂名所谓杞梓。继生公侯，闲起哲人。去挺衣冠代袭。"《丰洛墓志》"分符制锦，兴歌起咏"。"制锦"指管理国家地方事务。《左传·襄公三十一年》："子有美锦，不使人学制焉。大官、大

① ［战国］左丘明撰，［西晋］杜预集解：《左传（春秋经传集解）》，上海：上海古籍出版社，1997 年版，第 180 页。
② ［战国］左丘明撰，［西晋］杜预集解：《左传（春秋经传集解）》，上海：上海古籍出版社，1997 年版，第 1463 页。
③ ［战国］左丘明撰，［西晋］杜预集解：《左传（春秋经传集解）》，上海：上海古籍出版社，1997 年版，第 641 页。
④ ［战国］左丘明撰，［西晋］杜预集解：《左传（春秋经传集解）》，上海：上海古籍出版社，1997 年版，第 1061—1062 页。

邑，身之所庇也，而使学者制焉。其为美锦，不亦多乎?"①《元弼墓志》"左命内绥军旅，恩同挟纩"。"挟纩"语出《左传·宣公十二年》："申公巫臣曰：'师人多寒。'王巡三军，拊而勉之。三军之士，皆如挟纩。"②"挟纩"本意指披着锦衣；亦比喻受人抚慰而感到温暖。该志意在说明元弼治兵有方，施恩有道。

再如《元弼墓志》志传："君祐绪岐阴，辉构朔垂，公族载兴，仁骥攸止。是以霄光唯远，缀彩方滋，渊源既清，余波且澈。君体内景于金水，敷外润于钟楚，名标震族，声华枢苑。临风致咏，藻思情流，郁若相如之美上林，子云之赋云阳也。然凝神玮貌，廉正自居，淹辞雅韵，顾盼生规。""岐阴"当指周人的发源地。"仁骥"，出自《春秋公羊传·哀公十四年》："麟者，仁兽也。"

2. 引用史书之典

墓志文采用史书类文献之典。如《元彧墓志》："倚门有望，噬指□归，母子二人，更相为气。""倚门"较早见于《战国策·齐策六》："王孙贾年十五，事闵王。王出走，失王之处。其母曰：'女朝出而晚来，则吾倚门而望；女暮出而不还，则吾倚闾而望。'""倚门"指父母望子归来之心殷切。如《王基墓志》"翩翩神燕，降卵而生"。"降卵"指简狄吞卵而生殷契一事。此典出土《史记·殷本纪》："殷契，母曰简狄，有娀氏之女。……三人行浴，见玄鸟堕其卵，简狄取吞之，因孕，生契。"同样的故事还见于《史记·周本纪》："周后稷，名弃。其母有邰氏女，曰姜原。……姜原出野，见巨人迹，心忻然悦，欲践之，践之而身动如孕者。后期而生子。"《寇慰墓志》"自履迹肇生，伏翼呈祥"。"履迹"指姜原践迹而生后稷事，就出自此典故。《李祖牧墓志》"昔庭坚迈种，梗概著于虞谟；伯阳执玄，糟粕存存乎关尹"。据《古今姓氏书辩证》曰李氏出自嬴姓，李氏谱系中言生耳，字伯阳。《史记·老子韩非列传》言老子"居周久之，见周之衰，乃遂去。至关，关令尹喜曰：'子将隐矣，强为我著书。'于是老子乃著书上下篇，言道德之意五千言而去"。"授书关尹"之典常于史籍中记载。又见《李璧墓志》"其先李耳，著□经于衰周"。这两方墓志所引典故即在说明其家族出于老子之后。《乞伏

①　[战国]左丘明撰，[西晋]杜预集解：《左传（春秋经传集解）》，上海：上海古籍出版社，1997年版，第1165页。

②　[战国]左丘明撰，[西晋]杜预集解：《左传（春秋经传集解）》，上海：上海古籍出版社，1997年版，第606页。

宾墓志》："君受屋阙庭，跃马阃外，色有难犯，志在勤王。""跃马"见于《史记·范雎蔡泽列传》："（蔡泽）谓其御者曰：'吾特梁刺齿肥，跃马疾驱，怀黄金之印，结紫绶于要，揖让人主之前，食肉富贵，四十三年足矣。'""跃马"指显荣富贵。《元子直墓志》："有美夫君，实邦之令，磐石斯昌，孰云匪竞。""磐石"早见于《史记·孝文本纪》："高帝分王子弟，地犬牙相制，此所谓盘石之宗也，天下服其强。""磐石"指宗室封藩，使皇位巩固如盘石。北朝碑志中多见"磐石"，如《元显魏墓志》："景穆皇帝曾孙，镇北将军城阳怀王之子也。大启磐石，花萼本枝。"《元昈墓志》："故以千里兴嗟，万夫攸仰，是称磐石，斯曰犬牙。"《元彧墓志》："跨蹑三古，苞笼百王，本枝磐石，如珪如璋。"《彭城寺碑阳》："磐石作固，皇心逾眷。"

《元华墓志》曰："夫人承风帝绪，挺质卿门，虽国曰虞宾，而家犹宋子。学求为戒，善且弗为，及百两有行，一礼无阙。""国曰虞宾"一典出自范晔《后汉书·献帝纪》赞语："献生不辰，身播国屯，终我四百，永作虞宾。"虞宾，指尧子丹朱，陶渊明《命子诗》所谓"悠悠我祖，爰自陶唐；邈为虞宾，历世垂光"①。魏晋南朝的文献中，每以"虞宾"指禅位之君及其后裔，范晔的赞语最为北朝熟知。《魏书·孝静帝本纪》载，孝静帝被高洋逼迫禅位，"乃下御座，步就东廓，口咏范蔚宗《后汉书》赞云：'献生不辰，身播国屯。终我四百，永作虞宾'"。元华志文以"虽国曰虞宾，而家犹宋子"句来描述元魏被高齐取代以后的元姓皇族，或许是受到了孝静帝逊位时口咏范晔赞语的影响。《郑道忠墓志》："虽义在策名，而遇同置醴。""置醴"见于《汉书·楚元王刘交传》："初，元王敬礼申公等，穆生耆酒，元王每置酒，常为穆生设醴。""置醴"指礼遇贤士。《元晔墓志》："周封千八，姬实居半，是称蕃屏，斯为枝干。""居半"见于《后汉书·光武十王列传》："昔周之爵封千有八百，而姬姓居半者所以桢榦王室也。""居半"指显赫贵重的皇室子弟。又如《和绍隆墓志》："处别乘之任，成展足之名，在居半之重，得不空之咏。"《元囦墓志》叙其政绩："圣上嘉焉，授兹斯郡，履政半期，风冠京野，故能使蝗灾靡入，猛虎出江，邑颂来苏，邻城改听。"其中"蝗灾"用《后汉书》卓茂典故；"猛虎"用《后汉书》刘昆典故；"来苏"用《尚书·仲虺之诰》的典故，用诸多典故来夸赞元囦的善政。

---

① 《宋书》卷九十三《隐逸传》"历世垂光"，传世陶集皆作"历世重光"，参见逯钦立校注《陶渊明集》，北京：中华书局，1979 年版，第 27 页。

《元顼墓志》："脂膏不润，贪泉必酌。"《汉语典故大辞典》"脂膏不润"源自《东汉观记·孔奋传》："奋在姑臧四年，财物不增，惟老母极膳，妻子但菜食。或嘲奋曰：'直脂膏中，亦不能自润。'而奋不改其操。""脂膏不润"喻为官以自守，不改清操。《张满墓志》："怀刺投袂，委质幕府。登蒙引纳，骧然若旧""怀刺"见于《后汉书·祢衡传》："建安初，来游许下。始达颍川，乃阴怀一刺，既而无所之适，至于刺字漫灭。""怀刺"指求人引荐。《陆绍墓志》："板带逍遥，抱纯弥誉。虽折辕之奇，不足比其洁。""折辕"见于《后汉书·张堪传》："渔阳太守张堪昔在蜀，其仁以惠下，威能讨奸。前公孙述破时，珍宝山积，卷握之物，足富十世，而堪去职之日，乘折辕车，布被囊而已。"指车辕折断，形容车的破旧，谓仕宦清廉。又如《王诵墓志》："折辕初届，承明始谒。"及《和绍隆墓志》："君乃杨风入境，布惠下车，宽猛兼施，浇俗大改，折辕将返，留犊言归，盛为惆怅之歌，皆有怆然之叹。"两方墓志文中均有"折辕"之典。《元璨墓志》："德被荆郊，化刑江邑，挂床留犊，风高独立。""挂床"见于《后汉书·陈蕃传》："郡人周璆，高洁之士……特为置一榻，去则县之。""挂床"表示热情接待宾客或礼贤下士。"留犊"见于《三国志·魏志·常林传》"林遂称疾笃"裴松之注引三国魏鱼豢《魏略》："（寿春令时苗）始之官……不被囊。居官岁余，牛生一犊。及其去，留其犊，谓主簿曰：'令来时本无此犊，犊是淮南所生有也。'"又《晋书·羊祜传》："（钜平侯羊篇）历官清慎，有私牛官舍产犊，及迁而留之。""留犊"喻居官清廉，纤介不取。"挂床留犊"由"挂床""留犊"两个用典形式并列形成，称颂为政者礼贤下士，清正廉洁。《元璨墓志》"蒲鞭苇杖，再光江沔"。"蒲鞭"意以蒲草为鞭，见于《后汉书·刘宽传》："吏人有过，但用蒲鞭罚之，示辱而已，终不加苦。"该志用此典表示墓主像刘宽一样刑罚宽仁。《韦彧墓志》"雨政五袴之谣，非独西京"。"五袴"见于《后汉书·廉范传》："（范）建初中，迁蜀郡太守……旧制禁民夜作，以防火灾，而更相隐蔽，烧者日属，范乃毁削先令，但严使储水而已。百姓为便，乃歌之曰：'廉叔度，来何暮。不禁火，民安作，平生无襦今五袴。'"由此，"五袴"成为称颂地方官吏施行善政之语。

　　墓志文采用大量历史上的人物故事为典。如《穆亮墓志铭》志传："高祖崇，侍中太尉宜都贞公。禀萧曹之资，佐命列祖，廓定中原，左右皇极。""萧曹"指西汉相国萧何与曹参，汉扬雄《法言·渊骞》云："或问萧、曹，曰：'萧也规，曹也随。'"萧曹治理国家期间，国泰民安。《崔鸿墓志》曰鸿"多识博闻，并驱刘、孔。艳藻鸿笔，埒名张、蔡"。刘，即刘向，西汉经学家、文学家，沛人。孔，即孔安国，亦西汉经学家。张，即张衡；蔡，即蔡邕，两人均善辞赋，齐名于东汉。《邢阿光墓志》："及良人下世，自誓无愆，断机戒子，徙宅成胤。""徙宅"意同"孟母三迁"，此典故见于汉刘向《列女传·邹孟轲母》："邹孟轲之母也，号孟母。其舍近墓。孟子之少也，嬉游为墓间之事，踊跃筑埋。孟母曰：'此非吾所以居处子。'乃去。舍市傍，其嬉游为贾人卖之事。孟母又曰：'此非吾所以居处子也。'复徙。舍宫之傍，其嬉游乃设俎豆揖让进退。孟母曰：'真可以居吾子矣。'遂居。及孟子长，学六艺，卒成大儒之名。""孟母三迁"典故中演变之用词丰富，如"徙宅""徙邻""三迁""三徙""三徙择邻""孟母求邻""孟母徙宅""择邻"等。如《和丑仁墓志》："克隆智母，谁无令人；志同鸾发，情慕徙邻。"《卢兰墓志》："七德是备，足以事夫；三徙既成，尤能训子。"《元晖墓志》称其："虽复伯豪在汉，远有惭情；巨源居晋，将何足比。"此志文用东汉左雄（字伯豪）和西晋山涛（字巨源）选贤任能的典故来赞扬元晖在选举人才过程中"尽亮采之能，穷燮谐之美"的政德。《张满墓志》："勤如映雪，厉比聚萤。""聚萤"来源于《晋书·车胤传》"胤恭勤不倦，博学多通。家贫不常得油，夏月则练囊盛数十萤火以照书，以夜继日焉。""聚萤"指勤学苦读。《昭玄法师墓志》："天生英德，志逸旻穹，孤拔尘表，独得瑰中，道与物合，行共时融，百代飞誉，千载垂风。""尘表"见于《晋书·王戎传》："王衍神姿高彻，如瑶林琼树，自然是风尘表物。""尘表"谓人品超世绝俗。曹丕《典论·论文》称王粲、徐干"长于辞赋……虽张蔡不过也"。《莫仁诞墓志铭》曰诞"卫叔宝之才华，石季伦之豪俊，方之于君，彼有惭德"。卫叔宝为西晋时五岁"风神秀异"之卫玠（字叔宝）①，石季伦指豪放不羁之石崇（字季伦）②。"典韦忠毅，帅此新兵；吕蒙雄果，膺兹绕帐"，志文用三国曹魏猛将典韦③，吴国雄果之吕蒙将军④，来比附诞于天和三年出任大都督一职。"等安世之戎号，齐邓骘之台仪"，志文云诞在天和六年升迁的官爵已与西汉权臣张安世⑤的戎号相等，与后汉邓骘⑥的台仪等同。又有"张

① 《晋书·卫瓘附玠传》，北京：中华书局，1974年版，第1067—1068页。
② 《晋书·石苞附崇传》，北京：中华书局，1974年版，第1004—1007页。
③ 《三国志·魏志传·典韦传》，北京：中华书局，1974年版，第544—545页。
④ 《三国志·吴志传·吕蒙传》，北京：中华书局，1974年版，第1274—1281页。
⑤ 《汉书·张世安传》，北京：中华书局，1962年版，第2674—2652页。
⑥ 《后汉书·邓禹附骘传》，北京：中华书局，1974年版，第599—617页。

纯周密，屡决疑章；潘岳才华，频直禁省。允兹心膂，金谐是选"，此句用后汉习旧章、决疑章之张纯①，西晋才华多达朝野的潘岳②，来比拟诞之才干，是朝廷之心膂，文武全才。以及"臧洪据地之辞，言色鲠烈；庞德覆舟之气，酬对壮猛"。此处用后汉臧洪被袁绍俘虏后，"据地瞋目""鲠烈而言"③，以曹魏庞德为关羽在汉水所俘，劝而不降④，两个典故来比拟诞攻城而亡之"壮烈"。

3. 引用子部及集部之典

子部为我国古代四部分类法中的第三大类，专列诸子百家及艺术、谱录等书籍。北朝墓志文引用之来源文献也包括子部及集部等之典。见于子部的引用有《墨子》《庄子》《七发》《洛神赋》《世说新语》等。如《元昭墓志》："于时武帝登遐，圣躬晏驾，遗敕无闻，顾命靡托。""登遐"早见于《墨子·节葬下》第二十五："秦之西有仪渠之国者，其亲戚死，聚柴薪而焚之，薰上，谓之登遐。""登遐"谓死者升天而去。人死之讳称。《李玄墓志》"逝川不息，藏舟忽往"；《和邃墓志》"藏舟夜速"；《崔景播墓志》"交臂已失，藏舟匪固"；《傅华墓志》"藏舟遽失，阅人已故"，这四方志中均出现"藏舟"一词，该典故出自《庄子·大宗师》："夫藏舟于壑，藏山于泽，谓之固矣，然而夜半有力者负之而走，昧者不知也。"此处用之比喻时光流逝而人命不寿。《傅华墓志》又载"白驹过隙，逝水不留"。"白驹过隙"出自《庄子·知北游》："人生天地之间，若白驹之过隙，忽然而已。"该志用此典故比喻时间易逝。同例见于《赫连子悦墓志》"嗟白驹之易逝"及《梁子彦墓志》"四时相代，乃验白驹之言"等志文。《王震墓志》"悲鸳鸯丧侣，泣半体先摧"。"半体"比喻配偶丧亡，典出枚乘《七发》："龙门之梧桐……其根半死半生。"庾信《枯树赋》亦引"桐何为而半死"。此志用之形容墓主失去伴侣之悲痛。《尔朱元静墓志》"然窈窕削成之丽，状流风之回雪"。因为女子汉服的袖袂一般都比手臂长，举手间行云流水，行动处长风盈袖，因此，常用"流风回雪"来比拟女子轻盈飘逸摇姿之貌，见于曹植《洛神赋》描写华服少女舞姿"仿佛兮若轻云之蔽月，飘飘兮如流风之回雪"，那飘逸舞动的长袖也是让人神往不已。《元华墓志》"故以

---

① 《后汉书·张纯传》，北京：中华书局，1974 年版，第 1193—1197 页。
② 《晋书·潘岳传》，北京：中华书局，1974 年版，第 1500—1516 页。
③ 《后汉书·臧洪传》，北京：中华书局，1974 年版，第 1884—1892 页；《三国志·魏志传·臧洪传》，北京：中华书局，1974 年版，第 231—237 页。
④ 《三国志·魏志传·臧洪传》，北京：中华书局，1974 年版，第 545—547 页。

樊英答拜，翼缺如宾，梦兆熊罴，庭罗芝玉。训逾捕，教比埋羊，邑里仰其英声，姬姜重其盛烈"。"庭罗芝玉"，典出东晋谢安与谢玄的对话。《世说新语·言语》云："谢太傅问诸子侄：'子弟亦何预人事，而正欲使其佳？'诸人莫有言者，车骑答曰：'譬如芝兰玉树，欲使其生于阶庭耳。'"① 此条又见《艺文类聚》"兰"字亦引此语②。《世说新语》刘义庆原文及刘孝标注，有多条涉及裴启《语林》中载谢安事。《世说新语》谢玄答谢安语此条，本从《语林》中来③。据载汉武帝时堆砌众宝以饰神堂，号为"玉树"④。东晋时出现以玉树比喻不凡之人。《晋书·庾亮传》记，庾亮出葬时，何充叹曰："埋玉树于土中，使人情何能已。"前引谢玄答谢安语，以芝兰玉树为喻，遂成名对。《梁书·王僧辩传》，僧辩欲遣弟世珍纳款于贞阳侯萧渊明，萧渊明答书，有"复以庭中玉树，掌内明珠，无累胸怀，志在匡救"云云。以"庭中玉树"指王僧辩之弟，这个用法显然是从谢玄语中化来。元华志文以"庭罗芝玉"喻元华教养儿女，这个用法，更是直接来自谢玄之语，即从《语林》或《世说新语》而来。《世说新语》又见"公才"与"公望"。《品藻》曰："会稽虞骓，元皇时与桓宣武同侠，其人有才理胜望。王丞相尝谓骓曰：'孔愉有公才而无公望，丁潭有公望而无公才，兼之者其在卿乎？'""公才"谓具有与三公相当的才能。"公望"谓具有与三公相当的名望。如《元子邃墓志》："既有公才，非无公望，声驰远近，誉满宫阙。"

见于集部的引用有《楚辞》。《匹娄欢墓志》："父买，握瑜怀瑾，名播当涂。""握瑜怀瑾"见于《楚辞·九章·怀沙》："怀瑾握瑜兮，穷不知所示。""握瑜怀瑾"或"怀瑾握瑜"比喻有高贵的品德和才能。《李

① [南朝宋]刘义庆撰，余嘉锡笺疏：《世说新语笺疏》，上海：上海古籍出版社，1993年版，第145页。

② [唐]欧阳询著，汪绍楹校：《艺文类聚》卷八十一，上海：上海古籍出版社，1999年版，第1390页。

③ 《世说新语·文学篇》"裴郎作《语林》"条："裴郎作语林，始出，大为远近所传。时流年少，无不传写，各有一通。"《世说新语·轻诋篇》"庾道季诧谢公"条，刘孝标注引《续晋阳秋》："晋隆和中，河东裴启撰汉魏以来迄于今时，言语应对之可称者，谓之《语林》。时人多好其事，文遂流行。"引自[南朝宋]刘义庆撰，余嘉锡笺疏：《世说新语笺疏》，上海：上海古籍出版社，1993年版，第269、844页；裴启《语林》采集古今"言语应对之可称者"，遂成《世说新语》之前驱。《玉函山房辑佚书》子编小说家类收《语林》辑本二卷，马国翰序谓"刘义庆作《世说新语》，取之甚多"。

④ 《汉书》卷八十七《扬雄传》所载《甘泉赋》"翠玉树之青葱兮"句下，颜师古注曰："玉树者，武帝所作，集众宝为之，用供神也；非谓自然生之。"北京：中华书局，1962年版。《后汉书》卷四十《班固传》载《两都赋》"珊瑚碧树，周阿而生"句下，李贤注引《汉武故事》曰："武帝起神堂，植玉树，茸珊瑚为枝，以碧玉为叶。"北京：中华书局，1965年版。

稚廉墓志》"过隙讵几，崦嵫云暮"与《元贤墓志》"日落崦嵫"。"崦嵫"为山名，在甘肃天水境内，传说为日落之地。《楚辞·离骚》："吾令羲和弭节兮，望崦嵫而勿迫。"此处用来时近日暮，人生到了尽头。

（四）意象性语言运用，虚与实共存

墓志文的基本特征是为死者歌功颂德，故其语言难免有浮夸之嫌。举凡家庭主妇，不管其德识如何，动辄比诸孟母、陶母、鸿妻、莱妇；而于亡故男子，益发竭尽褒美之词。东汉名家蔡邕曾撰写过大量碑铭，名篇有《陈太丘碑文》《汝南周勰碑》等，但碍于此类文体特征，某些碑文难免有溢美之词，故其曾言："吾为碑铭多矣，皆有惭德，惟郭有道无愧色耳。"《洛阳伽蓝记》借当时隐士赵逸之口批评这种现象说："生时中庸之人耳。及其死也，碑文墓志，莫不穷天地之大德，尽生民之能事，为君共尧舜连衡，为臣与伊皋等迹。牧民之官，浮虎慕其清尘；执法之吏，埋轮谢其梗直。所谓生为盗跖，死为夷齐，佞言伤正，华辞损实。"① 此言可谓切实。但作为墓志文的文章本身而言，确实存在有损伤事实之嫌，但其文采亦确实增益不少。宋代曾巩《寄欧阳舍人书》对于墓志文避实就虚方面论述十分公允②：

> 夫铭志之著于世，义近于史，而亦有与史异者。盖史之于善恶无所不书，而铭者，盖古之人有功德材行志义之美者，惧后世之不知，则必铭而见之。或纳于庙，或存于墓，一也。苟其人之恶，则于铭乎何有？此其所以与史异也。其辞之作，所以使死者无有所憾，生者得致其严。而善人喜于见传，则勇于自立；恶人无有所纪，则以愧而惧。至于通材达识，义烈节士，嘉言善状，皆见于篇，则足为后法。警劝之道，非近乎史，其将安近？
>
> 及世之衰，为人之子孙者，一欲褒扬其亲而不本乎理。故虽恶人，皆务勒铭，以夸后世。立言者既莫之拒而不为，又以其子孙之所请也。书其恶焉，则人情之所不得，于是乎铭始不实。

既然墓志文与史传不同，史传要求善恶皆如实记录，不能隐晦，而墓志文却以写善为主，褒扬有加。撰写墓志文者不得不避实就虚，似乎有些

---

① ［北魏］杨衒之著，范祥雍校注：《洛阳伽蓝记》卷二"城东"，上海：上海古籍出版社，1958年版，第89—90页。
② ［宋］曾巩撰，陈杏珍、晁继周点校：《曾巩集》卷第十六，北京：中华书局，1984年版。

"天花乱坠"之感了。如《杨阿难墓志铭》云："五岳降灵，英生我君，金玉早贞，凤叡凤神。风清异俗，才高脱群，唯德弘养，纳山通云。伊余哲人，实秀实发，早称道高，凤以才越。志恒上汉，情每昇月，身伏衡门，名飞帝阙。上天不吊，歼我人良，金门奄蕙，玉圃摧芳。一辞白日，永即泉堂，刊石千古，用显琼璋。"《楚辞》有兰蕙之香，墓志文亦增添香草气息。这其中使用了大量的意象性语言，如"五岳""金玉""风清""山云""上汉""昇月""衡门""帝阙""上天""金门""蕙""玉圃""芳""琼璋"，无一不是代表美好的事物，亦无一不给人带来美好的想象，这些意象性的语言具有象征意义，确实为志主的人德夸张到了无以复加的地步。针对墓志文文饰太过的弊端，徐师曾《文体明辨序说·墓志铭》指出："迫夫末流，乃有假手文士，以谓可以信今传后，而润饰太过者，亦往往有之，则其文虽同，而意斯异矣。然使正人秉笔，必不肯徇人以情也。"可见，墓志有虚夸的，也有求实的。此后，亦有学者指责墓志文不实之语，宋代陆九渊《黄夫人墓志》："余少时见墓铭日多，往往缘美之义，不复顾其实；侈言溢辞，使人无取信。窃念之曰：苟如是，不如无。"宋代王明清曾在笔记中披露孙仲益受礼谀墓志的内情，《挥尘后录·孙仲益作墓碑》载："孙仲益每为人作墓碑，得润笔甚富，所以家益丰，有为晋陵主簿者，父死，欲仲益作志铭，先遣人达意于孙云：'文成，缣帛良粟，各当以千濡毫也。'仲益忻然落笔，且溢美之。"因此，对墓志的赞语，须审慎处之。

墓志文这种语言特点虽丰富了文学的表现力，但也给文学真实性的理解带来了一定的障碍。再者，文学的真实性应该是具有文学性的真实，否则现实材料的堆砌也就缺乏了文学性，亦无真实的文学可言。

二、北朝墓志的中古语言运用

北朝墓志文保留下来的语言大多是中古语言，是当时可以理解的或者是流行的语言，至今却成为过去。研究北朝墓志文语言，可以帮助我们了解中古语言，然后去做一些语言学方面的研究工作，这是难得的珍贵语言史料。如：

衮职：皇帝之职。《元弼墓志》云："然高祖孝文皇帝思衮职之任，怀托孤之委，以君骨髓之风，迁为太尉府谘议参军。"

窀穸：墓穴、坟墓。《元彬墓志》云："窀穸有礼，托附先坟。"

沉石：墓石。《李君墓志铭》云："式镂沉石，托注幽篆。"又，《元君墓志》："幽谷若迁，青澄悦辟，无绝中古，冥之沉石。"

徽烈、徽绩：功绩。《穆亮墓志铭》志传云："乃刊石立铭，载播徽烈。"又，《元弼墓志》志传云："敬述徽绩，俾传来闻。"

飞英：传扬美名。《王君墓志》云："既播孝德于衡闾，弘臣道于朝章，故飞英而镂金，腾实以写绩。"又，《元腾墓志铭》云："资华重睿，体一乾柯。飞英曜彩，含奇吐和。"

枕疾：长期疾病。《韩显宗墓志》云："上天不吊，枕疾缠躯，人之云亡，永矣其祖。"

尚：原义为匹配，后专指娶公主为妻。《穆亮墓志铭》云："曾祖闳，太尉宜都文成王。以申甫之俊，光辅太宗，弼谐帝猷，宪章百辟。尚宜阳公主。祖寿，侍中征东大将军领中秘书监宜都文宣王。含章挺秀，才高器远，爰毗世祖，剋广大业，处三司之首，总机衡之任。尚乐陵公主。父平国，征东大将军领中书监驸马都尉。位班三司，式协时雍。尚城阳长乐二公主。"

凝华：光彩洋溢，喻好的德行。《公孙氏墓志铭》云："凝华戚里，烈望衡乡，诞兹婉淑，艳彼端庄。"又，《乐陵王妃斛律氏墓志铭》云："亦既来仪，腾晖云路，画堂流彩，香殿凝华。"

北朝墓志文在文字学方面亦具有价值，如墓志文中存在大量墓碑别字，缕析其原因大致有这样四个方面：第一，政治方面的原因。南北分离，文化重心南迁之后，鲜卑人文化水准在汉化初期是比较低的，但作为统治集团具有无上的权力，当然包括文化的权力，北魏就曾自己动手造字①。第二，文化方面的原因。正统文化在南朝，正字当然在南朝，至于文字的自然演变当然需以南方的文字为标准了。第三，民族方面的原因。鲜卑族的汉化，但并不代表着同汉族之间没有差异，鲜卑族在使用汉字的过程中，就不会那样默守陈规了②。第四，文化在向民间下移的过程中，由于民间自身文化的封闭或者文化的低下，都有可能导致碑文别字的存在。

每一个民族的语言发展史，都是在自己语言上刻下了丰富的历史文化印记，使它带有符号本身所不具有的特别的意义或内涵，比如语言中的典故、成语、谚语和地方特定习俗等等。沃伦和韦勒克合著《文学理论》认为：（文学语言是）"多歧义的，充满着历史上的事件、记忆和联想，除了指称的一面，还有表情达意的一面，传达语调和态度，强调各字符本身的

---

① 《魏书》卷四《帝纪·世祖太武帝》记载，北魏始光二年"初造新字千余……颁下远近，永为楷式"。北京：中华书局，1974 年版，第 70 页。

② 《魏书》卷九十一《江式传》记："皇魏承百王之季，绍五运之绪，世易风移，文字改变，篆形谬错，隶体失真。俗学鄙习，复加虚巧，谈辩之士，又以意说，煊惑于时，难以厘改。"北京：中华书局，1974 年版，第 1963 页。

意义和词语的声音象征，如格律、音调、声音模式等。"① 墓志语言同日常用语几乎是在不同层面上，就是与一般实用文体亦有一段较大距离的。这种文体受古文和史传文学影响，又因本身需要，多数文章还是因循固定的模式，言语深奥雅致，同活的大众语言保持很大距离。因此，墓志此类语言只能流传于高层知识界的圈子里。其长处是语言语法及用词较为规范，故在知识界易于理解和传诵，且千年之后其所传递之措辞方式仍然能被人接受。反之，口语词过多的典籍，在一定时期和范围内通俗易懂，生动流畅，因而传播力强，覆盖面广，但由于时代变迁或地域间隔过于遥远，反而会为自己设置层层障碍，较难让人读懂。文字的重要功能是弥补口头语在时空方面的局限，墓志语言在此显示了特殊的优势，它是一种准共同语，凡具有文言文各种必备的修养，则不论什么时候都能准确将其破译。从这个角度而言，墓志语言的生命力是颇为旺盛的。

第四节　北朝墓志的文学思想与风格

从一定意义上来说，北朝墓志文具有北朝文的代表性，无论从数量还是从质量上都可以这么认为，由此推论，北朝墓志文反映出的文学思想和文学风格及其演进进程同北朝整体文学发展是同步的。北朝墓志崛起于孝文帝元宏迁洛以后，宣武帝元恪以后走向成熟，从出土的墓志文中就可以看出，早期出土的墓志文大多简略，后期出土者则大多繁富。

一、突显儒家政教的文学观念

北朝强调经学致用，这在墓志文中多有显现，从整体上来说，儒家观念成为指导墓志文写作的元典思想，这与北朝强调在诗文创作上十分注重政教作用是一致的。如《李瞻墓志》志传文有载瞻"兴趣源深，聪敏凤成，幼业书史，不辞寒漏，荣华饰玩，悉不在心。《毛诗》《论语》《孝经》《古文》，并皆究讲。《字林》《尔雅》《说文》三部，相晓音义。班固两京、左思三都，悉颂上口，辨其方志。孝悌之性，光于事亲；立身之荣，显于掩木。擢游京朋，泛御乡德，雍容柔雅，文学是宝，世号为儒德李生"。墓主首题亦"儒德李生之墓铭"。"儒德"足以表明时人对儒家经典以及品尚德性之重。但并不是所有的北朝人都注重儒术，如

---

① ［美］勒内·韦勒克、奥斯汀·沃伦著，刘象愚、邢培明、陈圣生、李哲明译：《文学理论》，北京：生活·读书·新知三联书店，1984年版，第10页。

《皇甫驎墓志铭》记："君轻贱儒术，意蔑经读，照赏之情，自然孤解。"如此，朝廷势必更是强化儒家的政教作用，以利于统治者维护自身统治的需要，也有利于汉化这一国家基本国策的推行，无论如何崇尚儒术已经被推为当时社会意识形态的主流。这从一些墓志中就可展现，如《司马景和妻孟敬训墓志铭》记敬训："自笄发从人，捡无违度，四德孔修，妇宜纯备。奉舅姑以恭孝与名，接娣姒以谦慈作称。恒宽心静质，举成物轨，谨言慎行，动为人范。斯所谓三宗厉矩，九族承规者矣。又夫人性寡妒嫉，多于容纳，敦桃夭之宜上，笃小星之逮下。"这是一位典型的以儒家意识指导其价值观建立的女性，完全符合儒家对于女性规定的需要，又云："讽诵崇礼，义方之诲既形，幽闲之教亦著。然尽力事上，夫人之勤；夫妇有别，夫人之识；舍恶从善，夫人之志；内宗加密，夫人之恤；姻于外亲，夫人之仁。夫人有五器，而加之以躬检节用。"这又像是在宣读儒家的女性教规。《元遥墓志》铭文："庄哉氏胄，巨胤鸿源，齐光日月，等覆乾坤。公其身矣，唯帝之孙，能官任武，委以群贲。腹心之寄，车官辖国门，内充喉舌，外当纳言。忠勒于鼎，著德在蕃，在蕃何德，忘己忧国。导民以孝，齐之以默，煞而不怒，信而不忒。汪汪海量，崿崿正直，宿夜在公，自强不息。民之父母，朝之轨则，轨则之声，能宽能平。临才克让，在丑不诤，入作领护，出秉专征。朱祺一扫，万里芟清，不伐其善，不矜其名。勋位两兼，器厚望隆，人恸二圣，赠不虚崇。册高帝胤，礼同上公，朝贤怛感，士女酸冲。哀流衢墭，声贯苍穹，昔歌善如，今悲令终，形随道灭，名同岱嵩。"这里直接宣扬儒家提倡的"忠""德""忘己忧国""孝""信""正直""自强不息""不伐其善，不矜其名"等道德思想。《刁遵墓志》云："惟公为子也孝，为父也慈，在臣也忠，居蕃也治。兄弟穆常棣之亲，朋友□必然之信。尊贤容众，博施无穷，载仁抱义，行藏罔滞，温恭好善，桑榆弥笃。"这又似乎是儒家提倡的"三纲五常"的翻版。正史与志文中均有遵从儒家丧礼之记载。《魏书》中记述文明太后崩，已过期月，高祖孝文帝毁瘠犹甚。穆亮表曰："王者居极，至尊至重，父天母地，怀柔百灵。是以古先哲王，制礼成务。施政立治，必顺天而后动；宣宪垂范，必依典而后行。用能四时不忒，阴阳和畅。若有过举，咎徵必集。故大舜至慕，事在纳麓之前，孔子至圣，丧无过瘠之纪。尧书稽古之美，不录在服之痛；礼备诸侯之丧，而无天子之式。虽有上达之言，未见居丧之典。然则位重者为世以屈己，居圣者达命以忘情。伏惟陛下至德参二仪，惠泽覃河海，宣礼明刑，动遵古式。以至孝之痛，服期年之丧，练事既阕，号慕如始。

统重极之尊，同众庶之制，废越绋之大敬，阕宗祀之旧轨。"① 穆亮以遵从儒家丧礼"孔子至圣，丧无过瘠之纪"的角度，劝说孝文帝勿因文明太后崩而毁瘠犹甚。又见《崔敬邕墓志铭》记敬邕，"景明初，丁母忧远家，居丧致毁，几于灭性。服终，朝廷以君胆思凝果，善谋好成，临事发奇，前略无滞"。崔敬邕守孝以至于"居丧致毁，几于灭性"，这简直就是遵守儒家丧礼的极致。北朝墓志文的文学价值观念承继了儒家政教的文学观点，作者在撰写墓志文时，一样是受到此种观念的约束，并以儒家的价值观衡量志主的生平，去指导墓志文的写作。

二、强调文笔并重与能笔能文

文笔之分是魏晋南北朝时期文学自觉的标志之一。刘勰言："今之常言，有'文'有'笔'，以为无韵者'笔'也，有韵者'文'也。夫文以足言，理兼《诗》《书》，别目两名，自近代耳。"② 萧绎强调："笔退则非谓成篇，进则不云取义，神其巧惠，笔端而已。至如文者，惟须绮縠纷披，宫徵靡曼，唇吻遒会，情灵摇荡。"③ 一般认为，南朝重文而北朝重笔，这正如《隋书·文学传序》所云："江左宫商发越，贵于清绮，河朔词义贞刚，重乎气质。气质则理胜其词，清绮则文过其意。"刘师培《南北文学不同论》亦云："大抵北方之地，土厚水深，民生其间，多尚实际；南方之地水势浩洋，民生其间，多尚虚无。民尚实际，故所著之文不外记事、析理二端；民尚虚无，故所作之文或为言志、抒情之体。"④ 这些主要是指北朝大部分文章贴近实际，服务于社会需要，其主要表现"就是对社会和政治强烈的参与意识，对人生中广泛而迫切的事件和问题紧张而热烈的关注"⑤。魏收在《魏书》中使用"文笔"一词共计 12 次，全部指文章而言，如高聪"所作文笔二十卷"；刘昶"高祖因以所制文笔示之"；程骏"所制文笔，自有集录"；邢臧"其文笔凡百余篇"；宋游道收集温子升作品"又为集其文笔为三十五卷"⑥ 等等。其实，北朝

① 《魏书》卷二十七《穆亮传》，北京：中华书局，1974 年版，第 668—669 页。

② ［南朝梁］刘勰著，周振甫译：《文心雕龙今译》，北京：中华书局，1986 年版，第 385 页。

③ ［南朝梁］萧绎：《金楼子·立言》。

④ 刘师培：《南北文学不同论》，引自陈引驰编校《刘师培中古文学论集》，北京：中国社会科学出版社，1997 年版，第 261 页。

⑤ 吴先宁：《北朝文化特质与文学进程》，北京：东方出版社，1997 年版，第 173 页。

⑥ 《魏书》卷六十八《高聪传》，第 1523 页；卷五十九《刘昶传》，第 1310 页；卷六十《程骏传》，第 1350 页；卷八十五《邢臧传》，第 1872 页；卷八十五《温子升传》，第 1877 页，北京：中华书局，1974 年版。

文并不能笼而统之地皆称为重笔轻文之作，文采眩目者亦多，即使不言杨衒之《洛阳伽蓝记》、郦道元《水经注》，仅指北朝墓志文而言，其普遍文采亦足以令人折服。《石婉墓志铭》称婉："禀气妍华，资性聪哲，学涉九流，则靡渊不测，才关诗笔，触物能赋。又归心至圣，信慕玄宗，东被遗教，无文不览。"这里所说"才关诗笔，触物能赋"，当然是在表达时人的一种为文的观念了。这与北朝倡导文笔并重是相一致的，上至帝王将相，下至士人豪绅，大都崇文尚笔，墓志文当然受此风气影响。《魏书》记载高祖有大文笔，马上口授，及其成也，不改一字。《周书》曾载："自有晋之季，文章竞为浮华，遂成风俗。太祖欲革其弊，因魏帝祭庙，群臣毕至，乃命绰为大诰，奏行之。"① 苏卓的文体改革，不仅对西魏、北周的公文创作产生了影响，更重要的是，它明确了西魏、北周文学领域中"文"与"笔"的界限，即在文与笔的取舍上，西魏、北周既不同于江左、北齐全以雕琢似锦的华章出之，亦不纯以拙朴之语言一统文坛，而是选择了一条中间道路，让叙事性文学与抒情性文学各得其宜②。受到北朝文坛之文与笔之辨的影响，北朝墓志文很是讲究文与笔之别，以及各自富有的特点。而南朝墓志文存在的不足曾受到刘师培的批评："六朝墓志亦应庄重，与墓碑同体，过于锤炼，则失之轻纤。又应以气为主，否则失之散漫。"③ 由此看来北朝墓志已避免了此类毛病，如《元彧墓志铭》撰文古朴而不乏文采，在志传尾端记述墓主离世"崩榱之祸奄臻，舍玦之慕空结"，悲情抒叹："呜呼！王风神闲旷，道置自远，辞彩润彻，无辈当时，出入承明，逶迤复道，光华振鹭，领袖群龙。东阁晨开，西园夕宴，孙枝激响，芳醴徐行，涌泉时注，悬何不竭。府迹寰中，游神击表，方膺仁寿，永持国命，遽捐华馆，长即佳城。"这正如《魏书·文苑列传》所云："夫文之为用，其来日久。自昔圣达之作，贤哲之书，莫不统理成章，蕴气标致，其流广变，诸非一贯，文质推移，与时俱化。"④

三、北朝墓志文的文学风格

　　风格，既可指著者个人的风格，也可指某个阶段的某种文体涌现出

---

① 《周书》卷二十三《苏绰传》，北京：中华书局，1971 年版，第 391 页。
② 李建栋：《北朝东西部文学交流研究》，芜湖：安徽师范大学出版社，2016 年版，第 110—111 页。
③ 刘师培：《〈文心雕龙〉讲录二种》，引自陈引驰编校《刘师培中古文学论集》，北京：中国社会科学出版社，1997 年版，第 179 页。
④ 《魏书》卷八十五《文苑列传》，北京：中华书局，1974 年版，第 1869 页。

的整体风格。德国威克纳格指出："风格并不仅仅是机械的技法，与风格艺术有关的语言形式大多必须被内容和意义所决定。风格并非安装在思想实质上面的没有生命的面具，它是面貌的生动表现，活的姿态的表现，它是由含蓄着无穷意蕴的内在灵魂产生出来的。"① 刘勰则认为，风格是"沿隐以至显，因内而符外者"。总的来看，北朝墓志文的文学风格，一言以蔽之曰：生命关怀。

（一）美誉称颂

魏曹植《上卞太后诔表》云："铭以述德，诔以述哀。"墓志文大抵叙述亡者的功德与生者的哀思。墓志作品一般表现出对死者的赞誉，这是可以理解的，这是对生命的关怀与惋惜，珍贵的生命如此终结，还有什么不能忘怀的恩怨值得愤怒与谴责，是古人悲惜生命，爱惜生灵，对死者的包容与宽厚，也就是对活人的一种关怀，希望人世间珍惜生命，以宽大为怀，而非睚眦必报。正如英国诗人赫里克曾为一个孩子写的墓志中的两行："请保持沉默，一声别响，别碰那覆盖其上的舒软尘土，让她睡得安详。"

北魏政权的建立，是一个个生命面临战乱、迁徙的时代，个体生命的伤痛和苦难被整个时代的灾难所淹没。在北朝，生命的死亡虽然展示得异常酷烈，但在现存的北朝诗文中，却很少有对生命意义的思考和探索，很少有对生命的伤悼，很少对生命作为时间存在的感悟。而在北朝墓志中，对生命的关注、感发尤显郑重。由于墓志文反映出这一时期浓厚的生命意识，可对人们心态进行直接的关照，故墓志铭文更显美誉称颂的特色，比比皆是，赞颂芸芸生命，称颂生命所创造的历史，赞许人类文化的自然。《元彧墓志铭》可谓典型之一，其志铭曰：

> 千龄眇眇，万像茫茫。叶钧曰帝，乘云者皇。跨镊三古，苞笼百王。本枝磐石，如珪如璋。八才留称，五贤传响。我有叡哲，曾峰秀上。出世栖神，入玄致赏。英猷克迈，清虚独往。远游加首，来谒承明。风流郁起，光华自生。居宗立誉，履道标名。薄言从仕，作栋作桢。抟风不已，绩风未息。切天挥翰，临云矫翼。山高徒仰，海深讵测。德茂礼尊，功隆位极。既文且武，惟机与神。冠兹百辟，振彼四邻。屯平献替，夷崄经纶。纲纪邦国，舟楫生民。匪天莫高，

---

① ［德］威克纳格：《诗学·修辞学·风格学》，引自《文学风格论》，上海：上海译文出版社，1982年版，第15页。

日月照晋。匪地莫厚，山岳表镇。邈矣君王，配明北峻。沧浪降诊，
辅仁愆信。慕均辍相，哀踰舍玦。犹是樑摧，方斯柱折。储箴靡奏，
骚辞罢制。菟园长奄，醴酒谁设。池壹寂寂，宫馆沉沉。人亡物在，
悼昔伤今。声明虚萃，礼数空临。宿草知绩，杂树连阴。苦雾晨闇，
悲风夜吟。九京易即，一往难寻。前和式晤，后播徽音。

北周《莫仁相墓志铭》记墓主"器局敦敏，雄气清杰，闺门孝友，
乡党仁信。弱冠从戎，奇谋久立，风神亮拔，实为领袖"《莫仁诞墓志
铭》记诞"青衿颖悟，绮纨敏拾，艺业天挺，孝友凤成。室号神童，乡
传领袖"二段，亦是对莫仁相品格及弱冠从军，莫仁诞颖悟敏拾及神童
艺才的称美赞誉。

墓志文的称颂有通过对形势、事件的刻画突出人物的德行来表现。如
《元遥墓志》称颂其武功："熙平初，大乘之乱，倾荡河冀，非公神武，无
以穷讨，除公征北大将军，都督北征诸军事。总督元戎，悬军远袭，寇旅
既强，人无斗志。公躬擐甲胄，一鼓而摧，勇夺三军，气振尪固。"《元延
明墓志》记："萧综来奔，盖匹马归命，群师趑趄，鸱张棋跱，据金汤之
险，跨胜害之地，全州荡荡，咸为寇场。公智力纷纭，一麾席卷，以兹文
德，成此武功。"在形势紧迫之时，众人"寇旅既强，人无斗志""群师趑
趄，鸱张棋跱"的消极反应，与墓主人"躬擐甲胄，一鼓而摧""智力纷
纭，一麾席卷"的奋发潇洒形成了强烈的对比，其美誉之意跃然而出。

墓志文的称美赞誉极甚者以至于达到了掩饰地步，而有违史实，甚
至造成了负面效应。如元羽为世宗宣武帝的第四位叔父。据《魏书》记
载太和九年被册封为广陵王，加封侍中、征东大将军，成为外部大臣。
他头脑聪明，有断狱之称。先后获得孝文帝、宣武帝的信任与重用。关
于他的死，《元羽墓志》仅记："景明二年岁在辛巳，春秋卅二，五月十
八日薨于第。"而本传记载的实际情况是："羽先淫员外郎冯俊兴妻，夜
因私游，为俊兴所击。积日秘匿，薨于府，年三十二。"与别人的妻子私
通被打至死，本不光彩，在墓志记载中被避讳。又，《于景墓志》称：
"正光之初，权臣窃命，幽隔两宫。乃雄心内发，猛气外张，遂与故东平
王匡谋除奸丑。但以谗人罔极，语泄豺狼，事之不果，遂见排黜。"此指
当时元乂擅政，于景等人图谋废黜元乂的权利之争，据《魏书·于景
传》记载："谋废元乂，乂黜为征虏将军、怀荒镇将。"① 即指此事。北

① 《魏书》卷三十一《于景传》，北京：中华书局，1974 年版，第 747 页。

魏末年，政治斗争激烈，最终导致政权灭亡。于景就是这些贪婪残酷的国家蠹贼之一。传记称："坐贪残受纳，为御史中尉王显所弹。"在论及北魏末年著名的六镇起义时，传又称："镇民固请粮廪，而景不给。镇民不胜其忿，遂反叛，执缚景及其妻，拘守别室，皆去其衣服，令景著皮裘，妻著故绛袄。其被毁辱如此。月余，乃杀之。"于景在怀荒镇将任上被起义的民众杀死，对于这种不光彩的结局，墓志历来是要避讳的，所以墓志中称："以孝昌二年六月遭疾。暨十月丁卯朔八日甲戌薨于都乡谷阳里。"完全是虚构之言。

（二）委婉叙描

委婉语在社会生活中使用得非常广泛，而在北朝墓志中更是频繁出现，色彩缤纷、五花八门。委婉语的产生应与语言禁忌有关。能够引起恐惧的事物，在语言中也不能提及。死是人最忌讳的事，而每篇墓志都回避不了这个问题，于是只好求助婉语。据摩尔根描述的古代社会，先民对死亡甚感恐怖和神秘，因此特别忌讳。汉民族也不例外，他们视"死"字为极不吉祥，千方百计回避此字，这是一种语言灵物崇拜现象，"死"成为根深蒂固的语言禁忌。这种先民的普遍心理，经过代代相传，已积淀为汉民族的共同意识。通观北朝墓志每篇皆须涉及"死"的含义，且大多数在几次以上，而直接用"死"字的极为罕见（并非没有），故估计其中婉称"死"字当不下万次。这种讳"死"心理延至今天，现代汉语对死亡又有了许多新称呼。除"死"之外，北朝墓志还有许多形形色色的婉语，它们多由用典而来，如"终堂""梦楹""摧梁""摧兰""珠沉""丧美""埋金""瘗质""藏山"等等。

同样是对"难"的叙述，亦有多种笔法描写。如《元怀墓志》只说"薨于河梁之西"；《元晖墓志》记"卒于河梁之南"；《元信墓志》言"卒乎官"；《元诞墓志》"奄卒于世"；《元子正墓志》"薨于河阴"；《元瓛墓志》"薨于洛阳"；《元宥墓志》"以居丧薨于卢"。这些应属平铺直叙、不褒不贬类。而《元邵墓志》则说"暴薨于河阴之野"；《元谭墓志》"龙飞之会，横离大祸"；《陆绍墓志》"而天不哀善，祸滥及仁"；《元毓墓志》"方当羽仪九命，毗亮台阶，而福报无征，歼我良人"；《元均之墓志》"积善无征，歼我良人"；《唐耀墓志》"方将翼道合符，用彰鱼水，报施充诚，殒兹良器"等。此种记述则不无怨怼之语，而略具褒贬之意了。那么《元彝墓志》"忽逢乱兵暴起，玉石同焚……年德不永，哀哉哀哉"；《元周安墓志》"奉迎河阴，遇此乱兵，枉离祸酷"；《元顺墓志》"以建义元年四月十三日奉迎鸾跸于河梁，于时五牛之旆在郊，三属之甲未卷，而墟民落编，多因兵机而暴掠。公马首还，届于陵户村，忽逢盗贼，规夺衣马，遂以刃害公。乃薨于凶手"等。此类可算是秉笔直书而无所顾忌了。亦有婉转之述，如《崔混墓志》云"天平之季……海岱之间……忽有群凶，密图不逞，以君德望既重，物情所属，希藉声援。潜来推逼。君时在疚，守侍几筵。事出不虞，变起虑外，造次之间，未能自拔，遂被推迫，低眉寇手。然泣临如常，缞绖不解，迳逾信宿，方免豺狼。虽妖丑寻散，大宥继敷。然君操烈冰霜，心贞松玉。慕鲁禽之高情，追齐歇之清节，忧闻伐国，耻见燕封，况被逼匈人，欲谋非义，亏盛德于当年，替淳风于先轨。遂乃饮粒不尝，声泣相继，宗姻妻子，靡能开喻。"这次海岱之间的"群凶"谋反，是由侯渊发起的。《魏书》记（天平二年）"夏四月，前青州刺史侯渊反，攻掠青齐。癸未，济州刺史蔡俊讨平之"①。侯渊为谋反成功，劫掠、纠结、煽动了不少地方名流，以蛊惑人心。崔混则是被蛊惑者之一，另外还有前廷尉卿崔光韶，当时两人均已归养故乡。又载："渊既不获州任，情又恐惧，行达广川，遂劫光州库兵反。遣骑诣平原，执前胶州刺史贾璐。夜袭青州南郭，劫前廷尉卿崔光韶，以惑人情。攻掠郡县。"②再载："刺史侯渊代下疑惧，停军益都，谋为不轨。令数百骑夜入南郭，劫光韶，以兵胁之，责以谋略。光韶曰：'凡起兵者，须有名义，使君今日举动直是作贼耳。父老知复何计？'渊虽恨之，敬而不敢害。"③对侯渊的"军变"，崔光韶与崔混采取了截然不同的态度，光韶斥渊为大义不道，力以据之；而混则似乎被逼无奈，"未能自拔"。侯渊很快兵败，"率骑奔萧衍，途中亡散，行达南青州南境，为卖浆者斩之，传首京师，家口配没"④。侯渊谋反平息后，崔混得以赦免，墓志也云"亏盛德于当年"，后还是被其叔崔鸥杀掉。

（三）悲凉挽歌

墓志是一种严肃庄重的文体，其铺衬着一层悲凉的情调，文词一般也凝重、精炼，含有一种悲怆的色彩。纵使哲学家可以认为"死亡是一种一直渗透到当前现在里来的势力而坦然承受下来"⑤，然而面对死亡，无论是具有何种浪漫情怀之人，也不会发出不带悲凉基调之语。墓志文

① 《魏书》卷十二《孝静纪》，北京：中华书局，1974年版，第299页。

② 《魏书》卷八十《侯渊传》，北京：中华书局，1974年版，第1788页。

③ 《魏书》卷六十六《崔光韶传》，北京：中华书局，1974年版，第1484页。

④ 《魏书》卷八十《侯渊传》，北京：中华书局，1974年版，第1788页。

⑤ ［德］雅斯贝尔斯：《存在哲学》，转引自段德智：《死亡哲学》，武汉：湖北人民出版社，1996年版，第263页。

的悲凉表现在对墓主称颂同时对生命亡去的悲哀，这种称颂相对鲜活的生命显得苍白而空疏，虽然极尽描述之能事，但生命的挽回却无济于事。如《元洪敬墓志》铭曰："嗟乎人道，地久天长，烛风残焰，石火浮光，一随终古，万事增伤。"墓志文触发人们对于生命逝去的憾惜和伤感。《元祐墓志》铭曰："吉凶不理，倚伏何常，琨峰碎璧，岱岳摧芳。星泯石户，日闇泉堂，人神同感，朝野俱伤。式述景绩，垂之无疆。"通过感伤墓主生命的泯灭，以石述绩，永世不朽。如《元平墓志》云："夙懃忠裂，剑蜀委节，于嗟上灵，忓此良哲，领方泣恊，邦里鸣咽。"《叔孙公墓志铭》云："叹九原之不归，悲仁贤之长逝，写芳尘于玄石，杨不朽于远世。"《元宁墓志》云元宁于正光五年卒后，"皇朝失色，槐佐惊颜，衢男缀歌于巷首，邻妇奄相于春边"。《元夫人墓志》云："冥不寿善，灾弗择人，璧碎洧沼，珠亡溟滨。镜无停照，粉绝遗巾，千龄万古，闵此芳尘。"这些墓志铭既是生命的挽歌，又是生命的礼俗，有时也表现出对于死亡的无奈以及对于生命无可依托的苍凉感叹，虽然没有对于死亡进行必要的哲学思考，但是我们也可以从中体味到北朝时人对于生命的真切感受。《陆绍墓志铭》云："攸攸岁月，芒芒今时，寒来暑往，有荣有衰。四时尚尔，今去无期，千龄万祀，泉下何依。何依何仗，空入空堂，皓冠变碧，青苔满床。新卷千余，尽成旧章，兰杜芬馥，奄被秋霜。天不择善，专取良人，高峰坠壑，深谷摧榛。兰园丧彩，玉山雕珉，弃兹花机，忽染幽尘。幽尘寂寞，昏昏绵绵，日照孤帏，日映空筵。风埃满室，泪宇多相，形沉四域，魂飞九天。"

北朝墓志文这种悲凉情调与江左之哀怨情怀显然有明显不同之处，"南朝文学也写悲，也表现出一定的悲剧意识，但一些悲情的抒发却夹在闺情、艳情的抒发之中，或夹在辞藻华丽的铺写之中，所以，往往使悲情的抒发笼罩着一种柔情蜜意的气氛，更带有南方民族柔情似水的特点"[①]。南朝文学的悲剧色彩是生人演绎出的小悲，而北朝墓志文的悲剧意识是亡者给予人世间的大悲。大悲无言，小悲悱恻。大悲恤世，小悲缘情。

---

① 蒋述卓：《北朝文风的悲凉感与佛教》，《广西师范大学学报》（哲学社会科学版）1988 年第 2 期，第 4—9 页。

第五章　北朝墓志的史料价值（上）

北朝历史研究领域，向来不乏硕学大家，但考证北朝史实，却不能忽视王国维所言的"二重证据法"，即"幸于纸上之材料外，更得地下之新材料"，一方面"补正纸上之材料"，另一方面"证明古书之某部分全为实录"①。这种"古史新证"的方法对于利用北朝墓志去研究北朝历史亦是适用无疑的。南北朝时期，由于地域分裂，政权频繁更迭，以及兵燹人祸，历史文献遭受毁损遗失，流传下来的已不甚完全。而北朝时期大量的墓志材料多记载确凿的历史事实，是非常难得的第一手资料，定可为北朝历史补证所需，而补史之阙，正史之谬，亦恰为文献工作者之责。

第一节　北朝墓志对皇室及高门大姓谱系的校补

对于家族乃至宗族而言，谱系记述其生命延续，记录其历史发展，标示其身份关系。家族一般是指五服以内的成员，即《白虎通疏证》所云："上凑高祖，下至玄孙。"宗族为同出父系血统的成员，即《尔雅·释亲》所云："父之党为宗族。"② 谱系是家族乃至宗族结合的象征，亦为家族乃至宗族的行为规范。北朝鲜卑统治者为加强中央集权，牢牢控驭社会结构的基础——宗族，令国家与宗族既共存相依，又明主从上下之分。现整理北朝出土墓志的志主关系，以便更为完备地显现北朝拓跋元氏帝王及宗族，以及各名贵显族的家族谱系。

一、鲜卑帝王及宗族谱系校补

帝王除世及承袭帝王之位外，其余宗室可视为别宗。《礼记·礼运》孔颖达疏云："父子曰世，兄弟曰及。谓父传于子，无子，则兄传于弟也。"在北朝拓跋与元氏的帝系传承上亦不外世及也，一旦成为帝王，其史书记载较

---

① 王国维：《古史新证——王国维最后的讲义》，北京：清华大学出版社，1994 年版，第 2 页。
② 唐代曾用氏族、宗属代之。《唐会要》设有"氏族"一卷，其中有贞观氏族志的记载。其实，宗族、氏族、宗属三个词的概念是同一的。

为详尽，而世及之外的别支宗室则往往遭受疏落。赵万里在《集释》中指出："考今本《魏书宗室传》，仅《道武七王传》《景穆十二王传》卷中下、《献文六王传》，确为魏收原文；余皆久佚，后人摭拾《北史》补之，勉成完帙。而《道武七王传》《孝文五王传》，明初所存南宋旧监本已有脱页阙字。文多违失，自昔已然。今志石踵出，读其文上足以征前代之事实，下足以匡史文之讹谬。"① 现已出土的北朝时期墓志，以帝王宗室人物居多，因此可补充与订正史籍的记载。

（一）北魏先世

魏之先世出自黄帝轩辕氏，黄帝子曰昌意，昌意之少子受封北土，国有大鲜卑山，因以为号。黄帝以土德王，北俗谓土为托，谓后为跋，故以为氏。

黄帝——昌意——昌意少子悃——始均……毛（成帝）——贷（节帝）——观（庄帝）——楼（明帝）——越（安帝）——推寅（宣帝）——利（景帝）——俟（元帝）——肆（和帝）——机（定帝）——盖（僖帝）——侩（威帝）——邻（献帝）——诘汾（圣武帝）——力微（神元帝）

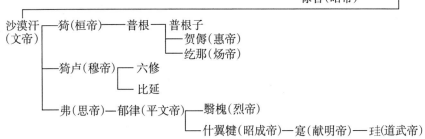

（二）平文帝（拓跋郁律）别宗子孙系补缺

《魏书·平文帝纪》曰："平文皇帝讳郁律立，思帝之子也。……桓帝后以帝得众心，恐不利于己子，害帝，遂崩，大人死者数十人。天兴初，尊曰太祖。"②

迄今所知，平文帝郁律宗子及妃匹已出土墓志 10 方。

《元龙墓志》记龙字平城，河南洛阳人，平文皇帝之六世孙③。祖讳阿斗那，侍中、内都大官、都督河西诸军事、启府仪同三司，高梁王。父讳度和，散骑常侍、外都大官、使持节、镇北将军、度斤镇大将，平

① 赵万里：《集释》三北魏宗室上，北京：科学出版社，1956 年版，第 9 页。

② 《魏书》卷一《平文帝纪》，北京：中华书局，1974 年版，第 9—10 页。

③ 有关"世祖""世孙"的排列，诸志说法不一。本文世系排列一概不计本世在内。

舒男。君太和之始，袭爵平舒男。元龙"以正始元年（504年）十月十六日薨于第。追赠使持节、平北将军、恒州刺史，谥曰武侯"。据罗振玉考证，《魏书》卷十四《神元平文诸帝子孙列传》记高凉（梁）王孤，平文皇帝第四子。子斤，斤子乐真，乐真子礼袭本爵高凉（梁）王。礼卒，子那袭爵，正平初，坐事伏法。显祖即位，追那功，命子纥绍封。此志之阿斗那，殆即那也。阿斗那殆代北语，史传以汉语书之，遂省作那耳。那子度和及龙，均不载宗室传高凉王系①。按罗氏考证之说，元龙应为平文皇帝的七世孙，而墓志记其为"平文皇帝之六世孙"。有关"世祖""世孙"的排列，诸书说法不一。若不计本世在内，元龙应为平文皇帝的七世孙。魏故处士元君墓志。墓志载"君讳过仁，河南洛阳人也"，元过仁是平文皇帝之六世孙，高梁王般之曾孙，高梁王那之孙，平舒男度和之次子。《魏书》无传。参照元龙墓志，可知元过仁为元龙之弟。

《元鸷墓志》载"祖陵，散骑常侍、征虏将军、并州刺史。父肱，散骑常侍、抚军将军、冀州刺史。王讳鸷，字孔雀"。"天平二年三月还京，诏除大司马、侍中，华山王如故"。"兴和三年六月九日，王薨于京师。粤十月廿二日卜窆于邺县武城之北原。诏赠假黄钺、侍中、尚书令，司徒公，都督定冀瀛沧四州诸军事、骠骑大将军、冀州刺史，谥曰武"。亦有其妃《公孙甑生墓志》同时出土。据《魏书》载礼弟陵，世祖赐爵襄邑男。进爵为子。卒。子环，位柔玄镇司马。环子鸷，字孔雀。武泰元年，封华山王。孝静初，入为大司马、加侍中。兴和三年薨，赠假黄钺、尚书令，司徒公。元鸷应是平文皇帝的六世孙。又有《元伏和墓志》出土，现藏于河南省孟津县平乐乡郭建邦家。墓志称"始祖魏平文皇帝。……曾祖陵，尚书令、司徒，高梁王。祖环，冀州刺史、司空，王袭先封。父孔雀，录尚书、大司马、太尉，华山武王"。《元鸷墓志》称"父肱"，与正史及元伏和墓志所记之"祖环"不同，岑仲勉先生认为当时"肱、环二字，音实相同，非有异也"②。《元伏和墓志》对其先人陵、环、鸷官职记载与史书和《元鸷墓志》稍有差异。

《元苌墓志》曰："松滋成公，姓元讳苌，字于颠，河南洛阳宣平乡

①　赵万里：《集释》三，元龙墓志考证后附《辽居乙稿》部分内容，北京：科学出版社，1956年版，第9页。
②　岑仲勉：《元和姓纂四校记》，中研院历史语言研究所专刊，1948年。经孙望、郁贤皓、陶敏先生整理，与《元和姓纂》原文合并为《元和姓纂（附四校记）》，卷四，北京：中华书局，1994年版，第430页。

永智里人也。太祖平文皇帝六世孙。高凉王之玄孙。使持节、散骑常侍、征南将军、肆州刺史、襄阳公之孙。使持节、羽真辅国将军、幽州刺史、松滋公之世子也。皇兴二年，召辅大姓内三郎自袭爵松滋公，历镇远将军。"《元珍墓志》记："公讳珍字金雀，河南洛阳人也。平文皇帝六世孙。高凉王之玄孙。征南将军、肆州刺史、襄阳公之孙。辅国将军、幽州刺史、松滋公之世子也。"元苌、元珍见《神元平文诸帝子孙列传》，传载高凉王孤孙度，太祖初赐松兹侯，位比部尚书。卒。子乙斤，袭爵襄阳侯。卒。子平袭世爵松兹侯，以军功赐艾陵男。知志之襄阳公即乙斤，松兹公即平。惟志作公，传作侯。应以墓志为是。史载平有二子："子苌，高祖时，袭爵松兹侯，例降侯，赐艾陵伯。……苌弟珍字金雀，袭爵艾陵男。"史载苌、珍事迹简约，而志文记载详尽。《元苌墓志》记苌历官甚详，据志可补正史缺失。如从皇兴二年（468 年）袭爵松滋公，历镇远将军，至延昌四年（515 年）薨于位，元苌一生南征北战"历奉五帝，内任腹心，外蕃维捍"，任官达三十多个，为北魏政权的建立立下了汗马功劳。这样一位重要人物，《魏书》竟未为其立传，仅在祖辈传下简略附记，并且卒后未陪葬皇陵周围，却葬黄河以北的"河内轵县岭山之白杨"。正如史书记载："苌中年以后，官位微达，乃自尊倨，闺门无礼，昆季不穆，性又贪虐，论者鄙之。"可见志文对墓主的不足只字不提，一味称颂。《元珍墓志》亦是如此，志详述元珍历官、卒葬时间及追赠、谥号，多处可补史阙。亦有正史之处，如传称珍袭爵艾陵男，志所不载，而志称胙土晋阳男，又不见于传。罗振玉先生认为平长子苌既袭父爵，且有子嗣封，则珍更无袭艾陵之理，当以志为得①。传载"彭城王勰之死，珍率壮士害之"，志文却略而不言。《元孟辉墓志》称："孟辉字子明，太祖平文皇帝高凉王七世孙，祖辅国，考骠骑。"以元珍墓志证之，辅国谓平，骠骑谓珍，孟辉盖珍之元子也。平文子孙传叙珍事至简略，又不及其子裔。今父子二志同出一兆，足弥史阙②。

《元天穆墓志》："太祖平文皇帝之后。高粱神武王之玄孙。领军将军，松滋武侯之曾孙。太子瞻事、使持节、左将军、肆州刺史、襄阳景侯之孙。使持节、侍中、骠骑大将军，司空文公、都督雍州诸军事、雍州刺史之长子。"据《神元平文诸帝子孙列传》载："平弟长生，位游、

① 赵万里：《集释》三，元珍墓志考证后附《雪堂金石文字跋尾二》，北京：科学出版社，1956年版，第10页。
② 赵万里：《集释》三，元孟辉墓志考证，北京：科学出版社，1956年版，第10页。

骑击将军。卒。孝庄时，以子天穆贵盛，赠司空。"天穆为元魏宗室，而党附于尔朱荣，为荣谋主，"庄帝内畏恶之，与荣同时见杀"[1]。《魏书》又载："（永安三年）九月辛卯，天柱大将军尔朱荣、上党王天穆自晋阳来朝。戊戌，帝杀荣、天穆于明光殿。"[2] 由此，知天穆与尔朱荣同于永安三年（530年）九月戊戌被杀，而生年缺载。《元天穆墓志》云："永安三年九月二十五日，运巨横流，奄离祸酷，春秋四十二，暴薨于明光殿。"据此，知天穆死于永安三年（530年）九月二十五日，得年42岁，逆推生年应为太和十三年（489年）。结合《元珍墓志》所述，志中高凉神武王为斤，松滋武侯为度，襄阳景侯为乙斤，司空文公为长生。

以史书为据，结合墓志，平文帝郁律支谱系树简图如下：

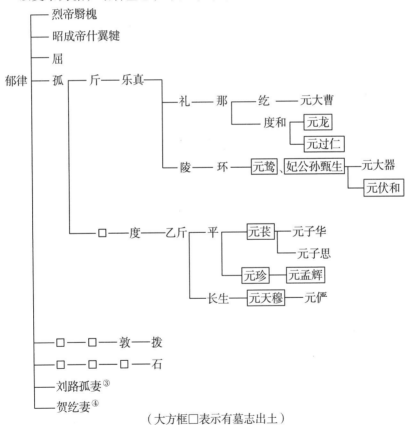

（大方框□表示有墓志出土）

① 《魏书》卷十四《神元平文诸帝子孙列传》，北京：中华书局，1974年版，第354、356页。
② 《魏书》卷十《孝庄帝纪》，北京：中华书局，1974年版，第265页。
③ 《魏书》卷一《平文帝纪》，北京：中华书局，1974年版，第11页。
④ 《魏书》卷八十三《贺讷传》，北京：中华书局，1974年版，第1812页。

另，《元贤墓志》记："君讳贤，河南洛阳人，字景伯，魏平文皇帝之后。""祖吐久伐""父广达，谥曰文宣"；志文结尾交代了元贤夫人及八子情况，"夫人河涧邢氏。长子长琳，次子子琳，第三子子琅，第四子子环，第五子子瑸，第六子子璆，第七子子琛，第八子子珍"。元贤及子嗣事迹史书不载，据志可补史之阙。

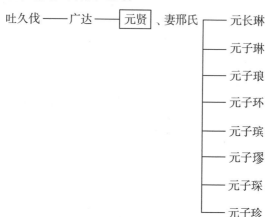

（大方框□表示有墓志出土）

（三）昭成帝（拓跋什翼犍）别宗子孙系补缺

《魏书·昭成帝纪》曰： "昭成皇帝讳什翼犍立，平文之次子也。……帝崩，时年五十七。太祖即位，尊曰高祖。"[①]

昭成皇帝讳什翼犍九子：庶长子实君，次曰献明帝，次曰秦王翰，次曰阏婆，次曰寿鸠，次曰纥根，次曰地干，次曰力真，次曰窟咄。昭成帝什翼犍的子孙及妃匹已出土墓志 32 方。

《元平墓志》载："君讳平，字平国，河南洛阳人也，其先魏照（昭）成皇帝之后，骠骑大将军、左丞相、卫王垠（泥）之孙，羽真、尚书、冠军将军、使持节、吐京镇大都将陵之次子。"据缪荃孙《丙寅稿》考证："考昭成子孙无卫王垠。惟秦明王翰子仪于太祖时官左丞相进封卫王，则垠即仪也。原传不载仪曾拜骠骑大将军，而太祖纪载皇始二年五月甲寅以仪为骠骑大将军，则志与纪正合。北魏诸王名字，殆用国语而译汉字，故有垠仪之异欤？传称仪有十五子，而但载三人，曰纂、曰良、曰干，而不及陵，故平亦不及。"由此知元平为什翼犍的玄孙。

《元忠暨妻司马妙玉墓志》载："侍中、征西大将军、尚书仆射，城阳宣王讳忠，字仙德。昭（成）皇帝之，丞相、常山王之孙，征西大将

---

① 《魏书》卷一《昭成帝纪》，北京：中华书局，1974 年版，第 11—16 页。

军、三都坐大官，（常）山康王之中子。……春秋卅有五，太和四年岁次庚申七月乙未朔十日甲辰，薨于外弟。天子愍悼，民哀邦瘁，赠赙之厚，礼殊恒命"《北史》载陪斤弟忠，字仙德。……太和四年，病笃辞退，养疾于高柳，舆驾亲送都门之外，群僚侍臣执别者莫不涕泣。及卒，皆悼惜之，谥曰宣，命有司为立碑铭。由正史记载可知，陪斤弟忠，字仙德即是墓志中的墓主元忠。

《元淑墓志》记："元讳淑，字买仁，司州河南洛阳人也，昭成皇帝曾孙常山康王第廿五之宠子。"《元世绪墓志》记载其高祖讳遵，字伏六兜，魏左右丞相，常山王。曾祖讳素连，魏大将军、都督内外二都大达官，常山王。祖讳淑，字买仁，魏肆朔燕相四州刺史、御夷怀荒三镇二道诸军事，宗正卿。考讳泼，字庆安，魏通宣散骑常侍，赠徐州刺史，并以文武奇才，字仪冠族。墓志元世绪，官爵位北周使持节、车骑大将军、仪同三司、大都督仪州刺史。夫人京兆人，魏故度支尚书、仪同三司、南荆州刺史，彭城侯辛庆之女。息桀，字隆宗。女孟婉。《北史》载赞弟淑，字买仁。卒于平城镇将。此与墓志记载相同。元淑有七子，其中最有名誉者为元季海，其妻为司空李冲之女，庄帝从母。政在尔朱，祸难方始，劝季海为外官以避纤介。及孝庄在难，季海果以在藩得免。从孝武入关，封冯翊王，位中书令、雍州刺史，迁司空。病薨，谥曰穆。子亨，字德良。大统末，袭爵冯翊王，累迁勋州刺史，改封平凉王。周受禅，例降为公。李稚华有墓志出土，其志记载其父李冲，夫为司空尚书令、留守大都督，冯翊简穆王，即元季海。志亦记载二子三女相关信息，息德良，平凉公。志中记息德良是以字行，元德良即元亨。息义俭。大女，大将军延寿公夫人。第二女出家。第三女柱国安武公夫人。志中言"息德良，平凉公"指的就是元亨。据《李稚华墓志》，填补了正史中缺载的元季海另一子为元义俭，以及大女、三女的婚配关系、第二女出家等众多资料。同样由《元世绪墓志》知元淑的另一子名泼，字庆安，及其后裔等信息亦可补史之阙。

《元昭墓志》记昭为昭成帝之玄孙。曾祖兜。祖连。定州刺史常山简王第三子。《松翁近稿》曰："以传志互校，颇有异同。志后载：'昭曾祖兜，使持节、抚军征南大将军，右丞相常山王。祖连，使持节、侍中、征西大将军、都督河西诸军事、内都坐大官，羽真，统万突镇都大将常山王，谥曰康。'文中称：'昭为使持节、征西大将军、定州刺史，常山简王第三子。'据传则昭之考为常山嗣王陪斤，坐事国除，不言谥简王，亦不及其历官。祖素，谥曰康，曾官征西大将军、内都大官。官与谥与志不异；而志名连，传名素为不合。……传称素之考曰遵，志则名兜。志所叙历官，亦与传不合。……志称'昭字幼明'；又叙'昭初封乐城县公，母后临朝，妻菲交构，收君封爵'；又载昭卒赠车骑大将军、冀州刺史；并为传所不载，可补史氏之略。"[①]《元诞墓志》记诞为冀州刺史，常山王之曾孙。太尉公，常山王之孙。定州刺史简公之第五子。

《元德砖志》记德为"昭成皇帝后，常山王孙"。《元侔墓志》志载，君讳侔，字伯宗。志阴记载，侔之六世祖为昭成皇帝。五世祖为昭成第八皇子受久。高祖右丞相，常山王拓跋遵字勃兜。曾祖常山康王讳素连。祖父平南将军、冀州刺史，河间简公讳于德。父镇远将军、光州刺史讳悝，字纯陁。《元巏墓志》记载志主讳巏，字仲宗，河南洛阳人。常山康王之曾孙。河间简公之孙。光州敬公之子。《元晖墓志》记晖为昭成帝什翼犍之六世孙。父冀州刺史，河涧简公。晖为使持节、侍中、都督中外诸军事，司空公、领雍州刺史文宪元公。《冯邕妻元氏墓志》记其为昭成皇帝之曾孙。常山康王之长孙。司空文宪公之元女。将诸多墓志与昭成子孙列传结合考证，常山王遵，志之勃兜或兜，昭成子寿鸠之子，墓志中亦称受久。遵子素，志之连或素连，谥曰康，亦称常山康王。素连子陪斤，即志之常山简公或简王。素子德封河间公，即志之封河涧公或简公。德子悝，卒于光州刺史。综合得知，元淑、元德为什翼犍的玄孙。元昭、元诞、元晖[②]为什翼犍的五世孙。元侔、元巏、冯邕妻元氏为昭成皇帝的六世孙。《元信墓志》称："君悔信，字子谅，洛阳人也，昭成皇帝七世孙。神踪与姬夏同初，灵源共绩君争峻。绵世章黼，蔚乎有闻。承相以帝者懿亲，论道朝端；征西勒马风驱，声弭边服。考司空，俊气独清，神衿秀远。"以元侔、元晖两志证之，承相谓常山王遵，征西为遵子素连，司空则文宪公晖。志载晖为昭成帝什翼犍六世孙（应为五世孙），而信为昭成皇帝之七世孙（应为六世孙），因此可知元晖与元信是父子关系。又，《元俊墓志》记俊为昭成皇帝七世孙。曾祖于德。祖晖。父逸。《元憘墓志》与之记叙一致，知元俊、元憘为兄弟。《北史》记载，元文遥字德远，河南洛

① 罗振玉：《松翁近稿》，1925 年铅字本。

② 以昭成子孙传和元侔志阴互证，知晖乃常山王遵之曾孙，常山康王素连之孙，河简公或简公德之子。《魏书》称晖为忠子，《北史》则称晖为悝弟，德之子。据志知《北史》是。又忠子寿兴，《魏书·寿兴传》记"其从兄侍中晖深害其能，因潛之于帝"语，既称晖为从兄，则非忠之子甚明。又，《魏书·元昭传》载"世宗时，昭从弟晖亲宠用事，稍迁左丞"语，知昭与晖同辈。墓志记晖为昭成帝什翼犍六世孙有误，应为什翼犍的五世孙。

阳人。魏昭成皇帝七世孙，五世祖常山王遵，父晞。文遥子行恭，行恭弟行如①。

《元保洛墓志》记其曾祖为素连。祖贷毅。父太拔侯。

《元智墓志》记载智六世祖遵。高祖素。曾祖忠。祖晨。父最。"以《魏书》昭成子孙列传考之，其系次官阶皆相和。忠城阳宣王，传作城阳公。晨，传作寿兴，当是其字因避讳而改称"②。又有同出咸宁的《元智妻姬氏墓志》。

刊刻于西魏大统六年（540年）《元颢墓志》曰："君讳颢，字神周，河南洛阳人也。照（昭）成皇帝之玄孙。征西大将军、内羽真、统万突镇都大将，常山康王之孙。安北大将军、肆朔燕相四州刺史，靖公之子。"元颢为常山康王素（连或素连）之孙。安北大将军、肆朔燕相四州刺史、靖公史不载其人，无考。

《元进墓志》曰："君讳进，字进之。昭成皇帝之叡胄，常山康王之令孙。"知元进亦为常山康王素（连或素连）之孙。

《元引墓志》记其为昭成皇帝之胄，常山王之曾孙。使持节、征西将军、豳州刺史之元子。引当为常山王拓跋遵后裔。使持节、征西将军、豳州刺史不知何人，无考。

《元弼墓志》记："高祖昭成皇帝。曾祖根，清河桓王。祖突，肆州刺史。父崙，秦雍二州刺史，陇西定公。"考昭成子孙列传，陈留王虔，昭成子纥根之子。虔兄头，以功赐爵蒲城侯，平卢太守。头卒，子崙袭爵。高宗即位除秦州刺史，进爵陇西公，卒谥定。志之根即传之纥根，殆根名而纥根其字，亦犹常山王素之字素连。传不载纥根爵谥，赖志知之。传载纥根子头，即志之突；而官肆州刺史，则又传所略也。志叙崙爵谥与传合，然志之秦雍二州刺史与传之秦州刺史又小异，盖卒后赠官。传称"崙卒，子琛袭爵"，而不及弼，此志可补史阙③。

《元琛墓志》记载元琛为河南洛阳人。高祖根，昭成皇帝之第九子。曾祖虔，车骑大将军，陈留桓王；曾祖母慕容氏。祖崇，征南大将军，并州刺史；祖母田氏。父眷，镇西将军，高平、怀荒二镇都大将，陈留王；母盛洛郡君，雍州刺史刘归女。《北史》载纥根位于兄弟排行第六，

① 《北史》卷五十五《元文遥传》，北京：中华书局，1974年版，第2004—2006页。
② ［清］洪颐煊：《平津读碑续记一》。
③ 赵万里：《集释》三元弼墓志考证所述，北京：科学出版社，1956年版，第20页。

志文曰九，或为九、六形近之讹。志主之祖元崇，为元虔次子，史书有传①。志主之父元眷，不见史籍，考《魏书·昭成子孙列传》，陈留王虔子崇。崇子建。建子琛。琛子翌，尚书左仆射。元琛父眷与建同音，或一为名一为字，同为一人，当以墓志所记为准。

《元仁宗墓志》称仁宗为魏尚书右仆射、晋昌王之孙，上开府魏州刺史、义宁公第二子。《隋书·元晖传》："父翌，尚书左仆射。……及平关东，使晖安集河北，封义宁子，邑四百户。高祖总百揆，加上开府，进爵为公……拜魏州刺史，颇有惠政。"② 与志互勘正合，知志之晋昌王谓翌，义宁公即晖③。元仁宗为昭成皇帝之七世孙。《元夫人赵光墓志》记其"年十有六爰适昭成皇帝之胤，散骑常侍、内大羽真，太尉公。使持节、车骑大将军、冀州刺史，比陵王孙。冠军将军、徐州刺史永之长子为妻"。知赵光丈夫的四世祖为昭成帝什翼犍子地干，祖父毗陵王拓跋顺，父为拓跋永。

《元睿墓志》载，其六世祖为昭成帝拓跋什翼犍之第七子。祖父受拔为武邑公。父奴瑰为武川镇将④。《魏书》《北史》均载奴瑰与受拔事迹。《元华墓志》载受洛为武邑公。叱奴为武川镇将，由此，可知受拔即受洛，奴瑰即叱奴。元华之七世祖为北魏昭成帝。曾祖拓跋步大回。祖元昭显。父元坚，均不见于史。《元英墓志》称英为昭成六世孙。"昭成即什翼犍也，什翼犍当东晋中叶，至隋二百余年，以六世计之，历年可谓久远"⑤。赵万里亦言："自昭成即位下数至隋初，已历二百余年，而志称英为昭成六世孙，殊不可解。"⑥ 亦有《元英妻崔麝香墓志》出土。《元钟墓志》称钟为昭成皇帝第十一世孙。《元祉墓志》记载："烈

① 《魏书》卷十五《元崇传》，北京：中华书局，1974年版，第382页；《北史》卷十五《魏诸宗室传·元崇传》，北京：中华书局，1974年版，第575页。

② 《隋书》卷四十六《元晖传》，北京：中华书局，1973年版，第1256页。

③ 赵万里：《集释》三元仁宗墓志考证所述，北京：科学出版社，1956年版，第16页。

④ 昭成帝共有九子，第七子为地干。昭成子孙中得封武邑公的，为第八子力真的子孙受洛。《北史》卷一十五《魏诸宗室传》："辽西公意烈，力真之子也。……子拔干……子受洛袭，进爵武邑公。卒。子叱奴，武川镇将。"可见元睿的六世祖，不是地干，而是力真。推测昭成帝的庶长子寔君因为背叛而被解夺身份，逐出宗室，因此昭成诸子的排列中也就没有了他，本为第八子的力真遂被任列为第七子。墓志中之"受拔"即传中"受洛"；"奴瑰"即为"叱奴"。

⑤ 端方：《陶齐斋石记十五》。

⑥ 赵万里：《集释》三元英暨妻崔麝香墓志并盖考证所述，北京：科学出版社，1956年版，第16页；朱亮：《洛阳出土北魏墓志选编》，北京：科学出版社，2001年版。此文认为《元英墓志》为伪作。

祖昭成皇帝之远孙。使持节、安东将军、武卫将军、齐州刺史虬子。"元祉为昭成皇帝之远孙，与其父在昭成皇帝谱系中所不见，故不知为昭成子孙哪一支脉。元祉正史有载，武泰二年五月丙子，元颢入洛。丁丑，孝庄帝进封城阳县开国公元祉为平原王，安昌县开国侯元鸷为华山王，并加仪同三司①。尔朱荣"河阴之变"后，孝庄帝还宫，闻元顺卒后家徒四壁，无物敛尸，只有藏书数千卷，于是庄帝敕侍中元祉曰："宗室丧亡非一，不可周赡。元仆射清苦之节，死乃益彰，特赠绢百匹，余不得例。"②

　　北周建德二年（573 年）《裴智英墓志》，载墓志裴智英夫君名荣兴，河南洛阳人，昭成皇帝之后，五世祖乌浮，左丞相，中山王。高祖礼半，内都达官，中山王。曾祖羽豆眷，晋龙镇大将，晋阳侯。祖库勾，内行阿干，神元皇帝魂人。父宝庆，彭城镇大将，恒州刺史。荣兴为恒州刺史宝庆的第二子。该志在末端有 3 行补刻文字，记载了墓主裴智英世子的名、官职、爵位及婚配关系，以及女儿的出嫁后的身份等情况，"世子使持节，车骑大将军，仪同三司，大都督，袭上蔡公休，字须达；妻宜阳县君贺兰。女博叉，阳化公夫人。女频伽，虞国夫人。女吉那，苏侯夫人。女故真玉，始安公夫人"。墓主裴智英夫君元荣兴及其子嗣为昭成皇帝九子中的哪一支系，墓志与史载资料不足，难以明确其归属，暂述存此。

　　以史书为据，结合墓志，昭成帝什翼犍支谱系树图如下：

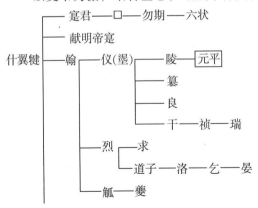

① 《魏书》卷一《帝纪·敬宗孝庄帝》，北京：中华书局，1974 年版，第 262 页。
② 《魏书》卷十九《任城王云传附元顺传》，北京：中华书局，1974 年版，第 485 页。

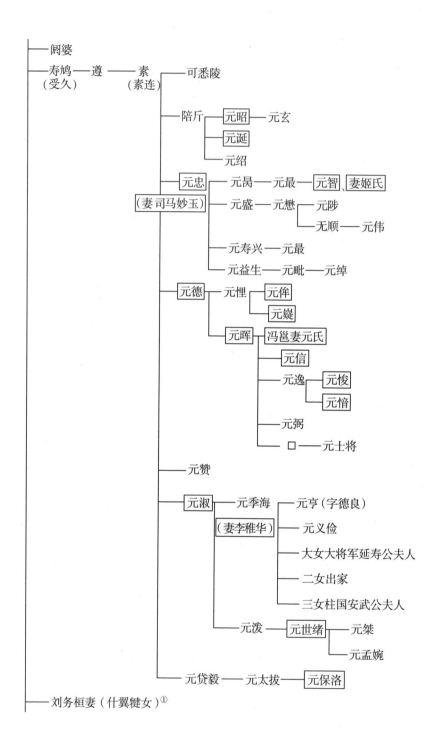

①　《魏书》卷一《昭成帝什翼犍帝纪》,北京:中华书局,1974 年版,第 12 页。

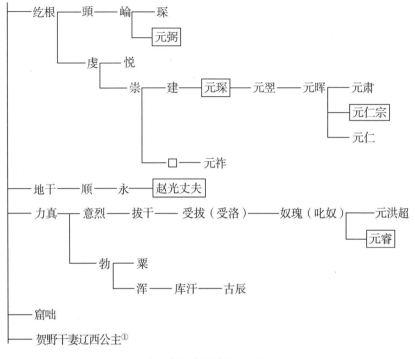

（大方框□表示有墓志出土）

（四）道武帝（拓跋珪）别宗子孙系补缺

《魏书·太祖道武帝纪》曰："太祖道武皇帝，讳珪，昭成皇帝之嫡孙，献明皇帝之子也。……帝崩于天安殿，时年三十九。永兴二年九月甲寅，上谥宣武皇帝，葬于盛乐金陵，庙号太祖。泰常五年，改谥曰道武。"[②]

道武子孙及妃匹已出土墓志 15 方。

《元显墓志》载"祖大汗、司徒，淮南静王。父万，并州刺史，淮南王"。又称显出身散骑常侍、转散骑常侍。薨后，诏使持节、都督梁州诸军事、安西将军、梁州刺史，散骑常侍，王如故，谥曰僖。赵万里考《元显墓志》云："以校道武七王传多合。惟大汗传作他，万传作吐万；大汗谥静，传作靖王；又传失载万卒赠父爵，及显仕历卒年为异耳。"[③]
《元均暨妻杜氏墓志》记"君讳均，字世平，河南洛阳人也。太祖道武皇帝之玄孙，凉州使君淮南僖王之次子"。据《魏书·道武七王列传》，

---

①　《魏书》卷八十三《贺讷传》，北京：中华书局，1974 年版，第 1812 页。

②　《魏书》卷二《太祖道武帝纪》，北京：中华书局，1974 年版，第 19—45 页。

③　赵万里：《集释》三元显墓志考证所述，北京：科学出版社，1956 年版，第 16 页。

阳平王熙长子他，曾封淮南王，谥曰靖王。他有三子，世子吐万，早卒，赠冠军、并州刺史，晋阳顺侯。吐万子显，袭祖爵，薨，谥曰僖王。显子世遵，世遵弟均，字世平。志传多合。

《元广墓志》记"公讳广，字延伯，洛阳人也，烈祖道武皇帝之苗裔……使持节、凉青梁夏济五州诸军事、济州刺史、牂柯侯之长子"。据《道武七王列传》，阳平王熙子比陵，赐爵牂柯公，卒。子天琚袭，高祖时征虏将军、青州刺史，寻降公为侯，世祖时征虏将军、夏州刺史，卒赠本将军、济州刺史。子延伯袭，卒。志之牂柯侯乃天琚，延伯即广；传以字为名，据志乃知其名广也①。

《元鉴墓志》载"讳鉴，字绍达，司州洛阳人也，王即道武皇帝之玄孙，河南王之曾孙，成王之孙，简王之子"。亦有其妃《吐谷浑氏墓志》出土。《元馗墓志》记："君讳馗，字道明，太祖道武皇帝之玄孙，武昌简王第五子。"考《道武七王列传》，河南王曜薨，长子提袭，改封武昌，薨，谥曰成。长子平原袭，薨，谥曰简。长子和为沙门，以爵让其次弟鉴。鉴弟荣，荣弟亮，亮弟馗，字道明。传志互校，河南王为曜，成王谓提，简王谓平原。馗乃简王平原之子，鉴之弟。

《元维墓志》记："君讳维，字景范，河南洛阳崇让里人也，列祖道武皇帝之玄孙，镇南将军、兖州刺史之第五子。"以《道武七王列传》"江阳王继子爽字景喆，爪字景邕"及"继弟罗侯子景遵"例之；维字景范，疑维之父与继等为昆弟行。又维罹河梁之难，葬与元馗同日。馗为武昌王后。武昌王妃吐骨浑氏墓志称"妃薨于崇让里"；维亦崇让里人，又疑维乃武昌王后裔。史文简略，末由确知矣②。

《元倪墓志》记君讳倪，字世弼，太祖道武皇帝之玄孙，左光禄大夫、吏部尚书、大宗正卿、领司宗卫将军、定州刺史，南平王之叔子。卒，赠宁远将军、燉煌镇将。《元洪敬墓志》载："君讳洪敬，魏太祖道武皇帝五世孙也。高祖日连，广平王。曾祖吐谷浑，改封南平，谥康王。祖龙，袭封，谥安王。父长生，直通散骑常侍。"据《道武七王列传》记载，广平王连无子，世祖继绝世，以阳平王熙之第二子浑为南平王，以继连后。浑子飞龙，袭，后赐名霄，谥曰安王。子纂袭，纂卒，子伯和袭。可见墓志中的"高祖日连"，即《魏书》的广平王连，连当是"日连"的省写。"曾祖吐谷浑，改封南王，谥康王"，当《魏书》的南

---

① 赵万里：《集释》三元广墓志考证所述，北京：科学出版社，1956年版，第16—17页。
② 赵万里：《集释》三元维墓志考证所述，北京：科学出版社，1956年版，第19页。

平王浑，浑亦吐谷浑的省写。"龙"即《魏书》中的"飞龙"。如是南平王为浑，安王为飞龙，亦为霄。这里长生、元倪、元洪敬均不见于史。据史传和墓志，纂、元倪与长生都是飞龙之子。《元玕墓志》："高祖广平王，烈祖道武皇帝之第七子也。曾祖仪同南平康王。祖尚书南平安王。父燉煌镇将。兄光州刺史，南平王。伯父太傅司徒，京兆王。"据志知玕之高祖广平王拓跋连为道武帝第七子，曾祖即南平康王浑，祖即拓跋霄，父即元倪①。《元晖墓志》记载："王讳晖，字仲冏，河南洛阳人也，太祖道武皇帝六世孙也。"据《魏书》，拓跋霄卒，子纂，袭。景明元年，薨于平城。子伯和，袭。永平三年薨，赠散骑侍郎，谥曰哀王。据后校勘记【六】载，此句下百衲本的底本一页空白，南本以下诸本或留空白若干行，或不留，均注"阙一版"或单注"阙"字。据卷首目录广平王连下附南平王浑、浑子霄，霄曾孙称仲冏。缺页的内容，一是所附《仲冏传》；二，据出土《墓志》，可能还有元霄他子元倪等及其后裔的简略记载。《仲冏传》在《册府》中保存了二条。（一）卷二八〇第3307页云："纂弟之子武贞王仲冏，孝文时，出为辅国将军、光州刺史，遭母忧还。孝昌末，除秦州刺史。"（二）卷二八四第3345页云："伯和（纂子）无子，以弟文华子仲冏（原讹作固）袭王封，后为萧宝寅所害，谥曰武贞（原讹作真）。子承宗和袭，早卒，以纂弟安平子仲略继。"这两条出于此传无疑，但既删节不全，又有错误。关于事迹不备的，如历官及他镇压秦陇起义军，为起义军击败事，具见《魏书》卷九《萧宗纪》孝昌三年正月和《墓志集释》《元晖（即仲冏）墓志（图版七四）》。关于错误或可疑的，这数十字中就有两点。一是世次。据第一条仲冏是"纂弟之子"，据第二条是伯和弟文华子，则又是纂孙，自相矛盾。今按《元晖墓志》说是道武帝六世孙，又说是江阳王继犹子；《元玕墓志》（《集释》图版七五）说"兄光州刺史、南平王"，即仲冏。玕是纂弟倪子，则仲冏亦是倪子（并见《集释》卷三跋文），正是"纂弟之子"。据此，知第一条不误，第二条"以弟文华子仲冏"句，弟上脱纂字。目录"霄曾孙"也当作"霄孙"。二是第一条说仲冏于孝文时出为光州刺史。据《元晖墓志》，他在孝昌三年（527年）被杀，年三十八，上推生于太和十四年（490年），孝文帝卒于太和二十三年，仲冏才十岁。北朝时皇

---

① 《元玕墓志》："祖尚书南平安王，父敦煌镇将。"按《魏书》卷十六，南平安王即拓跋霄，元倪死后赠敦煌镇将，即元玕之父。参见赵万里《集释》三元玕墓志考证所述，引自罗振玉《雪堂金石文字跋尾三》，北京：科学出版社，1956年版，第18页。

子童年出镇是有的，但他是疏族，且据志文在先已官谏议大夫、中书侍郎，志文在他未仕之先，已"乐善显于冠日"，他出仕不会很早，这里所称"孝文"是错误的。缺页中内容除仲囧为附传外，当还附见元霄的其他子孙，如见于《册府》这两条的有文华、安平，见于《墓志》的有元倪图版七三、元玕图版七五父子，或名在缺页中①。在《魏书》等史书中均将其字"仲囧"记作其名，而不言其名为昈，故此志文可补史阙。

《元继墓志》记："王讳继，字仁世，河南洛阳人也，太祖道武皇帝之玄孙，左光禄大夫、仪同三司，南平王之仲子。"亦有《元继妃石婉墓志》出土。《元乂墓志》记载："公讳乂，字伯俊，河南洛阳人也，道武皇帝之玄孙②，太师京兆王之世子。"卒后"追赠使持节、侍中、骠骑大将军、仪同三司、尚书令、冀州刺使"；后又"改封江阳王"。元乂的生卒年《魏书》《北史》均未记载，而志文记叙明确："孝昌二年三月廿日诏遣宿卫禁兵二千人夜围公第。……与第五弟给事中宾同时遇害，春秋卌有一。"志文所载其卒年、得年可补史书之阙。据此，乂死于孝昌二年（526年）三月二十日，得年41岁，逆推生年应为太和十年（486年）。《元爽墓志》记："君讳爽，字景喆，河南洛阳人也，祖明德茂亲，冠冕当世。父居中作相，领袖一时。君禀气蓝田，资灵汉水，兼市为珍，连城起价。……永熙二年二月二十五日终于京师，朝廷嗟悼，追加礼秩，乃赠使持节、都督泾岐秦三州诸军事、秦州刺史、左仆射。……妻顿丘李氏，仪同三司彭城文烈公平之女。息德隆，年十三，娶大将军齐王萧宝寅之女。二女未出。"《李挺墓志》记其原配妻子刘幼妃卒后，"又娶江阳王继第三女，字阿妙，薨于穰城"。据《道武七王列传》载京兆王黎，天赐四年封，神龟元年薨。子根，袭，改封江阳王，加平北将军。薨，无子，显祖以南平王霄第二子继为根后。继，字仁世，袭封江阳王，乂，继长子，字伯俊。乂弟爽，字景喆，永熙二年卒，赠使持节、都督泾岐秦三州诸军事、卫将军、尚书左仆射、秦州刺史，谥曰懿。志传相校，元继与元乂、元爽及李挺继妻元阿妙为父子关系。《元爽墓志》记其妻为李平女、子德隆年十三娶大将军齐王萧宝寅女，以及二女事迹可补史阙。

以史书为据，结合墓志，道武帝拓跋珪支谱系树图如下：

① 《魏书》卷十六《道武七王列传》"校勘记"，北京：中华书局，1974 年版，第 410—412 页。
② 元继与元乂为父子关系。如从继本为南平王霄第二子，继应如墓志上所言为太祖道武皇帝的玄孙，则元乂为四世孙。如为叔祖江阳王根后从江阳王系言，乂应为道武皇帝的曾孙。

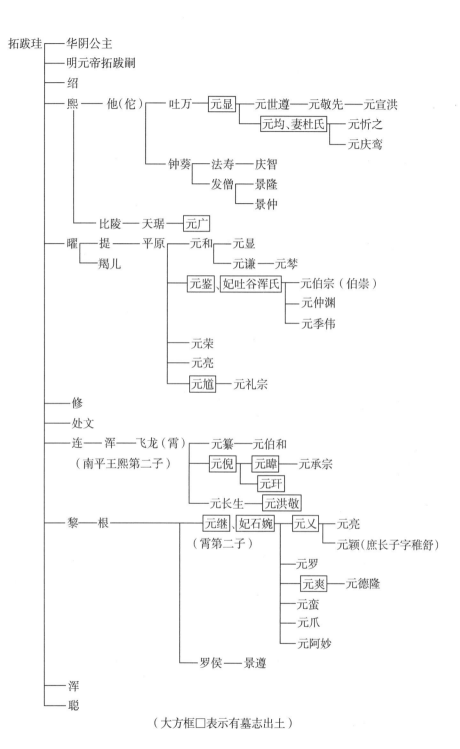

（大方框□表示有墓志出土）

（五）明元帝（拓跋嗣）别宗子孙系补缺

《魏书·太宗明元帝纪》曰："太宗明元皇帝，讳嗣，太祖长子也，母曰刘贵人，登国七年生于云中宫。……帝崩于西宫，时年三十二。……上谥曰明元皇帝，葬于云中金陵，庙称太宗。"①

明元子孙及妃匹已出土墓志20方。

《元良墓志》载，元良父为乐安王范。《元绪墓志》记绪字绍宗，明元帝之曾孙，仪同宣王范之孙，卫大将军简王梁之元子。《元悦墓志》言悦为明元皇帝之玄孙。亦有《元悦妃冯季华墓志》出土。据元绪、元悦两方墓志，知良卒，子洛州刺史，靖王绪袭，正始四年卒。子哀王悦袭，永平四年卒。据《元敷墓志》记敷为明元帝之曾孙，乐安宣王范之孙，乐安简王良之季子。《元仙墓志》叙元仙为明元帝之曾孙，乐安宣王之孙，乐安简王之第四子。《元尚之墓志》记尚之的高祖是乐安王范，太祖皇帝第二弟，谥曰宣王。祖乐安王良，谥曰简王。父仙，简王之季子（应为第四子）。《元腾暨妻程法珠墓志》出土，志记元腾为明元帝之曾孙，乐安王范之孙，乐安简王良之第八子。《元祎墓志》载："公讳祎，字伯礼。曾祖乐安王腾。祖东阳王荣。父慎，周开府仪同三司、新芦楚三州诸军事、三州刺史。"《元华光墓志》载华光为明元皇帝第三子乐安王范之曾孙，城门腾之女，瓜州荣之第二妹②。日本中村不折藏北魏元荣东阳王敬造的《律藏初分》第十四卷的尾题③：

　　大代普泰二年岁次壬子三月乙丑朔二十五日己丑，弟子使持节散骑常侍都督岭西诸军事车骑将军开府仪同三司瓜州刺史东阳王元荣，惟天地妖荒，王路否塞，君臣失礼，于滋多载。

此记元荣的官职与元华光、元祎两方墓志的记载一致，知元荣为元华光的兄长，元祎的祖父。《周书·申徽传》载："先是，东阳王元荣为瓜州刺史，其女婿刘④彦随焉。及荣死，瓜州首望表荣子康为刺史，彦

---

① 《魏书》卷三《太宗明元帝纪》，北京：中华书局，1974年版，第49—64页。
② 罗振玉：《松翁近稿》，"元腾为乐安王范之孙，乐安简王良之子，其名字不见于魏书明元六王传。传但载乐安王范子良，而良尚有子靖王绪，绪子哀王悦，并袭乐安之封，今并有墓志出洛阳，而史氏且并佚之。腾官城门校尉，名位不显，其失书宜矣。腾有子荣，女华光，见金城郡君墓志"。
③ 宿白：《中国石窟寺研究·东阳王与建平公（二稿）》，北京：文物出版社，1996年版，第244—245页。
④ 《周书》注：张森楷云："令狐整传卷三六'刘'作'邓'。"《资治通鉴》卷159亦记为"邓"。据《摩诃衍经》尾题亦称"邓彦"，知元荣女婿为邓彦。

遂杀康而取其位。"① 又，敦煌所出写经中有大统八年邓彦妻《摩诃衍经》第八卷的抄经尾题②：

> 大魏大代大统八年十一月十五日，佛弟子瓜州刺史邓彦妻昌乐公主元敬写摩诃衍经一百卷，上愿皇帝陛下国祚再隆，八方顺轨。又愿弟子现在夫妻男女家眷四大康健，殃灾永灭，将来之世普及含生，同成正觉。

由此亦知元荣有子元康，有女昌乐公主，即邓彦妻。《元夫人陆孟晖墓志》记孟晖之夫元氏为明元帝之玄孙，营幽二州刺史元懿公之元子。《元则墓志》③ 记则为明元皇帝第二子（实为第三子）乐安宣王范之曾孙，乐安简王良之孙，营州刺史懿公之第二子。《元均之墓志》载均之为明元皇帝之玄孙，乐安简王元良之孙，河涧太守昭之中子。《元宥墓志》记宥为"魏太宗元皇帝之玄孙，乐安宣王之曾孙，乐安简王之孙，巴州景公之元子"。《元弼墓志》记弼为明元帝拓跋嗣之玄孙，乐安王范之曾孙，乐安王良之孙，张掖太守、治中侍御史静之子。《元恩墓志》："君悔恩，字子惠，河南洛阳人也，恭宗明元皇帝玄孙之子，高祖孝文皇帝之族弟，征虏将军、夏州刺史，静侯之孙，抚军将军、新兴侯之元子。"以《元弼墓志》"初封新兴县开国侯"证之，元恩为元弼之子。有"魏故镇远将军安州刺史元使君成公墓志铭"即《元贿墓志》出土，志文载墓主人元贿为明元皇帝之曾孙，乐安宣王之孙，乐安简王之子，出继给其从伯父建宁兖王之后，去世后谥号成公。《魏书》中对建宁王的记载，仅有元崇和元丽父子，元丽于高宗时，被封为济南王④，而墓志所记建宁兖王是何人，则已无史料可以考证。故现将元贿仍归为乐安宣王元范之孙，乐安简王元良之第二子。又有"魏故持节督恒州诸军事平北将军恒州刺史元君墓志铭"即《元隐墓志》出土，志文载元隐为明元皇帝之玄孙，乐安宣王元范之曾孙，乐安简王元良之孙，镇远将军安州

---

① 《周书》卷三十二《申徽传》,北京:中华书局,1971 年版,第 556 页;《资治通鉴·梁纪》亦有此事记载。

② 宿白:《中国石窟寺研究·东阳王与建平公(二稿)》,北京:文物出版社,1996 年版,第 246 页。

③ ［清］严可均:《全上古三代秦汉三国六朝文·全后魏文卷 18》记《元则妻郑氏墓志》,北京:中华书局,1958 年版,第 3968 页。

④ 《魏书》卷十七《明元六王列传元崇传》,北京:中华书局,1974 年版,第 415 页。

刺史成公元贿之子。元隐正史无传。

《元寯墓志》记寯为"太宗明元皇帝之曾孙，史持节、侍中、卫大将军、仪同三司，乐安王之孙，史持节、征虏将军、齐洛二州刺史之第四子"。据《元朗墓志》朗为"太武皇帝之母弟乐安宣王范之孙，处士丧生之仲子"。考《魏书·明元六王列传》，仅载乐安王范，长子良（良与梁字通），高宗时，袭王，薨，谥曰简王。明元帝乐安王范支良的后裔史书无载，结合墓志记，知元寯的父亲与元良、元丧生是兄弟，都是乐安王范之子。而乐安简王良有元绪、元贿、元敷、元仙、元腾、元则之父懿公、元均之之父昭、元宥之父景公、元弼之父静共九子，可补史阙。又据《元和姓纂》载明元帝生范，乐安王，良生腾，腾乐安王，吏部尚书，生荣，荣生慎，慎生祎。明元六王除乐安王范一系外，或无子国除，或坐事赐死而国除，墓志所见明元帝后裔多为乐安王范支，亦证实了这一点。诸多墓志可补史之阙。

以史书为据，结合墓志，明元帝拓跋嗣支谱系树图如下：

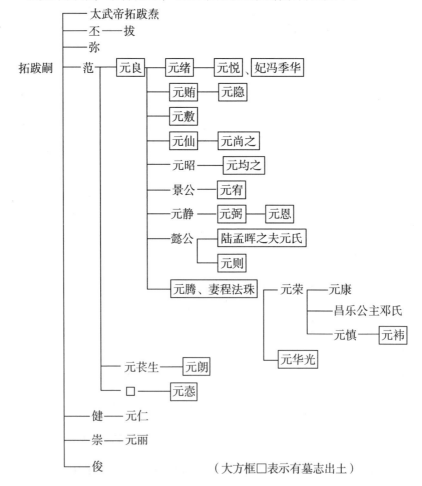

（大方框□表示有墓志出土）

（六）太武（拓跋焘）别宗子孙系补缺

《魏书·世祖太武帝纪》曰："世祖太武皇帝，讳焘，太宗明元皇帝之长子也，母曰杜贵嫔。天赐五年生于东宫……帝崩于永安宫，时年四十五。……上尊谥曰太武皇帝，葬于云中金陵，庙号世祖。"①

太武子孙及妃匹已出土墓志8方。

《元秀墓志》记元秀高祖为世祖太武皇帝。曾祖临淮宣王。祖临淮懿王。父临淮康王。"君讳秀，字士彦，河南洛阳都乡孝悌里人。康王之第二子"。《元彧墓志》首题曰元记彧为"临淮王"，并载其祖懿王，父康王。知元彧、元秀为亲兄弟。据《魏书·太武五王列传》载，临淮王谭，真君三年封燕王，拜侍中，参都曹事。后改封临淮王。薨，谥宣王。子提，袭，寻卒。以预参迁都功，追封长乡县侯。世宗时，赠雍州刺史，谥曰懿。提子昌，字法显，赠齐州刺史，谥曰康王，追封济南。元秀志中所载曾祖临淮宣王指谭，祖临淮懿王为谭子提，父临淮康王为提子昌。《魏书》又载昌子彧，本名亮，字仕明，时侍中穆绍与彧同署，避绍父讳，启求改名。诏曰："仕明风神运吐，常自以比荀文若，可名彧，以取定体相伦之美。"彧求复本封，诏许，复封临淮，寄食相州魏郡。《魏书》载："后元颢入洛，庄帝北巡（郑），先护据州起义兵，不受颢令。颢遣尚书令、临淮王彧率众讨之，先护出城拒战。"② 后彧为群胡所殴薨。出帝赠太师、太尉公、雍州刺史。无子。彧弟孝友，少有时誉，袭爵淮阳王，累迁沧州刺史。孝友在尹积年，以法自守，甚著声称。然性无骨鲠，善事权势，为正直者所讥。齐受禅，爵例降。正史载康王昌两子为元彧和元孝友，不载其位序，由《元秀墓志》知元秀为昌第二子，其人与事可补史阙。《魏书》曰昌弟孚，字秀和，少有令誉，累迁兼尚书右丞。迁左丞。后拜冀州刺史，孚劝课农桑，境内称为慈父，隣州号曰神君。先是，州人张孟都等号曰八王，孚至，皆请入城，愿致死效力。后为葛荣所陷，为荣所执。兄祐为防城都督，兄子子礼为录事参军，荣欲先害子礼，孚请先死以赎子礼，口头流血，荣乃舍之。又大集将士议其死事，孚兄弟各诬己引过，争相为死。又孟都、潘绍等数百人皆口头就法，请活使君。荣曰："此魏之诚臣义士也。"凡同禁五百人，皆得免。荣平，还，除冀州刺史。元颢入洛，授孚东道行台、彭城郡王，孚封颢逆书送朝廷，天子嘉之。颢平，封孚万年乡男。永安末，乐器残缺，

---

① 《魏书》卷四《世祖太武帝纪》，北京：中华书局，1974年版，第69—107页。

② 《魏书》卷四《世祖太武帝纪》，北京：中华书局，1974年版，第1247页。

庄帝命孚监仪注。孚据《周礼》吹律求声，叩钟求音，损除繁杂，讨论实录。依十二月为十二宫，各备辰次，当位悬设，月声既备，随用击奏。时搢绅之士，咸往观听，嗟叹称善。后从出帝入关。《邢晏墓志》记载孚官职及子孙之事，云"息女援止，适河南元子□，镇远将军、员外郎。父孚，使持节侍中，都督二梁二益巴州诸军事，骠骑大将军、开府仪同三司、梁州刺史，万年乡男。子普明，八岁。"虽正史与志文记载孚官职多有不同，但爵位为"万年乡男"一致。由此，知元孚子元子□，是邢晏女援止的丈夫，孙元普明，元孚子嗣事可补史阙；亦知元孚兄元祐，元祐子为元子礼。

《魏书》载广阳王建，真君三年封楚王，后改封广阳王。薨，谥曰简王。子石侯，袭，薨，谥曰哀王。子遗兴，袭，薨，谥曰定王。石侯弟嘉，谥曰懿烈。子渊①，字智远，袭爵，谥曰忠武。子湛，字士深，谥曰文献。元湛志载其祖父元嘉，曾官冀州刺史。父渊，官雍州刺史。而传无。传作"深字智远，湛字士渊。"据志则"湛字士深，父讳渊。"《魏书·太武五王列传》久佚，由《北史》摘录补之。推测唐代李延寿为了避唐讳将渊改为深，后者认为"士深"也是改动过的，又把它改回来，误作"士渊"。元渊有墓志出土，其志曰："祖讳谭，世祖太武皇帝之第三子，楚王。考讳嘉，太保、司徒公，广阳懿烈王。王讳渊，字智远。河南洛阳人。"知元渊祖父为谭，封爵"楚王"。而《北史》记"建"为楚王，将元渊传系于广阳王元建传下。因"谭"与"建"同为太武帝拓跋焘之子。从"谭"与元渊仅隔两代的时序来看，《元渊墓志》记其祖父世序及封爵有误的可能性很小，或是《北史》记载不确。又见《元湛墓志》载湛祖讳嘉，广阳懿烈王。父讳渊，广阳忠武王。公讳湛，字士深，袭爵广阳王。母琅邪王氏，父肃，尚书令，司空宣简公。薨，谥曰文献。可知元渊妻为王肃女。又据安阳《高永乐墓志》载其妻元氏沙弥为"太师、广阳王渊第三女"②。亦有《元湛妃王令媛墓志》出土。拓跋虎及妻尉迟将男墓志出土于合葬墓。《拓跋虎墓志》（按：元魏宗室在西魏末或北周初始复旧姓，因此，拓跋虎由元氏复旧姓所致，待后文详述）载拓跋虎曾祖为广阳懿烈王嘉。祖僧保。父仲显。如此，拓跋虎为元湛从侄。《拓跋虎墓志》载"太和之末，受遗辅政"，指的是元嘉为

孝文帝遗诏辅佐宣武帝的顾命大臣之一。但元嘉子孙，只有元渊一支见诸史传。正史对元渊早年经历记述较为简略，主要篇幅放在正光五年（524年）后元渊参与平讨六镇之乱并最终死于葛荣之手的经历上。尤其收录了元渊在平乱期间两次给胡太后朝廷的上表。对比正史的记载，《元渊墓志》提供了诸多元渊在正光五年之前的仕历官职，恰可补史传之阙。如起家给事中，后为通直郎、黄门郎等信息完全不见于《北史》。拓跋虎的祖父僧保，父仲显，均不见史载，惟有仲显有迹可循。据正史记载，河北大起义，元渊任前后总兵北讨期间，受到朝廷的多方牵制，以至于"事无大小，不敢自决"。元渊在给灵太后的上书中言："（元徽）复令臣兄子仲显异端讼臣，缉缉翩翩，谋相诽谤。言臣恶者，接以恩颜；称臣善者，即被嫌责。"[1] 显然，元渊的兄子仲显，与拓跋虎父仲显为同一人，僧保与元渊为亲兄弟。《拓跋虎墓志》载其年十一封琅邪郡王，邑五百户。除使持节、车骑大将军、仪同三司，增邑一千户。后改封云宁县公，增邑合二千户。云宁县公为拓跋虎最终的爵位，食邑"合二千户"。《拓跋虎妻尉迟将男墓志》记"世子库多汗，袭封云宁县开国公，食邑二千一百户"。《拓跋虎墓志》及其妻《尉迟将男墓志》的出土，得补僧保一支史阙。

《元祜墓志》[2] 记载："公讳祜，字保安，河南洛阳人，世祖太武皇帝之曾孙。"

以史书为据，结合墓志，太武帝拓跋焘支谱系树图如下：

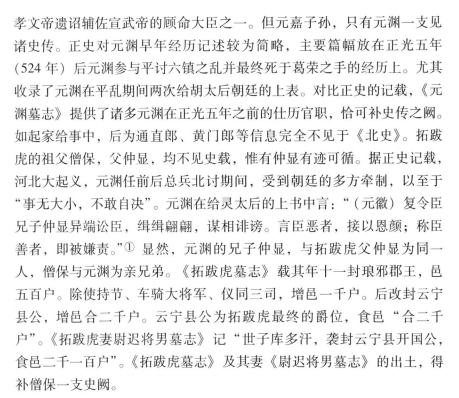

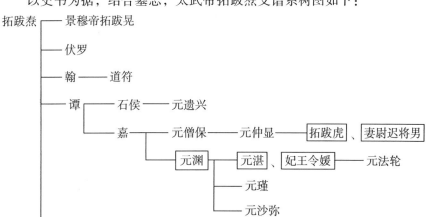

---

① 《北史》卷十六《太武五王列传元渊传》，北京：中华书局，1974年版，第619页。
② 因未见《元祜墓志》全文，不知元祜祖、父名谁，暂不列入支谱系树简图中。

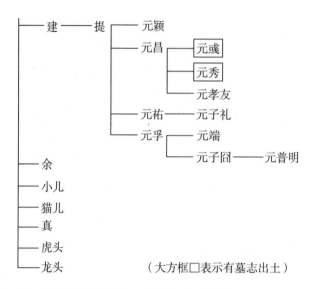

（大方框□表示有墓志出土）

（七）景穆（拓跋晃）别宗子孙系补缺

《魏书·恭宗景穆帝纪》曰："恭宗景穆皇帝讳晃，太武皇帝之长子也，母贺夫人。延和元年春正月丙午，立为皇太子，时年五岁。……正平元年六月戊辰，薨于东宫，时年二十四。……赐谥曰'景穆'，以显昭令德。魂而有灵，其尚嘉之。高宗即位，追尊为景穆皇帝，庙号恭宗。"[1]

景穆皇帝十四男。

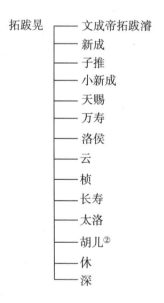

---

① 《魏书》卷四《恭宗景穆帝纪》，北京：中华书局，1974 年版，第 107—109 页。

② 《魏书》卷五《高宗纪》，北京：中华书局，1974 年版，第 121、124 页。

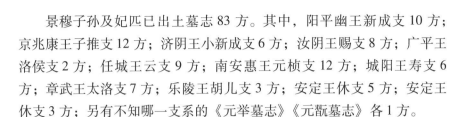

景穆子孙及妃匹已出土墓志 83 方。其中，阳平幽王新成支 10 方；京兆康王子推支 12 方；济阴王小新成支 6 方；汝阴王赐支 8 方；广平王洛侯支 2 方；任城王云支 9 方；南安惠王元桢支 12 方；城阳王寿支 6 方；章武王太洛支 7 方；乐陵王胡儿支 3 方；安定王休支 5 方；安定王休支 3 方；另有不知哪一支系的《元举墓志》《元甂墓志》各 1 方。

1. 阳平幽王新成支

阳平幽王新成支已出土墓志 10 方。

《李氏墓志》称"太妃李氏，顿丘卫国人也，魏故使持节、大将军，阳平幽王之妃，使持节、卫大将军、青定二州刺史，阳平惠王之母"。《元冏墓志》记载"维皇魏永平四年岁次大火二月丁卯朔十八日甲申，故辅国将军、汲郡太守，阳平王元冏，字昙朗，厥年廿七，以去永平二年十二月廿四日，薨于郡庭，即嫔郡之西序。王，景穆皇帝之曾胤，故阳平王之孙，故阳平王第二息。……故追赠持节、征虏将军、□豫州刺史，王如故，谥曰恭王。窆于西陵。"元飏夫妇有墓志出土。《元飏墓志》称飏字遗兴，"世（恭）宗景穆皇帝之孙，侍中、内都大达官、夏州刺史，阳平王之第六子"。《元钦墓志》载钦字思若，恭宗景穆皇帝之孙，阳平哀王之季子。薨，赠侍中、太师、太尉、尚书令、骠骑大将军、定州刺史，谥曰文懿。《元飏墓志》提及"季弟散骑常侍、度支尚书、大宗正卿思若"，知思若就是元钦。《元璨墓志》称璨字孟晖，恭宗景穆皇帝之曾孙，阳平幽王之孙，征北大将军、营梁徐雍定五州刺史，广陵康公衍之元子。薨，赠使持节、左将军、齐州刺史，谥曰文公。《元崇业墓志》记崇业字子建，景穆皇帝之曾孙，大将军阳平幽王之孙，车骑大将军、仪同三司、尚书左仆射、宗师之长子，卒于正光五年三月廿七日，春秋卅八。《元诞业墓志》载诞业字子通，景穆皇帝之曾孙，阳平王之孙，太师钦之元子，卒于建义元年四月十三日，春秋卅一。《元道隆墓志》出土于洛阳市孟津县朝阳村，志载道隆字遗业，恭宗景穆皇帝之曾孙，阳平王之孙，征西大将军、夏州刺史，文烈公振之元子。《元昂墓志》曰："曾祖景穆皇帝，祖夏州刺史、阳平王，考瓜州刺史，西郡公。"

据《魏书·景穆十二王列传》考，阳平王新成为景穆帝的次子，薨后谥曰幽。由此，知李氏为新成的妃子。新成长子安寿，袭爵。高祖赐名颐，"世宗景明元年，薨于青州刺史，谥曰庄王。传国至孙宗胤，肃宗时，坐杀叔父赐死，爵除"[1]。《元冏墓志》记冏为景穆皇帝之曾胤，故阳平王之

① 《魏书》卷十九《景穆十二王列传》，北京：中华书局，1974 年版，第 441—442 页。

孙，故阳平王第二息，"故阳平王第二息"句"平"与"王"之间有空格，显然第一个阳平王指第一世阳平王"新成"，第二个阳平王指承袭者第二世阳平王"元颐"，元颐谥曰庄王，应为"故阳平庄王第二息"。从元冏为元颐第二息来看，元颐至少有二子，次子元冏袭爵，颐孙宗胤亦承袭爵位，如此，宗胤应是元冏之子。元冏姓名事迹不见于史，据志可补史阙。传记颐弟衍，赐爵广陵侯，后卒于雍州刺史，谥康侯，子畅。据志当为康公。衍官征北大将军、营梁徐雍定五州刺史，概为卒后赠官，传中失载。《北史》载"（衍）子畅，字叔畅，从孝武帝入关，拜鸿胪，封博陵王。大统三年东讨，没于阵"。传载衍子畅，而不载璨。据《元璨墓志》知璨为衍之元子，则应是畅之兄，当征拜太中大夫，转辅国将军、太常少卿。卒，赠使持节、左将军、齐州刺史，谥文公。《魏书》："畅弟融，字叔融。貌甚短陋，骁武过人。庄帝谋杀尔朱荣，以融为直阁将军。及尔朱兆入洛，融逃人间。"[1]《北史》载融："后从孝武入关，封魏兴王，位侍郎、殿中尚书。"[2] 又，《北史》载敏："（衍）子敏，嗜酒多费，家为之贫。其婿柱国乙弗贵、大将军大利稽祐家赀皆千万，每营给之。敏随即散尽，而帝不之责。贵、祐后遂绝之。位仪同三司，改封南武县公。"[3] 如此，元衍四子情况甚为明了。衍弟钦。钦字思若。《元钦墓志》载钦为恭宗景穆皇帝之孙，阳平哀王之季子。"阳平哀王之季子"一说有需进一步探讨之处。其一，称新成为阳平哀王，其中"哀"应为"幽"。本传曰新成薨后谥曰幽；又见元璨、元崇业两方墓志均称新成为阳平幽王。可见《元钦墓志》记载有误。其二，元钦为阳平王之季子和《元飏墓志》记飏为阳平王之第六子之说，两者之一有误。阳平王新成支，传中仅记颐、衍，钦，且据《元飏墓志》记钦为飏弟，而飏为阳平王之第六子和钦为阳平王之季子相互矛盾，必有其一记载有误。暂以飏为阳平王之第六子，钦为第七子为正。传载阳平幽王第五子匡过继与广平王洛侯威后[4]。元飏、元振、元昂、元道隆事迹不见于史，据志可知阳平王新成另有三子为元飏、元昂父、元振。元道隆为元振长子。《元钦墓志》中记有"又除尚书左仆射，加车骑大将军、仪同三司，复授宗师"。《元崇业墓志》记崇业为"车骑大将军、仪同三司、尚书左仆射、宗师之长子"。"车骑大将军、仪同三司、尚书左仆射、宗师"应

① 《魏书》卷十九《景穆十二王列传》，北京：中华书局，1974 年版，第 442 页。
② 《北史》卷十七《景穆十二王列传》，北京：中华书局，1974 年版，第 631 页。
③ 《北史》卷十七《景穆十二王列传》，北京：中华书局，1974 年版，第 630—631 页。
④ 《魏书》卷十九《景穆十二王列传》，北京：中华书局，1974 年版，第 452 页。

是元崇业去世时元钦的官职。两者记载相合。又据《元崇业墓志》与《元诞业墓志》，知崇业与诞业分别为元钦的长子与元子。元崇业正光五年，春秋卅八，知生于太和十一年。而诞业卒于建义元年，春秋卅一，知生于太和廿二年。崇业为诞业兄长，但出偏室；诞业为钦的元子，即嫡长子，出正室。传称钦"子子孝，字季业"，以"崇业，字子建"推测，"子孝"乃字行而非名。《北史》记元钦"子子孝，字季业，早有令誉。……后例降为公，复姓拓拔（跋）氏。未几，卒，子赟袭。"[1] 从元道隆父元振与元昂父相同的辈分，且官职均被授予"夏州刺史"，但目前没有确切证据说明二者是否为同一人。另外，据二人谥号，封爵的不同，暂视作新成的二支子嗣。

以史书为据，结合墓志，阳平幽王新成支谱系树图如下：

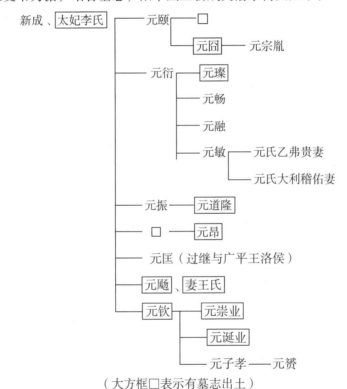

（大方框□表示有墓志出土）

2. 京兆康王子推支

京兆康王子推支子孙及妃匹已出土墓志 12 方。

《元悰墓志》记悰字魏庆。祖雍州康王，拂衣独往，脱屣千乘。父青州穆王，驱车不息，褰帷万里。薨，追赠使持节、侍中、太傅，司徒

① 《北史》卷十七《景穆十二王列传》，北京：中华书局，1974 年版，第 631 页。

公，假黄钺、都督定瀛沧三州诸军事、骠骑大将军、定州刺史，谥曰文靖。考《魏书·景穆十二王列传》，京兆王子推子太兴袭，改封西河，后为沙门，更名僧懿，居嵩山，太和二十二年（498 年）终。子昂，字伯晖，袭，薨。子悰，字魏庆，袭。薨于州，赠假黄钺、太傅，司徒公，谥曰文。知志之雍州康王，即太兴。虽以僧终，而卒赠予谥号与常例同。志言"拂衣独往，脱屣千乘"，指沙门事。昂之事迹，传无记载，据志青州穆王，足补史文之略。传叙悰历官甚略，赖志得知其详；又志称"悰谥曰文靖"，史脱"靖"字。《北史》载昂弟仲景，仲景三子济、钟、奉，仲景妻叔袁纥氏生。仲景弟暹，字叔照。庄帝初，除南兖州刺史，后封汝阳王。孝静时，位侍中、录尚书事。薨，赠太师，录尚书。子冲，袭，无子，国绝。太兴弟遥，字太原，有器望。遥弟恒，字景安，粗涉书史。后于河阴遇害，赠太傅，司徒公，谥曰宣穆公①。《元晖墓志》称晖字子冲，恭宗景穆皇帝之玄孙，仪同京兆康王之曾孙，祖西河王，父汝阳文献王。《元遥墓志》称遥字脩远，恭宗景穆皇帝之孙，京兆康王第二子。亦有《元遥妻梁氏墓志》同出一兆。《元定墓志》记其为景穆皇帝之孙，使持节、侍中、征南大将军、都督五州诸军事、青雍二州刺史，京兆康王之第四子，广平内史、前河涧王元太安讳定。据《元荣宗墓志》记荣宗为景穆皇帝之玄孙。京兆康王之第四子广平内史、前河涧王元定之长子。《元灵曜墓志》称其为拓跋晃之曾孙，京兆王子推之孙，河间（涧）王太安（元定）②之第二子。《元斌墓志》出洛阳，斌为恭宗景穆皇帝之曾孙，仪同三司京兆康王之孙，河涧王之子。即斌为元定之子，灵曜之弟。《元液墓志》记液字灵和。曾祖世宗景穆皇帝。祖使持节、都督中外诸军事、开府仪同三司、中都大官、长安镇都大将、清雍二州刺史，京兆康王，谥曰恭。父坦元士，后除步兵校尉、城门校尉，薨，赠冠军将军、沧州刺史，谥曰宣。灵和出身司徒外兵参军，后除开府属，除征虏将军别将，薨，赠镇东将军、冀州刺史，长平县开国男，谥曰贞。据《元袭墓志》知袭字子绪，景穆皇帝之曾孙，京兆康王之孙，洛州刺史武公之子。《元瑗墓志》称："君讳瑗，字仲瑜，河南洛阳人也，景穆皇帝之曾孙，京兆康王之孙，洛州刺史之子。"志文仅 30 余

---

① 《北史》卷十七《景穆十二王列传》，北京：中华书局，1974 年版，第 633—634 页。

② 《魏书》卷二十《文成五王列传》载："河间王若，字叔儒。年十六，未封而薨，追封河间，谥曰孝。诏京兆康王子太安为后。太安于若为从弟，非相后之义，废之，以齐郡王子琛继。"太安为子推第四子元定。北京：中华书局，1974 年版，第 529 页。

字，瑗历官卒葬年月俱不书。《元晔墓志》载元晔为景穆皇帝之曾孙，京兆康王之孙，昌乐公之长子。元晔《魏书》未载。《魏书·京兆王子推传》中并未记载京兆康王元子推有子昌乐公，有孙元晔，志文亦未提及昌乐公之名，而对元晔的记载可补史阙。

元悰、元晬、元遥、元定、元荣宗、元灵曜、元斌、元袭、元瑗、元晔诸志均称京兆康王即子推，而传不载谥号，惟《元液墓志》记京兆康王谥曰恭[1]。传不载太兴曾官为征南大将军、雍汾二州刺史；汝阳王遄不载其谥文献；子遄子冲，即元晬。吴士鉴考《元晬墓志》云："惟志云：'定州刺史'，与传云南兖州、秦州、凉州异。或其后终于定州，史文脱略。志云'谥文献'，亦足补史之阙。传云'遄薨，子冲袭，无子，国绝。'传以冲为名，又脱子字，此史文之误。"[2] 元遥志传互校多合。惟传称"遥字太原"，志作"修远"，以志为正。以传知康王子有三，曰太兴、曰遥、曰恒。据元定、元荣宗、元灵曜、元斌、元液、元袭、元瑗、元晔诸志，知康王尚有沧州刺史，谥宣而名为坦者，第四子广平内史、前河涧王元定，元袭之父洛州刺史武公，元晔父昌乐公，计子息凡七人，并各有子裔多者，此等可补史阙。

以史书为据，结合墓志，京兆康王子推支谱系树图如下：

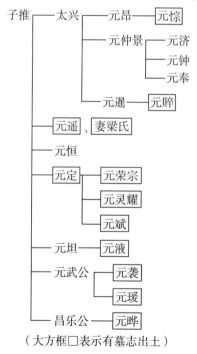

（大方框□表示有墓志出土）

① 推测京兆王子推曾谥"康"，后改"恭"；或元液墓志记载有误。
② ［清］吴士鉴：《九钟精舍金石跋尾乙编》，清宣统二年自刻本。

3. 济阴王小新成支

济阴王小新成支子孙及妃匹已出土墓志6方。

《元郁及妻慕容氏墓志》载元王讳郁，字伏生，祖景穆皇帝，考济阴王。王妃慕容氏，曾祖赵王骥者，是后燕成武皇帝垂之子耳，又是闵惠皇帝宝之兄弟。祖根，父带。慕容氏"龆年九岁，诏太常而礼迎，侍幄于禁帏。皇液沾被，斑品第一，遂爵首三夫，坐连左仪。振锦紫庭，曜迹霄阁。太行晏驾，文明驭世，以王景穆皇帝之孙，济阴王之元子，仁懿冲亮，恭慈朗允，百揆之寄可凭，万基之重勘托，遂以国风赐嫔为妃，庶令贻训内外，镜德天下哉"。由此合葬墓志知元郁为济阴王之元子。墓志于元郁宦绩记载详细，有补史之功。其妻慕容氏为后燕成武帝慕容垂之后，志文对慕容世系叙述详尽，其中，慕容氏父慕容带，不见史志所载，墓志记叙相关事迹，可补史阙。

《元钻远墓志》记钻远字永业，恭宗景穆皇帝之玄孙。祖济阴康王，神情俊拔，道冠今古。父文王，才藻富丽，一代文宗。志中亦记钻远长兄晖业、季弟昭业。考《景穆十二王列传》，济阴王小新成子郁，以黩货赐死。长子弼，刚正有文学，入嵩山布衣蔬食，卒，永安三年追赠尚书令司徒公，谥曰文献。志之康王为郁，文王为弼。弼死曾追谥曰康，则赖志知之。关于元郁的其他子嗣，墓志亦有提及。志文载元郁子"安明年卅五，奄丁穷毒，痛悼崩毁"；又，铭文曰："三子识导，二女禀询。幼丁干毒，长罗母辛。其辛伊何？痛骨切筋。其切伊何？兄弟早眠。天地无识，唯留罪人。棺东独立，辛形一身。岂报父母，孤孤叵叵。"如此，元郁应有三子，二女。长子弼，撰志者为二，幼丁指安明。传载弼之子晖业、昭业，而无永业，即元钻远，此志足补史阙。

《元偃墓志》记载："太和十五年十二月廿七日制诏，使持节、安北将军、贺侯延镇都大将，始平公元偃今加安西将军。太和十九年十二月廿九日乙未朔，癸亥除制诏光爵元偃今除城门校尉。太和廿二年六月辛亥朔七日丁巳除制诏，城门校尉元偃今除太中大夫。案谥法敏以敬谨曰顺侯。"《元瓒墓志》记："君讳瓒，字宝首，河南洛阳人也，恭宗景穆皇帝之曾孙，使持节、征东大将军、都督冀相济三州诸军事、平原镇大将，济阴新成王之孙，使持节、安西将军、西中郎将、夏州刺史，始平顺公之第二子，济阴□王之元弟。"由元偃、元瓒墓志两方墓志知始平顺公（或为始平侯）为元偃，元瓒为元偃第二子。《元阿耶墓志》称阿耶为恭宗景穆皇帝之玄孙。曾祖济阴宣王，字小新成。祖偃，济阴靖王诞之长女。刊刻于西魏大统二年（536年）《赵超宗妻王氏墓志铭》载："少子季弼，平东将军、太中大夫。娶河南元氏，祖丽，侍中、尚书左仆射、仪同三司、雍冀二州刺史，淮阴县开国侯。父显和，散骑常侍、肆州刺史。"考《景穆十二王列传》，济阴王小新成子郁，郁弟偃，字仲璇，位太中大夫卒，与志合。知偃乃济阴王次子。志不及其字，传不载其官谥，赖志传互补知之。偃子诞，字坛首。初，诞伯父郁以贪污赐死，爵除。景明三年，诞诉云，伯郁前朝之封，正以年长袭爵，以罪除爵。爵由谬袭，袭应归正。诏以偃正元妃息坛首，济阴王嫡孙，可听绍封，以纂先绪。诞既袭爵，除齐州刺史。薨，谥曰静王。即元诞袭爵后为济阴静王。传记偃子诞，而阙载第二子瓒。《元瓒墓志》记载了宣武顺皇后两姊妹分别嫁给了宣武皇帝和元瓒之史实，以及官职、卒葬时间、年龄等诸多事迹可补史阙。兄弟俩的字"坛首""宝首"均为佛教用语，知这一时期佛教在中原地区的盛行和统治阶层对其的尊崇态度。传载偃弟丽，历仕宗正卿、右卫将军，迁光禄勋，为使持节、都督秦州刺史，迁冀州刺史，入为尚书左仆射。卒，谥曰威。见北齐天保三年（552年）刊刻《元孝辅墓志》记载，高祖魏景穆皇帝。曾祖新城，济阴王。（祖）丽，尚书左仆射、仪同三司、淮阴县开国侯。父挺，光州刺史。由此可知偃弟丽子挺，挺子孝辅。传载丽有另一子显和，少有节操，历司徒记室参军、徐州安东府长史。刺史元法僧叛，显和与战被擒。法僧犹欲慰喻，显和曰："乃可死作恶鬼，不能坐为叛臣。"及将杀之，神色自若。建义初，赠秦州刺史。传载丽的官职多与志合，唯志有"侍中"一职而传不载。志载显和官职为散骑常侍、肆州刺史，与传载不合，特别是"赠秦州刺史"必是"赠肆州刺史"之误。据志可补正史书。总之，正史中对济阴王小新成支人物的记载甚为简略，这几方墓志的出土，丰富了史料，填补了诸多空白。

以史书为据，结合墓志，济阴王小新成支谱系树图如下：

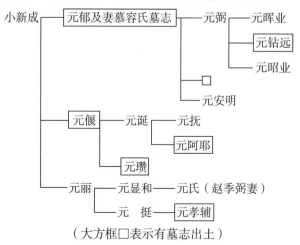

（大方框□表示有墓志出土）

4. 汝阴王赐支

汝阴王赐支子孙及妃匹已出土墓志8方。

《元寿安墓志》记寿安字修义，景穆皇帝之孙，汝阴灵王之第五子。亦有《元寿安妃卢兰墓志》出土。《穆彦妻元洛神墓志》记洛神为司空公冀州刺史元寿安之长女。《元馗墓志》称馗字孝道，景穆皇帝玄孙，而不载祖、父名位。《元范妻郑令妃墓志》称"夫人济北府君元范之妻，范则魏景穆皇帝之曾孙，汝阴王司空公之二子"。"考景穆十二王列传，赐第五子修义，字寿安。即志中的字与名，应以志为是。修义子均，后入西魏，封安昌王。均子四，曰则，字孝规，曰矩，字孝矩，曰雅，字孝方，曰褒，字孝整。以馗字孝道例子，疑为灵王子裔。志称馗为司空杨公的外甥。及太保遇害关右，君亦滥同其祸，华阴遇难"[1]。《魏书·高祖纪》"太和二十年十一月复封前汝阴王天赐孙景和为汝阴王"，当即志中司空公，范为景和第二子。《元固墓志》记其为景穆皇帝之孙，汝阴王之第六子。《元周安墓志》记周安为景穆皇帝之孙，汝阴灵王之第九子。元固、元周安灵王子裔中因原书已佚而失载，据志补阙。

《元始和墓志》称始和字灵光，景穆皇帝之曾孙，故使持节、侍中、征西大将军、仪同三司、领护西域校尉、都督凉州诸军事、凉州刺史，汝阴王赐之孙，冠军将军、骁骑将军逞之元子。据《魏书·景穆十二王列传》记汝阴王天赐，志为赐，许是名与字之别。赐薨，谥曰灵王。赐子逞，逞子庆和，而无始和名。传称逞字万安，卒于济州刺史，谥曰威，而不书官为冠军将军、骁骑将军，据志补阙。

以史书为据，结合墓志，汝阴王赐支谱系树图如下：

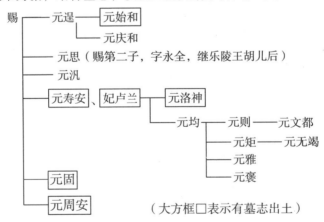

（大方框□表示有墓志出土）

---

① 赵万里：《集释》三元馗墓志考证所述，志之太保即杨椿，司空则椿弟津，北京：科学出版社，1956年版，第17页。

5. 广平王洛侯支

广平王洛侯支子孙及妃匹已出土墓志 2 方。

《元献墓志》，盖存而志佚。盖题"魏故济南王元献铭记"。考《景穆十二王列传》，广平王洛侯，和平二年封。薨，谥曰殇。无子，以阳平幽王第五子匡后之。匡字建扶，性耿介，有气节。高祖器之，谓曰："叔父必能仪形社稷，匡辅朕躬，今可改名为匡，以成克终之美。"世宗即位，累迁给事黄门侍郎。肃宗初，入为御史中尉。孝昌初，卒，谥曰文贞。后追复本爵，改封济南王。第四子献，齐授禅，爵例降①。由元献为元匡第四子，知其前当有三子。《北史》记元献薨后，其子祖育袭济南王，坠马薨，子勒叉袭。齐受禅，爵例降②。据《元买得墓志》记载："夫人讳买得……祖匡，魏东阳王。茂实英声，道高前代。父叉，济南王，分珪命爵，作范一时。夫人……年十有四，归于那卢氏……寻以夫爵，封兴世郡君……而第二子和，有名于世。……母子忠孝，天下荣之。是用式加宠命，封义安郡太夫人。"由此，知元买得为元勒叉女。志文有误，将曾祖匡误作祖。

以史书为据，结合墓志，广平王洛侯支谱系树图如下：

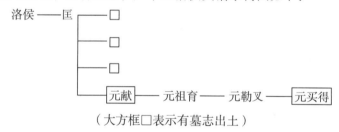

（大方框□表示有墓志出土）

6. 任城王云支

任城王云支子孙及妃匹已出土墓志 9 方。

《元澄墓志》存残字。有"任城康王之嗣子"。《元澄妃李氏墓志》记"惟魏景明二年九月三日雍州刺史任城王妃李氏薨于长安"。另，《元澄妃冯令华墓志》称"太妃太师昌黎武王第五女，姑文明皇太后，二姊并如主坤宫"与《乐安哀王元悦妃冯季华墓志》所谓"第七姊任城王妃"相吻合。妃以正始二年（505 年）年十九来嫔。据《景穆十二王列传》记，任城王云，谥曰康。云长子澄，字道镇，卒于神龟二年，年五十三，谥曰文宣王。推之澄与冯令华结缡时 39 岁。传载澄第四子彝为继室冯氏所生。

---

① 《魏书》卷十九《景穆十二王列传》，北京：中华书局，1974 年版，第 452—457 页。

② 《北史》卷十七《景穆十二王列传》，北京：中华书局，1974 年版，第 648 页。

《元彝墓志》言"太妃长乐冯氏"。据《元顺墓志》记顺字子和，恭宗景穆皇帝之曾孙，任城康王之孙，任城文宣王之子。元彝志文称彝字子伦，恭宗景穆皇帝之曾孙，任城康王之孙，任城文宣王之世子。传记载澄卒后第四子彝袭，彝兄顺，字子和。由此可知元顺为元彝之兄，均为元澄之子。《元嵩墓志》记"君姓元讳嵩，字道岳，恭宗景穆皇帝之孙，任城康王之第二子"。《元叡墓志》记，墓主讳叡，字世哲，河南洛阳人。祖任城司徒康王，即魏景穆皇帝之曾孙。考领军将军，茂实鸿名，亦等威于夏日。君降神成宝，禀闰称珍，器宇渊凝，风量标远，少流芳誉，早离童心。解褐为齐州安东府功曹参军；仍转符玺郎中，俄迁直寝；又除光州平东府司马；又拜镇远将军、太原太守；寻迁平东将军，广宗太守；为吏部郎中；俄兼司空长史；君兼通直散骑常侍，往宣告旨。传记载澄弟嵩，字道岳。后为苍头李太伯等同谋害嵩，并妻穆氏及子世贤。此与志中记载其为恭宗景穆皇帝之孙，任城康王之第二子信息相吻合。传又载嵩第二子世俊，世俊子景远。世贤弟世哲，武定中，吏部郎。元叡墓志中记载其字与官职均与志传同，故知嵩有三子世贤、世俊、世哲，且均以字行。《元瞻墓志》称"公讳瞻，字道周，恭宗景穆皇帝之孙，任城康王之第三子，任城文宣王之弟"。《邢峦妻元纯陁墓志》记"夫人讳纯陁，法字智首，恭宗景穆皇帝之孙，任城康王之第五女"。《邢峦墓志》曰："后夫人河南元氏，父岱云，使持节、都督中外诸军事、开府征东大将军、冀雍徐三州刺史，任城康王。"《景穆十二王列传》记任城王云，而此志记元纯陁父岱云；官职冀雍徐三州刺史与史书记载一致。

以史书为据，结合墓志，任城王云支谱系树图如下：

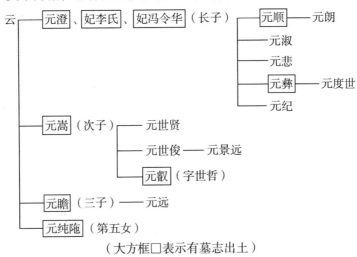

（大方框□表示有墓志出土）

7. 南安惠王元桢支

南安惠王元桢支子孙及妃匹已出土墓志 12 方。

据《元桢墓志》载桢为使持节、镇北大将军、相州刺史，南安王桢，恭宗之第十一子，薨，谥曰惠王。《元英墓志》出土洛阳，仅存后半铭辞，事实全佚。据《魏书·景穆十二王列传》考，南安王桢有五子，子英，字虎儿，永平三年薨，赠司徒公，谥曰献武王。英初官平北将军镇武川，继迁西戎校尉仇池镇都大将。孝文讨汉阳，起为左卫将军，加前将军镇荆州。太和景明间，南师竞进，陈显达逼荆楚，陈伯之攻淮南，俱预征战。正始初破马仙琕，降蔡灵恩，颇树勋功。故志云"粤自初服，折瑞名蕃，西穹陇外，北尽沙原"，"飞旌汉域，扬旆楚亭，战胜攻取，伪司云倾"，与传载镇仇池及后南人鏖兵事正合。则此志自非中山王英莫属①。《元熙墓志》载熙字真兴，恭宗景穆皇帝之曾孙，南安惠王之孙，司徒献武王之世子。薨，赠使持节、大将军、太尉公、都督冀定相瀛幽五州诸军事、冀州刺史，谥曰文庄王。元熙的生享年《魏书》《北史》中均未记载，而志文中记其卒于为正光元年（520 年）八月二十四日。《元晫墓志》记晫字景献，景穆皇帝之玄孙，南安惠王之曾孙。祖司徒，以庸勋翼世。显考太尉，以忠槃成名。又载"年十八，随父太尉镇邺。俄而权臣擅命，离隔二宫，旦奭手害。仁人将远。太尉责重优深，任当龟玉，与欲扶危定倾，清荡云雾。君忠图令德，潜相端举，有志不遂，奄见屠覆。父忠于国，子孝于家"。薨，追赠使持节、中军将军、都督青州诸军事、青州刺史。《元义华墓志》载义华为景穆皇帝之玄孙，仪同南安惠王之曾孙，司徒献王之孙，太尉公中山庄王第四女。知元义华为太尉公文庄王元熙之第四女。传记英有五子，攸，字玄兴，攸弟熙，字真兴，谥曰文庄王。长子景献，次仲献，次叔献，并与熙同被害。这一点在元熙志文中亦有体现，志称"熙八月廿四日与季弟纂、世子景献、第二子员外散骑侍郎仲献、第三子叔献同时被害。惟第四子叔仁年小得免"。《元晫墓志》中提到的司徒公为元英，太尉公为元熙，因此元晫为元熙之长子，即景献，传失其名只记其字。元义华史书无载，4 岁卒，少小身亡，可补史阙。《元诱墓志》载诱字惠兴，薨后，追赠使持节、车骑大将军、仪同三司、都督秦雍二州诸军事、雍州刺史，都昌县侯，谥曰恭。亦有元诱二妻冯氏、薛氏（伯徽）墓志同时出土。传载熙弟诱，字惠兴，卒后，追赠车骑大将军、雍州刺史；后赠仪同三司，

---

① 赵万里：《集释》三元英墓志考证所述，北京：科学出版社，1956 年版，第 16—17 页。

追封都昌县开国伯，食邑八百户，谥曰恭。与志记载相合。赵万里云：
"志书赠官与传合。惟志称：'授公持节左将军'，传讹作右；'追封都昌
县侯'，传作开国伯；诱谥恭惠，传又脱惠字。"[①]《元略墓志》称略字俊
兴，景穆皇帝之曾孙，南安惠王之孙，司徒公中山献武王之第四子。薨，
谥曰文贞。传载诱弟略，字俊兴，薨，谥曰文贞。元略在《魏书》中有
传，传载"除侍中，义阳王，食邑一千户，寻改封东平王。"元略志称
"封东平王，食邑二千户"。传载元略"迁大将军尚书令"，墓志中称
"迁骠骑大将军、仪同三司"。元略妃卢真心，其父卢尚之，见《魏书·
卢玄传》，官职传中为前将军，墓志作左将军。以上几点，均应以墓志为
正。《元纂墓志》载纂字绍兴，恭宗景穆皇帝之曾孙，南安惠王之孙，
司徒公中山献武王之第六子。薨，赠持节督、恒州诸军事、安北将军、
恒州刺史，谥曰景公。志首题中有"安平县元公"，与传记"略弟纂，
字绍兴，薨，追封北平县公，赠安北将军、恒州刺史。改封高唐县开国
侯，食邑八百户"大致内容相合。惟传"追封北平县公"，而志为"安
平县公"，应以志为正。传中记有改封，应是葬后之事，墓志不记。又因
元纂为"司徒公中山献武王之第六子"，知传中称元英有五子之说有误。
《元廞墓志》记廞字义兴，恭宗景穆皇帝之曾孙，南安惠王之孙，司徒公
中山献武王之第四子。与传中"熙异母弟义兴"同。元略、元廞墓志同
记为"司徒公中山献武王之第四子"，其中必是一志记载有误。元英子
元熙、元诱、元略、元纂、元廞诸志中，惟有元诱志记卒日为正光元年
（520年）九月三日，年37，推测生年为太和八年（484年）；元廞记卒
日为建义元年（528年）四月十三日，年43，推测其生年为太和十年
（486年）。因元略、元纂志传中均未记生卒年，因而，难以辨明元略与
元廞之长幼。

《元肃墓志》首题"魏故使持节侍中司徒公鲁郡王墓铭"，志文载
肃字敬忠，祖南安王。薨，诏赠侍中、骠骑大将军，司徒公，都督并
恒二州诸军事、并州刺史。以《魏书·景穆十二王列传》考，南安王
桢子，英弟怡，卒，赠扶风王。长子肃，永熙二年薨，赠使持节、侍
中、都督并恒二州诸军事、本将军，司徒公，并州刺史，诸多内容与
志文合。

以史书为据，结合墓志，南安惠王元桢支谱系树图如下：

① 赵万里：《集释》四元诱墓志考证所述，北京：科学出版社，1956年版，第29页。

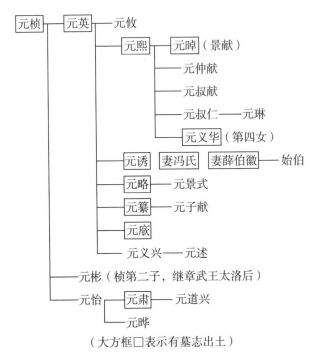

（大方框□表示有墓志出土）

8. 城阳王寿支

城阳王寿支子孙及妃匹已出土墓志6方。

《麴氏墓志》首题"城阳康王元寿妃之墓志"。

《元鸾墓志》称鸾字宣明，魏故使持节、城阳怀王，景穆皇帝之孙，城阳康王长寿之次子。年38，以正始二年三月廿五日薨于官。赠镇北、冀州，谥曰怀王。

《元显魏墓志》称显魏字光都，景穆皇帝曾孙，城阳怀王之子。以正光六年二月七日终于宣化里。赠假节辅国将军、东豫州刺史。皇考讳鸾，字宣明，镇北将军、冀州刺史，城阳怀王；太妃河南乙氏，父延，故东宫中庶子；夫人长乐冯氏，父熙，薨，谥曰武。息崇智，字道宗，年24，左将军府中兵参军；妻河东薛氏，父和，故南青州刺史。息崇朗，年18。息崇礼，年13。息女孟容，年21；适长乐冯孝纂，父聿，故给事黄门侍郎，信都伯。息女仲容，年20；适南阳员彦，父标，故兖岐泾三州刺史，新安子，谥曰世。女叔容，年16。女季容，年11。

《元恭墓志》记恭字显恭，景穆皇帝之曾孙，城阳怀王之第二子。赏兖州平阳县开国子，食邑三百户。属值羯胡吐万儿肆逆，径袭京都，主上蒙尘，暴崩汾音。赠车骑大将军、仪同三司、都督并州诸军事、并州刺史，余官如故。母范阳卢氏。妇茹茹主之曾孙，景穆皇帝女乐平公主孙，父安固伯间世颖。长息前通直散骑侍郎、宁朔将军、领尚书考功郎中彦昭。次息前秘书郎中彦遵。次息前给事中彦贤。

《元徽墓志》称徽字显顺，祖康王，父怀王。"太妃河南乙氏，广川公之孙女。妃陇西李氏，司空文穆公之孙女。弟旭，显和，征东将军，徐州刺史襄城王。弟虔，显敬，通直散骑常侍、安东将军、银青光录大夫，广□县开国伯。妹适荥阳郑氏。世子须陀延，年十岁。息女长华，年十二岁"。

《元显俊墓志》称君讳显俊。景穆皇帝之曾孙，城阳怀王之季子。

据《魏书·景穆十二王列传》考，城阳王长寿，皇兴二年封。延兴五年薨，谥曰康王。志为寿，殆志举其名。次子鸾袭爵。正始二年薨，时年三十八。赠镇北将军冀州刺史，谥怀王。传记载与志一致。鸾子徽字显顺，袭爵。徽薨后子延袭爵。徽兄显魏，给事中、司徒掾，卒，赠辅国将军、东豫州刺史。徽次兄显恭，字怀忠。扬州别驾，以军功封平阳县开国子，邑三百户。尔朱兆入洛后，死于晋阳。出帝初，赠卫大将军、并州刺史。重赠车骑大将军、仪同三司。子彦昭，袭爵。显恭弟旭，字显和。庄帝时，封襄城郡王，邑一千户。武定末，位至大司马。齐受禅，爵例降。罗振玉在考证《元徽墓志》云："传志互校，事实均合……传称'子延袭爵'，志作子须陀延。志载徽两弟，曰旭显和襄城王，曰虔显敬广都县伯。传载旭而遗虔。又洛中近出处士元显俊墓志，称显俊亦城阳怀王子，以年十五而夭，未授官，故曰处士。此亦徽之弟，而传失书者也。"[①]《元显魏墓志》载显魏事迹更详，尤其是父母、子嗣情况记载详实，可补史阙。《元恭墓志》载其名恭，字显恭，与传不同，应以志为正。传只记载长子彦昭，而志详载三子及官职，亦补史。

志传结合考其次第。据墓志记载之生卒年，元显魏卒于正光六年（525年）二月七日，年42，推太和七年（484年）出生。元徽卒于永安三年（530年）十二月五日，年41，推太和十四年（490年）出生；元显俊卒于延昌二年（513年）正月十四日，年15，推太和二十三年（499年）出生。可见长为显魏，次为恭，三为徽。志云显俊为"怀王之季子"有误，则显俊当为徽之弟。太妃河南乙氏生元显魏、元徽、元伯、元虔。范阳卢氏生元恭。

以史书为据，结合墓志，城阳王寿支谱系树图如下：

① 罗振玉：《雪堂金石文字跋尾二》，1920年永丰乡人稿刻本。

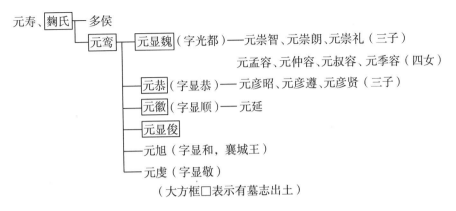

（大方框□表示有墓志出土）

9. 章武王太洛支

章武王太洛支子孙及妃匹已出土墓志 7 方。

《元彬墓志》记彬为恭宗景穆皇帝之孙，镇北大将军、相州刺史，南安王之第二子，叔考章武王纥，世出纂其后。据《魏书·景穆十二王列传》考，章武王太洛，皇兴二年薨，追赠征北大将军，章武郡王，谥曰敬。无子。高祖初，以南安惠王第二子彬为后。元彬为南安惠王元桢第二子，继章武王太洛后。《元融墓志》记融字永兴，恭宗景穆皇帝之曾孙，南安惠王之孙，章武王之元子。磁县曾出土芦贵兰、陆顺华墓志，已考证卢贵兰为元融妃①，志称"长子章武王字景哲，第二子字叔哲，第三子字季哲"，皆取其字而不名。《魏书》称："后废帝，讳朗，字仲哲，章武王融第三子也，母曰程氏。"传不载叔哲、季哲，志不载仲哲，志所书三子应为卢氏所生。又考陆顺华为元凝妃②。《元湛墓志》记湛为南安惠王之孙，章武烈王之第四子。亦有《元湛妻薛慧命墓志》出土。《元举墓志》记举字景升，曾祖南安惠王桢字乙各伏，祖章武烈王彬字豹仁，父峥字安兴，为宁远将军、青州刺史。考《魏书·景穆十二王列传》，南安惠王失书其字乙各伏，章武烈王彬原失书其谥烈，称彬字豹儿，而志作豹仁。传称彬有五子，长子融字永兴，融弟凝字定兴，凝弟湛字镇兴（志作珍兴），湛弟晏字俊兴，而不及峥。元举父峥字安兴，正得五子。由志载元湛为章武王之第四子，且史记晏为湛弟来推测，峥排序第三。元举其人于史无征，其小弟景文为举作铭，景文之名亦不见于史，赖志可补阙。

以史书为据，结合墓志，章武王太洛支谱系树图如下：

---

① 罗振玉：《雪堂金石文字跋尾三》，1920 年永丰乡人稿刻本。

② ［清］吴士鉴：《九钟精舍金石跋尾乙编》，清宣统二年自刻本。

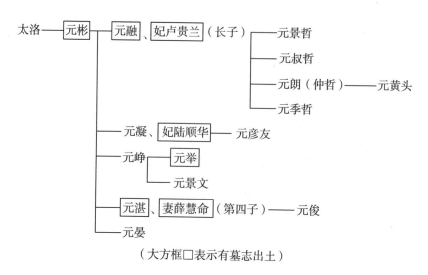

（大方框□表示有墓志出土）

10. 乐陵王胡儿支

乐陵王胡儿支子孙及妃匹已出土墓志3方。

《元思墓志》记思字永全，恭宗景穆皇帝之孙，侍中、征北大将军，乐陵王之子。《元彦墓志》文载彦字景略，恭宗景穆皇帝之曾孙，侍中乐陵之孙，镇北将军，乐陵密王之世子。《元茂墓志》称茂字兴略，乐陵密王第三子。

考《魏书·景穆十二王列传》，乐陵王胡儿，和平四年（463年）薨，追封乐陵王，赠征北大将军，谥曰康。无子，显祖诏汝阴王天赐之第二子永全后之。袭封后，改名思誉，薨，谥曰密王。史书记载其名为"思誉"与志文不符，当以志文为准，传中"誉"可能为衍文。元思的生年史书无载，但从志文"忽以正始三年岁次丙戌五月乙丑六日庚午遇疹，十二日丙子，春秋三十，薨于正寝"记载推测其生年当在北魏孝文帝承明元年（476年）。《魏书》记载元思薨于正始四年（507年），恐为误记，应以墓志是。元思子景略字世彦，世宗时袭，除幽州刺史，薨，赠本将军豫州刺史，谥曰惠王。志中的侍中乐陵为胡儿，传不载其官侍中，志不载其谥康。密王即元思，官谥均与志合。元彦字景略，与传作景略字世彦不合。传之幽州刺史，志作幽州刺史，《北史》亦伪幽为幽，当据志为正。传记载乐陵密王元思有四子，景略、庆略、洪略、子业，而无兴略，即元茂，据《元茂墓志》称茂字兴略，乐陵密王第三子，又记"弟洪略悲荼蓼之频降，痛同怀之去就，以名镌石，方与地富"，知兴略为洪略之兄，元茂事可补史阙。

以史书为据，结合墓志，乐陵王胡儿支谱系树图如下：

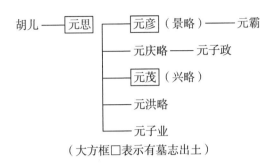

（大方框□表示有墓志出土）

11. 安定王休支

安定王休支子孙及妃匹已出土墓志5方。

《王氏墓志》首题"魏黄钺大将军太傅大司马安定靖王第二子给事君夫人王氏之墓志"。《元琔墓志》称琔字珍平，景穆皇帝之孙，侍中、太傅、大司马、黄钺大将军、安定靖王第五子。与琔志同时出土另一墓志，首题"魏羽林监轻车将军太尉府中兵参军元琔字珍平妻穆夫人墓志铭"，志载"夫人讳玉容"，知为《元琔妻穆玉容墓志》。考《魏书·景穆十二王列传》，安定王休，谥曰靖王，长子安，次子燮，燮弟愿平，世宗初，迁给事中，愿平弟永平，永平弟珍平，司州治中。可见王夫人为元愿平妻，且据此志知元愿为安定王休第二子，燮为愿平弟。元琔传记甚略，据元琔、穆玉容志文可补史书之佚。

以史书为据，结合墓志，安定王休支谱系树图如下：

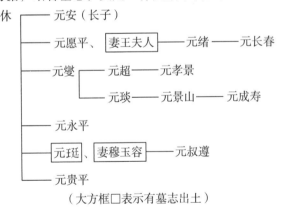

（大方框□表示有墓志出土）

北魏《元甑墓志》，此志未曾著录。元甑在史书中只偶有提及，而不见详载。《中国文物报》，2005年10月19日第7版第一次刊发。据志载，元甑，字法兴，河南洛阳人，恭宗景穆皇帝之曾孙，卒于建义元年四月，葬于其年十一月。已出土并著录过的志主死于建义元年（528年）四月者颇多，大多明确记载了"河阴之难"的事实，元甑墓志也不例外。这段史实在历史文献上均有详细的记载，其志文也证明了史实所说的常山王元毗为殉难者之一。元毗志文可补史阙。

北魏《元举墓志》，首题"魏故宁朔将军梁国镇将元君墓志铭"；志文记载君讳举，字长融，河南洛阳人，景穆皇帝之玄孙。孝昌三年十一月廿九日终于宣政里舍，春秋十九，诏赠宁朔将军梁国镇将，以武泰元年三月十六日窆。志文透露出的信息元举为景穆皇帝之玄孙，未言其身属哪一支系。

（八）文成（拓跋濬）别宗子孙系补缺

《魏书·高宗文成帝纪》曰："高宗文成皇帝，讳濬，恭宗景穆皇帝之长子也。母曰闾氏，真君元年生于东宫。……帝崩于太华殿，时年二十六。六月丙寅，上尊谥曰文成皇帝，庙号高宗。"①

文成子孙及妃匹已出土墓志15方。

首题为"魏使持节骠骑将军冀州刺史尚书左仆射安乐王墓志铭"。志文云："王讳诠，字然贤，高宗文成皇帝之孙，大司马、公安乐王之子。"元诠于永平五年三月廿八日戊午遘疾薨于第，谥曰武康。粤八月廿六日甲申窆于河阴县西邙山。据《魏书·文成五王列传》，安乐王长乐，拜太尉，出为定州刺史，谋为不轨，赐死，谥曰厉。子诠，字搜贤，袭。薨，谥曰武康，子鉴，字长文，袭。庄帝初，许复本族，又特复鉴王爵，赠司空。鉴弟斌之，字子爽。孝武帝时，封颍川郡王，委以腹心之任。帝入关，斌之奔梁。大统二年，还长安，位尚书令。薨，赠太尉，谥武襄。

传不言长乐为大司马，当为史书阙略。传作"子诠，字搜贤"，应以墓志为正。诠薨，谥曰武康。又据《魏书·世宗宣武帝纪》载延昌元年三月己未，安乐王诠薨。四月乙酉，大赦，改年②。因是永平五年四月改为延昌元年，因此志与传记载并无矛盾，只是廿八日戊午而非正史所记己未，诠薨时间应以志为是，知此为《元诠墓志》。

《李宪墓志》记其第四女季嫔，适司空公、安乐王（下残）铨，尚书左仆射，武康王。正史记载复鉴王爵，就是指元鉴恢复安乐王，赠司空即为司空公，由此知李宪第四女李季嫔嫁与元鉴。《李祖牧墓志》与其妻《宋灵媛墓志》均载其长女魏颍川王元斌之世子世铎。李祖牧子《李君颍墓志》亦载其姊适魏颍川王元斌之世子世铎。元斌之世子元世铎正式无

---

① 《魏书》卷五《高宗文成帝纪》，北京：中华书局，1974年版，第111—123页。

② 《魏书》卷八《世宗宣武帝纪》，北京：中华书局，1974年版，第211—212页。

载，据此可补史阙。

《元焕墓志》盖题"魏故宁朔将军谏议大夫龙骧将军荆州刺史广川孝王墓志铭"，志文记载王讳焕，字子昭，河南洛阳人。献文帝之曾孙，本祖赵郡灵王之次孙，使持节、散骑常侍、都督相州诸军事、中军将军、相州刺史之第二子，谥曰孝。志文末又载"继曾祖贺略汗，侍中、征北大将军、中都大官，又加车骑大将军，广川庄王。祖谐，散骑常侍、武卫将军、东中郎将，广川刚王。父灵遵，冠军将军、青州刺史，广川哀王"。考《魏书·献文六王列传》，赵郡灵王干后裔中官为散骑常侍、中军将军、相州刺史一职位者是谐兄谌。由墓志及传得知，元焕本是献文帝子赵郡灵王干之次孙，谌之第二子。后继与文成皇帝后裔。据《魏书·文成五王列传》记载，广川王略，太和四年薨，谥曰庄。子谐，字仲和，袭，十九年薨。诏赠谐为武卫将军，谥曰刚。子灵道袭，卒，谥悼王。墓志中广川庄王为贺略汗，盖为鲜卑本名，而传为略，为革新汉名后之省改。传中记谐之子灵道谥悼王，而志文记谐之子灵遵，谥哀王。或是志文中的灵遵与传中的灵道为同一人，传的记载有误，应以墓志为正；或是传的记载无误，两者为兄弟关系，兄灵道先袭爵位，薨后，弟灵遵又袭爵，如此谥悼王与谥哀王并不矛盾。

《元简墓志》称"太保齐郡王姓元讳简，字叔亮""高宗之叔子，皇帝之第五叔""谥曰顺王"。亦有《元简妃常氏墓志》与之同出一兆，出土时俱遭破损，简志铭文残后半部，而妃常氏则仅存一盖。《元演墓志》记演字智兴，道武皇帝之胤，文成皇帝之孙，太保、冀州刺史，齐郡谥顺王之长子。《元祐墓志》记"王姓元讳祐字伯援，河南洛阳都乡照乐里人也。高宗文成皇帝之孙，太保、齐郡顺王之世子"。亦有《元祐妃常季繁墓志》出土。据《魏书·文成五王列传》载，齐郡王简，字叔亮，谥曰灵王。世宗时，改谥曰顺。简卒，子祐袭爵。殆演为庶子而祐为嫡子。则知演为简之长子，祐为世子。祐传作"字伯授"，墓志作"字伯援"应以墓志为正。传载元祐卒于神龟二年二月乙丑，墓志言神龟二年正月六日丙戌寝疾薨于第，应据墓志改正。墓志详细记载了元祐的历任官爵和死后赠官，史书均无记载，可补正史。元子永、元礼之两者于史无征，有出土墓志补史。《元子永墓志》称，祖太保齐郡顺王简，父凤离故疾，事绝缨冕。叔父河间王，地属维城，养君为子。《元礼之墓志》亦称叔父为河间王。考《魏书·文成五王列传》，河间王若，字叔儒。年十六，未封而薨，追封河间，谥曰孝。诏京兆康王子太安为后。太安与若为从弟，非相后之议，废之，以齐郡顺王子琛继。可见元子永、元礼之为兄弟。

《元延明墓志》记公讳延明，字延明，高宗文成皇帝之孙，显祖献文皇帝季弟安丰王之长子。亦有《元延明妃冯氏墓志》出土。《王诵妻元贵妃墓志》记，贵妃祖为高宗文成皇帝，父为侍中太尉安丰王。又有《元子邃墓志》载君讳子邃，字德修，安丰匡王猛之孙，文宣王延明之子。可知元子邃为安丰匡王元猛之孙，文宣王元延明之子。《北史·文成五王列传》记延明孙长儒孝静时袭其爵位。元子邃卒于北齐天保六年，孝静时尚健在，袭爵者为长儒而非长辈子邃，推测长儒为延明嫡孙。《元子邃墓志》志文中却记其袭爵一事，元子邃"从文宣王讨徐州，擒殄贼师王思运，赐爵开封男。寻除直阁将军。又自安东将军佐迁东徐州刺史……又除镇西将军银青光禄大夫，进号抚军将军，改封博陵郡开国公，追禄旧勋，以袭父爵，利建有归，时望斯允"，北齐天保元年随例降爵，又改封上洛县开国男。从袭爵一事知元子邃袭父爵应为王，而实际情况是墓主元子邃爵位由公降为男，属于正常随例降爵，好似袭父爵为虚设而非有实际效力。元子邃正史无传，官为东徐州刺史仅见于《周书·申徽传》[①]。《元子邃妻李艳华墓志》同时出土；元子邃及妻李艳华墓志文可补史阙。

《元孟瑜墓志》载其曾祖太尉安丰王猛，即高文成皇帝之季息。祖延明，袭王爵，大将军、国子祭酒。父子玄，征北将军、相州刺史。关于安丰王猛在文成五王的排序，正史不甚明确，据《魏书》记载，文成五王分别为安乐王长乐、广川王略、齐君王简、河间王若、安丰王猛。长乐为皇兴四年（470 年）封王；略为延兴二年（472 年）封王；简与猛均为太和五年（481 年）封王；若，年十六，未封而薨，追封河间。由元延明与元孟瑜两方墓志，以及五王的分封时间来看，知安丰王猛为文成皇帝的第三子。《元孟瑜墓志》尾记："皇舅讳伯猷，骠骑大将军、护军将军、太常卿、中书监、南青兖二州刺史，阳武子。皇姑馨阳公主，即夫人之也。息孝祖年二。"志中称皇舅伯猷即郑伯猷，其所记官职与正史同，且《魏书》记郑伯猷妻为元延明女，或与志中所称姑母馨阳公主为同一人[②]。由《元孟瑜墓志》也了解到其

---

① 《周书》卷三十二《申徽传》，北京：中华书局，1971 年版，第 555—557 页。文曰："元颢入洛，以元邃为东徐州刺史，邃引徽为主簿。颢败，邃被槛车送洛阳，故吏宾客并委去，惟徽送之。及邃得免，乃广集宾友，叹徽有古人风。"史称其名为单字邃，而志文称子邃，殆史脱子字。

② 《魏书》卷五十六《郑义传附郑伯猷传》，北京：中华书局，1974 年版，第 1244—1245 页。

母为郑伯猷姊妹，郑氏之女嫁与元氏，元氏之女又嫁与郑氏，可谓亲上加亲。元子玄及妻郑氏，元子玄姊妹馨阳公主，元孟瑜及夫郑践，正史均无载，据志可补史阙。

以史书为据，结合墓志，文成帝拓跋濬支谱系树图如下：

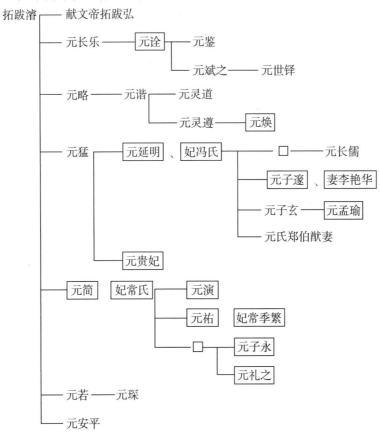

（大方框□表示有墓志出土）

（九）献文（拓跋弘）别宗子孙系补缺

《魏书·显祖献文帝纪》曰："显祖献文皇帝，讳弘，高宗文成皇帝之长子也，母曰李贵人。兴光元年秋七月，生于阴山之北。……承明元年，年二十三，崩于永安殿，上尊谥曰献文皇帝，庙号显祖。"①

献文子孙及妃匹已出土墓志24方。

1946年2月，《文昭皇后高照容墓志》在洛阳被盗掘出土。高照容为显祖献文帝子孝文帝昭皇后②。

① 《魏书》卷五《高宗文成帝纪》，北京：中华书局，1974年版，第125—132页。
② 郭建邦：《洛阳北魏长陵遗址调查》，《考古》1966年第3期，第156页，有图。

《元仲英墓志》记："公主讳仲英，显祖献文皇帝之孙，太尉咸阳王之女。"

考《魏书·献文六王列传》，咸阳王禧，知元仲英为禧之女。史载禧有子八人。长子通字昙和，通弟翼字仲和，翼弟显和、昌、树、晔、坦、昶。

《元谧墓志》首题"大魏故使持节征南将军侍中司州牧赵郡贞景王志铭"。志文"君讳谧，字道安，河南洛阳人也，太祖献文皇帝之孙，考使持节、车骑大将军、都督中外诸军事、特进司州牧，赵郡灵王之世子"。亦有《元谧妃冯会墓志》出土。《元毓墓志》载毓字子春，显祖献文帝之曾孙，司州牧灵王之孙，贞景王之长子。《元昉墓志》亦称昉为显祖献文帝之曾孙，司州牧灵王之孙，贞景王之少子。《元谭墓志》记："公讳谭，字延思，河南洛阳人也，献文皇帝之孙，使持节、都督中外诸军事、车骑大将军、特进司州牧，赵郡灵王之第三子。"亦有《元谭妻司马氏墓志》出土。《元譓墓志》曰："君讳譓，字安国，河南洛阳人也。显祖献文帝之孙，使持节、车骑大将军、都督中外诸军事、特进司州牧，赵郡王之第五子。"春秋三十有一，赠镇远将军、恒州刺史。考《魏书·献文六王列传》，赵郡灵王干，子谧，世宗初袭封。传不记其字，据志知字道安可补史。正光四年薨，赠假侍中、征南将军、司州牧，谥曰贞景。子毓，字子春。袭。毓无子，诏以谧弟譓子寘字景融为后，袭爵。墓志所记元毓弟元昉，于史无征，据志可补史。传记谧兄谌，子炜。谧弟谭，卒，赠抚军将军、仪同三司、青州刺史[1]。谌弟譓，譓子景暄，譓弟譓，羽林监、直阁将军。早卒，赠镇远将军、恒州刺史。

《元羽墓志》记"使持节、侍中、司徒公、骠骑大将军、冀州刺史，广陵惠王元羽，河南人"，称元羽为宣武帝之第四叔父。亦有《元羽妻郑始容太妃墓志》2004年于河北临漳出土。考《魏书·献文六王列传》，广陵王羽，卒，谥曰惠。与志文合。羽卒后，子恭袭。恭兄欣，欣弟永业。

---

① 北魏《元谭墓志》，赵万里云："传称：'肃宗诏谭为都督以讨杜从周，次于军都，为洛周所败。'《肃宗纪》谭讨从周在孝昌元年九月。据志知谭时官平南将军武卫将军使持节假安北将军幽州大都督，传俱略而不书。《常景传》：'杜洛周反于燕州，以景与幽州都督平北将军元谭御之。'安北作平北，与志异。谭封城安县开国侯，除使持节安西将军唐州刺史，又改秦州刺史；传则但云：'还除安西将军秦州刺史。'谭卒，赠使持节卫大将军仪同三司、青州刺史，谥贞惠。传误卫大将军为抚军将军。谭以建义元年四月十三日罹河阴之难，故志有'龙飞之会，横离大祸'语，而传竟不及。"引自《集释》四元谭墓志考证所述，北京：科学出版社，1956年版，第36页。

《元端墓志》首题"魏故使持节仪同三司都督相州诸军事车骑大将军相州刺史元公墓志铭"。文曰："君讳端，字宣雅，河南洛阳人也，其先道武皇帝之胤，献文皇帝之孙，丞相高阳王之长子。"亦有《元端妻冯氏墓志》出土。考《魏书·献文六王列传》，高阳王雍，嫡子泰，泰兄端，字宣雅，与雍俱遇害。赠车骑大将军、仪同三司、相州刺史。子峻，袭爵。泰弟叡，叡弟诞，诞弟勒叉，勒叉弟亘，亘弟伏陀，伏陀弟弥陀，弥陀弟僧育，僧育弟居罗。墓志记拓跋育为献文皇帝之孙，高阳王雍第十子。拓跋育即史书中的僧育，其传不载，志可补史。

《元勰墓志》载彭城武宣王勰为献文帝之第六子（孝庄帝元子攸之父）。亦有《元勰妃李媛华墓志》出土。《元子直墓志》称子直为彭城武宣王勰之长子。《元文墓志》"王讳文，字思质，河南洛阳人也，献文皇帝之曾孙，文穆皇帝之孙，侍中、太师、大司马，太尉公，假黄钺陈留王之第三子"，"谥曰哀王"。《元子正墓志》称始平王子正，字休度，字文贞，乃庄帝同母弟，尔朱荣入洛，庄帝被幽，子正与兄劭同日死，故志文有"奸良之痛，哀流四海"。《元勰妃李媛华墓志》亦称"子正字休度"。考《魏书·献文六王列传》，彭城王勰嫡子劭袭封，劭兄子直别封真定县开国公，卒后孝庄践阼追封陈留王，赠假黄钺太师、大司马、太尉。生三子，曰宽、曰刚、曰质。质，庄帝初林虑王，邑千户，永安三年薨。与志文均合，惟志称文字思质，传误作质，传亦无谥号。劭弟子正，谥曰贞。志记子正字休度，谥文贞，知传遗其字，又脱谥号文字。王诵夫人《宁陵公主①墓志》记其祖为显祖献文皇帝。父侍中、司徒禄尚书、太师彭城王。知宁陵公主王氏为元勰之女。

《元详墓志》载北海王元详字季豫，为献文皇帝之第七子，谥曰平王。《元颢墓志》称颢为北海王元详之嗣子。亦有《元颢妃李元姜墓志》出土。《元顼墓志》称顼为北海王元详次子。考献文六王列传北海王详，字季豫，薨谥曰平王。子颢，颢弟顼。与志文相合。

正史中献文六王大小无序，据志可知元羽为宣武帝之第四叔父；元勰为献文帝之第六子；元详为第七子；又，北魏《李遵墓志》记载："高阳王（雍），帝（孝文帝）之季弟。"知元雍为献文帝第三子。

---

① 此志与王诵墓志同出一兆，当为王诵之妻。宁陵公主卒时，王诵年 29 岁。结合元贵妃墓志，安丰王女元贵妃与公主同年，公主卒后，贵妃嫔于诵。贵妃卒于熙平二年，上距永平三年公主卒时已历七年，公主应为初配，贵妃乃继室。

以史书为据，结合墓志，献文帝拓跋弘支谱系树图如下：

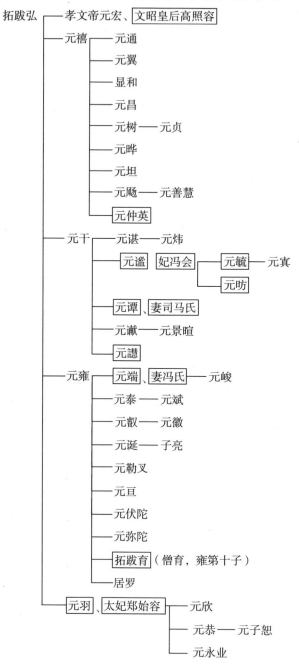

北朝墓志文献研究 上

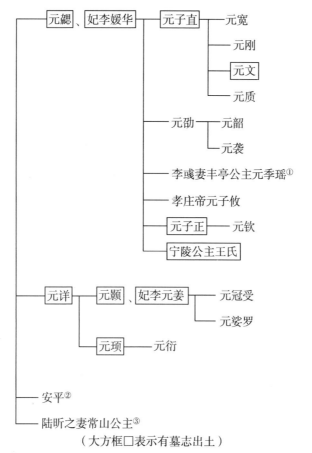

（大方框□表示有墓志出土）

（十）孝文（元宏）别宗子孙系补缺

《魏书·高祖孝文帝纪》曰："高祖孝文皇帝，讳宏，显祖献文皇帝之长子，母曰李夫人。皇兴元年八月戊申，生于平城紫宫。……帝崩于穀塘原之行宫，时年三十三。……上谥曰孝文皇帝，庙曰高祖。"④

孝文子孙及妃匹已出土墓志 10 方。

《元宝月墓志》称"王讳宝月，字子焕，河南洛阳人也，高祖孝文皇帝之孙，临洮王愉之元子"。《魏书·孝文五王列传》载京兆王愉，字宣德，薨，追封愉临洮王。子宝月袭。乃改葬父母，追服三年。志文载宝月字子焕，传不载其字。

《元怿墓志》首题"魏故使持节侍中假黄钺太师丞相大将军都督中

---

① 《魏书》卷八十三《李延寔传》，北京：中华书局，1974 年版，第 1837 页。
② 《魏书》卷六《显祖纪》，北京：中华书局，1974 年，127 页。
③ 《魏书》卷四十《陆昕之传》，北京：中华书局，1974 年版，第 909 页。
④ 《魏书》卷七《高祖孝文帝纪》，北京：中华书局，1974 年版，第 135—185 页。

外诸军事录尚书事太尉公清河文献王墓志铭"。又载"王讳怿，字宣仁，河南洛阳人也。太祖道武皇帝之七世孙，高祖孝文皇帝之第四子"。元怿死于正光元年（520年）的一次宫廷政变，到孝昌元年（525年）又改葬追封。在《魏书·孝文五王列传》《洛阳伽蓝记》等史籍中，关于清河王元怿的记述，大致与志文相同，但志文较详尽，可补史阙并可据之以考订元怿的世袭等。志文中提到元怿卒后，"灾旱积年，风雨愆节，岁频大饥，京师尤甚，四方愤惋，所在兵兴，七镇继倾，二秦覆没，百姓流离，死者大半"等语，反映出当时北魏统治集团所面临的内外交困的景况，符合史实。刊刻于东魏兴和三年（541年）《元季聪墓志》载墓志姓元讳季聪，为高密长公主，高祖孝文帝的孙女，太傅、清河文献王元怿第三女。《元邵墓志》称邵字子开，孝文皇帝之孙，丞相清河文献王之第二子也。"武泰元年，太岁戊申，四月戊子朔，十三日庚子，暴薨于河阴之野。时年二十有三。"考《魏书·孝庄纪》，由于北魏统治集团的内部倾轧，建义元年（528年）发生了尔朱荣屠杀灵太后以下诸王贵族公卿二千余人的所谓"河阴之难"，元邵就是被害者之一，当时元邵为常山王。后尔朱荣为巩固其统治，又上书元子攸，追赠"河阴之难"死者封号，故志载邵"追赠侍中，司徒公，骠骑大将军、定州刺史"，并谥曰"文恭王"。志中称"常山文恭王"应是爵号与谥号并称，可补史籍之略。元怿与元邵为父子关系。《元邵墓志》又载："王兄亶，字子亮，侍中、车骑将军、清河王。……妃胡氏，父僧洸，侍中、车骑大将军、仪同三司，濮阳郡开国公。"知元亶为元邵兄长；又《魏书·胡国珍传》记胡国珍子真之事。曰："真长子宁，字惠归，袭国珍先爵，改为临泾伯，后进为公。历岐泾二州刺史。卒，谥曰孝穆。女为清河王亶妃，生孝静皇帝。"① 史志互校内容多同，惟志称妃父为僧洸，当以志为正。《元宝建墓志》称宝建字景植，曾祖高祖孝文皇帝。祖相国清河文献王。父相国清河文宣王；母安定胡氏。封宜阳郡王，薨，谥曰孝武。《魏书·汝南王悦传》称"就怿子亶求怿服玩之物"，知元亶为元怿子。《魏书·前废帝纪》记："普泰元年三月以特进车骑大将军、清河王亶为仪同三司、侍中。"《魏书·出帝纪》"（中兴二年五月）己酉，以侍中、骠骑大将军、仪同三司、清河王亶为司徒公"。"永熙三年八月甲寅，推司徒公、清河王亶为大司马，承制总万几，居尚书省"。此志亦有"文

---

① 《魏书》卷八十三《胡国珍传》，北京：中华书局，1974年版，第1836页。洛阳龙门石窟见清河王妃造像，有铭曰："信女佛子妃胡智。"

宣道冠周燕，声高梁楚，永熙弃德，自绝民神，居中承制，载离寒暑"。《魏书·孝静纪》"孝静皇帝，讳善见，清河文宣王亶之世子，母曰胡妃"。"兴和二年闰月己丑封皇子（皇子误，《北史》作皇兄）景植为宜阳王，皇弟威为清河王，谦为颍川王"。知亶谥文宣，妃胡氏，史志正合。亶有四子，长宝建，次孝静帝、次威、次谦。宝建墓志后载有"姊河南长公主，适颍川崔，祖昂，散骑常侍、光禄勃，武津县开国公。妹冯诩长公主；适勃海高澄，侍中、尚书令、领军、开府仪同三司，勃海王世子。弟徽义，镖骑大将军、仪同三司，清河王。弟徽礼，镖骑大将军、仪同三司，颍川王"，由墓志知元宝建有姊河南长公主，妹冯诩长公主，弟徽义、徽礼。史称徽义曰威，徽礼曰谦。则见史书宝建以字景植行，而弟以名行；墓志中宝建有名与字，而弟以字行。如此元邵与元宝建为叔侄关系。

《元怀墓志》称"魏故侍中、太保，领司徒公，广平王姓元，讳怀，字宣义，河南洛阳乘轩里人，显祖献文皇帝之孙，高祖孝文皇帝之第四子，世宗宣武皇帝之母弟，皇上之叔父也"，"谥曰武穆"[1]。广平王元怀实为孝文帝第五子[2]世宗宣武帝元恪之胞弟。《元悌墓志》首题"魏故侍中使持节骠骑大将军太尉公尚书令冀州刺史广平文懿王铭"。志曰："祖高祖孝文皇帝。考讳怀，字宣义，侍中、使持节、都督中外诸军事、司州牧，太尉公，黄钺大将军，广平武穆王。王讳悌，字孝睦。"《元诲墓志》称诲字孝规，高祖孝文皇帝之孙，广平武穆王之子，薨，谥曰文景。考《魏书·孝文五王列传》，广平王元怀传阙文，据元怀、元悌、元诲墓志诸多内容可补史阙。《元光基墓志》[3] 称其为"孝武皇帝第四子"。孝武皇帝即北魏最后一个皇帝元脩，广平王元怀之第三子。元光基为元怀之孙，亦为孝文帝之曾孙。

《元瑛墓志》称瑛："高祖孝文皇帝之季女，世宗宣武皇帝之母妹。"《魏书·孝文昭皇后高氏传》："遂生世宗。后生广平王怀，次长乐公主。"

以史书为据，结合墓志，孝文帝元宏支谱系树图如下：

---

① 《魏书》与《北史》载有"昭皇后生宣武皇帝、广平文穆王"，据志则怀谥武穆，以志正之。

② 北魏《元悌墓志》称悌为"高祖孝文皇帝之第四子"。元悌卒于神龟三年（520年），34岁，则其生年当在太和十一年（487年）。而据《元怀墓志》称怀卒于熙平二年（517年），年30，则当生于太和十二年（488年）。以此得知元怀小于元悌。知《元怀墓志》记怀为"高祖孝文皇帝之第四子"有误。

③ 《元光基墓志》疑伪，暂存。见王连龙：《南北朝墓志集成》，上海：上海古籍出版社，2013年版，第562页。

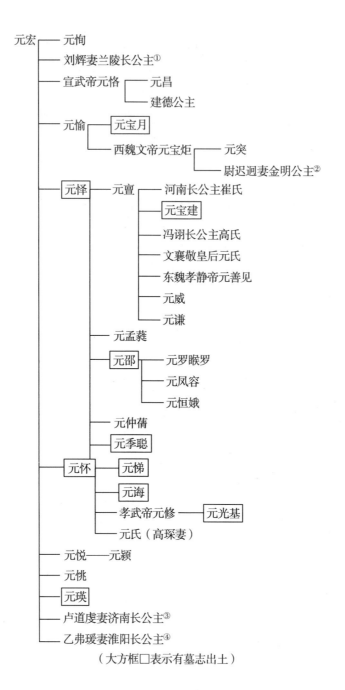

```
元宏 ┬ 元恂
     ├ 刘辉妻兰陵长公主①
     ├ 宣武帝元恪 ┬ 元昌
     │           └ 建德公主
     ├ 元愉 ┬ 元宝月
     │     └ 西魏文帝元宝炬 ┬ 元突
     │                     └ 尉迟迥妻金明公主②
     ├ 元怿 ┬ 元亶 ┬ 河南长公主崔氏
     │     │      ├ 元宝建
     │     │      ├ 冯诩长公主高氏
     │     │      ├ 文襄敬皇后元氏
     │     │      ├ 东魏孝静帝元善见
     │     │      ├ 元威
     │     │      └ 元谦
     │     ├ 元孟蕤
     │     └ 元邵 ┬ 元罗睺罗
     │            ├ 元凤容
     │            └ 元恒娥
     ├ 元怀 ┬ 元仲蒨
     │     ├ 元季聪
     │     ├ 元悌
     │     ├ 元海
     │     ├ 孝武帝元修 ─ 元光基
     │     └ 元氏（高琛妻）
     ├ 元悦 ─ 元颖
     ├ 元恌
     ├ 元瑛
     ├ 卢道虔妻济南长公主③
     └ 乙弗瑗妻淮阳长公主④
```

（大方框□表示有墓志出土）

① 《魏书》卷五十九《刘辉传》，北京：中华书局，1974 年版，第 1311 页。
② 《周书》卷二十一《尉迟迥传》，北京：中华书局，1971 年版，第 349 页。
③ 《魏书》卷四十七《卢道虔传》，北京：中华书局，1974 年版，第 1051 页。
④ 《北史》卷十三《皇后列传》，北京：中华书局，1974 年版，第 506 页。乙弗瑗妻淮阳长公为
  孝文帝第四女。

拓跋元氏人物众多，正史记载有限，多简而言之，如《周书》在记载昭成之后元伟言：“元氏戚属，并保全之，内外任使，布于列职。孝闵践祚，无替前绪。明、武缵业，亦遵先志。虽天厌魏德，鼎命已迁，枝叶荣茂，足以逾于前代矣。然简牍散亡，事多湮没。今录其名位可知者，附于此云。柱国大将军、太傅、大司徒，广陵王元欣，柱国大将军、特进、尚书令、少师、义阳王元子孝，尚书仆射，冯翊王元季海，七兵尚书、陈郡王元玄，大将军、淮安王元育，大将军、梁王元俭，大将军、尚书令、少保、小司徒、广平郡公元赞，大将军、纳言、小司空、荆州总管、安昌郡公元则，侍中、骠骑大将军、开府仪同三司、少师、韩国公元罗，侍中、骠骑大将军、开府仪同三司、吏部尚书、鲁郡公元正，侍中、骠骑大将军、开府仪同三司、中书监、洵州刺史、宜都郡公元颜子，侍中、骠骑大将军、开府仪同三司、鄯州刺史、安乐县公元寿，侍中、骠骑大将军、开府仪同三司、武卫将军、遂州刺史、房陵县公元审。”① 此处记载元氏皇室后裔人物多者，虽片言只语，或有世袭不明者亦加以录之，以作补充史料之用。

表 5-1　　**皇室后裔出土墓志简表**

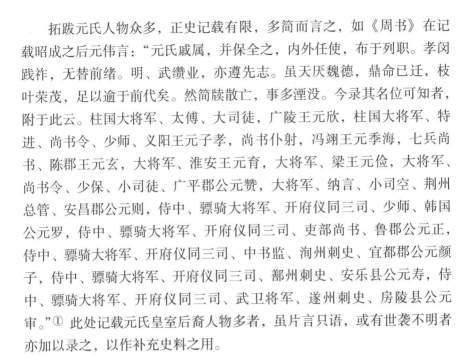

皇帝	皇室后裔出土墓志
北魏平文帝（郁律）	元龙、元过仁、元鸷、元伏和、元苌、元珍、元孟辉、元天穆、元贤等墓志
北魏昭成帝（什翼犍）	元平、元昭、元诞、元忠、元智、元德、元晖、元侔、元嶷、冯邕妻元氏、元信、元悛、元愔、元淑、元世绪、元保洛、元颢、元进、元引、元弼（元崘子）、元琛、元仁宗、赵光之夫、元睿、元华、元英、元钟、元祉、裴智英之夫元荣兴等墓志
北魏道武帝（拓跋珪）	元显、元均、元广、元鉴、元馗（字道明）、元倪、元玮、元玕、元洪敬、元维、元继、元乂、元爽等墓志
北魏明元帝（拓跋嗣）	元良、元绪、元悦、元赗、元隐、元敷、元仙、元尚之、元均之、元宥、元弼（元静子）、元恩、陆孟晖之夫、元则、元腾、元袆、元华光、元朗、元懿等墓志
北魏太武帝（拓跋焘）	元祐、元彧、元秀、拓跋虎、元渊、元湛（元渊子）等墓志

① 《周书》卷三十八《元伟传》，北京：中华书局，1971 年版，第 689—690 页。

皇帝	皇室后裔出土墓志
北魏景穆帝 (拓跋晃)	元囧、元璨、元道隆、元昂、元飏、元钦、元崇业、元诞业、元悰、元晔、元遥、元定、元荣宗、元灵耀、元斌、元液、元袭、元瑗、元晔、元郁、元钻远、元偃、元阿耶、元瓒、元孝辅、元始和、元寿安、元洛神、元馗（字孝道）、元固、元周安、元献、元买得、元澄、元顺、元彝、元嵩、元叡、元瞻、元纯陁、元桢、元英、元熙、元晫、元义华、元诱、元略、元纂、元廞、元肃、元鸾、元显魏、元恭、元徽、元显俊、元彬、元融、元举、元湛（元彬子）、元思、元彦、元茂、元珽、元瓛、元举等墓志
北魏文成帝 (拓跋濬)	元诠、元焕、元延明、元子邃、元孟瑜、元贵妃、元简、元演、元祐、元子永、元礼之等墓志
北魏献文帝 (拓跋弘)	元仲英、元谧、元毓、元昉、元谭、元懿、元端、拓跋育、元羽、元飖、元子直、元文、元子正、宁陵公主、元详、元颢、元顼等墓志
北魏孝文帝 (元宏)	元宝月、元怿、元宝建、元季聪、元邵、元怀、元悌、元诲、元光基、元瑛等墓志

二、代姓贵族支谱系

（一）帝室九姓中部分姓氏

"帝室九姓"是指与北魏宗室拓跋元氏有血缘关系的长孙氏等九个姓族，孝文帝改鲜卑姓氏为汉姓时将其与其他胡姓单独列出①，表明其在鲜卑贵族中的独特地位。在前后代国及北魏前期，帝室九姓的社会政治地位很高。北魏后期除宗室元氏外，原帝室九姓的地位不断下降，主要原因是孝文帝封爵制度和宗庙祭祖制度改革后，这些家族失去了宗室身份②。现将正史与出土的北朝墓志文献相结合，就部分家族作出考释与分析。

1. 长孙氏

长孙氏本拓跋氏，《新唐书·宰相世系表》载其世系甚详："长孙氏出自拓跋郁律。生二子：长曰沙莫雄，次曰什翼犍。什翼犍即后魏道武皇帝祖也。后魏法，七分其国人，以兄弟分统之。沙莫雄为南部大人，后改名仁，号为拓跋氏。生嵩，太尉、柱国大将军、北平宣王。道武以

---

① 《魏书》卷一百一十三《官氏志》，北京：中华书局，1974年版，第3006页。

② 张金龙：《北魏孝文帝时期统治阶级结构试探》，引自《北魏政治与制度论稿》，兰州：甘肃教育出版社，2003年版，第114页。

嵩宗室之长，改为长孙氏。……太和中，诏自代北而徙者皆为河南洛阳人。"

刊刻于北魏正光五年（524年）《长孙嵩墓志铭》，志文记载墓主为侍中太尉公之玄孙，司空公上党王之孙，三郎憧将太莫汗之第二子。卒49岁。此长孙嵩非正史所载的官职为柱国大将军，北平宣王的长孙嵩。

刊刻于北魏孝昌元年（525年）《封□妻长孙氏墓志》，志文记载墓主长孙氏曾祖为长孙嵩，祖长孙陵，父长孙苌生。又，永熙三年（534年）《长孙子泽墓志》载："柱国大将军，太尉公，北平宣王嵩之曾孙。使持节、散骑常侍、征西大将军、都督秦雍荆梁益五州诸军事、仇池镇都大将、外都坐大官，蜀郡庄王陵之孙。左将军，光州刺史康之子。"

《魏书·长孙嵩传》，只记长孙嵩本人及其嗣子颓一支。《魏书》多处记录长孙陵参加争夺刘宋青齐地区的战役，却不言长孙陵家世。由以上墓志知长孙陵乃长孙嵩之子。墓志介绍了长孙陵的历官，为献文皇帝时外都坐大官、左光禄大夫、征东大将军、东阳镇都大将、都青州诸军事，蜀郡公，薨，谥曰蜀郡庄王。且长孙陵子嗣有长孙苌生和长孙康。

刊刻于东魏天平四年（537年）《元鸷（孔雀）妻公孙甑生墓志》，记其家世曰："祖顺，字顺孙，给事中，义平子；夫人河南长孙氏，父讳寿，字敕斤陵，散骑常侍、左光禄大夫、都督秦雍荆梁益五州诸军事、征西将军、东阳仇池镇都大将、征东将军、都督青州诸军事、青州刺史，蜀郡公，谥曰庄王。父冏，字元略，大鸿胪、少卿、营州大中正、使持节、冠军将军、燕州刺史，义平子；夫人河南长孙氏，父讳遐，字乐延，使持节、抚军将军、兖秦相三州刺史。"可见长孙陵的鲜卑本名是敕斤陵①。公孙甑生墓志中提到的外祖父长孙遐，长孙氏墓志中提到的长孙嵩岳父段干，长孙陵岳父刘出建，长孙苌生岳父刘宠，俱无史书记载，幸赖此志得知。长孙氏、公孙甑生、长孙子泽等墓志诸多内容可补史书不足。

刊刻于北魏太昌元年（532年）《长孙季墓志》载其祖以下诸者的生平事迹，尤详载其子嗣，长子寿、次子盛、次子庆、次子卿、次子炽、嫡孙东。长孙季与诸子嗣史书无载，可补史阙。其祖官柱国，柱国乃

---

① 《宋书》卷八十八《沈文秀传》提到"虏蜀郡公拔式"，拔式即长孙陵；据姚薇元《北朝胡姓考》一书中考证，长孙氏本作拔拔氏，或省作拔式；《宋书》卷九十五《索虏传》引北魏献文帝诏书，提到"羽直（羽真）征东将军北平公拔敦"，拔敦即长孙陵之兄子长孙敦。由此可知当时北魏官方文书中，拔拔氏已省作拔氏。北京：中华书局，1974年版。

"柱国大将军"的别称，北魏太武帝神龟元年置，位在太尉之上，官位极高。而长孙嵩官为柱国大将军、北平宣王，疑长孙季之祖为长孙嵩。刊刻于北魏普泰元年（531年）《长孙子梵墓志》载，长孙子梵高祖柱国勋爵，知长孙子梵为长孙嵩后裔，亦能补史阙。

刊刻于北魏永兴二年（533年）《宋灵妃墓志》首题"侍中太傅录尚书事冯翊郡开国公第四子散骑常侍征东将军金紫光禄大夫西华县开国侯长孙士亮妻广平郡君宋氏墓志"；"夫人讳灵妃，广平烈人"；又载诏文"录尚书稚第四子妇宋氏，柔仪内湛，淑问外扬"等语。《羊烈夫人长孙敬颜墓志》曰："夫人长孙氏，讳敬颜，河南洛阳人也。……夫人祖稚，魏录尚书、上党王。父子彦，仆射、司州牧。"长孙稚、长孙子彦、长孙士亮均俱载于史。《北史》称长孙观子冀归，六岁袭爵，降为公。孝文以其幼承家业，赐名幼①，字承业。孝庄初，封上党王，寻改冯翊王，后降为郡公。迁司徒公，加侍中、兼尚书令、大行台，仍镇长安。节闵立，迁太尉公，录尚书事。孝武初，转太傅，以定策功，更封开国子。前妻张氏二子：子彦、子裕。后妻罗生三子：绍远、士亮、季亮。兄弟皆雄武。《北史》传又称："澄字士亮，年十岁，司徒李琰之见而奇之，遂以女妻焉。十四从父承业征讨，有智谋，勇冠诸将。以功封西华县侯。及长，容貌魁岸，风仪温雅。魏大统中，历位豫、渭二州刺史。以军功，别封永宁县伯，寻进覆津县侯。……周孝闵帝践阼，拜大将军，进爵义门郡公。出为玉壁总管，颇有威信。卒于镇，赠柱国，谥曰简。……子嵘嗣。"② 据传知冯翊郡开国公为长孙稚，稚父观，观父抗，抗父道生，道生从父嵩。亦知稚子子彦官为中军大都督、行台仆射；士亮为稚第四子。《宋灵妃墓志》又载："春秋廿，大魏永兴二年正月十四日终于洛阳永和里第。……世子山尼，次道客。女始兰，次瞿沙。"夫人卒时年甫逾笄，则士亮尚少，故如传中所言，又娶李琰之女为妻。洛阳城修梵寺北有永和里，里中有太傅录尚书长孙稚宅③。宋灵妃卒于永和里第，与《洛阳伽蓝记》记载一致。此志出自长孙士亮手笔，宋灵妃与子嗣事迹均可补史。

---

① 《魏书》卷二十五《长孙稚传》"幼"作"稚"，《北史》是避讳唐讳改。
② 《北史》卷二十二附载其弟士亮事，北京：中华书局，1974年版，第828—829页；《周书》卷二十六《长孙绍远传》附载其弟士亮事实较略，亮封县侯及子嵘嗣爵二事，《周书》俱不及。北京：中华书局，1971年版，第429—431页。
③ ［北魏］杨衒之：《洛阳伽蓝记》卷一，引自范祥雍：《洛阳伽蓝记校注》，上海：上海古籍出版社，1978年版，第60页。

刊刻于北魏延昌三年（514年）《长孙瑱墓志》称："谥曰敬，君讳瑱，字珍奇，司州河南洛阳永乐里人也。镇远将军、益州刺史之孙。宁远将军、白水府君之子。"长孙瑱史书无传，从墓志亦难看出其祖、父的真名实姓，可能是北魏初长孙嵩或长孙道生的后代。

另有刻于武定二年（544年）《陈平整铭》记其为冠军将军、中散大夫、北豫州镇城都督长孙伯年妻。长孙伯年亦长孙家族一员。

以史书为据，结合墓志，长孙嵩支谱系树简图如下：

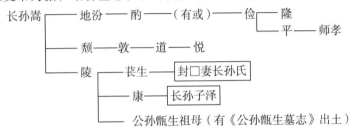

长孙道生支谱系树图如下：

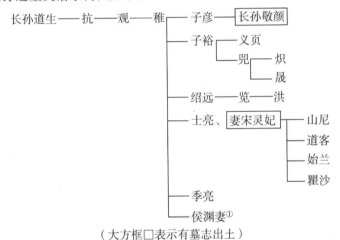

（大方框□表示有墓志出土）

2. 奚氏

《魏书·官氏志》载："献帝以弟为达奚氏，后改为奚氏。"《奚智墓志》载："始兴大魏同先，仆脵可汗之后裔，中古迁移，分领部众，遂因所居，改为达奚氏焉。逮皇业徙嵩，更新道制，敕姓奚氏。君故大人大莫弗乌洛头之曾孙。内行羽真、散骑常侍、镇西将军、云中镇大将内亦干之孙。兖州治中、卫将军府长史步洛汗之子。"奚智之子奚真亦有墓

---

① 《魏书》卷二十五《长孙道生传》载"世宗时，侯刚子渊，稚之女婿"，北京：中华书局，1974年版，第647页。

志同时出土。奚智、奚真史书无传，据《奚真墓志》记，高祖大人乌筹，昭成帝拓跋什翼犍时"蒙赐鸡人之官，肃旅之卫"。曾祖使持节、镇西将军、云中镇大将干。祖治中、长史翰。父徵。罗振玉《丙寅稿》认为："序纪：'献帝考曰威皇帝，讳侩。'志所谓仆脍可汗，即侩也。志所叙先世，与官氏志合，而达奚因所居得姓，则志所未机及也。两志中乌筹即莫弗乌洛头，干即内亦干，翰即步洛汗。代北人名，盖本其国语译以汉字，故往往不同。由两方墓志看，奚氏在南迁鲜卑贵族中汉化程度甚低，或许《魏书》中的奚斤之父箪可能为乌筹（莫弗乌洛头）或其兄弟。"[1]

3. 叔孙氏

《叔孙协墓志》称协字地力勤，冯翊景王潙罗侯之孙，仓部尚书敕俟堤之子。地力勤、潙罗侯、敕俟堤皆鲜卑语，于史无征。《魏书·官氏志》载："献帝命叔父之胤曰乙旃氏，后改为叔孙氏。"可见叔孙氏与拓跋氏同出一系。叔孙协疑为乙旃氏之后，故云"其先轩辕皇帝之裔"。《叔孙协墓志》又记其夫人百宇文氏，六壁镇将胡活拨女。《魏书·宇文福传》"福祖活拨仕慕容垂，太祖平慕容宝，活拨入国为第一客"，宇文福祖活拨即志之胡活拨。传不载活拨官六壁镇将，赖志知之。

叔孙固亦不见于史，据《叔孙固墓志》"我皇应符授禄，历数不穷，分珪锡土，以次命氏"，此与《官氏志》正合。志称祖石洛侯，并州刺史、尚书令。父俟懃真，安州刺史、仓部尚书，司空公。叔孙固之祖、父史书不载。考《魏书·叔孙建传》，建子叔孙邻曾任尚书令，此人或即叔孙石洛侯。史载："（叔孙邻）出为凉州镇大将，加镇西将军。邻与镇副将奚牧，并以贵戚子弟，竞贪财货，专作威福。遂相纠发，坐伏诛。"[2] 叔孙邻与奚牧皆因罪被杀，故墓志含糊其词，难以判断其准确的血统关系。

（二）勋臣八姓中部分姓氏

孝文帝汉化改革，推行门阀制度，将鲜卑贵族中穆、陆、贺、楼、刘、于、嵇、尉八族定为最高，称为八姓。现根据出土墓志，参照正史，就穆、于两氏作一简要谱系研究。

① 《魏书》卷二十九《奚斤传》，北京：中华书局，1974 年版，第 697—702 页。
② 《魏书》卷二十九《叔孙建传》，第 706 页。《魏书》卷二十八《奚牧传》中之奚牧于道武帝时被杀，与《叔孙建传》中的凉州镇（太武时设）副将奚牧并非一人。北京：中华书局，1974 年版。

1. 穆氏

据《穆亮墓志》记穆亮高祖崇，侍中太尉宜都贞公。曾祖闼，太尉宜都文成王。祖寿，侍中宜都文宣王。父平国，征东大将军。亦有《穆亮妻尉太妃墓志》同时出土。《吊比干墓碑》刻于太和十八年（494年）①，碑阴载亮结衔"使持节，司空公，太子太傅长乐公，河南郡丘目陵亮"。《魏书·官氏志》载："丘穆陵氏，后改为穆氏。"《魏书》与《北史》均载穆崇及子嗣事。传曰穆崇，代人，其先世效节于神元、桓、穆之时。崇征为太尉，又徙宜都公；崇长子遂留，赐爵零陵侯。子乙，赐爵富城公。子真，尚长城公主，拜驸马都尉。后敕离婚，纳文明太后姊。真子泰，本名石洛，孝文赐名焉。以功臣子孙，尚章武长公主，拜驸马都尉，典羽猎四曹事。后谋逆伏诛。子士儒，士儒子子容。遂留弟观，字闼拔，袭崇爵。子寿，袭爵，尚乐陵公主，拜驸马都尉。薨，赠太尉，谥曰文宣。寿子平国，袭爵，尚城阳长公主，拜驸马都尉、侍中、中书监，为太子四辅。平国子伏干，袭爵，尚济北公主，拜驸马都尉。卒，谥曰康。无子。伏干弟黑，袭爵，尚新平长公主，拜驸马都尉、武牢镇将。卒于家。宣武时，追赠镇北将军，横州刺史。黑弟亮，字幼辅，早有风度。献文时，起家侍御中散。尚中山长公主，拜驸马都尉，封赵郡王。加侍中，徙封长乐王。后徙封顿丘郡公，以绍崇爵。宣武即位，拜尚书令，司空公。景明三年薨，时年五十二。赠太尉公，领司州牧，谥曰匡。子绍，十一尚琅邪长公主，拜驸马都尉。薨赠大将军、尚书令、太保，谥曰文献。子长嵩，字子岳，袭爵，位光禄少卿。平国弟正国，尚长乐公主，拜驸马都尉。正国子平城，早卒。孝文时，始平公主薨于宫，追赠平城驸马都尉，与公主冥婚。寿弟多侯，封长宁子，位司卫监。《穆亮墓志》刻于宣武帝景明中，故不称丘穆陵改姓穆氏。据罗振玉《松翁近稿》载："魏赠侍中、尚书令、太保、冀州刺史穆绍墓志，壬戌冬洛阳出土。文累千余言，绵丽可诵。十年前，绍之子子严墓出安阳，今绍志亦出，先后遥映，亦一奇也。绍为司空亮子，《魏书》有传，附穆崇后。以志传互校，一切符合。惟志载绍卒，年五十一，传作五十二。志不载绍谥，传作谥文献为异耳。然穆子严志有'贞王之孙，匡王之子'语。传称'亮谥曰匡'，据子严志则亮谥贞而绍谥匡，又与文献之谥不合。惜此志不载绍谥，无从取决也。"穆景胄、穆纂、穆彦名不见于史。《穆景胄墓志》记，景胄为太尉公、苌乐王之孙，通直散骑常侍之子。传称穆亮献文时，起家侍御中散。尚中山长公主，拜驸马

---

① 《吊比干墓碑》在汲县，《金石萃编》卷二十七著录。

都尉，封赵郡王。加侍中，徙封长乐王。"苌"即为"长"，可知景胄为穆亮之孙；其父传不载。《穆纂墓志》叙纂为宜都贞公崇之后，高祖跋，曾祖寿，祖正国，父长成。《穆彦墓志》载，彦为宜都贞公崇之后，宜都文宣王寿之曾孙，秦州刺史国之孙，中山太守仁之子。亦有其妻《元洛神墓志》出土。

穆亮、穆纂、穆彦诸志记崇谥贞公，而与传云谥丁公不合，应以志为正。传称崇子观，字闼拔，穆亮、穆纂墓志则单称闼。传载正国之子长城，穆纂志称为长成，穆彦志称仁，"殆仁名而长城其字"[1]，传亦有长城子世恭，而不及穆纂、穆彦兄弟，据志可补史阙。又，《穆循墓志》称循之父乞袁为"故相州刺史、昌国子……泣血三龄，至性过人。礼服既终，袭爵昌国"。穆循与父乞袁于史无征，或与穆崇同族。

以史书为据，结合墓志，穆崇支谱系树简图如下，其中以穆寿支系为主：

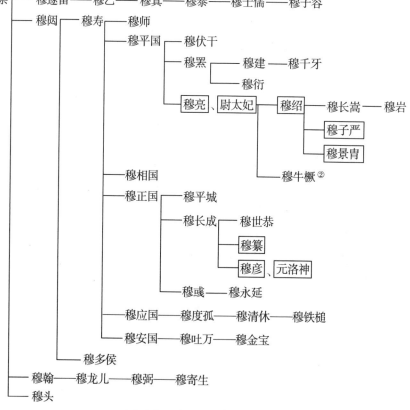

（大方框□表示有墓志出土）

---

① 赵万里：《集释》六穆彦墓志考证所述，北京：科学出版社，1956 年版，第 58 页。
② 见《龙门二十品·尉迟造像记》。

穆氏为勋臣八姓之首，在北魏一朝是仅次于宗室元氏的鲜卑贵族，因其本非拓跋氏同族，为"余部诸姓内入者"①之首，故与拓跋氏保持了百余年的婚姻关系②，见《魏书》或《北史》中记载穆氏家族中多人尚公主，拜驸马都尉亦为证。北魏拓跋统治者通过联姻笼络以穆氏为首的代姓贵族，巩固中央集权的专制统治；穆氏也因联姻而密切了与帝室之间的血缘关系，获得了独特的尊宠地位，而成为最显贵绵续最持久的一个大家族。如穆彦与元洛神夫妇墓志出土就为一明证。元洛神为恭宗景穆帝之后，汝阴王赐之孙，司空公冀州刺史元寿安之长女。对于穆氏在建国中的功绩，《穆绍墓志》中有生动描述："乃祖应期佐命，勋书王府，爵允元侯，位居上将。自斯已降，并国而昌，或以忠贞作辅，或以文武登相。"历史上穆氏人多势众，家族实力强大，迁都以后虽因穆泰组织发动恒代叛乱而使该家族遭受了沉重打击，但穆氏人物仍不乏受重用者，如穆亮等人，在代姓贵族中仍显突出。

2. 于氏

《新唐书·宰相世袭表》载："于氏出自姬姓，周武王第二子邘叔。子孙以国为氏，其后去'邑'为于氏。其后自东海郯县随拓跋隣徙代，改为万（勿）忸（纽）于氏，后魏孝文时复为于氏。"这正道出于氏的渊源。于氏以北魏名将于栗磾为始祖。于栗磾历事道武帝、明元帝、太武帝三朝，一生戎马生涯，战功显赫，致使于氏家族在北魏前期已隆起显贵。传载于栗磾子洛拔，洛拔有六子，长子烈、烈弟敦、敦弟果、果弟劲、劲弟须、须弟文仁③。自孝文帝以后于氏世领禁军长官，贵宠日隆。史载："自栗磾至劲，累世贯盛；一皇后，四赠公，三领军，二尚书令，三开国公。"④ 这主要是自于洛拔以后出现的情况。当于氏家族的于烈、于劲等人随孝文帝南迁，随后改勿忸于氏为于氏，遂为洛阳人。于景，《魏书·于栗磾传》中有载。《于景墓志》记君讳景，字百年，河南洛阳人。称景祖拔、尚书令新安公。父烈、车骑大将军、领军将军、太尉公、钜辘郡开国公。景于孝昌二年十月八日薨，十一月十四日葬。《于

---

① 《魏书》卷一百一十三《官氏志》，北京：中华书局，1974年版，第3006页。
② Jennifer Holmgren. Wei— Shu Records on the Bestowal of Imperial Princesses during the Northern Wei Dynasty. Papers on Far Eastern History(Australia)27(March 1983). 21—97. 该文揭示，北魏一代共有49位贵族官僚子弟尚公主，其中自太宗至高祖五朝（409—499年）有穆氏子弟11人尚公主，占22.5%，其他贵族子弟难以望其项背；《魏书》卷二十七《穆崇传》中亦有相关内容记载。
③ 《魏书》卷三十一《于栗磾传》，北京：中华书局，1974年版，第735—748页。
④ 《北史》卷二十三《于栗磾传》及《魏书》卷三十一《于栗磾传》，北京：中华书局，1974年版。

栗碑传》则作子洛拔袭爵，不作拔。又栗碑传"进爵新安侯"，亦非公也。洛拔子烈历官，则与志合。传叙景之历官，不如志的记叙详尽。墓志载其有二子，长子显贵，司徒府参军事；次子建宗。可补史阙。又，于纂名不见史。《于纂墓志》称纂字荣业，河南洛阳人。曾祖新安公，尚书令。祖太尉成景公。父散骑，纂释褐为秘书郎，寻转符玺郎，俄迁通直散骑侍郎，复除辅国将军、中散大夫，后加恒州大中正。春秋三十有九，孝昌二年五月廿八日卒。追赠银青光禄大夫。考《魏书·于栗碑传》，所谓"曾祖新安公，尚书令"为洛拔。志所谓"祖太尉成景公"为于烈。志中"父散骑"为于祚。亦有《于祚妻和丑仁墓志》出土于洛阳。首题"故平州刺史钜辘郡开国公于君妻和夫人"。于烈传中记载"烈卒赠钜辘郡开国公，长子祚，字万年，袭爵，卒，赠平州刺史"，与志合，故知"平州刺史钜辘郡开国公于君"为于祚。"时后父于劲势倾朝野，劲兄于祚与怀宿昔通婚"[1]，是祚初婚于源夫人，和丑仁乃为于祚继配无疑。如此于祚、于景即为于烈之子，祚弟、景兄于忠曾专权一时，对北魏政局有较大影响。于纂为于祚之子[2]。《元瓒妻于昌容墓志》曰："于命妇，讳昌容，河南洛阳人也。中领军、车骑大将军、冀定二州刺史，谥司空公，太原郡开国公劲长女，于皇后之姊。……春秋卅三，四月廿九日乙丑终于寝，殡礼既毕，而迁葬焉。大魏熙平元年岁次丙申八月乙未朔廿七日辛酉奄圹。"传载于劲太尉拔之子，世宗纳其女为后，封太原郡公，谥曰恭庄公[3]。又见《于彧墓志》曰："君讳彧，字长儒，河南洛阳人也。司空恭烈公之孙。侍中、车骑大将军之元子。……年十六，袭封太原郡开国公，食邑八百户。……天平三年岁次丙辰十一月廿一日薨于位，春秋廿有一，诏赠使持节、都督冀定瀛三州诸军事、骠骑大将军、仪同三司、定州刺史，公如故。粤元象元年岁次戊午正月辛酉朔十二日壬甲窆于邺城西漳水之阴。"由前所叙《元瓒妻于昌容墓志》载于劲卒后谥司空公，而正史传为恭庄公，《于彧墓志》言于彧为司空恭烈公之孙，可知于劲卒后谥司空恭烈公，非恭庄公，应以《于彧墓志》所载为是。《元瓒妻于昌容墓志》仅记于昌容卒于四月廿九日乙丑，不明

① 《魏书》卷四十一《源怀传》，北京：中华书局，1974年版，第926页。
② 北魏墓志中有两个于纂，分见赵万里：《集释》图版255、259。据志知，图版255之于纂为于祚之子，祚传见《魏书》卷三十一。而图版259之于纂，张金龙先生推测应为图版255之于纂之父，即《魏书》中之于祚。见张金龙：《北魏迁都后官贵之家在洛阳的居住里坊考》，《北朝研究》第二辑，北京：北京燕山出版社，第32页，注释内容，存疑。
③ 《魏书》卷八十三《于劲传》，北京：中华书局，1974年版，第1832页。

是哪一年，而其葬年为熙平元年，由此可知于昌容一定是卒于熙平元年之前某一年的四月廿九日。该方墓志是现今所见于氏被载为洛阳人的最早文字记录。而正史文献最早载于氏为洛阳人者，当首推《周书》。《周书·于谨传》载："于谨字思敬，河南洛阳人也。"此后《隋书·于义传》也有："于义字慈恭，河南洛阳人也。"但到了唐代以后，对于氏祖籍的记载开始出现分歧。《新唐书·宰相世袭表》载："（于）谨，字思敬，从西魏孝武帝入关，遂为京兆长安人。"《唐书·于志宁传》载：于志宁，"幽州高陵人"。《旧唐书·于邵传》言："于邵字相门，其先家于代，今为京兆万年人。"之所以出现这一现象，当与宇文泰在关中执行的政策有关，他曾下令北魏迁洛时所改姓氏，听其改回，并以京兆长安为祖籍。

以史书为据，结合墓志，于栗䃮支谱系树简图如下：

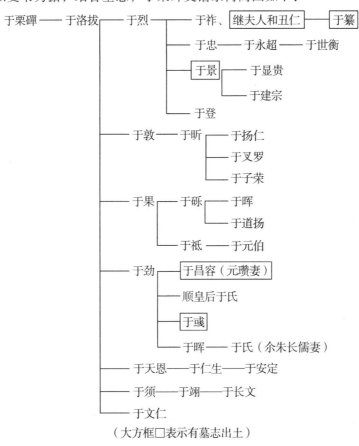

（大方框□表示有墓志出土）

（三）内入及四方诸姓

1. 寇氏

《寇臻墓志》称寇臻字仙胜，上谷昌平人，汉相威侯之裔，侍中荣十世之胤。晋武公令之曾孙。皇魏秦州刺史，冯翊哀公之孙。南雍州使君，河南宣穆公之少子，天水杨望所生。考《魏书·释老志》："道士寇谦之，字辅真，南雍州刺史赞之弟。自云寇恂十三世孙。"《元和姓纂》记上谷昌平寇氏，恂，后汉执金吾雍奴侯。曾孙荣。荣孙孟，魏冯翊太守，徙家冯翊。玄孙循之生赞。赞生臻。则自恂至赞十一世，与寇谦之自云十三世孙不合。由《魏书·寇赞传》"因难徙冯翊万年"，则与《元和姓纂》上谷昌平又异。志称"晋武公令之曾孙"，未言武公令其名，亦不见本传。冯翊哀公为修之，《元和姓纂》作循之。河南宣穆公为赞，正史有传，载其世系与生平，寇氏，本上谷昌平人。及赞，秦、雍人千有余家推赞为主，归顺于魏。后拜安远将军、南雍州刺史，轵县侯，治于洛阳。赐爵河南公。"赞在州十七年，甚获公私之誉，年老表求致仕。真君九年卒，年八十六。遗令薄葬，敛以时服。世祖悼惜之。谥曰宣穆"[1]。寇赞去世时北魏王朝还未迁都洛阳，而他任职于洛阳，即在洛阳选定万安山作茔域。寇赞墓志虽未出土，而其子孙墓志已出土 10 余方。计魏志 7 方，曰臻、慰、凭、演、治、俒、霄。周志 4 方，曰胤哲、炽、峤妻梁氏、峤妻薛氏。隋志 3 方，曰炽妻姜敬亲、奉叔、遵考。后出唐志 3 方，曰洋、钊、墂，等等。

寇臻附见于《寇赞传》，所叙历官与志所记"故中川恒农二郡太守、振武将军、四征都将，转振武将军、沘阳镇将，昌平子。迁假节、建威将军、签安远府诸军事、郢州刺史。又除建忠将军、重临恒农太守"多合，惟传不载"振武将军、四征都将，昌平子，签安远府诸军事、建忠将军"，可据志以补史。本传沘阳误作比阳，亦可以志正之。传称"臻为恒农太守，坐受纳为御史所弹，遂废卒于家"；志则称臻卒，赠龙骧将军、幽州刺史，谥曰威，志较传详。又传称赞长子元宝，元宝弟虎皮，虎皮弟臻；因此志称臻为少子。志言"臻夫人夏侯氏生男五人；后夫人席氏生男四人，共有九子；而见于本传者，只有祖训、治、弥三人。《寇治墓志》记治字祖礼，上谷昌平人。十一世祖侍中荣。应图踵武，声休素牒。魏秦州刺史、冯翊哀公之曾孙。王考赞，雍州刺史，河南宣穆公。假节、幽郢二州刺史、威侯臻之第二子。寇凭志称臻为威公，而此称为威侯，寇臻本封

① 《魏书》卷四十二《寇赞传》，北京：中华书局，1974 年版，第 946—947 页。

昌平子，遵为威公或威侯。志末叙"母谯郡夏侯氏，安定席氏"，与臻志同。志所述治历官较传详尽。《寇慰墓志》曰："君讳慰，字欣若，上谷昌平人。……安西将军、秦州刺史，冯翊哀公之曾孙。安南将军、领南蛮校尉、雍州使君，河南宣穆公之孙。假节、龙骧将军、幽郢二州刺史，威公之第五子。"《寇凭墓志》云凭字祖骥，上谷昌平人。安西将军、秦州刺史，冯翊哀公之曾孙。安南将军、领护南蛮校尉、雍州使君，河南宣穆公之孙。假节、龙骧将军、幽郢二州使君威公之第七子。遂得冷疾，患迄十三年，春秋卅四。由《寇臻墓志》"臻卒赠龙骧将军、幽州刺史，谥曰威"考之，寇凭为臻第七子，因寇凭长年患病早卒，其功名不显，故史传遗之。

《寇侃墓志》言侃字遵乐。祖臻，幽郢二州刺史。顺阳太守轨第三子。考《魏书·寇赞传》，赞子臻，臻长子祖训、顺阳太守。以祖训弟治字祖礼、凭字祖骥为例，知轨字祖训，传不载祖训子裔，志可补史之阙。

《寇炽墓志》称炽字绍升。高祖秦州哀公，曾祖雍州宣穆公，郢州威公之孙，顺阳府君轨第四子。继第四叔父奉朝请、南阳府君孚之后。长子素，小子士璋。素无子，以士璋长子文超继后。周宣政二年正月四日，葬于万安山宣穆公之墓次。而《寇炽妻姜敬亲墓志》作仕素与仕璋，"士"与"仕"差异不大。由《寇侃墓志》知顺阳府君轨为臻长子祖训。此志所及祖训弟孚，寇炽及长子仕素、小子仕璋，仕璋长子文超，传均不载，据志补史。

梁氏、薛氏墓志均出土于洛阳。《梁氏墓志》志石残缺，可见几字中有"夫人梁氏墓志，□□使君前妻也"。《薛氏墓志》并盖，盖题"邵州使君寇公妻薛志"；志首题"周故邵州刺史寇峤妻新城君薛夫人墓志"；志文称"夫人姓薛氏，河东人，邵州使君后妻也"。推之梁氏为峤的前妻。《薛氏墓志》未明言邵州使君峤为何人子，仅云"子士宽、士宣，前妻之子士绰"。又见《寇炽墓志》"长子素，小子士璋"，均以士行。炽为顺阳太守轨子，疑峤亦轨之子。

《寇胤哲墓志》称"胤哲顺阳太守轨之孙，光州刺史遵贵第二子，继第五叔遵略后"。是遵贵年较长，遵略最幼。如峤为轨子，合第三子侃、第四子炽，顺阳息子见于志石者计5人。

《寇演墓志》记演字真孙，上谷昌平人。曾祖赞，绥远将军、魏郡太守、安南将军、领护南蛮校尉、雍州刺史，河南宣穆公。祖元宝，本州别驾、安南将军、豫州刺史、再假太尉，河南简公。父祖叹，使持节、安南将军、徐州刺史、三假太尉，河南慎公。君弋阳汝南二郡太守。考

《魏书·寇赞传》"元宝袭爵为豫州别驾，赠安南将军、豫州刺史"，而不云"再假太尉、河南简公"。传又言"元宝子祖袭爵，为安南将军、徐州刺史"，而不云"三假太尉河南慎公"，皆可据志补史。志称寇演父祖叹，而传脱一叹字。传云"祖子灵孙袭"，无演之名，演子真孙，推测演为灵孙之弟。《寇霄墓志》言霄字景润，徐州刺史，太尉河南公之孙，弋阳汝南二郡太守第五子。以《寇演墓志》证，霄为演之第五子。

《寇奉叔墓志》盖题"隋故仪同亳州刺史昌国公寇使君墓志"；志称奉叔字遵夏，上谷昌平人。高祖修之，曾祖赞，祖臻，父俊。奉叔乃寇臻之孙，寇俊之子。《周书·寇俊传》载俊字祖俊，上谷昌平人。祖赞，魏南雍州刺史。父臻，安远将军、郢州刺史。子奉位至仪同三司、大将军、顺阳郡守、洄州刺史昌国县公。与志叙奉叔历官多合，且比传详知奉即奉叔无疑。《寇遵考墓志》盖题"隋故沪泽公寇使君铭"；载遵考，上谷昌平人。高祖修之，曾祖赞，祖臻，父俊。《周书·寇俊传》："奉弟颙，少好学，最知名。历官仪同大将军，掌朝、布宪、典祀下大夫，小纳言，濩泽郡公。"知遵考为奉叔弟，传举其名，志举其字。

结合正史及《元和姓纂》，与诸志密切相关的上谷寇氏谱系树简图如下：

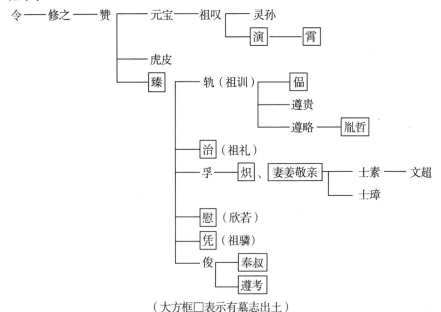

（大方框□表示有墓志出土）

据《时地记》载，这些寇氏墓志，均出土于拦驾沟村北陵，比较集中。寇氏茔域延续时间较长，自魏至隋唐皆葬于此。

2. 罗氏与陆氏

罗宗与妻陆蒎藜两方墓志，20世纪末出土于洛阳邙山地区。《魏书·官氏志》云："神元皇帝时，余部诸姓内入者……布六孤氏，后改为陆氏……叱罗氏后改为罗氏。"北魏诸姓内入者陆、罗两氏均为高族大姓，两位墓主的祖先皆是公爵之位，其事迹在《魏书》《北史》上均有记载，内容大致相同。

《魏书》载罗结，代人也，其先世领部落，为国附臣。子斤，谥曰静。子敦，袭爵，谥曰恭。子伊利。伊利子阿奴。阿奴子杀鬼。敦弟拔，谥曰康。子道生。道生子延①。《罗宗墓志》曰其先盖罗伯之裔也，本居南郡，违难北移，建家恒代，泊君数叶矣。曾祖斤，侍中、羽真、四部尚书，迁为散骑常侍、使持节、征西大将军、雍州刺史、仪同三司，带方公，谥曰康公。祖拔，散骑常侍、殿中尚书；迁为安西大将军、吏部尚书，赵郡王。追赠使持节、镇南大将军、定州刺史，谥曰靖王。父德，散骑常侍，赵郡王。罗宗于正始二年，为统军、建节将军；永平四年五月四日以功进拜宁朔将军、员外散骑常侍。年四十三，以神龟元年九月廿日薨，追赠持节、辅国将军、洛州刺史，谥曰武公。以二年十一月廿七日葬。

正史与志文相较，罗宗祖父的官职爵位是以卒时所赠为主叙述，而正史以其生平官爵发展为线索记载，志比史之记载更详尽，略有异处，如罗宗"曾祖斤"史志无正史中载侍御中散，柔玄、长安镇都大将职位；平西将军为征西大将军；志有羽真、使持节、仪同三司，而正史无。"祖拔"志不载赐爵济南公，封官征西将军；史载拔卒后赠宁东将军，而志为镇南大将军；志有散骑常侍、使持节，而正史无。史将斤与拔的谥号记载与志正好相反，应以志为正。史只言拔子道生，而不载德及子嗣罗宗情况。

《魏书》载陆俟，代人。曾祖干。祖引。父突。长子香发，卒，谥曰贞王。香发有六子，琇、凯知名。琇，香发第五子。琇子景祚②。《陆蒎藜墓志》载其为侍中、散骑常侍、选部尚书、太保，建安王受洛敲之孙。祠部尚书、金紫光禄大夫、太常卿，领北海王师，太子左詹事、司州大中正，建安公琇之第二女。志中陆蒎藜祖受洛香发即史书中的香发（受洛为北语，以汉文书，遂省之），史载香发及子陆琇事迹较志详；只

---

① 《魏书》卷四十四《罗结传》，北京：中华书局，1974年版，第987—989页。

② 《魏书》卷四十《陆俟传》，北京：中华书局，1974年版，第901—905页。

记陆琇子景祚，不言其他，其女陆蒇藜生平事迹史书不载。薛海洋认为："像这种在正史中皆能够找到其世系的'鸳鸯志'在现有出土的墓志中是极少见到的，而所记载又与史籍相表里，对正史、补史皆有意义。"①

依正史和墓志所叙罗氏家世之线索，罗结支谱系树简图如下：

依正史和墓志所叙陆氏家世之线索，陆俟支谱系树简图如下：

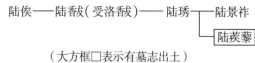

（大方框□表示有墓志出土）

3. 封氏

《新唐书·宰相世系表》曰："封氏出自姜姓，炎帝裔孙钜为皇帝师，胙土命氏，至夏后氏之世，封父列为诸侯，其地汴州封丘有封父亭，即封父所都。至周失国，子孙为齐大夫，遂居渤海蓨县。裔孙岌，字仲山，后汉侍中、凉州刺史。生晅，晅四世孙仁，仁孙释，晋侍中、东夷校尉。二子：悛、悛。悛二子：放、奕。奕，燕太尉。二子：蕲、劝。劝孙鉴，后魏沧水太守。三子：琳、回、滑。"

自1948年以来，在河北景县县城东南出土了北朝时期封氏家族墓志9方，另有墓志盖1件，即封魔奴墓志1方；封延之及妻崔长晖、封子绘及妻王楚英、封孝琰及妻崔娄诃、封柔及妻毕修密墓志各2方；祖氏墓志盖1件②。

《封魔奴墓志》记其祖懿，燕左民尚书，德阳乡侯；魏都坐大官，章安子。父勗，太原王国左常侍。夫人中山郎氏，父和，凉明威将军。无子。四从兄勃海太守鉴以第五子继。君讳魔奴，勃海蓨人。加建威将军，赐爵富城子。寻迁给事中，北朝此职第三品也。又除使持节、冠军将军、怀州刺史，进爵高城侯。以太和七年冬十一月九日薨于代京，时

---

① 薛海洋：《北魏罗宗墓志暨其妻陆蒇藜墓志漫议》，引自薛海洋、白玫《近年新出历代碑志精选系列——北魏罗宗墓志附罗宗妻陆蒇藜墓志初拓本》，郑州：河南美术出版社，2008年版，第1页。

② 张季：《河北景县封氏墓群调查记》，《考古通讯》1957年第3期，第28—37页；周铮：《封魔奴墓志考释》，《北朝研究》1991年上半年刊，总第4期；石永士：《河北金石辑录》，石家庄：河北人民出版社，1993年版；赵超：《中国国家博物馆藏北朝封氏诸墓志汇考》，《中国历史文物》2007年第3期，第29—40页。

年六十有八。诏赠使持节、平东将军、冀州刺史，勃海郡公，谥曰定。维正光二年冬十月乙丑朔廿日甲申改葬于本邑，夫人郎氏亦同徙窆。封魔奴《魏书》《北史》均有传。《北史·封懿传》记懿字处德，勃海蓨人。曾祖释，晋东夷校尉。父放，慕容皝吏部尚书。兄孚，慕容超太尉。懿归魏，除给事黄门侍郎、都坐大官，章安子。子玄之，谋乱，伏诛。临刑，明元谓曰："终不令绝汝种也，将宥汝一子。"玄之以弟虔之子磨奴字君明早孤，乞全其命。乃杀玄之四子，赦磨奴，刑为宦人。后为中曹监，使张掖，爵富城子。卒于怀州刺史，赠勃海公，谥曰定。以族子叔念为后。此磨奴应为志中封魔奴，"磨"与"魔"同音。由墓志知封魔奴父勖，即传中封玄之之弟封虔之，可补史阙。推测玄之、虔之以字行。回字叔念，父鉴。初，磨奴既以回为后，请于献文，赠鉴宁远将军、沧水太守。回袭磨奴爵富城子。庄帝初，遇害河阴。赠司空公，谥曰孝宣。《封延之墓志》记"公讳延之，字祖业，勃海蓨人也，司空孝宣公之季子焉。……以兴和二年六月廿四日遇疾卒于晋阳，时年五十四。朝廷痛惜之。有诏追赠使持节、侍中、司徒公，尚书左仆射、都督冀瀛殷三州诸军事、骠骑大将军、冀州刺史，郏城县开国子"。封延之《北史》《北齐书》均有传。封延之志载，延之为司空孝宣公之季子，司空孝宣公即封回。封回长子隆之，字祖裔。以参议麟趾阁新制，又赠其妻祖氏范阳郡君。在河北景县县城东南出土了《祖氏墓志盖》，盖称："魏故郡君祖氏墓志铭"，与史记载一致。因此可确认此为封隆之妻祖氏墓志盖。封隆之弟兴之，字祖胄。卒，以隆之佐命功，赠殿中尚书、雍州刺史，谥曰文。封兴之弟延之，字祖业。封郏城子，位青州刺史，多所受纳。后行晋州事。沙苑之败，延之弃州北走，以隆之故，免其死。卒，赠尚书左仆射、司徒公，谥曰恭。子纂嗣。《崔长晖墓志》记夫人崔氏，讳长晖，博陵安平人，司徒封祖业之妻。秘书郎崔辅之长女。夫人维产四女，而慈育三男。长女适范阳卢景柔；次适陇西李仁舒；次适范阳祖长雄；次适博陵崔叔胤。长男孝篆，次孝源，次孝绪。志载封延之字祖业，知崔长晖为封延之之妻。封延之志载卒后赠官较传多；又，崔长晖志记其子嗣，四女三男，可补史不足。《封子绘墓志》称子绘字仲藻，勃海蓨人。祖司空孝宣公，父太保宣懿公。河清三年九月二十日，遘疾终于京师，春秋五十二。诏赠使持节、都督瀛冀二州军事、本将军、冀州刺史、开府仪同、尚书右仆射，开国如故。从弟孝琰。《北齐书·封隆之传》较《北史》记载详尽。《北齐书》记隆之于武定三年卒于官，年六十一。赠官两次，复赠使持节、都督冀瀛沧齐济五州诸军事、骠骑大将军、太保，余如故，谥曰宣懿。长子早亡，第二子子绘嗣。子绘，字仲藻。河清三年暴疾卒。赠使持节、瀛冀二州军事、冀州刺史、开府仪同、尚书右仆射，谥曰简。子宝盖嗣。由此知封子绘祖为封回，父为封隆之。《王楚英墓志》记其"年十有三，左避君子，类钟荀之旧姻，匹袁马之相媾，犹对宾客，若鼓琴瑟。即仆射忠简公其人也。寔太保司徒宣懿公之元胤"。夫人生二男四女。据志知夫人为封子绘妻；封子绘谥号"忠简"，非《北齐书》作"简"；子嗣名、字、官职及婚配情况可补史阙。史书记载子绘弟子绣。《北齐书》载"司空娄定远，子绣兄之婿也，为瀛州刺史"。封子绘妻王楚英有墓志出土，其志记"夫人产二男四女。长子玄，字宝盖。州辟主簿，不就。释褐左丞相府参军，转司空府中兵参军，加广德将军，袭爵安德郡开国公，迁通直散骑常侍、龙骧将军，又除鸿胪少卿。属齐灭，仕周为威烈将军、襄州总管府掾。次子充，字宝相。州辟主簿，释褐右丞相府参军事，转司徒府士曹参军。齐灭归乡。年廿六卒于本郡之邑。今葬于此墓之正东。长女字宝首，适陇西李桃杖，清渊县侯；次适范阳虞公令，尚书郎；后适陇西李子亢。次女宝艳，小字征男，适代郡娄定远，即齐武明皇太后之弟子，司空公、尚书令、青瀛二州刺史，临淮郡王；后适京兆韦艺，上大将军、齐州刺史，魏兴郡开国公。第三女宝华，小字男弟，适斛律须达，开府仪同三司、护军将军，钜鹿郡开国公；后适范阳卢叔綮，汾州治中。小女宝丽，小字四播，适清河崔张仓。郡功曹、州主簿。志文所记封子绘与妻王楚英有二男四女信息多可补史之阙。而志文中记其"次女宝艳，小字征男，适代郡娄定远，即齐武明皇太后之弟子，司空公，尚书令、青瀛二州刺史，临淮郡王"与史书记载一致。史书记载封隆之弟封兴之子孝琬、孝琰。孝琰有四子，封孝琬正史有传，亦有夫妇墓志出土。传志对勘，基本相和，略有出入。《封孝琬墓志》记孝琬卒于北齐后主武平三年（572 年）十月卅日，而《北齐书》和《北史》均载孝琬卒于武平四年（573 年）十月九日。封孝琬与崔季舒同案而死，时间应在武平四年。《封孝琬墓志》刊刻于北周大象元年（579 年），追述往事不免错谬。《封孝琬妻崔娄诃墓志》记其子嗣信息，"长子君确，妻陇西李氏，父仁舒。第二息君静，第三息君严，第四息公赞。长女僧儿，适同郡李明绪，父子贞，兖州刺史。第二女阿尼，适安定梁孝让，父子彦，仪同三司。第三女饶弟，适范阳卢公礼，父师道"，志文记载封孝琬与妻崔娄诃的四男三女，其子嗣名与字及其婚配关系亦可补史阙。以史书为据，结合墓志，封氏各谱系树简图如下：

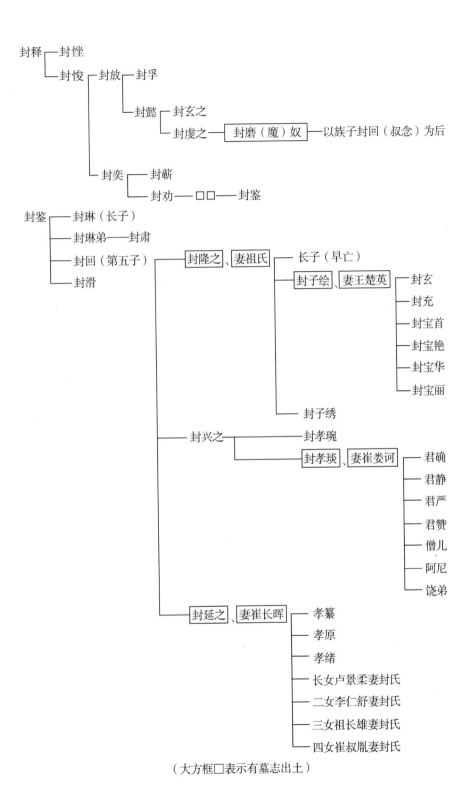

（大方框□表示有墓志出土）

4. 和氏

《魏书·官氏志》云："素和氏后改为和氏。"《元和姓纂》云："《后魏书》云，以本白部，故号素和。"陈毅《魏书·官氏志疏证》云《北史·勿吉国传》云："其旁有素和国，遣使朝献，此氏盖其国人留魏者，以国为氏。"《魏书·和跋传》载和跋，代人，世领部落，为国附臣。赐爵日南公，改封定陵公。少子和归，官使持节、冠军将军、雍城镇都大将、高阳侯。归子度，袭爵。尚书都官郎、昌平太守。子安，武定末，给事黄门侍郎①。北齐《和绍隆墓志》于1975年9月在河南省安阳县安丰公社张家村出土，同时还有其妻《元华墓志》同出一兆。和绍隆志载绍隆高祖尚书令、定陵公。曾祖雍城镇将。祖燕州使君。父从事使君。依墓志和《魏书》叙和绍隆家世的线索，可知和绍隆祖、父之名及官位。

以史书为据，结合墓志，和跋支谱系树简图如下：

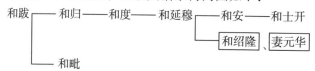

（大方框□表示有墓志出土）

和绍隆为北齐后期权臣和安之子，和士开的叔父。《北史·恩倖传·和士开传》称："和士开字彦通，清都临漳人也。其先西域商胡，本姓素和氏。……父安……齐神武闻之，以为淳直，由是启除给事黄门侍郎，位仪州刺史。士开贵，赠司空公、尚书左仆射、冀州刺史，谥文贞公。"② 有学者认为，和士开为魏初拓跋集团中的素和部落后裔，素和部落属于东胡而非西胡③，素和部落的这一支，由于加入拓跋鲜卑之中而进入中原，乃与居东北的素和部落有较大差别。和氏以代人南迁，著籍河南洛阳，迁都邺城以后，又改籍清都临漳。正如《和绍隆墓志》载："君讳绍隆，字绍隆，清都临漳人也。"《和邃墓志》称"曾祖干以佐命元勋，职居鼎列。祖染以铉胄风高宦参崇礼。父头以道倬四能，治周三善"。曰干、曰染、曰头，胡语汉译所致，于史无征。又《于祚继夫人和丑仁》记夫人祖、父爵封天水侯。和邃、和丑仁疑与和跋、和其奴同族。

---

① 《魏书》卷二十八《和跋传》，北京：中华书局，1974年版，第681页。
② 《北史》卷九十二《和士开传》，北京：中华书局，1974年版，第3042—3043页。
③ "其先西域商胡"一语，为后代学者所重视，有些学者遂以为和士开家族乃西域商胡。如吕思勉、万绳南、周一良。对此持怀疑态度的有姚薇元、陈连庆、王仲荦。罗新持反对意见，见《北朝墓志丛札（一）》一文的考证。

5. 侯氏

北魏《侯掌墓志》记掌字宝之，上谷郡居庸县崇仁乡修义里人。北魏孝明帝正光五年（524年）卒于洛阳延寿宅，春秋六十九，葬于芒皋陵谷。生前曾任上谷郡中正、燕州治中从事史等官。志中还列举了侯掌三代祖先的名字和职官"曾祖浮，司吏校尉、颖川汲郡二郡太守。祖甸，举孝（廉），中书议郎、扬烈将军、带方太守。父麗，举秀才，北征子都将、本县令、伏波将军、广宁太守"。侯掌及其三代祖先皆不见史籍。洛阳出土的北魏上谷郡居庸县侯氏墓志，另有侯刚、侯忻2方。侯刚是北魏晚期显赫一时的风云人物，曾与权臣元乂相勾结，囚禁灵太后，把持朝政。侯刚的长子侯详，或许与侯掌有一定的关系。《魏书》云："刚以上谷先有侯氏，于是始家焉。正光中，又请以详为燕州刺史，将军如故，欲为家世之基。寻进后将军。五年，拜司徒左长史，领尝药典御、燕州大中正。"① 侯详于正光中担任燕州刺史，后又为大中正。正光年共6年，侯掌死于正光五年（524年），生前担任燕州治中从事史，是侯详的左右。由同姓同县的侯详与侯掌分别担任燕州要职，或许就是侯刚"欲为家世之基"的措施之一。据《侯忻墓志》云："太和中，沙门法秀讹言遘衅，兰艾靡分，时为逆党所逮，遂为奄害。"侯忻罹法秀之难，受腐刑而为宦官。侯忻居住于洛阳延寿里，与侯掌同里，并且侯掌、侯忻墓志都强调由于北边动荡，未能归葬上谷，故葬于洛阳，很可能他们有亲属关系。

三、汉族官僚支谱系

北方世家大族历来合族共居，在地方乡里拥有强大的宗族势力，以期对国家政治发生直接持久而强大的影响，进而争取其家族在经济上的独占地位。这些世家大族在长期的争荣逐胜中所形成了具有代表性的家族符号就是"家风"与"家学"。正如陈寅恪所论："夫士族之特点既在其门风之优美，不同于凡庶，而优美之门风实基于学业之因袭。故士族家世相传之学业乃与当时之政治社会有极重要之影响。"② 钱穆则进一步将陈氏见解予以概括："当时门第传统共同理想，所希望于门第中人，上自贤父兄，下至佳子弟，不外两大要目：一则希望其能具孝友之内行，一则希望其能有经籍文史学业之修养。此两种希望，并合成为当时共同之家

---

① 《魏书》卷九十三《侯刚传》，北京：中华书局，1974年版，第2006页。

② 陈寅恪：《唐代政治史述论稿》，上海：上海古籍出版社，1997年版，第71页。

教。其前一项之表现，则成为家风，后一项之表现，则成为家学。"①

各家大族之门人才辈出，风操高亮，怀文抱质，或为武将，或为文相，见重于朝廷，驰骋以当世，继世承家，盛名远扬，其为一道亮丽的风景而不容我们忽视。

（一）陇西李氏与赵郡李氏

北宋刘恕《通鉴外纪》注云"姓者，统其祖考之所自出；氏者，别其子孙之所自分"②。顾炎武认为，李非姓，而为氏。但姓氏之称，自太史公始混而为一③。李氏先人非王族国戚，李耳是李氏大家族中第一位名人。据《新唐书·宗室世系表》记载，李牧的祖父李昙为李耳之后，有四子，长子李崇迁居陇西，即是陇西李氏始祖。幼子李玑即是李牧之父，迁居赵郡，为赵郡李氏始祖。随着子孙繁衍，这两大支系一再分族，这种宗族的分支称为房。陇西李氏衍流为十四房④。赵郡李氏定著六房⑤。

陇西李氏根在陇西狄道（今甘肃临洮），其家族肇兴于秦汉，发展于魏晋北朝，臻盛于唐代。据《新唐书·宗室世系表》载，陇西李氏的奠基人秦陇西郡守李崇，而崇只是在陇西为官，尚未定居。到李崇第三世孙李仲翔时，为汉河东太守、征西将军，奉命讨叛羌于素昌（即临洮），寡不敌众，战死陇西，于是"仲翔子伯考奔家丧，因葬之狄道之东川，遂家焉"⑥，李伯考葬父于狄道东川，于是狄道东川一带成为李氏定居陇西的开端。陇西李氏成为名门望族，应始自西凉的李暠，北魏时期的李宝、李冲等则进一步确立了其隆盛地位。李暠于公元400年在姻亲晋昌太守唐瑶，及众多河西世家显贵的支持下，建立了西凉政权。至公元421年，李暠子李歆被北凉沮渠氏所灭，西凉政权仅存22年。北魏

① 钱穆：《略论魏晋南北朝学术文化与当时门第之关系》，引自《新亚学报》第5卷第2期，香港：新亚书院，1963年版，第54页；或参照钱穆：《中国学术思想史论丛》卷三，合肥：安徽教育出版社，2004年版，第159页。

② ［北宋］刘恕：《通鉴外纪》十卷。

③ ［清］顾炎武：《日知录集释》卷二十三"氏族"条，［清］黄汝成集释，秦克诚点校。

④ 《古今图书集成·氏族典》卷三百八十一。

⑤ 《新唐书》卷七十一《宰相世系表》，北京：中华书局，1975年版。

⑥ 《新唐书》卷七十二《宗室世系表》，北京：中华书局，1975年版。

占据河西后，流亡伊吾的李氏人物返回故地敦煌并归附了北魏。公元444年李宝自敦煌至平城晋见太武帝拓跋焘，从此，陇西李氏进入了北魏政权的势力范围。李宝六子承、茂、辅、佐、公业、冲，除第五子公业早卒外，其他五子先后于北魏中期入仕，成为入北魏河西大族中最有影响的家族之一。李冲是李宝诸子中仕途最为通达者。史载李冲对朝廷"竭忠奉上，知无不尽"，办事"明断慎密"。"典禁中文事"时，正当冯太后临朝称制，李冲才貌双全，很快博得太后殊宠。太和十年（486年）李冲奏上著名的三长制，成为孝文帝改革最重要的措施之一。孝文帝对李冲"深相杖信，亲敬弥甚，君臣之间，情义莫二"①。因李冲的突出政绩而"显贵门族，务益六姻，兄弟子侄，皆有爵官，一家岁禄，万匹有余"②。同时，陇西李氏与皇室发生多起婚姻关系，不仅在政治上是最显赫的汉人家族，其门望亦入一流高门士族之列③。北魏是陇西李氏成为北方高门的重要时期。李氏子弟见诸史籍者93人，其中有官爵者83人④，而李冲可作为该族的标志人物。目前，已出土的陇西李氏家族的墓志有李蕤、李晖仪、元子邃妻李艳华、元飏妃李媛华、元季海妃李稚华、李伯钦、李遵、李挺、李彰、李超等。

《李蕤墓志》记蕤字延宾，陇西郡狄道县都乡和风里人。弱冠侍御中散符玺郎中，转监御令，拜步兵校尉，出为东郡太守，迁大司农少卿。春秋卌二，以正始二年太岁在乙酉十一月戊辰朔九日丙子薨于洛阳之城东里。诏赠假节、龙骧将军、豫州刺史，谥曰简。其年十二月廿四日庚申窆于覆舟之北原，祔葬季父司空文穆公神茔之左。《李冲传》亦云："（冲）葬于覆舟山，近杜预冢，高祖之意也。……诏曰：'司空文穆公，德为时宗，勋简朕心，不幸徂逝，托坟邙岭，旋銮覆舟，躬睇茔域，悲仁恻旧，有恸朕衷。'"⑤《北史·序传》记李暠为凉武昭王。《魏书·李宝传》言，李翻为私署骁骑将军、祁连酒泉晋昌三郡太守。李宝官至史持节、侍中、都督西垂诸军事、镇西大将军、开府仪同三司、领护西戎校尉、沙州牧、并州刺史，敦煌公，谥曰宣。有六子：承、茂、辅、佐、公业、冲。承，长子韶，韶弟彦，彦弟虔，虔弟蕤，字延宾，历步兵校尉、东郡太守、司农少

① 《魏书》卷五十三《李冲传》，北京：中华书局，1974年版，第1181页。
② 《魏书》卷五十三《李冲传》，北京：中华书局，1974年版，第1187页。
③ 张金龙：《陇西李氏初论——北朝时期的陇西李氏》，《兰州大学学报》1994年第4期，第108—113页。
④ 刘雯：《陇西李氏家族研究》，《敦煌学辑刊》1996年第2期，第86—91页。
⑤ 《魏书》卷五十三《李冲传》，北京：中华书局，1974年版，第1188页。

卿。卒，赠龙骧将军、豫州刺史。墓志"谥曰简"，可补史。《魏书》称李蕤长子名"詠"，而《北史》为"谚"。而《李艳华墓志》称祖蕤，司农、豫州刺史；父该，散骑常侍、济广二州刺史。"该"官位与"詠"同，知"詠""谚"均为"该"之讹。李艳华史书无载，以此补阙。

《李晖仪墓志》载晖仪祖宝，仪同，敦煌宣公。父承，雍州刺史、姑臧穆侯。长女上太妃，小宗之嫡，实唯君母。又，《元羽妻郑太妃墓志》记父平城，南青州刺史；皇姚陇西李氏，父承，荥阳太守，姑臧穆侯。由此知李承女李晖仪，与南青州刺史郑平城联姻，长女嫁与元羽妻。《李遵墓志》记遵字仲敬，陇西狄道人。高祖梁（通凉）武昭王。曾祖骠骑将军。王父宣公。显考昭侯……祚土晋阳。正光五年五月八日卒于洛阳显德里，年五十二，窆于豹祠之南，先公神道之左。知李遵生于北魏延兴三年（473年）。《李挺墓志》记挺字神俊，陇西狄道人，高祖凉武昭王。曾祖酒泉公。祖侍中、史持节、征西大将军、开府仪同三司、沙州牧、并州刺史，敦煌宣公。父尚书昭侯。其原配妻子刘幼妃卒后，娶江阳王继第三女，字阿妙，薨于穰城。又娶太傅清河文献王元怿第三女，字季聪。兴和三年六月十七日薨于位，春秋六十四，葬于邺城之西南七里豹祠之东南二里半。李挺的原配夫人刘幼妃与继夫人元季聪均有墓志出土。史载李挺无子，其叔伯兄弟李延度的第三子容儿过继与他，承袭其爵位。《李伯钦墓志》记曾祖翻，魏骠骑将军、酒泉太守。祖宝，史持节、侍中、镇西大将军、开府仪同三司、沙州牧、并州刺史，敦煌宣公。父佐，史持节、安南将军、怀相荆秦四州刺史、兼都官尚书、泾阳照子。君讳伯钦，秦州陇西郡狄道县都乡和风里人。春秋十三，魏太和六年二月二十七日卒于平城，景明三年十二月十二日，迁窆于邺城西南豹寺东原吉迁里。李伯钦卒于北魏孝文帝太和六年（482年），年十三，则其生年当在献文帝皇兴四年（470年）。《魏书·李宝传》言李佐先后官为安南将军、怀相荆秦四州刺史，爵真定子、山阳侯、河内公，景明二年卒，年七十一。赠征虏将军、秦州刺史，谥曰庄。子遵、柬、神俊。由墓志及正史对照，知凉武昭王为李暠，酒泉公为李翻，敦煌宣公为李宝，尚书昭侯为李佐。据李伯钦墓志知李伯钦亦为佐子，可补史阙。由李遵、李伯钦两方墓志推算，李遵生于北魏延兴三年（473年），李伯钦生于皇兴四年（470年），知李遵比李伯钦小三岁，李伯钦当为李佐之长子。又，据正史中记载李佐子嗣中，李遵字仲敬，李柬字休闲，李挺字神俊，知伯钦当是字而非名，其弟李神俊亦以字行。李佐卒于景明二年（501年），葬地未见史籍记载。由《李遵墓志》称"窆于豹祠之南，先公神道之左"。李遵之弟《李挺墓志》云"葬于邺城之西南七里豹祠之东南二里半"，此与李伯钦墓志所谓"迁窆于邺城西南豹寺东原吉迁里"正合，可见李佐即葬邺城。因父葬于邺城，李家才把葬在平城的李伯钦迁于邺城的家族墓地。又，《魏书》卷三十九《李宝传》称李佐卒后"赠征虏将军、秦州刺史，谥曰庄"，而《李伯钦墓志》称"泾阳照子"，比较《李遵墓志》"显考昭侯……胙土晋阳"，《李挺墓志》"父尚书昭侯"，可以肯定，李佐谥昭，而非谥庄，以此矫史。

《李媛华墓志》记其为彭城武宣王妃。祖宝，父冲，兄延寔。妃讳媛华，陇西狄道县都乡和风里人。"飏妃李氏，司空冲之女也"①。《元飏墓志》亦载"妃陇西李氏，祖宝，仪同三司、敦煌宣公。父冲，司空清渊文穆公"。《李稚华墓志》记其为冯翊简穆王妃。"父冲，魏孝文帝之世侍中，司空尚书仆射，清渊侯，赠司徒相州刺史，谥曰文穆。妃兄弟三人龟组及映，宠蹂列守贵拟连绍，魏史详写，可略言也"。

《李彰墓志》记载："魏故通直散骑侍郎、左将军、瀛州刺史，司州河南郡洛阳县澄风乡显德里，领秦州陇西郡狄道县都乡和风里李彰，年廿二，字子焕。维大魏太昌元年岁次壬子九月壬辰朔廿九日庚申殡于石人亭大道北覆舟山之阳。祖冲，司空文穆公。父延寔，史持节、侍中、太师，太尉公。"《李超墓志》叙李超字景升，本字景宗，后承始族叔在江左者悬同，遂易其字。秦州陇西郡狄道县都乡华风里人。正光五年八月十八日卒于洛阳县之永年里宅，年六十一。正光六年正月十六日葬洛阳县覆舟山之东南。据《北史·序传》《魏书·李冲传》《魏书·李延寔传》知，李延寔为李冲的长子，孝庄帝元子攸的舅舅；李延寔长子彧；彧弟彬，字子儒。其父延寔既别封（濮阳郡王），彬袭祖爵清泉县侯。位中书侍郎，卒于左光禄大夫，赠骠骑大将军、光禄勋、齐州刺史，谥曰献。子桃杖袭。李桃杖袭爵一事，《封子绘妻王楚英墓志》中有证，"长女字宝首，适陇西李桃杖，清渊县侯"②。彬弟彰，位通直散骑侍郎，从父在青州，同时遇害。赠左将军、瀛州刺史。《李彰墓志》记其官职与史籍同，墓志写明其年龄及丧葬时间，可补史。李超不见史载，而志文亦未书祖系，但其籍贯"秦州陇西郡狄道县都乡和风里"与李蕤、李伯钦、李媛华、李彰墓志所记完全相合，且李蕤、李彰、李超墓志均言葬于李氏族茔覆舟山李冲墓旁。又陇西李氏在洛阳的居住场所，如李延

---

① 《魏书》卷二十一《献文六王列传》，北京：中华书局，1974年版，第583页。

② 《北史》避唐讳，将清渊县侯改为清泉县侯。北京：中华书局，1974年版。

宴、李韶住永和里；李彰住显德里；李蒐住城东里；李超住永康里。其居住情况进一步证实了《魏书·李冲传》"冲兄弟六人，四母所出，颇相忿阋……至洛乃别第宅"的记载。1975 年，山西太原南郊出土刊刻于北魏永平三年（510 年）《辛祥妻李庆容墓志》，据志载李庆容为西凉李暠玄孙女。知李庆容与李冲同辈分。2001 年出土于河北平山县两河县西岳村隋《崔仲方妻李丽仪墓志》记曾祖延，祖弼，父曜。母刘敬女。《封延之妻崔长晖墓志》记第二女嫁陇西李仁舒。《封孝琰妻崔娄诃墓志》记有子嗣婚配情况，"长子君确，妻陇西李氏，父仁舒"。封延之为封孝琰的三叔，其女与封孝琰为从兄妹，他们的子女结婚，属于姑舅表亲。

近年出土于河南安阳《李宁墓志》，刻制于北齐天保八年（557 年）。志载："君讳宁，字天安，秦州陇西人也。其先秦将信之后，太尉鼎足汉宫，凉王分陕，晋室匡辅。相传阿衡奕世，韦彭未足，比隆桓文，讵可相拟。祖元伯，龙骧将军、夏州刺史，睹机知变，虎啸魏阙。父思益，征虏将军、略阳太守，赠洛州刺史。珪组相承，衣缨迭袭。"又载墓主官拜平西将军、平凉太守。夫人南阳张，父愿德，为州主簿，后除太尉府行参军。尾记介绍子嗣信息"息荡逆将军、前新平郡丞聘梁使亲信延智。息开府行参军遵旨"。李元伯、李思益、李宁、李延智、李遵旨史书不载，不知为陇西李氏哪一支系人物，《李宁墓志》所记诸多信息可补史阙。

以史书为据，结合墓志，陇西李氏支谱系树简图如下：

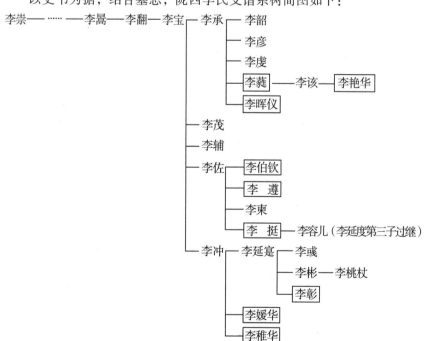

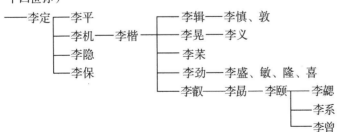

（妻南阳张愿德女）

李元伯—李思益—李宁—李延智

李遵旨

（大方框□表示有墓志出土）

北魏末、东西魏初，陇西李氏在政治上遭受沉重打击，迅速衰败下来。宣武帝初年咸阳王元禧叛乱，其姻亲李伯尚参预，事败被诛，其弟仲尚株连而死。建义元年（528 年）尔朱荣发动河阴之变，陇西李氏有五人遇害。后庄帝杀尔朱荣，皇舅李延寔为谋主，事后被尔朱兆杀害。尔朱仲远又杀了李蕤的长子、第三子、第七子。尔朱世隆杀李季凯。关陇暴动中，陇西李氏家族中又有四人为义军所害。李延寔长子李彧在东魏初"以罪弃市"。李佐孙李经于兴和初年"坐妖言赐死"。因为陇西李氏与皇室关系密切，地位显贵，所以当政治动荡之际，他们往往与君主、朝廷站在一起，难以与新起豪门权贵进行合作，以至遭受沉重打击，从而失去了在乱世进行政治进取的大好时机①。

李玑迁居赵郡，是为赵郡李氏始祖。考《新唐书·宗室世系表》《新唐书·宰相世系表》《北史》，以及《古今姓氏书辩证》，自汉代李牧始，赵郡李氏即居柏人（仁），至晋代赵郡李氏的李机一支子李楷，字雄方，位书侍御史，家于平棘南。有男五人，辑、晃、茉、劲、叡。辑位高密郡守，二子，慎、敦。晃位镇南府长史，一子，义。劲位书侍御史，四子，盛、敏、隆、喜。叡位高平太守，二子，勗、充。其后，慎、敦居柏仁，子孙甚微。义南徙故垒，世谓之南祖。勗兄弟居巷东，盛兄弟居巷西，世人指其所居，因以为目，盖自此也。勗兄弟居巷东，盛兄弟居巷西，世人指其所居，因以为目，盖自此也。勗生颐，颐生飖、系、曾。

李耳——……——李昙——李玑——李牧——……——李左车——……——李恢（左车十四世孙）

——李定—李平

李机—李楷—李辑—李慎、敦

李晃—李义

李茉

李劲—李盛、敏、隆、喜

李叡—李勗—李颐—李飖

李系

李曾

李隐

李保

①　张金龙：《陇西李氏初论——北朝时期的陇西李氏》，《兰州大学学报》1994 年第 4 期，第 108—113 页。

从已出土的赵郡李氏家族成员墓志来看，河北赞皇、临城等地发现赵郡李氏家族墓群。并且这些墓志多有对子嗣及家族成员婚配等情况的记载。

《李宪墓志》于清代同治年间在赵州出土。志载君讳宪，字仲轨，赵国柏仁人。赠使持节、侍中、都督定冀相殷四州诸军事、骠骑大将军、定州刺史、尚书令、仪同三司。元象元年十二月二十四日合葬于旧墓。又，志载子嗣情况："长子希远，字景冲，州主簿，少丧。子长钧，字孝友，开府参军事。第二子希宗，字景玄，散骑常侍、中军大将军、出后（下残数字不详）。第三子希仁，字景山，辅国将军、中书侍郎。第四子骞，字景让，散骑常侍、中军将军、殷州大中正。第五子希礼，字景节，征虏将军、司空咨议、修起居注。长女长辉，适龙骧将军、营州刺史，安平男，博陵崔仲哲。父秉，司徒静穆公。第二女仲仪，适冀州司马、勃海高□侍御史。第三女叔婉，适兖州刺史，渔阳县开国男，博陵崔巨。父逸，廷尉卿。第四女季嫔，适司空公，安乐王（下残）铨，尚书左仆射，武康王。第五女稚媛，适骠骑将军、左光禄大夫荥阳郑道邕。父琼，青州刺史。希远妻广平宋氏，父弁，吏部尚书。孙祖牧，字翁伯，太尉外兵参军。长钧妻河南元氏。父孟和，司空公。□□谭亮，开府参军事。第二孙谭德。第三孙摩诃。第四孙毗罗。孙女迎男。希宗妻博陵崔氏，父楷，仪同三司。孙祖昇，字孝举，司徒参军事。第二孙祖勋，字孝谋。孙女祖猗，适安（下残数字不详）。希仁妻博陵崔氏。父孝芬，仪同三司。孙伽利。第二孙黄父。骞妻范阳卢氏。父文翼，开府咨议。孙女宝信。希礼妻范阳卢氏。父文符，正员郎。孙僧藏。祖牧息白石，僧德。女阿范。"李宪正史有传。东魏《李希宗墓志》记希宗，字景玄，祖兖州，父仪同。兴和二年薨，春秋四十。诏赠使持节、都督定冀瀛沧殷五州诸军事、骠骑大将军、殷州刺史，司空公，谥曰文简。末记其子嗣情况。《李希宗妻崔幼妃墓志》记高祖神武皇帝，位居二相，身眺八维，意切过庭，礼求盛族。乃为第二息娉第□女焉。高祖神武皇帝第二息即文宣帝高洋[1]。"文宣皇后李氏，讳祖娥，赵郡李希宗女也。容德甚美。初为太原公夫人"[2]。该志曰"五子告归，铙管相次，白珩连响，青盖成阴"，知崔幼妃有五子，却不记名与字。北齐武平元年（570 年）《李难胜墓志》志载："济南愍悼王妃李尼墓志铭。尼俗讳难胜，法名等行，赵郡柏仁

---

① 《北齐书》卷四《文宣高洋纪》，北京：中华书局，1972 年版，第 43 页。

② 《北齐书》卷九《文宣李后传》，北京：中华书局，1972 年版，第 125 页。

永宁乡阴灌里人也。……尼则威宗后之侄焉。祖司空文简公希宗，中庸上性，作范真俗。父仪同三司祖勋，义气德光，动寂俱奋。尼乃沙鹿分精，重轮旁祉，承剪发之慈，受顾复之训。敦诗悦礼，好善亲仁，畏慎女典，尊明柔克，温和表其中润，淑理发其外朗。"据史书记载，北齐济南愍悼王，即废帝高殷，文宣帝高洋长子。天保十年（559年）十月高洋卒，太子高殷继位，至皇建元年（560年）八月被其叔父高演废黜为济南王，皇建二年（561年）九月被害死。其妃李难胜被迫出家为尼。墓志言李难胜为"威宗后之侄"，威宗乃文宣皇帝的庙号，《北齐书》："乾明元年二月丙申，葬于武宁陵，谥曰文宣皇帝，庙号威宗。"① "后"指文宣皇帝李皇后。《北史》记载："文宣皇后李氏讳祖娥，赵郡李希宗女也。"文宣即位后，因民族矛盾，官员中有人提出，汉妇不可为天下母，"宜另择美配……帝意不从，而立后焉"。故知，李尼（难胜）为李希宗之孙女，李祖勋的女儿，与文宣皇后（祖娥）为姑侄关系，是李氏宗族中之闺秀，在高家又是婆媳称谓。志称"天保十年册拜皇太子妃"，此事《北齐书》不载，但志文有"愍悼王逊居别馆，降为济南王妃，"与《北齐书》"（乾明元年）秋八月壬午，太皇太后令废帝为济南王，令食一郡，以大丞相、常山王演入篡大统。是日，王居别宫"② 相符。史书中虽没记述李难胜为废帝的妃子，但从志文中已知天保十年李尼被册拜为皇太子高殷妃，不久升为皇后，后又降为济南王妃，出家为尼。据《北齐书》"（天保）十年十月，文宣崩。癸卯，太子即帝位于晋阳宣德殿，大赦"③，知高殷即帝位不到一年时间，以祖母太皇太后为首者，便将高殷推下了帝位，由大丞相常山王高演（高殷的六叔）掌握了大权，称为孝昭皇帝。但叔侄二人有约，互不相害，后来孝昭又怕高殷东山再起，便秘密杀之。所以，《北齐书》载："初帝与济南约不相害。及舆驾在晋阳，武城镇邺，望气者云邺城有天子气。帝常恐济南复兴，乃密行鸩毒，济南不从，乃扼而杀之。"④ 高殷于"皇建二年九月，殂于晋阳，年十七岁。……大宁二年，葬于武宁之西北，谥闵悼王"⑤。所以志文曰："至愍悼王逊居别馆，降为济南王，妃盖亦恬然，无惊得丧。俄而悼王即世，冤颈

---

① 《北齐书》卷四《文宣高洋纪》，北京：中华书局，1972年版，第67页。
② 《北齐书》卷五《废帝高殷纪》，北京：中华书局，1972年版，第75—76页。
③ 《北齐书》卷五《废帝高殷纪》，北京：中华书局，1972年版，第74页。
④ 《北齐书》卷六《孝昭高演纪》，北京：中华书局，1972年版，第85页。
⑤ 《北齐书》卷五《废帝高殷纪》，北京：中华书局，1972年版，第76页。

为苦，哥黄鹄以告哀，咏柏舟而下泣。乃悟是法非法，如幻如梦，厌离缠染，托情妙极，遂落兹绀发，归心上道。"日子难熬，乃出家为尼，苦度余身。然而不久去世，年仅22岁。李尼在《北齐书》后妃传中虽无记载，但出土墓志近千言，详述了她的生平及与高家的关系，这不仅弥补了史书的不足，而且对研究北齐皇室高家、赵郡李氏家族历史人物提供了可靠的资料。卒于东魏而葬于北齐《李骞墓志铭》曰："君讳骞，字希义，赵郡柏仁人，赵相广武君后也。汉魏以来，恒为著姓。曾祖宣王，少以儒雅取进，晚节为将，扫清河右，文武之道，无二一时。祖兖州，兄弟四人，咸以盛德高名，显居朝列，万钟四牡，同日共时。父尚书令文靖公，少为国华，早结民誉，胜范清规，标暎朝野。……年十四见召，为国子学生。……起家为太宰主簿。加陵江将军。又除中散大夫，征虏将军，左将军，太中大夫，开府长史，通直常侍，典仪注，中书舍人，殷州大中正，中军将军，散骑常侍。……转镇南将军，尚书左丞。……复兼散骑常侍，为聘梁使。主眷彼东南，非唯竹箭。国不可小，彼有人焉。而君辞擅翰林，言穷辩囿，莫不心醉神骇，怀我好音。使还，寻以公事去职。后兼太府少卿，除给事黄门侍郎。"李骞，《魏书》《北史》中有记载，俱附曾祖李顺传后，传称其年十四为国子学生，以聪达见知历任大将军府法曹参军太宰府主簿，传中书舍人，加通直散骑常侍，寻加散骑常侍，殷州大中正镇南将军，尚书左垂。仍以本官兼通直散骑常侍，使萧衍后坐事免职，论者以为非罪。后诏兼太府少卿，寻除征南将军，给事黄门郎。身后赠本将军，太常，殷州刺史。齐受禅，重赠使持节侍中，都督殷沧二州诸军事，车骑大将军，仪同三司，殷州刺史，溢文惠这些情况与志文记叙基本一致。《李骞墓志铭》结尾处记载："长兄希远，州主簿。二兄希宗，殷州刺史、司空，文简公。三兄希仁，侍中、领左右太子詹事、□□县开国□。第五弟希礼，太常卿□□□□□□□□□□□嫔。大儿元卿。第二儿仲卿。第二女宝胜。小女宝女。"1975年出土的《李希礼墓志》自述世系亦作曾祖宣王。祖兖州。父尚书令文靖公。记其子嗣为孝贞、孝基、孝仪、孝威、孝平。

1975年，《李祖牧墓志》出土于河北省临城县西镇村，同墓出土的还有《李祖牧妻宋灵媛墓志》，相邻还出土了李祖牧第三子《李君颖墓志》。《李祖牧墓志》记祖牧字翁伯，赵郡平棘人。祖尚书令、仪同，文靖公。父主簿君。释褐开府参军事，转司徒府墨曹将军，除襄威将军，转太尉府外兵参军，袭爵濮阳伯，加宣威将军，又迁司徒府中兵参军事。

依例降伯，为始平子，除冠军将军，又除卫将军，皆常级也。后授太尉府谘议参军事。宜天统五年七月五日，薨于邺城宣化之里舍，时年五十九。诏赠使持节、都督赵州诸军事、卫大将军、赵州刺史、大鸿胪卿。外祖广平宋弁，魏吏部尚书；夫人广平宋，父维，魏洛州刺史。长子君荣，字长谋，司空府刑狱参军。第二子君明，字仲爽，齐符玺郎中，卅九亡，同日附葬于茔西北。第三子君颖。字叔叡，安德王府长史，年卅四亡，同日附葬于茔东北。第四子君弘，字季宽，太尉府行参军。庶第五子君亮，庶子君华，染道。庶子君盛。庶子君褒。长女魏颍川王元斌之世子世铎。第二女适博陵崔子信，信太子舍人。第三女适博陵崔伯友，友梁州骑兵参军。第四女齐世宗文襄皇帝第五子太尉公安德王延宗妃。《李祖牧墓志》记其子女，凡有八子，四女。第四子以后皆为庶生。而其妻《宋灵媛墓志》只记四子四女，第五至第八子阙载。庶出的四子，都没有进入《宋灵媛墓志》。《李君颖墓志》记其诸弟，唯第五至第八弟及三姐一妹，与父李祖牧志记载相同。另记"第二兄子胤叔。长兄女适齐神武皇帝孙永安王茂则妃。第四弟子胤伯继后"。墓志中没有记叙他是否婚娶，但以"第四弟子胤伯继后"来看，他本无子息。李君颖"长兄女适齐神武皇帝孙永安王茂则妃"，长兄即李君荣。永安王茂则，即高准。《北史》曰："永安简平王浚字定乐，神武第三子也。……无子，诏以彭城王浟第二子准字茂则嗣。……彭城景思王浟字子深，神武第五子也。"① 可见高准是高浟的第二子，出继三伯父高浚后，故袭爵永安王。据《李君颖墓志》可补史阙。

391

北魏正始五年（508 年）《李瞻墓志》载君讳瞻，字恭远，赵郡柏仁永宁乡吉迁里人。曾祖均，赵郡太守。祖璨，东兖州刺史。父宣茂，太中大夫。君性趣渊深，聪敏凤成，幼业书史，不辞寒漏，荣华饰玩，悉不在心。毛诗、论语、孝经、古文，并皆究讲。字林、尔雅、说文三部，相晓音义。班固两京、左思三都，悉颂上口，辨其方志。孝弟之性，光于事亲；立身之荣，显于掩木。擢游京朋，泛御乡德，雍容柔雅，文学是宝，世号为儒德李生。《北史》载璨字世显，灵弟赵郡太守均之子。李灵、李均属于李颐子李勰支系。李均子璨因战功加宁朔将军，与张谠封为兖州刺史。卒谥曰懿。子元茂袭爵。元茂弟宣茂，太和初，拜中书博士，后兼定州大中正。正始初，除太中大夫，迁光禄勋。由志记载墓主曾祖均为赵郡太守，祖璨为东兖州刺史，父宣茂为太中大夫均与正史记载一致。《北史》记宣

---

① 《北史》卷五十一《齐宗室诸王列传》，北京：中华书局，1974 年版，第 1860—1861 页。

茂子籍之，字修远。籍之子徹、公绪、概，徹子纯，纯子德饶、德俏。志载李瞻，字恭远，从籍之字修远，瞻字恭远来看，李瞻应为李璨另一子嗣。正史记载李璨后嗣只是为官的李籍之支系，而未载李瞻支系。李瞻自幼潜心经、文，颇有才名，时人称颂，号为儒德，惜青春早亡。

北魏神龟二年（519年）《李叔胤妻崔宾嫒墓志》尽载李、崔氏两个家族人物的婚配关系及子孙官职与年龄等信息。如夫人长子弼，字延轨，本州主簿、博陵巨鹿赵郡三郡太守。弼妻荥阳郑氏，父思明，武卫将军。弼息士瑜，年十三。瑜妹瑶妃，年七。瑜弟士璜，年六。璜弟士瓘，年三。夫人小子翼，字景叶，今仪同府录事参军。翼妻，夫人长弟廷尉逸女。翼息牢度，字元威，今年十一。威弟恺，字仲裕，年十。妹仲英，年七。妹季娥，年二。夫人长女字令仪，适征南府法曹参军范阳卢元礼，礼父洪高阳王咨议。夫人第二女字敬仪，适今通值散骑侍郎，西河宋维，维父弁，吏部尚书。夫人小女字幼芷，适今司空府行参军，博陵崔叔廉，廉父挺，光州刺史。该墓志文所载人物见于《魏书》《北史》等正史文献，多为北魏著名重臣。其人物众多，内容丰富，非正史所能详述。赵郡太守李叔胤及夫人崔宾嫒正史有载①，只是史书未录其字宾嫒。志载（夫人）长弟逸，字景俊，廷尉卿，领国子博士。（夫人）小子翼，翼妻，夫人长弟廷尉逸女。正史载墓主与崔逸为兄妹，而据志载二人为姐弟关系，应以志为是。《魏书》又载"孝贞女宗"事，她是赵郡太守李叔胤之女，范阳卢元礼之妻。性至孝，其母以神龟元年终于洛阳，凶问初到，举声恸绝，一宿，乃苏，水浆不入口者六日，其姑虑其不济，亲送奔丧，而气力危殆，自范阳向洛，八旬方达，攀样号涌，遂卒，后追号曰孝贞女宗。孝贞女宗之母"神龟元年终于洛阳"，与志中墓主卒于"神龟元年八月十三日"的卒年时间相合。又志记"夫人长女字令仪，适征南府法曹参军范阳卢元礼"，知"孝贞女宗"为墓志崔宾嫒长女李令仪。崔宾嫒逝世的准确时间，及史书"孝贞女宗"为其长女李令仪等信息可补史书之阙。志中还记载了诸多姻亲关系，如墓主崔宾嫒长子李弼娶荥阳郑思明女；小子李翼娶其舅崔逸女；长女李令仪适范阳卢元礼；次女李敬仪适西河宋维；小女李幼芷适博陵崔叔廉，此等人物之婚配关系史无明载，据该志以补史不足。志还记载墓主孙辈人员，如李弼息士瑜，年十三。瑜妹瑶妃，年七。瑜弟士璜，年六。璜弟士瓘，年三。李

---

① 李叔胤事迹见《魏书》卷四十九；崔宾嫒事迹见《魏书》卷五十六、九十二；《北史》卷三十二、九十一。

翼息牟度，字元威，今年十一。威弟恺，字仲裕，年十。妹仲英，年七。妹季娥，年二。崔宾媛与李叔胤后裔诸多人物亦可补史阙。《魏书》记载，李灵弟均，赵郡太守。均子璨，子元茂，元茂弟宣茂，宣茂弟叔胤。举秀才著作郎，历广陵王咨议，南赵郡太守。《崔宾媛墓志》亦记，崔宾媛为南赵郡太守李叔胤之夫人，年十有八，嫔于李氏。《魏书》亦载叔胤子弼，字延轨，位至相州录事参军。弼弟翼，字景业，初为荡寇将军、斋帅，又除员外郎，迁尚书郎，仍斋帅。建义初遇害河阴。赠平北将军、定州刺史。该志中载夫人长子弼，字延轨，本州主簿、博陵巨鹿赵郡三郡太守；小子翼，字景叶，今仪同府录事参军。史与志所载有些出入，但人物名与字同。

北齐武平五年（574 年）《李琮墓志》称琮字仲玙，赵国平棘人。曾祖兖州使君。祖幽州使君，冠盖朝伦，俨作模楷。父颍州史君，风度闲远，郁为领袖。李琮妻钜鹿魏氏，父道宁，安东将军、瀛州骠骑府长史，曲阳男。子四人，君达、德藏、赵客、赵奴。达，刘氏生。妻钜鹿魏氏，父仲超。客妻博陵崔氏，父彦遐。女七人，德相，适太原王茂宏，丞相府行参军。和上，适博陵崔君弘，开府参军事。瑰儿，适广平段德谐，直荡都督，谐父平原王。阿停，适钜鹿魏义坚，开府行参军。五男，适荥阳郑金刚。六止，适勃海高世才，才父南安王神相。

赵郡李氏族员，《魏书》《北史》本传皆谓赵郡平棘人；而家族成员墓志，或谓赵郡柏仁人，或曰赵郡平棘人。如《李宪墓志》《李骞墓志》《李难胜墓志》《李瞻墓志》谓墓主均为"赵郡柏仁人"。《李希礼墓志》《李祖牧墓志》《李君颖墓志》谓骞弟希礼、骞兄希远子祖牧、祖牧子君颖均为赵郡平棘人。《李琮墓志》亦称墓主为赵国平棘人。陆增祥认为李宪的曾祖李系官平棘令，盖先籍柏仁，后居平棘焉。此为一说。金传道考证为"李骞家族出于平棘李氏东祖，原先聚居平棘，后来迁居柏仁"[①]。赵郡李氏自李楷迁居平棘，李楷即为李宪的八世祖，其后裔所居分散，如柏仁、南徙故垒、巷东、巷西，世人指其所居。如李宪的六世祖慎、敦就移居到柏仁。由此笔者推测由于移居，赵郡李氏族员就有了以居住地不同而分称的"柏仁人"与"平棘人"。

从墓志记载可知，墓主李琮为赵郡李氏之族员，只是属于哪一支系，不甚明了。

① 金传道：《北朝〈李骞墓志〉考释》，《河南科技大学学报》（社会科学版）2014 年第 6 期，第 19 页。

以史书为据，结合墓志，赵郡李氏支谱系树简图如下：

李颐子李系支系：李颐——李系——李顺┬李敷
　　　　　　　　　　　　　　　　　└李式

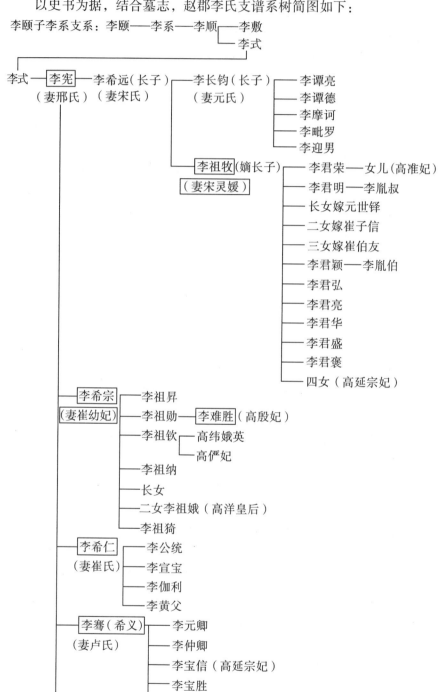

李式——李宪——李希远(长子)——李长钧(长子)┬李谭亮
　　　（妻邢氏）（妻宋氏）　（妻元氏）　├李谭德
　　　　　　　　　　　　　　　　　　　　├李摩诃
　　　　　　　　　　　　　　　　　　　　├李毗罗
　　　　　　　　　　　　　　　　　　　　└李迎男

　　　　　　　　　　李祖牧(嫡长子)┬李君荣——女儿(高准妃)
　　　　　　　　　　（妻宋灵媛）　├李君明——李胤叔
　　　　　　　　　　　　　　　　　├长女嫁元世铎
　　　　　　　　　　　　　　　　　├二女嫁崔子信
　　　　　　　　　　　　　　　　　├三女嫁崔伯友
　　　　　　　　　　　　　　　　　├李君颖——李胤伯
　　　　　　　　　　　　　　　　　├李君弘
　　　　　　　　　　　　　　　　　├李君亮
　　　　　　　　　　　　　　　　　├李君华
　　　　　　　　　　　　　　　　　├李君盛
　　　　　　　　　　　　　　　　　├李君褒
　　　　　　　　　　　　　　　　　└四女（高延宗妃）

李希宗┬李祖昇
（妻崔幼妃）├李祖勖——李难胜(高殷妃)
　　　├李祖钦┬高纬娥英
　　　　　　　└高俨妃
　　　├李祖纳
　　　├长女
　　　├二女李祖娥（高洋皇后）
　　　└李祖猗

李希仁┬李公统
（妻崔氏）├李宣宝
　　　├李伽利
　　　└李黄父

李骞（希义）┬李元卿
（妻卢氏）├李仲卿
　　　├李宝信（高延宗妃）
　　　├李宝胜
　　　└李宝女

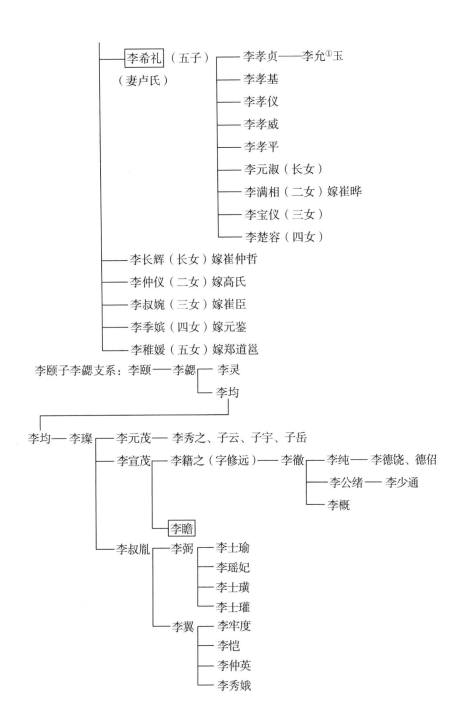

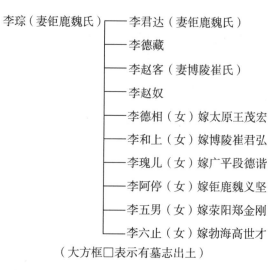

李琼（妻钜鹿魏氏）—— 李君达（妻钜鹿魏氏）

—— 李德藏

—— 李赵客（妻博陵崔氏）

—— 李赵奴

—— 李德相（女）嫁太原王茂宏

—— 李和上（女）嫁博陵崔君弘

—— 李瑰儿（女）嫁广平段德谐

—— 李阿停（女）嫁钜鹿魏义坚

—— 李五男（女）嫁荥阳郑金刚

—— 李六止（女）嫁勃海高世才

（大方框□表示有墓志出土）

（二）清河崔氏与博陵崔氏

崔氏出自炎帝，起源于姜姓①。《新唐书》载崔氏条：

> 崔氏出自姜姓。齐丁公伋嫡子季子让国叔乙，食采于崔，遂为崔氏。济南东朝阳县西北有崔氏城是也。季子生穆伯。穆伯生沃。沃生野。八世孙夭生杼，为齐正卿。生子成、子明、子强，（子成、子强）皆为庆封所杀。子明奔鲁，生良。十五世孙意如，为秦大夫，封东莱侯。二子：业、仲牟。

可见，从"季子让国叔乙"始为崔氏，以邑为姓。传至崔意如，生二子，崔业、崔仲牟。业字伯基，居清河东武城；次子仲牟居博陵安平，后均发展至著姓望族。

崔业为清河崔氏的始祖，原居地在今山东平原西南。北魏占据河北后，崔旷随慕容德渡河移居于青州的时水一带。刘裕北伐灭南燕后，其地归入刘宋，崔氏人物仕宋。公元469年，北魏占领青齐，崔氏作为平齐民入居代京，在平齐郡居住20余年后徙居洛阳，并上升为北魏后期一流门阀士族②。郿地崔氏自崔泰始，有崔景和崔恪两支。景支已出土墓志7方。1973年在淄博市临淄区大武镇窝托村南400米的辛店电施工的现场发现了一批墓葬，共清理14座，出土崔鸿夫妇、崔鹣、崔混、崔

① 夏炎：《中古世家大族清河崔氏研究》，天津：天津古籍出版社，2004年版，第21—26页。

② 唐长孺：《北魏的青齐士民》，引自《魏晋南北朝史论拾遗》，北京：中华书局，1983年版，第92—122页。

德、崔博墓志6方；1983年又发现了崔猷墓志1方。这7方墓志的出土，为我们提供了有关墓主人的血缘关系，这是目前所见鄃地崔氏支族墓地资料最为丰富的一宗。

崔猷，史书无载。墓志云猷字孝孙，东清河东鄃人。七世祖岳。高祖荫。祖旷。父清河太守灵环。崔猷于太和十三年被召为州主簿，典领文书，经办事务。官虽微，然职权颇重。其历官司徒行参军、大将军主簿、荆州征虏府长史等，均为公府属官。后因慰劳涡阳有功，还京，除司徒府中兵参军事，并未离京赴清河郡任，当为遥置。墓志结尾处记叙了崔猷三子七女年龄及婚嫁情况，可补正史不足。

崔鸿，正史均有传。其志曰："君讳鸿，字彦鸾，齐州清河人也。……祖，关内侯。父，梁郡太守……君妻清河张庆之女。父州主簿、别驾、齐郡太守。君长息子元，为齐州主簿。次息子文。次息子真。次息子长。次息子发。次息子房。君长女元华，适河东裴蔼之；之为员外散骑侍郎。"志所载与本传基本相同，但传较志记载更为详尽，且长息子元有记载。《崔鸿妻张玉怜墓志》亦出土，其志载："夫人姓张，讳玉怜，齐国西安人，父庆之。笄年既及，为文贞侯所娉。文侯少宦，夫人留居奉养，温清视膳，廿余载。性不妒忌，寤寐思贤，抚视庶子，同之自生，降恩厚泽，平等无二。孝昌中，文侯薨徂。子女茕稚。夫人慈抚训导，咸得成立。居家理治，严明著称。推尚佛法，深解空相，大悲动心，惟慕慈善，闻声见形，不食其肉，三长六短，齐诫不爽。"两方墓志对校，张玉怜及其子嗣事迹均可补史。《崔鹔墓志》曰："君讳鹔，字彦鹯，清河鄃县人也，梁郡府君之第二子焉。"梁郡府君即崔敬友。敬友长子乃崔鸿。次子是崔鹔。混《魏书》有传，墓志所载更为详尽。崔混志曰："君讳混，字子元，东清河鄃人也，黄门文贞侯之长子。"文贞侯即崔鸿，鸿卒赠镇东将军、度支尚书、青州刺史，文贞侯。《崔德志》曰："君讳德，字子明，清河武城人也。……十二世祖琰，魏中尉。九世祖岳，晋司徒。六世祖荫，燕司农卿。曾祖零延，宋库部郎，关内侯。祖敬友，梁郡太守、魏太保，文宣公之帝孙，奉朝请鹍之子。"德卒于河清四年（565年），天统元年（565年，按：后主高纬继位更换年号）"葬于黄山之北、黑水之南、太保翁之墓所"。太保翁，即崔光。由此知崔光墓亦在此。发掘报告称："可以推断，与崔鸿等墓葬在一起的这九座墓葬的主人，也应该都是崔光、崔敬友家族的成员。特别值得一提的是10号墓，该墓虽早期遭受严重破坏，但从残存的器物分析，其年代要比崔鸿墓略早。很可能是崔鸿的祖、父辈的墓葬；从墓葬出土的云母金箔来看，虽然残存的较少，但据河北景县北魏高雅墓出土的云母金箔的情况，很可能亦为'雍尸'之用，所以墓主人的社会地位应该是较高的。"估计 10 号墓很可能就是太保翁崔光的①。《崔博志》曰："意如之苗裔，十二世祖琰，魏中尉。八世祖岳，晋司徒。"博与德为胞兄弟。《崔德墓志》称岳为九世祖，崔猷志称岳为七世祖，言崔光为从父兄。混、博、德均为崔光弟崔敬友之孙，由猷、光、敬友辈至混、博、德辈仅三代，可知《崔德墓志》所言"九世祖"准确。《新唐书》谓岳为晋司徒，关内侯，为崔景之后，而崔博、崔德墓志则云岳为琰之后，应以墓志为是。

刊刻于天宝四年（553 年）《崔颙墓志铭》，现藏山东省青州市博物馆。志主崔颙，正史无传。志称："君讳颙，清河东武城人。尚书仆射，贞烈公之孙，泾州使君第二子也。"考"尚书仆射，贞烈公"即《魏书》有传的崔亮。崔亮附权臣刘腾，官至尚书仆射，卒谥贞烈。据《崔亮传》载："亮有三子，士安、士和、士泰，并强干善于当世。士安，历尚书比部郎，卒于谏议大夫。赠左将军、光州刺史。无子，弟士和以子乾亨继。乾亨，武定中，尚书都兵郎中。士和，历司空主簿、通直郎。从亮征硖石，以军勋拜冠军将军、中散大夫、西道行台元修义左丞，行泾州事。萧宝夤之在关中，高选僚佐，以为督府长史。时莫折念生遣使诈降，宝夤表士和兼度支尚书，为陇右行台，令入秦扶慰，为念生所害。士泰，历给事中、司空从事中郎、谏议大夫、司空司马。肃宗末，荆蛮侵斥，以士泰为龙骧将军、征蛮别将，事平，以功赐爵五等男。建义初，遇害于河阴。赠都督青兖二州诸军事、镇东将军、青州刺史，谥曰文肃。子肇师，袭爵。武定末，中书舍人。"这段文献记述了崔亮三子二孙的简况，从中可见，志主崔颙的伯父崔士安与叔父崔士泰传中都附有子嗣姓名、职官，唯独崔颙的父亲崔士和传缺载子嗣情况。此方墓志可补崔士和传之不足。《魏书·崔亮传》中将崔光与崔颙之祖崔亮定为从兄弟关系；而《北史·崔亮传》则作"族兄"。考二人祖名，光祖名旷，亮祖名修之。可见，他们实乃亲密的同族兄弟。崔光与崔亮少时被从三齐徙家代北，靠佣书为业。后又同朝为官，感情甚笃。而且崔光弟敬友和崔亮弟敬默、敬远，显然还以"敬"字辈排行，这表明这两支崔氏之间存在着很强的宗族意识。

1984 年，河北省唐山市文物管理所从迁安县征集到《常袭妻崔隆宗

---

① 赖非：《齐鲁碑刻墓志研究》，济南：齐鲁书社，2004 年版，第 235 页。

女墓志》。崔隆宗女为清河崔氏。其先祖《崔遹墓志》已出土，墓志称"燕建兴十年昌黎太守清河东武城崔遹"。他曾先后任后燕尚书左丞及范阳、昌黎二郡太守。卒于后燕建兴十年（395年），正值后燕灭亡前夕。其子孙史籍无载，推测崔遹去世后，其子孙和其他中原士人一样，居于原籍，未曾出仕北魏政权，所以无闻于世。据《魏书·崔逞传》记载，崔遹为崔逞兄。崔遹曾孙延寿……延寿子隆宗，隆宗子敬保，仍以"敬"字辈排行，或许与崔光弟敬友和崔亮弟敬默、敬远同辈。嫁与辽西常袭的崔隆宗女，以此而知其在崔氏家族中的辈分。

1986年，山东临朐县冶源镇北齐天保二年（551年）《崔芬墓志》，志记其为清河东武城人，"高曾在晋，持柯作牧。乃祖居宋，分竹共治，洎魏道南被，政寄唯良，复和在阴，载縻好爵"。史载后燕覆灭时，崔氏中一些成员随慕容德渡河至青齐。刘裕灭南燕，青齐归属江左，崔氏虽然服务于晋、宋政权，但家族仍然留居青齐。宋明帝初年，北魏夺取刘宋的淮北四州，崔氏家族多数成员亦因而入魏，甚至作为"平齐户"被迁至平城，而他们依旧以青齐为故里，后来多回到青齐①。此志叙述的就是崔氏宗族这一历史轨迹。

1964年出土于新泰市宝镇颜庄村东《羊祉妻崔神妃墓志》云，夫人清河东武城人，后汉扶风太守崔霸为其九世祖，祖道林。父平仲。霸、道林、平仲、崔神妃，正史无传，据志可补史阙。1973年在同地出土刊刻于东魏武定二年（544年）《羊深妻崔元容墓志》。羊深为羊祉第二子。夫人崔元容，清河东武城人，志曰："祖烈，宋冠军将军，青、冀二州刺史。父士懋，尚书左民郎中，出为高平太守。"崔烈、崔士懋不见史载。北魏《杨椿妻崔氏墓志》1986年出土于陕西华阴五方村杨氏墓茔。志记："魏故使持节、督洛州诸军事、安南将军、洛州刺史，弘农杨简公第二子妇清河崔氏墓志铭。"知崔氏亦为清河崔氏家族成员。

《元乂墓志》载，息颖秘书郎中，妻清河崔氏休尚书仆射。知崔休女嫁与元乂子元颖，清河崔氏与元氏宗室有联姻关系。

现据史书及崔氏族员墓志记载，清河崔氏支谱系树简图如下：

① 唐长孺：《北魏的青齐土民》，引自《魏晋南北朝史论拾遗》，北京：中华书局，1983年版，第92—122页；罗新：《青徐豪族与宋齐政治》，引自《原学》第一辑，北京：中国广播电视出版社，1994年版，第147—175页。

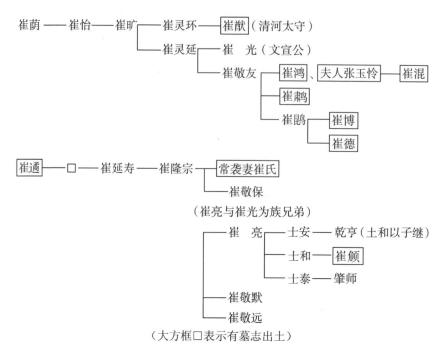

（大方框□表示有墓志出土）

史载清河崔氏家族因崔朏参预京兆王愉叛乱而被镇压，因此在宣武帝时开始衰微，故魏末以后，仕宦无闻①。

崔仲牟居博陵安平，为博陵崔氏之祖。安平，旧属涿郡，东汉桓帝置博陵郡，治安平。博陵崔氏史书详载众多人物。综合《魏书》《北史》等正史文献所载，崔挺字双根，博陵安平人也。六世祖赞，魏尚书仆射。五世祖洪，晋吏部尚书。父郁，濮阳太守。挺幼居丧尽礼，少敦学业，多所览究，挺与弟振推让田宅旧资，惟守墓田而已，家徒四壁，兄弟怡然，手不释卷。后举秀才，设策高第。拜中书博士，传中书侍郎，以工书受敕于长安书文明以后燕宣王碑。赐爵泰昌子。尚书李冲甚重之，高祖以挺女为嫔，后除昭武将军，光州刺史。世宗即位后，挺累表乞还。四年卒，时年五十九，其年冬赠辅国、幽州刺史，谥曰景。有子六人，长子孝芬，字恭梓，早有才识，博学好文章，文笔数十篇。有子八人。长子勉，字宣祖，颇涉史传。遇病卒。无子，弟宣度以子龙子为后。勉弟猷，字宣猷，少好学，风度娴雅。子仲芳嗣。仲芳，字不齐，少好读书，有文武才略。后卒于家，子恭，位定陶令。宣猷弟宣度；宣度弟宣轨，颇有才干，与弟宣质，宣静、宣略

---

① 《魏书》卷二十四《崔朏传》，北京：中华书局，1974 年版，第 624—638 页。

并早卒。孝芬弟孝伟，子昂。昂字怀远，其伯父崔孝芬称之为家族千里驹。昂性端直，颇综文词。有五子，第三子液，字君洽。孝昕弟孝演，字则伯，出继伯父。性通率，美须髯，姿貌魁杰，少无宦情，沈浮乡里。及仙于修礼起逆，遇害。无子，弟孝直以子士游为后。孝直字叔廉，早有志尚。子士顺，位太府卿。孝直弟孝政，字季让，志尚贞立，博学经史，雅好辞赋。以上孝芬八子：长子崔勉，字宣祖；次子崔猷，字宣猷；三子以下为宣度、宣轨、宣质、宣默、宣略、宣静以其字载，不及于名。其中宣默失载，宣静，即志主宣靖，静与靖谐义。据志可补其缺与记载之误。据《北史·齐本纪》，北魏永熙三年（534年）七月，孝武帝入关，七月二十九日，高欢进入洛阳，八月四日，"收开府仪同三司叱列延庆、兼尚书左仆射辛雄、兼吏部尚书崔孝芬、都官尚书刘廞、兼度支尚书杨机、散骑常侍元弼，并杀之"。崔孝芬被杀后，"没其家口"。在他的八个儿子中，除了长子宣祖和宣猷、宣度逃走以外，宣轨与弟宣质、宣默、宣略、宣静并死于晋阳。今由崔宣默、崔宣靖墓志可知他们同时于九月十七日被杀。

挺弟振，字延根，少有学行，居家孝，为宗族所称。子子朗，美容貌，涉猎经史，少温厚，有风尚。振既亡后，挺子孝芬等承奉叔母李氏，若事所生。抚从弟宣伯、子朗，如同气焉。挺从父子瑜，字仲琏，少孤，有学业。子孟舒，字长才，袭父爵，谥曰康。孟舒弟仲舒；仲舒弟季舒，字叔正，少孤，性明敏，涉猎经史，长于尺牍，有当世才具，最为知名。庶子长君。挺从祖弟修和，修和弟敬邑，官营州刺史、征虏将军、太中大夫，神龟中卒。以上史书所载诸事，足以说明博陵崔氏正如《崔宣靖墓志》所言"世称著姓，家实儒门"。至于目前，博陵崔氏已有多方墓志出土，可为后人更为明晰博陵崔氏人物事迹及宗族谱系的建立，给予了丰富的资料支持。如刊刻于北周大象元年（579年）十月二十六日崔宣靖、崔宣默墓志，1998年出土于河北省平山县上三汲乡之上三汲村和其西北的中七汲之间。《崔宣靖墓志》载："君姓崔，讳宣靖，博陵安平人。幽州使君、景侯挺之孙。仪同、仆射、太昌公孝芬之幼子。……时年十七，永熙三年九月十七日卒于晋阳。"《崔宣默墓志》载："君姓崔，讳宣靖，博陵安平人。祖挺，后魏光州刺史。父孝芬，后魏仪同三司、吏部尚书、留守、仆射，太昌公。以永熙三年九月十七日卒于晋阳，时年一十有五。"近年来，在平山县东南部的上三汲乡和两河乡一带，先后出土了北齐天统二年（566年）二月十四日《崔昂墓志》与前妻《卢修娥墓志》、后妻《郑仲华墓志》；以及《崔仲方墓志》《李丽仪墓志》

《崔大善墓志》。崔仲方及妻李丽仪、子崔大善墓志记载了大量有关墓主的家族世系及活动情况。崔仲方在《北齐书》《北史》《隋书》中均有传。题铭为“隋故礼部上书固安公崔公墓志铭”；墓志载，君讳仲方，字不齐，博陵安平人。汉尚书寔十二世孙，曾祖挺，祖孝芬，父宣猷。崔仲方卒于隋大业十年（614 年），唐贞观十一年（637 年）迁葬于西岳村墓地。志中记载有关其于北周天和元年（566 年）诏授安国公，世子大都督，隋开皇初任鸿胪少卿，仁寿初总管、蓝忻蔚等州诸军事等在其传中均未见记载，志文可补史不足。《崔大善墓志》记大善字民涤，为博陵安平人。祖猷。父仲方，固安公。崔仲方妻李丽仪。子崔大善史书均无载，墓志所记亦可补史。《崔昂墓志》，志文述其祖挺。伯父孝芬。父孝昞。崔昂卒于北齐天统元年（565 年）。知其与宣靖、宣默为从兄弟。其前妻卢修娥、后妻郑仲华均能补史阙。

北魏神龟二年（519 年）《崔宾媛墓志》志盖详载崔宾媛祖父与祖亲，父与母，兄弟姐妹及子嗣的婚配关系。如夫人祖经，征虏将军、兖州刺史，襄城侯；祖亲河间邢氏，父邃河间太守。父辩，武邑太守、平东将军、定州刺史，饶阳恭侯；母赵郡李氏，父祥，定州刺史，平棘子，谥曰献。夫人长弟逸，字景俊，廷尉卿，领国子博士。逸妻荥阳郑氏，父义，中书令、西兖州刺史，南阳公。逸弟模，字林轨，今太尉府从事中郎、定州大中正。模妻荥阳郑氏。继室范阳卢氏。继室渤海高氏，宣武皇帝后姊。模弟楷，字季则，今尚书左丞。妻陇西李氏，父韶，今中军大将军、吏部尚书。夫人妹字兰宾，适高阳王咨议参军，范阳卢洪。次妹字叔兰，适高尚书、车骑大将军、瀛洲刺史河间邢峦。小妹字芷兰，适李府君从祖弟，武卫将军、给事黄门侍郎、赵郡内史冯□。志石亦载，夫人姓崔，字宾媛，博陵安平人也，赵郡府君李叔胤之夫人。该墓志所载博陵崔氏家族人物见于正史者众多。赵郡太守李叔胤及夫人崔宾媛正史有载①，只是史书未录其字宾媛。志载（夫人）长弟逸，字景俊，廷尉卿，领国子博士。（夫人）小子翼，翼妻，夫人长弟廷尉逸女。正史载墓主与崔逸为兄妹，而据志载二人为姐弟关系，应以志为是。志中还记载了诸多姻亲关系，如崔经娶河间邢邃女；崔辩娶赵郡李祥女；崔逸娶荥阳郑义女；崔模妻荥阳郑氏、继室范阳卢氏、继室渤海宣武皇帝后姊高氏；崔楷娶陇西李韶女；崔兰宾嫁范阳卢洪；崔叔兰适河间邢峦；

① 李叔胤事迹参见《魏书》卷四十九；崔宾媛事迹见《魏书》卷五十六、九十二；《北史》卷三十二、九十一。

崔芷兰适李府君从祖弟；李翼娶其舅崔逸女；李幼芷适博陵崔叔廉，此等人物之婚配关系史上多无明载，据该志以补史不足。

清康熙十八年（1679年），《崔敬邕墓志》出土于河北安平。崔修和与崔敬邕为亲兄弟，亦均是崔挺的从祖弟。

北魏《崔孝芬之族弟墓志》记，墓主为博陵安平人，祖国珍，乃吏部尚书崔孝芬之族弟。

北齐武平五年（574年）《李琮墓志》称"子妻博陵崔氏，父彦遐。女和上适博陵崔君弘。"《魏书》载："（兄子）安世妻博陵崔氏，生一子场。崔氏以妒悍见出。"[1] 1963年夏，河北博野同连村南出土东魏武定元年（543年）《崔景播墓志》，志文述景播字叔稷，博陵安平人。曾祖绰，中书博士、辅国将军、平原太守。祖超，淮南王中兵参军、雍州长史。父元徽，钜鹿太守、冀州司马。刊刻于北齐河清元年（562年）《崔宣华墓志》载"夫人讳宣华，博陵安平人。祖定州恭公，父冀州仪同公"，墓志记载祖、父之官职，而未载名字。考《魏书·崔鉴传》："鉴子秉，薨赠定州刺史，谥曰靖穆。长子忻，庄帝初，遇害于河阴，赠冀州刺史。"夫人盖秉之孙，忻之女。《李宪墓志》记"长女长辉，适龙骧将军、营州刺史，安平男，博陵崔仲哲。父秉，司徒静穆公（"静穆"通"靖穆"）。第三女叔婉，适兖州刺史，渔阳县开国男，博陵崔臣"。又记第二子李希宗妻博陵崔氏。父楷，仪同三司。第三子李希仁妻博陵崔氏。父孝芬，仪同三司。李宪孙《李祖牧墓志》记"第二女适博陵崔子信，信太子舍人。第三女适博陵崔伯友，友梁州骑兵参军"。可见赵郡李氏与博陵崔氏联姻时已久矣。

东魏《封柔墓志》记："夫人博陵崔氏，年廿九，以熙平二年八月十日奄遭非命云亡。"

《崔令姿墓志》，1965年春出土于济南市东郊圣佛寺院村东，今藏济南市博物馆。志曰："令姿乃崔琰之后；又云，父延伯，清河太守。"《魏书》《北史》中亦有崔延伯，史载延伯为博陵人，博陵崔氏与清河崔氏同祖但不同宗，至北魏时，已成远房疏族。

隋开皇九年刊刻《崔长晖墓志》，1948年出土于河北省景县安陵区前村乡。志文"夫人崔氏，讳长晖，博陵安平人。司徒封祖业之妻，秘书朗崔辅之长女"。崔长晖的丈夫封延之，字祖业，史书有传。崔长晖的父亲崔辅，不见于史传。墓志又记第四女嫁博陵崔叔胤。可见鲜卑贵族

---

① 《魏书》卷五十三《李孝伯传》，北京：中华书局，1974年版，第1177页。

封氏与博陵崔氏亦有联姻。

现据《魏书》《北史》《新唐书》等正史及崔氏族员墓志资料，博陵崔氏支谱系树简图如下：

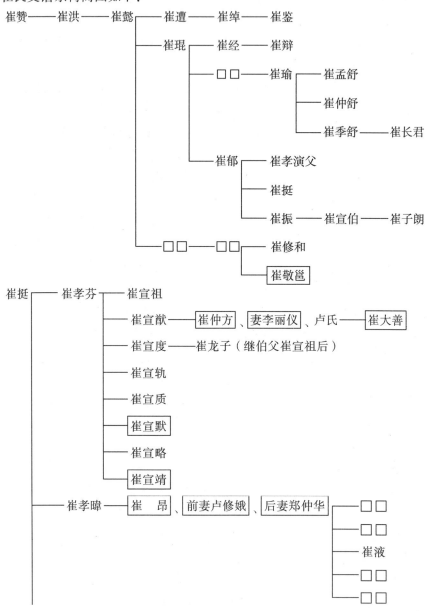

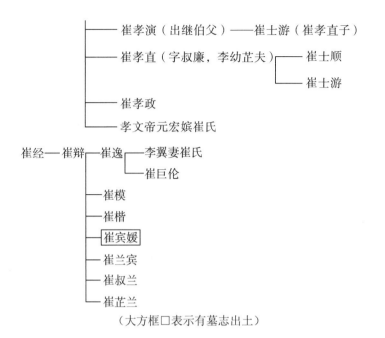

（大方框□表示有墓志出土）

（三）琅邪王氏

见诸史载较早的琅邪王氏成员是西汉昭帝始元二年（前85年）参政的王吉。王吉在后人王祥、王览，在政治以及家学等方面秉承家族传统，使之在朝廷和民间均得以认可。魏晋以后，以王廙、王敦、王导、王衍等人为之作为，掺入并主导朝廷政治长达十年之久，成为东晋南朝第一流高门士族，当时最具影响力的士族群体。

《世宗贵华王普贤墓志》出土于洛阳，夫人王普贤，为王奂之孙，王肃之女。志称："考昔钟家耻，投诚象魏。夫人痛皋鱼之晚悟，感树静之莫因，遂乘险就夷，庶恬方寸。惟道冥昧，乃罹极罚，茹荼泣血，哀深乎礼。服阕，乃降皇命，爰登紫掖。"王普贤卒于延昌二年，年二十七。正史后妃传中不载贵华之称，可补史阙文。《王绍墓志》出土于洛阳。志称"考司空深倅伍氏之概，必誓异天之节，乃鹄立象魏，志雪冤耻。……春秋二十有四，延昌四年八月薨"，知生于太和十六年（492年），即南齐永明十年，知普贤长绍五岁。志称其母陈郡谢氏，父庄，右光禄大夫，宪侯。考《魏书·王肃传》以父奂及兄弟并为齐武帝萧颐所杀，自建业来奔。子绍，肃前妻谢生也。肃自南入北时绍方在襁褓中。景明二年肃临卒，前妻谢氏携二女及绍至寿春。其后，世宗纳王普贤为夫人，肃宗又纳王绍女为嫔①。《南齐书·魏虏传》曰："肃初奔虏，自说其家被诛事状，（元）宏为之垂涕。以第六妹伪彭城公主妻之，封肃平原郡公。"②《洛阳伽蓝记》卷三"城南·正觉寺"记载，肃在江南之日，聘谢氏女为妻，及至京师，复尚公主。谢作五言诗以赠之。其诗曰："本为箔上蚕，今作机上丝。得路逐胜去，颇忆缠绵时。"公主代肃答谢云："针是贯线物，目中恒任丝。得帛缝新去，何能纳故时。"③王肃前妻谢氏与后妻彭城公主一对一答足显两女之才情、心智、气魄与挚情。

《王诵墓志》出土于洛阳。志载诵祖奂，齐尚书、左仆射。父融，给事黄门侍郎。考《南齐书·王奂传》"奂以擅杀宁蛮长史刘兴祖为齐武帝所诛，长子融、融弟琛俱弃市，余孙原宥"，故诵得随叔氏降魏。如志中所云"值齐季道销，天下竞逐，罹比屋之祸，求息肩之地。遂尊卑麝卷，投诚魏阙"，即隐指因家难奔魏之事。关于王诵罹"河阴之难"，志讳而不言。《王翊墓志》出洛阳。志载翊祖父考姓名位氏族，与王绍、王普贤二志体制相似，翊本齐人，殆可视为南风被渐。以志校《魏书·王肃传》，翊为肃次兄琛子，历官则志为详，惟传云"字士游"，志作"仕翔"。传云"永年元年冬卒，年三十七"，志作四十五，应以志为是。《元义墓志》"女僧儿，年十七，适琅琊王子建，父散骑常侍济州刺史。"《王翊传》："（诩）颇锐于荣利，结婚于元义（按：义），超拜左将军、济州刺史，寻加平东将军。"④"结婚于元义"即指元义女僧儿嫔于王翊子。洛阳亦出土唐永徽五年（654年）《王素墓志》，称"曾祖翊仕镇南将军、使持节、济州刺史、国子祭酒、金紫光禄大夫。祖淡齐北徐州大中正"，举翊仕历，与史志合。翊有子名淡，可补史阙。

以史书为据，结合墓志，王奂支谱系树简图如下：

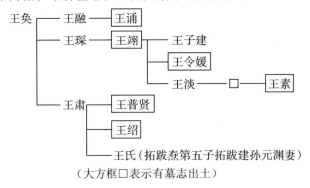

（大方框□表示有墓志出土）

① 《魏书》卷六十三《王肃传》，北京：中华书局，1974年版，第1403—1407页。
② 《南齐书》卷五十七《魏虏传》，北京：中华书局，1972年版，第998页。
③ ［北魏］杨衒之著，尚荣译注：《洛阳伽蓝记》，中华书局，2012年版，第220页。
④ 《魏书》卷六十三《王翊传》，北京：中华书局，1974年版，第1413页。

琅邪王氏进入南朝后政治上开始没落，但其社会地位仍很高。孝文帝迁都之际的太和十七年（493 年），王肃因政争而北投，受到孝文帝特别器重，任命他负责官制改革。王氏在洛阳居住劝学里。《王诵妻元贵妃墓志》载其亡于洛阳之劝学里宅。《洛阳伽蓝记》卷三"城南·正觉寺"记载王肃于延贤里内立正觉寺，其住宅当在此里或相邻里坊；又"劝学里东有延贤里"，则可知琅邪王肃居劝学里宅。

（四）河间邢氏

自北魏孝文帝迁都洛阳，全面推行汉化政策以后，北方地区的一些汉族世家大族政治与社会地位迅速上升，如河间邢氏家族就属于"族冠朔冀，人彦北土"①。关于河间邢氏的家族起源和地望，以及该家族于魏晋之际门第的奠定，前贤后生在著述中多有涉及，在此不再赘述。② 北朝时期在北方氏族中占有重要地位的河间邢氏家族，又因新中国成立后多方墓志的出土，其中对该家族人物官职与婚配关系等信息的记载，丰富了我们对北朝河间邢氏家族的认识，志文记载多处既可补传世文献的不足，又能带来一些新的思考。

第一，河间邢氏家族成员墓志出土情况。目前，北朝时期河间邢氏家族成员的墓志已出土四方。北魏延昌四年（515 年）《邢伟墓志》，1956 年春于河北河间市（县）沙洼乡南冬村东出土。志石长 67.5 厘米、宽 63 厘米、厚 13 厘米。墓志文正书 26 行，满行 24 字，计 522 字。有界格，周边有子口。盖佚。在邢伟墓发掘的同时，还发现了邢峦墓，当时并未进一步发掘③。现藏河间市文物保管所。北魏延昌四年（515 年）《邢峦墓志》，1972 年于河间市南冬村邢氏墓群出土。志石正方形，长与

---

① 沧州市文物局：《沧州出土墓志·北魏故车骑大将军瀛洲刺史平舒邢公（峦）墓志》，北京：科学出版社，2007 年版，第 2—3 页；石永士、王素芳、裴淑兰《河北金石辑录》，石家庄：河北人民出版社，1993 年版，第 211 页。

② 如《急就篇》卷二"邢丽奢"条、《元和姓纂》卷五"邢氏"条、唐杜牧《樊川文集》《新唐书》卷七十四《宰相世系表四上》、宋郑樵《通志·氏族略》、邓名世《古今姓氏书辩证》及王应麟《姓氏急就篇》卷下"邢氏"等，对于河间邢氏的家族起源和地望，以及该家族于魏晋之际门第的奠定等情况均有相关论考；王永平：《"学府文宗"：北朝后期核减邢氏之家族文化》，《学习与探索》2009 年第 2 期，第 222—228 页。该文认为河间邢氏在曹魏时期邢颙、邢贞官位太常，进入了统治集团的上层，成为当时士族社会的名士，其代表性房支已进入了士族阶层。

③ 孟昭林：《记后魏邢伟墓出土物及邢峦墓的发现》，《考古》1959 年第 4 期，第 209—210 页；田国福：《邢府君墓志》，石家庄：河北美术出版社，2000 年版；赵超：《汉魏晋南北朝墓志汇编》，天津：天津古籍出版社，2008 年版，第 78—69 页；沧州市文物局：《沧州出土墓志·北魏故博陵太守邢府君（伟）墓志》，北京：科学出版社，2007 年版，第 4—5 页。

宽 80 厘米、厚 19.5 厘米。志文正书 25 行，满行 26 字①。藏河北省文物研究所。北魏永熙三年（534 年）《邢僧兰墓志》一盒，2009 年于河北赞皇县西高村南出土②。青石质，由志盖、志石组成。志盖呈盝顶形，志盖长 54.8 厘米、宽 54.5 厘米、厚 5.5 厘米，盝顶顶面长 45.6 厘米、宽 44.5 厘米。阳刻，篆书，3 行，行 3 字，篆书"魏故李光州邢夫人铭"。志石长 55.3 厘米、宽 54.5 厘米、厚 7 厘米。表面磨光，刻横纵界格。志文阴刻，魏碑体，27 行，满行 28 字，计 746 字。东魏兴和三年（541 年）《邢晏墓志》，1972 年于河间市南冬村邢氏墓群出土。志石长 73 厘米、宽 72.5 厘米、厚 10 厘米。志文正书 37 行，满行 37 字，计 1359 字③。现藏于河北省文物研究所。这些墓志的出土，为了解北朝时期河间邢氏主要成员的官品爵位及家族谱系等信息提供了新的线索与证据。

第二，河间邢氏家族成员及代表性房支谱系。河间邢氏的先祖较早见于史籍的是邢颙。《三国志·邢颙传》记载，邢颙是河间鄚④人，仕于曹魏，曾做过平原侯曹植家丞⑤，后为太子太傅。魏文帝曹丕即位后，擢迁侍中、尚书仆射，赐爵关内侯。又徙为太常，有较高的社会地位。其曾孙邢乔，"有体量局干，美于当世"，晋惠帝时为尚书吏部郎，后迁升至司隶校尉⑥。《北史·邢峦传》载："峦字洪宾，河间鄚人，魏太常贞之后也。族五世祖嘏，石勒频徵不至。嘏无子，峦高祖盖自旁宗入后。盖孙颖，字宗敬，以才学知名。"但《魏书》未记述邢嘏⑦与邢盖事迹及先世情况，唯《北史·邢峦传》与《北齐书·邢邵传》称其为"魏太常贞之后"，仅一笔带过，未叙其余。《邢伟墓志》亦载"太常腾芬于魏

---

① 沧州市文物局：《沧州出土墓志·北魏故车骑大将军瀛洲刺史平舒邢公（峦）墓志》，北京：科学出版社，2007 年版，第 2—3 页；石永士、王素芳、裴淑兰：《河北金石辑录》，石家庄：河北人民出版社，1993 年版，第 211 页。

② 中国科学院考古研究所河北工作队：《河北赞皇县北魏李仲胤夫妇墓发掘简报》，《考古》2015 年第 8 期，第 75—88 页；白艳章：《北魏〈李仲胤墓志〉考释》，《邢台学院学报》2016 年第 2 期，第 20—22 页。

③ 沧州市文物局：《沧州出土墓志·北魏故博陵太守邢府君（晏）墓志》，北京：科学出版社，2007 年版，第 14—16 页；石永士、王素芳、裴淑兰：《河北金石辑录》，石家庄：河北人民出版社，1993 年版，第 225 页。

④ 鄚为古地名，战国时期赵国属地。

⑤ 刘桢评价邢颙："家丞邢颙，北土之彦，少秉高节，玄静澹泊，言少理多，真雅士也。"

⑥ 《三国志·魏书·邢颙传》注引《晋诸公赞》。

⑦ 据《高阳县古今大事记（四）晋及十六国》记载，建兴四年（316 年）十二月，县被石勒所据，改高阳国为郡。时，战乱中的流民迭相聚义而反。其中，河间邢嘏聚众起义，石勒派兵镇压不果。故以武遂（今徐水西遂城）令李回为易北督护，兼高阳太守，分化瓦解起义军，流民多归附。

史"。如此邢颙与邢贞、邢盖世系关系不明。

进入北魏后，被北魏太武帝拓跋焘政权征召和重用，并显赫一时的河间邢氏代表人物为邢颖。《魏书》载神䴥四年（431年）诏曰："顷逆命纵逸，方夏未宁，戎车屡驾，不遑休息。……访诸有司，咸称范阳卢玄、博陵崔绰、赵郡李灵、河间邢颖、勃海高允、广平游雅、太原张伟等，皆贤俊之胄，冠冕州邦，有羽仪之用。"① 河间邢氏作为"皆贤俊之胄，冠冕州邦"的大族代表进入"征士行列"，对于其家族门户地位的提升具有不可忽视的意义。

《魏书》记峦祖父邢颖，以才学知名。世祖时，与范阳卢玄、渤海高允等同时被征。曾任中书侍郎、假通直常侍，平城子。卒赠定州刺史，谥曰康。父邢修年曾任州主簿。邢峦、邢伟两方墓志记载体式相同，均在序文中简述墓主祖颖及父修年的官职与爵位，文字完全一致："祖颖，散骑常侍、冠军将军、定州刺史、城平康侯。""父修年，南河镇将。"志文详记墓主的生平事迹及卒葬时间与地点等信息。《邢晏墓志》除了记载祖与父的名，还载其字：祖颖，字敬宗（《魏书》《北史》记颖字宗敬）；父修年，字延期（史书未载）。职官记录无甚出入，只是其祖颖的爵位为"城平子，谥康侯"；其父修年卒后追赠为"河间太守"。正因河间邢氏的先祖"太常以震吴播声，城平以怀宋垂称"之誉奠基，以及"祖怀文抱质，名标隽民。父进德修业，誉冠多士"（《邢晏墓志》）之名播扬，使得该家族子嗣人才辈出，或"以文史达"，或以武称雄，声誉渐起于当世。

邢氏家族成员虽所任官职不高，但文才干略传家，形成了深厚的文化底蕴，史书均有记载不辍。邢峦正史有传，其弟邢伟、邢晏事迹附其传后。《魏书》本传，邢峦，字洪宾（志载字山宾，以墓志为正）。少而好学，负帙寻师，家贫厉节，遂博览书传。有文才干略。州郡表贡，拜中书博士，迁员外散骑侍郎，为高祖所知赏，（高祖时）除正黄门、兼御史中尉、瀛洲大中正，迁散骑常侍、兼尚书。峦至汉中，白马已酉犹未归顺，峦遣宁远将军杨举、统军杨众爱、氾洪雅等领卒六千讨之②。邢峦奋战疆场经历在北魏正光四年（523年）《席盛墓志》中亦有所体现，志文记载："镇西邢公，当推毂之重，俱征梁汉。"③ 这里"镇西邢公"指镇西将军邢峦。说的正是宣武帝正始元年（504年），萧梁行梁州

---

① 《魏书》卷四《世祖纪上》，北京：中华书局，1974年版，第79页。

② 《魏书》卷六十五《邢峦传》，北京：中华书局，1974年版，第1437—1439页。

③ 罗新、叶炜：《新出魏晋南北朝墓志疏证》，北京：中华书局，2004年版，第97—99页。

事夏侯道迁降魏，假镇西将军邢峦受命前往受降，并驻兵汉中。《魏书》记载：正始二年"二月，梁州氐反，绝汉中运路。刺史邢峦频大破之。"①后拜峦使持节、安西将军、梁秦二州刺史。后峦领兵宿豫大捷，又平悬瓠，迁殿中尚书，加抚军将军。延昌三年，暴疾卒，年五十一。追赠车骑大将军，瀛州刺史，谥曰文定②。《邢峦墓志》载"天不慭遗，寝疾暴迫。春秋五十一，延昌三年三月九日丁巳薨于第。天子震悼，朋僚洒泪，春者有辍相之悲，京人齐亡寒之痛。赗襚之礼，率有加隆，追赠车骑大将军、瀛州刺史，伯如故。谥曰□□，礼也。"③由正史记峦"谥曰文定"，可补墓志阙文。邢峦前期襄助孝文帝推进汉化改制，后期奉宣武帝命奋战疆场④，正如志文所赞："文武之量表乎弱龄，将相之姿成乎中齿""绩猷彰乎诏册，勋列被乎朝野"。可见，邢峦⑤一世功绩，为北朝时期河间邢氏家族"克光祖业，远广邦誉"做出了突出的贡献。峦子邢逊，貌虽陋短，颇有风气。袭爵后，迁国子博士，本州中正。迁长兼吏部郎中。后位大司农卿。卒，赠光禄勋、幽州刺史。逊子邢祖微，开府祭酒⑥。而《北史》记逊子为邢祖徵（"微"与"徵"之别），祖徵弟祖劝，有风尚；祖劝弟祖俊⑦。

《魏书》又载邢峦弟邢儒（《北史》未载），瀛州镇远府长史、给事中。

邢儒弟邢伟，正史仅记"尚书郎中。卒，赠博陵太守"甚简，而墓志详载其生平事迹，如其"字叔儒"；官职"起家除奉朝请，历员外散骑侍郎、太尉长流参军、尚书南主客郎中，加轻车将军"；"春秋卌有五，延昌三年七月廿六日壬申，暴疾卒于洛阳永和里。才高位下，有识嗟惜。朝廷矜悼，追赠博陵太守。粤四年二月十一日甲申，葬武垣县永贵乡崇仁里，祔车骑公神之右茔"。上述邢伟卒葬年龄、时间和葬地等信息，诸多内容可补史之阙。据《魏书》记载，邢昕，字子明，河间人，尚书峦弟伟之子。幼孤，见爱于祖母李氏。好学，早有才情。由"幼

---

① 《魏书》卷八《宣武帝纪》，北京：中华书局，1974年版，第198页。
② 《魏书》卷六十五《邢峦传》，北京：中华书局，1974年版，第1440—1447页。
③ 沧州市文物局：《沧州出土墓志·北魏故车骑大将军瀛洲刺史平舒邢公（峦）墓志》，北京：科学出版社，2007年版，第2—3页；石永士、王素芳、裴淑兰：《河北金石辑录》，石家庄：河北人民出版社，1993年版，第211页。
④ 王延武：《由〈魏书·邢峦传〉看北魏军事制度改革的滞后》，《中南民族大学学报》（人文社会科学版）2005年第11期，第109页。
⑤ 邢峦事迹还见于《南齐书》《北齐书》《北史》。
⑥ 《魏书》卷四《世祖纪上》，北京：中华书局，1974年版，第1437—1448页。
⑦ 《北史》卷四十三《邢峦传》，北京：中华书局，1974年版，第1584—1585页。

孤"推断，邢伟卒时昕未出生或尚年幼。初，吏部尚书李神儁奏昕修《起居注》，又受诏与秘书监常景典仪注事。永熙末，昕入为侍读，与温子升、魏收参掌文诏。可见邢昕有文韬之功。后昕遇疾卒，士友悲之。赠车骑将军、都官尚书、冀州刺史，谥曰文。所著文章，自有集录①。但《邢伟墓志》未记其子嗣情况。

《魏书》又载伟弟邢季彦（《北史》未载）。

季彦弟邢晏，字幼平。志文记载晏"渊原出于江汉之流，芬馥入于芝兰之室"。晏美风仪，博涉经史，善谈释老，雅好文咏。起家为太学博士，转司徒东阁祭酒。左迁郏县令，未之官。除给事中，迁司空主簿、本州中正、汝南王文学。稍迁辅国将军、司空长史、兼吏部郎中。以本将军出为南兖州刺史。征为太中大夫、兼丞相高阳王右长史。寻以本将军除沧州刺史。为政清静，吏人安之。孝昌中卒，时年五十一。赠征北将军、尚书左仆射、瀛洲刺史，谥曰文贞②。晏笃于义让，初为南兖州，例得一子得褐，乃启其孤弟子子慎为朝请。子慎年甫十二，而其子已弱冠矣。后为沧州，复启孤兄子昕未府主簿，而其子并未从宦，世人以此多之③。《邢晏墓志》载邢晏官职远比正史翔实，墓志仅漏载正史中"征为太中大夫"一条；晏之卒葬年，墓志记载准确。而《邢晏墓志》最为称道之处为其尾记内容，详载邢晏子嗣的官职与年龄等信息：息览，（字）子远，州主簿，年十八，正光五年十月十八日亡。息象，（字）子义，出后第四伯，奉朝请季彦，郡功曹、州召主簿，年十九，以孝昌三年六月廿六日亡。息测，字子深，太尉府行参军，太师府主簿，平北将军、太中大夫，年廿九。息亢，字子高，司空行参军、广平王记室参军事、左将军，仪同开府从事中郎，年廿五，未婚。息子长，大司马府集曹行参军，年十八，未婚。息子广，年十六，未婚。息女援英，年十九，建义元年五月十日亡，未嫁。息女援娥。息女同娥。息女援止。息女容娥，年十六，兴和二年三月十九日亡。测息苏诃，二岁。同娥息女普贤，三岁；息女菩提，二岁。援止息普明，八岁④。正史仅记邢晏子邢测与邢亢两人。《魏书》记测（《北史》未载），武定末，太子洗马。测弟邢亢，字子高（与志同）。邢亢亦颇有文学。志载"司空行参军、广平王

①　《魏书》卷八十五《邢昕传》，北京：中华书局，1974年版，第1873—1874页。
②　《魏书》卷六十五《邢晏传》，北京：中华书局，1974年版，第1448—1449页。
③　《北史》卷四十三《邢峦传附邢晏传》，北京：中华书局，1974年版，第1586页。
④　沧州市文物局：《沧州出土墓志·北魏故博陵太守邢府君（晏）墓志》（简称《邢晏墓志》），北京：科学出版社，2007年版，第14—16页。

记室参军事、左将军仪同开府从事中郎，年廿五"与正史一致。后亢所履官等事迹又见《魏书》载其年二十八"兼通直散骑常侍，使于萧衍"，后"除平东将军，齐文襄王大将军府属，又转中外府属。武定七年，坐事死于晋阳，年三十四。"亢的这些履历是其父邢晏去世后发生的，不可能在志文中出现。志中所载邢晏其余四子、五女及孙辈四人的信息，诸多可补史书之阙。

《邢僧兰墓志》记载，夫人讳僧兰，河间鄚人。祖定州康侯，父南河镇将。邢峦、邢伟、邢晏三方墓志均载其祖颖，定州刺史、城平康侯。其父修年，南河镇将。与僧兰志文记载祖与父信息一致，由此可知，邢僧兰为邢颖之孙，邢修年之女。僧兰"春秋六十七，以太昌元年十一月十六日，卒于陈留封丘先贤里"，可推算僧兰生于北魏天安元年（466年）。又据《邢峦墓志》载峦"春秋五十一，延昌三年三月九日丁巳薨于第"，推算邢峦生于北魏和平五年（464年）；《邢伟墓志》曰伟"春秋四十有五，延昌三年七月廿六日壬申暴疾卒于洛阳永和里"，推算邢伟生于北魏皇兴五年（470年）；《邢晏墓志》云晏"春秋五十一，以武泰元年二月十三薨于济阴郡离狐县"，推算邢晏生于北魏太和二年（478年）。《邢僧兰墓志》又载："昆季六人，并盛名当世。"如是，知邢僧兰有兄弟六人，邢峦、邢儒、邢伟、邢季彦、邢晏、邢子慎之父，与正史记载一致。邢僧兰史书未载，据此志可补史之阙。又据《北史》记载："浑字季初，灵之曾孙也。祖综，行河间郡，早卒。父遵，字良轨，有业尚，为魏冀州征东府司马。京兆王愉冀州起逆，遇害。赠幽州刺史，谥曰简。……（浑弟）绘字敬文……及长，仪貌端伟，神情朗俊。第五舅河间邢晏每与言，叹其高远，曰：'若披烟雾，如对珠玉，宅相之寄，良在此甥。'"[1] 可知邢晏为李遵子李绘第五舅，则李遵妻为邢修年之女。

邢峦叔祖邢祐，字宗祐，少有学尚，知名于时。除建威将军、平原太守，赐爵城平男。清政刑肃，百姓安之，卒于官。由上述记载，知邢峦父邢修年与邢祐为亲兄弟或同祖兄弟。祐子邢产，字神宝，好学善属文，少时作《孤蓬赋》，为世所称。举秀才，除著作佐郎。卒，赠平州刺史，乐城子，谥曰定。

祐从子邢蚪，字神虎（《北史》为避唐讳改作"彪"），《北史》载蚪为著作郎邢敏之子（《魏书》不载）。如此，知邢祐与邢敏为亲兄弟或从兄弟。蚪少为《三礼》郑氏学，明经有文思。举秀才上第。卒，赠幽

---

① 《北史》卷三十三《李灵传附李绘传》，北京：中华书局，1974年版，第1205—1207页。

州刺史，谥曰威。所作碑颂杂笔三十余篇。虬长子邢臧，字子良（《魏书》曰邢臧为邢虬长孙，误①），幼孤，早立操尚，博学有藻思，年二十一，神龟年举秀才，考上第，为太学博士。臧和雅信厚，有长者之风，为时人所爱敬。撰古来文章并叙作者氏族，号曰《文谱》，未就，病卒，时贤悼惜之。其文笔凡百余篇。赠镇北将军，定州刺史，谥曰文。臧被《魏书》列为《文苑传》中名人。臧子邢恕，涉学有识悟。臧弟邢邵，字子才。邵少时有避，遂不行名，而以其字"子才"行世。年五岁，魏吏部郎清河崔亮见而奇之曰："此子后当大成，位望通显。"十岁便能属文，雅有才思，聪明强记，日诵万余言。族兄峦，有人伦鉴，谓子弟曰："宗室中有此儿，非常人也。"在丰赡的家学滋润下，邢邵文笔早显，声誉文坛。《北史》记载其文章典丽，既赡且速。年未二十，名动衣冠。尝与右北平阳固、河东裴伯茂、从兄罴、河南陆道晖等至北海王昕舍宿饮，相与赋诗，凡数十首。邵博览坟籍，无不通晓。自孝明之后，文雅大盛，邵雕虫之美，独步当时，每一文初出，京师为之纸贵，读诵俄偏远近。永安初，累迁中书侍郎，所作诏文体宏丽。太昌时与梁和，妙简聘使，邵与魏收及从子子明（邢昕）入朝。邵博览坟籍，无不通晓。晚年尤以《五经》章句为意，穷其指要。与济阴温子升为文士之冠，世论谓之温、邢。巨鹿魏收虽天下艳发，而年事在二人之后，故子升死后，方称邢、魏焉。如北齐武平四年（573年）《赫连子悦墓志》曰："（子悦）寻徙征西将军临漳令。又与中书令邢子才，梁州刺史魏收议撰新令。"② 邢子才和魏收两位文坛巨子曾为同一家族父子撰铭。一方是天保十年（559年）《崔孝直墓志》，邢子才为崔孝直撰铭。一方是初葬于天保六年（555年）重窆于天保十年的《崔宽墓志》，魏收为崔宽撰铭。二人是父子，崔孝直为父，崔宽为子③。邢邵有集三十卷，见行于世。其中包括礼仪法典造诣深厚，如《北齐书》称其"吉凶礼仪，公私咨禀，质疑去惑，为世指南"④；另有对当时社会产生广泛影响的《神灭论》⑤思想。邵世息邢大宝，有文情。孽子邢大德、邢大道，略不识字焉。

---

① 《魏书》卷八十五《文苑·邢臧传》，北京：中华书局，1974年版，第1871页。
② 赵超：《汉魏晋南北朝墓志汇编》，天津：天津古籍出版社，2008年版，第462页。
③ 殷宪：《邢子才、魏收撰铭的两方北齐墓志——兼及北朝后期墓志的文士撰铭问题》，《中国艺术空间》2015年第6期，第58—65页。
④ 《北齐书》卷三十六《列传·邢邵传》，北京：中华书局，1972年版，第475—482页。
⑤ 《北齐书》卷二十四《列传·杜弼传》，北京：中华书局，1972年版，第346—354页。邢邵《神灭论》思想主要载于此卷。

《魏书》载蚪从子邢策，亦有才学。卒于齐王仪同开府主簿。

邢敏家族支系中，邢邵为北朝时期著名的文学家和思想家，他是河间邢氏门望提高的另一位重要人物。

《北史》《北齐书》均载邢峙，字士峻，河间鄭人，少学通《三礼》《左氏春秋》。仕齐，初为四门博士，迁国子助教，以经入授皇太子。峙方正纯厚，有儒者风。后拜国子博士。皇建初，除清河太守，有惠政。年老归，卒于家①。邢峙为河间邢氏家族人士，但属于哪一支系正史未予说明。

邢杲是河间邢氏另一类型人物。北魏末年孝庄帝永安元年（528年），邢杲率河北十余万流民在青州之北海（今山东昌乐县西）举兵，历时10个月，一度在潍水大败李叔仁的政府军，声威远被青齐地区，对大河南北震撼很大。不过史书上对邢杲的生平只有灵星记载，仅知他是邢邵从兄，北魏官员魏兰根的外甥（邢杲母亲为魏兰根姊或妹）。邢杲举兵前任幽州平北府北簿，官位不高。当河北流民大量涌进青齐地区后，灵太后命令在徙居地设置侨郡县，选择豪族出任郡守县令统辖流民。青州刺史元世俊表置设新安郡，以杲为太守，未报。会台申汰简所授郡县，以杲从子邢子瑶资荫居前，乃授河间太守。杲深耻恨，于是遂反。杲东掠光州，尽海而还。又破都督李叔仁军。诏天穆与齐献武王讨大破之。杲乃请降，传送京师，斩之。增天穆邑万户②。普泰元年（531年）《元天穆墓志》亦记此事："流民邢杲，肆毒三齐，屠村掠邑，攻剽郡县。以王（按：元天穆）为行台大都督。王神武所临，有征无战，伏尸同于长平，积器高于熊耳。"长孙子泽和元洪敬两方墓志均记载邢杲举兵，被王朝派兵镇压之事。北魏永熙三年（534年）《长孙子泽墓志》记子泽："年二十四，辟太尉行参军，进记室，转尚书郎。邢杲之役，为行台郎。以军功封江陵县开国男，邑二百户。"③北齐河清四年（565年）《元洪敬墓志》记："（洪敬）出身宣武帝挽郎，除冀州长史，行清河郡。属梁师侵稜，奉敕专征，率马步二万，扫涤青、光两州之梗，扑灭元颢、邢杲之寇。"④

东魏天平四年（537年）"十有二月甲寅，萧衍遣使朝贡。河间人邢摩

---

① 《北史》卷八十一《儒林上·邢峙传》，北京：中华书局，1974年版，第2729页；《北齐书》卷四十四《儒林·邢峙传》，北京：中华书局，1972年，第589页。

② 《魏书》卷十四《神元平文诸帝子孙列传第二》，北京：中华书局，1974年版，第355页。

③ 赵超：《汉魏晋南北朝墓志汇编》，天津：天津古籍出版社，2008年版，第312—313页。

④ 罗新、叶炜：《新出魏晋南北朝墓志疏证》，北京：中华书局，2005年版，第176页。

纳、范阳人卢仲礼等各聚众反"；元象元年（538年）"九月，大都督贺拔仁击邢摩纳、卢仲礼等，破平之"①。邢摩纳、为河间邢氏成员，属于哪一支系未明。

《崔宾媛志盖》记载："夫人祖经，征虏将军，兖州刺史，襄城侯。祖亲河间邢氏，父邃，河间太守。"河北赵县出土的东魏元象《李宪墓志》载其夫人出自河间邢氏，为邢肃女，有五子五女。

北齐皇建二年（561年）《邢阿光墓志铭》。该志记载墓主阿光祖公义，龙骧将军、代郡太守；父苌山，冠军将军、武川镇将；还提到阿光的兄与弟。

东魏元象元年（538年）《于彧墓志》。该志记载彧，字长儒，北魏使持节都督冀定瀛州骠骑大将军定州刺史太原郡开国公，河南洛阳人。彧于"天平三年岁次丙辰十一月廿一日，薨于位，春秋廿有一。诏赠使持节、都督冀定瀛三州诸军事、骠骑大将军、仪同三司、定州刺史，公如故。粤元象元年岁次戊午正月辛酉朔十二日壬申，窆于邺城西漳水之阴。故吏河涧郡功曹邢仲尚等，悲哲人之速夭，痛梁木之早摧。镂余芳于玄石，述景行以宣哀。乃作铭曰"②，知故吏河间郡功曹邢仲尚有文采，为于彧撰写铭文。

北魏皇兴三年（469年）《邢合姜墓志》③，圆形碑首，没有题额，志石长42.5厘米、高28厘米，大同北朝艺术研究院将其命名为"墓志"④，大同市博物馆藏。该志记韩受洛拔妻为邢合姜。

以上诸志记载，邢邃与邢肃及其子嗣为河间邢氏成员；邢阿光及祖邢公义、父邢苌山及阿光的兄与弟，以及故吏河涧郡功曹邢仲尚均为邢氏成员，均因正史无载，隶属邢氏哪一支系未明。而邢合姜传世文献未载，是否为河间邢氏亦不明。

综观河间邢氏家族，作为留居河北之世族，北魏太武帝时期其家族代表人物受到重视；北魏孝文帝迁都洛阳以后，其家族代表人物邢峦等陆续受到重用，北魏后期及东魏、北齐之际，其家族才俊辈出，仕宦者众，史书有明确记载的多至38人；崔宾媛、邢僧兰、邢晏、李宪、元贤、李世举等人物的墓志出土，又为邢氏家族成员增加了37人（包括邢

① 《魏书》卷十二《孝静纪》，北京：中华书局，1974年版，第302、303页。
② 贾振林：《文化安丰》，郑州：大象出版社，2011年版，第159页。
③ 大同北朝艺术研究院：《北朝艺术研究院藏品图录墓志》（简称《北艺》），北京：文物出版社，2016年版，第74页。
④ 范兆飞：《文本与形制的共生——北魏司马金龙墓表释证》，《复旦学报》（社会科学版）2020年第4版，第61—74页。范氏称为《韩受洛拔妻邢合姜墓表》。

氏出嫁女及其子女）。同时，河间邢氏家族成员保持着汉儒之学，多能属文，经律兼修，精擅礼制，形成了"博学藻思属文典丽"之家学延绵不绝之势，享誉朝野内外及故里邻域。正如史家盛赞邢氏家族政坛精英代表邢峦与邢卲之辞，"邢峦以文武才策，当军国之任，内参机揆，外寄折冲，其纬世之器"[①]；"子才（邢卲）少有盛名，鼓动京洛，文宗学府，独秀当年，举必任真，情无饰智，疏通简易，罕见其人，足为一代之模楷"[②]。这些赞语既是对河间邢氏重要成员及其社会地位的认可，亦是对其家族已成为北朝社会具有代表性的文化世族之一的充分肯定。

以正史等传世文献为据，结合墓志等出土文献，河间邢颖支谱系树简图如下：

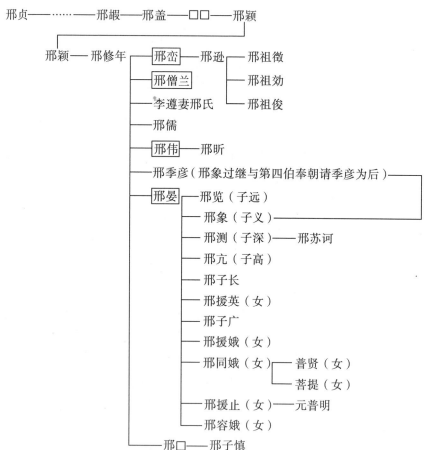

---

① 《魏书》卷六十五《邢峦传》，北京：中华书局，1974 年版，第 1462 页。
② 《北史》卷四十三《邢峦传附邢卲传》，北京：中华书局，1974 年版，第 1607 页。

河间邢峦族叔邢祐与邢敏支谱系树简图如下：

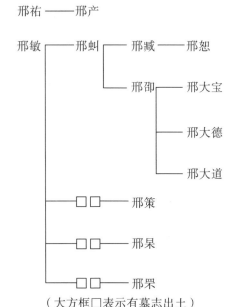

（大方框□表示有墓志出土）

（五）弘农杨氏

华阴杨氏之源史书有载。史称："杨氏出自姬姓，周宣王子尚父封为杨侯。……叔向，晋太傅，食采杨氏，其地平阳杨氏县是也。叔向生伯石，字食我，以邑为氏，号曰杨石，党于祁盈，盈得罪于晋，并灭羊舌氏，叔向子孙逃于华山仙谷，遂居华阴。"① 华阴杨氏，也称弘农杨氏，是历史上著名的世家大族。杨氏诸志追其祖系，乃东汉太尉杨震之后②。弘农为郡名，西汉武帝元鼎四年（前113年）置。弘农郡初名恒农郡，后为避汉文帝讳，遂改弘农。华阴为县，沿袭至今。由于州、郡的分合省并，北魏时杨氏所居的华阴县已不属于司州弘农郡，而属于华州华山郡③，杨氏族人为标明自己的门第，出土墓志的杨氏家族人士仍记为"弘农华阴潼乡习仙里人"，亦有"恒农华阴潼乡习仙里人"。"潼乡习仙里"确是当时设置。华阴杨氏之渊源，《新唐书·宰相世系表》已作叙

---

① 《新唐书》卷七十一《宰相世系表》，北京：中华书局，1975年版，第2346页。
② 据唐长孺先生研究，北魏弘农杨氏并非汉代"四世三公"的弘农杨氏（《后汉书》卷五十四《杨震传》："自震至彪，四世太尉，德业相继，与（汝南）袁氏俱为东京名族云。"）之后裔，而是攀附弘农杨氏的马渚诸杨。参见《〈魏书·杨播传〉自云弘农华阴人辩》，引自《魏晋南北朝隋唐史资料》第五辑，武汉：武汉大学出版社，1983年版。
③ 据《魏书·地形志》，太和十一年（487年）以前属泰州，同年分立华山郡，隶华州。北京：中华书局，1974年版。

述。学者综合墓志及《后汉书》《新唐书》《魏书》《晋书》等已整理华阴杨氏之主要谱系①，此不赘言。弘农杨氏作为汉晋旧族从汉到唐绵久不衰，颇为专家学者所注重。现在我们仅仅关注弘农杨氏门庭发展至北朝时期，即入魏之始，就受重用为上客，给田宅，赐奴婢、马牛羊，遂成富室。此后二十年，二千石、方伯不绝，禄恤甚多。杨氏族人仕皇魏以来，高祖以下乃有七郡太守，三十二州刺史，内外显职，时流少比。现仅将新出土之华阴杨氏墓志补之，使与有墓志出土的墓主人关系密切的杨氏家族谱系更为完备。

刊刻于北魏永平四年（511年）《杨老寿墓志》现藏于河北正定县墨香阁，其志曰：“魏故弘农华阴潼乡习仙里人杨君墓志铭。君讳老寿，年五十四。景明二年五月廿三日卒，殡于洛阳，以永平四年十一月十七日窆于里焉。曾祖父讳结，中山府君；夫人燕国慕容氏。祖父讳珍，上谷府君，华阴子。夫人扶风窦氏。父讳仲真，河内、清河二郡府君。夫人高阳许氏。”

《杨播墓志》刊刻于北魏熙平元年（516年）九月二日，其墓志记载：“君姓杨，讳播，字延庆，司州恒农郡华阴县潼乡习仙里人也。祖父仲真，河内、清河二郡太守。父懿，广平太守、选曹给事中、使持节、安南将军、洛州刺史，恒农简公。……君以直方居性，权臣所忌。帝舅司徒公高肇谮二罪之，遂除名为民。于是闭关静处，萧然不以得失为情，澹尔以时命自守。……（延昌）四年，高肇伏辜，怨屈斯里。以熙平元年，有诏申雪，追复爵位。”杨播《魏书》有传，传载其“高祖结，仕慕容氏，卒于中山相。曾祖珍，太祖时归国，卒于上谷太守。祖真，河内、清河二郡太守。父懿，延兴末为广平太守，有称绩。高祖南巡，吏人颂之，加宁远将军，赐帛三百匹。征为选部给事中。有公平之誉。除安南将军、洛阳刺史，未之任而卒。赠以本官，加弘农公，谥曰简”，传与志记载多一致。墓志详细记载了杨播受宣武帝的舅舅高肇陷害，除名为民的真实原因以及昭雪的经过，借以补充《魏书》的记载之阙。《杨侃墓志》记侃字荣业，弘农华阴潼乡习仙里人。十二世祖震，汉太尉。七世祖瑶，晋侍中、尚书令。高祖珍，上谷太守。曾祖

① 杜保仁、夏振英：《华阴潼关出土的北魏杨氏墓志考证》，《考古与文物》1984年第5期，第17—27、16页，附图并录文；王庆卫、王煊：《隋代华阴杨氏考述——以墓志铭为中心》，《碑林集刊》第十一辑，西安：陕西人民美术出版社，2005年版，第243—270页；王庆卫、王煊：《隋代弘农杨氏续考——以墓志铭为中心》，《碑林集刊》第十二辑，西安：陕西人民美术出版社，2006年版，第199—222页。

真，清河太守。祖懿，洛州刺史、弘农简公。雍州使君播之第二子。墓志云杨侃字荣业，与《北史》同，而《魏书》谓侃字士业，有误，应以墓志为是。《魏书》记杨侃子杨师冲，杨师冲子杨纯陀，而《北史》记杨侃子杨师仲，杨师仲子杨纯陁，冲与仲，及陀与陁之别。

《杨椿墓志》曰："公讳椿，字延寿，弘农华阴潼乡习仙里人也。十一世祖震，汉太尉。六世祖瑶，晋侍中、尚书令。高祖结石，中山相。曾祖珍，上谷太守。祖真，清河太守，洛州刺史、弘农简公懿之第二子。"墓志所载杨椿历官情况与《魏书》基本相同，但卒年有别，传载："（杨椿）普泰元年七月，为尔朱天光所害，年七十七，时人莫不冤痛之。"而志云："凶羯肆毒，滥祸所及，以普泰元年六月廿九日薨于乡第，时年七十八。"应以志为是。其妻亦有墓志出土于陕西华阴五方村杨氏墓茔，首题："魏故使持节督洛州诸军事安南将军洛州刺史弘农杨简公第二子妇清河崔氏墓志铭。"《杨昱墓志》1993年出土于陕西华阴五方村杨氏墓茔。杨昱《魏书》有传，志载："公讳昱，字元晷，弘农华阴潼乡习仙里人也。洛州刺史，弘农简公懿之孙，大丞相，太师椿之元子。"弘农杨氏已出土的诸志中多载有墓主"以普泰元年六月二十九日遇害于习仙里"，究其原因为北魏时期弘农杨氏家族与尔朱家族的权力斗争。该时期尔朱家族的代表人物尔朱荣，官至大都督、丞相；杨氏家族代表人物杨椿与杨津更是位列三公。两个家族均权倾一方，族人在朝廷担任要职亦是势均力敌。而真正导致两个家族决裂事件，应追溯至北魏孝庄帝时期，孝庄帝因不满尔朱荣专权，于永安三年（530年）九月，联合尔朱家族杨侃设计诛杀尔朱荣。为稳定朝局，孝庄帝并未株连尔朱家族其他几位重要成员，对手握重权的尔朱世隆、尔朱天光等人采取怀柔政策，不究其罪。正因如此，尔朱家族与杨氏家族结下仇怨，也为后来杨氏家族的劫难埋下了伏笔。普泰元年（531年）尔朱世隆设计诬陷"杨氏家族意欲谋反"。朝廷一声令下，杨氏全族百余人被杀，场面惨烈。《魏书·杨侃传》记，侃既预孝庄帝诛尔朱荣之谋，尔朱兆入洛，侃自洛阳逃归华阴，"普泰初，天光在关西，遣侃子妇父韦义远招慰之，立盟许恕其罪。侃从兄昱恐为家祸，令侃出应，假其食言，不过一人身殁，冀全百口。侃往赴之，秋七月，为天光所害"。墓志谓侃死于普泰元年（531年）六月廿八日，当以墓志为是。普泰元年（531年），尔朱氏为报尔朱荣死之仇，屠杀参与孝庄帝密谋的弘农杨氏，杨氏家族遇害于关西与洛阳者，以杨侃为第一人，次日（六月廿九日）才诛及华阴诸杨，七月四日诛洛阳诸杨。太昌元年（532年）孝武帝为为杨氏平反昭雪，追赠杨氏遇害人员以荣誉，并于同年十一月十九日安葬遇害人员于祖茔。《元馗墓志》："君讳馗，字孝道，恭宗景穆皇帝之玄孙也。……君杨氏之甥也。及太保遇害关右，君亦滥同其祸。"杨播的外甥元馗，因在华阴，故亦于二十九日遇害。同时遇害的杨椿子嗣有墓志出土的还见于杨广、杨地伯、杨孝桢、杨严、杨子谧、杨子谐，此6方墓志均于2003年出土自陕西华阴五方村弘农杨氏祖茔，安葬时间均在北魏太昌元年（532年）十一月十九日。钟明善与周桂娥夫妇曾收藏，后捐赠与西安交通大学博物馆的几方杨氏成员墓志。如《杨广墓志》："祖懿，洛州刺史，弘农简公。大丞相、太师，司徒公椿之第六子也。"《杨地伯墓志》："祖懿，洛州刺史，弘农简公。大丞相、太师，司徒公椿之第八子也。"北魏《杨孝邕墓志》："曾祖懿，洛州刺史，弘农简公。祖椿，大丞相、太师，司徒公。骠骑，司空公昱之元子。"《杨孝桢墓志》："祖椿，大丞相、骠骑。司空公昱之第四子也。"《杨严墓志》："祖大丞相、太师。兖州刺史彦之第三子。"《杨子谧墓志》："祖椿，大丞相、太师，司徒公。征虏将军、兖州刺史，敬侯仲彦之第五子。"《杨子谐墓志》："祖椿，大丞相、太师，司徒公。征虏将军、兖州刺史，敬侯仲彦之第六子。"

北魏永平四年（511年）《杨颖墓志》"汉太尉震之十二世孙。晋尚书令瑶之七世孙。上谷府君珍之曾孙，清河府君真之孙，洛州史君懿之第三子"。北魏永平四年（511年）《杨范墓志》于清末华阴出土，志首题"魏故弘农华阴潼乡习仙里人杨范字僧敏墓志铭"。墓志记载杨范卒于景明元年（500年），年十九。"曾祖父仲真。祖父懿，洛州使君弘农简公。父颖，本州别驾"。另据《魏书·杨颖传》云："椿弟颖，字惠哲。本州别驾。子叔良，武定中，新安太守。"[1] 知杨范是杨叔良的哥哥。

北魏太昌元年（532年）《杨顺墓志》记"公讳顺，字延和，弘农华阴潼乡习仙里人也。十一世祖震，汉太尉。六世祖瑶，晋侍中、尚书令。高祖结石，中山相。曾祖珍，上谷太守。祖真，清河太守。洛州刺史，弘农简公懿之第四子"。杨顺《魏书》有传。墓志记载的杨顺历官，比本传多出了自冀州刺史罢归以后的部分，应当是尔朱荣时期的官职。关于杨顺的起家官，《魏书》本传云"起家奉朝请"，而墓志称"解褐员

---

① 《魏书》卷五十八《杨颖传》，北京：中华书局，1974年版，第1294—1295页。

外散骑侍郎、直寝"，当以墓志为是。1993年，北魏正光四年（523年）《吕氏墓志》出土于华阴县五方村杨氏家族墓茔，志盖题"故恒农简公杨懿之第四子妇天水吕夫人之殡志"。此志与杨顺墓志同时同地出土。据杨顺志载，杨顺为杨懿第四子，故知本志吕夫人是杨顺妻。北魏太昌元年（532年）《杨仲宣墓志》记载"君讳仲宣，字仲宣，弘农华阴潼乡习仙里人也。祖懿，洛州刺史，弘农简公。太尉公，录尚书顺之第二子。……以普泰元年七月四日遇害于洛阳依仁里"。知杨仲宣是杨顺第二子，生于孝文帝太和八年（484年）。据杨仲宣本传，仲宣与父杨顺、兄杨辩、弟杨测、子杨玄就，同日（七月四日）被害于洛阳家宅依仁里，只有少弟杨稚卿得免于难。传中记载杨仲宣历官比较简略，墓志则多有补正。本传漏中书侍郎，又误以征虏将军为镇远将军，俱当从墓志。杨仲宣历官时间先后关系，与父亲杨顺情况相似，墓志中所记官衔为尔朱荣时期所设，本传失载，或许与太昌以后整顿史传时特意安排，意在否定尔朱荣柄政的合法性有关。《杨无丑墓志》称："女姓杨，讳无丑，字慧芬，此邑潼乡习仙里人也，清河太守仲真之曾孙，洛州刺史懿第四子之女。……以熙平三年正月十八日，春秋廿有一，于白马乡寝疾而终。"杨懿第四子为杨顺，杨无丑是杨顺女。当生在孝文帝太和二十二年（498年）。杨无丑比二兄杨仲宣小14岁。

近年有北魏太昌元年（532年）《杨津墓志》[①]出土，志载："君讳津，字罗汉，弘农华阴潼乡习仙里人也。十一世祖汉太尉震，著清名于千载。六世祖晋侍中瑶，流美誉于一时。自斯已降，风流籍甚。高祖结石，中山相。曾祖珍，上谷太守。祖真，清河太守。洛州使君简公懿第五子。……普泰元年七月四日薨于洛阳依仁里，时年六十三。"亦有《杨氏源夫人墓志》[②]出土，志曰："夫人讳显明，乐都人也。弘农郡华阴潼乡习仙里，魏故洛州史君、弘农简公懿之第五子妇。"杨懿第五子为杨津，源氏为杨津夫人。《杨遁墓志》，1985年出土于华阴县五方村杨氏家族墓茔。志记"君讳遁，字山才，弘农华阴潼乡习仙里人也。十二世祖震，汉太尉。七世祖瑶，晋侍中，尚书令。高祖珍，上谷太守。曾祖真，清河太守。祖懿，洛州刺史，弘农简公。大将军、太傅、司空公津之长子"。知杨遁为杨津的长子，杨侃的从弟。《魏书》《北史》中二人

① 王庆卫、王煊：《新见北魏〈杨津墓志〉考》，《碑林集刊》第十四辑，西安：陕西人民美术出版社，2009年版，第1—6页。
② 见2007年9月17日琉璃厂在线履薄斋《杨氏源夫人墓志》拓片。

皆有传，附于杨播传后，为当时杨氏家族的重要人物。墓志叙杨遁历官，较本传为详，死葬日期亦明确具体，均可补史。北魏《杨遵智墓志》："祖懿，洛州刺史，弘农简公。太傅，大将军津第五子。"据史载杨津有六子，长子遁，字山才；遁弟逸①，字遵道；逸弟谧，字遵智；谧弟遵彦。知杨遵智即杨谧。北魏熙平三年（518年）《杨泰墓志》记："君讳泰，字保元，弘农华阴潼乡习仙里人也。并州刺史之孙，秦州使君之子。"刊刻于西魏大统十七年（551年）《元氏墓志》亦同墓出土。志首称"魏故平西将军汾州刺史华阴伯杨保元妻华山郡主元氏墓志铭"。杨保元系杨泰，知元氏为杨泰妻。志称："长子名熙之，骠骑大将军、北华州刺史、大鸿胪卿，华阴县开国男。次子睿秀、次子睿景、次子睿和、次子睿弼、次子睿邕。"杨泰夫妇及六子信息可补史阙。

1984年7月，考古工作者在华阴五方乡杨家城村北发现并清理了北魏杨舒墓，有墓志出土。《杨舒墓志》载"汉太尉仪同瑶即其世系"，并称杨舒为北魏"洛州刺史""弘农简公之第六子"。弘农简公即杨懿。

《杨阿难墓志》记"君讳阿难，弘农华阴潼乡习仙里人也。上谷府君之曾孙，河内府君之孙，洛州史君之第七子"。上谷府君为珍，清河府君为仲真，洛州史君为懿。北魏杨播兄弟八人，《魏书》记其兄弟七人。此志记载，杨阿难为杨懿的第七子。墓志正可填补《魏书》缺略。

1989年，《杨昕墓志》出土于华阴县五方村杨氏家族墓茔，志载杨昕弘农华阴人。汉太尉震之后，四世五公之盛。祖河内，操尚沉靖，少播清尘。父洛州，弘毅开朗，早标素论。祖河内指杨仲真，父洛州指杨懿。杨昕死时五十五岁，则当生于孝文帝延兴四年（474年），是杨懿八子中最幼者。《魏书·杨昕传》，称杨昕"字延季"，据墓志"字延年"，季当是年之误。墓志叙杨昕历官亦远较本传为详，可补《魏书》之脱略。北魏《杨叔贞墓志》："祖懿，洛州刺史、弘农简公。雍州史君仪同公昕之第三子也。"北魏《杨幼才墓志》："祖懿，洛州刺史、弘农简公。雍州史君仪同公昕之第四子也。"史仅载杨昕子元让，由志知杨昕第三、四子，另一子名不详。

1993年，《杨穆墓志》出土于华阴县五方村杨氏家族墓茔，墓志记穆，字长和，弘农华阴潼乡习仙里人也。其先汉太尉震之胄，晋仪同瑶之胤，清河太守之孙，侍郎杨德之长子。杨穆不见于史，《魏书》卷五

---

① 王庆卫：《新见北魏〈杨椿墓志〉考》，引自中国文物研究所《出土文献研究》第八辑，上海：上海古籍出版社，2007年版，第240页。

十八记载杨播的族弟杨钧次子为杨穆，仕华州别驾，世系历官均不合，显然非同一人。据《杨穆墓志》，杨穆之父杨德与杨老寿、杨懿为亲兄弟，杨穆与杨播、杨椿等为从兄弟，杨氏世系内容得以补充。

由正史与已出土的弘农杨氏墓志互校，知杨播十一世祖震，汉太尉。六世祖瑶，晋侍中、尚书令。高祖结石，中山相。曾祖珍，上谷太守。祖真，清河太守。父懿，洛州刺史，恒农简公，其中先祖信息稍有差异。"结与结石"，史载杨播高祖结，如《杨老寿墓志》亦载结，而《杨椿墓志》曰高祖结石，中山相。《杨顺墓志》记"高祖结石，中山相"。《杨津墓志》言高祖结石。因杨老寿与杨懿同辈，在以出土的弘农杨氏墓主中辈分最高，且安葬时间亦早，记载家族信息可信度高，此以"结石"为正。"真与仲真"，正史载真，而志载仲真，《杨老寿墓志》《杨播墓志》《杨范墓志》《杨无丑墓志》亦载仲真，多载真，如杨侃、杨椿、杨颖、杨顺、杨遁等志，此以"真"为正。由诸多墓志内容，知杨懿八子为杨播、杨椿、杨颖、杨顺、杨津、杨舒、杨阿难、杨昕。

刊刻于北魏永平二年（509年）《杨恩墓志》首题："宁远将军河涧太守杨恩墓志。"志文："君讳恩，字天恩，恒农华阴人也。晋侍中、尚书令、仪同三司，城阳享侯瑶之五世孙。散骑侍郎、谏议大夫彰之玄孙。中山相结之曾孙。治书侍御史继之孙。乐安王府从事中郎、京兆太守、库部录曹都官给事晖之长子。"宣统二年（1910年）华阴出土北魏《杨胤墓志》，首题"魏故平东将军济州刺史长宁穆公之墓志铭"。志载："公讳胤，字庆孙，弘农华阴潼乡习仙里人。……公十二世祖汉太尉公震。六世祖晋仪同三司、尚书令瑶。曾祖治书侍御史、中山相继。祖平南将军、洛州刺史晖。父宁远将军，长宁男祐。"杨胤即为杨晖孙，杨祐子。上述杨恩为晖的长子，两者相对照，可以确知杨胤父杨祐为杨恩弟。刊刻于孝庄帝建义元年（528年）《杨钧墓志》志文称墓主为汉太尉震之十二世孙，祖为平南将军、洛州刺史，父为河涧太守，但对其祖和父的名字没有提及。由《新唐书·宰相世系表》知越公房本出中山相结次子继，生晖，洛州刺史，谥曰简。晖生河涧太守恩，恩生越恭公钧。杨钧事迹附见于《魏书·杨播传》后，其载："播族弟钧。祖晖，库部给事，稍迁洛州刺史。卒，赠弘农公，谥曰简。父恩，河涧太守。"杨钧祖为杨晖，父为杨恩。史载："钧颇有干用，自廷尉正为长水校尉、中垒将军、洛阳令。出除中山太守，入为司徒左长史。又除徐州、东荆州刺史，还为廷尉卿。拜恒州刺史，转怀朔镇将。所居以强济称。后为抚军将军、七兵尚书、北道行台。卒，赠使持节、散骑常侍、车骑大将军、左光禄

大夫、华州刺史。"志载杨钧官职甚详，与史互补，使杨钧生平事迹更为
丰满。

刊立于西魏废帝二年（553年）《杨穆墓志》记墓主讳穆，字绍叔，
恒农华阴人。散骑常侍育之孙。临贞公侯钧之第二子。兄暄，字景和；
第三弟俭，字景则；第四弟宽，字景仁；第五弟祚，字景叔。第二子仲
规。《魏书》载杨钧长子暄，卒于尚书郎。暄弟穆，华州别驾。穆弟俭，
俭弟宽①。据志和史传知杨钧有五子，暄、穆、俭、宽、祚。杨穆第二
子仲规史书亦无载。刊刻于隋大业三年（607年）《萧妙瑜墓志》②，
1996年出土于陕西省潼关县吴村乡亢家寨。墓志记其夫"周故大将军、
淮鲁复三州刺史、临贞忠壮公杨史君"。据正史在北周爵号"临贞"，谥
曰"忠壮"，且姓杨者，唯有一人，为杨敷，乃杨素之父。萧妙瑜为杨
敷的后夫人。1973年，潼关县吴村乡元家寨村民发现了隋杨素墓。后潼
关县文化馆收回一批石刻，刊刻于隋隋大业三年（607年）《杨素墓
志》③也在其中。其墓志记其讳素，字处道，弘农华阴人。十世祖瑶，
高祖恩，曾祖钧，祖暄，父敷。杨素卒于大业二年（606年），春秋六十
三，则其生年当在大统十年（544年）。刊刻于隋仁寿元年（601年）
《郑祁耶墓志》④，首题"大隋越国夫人郑氏墓志"。据《隋书》载隋朝
封越国公者只有一位，就是杨素，其妻为"郑氏"⑤。又，据《隋书·杨
素传》及《杨素墓志》记载，隋仁寿元年（601年）时杨素正是越国
公。知郑祁耶为杨素妻。北周《杨操墓志》："曾祖钧，魏司空、临贞文
恭公。祖暄，魏度支尚书、华州刺史、临贞忠公。父敷，开府仪同三司、
汾州刺史、临贞公。"杨操建德三年（574年）卒，终年二十四岁，则其
生年当在大统十七年（551年）。北周《杨庆墓志》："君则尚书、华州
刺史、临贞忠公之孙，大将军、汾州刺史、临贞壮公之第五子。"杨庆建

① 《魏书》卷五十八《杨钧传》，北京：中华书局，1974年版，第1303页。

② 拓片及参考录文见《潼关碑石》第4、97—98页；罗新、叶炜：《新出魏晋南北朝墓志疏
　证》，北京：中华书局，2005年版，第526—527页。

③ 拓片图版及参考录文见《潼关碑石》第5、98—100页；又见《新中国出土墓志》陕西卷
　（壹）上册第25页、下册第21—23页；姚双年：《隋杨素墓志初考》，《考古与文物》1991
　年第2期；周铮：《〈杨素墓志初考〉补证》，《考古与文物》1993年第2期；罗新、叶炜：《新
　出魏晋南北朝墓志疏证》，北京：中华书局，2005年版，第519—522页；《隋唐五代墓志汇
　编》陕西卷第3册第8页有拓片图版。

④ 拓片图版及参考录文见《潼关碑石》第6、101页；又见《新中国出土墓志》陕西卷（壹）上
　册第23页、下册第19—20页；《隋唐五代墓志汇编》陕西卷第3册第6页有拓片图版。

⑤ 《隋书》卷四十八《杨素传》，北京：中华书局，1973年版，第1282页；又同书卷七十九《独
　孤陁传》亦记"杨素妻郑氏"。北京：中华书局，1973年版，第1790页。

德六年（577 年）卒，终年二十二岁，则其生年当在西魏恭帝三年（556 年）。杨素异母弟杨约《北史》《隋书》均有传，并有墓志出土①。其卒于大业五年（609 年），终年六十岁，则其生年当在西魏大统十六年（550 年）。据志和史传知杨素至少兄弟七人，为素、询、慎、岳、操、戾、约。4 方墓志的兄弟排行为杨素、杨约、杨操、杨戾。

刊刻于北周建德六年（577 年）《杨济墓志》记杨济字文立，弘农华阴人。十四世祖震，汉太尉公。九世祖瑶，晋尚书令。高祖晖，魏怀州刺史。曾祖宥，魏洛州刺史。祖钧，魏司空公、临贞文恭公。父暄，魏华州刺史、临贞忠公。杨济卒于魏后元年，即西魏恭帝元年（554 年），终年三十三岁，则其生年是北魏孝明帝正光三年（522 年）。杨济事迹不见于史传。刊刻于隋仁寿元年（601 年）《杨宏墓志》②，出土时、地不详。墓志记其曾祖钧，祖暄，父文立。知杨宏为杨济之子。隋《杨实墓志》："祖暄，度支尚书、华州刺史、临贞忠公。考原，使持节、仪同大将军、□州刺史、同昌县开国男。"知杨暄有三子敷、原、济，原之子为实，济之子为宏。

北魏《杨俭墓志》："散骑常侍育之孙。荆齐恒雍华五州刺史、七兵尚书、行台仆射、侍中、司空公、临贞恭侯钧之第三子。"志记载与史合。《杨俭夫人罗氏墓志》："夫人有八子：长子文义、次子文殊、次子文瓛、次子文举、次子文朗、次子文雅、次子文若。女适开府仪同、金城郡开国公故纥豆陵善世子仪同荣定。"其中杨褒（字文义）、杨昇（字文殊）、杨瓛（字文雍，其母志记为文瓛，疑为名字相混所致，当以本人墓志为准）、杨胐（字文朗）四人均有墓志发现。史传云钧父恩，而志多云宥，应以宥为是。据《周书·杨俭传》，杨俭卒于大统八年（542 年），谥曰静。而墓志称杨俭"庄公"，则其谥号为"庄"，当以墓志为正。又有《杨□墓志》《杨休墓志》出土，均言祖钧，父俭。据志载杨□长于杨休，杨休又长于杨褒。如此，兄弟排行就十分清晰了。

---

① 《杨约墓志》见于吴钢：《全唐文补遗——千唐志斋新藏专辑》，第 463 页。
② 隋代诸志，如杨宏、杨实、杨昇、杨瓛、杨□、杨休、杨文思、杨纪、杨文愻、杨孝谟、杨孝偘均见王庆卫、王煊：《隋代华阴杨氏考述——以墓志铭为中心》，《碑林集刊》第十一辑，西安：陕西人民美术出版社，2005 年版，第 243—270 页；王庆卫、王煊：《隋代弘农杨氏续考——以墓志铭为中心》《碑林集刊》第十二辑，西安：陕西人民美术出版社，2006 年版，第 199—222 页；据文称《隋代墓志铭汇考》亦有收录。

隋《杨文思墓志》《杨纪墓志》《杨矩墓志》①《杨文愻墓志》均称祖钧，父宽。杨宽《魏书》《周书》《北史》均有传。据《周书·杨宽传》，杨宽在北周武帝保定元年（561年）卒后，子杨纪嗣，而杨文思、杨矩、杨文愻不见于史传。由志知杨文思、杨纪、杨文愻、杨矩为亲兄弟。隋《杨孝谟墓志》《杨孝偡墓志》均言祖宽，父纪。

北魏《杨宜成墓志》："君十三世祖汉太尉公震。七世祖晋尚书令瑶。曾祖库录二曹给事京兆府君晖之曾孙。宁远将军，长宁男祐之孙，持节都督华州东荆州南荆州诸军事，后赠使持节、平东将军、济州刺史，长宁男胤之子。"刊刻于北魏熙平元年（516年）《杨熙仙墓志》记载："讳熙仙，字法云，恒农华阴潼乡习仙里人。……春秋卅有一，延昌四年冬十有二月十二日壬子卒于京师阮曲里。……君十三世祖汉太尉公震。七世祖晋尚书令瑶。曾祖库录二曹给事京兆府君晖之曾孙。祖宁远将军，长宁男祐之孙。父持节都督华州荆州南秦州诸军事、左将军、三州刺史，长宁男胤之子。"《杨胤季女墓志》，志中不书季女名字与生平事迹，仅记："女十三世祖汉太尉公震。七世祖晋尚书令瑶。曾祖库录二曹给事、京兆太守、平南将军、洛州刺史晖之曾孙。祖宁远将军，长宁男祐之孙。父持节都督华州、东荆州、南秦州、济州诸军事、四州刺史，长宁男胤之季女。"可知，杨宜成、杨熙仙、杨胤季女均为长宁男杨胤之后。

总之，弘农杨氏自道武帝时归于拓跋氏，在北魏平城时代就形成了勇武善战的门风，以战功卓著而闻名于北魏，并逐渐奠定了在北魏政治军事中的地位。至孝文帝时，以杨播兄弟为代表，杨氏开始步入政治核心，并盛极一时。北魏末，经历了高肇专权，元义专政，尤其是河阴之变，杨氏遭遇了灭顶之灾，以至于弘农杨氏杨播房基本退出历史舞台。

现据《魏书》《北史》《新唐书》等传世文献及杨氏族员墓志，列杨结石支谱系树简图如下：

---

① 李献奇、周铮：《北周隋五方杨氏家族墓志综考》，《碑林集刊》第七辑，西安：陕西人民美术出版社，2001年版，第59—60页；罗新、叶炜：《新出魏晋南北朝墓志疏证》，北京：中华书局，2005年版，第607—608页。

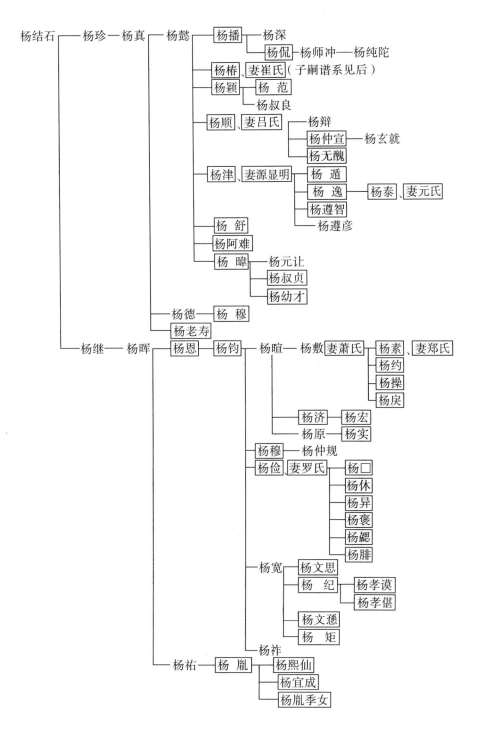

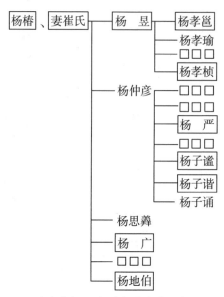

（大方框□表示有墓志出土）

（六）陈郡阳夏袁氏

2004 年，北齐天统五年（569 年）《袁月玑墓志》出土于河北临漳县西乡间，全称《梁故散骑常侍蔡府君夫人袁氏墓志文并序》，就墓志而言，首题结尾处多称墓志、墓志铭；还有的称墓铭、志铭、神铭、铭等，但此称"墓志文"，与刊刻于北魏景明二年（501 年）《元羽墓志》称"墓铭志"相似，为甚为少见的称呼。

《袁月玑墓志》曰："夫人讳月玑，陈郡阳夏人。盖有舜之苗裔也。"据《新唐书》载："袁氏出自妫姓。陈胡公满生申公犀侯，犀侯生靖伯庚，庚生季子惛，惛生仲牛甫，甫生圣伯顺，顺生伯他父，他父生戴伯，戴伯生郑叔，郑叔生仲尔金父，金父生庄伯，庄伯生诸，字伯爰，孙宣仲涛涂，赐邑阳夏，以王父字为氏。宣仲生选，选生声子突，突生惠子雅，雅生颇，奔郑。秦末，裔孙告辟难居于河、洛之间，少子政，以袁为氏。九世孙袁生①生玄。孙干，封贵乡侯，复居陈郡阳夏。八世孙良，二子：昌、璋。昌，成武令，生汉司徒安，字邵公。三子：赏、京、敞。京，蜀郡太守，二子：彭、汤。汤字仲河，太尉，安国康侯。三子：成、逢、隗。成，左中郎，生绍，绍中子熙，其后世居乐陵东光。熙裔孙令喜②。……璋生司徒滂，字公熙。滂生涣，字曜卿，魏御史大夫。四子：侃、寓、奥、准。准字孝尼，晋给事中。生冲，

---

① 《元和姓纂》云："辕颇十一代孙袁生。""辕"同"袁"。
② 《元和姓纂》作："令喜，唐同州治中。"《新唐书·宰相世系》作持中，盖避李治讳而改字。

字景玄，光禄勋。生耽，字彦道，历阳太守。耽生质，字道和，东阳太守。二子：湛、豹。豹字士蔚，丹杨尹。二子：洵、湛。洵，宋吴郡太守，谥曰贞。二子：颛、觊。颛字国章，宋雍州都督。二子：戢、昂。"①

《史记·陈杞世家》云："陈胡公满者，虞帝舜之后也。昔舜为庶人时，尧妻之二女，居于妫汭，其后因为氏姓，姓妫氏。舜已崩，传禹天下，而舜子商均为封国。夏后之时，或失或续。至于周武王克殷纣，乃复求舜后，得妫满，封之于陈，以奉帝舜祀，是为胡公。胡公卒，子申公犀侯立。"② 《汉国三老袁君碑》云："厥先舜苗，世为封君。周之兴，虞阏父典陶正，嗣满为陈侯。至玄孙涛涂，初氏父字，立姓曰袁。"③ 知《袁良碑》之袁良即《新唐书·宰相世系》所载者。由史籍记载知胡公满为舜之后，而袁氏出于胡公之后，则袁氏为"舜之苗裔"为实。袁氏出自妫姓，至涛涂时，因赐邑阳夏，始居此地，并以父字为氏。至告少子政时，方以袁为氏。至袁干复居陈郡阳夏。《袁月玑墓志》记墓主郡望为"陈郡阳夏"，正合史实。正史记载袁氏家族诸多人物，如《三国志》袁涣；《晋书》袁环、袁宏；《宋书》袁湛、袁豹、袁颛；《梁书》袁昂；《南齐书》袁象等，均言祖籍为"陈郡阳夏"，如此看来，"陈郡阳夏"为袁氏之郡望是可信的。

由《史记》《新唐书》等正史文献记录袁氏家族祖先的名位与《袁良碑》之记载稍有不同。《袁良碑》云："君讳良，字厚卿，陈郡扶乐人也。厥先舜苗，世为封君。周之兴，虞关父典陶正，嗣满为陈侯。至玄孙涛涂，初氏父字，立姓曰袁。……其末或适秦楚，而袁生独留陈，当秦之乱，隐居河洛。……孝武征和但年生曾孙干……封关内侯，食遗乡六百户。……子经嗣，经薨，子山嗣。……君即山之曾孙。……元子光，博平令；中子腾，尚书郎；少子璋，谒者。……厥孙卫尉滂，司徒掾弘。"此与《新唐书》载"（袁玄）孙干，封贵乡侯，复居陈郡阳夏。八世孙良，二子：昌、璋。昌，成武令，生汉司徒安，字邵公。三子：赏、京、敞"的记载有异。第一，《新唐书·宰相世系》言袁干封贵乡侯，而《袁良碑》称封关内侯。第二，据《袁良碑》，良为袁干六世孙，而《新唐书·宰相世系》，误作八世孙。《新唐书·宰相世系》与《袁良碑》

① 《新唐书》卷七十四下表第十四下《宰相世系四下》，北京：中华书局，1975 年版，第3164—3165 页。

② 《史记》卷三十六《陈杞世家》，北京：中华书局，1959 年版，第 1575 页。

③ ［宋］洪适：《隶释》卷六。

之袁良同名异人。赵明诚《金石录》跋尾言："《袁安列传》云：'安祖父良，平帝时举明经，为太子舍人。建武中，为成武令。'今据此《碑》，良以永建六年卒，相距盖百余年，以此知非一人无疑。又安以永元四年薨，良之卒乃在其后三十九年，以此知非安之祖亦无疑也。盖安汝南南阳人，滂乃陈郡扶乐人，其乡里、族系亦自不同，而安与滂相去岁月甚远，不得为从兄弟明矣。岂二人之祖，其名偶同，遂尔差谬邪？"① 据《后汉书·袁安传》，袁安祖父亦名袁良，但为建武时成武令。乃东汉初年人。与碑之袁良同名异人。《新唐书·宰相世系》误为一人而将袁安列为其孙，如此昌及子安，孙赏、京、敞以下世系乃误入。据碑可补史书之阙，正史之误。

正史等文献对袁氏家族之后续者亦多有记载。《三国志·袁涣》记袁涣字曜卿，陈郡扶乐人。父滂，为汉司徒。魏国初建，为郎中令，行御史大夫事，居官数年卒。涣子侃，亦清粹间素，有父风，历位郡守尚书。又载涣从弟霸，霸弟徽，徽弟敏之事迹②。《晋书》记载袁氏家族人物甚多，且均附于袁环传后。《袁环传》载："袁环字山甫，陈郡阳夏人，魏郎中令涣之曾孙也。祖、父并早卒。环与弟猷欲奉母避乱……于时丧乱之后，礼教陵迟，环上疏……疏奏，成帝从之。国学之兴，自环始也。以年在县车，上疏告老，寻卒。追赠光禄大夫，谥曰恭。子乔嗣。"《袁乔传》记乔字彦叔，初拜佐著作郎。辅国将军桓温请为司马，除司徒左西属，不就，拜尚书郎。桓温镇京口，复引为司马。迁安西咨议参军、长沙相，不拜。寻督沔中诸戍江夏随义阳三郡军事、建武将军、江夏相。后协助桓温伐蜀成功，进号龙骧将军，封湘西伯。寻卒，36岁，温甚悼惜之。追赠益州刺史，谥曰简。子方平嗣，亦以轨素自立，辟大司马掾，历义兴、琅邪太守。卒，子山松嗣。《袁山松传》曰："山松历显位，为吴郡太守。孙恩作乱，山松守沪渎，城陷被害。"《袁猷传》记："猷字申甫，少与环齐名。……兄弟列宰名邑，论者美之。历位侍中、卫尉卿。猷孙宏。"③《袁宏传》载："袁宏字彦伯，侍中猷之孙也。父勖，临汝令。宏有逸才，文章绝美，曾为咏史诗，是其风情所寄。……太元初，卒于东阳，时年四十九。

① ［宋］赵明诚著，金文明校证：《金石录校证·金石录序》，桂林：广西师范大学出版社，2005年版，第236页。
② 《三国志》卷十一《袁涣传》，北京：中华书局，1959年版，第333—336页。
③ 《晋书》卷八十三《袁环传》，北京：中华书局，1974年版，第2166—2170页。

……三子：长超子，次成子，次明子。明子有父风，最知名，官至临贺太守。"① 出土于南京雨花台区铁心桥乡大定坊司家山东晋南朝的谢氏家族墓地的《谢琰墓志》②，此志对墓主谢琰夫妻子女社会关系的记录详明，志记谢琰："长姊令芬，适同郡袁大子，散骑侍郎。……次子奉，字刚真，出继弟玙；妻袁，即琰夫人从弟松子永兴令之女。……琰夫人同郡袁氏，讳琬。夫人祖讳勖，字敬宗，太尉掾。父讳劭，字颖叔，中书侍郎。"由此可知袁宏与袁劭为亲兄弟，超子、成子、明子与袁琬从弟袁松子均为从兄弟关系，依袁宏三子之名后均为"子"来看，谢令芬的丈夫袁大子亦应与超子、成子、明子、松子为同族兄弟。《晋书》袁环传后附载准字孝尼，官至给事中。准子冲，字景玄，光禄勋。冲子耽。耽字彦道，少有才气，俶傥不羁，为士类所称。后封姊归男，拜建威将军、历阳太守。卒时 25 岁。子质。质字道和。自涣至质五世，并以道素继业，惟其父耽以雄豪著。及质，又以孝行称。官历琅邪内史、东阳太守。质子湛。湛字士深，少有操植，而无文华，故不为流俗所重。自中书令为仆射、左光禄大夫，晋宁男。卒于官。湛弟豹。豹字士蔚。为太尉长史、丹杨尹，卒③。《晋书》与《新唐书》之记载基本一致，知袁涣第四子袁准为袁环从祖。袁湛、袁豹为兄弟关系，其在《晋书》《宋书》《南史》中均有传，而《宋书》记载更为详尽。《宋书·袁湛传》载袁湛字士深，陈郡阳夏人。祖耽，晋历阳太守，父质，琅邪内史，并知名。入仕后，官位累迁。以从征功，封爵。后随高祖北伐。于义熙十四年，卒官，时年四十。子淳，淳子桓④。湛弟豹字士蔚。初为著作左郎，位军桓谦记室参军。大将军武陵王遵承制，复为记室参军。转为徒左西属，迁刘毅抚军咨议参军，领记室。寻转抚军司马，迁御史中丞。孟昶卒，豹代丹阳尹。义熙七年，坐使徒上钱，降为太尉咨议参军，仍转长史。九年，卒官，时年 41 岁⑤。子洵，元嘉中，历显官。长子颙，少子觊。洵弟濯，濯弟淑，濯子粲⑥。知袁豹有三子：洵、濯、淑，非《新唐书》所言二子。《袁月玑墓志》

---

① 《晋书》卷九十二《文苑·袁宏传》，北京：中华书局，1974 年版，第 2391—2399 页。
② 罗新、叶炜：《新出魏晋南北朝墓志疏证》，北京：中华书局，2005 年版，第 34—38 页。
③ 《晋书》卷八十三《袁环传》，北京：中华书局，1974 年版，第 2170—2171 页。
④ 《南史》记为植，而《宋书》为桓。
⑤ 《宋书》记袁湛"义熙十四年，卒官，时年四十"；袁豹"义熙九年，卒官，时年四十一"。此记载弟弟袁豹年岁长于哥哥袁湛，甚误。
⑥ 《宋书》，北京：中华书局，1974 年版，第 1497—1502 页。

曰："祖颛，宋侍中、吏部尚书、雍州刺史。万里肃然，九流无滞。"
《南史·袁颛传》载："颛字国章，初为豫州主簿，累迁晋陵太守，袭南
昌县五等子。大明末，拜侍中、领前军将军。……景和元年诛群公，欲
引进颛，任以朝政，迁为吏部尚书，封新淦县子。……即以颛为领宁蛮
校尉、雍州刺史，加都督。……明帝忿颛违叛，流尸于江，弟子象收埋
于石头后岗。后废帝即位，方得改葬。颛子戢、昂。"① 志记载与传相
符，传更为详尽。唯有墓志文素以溢美著称，对墓主的污点常加以掩饰
避而不谈，甚至有违史实。此志中回避了袁月玑祖父"明帝忿颛违叛，
流尸于江"之事实。《南史·袁粲传》载："粲字景倩，洵弟子也。
父濯，扬州秀才，早卒。粲幼孤，祖哀之，名之曰愍孙。"文中记载袁粲官
职爵位情况详尽。《袁象传》载："象字伟才，颛弟觊之子也。……仕宋
为齐高帝太傅相国主簿，秘书丞。仕齐为中书郎，兼太子中庶子。又以
中书郎兼御史中丞。…… 累迁太子中庶子，出为冠军将军，监吴兴郡
事。……隆昌元年卒，谥靖子。"②《袁月玑墓志》言："考昂，梁侍中、
特进、尚书令、司空，穆正公。"袁昂在梁书、《南史》中均有传。比较
而言，《梁书》较《南史》与墓志记载袁昂生平事迹及官职爵位情况详
尽。志中记载袁昂官职爵位和谥号情况与传相符。《南史》记载了袁昂
后裔事迹。《袁君正传》载："昂子君正字世忠，少聪敏。……历位太子
庶子。君正美风仪，善自居处，以贵公子早得时誉。为豫章内史。……
迁吴郡太守。……感疾卒，子枢。枢字践言。……绍泰中，历吏部尚书、
吴兴君太守。陈永定中，征为侍中，掌选。迁都官尚书，掌选如
故。……天嘉三年，为吏部尚书，领丹阳尹。……废帝即位，迁尚书左
仆射，卒，谥曰简懿。……弟宪③。宪字德章，幼聪敏好学，有雅量。"
又称："长子承家，仕隋至秘书丞、国子司业。"④《陈书·袁宪传》称承
序为承家弟。《南史》载："君正弟敬。敬字子恭。……仕梁位太子中舍
人。……朝廷义之，征为太子中庶子。历左户、都官二尚书，太常卿，
散骑常侍，金紫光禄大夫，加特进。至德三年，卒，谥靖德子。子元友
嗣。敬弟泌。泌字文洋，清正有干局，容体魁岸，志行修谨。仕梁历诸
王府佐。……累迁通直散骑常侍，兼侍中，聘周。及宣帝入辅，以泌为

① 《南史》卷二十六《袁湛传》，北京：中华书局，1965 年版，第 700—701 页。
② 《南史》卷二十六《袁湛传》，北京：中华书局，1965 年版，第 702、707—708 页。
③ 《新唐书》载宪为枢兄；承序为承家兄，均误。
④ 《南史》卷二十六《袁君正传》，北京：中华书局，1965 年版，第 716—721 页。

司徒左长史，卒于官。临终戒其子芳华①曰：'吾于朝廷素无功绩，瞑目之后，敛手足旋葬，无得受赠谥。'其子述泌遗意，朝廷不许，赠金紫光禄大夫，谥曰质。"②《袁月玑墓志》载："齐司空咨议参军、梁侍中御史中丞南阳刘仲威作铭，夫人兄子齐大将军咨议、梁侍中袁奭制序。"袁月玑与袁奭为姑侄关系。袁奭，正史有传。《北齐书·袁奭传》曰："袁奭，字元明，陈郡人，梁司空昂之孙也。父君方，梁侍中。奭，萧庄时以侍中奉使贡。庄败，除琅邪王俨大将军咨议，入馆，迁太中大夫。"③ 北齐《元洪敬墓志》记"梁尚书比部郎谯国桓柚制序"及"梁侍中陈郡袁奭，爱君子之不朽，乃援笔为铭。"④ 元洪敬卒于北齐武成帝河清四年（565年）四月，葬于同年八月。其墓志由桓柚制序、袁奭制铭，说明袁奭、桓柚当时均在邺城，却保留着梁臣的身份，故各称梁朝官衔。或许入齐时短，还未封官。而袁月玑薨于北齐天统五年（569年）五月，同年七月迁葬。两方墓志相隔仅4年，而墓志铭作者的官职称呼已变。时袁奭担当大将军咨议一职，志文与史传记载一致，盖后升迁为太中大夫。也许因由南入北之故，志文中保留了北齐与梁朝的官衔。《梁萧公夫人袁（客仁）氏墓志》⑤ 记高祖昂。曾祖君□，梁侍中、左人尚书。祖梵。梁始安王文学、南郡王友。父弘略，陈丹阳□。由"梁侍中、左人尚书"知袁客仁曾祖为君方。又见《唐台州录事参军袁弘毅墓志》⑥：曾祖昂。祖君方，梁蜀州太守。父梵，陈黄门侍郎、行丹杨尹。长子师节，任东宫左勋卫。袁月玑，史书不载，由墓志得知，袁月玑之祖为袁颙，父为袁昂。月玑兄弟姊妹次第有15人，月玑为袁昂第12女。而据正史及墓志仅知5人，即袁君正、袁敬、袁泌、袁君方、袁月玑。志称："取验彤管之篇，以从牉合之礼。仍作俪于梁散骑常侍济阳蔡彦深。自膺箕帚，寔标柔德。若非吉凶事际，未尝轻出户庭。罗此未亡，颇弘法宝。"袁月玑嫁与士族济阳蔡彦深，温柔贤淑，恪守妇道，热衷佛教。又载："夫人女夫特进、开府仪同三司、沧州刺史、会稽郡开国公王琳昔在梁朝，居中作相而妖气未静，淮海虔刘。特进入奉大齐，夫人随女到邺。"志文涉及南朝梁陈之际重要的历史人物与事件，王琳正史有传，史载王琳字子珩，会稽阴山人。本兵家。元帝居

---

① 《陈书》作蔓华。
② 《南史》卷二十六《袁湛传》，北京：中华书局，1965年版，第721—722页。
③ 《北齐书》卷四十五卷《文苑传》，北京：中华书局，1972年版，第626页。
④ 罗新、叶炜：《新出魏晋南北朝墓志疏证》，北京：中华书局，2005年版，第176页。
⑤ 北京图书馆藏拓。
⑥ 志石存开封市博物馆。

蕃，琳姊妹并入后庭见幸，琳由此未弱冠得在左右。少好武，遂为将帅。魏克江陵时，王琳在北齐支持下立萧庄为梁主，与陈霸先对抗。后王琳战败，几乎全军覆没。琳寻与庄同降邺都。这一重要历史事件史书记载甚明，如《南史·袁泌传》载："陈武帝受禅，泌自齐从梁永嘉王庄往王琳所。及庄称尊号，以泌为侍中、丞相长史。琳败，众皆散，唯泌轻舟送达于北境，属庄于御史中丞刘仲威，然后拜辞归陈请罪，文帝深义之。"① 又，《南史·王琳传》曰："初，琳命左长史袁泌、御史中丞刘仲威同典兵侍卫庄，及军败，泌遂降陈，仲威以庄投历阳，又送寿阳。"② 史书所列王琳入齐后的官职，先除骠骑大将军、开府仪同三司、扬州刺史，封会稽郡公。除沧州刺史。后以琳为特进、侍中。进封巴陵郡王，镇守寿阳。其官职与墓志所载基本吻合，惟"会稽郡公"志作"会稽郡开国公"，有"开国"字样，知王琳爵位为实封。"进封巴陵郡王"可能为袁月玑去世后王琳爵位又得以晋升。史载追随萧庄由南入北的江左旧臣颇有人在，如王琳、刘仲威等，从墓志来看也包括桓柚、袁奭及袁月玑的家人。因为王琳是蔡彦深、袁月玑夫妇的女婿，袁月玑随女儿夫婿入齐。志文又载：（夫人）"以齐天统五年太岁丁丑五月己丑朔廿九日丁巳，薨于客馆，春秋六十有二。仍以其年七月戊子朔廿一日戊申，迁葬于邺县之西里。"北齐天统五年为公元569年③，五月朔为己丑，廿九日则为己巳，志文言廿九日丁巳有误。七月朔为戊子，廿一日戊申正确。袁月玑卒于天统五年，终年62岁，则其生年当在北魏宣武帝永平元年（508年）。墓志称"迁葬于邺县之西里"即指墓志出土的今河北临漳县西乡间。袁月玑卒后，其墓志由刘仲威作铭，侄子袁奭制序。墓志中显露或隐含墓主的诸多信息可补史阙。韩愈《袁氏先庙碑》载袁公滋既成庙。袁氏祖先先居于陈郡阳夏，汉连魏晋分仕南北，始居华阴为拓拔魏鸿胪。鸿胪讳恭，生周梁州刺史、新县孝侯讳颖。孝侯生隋卫大将军讳温，去官居华阴。左卫生南州刺史讳士政。南州生当阳令讳伦，于公为曾祖。当阳令生朝散大夫、石州司马讳知玄。司马生赠工部尚书、咸阳令讳晔，是为皇考④。《新唐书》称敬字子恭，而此碑敬作恭。颖为恭子，《新唐书》误作君正子。由颖以降八世遂错列君正系。

① 《南史》卷二十六《袁泌传》，北京：中华书局，1965年版，第721—722页。
② 《南史》卷六十四《王琳传》，北京：中华书局，1965年版，第1562页。
③ 许万顺文认为北齐天统五年为公元565年；马志强文认为北齐天统五年为公元570年，两者均有误。
④ ［唐］韩愈著，马其昶校注，马茂元整理：《韩昌黎文集校注》，上海：古典文学出版社，1957年版，第240—242页。

以史书为据，结合墓志之分析，作陈郡阳夏袁氏家族谱系树简图如下：

满——犀侯——庚——惜——甫——顺——他父——戴伯——郑叔——金父——庄伯——诸——□——宣仲——选——突——雅——颇——…——告——袁政——…——袁生——袁玄——□——袁干——袁经——袁山——□——□——▲袁良

▲袁良——袁光
——袁腾
——袁璋——袁滂——袁涣——袁侃
——袁寓
——袁奥
——袁准——袁冲——袁耽——袁质

袁涣——□——□——袁环——袁乔——袁方平——袁山松
——袁猷——袁勖——袁宏——袁超子
——袁成子
——袁明子
——袁勋——袁琬

袁涣从弟——袁霸——袁亮——袁粲
——袁徽
——袁敏

袁质——袁湛——袁淳——袁桓
——袁齐妫
——袁豹——袁洵——袁颙——袁戬
——袁昂——袁君正——袁枢——郎①——□——谊②
——袁宪——袁承家
——袁承序
——袁敬——袁元友——袁利贞③
——袁颖
——袁泌——袁芳华
——袁君方——袁梵——袁弘略——袁客仁
——袁弘毅——袁师节
——袁奭
——袁月玑
——王轨妻王褒母④
——袁觊——袁象
——袁濯——袁粲——袁最
——袁郎

① 《元和姓纂》曰："枢生朗，唐给事中。"
② 《陈书·袁朗传》称谊为朗孙。
③ 《元和姓纂》作："敬孙利贞，员外朗。"
④ 《北史》卷八十三《文苑·王褒传》，北京：中华书局，1974 年版，第 2791—2793 页。

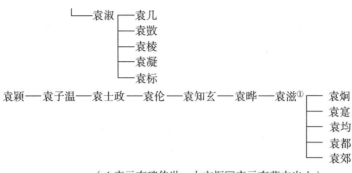

```
        ┌─袁淑─┬袁几
        │     ├袁敳
        │     ├袁棱
        │     ├袁凝
        │     └袁标
袁颖──袁子温──袁士政──袁伦──袁知玄──袁晔──袁滋①─┬袁炯
                                              ├袁寰
                                              ├袁均
                                              ├袁都
                                              └袁郊
```

（▲表示有碑传世　大方框□表示有墓志出土）

四、渤海蓨县高氏支谱系

渤海蓨县高氏，族员众多，谱系复杂②。高飏一支，北魏高祖时由高丽入国，飏有女照容入宫为孝文帝文昭皇后，自此，高飏、高肇、高猛三代为北魏权倾朝野的皇亲国戚。

《高琨墓志》记"延昌三年岁次甲午冬十月丙子朔廿二日丁酉，冀州渤海郡条（蓨）县崇仁乡孝义里，使持节、都督、冀嬴相幽平五州诸军事、镇东大将军、冀州刺史，渤海郡开国公高琨，字伯玉；夫人钜鹿耿氏。父飏，左光禄大夫、渤海郡开国公；母汝南袁氏"。北魏神龟二年（519 年）刊刻《高偃墓志》，早年德州出土，今仅有著录而不见原墓志③。《韩贿夫人高氏墓志》言："夫人渤海蓨人也。左光禄大夫，渤海郡开国敬公飏之长女，侍中、尚书令、司徒、大将军，平原郡开国公肇，侍中、司空，澄城郡开国穆公显之元姊。夫人妹以仪轩作圣，侄女襄月留光，并配乾景，用敷地训。二后祔褕，亚攒天极。"《高照容墓志》记："皇太后高氏，讳照容，冀州渤海蓨人。高祖孝文皇帝之贵人，世宗宣武皇帝之母也。……以太和廿年……薨于洛宫。……以神龟二年祔高

① 《新唐书·宰相世系表》载袁滋有五子，炯、寰、均、都、郊。而《新唐书·袁滋传》末云子均，右拾遗。郊，翰林学士。

② 关于渤海高氏谱系研究，参见[日]尾崎康：《北魏における渤海高氏》，引自《斯道文库论集》第 2 辑，东京：斯道文库，1963 年版，第 243—290 页，该文主要讨论北魏渤海各房支发展；[日]滨口重国：《高齐出自考——高欢的制霸と河北豪族高乾兄弟の活跃》，引自《秦汉隋唐史の研究》下卷，东京：东京大学出版社，1966 年版，第 685—736 页。该文主要辨析了高欢的族属源流；仇鹿鸣：《"攀附先世"与"伪冒士籍"——以渤海高氏为中心的研究》，《历史研究》2008 年第 2 期，第 60—74 页。该文观点渤海高氏非汉晋旧族，但是通过攀附陈留高氏和齐国高氏，成功地将其家族先世追溯到春秋时期。随着渤海高氏郡望的形成，高崇、高肇、高欢等房支纷纷通过各种手段冒姓渤海高氏，这些冒入的高氏在唐代构成了渤海高氏谱系中重要的组成部分。

③ 赖非：《齐鲁碑刻墓志研究》，济南：齐鲁书社，2004 年版，第 364 页。

祖长陵之右。"高猛夫妇墓在新中国成立前被盗掘，有墓志出土①。《高猛墓志》载"公讳猛，字景略，渤海脩（蓨）人也。左光禄大夫、渤海敬公之孙。使持节、都督、冀嬴相幽平五州诸军事、镇东大将军、冀州刺史，渤海静公之元子。文昭皇太后之长侄。……以元舅之子，赐封渤海郡开国公，食邑二千户，选尚长乐长公主，即世宗之同母妹也"。《元瑛墓志》称"主讳瑛，高祖孝文皇帝之季女。世宗宣武皇帝之母妹"。《高英墓志》称尼讳英，姓高氏，文昭皇太后之兄女。世宗景明四年纳为夫人，正始五年为皇后。帝崩，志愿道门，出俗为尼。以神龟元年九月二十四日薨于寺，十月十五日迁葬于（邙）山。《高植墓志》："存字不及百名。'君讳植惟首书字子建，渤海条人'数字，题有'（魏）故济青相凉朔恒六州刺史'数字，及文中'宣武皇帝'字可辨识②。"《高湛墓志》曰："祖，冀州刺史，渤海公，文照武烈，望标中夏，惠沾朝野，爱结周行。考侍中、尚书令，司徒公。"高湛，史无载。"钱洪诸氏谓湛乃高飏之孙，高肇之子，其说颇核。清康熙间高植墓志出德县运河岸，稍后此志及高贞碑亦出，光绪廿三年又出高庆碑，其地盖高氏家茔。植乃肇子，贞与庆皆肇兄偃之子。志称'父司徒侍中尚书令'与魏书高肇传肇赠官合，惟官司徒不见于史，则湛为肇子植弟无疑矣。"③

据本传，肇，自云本渤海蓨人，五世祖顾。父飏，赠左光禄大夫，赠爵渤海公，谥曰敬。长子琨，袭封渤海公爵，早卒。其子猛，飏之嫡孙，世宗时袭爵不变，所尚长乐公主，世宗同母妹，拜驸马都尉、中书令、殿中尚书，赠司空，幽帝时复赠太师、大丞相、录尚书事。飏次子偃，青州刺史，有二子二女，子曰贞、庆④，长女于景明四年被世宗纳为贵嫔，及顺皇后崩，拜为皇后。此女应为高英。次女嫁河涧王元琛。飏第三子寿，早卒；第四子，即权倾朝野的高肇。肇尚孝文帝妹、世宗皇帝姑高平公主。肇长子植，历青相朔恒州刺史。湛为肇次子。飏第五子显，世宗封澄城郡公、侍中、高丽国大中正，早卒。飏之女照容为孝文帝文昭皇后。《魏书》记载："孝文文昭皇后高氏，司徒公肇之妹也。父飏，母盖氏（盖氏当作袁氏，"盖""袁"二字形近致讹），凡四男三女，皆生于东裔。高祖初，乃举室西归，达龙城镇，镇表后德色婉艳，

① 黄吉军、黄吉博：《北魏高猛及夫人元瑛墓志浅释》，《中国书法》2009 年第 8 期，第 123—128 页。
② 赵万里：《集释》五高植墓志考证，北京：科学出版社，1956 年版，第 48 页。
③ 赵万里：《集释》六高湛墓志考证，北京：科学出版社，1956 年版，第 63 页。
④ 有碑传世，现藏山东石刻艺术博物馆。

任充宫掖。及至，文明太后亲幸北部曹，见后姿貌，奇之，遂入掖庭，时年十三。……遂生世宗。后生广平王怀，次生长乐公主。……文昭迁灵榇于长陵兆西北六十步。"① 传文较为简略，既无高氏名字，亦不载死于何年。据《文昭皇后高氏墓志》，知文昭皇后名照容，死于孝文帝太和二十年（496年）。《北史·高肇传》，列高肇有兄琨、偃、寿，有弟显，分明是五子，非前述四子，也许因高寿死于归魏之前，幼年而夭，不获封赠，且未葬平城，故不列。高飏的长女，高肇与高显的姐姐韩贿夫人，史书无载，志称："夫人妹以仪轩作圣，侄女襄月留光，并配乾景，用敷地训。二后祎褕，亚瓒天极。"妹即高照容，侄女即高英。韩贿夫人高氏事迹可补史阙。《高英墓志》记其为文昭皇太后之兄女。世宗景明四年纳为夫人。正始五年拜为皇后。以神龟元年九月二十四日薨于寺，十月十五日迁葬。《魏书》未记其拜为皇后及丧葬时间，据志以补史。

高琨及其父母高飏与袁氏，均卒于迁洛之前，故葬平城。其时高氏未显，葬事必甚草草。宣武即位后，"追思舅氏"，征肇兄弟而贵之，追赠高飏为渤海郡公（墓志作开国公）。高琨虽故，仍以袭爵而得为郡公，并以高琨子高猛袭爵。此外，同样死于迁洛以前的高琨弟高偃，正始年间亦获追赠官爵。《魏书》云："父兄封赠虽久，竟不改瘞。三年，乃诏令迁葬。肇不自临赴，唯遣其兄子猛改服诣代，迁葬于乡。时人以肇无识，哂而不责也。"② 因高肇粗劣无文，不懂改葬的礼法意义，并不十分看重"改瘞"之事，只派高猛主持"改瘞"事宜，包括重刻墓志、丰大封丘等。并没有在郡望渤海蓚县营葬故人，还是把父兄葬在了平城。20世纪70年代，《高琨墓志》出土于大同市东郊小南头村，被当地人称之为"三皇墓"的墓葬中。"三皇墓"为东西并列的三座墓，封土规模相当，排列整齐。当是高猛于延昌三年"改瘞"时所营造：一墓葬祖父高飏及祖母袁氏；一墓葬父高琨；一墓葬叔父高偃。高飏之孙高贞、高庆碑和高植、高湛墓志均出土于今德州北三店村西北③。贞、庆碑及湛志即出土在这里，此为高氏飏支的一块墓地。渤海蓚县高氏飏支世系简图如下：

① 《魏书》卷十三《孝文昭皇后高氏传》，北京：中华书局，1974年版，第335—336页。
② 《魏书》卷八十三《外戚·高肇传》，北京：中华书局，1974年版，第1830页。
③ 见民国时期编《德县志》。

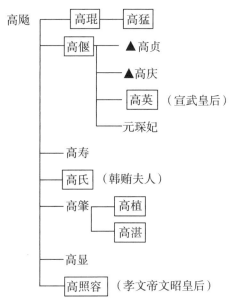

高飏 ┬ 高琨 ── 高猛
　　├ 高偃 ┬ ▲高贞
　　│　　├ ▲高庆
　　│　　├ 高英 （宣武皇后）
　　│　　└ 元琛妃
　　├ 高寿
　　├ 高氏 （韩贿夫人）
　　├ 高肇 ┬ 高植
　　│　　└ 高湛
　　├ 高显
　　└ 高照容 （孝文帝文昭皇后）

（▲表示有碑传世　大方框□表示有墓志出土）

　　高氏另有高道悦一支，墓地在今德州二屯镇胡官营，此去三店村西南 15 里①。1969 年出土了高道悦与夫人李氏墓志一合，北魏神龟二年（519 年）刊刻。高道悦《魏书》《北史》均有传，而《北史》记载较为详尽。《魏书》记高道悦，字文欣，辽东新昌人。曾祖策，冯跋散骑常侍，新昌侯。祖育，冯文通建德令、魏建忠将军、齐郡建德二郡太守，赐爵肥如子。父玄起，武邑太守，遂居渤海脩（蓨）县。道悦长兄嵩，字崐仑，魏郡太守。嵩子良贤、侯。嵩弟双、观。双子景翻。观弟道悦，道悦子显族、敬猷。而《李氏墓志》称，长子辉，给事中、伏波将军，司空□中兵参军。辉子元霖，女遵。辉弟琳，襄城将军、员外散骑侍郎。琳生元直、仲言、叔贞、贞华。琳妹宇，字季令。本传中言道悦子显族、敬猷，概名与字之异。高道悦历官，本传与墓志记载基本相同。志曰高辉之太夫人墓志，而不称高道悦夫人墓志，或因为此时高道悦已卒 20 余年，且是由他处迁葬而来；或因为高道悦死于非命，而此时其子辉、琳二兄弟事业正如日中天。志曰夫人："祖，方叔，征东大将军、仪同三司，顿丘献王。父，携之，使持节、都督冀青定相济五州诸军事、征南将军、启府仪同三司，冀青二州刺史，彭城静王。"李夫人之祖、父虽居高官，但正史不载，据志可补史阙。渤海蓨县高道悦支世系简图如下：

───────────

① 见民国时期编《德县志》。

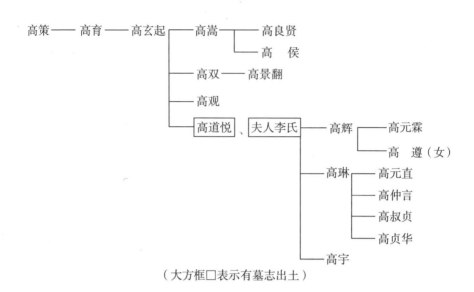

（大方框□表示有墓志出土）

第二节　北朝墓志对史料的补充与校正

墓志具有很高的历史价值，可以补史之阙，就墓志志主而言可分为两种情况：一是正史中有传的，但墓志记载的内容更为翔实；二是正史中无传的，仅靠志文见其姓名事迹。墓志还可以证史之误，墓志与《魏书》或《北史》等正史资料所载往往有差异，将这些互异的记载汇录对比，有助于断定正误。一般说来，墓志早于《魏书》与《北史》等传世文献，为比较原始的资料，失误的可能性较小，具有以志证史之功，但也并非绝对正确，复杂的情况须经考证才可下结论。

一、人物

（一）北魏《员标墓志》

《员标砖志》刊刻于北魏景明三年（503年），1964年出土于宁夏回族自治区彭阳县彭阳乡姚河村，现藏宁夏固原博物馆。杨宁国、罗丰、罗新、叶炜等学者对此砖志均有考释文章[1]。砖志称："兖岐泾三州刺史，新安子，姓员，讳标，字显业。"结合北魏《元显魏墓志》曾记载显魏之女元仲容的婚配情况："适南阳员彦，父标，故兖岐泾三州刺史，新安子，谥曰世。"知元仲容婚婿员彦父为员标，亦为员世。员标姓名与事迹不见于史。《员标墓志》记其曾祖父暖旽仕，任"石镇西将军、五

———————

[1]　见第二章已著录。

部都统"。父郎，为"冠军将军、泾州刺史，始平侯"。两者亦不见于石赵及十六国史文献。从"五部都统"官名来看，员氏应为内入胡族。"员……又音运，姓也"[1]。据墓志列出员氏简要世系为：

员暧盹仕——□——员郎——员标——员彦、妻元仲容

（大方框□表示有墓志出土）

《元和姓纂》卷三"员氏条"，引崔鸿《十六国春秋·前凉录》有安夷人员平、金城人员敝、大夏人员仓景。汉代安夷县、金城县属金城郡，大夏县属陇西郡，均在黄河上游的湟水、洮水流域。员标志称其籍贯为"泾州平凉郡阴槃县武都里"，又记"五部都统"，当是魏晋十六国时期迁移此处，金城郡、陇西郡、平凉郡一带汉魏以来为羌族和卢水胡的重要活动区域，而员氏因"五部都统"等职得以在北朝时期继续活跃，《员标墓志》提供了这方面的素材。其他志石中亦记有员氏人物，如出土于甘肃泾川的北魏《南石窟寺碑》，此碑是记录泾州刺史奚康生开南石窟寺的重要资料，其碑阴题名中有"主簿平凉员详""□□从事史平凉员英"[2]，反映出北魏时平凉员氏家族在地方上是非常活跃的[3]。

（二）北魏《宁懋墓志铭》

北魏宁懋，史书无载。"盖本鲁人而流寓西城，又迁云中。至懋随孝文南迁伊洛。遂葬于洛。其语颇诞，疑非事实也"[4]。"由于孝文皇帝推行'汉化'政策，拓跋氏族的官僚贵族，无不向往中原文化，宁懋改变原籍自称其为鲁人也是完全可能的"[5]。宁懋及妻郑氏生平简历如下：

表 5-2

时间	主要事迹
少时	习三坟
稍长	崇五典，孔氏百家，睹而尤练
35 岁	蒙获起部曹参事郎
太和十三年	转补山陵军将

① 《广韵》卷一上平声二十文部。
② 罗振玉：《石交录》卷三。
③ 罗新、叶炜：《新出魏晋南北朝墓志疏证》，北京：中华书局，2005 年版，第 56 页。
④ 赵万里：《集释》六宁懋暨妻郑氏墓志考证，北京：科学出版社，1956 年版，第 57 页。
⑤ 郭建邦：《北魏宁懋石室和墓志》，引自《汉魏洛阳故城研究》，北京：科学出版社，2000 年版，第 777 页。

时间	主要事迹
太和十七年	复简使右，营戍极军。主宫房既就，汎除横野将军、甄官主簿
景明二年	遇疾如丧，春秋卌有八
太武皇时	妻郑遗姬蒙授服常侍
孝昌三年正月六日	妻郑遗姬卒
孝昌三年十二月十五日	合葬北芒□和乡

442

宁懋卒于世宗宣武帝景明二年（501 年），享年 48 岁，则其生年当在高宗文成帝兴光元年（454 年）。志文称"至太和十七年，高祖孝（文）迁都中京，定鼎伊洛，营构台殿，以康永祀。复简使右，营戍极军。主宫房既就，汎除横野将军甄官主簿。"《魏书》曰太和十一年十月"诏征司空穆亮与尚书李冲、将作大匠董爵经始洛京"①。志、史所记事件相合。惟诏征穆亮、李冲、董爵经始洛京，而不书宁懋显然是因为官位偏低的缘故。孝文帝迁洛，营构台殿时，增派宁懋充任"营戍极军"负责守卫。志中称"主宫房既就，汎除横野将军甄官主簿""横野将军"属第九品上。"甄官主簿"，即掌砖瓦之事。东汉有前、后、中甄官令；晋有甄官署。《汉书·董仲舒传》曰："犹泥之在钧，唯甄者之所为。"②可见孝文帝迁洛时不但增派宁懋以"营戍极军"镇守，而且在主宫房既就不久，就提拔为横野将军、甄官主簿，掌管砖瓦事宜。宁懋之妻郑遗姬乃出名门荥阳郑氏，宁懋随孝文帝南迁，并与汉族高门通婚，此为北魏王朝推行汉化，民族融合之一例。

（三）北魏《张弁墓志》

刊刻于北魏正光元年（520 年）《张弁墓志》曰："祖幸，使持节、镇东将军。青州刺史，平原成穆公。父略之，州主簿、沧水太守。君讳弁，字灵和，清河东武城安阳乡宜王里人。……神龟三年二月乙亥朔廿八日壬寅，遘疾卒于宅，春秋五十二。刺史、中军大将军李韶，教赠清河太守。其年十一月十五日乙酉，窆于底阁城西北二里。……夫人太原王氏，父讳除，征房将军、平原太守。息远，字世遐，郡功曹。息衍，字叔绍，州主簿。息天宜。息叔礼。正光元年十一月十五日刻讫。"《北

---

① 《魏书》卷七《高祖孝文帝纪》，北京：中华书局，1974 年版，第 173 页。

② 《汉书》卷五十五《董仲舒传》，北京：中华书局，1962 年版，第 2501 页。

史·张彝传》记张彝字庆宾，清河东武城人。曾祖幸，慕容超东牟太守，归魏，赐爵平陆侯，位青州刺史。祖准之袭，又为东青州刺史。父灵真，早卒。彝性公强有风气，历览经史，袭祖侯爵。后彝卒，赠使持节、卫将军、冀州刺史，谥曰文侯。彝子始均字子衡，端洁好学，才干有美于父，及卒，赠乐陵太守，谥曰孝。子暠之，袭祖爵。暠之弟晏之。晏之字熙德，幼孤，有至性，为母郑氏教诲，动依礼典。卒赠齐州刺史、太常卿。子乾威，乾威字元敬，性聪敏，涉猎群书，其世父暠之谓人曰："吾家千里驹也。"后卒官，有子爽，仕至兰陵令。乾威弟乾雄，亦有才器。正史中记载张幸官位与《张弁墓志》中"祖幸，使持节、镇东将军。青州刺史，平原成穆公"均有青州刺史一职；关于张幸爵位志中为公而正史为侯，相比较志载信息更为丰富。又从张弁父张略之与正史中张准之，张灵真与张弁（字灵和），两辈人的字同"之"与"灵"来看，张弁父张略之与张彝祖父张准之为亲兄弟，正史只记载张幸子张准之一系，《张弁墓志》的出土填补了张幸另一子张略之系的空白，据志以补史阙。

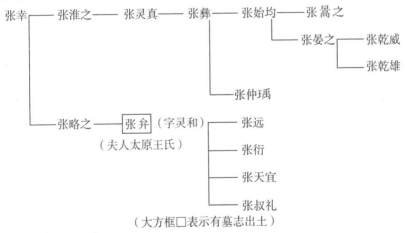

（大方框□表示有墓志出土）

（四）北魏《郭定兴墓志》

北魏《郭定兴墓志》[①]，2001 年 9 月出土于河南省洛阳市纱厂以西凯悦雅园住宅小区工地。洛阳市第二文物工作队藏志。志载："君讳定兴，太原晋阳人也。……曾祖珍，南来客，聪睿识讥，声和馆邸。祖讳达，镇远将军、兰台御史。父讳沙，库部莫堤、济阴太守，清明柔亮，世有嘉称。……正光三年四月末，遇患而卒。……弟强弩将军，永宁、景明都将，

---

① 见第二章已著录。

名安兴，智出天然，妙感灵授，所为经建，世莫能传。……乃为以礼送终。"由志文知郭定兴卒于北魏孝明帝正光三年（522年），由弟郭安兴为其营葬。郭氏简要世袭：

郭珍——郭达——郭沙——｜郭定兴｜
        └—郭安兴

（大方框□表示有墓志出土）

志文所载郭定兴及其父祖名讳职官，北朝四史无载。但其弟郭安兴见于《魏书》《北史》有相同记述："宣武、明帝时，豫州人柳俭、殿中将军关文备、郭安兴并机巧。洛中制永宁寺九层佛图，安兴为匠也。"①《郭定兴墓志》记郭安兴的官职是"强弩将军、永宁、景明都将"，赞美他"智出天然，妙感灵授，所为经建，世莫能传"。知洛阳城修建永宁寺九层佛图，安兴为匠，职为永宁都将，史志相符。"永宁寺，熙平元年，灵太后胡氏所立也。……永熙三年二月，浮图为火所烧"②。墓志又记郭安兴为"景明都将"，而正史不载。"景明寺，宣武皇帝所立也。景明年中立，因以为名"③。景明与永宁并称北魏洛阳两大佛寺。综合志与传文，说明郭安兴确实是宣武、孝明时期重要的建筑学家。

志文载郭定兴"父讳沙，库部莫堤"。莫堤为平城时的官名。《南齐书》："又有俟勤地何，比尚书；莫堤，比刺史；郁若，比二千石；受别官比诸侯。诸曹府有仓库，悉置比官，皆使通虏汉语，以为传驿。"④ 北朝史料中已不见有莫堤一职。同样情况见于《南巡碑》⑤，在该碑残存的280余位随从大臣的官号中，有不少鲜卑拓跋部官号，如折纥真、斛洛真、内行令、内三郎、内阿干、三郎幢将等，在《魏书·官氏志》中皆不见记载。《郭定兴墓志》诸多内容可补史书之阙。

（五）北魏《杨济墓志》

刊刻于北魏武泰元年（528年）《杨济墓志》，洛阳市出土。洛阳张书良藏志。杨济之十世祖杨阜，《三国志》有传，杨济之八世祖忻为凉州刺史。祖元为武威太守。父福为天水太守。杨济为龙骧将军、肆州刺史，广平侯。杨济的祖先均为高官，《晋书》和北朝四史却无其记载。

① 《北史》卷九十《艺术·蒋少游传》，北京：中华书局，1974年版，第2985页。
② ［北魏］杨衒之：《洛阳伽蓝记》卷一"城内"。
③ ［北魏］杨衒之：《洛阳伽蓝记》卷三"城南"。
④ 《南齐书》卷五十七《魏虏传》，北京：中华书局，1972年版，第985页。
⑤ 1987年，灵丘县文管所在"御射台"处，发现了北魏文成帝拓跋濬于和平二年刻立的《皇帝南巡之颂》碑，简称《南巡碑》。

《三国志》载："杨阜字义山，天水冀人也。"志称："君讳济字法庆，天水冀人也。"志与传记籍贯相符。志又称："十世祖将作大匠阜以正谏立朝扬芳。"传载杨阜入仕事迹甚详，传结尾："阜常侃然以天下为已任。数谏争，不听，乃屡乞逊位，未许。会卒，家无余财。孙豹嗣。"可知"阜以正谏立朝扬芳"名副其实。杨济以武泰元年（528年）夏四月十三日卒，春秋五十有一，同年秋八月二十五日葬于洛水之南。追赠持节、龙骧将军、肆州刺史，谥曰昭侯。使君夫人浮翊郭氏生一子，字士政。后夫人金城赵氏，长子士阶、次子士称、次子士达、长女兰姿、次女长姿。杨济子杨士达，《北史》有传①。

据史传与志文列杨阜支简系：

（大方框□表示有墓志出土）

杨达字士达，《北史》中有载附于杨绍传后，其曰："杨绍字子安，弘农华阴人也。祖兴，魏新平郡守。父国，中散大夫。"②又薛道衡《文馆词林·后周大将军杨绍碑铭》作："祖国，镇西将军。父定，新兴太守。"与传不同，碑是隋初其子杨雄所立，疑此传误③。传载杨绍子嗣世系：

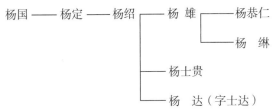

从祖父的名、籍贯、官职，以及杨士达字法庆，杨达字士达等几方面来看，杨济子杨士达非《北史》中杨绍子杨达。可见杨济及其子嗣情

① 乔栋、李献奇：《洛阳新获墓志专辑·魏杨济墓志》，《书法丛刊》2005年第6期，第18页。
② 《北史》卷六十八《杨绍传》，北京：中华书局，1974年版，第2369页。
③ 《北史》卷六十八《杨绍传》校勘记第5条，北京：中华书局，1974年版，第2386页。

况史书亦无载。如此，《杨济墓志》诸多内容可补史阙。

（六）北魏《赵暄墓志》

刊刻于北魏永安二年（529 年）《赵暄墓志》，1998 年 12 月出土于洛阳孟津平乐村，现藏于洛阳古代艺术馆。赵暄正史无载，由墓志记载君讳暄，字阳奴，河南洛阳都乡永建里人，以及其生平事迹简述如下表所示：

表5-3

时间	主要事迹
入仕之前	君禀质太虚，资灵诞秀，体智渊凝，志邈山海。湛湛焉，沧源无以比其深；薇薇焉，悬莆莫能方其峻。 投翰山水，文不草成；瑰章灿烂，郁彼瑶琼。故使读者湍如川流，诵者汩如隙星，理味精敷，致其然矣。 又君性好《连山》，妙诠《易》理；考算两仪，乾坤斯荡；推步昬曜，靡不精通。虽复令伦洞律，容成善历，方之奥虑，未能过也
正始年中	君不能蕴宝迷辰，遂彰厥德，牒列所闲，合册五条，事皆幽秘，弗可具名矣，申辞抠省，即蒙录奏。世宗宣武皇帝以君献术可嘉，除授员外将军
熙平年间	以君验克灾祥，应同符契，帝乃洵之，复除荡寇将军
永平三年	援发明旨，召君在显阳殿内，近侍帝直，有问斯通事，无不决至
正光二年	孝明皇帝以君器业功彰，绩效昭著，复除宣威将军，仍为本实
永安二年	以君行高德邃，秘术可重，优加五阶，旨除前号。卒于平远将军左中郎将

墓志千言，记述志主赵暄为人以冲让为先；为行以敦信为本；其动非礼弗趋；其言非典弗宣。凡百有为，莫不礼仪。知其为儒学立本，循礼守典之道人。聪颖过人，卓尔不群，性好阐释《连山》《易》理，研测天地，洞悉宇宙之广，推算天文历法，无不精通。知其又为大智若愚，大实如虚；行高德邃，秘术可重具备一定法力道术之异人。正始年中，世宗宣武皇帝以君献术可嘉，除授员外将军，员外将军为从八品。熙平年间孝明皇帝复除荡寇将军，除荡寇将军为从七品上阶。至正光二年，又擢为第六品上阶之宣威将军。届敬宗孝庄皇帝永安二年下诏"采彦搜林，求贤邃谷；广召郡才，远聘儒学。以君行高德邃，秘术可重，优加五阶，旨除前号"。此间赵暄两次荣获升职任命，由从四品的左中郎将，擢为四品官平远将军。自正始年中世宗宣武皇帝以君献术可嘉，除授员外将军，届永安二年卒，20 年间赵暄的官阶由八品擢升为四品，自下而

上正合志文所言"优加五阶"。孝明帝孝昌之末，外侮内乱，天下淆然。孝庄帝即位之建义元年（528年）诏曰："……从太原王督军将士，普加五阶；在京文官两阶，武官三级。"永安二年夏四月癸未"内外百僚普汎加一级"，距赵暄卒时同年四月壬午廿日辛丑仅隔18天，普调后的道士享升职加薪不足一月，便超神尘壤了。赵暄一生受宣武、孝明、孝庄三帝青睐，为自寇谦之之后又一位活跃于宫廷，为最高统治者出决策，定方案的著名道士。

关于道教在社会中的地位与影响，统治者对道教的崇信与利用，其遗迹与文献，至今识之甚少，《魏书·释老志》不见孝文帝以后有关道教的记载与议论，给宗教史留下一页不应有的空白。新出土的《赵暄墓志》，以时刻文献的形式，为我们提供了前所未知的都洛后朝廷尊崇道教、倚重道士的可贵信息，即从一个角度揭示了北魏朝廷的道教政治因素①。而赵暄人物履历于正史缺失，墓志所记可补史阙。

（七）东魏《明赟墓志》及北齐《明湛墓志》

1967年，明赟墓位于山东德州陵县城东北于集乡孟家庙村遭到破坏，1973年，山东省博物馆王恩田先生前往调查清理，发现了刊刻于东魏兴和三年（541年）《明赟墓志》，志石今藏山东省博物馆。1982年在同一地点又出土了北齐武平二年（571年）《明湛墓志》，志石今藏山东陵县文博苑。明湛志称"博平令琅邪府君赟之子"，知明湛为明赟之子，父子两墓南北排开，相距30余米，当地人称之"双冢子"。明赟、明湛父子，于史无征。《明赟墓志》云其高祖丕，"绥远将军、阳平河涧二郡太守，安城乡侯"。曾祖协，"出身为员外散骑侍郎、转给事中，频转顿丘钜鹿济阴济北四郡太守"。又云明赟于太和十六年（492年）应选，为奉朝请，属镇东将军杨椿为济州刺史，屈君为功曹参军。半年后，明赟除东阿令。"然东阿、济州一隅，地接荆楚，人轻俗薄，故以公镇之。君乃导以忠信，齐以礼教，不过几月，政遂有成"。《明湛墓志》记载了明湛作为广阳王元深的中兵参军，参加了反击杜洛周、葛荣叛变朝廷，寇掠幽、冀、沧州的战斗，在转战中只马单兵，溃围如出，归携弟侄，缓洄黄河，作了逃兵。志载明氏世系为：

$$\text{明丕} —— \text{明协} —— \square —— \square —— \boxed{\text{明赟}} —— \boxed{\text{明湛}}$$

（大方框□表示有墓志出土）

---

① 赵振华：《赵暄墓志与都洛北魏朝廷的道教政治因素》，《河南科技大学学报》（社会科学版）2004年第3期，第30—33页。

明赍、明湛父子墓志的出土有补证史实及人物之功。

（八）北齐《徐之才墓志》

《徐之才墓志》磁县出土，鄱阳博物院藏。徐之才，《魏书》《北史》附见徐謇传后；而《北齐书》有传。《魏书》载之才事迹甚略："成伯孙之才，孝昌初，为萧衍豫章王萧综北府主簿，从综镇彭城。综降，其下僚属并奔散，之才因入国。武定中，大将军、金紫光禄大夫、昌安县开国侯。"①《北史》内容稍多，《北齐书》记载最详。《徐之才墓志》磁县出土。以志校史，互有详略。志载："王讳之才，字士茂，东莞姑幕人。"而传失载其字，只记寄籍丹阳人，不著本贯。"南史张邵传称'东海徐文伯'，盖南渡后东海郡侨治京口（钱大昕说），故北史徐謇传称謇为丹阳人。今北齐书本传，文从北史出，称之才为丹阳人，与南史本无抵牾。……志称'大父文伯梁散骑常侍。考雄早卒，终于员外散骑侍郎'。案徐謇传叙雄历官与志合。惟称'文伯在南齐任东莞太山兰陵太守'与志之散骑常侍异。南史称'文伯除鄱阳王常侍，子雄位奉朝请，父道度位兰陵太守'。是官兰陵者乃道度而非文伯，北史属之文伯，误也。北齐书称'雄事南齐位兰陵太守'，又冠道度之官于雄，则误之甚矣。志不载雄守兰陵，可为南史佐证"②。志称："十三召为太学生。受业于博士缪昭、后庆，礼经涉津，知齐施梁易旨，望表探微。"而传则云："年十三，召为太学生，粗通礼易。"墓志与传对徐之才由南入北后，在北魏、北齐官职、爵位的升迁过程记载甚详，列表如下：

表5-4　　墓志记载徐之才在北魏、北齐官职爵位的升迁过程

时间	军号	职官	爵位
普泰初	中军□将军	散骑常侍　金紫光禄大夫	
永熙即位			封昌安县开国侯
武定四年		秘书监	
天保元年		侍中，余官如故	别封池阳县开国伯
天保五年	使持节　都督赵州诸军事　将军开府		
天保六年		仪同三司	

① 《魏书》卷九十一《徐之才传》，北京：中华书局，1974年版，第1968页。
② 赵万里：《集释》七徐之才墓志考证所述，北京：科学出版社，1956年版，第74—75页。

时间	军号	职官	爵位
天保七年		中书监	
天保十年		仪同三师　越州刺史	
乾明元年	金紫光禄大夫　转左光禄大夫		
皇建二年	使持节　都督西兖州诸军事	西兖州刺史	
河清三年		开府仪同三司	
天统元年	加骠骑大将军		食南兖州梁郡斡别封安定县开国子
天统二年		中书监判并省吏部尚书	
天统三年		尚书右仆射兖州大中正	
天统四年	使持节　都督兖州诸军事	迁左仆射　寻加特进兖州刺史	
天统五年		兖州大中正	食兖州高平郡斡
武平元年		尚书左仆射	
武平二年		尚书令　侍中、太子太师	封西阳郡王
武平三年	赠使持节　都督兖齐徐三州诸军事　□将军	赠兖州刺史　录尚书事司徒	赠开国王如故

表5-5　　正史记载徐之才在北魏、北齐官职爵位的升迁过程

时间	军号	职官	爵位
孝武帝时			封昌安县侯
武定四年		自散骑常侍转秘书监转授金紫光禄大夫	
文宣帝时		侍中　赵州刺史	封池阳县伯
皇建二年		西兖州刺史	
天统四年		尚书左仆射　兖州刺史	
天统五年		寻左仆射阙	
武平元年		尚书左仆射　迁尚书令侍中、太子太师	封西阳郡王
武成帝时		仆射	
		卒赠录尚书事	司徒公

从两者统计来看，传较志对徐之才在北魏、北齐官职、爵位、军号的记载多省略，志记载甚详可补史略。传多载徐之才通医术、解天文、兼图识之事例，而志文隐约其词，这在一定程度上显示出当时医学并没有很高的社会地位。志记徐之才于武平三年六月四日，遘疾薨于清风里第，春秋六十八。而传记其"年八十，卒"，应以墓志为是。

1976 年，《徐之范墓志》出土于山东省嘉祥县满硐公社杨楼大队"英山二号"隋墓①。其第二子徐敏行及妻阳氏亦有墓志②同时出土。徐之范在《北史》《北齐书》有传，但内容极其简略，仅载："弟之范，亦医术见知，位太常卿，特听袭之才爵西阳王。入周，授仪同大将军。开皇中卒。"其子徐敏行及妻，不见于史传。墓志大大丰富了徐之范及其家族的资料，有补史之功。

（九）北齐《张攀墓志》

北齐《张攀墓志》，民国间益都县出土。初益都县民众教育馆收藏，后移入文庙，1962 年移交县博物馆，志石今藏山东省青州市博物馆③。志主张攀，正史无传，墓志记述了他的家世及生平事迹，可补史阙。据志载张攀为清河武城人。清河武城张氏，属于南北朝时期有一定名望的士族。"张氏出自姬姓。黄帝子少昊青阳氏第五子挥为弓正，始制弓矢，子孙赐姓张氏。……清河东武城张氏本出汉留侯良裔孙司徒歆。歆弟协，字季期，卫尉。生魏太山太守岱，自河内徙清河"④。志载张攀世系为：

五世祖张纯——四世祖张康——曾祖张泰（河涧太守）——祖张灵宇（本州别驾）——父张杰祖（本州治中）——张攀

（大方框□表示有墓志出土）

志文中未及夫人及子嗣情况。魏晋以降，齐青清河一带，居住着不少名门望族，如崔氏、张氏、房氏最为显著。他们侯卿相代，互通姻亲，彼此庇荫。攀曾追拜骠骑将军、左光禄大夫、金印紫绶，名显位赫。晚年，帝怜其久佐外甸，征为治书侍御史。虽官低位轻，而威权甚重，故志云："权门贵戚，避骢马于都畿；势家近习，惮绣衣于京辇。"张攀卒年 55 岁，以北齐天保三年（552 年）三月五日葬石屋山里。

① 李卫星：《山东嘉祥英山二号隋墓清理简报》，《文物》1987 年第 11 期，第 57—60 页，有拓片图版。

② 山东省博物馆：《山东嘉祥英山一号隋墓清理简报——隋代墓室壁画的首次发现》，《文物》1981 年第 4 期，第 28—33 页，附图版壹、贰。

③ 赖非：《齐鲁碑刻墓志研究》，济南：齐鲁书社，2004 年版，第 308 页。

④ 《新唐书》卷七十二《宰相世系表》，北京：中华书局，1975 年版，第 2675、2711 页。

（十）北齐《刁翔墓志》

《刁翔墓志铭》，北齐天统元年（565 年）刊刻，1985 年出土于山东省乐陵县杨家乡史家村。墓志记述了刁翔的家世、生平事迹及子嗣情况。志称其祖父师，燕中坚将军、定州司马。夫人太（泰）山于洛女、广平宋赞女。"君讳翔，字道翻，渤海饶安西乡东安里人也。盖帝桔梗氏刁音之苗胄，高阳内史刁秀之枝胤者矣"。官职辟为本州主簿，卒年 57 岁。"君五男：长子明威将军、帐内统军、礼乐令晔，字元景。二子籍，字元文。三子弘，字景文。四子瑜，字景珍。五子绪，字文业"。刁翔及子嗣，正史无传，此等可补史阙。渤海饶安刁氏，为晋、北朝时期的大姓。《魏书》载"刁氏世有荣禄"[1]。刁雍一支最为显赫，雍高祖攸，晋御史中丞。曾祖协，位至尚书令。父畅，右卫将军。雍，平南将军、徐州刺史，安东侯，又授使持节、侍中、都督扬豫兖徐四州诸军事、征南将军、徐豫二州刺史。雍子遵，龙骧将军、洛州刺史，卒赠平东将军、兖州刺史。志称刁翔为高阳内史刁秀支胤，刁秀史书不载，从刁翔担任州主簿及长子晔为明威将军、帐内统军、礼乐令等职务来看，刁秀支胤亦有入仕者，但荣耀远不如雍支；或者刁氏诸支之间不无庇荫关系。

（十一）北周《莫仁相墓志》与《莫仁诞墓志》

《莫仁相墓志铭》，北周宣政元年（578 年）刊刻；《莫仁诞墓志铭》，北周建德六年（577 年）刊刻，2009 年 5 月出土于陕西西安市长安区韦曲夏殿村西。墓主莫仁相、莫仁诞为父子，史传无载。据志文可知，莫仁相本姓马，讳相，字饮勿头，长安扶风人，生于北魏永平二年（509 年），卒于北周宣政元年。其祖马闻德、父马伯丑，史籍均无载。莫仁相弱冠从戎，永熙三年（534 年）北魏分裂后先仕于东魏；至西魏大统三年（537 年）沙苑之战时，归附西魏，而后仕于西魏、北周；宣政元年卒，官至使持节、大将军、定安公，食邑二千五百户，赠淮青幽豫四州刺史，谥曰信公。元配虎氏，在莫仁相归附西魏后仍留于北齐，"遂能孤楼自守，二纪有蹛，育训英雄，并皆成立。停年卅将二，薨于齐土。仰蒙神谋上感，中原荡定，奉迁之会，遂得迎赴同坟。"莫仁相入长安后再娶云氏为妻，后蒙赐姓□豆连，于建德五年（576 年）卒于京第，"夫唱妇随，古今通典，改从夫葬，永联幽席"。由此可知此墓为莫仁相与两夫人之合葬墓。

---

① 《魏书》卷三十八《刁雍传》，北京：中华书局，1974 年版，第 873 页。

表5-6　　　　　　墓志记载莫仁相的官职爵位的升迁过程

时间	军号	职官	爵位
永熙之季	都督、殿中辅国二将军		
	寻迁征虏将军	中散大夫	上蔡县开国伯
	平东将军、帅都督	大中大夫	
	抚军将军、大都督	通直散骑常侍	
	使持节、车骑大将军、大都督	仪同三司 归宁、槃龙二郡守	归义县开国侯 俄进为公
	使持节、骠骑大将军、大都督	开府仪同三司	
	丹州诸军事	丹州刺史	
	蒲州副防主		
天和六年	使持节、大将军		定安开国公
宣政元年正月		赠淮青幽豫四州刺史	谥信公

　　莫仁诞讳诞，字迴乐，生于西魏大统八年（542年），卒于北周建德五年（576年），当为莫仁相与□豆连氏之子。莫仁诞十一岁即被北周政权授予抚军将军，之后历任帅都督、大都督，天和六年（571年）加少虎贲。建德五年十月，随北周武帝宇文邕出兵攻伐北齐，"众寡不均，遂罗祸酷。春秋卅有四，大周建德五年十月廿七日壬申卒于晋阳之城……诏赠使持节、上开府仪同大将军，封赵州赵郡开国公，食邑二千户"，建德六年窆于万年县原望乡三儒里，此乡里名未见于史籍，或可补史之阙。

表5-7　　　　　　墓志记载莫仁诞的官职爵位的升迁过程

时间	军号	职官	爵位
弱冠一十一	抚军将军	散骑常侍　金紫光禄大夫	
保定四年	帅都督		
天和三年	大都督	秘书监	
天和六年	使持节、车骑大将军、大都督	仪同三司	别封池阳县开国伯
建安元年	少虎贲		
建德五年十二月廿三日	诏赠使持节、上开府仪同大将军		封赵州赵郡开国公

　　庾信代齐王宪所作《齐王进苍乌表》记："臣去月三十日，行到陕州，获大都督莫仁回乐列，称于州射堂内，见一苍乌，林簿回翔，循环

不去，驻乘木之精，转司风之翼。即召仪同某甲等，同时观见……"①
此处记载陕州之"大都督莫仁回乐"即是莫仁诞（字迴乐，亦是回乐），
此为记述莫仁诞的一条珍贵史料。

志载原本姓马氏后赐姓莫仁氏之世系为：

马闻德 ——— 马伯丑 ——— 莫仁相 （妻虎氏、云氏）——— 莫仁菩提
                                              └—— 莫仁诞

（大方框□表示有墓志出土）

莫仁相、莫仁诞父子墓志的出土有补足史实及人物之功。

二、生卒葬时间及享年

（一）北魏冯熙

《冯熙墓志》太和十九年（495年）刊刻。冯熙正史未载其生年、寿
命及葬日，只言卒于太和十九年。志称冯熙卒于太和十九年正月廿四日，
年寿五十八岁，葬于本年十二月庚申日，推测冯熙生于（438年）。此可
补史。

（二）北魏张整

《张整墓志》景明四年（503年）刊刻。张整，正史未载其生卒年及
寿命，志称张整字菩提，并州上党郡刈陵县东路乡吉迁里人，源出荆州
南阳郡白水县。春秋六十，景明四年十月二十一日卒，同年十一月二十
五日葬于洛阳之西北斗泉陵。此等可补史阙。

（三）北魏傅竖眼

傅竖眼的生卒年《魏书》《北史》均失载。而《资治通鉴》记傅竖
眼卒于梁武帝中大通元年（529年），即北魏永安二年，未知何据。然
《傅竖眼墓志》云竖眼"孝昌三年四月卒于任所。时年六十七"。此志为
时人所作，当较《资治通鉴》可靠。据此，傅竖眼卒于孝昌三年（527
年）四月，得年六十七岁，则应生于和平二年（461年）。此等补史
之阙。

（四）北魏羊祉

《羊祉墓志》北魏熙平元年（516年）刻。正史未载其生卒年月及享
年，墓志载祉于熙平元年二月死于洛阳徽文里，其年十一月归葬于故里，
春秋五十九。此可补史。

① 倪璠注,许逸民校点:《庾子山集注》,北京:中华书局,1980年版,第528—530页。

（五）北魏崔昂

《北史·崔昂传》云："天统元年卒，赠赵州刺史。"崔昂《魏书》《北齐书》皆有传，但均未载其生卒年。然自《崔昂墓志》出土，所有问题均迎刃而解。志称："君讳昂，字怀远。……以天统元年六月壬子朔廿九日庚辰构疾，终于邺都之遵明里之第，春秋五十八。……诏赠赵州刺史。"据此，知崔昂生于北魏永平元年（508年），卒于天统元年（565年）六月二十九日。

（六）北魏尹祥

《尹祥墓志》记载了墓主尹祥参与了正光年间（524年）的东益州战事，战死时间早于战事结束。据志载"遂以正光五年七月十八日薨"，七月为己酉朔，十八日是丙寅。又，《魏书·孝明帝纪》记载正光五年七月"丁丑，念生遣其都督杨伯年、樊元、张良等攻仇鸠、河池二戍，东益州刺史魏子建遣将尹祥、黎叔和击破之，斩樊元首，杀贼千余人"。考七月丁丑是二十九日，此时据墓志记载尹祥已卒。《魏书》笼统记其事，故有此误。《资治通鉴》记梁武帝普通五年七月条，尹祥作伊祥，今据墓志可证其误。

（七）东魏房悦

《房悦墓志》东魏兴和三年（542年）刊刻，1972年出土于山东高唐县城关镇。志称房悦兴和三年卒，而《魏书》本传曰悦"兴和二年卒"。应以志为正。

（八）北齐娄叡

《娄叡墓志》记载："武平元年二月五日，薨于位。"墓志记载甚明，与《北史》不同。《北史·齐本纪》曰："武平元年春正月乙酉朔，改元。太师、并州刺史，东安王娄叡薨。"[1] 即误二月五日为正月初一，应以墓志为是。

（九）北齐封子绘

《封子绘墓志》言："其年闰九月二十日遘疾终于京师，春秋五十二。"封子绘，《北齐书》《北史》均有传。《北齐书》远较《北史》为详。《北齐书·封子绘传》记载："（封子绘）河清三年暴疾卒，年五十。"此处享年与墓志有异，当以墓志为准。并由此可推知封子绘当生于北魏延昌二年（513年）。

---

① 《北史》卷八《齐本纪》，北京：中华书局，1974年版，第291页。

（十）王士良与子王钧

王士良与子王钧墓志中均存在卒年与本传不同的现象。关于王士良的生卒年，墓志与史传差别大。据墓志，王士良卒于隋文帝开皇三年（583年），终年77岁，则其生年为北魏宣武帝正始四年（507年）。但据其本传，王士良"隋开皇元年卒，时年八十二"，则其生年为宣武帝景明元年（500年）。当以墓志为是。王士良子王钧，字德衡，《周书》《北史》有传，本传仅记王士良"子德衡，大象末，仪同大将军"一句，墓志丰富了对他的了解。王钧字德衡，而本传竟称德衡，可见是以字行。墓志末记王钧卒年，只记其死时三十一岁，北周武帝建德五年（576年）葬，这与本传"大象末仪同大将军"的记载矛盾，同样当以墓志为是。

三、记时法的使用与校正

所谓记时法，亦为历法，即是推算天象以定岁时的方法。古人根据地球及日、月、星辰相互之间的运动规律，将日、月、年等计时单位予以合理的编排，制成历法。

墓志记载墓主的生、卒、葬、立志时间，其记时法的使用灵活多样，就北朝墓志而言，也出现过记时之误，现予以纠正，亦对其记时法的配合使用予以关注。

（一）干支与年号记时法

中国古代的统治者，为突出其权威，每有称帝者，总要自立名号，作为纪年的标志。商代就有用干支记日的，即用干支十字（甲乙丙丁戊己庚辛壬癸）配以地支十二字（子丑寅卯辰巳午未申酉戌亥）而成，共六十对，用它来记日，六十日一个循环。河南安阳殷墟出土的甲骨刻辞中干支甚多，如一帧为竖列左行式，整列六十干支；另一帧是一大肩胛骨碎片的缀合，干支表为横列左行式，比较特殊。两帧甲骨卜辞的干支表排列非常整齐，当有固定的排列通则。究其原因在于占卦记卜几乎每卜必系日辰，因此甲骨文中的干支表是一种便于检查日数和干支的有实用目的的文例。从干支在甲骨卜辞中广泛运用的现象来分析，其起源应该很早，后世沿袭①。干支纪日法是中国古代所创造的，也是世界上使用最久的一种记时法。与干支记日法相同的干支纪年，又称甲子纪年。年号纪年法在我国历史上也是常用而古老的纪年方法之一，其源于汉武帝即位之年（前140年），从此年开始用年号纪元，武帝在位期间曾建有

---

① 李明君：《历代书籍装帧艺术》，北京：文物出版社，2009年版，第6—7页。

若干年号，如第一个年号建元；第二个年号元光；最后一个即第十一个年号后元。每个年号都以元、二、三年等递进序数纪元。此后，这种纪年法被继承且沿用，历代帝王在位期间都建有一个或若干个年号。

墓志记载墓主的生、卒、葬、立志时间，将年号纪年与干支纪年配合使用最为常见。如《侯掌墓志》记正光五年岁次甲辰三月辛亥朔二日壬子，侯掌卒于洛阳延寿宅。亲朋悼心，知故陨泗，事等枯木，义同罢祖。粤四月辛巳朔廿九日己酉，寓殡于河南之芒阜。"正光五年"为"甲辰"年，即北魏肃宗孝明帝元诩的一个年号，三月为"辛亥"朔，二日为"壬子"；四月为"辛巳"朔，廿九日为"己酉"。已出土的北朝墓志中，纪年有误者不在少数，现统计如下：

表 5-8　　　　　　　　　　墓志干支记时校正

墓志名称	原墓志纪年有误	正确纪年
梁阿广墓表	葬时：前秦建元十六年七月岁在庚辰廿二日丁酉	前秦建元十六年七月岁在乙亥廿二日丙申
司马绍墓志	卒时：太和十七年戊申七月庚辰朔十二日壬子	太和十七年癸酉七月己酉朔十二日庚申
杨莲墓志①	卒时：太和廿二年正月乙丑朔十一日丙子	太和廿二年正月癸未朔十一日癸巳
崔孝芬族弟墓志	葬时：正始元年②甲申正月乙□朔二十一日丙午	正始元年甲申正月戊申朔二十一日戊辰
元鉴墓志	卒时：正始三年丙戌五月壬午朔廿六日丁未	正始三年丙戌五月乙丑朔廿六日庚寅
封昕墓志	卒时：永平五年壬辰三月辛酉朔廿四日甲寅	永平五年壬辰三月辛卯朔廿四日甲寅
贵华恭夫人墓志	卒时：延昌二年癸巳四月乙卯朔廿二日乙巳	延昌二年癸巳四月甲申朔廿二日乙巳
孙标墓志	葬时：延昌二年癸巳九月丁未朔五日辛亥	延昌二年癸巳九月壬子朔五日丙辰
元睿墓志	卒时：延昌三年三月戊申朔四日辛亥	延昌三年三月己酉朔四日壬子
元飏墓志	葬时：延昌三年甲午十一月丙寅朔四日己巳	延昌三年甲午十一月丙午朔四日己酉
皇甫骥墓志	葬时：延昌四年丁未四月癸酉朔十八日庚寅	延昌四年乙未四月癸酉朔十八日庚寅

---

① 见 2007 年 9 月 17 日琉璃厂在线履薄斋《杨莲墓志》拓片。
② 指北魏宣武帝正始元年。

墓志名称	原墓志纪年有误	正确纪年
杨熙仙墓志	卒时：延昌四年十二月十二日壬子卒	延昌四年十二月十二日己辰卒
	葬时：熙平元年二月十二日巳酉葬	熙平元年二月十二日戊酉葬
羊祉墓志	诏册：熙平元年三月戊辰朔廿九日甲申	熙平元年三月戊辰朔廿九日丙申
杨播墓志	葬时：熙平元年九月二日庚申	熙平元年九月二日丙寅
元延生铭	葬时：熙平元年庚申十一月甲子朔廿一日甲申	熙平元年丙申十一月甲子朔廿一日甲申
太妃李氏墓志	葬时：熙平二年十一月戊午朔廿八日癸未	熙平二年十一月戊午朔廿八日乙酉
张弁墓志	卒时：神龟三年二月乙亥朔廿八日壬寅	神龟三年二月乙巳朔廿八日壬申
元孟辉墓志	卒时：神龟三年三月乙亥朔廿一日丙申	神龟三年三月乙亥朔廿一日乙未
郑道忠墓志	葬时：正光三年壬寅十二月己未朔廿六日壬申	正光三年壬寅十二月己未朔六日甲申
席盛墓志	葬时：正光四年癸卯二月戊午朔廿四日甲申	正光四年癸卯二月戊午朔廿四日辛巳
郭显墓志	卒时：正光四年六月庚辰朔廿三日壬寅	正光四年六月丙辰朔廿三日戊寅
李谋墓志	卒时：正光四年甲辰七月廿七日卒于洛阳	正光五年甲辰七月廿七日卒于洛阳
冯季华墓志	葬时：正光五年十一月甲子朔十四日甲子	正光五年十一月丁未朔十四日庚申
猴光姬墓志	葬时：正光六年二月丙子朔廿一日戊申迁葬	正光六年二月丙子朔廿一日丙申迁葬
崔鸿墓志	卒时：孝昌元年十一月壬辰朔廿九日庚午	孝昌元年十一月壬寅朔廿九日庚午
秦洪墓志	葬时：孝昌二年丙午十月丁卯朔十八日甲辰	孝昌二年丙午十月丁卯朔十八日甲申
染华墓志	立志：孝昌二年丙午十一月丙申朔十四日己酉	孝昌二年丙午十一月丙寅朔十四日己卯
韦彧墓志	葬时：孝昌二年丙午十二月乙未朔十日丙午	孝昌二年丙午十一月乙未朔十日甲辰
和邃墓志	葬时：（孝昌二年卒）越岁乙未二月庚寅朔廿七日丁丑葬	（孝昌二年卒）越岁丁未二月甲午朔廿七日庚申葬

墓志名称	原墓志纪年有误	正确纪年
王怀本墓志	葬时：孝昌三年岁次丁未五月甲子朔廿四日丁丑	孝昌三年岁次丁未五月癸亥朔廿四日丙戌
于神恩墓志	卒时：孝昌三年六月廿九日戊子	孝昌三年六月廿九日庚申
元固墓志	葬时：孝昌三年丁未十一月庚申朔二日辛卯	孝昌三年丁未十一月庚申朔二日辛酉
刘玉墓志	卒时：孝昌三年丙午十一月廿四日卒于家	孝昌三年丁未十一月廿四日卒于家
寇慰墓志	葬时：孝昌四年九月壬申朔三日甲戌葬①	永安元年九月乙卯朔三日丁巳
李颐墓志	葬时：孝昌六年丙午三月朔八日癸未	孝昌二年丙午三月朔八日丁未
元端墓志	卒时：武泰元年四月戊子朔十三日戊子	武泰元年四月戊子朔十三日庚子
丘哲墓志	葬时：武泰元年十一月戊寅朔十九日丙申	武泰元年十一月甲寅朔十九日壬申
元略墓志	卒时：建义元年四月丙辰朔十三日戊辰	建义元年七月丙辰朔十三日戊辰
元昂	葬时：永安元年十一月岁次戊申八日辛酉	永安元年十一月岁次甲寅八日辛酉
元道隆墓志	葬时：永安元年十一月甲寅朔十八日癸未	永安元年十一月甲寅朔十八日辛未
王翊墓志	卒时：永安元年戊申十二月壬午朔廿日辛丑	永安元年戊申十二月甲申朔廿日癸卯
王舒墓志	葬时：永安三年庚戌九月甲戌朔十二日甲申	永安三年庚戌九月甲戌朔十二日乙酉
长孙子泽墓志	葬时：永熙三年三月甲寅朔二十七日己卯	永熙三年三月癸未朔二十七日己酉
张瓘墓志	卒时：天平元年岁次甲寅七月壬子朔廿三日乙酉 葬时：十月乙卯	天平元年岁次甲寅七月辛巳朔廿三日癸卯 十月庚戌
王令媛墓志	卒时：兴和四年壬戌十月戊午朔廿日丁丑薨于邺 葬时：武定二年甲子八月庚申合葬	兴和四年壬戌十月甲午朔廿日癸丑薨于邺 武定二年甲子八月癸丑合葬
慕容纂墓志	葬时：兴和四年岁次壬戌十一月癸亥朔十一日癸酉迁窆	兴和四年岁次壬戌十一月癸亥朔十一日癸酉迁窆

① 孝昌四年正月北魏改元"武泰"；四月北魏孝庄帝即位，改元"建义"；九月北魏改元"永安"，是年九月乙卯朔，三日丁巳。

墓志名称	原墓志纪年有误	正确纪年
羊深妻崔元容墓志	卒时：武定二年甲子正月辛卯朔廿五日乙卯	武定二年甲子正月丙戌朔廿五日庚戌
元光基墓志	卒时：武定三年辛未二月丁巳朔十九日癸亥	武定三年乙丑二月庚戌朔十九日戊辰
陆子玉墓志	葬时：武定四年岁次丙寅正月甲辰朔廿九日辛未	武定四年岁次丙寅正月甲辰朔廿九日壬申
姬朗墓志	卒时：武定四年岁次丙寅八月庚午朔廿五日乙未	武定四年岁次丙寅八月辛未朔廿五日己未
崔颋墓志	葬时：天保四年癸酉十一月己未朔廿六日乙酉	天保四年癸酉十一月己未朔廿六日甲申
妃姓敬墓志	葬时：天保五年甲戌十月甲寅朔七日庚辰	天保五年甲戌十月甲寅朔七日庚申
独孤华墓志	葬时：天保三年十月戊辰朔十六日甲申	天保三年十月戊辰朔十六日癸未
孙显墓志	葬时：天统元年岁次大梁月在星纪六日甲寅	天统元年岁次大梁月在星纪六日戊午
□季和墓志	葬时：天统元年岁次甲戌二月戊申朔廿七日甲戌	天统元年岁次丙戌二月戊申朔廿七日甲戌
袁月玑墓志	卒时：天统五年太岁丁丑五月己丑朔廿九日丁巳	天统五年太岁丁丑五月己丑朔廿九日己巳
宇文诚墓志	葬时：武平元年壬辰六月戊辰朔十九日甲申	武平元年庚寅六月癸未朔十九日辛丑
颜玉光墓志	卒时：武平七年庚申	武平七年丙申
韦彧妻柳敬怜墓志	卒时：大统十五年己巳十一月十九日癸酉	大统十五年己巳十一月十九日庚午
杨穆墓志	葬时：（废帝）二年十一月庚申朔廿五日甲申	（废帝）二年十一月己未朔廿五日癸未
王迴叔墓志	葬时：武成二年正月癸丑廿一己未	武成二年正月癸丑廿一癸酉
拓跋虎墓志	立志：保定四年庚申三月己未朔廿六日	保定四年甲申三月己未朔廿六日
贺屯植墓志	葬时：保定四年甲申四月己丑朔廿一日戊申	保定四年甲申四月己丑朔廿一日己酉
（拓跋虎妻）尉迟将男墓志	卒时：天和四年太岁己丑十一月庚子	卒时：天和四年太岁己丑十一月丁亥
大利稽冒顿砖志	立志：建德元年壬辰十二月己□□廿三日辛酉	建德元年壬辰十二月己巳朔廿三日辛卯

墓志名称	原墓志纪年有误	正确纪年
杨济墓志	葬时：建德六年乙酉四月癸卯朔七日乙酉	建德六年丁酉四月癸卯朔七日己酉

　　墓主丧葬期明确记载更改年号的墓志有几例，如北魏《鄯乾墓志》记其丧葬日为"以永平五年岁次壬辰正月四日薨"；"其年四月改为延昌元年，八月廿六日，卜营丘兆于洛北邙"。据《魏书·世宗纪》载，延昌元年四月乙酉，大赦，改年①。志与正史记载相和。又，北魏《王温墓志》记载死于"普泰二年二月廿六日"，葬于"太昌元年十一月辛卯朔廿五日乙卯"。其实普泰二年与太昌元年为同一年中两位皇帝的不同年号。节闵帝普泰二年四月，高欢击败尔朱集团，进入洛阳，立孝武帝，改元太昌。王温卒时，洛阳犹行节闵帝年号，葬时则已行孝武帝年号，故墓志两从其实。《羊祉妻崔神妃墓志》记夫人正光六年十月二十五日薨于洛阳徽文里宅，春秋六十六。其年夏六月，改为孝昌元年，越八月卅日葬。据《魏书·肃宗纪》："六月癸未，大赦，改年。"② 正史记载就是由正光六年夏六月，改为孝昌元年之事。志与正史记载相和。北齐《元洪敬墓志》记载，元洪敬"以大齐河清四年四月一日卒，春秋六十有八。其年八月廿二日，葬于邺郊野马岗之朝阳。……改河清四年为天统元年"。据《北齐书》记："（河清四年）夏四月戊午，大将军，东安王娄叡坐事免。乙亥，陈人来聘。太史奏天文有变，其占当有易王。丙子，乃使太宰段韶兼太尉，持节奉皇帝玺绶传位于皇太子，大赦，改元为天统元年，百官进级降罪各有差。"③ 又云："河清四年，武成禅位于帝。天统元年夏四月丙子，皇帝即位于晋阳宫，大赦，改河清四年为天统。"④ 知河清四年夏四月丙子改河清为天统。元洪敬卒于河清四年四月一日，此时尚未改元。而八月廿二日埋葬时，已是新皇即位，年号变更。墓志对更改年号一事予以特书，有补证史料之功。

　　（二）岁星纪年法与太岁纪年法

　　岁星纪年是古人基于对天象的观察而得出的一种纪年方法。古人认为太阳在天空中运转，并假设有称为黄道的运行轨迹。同时，古人还发

　　① 《魏书》卷八《世宗宣武帝纪》，北京：中华书局，1974年版，第212页。
　　② 《魏书》卷八《肃宗孝明帝纪》，北京：中华书局，1974年版，第241页。
　　③ 《北齐书》卷七《武成高湛纪》，北京：中华书局，1972年版，第94页。
　　④ 《北齐书》卷八《后主高纬纪》，北京：中华书局，1972年版，第97页。

现木星不仅在运转，而且在黄道周围的一周天中运转。并推算出木星在天体中运行一周约为12年。由此，天文学家就把它运行的轨道划分为12等份，称为十二星次（或称次）。木星每年运行一等分，并将木星称为岁星。这十二次由西向东依次被命名为星纪、玄枵、诹訾、降娄、大梁、实沈、鹑首、鹑火、鹑尾、寿星、大火、析木。用岁星运行到某一次的名称来纪年，就称为岁星纪年。如《国语·晋语》中有"岁在大梁""岁在大火"句，就是指这一年木星（岁星）运行到了大梁这一星次。十二次由东向西配以十二地支，即称为十二辰。

　　木星运行的轨道方向与十二星次的排列都是由西向东，与人们常用并熟悉的十二辰由东向西的方向正好相反，在实际生活中使用中不便，为此，古代天文家便设想一个假岁星，叫"太岁"（《汉书·天文志》中称太岁；《淮南子·天文训》中称太阴；《史记·天官书》称岁阴），使之与真由东向西与十二辰运行方向一致，利用此方法纪年就称为太岁纪年。所以太岁纪年法实际上是以岁星纪年为基础，两者是相互承续发展的关系。

　　太岁纪年与十二辰、十二次（或支）对应关系表[①]：

表5-9

太岁年名		摄单执大敦协涒作阉大困赤 提　　荒　　渊　奋 格阏徐落牂洽滩噩茂献敦若
太岁所在位置	十二辰	寅卯辰巳午未申酉戌亥子丑
	十二次	析大寿鹑鹑鹑实大降诹玄星 木火星尾火首沈梁娄訾枵纪
岁星实际位置	十二辰	丑子亥戌酉申未午巳辰卯寅
	十二次	星玄诹降大实鹑鹑寿大析 纪枵訾娄梁沈首火尾星火木

　　北魏《安定靖王第二子给事君夫人王氏墓志》记载墓主永平二年岁次星纪五月丁丑朔廿三日己亥卒于京第。"永平二年"为"己丑"年，"星纪"为古代天文学中十二星次之一，十二星次与十二辰一一对应，相当于地支的"丑"。在北魏墓志中，不以干支纪年，而用岁星纪年，这是较早出现的一例。又见《元怿墓志》载："维皇魏永平四年岁次大

　　① 　徐自强、吴梦麟：《古代石刻通论》，北京：紫金城出版社，2003年版，第470页。

火二月丁卯朔十八日甲申。"其中"永平四年"为"辛卯"年，"大火"为古代天文学中十二星次之一，相当于地支的"卯"。《穆胤墓志》载："维大魏熙平元年岁次实沈夏四月，公遭疾不愈。""熙平元年"为"丙申"年，"实沈"相当于地支的"申"。北魏《李略墓志》对墓主葬时年份的记载中也出现过"实沈"，即永安元年岁在实沈十二月甲申硕十三日丙申斘，"永安元年"为"戊申"年，"实沈"相当于地支的"申"。《太妃李氏墓志》载："熙平二年岁次大梁十月己丑朔二日庚寅寝疾薨于第。""熙平二年"为"丁酉"年，"大梁"相当于地支的"酉"。《李榘兰墓志》载："神龟元年岁次降娄十二月壬子朔九日庚申迁配于洛阳北芒山之阳乐氏之里。"所言"神龟元年"为"戊戌"年，"降娄"相当于地支的"戌"。《赵光墓志》载墓主以正光元年岁在玄枵七月癸酉朔廿日壬辰寝疾薨于永康里。"正光元年"为"庚子"年，"玄枵"相当于地支的"子"。《杨氏墓志》曰该志于正光二年岁次星纪十一月乙未朔三日丁酉记。"正光二年"为"辛丑"年，"星纪"相当于地支的"丑"。《元昭墓志》"正光三年岁次析木之津二月癸亥朔廿二日甲申"中"正光三年"为"壬寅"年，"析木"对应于地支"寅"。《韩贿夫人高氏墓志》曰墓主于正光五年岁次寿星十一月三日移葬。"正光五年"为"甲辰"年，"寿星"对应于地支"辰"。同样《杜祖悦墓志铭》"正光五年岁次寿星六月十四日"的"正光五年"为"甲辰"年，"寿星"对应于地支"辰"。《侯刚墓志》记孝昌二年岁次鹑火三月庚子朔十一日庚戌寝疾，侯刚薨于洛阳中练里第。"孝昌二年"为"丙午"年，"鹑火"对应于地支"午"。《于纂墓志》亦有"孝昌二年岁次鹑火五月己亥朔廿八日丙寅卒于洛阳谷阳里第"的"鹑火"对应于地支"午"。《张斌墓志》记墓主于孝昌三年岁次鹑火四月十一日遇疾而薨，"孝昌三年"为"丁未"年，"鹑火"对应于地支"午"，此志记载有误，"鹑首"对应于地支"未"，如此更正有二条，一为"孝昌二年岁次鹑火四月十一日"，或为"孝昌三年岁次鹑首四月十一日"。同样情况见《徐起墓志》，其志记墓志卒年"孝昌三年岁次鹑火九月六日"，应校正为"孝昌二年岁次鹑火九月六日"或"孝昌三年岁次鹑首九月六日"。《穆景胄墓志》载："其'建义之年'岁次实沉五月丁巳朔粤五日窆于芒山。""建义元年"为"戊申"年，"实沉"，沉即沈，对应于地支"申"。东魏《隗天念墓志》"大魏武定二年岁次玄枵十一月辛巳朔廿九日己酉"之"武定二年"为"甲子"年，"玄枵"对应于"子"者。北齐《崔德墓志》载："以大齐天统元年岁次大梁十月庚戌四日癸酉乃葬于黄山之北。"此处"天统元年"为"乙酉"年，"大梁"对应于"酉"者。十月庚戌正确，四日癸酉有误，四日应为癸丑。《耿韶墓志》言以武平六年岁次大梁月十八日壬申窆于凉上村南旧陵。"武平六年"为"乙未"年，"大梁"对应于"酉"者，因此，"武平六年岁次大梁"记法有误，应为"武平六年岁次鹑首"。北周墓志亦有几例，北周《独孤信墓志》记以周之元年岁维星纪三月己酉薨于长安。"周之元年"为"丁丑"年，"星纪"对应于"丑"者。周之元年三月非己酉，应为庚子。《崔宣靖墓志》言"周大象元年龙集訾陬十月己未朔廿六日甲申"。北周静帝宇文阐"大象元年"为"己亥"年，"诹訾"为十二星次之一，对应于地支的"亥"者，可见"訾陬"写为"诹訾"①。之后见卒于北周静帝大象二年（580年）《高潭墓志》记："以隋开皇二年，岁在析木之津，二月廿二日丙申，窆于冀州渤海郡條县南之西卅里。""析木"是十二星次之一，对应"寅"。开皇二年正是壬寅。北齐天统元年（565年）《孙显墓志》记载墓主"大齐天统元年岁次大梁月在星纪六日甲寅"，北齐"天统元年"为"乙酉"年，"大梁"对应于"酉"者；"星纪"对应于"丑"者，应是四月；"六日甲寅"错误，应为"六日戊午"。此等例子均采用岁星纪年法。

亦有用太岁纪年法。如北魏《元谭妻司马氏墓志》载："正光三年岁在摄提六月辛酉朔五日乙丑薨于第。""正光三年"为"壬寅"年，"摄提"应为"摄提格"为太岁年名，对应十二辰为"寅"。《陆绍墓志》记："建义元年岁亚涒滩七月丙辰朔十七日壬申葬于京西十八里。""建义元年"为"戊申"年，"涒滩"为太岁年名，对应十二辰为"申"，即太岁在申曰涒滩。《元钻远墓志》曰："以其年（永熙二年）龙集赤奋若十一月乙酉朔廿五日己酉陪葬长陵之东岗。""永熙二年"为"癸丑"年，"赤奋若"对应于地支的"丑"者。东魏《姜夫人墓志铭》载："天平岁次单阏十一月甲辰朔十七日辛酉葬于太行之阳河内府君神营。""单阏"为太岁年名，对应十二辰为"卯"，即太岁在卯曰单阏。北齐《元贤墓志》曰："以大齐天保二年岁在协洽四月八日遘疾终于家。""协洽"为太岁年名，对应十二辰为"未"，即太岁在未曰协洽。《时珍墓志》载："伪齐武平七年岁次涒滩三月敦精朔二十七日奄阙。……至大周宣政元年岁次降娄十二月神祐朔九日传窆。""武平七

---

① 刘恒：《北朝墓志题跋二则》，《书法丛刊》2002年第2期。此文认为"訾陬"为"诹訾"之误。按"訾陬"是"诹訾"的常见异写。

年"为"丙申"年，"涒滩"为太岁年名，对应十二辰为"申"，即太岁在申曰涒滩。"宣政元年"为"戊戌"年，"降娄"对应"戌"者。此方墓志卒年采用太岁纪年法，而葬年采用岁星纪年法，两者配合使用。

（三）多种记时法的配合使用

北魏《王遇墓志》中所使用的记时法是岁星纪年、月律纪月二者之结合。志文记载："维大魏正始元年岁次实沉月据应钟廿四日造。"此处"实沉"为十二星次之一，对应于地支的"申"者，为北魏正始元年，"应钟"为十二乐律之一。所谓乐律是指古人在古代音乐中用12个不同长度的律管，确定为十二个标准音，每个音都有一个固定的音高及名称。它们是：黄钟、大吕、太簇、夹钟、姑洗、中吕、蕤宾、林钟、夷则、南吕、无射、应钟。将十二个分辨音乐中音高的律管与十二个月联系配合起来，其相配情况如下①：

表5-10

月份	正二三四五六七八九十十十一二
乐律	太夹姑中蕤林夷南无应黄大簇钟洗吕宾钟则吕射钟钟吕

由于乐律与纪时的月份相配使用，又把"乐律"，用成"月律"，而且成为纪月之一法，即为月律纪月法。《王遇墓志》中"应钟"为十二乐律之一，对应十月。北魏《文成皇帝嫔耿氏墓志》中所使用的记时法是岁星纪年、月律纪月、干支纪日三者之结合。志文记载："岁驭鹑火，月应林钟，十九日丙申薨于京师。""鹑火"为十二星次之一，对应于地支的"午"者，为北魏延昌三年，"林钟"为十二乐律之一，对应六月，"十九日丙申"为干支纪日。北魏《王遗女墓志》曰："惟大魏正光二年，岁次星纪，月管南侣，廿日乙酉。""星纪"为十二星次之一，对应于地支的"丑"者，为北魏正光二年，"南侣"即"南吕"为十二乐律之一，对应八月。北魏《王僧男墓志》记惟大魏正光二年，岁厘星纪，月侣无射，廿日乙卯记。"星纪"对应于地支的"丑"者，为北魏正光二年，"无射"对应九月。北魏《元湛墓志》言建义元年岁次实沈月在仲吕戊子朔十三日庚子薨。以其年月在夷则丙辰朔十八日窆于邙山。"实

---

① 《礼记·月令》，引自陈成国点校：《周礼·仪礼·礼记》，长沙：岳麓书社，1989年版，第340—352页。

沈"对应"申"者，为"建义元年"，而"仲吕"对应四月，建义元年四月一日为戊子，十三日为庚子。又"夷则"对应七月，建义元年七月为丙辰。此方墓志卒、葬日为岁星纪年、月律纪月、干支纪月、干支纪日几种记时法的结合。同样情况见东魏《李艳华墓志》以兴和三年大梁之岁应钟之月二日庚子卒于家。于黄钟之月十七日乙酉窆于邺城之西北十有五里。"大梁"对应"酉"者，为"兴和三年"，采用的是岁星纪年法；"应钟"对应十月，"黄钟"对应十一月，使用的是月律纪月法；"二日庚子""十七日乙酉"为干支纪日法。亦有太岁纪年与月律纪月法之结合，如北齐《妃姓敬墓志》记载："以天保五年岁离阉茂月在夹钟廿五日薨于晋阳。""阉茂"对应"戌"者，为"天保五年"采用的是岁星纪年法；"夹钟"对应二月，使用的是月律纪月法，岁星纪年与月律纪月两者记时法结合使用。

北周《崔宣默墓志》则是太岁纪年法与月律纪月法之结合。志文记载："周大象元年岁在困敦之辰、月居应钟之吕、廿六日甲申，窆于临山之阳。"北周静帝宇文阐"大象元年"为"己亥"年，"困敦"为十二星次之一，对应于地支的"子"者，若用太岁纪年，"亥"年对应当为"大渊献"，可见原墓志采用岁星纪年法出现错误。"月居应钟之吕"中的"应钟"为十二乐律之一，对应十月。

墓志丧葬时间记载，干支纪年法与年号纪年法较为通用，偶用岁星纪年法，或太岁纪年法，或月律纪月法。如北周《莫仁诞墓志》志文"建德五年应钟候月"中仅出现"应钟"对应十月的月律纪月方式。亦有太岁纪年、月律纪月、干支纪月、干支纪日几种记时法的结合。如北周《韦彪墓志》志文"周建德五年岁在涒滩月次黄钟其朔丙子其日甲申"中"涒滩"为太岁年名，对应十二辰为"申"，即太岁在申曰涒滩。"建德五年"为"丙申"年。"黄钟"对应十一月，使用的是月律纪月法；"其朔丙子"指十一月；"其日甲申"为九日，其月与日为干支纪法。此志月的记时法是月律纪月和干支纪月两种方式的结合使用。西魏《杨穆墓志》记墓主之卒年为二年岁次大梁月在鹑火辛卯，"大梁"为岁星纪年，对应十二辰为"酉"，即岁星在酉曰大梁。西魏废帝二年为"癸酉"年。"月在鹑火"为岁星纪月，对应十二辰为"午"指八月；"辛卯"是干支纪日，为一日。此志是岁星纪年、岁星纪月和干支纪日三种记时法的配合使用。

亦有上述几种方法的混合使用，以内宫女性墓志为多。

另有一特例，如2005年发现于山西大同沙岭北魏壁画墓出土的3行墨笔写于黄色漆地上的隶书题记："……①元年，岁次豕韦②，月建中吕廿一日丁未，侍中主客尚书领太子少保平西大将军◎破多罗太夫人'……殡于第宅。迄于仲秋八月，将祔蒌兆域□次于殡宫，易以□□□□。□慈颜之永住'，□□□□无期。欲报之德，昊天罔极，□□□□，莫能□记，故……以岁月云。"③ 题记中"岁次豕韦"见于《左传》昭公十一年："此蔡侯般弑其君之岁也，岁在豕韦。"杜注："襄三十年蔡世子般弑其君，岁在豕韦，至今十三岁，复在豕韦。般即灵侯也。"《出三藏记集》卷十一《成实论记第五》载《出论后记》中有"大秦弘始十三年，岁次豕韦"。而《左传》襄公三十年又云"岁在诹訾之口"。两者为何种关系？又见《资治通鉴·汉纪》五十一灵帝中平五年胡注中引述蔡邕《月令章句》和《晋书·天文志》中载北魏太史令陈卓的记述两种史料，完整地呈现出十二名称对应关系④：

表5-11

蔡邕	韦娄梁沈首火尾星火木纪枵 豕降大实鹑鹑鹑寿大析星玄
陈卓	訾娄梁沈首火尾星火木纪枵 诹降大实鹑鹑鹑寿大析星玄
地支	亥戌酉申未午巳辰卯寅丑子

"豕韦"既是"诹訾"的异名，使用的是岁星纪年法，对应的地支为"亥"，则题记中"岁次豕韦"，应为"亥"年。

"月建中吕"，中吕为十二乐律之一，对应四月。"廿一日丁未"，按照干支纪日规则，则月朔为"丁亥"，而北魏时月朔为"丁亥"者只有太武帝拓跋焘太延元年（435年）符合。

由此可知墓主人死于北魏太武帝太延元年四月廿一日。此例亦是几种记时法的配合使用。

四、后裔

北朝墓志所载逝者后裔，多可补史书记载之阙，亦可丰富家族谱系

---

① 此处"……"表示残缺字数不详。
② 《广雅·释天》谓"营室谓之豕韦"，则豕韦指二十八宿中的营室，亦即室宿。
③ 殷宪：《北魏破多罗太夫人壁画墓漆画题记》，《中国书法》2010年第2期，第132—133页；高峰等：《山西大同沙岭北魏壁画墓发掘简报》，《文物》2006年第10期，第4—24页。
④ 此表见于赵瑞民、刘俊喜：《大同沙岭北魏壁画墓出土漆皮文字考》，《文物》2006年第10期，第78—81页。

之史料。

（一）北魏时期

北魏熙平元年（516年）《羊祉墓志》详载羊祉诸弟、儿女及孙辈的年岁、仕宦和婚姻情况。志载：

> 使君祖、父已见铭序。太夫人清河崔氏，父……①史，赠平东将军、兖州刺史，谥曰威。……第二弟灵宝，州主簿，后除□州使君。妻清河崔氏。……灵珍，州别驾。妻清河崔氏，父乌头，冀州刺史。……魏郡申氏，父恒安，宋虎贲中郎将。息深，字文渊，年卌一，□□□□□□□□□。妻清河崔氏，父……。息和，字文憘，年卌七，太尉墨曹参军。妻安定皇甫氏，父□，梁中散大夫。息俭，字□□，年廿五，□□□□侍郎。妻……三姑女。息偘，字祖忻，年廿一。妻安定皇甫氏，父冲，平凉太守。息允，字士□，年廿□。息忱，字文稚，年十……姿，年卌，适天水赵令胜，河北、河东二郡太守。息女显姿，早亡。息女景姿，年卌，适荥阳郑松年，州主簿。父长猷，通直散骑常侍……。息女华姿，年廿三。息女淑姿，年廿二。燮女伯□，年五。深男敩，字子尚，年廿三。男恭，字子□，年四。女仲漪，年十三。……敩男植，字子建，年十四。女字汉□，年十一。和男祯，字子□，年八。男□，字子□，年三。男钟，字子□，年二。女汉□，年……俭男劭，字子将，年□。男荆，字子玉，年一。女□珪，女□君，年三。年□。

羊祉，《魏书》《北史》均有传。正史记载羊祉，晋太仆卿羊琇之六世孙。父规之，宋任城令。祉第二子深，黄门侍郎，新泰男，金紫光禄大夫、侍中、中书令、散骑常侍。深子肃，武定末，仪同开府东阁祭酒。《魏书·羊深传》载"深第七弟侃为太（泰）山太守"。《羊祉墓志》因不见拓片图版，多处无文字，或许有侃，文字不清而遗。《羊祉妻崔神妃墓志》记"允第四兄和徂逝，夫人因此敷疾"，更加清楚地说明《羊祉墓志》中所记诸子的排行。又，《羊深妻崔元容墓志》末尾记载子嗣情况："长子肃，字子懔，袭封新泰县开国男，解褐司空府长流参军。大女字仲猗，适彭城刘氏。第二女字繁猗，适顿丘李氏。第三女字繁瑶，适钜鹿魏氏。第四女字幼怜。"此羊深子肃，字子懔，

---

① 《羊祉墓志》中"……"表示残缺字数不详。

而《羊祉墓志》有敦、恭，无肃。诸志记载人物除羊祉祖、父及本人、弟灵珍、羊深、羊肃正史有传外，其余均可补史之阙。

据《韦彧墓志》记载其卒于北魏孝明帝孝昌元年（525 年），51 岁；其妻柳敬怜卒于西魏文帝大统十五年（549 年），73 岁。柳敬怜比韦彧小两岁，韦彧卒后，她又生活了 24 年，两人的下葬时间也相隔 24 年。韦彧夫妻墓志都于志末详载子女情况，但除次子韦晔可能卒于韦彧之前，故下葬也早于其父以外，其余记载均有异，反映出 24 年后子女情况已有了很大变化。

《韦彧墓志》载：

> 第二子晔，其年十二月四日立，即在使君玄宫之右掖。
>
> 夫人河东柳氏，讳敬怜，生七子。父讳文明，州主簿、别驾；祖讳师子，州主簿、州都、鹰扬将军、襄阳太守，西陵男。
>
> 长子彪，字道亮，州主簿、治中。
>
> 第二子晔，字道夏，本郡功曹、州抚军府记室参军、州别驾。
>
> 第三子融，字道昶。
>
> 第四子熙，字道昇。
>
> 第五子夬，字道泰。
>
> 第六子暕，字道飏。
>
> 第七子伦，字道谐。

《柳敬怜墓志》记：

> 长子车骑将军、廷尉卿，阴槃县开国男，频阳县开国侯彪，字道亮。
>
> 第二子郡功曹、抚军府记室参军、兼别驾晔，字道夏。
>
> 第三子安西将军、通直散骑常侍，长安伯融，字道昶。
>
> 第四子持节、车骑将军、晋雍二州刺史，元寿县开国男熙，字道昇。
>
> 第五子持节、征西将军、帅都督，山北县开国男夬，字道泰。
>
> 第六子本州主簿、冠军将军、中散大夫暕，字道飏。
>
> 第七子大丞相府参军都督伦，字道谐。
>
> 长女伯英，适陇西辛口，州主簿、别驾、北地太守、秦州刺史。
>
> 第二女仲英，适清河崔彦道，大鸿胪卿、行淅州刺史。
>
> 第三女季英，适河东柳皓，镇远将军、相府参军。

两方墓志进行比较，记载基本信息一致。韦彧墓志中，第三子以下，均无官位，说明韦彧死时，第三子以下，都还没有出仕。《柳敬怜墓志》除韦彪之外的五个儿子都已出仕，具有官称和爵位。韦彧志文不提女儿之事，可能都还年幼。柳敬怜墓志中，三个女儿均已嫁人，故详记其夫家情况。1998 年，《韦彪墓志》与其妻《柳遗兰墓志》出土于长安县韦曲北原，墓志记载仅有一女辉亲，华阳郡君，适钜鹿魏景昌；"继后之子，字子衡"。韦彧及子事迹，略见《魏书》及《北史》。正史中只记载韦彧及子韦彪、韦融，均见于韦彧夫妻墓志，志中其余子嗣情况可补史阙。

北魏孝昌元年（525 年）《裴谭墓志》，志石左侧刻写裴谭之妻及二子五女情况甚为详明：

> 妻河东柳氏，父玄瑜，正员散骑侍郎、前军将军。
> 大子测，年十三。第二子括，年十二。
> 大女荆瑶，适安定席鸥，乘氏县开国伯。父景通，卫尉卿。
> 第二女二孃，年十四。第三女阿摩，年九。第四女女王，年五。
> 第五女□□，年四。

志主裴谭事迹，于《魏书·裴叔业传》后略有记载。其云："（裴叔业）子蒨之，字文聪。仕萧鸾为隋郡王左常侍，先卒。子谭绍封。"谭历任太子洗马、员外常侍、辅国将军、中散大夫。卒，赠平南将军、豫州刺史，谥曰敬[1]。志较史详尽，小有异处，史载谭官辅国将军一职，志中为中坚将军、冠军将军，应以志为正；志中没有提及裴祖父的名字、裴的谥号，而史书记载明确。正史失载裴谭之妻及二子五女情况，据志可补史阙。志载："妻河东柳氏，父玄瑜，正员散骑侍郎、前军将军。"知裴谭的岳父为柳玄瑜。史载叔业之归魏，又与尹挺、柳玄达等人并预其功。"柳玄达，河东解人，颇涉经史，仕齐，诸王参军。与叔业姻娅周旋，叔业献款，玄达赞成其计。入魏，除司徒咨议参军，封南顿县子……玄达弟玄瑜，位阴平太守。"[2] 史书对柳玄达、柳玄瑜兄弟与裴叔业的关系虽有言及而不详，据志知柳玄达之所以是促成裴叔业由南入北一重要人物，其因就是裴叔业的孙子裴谭娶了柳玄达的侄女，姻亲身份，使二柳成为裴叔业"弃齐投魏"坚定的支持者。志补史之功不可忽视。

① 《魏书》卷七十一《裴叔业传》，北京：中华书局，1974 年版，第 1567—1568 页。
② 《北史》卷四十五《柳玄达传》，北京：中华书局，1974 年版，第 1652 页。

（二）东魏及西魏时期

葬于东魏兴和四年十一月十一日《慕容纂墓志》载慕容纂的祖、父辈；两位妻室，以及子嗣五人。志载"祖归，使持节平西大将军，流沙以西都督三道诸军事，龟兹王。父虔恭，立忠将军黄龙镇将，使持节征虏将军，安州刺史。君讳纂，字元仁，辽西人也，燕惠闵帝之五世孙，系剋昌之余烈，承盛德之遗尘，多福相仍，徽猷世及。祖平西树德立功，名垂后世。父安州荣家光国，声振当时"。"妻闾，父骥，散骑常侍、华林都将、武卫将军、平北将军、并州刺史。妻元，父瑞，司空从事、中郎太常卿。长息显寿，镇远将军步兵校尉；息显和，宁朔将军奉车都尉；息显宗，孝庄帝挽郎，息明；息略"。由志文可知，志主慕容纂为后燕惠闵帝慕容宝的五世孙，祖、父及诸息皆位极人臣，其少子显宗，更为北魏孝庄帝元攸出殡时之挽郎。作为后燕皇室后裔的慕容纂，"资神挺生，膺和秀出，器宇闲深，识亮清远，孝悌之性发自天然，笃敬之诚匪由因袭。希子游之文学，慕宣光之纵横，综六艺以饰身，兼百行而为美"，归于北魏又入东魏，官职骠骑大将军、左光禄大夫，又"以名家贵胄"荣娶蠕蠕高门闾骥女与北魏皇室元瑞女为妻，更使身份隆贵增显。

卒于东魏天平二年（535 年）七月四日《裴良墓志》又是一例。墓主裴良事迹，正史有传。裴良诸子，只有裴子祥见于正史，但《魏书》与《北史》不同。《魏书》记事年限止于东魏末，故云："子叔祉，武定末，太子洗马。"而《北史》记其最终职位，云："子叔祉，粗涉文学，居官甚著声绩，位终司空右长史。"可见裴子祥在裴良诸子中声誉最隆，故得附见于裴良传。《裴良墓志》的志盖盝顶，刻有裴良家庭成员情况。裴良长子裴恩，字建扶，少征本郡功曹，以魏孝明帝直后身份，卒于"建义中"，即"河阴之难"，年廿五。妻天水姜氏。第二子裴诞，字仲瑞叡，释褐太尉丹阳王行参军、太保南阳王主簿、征虏将军、中散大夫，年廿九。天平二年（535 年）时 29 岁，则当生于宣武帝正始四年（507年）。妻荥阳郑氏。《裴子诞墓志》已出土，而据其墓志，裴良第二子名为裴子诞，卒于北齐文宣帝高洋天保三年（552 年），45 岁，生年当在永平元年（508 年）。墓志后记"夫人荥阳郑氏，无子，父令仲，荥阳太守。养第四弟子虔道，辟州主簿、解褐开府参军事，年二十。养第四（弟）子思道，年二十一"。补刻文字中没有提到裴子诞的情况，因为武平二年他已过世。而裴良的第三子裴子昇，字仲仙，奉朝请、荆州卫军府外兵参军，以永安三年（530 年）在州亡，年廿四。妻陇西李氏。昇于孝庄帝永安三年薨，时 24 岁，可知亦生于宣武帝正始四年（507 年）。

因此推知裴子诞出生不可能晚于正始四年。裴子诞与裴子昇同年出生，若非异母，则必是孪生兄弟。裴良第四子裴子通，字叔灵，释褐员外郎、大司马记室参军、辅国将军、谏议大夫，年廿六。后为骠骑大将军、正平太守、赵州刺史、中散大夫，年62岁，应生于宣武帝永平二年（509年）。有墓志出土，记有夫人及子女情况，"夫人元氏，魏安定王超之女也。……有子6人：长子稜，字神道，岳州安南县令。次子俶，字虔道，洛州司户参军事，外嗣第二兄诞后。次子深，字玄道，承奉郎。次子偘，字政道。次子戎，字濬道。次子宽，字弘道"。第五子裴子祥，字叔祉，释褐员外郎、广平王开府录事参军、谏议大夫、典仪注，年廿五。后为尚书郎、太子中舍、骠骑大将军、钜鹿浮阳长乐三郡太守、冀州长史、司空长史、太府卿、使持节、都督南光州诸军事、南光州刺史。年61，应生于宣武帝永平三年（510年）。第六子裴子休，字季祥，释褐太傅行参军，年廿二。后为车骑大将军、广州东雍二州长史、岐州刺史，年58，应生于宣武帝延昌二年（513年）。有墓志出土，记裴子休起家为北魏太傅长孙稚府行参军。后东西魏分裂，裴子休的家族支持东魏、北齐。北周灭齐，裴子休被俘，照获官爵"授使持节、仪同大将军、怀戎县开国子，邑二百五十户，从大例也"，仍被遣返家乡。第七子裴子阐，字季猷，释褐太师行参军，年廿。后为镇西将军、徐州道行台郎中、郢州别驾，年56，应生于孝明帝熙平元年（516年）。第八子裴辅翼，年9。（后）释褐开府参军事，年卅五。应生于孝明帝孝昌三年（527年）。在武平二年时子通、子祥、子休、子阐、辅翼都还健在，故志盖补刻文字中，补写了他们当时的官位及年龄。裴良有三个女儿，长女裴绛辉，年卅六，应生于宣武帝景明元年（500年），适荥阳郑长休，镇远将军、步兵校尉。次女裴玉辉，年卅一，应生于宣武帝正始二年（505年），适京兆杜穆，卫将军、右光禄大夫。三女裴琰辉，年十八，应生于孝明帝神龟元年（518年），适赵郡李慎，散骑侍郎、平南将军。

西魏《赵超宗妻王氏墓志铭》后7行及下双行小字，记载了子女的婚配关系，儿子记有官职与婚配女方祖父官位；女儿婚配男方三代所仕职位。志载：

> 长子元练，早亡。
>
> 次子仲懿，尚书郎、中行南秦州事、抚军将军、岐州刺史，寻阳伯。娶河东柳氏，祖绍，宋龙骧将军、义阳内史。父僧习，侍中、

平东将军、银青光大夫。

少子季弼，平东将军、太中大夫。娶河南元氏，祖丽，侍中、尚书左仆射、仪同三司、雍冀二州刺史，淮阴县开国侯。父显和，散骑常侍、肆州刺史。

长女适抚军将军、司空、咨议参军、濮阳太守、河东柳师义。祖绍，宋员外散骑常侍，后将军钟离太守、隋郡内史、益州刺史。父绢，宋龙骧将军、义阳内史。

次适平东将军、秘书丞、领中书□陇西李奖。祖衍和，宋建威将军、东莱晋寿安陆三郡太守。父思穆，营华二州刺史、左光禄大夫、秘书监。

次适散骑常侍、镇东将军、金紫光禄大夫、雍丘子河东裴英起。祖彦光，赵郡勃海二郡太守、青州刺史、雍丘县开国子。父约，丹阳平原二郡太守。

次适仪同开府参军事河东柳远。祖邕明，宋通直散骑常侍、南阳太守。父玄达，彭城王咨议参军、光州刺史，夏阳县开国子。

次适员外散骑常侍、太子洗马、本州中正，安国县开国侯谯国夏侯胐。祖祖真，冠军将军、中散大夫。父旭长广定阳二郡太守、镇南将军、金紫光禄大夫，定阳男。

据志记载赵超宗与妻王氏有三男五女。赵超宗事附在《魏书》赵逸本传中。史书对赵超宗子嗣的记载仅有："子懿，袭爵。历员外常侍、尚书郎。"[1] 志记载赵超宗次子名仲懿，而传为懿，应以志为正。志传相校，志记仲懿官职、婚配关系甚详，只是不载"历员外常侍"一职。其余二男五女情况史书不载，据志可补史阙。

（三）北周时期

北周《贺兰祥墓志》记载其子女情况甚详：

世子敬，字捔折罗，使持节、骠骑大将军、开府仪同三司、大都督，化隆县开国侯。

次子让，字库莫奚，使持节、车骑大将军、仪同三司、大都督，西华县开国侯。

次子粲，字吴提，宜阳县开国侯。

---

① 《魏书》卷五十二《赵超宗传》，北京：中华书局，1974 年版，第 1146 页。

次子师，字契单大，博陵郡开国公。

次子，字吐蕃提。

次子，字厌带提。

次子，字丘□提。

长女，嫡拓拔氏。

次女，嫡达奚氏。

次女，嫡拔氏。

次女，嫡乙弗氏。

次女，嫡拓跋氏。

次女，嫡豆卢氏。

次女，嫡大野氏。

据志记载贺兰祥共有七男七女。本传记贺兰祥有七子，但仅记其中"敬、让、粲、师、宽"五人。墓志可以补齐。本传对诸子的记载，有名无字。周一良先生指出，北朝人往往先取胡名，其后更取汉名，则以胡名为小字①。其特点在贺兰祥诸子中十分明显。本传记贺兰祥有一子名"宽，开府仪同大将军，武始郡公"，当为后没有记载汉名的三子之一。七女情况史书不载，据墓志可补阙。

北周《田弘墓志》末尾记田弘世子恭，《周书》《北史》《隋书》均有传，而次子备，官为大都督，贝丘县开国侯，不见于史传，据墓志可补阙。

北周《贺屯（侯）植墓志》："世子定远；次子定徽；次子定高；次子定国；次子定周；次子定贵。"《周书》卷二十九《侯植传》记植卒后"子定嗣"，而志称"世子定远"。其他五子，上一字都为定字，知正史中"定"下脱"远"字，且其他五子之名与次序可补史阙。

1983 年，北周李贤、吴辉夫妻合葬墓发掘出土。《李贤墓志》记"世子端，使持节、车骑大将军、仪同三司、大都督、甘州刺史，怀德公。次子吉，平东将军、右银青光禄大都督。次子隆，使持节、车骑大将军、仪同三司，大都督适乐侯。次子轨，师都督昇迁伯。次子询，都督左侍上士。次子谭。次子纶。次子孝忠。次子孝礼。次子孝依。次子孝良。次子抱罕"。李贤《周书》有传，其子嗣附于传后。本传记载：

---

①　周一良：《论宇文周之种族》，引自《魏晋南北朝史论集》，北京：北京大学出版社，1997 年版，第 253 页。

"端字永贵，历位开府仪同三司、司会中大夫、中州刺史。从高祖平齐，于邺城战殁，赠上大将军，追封襄阳公。"李贤卒于北周天和四年（569年）三月廿五日，卒后爵位世子端嗣，知端卒其父之后。李贤志刊刻于天和四年五月廿一日。本传端的官职与爵位与志记载有异应在情理中，且传有谥号，而志无。次子吉官职亦有变，由"平东将军、右银青光禄大都督"转为"仪同三司"。吉弟崇，位至太府中大夫、上柱国，广宗郡公。崇弟孝轨，开府仪同大将军，升迁县伯。孝轨弟询，少历显位。大象末，上柱国，陇西郡公。志中记载吉弟隆，隆弟轨，概崇即隆，孝轨即轨，应以志记载为正。本传记李贤五子，志载12子。又，志载李贤去世时子嗣的官爵，而本传所记为其子嗣最终的官爵。志言其子嗣官爵及第六至第十二子名位可补史阙。

五、察举制度

在中国古代政治和行政制度的发展史上，曾经先后出现过贵族世卿世禄制、察举征辟制、九品中正制和科举制等不同样式的选官制度，它们分别在不同时期占据主导地位。察举制度主要存在于两汉和魏晋南北朝时期。所谓察举，即考察人才之后予以荐举任官之意。因此又称荐举。察举制度是科举制的初始形态。

汉代察举诸科目中地位最高的为贤良方正科（贤良文学科），察举人数最多的为孝廉科，前者为诏举特科，后者为岁举常科。而秀才科在地位、性质和察举人数三方面皆介于上述两科之间，地位低于贤良方正科，又高于孝廉科；性质最初是特科，后来演化为常科；人数少于孝廉，又多于贤良①。"秀才"，别称茂才，原指才之秀者，始见于《管子·小匡篇》。汉武帝以后，成为荐举人才的科目之一。据《汉书·武帝纪》，元封五年（前105年）以文武名臣欲尽，诏"其令州郡察吏民有茂才②异等可为将相及使绝国者。"一般认为，这就是秀才一科之始。但这时秀才尚属特举。《续汉书·百官志》注引《汉官目录》："建武十二年八月乙未诏书，三公举茂才各一人，廉吏各二人；光禄岁举茂才四行各一人，察廉吏各三人；中二千石岁廉吏各一人，廷尉、大司农各二人，将兵将军岁察廉吏各二人；监察御史〔史〕、司隶、州牧岁举茂才各一人。"一

---

① 刘海峰、李兵：《中国科举史》，北京：中国出版集团东方出版中心，2004年版，第30页。

② 应劭曰："旧言秀才，避光武讳茂才。异等者，超等秩群不与凡同也。"师古曰："茂，美也。"

般就把东汉光武帝建武十二年（43年）这一诏书作为秀才岁举之始①。

西晋《荀岳墓志》记其太康元年举秀才除中郎，三年除太子舍人，六年除尚书郎，七年以疾去职，诏除中郎。东晋以后，南朝一般是秀才试策，孝廉试经。

西晋王朝覆灭后，中国北方地区少数民族递相建立政权，北方政权与汉族在碰撞、冲突与融合中，大都在不同程度上开始接受汉式官僚制度，自然包括两汉魏晋已有几百年传统的察举选官制度。《晋书·石勒载记》："勒……令群僚及州郡岁各举秀才、至孝、廉清、贤良、直言、武勇之士各一人。"《太平御览》记："崔鸿《前凉录》曰：'范绩字弘基……历仕三朝，士友服其清亮。举秀才，为郎中，迁中都谒者'。"汤球《十六国春秋辑补》云："建元元年，（苻）坚又改元为建元。正月，雍州秀才段铿对策上第，拜吏部郎中；孝廉通经者十余人，皆拜令长。"《晋书·慕容德》载："德如齐城，登营丘，望晏婴冢，顾为左右曰……青州秀才晏谟对曰……"由"青州秀才晏谟"例，知有秀才之举。又《石育墓志》记其"曾祖瓒，以秀才仕燕，释褐拜鹰扬将军、中书博士"。石育的曾祖瓒所仕不知何燕。《金石萃编》卷二十九《鲁郡太守张猛龙清颂碑》："高祖钟□，凉州武宣王大沮渠时，建威将军、武威将军。曾祖璋，伪凉举秀才，本州治中。"《魏书·宋繇传》："宋繇字体业，敦煌人也……吕光时（后凉）举秀才，除郎中。"《吐鲁番出土文书》第一册哈拉和卓九一号墓文书，其第二份为《西凉建初四年秀才对策文》包括策题及"□咨""凉州秀才粪土臣马隤"及"护羌校尉粪土臣张弘"三人的对策片段，这是现今所见最早的秀才对策实物，弥足珍贵。据分析这次策试为五问五答，与晋制正和；对策时间为此年正月一日，而策问则在前一年，即建初三年十二月三十日②。可见"秀才"之举在十六国时已相当普遍。

"进贤求才，百王之所先也"③。北魏拓跋氏集团，在其崛起和发展过程中，非常重视招揽汉族士大夫，最早采用正规的察举选官方式，时

① 阎步克：《察举制度变迁》，沈阳：辽宁大学出版社，1997年版，第45页。阎先生认为，在西汉时，丞相可以岁举秀才一人，这大约始于武帝元狩六年；光禄勋在岁举四行一人同时似乎又举秀才，但无法认定为岁举；州刺史有较大可能有岁举秀才之责，其制约定于成帝之时。东汉光武帝建武十二年诏，便是在此基础上进一步完善而形成的。
② 阎步克：《察举制度变迁》，沈阳：辽宁大学出版社，1997年版，第254页。
③ 《魏书》卷六十《韩显宗传》，北京：中华书局，1974年版，第1339页。

在太武帝拓跋焘神䴥四年（431 年）九月①。《魏书·天象志》记："是月壬申，有诏征范阳卢玄等三十六人，郡国察秀孝数百人，且命以礼宣喻，申其出处之节。"这是北魏秀孝察举之事见于史籍的最早一次。又，《魏书·崔逞传》："初，三齐平，（崔）祎孙相如入国，以才学知名，举冀州秀才，早卒。"崔祎原仕南燕慕容德，公元 410 年刘裕灭南燕。436年太武帝灭北燕，齐地入魏。约此前后，崔相如与其弟崔或归于北魏。故崔相如举州秀才事，时亦颇早。《魏书·平季传》："平季，字稚穆，燕国蓟人。祖济，武威太守。父雅，州秀才，与沙门法秀谋反，伏诛。季坐腐刑，人事宫掖。"法秀之变，在太和五年（475 年）。则平雅举州秀才当在太和五年之前。据阎步克先生研究，考得北魏秀才 86 例，其中秀才之任用可考者约 67 例。东魏北齐秀才 20 例，北周秀才仅记 1 例②，详见下表：

表 5-12 北朝秀才

姓氏	人物	姓氏	人物	姓氏	人物
河东闻喜裴氏 9 人	裴务	河东解柳氏 3 人	柳崇	清河绛幕房氏 2 人	房景先
	裴美		柳仲起		房亮
	裴宣		柳虬	武功苏氏 2 人	苏湛
	裴延俊	博陵安平崔氏 3 人	崔士元		苏亮
	裴景融		崔挺	陇西狄道辛氏 2 人	辛祥
	裴敬宪		崔殊		辛穆
	裴佗	陇西狄道李氏 3 人	李彦	河内温司马氏 2 人	司马澄
	裴思齐		李琰之		司马祖珍
	裴侠		李超	渤海蓨封氏 1 人	封琳
清河崔氏 6 人	崔祖虬	太原晋阳王氏 3 人	王宝兴	太原晋阳郭氏 1 人	郭祚
	崔相如		王希云	安定朝那皇甫氏 1 人	皇甫骥
	崔元献		王延业	北平无终阳氏 1 人	阳藻
	崔励	荥阳开封郑氏 2 人	郑羲	西河介休宋氏 1 人	宋世景
	崔休		郑伯猷	中山毋极甄氏 1 人	甄邯
	崔逞	京兆中山韦氏 1 人	韦骈	鲜卑皇室	元昭

---

① 《魏书》卷四《世祖太武帝纪》，北京：中华书局，1974 年版，第 79 页。

② 阎步克：《察举制度变迁》，沈阳：辽宁大学出版社，1997 年版，第 259—260、300 页。据阎先生研究结果列表以示。

姓氏	人物	姓氏	人物	姓氏	人物
范阳卢氏 5 人	卢诞	河东汾阴薛氏 1 人	薛骥驹	鲜卑贵族	穆子琳
	卢观	弘农华阴杨氏 1 人	杨钧	东魏北齐秀才 20 例	
	卢文伟	京兆杜氏 1 人	杜振		
	卢辨	河间谟邢氏 4 人	邢峦		
	卢叔仁		邢产		
赵郡李氏 5 人	李同轨		邢虬		
	李叔胤		邢臧		
	李谧	渤海蓚李氏 3 人	李叔宝	北周秀才仅记 1 人	
	李憕		李长仁		
	李普济		李述		

北朝察举选仕一事，碑志亦有记载，可补史阙。考北魏秀才对策除官的最早者为刘善与郑羲，前者举于文成帝太安中，见《周书·裴果传》；后者举于文成帝和平中，见《八琼室金石补正》卷十四《魏郑羲碑》①。而秀才得举所见最早者为王清。《八琼室金石补正》卷十七《王僧墓志》："曾祖衮，以大魏太常年中除建威将军、北平太守。祖清，少履庠门，以清贞自处，洪鉴雅粹，不以世事迳怀。故刺史张儒辟为茂才，昂然不拜。父愿，以真君年中黄舆南讨，策功天府，除平远将军、步兵校尉。""太常"即明元帝年号"泰常"；"真君年中黄舆南讨"指太武帝太平真君十一年南伐事，则王清被举秀才，当在太武帝神䴥四年（431年）之后，太平真君十一年（450 年）之前。《侯掌墓志》记载其祖甸，举孝，其父麓，举秀才。侯掌卒于北魏孝明帝正光五年（524 年），69岁，则其生年当在北魏文成帝太安二年（456 年），如此推算其祖举孝当在太武帝时；其父举秀才事当在文成帝时。《裴良墓志》记载："祖讳虎，河北太守。父讳保欢，少举秀才，早卒。君讳良，字元宾，河东闻憙桐乡高阳里人。"裴良薨于东魏天平二年（535 年），春秋 61，则其生年当在北魏延兴五年（475 年）。如此推算其父保欢少举秀才事当在孝文帝前后。《刁遵墓志》记"世子楷，□伯，举秀才"。据志称刁遵"熙平元年秋七月廿六日春秋七十有六薨于位"推测，刁遵世子楷举秀才当在

---

① 严耕望：《中国地方行政制度史——魏晋南北朝行政制度》（全二册），上海：上海古籍出版社，2007 年版。参阅下卷第八章，"州郡察举"。

太和中。《高广墓志》"父州都举秀才，应对□方"，"春秋七十七，以孝昌二年岁次丙午七月薨于洛阳"推测其父举秀才当在太武帝时。卒于正光四年正月十六日鞠彦云，其墓志记有"大魏本州秀才"之语。刊刻于东魏《张瓛墓志》言"父明，永平中举秀才。……（瓛）十七举秀才"。而王僧祖清、候掌父麓、裴良父保欢、刁遵世子楷、张瓛与父张明、高广父、鞠彦云等举秀才诸事史无记载（亦不在阎步克先生研究之列），据此可补史阙。《杨播墓志》刊刻于北魏熙平元年（516 年）九月二日，据墓志记载："君年十有五举司州秀才，拜内小，寻为内行羽林中郎，累迁给事中，领内起部……春秋六十有一，以延昌二年岁次癸巳十一月十六日寝疾薨于洛阳县之依仁里。"如此推测杨播生年当在文成帝兴安二年（453 年）。"君年十有五举司州秀才"，十五岁当在献文帝皇兴元年（467 年）。北魏熙平元年二月十二日《杨熙仙墓志铭》，首题"魏故华州主簿杨秀才之墓志"，此为北朝墓志首题中首见"秀才"一词出现。志载"及弱冠频为州将致弊往季为主簿，会甸举秀才……春秋卅有一，延昌四年冬十有二月十二日卒于京师阮曲里"。知杨熙仙弱冠时当在宣武帝正始二年（505 年）。上表弘农华阴杨氏为秀才者唯有杨钧，此杨播、杨熙仙墓志的记载可补史阙。正光元年《李璧墓志》曰："十八举秀才，对策高第，入除中书博士。"李璧卒于神龟二年，春秋六十，推测十八岁当在孝文帝承明元年（476 年）。据史记载勃海蓨李氏举秀才者 3 人，无李璧，此志可补史。又《元昭墓志》记"孝文皇帝即位，举司州茂才"。这是皇室成员参加州举，仍如汉代别称茂才。北魏正光六年《李超墓志》记载："弱冠举司州秀才……正光五年八月十八日卒于洛阳县之永年里宅，时年六十一。"弱冠之年当在孝文帝太和八年（484 年）。《皇甫骥墓志》"君轻贱儒术，意蔑经读，照赏之情，自然孤解。即年中，复贡秀才"。按卒于延昌四年，75 岁推测，皇甫骥"复贡秀才"当在文成帝和平年（460 年）前后。《崔敬邕墓志》记"祖秀才讳殊"。正史博陵安平崔氏中有崔殊举秀才之事。武泰元年《辛穆墓志》记其举司州秀才的准确时间为"太和十一年（487 年）"，又有辛穆侄子《辛祥墓志》出土，该志亦记辛祥弱冠举司州秀才事。辛穆、辛祥、元昭、李超、皇甫骥、崔殊举秀才与正史的记载可相互印证与补充。又，卒于西魏大统四年正月《吕思礼墓志》，首题"魏故七兵尚书汶阳吕侯墓志"。志称："弱冠举秀才，射策①甲科，擢为相州南栾县令。"吕思礼卒于西魏大统

---

① 射策是汉代取士的考试项目，有甲科、乙科之分。

四年正月，三十八岁。推吕思礼弱冠之年当在孝明帝正光二年（521年）。吕思礼弱冠举秀才一事，史书无载。卒于北周建德三年十二月十六日《徒何纶墓志》曰其"温润韶弘，英标秀举，显仁藏用，博见洽闻"。墓志记"初以魏大统十六年赐姓为徒何氏"。李氏赐姓为徒何，志主徒何纶即李弼之子李纶，正史有传。《周书》曰："（李）衍弟纶，最知名，有文武才用。"① 李纶即徒何纶英标秀举事迹可补史阙。

北朝秀孝策试，仍延续秀才试策，孝廉试经之法。史载博陵崔挺、渤海李长仁，"举秀才，射策高第"②。《北齐书》记载马敬德，"少好儒术，负笈随大儒徐遵明学《诗》《礼》，略通大义而不能精。遂留意于《春秋左氏》，沉思研求，昼夜不倦，解义为诸儒所称。教授于燕、赵间，生徒随之者众。河间郡王每于教学追之，将举为孝廉，固辞不就。乃诣州求举秀才，举秀才例取文士，州将以其纯儒，无意推荐。敬德请试方略，乃策问之，所答五条，皆有文理。乃欣然举送至京。依秀才策问，唯得中第，乃请试经业，问十条并通"③。由此可知孝廉试经，而秀才对策。《周书》宣帝初即位未改元（578年）诏制九条，宣下州郡。其八条云："州举高才博学者为秀才，郡举经明行修者为孝廉，上州、上郡岁一人，下州下郡三岁一人。"④ 明确规定了贡举秀才和孝廉的标准，"高才博学"才能对策，而经明行修始能试经。大抵秀才对五策。如《魏书·邢臧传》载："神龟中，举秀才，问策五条，考上第，为太学博士。"⑤ 又，《北齐书·樊逊传》记其天保五年秀才对策为五题⑥。尚书擢第，以逊为当时第一。《隋书·李德林传》："举秀才入邺，于时天保八年也。……时（杨）遵彦铨衡，深慎选举，秀才擢第，罕有甲科。德林射策五条，考皆为上，授殿中将军。"⑦ 北朝举秀才亦分甲、乙、丙与下第四等，前三等均可授官。除上记李德林于天保八年（557年）有此事外，《北史·杜正藏传》亦有此记载，时更晚为"开皇十六年（596年）"。⑧

① 《周书》卷十五《李弼传》，北京：中华书局，1971年版，第242页。
② 《魏书》卷五十七《崔挺传》、七十二《李长仁传》，北京：中华书局，1974年版，第1264、1617页。
③ 《北齐书》卷四十四《马敬德传》，北京：中华书局，1972年版，第590页。
④ 《周书》卷七《宣帝记》，北京：中华书局，1971年版，第116页。
⑤ 《魏书》卷八十五《邢臧》，北京：中华书局，1974年版，第1871页。
⑥ 《北齐书》卷四十五《樊逊传》，北京：中华书局，1972年版，第613—614页。
⑦ 《隋书》卷四十二《李德林传》，北京：中华书局，1973年版，第1194页。
⑧ 《北史》卷二十六《杜铨传》，北京：中华书局，1974年版，第962页。

而刊刻于北魏太和廿三年（499 年）《韩显宗墓志》记其："以成童之年，贡秀京国。弱冠之华，征荣麟阁。"史载："太和初，举秀才，对策甲科，除著作佐郎。"① 知北朝举秀才有对策等级之分。西魏大统四年的《吕思礼墓志》有"射策甲科"记载。北齐天保三年（552 年）《道明墓志》记"第处甲科"也证明了这一点。志记："居士禀先人之诲，有儒雅之风。年在冲幼，德已大成。魏太和之初，邦国礼遣，对扬紫阙。第处甲科，为当时之冠。"北齐武平三年（572 年）《徐之才墓志》言："五岁诵孝经，八年通论语。方数小学，经耳得心；琴书众艺，过目成手。十三召为太学生。受业于博士缪昭、后庆，礼经涉津，知齐施梁易旨，望表探微，射策举高第。河东裴子野、彭城刘孝绰，并当时标秀。"由以上事例可以看出，举秀才者基本上是高门士族或有士族传统的家族子弟。其举县、州、郡秀才后，还必须至京对（射）策，只有中高第者才有可能被任命为更高一级官职。

太武帝神䴥四年（431 年）还有别为一科的贤良之举②。据《魏书·儒林传序》称，孝文、宣武以降，"州举茂异，郡贡孝廉，对扬王庭，每年逾众"。贤良之举也被承袭下来了。如《魏书·李孝伯传》："孝伯兄祥，字元善。学传家业，乡党宗之。世祖诏州君举贤良，祥应贡，对策和旨，除中书博士。"如《来和墓志》："神龟元年举贤良，拜扬烈将军、员外奉车都尉。"后来还有"文学"一科。如《北史·文苑·祖鸿勋传》"仆射、临淮王或表荐其文学，除奉朝请"；《周书·辛庆之传》"少以文学征诣洛阳，对策第一，除秘书郎"；辛仲景，"年十八举文学，对策高第，拜司空府主簿"。各科均有等级之别。

北朝察举选仕已有了科举制度的萌芽③。北魏由察举途径入仕者，大多在后来成为北魏以及东魏北齐和西魏北周的中高级官僚。

六、官制

（一）内宫女官

据古代典籍记载，中国古代的女官制度似乎发端于西周。《礼记·昏

---

① 《魏书》卷六十《韩显宗传》，北京：中华书局，1974 年版，第 1338 页。

② 《魏书》卷四《世祖太武帝纪》："先是，辟召贤良，而州郡多逼遣之。诏曰：……诸召人皆当以礼申谕，任其进退，何逼遣之有也！"《魏书》卷五十三《李祥传》："世祖诏州郡举贤良，祥应贡，对策合旨，除中书博士。"北京：中华书局，1974 年版，第 81、1174 页。

③ 邓嗣禹：《中国科举制度起源考》，《史学年报》第二卷第 1 期。邓先生认为，王朝设科而士人自由投考，这就是科举与察举的根本区别。

义》称："古者天子后立六宫、三夫人、九嫔、二十七世妇、八十一御妻，以听天下之内治，以明章妇顺，故天下内和而家理。"① 后妃体制的创立应始于秦朝，而在结构与性质上的重大变化应始于三国两晋、南北朝时期。北魏的内官（女官）制度，后代研究者主要依据《魏书·皇后列传》，但该传早在宋代以前就已缺佚。现存的《皇后列传》乃为后人以《北史》补之②。而《北史·皇后列传》又语焉不详，使许多问题扑朔迷离。所幸北魏皇室及官员墓志出土较多，间有可估证者。

北魏的内官（女官）制度，以孝文帝改定内官为界，可分为前后两期。

北魏前期，内官制度尚未定型。史载："魏氏王业之兆虽始于神元，至于昭成之前，世崇俭质，妃嫱嫔御，率多阙焉，惟以次第为称。而章、平、思、昭、穆、惠、炀、烈八帝，妃后无闻。太祖追尊祖姚，皆从帝谥为皇后，始立中宫，余姜或称夫人，多少无限，然皆有品次。世祖稍增左右昭仪及贵人、椒房、中式数等，后庭渐已多矣。又魏故事，将立皇后必令手铸金人，以成者为吉，不成则不得立也。又，世祖、高宗缘保姆劬劳之恩，并极尊崇之义，虽事乖典礼，而观过知仁。"③ 载"魏故事，后宫产子将为储贰，其母皆赐死"④ 等等。

北魏后期，孝文帝模仿文官制度改定内官："左右昭仪位视大司马，三夫人视三公，三嫔视三卿，六嫔视六卿，世妇视中大夫，御女视元士。后置女职，以典内事。内司视尚书令、仆。作司、大监、女侍中三官视二品。监，女尚书，美人，女史、女贤人、书史、书女、小书女五官，视三品。中才人、供人、中使女生、才人、恭使宫人视四品，春衣、女酒、女飨、女食、奚官女奴视五品。"⑤ 如此，北魏内官主要由两部分组成：一是皇帝嫔妃；二是宫内女官。孝文帝改定内宫，置女职，开始把妃嫔与专职女官区分开来，亦可称后妃体制包括了这两部分。

1. 皇帝嫔妃

皇后。文献自古有之，毋庸多言。见于墓志者有《文昭皇后高照容墓志》《世宗后高英墓志》《北周武德皇后阿史那氏墓志》等。其中高照

① ［清］孙希旦撰，沈啸寰、王星贤校点：《礼记集解》（全三册），北京：中华书局，1989 年版，第 1422 页。
② 《魏书》卷十三《皇后列传》校勘记，北京：中华书局，1974 年版，第 435 页。
③ 《魏书》卷十三《皇后列传》，北京：中华书局，1974 年版，第 321 页。
④ 《魏书》卷十三《皇后列传》，北京：中华书局，1974 年版，第 325 页。
⑤ 《魏书》卷十三《皇后列传》，北京：中华书局，1974 年版，第 321—322 页。

容与高英为姑侄关系。

　　昭仪。为汉元帝所制。北魏自世祖始设，为孝文帝所沿用。见于史者如文明太后姑，曾为世祖左昭仪，孝文帝冯昭仪等。见于墓志者如肃宗昭仪胡明相。胡昭仪为宣武帝灵太后从兄冀州刺史盛之女。"灵太后欲荣重门族，故立为皇后"①。据志知胡明相"遂以懋德充选掖庭，拜为左昭仪"。

　　三夫人。为晋武帝所创。"晋武帝采汉、魏之制，置贵嫔、夫人、贵人，是为三夫人，位视三公"②。孝文帝沿用之。北魏三夫人为贵嫔夫人、贵华夫人、贵人夫人。虽有名号，却史无明文。

　　贵嫔夫人。贵嫔，魏文帝所制。夫人，魏武帝初建魏国所制③，晋武帝袭用之。北魏始见太宗时，"明元密皇后杜氏，魏郡邺人，阳平王超之妹也。初以良家子选入太子宫，有宠，生世祖。及太宗即位，拜贵嫔。泰常五年薨，谥曰密贵嫔，葬云中金陵。世祖即位，追尊号谥，配飨太庙。又立后庙于邺"④。孝文帝改定内官。承晋制，仍以贵嫔为第一夫人。北魏《司马显姿墓志》云，显姿正始初纳为世宗宣武帝之贵华夫人，"未几迁命为第一贵嫔夫人"。其明言第一贵嫔夫人，可知贵嫔为三夫人之首。

　　贵华夫人。为孝文帝改定内官所创。贵华之名不见于史传，但出土墓志中有此记载。如《司马显姿墓志》称其正始初纳为世宗宣武帝之贵华夫人。北魏《世宗贵华王普贤墓志》直书，"魏故贵华夫人王普贤"，可知贵华为三夫人之一。

　　贵人夫人。贵人为汉光武帝所创，后世沿用。如 1930 年，西晋《左棻墓志》⑤ 在河南偃师城西 15 里蔡庄出土。其志载"左棻字兰芝，齐国临淄人，晋武帝贵人也。"知左棻为晋武帝贵人。北魏太宗时有贵人之事记载。史载"（泰常四年）五月，贵人姚氏薨"⑥。又，《文昭皇后高照容墓志》记"皇太后高氏，讳照容，冀州渤海蓨人。高祖孝文皇帝之贵人，世宗宣武皇帝之母也"。文昭皇后高氏，因冯昭仪之故而无宠于孝文

　　① 《魏书》卷十三《皇后列传》，北京：中华书局，1974 年版，第 340 页。
　　② 《宋书》卷四十一《后妃传》，北京：中华书局，1974 年版，第 1269 页。
　　③ 《宋书》卷四十一《后妃传》，北京：中华书局，1974 年版，第 1269 页。
　　④ 《魏书》卷十三《皇后传》，北京：中华书局，1974 年版，第 326 页。
　　⑤ 郭玉堂：《洛阳出土石刻时地记》，洛阳：大华书报供应社，1941 年版；徐传武：《左思左棻研究》，北京：中国文联出版社，1999 年版。
　　⑥ 《魏书》卷一百五十三《天象志》，北京：中华书局，1974 年版，第 2398 页。

帝，后暴卒。时世宗已立为太子，"其后有司奏请加昭仪号，谥曰文昭贵人，高祖从之"①。高氏因生世宗故，谥为文昭贵人，世宗即位，追尊为皇后。"文昭"为谥号，"贵人"为爵位。

九嫔。亦为晋武帝所制。有"淑妃、淑媛、淑仪、修华、修容、修仪、婕妤、容华、充华，是为九嫔，位视九卿"②。孝文帝沿袭此制，只不过将九嫔再细分为"三嫔视三卿、六嫔视六卿"而已。孝文帝九嫔可能与晋代完全相同。然在史志中仅见三名：一为容华妃。见于《魏书·孝静纪》，纳吐谷浑国王从妹为容华妃；二为婕妤。见于《魏书·李彪传》，称世宗纳其女为婕妤；三为充华嫔。史志中充华嫔出现有六人。见于《魏书》者四人，分别为"郑充华生皇子恌"③；"阎从子崇，字洪基。……高祖纳其女为充华嫔"④；"（灵太后）既诞肃宗，进为充华嫔"⑤；"（肃宗）专嬖充华潘氏"⑥。见于墓志者共二人，一为高祖九嫔赵充华，二为肃宗充华卢令媛。可证北魏确有九嫔之职。孝文帝太和十五年十月乙亥，大定官品。太和十七年六月作《职官令》。此时三卿为一品下，六卿为第二品上。因三卿、六卿品秩有别，九嫔与朝官相应，自然分为三嫔、六嫔了。但"（太和）二十三年，高祖复次职令，及帝崩，世宗初班行之，以为永制"⑦。世宗班行的职令中，三卿、六卿均为第三品，品秩已无区别，九嫔与此相应，自然也没有再分三嫔、六嫔的必要了。赵充华死于世宗延昌三年（514 年），卢令媛死于肃宗正光三年（522 年），其他称嫔者也都死于世宗班行的职令之后，所以墓志直称九嫔，或简称为嫔，自然顺理成章。

世妇。世妇为《周礼》所设。自孝文帝改定内官始设之，世妇应为二十七人，但北魏世妇具体名号已多不可知，仅灵太后胡氏。世宗初召胡氏为承华世妇，后因生肃宗，进为充华嫔⑧。史中所见唯一承华之名，志中不见。"（灵）太后为肃宗选纳，抑屈人流。时博陵崔孝芬、范阳卢道约、陇西李瓒等女，但为世妇。诸人诉讼，咸见忿责"⑨。"神龟二年

---

① 《魏书》卷十三《后妃列传》，北京：中华书局，1974 年版，第 335 页。

② 《宋书》卷四十一《后妃列传》，北京：中华书局，1974 年版，第 1269 页。

③ 《魏书》卷二十二《孝文五王列传》，北京：中华书局，1974 年版，第 587 页。

④ 《魏书》卷四十五《韦阆传》，北京：中华书局，1974 年版，第 1012 页。

⑤ 《魏书》卷十三《皇后列传》，北京：中华书局，1974 年版，第 337 页。

⑥ 《魏书》卷十三《皇后列传》，北京：中华书局，1974 年版，第 340 页。

⑦ 《魏书》卷一百一十三《官氏志》，北京：中华书局，1974 年版，第 2993 页。

⑧ 《魏书》卷十三《皇后列传》，北京：中华书局，1974 年版，第 337 页。

⑨ 《魏书》卷十三《皇后列传》，北京：中华书局，1974 年版，第 340 页。

冬，灵太后为肃宗采名家女，庆女入充世妇，未几为嫔，即叉（按：义）甥也"①。可知史传不诬，确有世妇之职。

女御。《周礼》曰："掌御叙于王之燕寝。以岁时献功事。凡祭祀，赞世妇。大丧，掌沐浴。"女御即所说的御妻，但北魏史志中均无可证，略之。

2. 宫内女官

孝文帝之前，北魏宫内女官制尚无建立，孝文帝改定内官，始见于史。

内司。"内司视尚书令、仆。"即相当于二品或从二品。墓志中有两方可证，一为《内司吴光墓志》、二为《内司杨氏墓志》。内司为女官最尊者，而史传无载。

"作司、大监、女侍中三宫视二品"。作司一职，见于《张安姬墓志》称"安姬以家难没宫，年廿除御食监，后除文绣大监，复除宫作司"；《孟元华墓志》记"长女华，少有令姿。主上太武皇帝闻之，即召内侍。径历五帝，后蒙除细谒大监"；《杜发真墓志》"傅母宫大监杜法真者，黄如人也。忠孝发自弱龄，广平起于龆齿戊。年有五十，奉身紫掖，何知遇于先朝，被顾问于今上"。大监实为统称，如刘华仁赐宫典禀大监，内司杨氏及张安姬均历任文绣大监，孟元华任细谒大监，杜发真为宫大监。典禀、文绣、细谒大监据文义掌管后宫礼仪制度及绣锦制作之事。《内司杨氏墓志》云其"转文绣大监，化率一宫，课艺有方"。女侍中，不见于墓志。然《魏书·外戚传》云，元义妻拜为女侍中。《元义传》中亦云此事。知女侍中一职非虚。三职虽为二品，偏因勋劳或得到皇帝宠信，也可以为一品，如大监刘阿素，"为宠其劳，赐宫品一"。张安姬，也由于皇帝"愍其劳，旨赠一品"。

"监，女尚书，美人，女史、女贤人、书史、书女、小书女五官，视三品"。三品女官中，唯监、尚书见于墓志。如《缑光姬墓志铭》记载墓主缑光姬为第一品家监；《大监刘阿素墓志》中有"同伙人典御监秦阿女；《张安姬墓志》云其年廿，蒙除御食监；傅姆王遗女曾为尝食监；内司杨氏曾为细谒小监。"如此看来，监与大监一样均为统称，如家监、典御监、御食监、尝食监、细谒小监等等。家监与典御监为掌宫内杂务，御食与尝食自然掌尝御膳无疑。细谒小监似为文绣大监属下，掌女功。宫内氏杨氏，"迁细谒小监，女功缃综，巧妙绝群，又转文绣大监"可证之。为尚书者二人，一为冯迎男，一为王僧男，尚书职掌类朝官，为秘

---

① 《魏书》卷八十二《阉官传》，北京：中华书局，1974 年版，第 2021 页。

书之类官职。如冯迎男志称其"干涉王务，贞廉两存"。《缑光姬墓志铭》记载墓主缑光姬为第一品家监，按女官制度"监"为三品，但光姬为"第一品"，究其原因光姬为宋使持节都督青徐齐三州诸军事齐州刺史永之孙，宁朔将军齐郡太守宣之女，大魏冠军将军齐州刺史显之姑，薨于掖庭之宫，迁葬于皇陵之东，表明了墓主显赫的贵族身份。志中记载："圣上崇异，委以事业，用允于怀，即赐品第一，班秩清禁羽仪之等，有同郡君，方当藉兹宠会，更隆物轨……遘疾薨于掖庭之宫。二圣皆悼，嫔御恓然，赗赠有加，数隆常准。"由此可知，墓主缑光姬与大监刘阿素、作司张安姬一样，"为宠其劳，赐宫品一""愍其劳，旨赠一品""赠为第一品，班秩清禁羽仪之等，有同郡君"。女官三品中尚有不见史传者，如傅姆一职。《傅姆王遗女墓志》云："女质禀妇人，性粹贞固，虽离禁隶，执志弥纯，尤辨鼎和，是以著称。故显祖文明太皇太后擢知御膳。至高祖幽皇后，见其出处益明，转当御细。达世宗顺后，善其宰调酸甜，滋味允中，又进尝食监。至高太后，以女历奉三后，终始靡愆，蒋训紫闱，光讽唯阐，故超升傅姆焉。又赐品二。"知王遗女至高太后时，超昇为傅姆，赠宫品二，卒赠品一。既言赐宫品二，可知傅姆当为品三，其职掌为辅育皇子、皇女。又《杜发真墓志》记其亦有"傅姆"一职，据此可知女官不见于史传者多矣。

"中才人、供人、中使女生、才人、恭使宫人视四品"；"春衣、女酒、女飧、女食、奚官女奴视五品"，以上数职不见于史志。

墓志中有"宫学生"，或"学生"之名。如《冯迎男墓志》云其"年十一，蒙简为宫学生，博达坟典，手不释卷，聪颖洞鉴，用中独异。十五蒙受宫内作"，后升为尚书。《王僧男墓志》云其志随母入宫，"时年有六，聪令韶朗，故简充学生，惠性敏悟，日诵千言，听受训诂，一闻持晓，官由行陟超升女尚书"。冯、王二人均曾为宫学生或学生（学生当为宫学生之简称）。北魏宫内择聪颖如冯、王二人之童稚者，加以教育训导，待结业之后再授官职。北魏史书有"学生"之例，如献文帝天安元年（466年）九月"己酉，初立乡学，郡置博士二人、助教二人、学生六十人"[1]。而不载"宫学生"一事。南朝有可佐证者。如《宋书·后妃传》载，宋太宗时置内职，有后宫校事女史一人，中训女史一人，为四品，校学女史一人，为五品，助教一人。宋太宗与孝文帝在位几乎是前后之事。孝文帝改定内宫自然会参酌南朝刘宋典制。另有数职不见

---

① 《魏书》卷六《显祖纪》，北京：中华书局，1974年版，第127页。

于史传者。如冯迎男曾为宫内御作；王遗女曾为知御膳，后转当御细达；王僧男曾为行陟，等等。

由此可知北魏初期皇室后宫设有管理宫廷御膳、服装、教育、杂务等女官。北魏后妃及宫内女官，其来源有二：一是朝廷在民间选才女；二是因罪入宫者。女官中以罪入宫者较多，墓志中明确罪孽出身者有八位。如大监刘阿素，"遭家不造，幼履宫庭"。大监刘华仁，"家门倾覆，幼履宫庭"。作司张安姬"因遭罗难，家戮没宫"。家监缑光姬"遂离家难，监自委身宫掖"。傅姆王遗女因夫罪入宫。内司杨氏，冯、王二尚书亦如此。

女官卒后，因品秩或勋劳而待遇不同。如大监刘华仁，"旨赠第一品。辒车葬具，增加千数，吉凶杂乐队送终宅"。家监缑光姬，赐品第一，"遘疾薨于掖庭之宫。二圣皆悼，嫔御怅然，赗赠有加，数隆常准"。傅姆王遗女，亦赠品一，"赉东园秘器，及辒辌车，奉终之具，一皆资足"。可以说刘华仁、王遗女等女官卒后极尽殊荣。但女官多因家难入宫，孤苦伶仃，送终之列，几无亲属亦有。如《大监刘阿素墓志》记"同伙人典御秦阿女等"所刊。《大监刘华仁慕志》亦是"同火人内傅母遗女"等所刊。几方墓志均为三品以上女官，其境遇尚此，其余可想而知。

（二）羽真与折纥真

北魏前期，鲜卑官职带"真"字者很多，而多是在词尾带一"真"字。有些官吏名称是汉、鲜卑语杂用。《南齐书·魏虏传》中有部分记载，现列表示意：

表 5-13

汉语	鲜卑语
内左右	直真（羽真）
外左右	乌矮真
曹局文书吏	比德真
檐衣人	朴大真
带仗人	胡洛真
通事人	乞万真
守门人	可薄真
伪台乘驿贱人	拂竹真
诸州乘译人	咸真

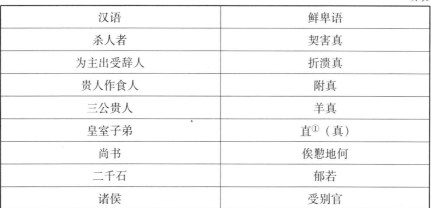

汉语	鲜卑语
杀人者	契害真
为主出受辞人	折溃真
贵人作食人	附真
三公贵人	羊真
皇室子弟	直①（真）
尚书	俟懃地何
二千石	郁若
诸侯	受别官

"羽真"在《南齐书·魏虏传》中记"国中呼内左右为直真"。直真即羽真的异译。"羽真"为何，史载不详，学者亦看法不一②。现将所见"羽真"资料摘录如下：

表5-14　　　　　　碑志史文所见"羽真"一览表

序号	姓名	官职爵位	文献出处
1	吕河一西	六□将军羽真襄邑子	《南巡碑》③
2	毛法仁	散骑常侍安南将军尚书羽真南郡公	《南巡碑》
3	拔敦	羽直（真）征东将军北平公	《宋书·索虏传》
4	斛律信侯利	高祖信侯利，魏道武时内附，位大羽真，赐爵孟都公	《北史·斛律金传》
5	怡宽	高祖宽，燕辽西郡守。道武帝时，率户归朝，拜羽真，赐爵长蛇公	《周书·怡峰传》

① "直"即"直真"，"直真"亦是"羽真"的异译。

② 严耀中：《北魏前期政治制度》，长春：吉林教育出版社，1990年版。严先生在第八章中认为"羽真为领民酋长之音译""拟以羽真为分部制中大人之通称"；饶宗颐：《饶宗颐史学论著选·北魏冯熙与敦煌写经》，上海：上海古籍出版社，1993年版。在该书中饶先生持有羽真官职就是《南齐书·魏虏传》所记拓跋职官"乌矮真"这一观点。

③ 1987年，山西灵丘县文管所在本县俗称"御射台"之处，发现了北魏文成帝拓跋浚于和平二年刻立的《皇帝南巡之颂》碑，简称《南巡碑》。该碑阴刻载着随从文成帝南巡的大臣的姓名官爵，有鲜卑拓跋的，也有汉族的。已有论文介绍并做相关研究，见张庆捷、李彪：《山西灵丘北魏文成帝〈南巡碑〉》，《文物》1997年第12期，第70—80页；张庆捷：《北魏文成帝〈南巡碑〉碑文考证》，《考古》1998年第4期，第79—86页；张庆捷、郭春梅：《北魏文成帝〈南巡碑〉所见拓跋职官初探》，《中国史研究》1999年第2期，第57—69页。

序号	姓名	官职爵位	文献出处
6	山累祖父	羽真散骑常侍安南将军殿中尚书泰山公	《山公寺碑颂》①
7	冯熙	使持节侍中驸马都尉羽真太师监领秘书事车骑大将军都督诸军启府洛州刺史昌梨王	《六朝写经集》
		使持节车骑大将军都督并雍怀洛秦肆北豫七州诸军事开府洛州刺史羽真尚书都坐大官侍中	《冯季华墓志》
8	冯诞	侍中仪曹尚书驸马都尉征西大将军羽真南平王	《冯季华墓志》
9	司马楚之	使持节侍中镇西大将军启府仪同三司都督梁益兖豫诸军事领护南蛮校尉扬州刺史羽真琅琊贞王	《司马金龙妻姬辰墓志》
10	司马金龙	使持节侍中镇西大将军吏部尚书羽真司空冀州刺史琅琊康王	《司马金龙墓志》
11	元平父陵	羽真尚书冠军将军使持节吐京镇大都将	《元平墓志》
12	元昭祖连	使持节持中征西大将军都督河以西诸军事内都大官羽真统万突镇都大将常山王	《元昭墓志》
13	元保洛曾祖素连	侍中羽真使持节征南大将军都督河以西诸军事吐万突镇都大将中都内都大官仪同三司常山王	《元保洛墓志》
14	元顺	散骑常侍内大羽真太尉公使持节车骑大将军冀州刺史比陵王	《元夫人赵光墓志》
15	元平	使持节羽真辅国将军幽州刺史松滋公之世子	《元苌墓志》
16	罗斤	侍中羽真四部尚书迁为散骑常侍使持节征西大将军雍州刺史仪同三司带方公	《罗宗墓志》
17	奚干	内行羽真散骑常侍镇西将军云中镇大将	《奚智墓志》
18	娥清	羽真南平公使持节秦雍二州刺史仇池都督	《韩震墓志》
19	薛安都	侍中都座大官大羽真河东康王	《薛保兴墓志》
20	陆绍之曾祖	大羽真南部尚书定州刺史酒泉公	《陆绍墓志》
21	董染	十二世祖染，于（羽）真官，世擅豪雄，影附魏室	《董穆墓志》

---

① 吴荭、张陇宁、尚海啸:《新发现的北魏〈大代持节幽州刺史山公寺碑〉》,《文物》2007 年第 7 期,第 89~96 页;窦贤:"龙门寺"语境下〈山公寺碑颂〉探析》,《中国书法（B）》2016 年第 6 期,第 83~86 页。

序号	姓名	官职爵位	文献出处
22	李峻	开府仪同太宰羽真禄尚书顿丘宣王	《李云墓志》
23	高宗	其先高句丽人也。六世祖钦，为质于慕容庞，遂仕于燕。六世祖宗，率众归魏，拜第一领民酋长，赐姓羽真氏	《周书·高琳传》《北史·高琳传》
24	（国名）	高丽、库莫奚、契丹、具伏弗、郁羽陵、日连、匹黎尔、叱六手、悉万丹、阿大何、羽真侯、于阗、波斯国各遣使朝献	《魏书·献祖纪》
25	（国名）	其傍有大莫卢国、覆钟国、莫多回国、库娄国、素和国、具弗伏国、匹黎尔国、拔大何国、郁羽陵国、库伏真国、鲁娄国、羽真侯国，前后各遣使朝献	《魏书·勿吉传》《北史·勿吉传》
26	高贞	君讳贞，字羽真，渤海蓨人也。	《魏营州刺史高贞碑》

据以上 26 例"羽真"资料，有 1 例为复姓"羽真氏"；1 例为人名；有 2 例（实为 1 例）为国名。从 22 位"羽真"者的资料分析，有"羽真""大羽真""内大羽真""内行羽真"之别①；"羽真"在各称排列中位置不定，起始或中间，似乎处于中间位置者较多。为"羽真"者多封爵位，且高低不等，有王 9 人，公 9 人，子 1 人，另无爵位有官职的大将 1 人、大都将 1 人。其中有汉人也有鲜卑人，有鲜卑皇家宗室成员也有贵族。从为"羽真"者多封爵位来看，"羽真"绝非爵位之名。若是官职，考太和十七年的《前职员令》中不记此职，说明"羽真"或许早期是一种官职，但后来北魏从官制中将之取消。如《北史·斛律金传》："高祖倍侯利，魏道武时内附，位大羽真，赐爵孟都公。"《周书·怡峰传》："高祖宽，燕辽西郡守。道武帝时，率户归朝，拜羽真，赐爵长蛇公。"《董穆墓志》："十二世祖染，于（羽）真官，世擅豪雄，影附魏室。"3 例，"羽真"前有"位""拜""于"字样，似乎为官职，明显"大羽真"为首，高于其他"羽真"。笔者推测"羽真"可能是鲜卑族早期部落首领的一种官职名称，代表着一种特殊身份。或是北魏建国后，取消了这一官职，但由于统治体系承续关系历史的影响，"羽真"称呼仍作保留，仅表示一种待遇而已。身为"羽真"者多为皇室重臣或贵

---

① 胡守为、杨廷福：《中国历史大辞典·魏晋南北朝史卷》，上海：上海辞书出版社，2000 年版，第 308 页。

族。并且"羽真"与皇帝有远近亲疏关系,宗亲或姻亲,而享有大小不等的政治与经济权利。虽取消了"羽真"这一官职,但其特殊身份及所享受的待遇仍作保留。《南齐书·魏虏传》中记"国中呼内左右为直真""内左右"当为宗室服务担任要职者,正说明了这一点。

又见《□(父讳生)墓志》刊立于正光三年正月廿八日,其志记载了墓主的曾祖、祖、父的官职升任,以及其姻亲的地望姓氏,如"祖讳明,太武皇帝真君五年出身中书博士。至孝文皇帝太和五年,蒙除折纥真,十五年,蒙除给事绾神部曹。十八年卒,蒙赠使持节、镇远将军、安州刺史,谥曰靖侯"。由此知墓主祖讳明的官职及时间:

表5-15

时间	官职	文献出处
真君五年(444)	中书博士	《□(父讳生)墓志》
太和五年(481)	折纥真	
太和十五年(491)	给事绾神部曹	
太和十八年(494)卒	赠使持节镇远将军安州刺史	

此志中出现的"折纥真"还见于北魏文成帝于和平二年(461年)南巡时官方所立的颂功《南巡碑》中,在该碑残存的280余位随从大臣的官号中,有不少鲜卑拓跋部官号,如折真、斛洛真、羽真、内行内小、内行令、内三郎、内行内三郎、内阿干、内都幢将、内小幢将等,在《魏书·官氏志》皆不见记载。现将《南巡碑》中有关"折纥真"条文转录如下:

表5-16

序号	姓名	官职爵位	文献出处
1	泣利傶但	鹰扬将军北部折□真宣道男	《南巡碑》
2	李敷	左卫将军南部折纥真平棘子	
3		宣威将军主客折纥真俟文步六子	
4	独孤平城	建威将军□□折纥真建德子	
5	叱奴也	游击将军内都坐折纥真曲梁子	
6		宣威将军折纥真直勤□	
7		中都坐折纥真	
8		外都坐折纥真	

碑中所见折纥真诸人，唯"左卫将军南部折纥真平棘子李敷"正史有传。《魏书·李敷传》："敷性谦恭，加有文学，高宗宠遇之。迁秘书下大夫，典掌要切，加前军将军，赐爵平棘子。后兼录南部，迁散骑常侍、南部尚书、中书监，领内外秘书。"① 《北史·李敷传》记载与此大致相同。两书均未记"南部折纥真"一职，却将"左卫将军"误记为"前军将军"。需特别注意的是，碑文所记李敷"左卫将军南部折纥真平棘子"是和平二年三月之职，但至迟于同年五月，他就升为南部尚书。《魏书·高宗纪》载和平二年"五月癸未，诏南部尚书黄卢头、李敷等考课诸州"。由三月到五月，仅过两月，李敷便由"南部折纥真"迁为"南部尚书"，可证南部折纥真是低于南部尚书的一个职位。从墓志记载来看"折纥真"一职也低于"给事缉神部曹"。《魏书·官氏志》记天兴二（399年）三月，"分尚书三十六曹及诸外署，凡置三百六十曹，令大夫主之。大夫各有属官，其有文簿，当曹敷奏，欲以省弹驳之烦。"② 相应地"折纥真"似官位同于大夫，且仅次于"给事缉神部曹"，而尚书一职负责各部曹的具体事务，应高于"给事缉神部曹"。

（三）并省

封孝琰，卒于北齐武平三年（572年）十月，其墓志载"公文掞雕龙，名非画地，帝曰尔谐，我膺俞往。迁中书侍郎，后除太尉府从事中郎、通直散骑常侍、南皮王友，判并省吏部郎中事，仍摄左丞，寻正吏部"。同年刊刻《徐之才墓志》载"（天统）二年（566年），又除中书监判，并省吏部尚书事。再登掌内，作贰铨衡，密忽丝组，清华水镜"。两方墓志都谈到"并省"一事。"晋永嘉南迁后，魏据有中原，初都代，后徙洛阳，至文帝迁长安，孝静帝迁邺，号东魏。北齐高洋以邺为上都，晋阳为下都"③，高洋采用这样的双都制，实际上是政治中心与军事中心分离的表现。为防止高欢在东魏那样挟军队以专权的情况重演，北齐统治者只得采取频繁往返于晋阳和邺城的办法，来沟通这两个中心④。故

① 《魏书》卷三十六《李顺传附李敷传》，北京：中华书局，1974年版，第829—834页。
② 《魏书》卷一百一十三《官氏志》，北京：中华书局，1974年版，第2972页。
③ 《初学记》卷二十四《都邑》。
④ 毛汉光：《北魏东魏北齐之核心集团与核心区》，引自《中国中古政治史论》，上海：上海书店出版社，2002年版，第97—98页。据毛先生统计：从东魏天平元年（534年）至北齐承光元年（577年）的43个实足年数之中，高氏执政者共穿梭37次，驻在晋阳的时间约29年，在邺都的时间约14年，在晋阳时间为在邺都时间之倍，所有的高齐皇帝皆在晋阳即位，如果继承者原不在晋阳，亦趋赴晋阳登基。

在晋阳设立并州尚书省，简称并省，而中央尚书省则称作中省。如"（高演）天保初，进爵为王。五年，除并省尚书令。帝善断割，长思理，省内畏服"①。高演弟高润亦曾担任过"并省"一职，如《高润墓志》记"除太子太师。寻兼并省禄尚书事"。可见宗室亲王亦出任并省尚书令，足见并省官职受重视的程度。据统计，并省同中央尚书省加以比较发现在官属设置基本一致，但其地位则逊色于中央尚书省。多数情况下，并省为转迁京省官职的过渡职位。如崔劼、娄定远、高元海、高阿那肱等人都有由并省官转迁为京省官的经历②。

（四）都督制

都督制起始于三国时期，又称都督中外诸军事制，它是一个有别于汉代而对两晋及以后产生深远影响的军事制度。都督制在中央的表现形式是"都督中外诸军事"的设立；在地方亦普遍采用。北朝时期的都督制，在朝廷对地方的控制中发挥过重要作用而不容忽视。学者们对这一专题的研究③成果颇丰。现结合出土墓志就相关问题予以探讨，进一步加深对这一制度实行状况的认识。

1. 都督区域

此制因介于前朝与后世，难免不了因袭与传承。北魏王朝统治不断吸收魏晋以来有效的统治形式，在道武帝时期，已经出现了比较完善的都督诸州军事制度④。如中央的都督诸州（中外）军事；地方的防城都督或镇城都督、偏裨都督等。"都督中外诸军事"之称史书有载，孝文帝时，皇二弟赵郡王干曾担任此职，"车驾南讨，诏干都督中外诸军事，给鼓吹一部，甲士三百人，出入殿门"⑤，可见其地位显赫。孝庄帝时，以尔朱荣为使持节、侍中、都督中外诸军事、大将军、尚书令、领军将军、领左右，封太原王。后废帝时，以高欢为侍中、丞相、都督中外诸军事、大将军、录尚书事、大行台，增邑三万户。尔朱荣、高欢均为大权在握，锐势无挡之人物。出土墓志如《元飏墓志》《元广墓志》《元怿

---

① 《北史》卷七《孝昭纪》，北京：中华书局，1974 年版，第 267 页。

② 周双林：《北齐并省官考略》，《北京联合大学学报》2001 年第 9 期，第 34—35 页。

③ 严耕望：《中国地方行政制度史·魏晋南北朝地方行政制度》下册，第二章至第十一章，上海：上海古籍出版社，2007 年版。张鹤泉：《北魏都督诸州军事试探》，《北朝史研究》，北京：商务印书馆，2004 年版，第 98—111 页。

④ 《魏书》卷二十八《莫题传》记莫题在道武帝时被任命为司州的七郡都督；《魏书》卷五十一《封敕文传》载封敕文祖父封敕豆在道武帝时被任命为都督冀青二州诸军事。北京：中华书局，1974 年版。

⑤ 《魏书》卷二十一《献文六王列传》，北京：中华书局，1974 年版，第 543 页。

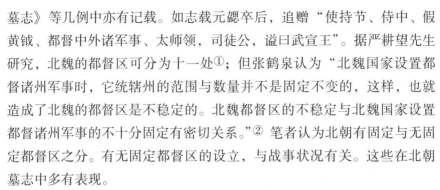

墓志》等几例中亦有记载。如志载元飂卒后，追赠"使持节、侍中、假黄钺、都督中外诸军事、太师领，司徒公，谥曰武宣王"。据严耕望先生研究，北魏的都督区可分为十一处①；但张鹤泉认为"北魏国家设置都督诸州军事时，它统辖州的范围与数量并不是固定不变的，这样，也就造成了北魏的都督区是不稳定的。北魏都督区的不稳定与北魏国家设置都督诸州军事的不十分固定有密切关系。"② 笔者认为北朝有固定与无固定都督区之分。有无固定都督区的设立，与战事状况有关。这些在北朝墓志中多有表现。

以州、郡作为固定军事镇戍区域，但依据战事变化，都督固定辖州、郡的数量常随之变化。如北魏《元嵩墓志》记其官职为"使持节、都督扬州诸军事、安南将军、赠车骑大将军、领军将军、扬州刺史，高平刚侯"。国家在设置都督诸州军事时，将行政州"扬州"作为元嵩统辖的镇戍区域。又有《元诱墓志铭》记其为"使持节、车骑大将军、仪同三司、都督秦雍二州诸军事、雍州刺史"。《乞伏宝墓志》记伏宝为"使持节、都督河凉二州诸军事、卫大将军、河州刺史，宁国伯"。《元爽墓志铭》记爽为"使持节、都督泾岐秦三州诸军事、卫大将军、秦州刺史、尚书左仆射"。《元寿安墓志铭》记其为"使持节、侍中，司空公，都督冀瀛沧三州诸军事、领冀州刺史"。《穆绍墓志铭》记绍为"侍中、尚书令、太保、使持节、都督冀相殷三州诸军事、大将军、冀州刺史、司空"。《李宪墓志铭》记宪为"使持节、中都督定冀相殷四州诸军事、骠骑大将军、定州刺史、尚书令、仪同三司"。东魏《元鸷墓志铭》记鸷为"假黄钺侍中、尚书令，司徒公，都督定冀瀛沧四州诸军事、骠骑大将军、冀刺史，华山王"。《高琨墓志》记其为"使持节、都督冀嬴相幽平五州诸军事、镇东大将军、冀州刺史，勃海郡开国公"；东魏《司马兴龙墓铭》记其为"追赠使持节，司徒公，都督定瀛沧幽殷五州诸军事、骠骑大将军、定州刺史"。北齐《元贤墓志铭》记贤任"使持节、都督扬怀颍徐兖五州刺史、骠骑大将军、太府卿，山鹿县开国伯，洛川县开国子，安次县都乡男"。北周《尉迟运墓志》志文载，宣帝时尉迟运任"秦、渭、成、康、文、武六州诸军事，秦州总管"。北齐《高湜

---

① 严耕望：《中国地方行政制度史·魏晋南北朝地方行政制度》，上海：上海古籍出版社，2007 年版，第 436—447 页。

② 张鹤泉：《北魏都督诸州军事试探》，《北朝史研究》，北京：商务印书馆，2004 年版，第 100 页。

墓志》载湜任"赠使持节、假黄钺、太师、司徒、录尚书事、都督冀定瀛汾晋云显青齐兖十州诸军事□州刺史"。《元天穆墓志》记其为"使持节、侍中、太宰丞相、柱国大将军、假黄钺、都督十州诸军事、雍州刺史、武昭王"。东魏《刘懿墓志铭》记懿为"使持节、侍中、骠骑大将军、太保太尉公、录尚书事、都督冀定瀛殷并凉汾晋建邺肆十一州诸军事、冀州刺史、邺肆二州大中正，第一酋长敷城县开国公"。北周《贺兰祥墓志》"赠使持节、太师、柱国大将军、大都督同岐泾华宜敷宁陇夏灵恒朔十二州诸军事、同州刺史。封依旧，谥曰景公"。北周《宇文俭墓志》"并晋朔燕幽青齐冀赵沧瀛恒潞洺贝十五州刺史"。可见，在北朝所设都督诸州军事中，有都督一州军事，也有都督二、三州或三州以上者，宇文俭竟为十五州军事者，其中卒后赠官情况居多。又如东魏《裴良墓志》记"永熙二年……乃授君使持假骠骑大将军、都督汲郡诸军事，余如故"。裴良都督汲郡，即"汲郡"为镇戍之地。北周《韦孝宽墓志》载："寻授大都督、晋建汾三州正平郡诸军事、晋州刺史。"韦孝宽在都督晋建汾三州外，还增加了正平郡为镇戍之地。这些都是固定军事镇戍区域，可见北朝军官的镇戍范围有时在固定都督区间发生变化。

北朝的镇戍范围在固定与无固定都督区间发生变化情况亦存在。《魏书·阳平王传》中有记载："肃宗时，以本将军为荆州刺史。……诏加世尊持节、都督荆州及沔南诸军事、平南将军，加散骑常侍，余如故。"阳平王在都督荆州时，尚要统辖的沔南地方就属于特定区域。同类情况在墓志中也有体现。如北魏《杨钧墓志》载其："除使持节、都督恒州柔玄怀荒御夷三镇二道诸军事、安北将军、恒州刺史。"恒州为固定都督区域，而柔玄怀荒御夷三镇二道属于不固定都督区域。北周《田弘墓志》曰："保定三年，都督岷、兆二州五防诸军事，岷州刺史……江汉未宁，暂劳经略，更总四州五防诸军事。"北周《尉迟运墓志》志文载"（建德）五年（576年），除同州、蒲津、潼关、杨氏壁、龙门、漆头六防诸军事，同州刺史"。诸防为军事防御而划定的特定区域，属于不固定都督区域，均在河曲，即黄河南行东转一带，这曾是东、西魏多次交兵之地，特别杨氏壁是黄河西岸的险要，史料多有涉及。

以军事防御和征讨范围在无固定都督区间发生变化。如《魏书·陆真传》："正始初，除武川将军。入除太仆卿。都督沃野、武川、怀朔三镇诸军事、安北将军、怀朔镇大将，加散骑常侍。"陆真都督沃野、武川、怀朔三镇诸军事属于无固定都督区。北魏《杨钧墓志》亦记载同样情况，志曰钧："（杨钧）除散骑常侍、假镇北将军、抚军将军、都督怀朔沃野武川三镇诸军事、怀朔镇大都督。"再如北魏《元龙墓志》言其"祖讳阿斗那，侍中、内都大官、都督河西诸军事、启府仪同三司，高梁王"。《元俦墓志》记俦"曾祖侍中、使持节、征西大将军、都督河以西诸军事，常山康王讳素连"。又，如《元诠墓志》曰"正始之中，南寇侵境，诏王使持节、都督南讨诸军事、平南将军"。元龙祖阿斗那为"都督河西诸军事"；元俦曾祖素连"都督河以西诸军事"；元诠"都督南讨诸军事"。"河西""南讨"均属于镇戍的特定区域，为无固定镇戍都督区。

2. 都督等级

都督诸州军事制有等级之分。《晋书·职官志》："及晋受禅，都督诸军为上，监诸军次之，督诸军为下。"在北魏国家所任命的都督诸州军事中，依然有"都督""监""督"三个等级之别，显然是对两晋以来都督诸州军事等级差别的承袭，但又根据自身状况，创立了新的区分等级方式。《魏书·官氏志》载"都督府州诸军事"为从一品上，"都督三州诸军事"为二品上，"都督一州诸军事"为三品下等等。北朝墓志中多有体现。如北魏《元融墓志铭》记其为"使持节、侍中，司徒公，都督雍华岐三州诸军事、车骑大将军、雍州刺史"，任命称号为"都督"。而《寇臻墓志》记其官职"中川恒农二郡太守、振武将军、四征都将，转振武将军，沘阳镇将昌平子，迁假节建威将军、监安远府诸军事、郢州刺史"。《元德砖志》言"监遍城太守"。两方墓志任命称号为"监"。又，《元鉴墓志》记其为"督齐徐二州诸军事"；《崔敬邕墓志铭》记其为"持节、龙骧将军、督营州刺史、征虏将军、太中大夫，临青男"；《元祐墓志铭》记其为"持节、督泾州诸军事、征虏将军、泾州刺史，齐郡王"；东魏《王僧墓志铭》记"龙骧将军、谏议大夫，赠假节、督沧州诸军事、征虏将军、沧州刺史"。这几方墓志任命称号均为"督"。可见，等级分明。

3. 军政权利

北朝时都督诸州军事以受"节"来象征其具有军事惩罚权利，并且，通过不同的受节方式来表现其权利的不同等次。《宋书·百官志》载"晋世则都督诸军为上，监诸军次之，督诸军为下。使持节为上，持节次之，假节为下"。据严耕望先生考证：持节有假节、持节、使持节三等，加督亦有督、监、都督三等，互相配合，凡有九个方式，北朝仿自南朝，亦完全相同①。除正史中有记叙，墓志资料亦有助说。如东魏《高湛墓志铭》记湛任"假节、督齐州诸军事、辅国将军、齐州刺史"；《元彦墓志》记其为"持节、督幽豫二州诸军事、冠军将军、豫州刺史，乐陵王"；《崔鸿墓志》记其任"使持节、镇东将军、督青州诸军事、度支尚书、青州刺史"；《赫连悦墓志铭》记其为"使持节、镇北将军、都督建兖华三州诸军事、华州刺史"等。同时，都督诸州军事在都督区已经开始有了军政合一的趋势。都督诸州军事官员多兼一州或二州刺史，具有明确的行政权力，因此，在都督诸州军事兼任刺史的州中，是真正的军政权力合一。如北魏《孙标墓志》其官职为"使持节、征虏将军、都督岐州诸军事、岐州刺史"。孙标在担任都督岐州诸军事时又兼任岐州刺史，可谓军政合一。相同情况还有元宝月、高猛、侯刚、元彝、元端、元湛、尔朱绍、尔朱袭、丘哲等官员的墓志。元宝月都督秦州诸军事又兼秦州刺史；高猛都督冀州诸军事又兼冀州刺史；元湛都督青州诸军事亦兼青州刺史，诸如此类。

4. 行台诸职

在北魏统治后期，国家在任命一些都督诸州军事时，也有使其兼任行台一职的。行台出现于魏晋时期②。所谓行台，是国家的尚书台的派出机构，即是代表中央指挥地方的机构。虽然行台制度创立很早，但并没有完全实施。只是到了孝明帝熙平年间开始，为有效稳定动荡不安的国内形势，行台的作用变得重要起来③。可见北朝是行台制度发展变化较大的时期。行台作为代表中央指挥地方机构，在军事上有很强的号召权。行台可以根据各方的军事形势，"随机召发"④"随机处分"⑤"随机裁处"⑥，具有极大的灵活性。这样，行台在指挥作战中，便可以弥补

① 严耕望：《中国地方行政制度史·魏晋南北朝地方行政制度》，上海：上海古籍出版社，2007年版，第518页。

② [唐]杜佑：《通典》卷二十二《职官》记载行台省，魏晋有之。魏晋末晋文帝讨诸葛诞，散骑常侍裴秀、尚书仆射陈泰、黄门侍郎钟会以行台从。至永嘉四年，东海王越帅众许昌，以行台自随，是也。自汉朝以来，朝廷中三公的权力逐渐被转移到尚书省。尚书省又称作台阁。

③ 熙平元年(516年)梁朝军队进攻西硖石城，威胁寿阳，淮北形势骤然紧张。北魏派扬州刺史李崇、定州刺史崔亮、镇东将军萧宝夤等几路军队前去御敌，但"诸将乖角，不相顺赴"，前线形势不利。为了节度诸军协调行动，北魏朝廷"以吏部尚书李平为镇东大将军兼尚书右仆射，为行台，节度讨硖石诸军"。终于收复西硖石城，取得了胜利。

④ 《魏书》卷十《孝庄帝纪》，北京：中华书局，1974年版，第268页。

⑤ 《魏书》卷十一《后废帝纪》，北京：中华书局，1974年版，第281页。

⑥ 《魏书》卷十一《出帝纪》，北京：中华书局，1974年版，第287页。

都督诸州军事的不足。北朝墓志对于行台诸职多有记载。如《赫连子悦墓志》记其在高祖孝文帝时"除征虏将军、西南道行台郎中，复徙东南道大行台右丞""世宗总行台之任，转公为右丞，寻徙征西将军临漳令"。可见北魏高祖孝文帝时已有行台建制，且行台亦分不同之等级。北魏皇室宗族担任行台诸职者为数不少，如《元昭墓志》记其永平三年后被诏以本官持节兼散骑常侍北箱行台。《元朗墓志》亦载"属皇家多难，妖氛竞起，河西之地，民莫安居。朝廷以君果毅早闻，戎照夙著，乃除君持节行河州刺史。道届长安，未获前达，寻被别敕，兼行台尚书节度关右"。《元恭墓志》也记"使持节、假车骑将军、都督晋建南汾三州诸军事、镇西将军、晋州刺史、大都督节度诸军事、兼尚书左仆射、西北道大行台，平阳县开国子"。《元洛神墓志》记："夫人讳洛神，河南邑人也。故使持节、散骑常侍、都督雍州诸军事、骠骑大将军、仪同三司、西道行台、尚书左仆射、行秦州事开府、雍州刺史，后迁侍中、都督沧、嬴、冀三州诸军事，司空公冀州刺史之长女。"《元海墓志》："乃假抚军将军、平西将军，为潼关都督，仍兼尚书，为行台。"《元天穆墓志》曰："充西北道行台，除征虏将军、并州刺史。……遂假抚军将军兼尚书行台。……以王为行台大都督。"《元延明墓志》云："除卫大将军东道仆射大行台，本官如故。伪人乘间，驱其乌合，爰命假子，盗我府城。……全州荡荡，咸为寇场。公智力纷纭，一麾席卷，以兹文德，成此武功。增封二千六百户，仍以本大行台本官行徐州事，仍除使持节、都督三徐诸军事、本将军、徐州刺史、侍中、大行台仆射如故。"《元液墓志》谈到正光中"斛落大都督大行台广阳王任均方邬，庙算所归"一事。《元恭墓志》记其永安三年，官任"兼尚书左仆射西北道大行台大都督节度诸军事"。《元肃墓志》记："公以茂亲懿德，位在不次，除侍中、太师、录尚书事，都督青齐光胶南青五州诸军事、东南道大行台、青州刺史。"《元渊墓志》曰元渊先是被派征北，除吏部尚书，兼右仆射、北道行台，即为大都督。后复授使持节、骠骑大将军、仪同三司、兼尚书仆射、东北道行台。即领前军，余官仍本，增邑八百户，给后部鼓吹。此志文中出现两次行台，一是北道行台为大都督，另是东北道行台领前军，可见不同的行台名称，代表其所任官职的高低与所辖范围的大小。

据墓志记载其他官员担当行台一职的亦为数不少。如《和邃墓志》曰："正始中，蛮夷逆节，干秽皇略。时简师鞫振，以扫不顺，以君有模算机权，授以行台之任。"《君讳韶墓志》记"魏孝昌三年，匈奴入境，刺史侯行台募令平□官以靖境""见宠行台，殊蒙锡赏。左丞相东南道大行台，洛州刺史裴公牒举为洛州默佐将军"。《席盛墓志》记："公东征豫土，又为行台郎中、镇南府司马。"《寇治墓志》云："天子命将遣师，非公安可，使持节、镇南将军、都督三荆诸军事、金紫光禄大夫、行台尚书……以正光六年正月二十日薨。"《韦彧墓志》记："孝昌元年，诏公本官持节、都督征幽军事，兼七兵尚书、西道行台。"其子韦彪亦有墓志出土，志文记载韦彪在北魏时的历官有"东南道行台右丞"。《杨昱墓志》言："除右光禄大夫、河南尹，迁车骑将军、兼尚书右仆射、东南道大行台。"《杨侃墓志》曰："带长安县令、谏议大夫、行台左丞。"《杨钧墓志》亦记钧："除散骑常侍、假镇北将军、抚军将军、都督怀朔沃野武川三镇诸军事、怀朔镇大都督。寻授七兵尚书，仍本将军，北道大行台。"北魏分裂后，都督诸州军事制度与行台制度的结合也开始走向终结。在东魏、北齐，都督诸州军事制度逐渐为行台制所取代。东魏《刘懿墓志》"又为征南将军、金紫光禄大夫兼尚书右仆射、西南大行台"。《卢贵兰墓志》记其"长子章武王，字景哲。出身司徒祭酒，俄迁尚书祠部郎中、通直散骑常侍、朱衣直阁钾仗都将、征虏将军、肆州刺史、当州都督、侍中、车骑将军、左光禄大夫、护军将军、令尝食兴御兼太尉公、奉玺绶侍中、骠骑大将军、西道大行台、仆射殿中尚书、散骑常侍、开府仪同三司、护军将军，侍中章武王"。《封延之墓志》"乃以公为大行台右丞，委之群务"。《封子绘墓志》"天平中，除卫将军、右光禄大夫，常侍如故。出为平阳太守，加散骑常侍当郡都督。寻征大行台吏部郎中"。《薛广墓志》"俄迁征虏将军、中散大夫、东南道行台郎中，仍转行台左丞"。《崔芬墓志》记其"弱冠辟郡功曹，成人召州主簿。除开府行参军，总大行台郎中"，"（武定）八年，复征南讨大行台都军长史"，最终为"威烈将军行台府长史"，崔芬卒于天保元年（550年）十月十九日，此时行台府已有建制。《高润墓志》"乃除东北道行台尚书左仆射定州刺史"；后又"除河阳道行台尚书令"。北齐《裴良墓志》中多处记有行台之事，如"仍命君以本职为行台，行汾州事。寻除汾州刺史，兼尚书左丞，行台如故""仍诏君以本官兼尚书为行台，解都督"。又见北齐《裴子通墓志》中记载："永安之末……公以本官参其军事，寻除步兵校尉，加镇远将军。行台尔朱天光以公才望，又引为大司马府记室参军。"北齐《司马遵业墓志》记墓主先后担任大行台郎中、大行台尚书等职务。《尔朱元静墓志》亦记其夫叱列延庆曾任大行台一职。在以上几方墓志中，亦说明行台有不同称呼，不同级别之分与管辖区域之限。而在西魏、北周，却将都督诸州军事制度发展为总管制度。如《宇文瓘墓志》记其为"使持节、仪同大将军、安州总管府、长史治、隋州刺史，建安子"。墓主于建德六年（577年）十月十七日卒，此时总管府已有建制。《尉迟运墓志》载其"俄授秦渭成康文武六州诸军事，秦州总管"。《韦孝宽墓志》载墓主历官曾先后担任延州、勋州、徐州、相州总管。

七、爵制

等级性极强的封爵制度是一定历史条件下的产物。秦汉至隋唐的爵称爵序，在一千多年的历史过程中屡有变化而不显清晰，尤其是魏晋南北朝爵称爵序史书记载不详。即使是《通典》记载历代典章制度的权威性著作，也没有准确无误地展示魏晋南北朝封爵制度的全貌。

《文献通考·后魏诸侯王列传》载："元魏时，封爵所及尤众，盖自道武兴于代北，凡部落大人及邻境降附者，皆封以五等[1]，令其世袭，或赐以王封。"拓跋珪于登国元年（386年）代王位，"班爵叙勋，各有差"[2]"天兴元年十一月，诏吏部郎邓渊典官制、立爵品"，天赐元年"九月，减五等之爵，始分为四，曰王、公、侯、子，除伯男二号。皇子及异姓元功上勋者封王，宗室及始藩王皆降为公，诸公降为侯，侯、子亦以此为差。于是封王者十人，公者二十二人，侯者七十九人，子者一百三人。王封大郡，公封小郡，侯封大县，子封小县"[3]，太武帝延兴二年五月下诏"非功无以受爵，非能无以受禄"[4]，孝文帝太和十六年"改降五等，始革之，止袭爵而已"[5]。

杨光辉先生以史志及《通典》为基础，用在正史纪传中所见爵称对其进行补充订正，制作了《秦汉至隋唐各主要王朝爵称爵序一览表》[6]，现抽取北朝部分以作参考：

① 《礼记·王制》："王者之制禄爵：公、侯、伯、子、男，凡五等。诸侯之上大夫卿、下大夫、上士、中士、下士，凡五等。"引自陈戍国点校：《周礼·仪礼·礼记》，长沙：岳麓书社，1989年版，第328页；《孟子·万章下》："天子一位，公一位，侯一位，伯一位，子男同一位，凡五等也。"引自中华书局诸子集成本，1954年版，第399—400页。

② 《魏书》卷二《太祖纪》，北京：中华书局，1974年版，第20页。

③ 《魏书》卷一百一十三《官氏志》，北京：中华书局，1974年版，第2973页。

④ 《魏书》卷一百一十三《官氏志》，北京：中华书局，1974年版，第2975页。

⑤ 《魏书》卷一百一十三《官氏志》，北京：中华书局，1974年版，第2976页。

⑥ 杨光辉：《汉唐封爵制度》，北京：学苑出版社，2001年版，第6页。

表 5-17

王朝	类别					
	爵称爵序及爵级			等级数	附注	
	王	五等爵	列侯			
北魏（孝文帝改制前）	郡王（分大、次，并第一品）	上郡公、次郡公　（并第二品） 县侯　　　　　　　（第三品） 县子　　　　　　　（第四品） 男　　　　　　　　（第五品）		二等七级	天赐四年取消伯男爵。太武帝时又恢复男爵，又时有伯爵之号，见《卢玄传》。此后未见封伯男爵之例，故不计	
北魏（孝文帝改制后）	郡王（第一品）	郡公　　　　　　　（第一品） 县公、散郡公　　　（从一品） 县侯　　　　　　　（第二品） 散侯　　　　　　　（从二品） 县伯　　　　　　　（第三品） 散伯　　　　　　　（从三品） 县子　　　　　　　（第四品） 散子　　　　　　　（从四品） 县男　　　　　　　（第五品） 乡男、散男①　　　（从五品）		二等十三级	散爵为虚封之爵	
东魏北齐	郡王（第一品）	国公、郡公　　　　（从一品） 散郡公、县公　　　（第二品） 散县公、县侯　　　（从二品） 散县侯、县伯　　　（第三品） 散县伯　　　　　　（从三品） 县子　　　　　　　（第四品） 散县子　　　　　　（从四品） 县男　　　　　　　（第五品） 乡男、散县男　　　（从五品）		二等十五级	散爵为虚封之爵。国公非常设之爵	
西魏北周	国王郡王县王	国公、郡公、县公　（正九命） 县侯　　　　　　　（正八命） 县伯　　　　　　　（正七命） 县子　　　　　　　（正六命） 县男　　　　　　　（正五命） 乡男		二等十一级	周武帝建德三年（574年）进宗室诸公为王。以前无王爵。散爵史籍无载，仅碑文有散男，因难辨其详，故不计	

---

① 乡男是北魏最低的一等爵位，在县男与散男之下，是"无可降授者"。所以笔者认为顺序应为"散男、乡男"。

北朝爵制分为王、五等爵二等，每级封爵均有不食邑的散爵。爵制在出土的北朝墓志中多有反映，如《元羽墓志》首题"侍中司徒公广陵王墓志铭"；《穆亮墓志》首题"太尉领司州牧骠骑大将军顿丘郡开国公穆文献公亮墓志铭"；《元嵩墓志》首题"故使持节都督扬州诸军事安南将军赠车骑大将军领军将军扬州刺史高平刚侯之墓志"；《元龙墓志》首题"魏故使持节平北将军恒州刺史行唐伯元使君墓志铭"；《封和突墓志》首题"屯骑校尉建威将军洛州刺史昌国子封使君墓志铭"；《张整墓志》首题"魏故中常侍大长秋卿平北将军并州刺史云阳男张君墓志铭"等。可以说，北朝爵制是隋唐之制的母体，隋唐爵制渊源的主流是北周而非其他。[1]

（一）实封与虚封

学者们对北魏封爵制有过深入的探讨[2]。张维训认为，北魏封爵制可以区分为前后两个发展阶段，其分界线是太和十八年（494年）十二月的己酉诏令。在此之前的封爵制为虚封制，表现为有封号而无食邑户；此后的封爵制为实封制，表现为既有封号又有食邑户数。[3] 他认为北魏后期主要实行实封制，但也没有完全取消虚封制，表现出两者并存的格局，因而在《魏书·官氏志》中，封爵被区分为"开国公、侯、伯、子、男"五等爵与"散公、侯、伯、子、男"五等爵两种类型，简称为"开国五等"与"散五等"，前者为实封，后者为虚封。[4] 高敏先生在此基础上，又对西魏、北周与东魏、北齐时期的封爵制做了深入的探索。他认为实封制实始于太和十六年，太和十八年是进一步制度化、法典化。[5]

魏收修《魏书》，为了区别实封与虚封，采用了前者授爵为封，冠以开国，附加食邑户数，后者曰赐，仅书爵名。如《魏书》载高祖南伐，元嵩身备三仗，免胄直前，将士从之，显达奔溃，斩获万计。高祖大悦，以功赐爵高平县侯。后第二子世俊袭爵。肃宗时，追论嵩勋，封

---

① 杨光辉：《汉唐封爵制度》，北京：学苑出版社，2001年版，第10页。

② ［日］川本芳昭：《北魏的封爵制》，引自《东方学》第57辑；严耀中：《北魏前期政治制度》，长春：吉林教育出版社，1990年版。参见第八章"别具一格的爵制"。

③ 张维训：《试论北魏的食邑制度——拓跋魏封建化的措施之一》，《厦门大学学报》（哲学社会科学版）1979年第4期，第116—137页；严耀中：《北魏前期政治制度》，长春：吉林教育出版社，1990年版。严耀中先生认为："北魏前期爵位虽是虚封，但并非没有经济利益。封爵的实利不是如汉晋传统那样在于赋税的获得，而是在于劳动力的直接占有。"

④ 张维训：《略谈北魏后期的实封与虚封》，《史学月刊》1984年第2期，第23—26页。

⑤ 高敏：《西魏、北周与东魏、北齐时期的封爵制探索》，引自高敏《魏晋南北朝史发微》，北京：中华书局，第220—244页。

世俊卫县开国男，食邑二百户。^① 县侯本应在男爵之上，因高平县侯为散爵，故开国县男有食邑户数而显优越。世俊先散侯后为开国男，是由虚而至实封，故不能视为降爵。相同的事例还有《魏书》载，李崇袭爵陈留公，例降为侯，"世宗追赏平氏之功，封魏昌县开国伯，邑五百户"^②。北朝实封爵位名称冠以"开国"字样者，屡见于出土墓志。如北齐《娄叡墓志》中载娄叡曾被封为"挺县开国子""九门县开国公""永宁县开国男""始平县开国公"及"许昌郡开国公"等，不仅其封爵均有"开国"字样，而且有食邑封户数，故墓志中有"通前二千户"的记载。另见北周《侯植墓志》载"肥城县开国公，食邑一千七百户"。北周《独孤浑贞墓志》载，独孤浑贞为晋原郡开国公。"封平氏伯，邑五百户……改伯为公，增邑五百户……大统三年，除持节东秦州刺史，增邑八百户，通前一千八百户……大统十三年……增邑三百户，通前二千一百户"，知当时食邑封户数可作累加。

（二）回授与别封

所谓回授制度，即官府把授予某一官吏、将领的部分封爵或食邑，在其本人请求下，再一次通过官府的封赏而转授给同一官吏、将领的妻妾或子女之制。它与子弟袭爵的情况不同，袭爵一事，只限于其长子，而且发生于受爵者已卒之后；而回授其封爵之事，常发生于受封者在世或去世之前，回授的对象为除长子之外的其他亲属，本质上是对受封者的多种封爵根据其本身意愿实行再分配的一种制度。其目的广义在于扶植鲜卑勋贵；狭义在于提高受封者亲属的政治地位与食邑的经济实惠，藉以巩固其家族成员的群体利益。《魏书》《北史》中涉及回授之事有多处^③，或实封或虚封于自己的亲属或恩人，几乎都写明经过了自己申请与朝廷批准的转授手续，表明回授制度到北魏末年已形成。但此制广泛实行，还是在西魏、北周与东魏、北齐时期。如东魏《元鸷墓志》记有回授制度："太和廿年，释褐为给事中。寻为马圈之勋，赐爵晋阳男。……建义元年大将军尔朱荣入洛，除征北将军护军将军，领左卫将军，诏封昌安县开国侯，食邑八百户。即以晋阳男回授第三息季彦。……王永安二年随驾北巡，即达建州，遂与天柱大将军尔朱荣重出

---

① 《魏书》卷十九《景穆十二王列传》，北京：中华书局，1974年版，第486—488页。
② 《魏书》卷六十六《李崇传》，北京：中华书局，1974年版，第1467页。
③ 如《魏书》卷四十一《源子恭传》，《魏书》卷四十五《杜铨附杜颙传》，《魏书》卷七十一《夏侯道迁传》，《魏书》卷七十四《尔朱荣传》，《魏书》卷八十八《窦瑗传》，《北史》卷二十二《长孙承业传》。

河阳。行幸建州，诏书拜车骑大将军仪同三司中军大都督，改封华山郡王，食邑一千户，通前合一千八百户，护军领军如故。"北齐《司马遵业墓志》言"以须昌之封回授兄子膺之"。北周《尉迟运墓志》记"授柱国，卢国公，食邑三千户。旧封回授一子"。《叱罗协墓志》载其于大统三年入关，蒙封莎泉县开国伯。四年，有河桥之勋，改封冠军县开国公。十七年，分封别子金刚为显武县开国侯，邑一千二百户。《周书》中《晋荡公护传》《于谨传》《独孤信传》《豆卢宁附子永恩传》《宇文贵传》；《北齐书》中《元景安传》《孙腾传》《高隆之传》《段荣传附段韶传》亦有回授事宜之记载。

"别封"是在"本封"之外的封爵之制，它反映出一人获得多种封爵和同时享有食邑特权的显贵们的政治地位与经济利益。"别封"一词最早出现在北魏肃宗孝明帝时期，灵太后为了褒扬死于非命的彭城王元勰，下诏别封三子为县公，食邑各一千户，庶以少慰仁魂，微申朝典。子直封真定县开国公。后"孝庄践阼，追封陈留王，邑二千户""肃宗初，封霸城县公，邑一千户"①。此次"别封"是以父辈勋德当封而改封其子一类，带有回授的性质。北周《韦孝宽墓志》记载韦孝宽在大统十二年（546年）的玉壁之战建立殊功后，"用隆赏典，封建忠郡开国公，邑一千五百户""江陵之役，功有勋焉，师还，别封一子穰县开国公""转为勋州总管，俄迁柱国，定封郧国公，邑五千户。……别封一子滑国公，邑五千户"。此志所记两次"别封"都是别封子嗣。北周《独孤藏墓志》记载其"年八岁，以父功封武平县开国公，食邑一千九百户"。《周书·独孤信传》："（大统）十四年，进位柱国大将军。录克下溠、守洛阳、破岷州、平凉州等功，增封，听回授诸子。"而另一类型的"别封"是对受封者本人在本封、本爵之外进行分封、加封、重封制度。从出土墓志有关"别封"的记载，正说明当时人们对"别封"的重视。如北魏《元顺墓志》"又孝昌二年中，有诏以文宣王于高祖孝文皇帝晏驾之始，跪玉几，受遗托，辅宣帝之功，追加嗣子任城王彝邑千室。析户五百，分封公为东阿县开国公"。北齐《司马遵业墓志》记其"进封阳平郡开国公，一千七百户"后，"别封野王县开国男，邑二百户。更封复昌县开国公，邑一千户"。《贺拔昌墓志》记贺拔昌进爵为某县开国公，增邑三百户，通前一千一百户后，又言"天保元年，授□右卫将军、开府仪同三司，别封南兖州谯郡蒙县开国子，邑四百户"。《库狄洛墓

① 《魏书》卷二十一《献文六王列传》，北京：中华书局，1974年版，第584—585页。

志》记载其本封为母极县开国公后，别封东燕县开国子。《库狄业墓志》记载其本封为石安县开国公，别封高平县开国子。

《娄叡墓志》载："封九门县开国公，开府仪同三司。复封永宁县开国男。"《可朱浑孝裕墓志》记其于河清元年十二月中袭父爵扶风郡王，"天统四年二月中，除仪同三司。其年五月，进位开府。既偕槐棘，宾卫盈门，邓骘之荣，我为嗣美。寻别封胶州东武县开国侯，食邑八百户"。《韩裔墓志》载其进爵为临泾县开国公后，又别封为康城县开国子。《乞伏保达墓志》"天保元年，转前锋都督，进爵东垣县子，别封建安县乡男，又除骠骑大将军，封化蒙县散男"。《梁子彦墓志》记墓主授别封两次，以军功除宁远将军都督平阳子，别封广州南阳郡之埃城县开国子；后又别封豫州遂宁县开国子，骠骑大将军、散骑常侍。《徐之才墓志》记其永熙年封昌安县开国侯；大齐天保元年别封池阳县开国伯；天统元年又别封安定县开国子。《高润墓志》载其本封为"封冯翊郡王，邑三千户"；后"别封文城郡开国公，邑一千户"。《韩裔墓志》载其本封为"临泾县开国公"；后"别封康城县开国子"。此等为受封者本人在本封、本爵之外的加封，均低于本封。《赵道德墓志》曰："世宗嗣业，增命勋贤，既锡珪器之重，更切便烦之寄。补帐内亲信正都督兼左右直长安西将军，封河阴县开国男，邑二百户。加中军将军行定州六州，又加镇东将军，寻除征西将军，进男为子，增户二百。高祖揖让受图，更新宝□，茂功茂德，唯器唯名。除卫将军，别封戎安县开国子，邑四百户。"此方墓志别封等同于本封。另《丰洛墓志》记载丰洛封启宁县开国伯，食邑五百户，为第三品①，实封。后进爵启宁县开国侯，又别封寿昌县开国公，皆不著食邑户数。此例别封寿昌县开国公高于本封启宁县开国侯。

（三）袭爵与降爵

封爵制度的本质属性之一是传祚袭国，施惠后裔。根据宗法制嫡庶有别的原则，封爵一般由嫡长子（嫡长孙）世袭传递。北朝严格执行"后赐之妻皆承嗣"，嫡长子地位崇高，不仅赐民爵时"天下为父后者"是主要对象，而且"以世嫡应袭先爵"②亦为天经地义。北朝前期爵制的一个重要特点是爵位与官品相通，勋官子孙世袭军号。《魏书·官氏志》载道武帝天赐元年（404年）诏："王第一品，公第二品，侯第三

---

① 《魏书》卷一百一十三《官氏志》，北京：中华书局，1974年版，第2995页；《隋书》卷二十七《百官志》，北京：中华书局，1973年版，第765页。

② 《魏书》卷十九《景穆十二王列传》，北京：中华书局，1974年版，第447页。

品，子第四品。"爵号带上官品，对于本无官爵位的鲜卑贵族和众多功臣子弟来说，袭爵就是入仕的开端，袭什么爵就能以什么品级的官起家。因此袭爵之制历受重视。

北朝墓志中多有父与子间爵位的承袭记载。如北魏《元龙墓志》载"其父讳度和，散骑常侍、外都大官、使持节、镇北将军、度斤镇大将，平舒男。龙太和之始，袭爵平舒男"。元龙为平舒男是袭父爵事。《元诠墓志》记其为"高宗文成皇帝之孙，大司马公安乐王之子，少袭王爵"，后"又以安社稷之勋，除尚书左仆射，增封三百户"。《穆循墓志》载穆循卒于宣武帝永平二年（509年），年五十三，则当生于文成帝太安三年（457年）。志称穆循之父乞袁为"故相州刺史，昌国子"，昌国子应是其生前赐爵。志又载穆循"年始十八，丁罹重忧"，穆循生于太安三年（457年），以十八岁推算，其父之死在孝文帝延兴四年（474年）。据《魏书》卷三十三《张蒲传》，蒲孙灵符"天安初，迁中书侍郎，赐爵昌国子"。则乞袁得赐昌国子，当在延兴元年之后。墓志又记穆循"泣血三龄，至性过人。礼服既终，袭爵昌国"。根据当时惯例，穆循在承明元年（476年）或稍后嗣爵。又，《魏书》卷三十一《于烈传》记，于烈太和初"赐爵昌国子"。据此，穆循很快失去爵位，墓志讳而不载。北魏《羊祉墓志》记羊祉"袭爵钜平子"。《魏书》本传亦有记载："父规之赐爵钜平子，拜雁门太守。祉性刚愎，好刑名，为司空令辅国长史，袭爵钜平子。"两者相合。《吐谷浑玑墓志》记其"年廿，袭父爵"。《韦彪墓志》："父彧，豫雍二州刺史、阴盘县开国男。……（彪）袭爵阴盘县开国男。"北周《若干云墓志》记"俄而袭父爵，封宣阳县开国公，领中侍上士"。《宇文瓘墓志》记"季父孝固，吏部郎中、赠雍州刺史、安平恭子。……袭爵安平县开国子"。《拓跋虎墓志》首题为"周使持骠骑大将军开府仪同三司大都督云宁县开国公故拓跋氏墓"；志铭中记载其十一封琅邪郡王，邑五百户。除使持节、车骑大将军、仪同三司，增邑一千户。后改封云宁县公，增邑合二千户。云宁县公为拓跋虎最终的爵位，食邑"合二千户"。《拓跋虎妻尉迟将男墓志》记有"世子库多汗，袭封云宁县开国公，食邑二千一百户"。从其子的封户数看，北周的食邑数也是可以同爵位一同继承的。

北魏《皮演墓志》云："（太和）十有九年，改创百官，仍除奉车，从新令也。寻出为安东大将军、魏郡王长史，府主丁忧，末之所职。"北魏孝文帝朝封魏郡王的，只有陈建，太和三年（479年）九月封[1]，九

① 《魏书》卷七《孝文帝纪》，北京：中华书局，1974年版，第147页。

年（485 年）薨①，子陈念袭爵，后陈念犯法除爵②。按照墓志叙，皮演担任魏郡王长史一职，时在太和十九年（495 年）之后，这个魏郡王自然应当是陈建子陈念。然而，自太和十六年（492 年）六月改降五等，《南齐书·魏虏传》征引了孝文帝诏令全文："王爵非庶姓所僭，伯号是五常秩。烈祖之胄，仍本王爵，其余王皆为公，（公）转为侯，侯即为伯，子男如旧。虽名易于本，而品不易昔。"改降五等的主旨在于"王爵非庶姓所僭"。一方面作为"亲王"的献文诸子取得了独尊的地位；另一方面为官的汉族士人与鲜卑王公爵位的差距缩小。③ 异姓王绝大多数例降为公。如《冯季华墓志》载其父冯熙于北魏和平六年（465 年）进爵昌黎王，后以异姓绝王，改封扶风郡开国公，食邑三千户。其兄冯诞先为南平王，异姓绝王，改封长乐郡开国公，食邑一千八百户。史书所载未降爵者仅长孙观一例。④ 由《皮演墓志》看，陈念亦可能未降爵位。《乞伏宝墓志》"属惟新在运，解而更张，普改群官，降侯为伯"。《石育墓志》"祖邃，辽东护军。从燕归阙，领户三千，赐爵昌邑子，建威将军辽东新城二郡太守。父襄，袭爵，除威远将军豫州司马，例减为男"。《元子邃墓志》载："从文宣王讨徐州，擒珍贼师王思远，赐爵开封男。……改封博陵郡开国公。……天保元年随例降爵，改封上洛县开国男。"《李祖牧墓志》记："袭爵濮阳伯……依例降伯，为始平子，除冠军将军，又除卫将军，皆常级也。"从元子邃、李祖牧墓志看，北齐继续执行降爵事宜。

（四）乡男

北魏太和二十三年（499 年）《韩显宗墓志》记"有赭阳之功，追赠五等男"。"男"是北魏爵位中的第五等。太和二十三年《职令》爵位及品级如下表：

表 5-18

郡公	县公	散公	县侯	散侯	县伯	散伯	县子	散子	县男	散男
一	从一	从一	二	从二	三	从三	四	从四	五	从五

---

① 《魏书》卷三十四《陈建传》，北京：中华书局，1974 年版，第 803 页。

② 《魏书》卷三十四《陈念传》，北京：中华书局，1974 年版，第 804 页。

③ 陈爽：《世家大族与北朝政治》，北京：中国社会科学出版社，1998 年版，第 25 页。

④ 《魏书》卷二十五《长孙观传》载"时异姓诸王，袭爵多降为公，帝以祖道生佐命先朝，故特不降"。即使特例，也仅限于长孙观一世，后其"子冀归，六岁袭爵，降为公"。

北齐武平二年（571年）《乞伏保达墓志》曰："天保元年，转前锋都督，进爵东垣县子，别封建安县乡男，又除骠骑大将军，封化蒙县散男。"又，北周《独孤浑贞墓志》记"俄授赤逢乡男"。"乡男"亦是北魏爵位之一，但其品位不见于《魏书·官氏志》。《魏书·刑罚志》记载："自王公以下，有封邑，罪除名，三年之后，宜各降本爵一等王及郡公降为县公，公为侯，侯为伯，伯为子，子为男，至于县男，则降为乡男。五等爵者，亦依此而降，至于散男。其乡男无可降授者，三年之后，听依其本品之资出身。"由此可知，乡男是北魏最低的一等爵位，在县男与散男之下，是"无可降授者"。这是宣武帝延昌二年（513年）之事，可以帮助我们理解乡男在北魏爵制中的位置，从乡男所处最低一级位置以及上表的递减规则看，北魏的乡男有可能位于从五品或第六品。

八、历史事件

南朝、北朝作为四至六世纪时期统治中国的两大封建政权集团，扩张疆域的野心促使双方战事不断，尤其在南北交界地带，兵役和徭役加重。另有北朝政权与鲜卑保守贵族、与汉世家大族之间激烈的斗争，这些不仅在史书中有大量的记载，而且在墓志材料中也多有反映。现已出土的北朝时期墓志为其提供了大量例证。

（一）献文帝时期

1. 悬瓠之战

北魏《比丘尼统慈庆墓志铭》载墓主俗姓王，"年廿有四，适故豫州主薄、行南顿太守、恒农杨兴宗。……于是宗父坦之出宰长社，率家从职，爰寓豫州，值玄（悬）瓠镇将汝南人常珍奇据城反叛，以应外寇。王师致讨，掠没奚官"。常珍奇《魏书》有传，其原为南朝刘宋司州刺史，高宗文成帝时与薛安都等推立刘子勋，子勋败，遣使请降，显祖献文帝封其为使节、平南将军、豫州刺史，河内公。常珍奇虽有虚表，而诚款未纯，密怀南叛。时汝徐未平，珍奇乘虚于悬瓠反叛。北魏王师驰往讨击，直指淮河流域的豫州悬瓠（今河南汝南），大破之。[①] 平叛后将其所获男女数口带至平城，墓主就是在这次战争中被虏掠入宫，志称："遂为恭宗景穆皇帝昭仪斛律氏躬所养恤，共文昭皇太后有若同生。"墓志所记内容与史书相符。

① 《魏书》卷六十一《常珍奇传》，北京：中华书局，1974年版，第1365—1366页。

2. 崔道固反叛

北魏《张安姬墓志铭》云："讳字安姬，兖东平人也，故兖州刺史张基之孙，济南太守张愔之女。年十三，因遭罹难，家戮没官。"志文又载其正光二年二月卒，年六十有五。逆推其年十三罹家难入官，时在魏皇兴三年（469 年），其祖官为"兖州刺史"；父任"济南太守"。刘宋时期济南原属冀州。《魏书·显祖纪》载："皇兴元年闰月，冀州刺史崔道固遣使请举州内属。"北魏诏兵援之，以征南大将军慕容白曜为东道后援，三月崔道固复叛归刘宋，白曜回师讨之，皇兴二年（468 年）二月道固等举城降。皇兴三年，冀州更名齐州。《张安姬墓志》中称其祖、父官为故兖州刺史、济南太守，应为刘宋时称谓。安姬一族可能是当随崔道固内属后而遭家难，安姬被虏入宫。

（二）孝文帝时期

1. 荆宛之伐

北魏《元子正墓志铭》载"初，高祖亲御銮舆，威临荆楚"。《元飏墓志》亦载："弱冠有声，拜奉车都尉，俄如高祖銮驾临戎，振旅荆宛，以君亲贤见擢，作帝股肱。"由元飏卒时春秋四十五，可推知其弱冠之年在太和之初，高祖孝文帝的这次荆宛之伐，史不见载，墓志内容具有补史意义。

2. 沙门法秀谋逆

北魏《侯忻墓志》云："太和中，沙门法秀讹言遘衅，兰艾靡分，时为逆党所逮，遂为奄害。早给闺掖，小心敬慎，罔或愆失。"法秀之变指在太和五年（475 年）沙门僧人法秀在平城招结平民策划起义。《魏书·孝文帝纪》："（太和五年二月）沙门法秀谋反，伏诛。"法秀谋反，似乎仅仅停留在言论上，并未付诸行动。《魏书·于烈传》："从幸中山，车驾还次肆州，司空苟颓表沙门法秀眩惑百姓，潜谋不轨，诏烈与吏部尚书（阙）丞祖驰驿讨之。会秀已平。"《苟颓传》："大驾行幸三川，颓留守京师，沙门法秀谋反，颓率禁卫收掩毕获，内外晏然。"可见法秀并未实际行动起来，就遭到镇压。《侯忻墓志》言"滥沙门法秀讹言遘衅"，即指法秀仅仅言论涉及谋反。法秀案牵连甚广。《魏书·王叡传》："及沙门法秀谋逆，事发，多所牵引。叡曰：'与其杀不辜，宁赦有罪。宜枭斩首恶，余从疑赦，不亦善乎？'高祖从之，得免者千余人。"侯忻一家卷入此案。据墓志记载侯忻卒于北魏节闵帝普泰二年（532 年），春秋六十，则其生年当在孝文帝太和三年（473 年）。由此推断侯忻年仅 3 岁，就遭受腐刑。与侯忻一样受腐刑者，一定不在少数。《魏书·平季传》："平季，字稚穆，燕国蓟人。祖济，武威太守。父雅，州秀才，与沙门法秀谋反，伏诛。季坐腐刑，入事宫掖。"平季因为父亲涉案而被腐，侯忻的情况亦当如此。

3. 寿春之战

北魏《元贿墓志铭》云："太和中，高祖孝文帝以君宗尊守素，荣拜虎贲中郎将，辞不获。已晚恭朝命，俄迁威远将军，统军镇援寿春，玄算远谋，出自天机，故能振威淮楚……朝廷称其仁，是以延昌二年世宗宣武皇帝以君功绩徽流，擢为陈郡太守。"元贿史书无传，志文对其"镇援寿春"没有确指具体时间，但从上下文中的"太和中"和"延昌二年"可大致推测出为世宗宣武皇帝即位之初。《魏书·世宗纪》载："（景明元年正月）丁未，萧宝卷豫州刺史裴淑业以寿春内属，骠骑大将军、彭城王勰协帅车骑十万赴之。"萧宝卷其他将领从宛和淮河上游夹击，进逼寿春。北魏继续置兵，四月，元协与车骑将军王肃大破之，斩首万数。元贿可能此时镇援寿春而功著。北魏《檀宾墓志铭》也有此次交兵的相关记载："年始廿，为齐徐州刺史裴淑业启为府主簿。于时朔马南侵，吴戈北扫，接矢徐方，交刃州境。自非雄明挺秀，无以委居边捍。遂表君为涡口戍主。君乃修陈生之奇，习黄公之策。功名申于齐京，威略闻于魏阙。转君宁朔将军步兵校尉，镇戍寿春。君识否泰于将来，鉴安危于未兆，知云台将崩，苇巢难固，遂同裴氏，送城归魏。时以君深识鲁生之机，洞照衔璧之觇，授君左中郎将，俄拜建兴太守。"由檀宾卒于正光五年（524 年），春秋六十有一可知，其年廿即太和七年已为裴淑业启用，那时高祖南巡曾使人访淑业，但淑业未归降。之后南宋萧鸾卒，萧宝卷怀疑裴淑业，致使其数反，至世宗景明元年（500 年），终千举众内属。檀宾亦随其入魏。见北魏《道明墓志》记载："后从高祖孝文帝南征寿春，见干戈拂天，旌旗若日，虎臣一阚，伏尸百万。乃慈悲自中，喜舍外发。背当世之荣，志在闲独之境。寻千岭以求其安，换万壑以觅其处。"由墓志对战事场景的描述，居士道明因此而转念出家，可知寿春之战的残酷。北魏《元朗墓志》记其"年十二，以宗室令望拜秘书郎。景明中袭封章武郡王，除骁骑将军，俄而假征虏将军，随伯父都督中山王为别将。复梁城已陷之郛，摧阴陵鲸鲵之贼，公实豫有力焉。既而扬州刺史元嵩被害，寿春凶凶，人怀危迫。都督表公行扬州事。公私怗然，民无异望"。北魏《元珍墓志》中亦有"时扬土中动，许判伪齐。公屯兵淮浦，与陈伯支相拒。伯支败绩，寿春获存，公有力焉"等语，说明元珍从征淮上，当在彭城王勰军中参加了此次战役。《元协墓志》尾颂辞中"流恩冀北，申威南郢"之句，既是元协多次随高祖南伐的反映，也包含了这次寿春之战的勋功。

（三）宣武帝时期

1. 仇池战役

北魏《席盛墓志》云："都督陈留李公，薄伐蛮方，以君为帐内军主，转积射将军、东宫直后。镇西邢公，当推毂之重，俱征梁汉，以君声略宿著，虚心征引，署中兵参军，帖武都郡事。"据《魏书》中《李崇传》《邢峦传》记载，孝文帝太和二十一年（497 年），李崇行梁州刺史，击仇池杨氏。宣武帝正始元年（504 年），萧梁行梁州事夏侯道迁降魏，假镇西将军邢峦受命前往受降，并驻兵汉中。墓志记载中陈留李公指李崇；镇西邢公指邢峦。席盛作为中下级军官，先以帐内军主，转积射将军、东宫直后身份随李崇，后署中兵参军，帖武都郡事跟邢峦，参加打击仇池杨氏等多项战役。《席盛墓志》又云："其时氏渠跋扈，侵梗王略。分命偏率，随方致讨，公雅相杖寄，故使作监军。"据《魏书》卷八《宣武帝纪》，正始二年（505 年）"二月，梁州氏反，绝汉中运路。刺史邢峦大破之"。《邢峦传》亦记："峦至汉中，白马已西犹未归顺，峦遣宁远将军杨举、统军杨众爱、汜洪雅等领卒六千讨之。"[1] 席盛又以监军官职，参加邢峦领导的讨伐氏渠战役，勋功升迁。

2. 硖石战役

硖石是涉及到北魏末叶魏、梁之间的一次重大战役。北魏《王温墓志》中对此战有记载："延昌四年，转长水校尉。时伪梁贼帅赵祖悦窃据硖石，尚书仆射崔亮充元帅讨之。亮知公文武兼济，机干两有，启公为假节、假征虏将军、别道统军。领步骑五千，专据蛇城。外捍湛僧十万之众，内援河北六州之粮。终始克济，公之力也。除镇远将军、后军将军。"这次硖石战役，实为北魏晚期南、北双方在边境要塞上的一次规模巨大的军事角逐，结果以北魏胜利而告终，所以魏人治史者对此战事情节率有言之不尽的啧词。《魏书·肃宗孝明帝纪》记载，延昌四年（515 年）九月甲寅，"萧衍将赵祖悦袭据硖石。癸亥，诏定州刺史崔亮假镇南将军率诸将讨之。冀州刺史萧宝寅为镇东将军次淮堰"。是年十二月"己酉，镇南崔亮破祖悦，遂围硖石"。熙平元年（516 年）二月："乙丑，镇南崔亮、镇军李平等克硖石，斩衍豫州刺史赵祖悦，传首京师，尽虏其众。"这次战役中，王温以北军元帅崔亮的知任拔引，"领步

---

① 《魏书》卷六十五《邢峦传》，北京：中华书局，1974 年版，第 1439 页。

骑五千"专据于蛇城，发挥了"外捍湛僧十万之众，内援河北六州之粮"的战役效果，可见当时魏、梁双方都以巨大的人力物力投入这一军事争夺中。而且，由墓志内容我们尚可得知这次战事，北魏方面的粮秣来源主要取自业已处于"民情鼎沸"的"河北六州"一带。而据史载，这场战役与随之而来的淮堰崩溃造成的水灾，也给淮海地区的人民带来了巨大的灾难，"漂其缘淮城戍居民村落十余万口"①。

（四）孝明帝时期

1. 内忧外患

北魏后期，统治集团内部混乱，皇权之争激烈复杂，内忧外患，政权渐衰，墓志多有记载。如《元朗墓志铭》载："属皇家多难，妖氛竟起""或屠没郡县，煞害王人，群行不轨，劫绝公使，致令奔命之符潜行夜川，告庆之驿偷驰霄谷。京师怀剿幕之忧，西军有缀流之顾。朝廷患之，未戒能御"。《于景墓志铭》："神龟二年，母后当朝，幼主莅正。……及正光之初，忽属权臣窃命，幽隔两宫。"《笱景墓志》："属武泰在运，□后乱正，魏道中微，社稷无主……（尔朱氏）起兵晋阳，问鼎伊阙。"这些墓志反映了当时北魏政纲不张的社会现实。而此时的南梁并未因此而停止攻伐，南北之间仍时常兵刃相见。

2. 兖州之战

《元钻远墓志铭》记："属明皇在运，寤寐求贤，遂转兖州司马。值伪贼孔炽，逼迫壕隍，易子朝餐，折骸夜爨，乞师援绝，飞书路阻。君内定不世之谋，外骋必胜之略，神功洞发，寇贼冰消。河济止烽火之侯，洙泗无简书之请，合城士庶咸言司马之力，遂蒙赏广川县开国侯。"元钻远史书无传，兖州之战发生在魏孝明帝时期。通过墓志可以了解到当时兖州将士在粮尽援绝下的凄惨状况，这反映了战争的残酷性。

3. 元略南梁避难

北魏的皇权之争对于皇室家族造成了巨大影响，许多人在争权中惨遭杀害，部分宗室成员被迫前往南梁避难，如《元略墓志》云："正光之初，元昌作蕃，投杼横集，滥尘安忍，在原之痛，事功当时。遂潜影去洛，避刃越江，卖买同价，宁此过也。伪主萧氏雅相器尚，等秩亲枝……以孝昌元年旋轴象魏，孝明皇帝以君往滥家难，归阙诚深，赐兹茅土。"元略兄弟素与清河王元怿亲昵，正光之变中元怿遇害，元略被元乂黜为副将，尚未赴任，逢元熙起兵反元乂、刘腾与元略有书来往。不

---

① 张乃翥：《北魏王温墓志纪史勾沉》，《中原文物》1994 年第 4 期，第 88—93 页。

久元熙兵败，元略在元昌帮助下被迫潜行萧梁。避难南朝的元氏宗室与外叛的将领不同，他们虽身在江左，但不效忠于南梁，元略自以家祸晨夜哭泣，身若居丧。萧氏容留他们除了显示其大度，还为了在必要之时利用他们。元略就曾被萧衍任命为大都督去彭城接应南叛的元法僧，直接与北魏交兵。

4. 元法僧叛梁

《元肃墓志》载："转徐州安东府录事参军，属彭城外叛，公拔难还阙，特除给事中，寻补直寝，迁直阁。"彭城外叛，即指孝昌元年正月徐州刺史元法僧据城造反，害行台高谅，自称宋王，年号天启，遣其子景仲归于萧衍。衍遣其将胡龙牙、成景隽、元略等率众赴彭城。北魏诏秘书监、安乐王鉴回师以讨之，鉴于彭城南击元略，大破之，尽俘其众。既而不备，为法僧所败。萧衍遣其豫章王综入守彭城，元法僧拥其僚属及郭邑士女万余口南入。由元法僧叛梁而引起的南北之战在《元延明墓志铭》中亦有反映："宋之彭城，大都之旧，地交吴楚，乃树懿亲，除使持节都督徐州诸军事左将军徐州刺史……衅起边垂，窃宝叛邑，爰自徐部，御侮招携，非公谁托，除卫大将军东道仆射大行台，余官如故，伪人乘间，驱其乌合，爰命假子，盗我府城，始寐画地之卢，乃誓决目之报，衔璧□仇，志存假手。萧综来奔，盖匹马归命，群师趑趄，全州荡荡，咸为寇场。公智力纷纭，一麾席卷，以兹文德，成此武功，增封徐州刺史。"此段文字即指元法僧反，诏元延明讨之，萧衍豫章王综入守彭城。

5. 六镇之乱

北魏《元悫墓志》记"正光五年五月中，朔卒跋扈，侵扰边塞"，指发生于正光五年（524 年）的六镇反叛。隋《李和墓志》记载："魏之末年，政去王室，猬毛蜂起，寓县沸腾。公思极横流，志存匡合，于是拂衣聚众，擐甲治兵，与夏州刺史元子雍同心起义，策勋王府，帝有嘉焉。"《魏书·地形志》记，北魏孝文帝太和十一年（487 年）改统万镇置夏州。北魏末年任夏州刺史者为源子雍，六镇之乱时，源子雍固守夏州，后又"率士马并夏州募义之民，携家席卷，鼓行南出"① 镇压叛乱。代郡源氏为北魏太武帝时赐姓，源氏本河西秃发氏之后裔，而秃发即拓跋之转，二氏同源。② 因此，墓志中的"元子雍"即"源子雍"。

① 《魏书》卷四十一《源子雍传》，北京：中华书局，1974 年版，第 930 页。
② 姚薇元：《北朝胡姓考》，北京：科学出版社，1958 年版，第 238 页。

6. 桓叔兴外叛

北魏的内乱造成一些人南投入梁，北魏称之为外叛。如《穆纂墓志》："南荆州刺史桓叔兴，蛮夷狂勃，背国重恩，归投伪主，故召穆纂为东荆长史，统军追贼。君驰文振武，抚众威恩，追战克口，横尸掩路。"由墓志可知，墓主穆纂正光二年二月卒于京师宜年里宅，那么，桓叔兴降梁必在该年二月之前。史书对此有二说：《魏书》中为"正光二年五月辛巳，南荆州刺史桓叔兴自安昌南叛"；《南史》则为"普通二年（即魏之正光二年）七月，魏荆州刺史桓叔兴帅众降"。据《穆纂墓志》当在二月前，以志为正，可纠史之误。

7. 葛荣造反沧州沦陷

《明湛墓志》载："魏孝昌二年，杜、葛横行，百姓荼毒，诏迁大都督、广阳王别将，韩落生以君气雄马上，骁勇干戈，乃授君开府中兵参军，前驱问罪。及鲸鲵日盛，王师败绩，君乃只马单兵，溃围如出，归携弟侄，缓洧黄河。"志所载之事指杜洛周、葛荣反叛朝廷，寇掠幽、冀、沧州，史书记载甚详。《魏书》载："时四方多事，诸蛮复反。"孝昌二年五月："吏部尚书、广阳王渊为骠骑大将军、仪同三司，寻为大都督，率都督章武王融北讨修礼。……秋七月丙午，杜洛周遣其别帅曹纥真寇掠幽州。……（孝昌二年八月）癸巳，贼帅元洪业斩鲜于修礼，请降，为贼党葛荣所杀。……九月辛亥，葛荣败都督广阳王渊、章武王融于博野白牛逻，融殁于阵。荣自称天子，号曰齐国，年称广安。……（孝昌三年正月）辛巳，葛荣陷殷州，刺史崔楷固节死之，遂东围冀州。……（武泰元年）三月癸未，葛荣攻陷沧州，执刺史薛庆之，居民死者十八九。"① 可见湛志载杜洛周、葛荣反叛朝廷时间为孝昌二年，与史书所载时间相符。又，北齐《刁翔墓志》曰："孝昌三年三月下旬，属葛□滔天，横剪邦邑，君奋勇前驱，宣威寇敌，秘援补微，遂俎军首。"志称刁翔为渤海饶安西乡东安里人。饶安，"沧州：熙平二年分瀛、冀二州置，治饶安城"②。刁翔官为"本州主簿"，志中所言"葛竖滔天"当指葛荣造反，沧州沦陷一事。《魏书》载"沧州沦陷"时在武泰元年三月癸未，而《刁翔墓志》记此事当发生在孝昌三年三月下旬，相差1年时间，应以志说为是。

---

① 《魏书》卷九《肃宗孝明帝纪》，北京：中华书局，1974年版，第242—249页。
② 《魏书》卷一百六十《地形志》，北京：中华书局，1974年版，第2472页。

（五）东魏、西魏时期

东、西魏时期曾发生侯景叛乱及宜阳、江陵等多次战役。如北周《拓跋虎墓志》载："十三年，从蜀国公围宜阳。""蜀国公"为尉迟迥，史称他在"武成元年，进封蜀国公"①。宜阳是东、西魏以及北齐、北周争夺的"要冲"之一，双方围绕此地的战争很多，所谓"宜阳小城，久劳战争"②。大统十三年，东魏侯景叛乱，"西魏使其大都督李景和、若干宝领马步数万，欲从新城赴援侯景"。关于侯景之乱，《贺拔昌墓志》有记载："至武定年中，又除使持节、都督廓州诸军事、征北将军、廓州刺史。所临未几，颂声盈路，值乱贼侯景，跋扈江左，君奉敕行师，身先履寇，旌旗所向，无往不□。"隋《陶蛮朗墓志》亦有记载。墓主及其曾祖世宗、祖信之、父智明均不见于史传。志载"洎乎侯景作乱，江东三边鼎沸，四郊多垒。齐主纂募淮南，英选江北豪家"，这里记述的是公元547年东魏侯景叛乱，陶蛮朗正是趁此机会由南方进入北方，入仕北齐。侯景叛乱后东魏斛律金"率众停广武以要之，景和等闻而退走。还为肆州刺史，仍率所部于宜阳筑杨志、百家、呼延三戍，置守备而还"③。可见此时宜阳控制在东魏手中。宜阳作为军事据点，需要物质保障，"时东魏每岁遣兵送米馈宜阳"，而西魏为了争夺此据点，当然要阻止东魏对宜阳兵力及物资的补给。也是在大统十三年，当"东魏将尔朱浑愿率精骑三千来向宜阳，忻与诸将轻兵邀之，愿遂退走"④。拓跋虎随尉迟迥围宜阳，就是发生在这样的背景之下。志文"后元年，从晋国公平江陵"。此"元年"当指魏恭帝元年。晋国公为宇文护，他是在北周孝闵帝元年（557年）获封晋国公，魏恭帝元年时转为中山郡公。⑤ 平江陵之役的总指挥是于谨，因此正史多言跟随于谨平江陵。

（六）晋州之战

北周《莫仁诞墓志》志文记述了发生在建德五年的晋州之战。据《周书》卷六《武帝纪》载其年十月四日，周武帝"总戎东伐"北齐，"以越王盛为右一军总管，杞国公亮为右二军总管，随国公杨坚为右三军

---

① 《北史》卷六十二《尉迟迥传》，北京：中华书局，1974年版，第2211页。
② 《北史》卷六十四《韦孝宽传》，北京：中华书局，1974年版，第2263页。
③ 《北齐书》卷一十七《斛律金传》，北京：中华书局，1972年版，第221页。
④ 《周书》卷四十三《陈忻传》，北京：中华书局，1971年版，第778页。
⑤ 分见《周书》卷三《孝闵帝本纪》、同书卷二《文帝本纪》，北京：中华书局，1974年版，第47、35页。

总管，谯王俭为左一军总管，大将军窦（泰）为左二军总管，广化公丘崇为左三军总管"大举东伐。此东伐之事在《莫仁诞墓志》中有较为详细的记载：

> 建德五年应钟候月，王略天罗，六师电举，济河除道，逾汾越绛，前驱深入，围贼所守晋州。君率领羽骑，陪卫辕门，鼎力外腾，雄心内勇；披坚执锐，左冲右击，当其锋刃莫不摧靡。俄而百道攻城，君乃抉关而入，兵士不继，悬门发焉。君挺剑独前，煞伤数十，贼众围绕，莫敢逼近。臧洪据地之辞，言色鲠烈；庞德覆舟之气，酬对壮猛。众寡不均，遂罗祸酷。部落衔哀，行路掩涕，亲宾绝轸，里巷无春。安定公恸深颜路，剧请车之悯；悼甚都悟，切书籍之爱。

志文叙述了莫仁诞在晋州之战中，英勇无畏，率领羽林军"陪卫辕门，鼎力外腾"，终于寡不敌众、战死沙场的经过。《武帝纪》亦载，癸亥（十八日）"帝至晋州"，分兵攻守，"遣内使王谊监六军，帝屯于汾曲……每日自汾曲赴城下，亲督战，城中惶窘。庚午（二十五日）齐行台左丞侯子钦出降"。又载，"壬申（二十七日），齐晋州刺史崔景嵩守城北面，夜密遣使送款，上开府王轨率众应之。未明，登城鼓噪，齐众溃，遂克晋州……"可见晋州之战的险恶，包括莫仁诞在内的众多士卒，临危逾励，投身奉国，威德雄气，可歌可泣。

九、魏代国号并用

《司马景和妻墓志铭》为清代冯户部鱼山搜出，置于孟县，并已载入《孟县志》，其首题："魏代扬州长史南梁郡太守宜阳子司马景和妻。"叶昌炽《语石》[①] 云：

> 《孟县志》，《司马景和妻墓志铭》首称魏代，或以代为朝代之代，非也。按《集古录》，太武大（按：太）延五年《大代修华岳庙碑》跋云："魏自道武天兴元年议定国号，群臣愿称代，而道武不许，乃仍称魏。自是之后，无改国称代之事，而魏碑数数有之。碑石当时所刻，不应妄，但史失其事耳。"《金石录》云："余按

① ［清］叶昌炽撰，王其祎校点：《语石》，沈阳：辽宁教育出版社，1998 年版，第5页。

《崔浩传》云：方士初纤奏改代为万年，浩曰：'太祖道武皇帝应期受命，开拓洪业，诸所制置，无不循古。以始封代土，后称为魏，故代、魏兼用，犹彼殷商。'盖当时国号虽称为魏，然犹不废始封，故兼称代尔。"今按此所云魏代，正是代魏兼用之义。又按后魏太安二年《中岳庙碑》内有"大代应期"之语，亦可明此所谓代，非朝代之代也。

《授堂金石跋》① 亦云：

> 今此《志》题魏代与《传》文正相符契。然以推之《道武帝纪》："天兴元年，群臣言国家万世相承，启基云、代，应以代为号。帝下诏，宜仍先号以为魏。"则当时改号称"代"，帝实不从。而魏修《中岳庙碑》，于大代字凡两见。太和二年，《始平公造像记》亦云："暨于大代太和七年"，《孙秋生造像记》首题大代。以例《志》文，兼号魏代此必史氏之疏，又不悟其《纪》《传》，自相戾也。

嘎仙洞遗址证明拓跋鲜卑起源于大鲜卑山是历史事实。拓跋鲜卑在秦汉之际形成了部落联盟。② 公元310年，拓跋猗卢在今山西北部和内蒙古中部建立了代国。但"代国的设置并不是拓跋国家形成的标志，因为它早已处于形成的过程中"③。代国是鲜卑拓跋部建立的一个松散的军事行政联合体，我们把它称作部落国家。④《北史》云：穆帝三年，"晋怀帝进帝大单于，封代公。……六年，城盛乐以为北都，修故平城以为南都。……于灅水之阳黄瓜堆筑新平城，晋人谓之小平城……八年（310年），晋愍帝进帝为代王，置官属，食代、常山二郡"。此时，"代王的称号以及属下一些官职的设立，只是拓跋国家接纳封建政体的里程

---

① ［清］武亿撰，高敏、袁祖亮校点：《授堂金石跋》，郑州：中州古籍出版社，1993年版，第55页。
② 张自成、钱冶：《复活的文明：一百年中国伟大考古报告》，北京：团结出版社，2000年版，第138—142页。
③ 严耀中：《北魏前期政治制度》，长春：吉林教育出版社，1990年版，第8页。严氏认为，就拓跋国家形成的问题，学者们各述己见，说法不一。
④ 杨建新：《中国西北少数民族史》，北京：民族出版社，2003年版，第233页；马长寿：《乌桓与鲜卑》，桂林：广西师范大学出版社，2006年版。马先生认为："北魏国家是以拓跋部为中心形成诸部族联合态势。"

碑"①。376 年，前秦皇帝苻坚派遣大司马苻洛率领二十万大军北上，大败代王什翼犍部众，占领代都盛乐，然后将其所辖各部分归原本败于拓跋部的铁弗部首领刘卫辰和败归拓跋部的独孤部首领刘库仁。什翼犍率众北逃，至阴山为其庶长子所杀，代国灭亡。此后十年之间，拓跋部落处于分崩离析的状态。② 又过了十年，什翼犍的孙子拓跋珪乘苻坚淝水之战失败，召集旧部，逐渐南迁，重建代国，"登国元年（386 年）春正月戊申，帝即代王位，郊天建元，大会于牛川。……夏四月，改称魏王"。天兴元年（398 年）六月，经过朝臣议论，道武帝裁定国号不称代而称魏。

崔浩云"故代、魏兼用，犹彼殷商"，此说不算确切。"代魏"与"殷商"不可比拟，代、魏曾为拓跋王朝之号"代国""魏国"，当时参加代国的人们被认为是代人③，代人认为"代"地区是他们的邑乡为"代邑""代乡"④。而殷商不一样，商曾为商王朝之号，而殷却非也，商人从未自称"殷"，"殷"亦非为国号，只是周人克商之后，对商之贬称⑤。两者不可混淆。

各胡称国号皆为历史上有过之号，具有复古的色彩，如慕容垂僭即皇帝位于中山，国号燕；姚苌僭即皇位于长安，国号为大秦等。拓跋珪改称魏王，后又定国号为"魏"，自有其道理。第一，"魏"曾为中原国号，可以起到包掩自身为"胡"之作用，在中原容易被民众接受。第二，"魏"为司马氏推翻的王朝国号，具有复"魏"之隐义，与东晋抗衡有了正当理由，正如《南齐书·魏虏传》中言"僭称魏"。第三，"代"原为地名，离中原偏远，小方势力终不如"魏"号正统。北朝道武皇朝两次明令改代为魏，但是代人习用旧称，官私称谓均是代、魏兼用，到孝文帝迁洛之前，称代更为多见。⑥ 日本学者松下宪一曾调查国号"大代"的使用情况，亦证明了这一见解。

【使用型式】碑记 7 例、墓志 9 例、造像记 33 例、写经题记 11 例。

① 严耀中：《北魏前期政治制度》，长春：吉林教育出版社，1990 年版，第 8 页。
② 本段内容详见《魏书》卷一《序纪》、卷二十三《刘库仁传》、卷二十四《燕凤传》、卷九十五《铁弗刘虎附刘卫辰传》，北京：中华书局，1974 年版。
③ ［日］松下宪一：《北魏代人集团考略》，引自《魏晋南北朝史论文集》，成都：四川出版集团，2006 年版，第 314 页。
④ 《魏书》卷三十一《于烈传》，北京：中华书局，1974 年版，第 738 页。
⑤ 蔡先金：《说商》，《东南文化》2000 年第 9 期，第 70—73 页。
⑥ 何德章：《北魏国号与正统问题》，《历史研究》1992 年第 3 期，第 113—125 页。何氏在该文中举证甚多。

【使用期间】从北魏明元帝到西魏文帝，皇帝在位期间的使用情况：明元帝1例、太武帝3例、文成帝2例、孝文帝16例、宣武帝15例、孝明帝11例、孝庄帝1例、节闵帝1例、敬帝3例、孝武帝2例、东魏孝静帝1例、西魏文帝4例。

【使用地区】平城地区7例（云岗石窟5例）、洛阳地区13例（龙门石窟7例）、陕西地区10例、敦煌地区15例、此外15例（其中麦积山石窟1例、炳灵寺石窟2例）。

【使用阶层】国家4例、帝室10例、官吏17例、僧侣10例、庶民16例、此外3例。

由此明确了一些事实，认为从北魏到西魏普遍使用国号"大代"①。

现以目前所搜集到的北朝墓志进行相关问题研究。北魏墓志中魏、代国号并用之例为数不多，仅有《元鉴墓志》和《司马景和妻孟敬训墓志铭》。《元鉴墓志》云"维大代大魏正始四年岁次丁亥三月庚申朔廿六日乙酉武昌王墓志铭"，此志年号正始四年（507年），为目前所见北魏墓志中魏、代国号并用之首，也是时间最早的一例。同样情况的《司马景和妻孟敬训墓志铭》刊立时间稍后，为延昌二年（513年）。大多墓志单用"魏"或"大魏"，也偶有单用"大代"或"代"者。目前所知迁洛前可确定墓主及年代的北魏墓志有25方，见下表：

表5-19

出土地/字数	墓主/籍贯	性别	卒年或葬年	官职或身份	年龄	出土时间/藏地
河南洛阳 字数不详	房诞墓志铭（魏郡清河）	男	神瑞三年（416）卒，泰常元年（416）十月葬	朝散大夫行洪州都督府丰城县令上柱国公	未载	出土时间不详 洛阳市文物工作队
出土地不详 21字	万纵□墓砖记（未载）	男	太延二年（436）四月九日葬	未载	未载	出土时间藏地不详 北图藏拓
	樊合会墓砖记（未载）	女	太延二年（436）四月九日葬	万纵□妻	未载	

① ［日］松下宪一：《北魏の国号"大代"と"大魏"》,《史学杂志》第113编6号,2004年版。

出土地/字数	墓主/籍贯	性别	卒年或葬年	官职或身份	年龄	出土时间/藏地
山西大同 5整行,3残行,满行11—13字,可辨68字	孙恪墓铭(昌黎郡)	男	代故正平元年(451)	东宫中庶子谒者仆射建威将军宾徒子建节将军山阳荥阳二郡太守定陵侯追赠宁东将军冀州刺史渔阳郡公谥曰康公	未载	出土时间藏地不详 20世纪末现身大同坊间
辽宁朝阳城北西上台 200字	刘贤墓志(朔方)	男	推测卒于兴安元年至和平六年(452—465)之间	营州临泉戍主	64	1965年 辽宁省博物馆
山西大同东面3公里御河东岸迎宾大道 35字	叱干渴侯墓砖铭(京兆郡长安县)	男	天安元年(466)十一月二十六日葬	未载	未载	2001年 大同市考古研究所
辽宁朝阳于家窝铺凌河机械厂 105字	张略墓志(西平郡阿夷县)	男	大代皇兴二年(468)十一月十三日葬	凉故凌江将军万平男金昌白土二县令东宫记室主薄尚书郎民部典征西府录事户曹二参军左军府户曹参领内直征西镇酒泉后都护留府安弥侯常侍□南公中尉千人军将	未载	1987年 朝阳市博物馆

出土地/字数	墓主/籍贯	性别	卒年或葬年	官职或身份	年龄	出土时间/藏地
西安 34 字	鱼玄明墓铭	男	皇兴二年(468)十一月十九日葬	安西将军雍州刺史□康公	未载	出土时间藏地不详 《集释》
河南洛阳 31 字	娖马铭	女	皇兴三年(469)十月二十日葬	韩猛妻	未载	2002 年 藏地不详
山西大同桑干河 13 行,行 20字,其 186字;另有行楷后记 3 行,行15 至 18 字,共 50 字。合计 236 字	申洪之墓铭（魏郡魏县）	男	延兴二年(472)十月五日卒,延兴三年(473)葬	未载	57	新中国成立前出土 大同市博物馆
出土地点字数不详	王君嫔记	女	延兴三年(473)一月	王君妻	未载	出土时间藏地不详 《检要》①P46
山西大同石家寨 131 字	钦文姬辰之铭（河内郡温县肥乡孝敬里）	女	大代延兴四年(474)十一月二十七日葬	乞伏文照(昭)王外孙女、贺豆跋女、司马金龙妻	未载	1965 年 大同市博物馆 《文物》1972年第 3 期
山西大同阳高县东马家皂乡强家营村 45 字	陈永墓砖铭（元雍州河北郡安戎县）	男	大代延兴六年(476) 六月七日葬	尚书令史	未载	1995 年 阳高县文管所
	刘夫人墓砖铭（未载）	女	大代延兴六年(476) 六月七日葬	陈永妻	未载	
河南洛阳 3 行,行 5 至10 字不等	刘安妙娥砖志	女	太和元年(477) 十一月二十日	县令上官何阴妻	未载	出土时间藏地不详 《检要》P46

① 王壮弘、马成名：《六朝墓志检要》，上海：上海书画出版社，1985 年版。

出土地/字数	墓主/籍贯	性别	卒年或葬年	官职或身份	年龄	出土时间/藏地
山西大同水泊寺乡曹夫楼村东北雁北师院 3 行，25 字	宋绍祖墓砖志（敦煌郡）	男	大代太和元年（477）	幽州刺史敦煌公	未载	2000 年 藏地不详
出土地点字数不详	王朝阳墓志	★①	太和三年（479）四月	不详	不详	出土时间藏地不详 日本淑德② P10
山东 18 行，行 24 字	韩君墓志	男	太和三年（479）	不详	不详	出土时间不详 山东省博物馆
陕西西安 字数不详	杨珽墓志	女	太和四年（480）十月	刘英妻	不详	出土时间藏地不详 《检要》P47
山西大同城南七里村 71 字	杨众庆墓砖铭（略阳郡清水县）	男	大代太和八年（484）十一月	赠冠军将军秦州刺史清水靖使	67	2001 年 藏地不详 《文物》2006 年第 10 期
山西大同石家寨 额题：8 字 铭文：10 行，66 字 74 字	司马金龙墓志（河内郡温县肥乡孝敬里）	男	大代太和八年（484）十一月十六日葬	使持节侍中镇西大将军吏部尚书羽真司空冀州刺史琅琊康王	未载	1965 年 藏地不详 《文物》1972 年第 3 期
河南洛阳偃师 3 行，行 6、2 字不等	魏将奴砖铭	男	太和九年（485）卒	未载	未载	2000 年 张氏收藏地点不详
河南洛阳 12 字	郭氏砖志	女	太和十二年（488）二月三十日	董富妻	未载	1996 年 藏地不详
陕西西安 字数不详	王阿赪墓砖铭	★	太和十四年（490）九月二十三日葬	不详	不详	出土时间不详 西安碑林博物馆

---

① 不明墓主性别，暂用★表示。

② ［日］中滨慎昭：《淑德大学书学文化やソター藏中国石刻拓本目录》，名古屋：爱知淑德大学出版社，1997 年版。

出土地/字数	墓主/籍贯	性别	卒年或葬年	官职或身份	年龄	出土时间/藏地
山西大同二电厂东南变电所 18字	屈突隆业墓砖铭	★	太和十四年（490）十一月三日	未载	未载	2001年 藏地不详
山西大同市井间 字数不详	阳成惠也拔砖志	★	太和十四年（490）	未载	未载	2005年 藏地不详
河南洛阳东北八里唐寺门村 字数不详	吕凤砖志	★	北魏太和十五年（491）五月十五日	不详	不详	1936年 藏地不详 《检要》P49
山西大同城东南 阳：55字 阴：4字 59字	盖天保墓砖铭	男	太和十六年（492）二月二十九日卒，同年三月十七日葬	积弩将军	未载	2005年 藏地不详

表述25方墓志中，有"大代"或"代"字样的7方。其中刻立于正平年间（451—452年）的《孙恪墓铭》是目前所发现最早使用"代"的墓志。其文："代故东宫中庶子、谒者仆射、建威将军、宾徒子、建节将军、山阳荥阳二郡太守、定陵侯、薨追赠宁东将军、冀州刺史，渔阳郡公，谥曰康公，昌黎郡孙恪文恭之铭。"志文记载了孙恪籍贯为昌黎，历官的第一个职位便是东宫中庶子。查《魏书·官氏志》，太子中庶子，属第三品中阶。《孙恪墓铭》称东宫，不称太子。如果此石刻于正平元年（451年）的纪年不错，此"东宫"是指景穆太子拓跋晃。晃于延和元年（432年）春正月丙午，立为皇太子。孙恪就是景穆太子身边的重要属官。《魏书·宗爱传》载："恭宗之监国也，每事精察。爱天性险暴，行多非法，恭宗每衔之。给事仇尼道盛、侍郎任平城等任事东宫，微为权势，世祖颇闻之。二人与爱并不睦。为惧道盛等案其事，遂构告其罪。诏斩道盛等于都街。时世祖震怒，恭宗遂以忧死。"景穆太子于正平元年六月戊辰，薨于东宫，而世祖太武帝拓跋焘于正平二年三月崩于永安殿。本年十月高宗文成皇帝拓跋濬即帝位于永安前殿。笔者试着做如下推测：宗爱所引发的太武帝和景穆太子之间控制与反控制的一场血腥政治斗争，有可能导致拓跋晃的太子身份被废除，或自正平元年六月至正平二年十月太子位缺，就用为首的"东宫"代替太子，原太子身边

的东宫属官各官职称呼也就做了相应改动。皇兴二年（468年）《张略墓志》是目前所发现最早使用"大代"的墓志。其记"惟大代皇兴二年岁次戊申十一月癸卯朔十三日乙卯……张略之墓"。墓志所记张略籍贯属西平郡阿夷县，历官封爵为北凉职官。北魏太武帝时平河西，大量河西人士被虏至代北，张略应是被徙中之北凉旧人。刻立于太和元年（477年）《宋绍祖墓志》及刻立于太和八年（484年）《杨众庆砖志》中也有"大代"字样。司马金龙与妻钦文姬辰两方墓志均记有"大代"字样。《司马金龙妻钦文姬辰墓志》中"大代"出现一次："唯大代延兴四年岁在甲寅，十一月戊辰朔，二十七日甲午。"《司马金龙墓志》中"大代"或"代"各出现一次，"维大代太和八年岁在甲子，十一月庚午朔，十六日乙酉。代故河内郡温县肥乡孝敬里使持节侍中镇西大将军吏部尚书羽真司空冀州刺史琅邪康王司马金龙之铭"。司马悦是司马金龙之第三子，永平三年（510年）十月七日去世，铭文末尾记"大魏永平四年岁在辛卯二月丁卯朔十五辛己建"。父与子刻立墓志时间相隔仅27年，对国号称呼已变，由"代"转为"魏"。正光三年（522年）《郭颖墓志》是目前所发现最晚使用"大代"的墓志，首题"大代正光历后故宁远将军虎贲中郎将清敞队主郭公之墓志铭"，该处写法"大代正光历后"中的"历后"与众多墓志书写稍有不同，郭颖葬于正光三年二月三日。如松下宪一曾调查国号"大代"的使用情况，孝明帝时为11例，《郭颖墓志》亦属此间使用"大代"，可为之调查又增一例。以上使用"大代"或"代"的几方墓志刊立的时间由皇兴二年（468年）到正光三年（522年）。就目前出土的北魏墓志，正光三年（522年）之后刊立的墓志未见有以"大代"或"代"为国号称呼的。贺昌群《敦煌佛教艺术的系统》[①] 一文引日本中村不折（按：日本财阀、中国古物收藏家）藏北魏元荣所写《律藏分》第十四卷经尾题记全文如下：

> 大代普泰二年岁次壬子三月乙丑朔二十五日已丑，弟子使持节散骑常侍都督岭西诸军事车骑将军开府仪同三司瓜州刺史东阳王元荣，惟天地妖荒，王路否塞，君失臣礼，于滋多载。天子中兴，是得遣息叔和，早得回还，敬造《无量寿经》一百部：四十部为毗沙门天王，三十部为帝释天王，三十部为梵释天王。造《摩诃衍》一部百卷：三十卷为毗沙门天王，三十卷为帝释天王，三十卷为梵释

523

① 贺昌群：《敦煌佛教艺术的系统》，引自《东方杂志》，1931年。

天王。《内律》五十五卷，一分为毗沙门天王，一分为帝释天王，一部为梵释天王。造《贤愚》一部为毗沙门天王，《观佛三昧》一部为帝释天王，《大云》一部为梵释天王。愿天王等早成佛道。有愿元祚无穷，帝嗣不绝，四方附化，恶贼退散，国丰民安，善愿从心，含生有识之类，咸同斯愿。

元荣所写经书除中村先生所藏外，"国立北京图书馆"曾藏有菜字五十号石室本《大智度论》，亦元荣写本，经尾题记云：

> 大代普泰二年岁次壬子□□乙丑朔二十五日己丑，弟子使持节散骑常（中阙）西（中阙）阳王元荣（下阙）。

推测此文与《律藏分》为同日所施写。伦敦藏石室本 S. 4528 号《佛说般若波罗密经》残存第五品末至第八品，又 S. 4415 号《大般涅槃经》卷三十一，两卷皆元荣所施写者。经尾题记完好无缺，并录如次：

> 大代建明二年四月十五日，佛弟子元荣既居末劫，生死是累，离乡已久，归慕常心。是以身及妻子奴婢六畜，悉用为毗沙门天王布施三宝，以银钱千文赎。钱一千文赎身及妻子，一千文赎奴婢，一千文赎六畜。入法之钱即用造经。愿天王成佛。弟子家眷奴婢六畜滋益长命，及至菩提，悉蒙还阙，所愿如是！（S. 4528）
>
> 大代大魏永熙二年七月十五日，清信士使持节散骑常侍开府仪同三司都督岭西诸军事斗骑大将军瓜州刺史东阳王元太荣，敬造《涅槃》《法华》《大云》《贤愚》《观佛三昧》《祖持》《金光明》《维摩》《药师》各一部，合一百卷，仰为毗沙门天王，愿弟子所患永除，四体休宁。所愿如是！（S. 4415）

此元荣写经本的尾题时间为建明二年（531 年）四月，而该年二月节闵帝元恭即位，因此，建明二年四月；实为节闵帝当政的普泰元年。松下先生调查节闵帝时国号"大代"的使用仅 1 例，如不含此例，或以此可为其又增加 1 例。

碑文中使用"大代"者亦见北魏延和二年（433 年）《张正子为亡父母合葬立镇墓石》及 2004 年 7 月发现于甘肃宁县、现存放甘肃宁县博物馆内的北魏正始元年（504 年）《大代持节豳州刺史山公寺碑颂》两例，或可为松下先生调查太武帝3例与宣武帝15例又各增添1例。

目前发现最早使用"魏"或"大魏"的是卒于神瑞三年（416年），葬于泰常元年（416年）十月的《房诞墓志》，记"魏故朝散大夫行洪州都督府丰"。此后，墓志中"魏"多延用不绝，可见魏、代国号并用时间不长，肃宗孝明帝后"代"字已少见使用。

十、北朝皇陵分布

墓志中记载了墓主卒、葬地点的当时名称与行政区属，这是考察历史地理的重要参考资料。将大量同一地区出土的同一时期的墓志加以综合，汇集有关内容，能解决一些仅靠文献记载或仅靠考古发掘都无法解决的问题。结合正史与出土的北朝墓志，现将北朝皇陵的地理分布略予研究。

（一）北魏早期金陵

古都盛乐位于今内蒙古自治区和林格尔县境，是鲜卑族拓跋部人首先建立政权并发展壮大之处。鲜卑拓跋部在盛乐建都可分为三段：拓跋力微所建原始型国家由公元258年至315年，计58年；拓跋猗卢所建代国由315年至376年，共62年；拓跋珪建北魏由386年至398年的13年。据考证，在内蒙古自治区和林格尔县境的盛乐故城遗址有三：一是今和林格尔北8千米土城村（城址于1960年发掘），为258年拓跋力微建都的地方。据认为该古城实际上始建于汉代，为定襄郡治所及成乐县所在地。盛乐之名大概即由成乐转化而来。① 但在谭其骧《中国历史地图集》上，该盛乐故城似乎更偏西。313年，代公拓跋猗卢筑盛乐城为北都亦在此。340年，代王拓跋什翼犍又建都于此，因此这座古城是盛乐故城中建置最早、使用时间最长，也是最重要的一座。二是在故城东南5千米，系337年拓跋翳槐所筑，"城新盛乐城，在故城东南十里"②。三是在故城南4千米，为341年拓跋什翼犍所筑，"四年秋九月，筑盛乐城于故城南八里"③；至398年拓跋珪在此处即皇位，制礼乐，定律令，改元天兴，并从盛乐迁都平城为止，一直是代国和北魏的都城。北魏迁

① 张轸：《中华古国古都》，长沙：湖南科学技术出版社，1999年版，第729页。
② 《魏书》卷一《烈帝纪》，北京：中华书局，1974年版，第11页。
③ 《魏书》卷一《昭成帝纪》，北京：中华书局，1974年版，第12页。

都后，盛乐仍为北都，曾设朔州治为云中郡①。二与三两处遗址实际情况与史书记载正相吻合。盛乐故城作为北魏政权发祥之地，皇室祖茔亦在此。据史书记载，北魏早期皇陵称为金陵，由昭成帝什翼犍到献文帝弘共七帝及诸多后妃、宗室勋贵葬此②，结合正史记载列表如下：

表5-20

帝号及姓氏	在位时间	陵名	陪葬情况
北魏昭成帝拓跋什翼犍	338—376	盛乐金陵	
北魏道武帝拓跋珪	386—410	盛乐金陵	
北魏明元帝拓跋嗣	409—423	云中金陵	明元昭哀皇后姚氏　明元密皇后杜氏
北魏太武帝拓跋焘	423—452	云中金陵	太武皇后赫连氏　太武敬哀皇后贺氏
北魏景穆帝拓跋晃	（太子）	云中金陵	景穆恭皇后郁久闾氏
北魏文成帝拓跋浚	452—465	云中金陵	文成元皇后李氏
北魏献文帝拓跋弘	465—471	云中金陵	献文思皇后李氏

据载，"金陵，在盛乐故城西北"③。《古丰识略》（按：呼和浩特旧志书）也称金陵在盛乐城西北。但据考证，金陵实应位于和林格尔神山塔梁一带④。1955年在塔梁东边的二十家村一土崖边塌出一座古墓；1982年8月在故城南约25千米的和林格尔三道营乡另皮窑村发现一座大型鲜卑墓葬，出土文物甚丰。据遗物年代判断，上限在十六国晚期，下限到北魏早期，应在北魏迁洛之前，遗憾的是没有出土墓志为证。据考证该墓属于鲜卑高级贵族墓，有学者认为这是一座皇陵，且为北魏金陵所在地⑤，希望如此，但仅仅是推测。或许这些墓葬的发现为寻找金陵提供了重要的地下实物资料。

---

① 北魏平城时代，在盛乐（今和林格尔）建置朔州，云中（今托克托）为镇，见《魏书·地形志》及其《校勘记》。云中之置朔州，见于史传者最早在太武帝时，司马楚之任"云中镇大将、朔州剌史"（《魏书·本传》）。朔州之设，与司州地域的压缩不无关系。

② 李俊清：《北魏金陵地理位置的初步考察》，《文物世界》1990年第1期，第67—74页；云中：《北魏金陵小考》，引自《中国文物报》1992年2月26日第3版；古鸿飞：《北魏金陵初探》，《山西大同大学学报》（社会科学版）2000年第1期，第38—42页。

③ ［清］顾祖禹：《读史方舆纪要》卷四十四。

④ 刘溢海：《北魏金陵探究》，《北朝研究》第六辑，北京：科学出版社，2008年版，第94—103页。

⑤ 张轸：《中华古国古都》，长沙：湖南科学技术出版社，1999年版，第731页。

（二）山西大同北魏墓葬

塞上古城大同，具有悠久的历史和灿烂的文化。约258年，拓跋力微建立鲜卑部落。以后几经曲折，拓跋猗卢取得了部族领导权，被西晋封为代郡公。313年，代公猗卢以盛乐为北都，为实际都城，以平城为南都，为别都，自后平城亦名为代，为大同建都之始。在整个代国存在期间，平城都是南部重镇。386年，拓跋鲜卑重新崛起，拓跋珪先称代王，旋改魏王，建立北朝北魏王朝。398年，拓跋珪正式登上皇位，迁都平城，使大同正式成为都城，平城又被称为代都①。大同为都城达96年之久，成为当时中国北方政治、军事、经济和文化中心。据《魏书》记载，王叡是极受冯太后宠爱的当朝贵臣，"将葬于城东，高祖登城楼以望之。……乃诏为叡立祀于都南二十里大道右，起庙以时祭荐，并立碑铭，置守祀五家"②。这里曾发掘一些北魏墓葬，出土了一些墓志与题铭。1965年至1966年发掘的太和八年（484年）司马金龙夫妇合葬墓③位于石家寨村西南，于大同城东10公里处的东王庄村。司马金龙为西晋皇族，投降北魏后深受宠信，历任显官，封王。④ 1984年发掘的北魏平城镇将元淑墓⑤位于白登山下东王庄村西北。据墓志铭与史料记载，元淑为北魏昭成皇帝什翼犍曾孙常山康王元素之子，卒于正始四年（507年）。1992年在山西大同市南郊电焊器材厂内基建挖掘中发现，全国最大的北魏时期的墓葬群有200多座。⑥ 1992年发掘了位于齐家坡村的北魏墓葬。1997年6月在大同城南智家堡村发现一北魏石椁壁画墓。据有关现象判断其时代为北魏太和年间。⑦ 2000年在大同雁北师院发现了11座北魏墓群，其中惟一有确切纪年的是宋绍祖夫妇墓葬。在墓铭砖的一

---

① 《魏书》卷二《太祖纪》天兴元年十二月条载，"徙六州二十二郡守宰、豪杰、吏民二千家于代都"；又《隋书》卷三十三《经籍志》载有《代都略记》三卷。可见，无论当时还是稍后均曾将平城称为代都。北京：中华书局，1974年版。

② 《魏书》卷九十三《恩幸王叡传》，北京：中华书局，1974年版，第1990页。

③ 山西省大同市博物馆、山西省文物工作委员会：《山西大同石家寨北魏司马金龙墓》，《文物》1972年第3期，第20—33、64、89—92页。

④ 司马金龙夫人为太武帝妹武威公主，其子司马悦为北魏宣武帝之岳丈，司马悦第三女司马显姿正始初年，成为宣武帝的贵华夫人，不久成了第一贵嫔夫人。

⑤ 大同市博物馆：《大同东郊北魏元淑墓》，《文物》1989年第8期，第57—65页；王银田：《元淑墓志考释——附北魏高琨墓志小考》，《文物》1989年第8期，第66—68页。

⑥ 山西省考古研究所、大同市博物馆：《大同南郊北魏墓群发掘简报》，《文物》1992年第8期，第1—11、97—98页，附彩色插页、图版壹；山西大学历史文化学院、山西省考古研究所、大同市博物馆：《大同南郊北魏墓群》，北京：科学出版社，2005年版。

⑦ 王银田、刘俊喜：《大同智家堡北魏石椁壁画墓》，《文物》2001年第7期，第40—51页。

面阴刻 3 行 25 字"大代太和元年岁次丁巳幽州刺史敦煌公敦煌郡宋绍祖之枢";另在石椁顶板仿木瓦垄内发现阴刻题记 1 行 15 字"太和元年五十人用公三千盐豉卅斛"。这两段文字表明,墓葬年代为大代太和元年(477 年),正值定都平城时期;墓主人宋绍祖,敦煌人氏,官居幽州刺史,爵位是敦煌公。2001 年在大同市城南 3.5 公里的七里村以北发掘了北魏墓群①。出土有 4 块铭文砖,只有 1 块文字保存完整,其余均有残损。由铭文知墓主为杨众庆及其简单生平事迹,弥足珍贵。2002 年在大同市区东面水泊寺乡齐家坡村东南的迎宾大道处发现群墓,其中北魏墓葬 75 座。② 2005 年在大同市御河之东,水泊寺乡沙岭村与齐家坡村的交界处,发现北魏时期的墓葬 12 座,并进行了抢救性的发掘,出土遗物计 200 余件,最为珍贵的是漆画和壁画的出土。漆画中的墨书铭记,是已发现的北魏定都平城时期年代最早的文字资料。

另外,大同二中高中部、检察院办公楼所占的施工范围内和大同县樊庄、倍家造、湖东编织站均有北魏墓葬的发现和发掘。

考古发掘结合史料记载证实了平城城东区域,即御河以东、马铺山以南是北魏贵族官僚等上层人物的墓葬区。御河自北向南流经大同市区东,北魏墓群就坐落在御河以东、马铺山(古称白登山)南麓的缓坡地带,海拔高度 1071 米。两千多年前,马铺山即白登山曾发生了一场惊天动地的"白登之战"。西汉刘邦亲率三十二万大军出征匈奴,时值寒冬大雪,汉军获胜心切,便直奔大同白登山,结果是"匈奴围我平城,七日而后罢去"③,险些全军覆没。北魏贵族官僚等上层人物大多葬于此地,只有北魏文成帝拓跋濬之妻文明皇后冯氏为自己选择的安身地——永固陵,俗称"祁皇坟"——位于大同市城北 25 公里处的方山上。永固陵于太和五年(481 年)开始营建,历时 8 年而成。冯太后于太和十四年(490 年)病逝后葬于此,侧后为孝文帝的寿陵"万年堂"④。

① 张海燕等:《山西大同七里村北魏墓群发掘简报》,《文物》2006 年第 10 期,第 25—50 页。
② 人民网太原 2002 年 11 月 21 日,记者罗盘报道:大同市考古研究所在大同市南郊区水泊寺乡齐家坡村东南方向发现大型北魏墓葬群,已发掘清理墓葬 90 余座,出土文物 600 余件。据大同市考古研究所所长刘俊喜称,这个墓群是迄今为止大同市发现的第二大北魏墓群,规模仅次于 1992 年在该市电焊器材厂发现的大型墓群,为研究北魏平城时期的政治、经济和社会文化发展状况提供了更加翔实的实物资料和依据;大同市考古研究所:《山西大同迎宾大道北魏墓群》,《文物》2006 年第 10 期,第 50—71 页。
③ 《史记》卷八《汉高祖本纪》,北京:中华书局,1959 年版,第 385 页。
④ 解廷琦:《大同方山北魏永固陵》,《文物》1978 年第 7 期,第 29—35 页、图版叁。

（三）河南洛阳北魏帝陵

北邙山也称为邙山，是秦岭崤山余脉，在洛阳城北横亘而过，向东一直延伸到荥阳的广武山，在郑州背部戛然而止。"上了邙山不见山"，邙山其实就是一道稍有起伏的土岭。"昔三代之居，皆在河洛之间"，司马迁在《史记》中如此盛赞洛阳。此后，东汉、曹魏、西晋、北魏等朝代相继定都在洛阳，洛阳城一度被誉为天下的"神都"。汉晋时期讲求风水盛行，认为最好的葬地是头枕山、脚蹬川的高地。洛阳周围便只有北邙山北依太行，南面伊洛，符合"枕山蹬河"的风水之说。第一个在邙山营造陵园的是东汉帝王，晋代张载《七哀诗》是见诸文献最早的描写北邙陵墓的文学作品："北芒何垒垒，高陵有四五。借问谁家坟，皆云汉世主！"在邙山建陵之风尚相传，就连生长在江西的诗人陶渊明也梦想着自己能够"一旦百岁后，相与还北邙"。北邙山是个冥土安魂的风水宝地，逐渐成为古人的共识，并最终成为人们心目中的龙脉圣地。

北魏自孝文帝从平城迁都洛阳以后，经孝文、宣武、孝明、孝庄、节闵、孝武六帝，历时 41 年（495—534 年）。孝文帝迁都之初，为了缓和民族之间的矛盾，曾经采取了一系列推行汉化的措施。据《魏书》记载，太和十八年（494 年）孝文帝"乃自表瀍西以为山园之所"。太和十九年（495 年）下诏"迁洛之人，自兹厥后，悉可归骸邙岭，皆不得就莹恒代"，故北魏皇室贵族卒后多葬邙山"长陵之域"或"景陵东阿"等地，见下表：

表 5-21

帝号及姓氏	在位时间	陵名	陪葬情况
北魏孝文帝元宏	472—499	长陵	孝文幽皇后、文昭高皇后
北魏宣武帝元恪	500—515	景陵	
北魏孝明帝元诩	516—528	定陵	
北魏孝庄帝元子攸	529—530	静陵	

1. 孝文帝长陵

太和二十三年（499 年）"夏四月丙午朔，帝崩于谷塘原之行宫，时年三十三。秘讳，至鲁阳发哀，还京师。上谥曰孝文皇帝，庙曰高祖。

五月丙申，葬长陵"①。孝文帝的弟弟干亦于二十三年薨，年三十一。谥曰灵王，陪葬长陵②。北魏孝文帝长陵，是北魏王朝迁都洛阳的第一代帝陵。李健人对北魏孝文帝"长陵"的地理位置曾加以考证，云："魏书，太和二十三年四月崩，葬长陵。幽皇后冯氏葬长陵茔内。昭皇后先葬长陵东南。肃宗移葬长陵西北六十步。其地在瀍水西。今已埋圮。陪葬王公、出土墓志百余种。均在今城邙山上。"③ 陆继铭、魏襄《洛阳县志》卷十八在后魏孝文帝长陵条下引《魏书》后云："初，帝孝于太后，乃于永固陵东北里余营寿宫，遂有终焉瞻望之志。及迁洛阳，乃自表瀍西以为山园之所。"他们都指出长陵在瀍水以西，但是具体位置仍未能确指。1946年2月，《文昭皇后高照容墓志》在洛阳被盗掘出土，是年12月，郭玉堂先生得知后，曾对志石出土地点进行过调查，并将该石购回保存。关于该志石的出土情况，郭先生在《时地记》一书中有一条眉批，谓魏高皇后墓志于1946年2月在洛阳大小冢之小冢内出土。《文昭皇后高照容墓志》志石1956年捐公，现藏洛阳市文物工作队。据河南省文化局文物工作队1958年的实地调查，这两座土冢位于洛阳老城西北15公里的官庄村东，地在瀍河以西，邙山之阳。其东南一冢较大，高约35米、径35米；西北一冢较小，高约23米、径35米。由于两冢相近，故当地人称之为"大小冢"。《文昭皇后高照容墓志》就是出于大冢之右，志载"祔高祖长陵之右"，所以推知大冢即为长陵。

《魏书·孝文昭皇后高氏传》云："孝文昭皇后高氏……暴薨于汲郡之共县。……先葬城西长陵东南……号终宁陵，置邑户五百家。……（肃宗）又诏曰：文昭皇太后，尊配高祖，祔庙定号，促令迁奉，自终及始，太后当主，可更上尊号称'太皇太后'，以同汉晋之典。正姑妇之礼，庙号如旧'文昭'。迁灵榇于长陵兆西北六十步。"这段文献所记录的长陵与文昭后陵的地理方位与大小两冢完全相符。新中国成立前洛阳地方盗墓之风甚炽，因此，北邙出土元氏墓志甚多，虽然缺乏科学记录，但《时地记》一书尚能说明其中大部分石刻的出土位置。其中祔葬于长陵兆域附近诸墓所出土的墓志，其铭文中尚保存有可以作为探寻长陵陵址的旁证材料者，列表如下：

---

① 《魏书》卷七《高祖孝文帝纪》，北京：中华书局，1974年版，第185页。
② 《魏书》卷二十一《献文六王列传》，北京：中华书局，1974年版，第543页。
③ ［民国］李健人：《洛阳古今谈》，洛阳：史学研究社，1936年版，第311—312页。

表 5-22

地名	人物	葬地	出土地
陵之兆域	元演	葬于西陵高祖孝文皇帝之兆域	洛阳城北张羊村西北
长陵	元灵耀	附葬长陵	洛阳城北后海资村西北
	元义	窆于成周之北山长陵茔内	洛阳城北前海资村东南
	元珍	葬于河南东垣之长陵	洛阳城北北陈庄南陵
	元袭	陪葬长陵	洛阳城北安驾沟村
	赵光	葬于长陵之侧，西去瀍涧之水五里有余，东去武穆王陵二里之半	洛阳城北姚凹村东
陵之东	鞠氏	葬于长陵之东	洛阳城北18里后海资村第平冢内
	元绪	葬于洛阳城之西北，附于高祖孝文长陵之东	洛阳城北安驾沟西小冢
	穆玉容	窆于长陵大堰之东	洛阳城北南陈庄村南
	元斌	葬于长陵之东	洛阳城北后海资村
	元隐	葬于长陵之东	洛阳市出土
	冯季华	葬于长陵之东	
	元悫	迁葬于西邙长陵之东	洛阳市出土
	元固	葬于长陵之东	洛阳城北南陈庄东寨壕
	元均之	葬于长陵之东	洛阳北徐家沟、安驾沟两村之间
	元周安	葬于长陵之东	洛阳城北南陈庄村东
陵之东岗	元羽	迁葬于长陵之东岗	洛阳城北南陈庄西第一冢
	元鉴	附葬于长陵之东岗	洛阳城北前海资村出土
	元液	迁葬于长陵之东岗	洛阳城北张羊村东北
	元钻远	陪葬于长陵之东岗	洛阳城北南陈庄村南
陵之左	元广	葬邙阜之阳长陵之左	洛阳城北姚凹村北大道
	元恩	葬于长陵之左	洛阳安驾沟
	元瓒	葬于长陵之左	洛阳孟津
陵之东北	吐谷浑玑	葬于孝文皇帝大陵之东北	洛阳城北姚凹村东北
	元腾	葬于长陵之东北皇宗之兆	洛阳城北徐家沟东北
	元子直	葬于长陵之东北	洛阳城北南陈庄村南
	元崇业	葬于长陵之东北	洛阳城东北安驾沟村

531

地名	人物	葬地	出土地
陵之右	□伯超	迁葬于长陵之右	洛阳市出土
	严震	葬于洛阳长陵之右	洛阳市出土
	高照容	附高祖长陵之右	洛阳老城北孟津官庄村东
陵之西北	元晖	迁葬于洛阳西40里长陵西北10里西乡瀍源里瀍涧之滨	洛阳城北40里陈凹村西冢
	洛阳市出土	元愉	葬于洛阳西40里长陵西北10里西乡瀍源里瀍涧之滨
陵之北山	元飀	葬于长陵北山	洛阳城北张羊村西1里小冢内
	元详	葬于长陵北山	洛阳城北18里后海资村北平冢内
	李元姜	附葬于长陵北山	洛阳出土
陵之北岗	元侔	葬于长陵之北岗	洛阳城北40里陈凹
金陵①	元彦	葬于金陵	洛阳城北南陈庄村西北
	元显魏	葬于金陵	洛阳城北后海资村北

由此表所列墓志记录其墓位和长陵的方位关系，参照《时地记》所载各志出土地点，可以看出它们大体上是以长陵为中心而分布在陵址的西北、北、东和东南，这一点已由考古工作者考定。②

2. 宣武帝景陵

世宗宣武帝讳恪，孝文皇帝第二子，母高夫人，于太和二十三年（499年）四月嗣位，改元景明、正始、永平、延昌，在位16年，延昌四年（515年）正月殂于式乾殿，时年三十三。谥曰宣武皇帝，庙号世宗，葬景陵。③ 长陵陵址位在瀍西，那么，景陵也应承其先制，葬于瀍

① 余扶危、张剑：《洛阳出土墓志卒葬地资料汇编》，北京：北京图书馆出版社，2002年版，第27页；赵万里：《集释》第一册，第30页，元显魏墓志考释中载："志云'孝昌元年十月廿六日葬于金陵'，而志石则出邙洛。金陵者，长陵也。孝文迁洛，子孙不得恒代，自后长陵遂袭用云中金陵旧名。元彦墓志亦云'葬于金陵'，知熙平间已有此称，不自孝昌始矣。"

② 郭建邦：《洛阳北魏长陵遗址调查》，《考古》1966年第3期，第155—158页。作者根据文献记载和出土墓志材料，论证了孝文帝长陵所在位置的正确性；牛亮等：《洛阳北魏孝文帝长陵调查钻探取得重要收获》，《中国文物报》2005年1月7日，此文结论是：首次在中原地区发现较为完整的北魏帝陵陵园遗址；洛阳市第二文物工作队：《北魏孝文帝长陵的调查和钻探——"洛阳邙山陵墓群考古调查与勘测"项目工作报告》，《文物》2005年第7期，第50—62页。长陵园平面近方形，东西长443米、南北宽390米，长陵的圆形封土现存直径96米、高约21米，是陵区冢墓群中体量最高的陵墓。

③ 《魏书》卷八《世宗宣武帝纪》，北京：中华书局，1974年版，第215页。

河以西。

对北魏宣武帝景陵位置的考定，主要得力于冢头村周围地域所出与景陵有关的墓志。这类墓志有16方，列表如下：

表5-23

地名	人物	葬地	出土地
陵之域	司马显姿	陪葬景陵	洛阳城北二十里伯乐凹村东
	李氏	葬于洛阳景陵垣	南石山村南
	元玕	葬于景陵	蟠龙冢村西南一里
陵之东	元晪	葬于景陵东	洛阳市老城北安驾沟村
	元仙	葬于景陵之东阿	洛阳城北徐家沟村
	元尚之	葬于景陵之东阿	洛阳城北安驾沟村西
	元廞	葬于景陵之东	洛阳城北安驾沟村北半里
陵之东山	元倪	迁葬于景陵东山之阳	洛阳城北姚凹村东，张羊村西北
	元昉	归葬于景陵东山之阳	洛阳城北八里金家沟之西
	元华光	葬于景陵之东龙岗之西	洛阳城西北六里安驾沟村南
	元朗	葬景陵东岗	洛阳城北后李村北兴冢
陵之东北	元则	葬于景陵之东北	洛阳安驾沟村
陵之南岗	元氏冯邕妻	葬于景陵之南岗	洛阳城西东陡沟村西地
陵之右	穆纂	迁葬景陵之右	洛阳城西北水泉村
宣武陵东	李瑱［唐代］	洛阳城北宣武陵东	洛阳城北后李村
宣武村	张子和［北宋］	葬河南府河南县宣武村	邙山沟上村南

北魏墓志所记死者，绝大部分为皇室成员，其入葬时间为正光二年（521年）至天平二年（535年），上距宣武帝入葬（515年）只有6—20年。16方北魏墓志都明确记述了墓葬同景陵的相对位置。宿白教授亦引北魏墓志列表说明景陵的具体位置，即"今冢头村西所谓的汉冲帝冢，或许就是景陵的所在"①。亦有学者做出"冢头村东之大冢即是宣武帝景陵"② 的判断。1991年6月，考古队对景陵进行了科学发掘，这座坐北

① 宿白：《北魏洛阳城和北邙陵墓——鲜卑遗迹辑录之三》，《文物》1978年第7期，第42—52页，附图版肆。

② 黄明兰：《洛阳北魏景陵位置的确定和静陵位置的推测》，《文物》1978年第7期，第22、36—41页。

面南的砖室地宫，全长54.8米，"甲"字形，墓顶作四角攒尖式，结构严密、坚固。景陵坐落于邙山顶上，北距孝文帝长陵约5公里①。

3. 孝明帝定陵

北魏肃宗孝明帝元诩，是世宗宣武帝的第二子，母曰胡充华。延昌元年（512年）十月立为太子，延昌四年（515年）正月即位。武泰元年（528年）二月为其母胡太后在显阳殿阴行鸠毒暴崩，卒年十九。武泰元年三月葬于定陵，在位13年。②关于定陵的位置，史书缺载。幸有出土墓志为证，见下表：

表5-24

地名	人物	葬地	出土地
陵之域	王悦及夫人郭氏	兆入定陵……合葬芒山南岭，定陵西岗	洛阳城东北西山岭头村东南
陵之西南	张宁	葬于孝明皇帝西南二里马村西北亦二里	洛阳太仓村西北，西山岭头南

由志文可知，王悦卒于正光五年（524年），葬于洛城西北。武泰元年（528年）二月孝明帝暴薨，选陵域于此。王悦卒后5年夫人郭氏去世，才迁移坟墓，合葬于芒山南岭，定陵西岗。张宁与其亲族不见于史，但从志文记载知张宁在孝明帝时一直担任内监之职，"性洁金兰，情居水镜，道惟公行，化无私立"，终后陪葬定陵。陈长安先生认为："后沟村南的大冢为北魏定陵。"③黄明兰推测："定陵的位置当在瀍河以东的送庄公社西山岭头村南。"④宿白教授指出："定陵在上述两陵（指长陵、景陵）之东，位北魏洛阳郭城西北隅之北。景、长、定三陵左右毗连，北魏皇室这样安排帝陵，大约还是承袭了盛乐、平城时期金陵的制度，即各代帝陵实际都在一处，洛阳北魏墓志常见的'西陵'可能就是他们的共名。"⑤

4. 孝庄帝静陵

孝庄皇帝，讳子攸，彭城王勰第三子，母李妃。武泰元年四月即帝

① 李聚宝等：《北魏宣武帝景陵发掘报告》，《考古》1994年第9期，第801—814页。

② 《魏书》卷九《肃宗孝明帝纪》，北京：中华书局，1974年版，第221、248—249页。

③ 陈长安：《洛阳邙山北魏定陵终宁陵考》，《中原文物》1987年特刊，即《洛阳古墓博物馆馆刊》创刊号；后收入洛阳市文物局、洛阳白马寺汉魏故城文物保管所《汉魏洛阳故城研究》，北京：科学出版社，2000年版，第639—646页。

④ 黄明兰：《北魏洛阳景陵位置的确定和静陵位置的推测》，《文物》1978年第7期，第22、36—41页。

⑤ 宿白：《北魏洛阳城和北邙陵墓》，《文物》1978年第7期，第42—52、100页。

位于动荡之中。永安三年十二月被尔朱兆杀害，太昌元年十一月，葬于静陵。① 静陵的具体位置文献无征，且无出土墓志佐证。在洛阳北魏皇陵兆域内，除已确定的三座帝陵外，上砭村南一大冢前挖出石人一躯，从石人的姿态装束来看，与洛阳博物馆发现的北魏升仙画像石棺线画上的按剑门吏颇相似，显然是侍卫者。石人的衣冠，与龙门北魏宾阳中洞孝文帝礼佛图上的侍卫、北魏元邵墓②中的侍卫俑的服饰几乎完全相同。又因此冢基本上与景陵并列。因为宣武帝元恪与敬宗元攸是堂兄弟，故此陵不能在景陵之下，而是并列偏右。推测孝庄帝静陵应为此大冢，即在今上砭村南③。

5. 节闵帝陵墓

综上所述，北魏迁洛之后，葬于或死于洛阳的皇帝有六位，其中孝文帝长陵、宣武帝景陵、孝明帝定陵、孝庄帝静陵已相对明确。2012 年在洛阳衡山路发现的北魏大墓初期确认为帝陵，但墓主身份不明，该墓葬到 2013 年完成全部考古发掘田野工作。这座墓葬位于邙山南部缓坡，位于北魏帝陵区，在其东北方向约 3 公里处是宣武帝景陵，在其东南方向约 2 公里处是孝庄帝静陵。大墓形制由长斜坡墓道、前甬道、后甬道和墓室 4 部分组成，为典型的北魏时期墓葬形制。此墓复原形制与北魏宣武帝景陵基本相同，规模也较为相近，是一座帝陵级别的墓葬。尽管墓中没有文字性遗物，但根据墓葬形制以及对各种细碎的遗迹，包括壁画残片和出土器物残片的研究，其年代应是北魏末年。该墓葬形制和规模与景陵接近，且墓中发现了极少出现在普通墓葬中的石质建筑构件，当是高规格墓葬，加之其位于北魏帝陵区，根据节闵帝元恭"葬用王礼"的文献记载，因而确认为北魏节闵帝元恭的墓葬④。

6. 其他陵墓

据一些出土墓志所载，洛阳邙山各帝陵周围，还有宣陵、安陵、终宁陵等陵区，现列表如下：

① 《魏书》卷十《敬宗孝庄帝纪》，北京：中华书局，1974 年版，第 268 页。
② 洛阳博物馆：《北魏元邵墓》，《考古》1973 年第 4 期，第 233—242 页。
③ 黄明兰：《北魏洛阳景陵位置的确定和静陵位置的推测》，《文物》1978 年第 7 期，第 22、36—41 页。
④ 宋华：《河南评出五大考古新发现洛阳北魏大墓确认是帝陵》，引自《中国文物报》2014 年3 月 14 日第 1 版。

表 5-25

地名	人物	葬地	出土地
宣陵	张澈	葬于京都宣陵之西	洛阳市出土
安陵	张敬	葬于安陵之右	洛阳市出土
终宁陵	公孙猗	迁葬于终宁陵	洛阳小梁村北
	王僧男	葬于终宁陵之北阿	洛阳城北南石山村东南地
	王遗女	葬于终宁陵之北阿	洛阳城北杨凹村北地
考靖王陵之左	元悦	葬其考靖王陵之左	洛阳城北徐家沟村东南大冢
文宣王陵之右	元宝建	附葬于文宣王陵之右	洛阳市出土
大陵东北	元宁	葬于大陵东北	洛阳城北伯乐凹村
陵山	刘阿素	葬于陵山	洛阳城北杨凹村西地
	刘华仁	迁葬于陵山	洛阳城北南石山村东
	张安姬	葬于陵山	洛阳城北杨凹村北里许
东垣之陵	元孟辉	葬于东垣之陵	洛阳城北北陈庄
帝陵之东坡	于纂	葬于芒山之西垂帝陵之东坡	洛阳东北刘家坡西沟内
山陵	冯迎男	葬于洛阳之山陵	洛阳城北南石山村西

根据《魏书·孝文昭皇后高氏》载："后自代如洛阳，暴薨于汲郡之共县。……后先葬城西长陵东南，陵制卑局。因就起山陵，号终宁陵，置邑户五百家。"关于终宁陵的位置，除《魏书》称文昭皇后先葬城西长陵东南，北魏墓志中言及终宁陵者有三。《公孙猗墓志》载"葬于终宁陵"；《王遗女墓志》及《王僧男墓志》均称"葬于终宁陵之北阿"。据《时地记》载，《王遗女墓志》于 1919 年出于杨凹村北地；《王僧男墓志》于 1917 年出于南石山村东南地。这 3 方墓志均出土在终宁陵北部高岗处，而终宁陵就是俗称的"破陵"。另公孙猗志石于 1926 年出土于小梁村北[1]；且志中载"迁葬于终宁陵"。在小梁村附近未有较大冢墓，只有破陵最大。而最大的破陵也是"盘龙冢"，应在盘龙冢村附近。事实上盘龙冢村北侧就有一大冢，故知终宁陵的陵址应坐落在盘龙冢村北[2]。

（四）磁州东魏北齐皇陵

1. 东魏皇陵

北魏"河阴之变"，政权不稳，历任皇帝相继被杀、被立或被废，

---

① 郭玉堂：《洛阳出土石刻时地记》，洛阳：大华书报供应社，1941 年版。

② 陈长安：《洛阳邙山东汉陵试探》，《中原文物》1982 年第 3 期，第 34—39 页。

更移频繁。至公元 532 年孝武帝被立，534 年孝武帝愤高欢专权，奔长安。高欢另立元善见为帝，迁都于邺，史称东魏。高欢、高澄、高洋父子相继擅权。550 年 5 月，高洋代魏称帝，封元善见为中山王，次年 12 月被杀，东魏亡。东魏是我国历史上历时很短的一个王朝，从公元 534 年 10 月到 550 年 5 月，历时 17 年，建都邺城（今河北临漳县西南）。在此期间，东魏亡故的宗族子弟是埋回了洛阳，还是在邺城又选了新墓地，《魏书》《北史》均无记载，以至于众说纷纭。据《北史》载："（天保）二年十二月己酉，中山王殂，时年二十八。三年二月，奉谥曰孝静皇帝。葬于邺西漳北。"① 此为寻找东魏皇陵的线索之一。近年来河北磁县出土了一些墓志，为东魏皇陵地点的确认提供了依据，罗列如下：

表 5-26

墓主	卒地	葬地	出土地
元鸷妃公孙甑生	薨于魏郡邺县敷教里	窆于邺城之西、武城之北	
华山王元鸷	薨于京师	窆于邺县武城之北原②	
元宝建	薨于位	附葬于文宣王陵之右	
元子邃妻李艳华	卒于家	窆于邺城之西北十有五里	
元悰		葬于邺城西北	
元湛	薨于邺	葬于武城西北十五里	
元湛妃王令媛	薨于邺	合葬于武城之北原	
元显	薨于第	移葬于邺城之西陵	
元均		葬于洛阳里宅	
元均夫人杜氏		迁合葬于邺西僖王之茔次③	河北磁县出土
元瞱	薨于位	迁葬于邺城西北十五里武城之阴	
元融妃卢贵兰	薨于邺都	葬于漳水之北，武城之西	
元澄妃冯令华	薨于国邸	窆于邺城西岗漳水之北	
元凝妃陆顺华	薨于邺城修正里之第	葬于武城之西北	
元贤	终于家	窆于邺城西漳水之阳十有二里，即魏之旧陵也	
元光基	薨于私宅	迁窆于西陵	

---

① 《北史》卷五《东魏孝静帝纪》，北京：中华书局，1974 年版，第 196 页。
② 《魏书》第 351 页载元鸷"兴和三年卒"，与志相符。《北史》第 189 页载"（兴和二年）六月壬子，大司马、华山王鸷薨"与志不符。北京：中华书局，1974 年版。
③ 元均死于公元 529 年，杜氏死于公元 535 年，妻死后，夫妇合葬邺西僖王的茔次。

墓主	卒地	葬地	出土地
元诞	薨于第	葬于邺县之西北	磁县双庙乡东小屋村东南
元良	薨于京师	葬于武城之西七百步	磁县南讲武城乡孟庄村东南
元始宗	薨终于州	窆于邺之西北	磁县南孟庄村东南

由以上墓志分析：东魏建都邺城后，皇室就重新选定了寿陵。如《元显墓志》中记载，皇居徙邺，坟陵迁改，以大魏武定二年八月二十日移葬于邺城之西陵。《元光基墓志》称其薨于私宅，迁窆于西陵。《元瑾墓志》也言："粤以其年十一月二十九日，迁葬于邺城西北十五里武城之阴。陵谷方迁，缣竹易圬，聊因玄石，用垂于后。"元诞是目前所发现的东魏时期卒年最早的墓主，"天平三年岁次丙辰四月甲戌二十六日己亥薨于第……粤以八月四日壬申葬于邺县之西北"。天平三年八月距建都邺城天平元年十月不到两年，已建寿陵。元贤于北齐天保二年卒，这时已改朝换代，其墓志中说："窆于邺城西漳水之阳十有二里，即魏之旧陵也。"这些墓志铭文充分说明了东魏时期在邺城已有了自己的皇陵——西陵。根据磁县出土的诸多墓志记载，安葬的地点在："邺城之西、武城之北""邺县武城之北原""邺城之西北十有五里""邺城西北十五里武城之阴"等。武城，即现在磁县讲武城，宋朝以前称武城，宋以后出土墓志曰：讲武。武城之北即南孟庄、双庙村和东小屋村一带，这里可能就是东魏元氏的皇陵区。① 2006 年，考古队成员于磁县县城南约 9 公里处陆续发掘清理了几座北朝墓葬，其中元祜墓是未被盗掘保存完好的一座，出土有一盒正方形青石墓志。墓志文记载元祜卒后"葬于邺都城西漳河之北皇宗陵内"，元祜乃北魏太武帝拓跋焘的曾孙，卒后葬邺都城西漳河之北的东魏皇族元氏的陵墓茔域内。这明确了磁县北朝墓群中东魏皇宗陵的地域所在。

2. 北齐皇陵

据正史记载，北齐皇室高氏之葬陵情况见下表：

---

① 张子亚、张利亚：《东魏皇陵考》，《邯郸师专学报》2001 年第 4 期，第 6—10 页。

表 5-27

帝号及姓氏	在位时间	葬陵
北齐神武帝高欢		葬于邺西北漳水之西——义平陵
文襄皇帝高澄		葬于义平陵之北——峻成陵
文宣帝高洋	550—559	葬于武宁陵
废帝高殷　谥闵悼王	559—560	葬于武宁之西北
孝昭皇帝高演	560—561	葬于文靖陵
武成皇帝高湛	561—565	葬于永平陵

目前，磁县出土的墓志很多，据不完全统计有 50 余方，其中高氏占多数。如高盛、高翻、高肃、高湜、高淯、高润、高百年、高百年妻、高建、乐陵王妃解律氏、高湛（高欢第九子）幼妻闾叱地连（茹茹公主）、高建妻王氏、高献国妻敬氏、高肱、高僧护、高润（高欢第 14子）、文宣帝高洋妃颜玉光、济南愍悼王妃李尼等，都葬于磁县城南这块沃土之中。较早葬于此陵区内的为东魏孝宣公高翻和广平公高盛。磁县城南大冢营村 1978 年发掘的茹茹公主墓是北朝考古的重要发现。公主死于武定八年（550 年），年 13 岁。墓志证实了高欢墓穴的确切位置[1]，也为北朝墓葬分期断代提供了明确的时间证据[2]。因此根据出土的墓志和文献的记载，认为磁县城南一带是以北齐神武帝高欢的义平陵为中心的高氏皇陵兆域[3]。

（五）北周墓群

1993 年 8 月，陕西省咸阳市底张乡陈马村东南一座无封土古墓被盗，该村民从盗过的墓中拣回一合墓志，藏于家。后经文物局工作组的宣传动员主动上缴了墓志。墓志面呈正方形，边长 50 厘米、盖和底各厚 11 厘米。志盖盝顶，顶边长 40 厘米，盖面阳刻篆书"周武德皇后志

---

[1] 茹茹公主墓附近的确有两座高大的墓冢，即位于申庄乡大冢营村西的"大冢"和"二冢"。大冢位于南侧，东距茹茹公主墓约 300 米，应为高欢的义平陵。而位于大冢北侧约 200 米的二冢，应为文襄皇帝高澄的峻成陵。义平陵的位置正处在高翻和高盛墓的北部稍偏东。这种长辈在南、晚辈在北的陵墓配置，与东魏元氏皇陵区相同，这是磁县东魏北齐皇陵区的特点。

[2] 朱全升、汤池：《河北磁县东魏茹茹公主墓发掘简报》，《文物》1984 年第 4 期，第 1—9、97—102 页。

[3] 马忠理：《磁县北朝墓群——东魏北齐陵墓兆域考》，《文物》1994 年 11 期，第 56—67 页。马氏认为在今磁县县城西、北郊，漳河与滏阳河之间的平原和西岗一带分布着东魏、北齐的皇陵和众多陪陵性质的异姓勋贵小墓群。并初步探明了各茔地的范围及埋葬顺序，并收集了 57 座墓志。

铭"；志石阴刻楷书 7 行，每行 7 字，实有 48 字，文为："大隋开皇二年岁次壬寅四月甲戌朔廿三日甲（乙）未周武帝皇后阿史那氏祖谥曰武德皇后，其月廿九日壬寅合葬于孝陵。" 1995 年前后，考古人员对该墓进行了挖掘，又发现志石一盒，陵志形制同皇后墓志，边长是皇后墓志的一倍，志盖素面，志石阴刻篆书"大周高祖武皇帝孝陵" 9 字。陵志的发现确证该墓就是孝陵，是大周高祖武皇帝宇文邕与武德皇后同茔同室合葬墓。

宇文氏的祖先生活在广阔的草原，过着游牧生活，丧葬简易，由于这种传统的影响和现实国不富民不安的状况，武帝推崇《周礼》，提倡俭朴，反对奢侈。他生前遗嘱"丧事资用，须便俭而合礼，墓而不坟，自古通典"。基于此等，论述北周丧葬制度的文章，都千篇一律"墓而不坟""不封不树"①。1986—2001 年，考古队发掘的咸阳机场北周墓群，排列集中有序，墓主均是北周的王室成员、元勋重臣及达官显贵。其间 1993 年发掘了孝陵；2001 年在咸阳国际机场二期扩建工程工地又发掘出北周冀国公宇文通、冀国太夫人及谯国太夫人等皇室成员墓葬，由此可见，咸阳北原是北周皇室及其王公贵族的陵墓区。北周有五位皇帝，史书记载闵帝宇文觉改葬静陵，明帝宇文毓葬昭陵，武帝宇文邕葬孝陵，宣帝宇文赟葬定陵，静帝宇文阐葬恭陵。由于史书无记载各陵的具体位置，给考古工作者带来了困难。因此静、昭、定、恭各陵的具体位置至今尚难确定。

十一、北朝鲜卑赐姓与复旧姓

（一）赐姓

赐姓之制历史悠久。赐姓是西周初年分封制中一个历时很短的政治举措，异姓之赐是一种推恩，是对异姓亲戚与功臣在政治上的认可。赐姓制度的实施，对周代社会组织结构产生过巨大的影响。② 北朝承接周礼形制，与改姓相关，亦有赐姓制度的实施，赐姓随之成为胡姓繁复变

---

① 从现已出土的北周陵墓来看，此论有失偏颇。如宁夏固原北周李贤夫妇、宇文猛、田弘墓各有 5—6 米高的圆冢。咸阳机场发掘后有明确墓主的 8 座北周墓，原有 5 个冢，其中一个高约 20 米，称"大冢"，是叱罗协墓的封土。在尉迟运墓室深土层中发现石人、石羊、石虎共 7 件。孝陵当初应有封土，以为阿史那氏是在武帝死后的第五年卒葬的，如陵上无封土或标志，便无法合葬。即使当初无封土，合葬皇后时，文帝杨坚必然会下令树起封土。因为文帝即位后，给他造的泰陵就如孝陵式的覆斗式多天井墓。

② 陈絜：《商周姓氏制度研究》，北京：商务印书馆，2007 年版，第 295—296 页。

化的一个重要原因。北魏初年即有不少被赐姓者，如娥清①，本拓跋宗室成员，因征冯文通不力被黜为门卒，不得袭阴山贵姓，赐以其名第一音娥为姓。北齐《库狄洛夫人斛律昭男墓志》："郡君讳昭男，朔州怀朔人也。第一领民酋长左光禄大夫广汉公可知陵之女。赐姓命氏，与日月而俱悬；冠冕蝉联，共沧波而并注。"但大量赐姓是在西魏北周时期。宇文泰在主持西魏朝政以后，为强国盛军，开始推行一系列带有浓厚"复古"色彩的改革。赐复胡姓就是配合府兵制推行的一次运动。《周书·文帝纪》："魏恭帝元年。魏氏之初，统国三十六，大姓九十九，后多绝灭。至是以功高者为三十六国后，次功者为九十九姓后。所统军人，亦改从其姓。"《周书·静帝纪》："太祖受命，龙德犹潜，录表革代之文，星垂除旧之象，三分天下，志魏室，多所改作，冀允上玄，文武群官，赐姓者众。"据统计，正史中载西魏北周赐姓共62例，赐宇文氏者最多，达26例。被赐姓者多为汉族大臣，确考为胡族者仅高琳（高丽）、段永（鲜卑）和叱罗协（鲜卑）3人。

北周《贺屯植墓志》言："公讳植，字永显，建昌郡人也。其先侯姓，汉司徒霸之后。……魏前二年十二月中，太祖文皇帝以公忠效累彰，宜加旌异，爰命史官，赐姓贺屯氏。时推姓首，实主宗祀。"《周书·侯植传》记其于大统元年赐姓侯伏侯氏。后又赐姓贺屯氏。北周《徒何绲墓志》中记载由李姓赐为徒何姓一事，"初以魏大统十六年（550年）赐姓为徒何氏"。志主徒何绲即李弼之子李纶，《周书》《北史》有传。《北史·李弼传》："废帝元年（552年），赐姓为徒何氏。"正史所记赐姓时间与志文记载相差二年，应以墓志为是。北周《杨济墓志》"本姓杨氏，魏末诸高勋望族，擢而赐姓，君因而改焉"。杨济被赐与何姓，志文未明确记载，据史书记载西魏、北周赐姓者，杨氏有三人，一为杨忠，魏恭帝初，赐普六茹氏；二为杨绍，赐姓叱利氏；三为杨纂，西魏大统年中赐莫胡卢氏。杨济不见于史传，其志文所载家族人物官职、杨济为官和生平事迹及赐姓等诸多信息可补史之阙。北周《赵佺墓志铭》"公本姓赵，讳佺……大统之中，王师东扫，太祖亲御六军，留公总留府十八曹事，凯入荣勋，命为尉迟氏。昔张孟从军，娄敬委辂，赐姓命姓，必有殊功"。宇文泰任命赵佺为总留府十八曹事，赵佺为汉族大臣，因殊功赐姓尉迟氏，此可补史之阙。北周《田弘墓志》记"公讳弘，字广略，原州长城郡长城县人也。本姓田氏，七族之贵，起于沙麓之邑；五世其昌，

① 《魏书》卷三十《娥清传》，北京：中华书局，1974年版，第720—721页。

基于凤皇之緜"。志文只言墓主本姓田，未记赐与何姓。据《周书》记载，田弘于魏文帝大统中赐姓纥干氏。北周《韦孝宽墓志》言其"本姓韦氏，京兆杜陵人。……有周御历，赐姓宇文氏"。又，《宇文瓘墓志》记载："公讳瓘，字世恭，京兆万年人也。本姓韦氏，后魏末改焉。"墓志首题"大周使持节仪同大将军安州总管府长史治隋州刺史建安子宇文瓘墓志"据史书记载西魏至北周赐姓者，韦氏有两人，韦叔裕和韦瓘均赐姓宇文氏。宇文瓘即《北史》《周书》记韦泂之弟韦瓘，亦赐姓宇文氏。韦孝宽与韦瓘赐姓宇文氏可补史阙。北周《韦孝宽墓志》"夫人荥阳郑氏改姓贺兰"，这一点亦被同墓出土的《韦孝宽夫人郑氏墓志》所证实。《郑氏墓志》有2方，一方称"郑氏"，乃西魏废帝二年（553年）埋葬时所刻，另一方称"贺兰氏"，并云"夫人讳毗罗，本姓郑氏。魏末改为贺兰"，是后来迁葬于夫墓时重新刻制。西魏北周河南荥阳郑氏改姓者中，郑孝穆与郑常都是赐姓宇文氏①，赐姓贺兰者只此记载。北周《若干云墓志》载"太祖文皇帝赐姓若干氏"。若干云及父兴不见于史传。北周《贺屯植墓志》记载："公讳植，字永显，建昌郡人也。其先侯姓，汉司徒霸之后。……魏前二年十二月中，太祖文皇帝以公忠效累彰，宜加旌旗，爰命史官，赐姓贺屯氏。时推姓首，实主宗祀。"又如《周冠军公夫人乌石兰氏墓志铭》云："夫人讳某，乐陵人也。晋司徒乐陵公包后。子孙就封，因即家焉，扶风旧城，犹有铁市；河南故墅，尚余金谷。或寓燕陲，仍仕代郡。……并为大族，俱蒙赐姓。秦晋匹也，是曰通家。夫人年十七，归于宇文氏。"是知此乌石兰氏，本渤海石氏，晋朝石包后代一支迁于北方代郡者。后在宇文泰推行赐复胡姓中，被赐姓乌石兰氏，并与宇文氏家族联姻。《金石录》跋尾十二中记，右《普六如忠墓志》，普六如者，杨忠，隋高祖父也，后魏时赐姓。又记《后周乌丸僧修墓志》，僧修本姓王氏，梁南城侯神念之子，太尉僧辩之弟。后归周，仕为温州刺史，卒。《元和姓纂》及《唐史·宰相世系表》皆云：神念父同为护乌丸校尉，因号乌丸王氏。今《墓志》乃云："僧修归周，赐姓乌丸。"② 生于北魏宣武帝正始三年（506年），卒于开皇二年（582年）的李和，其墓志记"公讳和，字庆穆，陇西狄道人也。……赐姓宇

① 见《周书》卷三十五《郑孝穆传》，北京：中华书局，1971年版，第610页；《庾子山集》卷十五《周大将军上开府广饶公郑常墓志铭》，引自［北周］庾信撰，倪璠注，许逸民校点：《庾子山集注》，北京：中华书局，1980年版，第985页。
② ［宋］赵明诚撰，金文明校证：《金石录校证》，桂林：广西师范大学出版社，2005年版，第380页。

文。昔轹轳进辞，方闻改族，同乡旧狎，始得移宗，以古况今，独称高视"。据本传，李和本名"庆和"，宇文泰赐姓"宇文"，并赐名"意"。正如陈寅恪先生指出："西魏赐姓之制，统军之将帅与所统军人同受一姓。"① 李和一人获得赐姓后，同时改姓的还包括其统领的部队，很多是他的"同乡旧狎"，亦改宗族为贵族身份。可见随李和改姓的范围比较广。

从目前掌握文献及出土墓志等资料看，西魏和北周赐姓远远越出了三十六国、九十九姓的范围。许多赐姓，不仅不见于《魏书·官氏志》所记的一百十八姓；而且许多赐姓原非鲜卑。② 北周《莫仁相墓志》记载莫仁相一族，原姓马，后因"君器宇渊弘，显居望首，锡姓莫仁，树为宗主"，此乃莫仁相由马氏改为莫仁氏之原由。该志还记载了莫仁相投西魏后娶云氏为妻，"后蒙赐姓□豆连"。莫仁氏与□豆连，均不见于《魏书·官氏志》所载。

（二）复旧姓

赵明诚《金石录》载："右《后周太学生拓跋府君墓志》，陈使周弘正撰，云：'君讳吐度真，魏昭成皇帝之后也。'夷虏以三字为名者甚众，拓跋君为书生，尚仍旧俗，何哉？盖自魏孝文帝恶夷虏姓氏，尽易之，至后周一切复改从旧，故当时士人名字亦皆用虏语，无足怪也。"③ 六镇起义爆发后，契胡尔朱荣带兵进洛阳，发动河阴之变，杀戮元魏王公卿士二千多人，使得汉化较深的元魏士族遭到毁灭性打击。本就极少接受汉文化熏染的尔朱荣和进入洛阳的一些六镇鲜卑人复燃旧俗。直至北齐、北周时期，高欢、宇文邕等人大力推复鲜卑化。庾信有诗云"梅林可止渴，复姓可防兵"，可知改复旧姓影响之大。

王仲荦先生言："北魏孝文帝迁都洛阳，改拓跋氏为元氏。西魏恭帝元年，西魏相宇文泰秉国政，复改元氏为拓跋氏。"④ 姚薇元先生认为元氏在周时亦曾恢复旧姓⑤，亦有学者认为元魏宗室在北周禅代时始复旧姓⑥。实际上，元魏宗室在西魏末或北周初始复旧姓。理由见下表：

① 陈寅恪：《隋唐制度渊源略论稿》，北京：中华书局，1963年版，第131页。
② 马长寿：《乌桓与鲜卑》，桂林：广西师范大学出版社，2006年版，第223—225页。
③ ［宋］赵明诚撰，金文明校证：《金石录校证》，桂林：广西师范大学出版社，2005年版，第377—378页。
④ 王仲荦：《蜡华山馆丛稿续编》，济南：山东大学出版社，1995年版，第4页。
⑤ 姚薇元：《北朝胡姓考》，北京：中华书局，1962年版，第7页。
⑥ 牟发松：《〈拓跋虎墓志〉释考》，《魏晋南北朝隋唐史资料》第18辑，武汉：武汉大学出版社，2001年版，第127—139页。

表 5-28

序号	依据资料	时间
1	西魏大统十五年（549）五月"初诏诸代人太和中改姓者，并令复旧"①	西魏中期
2	宇文泰西魏恭帝元年（554）"复兴鲜卑姓氏"②	西魏末年
3	《拓跋育墓志》记载拓跋育卒于西魏恭帝二年（555），墓志作于周明帝二年（558）	北周初期
4	《拓跋虎墓志》记载拓跋虎卒于北周武帝保定四年（564），"唯保定四年岁次庚申三月己未朔廿六铭记"	北周中期
5	元子孝于周隋禅代之际"后例降为公，复姓拓跋氏"③	周末隋初
6	光大元年（567）九月"周将长胡公拓跋定率步骑二万入郢州"④	北周时期
7	"谦与小司寇拓跋伟聘齐观衅"⑤	

第一、二条中诏令复旧是否彻底推行并不明晰，但可考复旧姓者主要有拓跋氏、达奚氏、伊娄氏、贺兰氏、贺楼氏、是连氏、若干氏、匹娄氏、吐伏卢氏、牒云氏、是云氏、如罗氏、纥干氏、尸突氏、宿六斤氏、乙弗氏、侯莫陈氏、费连氏、綦连氏、越勒氏、叱奴氏等⑥，但复旧拓跋氏时间并不明确。"诸代人"和"复兴鲜卑姓氏"并不包括国姓元氏，原因有二。其一，因诏令颁发时间为西魏大统十五年（549 年）五月，至废帝二年（553 年）冬十一月，安定公宇文泰杀尚书元烈。可见此时元氏并未复旧。又《周书》中元伟、元定及所附诸元氏，均不载其复姓拓跋。西魏赐姓鲜见赐姓拓跋氏者。过去论者常引《周书》王盟、李穆二传所载赐姓拓跋氏之例。据考，王盟受赐之拓拔氏，乃"拓王氏"之误⑦，李穆受赐之拓拔氏，乃"蹋拔氏"之误⑧。其二，如果元氏也复旧姓，则西魏皇帝也要改姓，似乎悖理。据正史记载，西魏恭帝三年（556 年）"十二月庚子，帝逊位于周"⑨。至西魏灭亡，国姓更

① 《北史》卷五《西魏文帝本纪》，北京：中华书局，1974 年版，第 180 页。
② 《北史》卷九《太祖文帝纪》，北京：中华书局，1974 年版，第 329 页。
③ 《北史》卷十七《元子孝传》，北京：中华书局，1974 年版，第 631 页。
④ 《陈书》卷四《废帝纪》，北京：中华书局，1972 年版，第 68 页。
⑤ 《隋书》卷五十四《伊娄谦传》，北京：中华书局，1973 年版，第 1363 页。
⑥ 均见《北史》和《周书》各氏人物传。
⑦ 《周书》卷二十末《校勘记》第 4 条，北京：中华书局，1971 年版，第 344 页。
⑧ 陈仲安：《李贤墓志申论》，引自国家文物研究局古文献研究室《出土文献研究续集》，北京：文物出版社，1989 年版，第 301—306 页。
⑨ 《北史》卷五《西魏恭帝本纪》，北京：中华书局，1974 年版，第 183 页。

改，原西魏宗王一方面循例降爵，另一方面也因循例复旧姓。

第三条《拓跋育墓志》记载拓跋育卒于西魏恭帝二年（555年），墓志作于周明帝二年（558年），此时为北周初期，已称墓主为拓跋育，可知已由"元"氏复旧姓"拓跋"氏。如此，第四条刻铭于北周武帝保定四年（564年）《拓跋虎墓志》称墓主为拓跋虎；第五条元子孝于周隋禅代之际"后例降为公，复姓拓跋氏"当为自然中事。第六条光大元年（567年）九月称周将长胡公为拓跋定；第七条称小司寇为拓跋伟而非元伟亦在情理之中。

《周书·晋荡公护附叱罗协传》记载："魏恭帝三年（556年），太祖征协入朝，论蜀中事，乃赐姓宇文氏。……（入周后尽忠于宇文护）协既受护重委，冀得婚连帝室①，乃求复姓叱罗氏。护为奏请，高祖许之"。据北周《叱罗协墓志》："后以平蜀之勋，曲蒙赐姓，预班天族。……天和元年，诏以公旧望隆重，功绩文宣，暂逢事限，忝参皇族，亦以太祖遗旨，还复旧姓。""曲蒙赐姓"可知被赐姓宇文氏，"还复旧姓"叱罗氏。宇文泰于西魏恭帝元年（554年）颁布"复兴鲜卑姓氏"，在北周时期仍旧坚持宇文泰的此项政策。

北周末隋初，所赐之姓均令复旧。静帝宇文阐于大象二年（580年）十二月癸亥诏叙太祖受命赐姓者众，曰："本殊国邑，实乖胙土。不敢非类，异骨肉而共蒸尝，不爱其亲，在行路而叙昭穆。且神征革姓，本为历数有归；天命在人，推让终而弗获。故君临区寓，累世于兹。不可仍遵谦挹之旨，久行权宜之制。诸改姓者，悉宜复旧。"②《隋书·高祖纪》云："大定元年春二月壬子，令曰：'已前赐姓，皆复其旧。'"③李和姓名之变正符合此制。隋朝建立后，李和"以意是太祖赐名，市朝已革，庆和则父之所命，义不可违。至是，遂以和为名"④。这一点在《贺兰祥妻刘氏墓志》中也有所体现。保定二年（562年）《贺兰祥墓志》称妻姓"叱何罗氏"。贺妻卒于隋文帝开皇二年（582年），此时距北周大象二年（580年）底杨坚代周前夕颁令"诸改姓者，悉宜复旧"已有2年，叱何罗氏复姓刘氏。同样的情况也反映在隋《崔仲方妻李丽仪墓志》中。在志文末尾记载了李丽仪娘家有价值的信息。其母为武川刘

---

① 据《宇文俭墓志》载"女适显武公叱罗金刚"；又《叱罗协墓志》言"世子金刚"，叱罗协之世子叱罗金刚的妻子是太祖宇文泰的孙女、谯王宇文俭的女儿。

② 《周书》卷八《静帝纪》，北京：中华书局，1971年版，第135页。

③ 《隋书》卷一《高祖纪》，北京：中华书局，1973年版，第7页。

④ 《周书》卷二十九《李和传》，北京：中华书局，1971年版，第498页。

氏，两个舅舅分别是"长舅，柱国、荆安东南五十三州诸军事、荆州总管、荆州刺史，平原公顺"和"第二舅，柱国、太保、泾州刺史，梁国公崇"。在北朝爵为平原郡公且名顺者只有侯莫陈顺，爵为梁国公且名崇者只有侯莫陈崇，而俩人又为亲兄弟。因此，墓志所记李丽仪的两个舅舅为侯莫陈顺和侯莫陈崇兄弟无疑。李丽仪卒于北周天和六年（571年），改葬于隋开皇五年（585年），此时距北周大象二年底杨坚代周前夕颁令"诸改姓者，悉宜复旧"已有5年，从墓志称其母"武川刘氏"可知，侯莫陈氏在此时已恢复了刘氏旧姓。而墓主家族是否本姓刘，又在什么时候赐姓侯莫陈氏，侯莫陈顺兄弟传中没有任何相关信息。庾信《周骠骑大将军开府侯莫陈道生墓志铭》记，侯莫陈道生为"朔州武川人也，本系阴山，出自国族。降及于魏，在秦作刘。……大统九年，更姓侯莫陈氏"①。赵明诚在《唐相州刺史侯莫陈肃碑》跋中称："《元和姓纂》所载侯莫陈氏云：'其先后魏别部，居库斛真水。'《周书》云：'代郡武川人，世为渠帅，随魏南迁，为侯莫陈氏。'余尝得颖及颖之孙涉墓志，皆云本刘姓，系出汉楚元王交。《颖墓志》则以为父崇，后周时赐姓；《涉墓志》则以为崇王父丰，后魏时赐姓。"② 以上几种赐姓侯莫陈氏的时间说法，似乎以西魏年间更为可信，刘亮在大统十年前赐姓侯莫陈氏可作为旁证③。

北魏初期鲜卑复姓皆改为单姓，但至北周却又逆反，宇文泰正是通过复姓和赐姓这种手段，既是对北魏孝文帝实行汉化措施的反动，又可通过此举把胡汉豪酋团结成一个以宇文氏为中心的政治集团。在考察咸阳出土的北周墓志时发现，凡是被复姓、赐姓者，宇文泰及其后继者也同时赋予他们开府的权利，即这些人同时拥有各种将官、府僚和独立的军政活动的权利。这些开府将军运用手中的权利，以征集的方式在关陇地区扩充军队，形成了关陇地区"夏人半为兵"④的形势，也正是在这个基础上，把那些被复姓或赐姓的开府将军吸附到自己的旗帜下，形成以宇文氏为中心稳定而团结的中央集权性军事体制，此乃宇文氏复姓与赐姓之内蕴所在。

① 《庾子山集注》卷一十五《周骠骑大将军开府侯莫陈道生墓志铭》，引自［北周］庾信撰，［清］倪璠注，许逸民校点：《庾子山集注》，北京：中华书局，1980年版，第946—949页。
② ［宋］赵明诚撰，金文明校证：《金石录校证》，桂林：广西师范大学出版社，2005年版，第401页。
③ 《周书》卷一十七《刘亮传》，北京：中华书局，1971年版，第285页。
④ 《隋书》卷二十四《食货志》，北京：中华书局，1974年版。

国家社科基金
后期资助项目
GUOJIA SHEKE JIJIN HOUQI ZIZHU XIANGMU

北朝墓志文献研究

下

赵海丽 著

山东人民出版社·济南

国家一级出版社 全国百佳图书出版单位

第六章 北朝墓志的史料价值（下）

正史等传世文献和出土墓志文献包含有众多社会民俗方面的信息，如墓主年龄所反映的当时人口寿命，丧葬期习俗所呈现的社会规范等。现在通过对南北朝时期卒者年龄予以必要的关注、统计及相关研究，包括南北朝时期卒者年龄信息统计以及对死亡年龄结构情况予以对比，将南北朝时期人口寿命统计结果进行综合因素分析阐述等。结合正史等传世文献和出土墓志文献中所记载卒者年龄，这类隐性资料对南北朝时期人口寿命及相关问题的研究能发挥极大的作用。进一步挖掘南北朝时期人的死亡年龄这种社会记忆，能更为准确地反映南北朝时期人口寿命的社会实际状况。

第一节 南北朝时期人口寿命信息统计

关于南北朝时期人口变化情况的研究因缺乏最基本的数据和资料，而难有较为全面而深入的研究成果。以往学者主要关注的是方志、族谱与户籍簿册等数字形式记载清晰的显性资料，而对一些未以数字方式表现的资料却重视不够，而大量出土的北朝墓志，正是这样一些未进行过系统梳理的人口史研究的隐性资料。

早在20世纪初，梁启超曾言："族姓之谱，六朝、唐极盛，宋后浸微，然此实重要史料之一。例如欲考族制组织法，欲考各时代各地方婚姻平均年龄、平均寿数，欲考父母两系遗传，欲考男女产生比例，欲考出生率与死亡率比较……等等无数问题，恐除族谱家谱外，更无他途可以得资料。"[1] 南北朝时期的墓志，尤其是北朝墓志包含众多墓主家世源流的叙述，与家族先世，家族子嗣及后裔人员的详细信息，透露出其家族在某一时段内的众多人物，类似其家族谱牒所述内容，因此，以南北朝墓志内容为基础史料，扩大了梁氏所言的仅仅局限的族姓之谱对历史人口研究的重要价值，为人口史研究又多开了一条通道。

---

① 梁启超：《中国近三百年学术史》十五《清代学者整理旧学之总成绩》，北京：东方出版社，1996年版，第404页。

一个时代人口平均寿命的高低，与社会历史发展阶段是密切相关的，既反映了该时期农业、手工业、医学、科学技术等方面发展的总体水平，也反映了一个时代社会的总体治安情况。现出土的南北朝墓志所对应的卒者非北朝全部死亡人数，但对其寿命的统计与研究仍具有代表性，以点看面，使后人对南北朝时期人们的生活状态有一个大致的了解。

一、南北朝时期人口寿命数据统计与平均年龄测算

抽样统计和柱型模型图示是我们关注并开展此项研究的主要方法。首先，将传世文献、出土墓志和碑刻文献中南北朝各时期卒者寿命的数据加以收集并进行抽样统计。

（一）南北朝时期卒者寿命数据收集

抽样统计是我们关注并开展此项研究的主要方法。现以所收集到的南北朝墓志各时期卒者的寿命数据作如下说明。

先看北朝时期卒者寿命数据情况：北魏时期男、女统计样本分别为466人、72人，其中碑志男性246人、正史男性220人；碑志女性69人、正史女性3人，总计538人。东魏时期男、女统计样本分别为92人、19人，其中东魏碑志男性39人、正史男性53人；碑志女性19人，正史女性0，总计111人。北齐时期男、女统计样本分别为125人、27人，其中碑志男性76人、正史男性49人；碑志女性26人、正史女性1人，总计152人。西魏时期男、女统计样本分别为11人、7人，其中碑志男性3人、正史男性8人；碑志女性5人、正史女性2人，总计18人。北周时期男、女统计样本分别为117人、16人，其中碑志男性37人、正史男性80人；碑志女性13人、正史女性3人，总计133人。总之，北朝时期男、女统计样本分别为811人、141人，总计952人。

接下来再看南朝时期卒者寿命数据情况：南朝宋时男、女统计样本分别为167人、11人，其中碑志男性2人、正史男性165人；正史女性11人，总计178人。南朝齐时男、女统计样本分别为117人、6人，其中碑志男性1人、正史男性116人；碑志女性2人、正史女性4人，总计123人。南朝梁时男、女统计样本分别为176人、6人，其中碑志男性3人、正史男性人173；碑志女性2人、正史女性4人，总计182人。南朝陈时男、女统计样本分别为113人、3人，其中碑志男性1人、正史男性人112；正史女性3人，总计116人。总之，南朝时期男、女统计样本分别为573人、26人，总计599人。

（二）北朝卒者寿命的分期统计与平均寿命测算

1. 北朝北魏时期

北魏时期正史文献、出土墓志和碑刻文献中人口寿命予以关注。现将之进行分期，未成年（15岁以下）、青年期（16—23岁）、壮年期（24—35岁）、中年期（36—55岁）、老年期（56岁以上），并统计出每个分期内死亡人数所占总死亡人数的比例。

表6-1

年龄分期	碑志男性	正史男性	碑志女性	正史女性
未成年（15岁以下）	5	7	2	1
青年期（16—23岁）	19	8	8	0
壮年期（24—35岁）	45	30	13	0
中年期（36—55岁）	100	85	16	1
老年期（56岁以上）	77	90	30	1
样本合计	246	220	69	3
年龄合计	11374	11342	3494	129
总平均年龄/岁	$26339 \div 538 \approx 49$			
男子平均年龄/岁	$22716 \div 466 \approx 48.8$			
女子平均年龄/岁	$3623 \div 72 \approx 50.3$			

两性年龄合计分别为22716岁、3623岁，总计26339岁。如此，计算出北朝北魏时男性的平均寿命为48.8岁；女性的平均寿命为50.3岁，女性的平均寿命要高于男性1.5岁；人口的平均寿命为49岁。此种方式，抽取样本的数量越多，统计出的数据越会接近实际情况。就其性别而言，无论男女，中年期的人员死亡率均偏高。

2. 北朝东魏时期

东魏时期的样本量较北魏时期为少，这与东魏为公元534年至550年，仅为16年，时期较短有一定的关系。但对其统计也还是有意义的。现将东魏时期墓主死亡年龄与正史文献中检索到东魏时期有明确死亡年龄记载的情况做如下统计：

表 6-2

年龄分期	碑志男性	正史男性	碑志女性	正史女性
未成年（15岁以下）	1	1	1	0
青年期（16—23岁）	2	1	2	0
壮年期（24—35岁）	4	9	3	0
中年期（36—55岁）	16	21	5	0
老年期（56岁以上）	16	21	8	0
样本合计	39	53	19	0
年龄合计	1959	2605	906	0
总平均年龄/岁	5470÷111≈49.3			
男子平均年龄/岁	4564÷92≈49.6			
女子平均年龄/岁	906÷19≈47.7			

东魏时期两性年龄合计分别为4564岁、906岁，总计5470岁。如此，计算出北朝东魏时男性的平均寿命为49.6岁；女性的平均寿命为47.7岁，男性的平均寿命要高于女性约2岁；人口的平均寿命为49.3岁。就其性别而言，无论男女，中年期的人员死亡率均偏高，此状况与北朝北魏时的情形极为相似。

3. 北朝北齐时期

北齐时期墓主死亡年龄与正史文献中有明确死亡年龄记载的数据列表分期并统计如下：

表 6-3

年龄分期	碑志男性	正史男性	碑志女性	正史女性
未成年（15岁以下）	3	2	1	10
青年期（16—23岁）	2	2	1	10
壮年期（24—35岁）	8	6	4	10
中年期（36—55岁）	20	20	6	10
老年期（56岁以上）	43	19	14	1
样本合计	76	49	26	1
年龄合计	4039	2460	1475	62
总平均年龄/岁	8036÷152≈52.9			
男子平均年龄/岁	6499÷125≈52			
女子平均年龄/岁	1537÷27≈56.9			

北齐时期两性年龄合计分别为6499岁、1537岁，总计8036岁。如此，计算出北朝北齐时男性的平均寿命为52岁；女性的平均寿命为56.9岁，女性的平均寿命要高于男性近5岁；人口的平均寿命为52.9岁。就其性别而言，无论男女，中年期的人员死亡率均偏高。此状况与北朝北魏与东魏时的情形有所好转。

4. 北朝西魏时期

现将西魏时期墓主死亡年龄与正史文献中有明确死亡年龄记载的卒者数据列表分期并统计如下：

表6-4

年龄分期	碑志男性	正史男性	碑志女性	正史女性
未成年（15岁以下）	1	0	0	0
青年期（16—23岁）	0	0	0	0
壮年期（24—35岁）	0	0	0	2
中年期（36—55岁）	1	7	1	0
老年期（56岁以上）	1	1	4	0
样本合计	3	8	5	2
年龄合计	130	396	305	62
总平均年龄/岁	$893 \div 18 \approx 49.6$			
男子平均年龄/岁	$526 \div 11 \approx 47.8$			
女子平均年龄/岁	$367 \div 7 \approx 52.4$			

西魏时期两性年龄合计分别为526岁、367岁，总计893岁。如此，计算出北朝西魏时男性的平均寿命为47.8岁；女性的平均寿命为52.4岁，女性的平均寿命要高于男性4.6岁；人口的平均寿命为49.6岁。就其性别而言，无论男女，中年期的人员死亡率与北朝北魏、东魏、北齐时的情形一样仍然居高不下。

5. 北朝北周时期

现将北周时期墓主死亡年龄与正史文献中有明确死亡年龄记载的卒者数据列表分期并统计如下：

表6-5

年龄分期	碑志男性	正史男性	碑志女性	正史女性
未成年（15岁以下）	2	2	0	0

年龄分期	碑志男性	正史男性	碑志女性	正史女性
青年期（16—23 岁）	3	5	3	0
壮年期（24—35 岁）	5	9	2	0
中年期（36—55 岁）	10	19	5	1
老年期（56 岁以上）	17	45	3	2
样本合计	37	80	13	3
年龄合计	1775	4366	518	224
总平均年龄/岁	6883÷133≈51.8			
男子平均年龄/岁	6141÷117≈52.5			
女子平均年龄/岁	742÷16≈46.4			

北周时期两性年龄合计分别为 6141 岁、742 岁，总计 6883 岁。如此，计算出北朝北周时男性的平均寿命为 52.5 岁；女性的平均寿命为 46.4 岁，男性的平均寿命要高于女性 6 岁；人口的平均寿命为 51.8 岁。就其性别而言，无论男女，中年期的人员死亡率均偏高。北朝由东魏到北齐的死亡人口年龄变化为 49.3 至 52.9 岁；而由西魏到北周为 49.6 至 51.8 岁，两者情形极为相同，看来，随着战事的停歇社会的稳定，民众的生活亦逐步趋于正常。

（三）北朝人口寿命的综合统计与测算

除分期统计之外，仍需要对北朝整个时期的男女寿命予以必要的统计，以便通观北朝人口寿命的全貌，统计样本数越多，所得出的数值就越接近于当时的实际状况。

表 6-6

朝代名称	男性年龄合计	女性年龄合计	总年龄合计
北魏	22716	3623	26339
东魏	4564	906	5470
北齐	6499	1537	8036
西魏	526	367	893
北周	6141	742	6883
合计	40446	7175	47621

表 6-7

年龄分期	男性	女性	合计	占有明确年龄总人口比例
未成年（15 岁以下）	24	5	29	3.05%
青年期（16—23 岁）	42	14	56	5.88%
壮年期（24—35 岁）	116	24	140	14.71%
中年期（36—55 岁）	299	35	334	35.08%
老年期（56 岁以上）	330	63	393	41.28%
合计	811	141	952	
男子平均年龄/岁	49.9			
女子平均年龄/岁	50.9			
总平均年龄/岁	50			

北朝时期两性年龄合计分别为 40446 岁、7175 岁，总计 47621 岁。如此，计算出北朝时期男性的平均寿命为 49.9 岁；女性的平均寿命为 50.9 岁，女性的平均寿命略高于男性 1 岁；人口的平均寿命为 50 岁。占有明确死亡年龄总人口 952 人中，15 岁以下未成年者占 3.05%；16 岁至 23 岁的青年期者占 5.88%；24 岁至 35 岁的壮年期占 14.71%；36 岁至 55 岁的中年期占 35.08%；56 岁以上的老年期占 41.28%。未成年者、青年期者的死亡率较低，壮年期者的死亡率已有了一定的提升，而中年期与老年期者的死亡率则偏高。

（四）南朝卒者寿命的分期统计与平均寿命测算

1. 南朝宋时期

现将南朝宋时期正史文献与出土墓志文献中卒者死亡年龄予以必要的分期，分出未成年（15 岁以下）、青年期（16—23 岁）、壮年期（24—35 岁）、中年期（36—55 岁）、老年期（56 岁以上），并统计出每个分期内男、女死亡的平均年龄。

表 6-8

年龄分期	碑志男性	正史男性	碑志女性	正史女性
未成年（15 岁以下）	0	17	0	0
青年期（16—23 岁）	0	9	0	2
壮年期（24—35 岁）	1	13	0	0
中年期（36—55 岁）	1	68	0	8

年龄分期	碑志男性	正史男性	碑志女性	正史女性
老年期（56 岁以上）	0	58	0	1
样本合计	2	165	0	11
年龄合计	83	7743	0	485
总平均年龄/岁	8311 ÷ 178 = 47			
男子平均年龄/岁	7826 ÷ 167 = 46.9			
女子平均年龄/岁	485 ÷ 11 = 44.1			

　　南朝宋时两性年龄合计分别为 7826 岁、485 岁，总计 8311 岁。如此，计算出南朝宋时男性的平均寿命为 46.9 岁；女性的平均寿命为 44.1 岁，男性的平均寿命要高于女性近 3 岁；人口的平均寿命为 47 岁。就其性别而言，无论男女，中年期的人员死亡率均偏高。

　　2. 南朝齐时期

　　现将南朝齐时期墓主死亡年龄与正史文献中有明确死亡年龄记载的卒者数据列表分期并统计如下：

表 6-9

年龄分期	碑志男性	正史男性	碑志女性	正史女性
未成年（15 岁以下）	0	11	0	0
青年期（16—23 岁）	0	17	0	1
壮年期（24—35 岁）	0	12	1	0
中年期（36—55 岁）	1	37	1	1
老年期（56 岁以上）	0	39	0	2
样本合计	1	116	2	4
年龄合计	54	5132	81	200
总平均年龄/岁	5467 ÷ 123 = 44.4			
男子平均年龄/岁	5186 ÷ 117 = 44.3			
女子平均年龄/岁	281 ÷ 6 = 46.8			

　　南朝齐时两性年龄合计分别为 5186 岁、281 岁，总计 5467 岁。如此，计算出南朝齐时男性的平均寿命为 44.3 岁；女性的平均寿命为 46.8 岁，女性的平均寿命要高于男性近 2.5 岁；人口的平均寿命为 44.4 岁，

比南朝宋时人口的平均寿命要低 3 岁。就其性别而言，无论男女，中年期的人员死亡率与南朝宋一样均偏高。

3. 南朝梁时期

现将南朝梁时期墓主死亡年龄与正史中检索到有明确死亡年龄记载的人物卒年数据列表分期并统计如下：

表 6-10

年龄分期	碑志男性	正史男性	碑志女性	正史女性
未成年（15 岁以下）	0	5	0	0
青年期（16—23 岁）	0	8	0	0
壮年期（24—35 岁）	1	18	0	1
中年期（36—55 岁）	1	63	1	2
老年期（56 岁以上）	1	79	1	1
样本合计	3	173	2	4
年龄合计	135	9033	91	186
总平均年龄/岁	9445 ÷ 182 = 51.9			
男子平均年龄/岁	9168 ÷ 176 = 52.1			
女子平均年龄/岁	277 ÷ 6 = 46.2			

南朝梁时两性年龄合计分别为 9168 岁、277 岁，总计 9445 岁。如此，计算出南朝梁时男性的平均寿命为 52.1 岁；女性的平均寿命为 46.2 岁，男性的平均寿命要高于女性近 6 岁；人口的平均寿命为 51.9 岁，比南朝宋、齐时人口的平均寿命要高出不少。就其性别而言，无论男女，中年期的人员死亡率与南朝宋、齐一样均偏高。

4. 南朝陈时期

现将南朝陈时墓主死亡年龄与正史文献中检索到有明确死亡年龄记载的卒者情况如下：

表 6-11

年龄分期	碑志男性	正史男性	碑志女性	正史女性
未成年（15 岁以下）	0	0	0	0
青年期（16—23 岁）	0	4	0	0
壮年期（24—35 岁）	0	6	0	0

年龄分期	碑志男性	正史男性	碑志女性	正史女性
中年期（36—55岁）	1	38	0	0
老年期（56岁以上）	0	64	0	3
样本合计	1	112	0	3
年龄合计	42	6351	0	215
总平均年龄/岁	6608÷116＝57			
男子平均年龄/岁	6393÷113＝56.6			
女子平均年龄/岁	215÷3＝71.7			

南朝陈时两性年龄合计分别为 6393 岁、215 岁，总计 6608 岁。如此，计算出南朝陈时男性的平均寿命为 56.6 岁；女性的平均寿命为 71.7 岁，女性的平均寿命要高于男性近 15 岁；人口的平均寿命为 57 岁，比南朝宋、齐、梁时期人口的平均寿命要高。就其性别而言，出现了比南朝宋、齐、梁三个时期更好的局面，无论男女，老年期的人员死亡率稍高，进入南朝陈时，人们的生活逐步趋于常态，死亡人员的年龄越来越大，平稳过渡到部分人员能进入老龄阶段，较好地安度晚年。

（五）南朝人口寿命的综合统计与测算

除分期统计以外，对南朝整个时期的男女寿命仍需予以必要的统计，以便通观南朝人口寿命的全貌。

表 6-12

朝代名称	男性年龄合计	女性年龄合计	总年龄合计
南朝宋	7826	485	8311
南朝齐	5186	281	5467
南朝梁	9168	277	9445
南朝陈	6393	215	6608
合计	28573	1258	29831

表 6-13

年龄分期	男性	女性	合计	占有明确年龄总人口比例
未成年（15岁以下）	33	0	33	5.51%
青年期（16—23岁）	38	3	41	6.84%

年龄分期	男性	女性	合计	占有明确年龄总人口比例
壮年期（24—35 岁）	51	2	53	8.85%
中年期（36—55 岁）	210	13	223	37.23%
老年期（56 岁以上）	241	8	249	41.57%
合计	573	26	599	
男子平均年龄/岁	49.9			
女子平均年龄/岁	48.4			
总平均年龄/岁	49.8			

南朝时期两性年龄合计分别为 28573 岁、1258 岁，总计 29831 岁。如此，计算出北朝时期男性的平均寿命为 49.9 岁；女性的平均寿命为 48.4 岁，女性的平均寿命略低于男性 1 岁；人口的平均寿命为 49.8 岁。占有明确死亡年龄总人口 599 人中，15 岁以下上午未成年者占 5.51%；16 岁至 23 岁的青年期者占 6.84%；24 岁至 35 岁的壮年期者占 8.85%；36 岁至 55 岁的中年期者占 37.23%；56 岁以上的老年期占 41.57%。未成年者、青年期者、壮年期者的死亡率较低，而中年期与老年期者的死亡率则急剧性地增高。

二、南北朝时期人口寿命结构状况与特征

在做好南北朝卒者死亡年龄相关统计的基础上，将已有数据进行科学的统计方法来进行对比等相关分析，以求获得综合性研究与探讨的结论。

（一）选择柱形图标研究模型看北朝人口寿命状况与特征

综合上述北朝男、女死亡人口寿命的统计数字，为更清晰表示卒者年龄结构情况，可以采用柱型图表方式反映各个时期男女人口寿命的对比情况。总的来说，女性寿命略长于男性，虽然女性墓主与正史文献中对女性人物记载的资料内容十分有限，但还是或多或少地能反映出当时的社会实情。绘制图表如下所示（横坐标为男女性不同时段的平均年龄情况，纵坐标为人的年龄数值）：

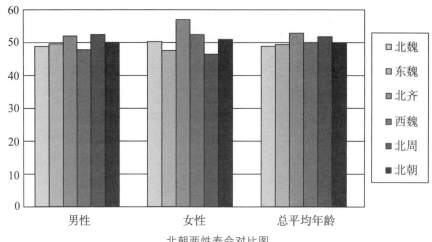

北朝两性寿命对比图

北朝整个时期抽取样本人口在各年龄阶段的死亡人数，可以在上述统计的基础上通过较为直观的柱型图表显示（横坐标为人口的不同年龄段，纵坐标为死亡人数）：

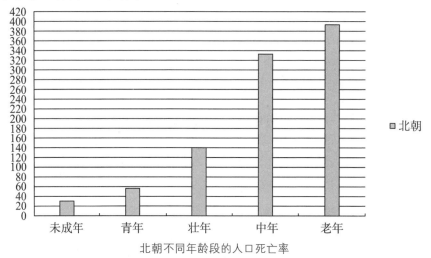

北朝不同年龄段的人口死亡率

总之，北朝死亡人数比例随着年龄的增长呈现出上升态势，较为符合人类生存的规律，但是，从图中也可以发现，中年时期的死亡人数比例接近于老年时期，这又呈现出一种不太正常的现象。此图还能发现一些值得注意的问题，比如说未成年、青年、壮年、中年的死亡率仍旧偏高，尤其是中年的死亡率有显著的增长，约是壮年死亡人数的二倍，说明北朝人口似乎不能做到寿终正寝。

（二）选择柱形图标研究模型看南朝人口寿命状况与特征

综合上述南朝男、女死亡人口寿命的统计数字，同样采用柱型图表方式反映各个时期男女人口寿命的对比情况，绘制图表如下所示（横坐标为男女性不同时段的平均年龄情况，纵坐标为人的年龄数值）：

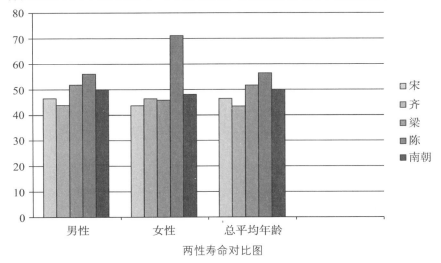

两性寿命对比图

南朝整个时期抽取样本人口在各年龄阶段的死亡人数，亦可以在上述统计的基础上通过较为直观的柱型图表显示（横坐标为人口的不同年龄段，纵坐标为死亡人数）：

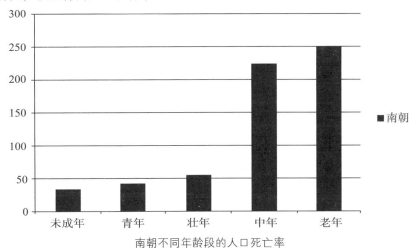

南朝不同年龄段的人口死亡率

南朝死亡人数比例随着年龄的增长呈现出上升态势，较为符合人类生存的规律，细观此图还能发现一些值得注意的问题，如未成年、青年、壮年的死亡率增长呈现上升态势较为平稳，但壮年与中年间的增长呈现出一个突变现象，中年死亡人数约是壮年死亡人数的四倍。从图中亦可发现，中年时期的死亡人数比例接近于老年时期，这又呈现出一种极不正常的人类生存现象，看来南朝比北朝人口更难做到寿终正寝。

三、南北朝时期人口寿命状况的综合因素分析

虽然关于南北朝时期人口寿命构成的资料远非完备，但已可获得对该问题较多的了解。从抽样调查来看，北朝时期人口的平均寿命为50岁，其中男性的平均寿命为49.9岁，女性的平均寿命为50.9岁，女性的平均寿命高于男性1岁。使用同样方法来调查分析南朝人口寿命情况，南朝时期人口的平均寿命为49.8岁，其中男性的平均寿命为49.9岁，女性的平均寿命为48.4岁，男性的平均寿命高于女性1岁。我们能得到的统计样本数量越多，所得出的数值就越接近于当时的实际状况，与此相反，我们所得到南朝时期女性的统计样本寥寥，对统计结果会产生极大的影响。不过，尽管南朝时期女性的平均寿命数据存在缺憾，非贴近实际数据，但还是有一定的参考价值，只要正确理解，它对学者们试图复原南北朝时期人口寿命的尝试并非毫无用途。南北朝时期人口的平均寿命状况，虽不是实际情况的最真实反映，但对统计的数据综合来看，它们有着惊人的相似性，南北朝时期人口的平均寿命均在约50岁这一数值上，尤其男性的平均寿命都是49.9岁，而女性的平均寿命亦基本一致。这一统计结果令笔者惊诧不已。综观南北朝时期两地各朝的诸多特点，一些学者（包括笔者）会认为，南朝比北朝人口的寿命更长，这一推测从逻辑上说是理所当然地被赞同。因南北地缘相隔，一条长江为界将之分割南北，形成了互不往来相对封闭的政治与地理环境差异空间；经济基础悬殊，使得南北生活习俗迥异，如"牧羊文化"与"酪浆文化"是北朝文化的典型代表，而"鱼米文化"与"茗饮文化"是南朝文化的典型代表；南朝世代相传的高门大族的政治势力强盛与经济地位富庶，北朝鲜卑族连年征战快速崛起挺进中原，虽然草原铁骑不断向汉族先进文化汲取养分，但短时间内其民众施教与文明程度远不如南朝。如此政治、经济、文化诸因素的影响，南朝优越性远远超过北朝，而统计结果却是相似的：南北朝人口的平均寿命均在50岁；其中男性的平均寿命又是完全一致的49.9岁；虽女性的统计样本少而影响了数据的真实性，却也得出了仅仅1岁之差的统计结果。为何会造成这一惊人的相似性结论，不得不引起笔者深入思考。

（一）朝代更迭战乱频起

人们的寿命长短与社会的治乱有密切关系。社会安定，人们的寿命便会增长。中国的人口寿命增长或缩短这一事实与过程，已不局限于人口统计学者单方面的关注与研究。在中国人口发展史上，因战乱、疾病等原因，人口数量一直处于起起落落变动中，有时甚至是大起大落之态。

据文献统计，东汉人口高于西汉。"其盛时人口当远逾 1300 万户、6500 万口以上"①。至西晋武帝太康元年（280 年）平吴，"大凡户二百四十五万九千八百四十，口一千六百一十六万三千八百六十三"②，人口数字锐减。正如曹操《蒿里行》"白骨露于野，千里无鸡鸣。生民百遗一"；王粲《七哀诗》"出门无所见，白骨蔽平原"；曹植《送应氏二首》"中野何萧条，千里无人烟"等诗中所描述的场景，写的就是战争的残酷、人烟的荒凉以及人口的锐减。陶渊明《归田园居》其四"徘徊丘垄间，依依昔人居。井灶有遗处，桑竹残朽株。借问采薪者，此人皆焉如。薪者向我言，死没无复余"，则更突出了整个村庄的灭绝惨烈。

南北朝时期更是朝代更迭，随之而起的分裂与战乱，形成了动荡不安的社会环境，百姓亦在颠沛流离中过活。

如南朝的宋、齐、梁、陈四代王朝的走马灯循环；北朝随着北魏的分裂，以及北齐、北周对东魏、西魏的禅替，亦是一波推翻另一拨轮流当朝。皇朝更迭使得各地战事不绝，叛乱以及内外战争之类人祸必然伴随着人员死亡。譬如《宋书》载："自江、淮至于清、济，户口数十万，自免湖泽者，百不一焉。村井空荒，无复鸣鸡吠犬。时岁惟暮春，桑麦始茂，故老遗氓，还号旧落，桓山之乡，未足称哀。六州荡然，无复余蔓残构。"③ 梁天监五年（506 年）九月，临川王宏军至洛口，大溃，所亡万计。④ 梁末侯景之乱"州郡太半入魏，自巴陵以下至建康，缘以长江为限。荆州界北尽武宁，西拒峡口；自岭以南，复为萧勃所据。文轨所同，千里而近，人户著籍，不盈三万"⑤。

北魏世祖太武帝拓跋焘延和元年（432 年）秋八月甲戌，文通使数万人出城挑战，昌黎公元丘与河间公元齐击破之，死者万余人。⑥ 孝文帝元宏太和二十一年（497 年）六月"壬戌，诏冀、定、瀛、相、济五州发卒二十万，将以南讨"⑦。世宗宣武帝景明元年（500 年）的寿春之战⑧，

---

① 王育民：《中国人口史》，南京：江苏人民出版社，1995 年版，第 114 页。
② 《晋书》卷十四《志·地理上》，北京：中华书局，1974 年版，第 415 页。
③ 《宋书》卷九十五《索虏传》，北京：中华书局，1974 年版，第 2359 页。
④ ［唐］李延寿：《南史》卷六《梁本纪》，北京：中华书局，1975 年版，第 189 页。
⑤ 《南史》卷八《梁本纪》，北京：中华书局，1975 年版，第 244 页。
⑥ 《魏书》卷四《世祖纪》，北京：中华书局，1974 年版，第 81 页。
⑦ 《魏书》卷四《世祖纪》，北京：中华书局，1974 年版，第 182 页。
⑧ 太和中，高祖孝文帝南伐，曾使人访南宋将领裴淑业，但淑业不降。之后南宋萧鸾卒，萧宝卷怀疑裴淑业，致使其数反，至世宗宣武帝景明元年，裴淑业终千举众内属。萧宝卷其他将领从宛和淮河上游夹击，进逼寿春。南北双方残酷征战，死伤无数。

血流成河，尸横遍野。正始二年（505年）六月"丁卯，扬州刺史薛真度大破萧衍将王超宗，俘斩三千级"；秋七月"壬辰，萧衍巴西太守庾域，冠军将军、统军主李畋等逆战，足击破之，俘斩千数"①。正始三年（506年）"八月壬寅，安东将军邢峦破萧衍将桓和于孤山，斩首万余级"；"九月癸酉，邢峦大破衍军于宿豫，斩其大将蓝怀恭等四十余人。张惠绍弃宿豫，萧昞弃淮阳南走，追斩数万级。徐州平"。延昌三年（514年）冬十一月辛亥"步骑十万西伐"②。肃宗孝明帝武泰元年（528年）的河阴之乱③，尔朱氏一次屠杀二千余人。正光五年（524年）爆发了六镇破六韩拔陵的起义，关陇莫折念生、万俟丑奴、河北杜洛周、鲜于脩礼、葛荣，山东邢杲等相继起义。农民起义的浪潮几遍及整个北方。以镇压农民起义起家的尔朱荣，更是专横跋扈，使社会生产遭到严重破坏，人口在战乱中死伤或逃亡者众多。"孝昌之际，乱离尤甚。恒代而北，尽为丘墟；崤潼已西，烟火断绝；齐方全赵，死如乱麻。于是生民耗减，且将大半"④。北魏末年政府直接控制下的户口数字比正光以前下降30%。

东魏孝静帝天平元年（534年）六月温子升曰："东南不宾，为日已久，先朝已来，置之度外，今天下户口减半，未宜穷兵极武。"武定元年（543年）二月戊申，神武大败高慎于芒山"禽西魏督将以下四百余人，俘斩六万计"。武定四年（546年）九月"顿军五旬，城不拔，死者七万人，聚为一冢"⑤。武定五年（547年）"冬十月乙酉，以尚书左仆射慕容绍宗为东南道行台，与骠骑大将军、仪同三司、大都督高岳，潘相乐讨渊明。十有一月，大破之，擒渊明及其二子瑶、道，将帅二百余人，俘斩五万级，冻乏赴水死者不可胜数"；武定六年（548年）"春正月己亥，大都督高岳等于涡阳大破侯景，俘斩五万余人，其余溺死于涡水，水为之不

---

① 《魏书》卷四《世祖纪》，北京：中华书局，1974年版，第200页。

② 《魏书》卷八《宣武帝纪》，北京：中华书局，1974年版，第203、214页。

③ 北魏孝明帝武泰元年二月，胡太后毒杀孝明帝元诩，将刚出生的皇女冒充皇子，立以为帝，几天后又另立三岁的元钊。车骑将军，并、肆、汾、唐、恒、云六州讨房大都督尔朱荣以给孝明帝报仇为由，从并州领兵南下，直指洛阳。四月十一日，尔朱荣在河阴（今河南洛阳东北）立元子攸为帝（孝庄帝），自为侍中，都督中外诸军事、大将军、尚书令、领军将军等职；同日，洛阳东北门户河桥守将降尔朱荣，洛城遂无险可守，将士四散，胡太后被迫削发为尼。十二日，皇室、贵族官僚至河桥迎驾。十三日尔朱荣先派人将胡太后和元钊溺死于河阴，又以祭天为名，集合迎驾的百官，宣称天下大乱，孝明帝被害，完全由于朝臣贪婪残暴、不相辅佐造成。于是纵兵将王公卿士两千余人全部杀害，是为历史上著名的"河阴之乱"。尔朱荣挟孝庄帝元子攸入洛阳，自己专制朝政。

④ 《魏书》卷一百六《地形志上》，北京：中华书局，1974年版，第2455页。

⑤ 《北史》卷六《齐本纪上》，北京：中华书局，1974年版，第221、228、230页。

流"；同年"夏四月甲子，吏部令史张永和、青州人崔阆等伪假人官，事觉，纠检，首者六万余人"。① 西魏文帝大统三年（537年）十月高欢与宇文泰开战"斩六千余级"；大统四年（538年）七月宇文泰战侯景"斩其高昂、李猛、宋显等，虏其甲士一万五千人，赴河死者万数"。②

（二）灾害苛税民不聊生

1. 自然灾害

战争引发的疾病、营养不良、缺少照料而造成死亡的总数应远远高于死伤数。另外，伴随战乱的往往是大范围的饥荒和灾疫。灾荒历来是严重社会问题，它不仅直接危害人类生命，造成财产的损失，而且会对社会生产产生巨大的破坏作用，并由此引发一系列的社会问题，涉及政治、经济、文化、生活等方面，甚至成为直接诱发社会动乱，导致改朝换代的因素。此外，灾害的发生还会导致生态系统的破坏，威胁到人类生存环境和文明的发展。在中国这样一个巨大而又依赖自然力量的国家，无论自然灾害发生的频率如何，都不能将之当作一种例外现象。

（1）瘟疫之害。如南朝宋元嘉二十四年（447年）六月，都下疫疠，使巡省给医药。大明元年（457年）夏四月，都下疾疫，遣使巡，赐给医药。南朝梁天监二年（503年）夏季多疠疫。③

北魏太祖道武帝拓跋珪皇始二年（397年）八月"时大疫，人马牛死者十五六"；世宗宣武帝永平三年（510年）"夏四月，平阳郡之禽昌、襄陵二县大疫，自正月至此月，死者二千七百三十人"。④

（2）旱霜之灾。南朝宋元嘉三年（426年）秋，旱且蝗；元嘉八年（431年）夏六月乙丑，大赦，旱故，又大雩；大明七与八年，东诸郡大旱，甚米者一斗数百，都下亦至百余，饿死者十六七；南朝梁天监元年（502年）大旱，米斗五千，人多饿死；南朝梁天监三年（504年）与六年（507年）春三月，均陨霜杀草；大同三年（537年）六月，青州胸山陨霜；太建十年（578年）八月戊寅，陨霜杀稻菽。⑤

北魏高宗文成帝太安五年（456年）"冬十二月戊申，诏以六镇、云中、高平、二雍、秦州偏遇灾旱，年谷不收，开仓廪振乏。有徙流者，喻还桑梓"；高祖孝文帝太和五年（481年）夏四月"甲寅，以旱故，诏

---

① 《魏书》卷一二《孝静纪》，北京：中华书局，1974年版，第310、311页。

② 《北史》卷九《周本纪上》，北京：中华书局，1974年版，第321、322页。

③ 《南史》卷二《宋本纪中》、卷六《梁本纪上》。

④ 《北史》卷一、四《魏本纪》，北京：中华书局，1974年版，第16、139页。

⑤ 《南史·纪》（一），北京：中华书局，1975年版，第39、42、68、186、187、190、213、298页。

所在掩骸骨，祈祷神祇"。① 世宗宣武帝景明三年（502 年）二月"自比阳旱积时，农民废殖，寤言增愧，在予良多。申下州郡，有骸骨暴露者，悉可埋瘗"；正始三年（506 年）夏四月丙寅"掩骼埋胔，古之令典，顺辰修令，朝之恒式。今时泽未降，春稼已旱。或有孤老馁疾，无人赡救，因以致死，暴露沟堑者，洛阳部尉依法棺埋"；延昌元年（512 年）"夏四月，诏以旱故，食粟之畜皆断之"。② 肃宗孝明帝熙平元年（516 年）五月丁卯朔"炎旱积辰，苗稼萎悴，比虽微澍，犹未霑洽，晚种不纳，企望忧劳，在予之责，思自兢厉"；正光三年（522 年）"炎旱频岁，嘉雨弗洽，百稼焦萎，晚种未下，将成灾年，秋稔莫觊"。③ 东魏孝静帝天平二年（535 年）三月辛未"以旱故，诏京邑及诸州郡县收瘗骸骨"，"五月，大旱"；天平三年（536 年）"八月，并、肆、汾、建四州陨霜，大饥"；武定六年（548 年）三月"辛亥，以冬春亢旱，赦罪人各有差"。④

（3）水灾与地震。中古时期水灾严重，平均每年都有成千上万的人被洪水淹死，而流民也大多由于水灾造成。南朝多雨水洪灾，或与南方的自然地理和气候等因素相关。如南朝宋元嘉五年（428 年）夏六月都下大水，遣使检行赈赡；元嘉十八年（441 年）夏五月甲申，沔水汛溢，害居人；大明元年（457 年）五月，吴兴、义兴大水，人饥；大明四年（460 年）八月，雍州大水；元徽元年（473 年）夏六月乙卯，寿阳大水；元徽三年（475 年）春三月己巳，都下大雨；南朝齐永元元年（499 年），秋七月丁亥，都下大水，死者甚众；南朝梁天监六年（507 年）秋八月戊戌，都下大水；中大通二年（530 年）夏四月庚申，大雨雹；南朝陈太建十年（578 年）夏四月庚申，大雨雹。⑤

而地震之害亦是南朝时期各朝代所遇之大灾，此种现象在正史中多作记载。如南朝宋永初二年（421 年）秋七月己巳，地震；南朝宋元嘉十五年（438 年）秋七月辛未，地震；大明六年（462 年）秋七月甲申，地震，有声如雷；元徽五年（477 年）五月，地震；昇明三年（479 年）二月丙申，地震建阳门；南朝齐永元元年（499 年），地震自秋七月至来岁，昼夜不止，小屋多坏；南朝梁天监五年（506 年）冬十一月甲子，都下地震，

① 《北史》卷二、三《魏本纪》，北京：中华书局，1974 年版，第 70、97 页。
② 《魏书》卷八《世宗纪》，北京：中华书局，1974 年版，第 194、202、211 页。
③ 《魏书》卷九《肃宗纪》，北京：中华书局，1974 年版，第 224、233 页。
④ 《魏书》卷十二《孝静纪》，北京：中华书局，1974 年版，第 299、300、311 页。
⑤ 《南史·纪》（一），北京：中华书局，1975 年版，第 40、47、60、63、85、87、147、190、207、298 页。

生白毛；普通六年（525 年）冬十二月壬辰，都下地震；大同二年（536
年）十一月辛亥，都下地震，生白毛，长二尺；大同三年（537 年）冬十
月丙辰，都下地震；大同七年（541 年）二月乙卯，地下地震；大同九年
（543 年）春正月丙申，地震，生毛；南朝陈永定二年（558 年）五月乙
未，都下地震；祯明元年（587 年）春正月乙未，地震。①

北朝时期洪水与地震灾害亦呈不绝之状。北魏太祖道武帝天赐四年
夏五月，北巡，自参合陂东过蟠羊山，大雨，暴水流辎重数百乘，杀百
余人。②世宗宣武帝正始四年（507 年）"夏四月戊戌，钟离大水"；延昌
元年（512 年）"三月甲午，州郡十一大水，诏开仓赈恤。以京师谷贵，出
仓粟八十万石以赈恤贫者"；延昌二年（513 年）"五月，寿春大水，遣平
东将军奚康生等步骑数千赴之。……是夏，州郡十三大水"。③肃宗孝明帝
熙平元年（516 年）"九月丁丑，淮堰破，萧衍缘淮城戍村落十万余口，皆
漂入于海"④。元象元年（538 年）"是夏，山东大水，虾蟆鸣于树上"⑤。

世宗宣武帝延昌元年（512 年）夏四月癸未"肆州地震陷裂，死伤
甚多，言念毁没，有酸怀抱。亡者不可复追，生病之徒宜加疗救。可遣
太医、折伤医，并给所须之药，就治之"；延昌二年（513 年）"冬十月，
诏以恒、肆地震，民多死伤，蠲雨河一年租赋。十有二月丙戌，丐洛阳、
河阴二县租赋。乙巳，诏以恒、肆地震，民多离灾，其有课丁没尽、老
幼单辛、家无受复者，各赐廪以接来稔"；延昌三年（514 年）春二月己
未"肆州秀容郡敷城县、雁门郡原平县，并自去年四月以来，山鸣地震，
于今不已，告谴彰咎，朕甚惧焉，祗畏兢兢，若临渊谷，可恤瘝宽刑，
以答灾谪"。⑥

2. 饥荒苛税频发

南朝齐建元二年（480 年）二月癸巳，遣大使巡慰淮、肥、徐、豫
边人尤贫遘难者；南朝梁武帝中大通三年（531 年）是秋，吴兴生野稻，
饥者赖焉；大同三年（537 年）"是岁饥"。⑦

传世文献对北朝时期民众的饥饿多着笔墨，为社会现实之真实反映。

---

① 《南史·纪》（一），北京：中华书局，1975 年版，第 26、45、65、88、92、147、189、204、212、
213、215、273、305 页。
② 《魏书》卷二《太祖纪》，北京：中华书局，1974 年版，第 43 页。
③ 《魏书》卷八《世宗纪》，北京：中华书局，1974 年版，第 204、211、213 页。
④ 《魏书》卷四下《世祖纪》，北京：中华书局，1974 年版，第 224 页。
⑤ 《魏书》卷十二《孝静纪》，北京：中华书局，1974 年版，第 302 页。
⑥ 《魏书》卷八《世宗纪》，北京：中华书局，1974 年版，第 212、213、214 页。
⑦ 《南史》卷四、七《梁本纪》，北京：中华书局，1975 年版，第 111、208、213 页。

如北魏太武帝太平真君元年（440年）"州镇十五民饥，开仓赈恤"①。

北魏文成帝太安元年（455年）社会现状"农不垦殖，田亩多荒，则徭役不时，废于力也；耆老饭蔬食，少壮无衣褐，则聚敛烦数，匮于财也；闾里空虚，民多流散，则绥导无方，疏于恩也；盗贼公行，劫夺不息，则威禁不设，失于刑也；众谤并兴，大小嗟怨，善人隐伏，佞邪当途，则为法混淆，昏于政也"；太安三年（457年）"十有二月，以州镇五蝗，民饥，使使者开仓以赈之"。②

北魏孝文帝太和元年（477年）春正月"云中饥，开仓赈恤"；十二月"丁未，诏以州郡八水旱蝗，民饥，开仓赈恤"；太和二年（478年）"州镇二十余水旱，民饥，开仓赈恤"；太和四年（480年）"诏以州镇十八水旱，民饥，开仓赈恤"；太和七年（483年）"六月，定州上言，为粥给饥人，所活九十四万七千余口"；九月"冀州上言，为粥给饥民，所活七十五万一千七百余口"；十二月"诏以州镇十三民饥，开仓赈恤"；太和八年（484年）十二月"诏以州镇十五水旱，民饥，遣使者循行，问所疾苦，开仓赈恤"；太和十一年（487年）二月甲子"诏以肆州之雁门及代郡民饥，开仓赈恤"及"是岁大饥，诏所在开仓赈恤"；太和十二年（488年）十一月"诏以二雍、豫三州民饥，开仓赈恤"。③

北魏宣武帝景明元年（500年）"五月甲寅，以北镇大饥，遣兼侍中杨播巡抚赈恤"及"是岁，十七州大饥，分遣使者开仓赈恤"；景明二年（501年）三月"青、齐、徐、兖四州大饥，民死者万余口"；景明三年（502年）"河州大饥，死者二千余口"；正始四年（507年）秋八月辛丑"敦煌民饥，开仓赈恤"；秋八月"丙戌，司州民饥，开仓赈恤"；永平二年（509年）"夏四月己酉，诏以武川镇饥，开仓赈恤"；永平四年（511年）"二月壬午，青、齐、徐、兖四州民饥甚，遣使赈恤"；延昌元年（512年）"春正月乙巳，以频水旱，百姓饥弊，分遣使者开仓赈恤"；延昌二年（513年）"二月丙辰朔，赈恤京师贫民。甲戌，以六镇大饥，开仓赈恤。……是春，民饥，饿死者数万口。夏四月庚子，以绢十五万匹赈恤河南郡饥民。……六月乙酉，青州民饥，诏使者，开仓赈

---

① 《魏书》卷四下《世祖纪》，北京：中华书局，1974年版，第94页。
② 《魏书》卷五《高宗纪》，北京：中华书局，1974年版，第114—115、116页。
③ 《魏书》卷七《高祖纪》，北京：中华书局，1974年版，第143、145、146、149、152、153、155、162、163、164页。

恤"；延昌三年（514 年）"夏四月，青州民饥，辛巳，开仓赈恤"。①北魏孝明帝熙平元年（516 年）"夏四月戊戌，以瀛洲民饥，开仓赈恤"；熙平二年（517 年）冬十月"戊戌，以光洲饥弊，遣使赈恤"；神龟元年（518 年）春正月"幽州大饥，民死者三千七百九十九人。诏刺史赵邕开仓赈恤"。②东魏孝静帝天平三年（536 年）"冬十有一月戊申，诏尚书可遣使巡检河北流移饥人……广汉露骸，时闻于夜哭"③。

苛捐杂税加重。北魏孝明帝孝昌二年（526 年）还出现了按亩收租的"田税"，齐州平原民刘树、刘仓生聚众反。经历寿春、新野之战后，孝明帝诏曰："顷旧京沦覆，中原丧乱，宗室子女，属籍在七庙之内，为杂户；滥门所拘辱者，悉听离沼。"④皇室宗门人员尚且如此，更勿说平民百姓的艰难困苦。北魏孝武帝太昌元年（532 年）元修即位，五月庚戌诏书载"顷西土年饥，百姓流徙，或身倚沟渠，或命悬道路，皆见弃草土，取厌乌鸢。……凶权诞恣，法令变常，遂立夷貊轻赋，冀收天下之意，随以箕敛之重，终纳十倍之征"⑤。

从传世文献记载中可以看出，北魏孝文帝和宣武帝时期，各州镇大饥，分遣使者开仓赈恤之事频发。更见世宗宣武帝时期，洪水与地震之灾双重交织，死伤甚多。又加平阳郡之禽昌、襄陵二县大疫横行，民众愈加不得安宁。

天灾人祸使经济受到破坏，使生灵涂炭，这直接影响到当时人们平均寿命的计量。从南北朝史书中做抽样调查的样本以男性官员居多；再以北朝墓志为例，北朝墓志多为皇家宗室大族墓葬所设，志主除自然死亡外，大都遭受战乱而暴卒。在历次各种战乱中，皇家宗室大族命运多磨，男性便是战乱的主角，中年期男性多为高级职官，在内乱与外患的征战中丧命者常有，因此呈现出男性中年期的死亡人数接近于老年期，男性的平均寿命也相对较低，故可能导致男性的死亡率高于同龄女性。人生修短随化，南北朝已出土墓志墓主年龄最小者为生于北齐天保七年（556 年）九月十九日，卒于八年（557 年）五月二十四日的纂息奴之子，只有 8 个月大；而年龄最长者为葬于北魏孝昌二年（526 年）十月十八日的秦洪，春秋一

① 《魏书》卷八《世宗纪》，北京：中华书局，1974 年版，第 192、193、195、204、208、210、211、213、214 页。

② 《魏书》卷九《肃宗纪》，北京：中华书局，1974 年版，第 224、226、227 页。

③ 《魏书》卷十二《孝静纪》，北京：中华书局，1974 年版，第 300 页。

④ 《魏书》卷九《肃宗纪》，北京：中华书局，1974 年版，第 245 页。

⑤ 《魏书》卷十一《废出三帝纪》，北京：中华书局，1974 年版，第 283—284 页。

百，为期颐之年的百岁老人。《宋书》记载年龄最高者为南朝宋时期的朱百年，终年87岁。北朝《魏书》记载年龄最高者为北魏时期的罗结，终年120岁。其文曰："罗结，代人也，其先世领部落，为国附臣。刘显之谋逆也，太祖去之。结翼卫銮舆，从幸贺兰部。后以功赐爵屈蛇侯。太宗时，除持节、散骑常侍、宁南将军、河内镇将。世祖初，迁侍中、外都大官，总三十六曹军。年一百七岁，精爽不衰。世祖以其忠悫，甚见信待，监典后宫，出入卧内，因除长信卿。年一百一十，召听归老，赐大宁东川以为居业，并为筑城，即号曰罗侯城，至今犹存。朝廷每有大事，驿马询访焉。年一百二十岁，卒。赠宁东将军、幽州刺史，谥曰贞。"①据医学专家估计，人的寿命一般是性成熟时期的年龄的6倍，如果没有疾病、战事等因素的侵扰，一般人都能活到120岁，北魏时期的罗结就是这一推论的典型例子，但不具有普遍性，因为该年岁即便在如今人口平均年龄普遍增长的时期也实属罕见。天灾人祸是残酷的，它破坏了美好的家园，使百姓流离失所。颠沛的生活，不幸的遭遇，物质生活和精神生活的严重创伤，导致处在这一时期人们的平均寿命不可能高于非战乱时期人们的平均寿命。从对南北朝人口寿命的统计分析看，该时期人们的寿命还是比较短的，多数人口难以寿终正寝。

（三）文化与心理维度冲突及相对独立性

南北朝的经济基础本有差距，且南北生活习俗迥异，如"牧羊文化"与"酪浆文化"是北朝文化的典型代表，而"鱼米文化"与"茗饮文化"是南朝文化的典型代表，如此，南北朝之间显然存在着一定的文化差异。这种文化学上的差异称之为"社会距离"，美国文化学家罗杰·皮尔逊说："当两个不同的亚文化群，甚至两个不同社会的成员意识到他们之间的文化差异时，习惯上把这种现象称之为存在与他们之间的'社会距离'。这个距离并非空间测量法，而是指个人或集团之间的隔离感，它产生于文化的不相容性。"②北魏道武帝拓跋珪皇始元年（396年）"破慕容宝于中山，获晋乐器，不知采用，皆委弃之"③。北朝乐府名句"我是虏家儿，不解汉儿歌"，也正道出了胡人对汉文化的陌生感。北魏立国后，拓跋鲜卑作为北魏统治者，喜欢重用江南士人，接纳认可江南文化，既能爱才好士，极力仰仗汉人治理国家，又常常矛盾性地排

---

① 《魏书》卷四十四《罗结传》，北京：中华书局，1974年版，第987页。

② 冯天瑜等：《中华文化史》，上海：上海人民出版社，1990年版，第541页。

③ 《隋书》卷十四《音乐志中》，北京：中华书局，1973年版，第313页。

抑汉人，欲进一步确立鲜卑的中心与正统地位。如孝文帝曾与朝臣"论海内姓地人物"，当议及薛聪时，聪曰："臣远祖广德，世仕汉朝，时人呼为汉。臣九世祖永，随刘备入蜀，时人呼为蜀。臣今事陛下，是虏非蜀也。"① 而称为"胡化汉人"的崔浩亦"嗟服南人"，被司徒长孙嵩谗言有"讪鄙国化之意"②，成为胡、汉文化冲突的牺牲品。崔浩被诛在太平真君十一年（450 年）六月，前后涉案者 128 人，"浩竟族灭，余皆身死"，若非高允力谏，则"自浩已下、僮吏已上百二十八人皆夷五族"③。正如高允《征士颂》感慨："日月推移，吉凶代谢，同征之人，凋奸殆尽。在者数子，然复分张。往昔之忻，变为悲戚。"短短数语，描述了被征召之前意气风发的壮志，以及崔浩事件后文人的凋零陨落，暗含了汉人被黜的伤感。南北文化与心理产生差异与冲突的原因，乃是一种由宗教信仰、政治、经济、种族以及地理环境等多因素形成的"总的合力"作用的结果，这是一种近似于马克思主义文艺学经典作家所阐述的观点。④ 即使北魏鲜卑族挺入中原后，奋起加快改革快速融入汉族，也不能在短时间内追赶得上南方诸多领域的根深叶茂。南北文化具有的不相容性，使得他们之间具有文化与心理维度差异，难以推测两者在人口寿命方面的差异性。

（四）生产力水平低下

生产力是指人们利用自然、改造自然和生产物质资料的一种能力体现。它由人的因素即劳动者和物的因素即生产资料构成。其中劳动者是决定性的因素。决定生产力高低的因素是劳动者、生产资料与劳动对象这三个方面。其中，劳动者是最重要的因素。生产力发展水平的高低是生产力要素构成的系统与其所处的政治、经济、社会、文化、生态等环境构成的体系聚合匹配的结果。因为南北朝时期的政治环境恶劣，天灾人祸不断，动乱使经济受到破坏，使环境变得不宜人居，民众总是生活在颠沛流离的恐惧之中，壮年男子均需服役，老弱妇女从事生产，因此，劳动力的缺乏，必然使农业、手工业生产受到影响。战乱所及，人们只顾奔命，哪里还谈得上不误农时地在田里耕种，湖河里撒网，草原上牧羊，甚至南北边境上的通商互市，行旅往来等。

---

① 《北史》卷三十五《薛聪传》，北京：中华书局，1974 年版，第 1333 页。
② 《北史》卷三十五《王慧龙传》，北京：中华书局，1974 年版，第 1288 页。
③ 《魏书》卷四十八《高允传》，北京：中华书局，1974 年版，第 1071 页。
④ 恩格斯：《致约瑟夫·布洛赫》，引自《马克思恩格斯选集》第四卷，北京：人民出版社，1997 年版，第 478 页。

在南北隔绝的情况下，南北间的商业交流需要经过官方许可，私人的互市活动往往被视为通敌而被禁止，有的人甚至以此获罪。如崔季舒"出为齐州刺史，坐遣人渡淮互市，亦有赃贿事，为御史所劾"①。某些士人和大族因难而迁徙，如南朝历次政治斗争中不少失败者逃奔北方，江陵陷落后大批士人被俘入北。北朝尔朱荣之乱后，不少士人南投梁朝。战争也带来了南北疆域的变更等，如此，生产资料的匮乏、文化教育的衰落也是恶性循环一般紧随其后。

上述统计结论在某种程度上亦能说明南北朝时期的社会政权频繁更迭，百疮千孔的社会经济、科技、社会、文化、生态等方面的发展水平相对是比较低的，亦反映出当时生产力水平的低下。"大部分人口已经接近最低的生存线时，这个社会就变得特别脆弱。"② 因此，南北朝时期除战乱或自然灾害造成的人员伤亡严重影响人口寿命外，当时的生产力水平低下，亦不可避免地影响到其人口的寿命状况。因此，南朝与北朝的生产力水平孰高孰低难以评判。

《中国人口史》有这样的论述："一定规模的战乱与暴政只要达到破坏农业简单再生产的程度就引起人口总数的下降；而政治社会秩序的稳定只要导致农业简单再生产的恢复或外延扩大再生产的正常进行则引起人口的恢复与发展。这一结论完全具有自然科学那样的准确性。"③ 人们的寿命还与自然环境、气候、个体的性格及生活习惯等因素有关，遵循这一中国古代人口规律，笔者认为它同样适用于南北朝时期人口寿命长短之状况。将正史与碑志文献资料相结合，来揭示天灾人祸、文化心理、生产能力等因素严重影响当时人口寿命的状况，更接近于实际。南北朝人口寿命的统计结果显示出大多数人口是不能进入老年期的。而这些统计人物生前大多属于上流社会人士，在生活水准方面是超过当时社会平均水平的。由此可以推论，当时人口寿命的平均值比目前统计的数值可能还要低一些。

---

① 《北齐书》卷三十九《崔季舒传》，北京：中华书局，1972 年版，第 512 页。

② ［英］哈巴库克：《十八世纪的英国人口问题》，《经济历史周报》1953 年第 6 期，第 133—177 页。

③ 赵文林、谢淑君：《中国人口史》，北京：人民出版社，1988 年版，第 105、108 页。

附　表

以下为北朝、南朝各时期，墓志文献和正史文献中有明确死亡年龄记载的卒者相关信息统计。

表一 　北魏墓志文献统计（386—534）

性别	人物	年龄	出土时间/藏地
男	元文	9	1920 年　北图藏拓　辽宁省博物馆
	杨阿难	13	1971 年　陕西历史博物馆
	李伯钦	13	2001 年　藏地不详
	甄凯	14	1957 年　正定县文物保管所
	元信	15	1929 年　北图藏拓　西安碑林博物馆
	元始和	17	1914 年　北图藏拓　张先生收藏
	元孟辉	17	1926 年　北图藏拓　西安碑林博物馆
	元馗	17	1917 年　北图藏拓　西安碑林博物馆
	元晫	18	1919 年　北图藏拓　陶兰泉旧藏
	尔朱袭	18	1928 年　北图藏拓　西安碑林博物馆
	杨范	19	清代末年　北图藏拓　段氏旧藏
	元举	19	1926 年　西安碑林博物馆
	元昉	19	1928 年　北图藏拓　开封博物馆
	元毓	20	1915 年　北图藏拓　绍兴周氏旧藏
	元焕	21	1926 年　北图藏拓　西安碑林博物馆
	元子正	21	1931 年　北图藏拓　千唐志斋
	贾瑾	21	1891 年　北大图藏拓　端方旧藏
	冯会	22	1930 年　北图藏拓　西安碑林博物馆
	李彰	22	光绪年间　太仓陆氏旧藏
	元宝月	23	1929 年　北图藏拓　西安碑林博物馆
	元悌	23	1922 年　北图藏拓　辽宁省博物馆
	元邵	23	1965 年　洛阳古代艺术博物馆
	元彝	23	1932 年　北图藏拓　西安碑林博物馆
	元礼之	23	1926 年　北图藏拓　西安碑林博物馆

性别	人物	年龄	出土时间/藏地
男	元显魏	24	1916 年　北图藏拓　开封博物馆
	源延伯	24	新世纪　藏地不详　《近年新出历代碑志精选系列·源延伯墓志》
	元举	25	1934 年　北图藏拓　西安碑林博物馆
	元子永	25	1926 年　北图藏拓　西安碑林博物馆
	元恩	25	1921 年　北图藏拓　西安碑林博物馆
	寇霄	25	1925 年　北图藏拓　西安碑林博物馆
	元维	26	1920 年　北图藏拓　徐世昌旧藏
	元海	26	1920 年　北图藏拓　辽宁省博物馆
	元冏	27	1991 年　孟津县文管会
	李谋	27	1892 年　北图藏拓　山东省博物馆
	长孙子梵	27	2001 年　《邙洛碑志三百种》P28—29《长孙子梵墓志》
	尔朱绍	28	1928 年　北图藏拓　西安碑林博物馆
	元详	29	1920 年　上海博物馆
	笱景	29	1928 年　北图藏拓　西安碑林博物馆
	元项	29	1920 年　北图藏拓　西安碑林博物馆
	元郁	30	出土时间藏地不详　《古代文明》2010 年第 4 期
	元怀	30	1925 年　北图藏拓　开封博物馆
	乞伏晔	30	2003 年　洛阳师范学院
	穆纂	30	1926 年　北图藏拓　西安碑林博物馆
	元斌	30	1927 年　北图藏拓　西安碑林博物馆
	元道隆	30	2000 年　洛阳市第二文物考古队
	山晖	31	1921 年　北图藏拓　西安碑林博物馆
	杨熙仙	31	出土时间不详　洛阳张赫坤藏志
	元谌	31	1920 年　北图藏拓　开封博物馆
	元茂	31	1936 年　北图藏拓
	元则	31	1929 年　北图藏拓　固始许氏旧藏
	穆彦	31	1928 年　北图藏拓　西安碑林博物馆
	元羽	32	1918 年　北图藏拓　中国历史博物馆
	元祐	32	清代末流入日本　北图藏拓　辽宁省博物馆

性别	人物	年龄	出土时间/藏地
男	张玄(黑女)	32	原石早亡 何绍基"孤本" 藏上海博物馆 北图藏拓
	吕仁	32	1987 年 《考古》2011 年第 9 期
	元钻远	32	1920 年 北图藏拓 辽宁省博物馆
	元秀	33	1926 年 北图藏拓 西安碑林博物馆
	元玶	33	1922 年 北图藏拓 西安碑林博物馆
	元爽	33	1928 年 北图藏拓 西安碑林博物馆
	韩显宗	34	同治年间（一说为光绪十六年，即 1890 年） 北图藏拓
	寇凭	34	1918 年 北图藏拓 曾归吴县古物保存会，抗日战争时原石被毁
	元倪	34	民国初年 北图藏拓 上海博物馆
	元怿	34	1942 年 洛阳古代艺术博物馆
	元瓶	34	出土时间藏地不详 《中国文物报》2005 年 10 月 19 日
	元液	34	1929 年 北图藏拓 西安碑林博物馆
	杨孝邕	34	出土时间藏地不详 《近年新出历代碑志精选系列·杨孝邕墓志》
	元显俊	35	1917 年 北图藏拓 中国历史博物馆
	元演	35	清代末年 北图藏拓 义州李氏旧藏
	元昂	35	出土时间不详 北京大学图书馆藏拓 河南民间
	元诠	36	1917 年 北图藏拓 上海博物馆
	元彬	36	1925 年 北图藏拓 开封博物馆
	元緦	36	1919 年 辽宁省博物馆
	元悦	36	1920 年 北图藏拓
	元端	36	1929 年 北图藏拓
	元颢	36	1920 年 北图藏拓
	寇猛	37	1956 年 洛阳博物馆
	王皓	37	2003 年春 赵氏收藏
	王昌	37	1929 年 北图藏拓
	吐谷浑玑	37	1929 年 北图藏拓 西安碑林博物馆
	元瓒	37	2004 年 洛阳古代艺术博物馆
	元灵曜	37	1927 年 北图藏拓 西安碑林博物馆
	裴谭	37	21 世纪初 藏地不详

第六章 北朝墓志的史料价值（下）

573

性别	人物	年龄	出土时间/藏地
男	元诱	37	1923 年　北图藏拓　西安碑林博物馆
	元昢	38	1928 年　北图藏拓　开封博物馆
	杨颖	38	1971 年　陕西历史博物馆
	元鸾	38	1919 年　北图藏拓　徐世昌旧藏
	杨恩	38	出土时间不详　履薄斋藏拓
	元均之	38	1928 年　北图藏拓　西安碑林博物馆
	元湛	38	1931 年　北图藏拓　西安碑林博物馆
	元崇业	38	1927 年　北图藏拓　西安碑林博物馆
	元嵩	39	1932 年　北图藏拓　西安碑林博物馆
	王祯	39	1929 年　北图藏拓　西安碑林博物馆
	李颐	39	清代　北图藏拓
	于纂	39	1926 年　北图藏拓　西安碑林博物馆
	元简	40	1926 年　北图藏拓　西安碑林博物馆
	元思	40	1916 年　北图藏拓　吉林省博物馆
	元睿	40	1990 年　中国社会科学院考古研究所
	长孙盛	40	出土时间不详　履薄斋藏拓
	元弼	40	1926 年　北图藏拓　西安碑林博物馆
	元乂	41	1925 年出土墓志　1935 年出土志盖　北图藏拓　开封博物馆
	高猛	41	1948 年　洛阳关林博物馆
	寇偘	41	1920 年　北图藏拓　德化李氏旧藏
	元谭	41	1927 年　北图藏拓　西安碑林博物馆
	元徽	41	1918 年　北图藏拓　辽宁省博物馆
	李蕤	42	1931 年　北图藏拓　西安碑林博物馆
	王基	42	1927 年　北图藏拓　西安碑林博物馆
	元顺	42	1937 年　北图藏拓　西安碑林博物馆
	元天穆	42	1926 年　北图藏拓　西安碑林博物馆
	杨遁	42	1985 年　华阴市公安局
	元鉴	43	1928 年　北图藏拓　西安碑林博物馆
	源显明	43	出土时间不详　履薄斋藏拓
	罗宗	43	2004 年秋　洛阳张氏

性别	人物	年龄	出土时间/藏地
男	元引	43	1925 年　北图藏拓　西安碑林博物馆
	元璨	43	1926 年　北图藏拓　西安碑林博物馆
	元略	43	1919 年　辽宁省博物馆
	元廞	43	1921 年　北图藏拓　西安碑林博物馆
	鄯乾	44	1931 年　北图藏拓　西安碑林博物馆
	元诞	44	1930 年　北图藏拓
	赫连悦	44	1935 年　北图藏拓　西安碑林博物馆
	元袭	44	1927 年　北图藏拓　西安碑林博物馆
	杨侃	44	1986 年　华阴市公安局
	元飏	45	1910 年　北图藏拓　曾归日本太仓喜八郎，后毁于地震
	邢伟	45	1956 年　河间市文物保管所
	王翊	45	1926 年　北图藏拓　西安碑林博物馆
	长孙子泽	45	1925 年　北图藏拓
	杨舒	46	1984 年　藏地不详
	郭颖	46	渑池吴氏购藏《邙洛碑志三百种》P14《郭颖墓志》
	元融	46	1928 年　北图藏拓　西安碑林博物馆
	元弼	47	1926 年　北图藏拓　西安碑林博物馆
	司马悦	47	1979 年　孟县文化馆藏志
	元珍	47	1920 年　北图藏拓　陶兰泉旧藏
	元彦	47	1917 年　北图藏拓　天津博物馆
	郑道忠	47	道光年间　北图藏拓　郦禾农旧藏
	元平	47	1925 年　北图藏拓　西安碑林博物馆
	王诵	47	1921 年　北图藏拓
	唐耀	47	1920 年　北图藏拓　西安碑林博物馆
	元馗（字道明）	47	1920 年　北图藏拓　马叔平旧藏
	元延明	47	1919 年　北图藏拓　河南博物院
	宁懋	48	1931 年　西安碑林博物馆
	杨仲宣	48	1993 年　陕西省考古研究所
	皮演	49	1995 年　偃师市博物馆

北朝墓志文献研究 下

性别	人物	年龄	出土时间/藏地
男	长孙嵩	49	2000 年　《邙洛碑志三百种》P16《长孙嵩墓志铭》
	董伟	49	1925 年　北图藏拓　西安碑林博物馆
	寇慰	49	出土时间不详　北图藏拓
	元广	50	1926 年　北图藏拓　西安碑林博物馆
	元桢	50	1926 年　北图藏拓　西安碑林博物馆
	元仙	50	1927 年　北图藏拓　西安碑林博物馆
	徐起	50	出土时间藏地不详　《邙洛碑志三百种》P23《徐起墓志铭》
	元遥	51	1919 年　北图藏拓　西安碑林博物馆
	元朗	51	1927 年　北图藏拓　西安碑林博物馆
	韦彧	51	1998 年　藏地不详
	杨济	51	出土时间不详　洛阳张书良
	元瞻	51	1932 年　北图藏拓　西安碑林博物馆
	陆绍	51	光绪年间　北图藏拓 曾归开封关葆谦，后归吴县古物保存所，抗日战争时石毁
	元祉	51	出土时间、藏地不详
	穆绍	51	1922 年　北图藏拓　北京大学
	李遵	52	北图藏拓　首都博物馆藏
	于神恩	52	出土时间不详　履薄斋藏拓
	穆循	53	1991 年　孟津县文管会
	郭季显	53	1926 年　北图藏拓　西安碑林博物馆
	杨泰	54	1969 年　陕西历史博物馆
	张问	54	2003 年　侯氏收藏
	元宥	54	1929 年　北图藏拓　固始许氏旧藏
	杨昱	54	1993 年　陕西省考古研究所
	刘颜	55	出土时间藏地不详　北图藏拓
	寇演	55	1918 年　北图藏拓
	元晖	55	1926 年　北图藏拓　西安碑林博物馆
	辛祥	55	1975 年　山西省博物馆
	杨晖	55	1989 年　张江涛藏
	长孙史璠	56	1929 年　北图藏拓　西安碑林博物馆

性别	人物	年龄	出土时间/藏地
男	和邃	56	1927年　北图藏拓　西安碑林博物馆
	侯悁	56	浙江杭州西泠印社旧藏　北图藏拓
	张太和	56	2000年　孙氏收藏
	申洪之	57	民国时期前出土　大同市博物馆
	丘哲	57	1927年　北图藏拓　西安碑林博物馆
	崔猷	58	1983年　临淄博物馆
	元苌	58	2002年　现藏洛阳私人手中
	贾思伯	58	1973年　寿光县博物馆
	山徽	58	1929年　北图藏拓　西安碑林博物馆
	元绪	59	1919年　北图藏拓　北京故宫博物院
	羊祉	59	1964年　泰安市博物馆
	赵盛	59	出土时间不详　石存洛阳
	李达	59	《邙洛碑志三百种》P19《张氏墓志》
	元钦	59	1916年　北图藏拓　辽宁省博物馆
	张整	60	1929年　北图藏拓　西安碑林博物馆
	李璧	60	宣统年间　北大图藏拓　山东省博物馆
	元敷	60	1936年　北图藏拓
	奚真	60	1926年　北图藏拓　西安碑林博物馆
	染华	60	1990年　偃师商城博物馆
	王怀本	60	2000年　《邙洛碑志三百种》P20《王怀本墓志》
	緱静	60	2009年　《近年新出历代碑志精选系列·緱静墓志》
	侯忻	60	90年代征集　中国历史博物馆
	元淑	61	1984年　大同市博物馆
	杨播	61	1974年　陕西历史博物馆
	席盛	61	1987年　灵宝市文物管理所
	元宁	61	1926年　北图藏拓　西安碑林博物馆
	檀宾	61	出土时间不详　北图藏拓　西安碑林博物馆
	王悦	61	出土时间不详　北图藏拓
	李超	61	出土时间不详　北图藏拓
	侯刚	61	1926年　北图藏拓　西安碑林博物馆

性别	人物	年龄	出土时间/藏地
男	王遇	62	出土时间不详 《书法丛刊》2013 年第 5 期
	张宜	62	1986 年征集 西安碑林博物馆
	刘华仁	62	1925 年 曾归吴县古物保存会，抗日战争时原石被毁 北图藏拓
	赵广峇	62	履薄斋藏拓
	韩震	62	1926 年 北图藏拓 西安碑林博物馆
	杨津	63	出土时间不详 西安碑林博物馆藏拓
	封和突	64	1980 年 大同市博物馆
	吕通	64	1987 年 《考古》2011 年第 9 期
	元继	64	1927 年 北图藏拓 西安碑林博物馆
	杨胤	65	1910 年 北图藏拓
	公孙猗	65	1926 年 北图藏拓 西安碑林博物馆
	王馥	65	出土时间不详 履薄斋藏拓
	元昭	66	1922 年 北图藏拓 郑州王顺喜藏拓 天津张氏旧藏
	杜法真	66	1933 年 北图藏拓 西安碑林博物馆
	杨顺	66	1993 年 西岳庙
	王温	66	1989 年 藏地不详
	杨众庆	67	2001 年 藏地不详《文物》2006 年第 10 期
	孙辽	67	北图藏拓 黄县丁氏旧藏
	张斌	67	2001 年 《邙洛碑志三百种》P21—22《张斌墓志》
	孙标	68	出土时间不详 北大图藏拓
	孙叔协	68	1929 年 北图藏拓 西安碑林博物馆
	封魔奴	68	1948 年 中国历史博物馆
	侯掌	69	1985 年 藏地不详
	寇治	69	1919 年 北图藏拓 曾归吴县古物保存所，抗日战争时石毁
	赵暄	69	1998 年 洛阳古代艺术馆
	于纂	70	1909 年 北图藏拓 西安碑林博物馆
	赵猛	70	1987 年 永济县博物馆
	杨乾	70	1929 年 北图藏拓 西安碑林博物馆
	杨儿	70	出土时间不详 履薄斋藏拓

性别	人物	年龄	出土时间/藏地
男	宋虎	70	出土时间不详 北图藏拓
	奚智	73	1926 年 北图藏拓 西安碑林博物馆
	石育	73	1923 年 偃师商城博物馆
	皇甫驎	75	咸丰年间 北图藏拓 端方旧藏
	王奴	75	出土时间不详 洛阳张赫坤藏志
	刁遵	76	雍正年间 北图藏拓 山东省博物馆
	杨莲	76	履薄斋藏拓
	高广	77	1923 年 北图藏拓 辽宁省博物馆
	辛穆	77	2006 年 《洛阳理工学院学报（社会科学版）》2011 年第 1 期
	刘玉	78	清代 北图藏拓 1892 年毁于火灾
	杨椿	78	出土时间不详 西安碑林博物馆藏拓
	苏屯	81	1929 年 北图藏拓 西安碑林博物馆
	杜法师	81	1929 年 北图藏拓 西安碑林博物馆
	韩玄	82	出土时间不详 端方旧藏 北大图藏拓
	张卢	83	1935 年 北图藏拓
	邵真	97	1955 年 西安碑林博物馆
	秦洪	100	1926 年 北图藏拓 西安碑林博物馆
女	元义华	4	1956 年 西安碑林博物馆
	卢令媛	12	1926 年 北图藏拓 西安碑林博物馆
	李元姜	17	1920 年 北图藏拓 徐世昌旧藏
	冯氏	18	1923 年 北图藏拓 西安碑林博物馆
	韦辉和	18	2001 年 藏地不详
	胡明相	19	1919 年 北图藏拓 陶兰泉旧藏
	宋灵妃	20	1936 年 北图藏拓
	杨无丑	21	出土时间不详 香港中文大学文物馆
	元氏	22	1921 年 北图藏拓 德化李氏旧藏
	元洛神	23	1928 年 北图藏拓 西安碑林博物馆
	李榘兰	26	1920 年 北图藏拓 西安碑林博物馆
	王普贤	27	1925 年 北图藏拓 西安碑林博物馆
	穆玉容	27	1922 年 北图藏拓 西安碑林博物馆

北朝墓志文献研究 下

性别	人物	年龄	出土时间/藏地
女	司马氏	27	1927 年　北图藏拓　西安碑林博物馆
	元贵妃	29	1919 年　北图藏拓　辽宁省博物馆
	王氏	30	1925 年　北图藏拓　西安碑林博物馆
	于昌容	30	1998 年　洛阳古代艺术博物馆
	司马显姿	30	1917 年　北图藏拓　辽宁省博物馆
	薛伯徽	30	1923 年　北图藏拓　西安碑林博物馆
	张夫人	32	出土时间不详　西安碑林博物馆
	李庆容	32	1975 年　山西省博物馆
	冯氏	34	1929 年　北图藏拓
	高道悦	35	1969 年　山东省石刻艺术博物馆
	元华光	37	1923 年　北图藏拓　山阴张氏旧藏
	元瑛	37	1948 年　洛阳关林博物馆
	赵光	38	1926 年　北图藏拓　西安碑林博物馆
	元氏	38	1926 年　北图藏拓　美国波士顿艺术博物馆
	咎双仁	38	1926 年　北图藏拓　西安碑林博物馆
	长孙氏	40	出土时间不详　香港
	孟敬训	42	1755 年　北图藏拓　端方旧藏
	李媛华	42	1920 年　北图藏拓　辽宁省博物馆
	常季繁	43	1910 年　北图藏拓　曾归武进董氏。后流往日本归太仓喜八郎，1924 年毁于地震
	赵充华	48	1919 年　北图藏拓　西安碑林博物馆
	崔鸿	48	1973 年　山东省文物考古研究所
	李氏	51	1969 年　山东省石刻艺术博物馆
	兰将	51	北图藏拓　辽宁省博物馆
	侯骨氏	53	1911 年　北图藏拓　辽宁省博物馆
	常敬兰	53	2009 年　私人藏
	鲜于仲儿	53	1927 年　北图藏拓　西安碑林博物馆
	冯迎男	56	1925 年　北图藏拓
	陆蒹蓁	56	20 世纪末
	吕法胜	61	1993 年　西岳庙

性别	人物	年龄	出土时间/藏地
女	慕容氏	63	出土时间藏地不详《古代文明》2010 年第 4 期
	殷伯姜	63	1990 年　偃师商城博物馆
	和丑仁	64	1926 年　北图藏拓　西安碑林博物馆
	张安姬	65	1922 年　北图藏拓　西安碑林博物馆
	张宁	65	1932 年　北图藏拓　西安碑林博物馆
	崔神妃	66	1964 年　泰安市博物馆
	尉太妃	66	出土时间不详　北图藏拓　西安碑林博物馆
	刘阿素	67	1928 年　北图藏拓　西安碑林博物馆
	杨氏	70	1918 年　北图藏拓　西安碑林博物馆
	孟元华	70	1936 年　北图藏拓
	高氏	71	1964 年　河北省文物研究所
	李晖仪	71	2002 年　李氏收藏
	成氏	72	1926 年　北图藏拓　西安碑林博物馆
	缑光姬	72	《邙洛碑志三百种》P17《缑光姬墓志》
	耿氏	72	1914 年　北图藏拓　辽宁省博物馆
	索始姜	72	出土时间不详　石存洛阳
	鞠氏	73	1919 年　北图藏拓　河南博物馆
	胡显明	74	1973 年　藏地不详
	释僧芝	75	2000 年　原石佚仅存拓本
	胡显明	76	1973 年　藏地不详
	李太妃	80	1920 年　北图藏拓　陶兰泉旧藏
	刘法珠	80	1935 年　北图藏拓
	王遗女	83	1919 年　北图藏拓　西安碑林博物馆
	王钟儿	86	1923 年　北图藏拓　残石存辽宁博物馆
	房文姬	87	《邙洛碑志三百种》P18《房文姬墓志》
	于仙姬	90	1926 年　北图藏拓　西安碑林博物馆
	慕容氏	90	2000 年　洛阳赵光潜藏拓

表二　　　　　　　　北魏正史文献统计（386—534）

人物	年龄	资料出处
拓跋力微	104	《魏书》P5
拓跋什翼犍	57	《魏书》P16
拓跋珪	39	《魏书》P44
拓跋嗣	32	《魏书》P64
拓跋焘	45	《魏书》P106
拓跋晃	24	《魏书》P109
拓跋濬	26	《魏书》P123
拓跋弘	23	《魏书》P132
元宏	33	《魏书》P185
元恪	33	《魏书》P215
元诩	19	《魏书》P248
元子攸	24	《魏书》P268
元恭	35	《魏书》P278
元朗	20	《魏书》P281
元子脩	25	《魏书》P292
文成文明皇后	49	《魏书》P330
元昌	3	《魏书》P336
元丕	82	《魏书》P362
元他	73	《魏书》P391
元曜	22	《魏书》P395
元提	47	《魏书》P396
元处文	14	《魏书》P399
元干	31	《魏书》P543
元恂	15	《魏书》P588
元愉	21	《魏书》P590
元恌	7	《北史》P719
桓帝	39	《魏书》P601
穆观（墓志为穆闼）	35	《魏书》P664
穆子琳	53	《魏书》P678
楼禀	58	《魏书》P718

人物	年龄	资料出处
吕洛拔	56	《魏书》P732
司马祖珍	18	《魏书》P861
刁雍	95	《魏书》P871
源贺	73	《魏书》P923
源怀	63	《魏书》P928
源规	33	《魏书》P929
源荣	32	《魏书》P929
源徽	28	《魏书》P929
源子雍	40	《魏书》P931
源延伯	24	《魏书》P932
源纂	37	《魏书》P937
叔孙建	73	《魏书》P705
叔孙俊	28	《魏书》P706
罗结	120	《魏书》P987
长孙嵩	80	《魏书》P645
长孙道生	82	《魏书》P646
于栗䃲	75	《魏书》P736
于洛拔	44	《魏书》P737
于烈	65	《魏书》P740
乙环	29	《魏书》P991
乙乾归	31	《魏书》P992
乙海	41	《魏书》P992
万安国	23	《魏书》P804
宋弁	48	《魏书》P1416
丽范	62	《魏书》P951
丽道慎	38	《魏书》P951
丽挥	36	《魏书》P952
严稜	90	《魏书》P959
唐和	67	《魏书》P963
房三益	63	《魏书》P975

584

人物	年龄	资料出处
房士达	38	《魏书》P976
房景伯	50	《魏书》P977
房景先	43	《魏书》P978
常山房氏女	65	《魏书》P1979
贾彝	61	《魏书》P792
贾秀	73	《魏书》P793
寇讚	86	《魏书》P947
陆俟	67	《魏书》P904
陆彰	54	《魏书》P910
河东姚氏女	15	《魏书》P1985
高湖	70	《魏书》P740
高谧	45	《魏书》P752
高树生	55	《魏书》P752
高允	98	《魏书》P1089
高绰	48	《魏书》P1091
高济	67	《魏书》P1092
高颢	49	《魏书》P1262
高聪	69	《魏书》P1522
孟表	84	《魏书》P1376
封伟伯	36	《魏书》P767
屈遵	70	《魏书》P777
张蒲	72	《魏书》P779
张宗之	69	《魏书》P2019
张袭	77	《魏书》P2019
张祐	49	《魏书》P2021
公孙表	64	《魏书》P783
王琼	74	《魏书》P878
王宪	89	《魏书》P775
王叡	48	《魏书》P1990
王超	34	《魏书》P1994

人物	年龄	资料出处
王静	57	《魏书》P1995
王琚	90	《魏书》P2015
赵琰	80	《魏书》P1882
薛强	98	《北史》P1324
薛辩	44	《魏书》P941
薛谨	44	《魏书》P942
薛初古拔	58	《魏书》P942
薛胤	44	《魏书》P943
薛麟驹	35	《魏书》P944
薛凤子	49	《魏书》P944
薛和	55	《魏书》P946
薛野	61	《魏书》P996
薛虎子	51	《魏书》P998
薛昙庆	51	《魏书》P999
薛昙宝	29	《魏书》P999
薛真度	74	《魏书》P1357
费穆	53	《魏书》P1005
韦俊	57	《魏书》P1010
韦珍	74	《魏书》P1014
韦缵	45	《魏书》P1014
姜俭	39	《魏书》P1018
杜洪太	52	《魏书》P1019
辛祥	55	《魏书》P1026
辛琨	46	《魏书》P1026
辛少雍	42	《魏书》P1027
辛穆	77	《魏书》P1028
柳崇	56	《魏书》P1029
许廓	28	《魏书》P1037
许琰	47	《魏书》P1038
卢伯源	48	《魏书》P1050

人物	年龄	资料出处
卢度世	53	《魏书》P1046
卢渊	48	《魏书》P1050
卢道裕	44	《魏书》P1051
卢尚之	62	《魏书》P1061
卢文翼	60	《魏书》P1062
卢文符	40	《魏书》P1062
魏子建	63	《魏书》P2323
奚斤	80	《魏书》P700
奚康生	54	《魏书》P1633
奚难	18	《魏书》P1633
裴修	51	《魏书》P1020
裴询	51	《魏书》P1022
裴宣	58	《魏书》P1024
裴敬宪	33	《魏书》P1871
裴庄伯	28	《北史》P1376
裴安祖	83	《魏书》P1025
常爽	63	《魏书》P1849
傅永	83	《魏书》P1554
尔朱荣	38	《魏书》P1655
尔朱菩提	14	《魏书》P1656
李宝	53	《魏书》P886
李承	45	《魏书》P886
李韶	72	《魏书》P887
李瑾	49	《魏书》P888
李产之	49	《魏书》P888
李虔	74	《魏书》P890
李暖	40	《魏书》P890
李晒	38	《魏书》P890
李仁明	40	《北史》P3324
李仁曜	38	《北史》P3324

人物	年龄	资料出处
李茂	71	《魏书》P891
李静	55	《魏书》P892
李遐	42	《魏书》P892
李孚	62	《魏书》P892
李季安	53	《魏书》P893
李辅	47	《魏书》P893
李伯尚	29	《魏书》P893
李仲尚	25	《魏书》P893
李季凯	55	《魏书》P894
李延庆	52	《魏书》P894
李佐	71	《魏书》P895
李思穆	61	《魏书》P898
李冲	49	《魏书》P1188
李谧	32	《魏书》P1937
李先	95	《魏书》P791
李宪	58	《魏书》P835
李秀林	63	《魏书》P843
李焕	44	《魏书》P844
李肃	57	《魏书》P845
李仲琁	66	《魏书》P845
李映	42	《魏书》P846
李崇	81	《魏书》P1039
李璞	51	《魏书》P1039
李灵	63	《魏书》P1097
李恢	48	《魏书》P1097
李遵	44	《魏书》P1100
李璨	40	《魏书》P1101
李元茂	44	《魏书》P1101
李宣茂	59	《魏书》P1102
李藉之	54	《魏书》P1102

人物	年龄	资料出处
李叔胤	36	《魏书》P1103
李玚	45	《魏书》P1178
李彪	58	《魏书》P1398
眭夸	75	《魏书》P1930
徐謇	80	《魏书》P1968
崔合	27	《魏书》P1104
崔修义	45	《魏书》P1104
崔秉	78	《魏书》P1105
崔季良	36	《魏书》P1106
崔辩	62	《魏书》P1251
崔挺	59	《魏书》P1266
崔孝昞	49	《魏书》P1270
崔孝演	40	《魏书》P1270
崔孝直	58	《魏书》P1271
崔振	59	《魏书》P1272
崔瑜之	56	《魏书》P1273
崔敬邕	57	《魏书》P1274
崔纂	45	《魏书》P1275
崔融	42	《魏书》P1275
崔游	52	《魏书》P1276
崔愻	28	《北史》P880
杨顺	65	《魏书》P1295
杨遁	42	《魏书》P1300
杨逸	32	《魏书》P1301
杨玄远	9	《北史》P1494
尉元	81	《魏书》P1115
阴道方	42	《魏书》P1164
游明根	81	《魏书》P1215
游肇	69	《魏书》P1218
游祥	36	《魏书》P1218

人物	年龄	资料出处
刘昶	62	《魏书》P1311
刘芳	61	《魏书》P1227
刘廞	52	《魏书》P1228
刘胜	60	《魏书》P2028
刘遝	49	《北史》P1552
萧瓒	31	《魏书》P1326
程骏	72	《魏书》P1349
毕祖辉	50	《魏书》P1363
毕闻慰	57	《魏书》P1365
沈文秀	61	《魏书》P1367
田益宗	73	《魏书》P1374
孙搴	52	《北齐书》P342

表三　　　　　　　　东魏墓志文献统计（534—550）

性别	人物	年龄	出土时间/藏地
男	源磨耶	6	出土时间不详　西安碑林博物馆
	元光基	19	出土时间不详　北图藏拓
	元诞	22	1970 年　磁县博物馆
	崔景播	32	1963 年　博野县文物保管所
	李光显	34	出土时间藏地不详　《稀见古石刻丛刊·东魏李光显墓志》
	崔混	34	1973 年　山东省文物考古研究所
	穆子岩	35	1916 年　北图藏拓　安阳金石保存所
	公孙甗生	37	出土时间不详　辽宁省博物馆
	元晔	38	出土时间不详　北图藏拓
	司马兴龙	40	1953 年　河北省文物研究所
	李希宗	40	1975 年　正定县文物保存所
	郑氏	41	1958 年　濮阳县文化馆
	司马昇	41	1755 年　日本书道博物馆
	萧正表	42	北图藏拓　辽宁省博物馆

北朝墓志文献研究 下

性别	人物	年龄	出土时间/藏地
男	崔鹏	43	1973 年　山东省文物考古研究所
	高湛	43	1749 年　北图藏拓
	刘强	43	出土时间藏地不详　《文物》1965 年第 10 期
	高雅	44	1973 年　河北省文物研究所
	元玕	44	1917 年　辽宁省博物馆
	元显	44	出土时间不详　北图藏拓
	张瓘	46	出土时间不详　北图藏拓
	元均	52	出土时间不详　北图藏拓　安阳金石保存所
	封延之	54	1948 年　中国历史博物馆
	元祐	56	2006 年　藏地不详
	王僧	58	1842 年　北图藏拓
	李宪	58	出土时间不详　赵县文物保管所
	郭挺	61	出土时间藏地不详　《稀见古石刻丛刊·东魏郭挺墓志》
	李挺	64	出土时间不详　西安碑林博物馆
	田洛	66	出土时间藏地不详　《稀见古石刻丛刊·田洛墓记》
	公孙略	67	出土时间不详　西安碑林博物馆
	宗欣	67	出土时间不详　北图藏拓
	封柔	67	1956 年　河北省文物研究所
	元鸷	69	出土时间不详　北图藏拓　辽宁省博物馆
	慧光(杨氏)	70	出土时间藏地不详　《中国书法》2005 年第 3 期
	净智师铭	73	出土时间藏地不详　北图藏拓
	张略	73	出土时间、藏地不详
	王偃	75	1875 年　北图藏拓
	叔孙固	78	1915 年　北图藏拓　安阳金石保存所
	吕昞	83	1967 年　卫辉市博物馆
女	间叱地连	13	1979 年　磁县文物保管所
	王令媛	20	1917 年　北图藏拓　安阳金石保存所
	元孟瑜	23	2000 年　藏地不详
	崔令姿	29	1965 年　济南市博物馆

性别	人物	年龄	出土时间/藏地
女	崔氏	29	1956 年　河北省文物研究所
	元阿耶	30	出土时间藏地不详　北图藏拓
	元湛	35	1917 年　北图藏拓　安阳金石保存所
	郑氏	41	1958 年　濮阳县文化馆
	贾尼	50	出土时间藏地不详　《文物》1965 年第 10 期
	毕修密	51	1956 年　河北省文物研究所
	卢贵兰	54	出土时间不详　北图藏拓　辽宁省博物馆
	元仲英	55	不详
	姜氏	56	1984 年征集　沁阳市博物馆
	陆顺华	59	出土时间不详　北图藏拓　安阳金石保存所
	崔元容	60	1973 年　新泰市博物馆
	冯令华	60	出土时间不详　北图藏拓　安阳金石保存所
	李氏	62	2004 年　藏地不详
	冯氏	64	出土时间不详　北图藏拓　辽宁省博物馆
	赵夫人	66	出土时间藏地不详 《近年新出历代碑志精选系列·东魏高慈妻赵夫人墓志》
	赵胡仁	78	1974 年　磁县文物保管所

表四　　　东魏正史文献统计（534—550）

人物	年龄	资料出处
元善见	28	《魏书》P313
贺拔允	48	《北史》P1796
高涣	26	《北史》P1864
李希宗	40	《魏书》P836
李裔	50	《魏书》P843
李育	57	《魏书》P846
李孝怡	80	《魏书》P847
李遗元	63	《魏书》P848
李处默	39	《魏书》P893

北朝墓志文献研究 下

人物	年龄	资料出处
李神俊	64	《魏书》P896
李瑾	65	《魏书》P1098
李系	46	《魏书》P1100
李元忠	60	《北齐书》P315
卢勇	32	《北齐书》P323
陆希质	58	《魏书》P916
寇胐之	58	《魏书》P949
丽约	63	《魏书》P952
乙瑗	46	《魏书》P992
乙琛	49	《魏书》P992
薛昙尚	61	《魏书》P1000
韦鸿	32	《魏书》P1016
韦嵩遵	44	《魏书》P1016
辛贲	58	《魏书》P1027
辛匡	35	《魏书》P1027
许绚	47	《魏书》P1038
许晔	41	《魏书》P1038
卢道约	58	《魏书》P1053
卢义僖	64	《魏书》P1054
崔忻	42	《魏书》P1105
崔仲哲	35	《魏书》P1105
崔习	51	《魏书》P1106
崔长文	79	《魏书》P1506
刘筝	28	《魏书》P1230
郑伯猷	64	《魏书》P1245
郑辑之	49	《魏书》P1245
高雅	34	《魏书》P1262
封津	62	《魏书》P2034
封凭	67	《魏书》P2034
封延之	54	《北齐书》P307

人物	年龄	资料出处
萧正表	42	《魏书》P1327
毕祖彦	50	《魏书》P1365
甄楷	46	《魏书》P1518
裴伯茂	39	《北史》P1381
尔朱文殊	9	《魏书》P1656
尔朱文畅	18	《魏书》P1656
高欢	52	《北齐书》P24
高澄	29	《北齐书》P37
段荣	62	《北齐书》P208
任延敬	45	《北齐书》P252
王则	48	《北齐书》P272
王纮	65	《北齐书》P365
王椿	62	《魏书》P1993
魏兰根	61	《北齐书》P331

表五　　　　　北齐墓志文献统计（550—577）

性别	人物	年龄	出土时间/藏地
男	纂息奴子	2	出土时间不详　北图藏拓
	高僧护	6	出土时间不详　北大图藏拓　西安碑林博物馆
	高肱	9	光绪初年　北图藏拓
	高湝	16	1926 年　北图藏拓　辽宁省博物馆
	高湜	23	出土时间不详　北图藏拓
	于孝卿	24	出土时间藏地不详《书法丛刊》2011 年第 3 期
	崔頠	26	乾隆年间　北图藏拓　山东青州市博物馆
	张肃俗	26	1955 年　山西省博物馆
	范粹	27	1971 年　河南博物院
	元鉴	28	出土时间藏地不详　《稀见古石刻丛刊》
	元良	33	1978 年　磁县博物馆
	李君颖	34	1975 年　临城县文物保管所
	房周陁	35	光绪初年　北图藏拓

北朝墓志文献研究 下

性别	人物	年龄	出土时间/藏地
男	乞伏保达	36	1921 年　北图藏拓
	元始宗	36	1984 年　邯郸地区文物保管所
	张承	36	出土时间藏地不详　《考古》1959 年第 7 期
	梁伽耶	37	出土时间不详　北图藏拓　辽宁省博物馆
	窦泰	38	出土时间不详　北图藏拓　安阳古物保存所
	可朱浑孝裕	38	出土时间不详　河南许昌民间
	张海翼	42	1991 年　藏地不详
	贺拔昌	42	1999 年　藏地不详　《文物》2003 年第 3 期
	崔德	43	1973 年　山东省文物考古研究所
	君讳韶（字叔胤）	43	出土时间不详　北大图藏拓　《石刻名汇》卷二 P20
	裴子诞	45	1992 年征集　运城地区河东博物馆
	崔芬	48	1986 年　临朐县博物馆
	张洁	52	出土时间不详　《考古与文物》2008 年第 1 期
	封子绘	52	1948 年　中国历史博物馆
	刘悦	53	1933 年　北图藏拓　安阳金石保存所
	韩裔	54	1973 年　藏地不详
	□忝	54	1974 年　盐山县文物保管所
	元贤	55	出土时间不详　北图藏拓
	张攀	55	清末民国时期　山东青州市博物馆
	李琮	55	出土时间不详　北图藏拓　河北元氏县金石保存所旧藏
	高建	56	出土时间不详　辽宁省博物馆
	暴诞	56	出土时间不详　北图藏拓　磁县文物保存所
	贺娄悦	56	1986 年　藏地不详
	崔博	56	1973 年　山东省文物考古研究所
	徐彻	57	1933 年　北图藏拓　安阳金石保存所
	库狄洛	57	1973 年　山西省博物馆
	丰洛	57	2000 年　藏地不详
	刁翔	57	1985 年　乐陵县图书馆
	郑子尚	57	出土时间不详　北图藏拓　端方家旧藏

性别	人物	年龄	出土时间/藏地
男	韩宝晖	57	出土时间不详　日本书道博物馆
	崔昂	58	1968 年　河北省文物保护中心
	梁子彦	58	出土时间不详　北图藏拓 安阳韩魏公祠旧藏
	刘难陀	59	出土时间藏地不详《书法丛刊》2011 年第 3 期
	李祖牧	59	1975 年　临城县文物保管所
	薛怀俊	60	出土时间藏地不详
	独孤思男	60	1975 年　磁县文物保管所
	裴良	61	1986 年　襄汾县博物馆
	赵征兴	62	出土时间不详　南京市文物研究所藏拓
	尧峻	62	出土时间藏地不详
	司马遵业	64	出土时间不详　北图藏拓　姚贵昉旧藏
	魏懿	65	出土时间不详　北图藏拓
	赵炽	65	1998 年　磁县博物馆
	薛广	67	出土时间不详　北图藏拓　首都历史博物馆藏
	元洪敬	68	2000 年　藏地不详
	贾进	68	2009 年　藏地不详
	徐之才	68	出土时间不详　北图藏拓　辽宁省博物馆
	石信	68	出土时间不详　北图藏拓　安阳金石保存所
	吴迁	69	出土时间不详　北大图藏拓　首都博物馆
	任逊	69	出土时间藏地不详　《书法丛刊》2011 年第 3 期
	张氏	69	出土时间不详　北图藏拓
	徐显秀	70	2002 年　藏地不详
	云荣	70	出土时间不详　北大图藏拓
	张谟	70	出土时间不详　殷宪 2007 年于并市间购得该志拓片《中国书法》2012 年第 4 期
	张忻	73	1993 年　孟津县文管会
	宇文诚	73	出土时间不详　北图藏拓　南浔张氏旧藏
	赫连子悦	73	出土时间不详　北图藏拓　西安碑林博物馆
	刘忻	75	出土时间不详　北图藏拓　端方旧藏
	皇甫琳	76	出土时间不详　北图藏拓　天津博物馆

性别	人物	年龄	出土时间/藏地
男	□道贵	76	1984 年　济南市博物馆
	和绍隆	76	1975 年　河南省文物研究所
	□道明	84	1976 年征集　焦作市博物馆
	张起	84	出土时间不详　北图藏拓
	刘双仁	91	北图藏拓　安阳金石保存所
女	斛律氏	15	1917 年　北图藏拓　辽宁省博物馆
	李难胜	22	1978 年　磁县文物保管所
	崔宣华	28	不详
	李艳华	30	出土时间不详　北图藏拓　西安碑林博物馆
	斛律昭男	33	1973 年　山西省博物馆
	间炫	34	出土时间不详　北图藏拓　西安碑林博物馆
	卢修娥	37	1968 年　河北省文物保护中心
	吐谷浑静媚	47	1975 年　磁县文物保管所
	颜玉光	47	1972 年　安阳县文物管理所
	宋令媛	49	1975 年　临城县文物保管所
	尉氏	51	1973 年　山西省博物馆
	敬氏	53	出土时间藏地不详　《集释》P116
	娄黑女	59	出土时间不详　北图藏拓　安阳古物保存所
	袁月玑	62	出土时间藏地不详《中国书法》2005 年第 4 期
	元华	64	1975 年　河南省文物研究所
	王氏	66	出土时间不详　辽宁省博物馆
	赵氏	70	出土时间不详　《集释》P70　吴县吴氏旧藏
	皇甫艳	70	出土时间藏地不详
	褚宝慧	71	出土时间藏地不详《书法丛刊》2011 年第 3 期
	尔朱元静	72	1918 年　北图藏拓　西安碑林博物馆
	崔幼妃	74	1975 年　正定县文物保管所
	赵氏	79	1986 年　襄汾县博物馆
	李云	79	1958 年　濮阳县文化馆
	邢阿光	83	出土时间不详　北图藏拓　沈阳博物馆
	郑始容	86	2004 年　正定刘秀峰收藏
	傅华	94	1977 年　济南市博物馆

人物	年龄	资料出处
高洋	31	《北齐书》P67
高殷	17	《北齐书》P76
高演	27	《北齐书》P84
高湛	32	《北齐书》P95
高恒	9	《北史》P299
高澄	32	《北齐书》P135
高涣	26	《北齐书》P136
高琛	23	《北齐书》P169
高叡	36	《北齐书》P173
高澈	32	《北史》P1863
高洽	13	《北史》P1868
高乾	37	《北齐书》P292
高昂	48	《北齐书》P295
高季式	38	《北齐书》P297
齐武明皇后娄氏	62	《北齐书》P124
封子绘	50	《北齐书》P306
高隆之	61	《北齐书》P237
斛律金	80	《北齐书》P222
斛律光	58	《北齐书》P226
孙腾	68	《北齐书》P235
司马子如	64	《北齐书》P240
贺拔允	48	《北齐书》P246
蔡儁	42	《北齐书》P247
侯莫陈相	83	《北齐书》P259
尧雄	44	《北齐书》P269
慕容绍宗	49	《北齐书》P274
薛修义	77	《北齐书》P277
叱列平	51	《北齐书》P278
封孝琬	36	《北齐书》P307
封孝琰	51	《北齐书》P309

人物	年龄	资料出处
崔	61	《北齐书》P335
崔瞻	54	《北齐书》P337
崔肇师	49	《北齐书》P338
崔劼	66	《北齐书》P558
陈元康	43	《北史》P1985
李幼廉	67	《北齐书》P572
李玙	72	《北史》P3319
李晓	59	《北史》P3339
陆卬	48	《北齐书》P470
杨愔	50	《北齐书》P456
赵彦深	70	《北齐书》P507
暴显	66	《北齐书》P536
皮景和	55	《北齐书》P538
卢潜	57	《北齐书》P556
郑述祖	81	《北史》P1308
辛术	60	《北齐书》P503
刁柔	56	《北齐书》P587
刘画	52	《北齐书》P590
权会	76	《北齐书》P593
张雕	55	《北齐书》P595

表七　　　　　　　西魏墓志文献统计（535—556）

性别	人物	年龄	出土时间/藏地
男	侯义	15	1984 年　咸阳博物馆
	邓子询	53	1956 年　西安碑林博物馆
	金予史军	62	1997 年　藏地不详
女	吴辉	38	1983 年　固原博物馆
	任氏	58	1956 年　西安碑林博物馆
	王氏	65	2002 年　西安碑林博物馆
	元氏	71	1969 年　西岳庙
	柳敬怜	73	1998 年　藏地不详

表八　　　　　　　　**西魏正史文献统计（535—556）**

人物	年龄	资料出处
元宝炬	45	《北史》P181
文帝文皇后乙弗氏	31	《北史》P507
文帝悼皇后郁久吕氏	31	《北史》P507
苏绰	49	《北史》P2242
柳虬	54	《周书》P682
怡峯	50	《周书》P283
刘亮	40	《周书》P285
宇文测	58	《周书》P454
耿豪	45	《周书》P495
张轨	55	《周书》P665

表九　　　　　　　　**北周墓志文献统计（557—581）**

性别	人物	年龄	出土时间/藏地
男	匹娄罗刹	12	1953 年　西安碑林博物馆
	崔宣默	15	1998 年　藏地不详
	崔宣靖	17	1998 年　藏地不详
	宇文通	17	2001 年　藏地不详　《中国文物报》2001 年 5 月 2 日
	寇胤哲	19	1922 年　北图藏拓　辽宁省博物馆
	宇文俭	28	1993 年　藏地不详
	王钧	30	1988 年　陕西省考古研究所
	杨济	33	出土时间藏地不详
	莫仁诞	34	2009 年　藏地不详
	独孤藏	35	1988 年　藏地不详
	拓跋虎	38	1990 年　渭城区文管会
	徒何纶	40	2002 年缴得　藏地不详
	若干云	41	1988 年　藏地不详
	尉迟运	41	1988 年　藏地不详
	宇文瓘	43	1987 年　藏地不详
	朱益	46	1993 年　邯郸市博物馆
	贺兰祥	48	1965 年　咸阳市博物馆

性别	人物	年龄	出土时间/藏地
男	赵佺	48	出土时间不详　天水市博物馆
	封孝琰	51	1966 年　河北省文物研究所
	独孤信	54	1953 年　中国历史博物馆
	寇炽	57	1925 年　西安碑林博物馆
	宇文显	58	2005 年　西安碑林博物馆
	贺屯植	58	出土时间不详　北图藏拓　长安宋氏旧藏
	李诞	59	2005 年　藏地不详
	韦彪	59	1998 年　藏地不详
	康业	60	2004 年　藏地不详
	独孤浑贞	61	1993 年　西安碑林博物馆
	安伽	62	2000 年　藏地不详
	□通	63	出土时间不详　北大图藏拓
	匹娄欢	63	1953 年　西安碑林博物馆
	田弘	65	1996 年　藏地不详
	李贤	66	1983 年　固原博物馆
	时珍	68	1881 年　西安碑林博物馆
	莫仁相	69	2009 年　藏地不详
	独孤宾	70	2007 年　《考古与文物》2011 年第 5 期
	韦孝宽	72	1990 年　藏地不详　《文博》1991 年第 5 期
	叱罗协	75	1989 年　陕西省考古研究所
女	郝夫人	16	出土时间不详　北图藏拓　天津王氏旧藏
	高妙仪	18	出土时间不详　北大图藏拓　《集释》P69
	步六孤须蜜多	21	1953 年　西安碑林博物馆
	尉迟氏	26	1953 年　西安碑林博物馆
	□氏	28	2001 年　藏地不详　《中国文物报》2001 年 5 月 2 日
	尉迟将男	37	1990 年　渭城区文管会
	董荣晖	41	1988 年　藏地不详
	乌六浑氏	42	2001 年　藏地不详　《中国文物报》2001 年 5 月 2 日
	虎氏	42	2009 年　藏地不详
	薛氏	45	1922 年　北图藏拓

性别	人物	年龄	出土时间/藏地
女	云氏	63	2009 年　藏地不详
	卢兰	67	1922 年　西安碑林博物馆
	崔娄诃	72	1966 年　河北省文物研究所

表十　　　　北周正史文献统计（557—581）

人物	年龄	资料出处
宇文泰	52	《周书》P37
宇文觉	16	《周书》P50
宇文毓	27	《周书》P60
宇文邕	36	《周书》P106
宇文赟	22	《周书》P124
宇文阐	9	《周书》P136
宇文宪	35	《周书》P195
宇文贵	17	《周书》P196
宇文盛	60	《周书》P494
宇文神举	48	《周书》P716
宇文孝伯	36	《周书》P719
叱罗协	76	《周书》P180
冯迁	78	《周书》P181
寇洛	53	《周书》P238
寇俊	80	《周书》P659
寇祖俊	82	《北史》P993
薛道衡	70	《北史》P1340
窦炽	78	《北史》P2176
史雄	24	《北史》P2188
王雄	58	《周书》P320
王励	26	《周书》P334
王琚	90	《北史》P3031
王晞	71	《北史》P891
尉迟网	53	《周书》P340

北朝墓志文献研究

下

602

人物	年龄	资料出处
尉迟运	41	《周书》P710
杨忠	62	《周书》P319
杨瓒	44	《北史》P2452
杨爽	25	《北史》P2454
杨昭	23	《北史》P2474
杨倓	16	《北史》P2475
杨皋	12	《北史》P2481
杨引母	92	《北史》P2828
杨阿五	32	《北史》P3003
杨纂	67	《周书》P636
沈重	84	《北史》P2742
许善心母范氏	92	《北史》P2806
许智藏	80	《北史》P2981
公孙景	87	《北史》P2883
裴伦妻柳氏	40	《北史》P3012
柳庆	50	《周书》P372
柳弘	31	《周书》P373
柳带韦	55	《周书》P375
柳俭	89	《北史》P2886
柳霞	72	《周书》P767
李德林	61	《北史》P2507
李贤	68	《周书》P418
李植	51	《周书》P422
李基	31	《周书》P423
李彦	46	《周书》P666
李弼	64	《周书》P241
李超	63	《北史》P3341
蔡祐	54	《周书》P445
常善	64	《周书》P446
辛威	69	《周书》P448

人物	年龄	资料出处
贺若敦	49	《周书》P476
高琳	76	《周书》P497
韦夐	77	《周书》P546
韦瑱	61	《周书》P694
梁士彦	72	《周书》P548
裴宽	67	《周书》P597
裴汉	59	《周书》P598
郑孝穆	60	《周书》P611
郑译	52	《北史》P1315
郑伟	57	《周书》P635
崔说	64	《周书》P614
薛端	43	《周书》P622
薛裕	41	《周书》P623
薛善	67	《周书》P624
魏宁	32	《北史》P2940
段永	68	《周书》P637
令狐整	61	《周书》P644
高宾	68	《周书》P670
于谨	76	《周书》P250
达奚武	67	《周书》P206
赵刚	57	《周书》P575
豆卢宁	48	《周书》P311
萧㧑	59	《周书》P753
宗懔	64	《周书》P760
刘璠	59	《周书》P765
仲遵	45	《周书》P789
席固	61	《周书》P798
任果	56	《周书》P799
卢光	62	《周书》P808

第六章 北朝墓志的史料价值（下）

603

表十一　　　　　　　南朝墓志文献统计（420—589）

朝代	墓主	性别	年龄	出处
宋	刘怀民	男	53	《汇编》P22
	明昙憙	男	30	《汇编》P22
齐	刘岱	男	54	《汇编》P24
	任女晖	女	53	《汇编》P24
	王宝玉	女	28	《文献》2003.4
梁	萧融	男	30	《汇编》P25
	王纂韶	女	42	《汇编》P26
	萧敷	男	37	《汇编》P27
	敬太妃王氏	女	59	《汇编》P29
	程虔	男	68	《汇编》P31
陈	卫和	男	42	《汇编》P33

表十二　　　　　　　南朝宋正史文献统计（420—479）

人物	年龄	资料出处
刘裕	59	《宋书》P59
刘义符	19	《宋书》P66
刘义隆	47	《宋书》P102
刘骏	35	《宋书》P135
刘子业	17	《宋书》P146
刘彧	34	《宋书》P169
刘昱	15	《宋书》P190
刘准	13	《宋书》P199
孝穆赵皇后　赵安宗	21	《宋书》P1280
孝懿萧皇后　萧文寿	81	《宋书》P1281
武敬臧皇后　臧爱亲	48	《宋书》P1282
少帝司马皇后　司马茂英	47	《宋书》P1283
武帝胡婕妤　胡道安	42	《宋书》P1283
文帝袁皇后　袁齐嫣	36	《宋书》P1284
文帝路淑媛　路惠男	55	《宋书》P1288
孝武文穆王皇后　王宁媛	54	《宋书》P1290

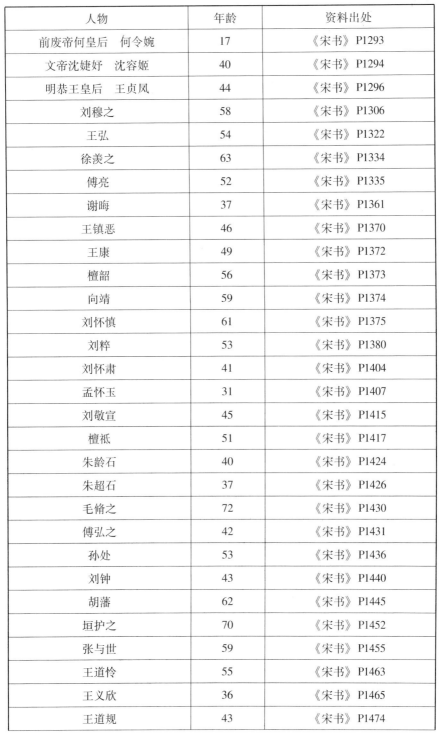

人物	年龄	资料出处
前废帝何皇后　何令婉	17	《宋书》P1293
文帝沈婕妤　沈容姬	40	《宋书》P1294
明恭王皇后　王贞凤	44	《宋书》P1296
刘穆之	58	《宋书》P1306
王弘	54	《宋书》P1322
徐羡之	63	《宋书》P1334
傅亮	52	《宋书》P1335
谢晦	37	《宋书》P1361
王镇恶	46	《宋书》P1370
王康	49	《宋书》P1372
檀韶	56	《宋书》P1373
向靖	59	《宋书》P1374
刘怀慎	61	《宋书》P1375
刘粹	53	《宋书》P1380
刘怀肃	41	《宋书》P1404
孟怀玉	31	《宋书》P1407
刘敬宣	45	《宋书》P1415
檀祗	51	《宋书》P1417
朱龄石	40	《宋书》P1424
朱超石	37	《宋书》P1426
毛脩之	72	《宋书》P1430
傅弘之	42	《宋书》P1431
孙处	53	《宋书》P1436
刘钟	43	《宋书》P1440
胡藩	62	《宋书》P1445
垣护之	70	《宋书》P1452
张与世	59	《宋书》P1455
王道怜	55	《宋书》P1463
王义欣	36	《宋书》P1465
王道规	43	《宋书》P1474

人物	年龄	资料出处
王义庆	42	《宋书》P1480
侯遵考	82	《宋书》P1482
庚悦	38	《宋书》P1491
王诞	39	《宋书》P1493
谢景仁	47	《宋书》P1494
谢述	46	《宋书》P1497
袁湛	40	《宋书》P1498
袁豹	41	《宋书》P1502
褚秀之	47	《宋书》P1503
褚淡之	45	《宋书》P1504
褚叔度	44	《宋书》P1505
褚湛之	50	《宋书》P1506
庚登之	62	《宋书》P1516
庚炳之	63	《宋书》P1522
谢方明	47	《宋书》P1524
谢惠连	27	《宋书》P1525
江夷	48	《宋书》P1526
孔靖	76	《宋书》P1532
羊玄宝	94	《宋书》P1536
沈昙庆	57	《宋书》P1539
臧焘	70	《宋书》P1546
徐广	74	《宋书》P1549
傅隆	83	《宋书》P1552
谢瞻	31	《宋书》P1559
孔琳之	55	《宋书》P1564
蔡廓	47	《宋书》P1573
蔡兴宗	58	《宋书》P1584
王惠	42	《宋书》P1590
谢弘微	42	《宋书》P1594
王球	49	《宋书》P1595

人物	年龄	资料出处
殷淳	32	《宋书》P1597
张畅	50	《宋书》P1606
何偃	46	《宋书》P1609
江智渊	46	《宋书》P1610
范泰	74	《宋书》P1623
王准之	56	《宋书》P1625
王韶之	56	《宋书》P1626
荀伯子	61	《宋书》P1629
庐陵孝献王义真	18	《宋书》P1638
庐陵王绍	21	《宋书》P1639
江夏文献王义恭	53	《宋书》P1651
羊欣	73	《宋书》P1662
张敷	41	《宋书》P1664
王微	39	《宋书》P1672
殷景仁	51	《宋书》P1683
沈演之	53	《宋书》P1686
郑鲜之	64	《宋书》P1698
裴松之	80	《宋书》P1701
何承天	78	《宋书》P1711
吉翰	60	《宋书》P1718
杜骥	64	《宋书》P1722
王敬弘	88	《宋书》P1731
何尚之	79	《宋书》P1738
谢灵运	49	《宋书》P1777
彭城王义康	43	《宋书》P1797
南郡王义宣	40	《宋书》P1807
宜阳县侯凯	18	《宋书》P1808
刘湛	49	《宋书》P1819
范晔	20	《宋书》P1831
袁淑	46	《宋书》P1840

人物	年龄	资料出处
徐湛之	44	《宋书》P1848
江湛	46	《宋书》P1849
王僧绰	31	《宋书》P1851
南平穆王铄	23	《宋书》P1858
建平宣简王宏	25	《宋书》P1860
景素	25	《宋书》P1863
始安王休仁	39	《宋书》P1873
临庆冲王休倩	9	《宋书》P1881
新野怀王夷夫	6	《宋书》P1882
巴陵哀王休若	24	《宋书》P1884
颜延之	73	《宋书》P1904
王僧连	36	《宋书》P1958
王玄谟	81	《宋书》P1976
颜师伯	47	《宋书》P1995
刘延孙	52	《宋书》P2020
竟陵王诞	27	《宋书》P2036
庐江王祎	35	《宋书》P2042
充明	28	《宋书》P2042
武昌王浑	17	《宋书》P2043
海陵王休茂	17	《宋书》P2044
松滋侯子房	11	《宋书》P2062
临海王子顼	11	《宋书》P2063
始平孝敬王子鸾	10	《宋书》P2065
永嘉王子仁	10	《宋书》P2067
始安王子真	10	《宋书》P2067
邵陵王子元	9	《宋书》P2068
齐敬王子羽	1	《宋书》P2068
淮南王子孟	8	《宋书》P2068
晋陵孝王子云	4	《宋书》P2069
南海王子师	6	《宋书》P2069

人物	年龄	资料出处
淮阳思王子霄	3	《宋书》P2069
东平王子嗣	4	《宋书》P2070
武陵王赞	9	《宋书》P2071
刘秀之	68	《宋书》P2075
顾琛	86	《宋书》P2078
顾觊	76	《宋书》P2081
周朗	36	《宋书》P2101
沈怀文	54	《宋书》P2105
宗越	58	《宋书》P2111
黄回	52	《宋书》P2125
袁觊	47	《宋书》P2153
谢庄	46	《宋书》P2177
王景文	60	《宋书》P2184
殷孝祖	52	《宋书》P2191
刘勔	57	《宋书》P2196
萧惠开	49	《宋书》P2203
殷琰	59	《宋书》P2212
薛安都	60	《宋书》P2221
沈文秀	61	《宋书》P2224
袁粲	58	《宋书》P2233
良吏	66	《宋书》P2263
徐豁	51	《宋书》P2267
陆徽	62	《宋书》P2268
阮长之	59	《宋书》P2269
江秉之	60	《宋书》P2270
戴颙	64	《宋书》P2278
宗炳	69	《宋书》P2279
周续之	47	《宋书》P2281
王弘	63	《宋书》P2282
阮万龄	72	《宋书》P2283

人物	年龄	资料出处
孔淳	59	《宋书》P2284
龚祈	42	《宋书》P2285
陶潜	50	《宋书》P2291
沈道虔	82	《宋书》P2292
郭希林	47	《宋书》P2292
雷次宗	63	《宋书》P2294
朱百年	87	《宋书》P2295
王素	54	《宋书》P2296
关康之	63	《宋书》P2297
徐爱	82	《宋书》P2312

表十三　　　　南朝齐正史文献统计（479—502）

人物	年龄	资料出处
高帝萧道成	64	《南齐书》P3
武帝赜	54	《南齐书》P62
郁林王昭业	22	《南齐书》P74
海陵王昭文	15	《南齐书》P80
明帝鸾	47	《南齐书》P91
东昏后宝卷	19	《南齐书》P102
和帝宝融	15	《南齐书》P114
宣孝陈皇后道止	73	《南齐书》P390
高昭刘皇后智容	50	《南齐书》P390
文安王皇后宝明	58	《南齐书》P392
王俭	38	《南齐书》P437
陈显达	72	《南齐书》P494
刘怀珍	63	《南齐书》P503
刘灵哲	49	《南齐书》P504
李安民	58	《南齐书》P508
王玄载	76	《南齐书》P509
王玄邈	72	《南齐书》P512

人物	年龄	资料出处
刘善明	49	《南齐书》P527
苏侃	53	《南齐书》P529
垣荣祖	57	《南齐书》P531
（从父）阆	76	《南齐书》P531
周山图	64	《南齐书》P543
周盘龙	79	《南齐书》P545
王广之	73	《南齐书》P549
桓康	57	《南齐书》P559
焦度	61	《南齐书》P560
江谧	52	《南齐书》P571
荀伯玉	50	《南齐书》P574
王琨	84	《南齐书》P579
张岱	71	《南齐书》P581
褚炫	41	《南齐书》P583
何戢	36	《南齐书》P584
王延之	64	《南齐书》P586
王僧虔	21	《南齐书》P598
张绪	68	《南齐书》P602
刘休	54	《南齐书》P613
沈冲	51	《南齐书》P614
庾杲之	51	《南齐书》P616
王谌	69	《南齐书》P617
临川献王映	32	《南齐书》P622
长沙威王晃	31	《南齐书》P624
武陵昭王晔	28	《南齐书》P626
安成恭王暠	24	《南齐书》P627
鄱阳王锵	26	《南齐书》P628
桂阳王铄	25	《南齐书》P629
始兴简王鑑	21	《南齐书》P629
江夏王锋	20	《南齐书》P630

北朝墓志文献研究 下

人物	年龄	资料出处
南平王锐	19	《南齐书》P630
宣都王铿	18	《南齐书》P631
晋熙王铼	16	《南齐书》P631
河东王铉	19	《南齐书》P631
刘祥	39	《南齐书》P643
到㧑	58	《南齐书》P648
刘悛	61	《南齐书》P654
虞悰	65	《南齐书》P656
胡谐之	51	《南齐书》P657
萧景先	50	《南齐书》P663
萧赤斧	56	《南齐书》P665
颖胄	40	《南齐书》P673
刘瓛	56	《南齐书》P679
陆澄	70	《南齐书》P685
庐陵王子卿	27	《南齐书》P704
鱼复侯子响	22	《南齐书》P706
安陆王子敬	23	《南齐书》P707
随郡王子隆	21	《南齐书》P710
建安王子真	19	《南齐书》P711
西阳王子明	17	《南齐书》P712
南海王子罕	17	《南齐书》P712
巴陵王子伦	16	《南齐书》P712
邵陵王子贞	15	《南齐书》P713
临贺王子岳	14	《南齐书》P713
西阳王子文	14	《南齐书》P713
衡阳王子峻	14	《南齐书》P714
南康王子琳	14	《南齐书》P714
湘东王子建	13	《南齐书》P714
南郡王子夏	7	《南齐书》P714
张融	54	《南齐书》P728

人物	年龄	资料出处
江敩	44	《南齐书》P759
何昌寓	51	《南齐书》P762
谢瀹	45	《南齐书》P764
王思远	49	《南齐书》P767
沈文季	58	《南齐书》P780
道钧	22	《南齐书》P788
子珉	14	《南齐书》P788
遥光	32	《南齐书》P791
遥欣	31	《南齐书》P792
安陆昭王缅	37	《南齐书》P795
王秀之	53	《南齐书》P801
王慈	41	《南齐书》P803
蔡约	44	《南齐书》P805
陆慧晓	62	《南齐书》P807
萧惠基	59	《南齐书》P811
王融	27	《南齐书》P824
谢朓	36	《南齐书》P827
袁彖	48	《南齐书》P834
孔稚珪	55	《南齐书》P840
刘绘	45	《南齐书》P842
王奂	59	《南齐书》P850
王绩	53	《南齐书》P852
巴陵王昭秀	16	《南齐书》P862
桂阳王昭粲	8	《南齐书》P862
张欣泰	46	《南齐书》P884
陆厥	28	《南齐书》P900
崔慰祖	35	《南齐书》P902
祖冲之	72	《南齐书》P906
贾渊	62	《南齐书》P907
虞愿	54	《南齐书》P917

人物	年龄	资料出处
刘怀慰	45	《南齐书》P918
褚伯玉	86	《南齐书》P927
臧荣绪	74	《南齐书》P937
何求	56	《南齐书》P938
刘虬	58	《南齐书》P939
杜京产	64	《南齐书》P942
沈骥士	86	《南齐书》P944
徐伯珍	84	《南齐书》P946
吴达之	50	《南齐书》P961
杜栖	36	《南齐书》P966
纪僧真	55	《南齐书》P947
刘系宗	77	《南齐书》P976
茹法亮	64	《南齐书》P977

表十四　　　　　　　南朝梁正史文献统计（502—557）

人物	年龄	资料出处
敬帝	16	《梁书》P150
高祖德皇后	32	《梁书》P157
太宗简皇后	45	《梁书》P158
父骞	49	《梁书》P159
高祖丁贵嫔	42	《梁书》P161
高祖阮脩容	67	《梁书》P163
昭明太子统	31	《梁书》P169
哀太子大器	28	《梁书》P172
王茂	60	《梁书》P177
曹景宗	52	《梁书》P181
柳庆远	57	《梁书》P183
萧颖达	34	《梁书》P190
夏侯详	74	《梁书》P193
杨恭则	61	《梁书》P197

人物	年龄	资料出处
邓元起	48	《梁书》P200
张弘策	47	《梁书》P207
郑绍叔	45	《梁书》P210
吕僧珍	58	《梁书》P214
柳恢	46	《梁书》P218
柳忱	41	《梁书》P219
韦叡	79	《梁书》P225
范云	53	《梁书》P232
沈约	73	《梁书》P242
江淹	62	《梁书》P251
任昉	49	《梁书》P254
谢朏	66	《梁书》P264
张稷	63	《梁书》P272
张齐	67	《梁书》P283
张惠绍	63	《梁书》P286
康绚	57	《梁书》P293
刘坦	62	《梁书》P301
乐蔼	63	《梁书》P304
王瞻	49	《梁书》P318
王志	54	《梁书》P320
王峻	56	《梁书》P321
王暕	47	《梁书》P322
王训	26	《梁书》P323
王泰	45	《梁书》P324
王份	79	《梁书》P325
王锡	36	《梁书》P327
王佥	45	《梁书》P327
张充	66	《梁书》P330
柳恽	53	《梁书》P332
蔡撙	57	《梁书》P333

第六章 北朝墓志的史料价值（下）

615

人物	年龄	资料出处
江茜	53	《梁书》P335
临川靖惠王宏	54	《梁书》P341
安成国世子机	30	《梁书》P345
南平元襄王伟	58	《梁书》P347
衡山县侯恭	52	《梁书》P349
鄱阳忠烈王恢	51	《梁书》P351
恢世子范	52	《梁书》P353
始兴忠武王憺	45	《梁书》P355
长沙嗣王业	48	《梁书》P361
业子孝俨	23	《梁书》P361
元王弟藻	67	《梁书》P363
永阳嗣王伯游	23	《梁书》P363
萧景	47	《梁书》P370
萧昌	39	《梁书》P370
萧昂	53	《梁书》P371
周舍	56	《梁书》P376
徐勉	70	《梁书》P387
范岫	75	《梁书》P392
傅昭	75	《梁书》P394
傅映	83	《梁书》P396
萧琛	52	《梁书》P398
陆杲	74	《梁书》P399
陆倕	57	《梁书》P403
到洽	51	《梁书》P404
明山宝	85	《梁书》P406
殷钧	49	《梁书》P408
陆襄	70	《梁书》P410
陆之横	41	《梁书》P418
夏侯夔	56	《梁书》P422
韦放	59	《梁书》P424

人物	年龄	资料出处
南康简王绩	25	《梁书》P428
乂理	21	《梁书》P430
庐陵威王绩	44	《梁书》P431
邵陵携王纶	33	《梁书》P436
裴子野	62	《梁书》P444
徐摛	78	《梁书》P448
袁昂	80	《梁书》P455
陈庆之	56	《梁书》P464
陈昕	33	《梁书》P465
蘭钦	42	《梁书》P467
王僧孺	58	《梁书》P474
张率	53	《梁书》P479
刘孝绰	59	《梁书》P483
王筠	69	《梁书》P486
张缅	42	《梁书》P492
张绩	51	《梁书》P503
张绾	63	《梁书》P504
萧子恪	52	《梁书》P509
萧子范	64	《梁书》P510
萧子显	44	《梁书》P513
萧子云	63	《梁书》P515
萧特	25	《梁书》P516
孔休源	64	《梁书》P521
朱异	67	《梁书》P539
元法僧	58	《梁书》P554
元树	48	《梁书》P555
元愿达	57	《梁书》P555
王神念	75	《梁书》P556
羊侃	54	《梁书》P561
羊鹍	28	《梁书》P562

北朝墓志文献研究 下

人物	年龄	资料出处
到溉	72	《梁书》P569
刘显	63	《梁书》P571
刘之遴	72	《梁书》P574
刘之亨	50	《梁书》P574
许懋	69	《梁书》P579
王规	45	《梁书》P582
王承	41	《梁书》P585
褚翔	44	《梁书》P586
萧介	73	《梁书》P589
萧洽	55	《梁书》P589
褚球	70	《梁书》P590
刘孺	59	《梁书》P592
刘潜	67	《梁书》P594
殷芸	59	《梁书》P596
臧盾	66	《梁书》P600
臧厥	48	《梁书》P601
韦粲	54	《梁书》P607
张嵊	62	《梁书》P610
寻阳王大心	29	《梁书》P615
南海王大临	25	《梁书》P615
南郡王大连	25	《梁书》P616
安陆王大春	22	《梁书》P616
浏阳公大雅	17	《梁书》P617
新兴王大庄	18	《梁书》P617
西阳王大钧	13	《梁书》P617
武宁王大威	13	《梁书》P617
建平王大球	11	《梁书》P618
义安王大昕	11	《梁书》P618
绥建王大挚	10	《梁书》P618
胡僧祐	63	《梁书》P640

人物	年龄	资料出处
沈崇傃	39	《梁书》P649
荀匠	21	《梁书》P650
庾黔	46	《梁书》P651
刘霁	52	《梁书》P657
谢蔺	38	《梁书》P658
伏曼容	82	《梁书》P663
何佟之	55	《梁书》P664
严植之	52	《梁书》P671
贺玚	59	《梁书》P672
贺革	62	《梁书》P673
太始叔明	73	《梁书》P679
皇侃	58	《梁书》P681
到沆	30	《梁书》P686
丘迟	45	《梁书》P687
刘苞	30	《梁书》P688
庾於陵	48	《梁书》P689
刘峻	60	《梁书》P707
何思澄	54	《梁书》P714
子朗	24	《梁书》P714
刘杳	50	《梁书》P717
谢徵	37	《梁书》P718
庾仲容	74	《梁书》P724
颜协	42	《梁书》P727
何点	68	《梁书》P734
何胤	86	《梁书》P739
阮孝绪	58	《梁书》P742
陶弘景	85	《梁书》P743
刘慧斐	59	《梁书》P746
范元琰	70	《梁书》P746
刘讦	31	《梁书》P747
刘歊	32	《梁书》P750
庾诜	78	《梁书》P751

人物	年龄	资料出处
张孝秀	42	《梁书》P752
庾承先	60	《梁书》P753
顾宪之	74	《梁书》P760
陶季直	75	《梁书》P762
沈瑀	59	《梁书》P769
范述曾	79	《梁书》P770
丘仲孚	48	《梁书》P771
孙谦	92	《梁书》P773
何远	52	《梁书》P779
豫章王综	49	《梁书》P824
武陵王纪	46	《梁书》P828

表十五 　　　　　南朝陈正史文献统计（557—589）

人物	年龄	资料出处
高祖武皇帝	57	《陈书》P40
废帝	19	《陈书》P71
高宗孝宣皇帝	53	《陈书》P99
后主	52	《陈书》P117
高祖宣皇后章氏	65	《陈书》P126
世祖沈皇后	67	《陈书》P128
高宗柳皇后	83	《陈书》P129
杜僧明	46	《陈书》P137
周文育	51	《陈书》P141
宝安	24	《陈书》P142
侯安都	44	《陈书》P149
侯敦	41	《陈书》P149
侯瑱	52	《陈书》P156
欧阳𫖮	66	《陈书》P159
欧阳纥	33	《陈书》P160
吴明彻	67	《陈书》P164
周铁虎	49	《陈书》P170
程灵洗	55	《陈书》P173

人物	年龄	资料出处
黄法㲉	59	《陈书》P179
淳于量	72	《陈书》P181
章伯达	54	《陈书》P184
胡颖	54	《陈书》P188
徐度	60	《陈书》P190
徐敬成	36	《陈书》P191
杜棱	70	《陈书》P192
沈恪	74	《陈书》P195
徐世谱	55	《陈书》P198
鲁悉达	38	《陈书》P199
周敷	35	《陈书》P201
荀朗	48	《陈书》P203
周炅	64	《陈书》P205
陈拟	58	《陈书》P218
陈详	48	《陈书》P219
赵知礼	47	《陈书》P224
蔡景历	60	《陈书》P228
王冲	76	《陈书》P236
王通	72	《陈书》P237
王劢	67	《陈书》P239
袁敬	79	《陈书》P240
王枢	51	《陈书》P241
沈众	56	《陈书》P244
袁泌	58	《陈书》P245
刘仲威	43	《陈书》P246
陆山才	58	《陈书》P247
王质	60	《陈书》P248
韦载	58	《陈书》P250
沈炯	59	《陈书》P256
虞荔	59	《陈书》P258
虞寄	70	《陈书》P263
马枢	60	《陈书》P265

北朝墓志文献研究 下

人物	年龄	资料出处
到仲举	51	《陈书》P269
韩子高	30	《陈书》P270
谢哲	59	《陈书》P278
张种	70	《陈书》P281
王固	63	《陈书》P282
孔奂	70	《陈书》P287
萧允	84	《陈书》P288
陆子隆	42	《陈书》P295
钱道戢	63	《陈书》P296
骆牙	57	《陈书》P297
沈君礼	47	《陈书》P301
王玚	40	《陈书》P302
陆缮	50	《陈书》P303
周弘正	79	《陈书》P309
周弘直	76	《陈书》P311
周确	59	《陈书》P311
袁宪	70	《陈书》P314
裴忌	73	《陈书》P318
孙玚	72	《陈书》P321
徐陵	77	《陈书》P334
徐份	22	《陈书》P336
徐孝克	73	《陈书》P338
江总	76	《陈书》P346
始兴王伯茂	18	《陈书》P359
鄱阳王伯山	40	《陈书》P360
岳阳王叔慎	18	《陈书》P372
宗元饶	64	《陈书》P386
毛喜	72	《陈书》P391
蔡徵	67	《陈书》P393
萧济	66	《陈书》P396
陆琼	50	《陈书》P398
陆从典	57	《陈书》P398

人物	年龄	资料出处
顾野王	63	《陈书》P400
傅縡	55	《陈书》P406
萧摩诃	73	《陈书》P412
任忠	77	《陈书》P414
鲁广达	59	《陈书》P420
殷不害	85	《陈书》P425
殷不佞	56	《陈书》P426
沈文阿	61	《陈书》P436
沈洙	52	《陈书》P439
戚衮	63	《陈书》P440
郑灼	68	《陈书》P441
沈德威	55	《陈书》P442
金缓	74	《陈书》P443
张机	76	《陈书》P444
顾越	78	《陈书》P445
沈不害	63	《陈书》P448
王元规	74	《陈书》P449
杜之伟	52	《陈书》P455
颜晃	53	《陈书》P456
江德藻	57	《陈书》P457
庾持	62	《陈书》P458
许亨	54	《陈书》P459
褚玠	52	《陈书》P461
岑之敬	61	《陈书》P462
陆琰	34	《陈书》P463
陆瑜	44	《陈书》P464
陆玠	37	《陈书》P465
陆琛	42	《陈书》P465
徐伯阳	66	《陈书》P469
张正见	49	《陈书》P470
蔡凝	47	《陈书》P471
阮卓	59	《陈书》P472
新安王伯固	28	《陈书》P498

第六章　北朝墓志的史料价值（下）

第二节 北朝墓志墓主的丧葬期统计与分析

一、北朝墓志墓主的丧葬期统计

墓志记载了墓主去世和下葬的日期，两项时间之差为停丧时间，即墓主丧葬期①。古礼，丧葬期因死者的身份、地位的不同而有异。天子七月而葬，诸侯五月而葬，大夫三月而葬，士逾月而葬，未到丧葬期提前埋葬曰渴葬。《公羊传》隐公三年曰："不及时而日，渴葬也。"《释名·释丧制》曰："日月未满而葬曰渴。言渴欲速葬，无恩也。"北朝丧葬制度的丧葬期没有明确规定，唯有一些零星记载，如《北齐书·文宣帝纪》记，文宣帝暴崩于晋阳宫德阳堂，遗诏："凡诸凶事一依俭约。三年之丧，虽曰达礼，汉文革创，通行自昔，义有存焉，同之可也，丧月之断限以三十六日。嗣主、百僚、内外遐迩奉制割情，悉从公除。"至于北朝丧葬制度中的丧葬期如何，可以从出土的北朝墓志记载中窥其一斑。现就北朝时期墓志进行抽样统计研究，更为深刻地了解北朝的丧葬制度，但有一种情况需要注意，北魏迁洛，形成了平城与洛阳两地葬区，而鲜卑素有家族，主要是夫妇归葬一处之俗，迁葬之事多矣。因此，研究北朝墓主的丧葬期，是广义上的丧葬期，既要包括墓主去世到首次下葬的时间间距，也应包括墓主去世至迁回故里安葬（即最后一次安葬）的时间间距。

（一）北魏时期墓主丧葬期统计

现抽取北魏时期统计样本情况为：墓主共计286人，其中男性225人，女性61人，其丧葬期情况统计如下：

表 6-14

丧葬期	男性/人	女性/人
0—1 月	9	14
1—2 月	15	11
2—3 月	30	10
3—4 月	18	3

---

① 丧葬期一般指墓主去世和下葬的时间间距。此处含义应是广义上的，既包括正常卒葬的时间间距，亦包括墓主卒于异地，因各种原因不能返回故里，暂葬一处，待等时机迁回葬于家族墓地的时间间距。本文指墓主去世至最后一次下葬的时间间距。

丧葬期	男性/人	女性/人
4—5 月	17	0
5—6 月	9	5
6—7 月	22	6
7—8 月	17	2
8—9 月	7	2
9—10 月	9	1
10—11 月	5	1
11—12 月	3	1
12 月—1 年	4	0
1—2 年	22	5（一年以上）
2—3 年	15	
3—4 年	3	
4—5 年	2	
5—6 年	4	
6 年以上	14	

（二）东魏时期墓主丧葬期统计

现抽取东魏时期统计样本情况为：墓主共计 51 人，其中男性 35 人，女性 16 人，其丧葬期情况统计如下：

表 6-15

丧葬期	男性/人	女性/人
0—1 月	1	2
1—2 月	1	1
2—3 月	4	0
3—4 月	3	1
4—5 月	2	0
5—6 月	2	0

丧葬期	男性/人	女性/人
6—7 月	5	1
7—8 月	0	0
8—9 月	2	1
9—10 月	1	0
10—11 月	0	2
11—12 月	1	0
12 月—1 年	0	0
1—2 年	5	3
2 年以上	8	5

（三）北齐时期墓主丧葬期统计

现抽取北齐时期统计样本情况为：墓主共计82人，其中男性63人，女性19人，其丧葬期情况统计如下：

表 6-16

丧葬期	男性/人	女性/人
0—1 月	4	2
1—2 月	3	2
2—3 月	4	3
3—4 月	6	1
4—5 月	5	0
5—6 月	4	0
6—7 月	4	1
7—8 月	5	1
8—9 月	1	0
9—10 月	2	0
10—11 月	2	2
11—12 月	1	0

北朝墓志文献研究 下

丧葬期	男性/人	女性/人
12 月—1 年	0	0
1—2 年	6	2
2 年以上	16	5

（四）西魏时期墓主丧葬期统计

现抽取西魏时期统计样本情况为：墓主共计 10 人，其中男性 6 人，女性 4 人，其丧葬期情况统计如下：

表 6-17

丧葬期	男性/人	女性/人
0—1 月	2	0
1—2 月	0	0
2—3 月	0	1
3—4 月	0	1
4—5 月	0	0
5—6 月	0	0
6—7 月	0	0
7—8 月	0	0
8—9 月	0	0
9—10 月	1	0
10—11 月	0	0
11—12 月	0	0
12 月—1 年	0	0
1—2 年	2	1
2 年以上	1	1

西魏时期采集到的样本少，其中丧葬期短的，一男性墓主卒后第 10 天葬，其丧葬期为 10 天；一女性墓主的丧葬期为 55 天。因样本少，无论如何也是缺乏代表性的，只能留作考察其他时期的参考。

（五）北周时期墓主丧葬期统计

现抽取北周时期统计样本情况为：墓主共计 27 人，其中男性 22 人，女性 6 人，其丧葬期情况统计如下：

表 6-18

丧葬期	男性/人	女性/人
0—1 月	2	1
1—2 月	5	0
2—3 月	1	0
3—4 月	1	0
4—5 月	1	2
5—6 月	1	1
6—7 月	1	0
7—8 月	1	0
8—9 月	0	0
9—10 月	0	0
10—11 月	0	0
11—12 月	0	0
12 月—1 年	1	0
1—2 年	4	0
2 年以上	4	2

二、北朝墓志墓主的丧葬期分析

（一）男女两性墓主的丧葬期比较

通过将确切记有卒、葬年月时间的北朝各个时期的墓志加以汇集统计，可以发现男性墓主的丧葬期相较女性墓主为长。北魏时期女性墓主丧葬期大多在 3 个月以内，约占这一时期能统计出丧葬期女性墓主的 57.4%；男性墓主停丧 1 个月和 1 个月之内下葬的少，而 2 个月到 8 个月之间下葬的数量则为多数。女性墓主停丧时间较长的一般也不会超过 2 年，只有个别案例超长；而男性墓主停丧时间在 2 年以上者十分普遍，

有的甚至长达 6 年以上，北魏时期墓主丧葬期 6 年以上占总体比值为
5.9%；北齐时期为 25.4%；东魏时期为 22.9%，皆不算少数。男性与
女性墓主丧葬期明显存在差异。

（二）影响墓主丧葬期差异的原因分析

形成男女两性墓主的丧葬期有差异的原因是多方面的，概括而言不
外乎以下几个主要因素。

1. 扶枢还故归葬期长

北朝时期男女两性墓主的丧葬期存在差异，虽然从一个方面说明此
时男尊女卑观念的存在，但原因并非单一，比如女性守内持家，如无其
他原因，多数属自然死亡，一般是卒后即葬。因北朝时期战事频繁，在
外地任职的男性官员，或因战争、或因意外身亡，卒后归葬原籍故里，
除去气候因素的影响以外，还有一个扶枢返回故居的过程。如据墓志记
载，元绪为正始四年（507 年）二月八日薨于州之中堂；夏四月二十七
日迁枢于东都；五月二十七日达京，殡于第之朝堂；十月三十日葬于洛
阳城之西北，附茔于高祖孝文陵之东，由此算来元绪的丧葬期为 8 个多
月。再如高湛，元象元年（538 年）正月二十四日卒，元象二年（539
年）十月十七日迁于故乡司徒公之茔，高湛的丧葬期亦为 8 个多月。如
果扶枢返故路途遥远，势必下葬时间就会延长。就出土的部分北魏墓志
研究发现，在洛州以外的州郡县担任官职者，卒后大多葬回洛阳家族墓
地，见下表：

表 6-19　　　　　　　男性墓主归葬洛阳部分统计表

任职地名	墓主	卒地	葬地
兖州	陈庶	薨于州治（兖州刺史）	葬于都西
	穆彦	薨于兖州	窆于芒山
齐州	元则	卒于官（齐州平东府中兵参军）	葬于景陵
	元钻远	终于位（齐州刺史）	陪葬长岭
郑州	元桢	薨于郑	葬于邙山
	张澈	殡于郑之永善里	葬于京都
华州	赫连悦	在郡（华州刺史）而薨	葬于梓泽
雍州	元晖	薨于位	葬于洛阳
	元固	卒于位（雍州刺史）	葬于长陵
瀛州	元庶	薨于位（瀛州刺史）	葬于景陵

任职地名	墓主	卒地	葬地
朔州	□伯超	卒于官署（朔州刺史）	葬于洛阳
岐州	元诱	薨于岐州	葬于西陵
扬州	元嵩	薨于州治（扬州刺史）	葬于河阴
荆州	元隐	卒于荆州之邸	葬于长陵
凉州	王昌	卒于凉州	葬于洛阳
夏州	公孙猗	薨于州治（夏州刺史）	葬于终宁陵
益州	元悦	薨于位（益州刺史）	葬孝靖王陵
宜阳郡	元宝建	薨于位	葬文宣王陵
汲郡	元㤉	薨于郡庭（汲郡太守）	葬于西陵
长安	元昕	薨于长安之公馆	葬于景陵
晋阳	韩震	卒于晋阳	葬于成周
庐	元宥	薨于庐	葬于西陵
汝南	寇演	薨于位（汝南太守）	葬于洛阳
城阳	元鸾	薨于官（城阳怀王）	葬于北邙
艾涧	元氏	卒于艾涧之侯庭	葬于景陵
河梁	元氏	卒于河梁之南	葬于洛阳西

表中诸多皇家宗室成员，虽卒于外地，却是迁回葬在洛阳的。据考证皇室家族墓地诸坟都是以祖、父为中心进行排列，也有同辈兄弟墓并成一行的。①

2. 等待追赠时间不定

男性墓主停丧时间长还有一个不容忽视的原因，卒者生前有一定名位的，卒后多能享有追赠更高的官职与尊荣谥号，等候其追赠是荣耀门庭之事，而追赠时间长短不定，无论如何墓主家人一定要守候其至。如北魏《韦彧墓志》载，墓主韦彧"春秋五十一，孝昌元年八月廿六日，薨于长安城永贵里第。天子伤恸，朋僚涕塞、泪满行目，人思致百。赠使持节、都督诸军事、抚军将军、雍州刺史。丧礼所备，悉皆公给。长子彪与吏民

---

① 宿白：《北魏洛阳城和北邙陵墓——鲜卑遗迹辑录之三》，《文物》1978 年第 7 期，第 42—52 页。

谨上行状。太常博士朱惠兴议：公惠性冲远，才业清敏，幼敦诗书，长玩百氏。昔衣锦乡，寮庶缉穆，注毗二台，义光槐庭。入司琐闱，谟明帝道，出藩东南，留声二国。道德齐礼，伪服归仁，廉素之风既著，纳言之亮惟美。谨依谥法，博闻多见曰文，有功安民曰烈。太常卿、尚书仆射元慎奏可，礼也。二年岁次丙午十二月乙未朔十日丙午（误，应为甲辰），谒者萧轨持节奉册，即枢祭以太牢，护雍州法驾诣墓，葬于旧兆杜陵"。此为《韦彧墓志》志传文中的一段，可知墓主的丧葬期为1年零3个多月，停丧时间不算短；文中亦详细记载了追赠全过程，为后人了解当时望族丧事办理的部分情节提供了依据。追赠的官职与谥号在《韦彧墓志》首题已体现，"故使持节散骑常侍太常卿尚书都督雍州诸军事抚军将军豫雍二州刺史文烈公韦使君墓志铭"，说明墓志文的撰写与刊刻，均在追赠的官职与谥号到来之后行事。同样有卒后追赠事，且有追赠到来的具体时间记载，而停丧时间较短者见北周《莫仁诞墓志》，志载墓主莫仁诞"春秋卅有四，大周建德五年十月廿七日壬申卒于晋阳之城。部落衔哀，行路掩涕，亲宾绝轸，里巷无春。定安公恸深颜路，剧请车之悯；悼甚郗愔，切书箱之爱。岁月不居，卜期行及，十二月廿三日诏赠使持节、上开府仪同大将军，封赵州赵郡开国公，食邑二千户。诏：呜呼维尔！使持节、仪同大将军莫仁诞，才干通济，立怀英决，英勇奋发，临危逾励，迫以凶徒，志不旋踵，并殒命戎行，投身奉国，言念既往，有恻于怀。追崇加等，宜超古烈。魂而有灵，嘉兹荣宠。呜呼哀哉！生荣死哀，备书彝典，威德雄气，寄是传芳。粤以六年岁次丁酉三月甲戌朔廿三日丙申，窆于万年县原望乡三儒里"。由此得知墓主卒于大周建德五年十月廿七日；追赠到达时间为同年十二月廿三日；葬于大周建德六年岁次三月廿三日。可知墓主的丧葬期仅有4个多月，停丧时间不长。在志文中写明追赠到来具体时间的墓志为数不多。

3. 葬期习俗与政治原因

就墓主的丧葬期而言，男性大多在8个月以内，而女性多在3个月之内，1年以上的迁葬者居多，这与北朝的丧葬制度及习俗是相关联的。北魏迁洛之前，代北鲜卑族有集体葬区，如盛乐的金陵，昭成至献文诸帝均葬金陵，除皇后附葬外，许多宗室成员的陪葬及勋臣者的赐葬均于此。迁洛之后，孝文帝专就鲜卑人丧葬之事于太和十九年（495年）颁诏：

迁洛之人，自兹厥后，悉可归骸邙岭，皆不得就茔恒代。其有夫先葬在北，妇今丧在南，妇人从夫，宜还代葬；若欲移父就母，亦得任之。其有妻坟于恒代，夫死于洛，不得以尊就卑；欲移母就父，宜亦从之；若异葬亦从之。若不在葬限，身在代丧，葬之彼此，皆得任之。其户属恒燕，身官京洛，去留之宜，亦从所择。其属诸州者，各得任意。

此诏虽具政治用意，且充满男尊女卑思想，但亦反映了鲜卑人不愿夫妇或父母分葬两地的普遍心态。北魏迁洛后，在洛阳西北部的北邙地区划定了一块规模较大的墓葬区，当时迁洛鲜卑人死后，依诏不能北葬恒代者多葬于此。葬于北邙墓区的不止胡人，也有汉人，因而胡汉墓地相杂。即便如此，每一家族也有一相对集中的墓域。自有此诏，再加上鲜卑族有夫妇归葬一处之俗，迁葬之事则多矣。如《封魔奴墓志》言魔奴以太和七年冬十一月九日薨于代京，八年春二月，窆窆于代郡平城县之桑干水南。属皇家徙驭代洛云。遥方来拜，事成艰忧。维正光二年冬十月乙丑朔廿日甲申改葬于本邑，夫人郎氏亦同徙窆，其丧葬期达 28 年之久。《杨阿难墓志》记阿难于"太和八年四月七日卒于平城，仍膰于代。高祖孝文皇帝鲠金兰之早摧，悼嘉苗而不秀，加赠中散，式褒盛德。粤以永平四年岁次辛卯十一月癸巳朔十七日己酉返厝于华阴潼乡"，其丧葬期为 27 年零 7 个月。《李伯钦墓志》记载伯钦北魏太和六年二月二十七日卒于平城。景明三年十二月十二日，迁窆于邺城西南豹寺东原吉迁里。李伯钦死于平城，亦当葬于平城，因其父李佐葬于邺城西南豹寺附近，因此，李氏家族把 20 年前已经葬在平城的李伯钦也迁来邺城，于是邺城此地也成为李佐一支的家族墓地。据《高雅墓志》记载高雅于神龟二年卒，天平四年十月六日与妻司马氏、长女元仪、次子德云合葬，其丧葬期 18 年。《元均墓志》也载元均于永安二年六月二十一日卒，武定二年八月二十日与夫人合葬，其丧葬期为 14 年。

4. 宗教及其他因素

墓主丧葬期除了按照礼制与习俗之外，也受宗教及其他因素的影响。《礼记·曲礼》云："凡卜筮日，旬之外曰'远某日'，旬之内曰'近某日'。丧事先远日，吉事先近日。曰：'为日，假尔泰龟有常，假尔泰筮有常。'"《礼记·表记》曰："殷人信神，率民以事神，先鬼而后礼。"殷商时期人们就使用甲骨占卜记事，几乎是无日不占，无事不卜，向天帝、祖先和自然神咨询行事的吉凶祸福。司马迁在《史记·龟策列传》中称："自古圣王将建国受命，兴动事业，何尝不宝卜筮以助善！唐虞以上，不可记已。自三代之兴，各据祯祥。"中华文明在起源时期产生了巨大的巫教文化力量，以至于形成了一种巫教心智模式。我们许多的文化现象以及文化模式都可以通过这一巫教心智模式予以解释。① 北朝统治者亦继承了这一文化模式，如《魏书·穆崇传》中多处记载其子嗣以卜筮定事。世祖拓跋焘征战凉州，命穆寿留任辅佐太子，待虏卜筮至击擒。若违命为虏侵害，必将受斩。寿顿首受诏。寿信卜筮之言，谓贼不来，竟不设备。外虏果至，侵及善无，京师大骇。寿不知所为，欲筑西郭门，请恭宗避保南山。惠太后不听，乃止。遣司空长孙道生等击走之。此为卜筮失意之例。高祖孝文帝欲建造移御永乐宫，征求大臣意见，穆亮建议："臣闻稽之卜筮，载自典经，占以决疑，古今攸尚。兴建指功，事在不易，愿陛下讯之蓍龟，以定可否。"② 人决定不了之事，依靠占卜借神明意旨为事。家人离世，下葬时间的确定，亦是要依靠具有神秘色彩的占卜等程序，巫师算出恰当时日，方可下葬，否则有违这种原始巫术习俗，活着的家人定会遭受上苍惩罚③。因此，墓主丧葬期大多依据占卜而定。正如北周《莫仁诞墓志》曰："岁月不居，卜期行及。"可见，这种观念导致的一个后果就是卒者丧葬期的长短不定。但是，北朝受佛风浸润，下葬时间亦有随佛缘的，多表现在佛门法师的葬期选定上。如北魏《比丘尼统法师僧芝墓志》载僧芝卒于熙平元年正月十九日，其月廿四日葬，其丧葬期为6天。东魏的慧光于元象元年正月十四日卒，十七日葬，其丧葬期为4天。北周梁嗣鼎于大象二年六月二十一日卒，二十三日葬，其丧葬期仅3天，为所见墓志中记载墓主丧葬期最短者。慧光与梁嗣鼎，一为佛门大师，一为武将兼通佛经，卒后即葬毫不拖延。

造成丧葬期长的原因也有卒者的家人常常需要相当长的时间来修建墓地。如果这些人并不富裕，那就更需要攒钱以便修建像样的丧葬墓地，这种准备工作有时要花很长时间。

（三）墓主丧葬期反映北朝的孝观念

"孝"不是一个抽象的、超历史的概念，而是随着历史的发展不断地变化。《孝经》曰："夫孝，德之本也，教之所由生也"；"夫孝，天之经也，地之义也，民之行也。"在中国社会从宗族结构向家庭结构转变时，

---

① 蔡先金：《述古杂俎》，上海：上海古籍出版社，2013年版，第4页。
② 《魏书》卷二十七《穆亮传》，北京：中华书局，1974年版，第669页。
③ 有关选择葬地和日期的习俗，见王充：《论衡》，引自刘盼遂《论衡集解》，北京：古籍出版社，1957年版，第477—481页。

祖先祭祀的中心从远祖转向近亲，特别是父亲。这一变化还带来了政治哲学与辩术中的新标准。父子关系为上天与统治者的关系、君与臣的关系提供了基本的比喻，履行孝道因此不再只是家庭中的私事，而是成了最重要的公共道义。《孝经》曰："天地之性，人为贵。人之行，莫大于孝。孝莫大于严父。严父莫大于配天。"汉代统治者倡导"以孝治天下"，孝的观念推动了纪念性丧葬物品的兴制，同时也被这些物品所体现；葬礼之类的公众场合最能表现一个人的孝，而公众的认可对于一个人的政治生涯及人性评价也至关重要。不难想象，葬礼仪式，包括修建丧葬建筑和书写墓志铭，遂成为一个孝子扬名的最好机会。

北魏王朝把厚葬作为一种"孝行"加以倡导，不到葬时而匆匆下葬，或者该迁葬而不迁葬，则有可能招致不孝之嫌。《魏书》记载："（河东闻喜人吴悉达）因迁葬曾祖已下三世九丧，倾尽资业，不假于人，哀感毁悴，有过初丧。有司奏闻，标闾复役，以彰孝义。"① 北朝的孝观念，自然会影响到墓主的丧葬期，亦会渗透到墓志铭文当中。就所收集到的北朝793方墓志文铭而言，有近三分之二的墓志志文明确以"孝"字作评，如元飏墓志铭"恭孝之心，睦睦于龆年""以仁以孝，乃茂乃奇"；王绍墓志铭"长端孝美""播孝德于纂绪，弘臣道于朝章""孝友绝伦、节义励等"；穆纂墓志铭"孝誉江夏，信重黄金"；元子正墓志铭云："至于孝友廉恭之行，辩察仁爱之心，乃与性俱生，非因饰慕。"唐耀墓志铭云："君聪慧自然，机颖天发，文祭珠琬，誉等全球……清规云秀，英略泉飞。"元氏兰夫人铭文："恭孝之性，发自天然，倒裳之志，末笈而备。"元恭墓志铭："孝敬之道，发自天真，信顺之理，出于神性。旷怀海纳，喜愠不见于言，雅量山容，得失不形于色。是以口无择言，身无择行，温颜外穆，严心内明，节比松筠……是以名实载隆，风流藉甚。"元朗墓志铭"孝行国礼""禀孝自天"；元举墓志铭"孝悌生知""至性醇孝"；元景献墓志铭"孝友之至""父忠于国，子孝于家"；元悫墓志铭"孝友发于自然""孝性恇恇，爱孝爱悌"；阳平幽王李妃墓志铭"孝慕仁厚""以仁以孝"；李遵墓志铭"孝出人表""孝以奉亲"。从这些墓志志文或铭文当中，足见北朝对孝的重视，倘若墓主后生不遵从葬期礼制，显然就是不孝的表现。

---

① 《魏书》卷八十六《吴悉达传》，北京：中华书局，1974年版，第1885页。

附　表

表一　　　　　　　北朝墓志墓主的丧葬期统计
男性

朝代	墓主	卒日	葬日	丧葬期
北魏	盖天保	太和十六年（492）二月二十九日卒	同年三月十七日葬	十九天
	冯熙	太和十九年（495）一月二十四日卒	同年十二月庚申葬	约十一个月
	元桢	太和二十年（496）八月二日薨	同年十一月二十六日	三个多月
	元简	太和二十三年（499）正月二十六日	同年三月十九日窆	一个多月
	元彬	太和二十三年（499）五月二日卒	同年十一月二十日葬	六个多月
	韩显宗	太和二十三年（499）四月一日	同年十二月二十六日	八个多月
	元羽	景明二年（501）五月十八日卒	同年七月二十九日窆	两个多月
	穆亮	景明三年（502）闰四月卒	同年六月二十九日	两个多月
	李伯钦	太和六年（482）二月二十七日卒	景明三年（502）十二月十二日迁葬	二十年十个月
	张整	景明四年（503）十月二十一日卒	同年十一月二十五日葬	一个多月
	崔孝芬族弟	景明四年（503）五月二十三日卒	正始元年（504）正月二十一日葬	近八个月
	封和突	景明二年（501）正月卒	正始元年（504）四月葬	三年三个月
	元忠	太和四年（480）七月十日	景明五年（即正始元年）（504）十一月六日迁葬	二十五年三个月
	崔隆	正始元年（504）十二月卒	正始二年（505）三月十日	两个多月
	元鸾	正始二年（505）三月二十五日卒	同年十一月十七日葬	七个多月

朝代	墓主	卒日	葬日	丧葬期
北魏	元始和	正始二年（505）七月十二日卒	同年十一月十八日迁葬	一个多月
	李蕤	正始二年（505）十一月九日卒	同年十二月二十四日窆	一个多月
	寇臻	正始二年（505）二月十七日卒	正始三年（506）三月二十六日葬	一年一个多月
	寇猛	正始三年（506）四月十一日卒	同年十一月二十九日葬	七个多月
	元思	正始三年（506）五月十二日卒	正始四年（507）三月二十五日葬	十个多月
	元鉴	正始三年（506）五月二十六日卒	正始四年（507）三月二十六日窆	约十个月
	元嵩	正始四年（507）三月三日卒	同年七月十六日窆	四个多月
	元绪	正始四年（507）二月八日卒	同年四月二十七日迁枢于东都，同年五月二十七日达京，同年十月三十日葬	八个多月
	长孙嵩	正始四年（507）八月卒	正光五年（524）十一月三日迁葬	十七年两个多月
	元详	正始元年（504）六月十三日卒	永平元年（508）十一月六日窆	四年四个多月
	元飐	永平元年（508）九月十九日卒	同年十一月六日窆	一个多月
	王奴	永平元年（508）六月八日薨	同年十一月六日葬	约五个月
	元淑	正始四年（507）十月二十三日卒	永平元年（508）十一月十五日葬	约一年
	穆循	永平二年（509）三月丁酉卒	同年十月九日葬	六个多月
	司马悦	永平元年（508）十月七日薨	永平四年（511）二月十八日窆	两年四个月
	元固	永平二年（509）十二月二十四日薨	永平四年（511）二月十八日葬西陵	一年一个多月
	司马绍	太和十七年（493）七月十二日卒	永平四年（511）十月十一日迁葬	十八年三个多月
	元侔	永平四年（511）五月十五日卒	同年十一月五日窆	五个多月

朝代	墓主	卒日	葬日	丧葬期
北魏	杨范	景明元年(500)二月九日①	永平四年(511)十一月十七日窆	十一年八个多月
	杨老寿	景明二年(501)五月二十三日卒	永平四年(511)十一月十七日窆	十年五个多月
	杨颖	永平四年(511)五月二十七日	同年十一月十七日葬	五个多月
	杨阿难	太和八年(484)四月七日卒于平城	先殡于代,永平四年(511)十一月十七日返厝于华阴潼乡	二十七年七个月
	元悦	永平四年(511)五月十一日卒	同年十一月十七日葬	六个多月
	封昕	永平五年(512)三月二十四日卒	同年四月十三日葬	十九天
	元诠	永平五年(512)三月二十八日	同年八月二十六日窆	四个多月
	鄯乾	永平五年(512)正月四日卒	同年八月二十六日葬	七个多月
	崔猷	永平四年(511)二月二十五日	延昌元年(512)十一月二十八日	九个多月
	元显俊	延昌二年(513)正月十四日	同年二月二十九日葬	一个多月
	元演	延昌二年(513)二月六日	同年三月七日	约一个月
	高雍	延昌二年(513)三月五日卒	同月八日葬	四天
	严震	延昌二年(513)三月二十三日	同年四月十日葬	四十七天
	孙标公	延昌二年(513)三月四日	同年九月五日	约六个月
	陈廞	延昌二年(513)四月十一日	延昌二年(513)十月九日	约六个月
	元质	延昌二年(513)五月十日	延昌三年(514)六月五日葬	一年十五天
	长孙瑱	延昌元年(512)八月十三日	延昌三年(514)十月二十一日葬	两年两个月

---

① 延昌二年三月有闰月,此处未注明闰月,当非闰三月,故此处计算由延昌二年三月二十三日至延昌二年四月十日的卒葬期时应加上闰月时间,为四十七天。

北朝墓志文献研究

下

638

朝代	墓主	卒日	葬日	丧葬期
北魏	元飏	延昌三年（514）八月二十七日	同年十一月四日窆	两个多月
	元珍	延昌三年（514）五月二十二日	同年十一月四日葬	五个多月
	姚纂	延昌三年（514）正月十七日	延昌四年（515）正月十六日葬	约一年
	邢伟	延昌三年（514）七月二十六日卒	延昌四年（515）二月十一日葬	六个半月
	王祯	延昌三年（514）四月十日卒	延昌四年（515）三月二十九日葬	十一个多月
	王绍	延昌四年（515）八月二日卒	同年闰十月二十二日	两个多月
	杨熙仙	延昌四年（515）十二月十二日卒	熙平元年（516）二月十二日葬	两个月
	王昌	延昌四年（515）十二月二十六日	熙平元年（516）三月十七日窆	两个多月
	元睿	延昌三年（514）三月四日卒	熙平元年（516）三月十七日迁葬	约两年
	杨播	延昌二年（513）十一月十六日	熙平元年（516）九月二日迁葬	两年九个月
	元彦	熙平元年（516）九月四日卒	同年十一月十日窆	两个多月
	羊祉	熙平元年（516）二月十二日卒	同年十一月二十日葬	九个多月
	吐谷浑玑	熙平元年（516）六月二十日卒	同年十一月二十一日葬	五个多月
	元进	熙平元年（516）卒	同年十一月二十二日迁葬	最多十个月
	皮演	延昌三年（514）三月十七日卒	熙平元年（516）十一月二十二日葬	七个多月
	穆胤	熙平元年（516）四月卒	同年十一月二十二日葬	六个多月
	元广	熙平元年（516）八月二十二日卒	同年十一月二十二日葬	约三个月
	元怀	熙平二年（517）三月二十六日卒	同年八月二十日葬	四个多月

朝代	墓主	卒日	葬日	丧葬期
北魏	元容	熙平二年（517）二月十四日卒	同年八月二十日葬	六个多月
	杨泰	熙平二年（517）五月三日卒	熙平三年（518）二月葬	约九个月
	张澈	神龟元年（518）二月十八日卒	同年八月五日葬	五个多月
	高道悦	太和二十年（496）八月十二日卒	神龟二年（519）二月二十日葬	二十两年半
	寇凭	神龟元年（518）七月二十六日卒	神龟二年（519）二月二十三日窆	六个多月
	寇演	神龟元年（518）七月二十七日卒	神龟二年（519）二月二十三日葬	六个多月
	杨惠	神龟元年（518）四月六日卒	神龟二年（519）十月十九日葬	四个多月
	元腾	正始四年（507）四月十一日卒	神龟二年（519）十一月九日合葬	十三年七个月
	元晖	神龟二年（519）九月庚午卒	神龟三年（520）三月十日葬	约半年
	辛祥	神龟元年（518）八月十三日卒	神龟三年（520）四月三十日迁葬	一年七个多月
	高举	正光元年（520）四月十五日卒	同年五月二十四日葬	一个多月
	唐云	正光元年（520）三月九日卒	同年九月十二日葬	约半年
	韩玄	神龟二年（519）十一月二十六日卒	正光元年（520）十月二十一日葬	十一个多月
	赵光	正光元年（520）七月二十日卒	同年十月二十一日葬	两个多月
	刘滋	永平三年（510）六月卒	正光元年（520）十一月三日葬	十年半
	元谭	神龟三年（520）三月十四日卒	正光元年（520）十一月十四日葬	约八个月
	元贿	神龟三年（520）四月二十六日卒	正光元年（520）十一月十四日葬	六个多月
	张弁	神龟三年（520）二月二十八日卒	正光元年（520）十一月十五日葬	八个多月

北朝墓志文献研究　下

640

朝代	墓主	卒日	葬日	丧葬期
北魏	元孟辉	神龟三年（520）三月二十一日卒	正光元年（520）十一月十五日葬	七个多月
	司马昺	正光元年（520）七月二十五日卒	同年十一月二十六日葬	四个多月
	李壁	神龟二年（519）二月二十一日卒	正光元年（520）十二月二十一日迁葬	一年十个月
	穆纂	正光二年（521）二月十八日卒	同年二月二十八日迁葬	十一天
	程晫	正光二年（521）六月三日卒	同年十一月二十六日葬	五个多月
	封魔奴	太和七年（483）十一月九日卒	正光二年（521）十月二十日改葬	二十八年
	郑道忠	正光三年（522）十月十七日卒	同年十二月二十六日葬	两个多月
	元秀	正光三年（522）八月卒	正光四年（523）二月甲申日葬	约半年
	元仙	正光二年（521）八月二十二日卒	正光四年（523）二月二十七日葬	一年半
	元倪	太和二十一年（497）二月卒	正光四年（523）二月二十七日迁葬	二十六年
	元引	太和二十四年（500）卒	正光四年（523）二月二十七日葬	二十三年
	元敷	正光三年（522）二月二十二日卒	正光四年（523）二月二十七日葬	一年
	元灵曜	正光三年（522）十一月十日卒	正光四年（523）三月二十三日葬	四个多月
	王基	正光三年（522）二月二十四日卒	正光四年（523）十月二十日葬	一年八个月
	王晓	正光三年（522）二月二十四日卒	正光四年（523）十月二十日葬	一年八个月
	鞠彦云	正光四年（523）正月十六日卒	同年十一月二日葬	九个多月
	元斌	正光四年（523）九月二十一日卒	同年十一月二十七日葬	两个多月

朝代	墓主	卒日	葬日	丧葬期
北魏	渴丸环	神龟元年(518)六月卒	正光四年(523)十二月九日葬	约五年半
	元昭	正光三年(522)二月二十二日卒	正光五年(524)三月十一日葬	约两年
	侯掌	正光五年(524)三月二日卒	同年四月二十九日葬	一个多月
	康健	正光三年(522)十月五日卒	正光五年(524)六月三日葬	一年八个月
	元子直	正光五年(524)四月十二日卒	同年八月六日葬	三个多月
	赵猛	太和十二年(488)八月十七日卒	正光五年(524)十月二十日葬	三十五年两个月
	元璨	正光五年(524)四月二十九日卒	同年十一月三日葬	六个多月
	吕通	正光五年(524)四月一日卒	同年十一月三日葬	七个多月
	吕达	正光五年(524)四月一日卒	同年十一月三日葬	七个多月
	元崇业	正光五年(524)三月二十七日卒	同年十一月十四日葬	七个多月
	郭季显	正光四年(523)六月二十三日卒	正光五年(524)十一月二十六日葬	一年五个月
	檀宾	正光五年(524)八月八日卒	同年十一月二十七日葬	两个多月
	杜祖悦	正光五年(524)六月十四日卒	同年十一月远旬葬	五个多月
	李超	正光五年(524)八月十八日卒	正光六年(525)正月十六日葬	四个多月
	甄凯	正始四年(507)二月二十七日卒	正光六年(525)正月二十七日葬	十八年
	徐渊	正光六年(525)正月四日卒	同月二十七日葬	二十四天
	元茂	正光六年(525)正月八日卒	同年三月十七日葬	两个多月
	李遵	正光五年(524)五月八日卒	正光六年(525)五月二十二日葬	约一年
	吴瑱	正光五年(524)八月二日卒	孝昌元年(525)二月三日葬	约半年

朝代	墓主	卒日	葬日	丧葬期
北魏	元显魏	正光六年（525）二月七日卒	孝昌元年（525）十月二十六日葬	七个多月
	元焕	孝昌元年（525）七月四日卒	同年十一月八日葬	四个多月
	元熙	孝昌元年（525）八月二十四日卒	同年十一月二十日葬	两个多月
	元诱	正光元年（520）九月三日卒	孝昌元年（525）十一月二十日葬	两个多月
	元怿	神龟三年（520）七月三日卒	孝昌元年（525）十一月二十日葬	约五年
	元纂	正光元年（520）八月二十四日卒	孝昌元年（525）十一月二十日葬	五年三个月
	元晫	孝昌元年（525）十月十七日卒	同年十一月二十日葬	一个多月
	贾思伯	孝昌元年（525）七月十六日卒	同年十一月葬	四个月
	元憼	正光五年（524）五月卒	孝昌元年（525）十二月二日葬	六个多月
	元宝月	正光五年（524）五月二十五日卒	孝昌元年（525）十二月三日葬	六个多月
	吴高黎	正始元年（504）十月十五日卒	孝昌二年（526）正月十三日葬	二十一年三个月
	李谋	正光四年（523）二月十日卒	孝昌二年（526）二月十五日葬	三年
	贾祥	孝昌二年（526）二月十日卒	同年同月二十七日葬	十八天
	高猛	正光四年（523）四月十日卒	同年十一月二日葬，孝昌二年（526）三月七日合葬	六个多月
	李颐	正光元年（520）五月十九日卒	孝昌二年（526）三月八日葬	五年十个月
	元过仁	孝昌二年（526）三月二十二日卒	同月二十七日葬	六天
	尹祥	正光五年（524）七月十八日卒	孝昌二年（526）七月二十四日葬	约两年
	元义	孝昌二年（526）三月二十日卒	同年七月二十四日葬	四个多月

北朝墓志文献研究 下

朝代	墓主	卒日	葬日	丧葬期
北魏	刘昭	孝昌二年（526）五月一日卒	同年八月十七日葬	三个多月
	崔鸿	孝昌元年（525）十一月二十九日卒	孝昌二年（526）九月十七日葬	八个多月
	元飘	孝昌二年（526）三月一日卒	十月二日葬	七个多月
	侯刚	孝昌二年（526）三月十一日卒	同年十月十八日葬	七个多月
	元琝	孝昌二年（526）七月二十八日卒	同年十月十九日葬	两个多月
	高广	孝昌二年（526）七月卒	同年十月葬	约三个月
	染华	正光五年（524）十一月二十日卒	孝昌二年（526）十一月十四日葬	约两年
	公孙猗	孝昌二年（526）三月九日卒	同年十一月十四日葬	八个多月
	于景	孝昌二年（526）十月八日卒	同年十一月十四日葬	一个多月
	周恒	孝昌二年（526）十月八日卒	同年十一月十四日葬	一个多月
	寇治	正光六年（525）正月二十日卒	孝昌二年（526）十一月十七日葬	九个多月
	元则	孝昌元年（525）十一月二十九日卒	孝昌二年（526）闰十一月七日窆	约一年
	于纂	孝昌二年（526）五月二十八日卒	同年闰十一月七日迁葬	五个多月
	元朗	孝昌二年（526）九月十二日①卒	同年闰十一月十九日葬	两个多月
	韦彧	孝昌元年（525）八月二十六日卒	孝昌二年（526）十二月十日葬	三个多月
	寇偘	孝昌二年（526）十二月十二日卒	同月二十六日葬	十五天
	董伟	正光四年（523）四月二十五日卒	孝昌三年（527）二月十六日葬	三年十个月
	苏屯	孝昌二年（526）二月十三日卒	孝昌三年（527）二月二十一日葬	约一年
	元晔	孝昌二年（526）六月十八日卒	孝昌三年（527）二月二十七日葬	七个多月

---

① 《元朗墓志》记其"以孝昌二年九月丁酉朔戊申日薨于师""孝昌二年九月丁酉朔戊申日"
为"孝昌二年九月十二日"。

朝代	墓主	卒日	葬日	丧葬期
北魏	和遼	孝昌二年（526）九月十一日卒	孝昌三年（527）二月二十七日葬	五个多月
	李达	太和十八年（494）九月二十八日卒	孝昌三年（527）五月十日合葬	约二十七年
	于纂	孝昌三年（527）二月四日卒	同年五月十一日葬	三个多月
	王怀本	孝昌三年（527）二月九日卒	同年五月二十四日葬	三个多月
	张敬	孝昌二年（526）七月一日卒	孝昌三年（527）九月十三日葬	一年两个月
	侯愔	孝昌三年（527）九月三日卒	同年十月十三日葬	一个多月
	张斌	孝昌三年（527）四月十一日卒	同年十月二十六日葬	六个多月
	元固	孝昌三年（527）九月二日卒	同年十一月二日葬	约两个月
	元悦	孝昌元年（525）十月二十九日卒	孝昌三年（527）十一月四日葬	约两年
	张墀	孝昌三年（527）二月一日卒	同年十一月十日葬	九个多月
	于神恩	孝昌三年（527）六月二十九日卒	同年十一月十四日葬	四个多月
	宁懋	景明二年（501）卒	孝昌三年（527）十二月十五日葬	约二十六年
	和遼	孝昌二年（526）九月十一日卒	孝昌三年（527）十二月二十七日葬	一年三个月
	寇慰	孝昌四年（528）七月二十六日卒	同年九月三日葬	一个多月
	辛穆	孝昌三年（527）五月五日卒	武泰元年（528）正月十五日	七个多月
	徐起	孝昌三年（527）九月六日卒	武泰元年（528）正月十五日	四个多月
	元举	孝昌三年（527）三月二十七日卒	武泰元年（528）二月二十一日	十个多月
	元昕	孝昌三年（527）十月二十日卒	武泰元年（528）三月十六日葬	四个多月
	元悌	武泰元年（528）四月十四日卒	建义元年（528）六月十六日葬	两个多月

朝代	墓主	卒日	葬日	丧葬期
北魏	元邵	武泰元年（528）四月十三日卒	建义元年（528）七月五日葬	两个多月
	元顺	建义元年（528）四月十三日卒	同年七月五日葬	两个多月
	元均之	武泰元年（528）四月十三日卒	建义元年（528）七月六日葬	两个多月
	元彝	武泰元年（528）四月十三日卒	建义元年（528）七月六日葬	两个多月
	元瞻	建义元年（528）四月十三日卒	同年七月六日葬	两个多月
	元谭	建义元年（528）四月十三日卒	同年七月六日葬	两个多月
	元悛	建义元年（528）四月十三日卒	同年七月十二日葬	两个多月
	元愔	建义元年（528）四月十三日卒	同年七月十二日葬	两个多月
	元端	武泰元年（528）四月十三日卒	建义元年（528）七月十七日葬	三个多月
	陆绍	武泰元年（528）四月十三日卒	建义元年（528）七月十七日葬	三个多月
	元宥	武泰元年（528）四月三日卒	建义元年（528）七月既望后二日葬	约三个月
	元略	建义元年（528）四月十三日卒	同年七月十八日葬	三个多月
	元湛	建义元年（528）七月十三日卒	同年七月十八日葬	三个多月
	元廞	建义元年（528）四月十三日卒	同年七月十八日葬	三个多月
	王诵	建义元年（528）四月十三日卒	同年七月二十七日葬	三个多月
	王馥	建义元年（528）六月二十五日卒	同年七月二十九日葬	一个多月
	元昉	建义元年（528）四月十三日卒	同年七月三十日葬	三个多月

北朝墓志文献研究 下

646

朝代	墓主	卒日	葬日	丧葬期
北魏	元毓	建义元年（528）四月十三日卒	同年七月三十日	三个多月
	元子正	建义元年（528）四月十三日卒	同年八月二十四日葬	四个多月
	杨济	武泰元年（528）四月十三日卒	同年八月二十五日葬	四个多月
	唐耀	建义元年（528）四月十三日卒	永安元年（528）十一月二日葬	六个多月
	元钦	建义元年（528）四月十三日卒	永安元年（528）十一月八日葬	六个多月
	元道隆	建义元年（528）四月十三日卒	永安元年（528）十一月十八日葬	七个多月
	元礼之	建义元年（528）四月十三日卒	永安元年（528）十一月二十日葬	七个多月
	元子永	武泰元年（528）四月十三日卒	永安元年（528）十一月二十日葬	七个多月
	元瓛	建义元年（528）四月十三日卒	永安元年（528）十一月二十日葬	七个多月
	李略	建义元年（528）四月十三日卒	永安元年（528）十二月十三日葬	八个月
	王翊	永安元年（528）十二月二十日卒	永安二年（529）二月二十七日葬	两个多月
	元维	建义元年（528）四月十三日卒	永安二年（529）三月九日	十一个多月
	笱景	永安元年（528）十月十六日卒	永安二年（529）四月三日葬	五个多月
	元继	永安元年（528）卒	永安二年（529）八月十二日葬	约一年
	山徽	永安二年（529）三月八日卒	同年十一月七日葬	约八个月
	尔朱绍	永安二年（529）六月二十三日卒	同年十一月七日葬	四个多月
	尔朱袭	永安二年（529）六月二十三日卒	同年十一月七日葬	四个多月

朝代	墓主	卒日	葬日	丧葬期
北魏	元恩	永安二年（529）七月三日卒	同年十一月十九日葬	四个多月
	丘哲	武泰元年（528）正月二十一日卒	永安二年（529）十一月十九日葬	十个多月
	穆彦	永安二年（529）六月二十三日卒	同年十二月二十六日葬	约半年
	元祉	永安二年（529）十一月二十一日卒	永安三年（530）二月十四日葬	两个多月
	元液	建义元年（528）四月十四日卒	永安三年（530）二月十三日葬	一年十个月
	长孙子梵	永安三年（530）五月十七日卒	普泰元年（531）三月二日葬	九个多月
	元海	永安三年（530）十二月三日卒	普泰元年（531）三月二十七日葬	三个多月
	赫连悦	普泰元年（531）五月十八日卒	同年七月十四日葬	一个多月
	元天穆	永安三年（530）九月二十五日卒	普泰元年（531）八月十一日葬	十个多月
	元弼	永安二年（529）七月二十一日卒	普泰元年（531）八月十一日葬	约两年
	穆绍	普泰元年（531）九月十三日卒	同年十月二十四日迁葬	一个多月
	吕仁	永安二年（529）五月八日卒	普泰二年（532）正月十九日葬	两年七个月
	韩震	孝昌二年（526）十月十三日卒	普泰二年（532）三月二十日葬	五年五个月
	元延明	梁大通二年（528）三月十日卒	太昌元年（532）七月二十八日葬	四年四个月
	元顼	永安三年（530）七月二十七日卒	太昌元年（532）八月二十三日葬	约两年
	元颢	永安三年（530）七月二十一日卒	太昌元年（532）八月二十三日葬	约两年

北朝墓志文献研究 下

朝代	墓主	卒日	葬日	丧葬期
北魏	宋虎	建明元年（530）二月二十六日卒	太昌元年（532）十一月十八日葬	两年八个月
	元袭	永安二年（529）六月二十一日卒	太昌元年（532）十一月十九日葬	两年半
	元徽	永安三年（530）十二月五日卒	太昌元年（532）十一月十九日葬	一年半
	元馗	普泰元年（531）六月二十九日卒	太昌元年（532）十一月十九日葬	两年半
	杨侃	普泰元年（531）六月二十八日卒	太昌元年（532）十一月十九日葬	两年半
	杨昱	普泰元年（531）六月二十九日卒	太昌元年（532）十一月十九日葬	两年半
	杨顺	普泰元年（531）七月四日卒	太昌元年（532）十一月十九日葬	一年半
	杨仲宣	普泰元年（531）七月四日卒	太昌元年（532）十一月十九日葬	一年半
	杨遁	普泰元年（531）七月四日卒	太昌元年（532）十一月十九日葬	一年半
	王温	普泰二年（532）二月二十六日卒	太昌元年（532）十一月二十五日葬	约九个月
	乞伏宝	太昌元年（532）十一月卒	永熙二年（533）三月二十一日葬	约四个月
	张宁	永熙二年（533）五月二十七日卒	同年八月二十八日葬	三个多月
	石育	永熙二年（533）三月七日卒	同年十一月二十五日合葬	约八个月
	元爽	永熙二年（533）二月二十五日卒	同年十一月二十五日葬	约九个月
	元钻远	永熙二年（533）二月二十七日卒	同年十一月二十五日葬	九个多月
	韦乾	永熙二年（533）六月四日卒	永熙三年（534）一月二十六日葬	七个多月

朝代	墓主	卒日	葬日	丧葬期
东魏	张瑾	天平元年（534）七月二十三日卒	同年十月七日窆	两个多月
	杨机	永熙二年（533）八月五日卒	天平二年（535）三月二十七日葬	一年七个多月
	元玕	天平二年（535）四月十四日薨	同年七月二十八日葬	三个多月
	司马昇	天平二年（535）二月二十一日卒	同年十一月七日葬	八个多月
	王僧	天平二年（535）三月十日卒	天平三年（536）二月十三日葬	十一个多月
	元诞	天平三年（536）四月二十六日卒	同年八月四日葬	三个多月
	崔鷃	武泰元年（528）四月十四日卒	天平四年（537）二月十九日窆	八年十个月
	高雅	熙平四年（519）卒	天平四年（537）十月六日与次子德云、长女元仪及妻司马氏合葬	约十八年
	张满	天平四年（537）五月九日卒	同年十一月十二日葬	六个多月
	慕容鉴	天平四年（537）闰九月五日卒	同月二十二日葬	十八天
	慧光	元象元年（538）正月十四日卒	同月十七日葬	四天
	赵鉴	天平四年（537）四月二十六日卒	元象元年（538）二月七日葬	九个多月
	任祥	元象元年（538）八月三日卒	元象元年（538）十月二十三日卒	两个月二十天
	高湛	元象元年（538）正月二十四日卒	元象二年（539）十月十七日迁于故乡司徒公之茔	八个多月
	公孙略	元象二年（539）四月十四日薨	同年十月二十九日迁葬于漳水之西	六个多月
	崔混	元象元年（538）二月五日卒	同年十一月五日葬	约九个月
	田盛	元象元年（538）十二月二十四日卒	兴和二年（540）正月十二日葬	约二十天
	刘懿	兴和元年（539）十一月十七日薨	兴和二年（540）正月二十四日葬	两个多月
	闾伯昇	兴和二年（540）五月卒	同年十月葬	约五个月

朝代	墓主	卒日	葬日	丧葬期
东魏	高永乐	兴和二年(540)五月九日卒	兴和三年(541)二月十八日	八个多月
	元宝建	兴和三年(541)七月九日卒	同年八月二十一日葬	一个多月
	元鸷	兴和三年(541)六月九日卒	同年十月二十二日窆	四个多月
	封延之	兴和二年(540)六月二十四日卒	兴和三年(541)十月二十三日葬	一年四个月
	司马兴龙	太和十四年(490)正月八日卒	兴和三年(541)十一月十七日葬	五十一年
	李挺	兴和三年(541)六月十七日卒	同年十二月二十三日葬	六个多月
	慕容纂	兴和三年(541)九月二十六日卒	兴和四年(542)十一月十一日葬	一年一个月
	房悦	兴和四年(542)六月十一日卒	同年十一月十七日葬	五个多月
	元悰	兴和四年(542)十一月二十日卒	武定元年(543)三月十九日葬	约五个月
	崔景播	兴和三年(541)五月七日卒	武定元年(543)十月三日葬	一年五个月
	吕盛	兴和四年(542)十月卒	武定二年(544)二月刻志	一年四个月
	元湛	武定二年(544)五月十四日卒	同年八月八日葬于武城之北原	两个多月
	元显	太和二十四年(500)卒	武定二年(544)八月二十日移葬于邺城之西陵	四十三年多
	元均	永安二年(529)六月二十一日卒	武定二年(544)八月二十日与夫人合葬	十四年
	侯海	武定二年(544)四月卒	同年十月十日葬于漳水之阳	六个多月
	间详	武定二年(544)七月卒	同年十月二十二日葬邺城西南十五里	约三个月
	吕岊	正光二年(521)五月卒	武定二年(544)十一月五日改葬	二十二年
	李希宗	兴和二年(540)卒	武定二年(544)十一月二十九日葬	约四年

朝代	墓主	卒日	葬日	丧葬期
东魏	元光基	武定三年（545）二月十九日卒	同年六月二十八日迁窆西陵	四个多月
	宗欣	武定三年（545）七月七日卒	同年十月二十八日窆	两个多月
	封柔	武定二年（544）三月十九日卒	武定四年（546）二月十一日合葬	一年十一个月
	刘强	正始三年（506）二月十六日卒	武定四年（546）十月二十八日与夫人杨氏同穴	四十年
	萧正表	武定七年（549）十二月二十三日卒	武定八年（550）二月二十九日葬	一年
	穆子严	武定七年（549）十二月十八日卒	武定八年（550）五月十三日葬	六个多月
	郭钦	武定七年（549）七月十九日卒	武定八年（550）正月二十三日葬	六个多月
西魏	元颢	孝昌二年（526）二月十一日卒	大统六年（540）十一月十一日葬	近十五年
	邓子询	大统十二年（546）正月二十日卒	同月二十九日葬	十天
	刘阿倪提	大统三年（537）十月十五日卒	同年十一月十一日葬	近一个月
	宇文测	大统三年（537）十月八日卒	大统四年（538）十二月葬	一年两个月
	辛术	大统十年（544）八月三日卒	大统十二年（546）正月三十日葬	一年五个月
	韦隆	大统十七年（551）十二月卒	废帝元年（552）十月二十七日葬	十个月
北齐	阴继安	天保元年（550）八月二十六日卒	同年十一月二十七日葬	三个月
	崔芬	天保元年（550）十月十九日卒	天保二年（551）十月九日窆	十一个多月
	岩诠	天保二年（551）正月四日卒	同月十五日葬	十二天
	元贤	天保二年（551）四月八日卒	同年十一月三日葬	六个多月
	道明	武定七年（549）十月二日卒	天保三年（552）正月十五日葬	两年三个月

朝代	墓主	卒日	葬日	丧葬期
北齐	间子璨	天保二年（551）五月十六日卒	天保三年（552）十一月二十一日葬	六个多月
	司马遵业	天保三年（552）十二月二十五日卒	天保四年（553）二月二十七日葬	两个多月
	崔颋	武定六年（548）七月七日卒	天保四年（553）二月二十九日葬	四年七个月
	元良	天保四年（553）十一月二日卒	同年闰十一月八日葬	七天
	窦泰	天平四年（537）正月十七日卒	天保六年（555）二月九日改葬	十八年
	高建	天保六年（555）三月七日卒	同年十月十四日葬	七个多月
	元子邃	天保六年（555）十月十五日卒	同年十一月七日与夫人李氏移窆	二十三天
	柳子辉	天保七年（556）十一月十八日卒	同年十二月三日葬于晋阳	十六天
	李宁	天保七年（556）十二月二十九日卒	天保八年（557）五月二十一日葬	四个多月
	徐彻	天保九年（558）七月二十日卒	天保十年（559）正月二十一日葬	六个多月
	尉标	天保十年（559）闰四月二十日卒	同年十一月十九日葬	约七个月
	张肃俗	天保十年（559）七月二十七日卒	同年十一月十九日葬	三个多月
	高淯	天保二年（551）三月二日卒	乾明元年（560）四月十六日葬	九年
	高湜	乾明元年（560）二月六日卒	同年四月十六日葬	两个多月
	刘整	皇建二年（561）正月十三日卒	同月十九日葬	七天
	裴融	乾明元年（560）五月五日卒，	太宁元年（561）十一月十八日葬	六个多月
	邢阿光	皇建元年（560）十月十六日卒	太宁元年（561）十一月十九日葬	一年一个月
	石信	皇建二年（561）六月二十一日卒	太宁元年（561）十一月十九日葬	四个多月

朝代	墓主	卒日	葬日	丧葬期
北齐	库狄回洛	河清元年（562）三月卒	同年八月十二日与妻合葬于朔州城南门	约五个月
	李思约	河清二年（563）四月十二日卒	河清二年（563）五月二十七日葬	一个多月
	李静	皇建二年（561）七月十四日卒	河清三年（564）十二月十九日葬	三年五个月
	梁伽耶	河清元年（562）十月九日卒	河清四年（565）二月七日	两年四个月
	封子绘	河清二年（563）闰九月二十日卒	河清四年（565）二月七日归窆	一年四个月
	薛广	河清二年（563）卒	河清四年（565）二月七日迁葬	约两年
	元洪敬	河清四年（565）四月一日卒	同年八月二十二日葬	四个多月
	崔德	天统元年（565）二月一日卒	同年十月四日葬	八个多月
	张海翼	天统元年（565）六月二日卒	同年十月十一日葬	四个多月
	赵道德	天统元年（565）五月十日卒	同年十月十二日葬	五个多月
	刁翔	孝昌三年（527）三月卒	天统元年（565）十月十二日葬	三十八年
	房周陁	河清三年（564）九月十三日卒	天统元年（565）十月二十四日窆	一年一个月
	赵征兴	天统元年（565）六月十六日卒	同年十二月二十四日葬	六个多月
	王公	天统元年（565）十月五日卒	十一月二十三日葬	一个多月
	崔昂	天统元年（565）六月二十九日卒	天统二年（566）二月十四日葬	七个多月
	高胐	皇建二年（561）十一月二十六日卒	天统二年（566）二月二十五日葬	四年三个月
	□季和	天统二年（566）正月二十五日卒	同年二月二十七日葬	一个多月
	柴朗	天统二年（566）二月二十六日卒	同年三月三日葬	六天
	王秀	天统二年（566）七月八日卒	同年八月十六日葬	一个多月

北朝墓志文献研究 下

朝代	墓主	卒日	葬日	丧葬期
北齐	尧峻	天统二年(566)六月七日卒	天统三年(567)二月二十日与妻合葬	七个多月
	赵炽	天统三年(566)七月九日卒	同年十月十七日葬	三个多月
	张忻	天保十年(559)九月十三日卒	天统三年(567)十一月葬	七年两个月
	库狄业	天统三年(567)七月一日卒	同年十一月十二日葬	四个多月
	和绍隆	天统四年(568)七月十二日卒	同年十月二十三日葬	三个多月
	刘难陀	天统二年(566)四月二十四日卒	天统四年(568)十一月十六日葬	两年半
	无	皇建二年(561)十月八日卒	天统四年(568)十一月十八日迁葬	八年一个月
	薛怀俊	东魏兴和四年(542)卒	天统四年(568)十二月二十三日合葬	二十六年
	娄叡	武平元年(570)二月五日卒	同年五月八日葬	三个多月
	暴诞	孝昌元年(525)七月十日卒	武平元年(570)五月九日迁葬	四十五年
	宇文诚	天统五年(569)八月卒	武平元年(570)六月十九日葬	十个月
	刘双仁	武平元年(570)闰二月十日卒	同年十一月十一日葬	九个多月
	刘悦	武平元年(570)七月十五日卒	同年十一月十二日窆	三个多月
	裴良	东魏天平二年(535)七月四日卒	齐武平二年(571)二月六日改葬	三十五年七个月
	裴子诞	天保三年(552)十月卒	武平二年(571)二月六日改葬	十八年四个月
	张道贵	天统五年(569)二月二十日卒	武平二年(571)二月十八日葬	约两年
	乞伏保达	武平元年(570)十二月十一日卒	武平二年(571)二月二十八日窆	两个多月
	梁子彦	武平二年(571)二月二十五日卒	同年四月二十日葬	一个多月

朝代	墓主	卒日	葬日	丧葬期
北齐	刘忻	武平元年（570）十二月十八日卒	武平二年（571）五月三日葬	五个多月
	赵通	武平元年（570）二月三日卒	武平二年（571）六月四日葬	四个多月
	逢哲	天统四年（568）三月十二日卒	武平二年（571）十月十日窆	六个多月
	徐显秀	武平二年（571）正月七日卒	同年十一月十七日葬	十个多月
	元始宗	武平二年（571）四月三日薨	同年十一月二十八日葬	七个多月
	徐之才	武平三年（572）六月四日卒	同年十一月二十二日葬	五个多月
	干赫连子悦	武平四年（573）八月二十四日卒	同年十一月二十三日迁葬	约三个月
	云荣	武平四年（573）十月九日薨	武平五年（574）正月十日葬	三个多月
	李琮	武平二年（571）五月二十二日卒	武平五年（574）正月十二日葬	两年七个月
	□乔	武平五年（574）正月卒	同年十月二十二日葬	约九个月
	魏懿	武平五年（574）十月二十二日卒	同年十一月二十九日葬	一个多月
	李祖牧	天统五年（569）七月五日卒	武平五年（574）十二月十日葬	十五年
	李君颖	武平四年（573）十二月十日卒	武平五年（574）十二月十日葬	一年
	郑子尚	武平五年（574）五月二十一日卒	同年十二月二十三日葬	七个多月
	范粹	武平六年（575）四月二十日卒	同年五月一日葬	十一天
	高润	武平四年（573）八月二十二日卒	武平七年（576）二月迁葬	两年半
	可朱浑孝裕	武平五年（574）五月十一日卒	武平七年（576）五月七日葬	约两年
	李云	武平六年（575）八月卒	武平七年（576）十一月十日葬	约三个月

北朝墓志文献研究 下

朝代	墓主	卒日	葬日	丧葬期
北周	独孤信	北周元年（557）三月己酉薨	同年四月壬申葬	约一个月
	拓跋育	西魏恭帝二年（555）二月十七日卒	北周明帝二年（558）十月十二日葬	三年八个月
	独孤浑贞	武成二年（560）四月十五日卒	同年八月五日葬杜原	三个多月
	贺屯植	保定三年（563）一月二十三日卒	保定四年（564）四月二十一日葬	一年三个月
	李贤	天和四年（569）三月二十五日卒	同年五月二十一日葬	一个多月
	拓跋虎	保定四年（564）三月一日卒	同年三月二十六日葬	二十六天
	郑术	天和三年（568）四月一日卒	天和四年（569）十二月十七日葬	一年七个月
	赵佺	天和六年（571）正月初日卒	同年十月二十八日窆	约十一个月
	独孤宾	建德元年（572）五月十二日卒	建德元年（572）八月二日葬	两个多月
	匹娄欢	天和七年（571）正月二十五日卒	建德元年（572）十一月二十二日葬	一年十个月
	徒何纶	建德三年（574）十二月十六日薨	建德四年（575）正月二十八日葬	一个多月
	叱罗协	建德三年（574）十月十七日薨	建德四年（575）三月五日葬	四个多月
	田弘	建德四年（575）正月三日卒	同年四月二十五日归葬	两个多月
	莫仁诞	建德五年（576）十月二十七日	建德六年（577）三月二十三日葬	四个多月
	宇文俭	建德七年（578）二月五日卒	同年三月十七日葬	一个多月
	莫仁相	宣政元年（578）正月上旬卒	同年四月二十三日葬	三个多月
	宇文瓘	建德六年（577）十月十七日卒	宣政元年（578）四月二十四日葬	六个多月
	独孤藏	宣政元年（578）八月四日卒	同年十月二十日葬	一个多月
	时珍	建德五年（576）三月二十七日卒	宣政元年（578）十二月九日迁灵柩	约一年半
	尉迟运	周大象元年（579）二月二十四日薨	同年十月十四日葬	七个多月

朝代	墓主	卒日	葬日	丧葬期
北周	崔宣靖	北魏永熙三年（534）九月十七日卒	周大象元年（579）十月二十六日窆于临山之阳	四十五年
	崔宣默	北魏永熙三年（534）九月十七日卒	周大象元年（579）十月二十六日窆	四十五年
	封孝琰	建德六年（577）正月二十六日卒	周大象元年（579）十月二十七日葬	两年九个月
	安伽	周大象元年（579）五月卒	同年十月葬	约五个月
	梁嗣鼎	大象二年（580）六月二十一日卒	同月二十三日葬于北邙原	三天
	韦孝宽	大象二年（580）十一月二十七日卒	大象三年（581）十二月九日葬	约一年

表二　　　　　　　北朝墓志墓主的丧葬期统计

女性

朝代	墓主	卒日	葬日	卒葬期
北魏	李氏	景明二年（501）九月三日薨	同年十一月十九日窆	两个多月
	冯氏	景明三年（502）十一月二十八日	景明四年（503）八月四日葬	八个多月
	司马妙玉	景明五年（即正始元年）（504）正月十四日卒	同年十一月六日葬	九个多月
	张列华	正始四年（507）三月卒	同年九月葬	六个多月
	吕氏	正始四年（507）三月十五日卒	永平元年（508）十一月十五日葬	约八个月
	穆氏	永平二年（509）三月十二日卒	同年四月一日葬	二十天
	王氏	永平二年（509）五月二十三日卒	同年十一月二十三日葬	约六个月
	李庆容	永平三年（510）闰六月二日	同年十二月十七日葬	五个多月
	刘氏	延昌元年（512）三月二十五日	同年四月三日葬	九天
	李元姜	延昌元年（512）五月十二日	同年八月二十六日葬	三个多月
	王普贤	延昌二年（513）四月二日	同年六月二日	约两个月
	韩氏	延昌二年（513）五月二十三日	同年十一月十三日迁葬	五个多月

朝代	墓主	卒日	葬日	丧葬期
北魏	孟敬训	延昌二年(513)六月二十日	延昌三年(514)正月十二日葬	约半年
	赵充华	延昌三年(514)八月十三日	同年九月二十八日葬	一个多月
	成氏	延昌四年(515)正月九日	同年二月九日葬	约一个月
	张宜	延昌四年(515)三月二十七日	熙平二年(517)三月二十三日葬	近两年
	吴光	熙平元年(516)七月十六日	同年八月二十六日葬	一个多月
	崔神妃	正光六年(525)三月二十五日	孝昌元年(525)八月三十日葬	五个多月
	杨津夫人源显明	熙平元年(516)八月二十五日卒	同年十一月二十一日葬	近三个月
	元贵妃	熙平二年(517)二月十四日卒	同年八月二十日葬	约半年
	杨无丑	熙平三年(518)正月十八日卒	同年二月二十三日葬	一个多月
	高英	神龟元年(518)九月二十四日卒	同年十月十五日迁葬	二十二天
	李渠兰	太和二十一年(497)十一月二十日	神龟元年(518)十二月九日葬	二十一年
	乞伏高月	神龟二年(519)三月五日卒	同月十八日迁葬	十四天
	崔宾媛	神龟元年(518)十一月二十五日卒	神龟二年(519)四月十二日迁葬	四个多月
	梁氏	正始元年(504)八月十日卒	神龟二年(519)八月合葬	十五年
	穆玉容	神龟二年(519)九月十九日卒	同年十月二十七日葬	一个多月
	程法珠	神龟二年(519)七月十四日卒	同年十一月九日合葬	三个多月
	尉太妃	神龟二年(519)十一月十日卒	神龟三年(520)六月三十日	七个多月
	刘阿素	正光元年(520)八月卒	同年十月葬	约两个月
	司马显姿	正光元年(520)十二月十九日卒	正光二年(521)二月二十二日葬	两个多月
	刘华仁	正光二年(521)正月卒	同年三月十七日葬	约两个月

朝代	墓主	卒日	葬日	丧葬期
北魏	冯迎男	正光二年（521）三月十八日卒	同月二十六日葬	九天
	张安姬	正光二年（521）二月卒	同年三月二十九日葬	约两个月
	卢令媛	正光三年（522）四月十六日卒	同月三十日葬	十五天
	元氏	正光三年（522）四月壬戌朔日卒	同年十月二十五日葬	五个多月
	胡显明	正光三年（522）六月十三日卒	同年十二月二十七日葬	约半年
	孟元华	正光三年（522）十二月卒	正光四年（523）正月十六日葬	约一个月
	常季繁	正光三年（522）正月十九日卒	正光四年（523）二月二十七日合葬	一个多月
	张丰姬	正光三年（522）十二月十九日卒	正光四年（523）二月二十七日葬	两个多月
	司马氏	正光三年（522）六月五日卒	正光四年（523）三月二十三日葬	九个多月
	吕法胜	正光四年（523）九月二十二日卒	同月二十六日卒	五天
	王钟儿	正光五年（524）五月七日卒	同月十八日葬	十二天
	李媛华	正光五年（524）正月十五日卒	同年八月六日葬	约半年
	高氏	正光四年（523）十一月十九日卒	正光五年（524）十一月三日葬	约一年
	房文姬	正光五年（524）二月二十六日卒	孝昌二年（526）正月二十三日葬	一年十个多月
	冯季华	正光五年（524）三月三十日卒	同年十一月十四日合葬	七个多月
	缑光姬	正光六年（525）一月十九日卒	同年二月二十一日葬	一个多月
	殷伯姜	正光六年（525）五月十四日卒	孝昌元年（525）八月十二日葬	两个多月
	元华光	孝昌元年（525）九月十六日卒	同月二十四日葬	九天

朝代	墓主	卒日	葬日	丧葬期
北魏	长孙氏	孝昌元年（525）七月二十五日卒	同年十一月十九日葬	三个多月
	薛伯徽	正光二年（521）四月二十四日卒	孝昌元年（525）十一月二十日葬	四年五个月
	元瑛	孝昌元年（525）十二月二十日薨	孝昌二年（526）三月七日合葬	两个多月
	于仙姬	孝昌二年（526）二月二十七日卒	同年四月四日葬	一个多月
	咎双仁	孝昌二年（526）五月二十六日卒	同月二十九日葬	四天
	鲜于仲儿	孝昌二年（526）五月二十八日卒	同年八月十八日葬	两个多月
	胡明相	孝昌三年（527）四月十九日卒	同年五月十三日葬	二十五天
	宁懋妻郑氏	孝昌三年（527）正月六日卒	同年十二月十五日葬合葬	十一个多月
	吐谷浑氏	建义元年（528）七月三日卒	同年八月十一日迁葬	一个多月
	兰将	建义元年（528）九月二十一日卒	永安元年（528）十一月二十日葬	两个月
	元纯陁	永安二年（529）十月十三日卒①	同年十一月七日葬	二十四天
	和丑仁	太昌元年（532）九月二十一日卒	同年十月二十四日	一个多月
	宋灵妃	永兴二年（533）正月十四日卒	同月三十日葬	十七天
	郭氏	正光五年（524）八月五日卒	永熙二年（533）合葬	九年
	傅竖眼	孝昌三年（527）四月二十四日卒	永熙三年（534）二月十日葬	七年
	长孙子泽	永熙二年（533）十月十七日卒	永熙三年（534）三月二十七日葬	五个多月

---

① 十月为小月。

朝代	墓主	卒日	葬日	丧葬期
东魏	姜氏	普泰二年（532）三月十日卒	天平元年（535）年十一月十七日葬	三年八个月
	张玉怜	天平三年（536）正月卒	天平四年（537）二月合葬	约一年
	公孙甑生	天平四年（537）六月十九日卒①	同年七月十六日窆于邺城之西	二十七天
	崔令姿	武泰元年（528）三月三十日卒	天平五年（538）正月一日窆	十年
	高娄斤	天平三年（536）九月七日卒	兴和二年（540）正月二十四日合葬	四个多月
	元仲英	兴和二年（540）二月十五日卒	同年十月二十八日合葬	八个多月
	元阿耶	永安二年（529）七月十六日卒	兴和三年（541）二月十八日葬	十一年七个月
	毕修密	兴和三年（541）七月十一日卒	同年十月二十三日葬,武定四年（546）二月十一日合葬	三个多月
	史郎郎	兴和四年（542）十一月二十四日卒	武定元年（543）十月二十七日葬	一年多
	曹道洪	武定元年（543）十一月一日	同月五日葬	五天
	王令媛	兴和四年（542）十月二十日卒	武定二年（544）八月八日合葬	一年十个月
	元均夫人杜氏	天平二年（535）六月二十一日卒	武定二年（544）八月二十日合与夫合葬	九年两个月
东魏	赵夫人	天平四年（537）三月二十四日卒	元象元年（538）四月二十一日葬	一年
	崔元容	武定二年（544）正月二十五日薨	同年十一月二十九日葬	十个多月
	崔氏	熙平二年（517）八月十日卒	武定四年（546）二月十一日合葬	二十八年半
	卢贵兰	武定四年（546）十一月八日卒	同月二十二日葬	十五天
	冯令华	武定四年（546）四月四日薨	武定五年（547）十一月十六日窆	一年半

661

第六章 北朝墓志的史料价值（下）

① 六月为小月。

朝代	墓主	卒日	葬日	丧葬期
东魏	陆顺华	武定五年（547）五月十一日卒	同年十一月十六日窆	约半年
	闾氏	武定六年（548）四月十三日卒	同年五月三十日葬	一个多月
	郑氏	武定七年（549）四月十一日卒	武定八年（550）二月二十八日迁葬	十个多月
	元孟瑜	武定七年（549）四月十六日卒	武定八年（550）五月十三日迁葬	一年多
	高湛妻闾叱地连	武定八年（550）四月七日卒	同年五月十三日葬	一个多月
西魏	赵超宗妻王氏	大统元年（535）二月二十七日卒	大统二年（535）四月二十六日葬	一年两个月
	李贤妻吴辉	大统十三年（547）九月二十六日卒	同年十二月二十一日葬	两个多月
	梁氏	大统七年（541）五月十六日葬	大统十年（544）十一月二十九日葬	三年半
	柳敬怜	大统十五年（549）十一月十九日卒	大统十六年（550）二月四日与夫合葬	两个多月
北齐	窦泰夫人娄黑女	天保五年（554）三月二十四日卒	天保六年（555）二月九日合葬	十个多月
	赵氏	天保六年（555）四月七日卒	同年七月六日葬	约三个月
	王金姬	天保十年（559）五月二十八日卒	同年十一月十九日卒	五个多月
	褚宝慧墓志	皇建二年（561）四月四日卒	同年五月四日葬	一个月
	司马氏母比丘尼垣	太宁元年（561）闰十二月二十七日卒	太宁二年（562）二月二十日葬	一个多月
	崔宣华	永安元年（528）六月二十四日卒	河清元年（562）十一月十八日葬	三十三年半
	郑始容	河清三年（564）正月十七日卒	同月二十日窆	四天
	斛律氏	河清二年（563）八月十九日卒	河清三年（564）三月二日葬	七个多月
	闾炫	武定元年（543）九月二日卒	河清三年（564）三月二十四日迁葬	一年五个月

朝代	墓主	卒日	葬日	丧葬期
北齐	卢修娥	天保二年(551)二月二十九日卒	天统二年(566)二月十四日葬	十五年
	吐谷浑静媚	天统元年(565)六月三日卒	天统三年(567)二月二十日与夫合葬	一年八个月
	皇甫艳	天统二年(566)十二月六日卒	天统四年(568)十二月二十三日合葬	两年
	袁氏	天统五年(569)五月二十九日卒	同年七月二十一日迁窆	一个多月
	李难胜	武平元年(570)五月十四日卒	同月三十日葬	十七天
	赵氏	天保七年(556)四月薨	武平二年(571)二月六日合葬	十五年多
	独孤思男	武平二年(571)七月二十六日卒	同年十月二十二日葬	两个多月
	元华	武平四年(573)六月二十五日卒	同年八月二十八日与夫和绍隆合葬	两个多月
	王氏	武平四年(573)四月卒	同年十月十七日祔葬	六个多月
	宋令媛	皇建二年(561)六月十七日卒	武平五年(574)十二月十日葬	十三年多
	傅华	武平七年(576)正月十四日卒	同年五月七日葬	三个多月
	崔太姬	武平六年(575)十二月二十二日卒	武平七年(576)十一月七日葬	十个多月
北周	董荣晖	保定五年(565)六月二十九日薨	同年十一月五日窆	四个多月
	罗氏	天和四年(569)二月八日卒	同年八月六日葬	约半年
	须蜜多	建德元年(572)七月九日卒	同年十一月十一日葬	四个多月
	匹娄欢夫人	永熙二年(533)八月二十五日薨	建德元年(572)十一月二十二日合葬	三十九年
	郝夫人	建德六年(577)三月三日卒	同月十一日葬	九天
	祖夫人	河清二年(563)七月八日卒	大象三年(581)一月四日	十八年半

第三节　北朝墓志所反映的性别地位

北朝墓志所体现的内容不但包括墓主年龄所反映的当时人口寿命，丧葬期习俗所反映的社会规范，而且还有墓志尺寸所反映的性别地位差异，婚姻选择所反映的民族融合状况等众多社会民俗方面的信息。笔者通过对其综合分析与研究，以期挖掘出它深刻的社会文化学意义。

一、北朝墓志出土数量与志石大小所反映出的性别地位

北魏拓跋王朝出于异族统治的需要，全盘吸取儒术，源自儒家的尊卑贵贱思想兴盛。由南齐奔魏的王肃，帮助孝文帝设立了朝章礼仪等制度。北朝人在这样的背景下，就十分讲究"贵贱有等，长幼有差，贫富轻重皆有称者"①，即使卒去也要保持分明，使君臣士庶"丧祭械用皆有等宜"②。就现已出土的北朝墓志来看，拥有墓志的墓葬一般为中型以上的砖室墓，墓主的身份大多为各级官员。墓志志石大小不一，多数安放于墓室内的入口处或甬道中，地位显明。可见，墓志成为北朝社会官员贵族葬礼中重要的随葬品，起着不可替代的表明身份的作用，是有着严格的等级区别的。

北朝出土墓志仅以现发现的793方计，其对应墓主为822人，其中男性为651人，女性132人，性别不明者39人。在正史文献中检索作为统计样本，有明确年龄记载的男性410人，女性9人。从两处的统计样本看，男性明显多于女性。从人口出生规律来说，男性确实比女性略高，但总的来说男女性别比是均衡的，那又为何出土墓志男性墓主的比例大大高于女性墓主呢？这主要是因为享有墓志的死者在生前大都是具有一定的社会地位者，而非草根庶族，在当时人口中能够享受死后随葬墓志者大都是男性，能够享受随葬墓志殊荣的女性相对就少些。这也从一个方面可以看出，当时女性的社会地位相对男性来说是较低的。

北朝墓志的志石尺寸也是讲究等级的。从性别角度来看，不但后妃女官墓志外形尺寸较同品级的男性官员志石大小低一级，而且在家族的墓葬中志石大小似乎也有规定，一样反映出尊卑贵贱的思想。为进一步

---

① 《荀子》卷六《富国篇》，北京：中华书局诸子集成本，1954年版，第115页。

② 《荀子》卷五《王制篇》，北京：中华书局诸子集成本，1954年版，第101页。

说明此种规定，笔者现将已出土的北朝部分夫妻志石外形尺寸的大小予以统计，从下表的统计结果中就可以发现一般丈夫的志石略大于妻子的志石尺寸：

表6-20　　　　　北朝夫妻（妃）志石尺寸对比统计表

序号	墓主姓名	墓志高（厘米）	墓志广（厘米）	葬年或卒年
1	元鸷	77.5	77.5	太和三年（479）
	元鸷妃公孙甑生	55.2	54	天平四年（537）
2	元鉴	43	45.8	正始四年（507）
	元鉴妃吐谷浑氏	49	47.7	建义元年（528）
3	元继	62.3	67.5	永安二年（529）
	元继妃石婉	57	50.9	永平元年（508）
4	元悦	71	76.2	永平四年（511）
	元悦妃冯季华	70.3	68.8	正光五年（523）
5	元湛（元渊子）	71.3	71	武定二年（544）
	元湛妃王令媛	41	40.7	武定二年（544）
6	元飏	53.5	49.2	延昌三年（514）
	元飏妻王氏	46.5	40.7	延昌二年（513）
7	元遥	59.3	60.8	熙平二年（517）
	元遥妻梁氏	38	48.3	神龟二年（519）
8	元寿安	86.8	86.8	孝昌二年（526）
	元寿安妃卢兰	64.7	65.2	大象二年（580）
9	元澄	志石残	志石残	神龟三年（520）
	元澄妃李氏	48.4	49.7	景明二年（501）
	元澄妃冯令华	72.4	73.8	武定五年（547）
10	元诱	77.3	77.3	孝昌元年（525）
	元诱妻冯氏	60.3	52.8	景明四年（503）
	元诱妻薛伯徽	76.4	81.5	孝昌元年（525）
11	元湛（元彬子）	58.5	58.5	武定二年（544）
	元湛妃薛慧命	39.5	39.5	武定二年（544）
12	元玷	47.8	47.8	孝昌二年（526）
	元玷妻穆玉容	48	48.7	神龟二年（519）

序号	墓主姓名	墓志高（厘米）	墓志广（厘米）	葬年或卒年
13	元简	70.2	32.7	太和二十三年（499）
	元简妃常氏志盖	51.3	56	无
14	元祐	59.2	62.8	神龟二年（519）
	元祐妃常季繁	62.7	62	正光四年（523）
15	元延明	85.4	107.4	太昌元年（532）
	元延明妃冯氏	67	68.5	武定六年（548）
16	元谧	86.5	89	正光五年（524）
	元谧妃冯会	49.5	49.5	熙平元年（516）
17	元谭	82.5	83	建义元年（528）
	元谭妻司马氏	56.8	56.8	正光四年（523）
18	元端	70	69	建义元年（528）
	元端妻冯氏	39.7	40	永安二年（529）
19	元颢	62.5	68	太昌元年（532）
	元颢妃李元姜	39.8	32.4	延昌元年（512）
20	元飖	62.5	59.6	永平元年（508）
	元飖妃李媛华	79	78.5	正光五年（524）
21	元子邃	48.5	47.3	天保六年（555）
	元子邃妻李艳华	42.3	42	兴和三年（541）
22	司马金龙	71	56	太和八年（484）
	司马金龙妻姬辰	30	28	延兴四年（474）
23	辛祥	72	75	神龟三年（520）
	辛祥妻李庆容	59.5	54	永平三年（510）
24	羊祉	84	83	熙平元年（516）
	羊祉妻崔神妃	55	55	孝昌元年（525）
25	穆亮	65.4	58.5	景明三年（502）
	穆亮妻尉太妃	53.7	54.5	神龟三年（520）
26	穆彦	41.6	44.2	永安二年（509）
	穆彦妻元洛神	68.5	68.5	建义元年（528）
27	王诵	64	63	建义元年（528）
	王诵妻元贵妃	63	63.5	熙平二年（517）

序号	墓主姓名	墓志高（厘米）	墓志广（厘米）	葬年或卒年
28	丘哲	44.5	44.5	永安二年（529）
	丘哲妻鲜于仲儿	50.8	55.5	孝昌二年（526）
29	封柔	60	60	武定四年（546）
	封柔妻毕脩密	42	46	兴和三年（541）
30	封延之	69	74	兴和三年（541）
	封延之妻崔长晖	49.3	49.3	开皇九年（589）
31	封子绘	92	88.8	河清四年（565）
	封子绘妻王楚英	56.5	56.5	开皇三年（583）
32	高建	74	75.6	天保六年（555）
	高建妻王氏	67.9	67.9	武平四年（573）
33	高百年	72	71	河清三年（564）
	高百年妃斛律氏	67	67	河清三年（564）
34	高猛	86	86	孝昌二年（526）
	高猛妻元瑛	80.7	81.4	孝昌二年（526）
35	窦泰	95.5	13.6	天保六年（555）
	窦泰妻娄黑女	83.3	83.3	天保六年（555）
36	赫连子悦	68	69	武平四年（573）
	赫连子悦妻闾炫	49	49.5	河清三年（564）
37	李贤	67.5	67.5	天和四年（569）
	李贤妻吴辉	45	44	大统十三年（547）
38	和绍隆	55	55	武平四年（573）
	和绍隆妻元华	41.5	41.5	武平四年（573）
39	赵奉伯	78	78	无
	赵奉伯妻傅华	78	78	武平七年（576）
40	寇炽	37.8	38.2	宣政二年（579）
	寇炽妻姜敬亲	57	56.5	开皇三年（583）
41	拓跋虎	42.5	42.5	天和四年（569）
	拓跋虎妻尉迟将男	45	45	天和四年（569）
42	李祖牧	63	63	武平五年（574）
	李祖牧妻宋灵媛	56	56	武平五年（574）

序号	墓主姓名	墓志高（厘米）	墓志广（厘米）	葬年或卒年
43	崔鸿	82	83	孝昌元年（525）
	崔鸿妻张玉怜	74.6	41.5	天平三年（536）
44	韦彧	77.5	62.5	孝昌二年（526）
	韦彧妻柳敬怜	43.5	45.6	大统十六年（550）
45	韦彪	54	52.5	建德五年（576）
	韦彪妻柳遗兰	39	39	无
46	杨机	69.5	59.5	天平二年（535）
	杨机妻梁氏	44.9	45	天平二年（535）
47	李云	59	59	武平七年（576）
	李云妻郑氏	53	53	武平七年（576）
48	库狄洛	81	81	河清元年（562）
	库狄洛妻斛律昭男	60	60	河清元年（562）
	库狄洛妾尉氏	54.5	54.5	天保十年（559）
49	尧峻	86	86	天统三年（567）
	尧峻妻吐谷浑静湄	63.5	63.5	天统三年（567）
	尧峻妾独孤思男	43.5	43.5	武平二年（571）
50	罗宗	58	79	神龟二年（519）
	罗宗妻陆蒺藜	51	51	普泰元年（531）

从这50例夫妻志石外形尺寸统计结果看，墓志外形尺寸基本上是夫志大，妻志小，妾志更小。典型的是库狄洛和尧峻2例夫、妻、妾合葬墓，其志石外形尺寸大小的设置，完全符合世俗社会对夫、妻、妾地位由高至低的排列。50例中仅有4例属于特殊情况，明显出现妻志大、夫志小的情况，但亦有其原因：如穆彦妻元洛神为皇室之女，又与夫君葬期相差近20年，所以志石较大亦在情理之中；元飖薨于永平元年，被高肇所害，时为罪人，匆匆下葬，志文寥寥数行，志石甚小，而妃李媛华卒于正光五年，离元飖去世已有16年，且其子孝庄帝元子攸为帝王，又有其父李冲官位及声誉极盛，因此志石外形尺寸较大。寇炽妻姜敬亲为昌城郡君，比丈夫郡太守寇炽晚4年卒，志石外形尺寸较夫大得多。

再选华阴杨氏墓葬志石为例，统计其墓志志石尺寸大小，参看下表：

表 6-21　　　　　　　　　　　**华阴杨氏墓葬志石尺寸统计表**

墓主名称	官职	志石尺寸 高×宽（厘米）
杨播墓志	使持节镇西将军雍州刺史华阴庄伯	68×68
杨舒墓志	镇远将军华州刺史	50.8×49.5
杨颖墓志	华州别驾	51.5×48.4
杨阿难墓志	中散	41.3×46.8
杨椿妻崔氏墓志	无	23×18
杨范墓志	无	20×26.2
杨遁墓志	车骑大将军开府仪同三司幽州刺史	57×50
杨侃墓志	车骑大将军开府仪同三司秦州刺史	50.7×51
杨昱墓志	骠骑大将军司空公定州刺史	55×55
杨仲宣墓志	尚书右仆射青州刺史	45×45
杨顺墓志	太尉公禄尚书事相州刺史	52×51
杨顺妻吕氏墓志	无	32.2×32.2
杨泰墓志	朔州刺史华阴伯	65×65
杨泰妻元氏墓志	华山郡主	43×43
杨胤墓志	平东将军济州刺史长宁穆公	44×48
杨胤季女墓志	无	35.2×34.5
杨穆墓志	领督华山郡	33×30
杨昕墓志	使持节都督雍州诸军事卫将军仪同三司雍州刺史	47×47

　　杨播、杨颖、杨舒、杨泰、杨侃、杨遁、杨昱、杨仲宣、杨顺、杨昕、杨胤均是有官爵及受封谥之人物；而杨泰妻元氏又是高柳府君临虑凤皇之长女，卒后册赠华山郡主，因此，其志石边长都大于或近于50厘米。其中杨顺、杨遁、杨侃、杨昱、杨仲宣同葬于北魏太昌元年（532年）十一月十九日，均为州刺史一职，因此志石多为正方形，边长尺寸在45厘米至57厘米之间。又有杨颖、杨阿难、杨椿妻崔氏、杨范于北魏永平四年（511年）十一月十七日同时安葬。杨颖、杨阿难、杨椿为同世兄弟。杨范为杨颖之子。杨颖有官爵，曾任大司农丞、平北府录事参军、华州别驾等职，志石尺寸为51.5×48.4（厘米）。杨阿难13岁夭折，加赠中散，志石为41.3×46.8（厘米）。杨椿妻崔氏志石为23×

18（厘米）。杨范属晚辈，且早逝，志石为20×26.2（厘米）。同一日立志石，而大小区别分明。① 另外杨顺与妻吕氏墓志、杨泰与妻元氏墓志，志石尺寸分别为52×51（厘米）、32.2×32.2（厘米）；65×65（厘米）、43×43（厘米），妻子志石尺寸均低于丈夫。如此可谓"皆有等宜"。

通过对男女职官、夫妻、家族个案墓志外形尺寸进行排列对比研究，我们就可以发现后妃女官墓志外形尺寸比同品级的男性官员低一级；夫妻墓志外形尺寸基本上是夫志大，妻志小，妾志更小；家族墓葬亦遵循此制，均体现了男尊女卑的社会规范。

二、北朝墓志女墓主因高族盛门或因夫与子位高而贵的现象分析

在男尊女卑的社会氛围中，女性表现出一定的社会依附性，这从墓志女墓主因高族盛门或因夫与子位高而贵的现象分析中有所反映。

女墓主因家族门第高而尊贵，且在墓志铭中予以彰显。如韩贿夫人高氏、乐安王妃冯季华、任城文宣王妃冯令华均为"盛门女贵"之列。北魏《韩贿夫人高氏墓志》称夫人为渤海蓨人，高飏之长女；高肇、高显之元姊。"夫人妹以仪轩作圣，侄女褱月留光，并配乾景，用敷地训。二后祎褕，亚瓒天极。……夫人出自礼门，逢斯隆沃，宜重世华，玩爱彫绮。而渊冰在性，水碧载怀，奉训遵模，秀出闺第。……在生不幸，韩侯凤殒。子幼茕然，房宇寥寂。酸声一吐，白云夜断。泣音或衄，素景晨亏。贞风介气，彰于岁暮。至景明三年，宣武皇帝以夫人皇姨之重，兼韵勋河月，遂赐汤沐邑，封辽东郡君。又以椒帏任要，宜须翼辅，授内侍中，用委宫掖。献可谏否，节凝图篆。"渤海蓨县高氏，族员众多。高飏一支，高飏、高肇、高猛三代为北魏权倾朝野的皇亲国戚。正如志中所言，夫人妹为孝文皇帝皇后；侄女高英为宣武皇帝皇后；诸弟冠冕。夫人出自礼门，宣武皇帝以夫人皇姨之重，于景明三年赐汤沐邑，封辽东郡君。北魏《冯季华墓志》载："曾祖道签，燕昭文皇帝。曾祖母皇后慕容氏。祖朗，燕封广平公。……妃讳季华，长乐郡信都人也。太宰之孙。太师之第八女。大司马之妹。清源遂远，高峰无机极，至于乃霸乃王之盛，或相或公之美，固以史牒之所详，于斯可得而略。……爰姑及姊，如金如玉，后圣妃贤，载荣载烛。"东魏《冯令华墓志》载："神龟二年十二月，文宣王薨，朝依典礼，策拜太妃。"冯令华，长乐信都人，太师昌黎武王之第五女。曾祖东燕昭文帝，祖太宰燕宣王。若夫帝

---

① 陆明君：《北魏华阴杨氏墓志及相关问题》，《中国书法》2002年第5期，第55页。

王有命，将相应期，钟鼎相传，冠冕继袭，固已功流载藉，道被笙镛。昔在有周，齐为甥舅之国；爰及大汉，阴实乡里良家。非夫皇天钟美，神灵覆育，孰能作合圣明，为天下母？姑文明皇太后，正位临朝，二姊并入主坤宫，配高祖孝文皇帝，翻成外戚，属此盛门。冯令华与冯季华分别为太师昌黎武王冯熙之第五女、第八女，大司马冯诞之妹。冯熙妹为文明太后；冯熙娶恭宗女博陵长公主。孝文帝又纳其二女为后，一为左昭仪。另诸多女儿嫁皇室各王为妃，可谓"高族盛门"。

"夫位尊妻身贵"者有之。西魏大统十三年（547年）《李贤妻吴辉墓志》云："朝廷以夫门功显，夫人行修，追赠长城郡君。"妻以"夫门功显"而获朝廷追赠。北齐《高建妻王氏墓志》云："春秋六十六，以武平四年四月薨于修义里。至其年十月诏赠云：故沧州刺史高建之妻王氏，高门挺载，备礼言归，妇德母仪，声流闺阃，夜川不息，相寻运往，慎终追宠，特宜优命。可赠夏州金明郡君。"高建为神武皇帝高欢的从弟，其妻王氏以"高门挺载"而获追赠。北周《王士良妻董荣晖墓志》云："夫尊妻贵，乃除昌乐郡君。……可谓母仪之师表，女宗之宪章。"亦有《莫仁相墓志》曰："君入化在朝，礼聘云氏为妻，后蒙赐姓□豆连。夫贵妻重，蒙授安民郡君，寻迁归义国夫人。夫人恪恭妇礼，肃敬夫家，内外以安，中表斯附。春秋六十有三，次前二载遘薨于京第。天子嗟悼，内外哽恋，赠定安国夫人，迁同今里。夫唱妇随，古今通典，改从夫葬，永联幽席。"夫爵尊而妇亦贵是有其历史源流的，各朝代不同爵位间存在着严格的等级差别，如《后汉书·舆服志》"公，列侯、中二千石、二千石夫人……各乘其夫之安车"。《晋书·舆服志》记诸王太妃、妃，金印紫绶，佩山玄玉，其特加乃金印紫绶，而同在一、二品中的三公、特进、卿校的世妇，如三、四、五中的二千石、二千石夫人，则无印绶，又不佩玉。《南齐书·舆服志》及《隋书·礼仪志》所记南朝、隋制与晋制略同。《魏书》《北史》未有明确记载，推测也会部分继承前制，贵在部分北朝出土墓志为我们提供此类信息，可弥补史书记载之阙。

"子尊母贵"者亦有之。《魏书》记烈帝翳槐子嗣事，曰："兴都，聪敏刚毅。高宗时，为河间太守，赐爵乐城子。为政严猛，百姓惮之。显祖初，以子丕贵重，进爵乐城侯。谢老归家，显祖益礼之，赐几杖服物，致膳于第。其妻娄氏，为东阳王太妃。"[1] 娄氏以子丕贵重为东阳王太妃。亦载齐郡王简，太和五年封，后迁太保。妻常氏，燕郡公常喜女。

① 《魏书》卷十四《神元平文诸帝子孙列传》，北京：中华书局，1974年版，第357页。

简虒子祐袭爵。母常氏，高祖以纳不以礼，不许其为妃。世宗以母从子贵，诏特拜为齐国太妃。① 又见元简妃常氏墓志盖已出土，上题"太保齐郡顺王常妃志铭"，与传相合。

刊刻于东魏武定五年（547年）《赵胡仁墓志》，盖题"魏故尧氏赵郡君墓铭"，志盖为盝顶，上面有篆书志名，四角残留有铁环的痕迹，四刹上刻有四神纹饰与莲花忍冬纹。其志载："夫人讳胡仁，南阳苑人也。南阳太守之女，相州刺史平阳公之第六子散骑常侍之妻。……夫人诞生三子，声驾一时，咸有王佐之略，命世之才。长子雄，使持节、散骑常侍、骠骑大将军、仪同三司，城平县开国公；燕瀛青胶徐豫六州刺史、都督杨颍楚霍十州诸军事，司徒公，谥曰武恭公。第二子奋，使持节、散骑常侍、骠骑大将军、汾颍兖豫梁五州刺史，安夷县开国公、司空公。第三子宗，使持节、征虏将军、东郡太守、南歧州刺史、主衣都统。剑佩铿锵，蝉组陆离，青紫掩映，冠盖相辉。当世以为贵盛，缙绅慕其藉甚。羊氏七卿，远惭世载。袁族五公，近谢羽仪。"结合已出土的几方尧氏家族成员的墓志，如尧峻及妻、尧奋及妻墓志，列下表：

表6-22

墓主名称	刻志时间	出土时间	出土地点
尧荣妻赵胡仁墓志	东魏武定五年（547）	1974年	河北磁县东陈村
尧峻墓志	北齐天统三年（567）	1975年	
尧峻妻吐谷浑静媚墓志	北齐天统三年（567）		
尧峻妻独孤思男墓志	北齐武平二年（571）		
尧奋墓志	东魏兴和三年（541）	不详	
尧奋妻子独孤华墓志	北齐天统三年（567）		

其中人物见于正史《魏书》《北史》《北齐书》之记载予以对照或互补，罗列如下：

表6-23

人物	性别	籍贯	字与名	官职或身份	出处
尧僧赖	男	上党长子	未载	未载	《魏书·尧暄传》
			未载	未载	《北史·尧暄传》

---

① 《魏书》卷二十《文成五王列传》，北京：中华书局，1974年版，第528页。

人物	性别	籍贯	字与名	官职或身份	出处
尧暄	男	上党长子	字辟邪，本名钟葵，后赐名暄	卒赠安北将军相州刺史，赐爵平阳伯	《魏书·尧暄传》
			字辟邪，本名钟葵，后赐为暄	赠相州刺史，赐爵位平阳伯	《北史·尧暄传》
			未载	未载	魏司农卿	《北齐书·尧暄传》
			未载	未载	相州刺史平阳公	《赵胡仁墓志》
				未载	相州	《尧峻墓志》
长子尧洪	男	上党长子	未载	袭爵镇北录事参军	《魏书·尧暄传》
			未载	袭爵	《北史·尧暄传》
尧洪子尧杰	男	上党长子	字永寿	开府仪同三司乐成县开国公	《魏书·尧暄传》
			未载	字永寿	开府仪同三司乐成县公	《北史·尧暄传》
			未载	字寿	安州刺史乐成县开国公赠使持节沧瀛二州诸军事尚书右仆射沧州刺史	《北齐书·尧暄传》
尧洪弟尧遵	男		未载	未载	赠龙骧将军，谥曰思	《魏书·尧暄传》
			未载	未载	临洮太守，谥曰思	《北史·尧暄传》
尧遵弟尧荣	男		未载	未载	员外散骑侍郎	《魏书·尧暄传》
			未载	未载	员外散骑侍郎	《北史·尧暄传》
			未载	未载	员外侍郎	《北齐书·尧暄传》
			未载	未载	散骑常侍	《赵胡仁墓志》
尧荣长子尧雄	男	上党长子	未载	未载	仪同三司豫州刺史城平县开国公	《魏书·尧暄传》
			未载	未载	豫州刺史平城县公赠司徒，谥曰武公	《北史·尧暄传》
			字休武	豫州刺史城平县公赠使持节都督青徐胶三州军事大将军司徒公徐州刺史，谥武恭	《北齐书·尧暄传》
			未载	未载	使持节散骑常侍骠骑大将军仪同三司城平县开国公燕瀛青胶徐豫六州刺史都督杨颍楚霍十州诸军事司徒公谥曰武恭公	《赵胡仁墓志》

人物	性别	籍贯	字与名	官职或身份	出处
尧雄子尧师	男	上党长子	未载	未载	《北齐书·尧暄传》
		上党长子	未载	未载	《北史·尧雄传》
尧雄弟尧奋	男	上党长子	字彦举	骠骑将军颍州刺史	《魏书·尧暄传》
		上党长子	字彦举	骠骑将军左光禄大夫颍州刺史，赠兖豫梁三州诸军事州司空兖州刺史	《北齐书·尧雄传》
		上党长子	字彦举	使持节都督兖豫梁三州诸军事骠骑大将军兖州刺史司空公安夷县开国伯	《尧奋墓志》
		未载	未载	使持节骠骑大将军左光禄大夫汾颍兖豫梁五州刺史，司空武忠公	《尧奋妻独孤华墓志》
尧奋弟尧难宗即尧峻	男	未载	未载	征西将军南岐州刺史，征羌县开国伯	《魏书·尧暄传》
		未载	未载	使持节征虏将军东郡太守南歧州刺史主衣都统	《赵胡仁墓志》
		上党长子	字难宗	开府仪同三司中书监征羌县开国侯 卒诏赠使持节督赵安平三州诸军事骠骑大将军赵州刺史开府仪同三司中书监开国侯	《尧峻墓志》
	男	未载	未载	骠骑大将军开府仪同三司征羌县开国侯	《尧峻妻吐谷浑静媚墓志》
	男	未载	未载	征西大将军中书监开府仪同三司岐怀二州征羌县开国伯	《尧峻妻独孤思男墓志》

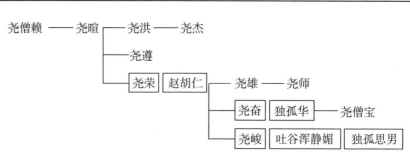

（方框□表示有墓志出土）

赵胡仁为南阳苑人，南阳太守之女。《魏书·赵邕传》记载赵邕字令和，自云南阳人，邕弟尚，中书舍人，除南阳太守，与墓志记载赵氏身世相合，赵胡仁似为赵尚之女。赵氏为官家之女，其父与夫官位不显，因夫人诞生三子尧雄、尧奋、尧峻，声驾一时，咸有王佐之略，命世之才。如其志中所记诏曰："辅国将军歧州刺史难宗母，前以身德子勋，光启邑号。因讳陈改理，宜见从。可西荆南阳郡君。庶追大家之号，不独擅于汉后；贤哉之录，岂止记于魏公。"三子官职之高如表所示，当世以为贵盛，缙绅慕其藉甚。羊氏七卿，远惭世载。袁族五公，近谢羽仪，被封号"西荆南阳郡君"，并赢得高誉："夫人自少至耋，孝敬敦睦，长孤抚幼，亲加鞠养，好施能赡，去奢就约。凝霜之操，严寒弥厉。九族仰其嘉猷，六姻慕其景行。是以誉满两京，声溢九服。"《尧峻墓志》载："普泰年中，刘助扰攘，游魂幽蓟，私署位号，擅立君臣。君与兄雄戮力均心，登时擒剿，其年与兄共举定州，来相攀附。……武定元年，以邙山之勋，除使持节南岐刺史，赐母赵南阳郡君，仍赵南阳郡君，仍除主衣都统、征羌侯。"该志文中提到尧峻的兄长为尧雄，以及其母赵氏因子尧峻功勋被赐封南阳郡君一事，与《赵胡仁墓志》中记载其被赐南阳郡君一事的缘起相同。如此可见赵胡仁为因子而贵之显例。

西魏大统十六年（550 年）《韦彧妻柳敬怜墓志》记其卒于大统十五年十一月十九日，春秋七十三，"庚午岁春正月，封澄城郡君"。柳敬怜死后得封澄城郡君，应当与其子身居高位有关，特别是其长子韦彪地位尤显，在母亲下葬时，韦彪的官爵墓志后记载"车骑将军、廷尉卿、阴槃县开国男、频阳县开国侯"，并且其余六子都已出仕，多为伯、男爵位。《太妃傅华墓志》记载："太妃以魏武定末除清河郡君，天统中进号平原郡长君，武平初册拜宜阳国太妃。"于北齐武平七年（576 年）卒后，诏曰："宜阳国故太妃傅，操履贞洁，识悟明允；女德母仪，声表邦国；积善余福，诞斯公辅。……可赠女侍中，宜阳国太妃如故。谥曰贞穆。"傅华卒后赠女侍中。侍中一职北魏置，视二品，北齐沿之，本为宫中嫔妃之职。傅华为时宰相赵彦深之母，宰相之母得女侍中殊荣，仅此一例。正如其志中铭文所言："母以子贵，寔曰旧章；典制伊穆，车服有光。位尊养厚，行立名扬。"此等墓主为典型的"子尊母贵"之例。

至于后无子息，则可导致"宗族痛恨"。北周《韦彪墓志》记载："夫人河东柳氏，自相伉俪，止诞一女，如何彼仓无知，终令此君无儿。虽涓犹子承继，呜呼痛矣！"又言："乡称孝悌，国号忠臣。竟无男息，有女一人。号咷佝独，理极难陈。宗族痛恨，知故酸辛。"这反映了当时社会无子息竟然如此之痛，且写入墓志，实出人意料。在韦彧七子中，官爵最高者为彪，而无子息，自然对其一支以后的发展有影响。唐代韦氏九房中，无韦彧一支痕迹，或与此有关。《封子绘妻王楚英墓志》志阴记其四女，第二女与第三女小字分别为徵男、男弟，可见家庭对于生育男性子嗣的殷切期望。这足以显示北朝时期"重男轻女"的社会现实。

三、墓志男女墓主差异化品评

人物品评自古有之，如《左传》襄公三十一年记："君臣、上下、父子、兄弟、内外、大小，皆有威仪也。"《论语·述而》曰："子温而厉，威而不猛，恭而安。"至汉末魏初，品评与现实政治密切相关。品评亦称清议，"是东汉以来乡里中形成的关于某个人的舆论。魏晋实行九品官人之法，中正就根据清议或乡里的舆论，来厘定、提升或贬降某人的乡品，从而向吏部提供给予或升降他的官位的依据"①。品评原与察举制度相互配合，随后成为一种重要的政治手段，同时也刺激了士人的希名之风。为适应这种政治和社会需要，人物品评竟成为专门之学，出现了人物品评的专家和专门著作，如曹魏时期刘劭《人物志》、南朝宋时刘义庆《世说新语》等，即是这方面的代表作。人物品评从标榜德行到唯才是举，注重人物风韵神态、仪容气质、才性器识，即人物个性的把握和概括，如《后汉书》记章帝窦皇后："进止有序，风容甚盛。"②《三国志》载："太祖少机警，有权数，而任侠放荡，不治行业，故世人未之奇也。"③《晋书》载嵇康"有奇才""美词气，有风仪，而土木形骸，不自藻饰，人以为龙章凤姿，天质自然"④。李泽厚先生认为人物品评表现在对人物的贵贱、贫富、祸福、寿夭，德行与才能，道德境界，仪容这四个方面。⑤北朝墓志中关于墓主家世、生平活动等诸多内容的记述评论，不可否认受到前人人物品评学风的影响。男女墓主不同的品评标准，反映出北朝社会对男、女两性不同的要求与规范。

① 周一良：《两晋南朝的清议》，引自《魏晋南北朝史论集》，北京：北京大学出版社，1997年版，第436页。
② 《后汉书》卷十《章德窦皇后纪》，北京：中华书局，1965年版，第415页。
③ 《三国志》卷一《魏书·武帝纪》，北京：中华书局，1959年版，第2页。
④ 《晋书》卷四十九《嵇康传》，北京：中华书局，1974年版，第1369页。
⑤ 李泽厚：《中国美学史·魏晋南北朝编》，合肥：安徽文艺出版社，1999年版，第56—62页。

北朝对男士之品评，不出躯伟、孝仁、忠信、才高、学深等词，正如北魏熙平元年（516年）《吐谷浑玑墓志》"处武怀文"之语，称赞吐谷浑玑是文武双全之人。神龟二年（519年）《寇凭墓志》记载墓主"君资庆于灵绪，禀气于峻岳，秀逸超世，容豫自得，孝性曾参，志尚晏平"，寇凭生性面貌秀逸超世，孝胜曾参而又志超晏平。正光五年（524年）《元宁墓志》载宁有"孝悌之称，朝野明闻"，因此卒后"皇朝失色，槐佐惊颜，衢男缀歌于巷首，邻妇奄相于春边"。孝昌二年（526年）《宇文善墓志》称赞墓主"昭晰孝友，庵郁顺悌"。建义元年（528年）《元宥墓志》"君资神特挺，禀质瑰奇，孝友幼成，忠贞匪习"。这三方墓志描写了元宁、宇文善、元宥均以"孝悌"闻名。正光六年（525年）《甄凯墓志》记甄凯"生资秀气，幼挺奇标。自有识能言，无游辞失色。尤机警，辨悟过人，纤微必察，应对如响……年方龆龀，业深致学，因心独悟，师侪功倍。既敦坟史，兼好词翰，芳心令质，日就月将"。此志文描写墓主是一位外貌秀气、身姿挺拔、能言善辩、年小致学、聪颖过悟、文史通兼的才俊，而为世人所称颂。孝昌元年（525年）《元晫墓志》"年十八，随父太尉镇邺。……君忠图令德，潜相端举，有志不遂，奄见屠覆。父忠于国，子孝于家，既毙同剖心，亦哀逾黄鸟"。元晫小小年纪随父在邺城作战，于公与私，为朝廷尽大忠，为家族尽大孝，忠孝两全，素为古代仁人志士之所求，实难能可贵。孝昌二年（526年）刊刻《染华墓志》品评墓主云："君仁才英挺，体量潜深，躯貌超伟，仪范莫群，志操霜严，贞节素皎。澄情冰澈，若明镜之在高台；凝怀内朗，如汜水之去烦淤。恬性笃好，敦究史籍，遍览三坟，备详五典，剖析毫牦，精辩幽赜，吐音方韵，出言有章。"北周建德四年（575年）《徒何伦墓志》云："君高门重地，逸气冲天，且曰凤毛，是称龙种。"《田弘墓志》云"公性恭慎，爱文武，无三惑，畏四知，仪表端庄，风神雅正，憘怒之间，不形辞气，颇观史籍，略究兵书。忠臣孝子之言，事君爱亲之礼，莫不殷勤诵读，奉以书绅。至于羽檄交驰，风尘四起，秘计奇谋，深沉内断，故得战胜功取，算无遗策，有始有卒，哀荣可称"。《独孤藏墓志》记载："公美须髯，好容貌，平叔食饼，未足比伦；安仁掷果，犹为惭德。善隶书，银钩无以渝；好坟典，石经莫不谈。妙制文章，口长咏咏，便骑射、爱朋友，兄弟缉熙，闺门严正，风格朴尚，思理渊邈，光家令德，善始令终，何取斯言，寄之君子。"可见染华、徒何伦、田弘、独孤藏不但外貌超群，忠信有度，而且均观史籍、究兵书，文才武略兼备之才俊。在对墓主或躯伟、或孝仁、或才高、或学深等众多的品评用词中，"孝悌"之语尤显重要。"孝悌"是古代家庭伦理的核心概念，孝，指还报父母的生养之爱；悌，指兄弟姊妹的手足之爱，亦有朋友之间的友爱。孔子认为："孝悌也者，其为仁之本欤！"杨伯峻指出，《管子·戒》"孝弟（悌）者，仁之祖也"所言与孔子观点相同。①北朝对男士品评之"孝悌"正史中时有记载并予以弘扬，如《魏书》有曰："及文明太后崩，高祖五日不食。（杨）椿进谏曰：'陛下至性，孝过有虞，居哀五朝，水浆不御，群下惶灼，莫知所言。陛下荷祖宗之业，临万国之重，岂可同匹夫之节，以取僵仆。且圣人之礼，毁不灭性，纵陛下欲自贤于万代，其若宗庙何！'高祖感其言，乃一进粥。"②诸方墓志中在对男性称颂的描写中，如容貌、德行、孝悌、忠信、文才、武略、交友、门风等诸多称颂之词，或有对故去之人的敬重而含虚夸成分亦信手拈来。如《高永乐墓志》对墓主的记载实为男性称颂典范之作，其载："惟公居家至孝，出门尽忠，体局方整，志操清立。加之以文武，行之以信义，善无小而不为，过无微而不改。见豪纤而弗舍，值青葱而必拔。运虚舟以独往，鉴止水而自照。风格肃以高县，崖岸俨其峻举。表风德于一时，起龙门于当世。譬诸栋梁，为廊庙之才；同夫鼎铉，成社稷之器。"短短数言，竟描绘出高永乐的容貌、德行、操守、孝悌、忠信、文才、武略、勇敢、门风等诸多优处，著一点以盖全面。

北朝妇女初期生活在一个文化多元的社会环境中，随着北胡各少数民族汉化程度的加深，儒家思想学说所强调的克己伦理道德和对社会的责任与义务，也日渐影响着人们的审美观念和价值系统，制约着人们的行为。北朝也一扫以往女性的刚健之风，开始对女性修养提出了具体规范，社会便极为称颂那些贤淑、柔顺、守贞节、不妒忌的女子。如孝文帝于太和十一年（487年）曾下令在每年冬十月农闲时，让各地的贤长者给乡邻"导以德义""教其里人，父慈、子孝、兄友、弟顺、夫和、妻柔"③。后又下令诸王宗室在婚娶之时，"或得贤淑，或乖好逑"④。众多妇女开始改变以往的观念，努力培养贤淑、柔顺的性格，并辅之以"窈窕之灵姿"，以博得社会的赞誉。因此，在史书和墓志中对具备这些品德的女子都是详载盛赞，如北周宣帝陈皇后"仪范柔闲，操履凝洁，

---

① 杨伯峻：《论语译注》，北京：中华书局，1980年版，第3页。

② 《魏书》卷五十八《杨播传》，北京：中华书局，1974年版，第1285页。

③ 《魏书》卷七《高祖孝文帝纪》，北京：中华书局，1974年版，第163页。

④ 《魏书》卷二十一《献文六王列传》，北京：中华书局，1974年版，第535页。

淑问彰于远近，令则冠于宫闱"①。

北朝墓志记录了当时社会对于女性的品评。如北魏神龟二年（519年）《元瑛妻穆玉容墓志》云："奉上崇敬，接下喻温，邻无浊议，邑有清论。"北魏熙平三年（518年）《杨无丑墓志》曰："禀灵闲惠，资神独挺，体兼四德，智洞三明。该般若之玄旨，遵斑（班）氏之祕诫，雅操与孟光俱邈，渊意与文姬共远。信逸群之妹哲，绝伦之淑女者也。"铭曰："于穆哲媛，遹骏有声，丰姿玉润，雅操金贞。因恭克让，资孝以成，行该四德，志达三明。如渊之邃，如兰之馨，式刊玄玉，永振休名。"东魏《张玉怜墓志》载玉怜"幼而聪惠，容德绝伦，孝敬自天，贞风内润"及"事舅奉姑，勤孝有闻。承郎接妹，婉顺见美"。其辞曰："女德幼成，妇容夙彰。金□禀洁，令问令望。如日之曜，如兰之芳。兰芬□何，芬似桂林。峨峨贞峻，婉乐德音。有信有行，如玉如金。金玉惟何，含弘清慎。四德□炳，慈明内润。烈烈贞观，温温婉婉。"志文多用兰、蕙、玉、金等物来比喻女性之秀；以和、洁、柔、范、淑等词来描绘女性之美。

"容"与"德"是北朝社会对妇女的重要要求，而那些生于"德义之门"的"贞闲之女"②，再加上"容德绝伦"，也就成为人们争聘的对象，并成为北朝其他妇女效仿的典范。北魏延昌二年（513年）《王普贤墓志》云"夫人既蹈祖考之淳懿，禀婉嬺之英姿，淑妙绝拟，机明瞻识，端行清韶，从容柔靖。爱敬深凯风之美，敦顺单常棣之华。五教聿昭，四德孔绪。妙闲草隶，雅好篇什，春登秋泛，每辑辞藻，抽情挥翰，触韵飞瑛"。延昌三年（514年）《文成皇帝嫔耿氏墓志铭》云："嫔禀坤灵之秀气，资芳质于神境，整缔服于深闲，飞嘧声于天阙。"延昌三年（514年）《司马景和妻孟敬训墓志铭》记载"夫人有五器"，分别为"夫人资含章之淑气，禀怀叡之奇风，芬芳特出，英华秀生，婉问河洲，□钟千里。……尽力事上，夫人之勤；夫妇有别，夫人之识；舍恶从善，夫人之志；内宗加密，夫人之恤；姻于外亲，夫人之仁"。熙平元年（516年）《冯会墓志》云："太妃禀河月之精，陶清粹之气，爱静幽闺，训兹礼室。俶容天挺，孝敬过人，婉娩既闲，敏斯四德，丝枲纴组，无不悉练，女功心裁，内外嗟称。又善于书记，涉揽文史。自来媛蕃邸，恭逾素，作训可摸，动止成则。可谓圣善形家，垂芳自国者也。"正光三

---

① 《周书》卷九《皇后列传》，北京：中华书局，1971年版，第147页。
② 《魏书》卷四十八《高允传》，北京：中华书局，1974年版，第1074页。

年（522年）《冯邕妻元氏墓志》云："夫人禀纯粹之精，资贞顺之操，贵连王姬，美兼桃李，材貌不群，神明秀异，秉四德以基厥身，执贞高而为行本。体备温（温）恭，聪慧在性，家诫女传，径目必持，凡所闻见，入赏无漏。每览经史，睹靖女之峻节，觌伯姬之谨重，未始不留连三覆，慕其为人也。……妇人之德，主于贞敏，不在多能。"孝昌二年（526年）《高猛妻元瑛墓志》记载元瑛卒后，诏曰："高氏姑长乐长公主，四德早徽，柔仪播誉，方享遐颐，式昭闺范。"东魏《冯令华墓志》云"生道德之家，长礼仪之室，目不睹异物，耳不闻外事""聪明温惠""仁信规矩""恭勤妇业，助治家道，中馈是宜，内政有序，务先窈窕，不有妒忌之心""而无险诐之志"。北齐天统三年（567年）《吐谷浑静媚墓志》云："虽伯姬之称妇礼，敬姜之号母仪。"

时人称颂女性贤淑、柔顺的同时，也极力倡导妇女们贞节之守。《礼记·郊特牲》载："夫婚礼，万事之始也，一与之齐，终身不改，故夫死不嫁。"统治阶层力图把"夫死不嫁"之"贞节"作为衡量妇女品行的理想道德标准。汉代以来，又有刘向、班昭、李谔等文人学士竭力倡导妇女的贞洁行为。操守贞节，亦是北朝妇女看重之德。如延昌二年（513年）《元飏妻王夫人墓志》"□□之操，终始若一"。正光三年（522年）《张卢墓志》记卢："春秋八十有三，薨于京师。夫人慈孝，老而弥笃，临终明悟，不忘妇道，行年八十，同月而徂。合葬窆于瀍涧之东。"可见"同月而徂"亦当作守妇道之举被称颂。孝昌元年（525年）《殷伯姜墓志》曰："及归先君，妇道斯备，三德靡违，四行无爽。年甫卅三，而先君在县弃背。夫人哀养孤婴，劬劳理棘，然而终始一情，誓存弗许。"铭曰："哀哉夫人，桃年单居，圣善之德，备此劳劬。"此志对殷伯姜"妇道斯备"亦称赞有加。永安二年（529年）《元继墓志》，在记载元继丧葬后言："善二妃之不从鄪。自周其未改。"虽北魏时期，再婚现象普遍，却也崇尚"妇女从一不改"之风，反之以"鄙"视也。武定二年（544年）《羊深妻崔元容墓志》曰："夫人未改其操。故能中馈内理，阴教外融，昔称樊卫，方之惭德。始当女宗一世，母仪两族。"羊深在孝武帝与高欢的斗争中，站到孝武帝一边，死于孝静帝天平二年（535年）。羊深卒后，夫人崔元容未改其操，可谓"亦既善始，高朗令终"。东魏天平二年（535年）《姜夫人墓志》言："其靖恭内照，婉娩聿修。年十有四，归于赵氏。既嫔君子，肃穆闺庭，两族钦风，二门称美。而天不吊善，胖合中倾。志牟共姜，誓而弗许。二女一男，并训义方。三徙崇德，罔或加也。"既有对姜氏"靖恭内照，婉娩聿修"

之称是，也有对其"志牟共姜，誓而弗许"之赞许。北齐皇建二年（561年）《邢阿光墓志》云："及良人下世，自誓无愆，断机戒子，徙宅成胤。惟兄及弟，立勋建节，服玄衮以仪台，驾朱轮而刺举。"北周天和四年（569年）《拓跋虎妻尉迟将男墓志》记："郡君质性优柔，言容肃穆，去开府降年不永，早同长逝，少而守义，之死靡他，养以孩孤，保兹霜独。"正是"玉性自坚，丹色无变"。可见，封建礼教像无形的枷锁束缚着广大妇女的思想，所以北朝墓志中守节者多是可以理解的。

第四节　北朝墓志所反映当时的婚姻状况

魏晋南北朝时期是中国历史上战乱动荡频繁的时代，由于战争造成的人口锐减，为保证军役赋役的来源，人类自身的生产就显得尤为重要。北朝婚姻文化也就成为研究北朝社会状况的重要内容，因为婚姻给当时的社会习俗带来了重要影响。北朝墓志真实记录了当时社会的一些婚姻状况，值得关注。

一、北朝婚姻年龄

适婚年龄，历来受到各个朝代的重视，反映战国医学水平的《内经·素问》曾提出女子十四岁、男子十六岁已具有生育能力的看法。先秦礼制多处涉及男女婚龄，《周礼·地官·媒氏》云："令男三十而娶，女二十而嫁。"两汉魏晋时期的婚龄史书曾有记载，《汉书·惠帝纪》载汉初惠帝六年诏令"女子年十五以上至三十不嫁，五算（即出五倍的算赋，汉律规定人出一算，一算一百二十钱）"。《文献通考》云："吴之律令，多依汉制。"《晋书·武帝本纪》记载晋武帝泰始九年（273年）冬十月辛巳诏令曰："女年十七父母不嫁者，使长吏配之。"北朝时期关于婚嫁年龄的规定，缺乏文献的明确记载。但学者多有论断，周一良曾言："北魏长期有早婚习俗。"① 薛瑞泽推断，魏晋南北朝时期男女婚龄呈下降趋势。三国时期男子婚龄大致在 15—17 岁，女子婚龄平均约在 17 岁左右。早婚婚龄约在 13 岁，与汉末无多大差异；西晋时期男子婚龄平均为 15 岁，比女子约小 2—3 岁，女子婚龄约为 13—16 岁，童婚现象增加；南朝女子婚龄约为 12—13 岁，相比较而言，男子约小 3—4 岁；北

---

① 周一良：《〈魏书〉札记·晚有子》，引自《魏晋南北朝史札记》，北京：中华书局，1985 年版，第 311 页。

朝女子婚龄与南朝基本一致，约为 13 岁，男子较南朝高，与女子婚龄基本接近。[1] 谢宝富认为，在现实生活中，早婚、晚婚现象皆有，但据计量分析，北朝男子婚龄一般在 15 岁，女子婚龄约为 13—14 岁，当是适婚年龄，而实际生活中低于或高于这个年龄成婚的现象是普遍存在的。[2] 梁满仓则提出婚龄中轴线的观点，即男子婚龄平均约为 15—16 岁，女子约为 13—14 岁，其他婚龄则依此中轴线而上下波动。[3] 北朝时期婚嫁年龄到底如何，对墓志文献中北朝结婚年龄进行统计分析不失为明举。

北朝墓志中多有记载墓主子女的婚嫁情况。北魏《崔猷墓志铭》记述了崔猷女儿的婚嫁略况：始怜 30 岁适同郡房氏，止怜 27 岁适同郡傅氏，玉树 25 岁适武威贾氏。北魏《李璧墓志》记李璧女孟猗 18 岁嫁荥阳郑班豚，另一女仲猗年 17 岁未嫁。北魏《元显魏墓志》记载元显魏女孟容年二十一适长乐冯孝纂；女仲容年二十适南阳员彦。有些北朝墓志文献虽未明确提及女子出嫁年龄，但却以其他形式表达出来，这也为后人了解北朝时期的婚龄提供了可能。如元纯陀在"初笄之年"出嫁；张玉怜在"笄年既及，为文贞侯所娉"；杜氏在"年甫初笄"时嫁出；斛律昭男在"年始加笄"之际嫁人等。笄，女之礼，犹冠男也。《礼记·内则》云女子"十有五年而笄"。可见，上述几女当在 15 岁婚嫁。现就北朝墓志文献中女性婚嫁年龄情况做如下统计：

表 6-24　　　　北朝墓志文献中女性婚嫁年龄统计表

人物	婚嫁年龄/岁	出处
司马显姿嫁世宗	14	北魏《魏世宗第一贵嫔夫人司马显姿墓志铭》[4]
孟敬训嫁司马景	17	北魏《司马昞妻墓志铭》
成氏入嫔与显祖之宫	15	北魏《大魏显祖成嫔墓志》
赵光嫁元氏	16	北魏《赵光墓志铭》
卢令媛召充椒掖	9	北魏《卢令媛墓志铭》
慕容氏嫁元郁	9	北魏《元郁与妻慕容氏墓志》
元氏越嫔冯邕	21	北魏《冯邕妻元氏墓志》

① 薛瑞泽：《魏晋南北朝婚龄考》，《许昌师专学报》1993 年第 2 期，第 21—27 页。
② 谢宝富：《北朝婚龄考》，《中国史研究》1998 年第 1 期，第 71—73 页。
③ 梁满仓：《论魏晋南北朝的早婚》，《历史教学问题》1990 年第 2 期，第 11—16、38 页。
④ 该墓志虽未明确提及司马显姿的出嫁年龄，但其在正光元年（520 年）死时为 30 岁，其出生时间则为 491 年，正始初年（504 年）出嫁，推算当在 14 岁。

人物	婚嫁年龄/岁	出处
常季繁嫁齐郡王祐	25	北魏《常季繁墓志铭》
司马氏嫁元谭	24	北魏《大魏元宗正夫人司马氏墓志铭》
王钟儿嫁杨兴宗	24	北魏《比丘尼统慈庆（王钟儿）墓志铭》
冯季华嫁元氏	22	北魏《冯季华墓志铭》
李艳华嫔于元子邃	17	北魏《李艳华墓志铭》
薛伯徽嫁都昌侯元氏	27	北魏《薛伯徽墓志铭》
元洛神嫁穆氏	14	北魏《元洛神墓志》
兰将嫔于元氏	12	北魏《兰将墓志铭》
崔柛妃归羊祉	15	北魏《羊祉妻崔妃柛墓志》
张丰姬嫁何氏	15	北魏《张丰姬墓志铭》
陆蒇藜嫁罗宗	14	北魏《罗宗妻陆蒇藜墓志》
李晖仪嫁郑氏	13	北魏《李晖仪墓志》
崔宾媛嫔于李叔胤	18	北魏《崔宾媛墓志》
姜氏归于赵氏	14	东魏《姜氏墓志》
公孙甑生嫁华山王元孔雀	27	东魏《公孙甑生墓志》
元仲英嫔于间氏	15	东魏《间伯昇与乐安郡公主元仲英墓志》
元阿耶适范阳祖子硕	12	东魏《祖子硕妻元阿耶墓志》
李艳华归欲元子邃	17	东魏《李艳华墓志》
冯令华嫁任城文宣王	19	东魏《冯令华墓志》
吐谷浑静媚嫁尧峻	17	东魏《尧峻妻吐谷浑静媚墓志》
李难胜嫁高殷	11	北齐《高殷妻李难胜墓志》
王楚英嫁封子绘	13	北齐《封子绘夫人王楚英墓志》
独孤华嫁尧奋	18	北齐《独孤华墓志》
颜玉光嫁高洋	21	北齐《文宣皇帝弘德夫人颜玉光墓志》①
任氏归乐陵朱龙	19	西魏《朱龙妻任氏墓志》
卢兰太妃归于文贞府君	17	北周《卢兰太妃墓志》
乌石兰氏归于宇文氏	17	北周《周冠军公夫人乌石兰氏墓志铭》
郝夫人适张满泽	11	北周《张满泽妻郝夫人墓志》

---

① 该墓志虽未明确提及颜玉光的出嫁年龄，但其在武平七年（576年）时年47岁，其出生时间则为530年，天保元年（550年）征为西朝嫔，推算当在21岁。

人物	婚嫁年龄/岁	出处
董荣晖嫁王士良	14	北周《王士良妻董荣晖墓志》
步六孤须蜜多聘于谯国公	14	北周《谯国夫人步六孤须蜜多墓志》
尉迟氏嫁匹娄欢	17	北周《匹娄欢墓志》

　　墓志文献中涉及女性婚嫁年龄的有 38 人，其中 16 岁、22 岁、25 岁结婚者各 1 人；9 岁、11 岁、12 岁、13 岁、18 岁、19 岁、21 岁、24 岁、27 岁者各 2 人；15 岁者 4 人；14 岁者 6 人；17 岁者 7 人。如果仅就墓志中的 38 位已婚者的结婚年龄来分析，14 岁确是北朝女子的基本婚龄，但其整体平均婚龄却已到 16.68 岁，故可推测，北朝女子的实际婚龄应在 16 岁左右，也就是说，北朝女子的一般实际婚龄晚于社会规定的适婚年龄。值得注意的是 14 岁以前的成婚者多是皇室或贵族之家（见北朝皇室迎娶后妃年龄统计表），普通百姓嫁娶年龄则晚于 14 岁适婚线。正如吕思勉先生所言："史传所载婚嫁之年颇早……则多系贵族，不则民间为子娶妇，利其勤劳，且为颇迟者矣。"[1]

表 6-25　　　　　　　北朝皇室迎娶后妃年龄统计表

时期	人物	婚嫁年龄	出处
北魏	平文皇后王氏	13	《魏书》卷十三《皇后列传》
	文成文明皇后冯氏	14	
	献文皇后李氏	18	
	孝文幽皇后冯氏	14	
	孝文昭皇后高氏	13	
	宣武顺皇后于氏	14	
西魏	文帝文皇后乙弗氏	16	《北史》卷十三《后妃列传》
	文帝悼皇后郁久闾氏[2]	10	
北周	宣武皇后元乐尚	15	《周书》卷九《皇后列传》

---

① 吕思勉:《两晋南北朝史》下册,上海:上海古籍出版社,1983 年版,第 906 页。

② 据《北史》记载:"文帝悼皇后郁久闾氏,蠕蠕主阿那环之长女也。容貌端严,凤有成智。大统初,蠕蠕屡犯北边,文帝乃与约,通好结婚,扶风王孚受使奉迎。……四年正月,至京师,立为皇后,时年十四。"如此可推算文帝悼皇后郁久闾氏初嫁时约 10 岁。北京:中华书局,1974 年版,第 507 页。

北朝婚姻关系中女子有早婚现象，这与北朝政府增殖人口政策和把成年时间界定为 14 岁有关。世祖即位，诏司徒崔浩定律令："大逆不道腰斩，诛其同籍，年十四已下腐刑，女子没县官。……年十四已下，降刑之半，八十及九岁，非杀人不坐。"① 可见这时就已把 14 岁定为是否成年的标准。西魏文帝于大统十二年（546 年）夏五月下诏："女年不满十三以上，勿得嫁。"② 北周武帝宇文邕于建德三年（574 年）颁布诏书："自今男年十五，女年十三以上，爰及鳏寡，所在以时嫁娶。"③ 北齐后主高纬在武平七年（576 年）下令："括杂户女年二十已下十四已上未嫁悉集省，隐匿者家长处死刑。"④ 此等诏令很能说明问题，它实际上认为女子在 14 岁到 20 岁之间为最佳婚龄，即适婚年龄。因此，14 岁是女子嫁人的基本年龄，也是皇室和社会在婚姻上的具体规范。实际中，人们的婚龄并不整齐划一。适婚年龄并不能代表北朝妇女的实际婚龄。

二、逆缘婚、同姓婚及媵婚

马克思曾言："一个大原始集团为了生计必须分成小集团，它就不得不分成血缘家族，仍实行杂交；血缘家族是第一个社会组织形式。"⑤ 鲜卑族在进入中原前，婚姻观念相对开放自由，是原始氏族游牧经济生活在婚姻文化观念上的反映，带有粗豪的游牧民族气息。在北方胡族社会中普遍流行逆缘婚、同姓婚等群婚制残余形式。逆缘婚指妻姐妹或夫兄弟，是对偶婚的一种婚姻表现形式。逆缘婚在吐谷浑、乌桓、匈奴等社会中均极为通行，《晋书》记吐谷浑："父卒，妻其群母；兄亡，妻其诸嫂。"⑥ 王沈《魏书》记乌桓："父兄死，妻后母报（原作"执"，误。）嫂；若无报嫂者，则己子以亲之次妻伯叔焉，死则归其故夫。"⑦ 《汉书·匈奴传》记匈奴："父死，妻其后母；兄弟死，皆取其妻妻之。"父死，妻群母、后母，这种不同辈分之间的婚配，是一种典型的超越"乱伦禁忌"的血缘婚遗续；而兄死报嫂，即兄亡后，弟有娶其寡嫂的特权，则是与氏族外群婚及氏族中的财产继承权彼此联系在一起的。按照这种

① 《魏书》卷一百一十一《刑罚志》，北京：中华书局，1974 年版，第 2874 页。

② 《北史》卷五《魏本纪》，北京：中华书局，1974 年版，第 179 页。

③ 《北史》卷十《周本纪》，北京：中华书局，1974 年版，第 359 页。

④ 《北齐书》卷八《后主纪》，北京：中华书局，1972 年版，第 109 页。

⑤ ［德］马克思：《摩尔根〈古代社会〉》，北京：人民出版社，1965 年版，第 20 页。

⑥ 《魏书》卷九十九《吐谷浑传》、《周书》卷五十《吐谷浑传》与《晋书》有大致相同的记载。

⑦ 《三国志·魏书》卷三十《乌丸传》注引王沈《魏书》，北京：中华书局，1959 年版，第 832 页。

婚制，外氏族的妇女嫁到本氏族以后，不论嫁给何人，她已成为氏族的所有，当她的丈夫死后，她不能随便离开丈夫的氏族，更不可将丈夫氏族的财产带走。因而，通常的办法是将寡妇转嫁给丈夫的兄弟。这种婚俗又称转房制①。在北方胡族进入中原之前，也不乏逆缘婚的实例。《魏书·乞伏国仁传》：（乞伏）"暮末弟殊罗蒸炽磐左夫人秃发氏。"殊罗为炽磐之子，秃发氏是其庶母，殊罗娶了他的庶母为妻。周一良先生曾考证，昭成帝什翼犍于其子献明帝寔死后，以其子妇寔妻贺氏为妻，以其孙拓跋珪为子，又与贺氏生秦王觚②。又，据《魏书·吐谷浑传》："子树洛干等并幼，弟乌纥提立而妻树洛干母，生二子慕瑰、利延。"③ 这里为弟以嫂为妻之例。逆缘婚在北朝更为普遍。如孝文帝将女儿淮阳公主嫁给与自己同辈的乙瑗④。孝文帝纳卢敏女为嫔，卢敏的侄子卢元聿应与孝文帝同辈，却娶了孝文帝的女儿义阳公主⑤。元琛为宣武帝从父，却娶了宣武帝的舅女⑥。元乂长宣武帝两辈，却娶了灵太后的妹妹⑦。《元乂墓志》中亦有记载："妃安定胡氏，父珍，相国太上秦公。"据《李宪墓志》记载，赵郡李骞娶范阳卢文翼女，而李骞的从姐妹李叔胤女嫁卢文翼的从孙卢元礼⑧，此在《李叔胤妻崔宾媛墓志》也有记载，夫人长女令仪，适征南府法曹参军范阳卢元礼。该志记载崔宾媛小女幼芷，适今司空府行参军博陵崔叔廉，崔叔廉实长李幼芷一辈，亦成夫妻。

鲜卑族的同姓婚与媵婚现象亦十分严重，不仅平民百姓如此，即使是帝室十姓间也毫无避嫌。如元乂"轻薄趣势之徒，以酒色事之，姑姊妇女，朋淫无别"⑨。与此相关的还有"媵制"。所谓"媵"，《尔雅·释言》谓："《方言》云：'寄物为媵。'媵，寄也。又云：'媵，托也。'托、寄亦送之意。"《仪礼》"士婚礼"注："古之嫁女，必娣侄从之，谓之媵。"娣者弟也；侄兄之子。因此，在婚姻活动中，"媵"应有赠送陪嫁（包括其娣侄、同姓姐妹、异姓女子或奴婢）及物品表达祝贺之意。媵制在北方胡族中也长期流行。刘聪纳其太保刘殷二女为左右贵嫔，位

① 柏贵喜：《四—六世纪内迁胡人家族制度研究》，北京：民族出版社，2003 年版，第 64 页。
② 周一良：《魏晋南北朝史札记》，北京：中华书局，1985 年版，第 345—349 页。
③ 《魏书》卷一百一《吐谷浑传》，北京：中华书局，1974 年版，第 2234 页。
④ 《魏书》卷四十四《乙瑗传》，北京：中华书局，1974 年版，第 992 页。
⑤ 《魏书》卷四十七《卢玄传》，北京：中华书局，1974 年版，第 1060 页。
⑥ 《魏书》卷二十《文成五王列传》，北京：中华书局，1974 年版，第 529 页。
⑦ 《魏书》卷十六《道武七王列传》，北京：中华书局，1974 年版，第 403 页。
⑧ 《魏书》卷九十二《列女传》，北京：中华书局，1974 年版，第 1984 页。
⑨ 《魏书》卷二十二《孝文五王列传》，北京：中华书局，1974 年版，第 405 页。

在昭仪上，又纳殷女孙四人为贵人，位次贵妃。另又纳靳准二女为左右贵嫔。① 鲜卑亦如是，《魏书》记："太武皇后赫连氏，赫连屈丐女也。世祖平统万，纳后及二妹俱为贵人，后立为皇后。"② 又，据《魏书·蠕蠕传》，神瑞元年蠕蠕斛律与冯跋和亲，跋聘斛律女为妻，将为交婚，斛律长兄子步鹿真谓斛律曰："女小远适，忧思生疾，可遣大臣树黎、勿地延等女为媵。"同姓婚及媵婚从另一层面反映了北方胡族的群婚事实。北朝媵婚这一现象在出土墓志中亦有所反映，如《冯季华墓志铭》载：冯熙第八女冯季华嫁乐安王元悦；冯季华长姊为南平王妃；第二、第三姊并为孝文皇帝后；第四、第五姊并为孝文皇帝昭仪；第六姊安丰王妃；第七姊任城王妃。进入以血缘宗法为社会政治制度基础的北魏初期，媵婚的存在除受传统婚俗影响外，更与现实政治利益息息相关。群体出嫁行为，可以有效巩固嫁娶双方的政治联盟，最大限度地保障双方姻亲和血缘关系的连续性。这一现象直到太和七年才由文明太后主持，下诏禁止，"自今悉禁绝之，有犯以不道论"③。又规定"凡与帝室为十姓，百世不通婚"④。但太后以后，此种现象并未禁绝。北魏分裂后，由于北方尚未受汉化影响的鲜卑族的大量涌入，原始婚姻习俗在某种程度上又有所回复。如北齐时，妻嫂之风仍盛。如高澄与高洋互占其妻。《北齐书·文襄元后传》："（文宣）曰：'吾兄昔奸我妇，我今须报。'乃淫于后。"后来高湛也加入妻嫂的行列。《北齐书·文宣李后传》："武成践祚，逼后淫乱。"北周武帝初年，长孙绍远"出为河州刺史。河右戎落，向化日近，同姓婚姻，因以成俗。绍远导之以礼，大革弊风"⑤。但这只是昙花一现。西魏北周继承并深化了有关婚姻制度的改革，以法令形式对存在争议的"内外之婚"做出明确的禁绝。这两次改革对于泯灭鲜卑、汉民族之间界限、促进民族融合具有重要意义，同时也是我国婚姻史上的一大进步。

三、再婚现象

我国自秦汉以来，寡妇守节问题虽不断倡导，但由于历代统治者都难以做到（历代公主、后妃改嫁者屡见不鲜），所以至南北朝时寡妇

---

① 《晋书》卷一百二《刘聪载记》，北京：中华书局，1974年版，第2660、2667页。
② 《魏书》卷十三《皇后列传》，北京：中华书局，1974年版，第327页。
③ 《魏书》卷七《高祖纪》，北京：中华书局，1974年版，第153页。
④ 《魏书》卷一百一十三《官氏志》，北京：中华书局，1974年版，第3006页。
⑤ 《北史》卷二十二《长孙绍远传》，北京：中华书局，1974年版，第826页。

再嫁习俗暗暗延续。鲜卑族在进入中原前，男女婚嫁是相对自由开放的，建立政权后，在汉儒家思想的束缚下，原伦理道德观受到一定的冲击。世俗虽以寡妇守节而终为荣，并有诸多记载称颂，但实际上所谓妇女的"贞操观"仍趋于淡薄，这在北朝墓志中有所反映。北魏《元纯陁墓志》首题"魏故车骑大将军平舒文定邢公继夫人大觉寺比丘元尼墓志铭并序"，志称"文定公高门盛德，才兼将相，运属文皇，契同鱼水，名冠遂古，勋烈当时"。以邢峦传"峦以宿豫之功，封平舒县开国伯，延昌三年卒，赠车骑大将军，谥文定"证之，元纯陁为峦之继室。志叙"夫人处笄之年，言归穆氏，良人既逝，兄太傅文宣王违义夺情，来嫔君子"。言其再婚非其本旨。又称"西河王魏庆穆氏之出，即夫人外孙，作守近畿，帝城蒙润。夫人往彼，遘疾弥留，以永安二年十月薨于荥阳郡解别馆"。据《元惊墓志》记"惊字魏庆，袭旧爵为西河王，初为中书侍郎，转荥阳太守"。知志之西河王谓惊。夫人初嫔穆氏，后适邢峦，其事史所常见。《宁陵公主墓志》与《王诵墓志》同出一兆，宁陵公主当为王诵之妻。公主卒时，王诵年29岁。结合《元贵妃墓志》，安丰王女元贵妃与公主同年，公主卒后，贵妃嫔于诵。贵妃卒于熙平二年（517年），上距永平三年（510年）公主卒时已历七年，可见公主为初配，贵妃乃为继室。《封子绘妻王楚英墓志》记述王楚英的四个女儿："长女字宝首，适陇西李桃杖，清渊县侯；次适范阳卢公令，尚书郎；后适陇西李子亢。次女宝艳，小字徵男，适代郡娄定远，即齐武明皇太后之弟子，司空公、尚书令、青瀛二州刺史、临淮郡王；后适京兆韦艺，上大将军、齐州刺史、巍兴郡开国公。第三女宝华，小字男弟，适斛律须达，开府仪同三司、护军将军、钜辘郡开国公；后适范阳卢叔粲，汾州治中。小女宝丽，小字四璠，适清河崔张仓，郡功曹、州主簿。"封子绘四个女儿中有三个女儿一生多嫁，长女嫁三次，次女嫁二次，三女嫁二次，对于这些事实，不仅没有丝毫回避，反而堂而皇之地镌刻在墓志上，这充分说明当时贞操意识的淡漠。志不讳言，亦可见当时之婚姻风尚。

四、门阀婚姻制的体现

族姓门第婚姻是与魏晋南北朝门阀制度紧密相关的一种婚姻制度，它与仕宦是支撑门阀世族社会地位的两大支柱。从魏晋开始，随着九品中正制的建立与发展，士庶之分日趋严格，到南北朝时达到顶点。"士庶之际，实自天隔"①。士庶之分纯以族望、门阀为基础。为了保持家世血统的崇高，避免低门血统混入，即使庶族财产殷富，政治地位显赫，士族也不肯与之通婚。族姓、门第、郡望成为缔结婚姻的至高标准，并且被视为是一种约定俗成的社会风尚，为社会各阶层默认、遵循。② 如公孙邃与公孙叡为从父兄弟。叡才器小优，又封氏之甥，崔氏之婿；邃母雁门李氏，地望悬隔。巨鹿太守祖季真多识北方人物，每云："士大夫当须好婚亲。二公孙同堂兄弟耳，吉凶会集，便有士庶之异。"③ 贵族女子在婚姻关系中讲求门第，下嫁贫民是万万不能之举，这一点在《李叔胤妻崔宾媛墓志》人物婚配关系的记述中表现得淋漓尽致。其志载夫人小子翼，字景叶，今仪同府录事参军。翼妻，夫人长弟廷尉逸女。此事《魏书》中已有明载："初，巨伦有姊，明惠有才行，因患眇一目，内外亲类莫有求者，其家议欲下嫁之。巨伦姑赵国李叔胤之妻，高明慈笃，闻而悲感曰：'吾兄盛德，不幸早世，岂令此女屈事卑族！'乃为子翼纳之，时人叹其义。"④ 贵族女子婚嫁不能屈事卑族，可见门第婚姻为社会所重之程度。

（一）婚姻等级

北魏建立后，由于当时社会发展的阶段性差异，使门第等级士族内部通婚制度在北朝亦呈现出独特的个性。前期，因鲜卑拓跋部刚刚脱胎于部落阶段，所以婚姻的自由度和开放风气表现得相当突出。正如卒于北魏孝昌三年（527年）《刘玉墓志》所言："先人祖宗，便习其俗，婚姻官带，与之错杂。"文成帝拓跋濬于和平四年（463年）十二月辛丑下诏曰："名位不同，礼亦异数，所以殊等级，示轨仪。……有司可为之条格，使贵贱有章，上下咸序，著之于令。"⑤ 壬寅又下诏："夫婚姻者，人道之始。是以夫妇之义，三纲之首，礼之重者，莫过于斯。尊卑高下，宜令区别。然代以来，贵族之门多不率法，或贪利财贿，或因缘私好，在于苟合，无所选择，令贵贱不分，巨细同贯，尘秽清化，亏损人伦，将何以宣示典谟，垂之来裔。今制皇族、师傅、王公侯伯及士民之家，

---

① 《宋书》卷四十二《王弘传》，北京：中华书局，1974年版，第1318页。

② 易图强：《试析两晋南朝世族门第婚姻形成的原因》，《湖南教育学院学报》1994年第3期，第46—52页。

③ 《魏书》卷三十三《公孙表传》，北京：中华书局，1974年版，第786—787页。

④ 《魏书》卷五十六《崔辩传》，北京：中华书局，1974年版，第1252页。

⑤ 《魏书》卷五《高宗纪》，北京：中华书局，1974年版，第122页。

不得与百工、伎巧、卑姓为婚，犯者加罪。"① 至孝文帝改制后，其汉化程度大大加速，民族界限日益泯灭，婚姻观念逐渐改变，和南方一样，士庶之分亦愈加严格。"高卑出身，恒有常分"，严格的身份内婚制也逐渐发展起来。孝文帝太和二年（478 年）颁诏曰："乃者，民渐奢尚，婚葬越轨，致贫富相高，贵贱无别。又皇族贵戚及士民之家，不惟氏族，下与非类婚偶。先帝亲发明诏，为之科禁，而百姓习常，仍不肃改。朕今宪章旧典，祗案先制，著之律令，永为定准。犯者以违制论。"② 太和十七年（493 年）又颁诏云："厮养之户不得与士民婚。"③ 孝文帝实行婚姻门阀制，选择官吏崇尚门第与重视婚宦④。

（二）联姻集团的形成

牟润孙认为："北魏帝室多与高门通婚，至孝文迁洛而愈积极。孝文为其弟六人聘陇西李氏、荥阳郑氏、范阳卢氏、代郡穆氏之女，以咸阳王禧原妻出身隶户，使为妾媵。北魏改代人姓氏，令著籍河南，以其八姓与汉人高门并论，与令宗室通婚高门为一贯之华化政策。"⑤ 墓志中常见历数姻亲地望官职，成为墓主家人或撰志者值得炫耀之事。鲜卑贵族出身者对与其联姻的汉族姻亲的官职与婚姻情况津津乐道，汉族士族对其鲜卑族姻戚亦细列详举。

拓跋元氏与代北大族以及汉族高门之间注重门阀联姻历史悠久。由正史及墓志记载的诸多婚配关系中可见一斑。

表 6-26

男	民族	女	民族	资料来源
神元帝拓跋力微	鲜卑	窦宾女（皇后）	鲜卑	《魏书》P3《魏书》P322
文帝拓跋沙漠汗	鲜卑	封氏（皇后）	鲜卑	《魏书》P6《魏书》P322
		兰氏	鲜卑	《魏书》P322

① 《魏书》卷五《高宗纪》，北京：中华书局，1974 年版，第 122 页。
② 《魏书》卷七《高祖纪》，北京：中华书局，1974 年版，第 145 页。
③ 《魏书》卷五《高祖纪》，北京：中华书局，1974 年版，第 173 页。
④ 据逯耀东《拓跋氏与中原士族的婚姻关系》一文记载，根据《魏书》《北史》传记并参以墓志所得统计，分析五十一个驸马都尉的家世，拓跋氏公主下嫁代北部落酋长家族者二十一人，下嫁投降北魏的南方宗室大族者十一人，下嫁归附部落者四人，因姻亲关系下嫁后族与中原士族者十五人。引自逯耀东：《从平城到洛阳：拓跋魏文化转变的历程》，北京：中华书局，2006 年版，第 231 页。
⑤ 牟润孙：《敦煌唐写姓氏录残卷考证》，引自《注史斋丛稿（增订本全二册）》（上），北京：中华书局，2009 年版，第 356 页。

男	民族	女	民族	资料来源
桓帝拓跋猗	鲜卑	祁氏（皇后）	鲜卑	《魏书》P322—323
平文帝拓跋郁律	鲜卑	王氏（皇后）	乌丸	《魏书》P13《魏书》P323
		贺兰氏①	鲜卑	《魏书》P10
昭成帝拓跋什翼犍	鲜卑	慕容元真妹（皇后）	鲜卑	《魏书》P12《魏书》P323
		慕容元真女（皇后）	鲜卑	《魏书》P12《魏书》P323《魏书》P2060
		慕容昕女	鲜卑	《魏书》P14
献明帝拓跋寔	鲜卑	贺野干女（皇后）	鲜卑	《魏书》P19《魏书》P323
道武帝拓跋珪	鲜卑	慕容宝季女（皇后）	鲜卑	《魏书》P325
		刘眷女（皇后）	鲜卑	《魏书》P325
		贺氏②	鲜卑	《魏书》P389
		王氏（大）	乌丸	《魏书》P389
		王氏	？	《魏书》P389
		段氏	？	《魏书》P389
		河间王修、长乐王处文二王母，姓氏不明	？	《魏书》P389
明元帝拓跋嗣	鲜卑	姚兴女（皇后）	羌族	《魏书》P325《魏书》P2084《魏书》P413
		杜超妹（皇后）	汉	《魏书》P326
		慕容皇后（大）	鲜卑	《魏书》P413
		慕容皇后	鲜卑	《魏书》P413
		尹氏	不详	《魏书》P413
		安定殇王弥母，姓氏不明	？	《魏书》P413
		建宁王崇、新兴王俊二王母，姓氏不明	不详	《魏书》P413

---

① 《魏书·皇后列传》中不见平文帝郁律妻有贺兰氏的记载，但《帝纪》炀皇帝纥那有载："时烈帝居于舅贺兰部，帝遣使求之，贺兰部帅蔼头，拥护不遣。"烈帝翳槐为平文帝郁律的长子，故知其母为平文帝妻贺兰氏。

② 《魏书·官氏志》记载神元帝力微时内入诸部有贺赖氏，实为贺兰氏，后改为贺氏，为孝文帝所定勋臣八姓之一。

男	民族	女	民族	资料来源
太武帝拓跋焘	鲜卑	赫连屈丐女（皇后）	鲜卑	《魏书》P327《魏书》P417
		赫连屈丐女	鲜卑	《魏书》P327《魏书》P417
		赫连屈丐女	鲜卑	《魏书》P327《魏书》P417
		贺氏（皇后）	鲜卑	《魏书》P327《魏书》P417《魏书》P1816
		冯文通（冯弘）季女即冯熙姑母世祖太武帝拓跋焘左昭仪	汉	《魏书》P328—330《魏书》P1819《魏书》P2128
		越氏	？	《魏书》P417
		舒氏	汉	《魏书》P417
		弗氏	？	《魏书》P417
		伏氏	？	《魏书》P417
		闾氏	？	《魏书》P417
		沮渠蒙逊女	羯	《魏书》P525
		小儿、猫儿、真、虎头、龙头母，姓氏不明	？	《魏书》P417
景穆帝拓跋晃	鲜卑	郁久闾毗妹（皇后）	柔然	《魏书》P327《魏书》P441《魏书》P1816
		袁氏	？	《魏书》P441
		尉氏	鲜卑	《魏书》P441
		阳氏	？	《魏书》P441
		孟氏	？	《魏书》P441
		刘氏	？	《魏书》P441《魏书》P494
		慕容氏	鲜卑	《魏书》P441
		尉氏	鲜卑	《魏书》P441
		孟氏	？	《魏书》P441
		赵王深母姓氏不明	？	《魏书》P441

男	民族	女	民族	资料来源
文成帝拓跋濬	鲜卑	冯朗女（皇后）	汉	《魏书》P328
		李峻妹（皇后）	汉	《魏书》P331《魏书》P1837
		李方叔女（皇后）	汉	《魏书》P525 汇编 P478《李云墓志》
		曹氏	？	《魏书》P525
		沮渠牧犍女	羯	《魏书》P525
		乙氏	吐谷浑	《魏书》P525
		悦氏	汉	《魏书》P525
		玄氏	汉	《魏书》P525
		耿乐女	汉	汇编 P73《高宗文成皇帝嫔耿氏墓志》
		耿寿姬	汉	汇编 P102《高宗耿嫔墓志铭》
		于阗国主女于仙姬	于阗	汇编 P180《于仙姬墓志》
献文帝拓跋弘	鲜卑	李惠长女（皇后）	汉	《魏书》P331《魏书》P533《魏书》P1824
		封氏	？	《魏书》P533
		韩氏	？	《魏书》P533
		孟氏	汉	《魏书》P533
		潘氏	？	《魏书》P533
		高氏	？	《魏书》P533
		张白泽女	汉	《魏书》P616
		侯骨氏	鲜卑	汇编 P42《显祖嫔侯骨氏墓志铭》
		成氏	？	汇编 P78《显祖嫔成氏墓志》
		潘氏	鲜卑	汇编 P54《元飏墓志》
孝文帝元宏	鲜卑	冯熙第二女（皇后）	汉	《魏书》P332 汇编 P155《冯季华墓志》
		冯熙第三女（皇后）	汉	《魏书》P332 汇编 P155《冯季华墓志》
		冯熙第四女	汉	汇编 P155《冯季华墓志》

北朝墓志文献研究 下

男	民族	女	民族	资料来源
孝文帝元宏	鲜卑	冯熙第五女	汉	汇编 P155《冯季华墓志》
		高肇妹高照容（皇后）	高丽	《魏书》P335《魏书》P587 疏证 P89《文昭皇后高照容墓志》
		林氏（皇后）	?	《魏书》P332《魏书》P587
		王世珍长女	?	《魏书》P878
		袁氏	?	《魏书》P587
		罗云女	?	《魏书》P587
		郑义女	汉	《魏书》P587《魏书》P1239
		郑胤伯女	汉	《魏书》P1243
		李冲女	汉	《魏书》P1181
		崔挺女	汉	《魏书》P1264
		崔休妹	汉	《魏书》P1525
		卢敏女	汉	《魏书》P1053
		韦崇女	汉	《魏书》P1012
		赵氏	汉	汇编 P74《高祖充华赵氏墓志》
		罗云女	鲜卑	汇编 P340《元宝建墓志》
废太子元恂	鲜卑	郑懿女	汉	《魏书》P589
		刘长文女	?	《魏书》P589
		冯诞女	汉	《魏书》P589
宣武帝元恪	鲜卑	于劲女（皇后）	鲜卑	《魏书》P336
		高偃女高英（皇后）	高丽	《魏书》P336 汇编 P102《世宗后高英墓志》
		胡国珍女（皇后）	汉	《魏书》P337《魏书》P1833《河洛墓刻拾零》P20《比丘尼统法师胡僧芝墓志》
		崔亮女	汉	《魏书》卷66
		李续宝女	汉	汇编 P184《世宗宣武皇帝嫔李氏墓志》
		司马显姿	汉	汇编 P120《宣武皇帝第一贵嫔司马显姿墓志》
		王肃女王普贤	汉	《魏书》P1412 汇编 P69《王普贤墓志》

男	民族	女	民族	资料来源
孝明帝元诩	鲜卑	胡盛女胡明相	汉	《魏书》P340 汇编 P209《肃宗昭仪胡明相墓志》
		潘氏	?	《北史》P506
		崔孝芬女	汉	《北史》P506
		卢道约女卢令媛	汉	《北史》P506 汇编 P128《卢令媛墓志》
		李瓒女	汉	《北史》P506
		王绍女	汉	《魏书》P1412
		高雅长女高孝明	高丽	汇编 P313《高雅墓志》
		张显明女	汉	《魏书》P2021
孝庄帝元子攸	鲜卑	尔朱荣女（皇后）	羯	《北史》P518《北齐书》P666
前废帝元恭	鲜卑	尔朱兆女	羯	《魏书》P1664
孝武帝元脩	鲜卑	高欢长女皇后	羯	《北史》P506
		邢晏女邢同娥	汉	《邢晏墓志》
文帝元宝炬	鲜卑	郁久闾皇后	蠕蠕	《北史》P507
		乙弗皇后	吐谷浑	《北史》P506
废帝元钦	鲜卑	宇文泰女（皇后）	匈奴	《北史》P508
恭帝元廓	鲜卑	若干惠女皇后	鲜卑	《北史》P508
孝静帝元善见	鲜卑	高欢第二女（皇后）	鲜卑	《魏书》P341《北齐书》P124
		李叔让女氏	汉	《魏书》P314
		夸吕从妹	吐谷浑	《魏书》P308《魏书》P2241

从上表统计所见，前期皇室多与代北重要家族的女子通婚。以拓跋氏与贺氏为例。平文帝郁律妻贺兰氏生长子翳槐，后来贺兰部及诸部大人共立翳槐，是为烈帝。《魏书·贺讷传》曰："贺讷，代人，太祖之元舅，献明后之兄也。其先世为君长，四方附国者数十部。祖纥，始有勋于国，尚平文女。父野干，尚昭成女辽西公主。昭成崩，诸部乖乱，献

明后与太祖及卫、秦二王依讷。"[1] 由此可知自平文帝郁律时起，拓跋氏与贺氏关系逐渐紧密，贺兰部既是烈帝拓跋翳槐舅家，又是道武帝拓跋珪舅部，从其婚配关系即可显现其政治联盟程度。自孝文帝汉化政策的推动下，婚姻关系以汉族高门女子逐渐占多数。婚配有实力强大背景的女子，拓跋元氏皇族及别宗男子对婚配女子的首选条件，就是家族实力强大，经济富足。联姻为巩固皇权、助增门第有着其他方式所不能替代的重要作用。

拓跋皇室及别宗与勋臣八姓之首穆氏间的联姻更是累世不断，门第荣耀世世增盛。如《元洛神墓志》记其"时年十四，言归穆氏，二族姻娅，犹兄若弟，锦绘交辉，轩冕相映"。穆氏为勋臣八姓之首，与宗室诸王世有姻缘，多为政治所需。如在下嫁代北酋长的 21 位拓跋氏公主中，嫁给穆氏家族的就有 11 人。孝文帝曾诏"次弟河南王干可娉故中散代郡穆明乐女"[2]。诸多墓志亦有婚姻关系记载。如《元湛墓志》称元嘉妃河南穆氏，即穆寿孙女，穆亮从妹；《元焕墓志》称妃河南穆氏，即穆纂女；《元瑞墓志》称妃穆玉容，即穆崇曾孙女，等等。从正史与出土墓志来看拓跋元氏与勋臣八姓之间的联姻关系。拓跋元氏皇室及别宗与勋臣八姓之首穆氏间的联姻关系列表如下：

表 6-27

男	民族	女	民族	资料来源
元伏和	鲜卑	穆氏	鲜卑	疏证 P457《元伏和墓志》
元焕	鲜卑	穆纂女	鲜卑	汇编 P169《元焕墓志》
元融	鲜卑	穆氏	鲜卑	疏证 P64《元融妃穆氏墓志》
元珽	鲜卑	穆玉容	鲜卑	汇编 P109《穆玉容墓志》
元睿祖受拔	鲜卑	河南穆观女	鲜卑	疏证 P75《元睿墓志》
元干	鲜卑	穆明乐女	鲜卑	《魏书》P543
元嵩	鲜卑	穆氏	鲜卑	《魏书》P488
元嘉	鲜卑	穆寿孙女 穆亮从妹	鲜卑	《魏书》P429 汇编 P356《元湛墓志》

---

[1] 《魏书》卷八十三《贺讷传》，北京：中华书局，1974 年版，第 1812 页。
[2] 《魏书》卷二十一《献文六王列传》，北京：中华书局，1974 年版，第 535 页。

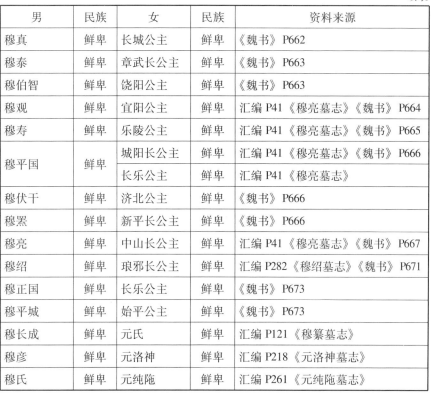

男	民族	女	民族	资料来源
穆真	鲜卑	长城公主	鲜卑	《魏书》P662
穆泰	鲜卑	章武长公主	鲜卑	《魏书》P663
穆伯智	鲜卑	饶阳公主	鲜卑	《魏书》P663
穆观	鲜卑	宜阳公主	鲜卑	汇编 P41《穆亮墓志》《魏书》P664
穆寿	鲜卑	乐陵公主	鲜卑	汇编 P41《穆亮墓志》《魏书》P665
穆平国	鲜卑	城阳长公主	鲜卑	汇编 P41《穆亮墓志》《魏书》P666
		长乐公主	鲜卑	汇编 P41《穆亮墓志》
穆伏干	鲜卑	济北公主	鲜卑	《魏书》P666
穆罴	鲜卑	新平长公主	鲜卑	《魏书》P666
穆亮	鲜卑	中山长公主	鲜卑	汇编 P41《穆亮墓志》《魏书》P667
穆绍	鲜卑	琅邪长公主	鲜卑	汇编 P282《穆绍墓志》《魏书》P671
穆正国	鲜卑	长乐公主	鲜卑	《魏书》P673
穆平城	鲜卑	始平公主	鲜卑	《魏书》P673
穆长成	鲜卑	元氏	鲜卑	汇编 P121《穆纂墓志》
穆彦	鲜卑	元洛神	鲜卑	汇编 P218《元洛神墓志》
穆氏	鲜卑	元纯陁	鲜卑	汇编 P261《元纯陁墓志》

上表拓跋元氏皇室及别宗与勋臣八姓之首穆氏间的通婚有 23 例，穆氏自穆真始，先后有 14 人尚拓跋元氏公主。拓跋元氏娶穆氏女子 8 人，其密切程度正如《元洛神墓志》所言："二族姻娅，犹兄若弟，锦缋交辉，轩冕相映。"又如《穆绍墓志》载："好爵方命，元女来嫔。乃斯流略，遂作喉唇，是称良佐，斯谓巨臣。自兹媚主，匪躬正色，直道匡时，清心奉职。克宣帝命，允殷皇极，同列归美，联官仰式。"由此可见，拓跋元氏与穆氏两族为最固定、最有代表性的婚姻群体。

于氏、陆氏、贺氏、尉氏等代北大族与元氏皇族亦多有联婚，见下表：

表6-28

男	民族	女	民族	资料来源
景穆帝拓跋晃	鲜卑	尉氏	鲜卑	《魏书》P441
		尉氏	鲜卑	《魏书》P441
宣武帝元恪	鲜卑	于劲女（皇后）	鲜卑	《魏书》P336

男	民族	女	民族	资料来源
元睿	鲜卑	于兜女	鲜卑	疏证 P75《元睿墓志》
元瓒	鲜卑	于昌容	鲜卑	《洛阳出土墓志研究文集》P282《〈北魏于昌容墓志〉研究》
元徽	鲜卑	于氏	鲜卑	《魏书》P511
元熙	鲜卑	于忠女	鲜卑	《魏书》P504
元愉	鲜卑	于劲女顺皇后妹于氏	鲜卑	《魏书》P589
元固	鲜卑	陆琇女	鲜卑	汇编 P211《元固墓志》
元懿长子	鲜卑	陆孟晖	鲜卑	汇编 P271《陆孟晖墓志》
元凝	鲜卑	陆顺华	鲜卑	汇编 P375《陆顺华墓志》
元龙	鲜卑	纥干氏	鲜卑	汇编 P45《元龙墓志》
元怿	鲜卑	罗盖女	鲜卑	汇编 P340《元宝建墓志》
元诱	鲜卑	薛伯徽	鲜卑	汇编 P174《薛伯徽墓志铭》
元灵曜	鲜卑	尉诩女	鲜卑	汇编 P138《元灵曜墓志》
拓跋虎	鲜卑	尉迟将男	鲜卑	疏证 P251《拓跋虎墓志》疏证 P258《拓跋虎妻尉迟将男墓志》
越勤氏	鲜卑	拓跋滇摩	鲜卑	疏证 P258《拓跋虎妻尉迟将男墓志》
于忠	鲜卑	中山王尼须女元氏	鲜卑	《魏书》P746
于景	鲜卑	东阳公主	鲜卑	汇编 P196《于景墓志》
陆昕之	鲜卑	常山公主	鲜卑	《魏书》P909
陆子彰	鲜卑	元禧女	鲜卑	《魏书》P910
陆希质	鲜卑	元氏	鲜卑	《魏书》P915
尉多侯	鲜卑	元氏	鲜卑	《魏书》P658
尉显业	鲜卑	太原公主	鲜卑	《魏书》P658
尉迟俟兜	鲜卑	道武帝拓跋珪姊昌乐大长公主	鲜卑	《周书》P349
尉迟迥	鲜卑	文帝元宝炬女金明公主	鲜卑	《周书》P349
嵇根	鲜卑	昭成帝拓跋什翼犍女	鲜卑	《魏书》P804
嵇拔	鲜卑	华阴公主	鲜卑	《魏书》P805

可见，拓跋氏宗室与代北大族间有密切的婚姻关系。其目的在于通过婚姻关系维系彼此的政治及家族利益，正如《北史》记载于氏：

"自栗碑至劲，累世贵盛，一皇后，四赠公，三领军，二尚书令，三开国公。"①

北魏皇室与西晋皇室亦有联姻。如司马楚之是西晋宣帝司马懿的弟弟司马馗第七世孙。楚之与魏宗室之女河内公主婚配，生子司马金龙，世祖拓跋焘之妹武威公主是司马金龙后妻沮渠氏之母；司马金龙弟司马跃娶赵郡公主；司马金龙第三子司马悦之季女司马显姿又为世宗宣武帝元恪第一贵嫔；司马悦子司马朏娶世宗元恪妹华阳公主②。司马金龙、司马悦、司马显姿均有墓志出土为证。又有《司马氏墓志》载，司马篡长女为献文皇帝孙赵郡王第三子大宗正卿元谭妻。这些南朝宗室人物，不是投降北魏，便是遭受政治迫害而逃难至北方来的，北魏皇室与之联姻，既有人情宽慰之意，又有政治利用之功。

元氏宗室与中原著名大姓，以及著姓之间联姻，致使婚姻集团的形成。关于范阳卢氏的门第，《魏书·卢玄传》末史臣曰："卢玄绪业著闻，首应旌命，子孙继迹，为世盛门。其文武功烈，殆无足纪，而见重于时，声高冠带，盖德业儒素有过人者。"③ 孝文帝一朝，是范阳卢氏家族的鼎盛时期。卢玄子度世有四子：卢渊、卢敏、卢昶、卢尚，"终唐之世，子孙蕃盛，而南祖之后渐微"④。高祖纳卢敏女为嫔，又以卢神宝女为高阳王妃。世呼卢氏"一门三主"⑤。《魏书》载："灵太后欲荣重门族，故立为皇后。……太后为肃宗选纳，抑屈人流。时博陵崔孝芬、范阳卢道约、陇西李瓒等女，但为世妇。"⑥《元略墓志》载其妻为卢尚女卢真心。《肃宗充华卢令媛墓志》："嫔讳令媛，范阳涿人，魏司空容城侯之十一世孙，录事府君之元女。……曾祖度世……祖讳渊……父道约。"传与志合。《元乂墓志》称"息（亮）妻范阳卢氏。父聿，驸马都尉太尉司马"。《魏书·京兆王传》载："乂子亮，袭父爵。齐受禅，例降。"传未道及元氏嫔于元亮之事，志可补史。据《元邵墓志》知元氏宗室女元季葱与卢氏联姻。《元寿安妃卢兰墓志》曰："太妃讳兰，幽州范阳涿县人。"又载燕王卢绾，汉祖共书；侍中卢毓，魏郡同乘。……祖

---

① 《北史》卷二十三《于劲传》，北京：中华书局，1974年版，第844—845页。
② 《魏书》卷三十七《司马楚之传》，北京：中华书局，1974年版，第854—858页；参阅《司马金龙墓志》《司马悦墓志》《司马显姿墓志》。
③ 《魏书》卷四十七《卢玄传》，北京：中华书局，1974年版，第1064页。
④ 周嘉猷：《南北史表·世系表》，载《廿五史补编》。
⑤ 卢道裕尚乐浪公主，卢道虔尚济南长公主，卢元聿尚义阳公主。
⑥ 《魏书》卷十三《皇后列传》，北京：中华书局，1974年版，第340页。

兴宗，范阳太守。父延集，幽州主薄。又，《元融妃卢贵兰墓志》载贵兰父亦为卢延集，幽州主薄。知卢兰与卢贵兰为同胞姊妹。以辈分推之，元寿安应是元融的族叔，卢兰与卢贵兰虽为姊妹，所嫁却是叔侄。以墓志作为主要统计对象来看元氏宗室与中原著名大姓范阳卢氏间的联姻关系，列表如下：

表 6-29

男	民族	女	民族	资料来源
元雍	鲜卑	卢氏	汉	《魏书》P557
元亮	鲜卑	卢聿女	汉	汇编 P184《元乂墓志》
元略	鲜卑	卢尚女卢真心	汉	汇编 P238《元略墓志》
元鸾	鲜卑	卢氏	汉	汇编 P298《元恭墓志》
元融	鲜卑	卢贵兰	汉	汇编 P371《卢贵兰墓志》
元寿安	鲜卑	卢兰	汉	汇编 P491《卢兰墓志》
元诩	鲜卑	卢道约女卢令媛	汉	汇编 P128《卢令媛墓志》《北史》P506
卢度世	汉	崔赜女	汉	汇编 P128《卢令媛墓志》
卢渊	汉	李孝伯女	汉	
卢道约	汉	郑道昭女	汉	
卢道裕	汉	李令妃	汉	汇编 P148《李媛华墓志》
卢道虔	汉	孝文帝女济南长公主	鲜卑	《魏书》P1051
		元氏	鲜卑	《魏书》P1052
卢氏	汉	元季葱	鲜卑	汇编 P221《元邵墓志》
卢□	汉	郑始容第二妹	汉	《中国书法》2005 年第 9 期 P24—26《郑始容墓志》
卢公令	汉	封子绘长女封宝首	鲜卑	疏证 P335《封子绘妻王楚英墓志》
卢叔粲	汉	封子绘第三女封宝华	鲜卑	
卢公顺	汉	崔昂第三女德仪	汉	汇编 P433《崔昂墓志》疏证 P389《崔昂妻郑仲华墓志》
崔昂	汉	前妻卢修娥	汉	汇编 P433《崔昂墓志》汇编 P432《卢修娥墓志》
宇文瓘	汉	卢柔女	汉	疏证 P291《宇文瓘墓志》

北土以"崔卢"并称，由来已久。范阳卢氏与清河崔氏两家肇兴于

魏晋之际，在十六国时期又有着相似的经历，门户齐等，世资相近，因而世以婚姻相尚。清河崔氏中的崔宏支与卢玄支保持了极为密切的婚姻关系。崔宏妻为卢谌孙女，因而崔浩与卢玄为表兄弟①；据《肃宗充华卢令媛墓志》载，卢玄之子卢度世娶崔浩从弟崔颐女；崔浩女又嫁卢度世从兄卢遐②。

荥阳郑氏在北魏政治与社会地位的确立，始于太和年间郑羲的显达。郑羲为郑晔第六子，文成帝时，举秀才，拜中书博士。献文朝，历中书侍郎，以功赐爵平昌男，加鹰扬将军。孝文帝初年，为中山王傅，历年不转，告假还乡，意怀怏怏。李冲当朝，"以姻亲之故，就家拜为中书令"，荥阳郑氏戏剧性地成为当朝显贵。荥阳郑氏与北魏王室及宗王、高门大姓间的联姻，是家族在北魏门第确立的一个重要机缘。郑羲在兄弟中排行最小，却得到了赵郡李氏的格外青睐，弱冠之年，"尚书李孝伯以女妻之"，在其关照下，得以顺利入世。更重要的在于北魏后期，荥阳郑氏与皇室及宗王间的通婚亦为普遍现象，就史志所见，孝文帝纳郑羲、郑胤伯女为嫔；废太子恂娉郑懿女为左右孺子③；北海王详纳郑懿女为妃。郑幼儒娶高阳王元雍女；郑伯猷娶安丰王元延明女。《元徽墓志》记"妹适荥阳郑氏"。据《郑令妃墓志》知郑令妃嫁景穆皇帝之曾孙、天赐孙景和子元范。《郑始容墓志》载，郑平城娶陇西李承女；郑始容嫁皇室广阳王元羽；郑始容第二妹嫁范阳卢氏；第三妹嫁陇西李瑛；第四妹嫁清河张瑝；如此联姻，荥阳郑氏大大改变了自身的生存状况。现列表如下：

表 6-30

男	民族	女	民族	资料来源
元祥	鲜卑	郑氏	汉	《魏书》P561
元范	鲜卑	郑令妃	汉	集释卷四 P27《郑令妃墓志》
广平王元氏	鲜卑	郑严祖妹	汉	《北史》P519
元羽	鲜卑	郑始容	汉	《中国书法》2005 年第 9 期 P24—26
郑平城	汉	李承女	汉	《郑始容墓志》
郑氏	汉	元徽妹	鲜卑	汇编 P301《元徽墓志》

①《魏书》卷二十二《崔浩传》，北京：中华书局，1974 年版，第 827 页。
②《魏书》卷三十八《王慧龙传》，北京：中华书局，1974 年版，第 877 页。
③《魏书》卷二十二《孝文五王列传》，北京：中华书局，1974 年版，第 589 页。

男	民族	女	民族	资料来源
郑道邕	汉	李宪第五女稚媛	汉	汇编 P331《李宪墓志》
郑道昭	汉	李长妃	汉	汇编 P148《李媛华墓志》
郑洪健	汉	李伸王	汉	
郑松年	汉	羊景姿	汉	疏证 P78《羊祉墓志》
郑长休	汉	裴良长女裴绛辉	汉	疏证 P197《裴良墓志》
郑思仁	汉	崔昂长女	汉	汇编 P433《崔昂墓志》
郑班豚	汉	李璧女孟猗	汉	汇编 P118《李璧墓志》

陇西李氏本属关中大族，自李宝之世，才东迁入魏，其门第渊源和家世背景与崔、卢、郑等中原大姓原有一定的差别，为弥补门第的不足，李冲等人利用政治上的优势，与皇室及中原大族结成了广泛的婚姻关系。孝文帝纳冲女为夫人；钦定长弟咸阳王禧娶陇西李辅女；胡太后选陇西李瓒女为肃宗世妇。《李媛华墓志》记载了李冲六女的婚姻情况，李媛华的长姊李长妃嫁郑羲之子郑道昭；次姊李伸王适郑羲之侄郑洪健；三姊李令妃嫁范阳卢道裕；墓主李媛华嫁彭城武宣王元勰；五妹李稚妃嫁清河崔勖；六妹李稚华嫁宗室元季海。元勰娶了李媛华，实际和崔、卢、李、郑四姓都联了亲。元勰和李媛华的儿子元子讷，又娶了他舅舅李休纂的女儿为妻；他们的一女元季望嫁舅舅李延寔的儿子李彧为妻，都是姑表兄弟姊妹结婚，亲上加亲。另一女元楚华嫁与冯颢，冯颢的祖父为冯熙，姑姑为文明皇太后，父亲为冯诞，冯诞的妹妹冯季华有墓志出土，从已出土的有明确记载的墓志来看，冯熙有十一女嫁与元氏宗室（后详叙及）。元勰一家如此，像宗室元季海等家，也当如此。如《元徽墓志》"妃陇西李氏，司空文穆公之孙女""妹适荥阳郑氏"。《魏书·景穆十二王传》称："徽后妻，庄帝舅女。"知李彧胞妹为元徽的次妃。元徽妹可能因李氏关系而嫁于荥阳郑氏。又李彧从妹李艳华嫁元子邃。至东魏《李神俊墓志》记载："元妻侍中、太常文贞公彭城刘芳第二女，字幼妃，未期而亡。又娶丞相、江阳王元继第三女，字阿妙，薨于穰城。又娶太傅、清河文献王元怿第三女，字季聪。"可见，陇西李氏与王室及宗王间的通婚一直在延续。

从北魏中期开始，陇西李氏与范阳卢氏保持了极为密切的婚姻关系。《魏书》载："渊与仆射李冲特相友善。冲重渊门风，而渊祇冲才官，故结为婚姻，往来亲密。至于渊荷高祖意遇，颇亦由冲。"① 由正史及《李

---

① 《魏书》卷三十八《卢渊传》，北京：中华书局，1974 年版，第 1050 页。

媛华墓志》，知此次结姻指卢渊子卢道裕娶李冲第三女李令妃。正如《北史·序传》中卢思道赠李行之诗"水衡称逸人，潘杨有世亲"①，"时人以为实录"。

陇西李氏与荥阳郑氏两家的姻亲关系以李承出任荥阳太守为契机。自李冲之后，两个家族的结姻逐渐频繁。由《李媛华墓志》知李冲长女李长妃嫁郑羲之子郑道昭；次女李伸王适郑羲之侄郑洪健。

太原王氏与拓跋氏皇族宗室有联姻，高祖纳王慧龙子琼女为嫔。据《李蕤墓志》载李冲兄李承娶太原王慧龙女；李蕤娶太原王洛成女王恩荣。知陇西李氏与太原王氏存在累世姻亲关系。

元氏皇族宗室亲王如娶了崔、卢、李、郑、王某一家的女儿时，实际上和这五家都联了姻，见下表：

表 6-31

男	民族	女	民族	资料来源
李翻	汉	晋昌唐瑶女	？	汇编 P48《李蕤墓志》 疏证 P58《李伯钦墓志》②
		天水尹永女	？	
李宝	汉	金城杨祎女	汉	
		同郡彭含女	？	
李承	汉	太原王慧龙女	汉	
李佐	汉	陇西辛松女	？	
		荥阳郑定宗女	汉	
李蕤	汉	太原王洛成女王恩荣	汉	
孝文帝元宏	鲜卑	李冲女	汉	《魏书》P1181
李冲	汉	荥阳郑德玄女	汉	汇编 P148《李媛华墓志》 《大唐西市博物馆藏墓志》 P10《李稚华墓志》
郑道昭	汉	李冲长女李长妃	汉	
郑洪健	汉	李冲第二女李伸王	汉	
卢道裕	汉	李冲第三女李令妃	汉	
元飏	鲜卑	李冲第四女李媛华	汉	
崔勖	汉	李冲第五女李稚妃	汉	
元季海	鲜卑	李冲第六女李稚华	汉	
元子讷	鲜卑	李休纂女	汉	
冯颢	汉	元楚华	鲜卑	
李彧	汉	丰亭公主元季瑶	鲜卑	

---

① "潘杨有世亲"，见《文选》卷五十六潘安仁《杨仲武诔并序》。

② 罗新、叶炜：《新出魏晋南北朝墓志疏证》（简称《疏证》），北京：中华书局，2005 年版，第 58 页。

男	民族	女	民族	资料来源
元禧	鲜卑	李辅女	汉	《魏书》P535
城阳王元氏	鲜卑	李延寔从妹	汉	《北史》P520
元子邃	鲜卑	李彧从妹李艳华	汉	汇编 P402《元子邃墓志》 汇编 P347《李艳华墓志》
元徽	鲜卑	李冲孙女李彧妹	汉	汇编 P300《元徽墓志》
李挺（神俊）	汉	刘芳第二女刘幼妃	汉	汇编 P350《李挺墓志》
		江阳王元继第三女元阿妙	鲜卑	
		清河文献王元怿第三女元季聪	鲜卑	
李超	汉	恒农杨谈女	汉	汇编 P160《李超墓志》
李琰	汉	郑始容第三妹	汉	《中国书法》2005 年第 9 期 P24—26《郑始容墓志》
李桃杖	汉	封子绘长女封宝首	鲜卑	疏证 P335 《封子绘妻王楚英墓志》

元氏皇族宗室与其他高门大姓之间也存在着婚姻关系。如《元邵墓志》载"妃胡氏，父僧洸，侍中、车骑大将军、仪同三司、濮阳郡开国公"。而元邵兄长元亶子元宝建有墓志出土，志曰："母安定胡氏，父宁，使持节、散骑常侍、右将军、都督岐泾雍三州诸军事、雍州刺史、临泾公，谥曰孝穆。"由此可知元邵、元亶兄弟二人之妃均为安定胡氏之女。据《魏书》载胡国珍子宁袭爵，改临泾伯，后进为公，历岐泾二州刺史，卒谥孝穆。女为清河王亶妃①，生孝静帝。史志互校，可知元邵妃为胡僧洸女，而元亶妃则为僧洸子胡宁女。《元邵墓志》也载，元邵姊长安长公主元孟蕤，嫁给了胡氏。据《魏书·外戚传》："国珍子祥，妻长安县公主，即清河王怿女也。"元胡两家通婚尚不仅此。《魏书·皇后传》曰："宣武灵皇后胡氏，安定临泾人，司徒国珍女也。……后姑为尼，颇能讲道，世宗初，入讲禁中。积数岁，讽左右称后姿行，世宗闻之，乃召入掖庭为承华世妇。……太后性聪悟，多才艺，姑既为尼，幼相依托。"此后姑尼正史无传，由志知其为胡僧芝，见于北魏熙平元年（516 年）《比丘尼统法师僧芝墓志铭》，志文曰："法师讳僧芝，俗姓胡，安定临泾人也。……姚班督护军、临渭令、勃海公咨议参军略之孙。大夏中书侍郎、给事黄门侍郎、

---

① 洛阳龙门有清河五妃造像，铭曰"信女佛弟子妃胡智"者，是也。

圣世宁西将军、河州刺史，武始侯渊之女。侍中、中书监、仪同三司，安定郡开国公珍之妹，崇训皇太后之姑。"《魏书》又曰："孝明皇后胡氏，灵太后从兄冀州刺史盛之女。灵太后欲荣重门族，故立为皇后。"宣武灵皇后胡氏，北魏宣武帝、孝明帝时期政治实权掌控者，在她的安排下，元与胡两家婚配关系更为紧密。《元邵墓志》记元孟蕤嫁与的胡氏，很可能为胡太后本族男丁。数辈婚姻使得元胡两家互惠互利，门庭繁盛。

表6-32

男性	民族	女性	民族	资料来源
宣武帝元恪	鲜卑	胡国珍女（皇后）	汉	《魏书》P337《魏书》P1833《河洛墓刻拾零》P20《比丘尼统法师胡僧芝墓志》
孝明帝元诩	鲜卑	胡盛女胡明相	汉	《魏书》P340 汇编P209《肃宗昭仪胡明相墓志》
元邵	鲜卑	胡僧洸女	汉	汇编P223《元邵墓志》汇编P340《元宝建墓志》
元亶	鲜卑	胡宁女	汉	汇编P340《元宝建墓志》
元乂	鲜卑	胡珍女	汉	汇编P184《元乂墓志》
元顼	鲜卑	胡氏	汉	汇编P291《元顼墓志》
胡氏	汉	元孟蕤	鲜卑	汇编P221《元邵墓志》

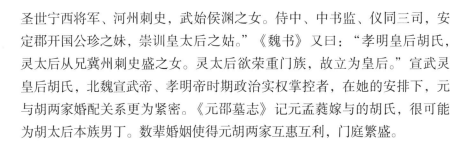

　　长乐信都冯氏与北魏皇族宗室联姻，当起于世祖拓跋焘围剿冯文通的延和三年（434年）。《魏书·冯跋传》记载："遣其尚书高颙请罪，乞以季女充掖庭。"[1] 时为延和三年三月辛巳，即延和三年闰三月十一日。《魏书》载冯熙姑先入掖庭，为世祖左昭仪；妹为高宗文成帝后，即文明太后。高祖前后纳熙三女，二为后，一为左昭仪[2]。《魏书·文成文明皇后冯氏传》载："世祖左昭仪，后之姑也，雅有母德，抚养教训。"又称冯氏"年十四，高宗践极，以选为贵人，后立为皇后"[3]。冯氏被选为贵人是在文成帝即位后不久的兴安元年（452年）。冯氏于太安二年（456年）被立为皇后。《魏书·孝文废皇后冯氏传》载："孝文废皇后冯氏，太师熙之女也。太和十七年，高祖既终衰，太尉元丕等表以长秋未建，六宫无主，请正内位。高祖从之，立后为皇后。……高祖后

705

---

①　《魏书》卷九十七《海夷冯文通传》，北京：中华书局，1974年版，第2128页。

②　《魏书》卷八十三《冯熙传》，北京：中华书局，1974年版，第1819、1820页。

③　《魏书》卷十三《文成文明皇后冯氏传》，北京：中华书局，1974年版，第328页。

重引后姊昭仪至洛，稍有宠，后礼爱渐衰。昭仪自以年长，且前入宫掖，素见待念，轻后而不率妾礼。后虽性不妒忌，时有愧恨之色。昭仪规为内主，谮构百端。寻废后为庶人。后贞谨有德操，遂为练行尼。后终于瑶光佛寺。"①《魏书·孝文幽皇后冯氏传》曰："孝文幽皇后，亦冯熙女。母曰常氏，本微贱，得幸于熙，熙元妃公主薨后，遂主家事。生后与北平公凤。文明太皇太后欲家世贵宠，乃简熙二女俱入掖庭，时年十四。其一早卒。后有姿媚，偏见爱幸。未几疾病，文明太后乃遣还家为尼，高祖犹留念焉。岁余而太后崩。高祖服终，颇存访之，又闻后素疹痊除，遣阉官双三念玺书劳问，遂迎赴洛阳。及至，宠爱过初，专寝当夕，宫人稀复进见。拜为左昭仪，后立为皇后。"②据《魏书·高祖纪》记载，孝文幽皇后冯氏被立为皇后的时间是太和二十一年（497 年）七月甲午。

正史中记载了长乐信都冯氏与北魏皇族宗室联姻关系，而出土诸方元氏及冯氏诸人物的墓志，更明确了这种联姻关系的密切。

据《冯熙墓志》记载，冯熙为景穆皇帝之婿，文明太皇太后之兄，显祖献文皇帝之元舅。《冯季华墓志》堪称长乐信都冯氏家族的小传。该墓志记载了冯季华曾祖冯道签③、曾祖母皇后慕容氏④、祖冯朗、父冯熙及冯熙八女的婚姻情况。冯季华的长姊为南平王妃，第二、第三姊并为孝文皇帝后，第四、第五姊并为孝文皇帝昭仪，第六姊为安丰王妃，第七姊为任城王妃，第八女即冯季华为乐安王妃。由《冯季华墓志》可知，高祖孝文帝前后纳熙四女，其中二人为后，二人为昭仪，此可补正史书记载之缺漏。又据《元端夫人冯氏墓志》："夫人冯，冀州长乐信都人也。燕王之孙，燕州使君第二之女。"《元诱命妇冯氏墓志》记其为"太宰燕宣王之孙，太师武懿公之女"。《冯季华墓志》记载，祖朗，燕封广平公，入魏后封西郡公，薨，进爵燕宣王。可知元端夫人冯氏为燕王冯文通孙女，元诱

---

① 《魏书》卷十三《孝文废皇后冯氏传》，北京：中华书局，1974 年版，第 332 页。

② 《魏书》卷十三《孝文幽皇后冯氏传》，北京：中华书局，1974 年版，第 332—333 页。据《高祖纪下》载，孝文幽皇后冯氏被立为皇后的时间是太和二十一年(497 年)七月甲午，第 182 页。

③ 《冯季华墓志》称"曾祖道签，燕昭文皇帝"，道签《魏书·外戚传》作文通。《魏书·海夷传》"文通本名犯显祖庙讳"。《十六国春秋·北燕录》"冯弘字文通，为魏所逼奔高丽，居二年被杀，高丽谥曰昭(照)成皇帝"。外戚及海夷传称其字，冯道签即冯文通，亦是冯弘。

④ 据史书记载，冯文通废元妻王氏，黜世子崇，以后妻慕容氏子王仁为世子。冯崇与同母诸弟冯朗、冯邈出奔辽西，投降北魏。可知冯朗生母为王氏非后母慕容氏，可能冯文通当政时立慕容氏为皇后致使冯季华墓志书"曾祖母皇后慕容氏"，一是慕容氏门第高荣，二是皇后身份显贵之故。

命妇冯氏为冯熙女。已有《元澄妃冯令华墓志》《元延明妻冯氏墓志》出土。《元显魏墓志》记载"夫人长乐冯氏，父熙，故征东大将军驸马都尉昌黎王"，这清楚地表明，元显魏夫人亦为冯熙女。《元彝墓志》记载："太妃长乐冯氏，父熙，侍中太师扶风开国武公。妃长乐冯氏。"元彝为元澄第四子，此墓志所言太妃长乐冯氏为元澄妃冯令华；元澄、元彝父子都娶冯氏家族女为妻。《元举墓志》记其父峥娶昌黎王冯熙第三女，南平王冯诞妹为妻。由《魏书》及《冯季华墓志》中的有关记载可知，安丰王为元延明，任城王为元澄，南平王为元浑，乐安王为元悦。

结合正史和墓志的记载，北魏皇族宗室及勋臣迎娶长乐信都冯氏家族女子情况可梳理如下：

表6-33

男	民族	女	民族	资料来源
太武帝拓跋焘	鲜卑	冯文通（冯弘）季女即冯熙姑母世祖太武帝拓跋焘左昭仪	汉	《魏书》P2128《魏书》P1819《魏书》P328—330
文成帝拓跋濬	鲜卑	冯熙妹文成文明皇后	汉	《魏书》P328—330《魏书》P1819
孝文帝元宏	鲜卑	冯熙女孝文幽皇后（冯季华二姐）	汉	《魏书》P332—335《魏书》P332
		冯熙女孝文废皇后（冯季华三姐）	汉	《汇编》P155《冯季华墓志》
		冯熙女（冯季华四姐）	汉	《汇编》P155《冯季华墓志》
		冯熙女（冯季华五姐）	汉	
废太子元恂	鲜卑	冯诞长女	汉	《魏书》P589
元浑	鲜卑	冯熙女（冯季华大姐）	汉	《汇编》P155《冯季华墓志》
元悦	鲜卑	冯熙第八女冯季华	汉	《汇编》P155《冯季华墓志》
元延明	鲜卑	冯熙女（冯季华六姐）	汉	《汇编》P155《冯季华墓志》《汇编》P376《冯氏墓志》
元澄	鲜卑	冯熙女冯令华（冯季华七姐）	汉	《汇编》P155《冯季华墓志》《汇编》P374《冯令华墓志》
元显魏	鲜卑	冯熙女	汉	《汇编》P167《元显魏墓志》《汇编》P155《冯季华墓志》
元诱	鲜卑	冯熙女	汉	《汇编》P42《元诱命妇冯氏墓志》
元峥	鲜卑	冯熙第三女（冯诞妹）	汉	《汇编》P216《元举墓志》

男	民族	女	民族	资料来源
穆景相父	鲜卑	冯熙女	汉	《洛阳新获七朝墓志》P38
元彝	鲜卑	冯氏	汉	《汇编》P226《元彝墓志》
元端	鲜卑	冯文通孙女	汉	《汇编》P258《冯氏墓志》
元谧	鲜卑	冯熙孙女冯会	汉	《汇编》P84《冯会墓志》
穆真	鲜卑	文明皇后姊	汉	《北史》P738
斛律	蠕蠕	乐浪公主（冯跋女）	汉	《晋书》P3130
元氏	鲜卑	冯邕女	汉	《汇编》P128《冯邕妻元氏墓志》
元氏	鲜卑	冯邕女	汉	《汇编》P128《冯邕妻元氏墓志》

由上表可知，长乐信都冯氏家族至少有 19 位女子嫁给了北魏皇族宗室，其中冯熙女就有 11 位。

我们再来看长乐信都冯氏家族男子迎娶北魏皇族宗室及显族女子的情况：

708

表 6-34

男	民族	女	民族	资料来源
冯安	汉	张氏（冯跋母）	？	《晋书》P3128
冯跋	汉	孙氏（王后）	？	《晋书》P3128
		宋氏（姜）	？	《魏书》P2126
		斛律女（冯跋昭仪）	蠕蠕	《晋书》P3132
冯文通(冯弘)	汉	王氏（元妻）	？	《魏书》P2127
		慕容氏（后妻皇后）	鲜卑	《汇编》P155《冯季华墓志》
冯朗	汉	王氏	？	《魏书》P328
冯熙	汉	恭宗景穆帝拓跋晃女博陵长公主	鲜卑	《魏书》P1819 《汇编》P155《冯季华墓志》
		常氏	？	《魏书》P332—335
冯诞	汉	孝文帝妹乐安长公主	鲜卑	《魏书》P1821
冯修	汉	穆亮女	鲜卑	《魏书》P1821
冯凤	汉	彭城公主	鲜卑	《魏书》P332—335
冯穆	汉	孝文帝女顺阳长公主	鲜卑	《魏书》P1822
冯颢	汉	元楚华	鲜卑	《汇编》P149《李媛华墓志》

男	民族	女	民族	资料来源
冯孝纂	汉	元孟容	鲜卑	《汇编》P167《元显魏墓志》
冯邕	汉	元晖女	鲜卑	《汇编》P128《冯邕妻元氏墓志》

由上表可知，长乐信都冯氏家族所娶北魏皇族宗室女至少有7位。

长乐信都冯氏与北魏皇族宗室及勋臣显族姻亲关系之密切，由以上所述和所列各表可见一斑。何以如此？第一，冯氏家族势力的发展有较高起点。冀州长乐信都冯氏非当时汉族世家大族，当西晋灭亡，东晋南迁之际，北方进入了纷乱的五胡十六国时期，从冀州长乐信都冯氏家族走出的冯跋、冯文通兄弟建立了当时唯一的汉族政权——北燕国，这就使冯氏家族势力发展有了较好的基础与积淀。第二，非世家大族的长乐信都冯氏在北魏时期一跃成为显贵，源于以冯文通为首的北燕国在与北魏征战过程中，甘愿以诸女充掖庭，尤其是在文明皇后的推助提携下，而使冯氏成为北方的显姓望族。先入掖庭者是冯熙的姑姑，其为世祖太武帝拓跋焘左昭仪；熙妹因父朗"坐事诛"之牵连而早年没入宫廷，幸得姑母的照顾和良好的教育，加上自身聪颖好学，在兴安元年（452年）高宗文成帝拓跋濬即位后，14岁就被选为贵人，4年后被册封为皇后，即文明太后。冯太后当政时，冀州长乐冯氏家族凭借这位杰出女性的荫护而进入鼎盛时期。冯太后先是派人把失散多年的哥哥冯熙从漠北找回，接至宫中，封为冠军将军，赐爵肥如侯；又把博陵长公主嫁给他，拜冯熙为驸马都尉，进爵昌黎王。和平六年（465年），文成帝卒，其长子拓跋弘即位，是为献文帝。献文帝尊冯氏为皇太后，封冯熙为太傅、内都大官。献文帝年少登基，朝政大权操纵在车骑大将军乙浑手中，当冯太后觉察到乙浑诛杀异己谋危帝位时，密定大计，铲除乙浑，临朝听政。皇兴五年（471年）八月，献文帝被迫禅位给孝文帝，孝文帝尚年幼，冯氏成为太皇太后，大权独揽，直至太和十四年（490年）崩于代京太和殿。在此期间，冯熙出任侍中、中书监、太师，又曾出任洛州刺史等职，其子嗣大裨益。文明太皇太后欲家世贵宠，在其主持下，冯熙的4个女儿都嫁给了孝文帝，其中两人先后成为皇后，另两人则封为左昭仪。孝文帝对于养育并辅佐他执政的文明太皇太后感恩尽孝，太皇太后冯氏卒时，孝文帝毁瘠，绝酒肉，不内御，达3年之久；对冯氏之兄即自己的岳父冯熙，孝文帝亦同样心怀感佩和敬重。《冯熙墓志》载冯熙身份："燕昭文皇帝之孙，大魏太宰燕宣王之中子，景穆皇帝之婿，文明太皇太后之兄，显祖献文皇帝之元舅也。"冯熙有4个儿子，冯诞、冯修、冯聿、冯凤，都进爵封王，贵极一时。冯诞娶孝文帝妹妹乐安长公主为妻，拜驸马都尉、侍中、征西大将军，南平王；冯修为镇北大将军、尚书，东平公；冯聿为黄门侍郎，信都伯；冯凤为太子中庶子，北平王，等等，日显门阀大户之尊贵。

因冯太后以及冯熙诸女，或为皇后，或为昭仪，或为皇室子弟姻眷，又有冯氏诸女与元姓皇族宗室及显族联姻，如此，一个以王室为轴心，以婚姻为纽带的政治性婚姻集团逐步形成，"由是冯氏宠贵益隆，赏赐累巨万"①。长乐冯氏家族构成了北魏政权核心力量的一部分，难怪崔光会对冯熙子冯聿言"君家富贵太盛"②。由此看来，长乐信都冯氏不失为北魏时期门阀婚姻制的家族代表。

由《魏书·王肃传》记载，琅琊王氏侨居江左，世为显族。融、琛、肃为兄子。太和十七年（493年）肃以家难奔魏。适逢孝文帝准备迁都改革之际，因此倍受重视，"肃自建业来奔，是岁，太和十七年也。高祖幸邺，闻肃至，虚襟待之，引见问故。……促席移景，不觉坐之疲淹也。……或屏左右相对谈说，至夜分不罢。肃亦尽忠输诚，无所隐避，自谓君臣之际犹玄德之遇孔明也"③。王肃受高祖宠眷，此时妻子在江左未随之奔魏，因此奉诏尚陈留长公主。《王普贤墓志》"父肃，魏故侍中司空昌国宣简公。夫人陈郡谢氏，父庄，侍中右光禄大夫宪侯。后尚陈留长公主，父献文皇帝"。《王肃传》："肃临薨，（前妻）谢始携二女及绍至寿春。"由王普贤、元湛、王令媛墓志知，王肃二女入魏后，一嫔世宗元恪，一为广阳王元渊妃；王琛子王诩娶任城王澄女为妻；王诩女王令媛嫁元湛。《元乂墓志》"女僧儿，年十七，适琅琊王子建，父散骑常侍济州刺史"。"济州刺史"即王诩，知元乂女僧儿嫁与王诩子。又据与《王诵墓志》同出兆出土的《宁陵公主墓志》《元贵妃墓志》知，王诵为王肃兄融子，宁陵公主为王诵元配，续娶安丰王元猛女元贵妃为继室，详见下表：

① 《魏书》卷八十三《冯熙传》，北京：中华书局，1974年版，第1820页。
② 《魏书》卷八十三《冯聿传》，北京：中华书局，1974年版，第1823页。
③ 《魏书》卷六十三《王肃传》，北京：中华书局，1974年版，第1407页。

表 6-35

男	民族	女	民族	资料来源
宣武帝元恪	鲜卑	王肃女王普贤	汉	汇编 P69《王普贤墓志》
元飏	鲜卑	王氏	汉	汇编 P72《元飏妻王夫人墓志》
元渊	鲜卑	王肃女	汉	汇编 P356《元湛墓志》
元湛	鲜卑	王翊女王令媛	汉	汇编 P358《王令媛墓志》
王奂	汉	段道矜女	汉	汇编 P253《王翊墓志》
王琛	汉	刘义恭女	汉	汇编 P69《王普贤墓志》
王翊	汉	元澄女	鲜卑	汇编 P358《王令媛墓志》
王肃	汉	夫人谢庄女	汉	汇编 P69《王普贤墓志》
		后夫人尚陈留长公主	鲜卑	
王诵	汉	宁陵公主	鲜卑	汇编 P57《宁陵公主墓志》
		元贵妃	鲜卑	汇编 P92《元贵妃墓志》
王子建	汉	元僧儿	鲜卑	汇编 P184《元乂墓志》

赵郡李氏也是较为有名的高门大姓。出土墓志中记载了其婚配情况，如皇室成员元恪、元鉴、元铎娶李氏家族女；而李长钧又娶宗室元孟和女为妻。据《卢令媛墓志》载，赵郡李孝伯女嫁卢渊；正史称李孝伯以女尚郑羲。由《北史》及墓志知李希宗女祖娥为文宣皇后；（李祖牧从弟）孝贞从姊则昭信皇后，从兄祖勋女为废帝济南王妃，祖钦女一为后主娥英，一为琅邪王俨妃，祖勋叔骞女为安德王延宗妃。《李君颖墓志》记载其兄李君荣之女嫁永安王高准。诸房子女，多有才貌，又因昭信后，所以与帝室姻媾重叠。① 《北史》漏载李君颖兄李君荣长女嫁高准一事。

《李祖牧妻宋灵媛墓志》记夫人讳灵媛，广平列人。祖弁，吏部尚书。父维，洛州刺史。此与《李祖牧墓志》"外祖广平宋弁，魏吏部尚书。夫人广平宋，父维，魏洛州刺史"的记载一致。《李宪墓志》亦有"希远妻广平宋氏。父弁，吏部尚书"。可见李希远妻，即宋弁女，也是宋灵媛的姑母。故宋灵媛与李祖牧的母亲宋氏，既是婆媳，又是姑侄。宋弁与李宪两家族间的姻亲关系相当久远。《魏书·宋弁传》："弁父叔珍，李敷妹夫，因敷事而死。"李敷是李宪的伯父。如此婚姻关系为：李宪的姑母嫁宋弁的父亲；宋弁的女儿嫁李宪长子希远；而宋弁的孙女又嫁李宪的孙子祖牧。可谓世世结姻。《李琮墓志》亦较为详尽地记载了

---

① 《北史》卷三十三《李孝贞传》，北京：中华书局，1974 年版，第 1218 页。

李琼子嗣的婚配关系。

可见赵郡李氏与北魏及北齐皇族宗室、范阳卢氏、荥阳郑氏、博陵崔氏、广平宋氏、河涧邢氏、勃海高氏、太原王氏、钜鹿魏氏等大族均有联姻关系，列表所示：

表6-36

男	民族	女	民族	资料来源
宣武帝元恪	鲜卑	李续宝女	汉	汇编 P184《世宗宣武皇帝嫔李氏墓志》
李顺	汉	邢氏（孝妃）	汉	《北史》P1215
崔浩弟	汉	李顺妹	汉	《北史》P1213
崔浩弟子	汉	李顺女	汉	《北史》P1213
李宪	汉	河涧邢肃女	汉	汇编 P331《李宪墓志》汇编 475《太姬崔幼妃墓志》
李希远	汉	广平宋弇女	汉	
李希宗	汉	博陵崔楷女崔幼妃	汉	
李希仁	汉	博陵崔孝芬女	汉	
李骞(希义)	汉	范阳卢文翼女	汉	
李希礼	汉	范阳卢文符女	汉	
崔仲哲	汉	李宪长女李长晖	汉	
高氏	高丽	李宪二女李仲仪	汉	
崔巨	汉	李宪三女李叔婉	汉	
元鉴	鲜卑	李宪四女李季嫔	汉	
郑道邕	汉	李宪五女李稚媛	汉	
李长钧	汉	元孟和女	鲜卑	
李祖牧	汉	宋灵媛	汉	疏证 P216《李祖牧妻宋灵媛墓志》疏证 P219《李祖牧墓志》疏证 P223《李君颖墓志》
元世铎（元斌世子）	鲜卑	李祖牧长女	汉	
崔子信	汉	李祖牧二女	汉	
崔伯友	汉	李祖牧三女	汉	
高延宗	鲜卑	李祖牧四女高延宗妃	汉	《东方艺术》2008 年第 4 期《李骞墓志》
		李骞女李宝信高延宗妃	汉	

男	民族	女	民族	资料来源
高洋	鲜卑	李祖娥高洋皇后	汉	《北史》P521 《北朝研究》1996 年第 3 期 《李难胜墓志》
高殷	鲜卑	李难胜高殷妃	汉	《北朝研究》1996 年第 3 期 《李难胜墓志》
高准	鲜卑	李君荣女高准妃	汉	疏证 P223《李君颖墓志》
李孝伯	汉	崔赜女（后纳翟氏）	汉	《北史》P1222
李安世	汉	博陵崔氏(后尚沧水公主)	汉	《北史》P1224
李士谦	汉	范阳卢氏	汉	《北史》P1235
李琮	汉	钜鹿魏道宁女	汉	汇编 P465《李琮墓志》
李君达	汉	钜鹿魏仲超女	汉	
李赵客	汉	博陵崔彦遐	汉	
王茂宏	汉	李德相	汉	
崔君弘	汉	李和上	汉	
段德谐	汉	李瑰儿	汉	
魏乂坚	汉	李阿停	汉	
郑金刚	汉	李五男	汉	
高世才	高丽	李六止	汉	

　　京兆韦氏有诸多墓志出土，从韦彧、韦彪父子及其妻子的 4 方墓志中，知彧父子亡妻均为河东柳氏。与京兆韦氏一样，河东柳氏也是魏晋至隋唐的高门大族。墓志记述了两位柳氏祖、父的姓名和官职，官位虽不高，但系名门望族。其次，彧妻柳敬怜墓志还记其三女的婚配情况：长女伯英适陇西辛□；二女仲英适清河崔彦道；三女季英适河东柳皓。彧子彪唯一的女儿辉亲适钜鹿魏景昌。众所周知，陇西辛氏、清河崔氏、河东柳氏、钜鹿魏氏，均系当时高门大姓。由此，可见北朝时期有各高门大族相互联姻的社会风气，见下表：

表 6-37

男	民族	女	民族	资料来源
韦彧	汉	柳敬怜	汉	疏证 P234《韦彧妻柳敬怜墓志》
辛□	汉	韦彧长女韦伯英	汉	
崔彦道	汉	韦彧二女韦仲英	汉	
柳皓	汉	韦彧三女韦季英	汉	

男	民族	女	民族	资料来源
韦彪	汉	柳遗兰	汉	疏证 P237《韦彪妻柳遗兰墓志》
魏景昌	？	韦彪女韦辉亲	汉	疏证 P281《韦彪墓志》
韦孝宽	汉	华阴杨氏（杨侃女）	汉	疏证 P313《韦孝宽墓志》
		荥阳郑氏（改姓贺兰）	汉	
		拓跋氏	鲜卑	
韦艺	汉	封子绘次女封宝艳	鲜卑	疏证 P335《封子绘妻王楚英墓志》
宇文瓘（即韦瓘）	汉	卢柔女	汉	疏证 P291《宇文瓘墓志》

北魏《羊祉墓志》详载羊祉诸弟、儿女及孙辈的年岁、仕宦及婚姻情况。从羊氏联姻情况看，有清河崔氏、魏郡申氏、安定皇甫氏，都是随南燕迁徙并定居于青齐地区的大族，他们在南燕政权下，与徐兖地区的地方势力紧密连接。后刘裕灭南燕，青徐进入江左政权，地方大族自身力量及相互之间的关系有更大的发展。① 后来北魏夺取淮北四州，青齐大族或入魏，或南渡。羊氏姻族皇甫氏有为"梁中散大夫"者，应当是在淮北入魏后南渡江左的，亦可见当时同一家族被南北政权所分割。青齐大族虽各自历史命运不同，但互为婚姻的族门传统却十分牢固，羊氏家族婚姻关系情况，亦是此种社会状况写实的一个典型例证。

北齐高、段、娄、窦之间通过联姻而成为利益集团亦毫不夸张。《北史·后妃传》云："齐武明皇后娄氏，讳昭君，赠司徒内干之女也。"段荣《北史》有载："转授瀛州刺史。荣妻，武明皇后长姊也，荣恐神武招私亲之议，固推诸将，竟不之州。"《段荣墓志》亦载"转授瀛州刺史，敷祍陈辞，竟不述职"。志文与史书的记载一致。《北史·窦泰传》云："泰妻，武明娄后妹也。"《窦泰墓志》载："仍与王室，迭为甥舅，故已德隆两汉，任重二京。"亦有《窦泰妻娄黑女墓志》出土，志称武贞窦公夫人皇姨顿丘郡长君娄氏，祖平北府君，父司徒太原王。此等证明了段荣、窦泰与高欢的姻亲关系，即娄内干有三女，大女嫁段荣；二女嫁高欢；三女嫁窦泰。因而高、段、娄、窦四个家族，通过联姻关系

① 罗新：《青徐豪族与宋齐政治》，载《原学》第一辑，北京：中国广播电视出版社，1994 年版，第 147—175 页。

结成一婚姻集团。胡化汉人段、窦、高氏，同怀朔镇鲜卑人联姻，形成了胡、汉联盟的一个特殊形式。鲜卑人娄氏，本为匹娄氏。以娄提一支来说，世居朔州，后改怀朔镇。北魏时期的段、窦、高三家，均本中原汉人。如窦氏本出清河观津，至窦罗时"魏统万镇将，因居北边"①；或"段氏家族至段信时后入魏，以豪族徙北边，仍家于五原郡"②；齐高祖神武皇帝高欢"六世祖高隐，晋玄菟太守。隐生庆，庆生泰，泰生湖，三世仕慕容氏。及慕容宝败，国乱，湖率众归魏，为右将军。湖生四子，第三子谧，仕魏位至侍御史，坐法徙居怀朔镇"③。久而久之，段、窦、高三家都成了胡化汉人，又同在边镇地区，特别是魏末六镇起义爆发后，共同的家世、地位与状况把他们连在一起。在这一婚姻集团中，表面上娄氏是核心，娄内干把三个女儿分别嫁给了高、段、窦三家，但实际上高欢一家是核心。娄、段、窦三家均投靠高欢门下，高氏父子也极力重用他们，进爵封官，无所不有。即使像娄叡这样"无器干，唯以外戚贵幸，而纵情财色，为时论所鄙"④ 之人，还是一再封官进爵，如《娄叡墓志》载：

> 皇建元年，并永宁、受得、九门三邑，封南青州东安郡王，使持节、豊州刺史。复为开府仪同三司，迁司空公，转司徒公，换太尉公，除豫州道大行台、尚书令，迁大将军，封始平县开国公，复除太尉公、判领军大将军府事。寻以本官兼并省尚书令，出为使持节、肆州刺史。迁大司马，转太傅，增邑一千，通前二千户，使持节、并州刺史，别封许昌郡开国公兼录尚书事。迁太师仍并州刺史。

娄叡执掌北齐时期的军政大权，其间虽两次因贪赃犯禁而被削爵夺官，但时隔不久，又官爵如故，甚至复增新官、新爵。东魏、北齐的军政大权，几乎全操于这几个家族之手。因此，北齐的政治，可谓是极端腐朽的外戚政治，这些从《娄叡墓志》中就有所反映。

北齐《封子绘妻王楚英墓志》志记王楚英四女。长女封宝首，先后嫁李桃杖、卢公令和李子亢。李桃杖，即北魏李冲的曾孙，祖李延寔，

---

① 《北齐书》卷十五《窦泰传》，北京：中华书局，1974 年版，第 193 页。
② 《北齐书》卷十五《段荣传》，北京：中华书局，1974 年版，第 207 页。
③ 《北齐书》卷一《神武帝纪》，北京：中华书局，第 1 页。
④ 《北齐书》卷四十八《娄叡传》，北京：中华书局，1974 年版，第 666 页。

父李彬，见《北史·序传》记载，李冲于北魏孝文帝时改封清渊县开国侯，李延寔于宣武帝时袭父爵，又于孝庄帝时别封濮阳郡王。《魏书·李延寔传》亦载，李延寔既别封郡王，遂以父爵转让次子李彬，所以李桃杖得嗣清渊县侯。王楚英第二女封宝艳，先嫁娄定远，后嫁韦艺。据《北史·娄昭传》，娄定远是娄昭之子，显贵于北齐武成帝时期，武成帝死后，被排挤出权力核心，后自杀。《北齐书·封子绘传》："子绘弟子绣，武平中，勃海太守、霍州刺史。……司空娄定远，子绣兄之婿也，为瀛州刺史。"可见娄定远确为封子绘女婿，只是依赖王楚英墓志，方知娄定远妻乃是封子绘第二女封宝艳。娄定远死于后主武平年间，到北周灭齐以后，宝艳又嫁京兆韦艺。《隋书·韦世康传》记，韦艺即韦世康之弟，"字世文，少受业国子。周武帝时……出为魏郡太守。……以功进位上大将军……高祖受禅，进封魏兴郡公。岁余，拜齐州刺史"。开皇三年以前的韦艺仕履，与墓志全合。韦艺为魏郡太守，后又协助韦孝宽灭尉迟迥，可能是他得以娶封宝艳的主要原因。王楚英第三女封宝华，先嫁斛律须达，后嫁卢叔粲。斛律须达是北齐斛律光的次子，《北齐书·斛律光传》："次须达，中护军、开府仪同三司，先光卒。"斛律光"皇建元年，进爵巨鹿郡公"。其父斛律金死后，斛律光"除太保，袭爵咸阳王，并袭第一领民酋长，别封武德郡公"。史书没有斛律光在诸子间分配爵位的资料，按照常理，咸阳王要留待世子继承，而巨鹿郡公和武德郡公都要转让给其他儿子。据《王楚英墓志》，知斛律光次子斛律须达得到了巨鹿郡公的爵位。须达死在斛律光被杀之前，即早于武平三年（572年），已经拥有巨鹿郡公的爵位，可见斛律光生前已经把王爵以外的爵位转让给了诸子。封子绘与王楚英的四个女儿，所嫁多是当时有声望的人物，这可以反映当时婚姻与政治的某些联系。

北周独孤信一家，是北朝后期的重要家族。独孤信正史有传，且其墓志及子独孤罗、独孤藏墓志也已出土。独孤信乃关中集团肇创时期的八大柱国之一，官衔为"使持节、柱国大将军、大都督、大司马，河内郡开国公"。但更重要的是独孤氏与北周、杨隋、李唐诸族之间有婚姻联系。《周书》记载："信长女，周明敬后；第四女，元贞皇后；第七女，隋文献后。周隋及皇家，三代皆为外戚，自古以来，未之有也。"① 关中集团人物以种种方法结合在一起，联姻当然是重要方法之一，而独孤信女之婚配正是属于这一情况的典型案例。

① 《周书》卷十六《独孤信传》，北京：中华书局，1971年版，第267页。

北周《郑术墓志》记载"君讳术，字博道，荥阳开封人。其先周王厉宣之出，郑伯桓武之苗，因国命氏。……祖寄，本州别驾。父熙，龙骧将军、卷县令。……夫人闻喜裴氏，讳淑晖，魏车骑将军、晋州刺史渊之女"。郑术夫妇及其祖寄、父熙并不见于史传。志文"君舅氏高慎，牧为豫州"。西魏文帝大统九年（543 年）春，东魏北豫州刺史高慎举州投降西魏。① 郑术在这次事件中"赞翼谋谟，潜思去就，既而左提右挈，举众西归"，发挥了重要作用，因此在大统九年"封清渊县开国伯，邑五百户"。志中记其五女均嫁与高门，其中有三女嫁与皇族宇文氏。郑术第二女适宇文谐；第三女适宇文谈；第五女适宇文弘。据郑术官为州刺史，并与皇族宗室、闻喜裴氏联姻的情况看，反映了降归西魏的山东士族与关陇集团核心及其他世家大族的迅速结合。

第五节　民族融合的墓志记录

在数千年的中华文明史上，作为主体的汉民族，无论在人口数量，还是经济文化的发展水平上，都远远超出了同时期的周边少数民族。因而，对于进入中原君临天下的任何一个少数民族统治者来说，如何处理与汉民族的关系，都是必须直接面对的重大课题。执行正确的民族关系，国家就会稳定，国势就会强大，反之，国势就会衰落。十六国以来，北方各民族相继南下入主中原的历史进程，是与胡汉民族及其文化的大融合同步并行的，拓跋王朝的形成发展更是把这种民族大融合推向了极盛。北魏太祖道武帝拓跋珪定都平城，入居塞内，珪"离散诸部，分土定居，不听迁徙，其君长大人皆同编户"②，将马背上的民族改变成为安土重迁的耕作者。后又实行九品中正制，向汉族中原社会结构靠拢。道武帝以后，继位者亦尽力模仿汉族政权。至高祖孝文帝，这位中国历史上大有作为的君主，决然自平城迁都洛阳，全方位推行汉化政策，积极推动了民族融合。教帝曰："今日之行，诚知不易。但国家兴自北土，徙居平城，虽富有四海，文轨未一，此间用武之地，非可文治，移风易俗，信为甚难。崤函帝宅，河洛王里，因兹大举，光宅中原。"③ 鲜卑与汉族融合的状况，墓志铭中多有呈现。

① 《周书》卷二《文帝本纪》,北京:中华书局,1971 年版,第 27 页;《北齐书》卷二十一《高慎传》,北京:中华书局,1974 年版,第 293 页。
② 《魏书》卷八十三《贺讷传》,北京:中华书局,1974 年版,第 1812 页。
③ 《魏书》卷十九《景穆十二王列传》,北京:中华书局,1974 年版,第 464 页。

一、鲜卑与汉族的融合

（一）以华夏正统自居

十六国各族政权若想获得立足与发展，需要从民族血统上认同汉民族，借以标榜新朝的正统地位。于是他们纷纷从历史典籍中寻找族源依据，迈出了同汉民族认祖归宗的重要步伐。

北魏一开始就以黄帝后裔自居，《魏书》开篇语："昔黄帝有子二十五人，或内列诸华，或外分荒服，昌意少子，受封北土，国有大鲜卑山，因以为号。……黄帝以土德王，北俗谓土为托，谓后为跋，故以为氏。"尤以孝文帝"厘革时弊，稽古复礼"体现之盛。如设五圣之祭，又吊祭殷比干、晋嵇绍，并为两汉曹魏西晋诸帝设祭，体现其继承中原王朝正统，兴大一统太平之业的宏大愿望。太和二十三年（499 年）三月孝文帝临终前，顾命宰辅曰："迁都嵩极，定鼎河瀍，庶南荡瓯吴，复礼万国，以仰光七庙，俯济苍生。"[①] 从语气上看，孝文帝显然已经以中原正统身份自居。而在大臣的奏表中，更视北魏为正统，如高闾上表"大魏应期绍祚，照临万方，九服既和，八表咸谧"，称颂北魏政权顺应天时；程俊《庆国颂》"于皇大魏，则天承祐。叠圣三宗，重明四祖。岂伊殷周，遐契三五"，言北魏承绍三皇五帝之顾命；高允《鹿苑赋》"启重基于朔土，系轩辕之洪裔"，信其为黄帝后裔；又其《酒训》颂赞"今大魏应图，重明御世，化之所暨，无思不服，仁风敦洽于四海"，这不单是奉承歌颂，也是从北魏符合中原正统地位的前提出发，对政权合理性予以承认的表现。这一点在已出土的北朝墓志中亦多有涉及。

皇室及贵族墓志中将己托自华夏正统记载为数不少。如北魏献文皇帝第七子北海王《元详墓志》记"纂乾度圣，启源轩皇"。《元晖墓志》曰"厥初迈生于商，本支茂于绵瓞"。《冯邕妻元氏墓志》言"轩皇之流派，仓精之别裔"。元晖为昭成帝什翼犍的六世孙，冯邕妻元氏为元晖女，昭成皇帝的七世孙，两人都是皇室子孙，地地道道的鲜卑族，却认同先祖为轩皇。出土的代姓贵族墓志中以轩皇为祖者，如《叔孙协墓志》言："君讳协，字地力懃，河南洛阳人也。其先轩辕皇帝之裔胄，魏冯翊景王渴罗侯之孙，·仓部尚书敕俟堤之子。"《奚真墓志》称："其先盖肇侯轩辕，作蕃幽都，分柯皇魏，世庇琼荫，绵弈部民，代匡王政。"《和邃墓志》称其为"朔州广牧黑城人也。其先轩皇之苗裔，爰自

---

① 《魏书》卷七《高祖纪》，北京：中华书局，1974 年版，第 185 页。

伊虞，世袭缨笏，式族命三朝，亦分符九甸。因食所采，故世居玄拜"。《陆绍墓志》云其为"河南河阴人也。其先盖轩辕之裔胄"。《乞伏保达墓志》："其先盖夏禹之苗裔。"可见认同汉族与鲜卑同源已深入人心。

北朝墓志着意杜撰先祖从中原外迁的史实，以证明自己在血统上确实源自华夏。如大赵神平二年，即北魏永安二年（529年）《王真保墓志》："君讳真保，秦州略阳人，实轩辕之裔，后稷之胄。盖隆周即豫，霸者专征，陈生磋去，获兆西域。遂飞实武威，别为王氏。历代名位，左右贤王。暨汉世大统，诸国内属，因朝入土，鸣玉西都。后中国失御，魏晋迭升，或龙腾白马，凤飏金城，所在立功，图勋帝室，受晋茅土，遂家略阳。"此志以"轩辕"为先祖。有以颛顼为族源者，如北齐天保十年（559年）《尉嬢嬢墓志》："郡君字嬢嬢，恒州代郡平城人也。发颛顼之遐源，资有夏之苗裔。开基命爵，世酋漠表。安西将军东徐州刺史尉天生女也。"北齐河清三年（564年）《丰洛墓志》言："公讳洛，字丰洛，云中云阳人也。黄帝之基苗，清阳之后裔。"清阳是黄帝子少昊的字①，典籍中清阳多作青阳，又名玄嚣。清阳与昌意都是黄帝与其正妃嫘祖所生，为黄帝二十五子中之最贵者，其后裔亦最显赫。溯祖至于清阳者，仅此一例。亦有以虞舜为族源者，如北魏熙平元年（516年）《比丘尼统法师僧芝墓志铭》曰："法师讳僧芝，俗姓胡，安定临泾人。虞宾以统历承乾，胡公以绍妫命国，备载于方册，故弗详焉。"如前所述已知比丘尼统法师僧芝为宣武胡太后的姑母，志文将其家族谱系追溯至虞舜和周代陈国的始封君胡公，此种叙述与汉代相关姓氏材料中对胡氏祖源的记载存在有差异②。僧芝墓志对胡氏祖源的追述，与北魏大族普遍将姓氏来源溯至五帝之一的通行做法比较一致，显然受到了当时拓跋皇室与北魏大族普遍编造谱系风气的影响，并不具备上承汉代的文本依据。同样情况见正光三年（522年）《辛君夫人胡显明墓志铭》曰："夫人讳显明，安定临泾人也。其先盖出自陈胡公，缔构绵邈，业绪蝉联，芳猷世载，有闻前篆。"以及孝昌三年（527年）《肃宗昭仪胡明相墓志》亦记"虞帝以应历奉乾，胡公以资灵祚土，登天构日之基，宅运辅辰之业，故以备诸史册，不复详载焉"。由志文知肃宗胡昭仪是胡太后从侄，虽辛君夫人胡

---

① 《后汉书》卷五十九《张衡传》，张衡作《应闲》，李贤注引《帝王纪》曰："少昊字清阳。"北京：中华书局，1965年版，第1903页。

② 《潜夫论·志氏姓》所记陈胡公之后妫姓诸氏中并无胡氏，而在"归姓"之下记有胡国。《风俗通义·姓氏篇》所记陈胡公之后，也仅有"胡母氏"而无胡氏。

显明与胡太后的隶属关系尚不明确，但从志文记载可以判断，亦为胡氏家族之女。由三方墓志对先祖追溯的记述完全一致来看，说明在胡太后当政时期，对胡氏家族谱系的说法，开始形成一套较为固定的说法。唐《元和姓纂》在记载胡氏时，除了沿用僧芝墓志的这种追溯，称胡氏为"帝舜之后。胡公封于陈，子孙以谥为姓"，且将汉代的名臣胡广，曹魏时期的胡质、胡威，西晋的胡奋，都列为胡氏的先祖，由此推测，胡氏谱系到北朝后期应当还在继续编制，至隋唐时期最终完成。

从墓志中还发现，同一家族的北朝人物墓志中，虽均引华夏先代圣王为先祖，但说法不一。如尔朱氏就为一例。《尔朱绍墓志》曰："公讳绍，字承世，北秀容人也。其先出自周王虢叔之后，因为郭氏，封居秀容，酋望之胤，遂为尔朱。"其弟《尔朱袭墓志》所载祖源与绍相同。绍与袭兄弟二人于永安二年（529年）六月廿三日被元颢所杀，二人同日而葬。而河清三年（564年）《叱列延庆妻尔朱元静墓志》却称："郡君讳元静，北秀容人也。其先盖夏后氏之苗裔。至如寻熊凿山之巧，收功于九折，逐龙入穴之能，取智于九鼎。源流共四海俱深，基构与五山并极。"同出秀容尔朱氏，却一称"周王虢叔之后"，一称"其先盖夏后氏之苗裔"，表明他们在新的族源选择上，还未达成共识。《魏书·尔朱荣传》："尔朱荣，字天宝，北秀容人也。其先居于尔朱川，因为氏焉。常领部落，世为酋帅。"尔朱氏之祖先实为代北契胡部落酋长，世居尔朱川，因居地为氏。北魏秀容地有南北之分。秀容城，亦曰梁都城（今山西朔县西北），《寰宇记》："梁郡城，北接朔州，即尔朱氏居秀容川也。""周王虢叔"，即周文王季弟，成王叔父，受封于西虢（古虢国有东虢、西虢、北虢之分，东西虢皆为周文王弟之封地；东虢在今河南荥阳东北，西虢在今陕西宝鸡东），子孙皆以郭为姓，周代虢仲、虢叔之后改姓作郭，可见虢与郭同姓①。追其根源，尔朱氏亦是炎黄子孙。还有的墓志父子两代对地望与始祖的叙述差异颇大。如正始四年（507年）《奚智墓志》载："恒州樊氏人也。始与大魏同先，仆脍可汗之后裔。中古迁移，分领部众，遂因所居，改为达奚氏焉。逮皇业徙嵩，更新道制，敕姓奚氏。"其子正光四年（523年）《奚真墓志》却称："河阴中练里人也。其先盖肇偞轩辕，作蕃幽都，分柯皇魏，世庇琼荫，绵弈部民，代匡王政。可谓芬桂千龄，松茂百世者矣。"这无疑反映出两代人于文化心态上

---

① 河南省文物研究所、河南省洛阳市文管会编：《千唐志斋藏志》，北京：文物出版社，1984年版。

的变化。

以华夏始祖为族源或将族源追述至华夏民族起源时期，这是十六国少数民族政权的统治者，为获得中原人心普遍采用的办法。匈奴刘渊自称"汉室之孙"，建国以"汉"为国号，"追尊后主，以怀人望"①；鲜卑慕容氏称"其先有熊氏之苗裔"②；氐族苻氏则称"其先盖有扈之苗裔"③；羌人姚氏自称："其先有虞氏之苗裔。禹封舜少子于西戎，世为羌酋。"④ 洛阳临渭氐人吕氏声称："其先吕文和，汉文帝初，自沛避难徙焉，世为酋豪。"⑤ 匈奴人赫连勃勃在建国之后，下诏书曰："朕之皇祖，自北迁幽朔，姓改姒氏，音殊中国，故从母氏为刘。子而从母之姓，非礼也。……帝王者，系天为子，是为徽赫实与天连，今改姓曰赫连氏，庶协皇天之意，永享无疆大庆。"⑥ 虽弃刘姓，却肯定了自《史记》以来匈奴乃"夏后氏之苗裔"的说法，故北齐武平五年（574年）《云荣墓志》载："公讳荣，字显乐，朔方人也。昔栉风沐雨，大业禀于帝图；疏河导源，叹嗟仲尼之口。波流于是浩汗，根叶所以郁槃。连天徽赫，难得而称焉。大夏武皇帝，君之五世祖。" 匈奴宇文氏⑦于国史中称源自炎帝神农之后，并称炎帝"为黄帝所灭，子孙遁居朔野。有葛乌菟者，雄武多算略，鲜卑慕之，奉以为主，遂总十二部落，世为大人。……其俗谓天曰宇，谓君曰文，因号宇文国，并以为氏焉"⑧。

（二）以著名郡望为源

北族入主中原后，假托汉人著名郡望为己地望，以显示自己的家族出身与地位。如兴和二年（540年）《刘懿墓志》称志主刘懿"字贵珍，弘农华阴人"，并虚夸"自紊龙启胄，赤乌降祥，磐石相连，犬牙交错，长源远叶，繁衍不穷，斧衣朱绂，蝉联弈世"。《北齐书·刘贵传》所述刘贵事迹与《刘懿墓志》所记基本相同，传称他为"秀容阳曲人"。可以断定刘懿或者说刘贵原本为北族人，后属籍肆州，而"弘农华阴"籍贯纯属伪托。据《魏书·侯刚传》载，侯刚富贵以后，曾努力改变自己

① 《晋书》卷一百一《刘元海载记》，北京：中华书局，1974年版，第2649页。
② 《晋书》卷一百八《慕容廆载记》，北京：中华书局，1974年版，第2803页。
③ 《晋书》卷一百一十二《苻洪载记》，北京：中华书局，1974年版，第2867页。
④ 《晋书》卷一百一十六《姚弋仲载记》，北京：中华书局，1974年版，第2959页。
⑤ 《晋书》卷一百二十二《吕光载记》，北京：中华书局，1974年版，第3053页。
⑥ 《晋书》卷一百三十《赫连勃勃载记》，北京：中华书局，1974年版，第3206页。
⑦ 关于宇文氏的族属，采用周一良先生《论宇文周之种族》一文的研究结论，引自周一良《魏晋南北朝史论集》，北京：北京大学出版社，1997年版，第239—255页。
⑧ 《周书》卷一《文帝纪》，北京：中华书局，1971年版，第1页。

代人的身份，攀附上谷侯氏，改变郡望和籍贯："刚以上谷先有侯氏，于是始家焉。"《侯刚墓志》言"公讳刚，字乾之，上谷居庸人也。其先大司徒霸，出屏桐川，入厘百揆，开谋世祖，道被东汉"。这已是全面改造家族世袭了。《侯义墓志》自称"燕州上谷郡居庸县人"，便是这一努力的成果。埋葬在山西晋阳的高官，绝大多数族属为来自漠北草原和六镇地区的鲜卑或敕勒等游牧民族。这些人在北朝后期社会动荡和民族融合的历史进程中，已经基本汉化，并视晋阳为家乡，其子孙即以此为籍。晋阳自古以民族交流融合的枢纽之地而著称，北朝晚期是其中最为华彩的一章。①

（三）以名门高姓为荣

伪托地望除举族直接移徙于所托之地外，常常还以"自云""自言"某一魏晋名人后代的方式出现，而要成为事实，似乎还须如朱瑞改地望事一样，经皇帝下诏特许。如成淹，上谷居庸人，"自言晋侍中粲之六世孙"；刘道斌，武邑灌津人，"自云中山靖王胜之后也"；张熠，"自云南阳西鄂人，汉侍中衡是其十世祖"；高肇，"自云本勃海蓨人，五世祖顾，晋永嘉中避乱入高丽"；孙惠蔚，"自言六世祖道恭为晋长秋卿"；温子升，"自云太原人，晋大将军峤之后也"；王仲兴，"世居赵郡，自以寒微，云旧出京兆霸城，故为雍州大中正"；茹皓，"旧吴人也……既官达，自云本出雁门，雁门人谄附者乃因荐皓于司徒，请为肆州大中正。府、省以闻，诏特依许"。② 值得注意的是，北朝后期，"代人"或以鲜卑为主的"北人"亦染此风，不再满足于以"代人"或"河南洛阳人"为自己的籍贯，且乐于引一先世汉族名人为先祖。正光五年（524 年）《元宁墓志》称：

> 君讳宁，字阿安，河南洛阳人也。其先唐尧之苗裔，汉高之胤胄，孝章帝之后。君故使持节、龙骧将军、雍州刺史、外都大官、贺延镇都督武阳侯渴洛侯曾孙，故平远将军、散骑常侍、殿中尚书、冠军将军、始平公侯尼须之孙，故岐州刺史之子……旨补骑官之任，释褐殿中将军，稍加位号，迁授轻车将军。

---

① 渠传福：《徐显秀墓与北齐晋阳》，《文物》2003 年第 10 期，第 50—52、65 页。

② 《魏书》卷七十九《成淹传》，第 1751 页；卷七十九《刘道文武传》，第 1757 页；卷七十九《张熠传》，第 1766 页；卷八十三《高肇传》，第 1829 页；卷八十四《孙惠蔚传》，第 1852 页；卷八十五《温子升传》，第 1874 页；卷九十三《王仲兴传》，第 1997 页；卷九十三《茹皓传》，第 2000—2001 页，北京：中华书局，1974 年版。

从元宁姓氏、先祖名字任官、本人任官经历及"河南洛阳人"的地望，可以断定他属于北魏宗室，但他的墓志却自称为"汉高之胄，孝章帝之后"。

孝昌三年（527年）《刘玉墓志》载：

> 君讳玉，字天宝，弘农胡城人。厥初基胄与日月同开，爵封次第通君臣之始。周秦汉魏，并班名位。远祖司徒宽之苗。其中易世，举一足明。值汉中讯匈奴之患，李陵出讨，军势不利，遂没虏廷。先人祖宗，便习其俗，婚姻冠带，与之错杂。大魏开建，托定恒代，以曾祖初万头，大族之胄……为何浑地汗，尔时此斑，例亚州牧。

《后汉书·刘宽传》称："字文饶，弘农华阴人也。父崎。顺帝时为司徒。"《元和姓纂》也称："汉高兄代王喜后。汉司徒琦始居弘农；生宽，太尉。"崎，《姓纂》作琦，误。《刘玉墓志》所谓的司徒，是崎而非宽。刘玉先人因匈奴之患定居弘农，因而攀附刘宽为其远祖。

北齐河清三年（564年）《狄湛墓志》称：

> 公讳湛，字安宗，冯翊郡高陆人也。其先汉丞相狄方进之后，衣冠世袭，人物代昌，史牒载焉，无假复叙。

西汉翟方进，或传写讹为狄方进，故祖先天水羌人的狄湛，辗转落籍晋阳，称"其先汉丞相狄方进之后"，攀附以为宗族所自出。到了唐代，狄氏觉察到追溯祖先为翟方进实有不妥，改为"狄氏出自姬姓。周成王母弟孝伯封于狄城，因以为氏"[①]，并在孔子弟子中寻一狄黑作其祖先。这反映了从北朝到唐朝，胡人在汉化过程中对改造其家世渊源所做的持续努力。愈到后来，追溯愈古，合乎顾颉刚先生"层累造成"说。至狄湛四世孙大唐名相狄仁杰时，狄氏已是太原世家，无人提及其羌人渊源了。

北周天和四年（569年）《李贤墓志》称：

> 公讳贤，字贤和，原州平高人，本姓李，汉将陵之后也。十世祖俟地归，聪明仁智，有则哲之，监知魏圣帝齐圣广渊，奄有天下，乃率诸国定扶戴之议。凿石开路，南越阴山，竭手爪之功，成股肱

---

① 《新唐书》卷七十四《宰相世系表》"狄氏"条。北京：中华书局，1975年版。

之任。建国拓跋，因以为氏。

志主李贤十世祖为俟地归，显然为北族，而墓志却伪托其为名门高姓的汉将李陵之后。

北魏景明元年（500年）《张整墓志》称：

> 君讳整，字菩提，并州上党郡刘陵县东路乡告迁里人。源出荆州南阳郡白水县，五世祖充，晋末为路川戍主，因官遂居上党焉。燕、赵之世，冠冕弥光，皆世祖太平真君中，君以乡难入京，奉荣官披，显祖异焉。高祖……加大长秋卿，龙骧将军，委以六宫之任。

志主张整，赵万里先生指出即《魏书·阉官传》中的白整，亦即孝文帝《吊比干碑》碑阴所附随从人员中的"中给事录大官令臣上党白整"，此人事迹还见于《魏书·孝文幽皇后传》，姚薇元先生推断白整源出稽胡①。出身稽胡白氏的白整在墓志中改姓张，并杜撰出五世祖张充之说。

《张满墓志》称："君讳满，字华原，南阳西鄂人也，汉相留侯之苗裔。"《北齐书·张华原传》却称他为"代郡人"。从志中称张满"语通书革之国，言辨刻木之乡"的情况看，他确实应是土生土长的"代人"，志中所称"南阳西鄂"，这在北朝家族无闻的张姓人物志与传中颇为常见的写法。如《北齐书·张保洛传》称："代人也，自云本出南阳西鄂。"至于高欢自称渤海高氏而难以究诘②；可见当时北族出身者伪托之风使然。

父子两代的墓志对地望与始祖的叙述差异，更显示出其家族的本来面目。如北周元年（557年）《独孤信墓志》记："曾祖有居斤。曾祖母贺兰氏。祖初豆伐。祖母达奚氏。"这一描述与《周书·独孤信传》记载一致。其曰："独孤信，云中人也，本名如原。魏氏之初，有三十六部，其先伏留屯者，为部落大人，与魏俱起。"从独孤信曾祖与祖父夫妇

---

① 姚薇元：《北朝胡姓考》北京：科学出版社，1958年版，第294页。

② 高欢北魏末起于北镇，且"累世北边，故习其俗，遂同鲜卑"（《北史》卷六《神武纪》），但自称渤海蓨人，在史书存在可以稽考的世系。而这一世系存在疑点，被指为伪造，或疑高欢本出高丽，诸家观点详见缪钺先生《东魏北齐政治上汉人与鲜卑人之冲突》，引自《读史存稿》，北京：三联书店，1963年版；李培栋《高欢族属家世辨疑》，引自刘心长、马忠理：《邺城暨北朝史研究》，石家庄：河北人民出版社，1991年版。此文对史籍中的高氏世系加以肯定。

姓氏，以及正史中之记载，足见独孤信支源非华夏。而其第四子蒬于宣政元年（578年）《独孤藏墓志》却称"本姓刘，汉景帝之裔，赤眉之乱，流寓陇阴，因改为独孤氏"。另蒬于隋开皇十九年（599年）独孤信之元子《独孤罗墓志》载"公灵根惠叶，遥胄华宗，犹贾邓之出穰宛，若萧曹之居丰沛"。3方墓志各相隔21年，其特别增写对始祖之叙，且有差异，这无疑反映出两代人努力改造其家世渊源过程中所遗留的痕迹。

北朝少数民族人士伪托中原名族，冒引华夏名人为先祖，反映了其进入中原后，面对一个有着悠久历史与深厚文明的民族，心理上的不自信与趋同，这正是促使他们汉化的一种内在动力。史书中之说，是一种政治宣传，而墓志中之叙，则是志主或其后人心理上的认可。民族意识的转变是考察民族融合的关键，即民族意识的形成，标志着民族的形成。① 拓跋鲜卑族就是一步步地参与北方社会生活，渐渐地向汉民族靠拢，最终相互认同，这个过程是在逐步汉化的基础上，通过对汉文化的不断内化，使本民族的意识逐渐弱化直至消失，最终完全融入汉族这个大家庭中。

（四）以通婚加速融合

北魏前期与魏②政权，以及柔然、吐谷浑等邻近的强大部族之间，一直都有联姻关系存在，可视其为历史上和亲政策的延续以及黄河流域民族融合的反映。后期则主要与本部族或汉族联姻，多遵循"十姓不婚"之婚俗，以家族门第为主要标准。北魏分裂后，东魏、西魏、北齐、北周宗室女性则多与北方少数民族政权及本国的军功集团联姻，与汉族世族则较少，具有浓厚的政治功利色彩，是拓跋氏政权及北齐北周政治利益的变化在婚姻关系上的反映。③ 恩格斯曾精辟指出："结婚乃是一种政治的行为，乃是一种藉新的联姻以加强自己势力的机会；起决定作用的是家世的利益，而决不是个人的情感。"④

---

① 王万盈：《试论民族意识》，《西北师大学报》（社会科学版）1998年第4期，第37—42页。
② 鲜卑力微迁至定襄之盛乐后，为其长远大计，与魏和亲。见《魏书》卷一《神元帝力微纪》，北京：中华书局，1974年版，第4页。
③ 施光明：《〈魏书〉所见北魏公主婚姻关系研究》，《民族研究》1989年第5期，第108—114页；施光明：《〈魏书〉所记鲜卑拓跋部妇女婚姻关系研究》，《中央民族学院学报》1992年第3期，第39—43页；谢宝富：《北朝魏、齐、周宗室女性的通婚关系研究》，《广西师范大学学报》1998年第1期，第78—83页。
④ 《家庭、私有制和国家的起源》，引自《马克思恩格斯文选（两卷集）》第二卷，北京：人民出版社，1961年版，第234页。

北朝时期墓志资料的出土，为我们展现了丰富的民族通婚①历史信息。就男女双方姓氏已明确的 494 例民族通婚事例中，通婚的男女双方民族可考者共 410 例。通婚民族，除汉族外，涉及的少数民族相当广泛，计有鲜卑、乌丸、匈奴、高车、羯、吐骨浑、蠕蠕、高句丽、月支胡等。与西域各国及于阗、鄯善、车师、粟特各国之间亦有联姻，见下表：

表6-38　　　　　　　　通婚民族选择统计表

通婚民族		合计		通婚民族		合计	
男	女	婚例	比例/%	男	女	婚例	比例/%
鲜卑	鲜卑	49	9.92	高车	匈奴	1	0.20
鲜卑	汉	122	24.70	高车	?	1	0.20
鲜卑	吐谷浑	4	0.81	高车	鲜卑	1	0.20
鲜卑	匈奴	9	1.83	粟特	?	1	0.20
鲜卑	蠕蠕	2	0.41	车师	鄯善	1	0.20
鲜卑	高丽	3	0.61	高丽	鲜卑	1	0.20
鲜卑	羯	1	0.20	高丽	汉	2	0.41
鲜卑	高车	4	0.81	高丽	?	1	0.20
鲜卑	乌丸	1	0.20	汉	汉	132	26.72
鲜卑	于阗	1	0.20	汉	鲜卑	53	10.73
鲜卑	?	19	3.85	汉	匈奴	3	0.61
吐谷浑	鲜卑	1	0.20	汉	高车	1	0.20
匈奴	匈奴	2	0.41	汉	吐谷浑	1	0.20
匈奴	鲜卑	3	0.61	汉	羯	1	0.20
匈奴	汉	3	0.61	汉	?	31	6.28
匈奴	高车	1	0.20	?	鲜卑	1	0.20

---

① 所谓"民族通婚"指北方各胡人部族或部落联盟间之婚姻关系，非今日"民族"概念。皇婚、多妻、再娶和续嫁等婚姻现象虽然影响到某些计量指标的分布，但并不影响民族通婚计量分析的结果，故与其他婚例一并统计。

通婚民族		合计		通婚民族		合计	
匈奴	蠕蠕	1	0.20	？	匈奴	1	0.20
匈奴	？	2	0.41	？	高丽	1	0.20
蠕蠕	鲜卑	3	0.61	？	月支胡	1	0.20
羯	鲜卑	1	0.20	？	汉	14	2.84
高车	羯	1	0.20	？	？	10	2.03
高车	汉	1	0.20	总　计：494			100
高车	高车	1	0.20				

　　民族通婚的范围有差异。通婚范围的大小受到一个民族社会发展水平、居住格局、婚姻开放程度等多种因素的影响。少数民族通婚的民族选择主要有三类：第一，本民族内部通婚，共 52 例，占全部婚例的 10.53%。其中鲜卑之间通婚为 49 例，占其族所有通婚婚例 279 例的 17.57%；其次匈奴之间通婚为 2 例，占其族所有通婚婚例 25 例的 8%；高车之间通婚为 1 例，占其族所有通婚婚例 9 例的 11.11%。第二，各少数民族之间的通婚。在通婚的男女双方民族可考的 410 例中，少数民族之间的通婚为 40 例，占 9.76%。在少数民族之间的通婚中，鲜卑与其他少数民族通婚最为频繁，共 35 例，占 40 例的 87.50%。与鲜卑通婚最多的是匈奴 12 例，其他者多少不等。第三，胡汉通婚。北朝胡汉通婚普遍，民族可考者计 187 例，占 410 例的 45.61%。胡汉通婚中，鲜卑与汉族的通婚比例最高，共 175 例，占胡汉通婚 187 例的 93.59%。此外，匈奴与汉族通婚 6 例，占第二位。一般而言，在民族内婚和外婚两种主要形态中，鲜卑族表现得尤为明显。鲜卑早期的通婚主要为民族内婚，随着在中原统治地位的建立，与其他民族接触的频繁，通婚范围逐步突破民族边界向外延伸，民族之间的通婚遂成为通婚的主要形态。鲜卑在与汉族通婚的 175 例中，世家大族约占三分之二以上，包括河内司马氏、范阳卢氏、荥阳郑氏、琅琊王氏、长乐冯氏、昌黎韩氏、河间邢氏、弘农杨氏、陇西李氏、赵郡李氏、弘农刘氏、泰山羊氏、清河崔氏、博陵崔氏、长安韦氏、勃海刁氏等众多北方士族和南来士族。这正如《陆孟晖墓志》记孟晖嫁与元懿之元子所言："若夫大魏开化之原，兰条桂胤之美，固以仰藉先资，联婚紫叶。爰在父母之家，躬行节

俭之约，葛覃不足逾其勤，师氏无以加其训。于是灌木之音远闻，窈窕之响弥著，遂应父命，作配皇枝，恭虔丞当，中馈崇顺。"鲜卑族与汉族通婚圈的日益扩大，民族内婚比例逐渐缩小，加速了鲜卑族与汉族以及各民族之间的融合。

（五）以社会行为趋同

在新的民族意识形成的基础上，被融合的拓跋鲜卑民族成员在社会行为上也表现出与新的民族意识的一致性。《魏书·太祖纪》载，建都平城"营宫室，建宗庙，立社稷"，政权象征——取法于汉制；又统一度量衡；更有"《五经》群书各置博士，增国子太学生员三千人"。明元帝拓跋嗣礼爱儒生，好览史传，以刘向所撰《新序》《说苑》于经典正义多有所阙，乃撰《新集》三十篇，采诸经史，该洽古义，兼资文武。① 太武帝拓跋焘"（始光三年）二月，起太学于城东，祀孔子，以颜渊配"；"（太平真君十一年十一月）使使者以太牢祀孔子"②。孝文帝元宏雅好读书，手不释卷。《五经》之义，览之便讲，学不师受，探其精奥。史传百家，无不该涉。善谈《庄》《老》，尤精释义。才藻富赡，好为文章，诗赋铭颂，任兴而作。有大文笔，马上口授，及其成也，不改一字。自太和十年已后诏册，皆帝之文也。自余文章，百有余篇。③ 由此可知北魏诸帝在汉文化方面的素养。墓志中也多有论述。正光元年（520年）《李璧墓志》记载"昔晋人失驭，群书南徙，魏因沙乡，文风北缺"的现象已不复存在。正始二年（505年）《元鸾墓志》记元鸾生前在行为上已是"少标奇□，长而弥笃，虚心玄宗，妙贯佛理"。正始四年（507年）《元绪墓志》曰："君少恭孝，长慈友，涉猎群书，遍爱诗礼。性宽密，好静素，言不苟施，行弗且合。"延昌三年（514年）《元飏墓志》记载元飏生前对骑射练武自认为"并非其好"，而是"高枕华轩之下，安情琴书之室，命贤友，赋篇章，引渌酒，奏清玄，追阮籍以为俦，望异氏而同侣"。可见墓志中所记叙元飏之行为，俨然一位风流士大夫。卒于孝昌三年（527年）的元举，其墓志中的记载已不再像其祖先一样是个跃马弯弓，驰战疆场的武士，而是一个"洞兼释氏，备练五明，六书八体，画妙超神，章句小术，研精出俗，出水其情，尤右琴诗"的精通儒、佛、书法、绘画、历数、琴诗的士大夫了。相似的情形还有建义元

① 《魏书》卷三《太宗纪》，北京：中华书局，1974年版，第64页。
② 《魏书》卷四《世祖纪》，北京：中华书局，1974年版，第71页、104页。
③ 《魏书》卷七《高祖纪》，北京：中华书局，1974年版，第187页。

年（528年）《元怀墓志》记：“王资灵川岳，居贞若性，博览文史，学冠书林，妙善音艺，尤好八体。器寓淹凝，风韵闲远，丽藻云浮，高谈响应。信可以两尧年之一足，九汉世之八龙，望紫烟以胜骧，陵清风而骞翥。故能殊异公族，独出群辈者矣。”如此深染汉文化的鲜卑人与汉人已无甚区别，因社会行为认同而趋于融合之态势愈演愈烈。

二、各少数民族间的融合

北魏延昌四年（515年）《皇甫骥墓志》记载了泾水一带少数民族请求皇甫骥为部族统酋一事。志称：“延兴中，泾土夷民一万余家，诣京申诉，请君为统酋。然戎华理隔，本不相豫，朝议不可。圣上以此诸民丹情难夺，中旨特许。太和廿年中，仇池不靖，扇逼泾陇。君望著西垂，勘能厌服，旨召为申书博士加议郎，驰驿慰劳。”北周宣政元年（578年）《宇文瓘墓志》载“改封建安县开国子，仍除安州总管府长史。此州控隋、郧之沃壤，扬沔、汉之清波，民半左夏，地邻疆场。僚端所寄，才望是资。公断决如流，提翊有序，镇南声绩，盖有助云”。又，《尉迟运墓志》载尉迟运于大成元年（579年）担任“秦渭成康文武六州诸军事，秦州总管”后，“此州华戎相半，风俗不一，虽异空桐之武，颇有强梁之气。公济宽持猛，远服迩安，开怀纳胡，举袖化狄，千里闻风，百城解印”。这些记载反映了北朝时期西北地区的民族状况，以及当政者对待当地民众的态度。魏晋南北朝时期，西北地区入住了大批少数民族，如匈奴、羯、氐、羌等，他们往往各自聚族居住，势力日显强大。在南北朝石刻文献中，有大量关于这方面的情况记载。[1]《魏书·高祖纪》载（延兴）二年春正月乙卯，统万镇胡民相率北叛。诏宁南将军、交趾公韩拔等追灭之。后曲赦京师及河西，南至秦泾，西至包罕，北至凉州诸镇。这便反映了孝文帝初年严重的西北民族矛盾。北朝各政权为解决这一民族矛盾，任命在当地有影响力的地方长官或世家大姓人物，如皇甫骥、宇文瓘、尉迟运等官员进行安抚管理。正是由于当时西北民族矛盾尖锐，社会动乱频繁，才产生了这样有利的统治手法。北朝各政权建立过程当中，时与边疆民族发生战争，态势稳定的情况下基本上采取友好政策，因而大大地促进了民族之间的融合。

（一）民族通婚融合

从北朝墓志中“通婚民族选择统计”来看，在通婚的男女双方民族

---

① 马长寿：《碑铭所见前秦至隋初的关中部族》，桂林：广西师范大学出版社，2006年版。

可考的 410 例中，少数民族之间的通婚为 40 例，占 9.76%。在少数民族之间的通婚中，鲜卑族与其他少数民族通婚最为频繁，共 35 例，占 40 例的 87.50%。与鲜卑通婚最多的是匈奴 12 例，吐谷浑与蠕蠕各 5 例，高丽 4 例，其他则多少不等。

（二）民族关系个案

1. 突厥

突厥①为 6 世纪初兴起于金山（今阿尔泰山）西南麓的一游牧部落，因金山形似古代战盔兜鍪，当地俗语呼兜鍪为突厥，故以为名。起初，突厥族人不得不受柔然汗国的役属，后由于高车部族不能忍受柔然汗国的残暴统治而西迁，柔然汗国的势力消弱下来，突厥族人开始以畜牧和手工业产品同西域各城邦进行贸易，并派遣使者与西魏互通友好，逐渐摆脱了柔然汗庭的束缚。西魏宇文泰于大统十一年（545 年）派遣使者前往突厥，"其国皆相庆曰：'今大国使至，我国将兴也'"②。西魏大统十七年（551 年），以长乐公主嫁给突厥主阿史那土门。西魏废帝元年（552 年），木杆可汗（俟斤）建突厥汗国于今鄂尔浑河流域，创文字，立官制，与中原交流更为频繁。北周与突厥有和亲之举。北周《武德皇后阿史那氏墓志》，1993 年出土于陕西咸阳市底张镇马村东南。据志文及《周书·武帝阿史那皇后传》知，阿史那氏是突厥木杆可汗俟斤之女，于北周武帝天和三年（568 年）18 岁时嫁给武帝宇文邕。这是突厥与北周关系中的重要事件③。在和亲以示友善的同时，也打开了外交之门，双方互派使者友好往来。如《若干云墓志》载有此事："至天和五年，迁仪同三司。国家与突厥方敦姻亚，前后四回奉使出境，宣扬休命，奉述朝旨。密慎沉审，言无外泄，温室之树，方此非俦。"北周末年双方也时有冲突发生。如《尉迟运墓志》载："宣政元年，（尉迟运）授司武上大夫。突厥越龙堆而逾虎泽，掠边民而杀煞使。高祖自将北讨，崩于云阳。公与薛国公览同受顾命，不坠话言，遂光殊宠。"此等为民族冲突与融合的典型事例。从公元 552—583 年，短短 30 年中，突厥人在亚洲建立了一个最强大而且相当统一的国家，为讴歌这一功业，公元 732 年突厥汗国的复兴君主毗伽可汗于鄂尔浑河右岸和硕柴达木湖畔，树立了一座著

---

① 林干：《突厥史》，呼和浩特：内蒙古人民出版社，1988 年版。
② 《周书》卷五十《突厥传》，北京：中华书局，1974 年版，第 908 页。
③ 吴玉贵：《突厥汗国与隋唐关系史研究》第三章之第一节，北京：中国社会科学出版社，1998 年版。

名的《阙特勤碑》，正面突厥文背面汉文。后毗伽可汗卒，国人亦为其立碑①以示纪念。

2. 吐谷浑

就族源来说，吐谷浑族与慕容鲜卑有着极为密切的关系。曹魏时期，鲜卑慕容部在辽东一带活动，至西晋初年，在其酋长慕容涉归率领下迁至徒河青山一带。慕容涉归有二子，长子慕容廆，庶长子吐谷浑。慕容涉归死后，长子慕容廆继为慕容部酋长，吐谷浑率其所部另立部落。后兄弟之间发生矛盾，吐谷浑率部西迁②，不久便形成了一个领地很大的新民族。他们已不把自己看作鲜卑族，而以首领吐谷浑作为族名，只是统治者家族的姓氏慕容得以保留。

熙平元年（516年）《吐谷浑玑墓志》出土于洛阳，墓主是归顺北魏的吐谷浑国王后代，志称"其先吐谷浑国主柴之曾孙，祖头颓率众归朝，蒙赐公爵，父斗承袭，玑年廿，袭父爵"。志又载吐谷浑玑"处武怀文，博畅群籍，善文艺，爱琴书"。罗振玉言："知当日塞种入中原，无不慕华风者。"③ 这正是北朝文化特点的反映。河北磁县东陈村曾出土尧峻及妻吐谷浑静媚、独孤思男合葬墓，并有墓志发现。尧峻是《魏书》中有传记的北魏相州刺史尧暄之孙，曾任怀州刺史。尧峻妻吐谷浑静媚，为

---

① 突厥文《阙特勤碑》，是公元732年突厥汗国的复兴君主毗伽可汗为纪念其亡弟阙特勤的功勋而建立的。碑高333厘米，东西两面上宽122厘米，下宽132厘米，南北两面较窄，宽约44—46厘米。《毗伽可汗碑》的每面都比《阙特勤碑》宽出数厘米。两碑都是四面刻字，分突厥文和汉文两部分：正面（东面）及左右（南北）二侧是突厥文，背面（西面）是汉文。据测算，《阙特勤碑》东面有40行，南北两面各13行，东面上方有一符号，是为可汗的徽识；《毗伽可汗碑》东面41行，南北两面各15行。据记载，两碑的突厥铭文均为阙特勤和毗伽可汗的外甥特勤撰写。关于此碑的建立和唐朝派人参加建立此碑的经过，新、旧《唐书》均有著录。自1889年为俄国雅德林采夫（N. Yardrinzeff）在蒙古草原鄂尔浑河河畔和硕柴达木湖旁发现两碑后，曾由俄国、荷兰等学者译为法文、德文。我国史学工作者初由德文、英文译为中文者的是韩儒林《突厥文阙特勤碑译注》，载于1935年版《国立北平研究院院务汇报》第六卷、第六期。韩氏又著《突厥文毗伽可汗碑译释》，载于1936年《禹贡》半月刊第六卷、第六期。其中尚有若干处未曾译出，或译辞尚须斟酌。岑仲勉《跋突厥文阙特勤碑》，载于1937年版《辅仁学志》第六卷，第一、二合期，对于韩氏译注多有补正。1940年，日本小野川秀美，参考我国及欧洲各国已发表关于突厥碑文之文献，发表了《突厥文译注》，载于《满蒙史论丛》第四期。50年代，马长寿《突厥人和突厥汗国》一书，吸收了前人译注及补正之精华，又作译。1977年，北京中央民族学院在《古代突厥文献选读》（第一分册）中，刊发了耿世民教授直接从古突厥文原文译出的《阙特勤碑》和《毗伽可汗碑》及另一名碑《暾欲谷碑》的汉译文。王大方：《突厥〈阙特勤碑〉与〈毗伽可汗碑〉踏察记》，《碑林集刊》第八辑，西安：陕西人民美术出版社，2002年版，第261—263页。

② 周伟洲：《吐谷浑史》，银川：宁夏人民出版社，1984年版，第3页。

③ 罗振玉：《丙寅稿》，自刻本。

吐谷浑第九代君主吐谷浑阿柴之后。阿柴死后，群子争立，吐谷浑静媚的曾祖父吐谷浑头颣（墓志中称作吐谷浑头）失利，投奔北朝，被授汶山公。吐谷浑与北魏、东魏、北齐的相互联姻亦十分频繁。建义元年（528年）《元鉴妃吐谷浑氏墓志》，志称妃为吐谷浑国主胄胤，安西将军永安王斤之孙，安北将军永安王仁之长女，太尉公三老禄尚书东阳王之外孙。据《魏书·吐谷浑传》"吐谷浑拾寅立，显祖征其任子，拾寅遣子斤入侍"。《魏书·高祖纪》"延兴四年二月吐谷浑拾寅遣子费斗斤入侍，并献方物"。志之斤即纪之费斗斤，东阳王即元丕。《魏书·平文子孙列传》"丕高祖时封东阳王，迁太尉禄尚书事，世宗诏以为三老"。这些记载与志正和。可见鲜卑与吐谷浑累世婚配，元丕之女嫁吐谷浑国安北将军永安王仁；他们的女儿又嫁与武昌王元鉴。又见，东魏兴和中孝静帝元善见纳夸吕从妹为嫔；夸吕又请婚，东魏乃以济南王匡孙女广乐公主以妻之，以后朝贡不绝。[1] 吐谷浑与北朝亦时战时和，北周《贺兰祥墓志》记载："周有天下，元年，拜柱国大将军、大司马。吐谷浑乘凉州不备，入寇，害凉州刺史洞城公是云宝，遂为边患。武成元年，公受命率大将军俟吕陵□、大将军宇文盛、大将军越勤宽、大将军宇文广、大将军库狄昌、大将军独孤浑贞等讨焉。"北周《独孤浑贞墓志》志文载"元年，迁大将军，除小司空"亦是指吐谷浑寇边，独孤浑贞随贺兰祥进行讨伐。这些墓志对于了解当时北方民族的文化融合情况具有重要意义。

　　3. 匈奴

　　匈奴是以蒙古高原为自己的主要活动地区，且势力强劲的游牧民族之一，它对古代东方，以及古代欧洲的历史发展曾有过重大的影响。自战国晚期至魏晋一直与中原汉人保持时战时和关系。匈奴从汉代始向内地迁徙，十六国时期匈奴族在中原先后建立了前赵、夏、北凉三个政权。前赵创建人为刘渊，南匈奴单于扶罗之孙，刘豹之子。夏政权创建者为铁弗匈奴刘勃勃。匈奴族铁弗部是匈奴、鲜卑人的混血儿。刘勃勃称王以后，认为自己既为天子，就应与天相连，因此取姓赫连（匈奴语"天"之意）。公元425年勃勃死，其子昌继位。次年北魏伐夏，昌被俘获。其弟定于平凉即位，后被俘获送至北魏，夏亡，有《赫连子悦墓志铭》《云荣墓志》为证。北齐武平四年（573年）《赫连子悦墓志铭》载："公讳子悦，字士忻，化政代名，人自文命开大帝之基，淳维作引弓

　　① 《魏书》卷一百一《吐谷浑传》，北京：中华书局，1974年版，第2241页。

之长。冲源与带地争流，高峰与并天比峻。高祖勃勃，气龙朔野，群俗宗推，遂有正朔，郁为大夏。曾祖伦，夏帝之第四子，酒泉王太尉录尚书。祖豆勿于，知机其神，来宾魏室，频牧雄州，大开书社。父仪同三司豳恒二州刺史。"武平五年（574 年）《云荣墓志》称："连天徽赫，难得而称焉。大夏武皇帝，君之五世祖。"知赫连子悦、云荣为赫连勃勃之后。匈奴与鲜卑时有战事冲突，如北齐《耿韶墓志》载："魏孝昌三年，匈奴入境，刺史侯行台募令平□官以靖境。"北朝墓志中匈奴之后亦有人在，如普泰元年（531 年）《赫连悦墓志》言："其先茂德雄图，作霸河夏，怀仁辅义，襟带通都，郁郁之美，焕炳金经，绵胝之盛，龟书具载。"上党长子尧氏家族兄弟二人尧奋与尧峻，均与匈奴联姻，《尧峻妻独孤思男墓志》载："发系御龙，降祥赤雀。滥觞激而遂远，绵胝积以不穷。"《尧奋妻独孤华墓志》亦曰："发系御龙，开祥赤鸟。崇基独远，等许史于西京……年十有八言适尧氏。"

4. 高车

高车一名出现于魏晋南北朝时期。据《魏书》载："高车，盖古赤狄之余种也，初号为狄历，北方以为敕勒，诸夏以为高车、丁零。"[1]狄历、敕勒、高车、丁零，都是译音之转，而高车的名称，则是这一族人"俗多乘高轮车""车轮高大，辐数至多"，因以得名[2]。十六国时期居今河北、河南的丁零，内迁翟氏还曾建立过一个政权——翟魏。北魏拓跋珪重建代国初期，多次深入漠北掠迁数十万高车于漠南。[3]拓跋焘时有高车部落数十万人归降，北魏将这些由漠北归降的高车诸部迁至漠南六镇[4]之地，为魏守边。据载高车最初有六个姓氏，以后又增加十二姓，共为十八姓[5]。据《魏书·李感传》载："乞伏保高车部人，父居，显祖时赐爵宁国侯，赐以宫人申氏。居卒，申抚养伏保。袭父侯爵，例降为伯。"永熙二年（533 年）《乞伏宝墓志》记载与传同，保即宝。知乞伏宝先辈为高车部人，后归入鲜卑。《魏书·高车传》言："高车族十二姓：一曰泣伏利氏，泣伏利省作乞伏。"乞伏宝是高车泣伏利氏族的后人。北魏分裂后，高车与北魏的关系断绝。后高车有十万余户降于东魏

---

① 《魏书》卷一百三《高车传》，北京：中华书局，1974 年版，第 2307 页。
② 《新唐书》卷二百一十七《回鹘传》，北京：中华书局，1975 年版。《北史》卷九十八《高车传》，北京：中华书局，1974 年版。
③ 《北史》卷九十八《高车传》，北京：中华书局，1974 年版，第 3273 页。
④ 北魏所设六镇在平城以北，阴山南北，自西而东为：沃野、怀朔、武川、抚冥、柔然、怀荒。
⑤ 《北史》卷九十八《高车传》，北京：中华书局，1974 年版，第 3271—3272 页。

高欢。刊刻于河清三年（564 年）三月二日《乐陵王妃斛律氏墓志铭》就是例证，王妃斛律氏为斛律金孙女，嫁太祖献武皇帝高欢之孙、肃宗孝昭皇帝高演之子高伯年。又，北齐库狄回洛及妻斛律昭男、库狄业、乞伏保达墓志出土，库狄洛与妻斛律昭男、库狄业、乞伏保达均为入东魏、北齐的高车后裔。《尔朱元静墓志》载尔朱元静嫁与叱列延庆为妻，此为羯与高车族联姻之一例。东魏兴和三年（541 年）高车终为柔然所灭，前后共存 54 年，凡七主。

5. 蠕蠕

蠕蠕（亦称柔然、茹茹、芮芮等）是一个与鲜卑、匈奴等族均有一定渊源关系的漠北游牧民族。蠕蠕长期在漠北地区活动，并与中原政权，尤其是与北魏政权建立了广泛的联系。蠕蠕与北魏也处于时战时和状态。如《北史》曰："魏登国中讨之，蠕蠕移部遁走。追之及于大碛南床山下，大破之，虏其半部。……天兴五年，社崙闻道武征姚兴，遂犯塞，入自参合陂，南至豺山及善无北泽。……永兴元年冬，又犯塞。"[1]《魏书》载："（世祖时）会蠕蠕侵境，驰驿征还，除柔玄镇都大将。后以（罗）斤机辩，敕与王俊使蠕蠕，迎女备后宫……高祖时，蠕蠕来寇，诏（罗）伊利追击之，不及而反。"[2] 可见蠕蠕与北魏政权既有通过和亲加强双边关系之策，也有肆机冒犯侵占争得利益之举。《元苌墓志》云："太和十二年代都平城改俟懃曹，创立司州，拜建威将军、畿内高柳太守，俄迁辅国将军、北京代尹。十六年蠕蠕犯塞以本官假节、征虏将军、北征西道别将。"又，《魏书》载元颐于高祖孝文帝时期："累迁怀朔镇大将，都督三道诸军事，北讨。诏征赴京，勖以战伐之事。对曰：'当仰仗庙算，使呼韩同渭桥之礼。'帝叹曰：'壮哉王言！朕所望也。'……与陆叡集三道诸将议军途所诣。于是中道出黑山，东道趋士卢河，西道向侯延河。军过大碛，大破蠕蠕。"[3] 碑志记有蠕蠕族人，孝文帝时《吊比干碑》其阴记"给事中郁久闾麟，散骑侍郎郁久闾敏"。北魏《元恭墓志》记恭妇为"茹茹主之曾孙，景穆皇帝女乐平长公主之孙，父安固伯闾世颖"。她应与北魏文成帝的母亲郁久闾氏同族。《闾伯升墓志》记其为"高祖茹茹主之第二子，率部归化，锡爵高昌王"。其妻元仲英为太尉咸阳王元禧女。《赫连子悦妻闾炫墓志》记："夫人即茹茹国主浑之

---

① 《北史》卷九十八《蠕蠕传》，北京：中华书局，1974 年版，第 3249—3251 页。

② 《魏书》卷四十四《罗斤传》，北京：中华书局，1974 年版，第 988 页。

③ 《魏书》卷十九《景穆十二王列传》，北京：中华书局，1974 年版，第 442 页。

玄孙。曾祖大肥，相时而动，来宾有魏，尚陇西长公主，拜驸马都尉，锡爵荥阳公。父阿各头、平原镇将安富侯。"考《魏书·闾大肥传》"大肥蠕蠕人，太祖时与其弟大埿倍颐率宗族归国"。大肥归附北魏后，尚陇西长公主，拜驸马都尉，可见北魏政权对其厚待之重。闾炫之夫赫连子悦为匈奴后裔，他们之婚配是匈奴与蠕蠕族人的结合。与为仕于北朝而葬于隋开皇六年（586年）的郁久闾伏仁有砖志出土，其载伏仁本姓茹茹。其父太和时，值魏南徙，始为河南洛阳人，改姓郁久闾氏，是伏仁乃蠕蠕族后裔。太昌元年六月，阿那瑰遣乌勾兰树升伐等朝贡，并为长子请尚公主。永熙二年四月，孝武诏以范阳王海琅琊公主许之，未及成婚，帝入关。此等可了解北魏时期蠕蠕族郁久闾氏内附的情况，蠕蠕与北魏王族世代通婚的状况，以及北魏政权对蠕蠕所表现出的怀柔政策。

北魏灭亡后，很快北方就形成了东魏与西魏两大对立政权，蠕蠕与之政权依然保持战和关系。而东魏、西魏的统治者为避免两面作战，亦为了借助于蠕蠕之力消灭对方，双方都对其采取和亲政策，如结阿那瑰为婚好。

据正史载西魏与蠕蠕和亲有2次。一是西魏大统初文帝元宝炬"以孝武时舍人元翌女称为化政公主，妻阿那瑰兄弟塔寒"。二是文帝"自纳阿那瑰女为后，加以金帛诱之"①。东魏与蠕蠕和亲记有3次。齐神武高欢因阿那瑰女妻文帝者遇疾死等事，派使者张徽纂申齐神武意，离间阿那瑰与西魏和睦，为我所用，彼若深念旧恩，以存和睦，当以天子懿亲公主结成姻媾，为遣兵将，伐彼叛臣，为蠕蠕主雪耻报恶。阿那瑰召其大臣与议之，便归诚于东魏。遣其俟利、莫何莫缘游大力等朝贡，因为其子菴罗辰请婚。孝静帝元善见颁诏以常山王骘妹乐安公主许之，改封为兰陵郡长公主。兴和二年八月，阿那瑰遣莫何去折豆浑十升等朝贡，复因求婚。兴和三年四月请迎公主。双方送迎公主于新城之南。六月，高欢顾虑阿那瑰难信，又以国事加重，躬送公主于楼烦之北，接劳其使，每皆隆厚。阿那瑰大喜，自是朝贡东魏相寻。兴和四年，阿那瑰请以其以孙女邻和公主妻齐神武高欢第九子长广公高湛，静帝元善见诏为婚。阿那瑰派遣郁久闾譬掘、游大力送女于晋阳。实为可喜的是正史中记载的故事，竟然为出土实物所证实。如《茹茹公主闾氏墓志》，1976年出土于河北磁县大冢营村。盖题"魏开

---

① 《北史》卷九十八《蠕蠕传》，北京：中华书局，1974年版，第3263—3264页。

府仪同长广郡开国高公妻茹茹公主闾氏铭"。志称"公主讳叱地连，茹茹主之孙，谛罗臣可汗之女也"。东魏丞相高欢为了集中精力对付西魏，便采取"招怀荒远"的睦邻政策，与西魏背后的茹茹族实行政治联姻，高欢第九子高湛又与茹茹族的安乐公主闾氏结成了娃娃亲，当时公主才5岁，高湛也只有8岁。据墓志载公主"以武定八年四月七日薨于晋阳，时年十三。即其年岁次庚午五月己酉朔十三日辛酉葬于釜水之阴，齐献武王之茔内"。茹茹公主闾氏年仅13岁不幸夭折于晋阳。东魏政权为了巩固这一政治联姻，将小公主移至京都邺城的皇陵区安葬，并为她举行了隆重的葬礼。蠕蠕公主墓出土的文物十分丰富，彩色壁画达130平方米，壁画上的人物有几十人，主要表现墓主人告别草原入塞、与高湛成亲、在中原的日常生活、染病期间亲人探望以及死后羽人、凤鸟引导升天的情景，着力表现了主人的荣贵地位。这些壁画布局极为严谨，人像比例准确，服饰生动逼真，画面壮阔，线条豪放，敷彩艳丽，鲜明展示了一个时代绘画面貌和独特风格，填补了中国绘画史的一页空白。出土的陶俑有1064件，一半为彩陶。人物各种各样，有武士俑、伎乐骑俑、文吏俑、女官俑、舞女俑，最引人注目的是深眼高鼻的胡俑和北方游牧民族信奉的萨满巫师俑等，列队而立浩浩荡荡，其场面的宏大可与昭君出塞相媲美。墓中还出土金器52件，其中最有价值的是东罗马拜占廷帝国阿那斯塔斯一世和查士丁一世时所铸的两枚金币，时距铸造年代仅二三十年，充分说明公元六世纪时"丝绸之路"的通达顺畅。不仅如此，联姻故事还在继续，武定四年，阿那瑰有爱女，号为公主，以高欢威德日盛，又请致之，孝静帝闻而诏神武纳之。阿那瑰派遣使臣送女于晋阳。此事亦有墓志出土为证，见东魏《高欢妻闾氏墓志》记载："夫人姓闾，茹茹主第二女也。塞外诸国，唯此为大。……夫人体识和明，姿制柔婉，闲（贤）淑之誉，有闻中国。齐献武王敷至德于戎华，立大功于天地，弼成五服，光于四海。方一此车书，同兹声教，驱百两于王庭，鸣双燕于塞表，遂一婚姻之故，来就我居。"高欢娶茹茹主第二女闾氏为妻，闾氏年19岁不幸薨于并州王宫，窆于齐王陵之北一里，有诏葬以妃礼。自此东魏边塞无事，至于武定末，使贡相寻。及齐受东魏禅，亦岁时往来不绝。北齐天保三年，阿那瑰为突厥所破，自杀。其太子菴罗辰等宗氏族人拥众奔齐，文宣帝高洋拥立菴罗辰为主。天保五年三月，菴罗辰反叛，文宣帝讨伐大破之。东魏时期高门大族间亦有联姻，如兴和四年十一月十一日《慕容纂墓志》载墓主慕容纂妻为蠕蠕散骑常侍、华林都将、武卫将军、平北将军、并州刺史闾骥之女。可见"招怀荒远"的睦邻政策，实以政治联姻为体现，为双方统治集团带来了利益与安宁。

6. 高丽

高丽族是中国古代东北地区的一个民族政权，素以历史悠久、文化发达和国势强盛而著名。史称"号曰高句丽，因以为氏"①，亦称高句丽。高丽和我国东晋、后赵、前燕、前秦、后燕、北燕、北朝、南朝，常有频繁的使节来往。高丽与北魏早有来往，延兴元年（471 年）"高丽民奴久等相率来降，各赐田宅"②。据统计，高丽派遣使节到北魏、东魏、北齐、北周王朝的京都访问，并馈赠方物，前后有 90 多次。渤海蓚县高飏支、高道悦支为典型由高句丽入魏、并融入北魏的显赫家族。另有居住在洛阳城内永康里的王祯和王基两兄弟，自称为乐浪遂城（今朝鲜平壤西南江西迤西的咸从里）人，燕仪同三司、武邑公波六世孙，高祖礼班，曾祖定国始入仕北魏，祖唐成，父光祖。王氏为高句丽乐浪巨族。另有《元愿平妻王氏墓志》出土洛阳，志称"夫人乐浪遂城人，燕仪同三司、武邑公波六世孙"。《周书·王盟传》记王盟的祖先乐浪人，六世祖波，前燕太宰。可见王祯、王基、元愿平妻王氏、王盟四人同辈行。洛阳出土，刊刻于北魏永平元年（508 年）十一月六日《王墲奴墓志》，志称王墲奴乐浪遂城人。其高祖汲，燕侍中、尚书、佐仆射、仪同三司，武邑公。曾祖遐，散骑常侍，领给事、黄门侍郎，长乐侯。祖超，圣朝中书侍郎。父琳，尚书郎。王墲奴的先人官从后燕，后被北朝所征，从仕于北魏。《王温墓志》于 1989 年出土于洛阳邙山朝阳乡西沟村西地。王温为姬姓后裔，祖辈于建兴二年自蓟避难乐浪。兴安二年祖父王评"携家"归于北魏，王温等后人均仕于北朝。

三、中外民族的融合

魏晋南北朝时期，中原天下大乱，不少大族和士人纷纷迁居河西以避战乱，促使中西交往的河西走廊文化得到前所未有的提升与重视。在此期间中原地区同西方的交通贸易相当频繁，不断有东往西去的使者旅行在丝绸之路上，洛阳可以看作是该时期丝绸之路的起点。尤其在孝文

---

① 《魏书》卷一百《高句丽传》，北京：中华书局，1974 年版，第 2214 页；《三国史记》卷十三《高句丽本纪·始祖东明圣王纪》。
② 《魏书》卷七《高祖纪》，北京：中华书局，1974 年版，第 135 页。

帝迁都以后，洛阳成为北朝的政治经济与文化中心，是全境的交通枢纽和最庞大的物资集散地。公元310年，天竺僧人佛图澄至洛阳；399年，东晋僧人法显等西行取经；437年，北魏遣董琬、高明等出使西域诸国；468年，北魏遣使韩羊皮出使波斯，与波斯使者俱还；518年，宋云与惠生自洛阳出发，西行取经；530年，波斯国遣使南朝。此外，还有大量没有留下名字和事迹的使者往来于东西各国，其间留存的遗物也不在少数，如2012年在洛阳衡山路发现的北魏节闵帝元恭墓葬，出土了大量重要遗物，其中的拜占庭阿纳斯塔修斯一世金币最引人关注，其发现可以反映当时中西交流频繁的状态①，为洛阳是丝绸之路的东方起点再增力证。同样，北朝出土墓志亦有相关记载，以反映中外民族的交流与融合。

（一）鄯善

鄯善国，古称楼兰国，是中国古代西域的重要城郭国家，距离北魏前期都城平城7600里。北魏统一中国北方后，太延五年（439年）发兵灭北凉，鄯善人恐"唇亡齿寒"，祸连自身，"乃断塞行路，西域贡献，历年不入"。公元441年北凉残部在沮渠安周率领下攻入鄯善。北魏太平真君九年（448年）派万度征鄯善，鄯善王真达受降，北魏在其地置西戎校尉府，驻军震慑其王，"鄯善王，镇鄯善，赋役其民，比之郡县"②，鄯善国亡。从此，鄯善被纳入北魏直接管辖的范围，并逐渐与当地居民相融合。

北魏延昌元年《鄯乾墓志》称乾为侍中、镇西将军、鄯善王宠之孙，平西将军、青平凉三州刺史、鄯善王临泽怀侯视之长子。考以去真君六年归国，自祖以上，世居西夏。据《北史·西域传》："鄯善王比龙率众西奔且末，世祖诏成周公万度发凉州讨之，其王真达面缚出降。度留军屯守，与真达诣京师，世祖大悦厚待之。"《魏书·世祖纪》记万度袭鄯善事于太平真君六年。与志互校，知志云鄯善王宠即比龙，视即真达。史不载真达降魏后事，据志知封临泽侯，谥曰怀，平西将军、青平凉三州刺史。鄯乾以国为氏，是归降于北魏国的鄯善王的后代。西魏文帝大统八年（542年）夏四月有"鄯善王兄鄯朱那率众内附"③一事的记载，可见还有鄯善余部入居河西走廊。

① 宋华：《河南评出五大考古新发现洛阳北魏大墓确认是帝陵》，引自《中国文物报》2014年3月14日第1版。
② 《魏书》卷四《世祖纪》，北京：中华书局，1974年版，第102页。
③ 《北史》卷五《西魏文帝纪》，北京：中华书局，1974年版，第178页。

（二）于阗

于阗在今新疆和田县西南，塔里木盆地南缘，东汉时期已发展成为西域的一个"强国"，西北诸小国皆服从之。于阗与北朝关系密切，魏文成帝太安三年（457年）、献文帝天安元年（466年）、皇兴元年（467年）、皇兴三年（469年），于阗曾多次遣派使者到平城访问。魏宣武帝景明三年（502年）、正始四年（507年）、永平元年（508年）、延昌元年（512年）、延昌二年（513年），又多次遣使到洛阳访问。这种频繁的往来，加强了于阗与黄河流域的联系，推动了经济文化的发展与民族之间的融合。高宗文成皇帝夫人于先姬有墓志出土，志称夫人"西域于阗国主女也，虽殊化异风，饮和若一。夫人讳仙姬，童年幼龄，早练女训，四光自勤，雅协后妃"。夫人龄登九十，于孝昌二年二月二十七日薨于金墉宫。知夫人生于太武帝太延三年（437年），至文成帝即位兴安元年（452年）时，年已及笄，嫁文成皇帝为妻。《魏书·高宗纪》记太安三年正月，粟特、于阗国各遣使朝贡。十二月，于阗、扶余等五十余国各遣使朝献。[1] 或许夫人于是年入嫔魏宫。夫人以国为氏。

（三）粟特

粟特人，属于伊朗人种的中亚古族，在中国史籍中又被称为昭武九姓、九姓胡、杂种胡、粟特胡等。他们原本生活在中亚阿姆河和锡尔河之间的泽拉夫珊河流域，即古典文献所说的粟特地区，其主要范围在今乌兹别克斯坦。粟特人长期受其周边的强大外族势力所控制，更加强了自己的应变能力，从而成为一个独具特色的商业民族。由于经商和战争等原因，粟特人沿丝绸之路大批移民中国，居住地广泛。就今所知，南北朝至唐朝时期，沿丝绸之路的于阗、楼兰、龟兹、高昌、敦煌、酒泉、张掖、武威和长安、洛阳等许多城镇，都有粟特人的足迹。19世纪末20世纪初，在新疆和田、尼雅、楼兰、库车、吐鲁番的一些遗址以及敦煌藏经洞发现了大批写本，其中有相当数量的用中古伊朗语所写的文献。粟特商胡不仅是经商能手，而且长时期内在欧亚内陆扮演着传播多元文化和多种宗教的角色。[2]

---

[1]　《魏书》卷五《高宗纪》，北京：中华书局，1974年版，第116页。

[2]　张广达于2001年7月为荣新江《中古中国与外来文明》一书作序中持此观点。

1999 年 7 月，山西太原发现了虞弘及夫人墓。① 据墓志记载。其虞弘是鱼国人，鱼国在史籍中没有记载。其祖父是鱼国领民酋长。父君陁，先任茹茹（柔然）国莫贺去汾达官，后入魏，任朔州刺史。从他祖上和本人原是中亚柔然帝国的官员来看，鱼国是中亚的一个国家②。虞弘早年亦仕茹茹，13 岁时任莫贺弗，代表茹茹出使波斯、吐谷浑、月氏等地，因功转任莫缘，后出使齐国，"弗令返国"，出仕北齐。后主武平（570—575 年）末，北齐势衰。北周武帝建德间（572—577年），攻击北齐，虞弘遂由齐入周。大象末年，领并、代、介乡团，担任太原第三个州的"检校萨保府"官员，即中央政府派驻太原管理胡人聚落者，而非萨保本身。虞弘墓志证明，最迟在北周末年，萨保已经开府设职。

2000 年 5 月，陕西西安发现了安伽墓。大象元年（579 年）去世并安葬的安伽，其墓志首题"大周大都督同州萨保安君墓志铭"，是目前所见最早的萨保本人的材料。墓志记载："君诞之宿祉，蔚其早令，不同流俗，不杂嚣尘，绩宣朝野，见推里闬，遂除同州萨保。君政抚闲合，远迩祗恩，德盛位隆，于义斯在，俄除大都督。"从安伽的名字和他来自河西粟特人聚居之地姑臧，可以肯定他是来自中亚安国（Bukhara）的粟特人。北周时任同州（陕西大荔）萨保，即中央政府任命的同州地区的胡人聚落首领。安伽墓石棺床后屏的六幅图像，形象地展现了萨保在粟特聚落中的地位，以及他宴饮、狩猎、会客、出访等社会生活场景，既有和文献材料相互印证之处，如萨保职位父子相继的情形，也有补充文献记载不足之处，特别是粟特聚落与突厥的密切关系。

2003 年 6 月 12 日至 10 月 18 日，考古工作者在西安市未央区大明宫乡井上村东，距安伽墓约 2.5 千米处清理了北周史君墓，有"刊碑墓道"，即指石堂上双语铭文题刻，非墓碑亦非墓志，但似仿北朝中原地区汉族墓志的铭文形质。石堂门楣的形状为横长方形，表面磨光。出土时上面涂有一层墨，正面分别阴刻粟特文和汉文两种文字，内容相同。粟

---

① 荣新江：《隋及唐初并州的萨保府与粟特聚落》，《文物》2001 年第 4 期，第 84—89 页；张庆捷：《虞弘墓志考释》，《唐研究》第 7 卷；林海村：《稽胡史迹考——太原新出隋代虞弘墓志的几个问题》，《中国史研究》2002 年第 1 期，第 71—84 页；周伟洲：《隋虞弘墓志释证》，引自荣新江、李孝聪《中外关系史：新史料与新问题》，北京：科学出版社，2004 年版，第 247—257 页；山西省考古研究所、太原市文物考古研究所、太原市晋源区文物旅游局：《太原隋虞弘墓》，北京：文物出版社，2005 年版。

② 罗丰：《一件关于柔然民族的重要史料——隋〈虞弘墓志〉考》，《文物》2002 年第 6 期，第 78—83、93 页。

特文共 32 行，刊刻于门楣东侧，竖排，阴刻竖格共 33 行，第 33 行有格而无文字。汉文共 18 行，刻写于门楣西侧，竖排，阴刻竖格。粟特文和汉文第 1 行均位于铭文中间，分别向两侧书写。粟特文部分除由于盗墓者的破坏而造成个别文字残损外，其余文字完整，无漏刻现象。汉文部分，第 1 行阴刻篆书"大周凉州萨保史君石堂"，第 2—18 行是正文部分，楷体，除残损的文字外，还有大段的空白，而且又有许多别字和错字。第 2 行刻墓主"君讳□，其先史国人也，本居西域……迁居长安……授凉州萨保。……大象元年五月七日，薨于家，年八十六。妻康氏，其□□□□□日薨。以其二年岁次庚子正月丁亥朔廿三日己酉，合葬永年"①。这是目前发现的有明确纪年的、最早的粟特文和汉文对应的题刻。②就北朝现有的墓志、碑刻、题记等石刻材料，非汉文题铭此是唯一，具有极其重要的学术价值。

2004 年 4 月在南距安伽墓仅 150 米的地方，即坑底寨处又发现了一座墓葬形制类似的北周粟特墓。从墓志铭可知墓主名业，字元基，康居国王后裔。其父名字志文中未提及，曾两次任西魏王朝的大天主、罗州使君。大统十年（544 年）由时任车骑大将军和雍州呼药的翟门及居住长安的西胡国豪族向魏文帝举荐做大天主，大统十六年（550 年），尚书再次奏请其做大天主，北周保定三年（563 年）去世。天和元年（566 年）周武帝授命康业任大天主，天和六年（571 年）六月五日薨，享年 60 岁，诏赠为甘州刺史，同年十一月廿九日葬。墓主康业及子泜休延、槃陁、货主文献均不载，据志可补史阙。墓志中的"康国"是汉魏隋唐时期昭武九姓胡国之一。史载康国都悉万斤，有大城 30 座，小堡 300个，在粟特全境处于主导地位，"凡诸胡国，此为其中，进止威仪，近远取则"③。康业的汉化程度要远远高于安伽、史君、虞弘，可能与在华时间长短有关。康业的下葬年代比安伽早 8 年，比虞弘早 27 年。

（四）罽宾

2005 年 9 月，西安市北郊南康村村民在基建工程中，发现一座北

---

① 杨军凯：《北周史君墓双语铭文及相关问题》，《文物》2013 年第 8 期，第 49—58 页。

② 杨军凯：《西安又发现北周贵族史君墓》，《中国文物报》2003 年 9 月 26 日；杨军凯：《关于袄教的第三次重大发现——西安北周萨保史君墓》，《文物天地》2003 年第 11 期，第 26—29 页；杨军凯：《西安北周史君墓石椁图像初探》，引自《法国汉学·第十辑》丛书编辑委员会：《粟特人在中国——历史、考古、语言的新探索》，北京：中华书局，2005 年版。

③ 程林泉、张翔宇：《西安北郊再次发现北周粟特人墓葬》，《中国文物报》2004 年 11 月 24 日第 1 版。

周墓，该墓处于南康村村中略偏南的位置，南距坑底寨北周康业墓约500米，安伽墓约650米，有墓志出土。据志载，墓主姓李，名诞，字陁娑，赵国平棘人，生平无官职，死后被诏赠为邯州刺史。其先伯阳之后，应为攀龙附凤之语，说明其受中土文化影响深厚。墓主字陁娑、长子槃提，是印度和中亚一带人名常用字。志文云"太祖以君婆罗门种，屡蒙赏"。婆罗门为古印度四大种姓中最高贵的种姓，专门从事宗教和祭祀活动。志文载墓主"正光中（520—525年）自罽宾归阙"。罽宾①，中国汉代至唐代对中亚一个国家或地区的译称。保定四年（564年）薨于万年里，春秋五十九，葬中乡里。李诞墓线刻内容以伏羲、女娲、四灵等传统图案为主，具有强烈的中土文化气息。

李诞墓既是目前国内第一座墓志中明确记载有罽宾国的墓葬，也是首次发现婆罗门后裔的墓葬，同时又是西安地区发现的第四座有明确纪年的北周时期在华外来人的墓葬，比康业墓早7年，比安伽墓早15年。它的出土证明西安北郊一带不仅仅是北周时期粟特人的墓地，而且也是其他外来族人员的墓地所在。更加明确了北周都城长安确实是一个国际大都市。出土的墓志志文及石棺所透出的信息，为研究中西文化交流及丝绸之路提供了珍贵的实物资料。

关于民族融合的标志，周伟洲先生认为："应是看融合的民族双方是否在历史上已形成一个有共同语言、共同地域、共同经济生活以及表现于共同文化上共同心理素质的稳定的共同体。以上这四个要素本是斯大林关于民族的定义，但也应是衡量民族融合的标志。"② 经过魏晋南北朝民族大融合之后，继之而来的隋唐盛世，自然也成为民族大融合鼎盛时期。

① 据《中国历史地图集》第四册，南北朝时期地图所示，罽宾位于今克什米尔地区，地跨印度和巴基斯坦两国，其治所善见城位于今印度实际控制区。
② 周伟洲：《中国中世西北民族关系研究》，桂林：广西师范大学出版社，2007年版，第211页。

附　表

墓志中反映北朝通婚婚例

男性	民族	女性	民族	资料来源
文成帝拓跋濬	鲜卑	耿乐女	汉	汇编 P73《高宗文成皇帝嫔耿氏墓志》
		耿寿姬	汉	汇编 P102《高宗耿嫔墓志铭》
		于阗国主女于仙姬	于阗	汇编 P180《于仙姬墓志》
		李方叔女（皇后）	汉	汇编 P478《李云墓志》
献文帝拓跋弘	鲜卑	侯骨氏	鲜卑	汇编 P42《显祖嫔侯骨氏墓志铭》
		成氏	？	汇编 P78《显祖嫔成氏墓志》
		潘氏	鲜卑①	汇编 P54《元飖墓志》
孝文帝元宏	鲜卑	赵氏	汉	汇编 P74《高祖充华赵氏墓志》
		高肇妹高照容	高丽	疏证 P89《文昭皇后高照容墓志》
		冯熙第二女（皇后）	汉	汇编 P155《冯季华墓志》
		冯熙第三女（皇后）	汉	
		冯熙第四女	汉	
		冯熙第五女	汉	
		罗云女	鲜卑	汇编 P340《元宝建墓志》

---

① “破多罗”源于鲜卑别种名称，后由部落名演化为姓氏。北魏孝文帝迁都洛阳后将鲜卑诸姓改为汉姓，《魏书》卷一百一十三《官氏志》有“（西方）破多罗氏，后改为潘氏”。张庆捷：《北魏破多罗氏壁画墓所见文字考述》，文曰：“由史载及墓志可知，元飖之母乃长乐潘氏，于元飖生年延兴二年（472 年）去世。从潘太妃的身份来讲，在鲜汉贵族甚少通婚时期，笔者以为她很可能不是汉人，而是出身于一个西北少数民族的贵族家庭。联系前述孝文帝将‘西方破多罗氏后改为潘氏’的改姓举动推测，潘太妃原来的部落应是破多罗部。因此她死前并非潘氏，而是破多罗氏，潘氏只是孝文帝改姓后的姓氏。孝文帝迁都改姓以后，无论史书还是墓志，绝大多数人都回避鲜卑姓氏而使用华夏姓氏，在这种情况下反而把其真实的姓氏混淆掩盖。”引自《历史研究》2007 年第 1 期，第 177—178 页。又据逯耀东：《拓跋氏与中原士族的婚姻关系》一文“孝文帝以前拓跋氏后妃姓氏表”记载献文帝拓跋弘贵人潘氏，改姓前的姓氏为破多罗氏。引自《从平城到洛阳》，北京：中华书局，2006 年版，第 231 页。笔者与两位先生的观点一致。

男性	民族	女性	民族	资料来源
宣武帝元恪	鲜卑	高偃女高英（皇后）	高丽	汇编 P102《世宗后高英墓志》
		胡国珍女胡太后（皇后）	？	《河洛墓刻拾零》P20《比丘尼统法师胡僧芝墓志》
		李续宝女	汉	汇编 P184《世宗宣武皇帝嫔李氏墓志》
		司马显姿	汉	汇编 P120《宣武皇帝第一贵嫔司马显姿墓志》
		王肃女王普贤	汉	汇编 P69《王普贤墓志》
孝明帝元诩	鲜卑	胡盛女胡明相	？	汇编 P209《肃宗昭仪胡明相墓志》
		卢道约女卢令媛	汉	汇编 P128《卢令媛墓志》
		高雅长女高孝明	高丽	汇编 P313《高雅墓志》
孝武帝元脩	鲜卑	河间邢晏女邢同娥	汉	《沧州出土墓志》P14—16《邢晏墓志》
元子固（元孚子）	鲜卑	河间邢晏女邢援止	汉	
元忠	鲜卑	司马妙玉	汉	《墨香阁藏北朝墓志》P4《元忠暨妻司马妙玉墓志》
元淑	鲜卑	吕敬安第六之敬女	汉	疏证 P61《元淑墓志》
元龙	鲜卑	纥干氏	鲜卑	汇编 P45《元龙墓志》
		皮氏	？	
元荣兴	鲜卑	裴智英	汉	《新见北朝墓志集释》P182《裴智英墓志》
元休	鲜卑	贺兰	鲜卑	
元新成	鲜卑	李超女	汉	汇编 P100《李氏墓志》
元子推	鲜卑	吴氏	汉	汇编 P271《元液墓志》
元坦	鲜卑	吴丑女	汉	
元液	鲜卑	冯次兴女	汉	
元受久（寿鸠）	鲜卑	王氏	乌丸	汇编 P60《元侔墓志》
元遵	鲜卑	刘氏	匈奴	汇编 P60《元侔墓志》汇编 P146《元昭墓志》
元遥	鲜卑	梁氏	匈奴	汇编 P194《元遥墓志》
元瓒	鲜卑	于昌容	鲜卑	《洛阳出土墓志研究文集》P282《〈北魏于昌容墓志〉研究》

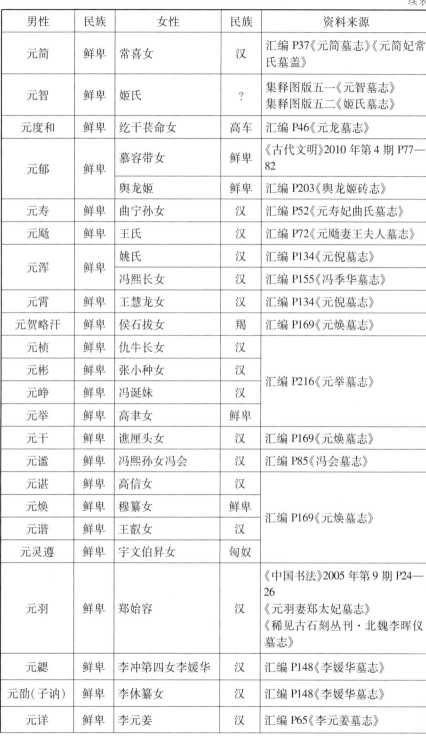

男性	民族	女性	民族	资料来源
元简	鲜卑	常喜女	汉	汇编 P37《元简墓志》《元简妃常氏墓盖》
元智	鲜卑	姬氏	?	集释图版五一《元智墓志》集释图版五二《姬氏墓志》
元度和	鲜卑	纥干苌命女	高车	汇编 P46《元龙墓志》
元郁	鲜卑	慕容带女	鲜卑	《古代文明》2010 年第 4 期 P77—82
		舆龙姬	鲜卑	汇编 P203《舆龙姬砖志》
元寿	鲜卑	曲宁孙女	汉	汇编 P52《元寿妃曲氏墓志》
元飏	鲜卑	王氏	汉	汇编 P72《元飏妻王夫人墓志》
元浑	鲜卑	姚氏	汉	汇编 P134《元倪墓志》
		冯熙长女	汉	汇编 P155《冯季华墓志》
元霄	鲜卑	王慧龙女	汉	汇编 P134《元倪墓志》
元贺略汗	鲜卑	侯石拔女	羯	汇编 P169《元焕墓志》
元桢	鲜卑	仇牛长女	汉	汇编 P216《元举墓志》
元彬	鲜卑	张小种女	汉	
元峥	鲜卑	冯诞妹	汉	
元举	鲜卑	高聿女	鲜卑	
元干	鲜卑	谯厘头女	汉	汇编 P169《元焕墓志》
元谧	鲜卑	冯熙孙女冯会	汉	汇编 P85《冯会墓志》
元谌	鲜卑	高信女	汉	汇编 P169《元焕墓志》
元焕	鲜卑	穆纂女	鲜卑	
元谐	鲜卑	王叡女	汉	
元灵遵	鲜卑	宇文伯昇女	匈奴	
元羽	鲜卑	郑始容	汉	《中国书法》2005 年第 9 期 P24—26《元羽妻郑太妃墓志》《稀见古石刻丛刊·北魏李晖仪墓志》
元飔	鲜卑	李冲第四女李媛华	汉	汇编 P148《李媛华墓志》
元勐(子讷)	鲜卑	李休纂女	汉	汇编 P148《李媛华墓志》
元详	鲜卑	李元姜	汉	汇编 P65《李元姜墓志》

男性	民族	女性	民族	资料来源
元澄	鲜卑	李氏	汉	汇编 P41《李氏墓志》
		冯熙第七女冯令华	汉	汇编 P155《冯季华墓志》 汇编 P374《冯令华墓志》
元鸾	鲜卑	乙延女	吐谷浑	汇编 P167《元显魏墓志》 汇编 P300《元徽墓志》
		卢氏	汉	汇编 P298《元恭墓志》
元徽	鲜卑	李冲孙女李或妹	汉	汇编 P300《元徽墓志》
元恭	鲜卑	间世颖女	蠕蠕	汇编 P298《元恭墓志》
元融	鲜卑	穆氏	鲜卑	疏证 P64《元融妃穆氏墓志》
		卢贵兰	汉	汇编 P371《卢贵兰墓志》
元湛(元彬子)	鲜卑	薛慧命	汉	汇编 P214《薛慧命墓志》
元弼	鲜卑	张氏	汉	汇编 P38《元弼墓志》
元鉴	鲜卑	吐谷浑氏	吐谷浑	汇编 P245《吐谷浑氏墓志铭》
元均	鲜卑	杜氏	汉	汇编 P360《元均墓志》
元熙子	鲜卑	薛伯徽	汉	汇编 P174《薛伯徽墓志》
元怿	鲜卑	张道始女	汉	汇编 P223《元邵墓志》
		罗盖女	鲜卑	汇编 P340《元宝建墓志》
元邵	鲜卑	胡僧洸女	鲜卑	汇编 P223《元邵墓志》 汇编 P340《元宝建墓志》
元亶	鲜卑	胡宁女	鲜卑	汇编 P340《元宝建墓志》
元宝建	鲜卑	崔氏	汉	汇编 P340《元宝建墓志》
元宝月	鲜卑	萧子贤女	汉	汇编 P178《元宝月墓志》
元乂	鲜卑	胡珍女	鲜卑	汇编 P184《元乂墓志》
元颖	鲜卑	崔休女	汉	
元亮	鲜卑	卢聿女	汉	
元祐	鲜卑	常季繁	汉	汇编 P132《常季繁墓志》
元燮	鲜卑	王道岷第三女	汉	汇编 P56《元燮夫人王氏墓志》
元诱	鲜卑	冯熙女	汉	汇编 P42《元诱命妇冯氏墓志》
	鲜卑	薛伯徽	鲜卑	汇编 P174《薛伯徽墓志铭》
元继	鲜卑	石婉	汉	汇编 P55《石婉墓志》
元琎	鲜卑	穆玉容	鲜卑	汇编 P109《穆玉容墓志》

男性	民族	女性	民族	资料来源
元腾	鲜卑	程法珠	汉	汇编P110《元腾墓志》
元氏	鲜卑	赵光	汉	汇编P113《赵光墓志》
元谭	鲜卑	司马纂长女	汉	汇编P136《司马氏墓志》
元端	鲜卑	冯朗孙女	汉	汇编P258《冯氏墓志》
元颢	鲜卑	李元姜	汉	汇编P65《李元姜墓志》
元灵曜	鲜卑	尉诩女	鲜卑	汇编P138《元灵曜墓志》
		张伦女	汉	
元昭	鲜卑	宇文氏	匈奴	汇编P146《元昭墓志》
元季海	鲜卑	李稚华	汉	汇编P148《李媛华墓志》《大唐西市博物馆藏墓志》P10《李稚华墓志》
元显魏	鲜卑	冯熙女	汉	汇编P167《元显魏墓志》
元崇智	鲜卑	薛和女	汉	汇编P155《冯季华墓志》
元延明	鲜卑	冯熙第六女	汉	汇编P155《冯季华墓志》汇编P376《冯氏墓志》
元悦	鲜卑	冯熙第八女	汉	汇编P155《冯季华墓志》
元伏生	鲜卑	舆龙姬	?	汇编P203《舆龙姬墓志》
元固	鲜卑	陆琇女	鲜卑	汇编P211《元固墓志》
元彝	鲜卑	冯氏	汉	汇编P226《元彝墓志》
元素连	鲜卑	赫连昌妹	匈奴	汇编P60《元伟墓志》汇编P146《元昭墓志》
元于德	鲜卑	张提孙女	汉	汇编P60《元伟墓志》汇编P231《元梭墓志》
		南阳张氏	汉	汇编P231《元梭墓志》汇编P232《元愔墓志》
元晖	鲜卑	公孙顺女	汉	
元逸	鲜卑	李平女	汉	
元悸	鲜卑	叱罗兴女	鲜卑	汇编P60《元伟墓志》
元略	鲜卑	卢尚女真心	汉	汇编P238《元略墓志》
元提	鲜卑	吐谷浑仁女	吐谷浑	汇编P245《吐谷浑氏墓志》
元景略	鲜卑	兰将	?	汇编P251《兰将墓志》
元礼之	鲜卑	唐氏	汉	汇编P252《元礼之墓志》
元坦	鲜卑	吴氏	汉	汇编P271《元灵和墓志》

男性	民族	女性	民族	资料来源
元懿长子	鲜卑	陆孟晖	鲜卑	汇编 P271《陆孟晖墓志》
元颃	鲜卑	胡氏	鲜卑	汇编 P291《元颃墓志》
元馗（字孝道）父	鲜卑	杨氏	汉	汇编 P301《元馗墓志》
元爽	鲜卑	李平女	汉	汇编 P308《元爽墓志》
元德隆	鲜卑	萧宝夤女	汉	
元鸷	鲜卑	公孙甑生	汉	汇编 P321《公孙甑生墓志》
元伏和	鲜卑	穆氏	鲜卑	疏证 P457《元伏和墓志》
元徽礼	鲜卑	崔悛女	汉	汇编 P340《元宝建墓志》
元嘉	鲜卑	穆寿孙女穆亮从妹	鲜卑	汇编 P356《元湛墓志》
元渊	鲜卑	王肃女	汉	汇编 P356《元湛墓志》
元湛（元渊子）	鲜卑	王翊女王令媛	汉	汇编 P358《王令媛墓志》
元睿	鲜卑	赵国吕檀女	汉	疏证 P75《元睿墓志》
		于兜女	鲜卑	
元睿祖受拔	鲜卑	河南穆泰拔女	鲜卑	
元睿父奴瑰	鲜卑	辽东李捶女	汉	
元凝	鲜卑	陆顺华	鲜卑	汇编 P375《陆顺华墓志》
元贤	鲜卑	河涧邢氏	汉	汇编 P386《元贤墓志》
元鉴	鲜卑	李宪四女李季嫔	汉	汇编 P331《李宪墓志》
元世铎	鲜卑	李祖牧长女	汉	疏证 P216《李祖牧妻宋灵媛墓志》疏证 P219《李祖牧墓志》疏证 P223《李君颖墓志》
元世绪	鲜卑	辛庆女辛氏	汉	《大唐西市博物馆藏墓志》P16《元世绪墓志》
元子邃	鲜卑	李艳华	汉	汇编 P402《元子邃墓志》汇编 P347《李艳华墓志》
元子玄	鲜卑	郑伯猷姊妹	汉	《邙洛碑志三百种》P32《元孟瑜墓志》
元寿安	鲜卑	卢兰	汉	汇编 P491《卢兰墓志》
元范	鲜卑	郑令妃	汉	集释卷四 P27《郑令妃墓志》
元氏	鲜卑	于昌容	鲜卑	朱绍侯《北魏于昌容墓志研究》
元穆	鲜卑	夫人	？	《洛阳出土北魏墓志选编》

男性	民族	女性	民族	资料来源
元虔	鲜卑	慕容氏	鲜卑	《洛阳古代铭刻文献研究》P272 《北魏〈元琛墓志〉跋》
元崇	鲜卑	田氏	?	
元眷	鲜卑	刘归女	?	
元氏	鲜卑	冯邕女	汉	汇编 P128《冯邕妻元氏墓志》
元氏	鲜卑	冯邕女	汉	
元氏	鲜卑	成公氏	?	《文物》1963 年第 6 期
拓跋虎	鲜卑	尉迟将男	鲜卑	疏证 P251《拓跋虎墓志》 疏证 P258《拓跋虎妻尉迟将男墓志》
拓跋氏	鲜卑	贺兰祥长女	鲜卑	疏证 P245《贺兰祥墓志》
拓跋氏	鲜卑	贺兰祥第五女	鲜卑	疏证 P245《贺兰祥墓志》
越勤氏①	鲜卑	拓跋渍摩	鲜卑	疏证 P258《拓跋虎妻尉迟将男墓志》
慕容纂	鲜卑	间骊女	蠕蠕	《东方艺术》2016 年第 8 期 P120—133 《慕容纂墓志》
		元瑞女	鲜卑	
长孙嵩	鲜卑	燕国段干女	?	疏证 P112《封□妻长孙氏墓志》
长孙陵	鲜卑	河涧刘出建女	汉	
长孙苌生	鲜卑	河涧刘庞女	汉	
长孙士亮	鲜卑	宋灵妃	汉	汇编 P301《宋灵妃墓志》
长孙伯年	鲜卑	陈平整	汉	汇编 P355《陈平整墓志》
长孙季	鲜卑	慕容定女	鲜卑	新获《长孙季墓志》 《邙洛碑志三百种》P30《长孙季墓志》
长孙瑕	鲜卑	罗氏	?	全上古三代秦汉三国六朝文 P3970 《长孙瑕夫人罗氏墓志铭》
长孙汗	鲜卑	赫连昌女	匈奴	《洛阳新见墓志》P3《长孙忻墓志》
长孙侯	鲜卑	豆卢丑女	鲜卑	
长孙德	鲜卑	库狄无提女	高车	
奚智	鲜卑	宋氏	汉	汇编 P50《奚智墓志》
		宗氏	汉	

① 姚徽元：《北朝胡姓考》，北京：中华书局，1962 年版，224 页；陈连庆：《中国古代少数民族姓氏研究》，长春：吉林文史出版社，1993 年版，186 页。

男性	民族	女性	民族	资料来源
奚真	鲜卑	孙氏	汉	汇编 P142《奚真墓志》
达奚武	鲜卑	郑氏	汉	全上古三代秦汉三国六朝文 P3970《郑氏墓志铭》
达奚氏	鲜卑	贺兰祥次女	鲜卑	疏证 P245《贺兰祥墓志》
丘哲	鲜卑	鲜于仲儿	高车	汇编 P185《鲜于仲儿墓志》
叔孙协	鲜卑	宇文氏	匈奴	汇编 P117《叔孙协墓志》
穆观	鲜卑	魏宜阳公主	鲜卑	汇编 P41《穆亮墓志》
穆寿	鲜卑	魏乐陵公主	鲜卑	
穆平国	鲜卑	魏城阳公主	鲜卑	
		魏长乐公主	鲜卑	
穆亮	鲜卑	尉太妃	鲜卑	汇编 P112《穆亮妻尉太妃墓志》
穆绍	鲜卑	魏琅邪长公主	鲜卑	汇编 P282《穆绍墓志》
穆长成	鲜卑	元氏	鲜卑	汇编 P121《穆纂墓志》
穆彦	鲜卑	元洛神	鲜卑	汇编 P219《元洛神墓志》
穆氏	鲜卑	元纯陁	鲜卑	汇编 P261《元纯陁墓志》
穆景相父	鲜卑	冯熙女	汉	《洛阳新获七朝墓志》P38
于纂	鲜卑	叔孙氏	鲜卑	汇编 P209《于纂墓志》
于景	鲜卑	魏东阳公主	鲜卑	汇编 P196《于景墓志》
于祚	鲜卑	和丑仁	鲜卑	汇编 P293《和氏墓志》
尉迟俟兜	鲜卑	周昌乐长穆公主	匈奴	疏证 P304《尉迟运墓志》
尉迟廓	鲜卑	韦宙女韦氏	汉	《新见北朝墓志集释》P190《尉迟廓墓志》
尉陵	鲜卑	贺示廻	？	《保定出土墓志选注》P11
尉标	鲜卑	王金姬	汉	《北京大学图书馆新藏金石拓本精华》P114《尉标暨妻王金姬墓志》
是连氏	鲜卑	邢阿光	鲜卑	汇编 P411《邢阿光墓志》
窦泰	鲜卑	娄黑女	吐谷浑	汇编 P394《窦泰墓志》 汇编 P397《娄黑女墓志铭》
和绍隆	鲜卑	元华	鲜卑	疏证 P212《和绍隆妻元华墓志》
高欢	鲜卑	闾氏（茹茹主第二女）	蠕蠕	《墨香阁藏北朝墓志》P70
		韩智辉	？	《墨香阁藏北朝墓志》P92

男性	民族	女性	民族	资料来源
文襄帝高澄	鲜卑	魏冯翊公主	鲜卑	汇编 P340《元宝建墓志》
文宣帝高洋	鲜卑	颜玉光	汉	汇编 P475《颜玉光墓志》
		李希宗女李祖娥	汉	疏证 P194《高殷妻李难胜墓志》
废帝高殷	鲜卑	李祖勋女李难胜	汉	疏证 P194《高殷妻李难胜墓志》
武成帝高湛	鲜卑	闾叱地连	蠕蠕	汇编 P382《茹茹公主闾氏墓志》
高延宗	鲜卑	李祖牧四女	汉	疏证 P216《李祖牧妻宋灵媛墓志》 疏证 P219《李祖牧墓志》 疏证 P223《李君颖墓志》
		李骞女李宝信		《李骞墓志》《东方艺术》2008 年第 4 期
高准	鲜卑	李君颖兄李君荣女	汉	疏证 P223《李君颖墓志》
高氏	鲜卑	敬氏	汉	汇编 P393《敬氏墓志》
高建	鲜卑	王安祖女	汉	汇编 P460《高建妻王氏墓志》
高伯年	鲜卑	斛律金孙女	高车	汇编 P419《斛律氏墓志》
高雅	鲜卑	司马悦长女显明	汉	汇编 P322《高雅墓志》
高聿	鲜卑	元彬姑	鲜卑	汇编 P216《元举墓志》
高世才	鲜卑	李六止	汉	汇编 P465《李琮墓志》
高慈	鲜卑	赵安石女	汉	《近年新出历代碑志精选系列·高慈妻赵夫人墓志》
高永乐	鲜卑	元沙弥（元渊第三女）	鲜卑	《墨香阁藏北朝墓志》P46《高永乐墓志》
贺兰祥祖乌多侯	鲜卑	库狄氏	高车	疏证 P245《贺兰祥墓志》 疏证 P331《贺兰祥妻刘氏墓志》
贺兰祥父初真	鲜卑	建安郡大长公主宇文氏（宇文泰姐姐）	匈奴	
贺兰祥	鲜卑	叱何罗氏（即刘氏）	鲜卑	
擒拔氏	鲜卑	贺兰祥第三女	鲜卑	
乙弗氏	鲜卑	贺兰祥第四女	鲜卑	
豆卢氏	鲜卑	贺兰祥第六女	鲜卑	
大野氏	鲜卑	贺兰祥第七女	鲜卑	
宁懋	鲜卑	郑遗姬	汉	汇编 P213《宁懋墓志》
卢巀	鲜卑	祖母鲁郡孔氏	汉	汇编 P371《卢贵兰墓志》
卢延集	鲜卑	母赵郡李氏	汉	

北朝墓志文献研究 下

男性	民族	女性	民族	资料来源
叱罗金刚 （叱罗协世子）	鲜卑	宇文俭女	匈奴	疏证 P285《宇文俭墓志》（疏证 P269《叱罗协墓志》中记载世子 叱罗金刚）
匹娄欢	鲜卑	尉迟氏	鲜卑	汇编 P486《匹娄欢墓志》
封昕	鲜卑	穆氏	鲜卑	汇编 P64《封昕墓志》
封魔奴	鲜卑	中山郎和女	？	汇编 P125《封魔奴墓志》
封柔	鲜卑	夫人博陵崔氏	汉	汇编 P369《封柔墓志》
		继夫人东平毕脩密	汉	汇编 P346《毕脩密墓志》
封延之	鲜卑	崔长晖	汉	《中国历史文物》2007 年第 2 期 《崔长晖墓志》
封子绘	鲜卑	王楚英	汉	汇编 P423《封子绘墓志》 疏证 P335《封子绘妻王楚英墓 志》
封孝琰	鲜卑	崔娄诃	汉	《中国历史文物》2007 年第 2 期 《崔娄诃墓志》
封君确	鲜卑	陇西李仁舒女	汉	
封□	鲜卑	长孙氏	鲜卑	疏证 P112《封□妻长孙氏墓志》
寇赞	鲜卑	杨寿女	汉	汇编 P106《寇演墓志》
寇元宝	鲜卑	鱼遵苻	？	
寇祖叹	鲜卑	韦尚女	汉	
寇臻	鲜卑	夏侯融女	汉	汇编 P48《寇臻墓志》 汇编 P198《寇治墓志》
		席他女	汉	
寇治	鲜卑	司马庆安女	汉	
寇凭	鲜卑	杨页穆长女	汉	汇编 P105《寇凭墓志》
寇峤	鲜卑	梁氏	？	汇编 P509《夫人梁氏墓志》
		薛氏	汉	汇编 P490《寇峤妻薛夫人墓志》
寇炽	鲜卑	姜敬亲	？	汇编 P489《寇炽墓志》
寇素	鲜卑	裴氏	汉	
寇士璋	鲜卑	郭氏	？	
寇真	鲜卑	高氏	鲜卑	汇编 P49《寇猛墓志》
寇娄	鲜卑	悦琛女	？	
寇贵侯懃地河	鲜卑	高博陵女	鲜卑	
马龟	鲜卑	张氏	？	汇编 P491《马龟墓志》

男性	民族	女性	民族	资料来源
罗宗	鲜卑	陆蒝蔾	鲜卑	《近年新出历代碑志精选系列·罗宗妻陆蒝蔾墓志》
莫仁信	鲜卑	虎氏①	匈奴	《考古与文明》2012 年第 3 期 P3—15《北周莫仁相、莫仁诞墓发掘简报》
		云氏	鲜卑	
可足浑匹斤	鲜卑	娄桃树女	吐谷浑	《洛阳新获七朝墓志》P37《可足浑氏叔孙夫人墓志》
可足浑寿	鲜卑	尉乙翼斤女	鲜卑	
可足浑洛	鲜卑	叔孙氏	鲜卑	
赫连悦	匈奴	刘荣长女刘虎儿	汉	汇编 P275《赫连悦墓志》
赫连子悦	匈奴	闾炫	蠕蠕	汇编 P420《闾炫墓志》
独孤有居斤	匈奴	贺兰氏	匈奴	汇编 P480《独孤信墓志》疏证 P295《独孤藏墓志》
独孤初豆伐	匈奴	达奚氏	鲜卑	
独孤侯尼伐	匈奴	费连氏	匈奴	
独孤信	匈奴	如罗氏	鲜卑	
独孤藏	匈奴	贺兰氏	鲜卑	疏证 P295《独孤藏墓志》
宇文谐	匈奴	郑术第二女	汉	疏证 P261《郑术墓志》
宇文谈	匈奴	郑术第三女	汉	
宇文弘	匈奴	郑术第五女	汉	
宇文永	匈奴	韩兴宗女	汉	《新获》《宇文永妻韩氏墓志》
宇文混	匈奴	独孤意女	匈奴	《洛阳师范学院学报》2015 年第 6 期 P26—29《宇文善墓志》
宇文福	匈奴	元赞女	鲜卑	
宇文氏	匈奴	吕氏	？	《中国砖铭》图版 718
宇文测	匈奴	拓跋匡（元匡）女阳平县主	鲜卑	《大唐西市博物馆藏墓志》1 册 P4《宇文测墓志》
宇文显和	匈奴	祖迁女祖明	？	《汉魏六朝碑刻校注》10 册 P267《宇文显和墓志》
贺豆跋	匈奴	乞伏文照女	高车	汇编 P35《钦文姬辰墓志》
乌丸光	突厥	叱罗招男	鲜卑	《秦晋豫新出土墓志搜佚》1 册 P60《（乌丸光夫人）叱罗招男墓志》
闾大肥	蠕蠕	魏陇西长公主	鲜卑	汇编 P420《闾炫墓志》
闾伯升	蠕蠕	魏乐安郡公主元仲英	鲜卑	汇编 P338《闾伯升墓志》

---

① 虎氏，此姓不见于中古胡姓中，疑为匈奴呼延氏，改为胡氏，译作虎氏。

男性	民族	女性	民族	资料来源
闾世颖父	蠕蠕	魏乐平公主	鲜卑	汇编 P298《元恭墓志》
尔朱元静父	羯	魏清河长公主	鲜卑	汇编 P418《尔朱元静墓志》
库狄洛	高车	斛律昭男	高车	汇编 P414《斛律昭男墓志》
		尉天生女尉嬢嬢	鲜卑	汇编 P407《尉嬢嬢墓志》
叱列延庆	高车	尔朱元静	羯	汇编 P418《尔朱元静墓志》
李贤	高车	吴辉	汉	汇编 P384《李贤和妻吴辉墓志铭》
		宇文氏	匈奴	汇编 P482《李贤墓志》
李永贵	高车	冯氏	？	汇编 P384《李贤及妻吴辉墓志铭》
斛律须达	高车	封子绘第三女封宝华	鲜卑	疏证 P335《封子绘妻王楚英墓志》
高飏	高丽	汝南袁氏	汉	疏证 P72《高琨墓志》
高琨	高丽	钜鹿耿氏	汉	
高猛	高丽	孝文帝季女元瑛	鲜卑	疏证 P101《高猛墓志》 疏证 P118《高猛妻元瑛墓志》
高道悦	高丽	李氏	？	《齐鲁碑刻墓志研究》 P254《高道悦夫人李氏墓志》
高世才	高丽	李六止	汉	汇编 P465《李琼墓志》
高氏	高丽	李宪第二女李仲仪	汉	汇编 P328《李宪墓志》
高湖	高丽	慕容度女	鲜卑	《文物》2014 年第 2 期《高树生墓志》
高谧	高丽	叔孙崇女	鲜卑	《新见北朝墓志集释》P78《高娄斤墓志》 《文物》2014 年第 2 期《高树生墓志》
高树生	高丽	韩期姬	？	《文物》2014 年第 2 期《高树生墓志》
高欢	高丽	娄内干女	吐谷浑	
高永宝	高丽	元怀女	鲜卑	
娄定远	吐谷浑	封子绘次女封宝艳	鲜卑	疏证 P335《封子绘妻王楚英墓志》
车伯生息	焉耆胡	鄯月光	？	汇编 P47《鄯月光墓志》
安突建	西域胡	杜氏	？	疏证 P308《安伽墓志》
杌杌氏	？	叱罗招男	鲜卑	《秦晋豫新出土墓志搜佚》1 册 P60《(乌丸光夫人)叱罗招男墓志》
是连公	？	河间邢阿光	汉	《汇编》P411—412《邢阿光墓志》
韩受洛拔	？	邢合姜	汉	《北艺》P74

男性	民族	女性	民族	资料来源
司马昞	汉	孟敬训	汉	汇编 P72《司马昞妻孟敬训墓志铭》
司马金龙	汉	贺豆跋女钦文姬辰	匈奴	汇编 P35《司马金龙之铭》《钦文姬辰之铭》
司马氏	汉	元仲蒨	鲜卑	汇编 P221《元邵墓志》
司马选	汉	郑术长女	汉	疏证 P261《郑术墓志》
卢度世	汉	崔赜女	汉	汇编 P128《卢令媛墓志》
卢渊	汉	李孝伯女	汉	
卢道约	汉	郑道昭女	汉	
卢道裕	汉	李令妃	汉	汇编 P148《李媛华墓志》
卢氏	汉	元季葱	鲜卑	汇编 P221《元邵墓志》
卢□	汉	郑始容第二妹	汉	《中国书法》2005 年第 9 期 P24—26《元羽妻郑太妃墓志》
卢公令	汉	封子绘长女封宝首	鲜卑	疏证 P335《封子绘妻王楚英墓志》
卢叔粲	汉	封子绘第三女封宝华	鲜卑	
卢公顺	汉	崔昂第三女德仪	汉	汇编 P433《崔昂墓志》疏证 P389《崔昂妻郑仲华墓志》
卢公礼	汉	封孝琰第三女封饶弟	鲜卑	《中国历史文物》2007 年第 2 期《崔娄诃墓志》
卢誉	汉	祖政女	汉	《涿州贞石录》P112
卢洪	汉	博陵崔兰宾	汉	《收藏家》2012 年第 6 期 P25—34《墨香阁藏北朝墓志》P14《崔宾媛墓志》
卢元礼	汉	李令仪	汉	
卢景柔	汉	封延之长女	鲜卑	《中国历史文物》2007 年第 2 期《崔长晖墓志》
郑平城	汉	李晖仪	汉	《中国书法》2005 年第 9 期 P24—26《元羽妻郑太妃墓志》《稀见古石刻丛刊·北魏李晖仪墓志》
郑氏	汉	元徽妹	鲜卑	汇编 P301《元徽墓志》
郑道邕	汉	李宪第五女稚媛	汉	汇编 P328《李宪墓志》
郑道昭	汉	李长妃	汉	汇编 P148《李媛华墓志》
郑洪健	汉	李伸王	汉	

男性	民族	女性	民族	资料来源
郑松年	汉	羊景姿	汉	疏证 P78《羊祉墓志》
郑长休	汉	裴良长女裴绛辉	汉	疏证 P197《裴良墓志》
郑思仁	汉	崔昂长女	汉	汇编 P433《崔昂墓志》
郑班豚	汉	李壁女孟猗	汉	汇编 P118《李壁墓志》
郑术	汉	裴淑晖	汉	疏证 P261《郑术墓志》
郑金刚	汉	李五男	汉	汇编 P465《李琮墓志》
郑践	汉	元孟瑜	鲜卑	《邙洛碑志三百种》P32《元孟瑜墓志》
郑伯猷	汉	元延明女　阳公主	鲜卑	《邙洛碑志三百种》P32《元孟瑜墓志》
王奂	汉	段道矜女	汉	汇编 P253《王翊墓志》
王琛	汉	刘义恭女	汉	汇编 P69《王普贤墓志》
王翊	汉	元澄女	鲜卑	汇编 P358《王令媛墓志》
王肃	汉	夫人谢庄女	汉	汇编 P69《王普贤墓志》
		后夫人尚陈留长公主	鲜卑	
王诵	汉	宁陵公主	鲜卑	汇编 P57《宁陵公主墓志》
	汉	元贵妃	鲜卑	汇编 P92《元贵妃墓志》
王子建	汉	元僧儿	鲜卑	汇编 P184《元乂墓志》
王氏	汉	元华光	鲜卑	汇编 P166《元华光墓志》
王舒	汉	慕容氏	鲜卑	汇编 P272《王舒墓志》
王怜	汉	赵氏	？	汇编 P399《夫人赵氏墓志》
王士良	汉	董荣晖	鲜卑	疏证 P255《王士良妻董荣晖墓志》
王始俊	汉	李超女孟宜	汉	汇编 P160《李超墓志》
王茂宏	汉	李德相	汉	汇编 P465《李琮墓志》
王文	汉	刘江	？	汇编 P83《父王文母刘江铭记》
王悦	汉	郭氏	？	汇编 P310《王悦及妻郭氏墓志》
王遵敬	汉	薛氏	匈奴	汇编 P88《王遵敬铭记》
王修之	汉	韦华女	汉	《书法丛刊》2007 年第 5 期 P34
王僧珍	汉	庞山庸女	汉	
王还	汉	赵氏	汉	《近年新出历代碑志精选系列·王虬墓志》
王欣	汉	刘氏	汉	

男性	民族	女性	民族	资料来源
王馥	汉	陇西李华女	汉	2007 年九月十七日琉璃厂在线履薄斋《王馥墓志》拓片《邙洛碑志三百种》P24《洛阳新获七朝墓志》P26
王曦	汉	吕氏	？	《中国书法》2016 年第 6 期 P91《王茂墓志》
王茂	汉	崔氏	汉	
王源	汉	曹氏	？	《中国砖铭》图版 664
王文爱	汉	刘江女	？	汇编 P83《王文爱墓砖铭》
王僧玉	汉	杜延登	汉	《中国古代砖刻铭文集》（下）P164
王立周	汉	□敬妃	？	《中国古代砖刻铭文集》（下）P168
王略	汉	河间尹伯女	汉	《洛阳新获七朝墓志》P16《王静墓志铭》
王儁	汉	河间刘景女	汉	
王生	汉	车显女	？	
王回叔	汉	李桃	汉	《新见北朝墓志集释》P169《王回叔墓志》
王光	汉	叱罗签第二女叱罗氏	鲜卑	《大唐西市博物馆藏墓志》P8《王光墓志》
王秀	汉	李氏	汉	《安丰文化》P296《王秀墓志》
冯道鉴	汉	慕容氏	鲜卑	汇编 P155《冯氏墓志》
冯颢	汉	元楚华	鲜卑	汇编 P149《李媛华墓志》
冯邕	汉	元氏	鲜卑	汇编 P128《元氏墓志》
冯孝纂	汉	元孟容	鲜卑	汇编 P167《元显魏墓志》
韩业	汉	曾祖母辽西孟融氏	？	汇编 P286《韩震墓志》
韩达	汉	慕容干女	鲜卑	
韩曜	汉	俟文成女	？	
韩震	汉	南阳娥清女	鲜卑	
韩晖	汉	乞伏归女	高车	
韩光	汉	长孙果女	鲜卑	
韩绍显	汉	南安赵俊女	？	
韩子捷	汉	弘农杨植女	汉	
韩晖	汉	天水乞伏归女	鲜卑	
韩光	汉	河南长孙果女	鲜卑	

北朝墓志文献研究 下

男性	民族	女性	民族	资料来源
韩贿	？	高飏长女	高丽	汇编P153《高氏墓志》
韩麒麟	汉	王定国女	汉	新获《宇文永妻韩氏墓志》《邙洛碑志三百种》P13《韩氏墓志铭》
韩兴宗	汉	慕容白曜女	鲜卑	
韩显宗	汉	孙玄明之叔女	汉	汇编P39《韩显宗墓志》
公孙顺	汉	长孙陵女	鲜卑	汇编P321《公孙甑生墓志》
公孙囧	汉	长孙遐女	鲜卑	
张玄	汉	陈进寿女	汉	汇编P280《张玄墓志》
张卢	？	刘法珠	汉	汇编P126《张卢墓志》
张满泽	汉	郝氏	汉	汇编P487《郝夫人墓志》
张瑝	汉	郑始容第四妹	汉	《中国书法》2005年第9期P24—26《元羽妻郑太妃墓志》
张景渊	汉	李遵妻妹	汉	汇编P164《李遵墓志》
张氏	？	赫连阿妃	匈奴	汇编P361《赫连阿妃墓志》
张氏	？	殷伯姜	？	疏证P108《殷伯姜墓志》
张氏	？	阎氏	？	《中国文物报》1997年8月17日
张氏	？	李淑真	汉	检要P116《李淑真墓志》
张僧明	？	褚宝慧	汉	《书法丛刊》2011年第3期P24—27《北齐石刻五种·北齐褚宝慧墓志》《稀见古石刻丛刊·北齐褚宝慧墓志》
张保	？	妻	？	《中国古代砖刻铭文集》（下）P168
张海钦	？	苏氏	？	《中国古代砖刻铭文集》（下）P171
张黑奴	？	王洛妃	汉	《蒿里遗文目录三上·专志徵存目录上》P4
张虎	？	赵氏	汉	《中国砖铭》图版972
张弁	汉	太原王除女	汉	《墨香阁藏北朝墓志》P16
张氏	？	董仪	？	《文化安丰》P291《张君妻董仪墓志》
邢颖	汉	渤海李昇女李氏	？	《沧州出土墓志》P4—5汇编P78《邢伟墓志》
邢修年	汉	赵郡李祥女李氏	汉	《沧州出土墓志》P2—3《邢峦墓志》P14—16《邢晏墓志》

男性	民族	女性	民族	资料来源
邢峦	汉	崔叔兰	汉	《收藏家》2012年第6期P25—34 《墨香阁藏北朝墓志》P14《崔宾媛墓志》《沧州出土墓志》P2—3《邢峦墓志》
		继夫人元纯陁	鲜卑	汇编P261《元纯陁墓志》 《沧州出土墓志》P2—3《邢峦墓志》
邢伟	汉	夫人勃海封休桀女封氏	?	《沧州出土墓志》P4—5 汇编P78《邢伟墓志》
		后夫人清河房千秋女房氏	汉	
邢晏	汉	前妻李安期女李氏	汉	《沧州出土墓志》P14—16《邢晏墓志》
		继妻崔宗伯女崔氏	汉	
		妾刘氏	?	
		妾王氏	汉	
邢测	汉	陇西李孚女李氏	汉	
尧荣	汉	赵胡仁	?	汇编P372《赵胡仁墓志》
尧奋	汉	独孤华	匈奴	《中国书法(B)》2016年第6期P101《独孤华墓志》
尧峻	汉	吐谷浑静媚	吐谷浑	汇编P439《吐谷浑静媚墓志》
		独孤思男	匈奴	汇编P454《独孤思男墓志》
杨结石	汉	燕国慕容氏	鲜卑	《墨香阁藏北朝墓志》P8《杨老寿墓志》
杨珍	汉	扶风窦秦女	?	汇编P61《杨范墓志》
杨真	汉	许明月女	?	《墨香阁藏北朝墓志》P8《杨老寿墓志》
杨懿	汉	王融女	汉	汇编P61《杨颖墓志》
杨颖	汉	侯氏	羯	汇编P62《杨阿难墓志》
杨椿	汉	清河崔氏	汉	疏证P71《杨椿妻崔氏墓志》
杨顺	汉	吕法胜	?	疏证P100《杨顺妻吕氏墓志》
杨泰	汉	华山郡主元氏	鲜卑	汇编P385《华山郡主元氏墓志》
杨济	汉	郭氏	?	新获《杨济墓志》 《邙洛碑志三百种》P25《杨济墓志》
		赵氏	?	

北朝墓志文献研究 下

760

男性	民族	女性	民族	资料来源
杨康生	汉	郭显女郭景妃	汉	汇编 P157《郭显墓志》
杨兴宗	汉	王钟儿	汉	汇编 P146《比丘尼统慈庆（王钟儿）墓志》
杨保元	汉	元氏	鲜卑	汇编 P385《杨保元妻华山郡主元氏墓志铭》
杨氏	汉	源显明	？	《邙洛碑志三百种》P12《源显明墓志》
杨机	汉	梁氏	汉	《文物》2007 年第 11 期 P56—69《杨机墓志》
杨氏	汉	柳桧女柳婉勤	汉	《新见北朝墓志集释》P116《柳桧墓志》
杨昇游	汉	成磨子	？	《墨香阁藏北朝墓志》P98《杨昇游妻成磨子墓志》
杨元让	汉	宋氏	？	《安丰文化》P230《杨元让妻宋氏墓志》
郭苌命	汉	赵郡李氏	汉	汇编 P157《郭显墓志》
郭显	汉	柏氏	汉	汇编 P157《郭显墓志》
郭金龙	汉	刘氏	汉	汇编 P157《郭显墓志》
郭谌	汉	庞超女	汉	《邙洛碑志三百种》P14《郭颖墓志》
郭播	汉	梁质女	？	《邙洛碑志三百种》P14《郭颖墓志》
郭文显	汉	刘还女	？	《邙洛碑志三百种》P14《郭颖墓志》
郭道真	汉	冯驹女	？	《邙洛碑志三百种》P14《郭颖墓志》
郭小伯	汉	徐氏	汉	《中国古代砖刻铭文集》(下)P175
郭钦	汉	河东裴宾女	汉	《文化安丰》P206《郭钦墓志》
李翻	汉	晋昌唐瑶女	？	汇编 P48《李蕤墓志》疏证 P58《李伯钦墓志》
李翻	汉	天水尹永女	？	汇编 P48《李蕤墓志》疏证 P58《李伯钦墓志》
李宝	汉	金城杨祎女	汉	汇编 P48《李蕤墓志》疏证 P58《李伯钦墓志》
李宝	汉	同郡彭含女	？	汇编 P48《李蕤墓志》疏证 P58《李伯钦墓志》
李承	汉	太原王慧龙女	汉	汇编 P48《李蕤墓志》疏证 P58《李伯钦墓志》
李佐	汉	陇西辛松女	？	汇编 P48《李蕤墓志》疏证 P58《李伯钦墓志》
李佐	汉	荥阳郑定宗女	汉	汇编 P48《李蕤墓志》疏证 P58《李伯钦墓志》
李蕤	汉	太原王洛成女王恩荣	汉	汇编 P48《李蕤墓志》疏证 P58《李伯钦墓志》

男性	民族	女性	民族	资料来源
李冲	汉	郑德玄女	汉	汇编 P148《李媛华墓志》
李彧	汉	丰亭公主元季瑶	鲜卑	
李挺（神俊）	汉	刘芳第二女刘幼妃	汉	汇编 P350《李挺墓志》
		江阳王元继第三女元阿妙	鲜卑	
		清河文献王元怿第三女元季聪	鲜卑	
李瑛	汉	郑始容第三妹	汉	《中国书法》2005 年第 9 期 P24—26《郑始容墓志》
李超	汉	恒农杨谈女	汉	汇编 P160《李超墓志》
		尹氏	？	《陇右文博》2004 年第 2 期 P17—20《李超夫人尹氏墓表》
李桃杖	汉	封子绘长女封宝首	鲜卑	疏证 P335《封子绘妻王楚英墓志》
李子亢	汉			
李奖	汉	赵超宗第二女	汉	《书法丛刊》2007 年第 5 期 P34
李宁	汉	南阳张愿德女	汉	《东方艺术·书法》2016 年第 6 期（下半月）P70—85
李云	汉	郑氏	汉	汇编 P377《李云妻郑氏墓志》
李静	汉	宗氏	？	《文化安丰》P275《李静墓志》
李祐	汉	广平游氏	？	汇编 P118《李璧墓志》
李雄	汉	北平阳璆女	汉	
李景仲	汉	辽东公孙佛仁	汉	
李璧	汉	荥阳郑润英	汉	
李宪	汉	河间邢肃女	汉	汇编 P331《李宪墓志》汇编 475《太姬崔幼妃墓志》
李希远	汉	广平宋弁女	汉	
李长钧	汉	元孟和女	鲜卑	
李希宗	汉	博陵崔楷女崔幼妃	汉	
李希仁	汉	博陵崔孝芬女	汉	
李骞（希义）	汉	范阳卢文翼女	汉	
李希礼	汉	范阳卢文符女	汉	
李世君	汉	邢晏女邢同娥	汉	《沧州出土墓志》P14—16《邢晏墓志》

男性	民族	女性	民族	资料来源
李世举	汉	继室邢氏	汉	《中国书法》2001 年第 6 期 P65—66《疏证》P560《墨香阁藏北朝墓志》P234—235《李世举墓志》
李祖牧	汉	广平宋弁孙宋维女宋灵媛	汉	疏证 P216《李祖牧妻宋灵媛墓志》疏证 P219《李祖牧墓志》疏证 P223《李君颖墓志》
李氏	汉	崔宣华	汉	汇编 P416《李妻崔氏墓志》
李恩曜	汉	寇炽第四女休华	鲜卑	汇编 P489《寇炽墓志》
李氏	汉	羊深二女羊繁猗	汉	疏证 P158《羊深妻崔元容墓志》
李慎	汉	三女琰辉	汉	疏证 P197《裴良墓志》
李孝贞	汉	崔昂次女	汉	汇编 P433《崔昂墓志》《新中国出土墓志》河北卷壹上册图 P17《李希礼墓志》
李琮	汉	钜鹿魏道宁女	汉	汇编 P465《李琮墓志》《邙洛碑志三百种》P19《李达妻张氏墓志》
李君达	汉	钜鹿魏宗超女	汉	
		张氏	？	
李赵客	汉	博陵崔彦遐女	汉	
李仲胤	汉	河间邢僧兰	汉	《考古》2015 年第 8 期 P75—88；《邢台学院学报》2016 年第 2 期 P20—22《李仲胤墓志》《邢僧兰墓志》
李叔胤	汉	博陵崔宾媛	汉	
李冯(李叔胤从祖弟)	汉	博陵崔芷兰	汉	《收藏家》2012 年第 6 期 P25—34《墨香阁藏北朝墓志》P14《崔宾媛墓志》
李弼(字延轨)	汉	荥阳郑思明女	汉	
李翼(字景叶)	汉	崔逸女	汉	
李缅	？	常敬兰	？	《书法丛刊》2010 年第 3 期 P18
徒何纶(李伦)	汉	宇文氏	匈奴	疏证 P265《徒何纶墓志》
李略	汉	南阳邓泰女	汉	孔夫子拍卖网馆藏魏志精品之六北魏《李略墓志》
李氏	汉	祖氏	？	《新中国出土墓志·河北·壹》P36
李爱	汉	赵树	汉	《中国书法》2001 年第 4 期 P18

男性	民族	女性	民族	资料来源
李荣	汉	郎山晖	？	《中国砖铭》图版964
李元俭父	汉	太原王氏	汉	《新见北朝墓志集释》P193《李元俭墓志》
李元俭	汉	博陵崔氏	汉	
李雍子仁	汉	河间邢晏女邢援娥	汉	《沧州出土墓志》P14—16《邢晏墓志》
李仁舒	汉	封延之第儿女	鲜卑	《中国历史文物》2007年第2期《崔长晖墓志》
李明绪	汉	封孝琰长女封僧儿	鲜卑	《中国历史文物》2007年第2期《崔娄诃墓志》
羊祉祖父	汉	清河崔氏	汉	
羊祉	汉	清河崔柙妃	汉	
羊灵宝	汉	清河崔氏	汉	
羊灵珍	汉	清河崔氏	汉	疏证P78《羊祉墓志》
羊燮	汉	魏郡申氏	？	疏证P110《羊祉妻崔妃柙墓志》
羊和	汉	安定皇甫氏	汉	
羊俭	汉	三故女	？	
羊偘	汉	安定皇甫氏	汉	
羊深	汉	崔元容	汉	疏证P78《羊祉墓志》 疏证P158《羊深妻崔元容墓志》
羊文兴息	汉	马姜	？	《中国砖铭》图版708
刘策	汉	张氏	汉	
刘颜父	汉	张氏	汉	汇编P88《刘颜墓志》
刘颜	汉	许氏	汉	
刘懿	汉	元生女	鲜卑	
刘元孙	汉	元恭女	鲜卑	汇编P335《刘懿墓志》
刘洪徽	汉	高欢第三女	鲜卑	
刘荣先	？	马罗英	汉	疏证P91《刘荣先妻马罗英墓志》
刘氏	汉	羊深大女羊仲猗	汉	疏证P158《羊深妻崔元容墓志》
刘强	汉	杨氏	汉	汇编P371《刘强墓志》

男性	民族	女性	民族	资料来源
刘英	?	杨瑆	汉	检要 P47《杨瑆墓志》
刘平头	?	傅双之	?	《中国砖铭》图版 971
常袭	?	清河崔氏	汉	疏证 P92《常袭妻崔氏墓志》
常彪	?	李超女嫒姿	汉	汇编 P160《李超墓志》
席宵	汉	钜鹿魏乾孙女	?	疏证 P97《席盛墓志》
席荣族	汉	皇甫（木贤）女	汉	
席树	汉	杨双女	汉	
席盛	汉	杨祖宝女	汉	
席鸥	汉	裴瑶	汉	《近年新出历代碑志精选系列·裴谭墓志》
崔敬友	汉	平原刘氏	汉	汇编 P326《崔混墓志》
崔混	汉	南阳赵氏	汉	
崔鸿	汉	张玉怜	汉	汇编 P185《崔鸿墓志》 汇编 P319《崔鸿夫人张玉怜墓志》 汇编 P326《崔混墓志》
崔勖	汉	李稚妃	汉	汇编 P148《李嫒华墓志》
崔昂	汉	前妻卢修娥	汉	汇编 P433《崔昂墓志》 汇编 P432《卢修娥墓志》
		后妻郑仲华	汉	汇编 P148《李嫒华墓志》
崔张仓	汉	封子绘小女封宝丽	鲜卑	疏证 P335《封子绘妻王楚英墓志》
崔彦道	汉	韦仲英	汉	疏证 P234《韦彧妻柳敬怜墓志》
崔仲哲	汉	李宪长女李长辉	汉	汇编 P328《李宪墓志》
崔臣	汉	李宪第三女李叔婉	汉	
崔子信	汉	李祖牧第二女	汉	疏证 P216《李祖牧妻宋灵嫒墓志》 疏证 P219《李祖牧墓志》
崔伯友	汉	李祖牧第三女	汉	疏证 P223《李君颖墓志》
崔祖昂	汉	魏河南长公主	鲜卑	汇编 P341《元宝建墓志》
崔猷	汉	房法寿女	汉	汇编 P66《崔猷墓志》
崔殊	汉	李休女	汉	汇编 P98《崔敬邕墓志》
崔双护	汉	李诜女	汉	
崔君弘	汉	李和上	汉	汇编 P465《李琮墓志》

续表

男性	民族	女性	民族	资料来源
崔经	汉	河间邢邃女	汉	《收藏家》2012 年第 6 期 P25—34《墨香阁藏北朝墓志》P14《崔宾媛墓志》
崔辩	汉	赵郡李祥女	汉	
崔逸	汉	荥阳郑羲女	汉	
崔模	汉	妻荥阳郑氏	汉	
		继室范阳卢氏	汉	
		继室渤海高氏，宣武皇帝后姊（高偃女）	高丽	
崔楷	汉	陇西李韶女	汉	
崔叔廉	汉	李幼芷	汉	
崔叔胤	汉	封延之第四女	鲜卑	《中国历史文物》2007 年第 2 期《崔长晖墓志》
崔晔	汉	李希礼二女李满相	汉	《新中国出土墓志》河北卷壹上册图 P17《李希礼墓志》
裴谭	汉	河东柳玄瑜女	汉	《近年新出历代碑志精选系列·裴谭墓志》
裴良	汉	河东柳氏	汉	疏证 P197《裴良墓志》 疏证 P206《裴子诞墓志》
	汉	天水赵氏	汉	
裴子悬	汉	天水姜氏	汉	
裴子诞	汉	荥阳郑令仲女郑氏	汉	
裴子昇	汉	陇西李氏	汉	
裴景徽	汉	寇炽第二女婉华	鲜卑	汇编 P489《寇炽墓志》
裴谒之	汉	崔元华	汉	汇编 P185《崔鸿墓志》
裴子元	汉	柳鸷长女柳千金	汉	《新见北朝墓志集释》P175《柳鸷夫人王令妫墓志》
裴英起	汉	赵超宗第三女	汉	《书法丛刊》2007 年第 5 期 P34
柳师义	汉	赵超宗长女	汉	
柳远	汉	赵超宗第四女	汉	
柳皓	汉	韦季英	汉	疏证 P234《韦彧妻柳敬怜墓志》
柳季和	汉	辛孟兰	？	《考古学集刊》1981 年第 1 期《李庆容墓志》《辛祥墓志》《文物季刊》1992 年第 3 期《北魏辛祥家族三墓志》

男性	民族	女性	民族	资料来源
柳丝	汉	徐氏	?	《新见北朝墓志集释》P116《柳桧墓志》
柳辑	汉	崔氏	汉	
柳僧	汉	赵氏	汉	
柳桧	汉	裴约女裴媚	汉	
柳鸳	汉	王令妠	汉	《新见北朝墓志集释》P175《柳鸳夫人王令妠墓志》
赵奉伯	汉	傅华	汉	《济南历代墓志铭》P8《赵奉伯妻傅华墓志》
赵猛	汉	冯翊田氏	?	疏证 P106《赵猛墓志》
赵氏	?	姜氏	?	《新中国出土墓志·河南·壹·上》P172
赵子信	汉	寇炽第三女将男	鲜卑	汇编 P489《寇炽墓志》
赵氏	?	张丰姬	?	《新获》《张丰姬墓志铭》
赵令胜	汉	羊祉长女口姿	汉	疏证 P78《羊祉墓志》
赵超宗	汉	王氏	汉	《书法丛刊》2007 年第 5 期 P28《赵超宗墓志》P34《赵超宗妻王氏墓志》
赵仲懿	汉	柳僧习女	汉	
赵季弼	汉	元显和女	汉	
赵阿猛	?	石定姬	?	《金石书学》第 1 辑
赵盛	?	索始姜	?	稀见古石刻丛刊
赵安	?	房文姬	?	《邙洛碑志三百种》P18《房文姬墓志》
赵豪	?	公乘	?	《中国古代砖刻铭文集》（下）P179
赵向	?	郭氏	?	《中国砖铭》图版 954
魏景昌	?	韦彪女韦晖亲	汉	疏证 P237《韦彪妻柳遗兰墓志》疏证 P281《韦彪墓志》
魏世俊	汉	车延晖	?	汇编 P402《车延晖墓志》
魏义坚	汉	李阿停	汉	汇编 P465《李琮墓志》
魏氏	汉	三女羊繁瑶	汉	疏证 P78《羊祉墓志》
韦彧	汉	柳敬怜	汉	疏证 P234《韦彧妻柳敬怜墓志》
韦彪	汉	河东柳璨女柳遗兰	汉	疏证 P237《韦彪妻柳遗兰墓志》疏证 P281《韦彪墓志》

男性	民族	女性	民族	资料来源
韦孝宽	汉	华阴杨氏(杨侃女)	汉	疏证 P313《韦孝宽墓志》
		荥阳郑氏(改姓贺兰)	汉	
		拓跋氏	鲜卑	
韦艺	汉	封子绘次女封宝艳	鲜卑	疏证 P335《封子绘妻王楚英墓志》
宇文瓘(即韦瓘)	汉	卢柔女	汉	疏证 P291《宇文瓘墓志》
韦咸	汉	苟氏	?	《考古与文物》1990 年第 5 期
韦隆	汉	天水梁氏	?	《汉魏六朝碑刻校注》8 册 P222《韦隆墓志》《汉魏六朝碑刻校注》8 册 P185《(韦隆妻)梁氏墓志》
薛怀俊	汉	皇甫艳	汉	疏证 P192《薛怀俊妻皇甫艳墓志》
薛法顺	汉	裴氏	汉	汇编 P214《薛慧命墓志》
薛初古拔	汉	西长公主	?	
薛胤	汉	梁氏	?	
贾渊	?	崔玉树	汉	汇编 P66《崔猷墓志》
贾思伯	汉	刘静怜	汉	《齐鲁碑刻墓志研究》P295
贾子谧	?	李超女仲妃	汉	汇编 P160《李超墓志》
贾祥	?	段灵念女	?	《魏碑集珍·贾祥墓志》《秦晋豫新出土墓志蒐佚》P26
刁协	汉	曹羲女	汉	汇编 P96《刁遵墓志》
刁雍	汉	王氏	汉	
刁纂	汉	司马氏	汉	
刁遵	汉	高允女	鲜卑	
刁绍	汉	司马氏	汉	
刁肃	汉	崔氏	汉	
刁师	汉	于洛女	鲜卑	汇编 P430《刁翔墓志》
		宋赞女	汉	
鞠璋	汉	韩氏	?	汇编 P139《鞠彦云墓志》
鞠延增	汉	解氏	汉	
鞠彦云	汉	贾氏	汉	

北朝墓志文献研究 下

男性	民族	女性	民族	资料来源
宗辛祖宗儒	?	同郡□□	?	汇编 P367《宗辛墓志》
宗辛父	?	冯茂女	?	
宗辛	?	韩氏	?	
解斯恢	?	韦长英（韦孝宽长女普安郡公主）	汉	疏证 P313《韦孝宽墓志》
毛氏	汉	宇文璟长女	汉	疏证 P291《宇文璟墓志》
梁氏	?	宇文璟次女	汉	
毕氏	?	苏贯闺	?	汇编 P37《苏贯闺铭》
吴高黎	汉	许乐女	汉	汇编 P176《吴高黎墓志》
吴名桃	汉	郎□	汉	《中国砖铭》图版 679
曹礼	?	李氏	?	汇编 P506《曹礼及妻李氏墓志》
朱龙	?	任氏	?	《新中国出土墓志·陕西贰·上册》P4
朱阿买	?	妻	?	《中国砖铭》图版 968
董富	?	郭氏	?	《中原文物》1996 年第 2 期
董康生	?	妻	?	《中原文物》1997 年第 3 期
姜昙进	?	寇炽长女寇顺华	鲜卑	汇编 P489《寇炽墓志》
员彦	汉	元显魏女仲容	鲜卑	汇编 P167《元显魏墓志》
尹祥	?	陇西辛氏	汉	疏证 P120《尹祥墓志》
段苌洛	?	郭显女郭洪妃	汉	汇编 P157《郭显墓志》
段德谐	汉	李瑰儿	汉	汇编 P465《李琮墓志》
段华息	汉	范氏	汉	《中国砖铭》图版 685
邓恭伯	汉	崔令姿	汉	汇编 P325《崔令姿墓志》
邓羡		李矩兰	汉	汇编 P103《李矩兰墓志》
祖子硕	汉	元阿耶	鲜卑	汇编 P339《祖子硕妻元氏墓志》
祖长雄	汉	封延之第三女	鲜卑	《中国历史文物》2007 年第 2 期《崔长晖墓志》
皇甫骥	汉	梁洪敬女	汉	汇编 P404《皇甫骥墓志》
		魏留孙女	汉	
皇甫徽	汉	夏侯氏	?	疏证 P192《薛怀俊妻皇甫艳墓志》

男性	民族	女性	民族	资料来源
皇甫氏	汉	赵安次女令姜	？	《邙洛碑志三百种》P18《房文姬墓志》
彭氏	？	赵安长女神姜	？	
杜穆	汉	裴良二女玉辉	汉	疏证 P197《裴良墓志》
辛渊	？	郭雅女	？	《考古学集刊》1981 年第 1 期《李庆容墓志》《辛祥墓志》《文物季刊》1992 年第 3 期《北魏辛祥家族三墓志》
辛绍先	？	马鹭女	？	
辛凤达	？	苏元达女	？	
辛祥		李庆容	汉	
辛季仲		王翔女	汉	
辛凤麟	汉	胡显明	？	《文物季刊》1992 年第 3 期《北魏辛祥家族三墓志》
辛□	汉	韦伯英	汉	疏证 P234《韦彧妻柳敬怜墓志》
辛臣明	汉	京兆韦容女	汉	《新见北朝墓志集释》P108《辛术墓志》P109《（辛术妻）裴氏墓志》
辛虬	汉	安定胡始昌女	？	
辛术	汉	裴氏	汉	
辛季庆	汉	柳鸷次女柳玉岫	汉	《新见北朝墓志集释》P175《柳鸷夫人王令妩墓志》
胡氏		元孟蕤	鲜卑	汇编 P221《元邵墓志》
胡氏		李胜鬘	汉	《中国金石集萃》第 8 函
何氏	？	张丰姬	？	《新获》《张丰姬墓志铭》
徐雄	汉	丘氏	鲜卑	汇编 P455《徐之才墓志》
东武亭	汉	步六孤须蜜多	鲜卑	汇编 P484《谯国夫人步六孤须蜜多墓志》
傅骥	汉	崔止怜	汉	汇编 P66《崔猷墓志》
房沙	汉	崔始怜	汉	
孙槃龙	汉	明姬	？	汇编 P389《孙槃龙妻明姬墓志》
孙龙贵	汉	妻	？	《中国砖铭》图版 715
陈氏	？	王怜女	汉	汇编 P399《夫人赵氏墓志》
陈永	？	刘氏	？	殷宪《北魏早期平城墓铭析》《陈永砖志》

北朝墓志文献研究 下

770

男性	民族	女性	民族	资料来源
平珎显	？	李贞姬	汉	汇编 P138《平珎显妻李贞姬铭》
上官何阴	？	刘妙娥	？	检要 P46
廉氏	？	姚齐姬	？	《考古》1988 年第 9 期
伏氏	？	咎双仁	？	汇编 P180《咎双仁墓志》
石育	？	戴氏	？	汇编 P306《石育及妻戴氏墓志》
石绍	？	王阿妃	汉	《专门铭家·广仓专录》第 2 集
蔡彦深	汉	袁月玑	汉	《中国书法》2005 年第 4 期 P33《袁月玑墓志》
吕猛	？	马氏	？	汇编 P506《吕猛妻马氏墓志》
□氏	？	宇文瓘次女	汉	疏证 P291《宇文瓘墓志》
范阳□□□□	？	郑术第四女	汉	疏证 P261《郑术墓志》
夏侯胐	？	赵超宗第五女	汉	《书法丛刊》2007 年第 5 期 P34
源跃	？	孟氏	汉	《邙洛碑志三百种》P12《源显明墓志》
源怀	？	尉氏	？	《邙洛碑志三百种》P12《源显明墓志》
房文姬祖父	？	裴敏女	汉	《邙洛碑志三百种》P18《房文姬墓志》
万纵□及	？	樊合会	？	汇编 P35《万纵□及妻樊合会塚墓砖记》
矫军	汉	王氏	汉	《中国砖铭》图版 956
来僧护	？	妻	？	《中国砖铭》图版 960
孟琮	？	焦氏	？	《中国砖铭》图版 970
晏崇	？	妻	？	《中国砖铭》图版 961
若干子雄	？	张比娄	？	《中国书法》2004 年第 8 期
田鸢	？	高氏	？	汇编 P506《田鸢墓砖铭》
任可	？	秦龙之女	？	《新见北朝墓志集释》P86
任标	？	太原王氏	汉	
□道明	？	胡山海大女	月支胡	汇编 P388《居士讳道明墓志》
虞公令	？	封子绘长女	鲜卑	疏证 P335《封子绘妻王楚英墓志》

男性	民族	女性	民族	资料来源
虞国	？	元荣兴女元频伽	鲜卑	《新见北朝墓志集释》P182《裴智英墓志》
阳化公	？	元荣兴女元博叉	鲜卑	
苏侯	？	元荣兴女元吉那	鲜卑	
真定公	？	元荣兴女元迦业	鲜卑	
始安公	？	元荣兴女元故真玉	鲜卑	
延寿公	？	元季海与李稚华长女	鲜卑	《大唐西市博物馆藏墓志》P10《李稚华墓志》
安武公	？	元季海与李稚华第三女	鲜卑	
宋维	？	李敬仪	汉	《收藏家》2012年第6期P25—34《墨香阁藏北朝墓志》P14《崔宾媛墓志》
蔺氏	？	史郎郎	汉	《墨香阁藏北朝墓志》P52《蔺君妻史郎郎墓志》
公孙氏	汉	王敬妃	汉	《文化安丰》P270《公孙氏妻王敬妃墓志》
梁孝让	汉	封孝琰第二女封阿尼	鲜卑	《中国历史文物》2007年第2期《崔娄诃墓志》

第六章　北朝墓志的史料价值（下）

771

第七章 北朝墓志的鉴定与保护

清末民初，地不爱宝，墓志石刻纷纷出土。恰逢此时，社会变法改良，政坛风起云涌，书界尊碑卑帖，碑志收藏遂风行一时，新贵尚其风雅，商贾追其厚利，墓志翻刻伪刻趁机跟进，呈现出盛行的景象。就翻刻伪刻而言，汉唐巨碑少有问津，因其露天耸立风吹雨打，原物极难仿造；而墓志深埋圹中未经侵蚀，宛如新刻，如此，则成为翻刻造伪的首选。墓志石刻中尤以北魏树大招风。魏刻多出民间，以刀笔称世，势出自然，拙朴为贵，得无法之法，又以其刀法较易模仿，河南等地出土一块便翻刻一块，势如燎原。当时翻刻之多、翻刻之精在中国石刻史上可谓空前绝后。进而，不法商贾为谋取暴利，甚至凭空伪造，导致伪刻颇多。而今遍及全国的文物单位和私人收藏者中，藏有大量的所谓北朝墓志原物或拓本，精粗、真伪混杂，一时难以分辨。但是，在对墓志原物与拓本进行整理与研究之前，务必予以鉴定，以免鱼目混珠；同时，这些藏品也是一批具有鲜明民族特色的文化珍品，更需严加保护和特殊收藏。

第一节 北朝墓志的辅助传流方式

北朝墓志除了以原出土物方式收藏与传播之外，人们又创造出其他形式予以保存与流传，这既有利于加大对于原出土墓志的传播，又为原出土墓志添加了些许附庸成分。事物总有正反两方面，北朝墓志的辅助流传方式也不例外。

一、北朝墓志的拓片

（一）拓片的产生

拓片，是指用纸墨在金石或其他质地刻物上椎拓出来的书法或图像。从古到今"拓片"一词有各种不同的名称。古书中常将"拓"写作"搨"，故"拓片"又称为"拓本"或"搨本"；又因它是从实物上蝉脱下来，所以也称"脱本"或"蜕本"；另有"打本"之称，见于唐玄宗天宝四年（745年）《石台孝经》后刻《李齐古表》，表内有"臣谨打本分为上下卷，于光顺门奉献以闻"。亦见唐元和八年（813年）那罗延所建尊胜经幢题记云"弟子那罗延尊胜碑，打本散施”。唐窦臮、窦蒙在《述书赋》①一书中记载：“岐山雍城南，有周宣王猎碣十枚，并作鼓形，上有篆文；今见打本。”由此可知，“打本”是唐人碑拓的正名。到了宋代，欧阳修跋《武斑碑》云：“后得别本，模搨粗明，始辨其一二。”又，跋《殽阬君神词碑》曰：“施君为陕西都运使，为余摹此本。”此处欧阳修所用的模、搨、摹都是同义词。故宋人所谓“搨本”“摹本”，已与唐人所谓“打本”意义相同。

拓片是拓印术的产物，而拓印术的产生首先应具备两个基本前提条件：一是要有金石等刻物的存在；二是要有纸张的使用。金石等刻物远可以追溯至先秦，如《石鼓文》②；而纸张却只可以追溯到西汉，如“罗布淖尔麻纸”③。因此，拓印术是汉代以后的事情。但拓印术到底始于何时，则说法不一，难成定论。范文澜认为，东汉时期“刻石技术却愈益普遍而精工。好字因好刻得保存于久远，并由此发现摹拓术。班固学李斯书法，许慎学李斯，甚得其妙，蔡邕学李斯，工篆书，似东汉时已有李斯刻石的拓本”④。倘若如此，则拓印术可追溯到东汉时期。从文献记载来看，萧梁时中书侍郎虞和《临书表》云：“由是搨本悉用薄纸。厚薄不均，辄好皱起。”又，《隋书·经籍志》载：“魏《三字石经尚书》九卷，梁有十三卷。《三字石经春秋》三卷，梁有十二卷。”《洛阳伽蓝记·西征记》所载石经均称“部”，而《隋书》称“卷”，之后，《唐书·艺文志》所载石经数也均称“卷”。碑石之称为“卷”，藏之天禄石渠，其为拓本无疑。《南部新书》⑤载：“兰亭者，武德四年，欧阳询就越访求得之，始入秦王府。麻道嵩奉教搨两本，一送辩才，一王自收，嵩私搨一本。”又，《述书赋》云：“季初则隐姓名，展纤劲，写搨共传，

① ［唐］窦臮撰，窦蒙注：《述书赋》二卷。窦臮，字灵长，扶风人，唐代书法家、书法理论家。活动在唐代天宝年间（742—755年）。历官范阳功曹、检校户部员外郎、宋汴节度参谋。窦蒙，字子全，官至试国子司业兼太原县令。

② ［清］叶昌炽《语石》谓其“非李斯以下所能作，自是成周古刻，海内石刻，当奉此为鼻祖”。《石鼓文》是中国现存最早的文字石刻，有“刻石之祖”称号，同时也是中国现存的最早帝王纪事刻石，因文字刻在十个鼓形石上而得名。《石鼓文》唐以前从未见过著录，系唐初发现于陕西雍县（前为陈仓县，今陕西凤翔县）南10公里处的三畤原。《石鼓文》也由此称为《陈仓十碣》或《陈仓刻石》；又因其记载秦国君游猎之事，故亦称《猎碣》。

③ 1933年，以瑞典探险家斯文·赫定为队长的中瑞联合考察团的中方成员黄文弼在新疆罗布淖尔汉代烽燧遗址中发现了一方宽4厘米、长10厘米的纸残片。参见黄文弼《罗布泊考古记》，引自《中国西北科学考察团丛刊》，北京：国立北京大学出版部，1948年版，第168页；张树东等：《简明中华印刷通史》，桂林：广西师范大学出版社，2004年版，第44—45页。

④ 范文澜：《中国通史简编》（修订本第二编），北京：人民出版社，1964年第4版，第258页。

⑤ ［宋］钱易：《南部新书》十卷，上海：中华书局上海编辑所，1958年版。

赏能之盛。"从上述史书记载来看，拓印技术至少在梁朝已经使用，隋唐时期已经普及，唐代诗人已以此入诗，如杜甫诗云："峄山之碑野火焚，枣木传拓肥失真。"① 韦应物诗曰："今人濡纸脱其文，既击既扫白黑分。"② 现保存下来最早的拓本，都是在甘肃敦煌石室中发现的。一件9世纪柳公权书《金刚经》拓本和一印本③；一件剪贴装裱的册页，是欧阳询所书《化度寺塔铭》（632 年）拓本的片段④；一件唐太宗所书《温泉铭》（824 年）的拓本⑤，但这绝不是最早的拓片。

由于拓印技术的应用，"刻帖"就应运而生了。在历史上书法名迹的复制最初是采用面对墨迹临摹的办法，大致到隋唐时期，开始用"响拓"方法来复制书法作品。⑥ 唐人摹搨最精，其著名的高手有冯承素、赵模、韩道政、诸葛贞等，他们摹搨的杰作，仅下真迹一等。但这种复制方法，工序繁复，艰难费事，出品稀少，不能满足时人的需求。后来人们又使用摹勒刻板、捶拓墨本技术，这种方法拓成的墨本世称"法帖"，制作"法帖"的整个工艺过程称为"刻帖"。至于刻帖始于何时，今无定论。据文献记载，或云始于隋唐，或云始于五代，但皆无实物流传，至今可见最早法帖是宋太宗淳化年间的《淳化秘阁法帖》，后刻帖之风大盛。⑦

（二）北朝墓志的传拓与流传拓本

拓本，本身就是一件珍贵的文物。原志石仅有一物，体积显大，难为流传，拓本则易于保存。倘若年长日久，原石遭受自然剥泐，尽失原貌，早期拓本则可助于了解志石原貌。若原石失佚，仅存的拓本不但成为今天了解碑志最珍贵的材料，也是极珍贵的历史资料。所以，从某种角度来说，拓本在一定情况下，可代替原物。

拓本名目很多。以时代而论，时代较早的拓本称唐拓、宋拓、元拓、明拓；稍后又有称清初拓、乾隆拓、嘉道拓、咸同拓、光绪拓、民国拓等。倘若原石久佚，存世仅一本的拓本称"孤本"；仅存数本的拓本称

---

① ［唐］杜甫：《李潮八分小篆歌》，引自《全唐诗》卷 222，北京：中华书局，1960 年版。

② ［唐］韦应物：《石鼓歌》，引自《全唐诗》卷 194，北京：中华书局，1960 年版。

③ 《金刚经》拓本为 1908 年法国伯希和发现于敦煌莫高窟藏经洞（今第 17 窟），清罗振玉载录于《墨林星凤》，并定为唐拓。《金刚经》拓本，小楷书，卷轴装。帖心高 26.4 厘米，凡 464 行，行 11 字，现藏巴黎国立图书馆。

④ 唐拓《化度寺塔铭》现存伦敦。

⑤ 《温泉铭》，唐太宗李世民撰并书，石久佚，仅一唐搨孤本传世。清光绪二十六年（1900 年）道士王元箓在敦煌鸣沙山千佛洞发现，旋为法国人伯希和易去，现藏法国巴黎图书馆。

⑥ 响拓是用一种上过蜡的透明纸，映着窗户处的光线，用极细的笔锋，钩摹墨迹的轮廓，然后用墨笔填满笔画。

⑦ 启功：《中国法帖全集·序》，武汉：湖北美术出版社，2002 年版，第 3 页。

"珍本"；出土时初拓的称"出土初拓本"；损泐较少的早期拓本称"初拓本"；某某字未损的称"某某字未损本"，等等。总之，为了拓本之间的区别或为拓本做某种标识，常常给拓本冠以一种特殊的名称。

《元飏墓志》与《元飏妻王氏墓志》为两方北魏墓志原拓本，当今已属万金难求的珍本。《元飏妻王氏墓志》刻于北魏延昌二年（513年）；《元飏墓志》刻于北魏延昌三年（514年）。据郭玉堂《时地记》载，此两方墓志出土于洛阳城北张羊村西北的姚凹村东。与墓志同时出土的还有一些陶器，但无人收购，远不及两方墓志受人重视。墓志出土时间或宣统初年（1909年）①，或宣统二年（1910年）②。首先著录此两志为方若《校碑随笔》（民国初出版），那时距志出土时间不远，但他在书中已称此两志"不明所在，或云售与日本人"。现已知晓，两志出土后，旋为武进董康购去，并很快转售与日本商人太仓喜八郎，继而又毁于1924年的日本大地震。

北京图书馆藏有两志原石整幅拓片，缩印刊于《中国历代石刻汇编》，拓片上有署名和钤印"潜""潜妄天（叟）"题记，并云"石新出洛阳，阳湖董氏购得，甚珍秘之……辛亥春在都，此石甫辇至，授经以此诒予。戊午秋潜记"。"授经"是董康的字，辛亥是1911年，即宣统三年。由题记可知，两志出土不久，就被董康购得。董氏曾于1911年和1926年二赴日本，即购石同一年和地震毁石的第二年。所以可以推断，董氏售石给日本人当在宣统三年（1911年）前后。因两志自出土至毁坏时间短，使之流传不广，因此，拓本极为稀见。国内曾有翻刻，现已难觅。目前所见的二志原石拓印本仅有几种。新中国成立前金佳石好楼有整纸印本。罗振玉《六朝墓志菁英》及《六朝墓志精华》均印有裱本。新中国成立后赵万里《集释》曾整纸缩印收入。上海书画出版社也印过整纸《元飏墓志》。现所知的原石拓本，仅北京图书馆藏的二纸整幅。近年上海图书馆碑帖库发现了元飏夫妇二志为原石拓裱本，合装一册，保存完好，外有布封套，并有"容园藏石"印记，册后衬页底端有"房移沈籁清图书"兰印横书1行。取与上海书画社本《元飏墓志》比较，例如第5行"神""雅""殷勤"等字，书画社本已有泐损，而此本完好。又如各印本《元飏墓志》首行"墓志铭"之"志"字，其"口"部均泐为一白块，独此册裱本完好无损，足见其为目前所见的最早

① 马宝山：《书画碑帖见闻录》，北京：北京燕山出版社，1997年版。
② 王壮弘：《六朝墓志检要》，上海：上海书店出版社，2008年版，第52页。

拓本。①

　　元飏夫妇二志均有洛阳整拓本（现藏于何处不详）。用连史纸②洗石精拓，神采焕发，是洛本最精者。至上海拓者皆用皮纸，反不如此拓精致。二志皆蝴蝶装，分二册，首各有姚华茫父题鉴。《元飏妻王氏墓志》12行"莭"、13行"何"、14行"春"、15行无字处；以及《元飏墓志》整个石面蟫渤皆极自然，原拓无疑。

　　《刁遵墓志》刻于北魏熙平二年（517年），自清初显于世，迄今未衰。传闻当年河北南皮县刁公楼耕人得此志于刁氏墓中，石缺右下角。出土年代有二说：一谓雍正年间，一谓康熙末年，后者较确。③墓志有铭无盖，石高74厘米、宽64.2厘米，志阳、志阴铭文均作正书，志阳铭文凡28行，行33字；志阴二列，兄弟一列居上40行，子一列居下19行。志石今藏山东博物馆。原石曾归乐陵高氏、石氏收藏。乾隆二十七年（1762年）刘克纶从友人石维新处访得后，即以木镶补其缺失之角，上刻跋文。后归南皮高氏，又入张之洞家。由于墓志石质不佳，出土后椎拓加风化，日渐剥落损渤，至道光年间已多剥蚀，刘跋亦模糊不辨，故世人甚重初拓。初拓本第6行起至倒数第3行止，有斜裂纹一道如线，而第6行首"父雍"之"雍"字当斜裂处，笔画却完好；第8行"奉国"之"奉"字，当裂处笔画亦完好，称"雍字早本"或"父雍"未渤本，为出土后初拓本。有雍正年间进士戴王纶二印章，李铁桥、赵世骏④、朱鼎荣⑤各家有藏，现北京故宫博物院藏此拓本。剪装本为杨鲁安⑥、张笑秋、夏同宪⑦、沈仲长藏，现有影印本⑧。还有方若本整张裱

---

①　孙启治：《关于新发现的两种珍贵北魏墓志拓本》，引自《大汉朔风·日志》1999年11月4日。

②　连史纸，又称连四纸、连泗纸，原产江西、福建，素有"寿纸千年"之称。它纸白如玉，厚薄均匀，永不变色，防虫耐热，着墨鲜明，吸水易干，书写、图画均宜。采用嫩竹做原料，碱法蒸煮，漂白制浆，手工竹帘抄造，有72道工艺，道道精湛。所印刷的书，清晰明目，久看眼不易倦。用于书写作画，着墨即晕，入纸三分，历来为国内外书画家所钟爱收藏。

③　杨鲁安：《北魏刁遵墓志初拓本跋》，《书法丛刊》2003年第1期，第48页。

④　据杨鲁安记载李铁桥、赵世骏本皆为只存志阳的父雍本，拓时虽早，却纸墨不佳。

⑤　据杨鲁安记载朱鼎荣所藏初拓整纸本两轴，志阳、志阴确属原配，志阳12行"便以女妻焉"之"妻"字可见，拓墨则逊于杨张二本。

⑥　杨鲁安在《北魏刁遵墓志初拓本跋》一文中曾记载："寒济早年收得《刁遵墓志》新旧拓本十数种，内有一本渤海王氏旧藏初拓，志阳志阴俱全的剪装本。虽经'十年动乱'劫洗，幸喜初拓本尚存，彝字未损本和王国均精拓本也各留其一。"《书法丛刊》2003年第1期，第51页。

⑦　据杨鲁安记载30年代上海出版用珂版精印的夏同宪珍藏《刁遵墓志》初拓简装本，存渤处悉与杨本相同。

⑧　杨鲁安所藏《刁遵墓志》由文物出版社影印。影印本为"蝴蝶式"简装，拓本计十一开。

轴等。以上数拓本均在刘克纶未刻跋前所拓。方若称："最初拓雍字未泐称父雍本。虽然同一父雍本要亦有辨，必得九行侯所二字、十六行薨字完见，方为父雍本第一等，否则次矣。求父雍本不可得而求曾祖彝本，次而又次矣。于是以乾隆二十七年渤海刘克纶木刻跋字争新旧。夫舍石本文字完泐不论，而以木跋是重，甚无谓也。不知初拓固有无跋者，先见杨鲁庵一本嘱题，予疑在未归刘克纶或刘加跋以前拓，决其为最旧。既又见张笑秋君一本足与匹敌，皆第一等物。不识者以无跋而贱售，识者反以无跋而巧得，此亦近今之墨缘趣谈，杨张二本尚已。张本更有说者，足证予前鉴之非谬。张本拓后余纸有二大印，一'戴王纶印'，一'乙未榜眼'，不假。"① 张彦生撰《善本碑帖录》② 时，将杨鲁安与张笑秋本一并载入，从此张、杨二本方为世人所知。张、杨二本身份相等，只是张本缺少志阴。传世初拓本较少，志阴存者更稀，张彦生在《善本碑帖录》中仅记桂未谷跋本。罗振玉收有一志阳志阴俱全的《刁遵墓志》初拓本，晚于夏、杨两本。刘氏镶跋后，石损泐逐渐增多，"雍"字裂痕渐宽，直至全损。而第 13 行"正始中"等字尚未损者，称"正始本"，为乾嘉时拓本，较"雍字本"已损 20 余字，已远不如初拓本。再次即为道光以后拓本。道光间，刘喜海拓本始有，有桂未谷跋本，与初拓本比，风韵全失。

北京图书馆藏最佳裱本，系"父雍"未泐本，即未归刘克伦收藏前的初拓本。其锋芒毕露，如新脱手，堪称海内佳本，惜阴失拓。北图藏另一裱本系"雍"字初泐本。北图藏最旧整幅拓本为梁启超旧藏的"彝"字未泐本，有梁氏题鉴。北图还藏有一幅顾千里旧藏道光年间"好"字已泐，"彝"字尚存拓本。

《司马绍墓志》《司马昞墓志》《司马昞妻孟敬训墓志》和《司马升墓志》于乾隆二十年（1755 年）在河南孟县东北八里葛村同时出土，史书称为"四司马墓志"。出土后为县学生张大士购得《司马昞墓志》《司马昞妻孟敬训墓志铭》和《司马升墓志》三志，复有韩姓者买得《司马绍墓志铭》志以赠河内刘姓，今自刘姓转入孙姓人家，孟人欲赎归不得，仅辗转拓得纸本。③

---

① 方若：《拓墨鉴题稿本》，1954 年辑。
② 张彦生：《善本碑帖录》，考古学专刊第十九种，北京：中华书局，1984 年版。
③ ［清］王昶：《金石萃编》（全五册），引自第一册卷二十七，北京：中国书店出版，1985 年版，第 8 页。

《司马绍墓志》刻于北魏永平四年（511 年）。初为韩氏购得，后赠河内刘姓，又转入孙氏，后佚失。嘉庆初汤令名摹刻置孟县县学侧乡贤祠，世遂有传拓本。据王壮弘考证，北魏《司马绍墓志》仅见三本：一为陶兰泉藏本，不明下落或云在日本；二为谢伯殳藏本，在上海；三为杨守敬、陶心云跋本，在北京。① 赵万里《集释》所用拓片是依据缪荃孙旧藏整本付印。四缘有截痕。高 58.2 厘米、宽 45 厘米。杨惺吾认为此拓为原石初拓。而赵先生细审笔势平弱无力，认为概是摹本之精拓者，未敢断为原拓。现北京图书馆藏有拓片。

《司马昞墓志》刻于北魏正光元年（520 年）。原石按冯敏昌《乾隆孟县志》载，出土后最初存放于张大士家，后周洵将其搬到了官署，离任时带走，张一直追到洛阳但没能要回，之后则下落不明。原拓已难得一见。王壮弘言："北魏《司马昞墓志》，见三本：一、罗叔言藏本，在日本。二、谢伯殳藏本，在上海。三、神州国光社影印底本。"② 现所见的拓本大多是依据乾隆五十四年（1789 年），由冯敏昌翻刻嵌于孟县县学乡贤祠壁上的志刻，18 行，满行 17 字。现北京图书馆藏有拓片。

《司马昞妻孟敬训墓志》刻于北魏延昌三年（514 年）。出土后为县学生张大士购得，石初藏周洵处，乾隆年间为冯敏昌访得，冯氏曾在志石的右侧刻长跋 4 行，又在志文末行下刻"乾隆己酉钦州冯敏昌观"。光绪初，志石辗转为端方收藏，后归姚华，新中国成立后，石藏北京大学图书馆。该志现有传世初拓本。原为冯敏昌旧藏，后冯敏昌将此拓本赠李东祺，有冯氏印、李氏跋文。裱本为四开，自 1965 年始，存北京故宫博物院。初拓本 2 行"字敬训"左侧无一马蹄大小半圆环状泐痕；15 行"延昌二年"之"年"字中有一道垂直泐痕与中竖并行，但未伤及中竖；20 行"早世徂傾"之"世"字长横未泐损。稍晚的拓本已多剥损，如"年"字泐痕与中竖并连成一白块，"世"字长横已泐损，3 行已有马蹄大小半圆环状泐痕。此外，所见此志拓片，多将冯敏昌乾隆己酉观款涂抹，刻款位置应在末行第 11 至 16 界格间，须细辨。北京图书馆藏最佳整幅拓本，系无冯敏昌观款的出土初拓本。此拓曾为顾广圻旧藏并题字，又钤"瞿氏鉴藏金石记""一云散人""顾氏所收石墨"等印。

《司马升墓志》刻于东魏天平二年（535 年）。出土后为县学生张大士购得，清嘉庆年间石存放于张方典家。后为县令冯敏昌所得，冯氏在

① 王壮弘：《碑帖鉴别常识》，上海：上海书店出版社，2008 年版，第 94 页。
② 王壮弘：《碑帖鉴别常识》，上海：上海书店出版社，2008 年版，第 94 页。

志末刻上其观志题款。此石先后为刘鹗、端方、王绪祖收藏，据传今石在日本。北京图书馆藏拓，拓片的左下角有乾隆己酉冯敏昌观志题刻。

《封君夫人长孙氏墓志》刻于北魏孝昌元年（525 年）。王壮弘先生曾言，履港地见得此志原石于市肆，摩挲留恋，如旧雨之重逢，欣快莫名。尤北魏一石书法流畅恣肆，撇捺之间多有异趣，心窃羡之，遂征得主人同意手拓一纸。主人曰，此石得而未拓，先生今日所拓可谓最初拓本也。①

《崔敬邕墓志》刻于北魏熙平二年（517 年）。康熙十八年（1679 年）出土于河北安平县，当时志石文字完整无缺，书法精湛，为北魏后期墓志之杰作，故出土后即为鉴赏家所首肯，人们竞相争拓，仅仅十几年时间，志石已裂尽。康熙三十年（1691 年）冬，安平知县陈宗石为保护该志，将石砌入乡贤祠壁。嘉庆中，县令罢任时携去，但未几即佚。此志出土后曾传拓数张。王壮弘认为《崔敬邕墓志》拓本流传极稀。传世所见仅五本②：第一，端方旧藏浓淡拼合本。山东福山王懿荣先得浓墨拓后半本于华阳卓氏，有康熙间海宁陈奕禧一跋。王氏殁后为丹徒刘鹗所得。继而刘氏又得全本于扬州成氏，遂将陈奕禧一跋移入全文本之后。此半本辗转又从铜梁王孝禹入端方之手。合肥刘健之得自苏州某公藏一淡墨上半本，后赠予端方，端方将浓墨下半本与淡墨上半本配成全文本，此本今藏上海图书馆，后有王士祺题跋。第二，刘鹗藏成氏本。光绪丙午丹徒刘鹗得全文本于扬州成氏，遂将华阳卓氏后半本陈奕禧跋移来，以珂罗版洋纸在日本精印百本，分赠同好。第三，刘健之旧藏本。刘健之藏本在日本，先以棉连纸珂罗版影印，与四司马墓志合成一册，后为罗叔言所得。日本博文堂再影印行世。后有梁鼎芬、莫枚、沈曾植、王孝禹、罗振玉题记。第四，费念慈旧藏本。费念慈本即陶心云本，初为李鸿裔所藏，后为新安程圮怀以千金得于上海。1959 年，他携之归于乡里。1979 年，程氏后人来沪求售。此本今藏上海朵云轩。第五，南京博物院藏本。近年发现南京博物院藏一剪裱本，拓墨极精，裱本后有雍正乙卯潘宁一跋，已由上海书画社影印出版。后有新印剪本按 29 行，行 29 字，改装为整纸付印。

《元显俊墓志》刻于北魏延昌二年（513 年）。1918 年出土于洛阳北

----

① 王壮弘：《艺林杂谈》，上海：上海书店出版社，2008 年版，第 20—21 页。

② 王壮弘：《崇善楼笔记》，上海：上海书店出版社，2008 年版，第 92—93 页；王壮弘：《碑帖鉴别常识》，上海：上海书店出版社，2008 年版，第 94 页。

18 里后海资村北，初为傅增湘购得，后归北平历史博物馆。"九一八"事变后，为防被日军掠走，从北平转移到南京博物院保存，后移中国历史博物馆保存至今。北京翰海藏有整张立轴民国初拓本，有韩锐题签，秦公题跋。日本中华书店、大阪龙华堂著录并出版。北京故宫博物院藏整张拓本。

《鞠彦云墓志》刻于北魏正光四年（523 年）。清光绪初出土于山东黄县（今龙口市），现藏山东博物馆。初黄县农人掘井得之，移置县学。初拓本因尚未嵌于墙，故无灰痕，嵌墙及启下后所拓，四边皆有灰痕。

《元怀墓志》刻于北魏熙平二年（517 年）。志文 16 行，行 20 字，志石左侧有余石，空 4 行。第 17 行、18 行顶端，所见拓本皆有石花，伤及界限。唯初拓本无石花，界线亦完好无损。

《王诵妻元贵妃墓志》刻于北魏熙平二年（517 年）。初拓本首行"里通"两字右旁无字处无石渤痕，而稍后拓本此处有渤痕。

《常季繁墓志》刻于北魏正光四年（523 年）。该志石出土后旋为武进董康购去，并很快转售给日本商人太仓喜八郎，继而又毁于 1924 年的日本大地震。有洛阳整拓本。用连史洗石精拓，神采焕发是洛本最精者。至上海拓者用皮纸反不如此拓精致。此本为蝴蝶装，分二册，首有姚华茫父题鉴。9 行"所謂"、14 行"諧"、15 行"惇"、16 行"之"、25 行"素"、末行"椒"蟫渤皆极自然，原拓无疑。

《李超墓志》刻于北魏正光六年（525 年）。其初拓本，12 行"陵谷时異"之"陵"字"阝"旁未损。有翻刻本，字略大。北京图书馆藏最佳裱本，系初拓"陵"字未损本，此本曾为丹徒刘鄂旧藏。有其题笺和题跋，并钤"孝源张氏家藏""又任""于思"等印。北京图书馆亦藏最佳整幅拓本，系初拓"陵"字未损本。

《李谋墓志》刻于北魏孝昌二年（526 年）。志石于光绪十九年（1893 年）春在山东安丘出土，石作碑形。端方曾藏，后转与山东济南金石保管所，今存山东博物馆。志石出土不久，即被人摹刻易去，故原石初拓本极难得。北京图书馆藏最佳裱本，系梁启超旧藏的出土初拓本，此本有王孝禹、王懿荣等人题鉴和梁启超题跋，钤有"孝禹考藏金石文字""王孝禹考藏记""新会梁氏""梁启超印""帖祖楼"等印。北京图书馆亦藏最佳整幅拓本，亦为梁启超家藏。钤"梁启超印"章。此外，北京图书馆还藏有整张摹刻拓本。其本有诸城尹彭寿、吴江陆恢、毗陵赵宽、安吉吴昌硕跋并钤"陆廉夫书画印""陆恢私印""廉夫""宗海鉴定""赵宽""龙"等印。

《元寿安墓志》刻于北魏孝昌二年（526 年）。1922 年洛阳东北马坡村东北出土。曾归武进陶兰泉，今存辽宁省博物馆。初拓本末行"冥冥此室" 4 字未损，稍晚拓者 32 行首"武兼"、33 行"苍昊"未损。归武进陶氏时此 4 字俱损。

《宁懋暨妻郑氏墓志》刻于北魏孝昌三年（527 年）。1926 年在河南洛阳被盗出土，不久流失国外，现藏美国波士顿博物馆。当初洛阳郭玉堂闻讯石刻画像和墓志将被卖往国外，立即赶到洛阳车站，经过商洽，乘列车尚未发车的短暂时机，对全部石刻画像进行了捶拓，幸得完整拓本一份。同时郭先生对宁懋石室和墓的盗掘情况做了采访，《时地记》①中有记载。王广庆在郭玉堂拓本两侧写了跋语："石于民国二十年（1931 年）二月出土。此最初拓本也。出土地在洛阳翟泉镇北坡，同时尚有石阴宅一座，并于是年四月运之上海。临发，翰臣（即玉堂）于车上急遽拓此。二十年八月，新安王广庆记。"后在上海仅拓十份，足见其珍贵。北京图书馆藏拓。

《元钦墓志》刻于北魏永安元年（528 年）。1916 年出土于河南洛阳城北张羊村，曾归陶湘收藏。北京图书馆藏墨拓整纸本，已裱立轴。拓本 37 行，行 35 字，有界格，缺盖，拓本无缺损字，当为出土后初拓。稍晚拓本有微泐处。

《张玄墓志》刻于北魏普泰元年（531 年）。清时因避康熙帝玄烨讳，故以字行，又称《张黑女墓志》，正书。原石已佚，清何绍基于道光年间在济南历下书市觅得原拓剪裱本一册，天下孤本，堪称稀世珍宝。孤本计 12 页，每页 4 行，满行 8 字。字体俊丽秀雅，疏朗飘逸，结体扁方，严格中寓有变化，并有分隶遗意，为北魏书中之杰作。拓本有清初山东益都王玙似、王海二跋，皆未落年月。玙似跋中有"此碑不知拓自何时"之语，拓本曾归其同时的僧人成榑所藏，故知此本至少应是明拓。后归包世臣长跋。陈介祺跋认为是宋拓本。又归无锡秦文锦。因是孤本，历经名家题识。民国间艺苑真赏社连同题跋一并珂罗版影印。"文革"期间题跋皆毁，拓本入上海博物馆。后又曾多次影印，而皆无题跋部分。现原拓本归还秦氏。

《高湛墓志》刻于东魏元象二年（539 年）。清乾隆十四年（1849年），山东德州运河岸边崩塌时出土。初归德县封氏收藏，后归吴县陶氏。今石不明所在。此志见于多家著述，有钱大昕《潜研堂金石文跋

---

① 郭玉堂：《洛阳出土石刻时地记》，洛阳：大华书报供应社出版，1941 年版，第 36 页。

尾》、阮元《山左金石志》、王昶《金石萃编》、洪颐煊《平津读碑记》、黄本骥《古志石华》、朱士端《宜禄堂金石记》、傅以礼《有万憙斋石刻跋》、李宗莲《怀岷精舍金石跋尾》、罗振玉《山左冢墓遗文》、赵万里《集释》等。墓志出土时文字完善，其损者仅见诏语中"高子澄"之"澄"字①，后损字逐渐增加。初拓本，第2行"芳德遐流"之"遐流"两字未泐。其后，先泐"遐流"，继泐首行"魏"字，第2行首"君"字，第3行首"风"字，第4行首"管"字，第6行首"云"字，第8行首"史"字等。北京图书馆藏最早裱本，系出土初拓本。曾归任为群（觉庵任杰）珍藏。首为其题鉴。尾有南海吴荣光、彭泽汪鸣湘、张筠生及光山胡仁颐题跋。钤"为群""觉庵任杰考藏金石书画""吴荣光印""拜经老人""贾氏金石""鸣湘""筠生诗画""仁颐"等印。北京图书馆藏另一较旧裱本，为王孝禹及梁启超递藏的乾嘉本。尾有两人的题跋，并钤"王孝禹藏记""王瓘""铜梁王孝禹家藏古刻""槐庐""孝禹""梁启超印""任公""丁未生""饮冰室藏"等印。北京图书馆又藏最佳整幅拓本，系顾广圻收藏的乾嘉年间拓本，有其题鉴及"铁琴铜剑楼"印。

《刘懿墓志》刻于东魏兴和二年（540年）。清道光初年山西忻州出土。先为州人焦氏购得，后归太谷温氏。1963年，忻县王连喜捐赠国家，归山西博物馆收藏。出土初拓本，从右上角第1行第12字起，至第10行第2字处斜裂一道，但第2行"史"字未泐。较晚拓本，于第5行第1字至第7行第5字又断一道，裂成三角状。此时第2行"史"字，第6行"之"字及"为"字，第7行"食邑"皆泐。清末拓本，第1行至第5行第4字处又横断一道，即1行"持"字，2行"州"字，3行"字"字，4行"穷"字，5行"局"字均损。北京图书馆藏最佳裱本，系出土初拓本。此本"史"字完美无缺，整本字体泐痕亦少，楮墨既旧，传拓尤精。惜尾部缺拓4行，美中不足。此本曾为古皖张木三、蓬莱丛濣五递藏。尾有丛氏校记。钤"灵渤平生珍赏""丛濣五珍藏旧拓精本""灵渤鉴藏金石文字""叔言""金石癖""古皖张氏木三珍藏"等印。北京图书馆藏较早整幅拓本，系咸同年间拓。"史"字虽泐，但第1行到第5行第4字处尚未横断。此拓曾为邵锐旧藏。首有其题签。钤"邵锐小记""结古欢室所藏金石文字""鼎芬""蘅杪翰墨""程荃之章""节庵""岑斋墨缘"等印。

① ［清］王昶：《金石萃编》（全五册），引自第一册卷三十，北京：中国书店出版，1985年版。

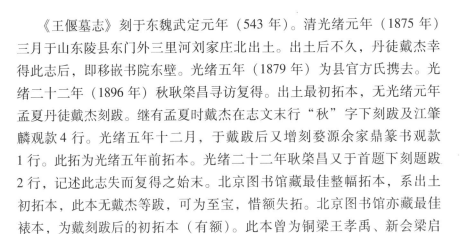

《王偃墓志》刻于东魏武定元年（543年）。清光绪元年（1875年）三月于山东陵县东门外三里河刘家庄北出土。出土后不久，丹徒戴杰幸得此志后，即移嵌书院东壁。光绪五年（1879年）为县官方氏携去。光绪二十二年（1896年）秋耿榮昌寻访复得。出土最初拓本，无光绪元年孟夏丹徒戴杰刻跋。继有孟夏时戴杰在志文末行"秋"字下刻跋及江肇麟观款4行。光绪五年十二月，于戴跋后又增刻婺源余家鼎篆书观款1行。此拓为光绪五年前拓本。光绪二十二年耿榮昌又于首题下刻题跋2行，记述此志失而复得之始末。北京图书馆藏最佳整幅拓本，系出土初拓本，此本无戴杰等跋，可为至宝，惜额失拓。北京图书馆亦藏最佳裱本，为戴刻跋后的初拓本（有额）。此本曾为铜梁王孝禹、新会梁启超等收藏。有王孝禹题跋及题鉴。钤"王孝禹考藏记""铜梁王孝禹家藏古刻""孝禹永宝""孝禹审定""孝禹考藏金石文字""孝禹""王瓘""铜梁"等印。

《崔頠墓志》刻于北齐天保四年（553年）。清乾隆年间出土于山东益都，后归济南沈仲常藏。原石出土时即损左下角，共损2行，每行3字又缺前半字。初拓本，8行末"日"字完好，12行"橺名膚斯"之"斯"字全，13行"文情委逸"下"方此於"之"此"字完好，"於"字尚存右大半。嘉庆以后拓本，8行末"日"字右竖笔下已与下石花连，12行末"膚"字下"斯"字、13行末"方"字下"此於"均泐。早拓本较少，晚拓本较多。北京图书馆藏最佳裱本，系出土时之初拓本。12行"斯"字，13行"此"字均存，唯有行末半字于装订时多被裁去。此本曾为丛兰西及张木三旧藏。尾有丛兰西题跋及"轩辕华印""西峰""张木三考藏""灵渤平生珍赏""曾在丛氏耕石斋""灵渤鉴藏金石文字""琢砚斋印""张氏琢砚斋珍藏金石""曾在张木三处""叔言"等钤印。北京图书馆亦藏最佳整幅拓本，亦系出土时之初拓本。此本为顾广圻旧藏，有"顾氏所收石墨"及"瞿氏鉴藏金石记"等钤印。北京图书馆还藏有另一较佳整幅拓本，系嘉庆年间拓本。曾为张之洞、吴彭秋、陈墨香等递藏。钤"仰统楼""陈氏珍藏""敬轩珍藏""古蓼吴彭秋鉴藏书画"等印。

《朱岱林墓志》刻于北齐武平二年（571年）。明朝末年出土于山东寿光，久无人问。清雍正三年（1725年）寿光县王化沿在田刘村神祠中发现已被充作香案的志石，当时即拓了数张并题跋于后。此前无拓本，故以此为初拓本。至乾隆三年（1738年）王复广又拓数张，前5行每行之前8字较前拓本略瘦，因摩擦而损，但仍字字可辨，不失为全本。嘉道以后拓本，日益细瘦而漫漶。后至咸同拓本，则第1行"扶封"2字

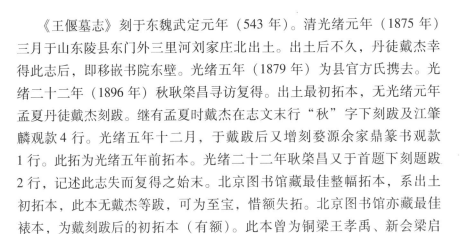

已泐，"于邾"2字已损右半。其时有以蜡涂于"扶封""于邾"4字处再行模刻，拓之以欺人者，宜详辨。现北京故宫博物院藏此志初拓本。北京图书馆藏最早裱本，系乾嘉拓"扶封"2字未损本，惜中缺失一页，此本曾为王懿荣、王孝禹、梁启超递藏，尾有王孝禹及梁启超题跋，钤"王孝禹考藏记""饮冰室藏""任公""燕庭刘氏珍藏""孝禹心赏""王瑾之印""贴祖楼""梁启超""王小雨""臣瑾""启超私印""新梁氏""乐此轩""孝禹""丁未生"等印。北京图书馆藏最旧整幅拓本，为顾广圻旧藏之嘉道年间拓本，钤"顾氏所收石墨""瞿氏鉴藏金石记""铁琴铜剑楼"等印。长春吉林大学图书馆藏乾隆王化洽二次拓本，并有影印本出版发行。

北朝墓志历经千百年的风吹日晒、雨淋侵蚀，轻者漫漶剥损，重者惨遭毁灭。初拓本、精拓本、珍拓本、孤拓本均显得弥足珍贵，这些拓本背后的故事亦值得后人珍惜，因此，我们应该重视对于北朝墓志拓本流传状况以及拓本自身的研究，以便扩大文献研究的视域，并通过传拓收集拓本资料，让这些文物传诸久远。

二、北朝墓志的重刻、翻刻、伪刻

重刻、翻刻、伪刻都是相对于原刻而言的。所谓原刻即指墓主家人为其所刻志石。而重刻、翻刻皆为原刻出土后，后人依托原刻或原刻拓片而制作的志石。伪刻则无所依托，凭空虚造，肆意而为所形成的刻石。

重刻是原物已烧毁或早已失传，以原志石的旧拓再次摹勒上石，有的还附刻题记。重刻的情况有这样几种：第一，据原手迹重新刻石；第二，据原有的拓本重新刻石；第三，据摹写本重新刻石。这种本子因为原石已不存在，拓本又极稀少，或已成为孤本，或者根本就没有传下来，因此具有一定的价值。重刻不止一回、不止一石而价值不菲。如秦代《峄山刻石》唐时已毁，今所传者，惟北宋淳化四年（993 年）八月郑文宝以南徐铉摹本重刻于长安。嗣后以长安本为祖本转为摹刻的有绍兴、浦江、江宁、青社、蜀中、邹县等地，均为重刻。唐虞世南书《孔子庙堂碑》，宋王彦超重刻，存西安碑林称"西庙堂碑"，山东武城刻称"东庙堂碑"。唐颜真卿书《干禄字书》，开成杨汉公重刻，南宋绍兴十二年（1142 年）勾勒再重刻。北朝墓志重刻者亦为数不少。如《韩显宗墓志》《司马绍墓志》《元显俊墓志》，等等。

所谓翻刻，原石尚在，依托原拓，另刻一石，为原刻翻本。翻刻起因主要有：第一，古时交通不便，原拓难求，幸得原拓就萌发传播志石义举，此种翻刻略同于重刻，所不同者，无明确刊刻记年和立石人名等。如欧阳询《九成宫醴泉铭》，所见翻本十几种。宋、元、明诸朝皆有翻刻，其中较好的是以南宋拓本为底。第二，原刻损坏字迹不清，而旧拓尚清晰，乃以旧拓翻刻。第三，商贾谋利，依原拓另刻一石，此法获利简捷，故商贾乐此不疲。乾嘉以后碑学兴起，龙门造像备受推崇，翻刻亦成风气。民国年间，邙山墓志层出不穷，商人随手翻刻，鱼目混珠。如北魏墓志以其书法隽美、极具时代特色而引人注目，一朝出土，士人争购。洛阳县知事曾炳章以原石之翻刻本拓墨欺世，混淆真伪，造成混乱，为始作俑者。《河南碑志叙录》言元显魏志"现存开封市博物馆"[1]。原古董商雷氏藏有翻刻本，现归洛阳古代艺术馆。翻刻本大都仓促刻成，刻工文化水平又低，故字画错谬很多，而且原石尚在，因此其价值不高。这类刻本在乾隆、嘉庆以后种类很多，有石刻、木刻、灰漆、泥墙刻等。其中尤以瓦灰拌生漆或泥土制版翻刻的最多，后又有用塑料翻型的，因本轻利重，翻刻便易，较木、石翻刻更为粗劣，而流通上市也最多。雕版一次往往只拓四五十份，也有拓十几份，版即损坏的。因此初拓还比较逼真，到后来就面目全非了。

《杨范墓志》原拓与翻刻情况值得考证。该志刻于永平四年（511年），正书略带隶意，书刻甚精。据《陕西通志·金石志》（民国时编）记载，此志出土于华阴县，但有关它的其他信息记载不多。方若《校碑随笔》著录此志仅寥寥数字："正书，13行，行9字。原石不明所在，未见著录。"20世纪80年代初，王壮弘《增补校碑随笔》对方氏之说做了补充："志出华阴，曾归华阴段氏。见重刻本，第7、8行之间有断痕。"王氏已见重刻本。1992年，已故金石鉴定家马子云《石刻见闻录》出版，他对此志的记述甚为详细："正书，十三行，行九字，永平四年十一月。为陕西西安翰墨堂段仲嘉所藏，六四年尚在其子绍嘉手中。此志为清宣统二年（1910年）陕西华阴县出土，出土后即为段氏秘藏，故《校碑随笔》已云'不明所在'。志长六寸许，宽尺许，是北魏小志中较佳者。翻本字较小。"马氏已见翻刻本。1998年，上海图书馆在抢救历史文献中发现一纸《杨范墓志》整幅拓片[2]，纸墨均旧，与《北京图书馆藏中国历代石刻拓片汇编》所印拓片相比，尽管两本字体极其相似，

①　河南省文物局：《河南碑志叙录》，郑州：中州古籍出版社，1992年版，第64页。
②　孙启治：《关于新发现的两种珍贵北魏墓志拓本》，1999年11月4日黑老虎工作室网上报道。

细比则发现一处明显差别。志文第 7 行"窆於里焉"的"焉"字，上图本下面第 3、4 两点仅笔锋处微连，仍是两个独立的点。北京图书馆本则此二点已完全融为一体，像是一个横卧的数字"3"。由此断定，此二本非拓自同一石。该本"焉"字点划失形，乃模仿刻制时失误，显然是翻本。赵万里《集释》所收此志拓片的特征与该本同，也是翻本。上图本有墨笔手跋 3 行，全文曰："魏景明四年改为正始，至（正始）四年又改为永平，国政紊乱可见一斑。此墓志仅存上石，下一石已佚。咸丰五年四月十九。叔盖（下有"叔盖"印）。"据考叔盖是钱松的字。钱松（1818—1860），浙江钱塘人，擅长工画及篆隶，清咸丰十年（1860 年）八国联军入侵北京，钱氏全家自尽。假如照马子云所说此志出土于宣统二年（1910 年），钱氏不可能在咸丰五年（1855 年）看到拓本。如果说钱跋是伪造的，那更不合情理。从来作伪者的手段都是仿真，此志如果真出土于宣统二年，那么伪造一个距出土 50 年前已去世的人写的题跋是毫无意义的。再者从跋文的内容、笔迹、印章看，也找不出疑点。合理的解释只能是，此志的出土年代远在宣统二年之前。马子云称宣统二年"出土"后即为段氏"秘藏"的志石，显然不是原石，应该就是后来流行的翻刻。钱松的跋是目前发现有关此志的最早记载，他称此志有上下二石，而下石已佚，未经第二人道及。此志全文仅 106 字，最后一句"夫人河南侯氏"的"氏"字正好刻满最后一个界格，因文句完整，没有引起人们怀疑是否还有下文。但全文确实给人一种"戛然而止"之感，而且少了按墓志铭惯例应有的铭词。所以钱说缺下石当有根据，可惜详情已不得而知。上海图书馆发现有钱松跋文的《杨范墓志》应为原石拓本。

所谓伪刻，是原石久佚或根本无此石刻，商贾为牟利而仅据著录或干脆杜撰写刻椎拓；有些是以真品的文字和字体为蓝本，用改头换面的手法伪造原刻。前者如秦《碣石刻石》，后者如汉《阳三老颂词》等。伪刻因为是没有根据的杜撰，更不如翻刻，毫无价值可言。伪刻为取信于人，往往谎称某月某地出土。有的以拓片骗人，有的干脆连石刻一同出售。如《营陵置社碑》《张飞立马铭》等就是这类伪刻。端方、缪荃孙等人所收集的墓志中尚有许多伪刻拓本，如宋元嘉二十六年《闻景墓志》、梁天监十八年《司马娄墓志》、梁大同二年《陶弘景墓志》、陈太建十年《刘仲举墓志》等。神龟二年《王迁墓志》，字迹靡弱，伪刻无疑，有误写字、别体字等，伪刻益显。神龟四年《高植墓志》，有伪刻本，24 行，行 23 字，书在楷、隶之间，石作三裂状。志文"正光二年十一月十六日葬”，然末行又云“正光六年三月初八日建”等。诸多伪刻需严加辨别。

三、北朝墓志各种刻本的流传

（一）多种刻本

1.《韩显宗墓志》

重刻本：书法较原本略瘦。有直线无横线。最谬者第4行首“麟”字原石“粦”部上作二“火”，重刻二“火”皆失，左点成“”状。14行“帝”，原石直竖中间似断若连，重刻本显然中断成二笔状。末行“廿三年”之“三”，“丁酉”之“酉”原石未损，重刻左泐。

翻刻本：4行“麟閣”之“閣”字的“各”部，翻刻误刻为“右”。14行“賜爵是乎”之“爵”字（作别体）中“凶”部，翻刻误作“山”。16行“持節冠軍”之“軍”字，原石“軍”字之“中”部中竖明显偏左，致使“中”部的右留白是左留白的一倍以上。此种翻刻志额左侧无杜梦麟跋。

2.《元羽墓志》

重刻本：首行“墓”字下点与末横不相连，原刻微连。第3行“元羽”之“元”字浮鹅钩软弱无力，与原刻不类。原石左旁无字处有擦石痕细线，自然挺劲，重刻软弱如人工仿剜。

翻刻本一：首行“墓誌銘”之“誌”字“心”钩原石已损，翻刻不损。4行“歲在辛巳”之“在”字，翻刻“在”字的左竖出头，穿出撇画。8行“當春兢綵”之“當”字，翻刻“當”字“田”部漏刻中竖成“曰”部。9行“揚鉉司鼎”之“鉉”字“金”部，原石“金”部中竖与底横不连，翻刻相连。

翻刻本二：10行“援聲革響”之“援”字，原石“爰”之撇画右高左低，翻刻将撇画误刻成横画且左高右低。4行“歲在辛巳”之“在”字的撇画过长，大大超过左竖的底端，原石石面光洁，而翻本志石布满细擦痕。2行“使持節”之“使”字，原石长撇中分“口”部，翻刻长撇偏右，致使“口”部中间的留白左大右小。

翻刻本三：10行“二穆層光”之“層”字，翻刻变形。2行“驃騎大將軍”之“驃”字，翻刻“驃”字“示”部漏刻左点。8行“輟衮東嶽”之“衮”“嶽”两字，翻刻均漏刻点画。11行“協贊伊人”之“協”字漏刻左点。

3. 《石婉墓志》

重刻本：志文 13 行末"陳王羞賦"之"賦"字"貝"部，原石左下小撇稍沎可见，而重刻本则沎作一团。17 行末"堂潛玉迹"之"潛"字"曰"部，原石刻一横，重刻本误刻作二横。

翻刻本：5 行"觸物能賦"之"賦"字，翻刻本"賦"字刻越出左侧界线。

4. 《司马绍墓志》

重刻本：此志石出土后转入河内，未几即佚，拓本难得。近世所传皆汤令名重刻本，重刻本 5 行"玄孫"之"玄"字避讳未刻。13 行"葬"字，刻讹作"葬"，原拓志文字迹完好，重刻本剥沎多损。

翻刻本：唯见陶湘珂罗版印本《四司马》中是原石拓，余皆翻刻本。汤令名曾翻刻一本，5 行"玄孫"之"玄"字避讳未刻。

5. 《元诠墓志》

重刻本一：刻法不精细，石花板滞。4 行"光"字至 5 行"奉"字之间，原刻右侧有石绩痕，自"光"字至"奉"字右格线。重刻本此绩痕仅在"光"字左旁。原刻 9 行"乃開公瘝捨秩粟數百萬斛"，"秩粟"两字间有石筋，重刻本无之。14 行"將軍"字间有石绩痕，而重刻本无之。19 行"既"字"𠄌"部末笔原刻一点，重刻则从上连下，与原刻不类。

重刻本二：原石志文有横直格线，重刻似无。第 4 行第二字原石作"及"，重刻误作"反"。9 行、12 行、16 行中均有字少笔画现象。

翻刻本：第 4、5 行"光""奉"两字间原刻有石筋痕，翻刻则为铲挖痕。原刻在第 14 行"將軍"两字间有横豆大小的石筋痕，翻本则无。

6. 《元显俊墓志》

重刻本一：亦称洛阳重刻本，较粗劣，志第 2 行"無津"之"津"字，"引綿"之"引"字与原刻皆不类。"津"字"聿"旁首一横，原刻作收笔，重刻作回按之笔，用笔之法不合。"引"字右旁一竖，原刻用笔灵活如游鱼，重刻则粗浊，肥败不堪。

重刻本二：亦称北京重刻本，志盖龟背石平，拓片无纹，原刻龟背凸形拓片皆有纸折纹，而重刻本背纹刻工也较原石粗劣。

重刻本三：字画通体较原石略瘦。第 2 行"墓"字原刻稍损，重刻不损。18 行"掩"字"奄"部笔画错谬不顺，重刻者似不黯书法。

重刻本四：原刻本第 2 行、第 17 行、第 18 行有三处擦石痕，而重刻本皆无。

志盖也有重刻本，较之原石书法靡弱，石花呆板，较易辨认。龟背原刻凸形，故拓片皆有皱折，重刻石平，无折痕，龟背纹刻工也极粗劣。

翻刻本：此翻刻本摹刻定出自书家，书刻绝佳，笔势生动，但首行"癸"字笔画间断，原刻不断。4 行"瓊峰萬里"之"峰"字"山"旁损泐，原石不泐。11 行"金聲璀璨"之"聲"字右上误增一点，原石此处为石花。原石 16 行"陵踐霜雪"之"踐"字右上角有石筋痕，翻本亦无。

7.《元飏妻王氏墓志》

重刻本：重刻本无格线，原石格线明显。原石首行"墓"字"土"部有一点作"圡"，而重刻本无此点。4 行"平"字、7 行"易"字，较原石俱有误刻。第 13 行"其林作配"之"林"字，重刻亦有误刻。

翻刻本一：首行"夫人"之"夫"字，原刻为"夭"，翻刻则成"夫"。4 行"陽平王"之"平"字，原刻长横中断为两笔，翻刻不断。7 行"易稱家人美"之"易"字"曰"部，原刻无底横，翻刻则增刻底横。末行"萇哀幽桂"之"桂"字，翻刻石竖穿过底横，原刻不过。

翻刻本二：原石 1 至 5 行，每行第 7 字处有一条石蟫痕，依次贯"左""周""訓""陽""四"等字。另有一条石裂纹自 9 行"辛巳朔四日"之"朔"起，斜贯至 14 行"胡為當春"之"春"字，翻刻均无。

8.《刁遵墓志铭》

摹刻本：一摹刻本第 1 行右边际略宽，原石"洛"字石花少许侵及，摹刻作圆点。另一摹刻本，第 19 行"温恭好善"误为"温恭善善"。

重刻本："公諱遵"之"遵"字捺笔呆滞，与原本不同。

翻刻本：一翻刻刘克纶木板行书跋，文甚谬，首行"歷"字误为"應"，"唐"字误作"廣"，"五"字误作"存"。

9.《崔敬邕墓志》

重刻本：有重刻本多种，皆石花呆滞，字迹软弱而易辨。孔继涑刻入谷园摹古者形神全失。此外，唐仁齐、黄征皆有重刻本，易辨。

翻刻本：唐仁齐有翻刻整纸本，首行先刻题衔"魏故持節龍驤將軍……崔公之墓誌銘"，次刻其祖、父名位。原石则先刻其祖、父名位，次刻崔公题衔。

10.《鞠彦云墓志》

见有重刻本二，一肥一瘦。肥本首行"秀"字右损，而原石不损。8 行"潤"字"門"中作"工"。瘦本 11 行"恩"字上部中间笔画与左竖不连，重刻连。

789

翻刻本有多种。其中一翻刻本与王壮弘所见原石本特征无异，但第7行"妻武威贾"之"妻"字已泐。8行"中坚英才金聲"之"聲"字中"又"部少刻一撇。

11.《李谋墓志》

摹刻本：其摹本与原石之别是原石额上有细石花一片，摹刻则凿作细点，下有数处更成密点。原石第8、9行二"君"字间有石花，摹刻则无。原石末行"軍"字左点泐，摹刻未泐。又下"贈"字，原石"貝"旁下二笔泐。

重刻本：其一笔道较瘦细。原石额上有细石花一片，重刻凿成细点，下有数处也作密点。原石第8、9行二"君"字间有石花，重刻无之。原石末行"軍"字左点泐，又"贈"字原石"貝"旁下二笔泐，而重刻均无泐。另有一重刻本，17行"使持節"之"使"字"吏"部，重刻似未刻横画，原石虽微泐，但笔画明显可见。

翻刻本：志额文字作双钩刻，原石为阳文刻。

12.《元玗墓志》

重刻本：铭文首行"持"字，2行"南"字，3行"皇"字，11行"應"字，12行"議"字，13行"寝"字，笔画俱碰格线，或出格线，原石则不然。14行"淚"字右点与中横微连，重刻则明显不连。墓盖重刻本"誌銘"之"銘"字"名"部长撇与左"金"部末横不连。原石则微连。

翻刻本：第2行"墓誌銘"之"墓"字下点，原石与"土"部下横连，重刻本不连。第10行"應命輕举"之"命"字"人"部原石交叉，重刻则不交叉作"人"状。

（二）重刻本

对于《司马昞墓志》，方若《校碑随笔》指出，此志于乾隆己酉由冯敏昌重刻，重刻本的第5行的"胤"，第14行的"玄"，这两个字避清朝康熙、雍正二帝的名讳，被凿掉了。后又以此再翻刻，更为拙劣，不堪入目。

《元显魏墓志》见重刻本，字较原石瘦细。原石有数处微凹，重刻均无。23行"息崇仁"之"崇"字"宗"部，原石首点连及下横。重刻则作一小横，与上下笔画均不连。

《元详墓志》重刻本刻制甚精。6行末"永平元年"之"平"字长横，左半低右半高，断作二笔状。10行"禮"字"面"部中二小横漏刻，皆与原石不类。

《元绪墓志》，其重刻本第 6 行末"憎"字"日"部中，小横画未刻。末行"委骨长冥"之"骨"字原刻上部作"冎"，重刻作"冂丫"。

《元飏墓志》有重刻本行世，4 行"幼则奇伟"之"奇"字缺末笔。6 行"縱容史籍"之"籍"字"日"部缺右笔。

《元熙墓志》见重刻本二，其一重刻本 4 行"时"、15 行"道無常泰"、16 行"舊"、17 行"疑"字画俱出界格线之外，与原石不类。其二重刻本 15 行"道無常泰"之"泰"字左撇，原石一笔出之，重刻则分作二笔。

《王诵妻元贵妃墓志》重刻本有二，一肥一瘦，皆直而不曲。其一首行"臨沂"之"沂"字中竖右旁原石微向左曲，重刻本则直而不曲。

《元玹墓志》重刻本有二。其一首行"持"、2 行"南"、3 行"皇"、11 行"應"、12 行"議"，笔画俱碰格线。原石则不然。14 行"淚"字，右点与中横微连，重刻则明显不连。其二原石 2 行"墓"字"土"部有一点与下横相连，重刻不连。10 行"應命"之"命"字原石首二笔交叉，重刻则不交叉。

《元玹妻穆玉容墓志》，志、盖皆有重刻，极精，石花蟫渏纤毫毕肖，非细校真伪难辨。

《元谥墓志》有重刻本，字画较原石瘦细，似无格线，原石精拓本则字间格线明显可见。第 11 行"漢土疊"之"土疊"字原石中横起笔处与左点併连，重刻不连。

《常季繁墓志》有重刻本，石蟫痕皆人工椎凿不自然，文内横竖格线软弱，文字点画也有与原刻不相类之处。

《高宗嫔耿氏墓志》有重刻本，12 行"述景行而作銘曰"之"述"字右上一点漏刻。

《元倪墓志》有重刻本，原石 10 行"匪直才孤"之"匪"末横及"才"字上半笔画中有石筋让刀，重刻无之。4 行"將軍"两字间有石蟫渏痕极自然，重刻则不自然。重刻之石无字处左窄三寸余，约余三个空格。

《于仙姬墓志》有重刻本，8 行"儀同三公"之"儀"字中竖不刻，与原石不类。《刘玉墓志》于陕西西安出土。曾归川沙沈均初、海丰吴式芬。清光绪十八年（1892 年）毁于火。民国年间王希量曾重刻。

《吴高黎墓志》有重刻本，石面遍蒙斧锥痕，欲掩摹工之拙，原石无之。另有一重刻本，末行"刻石立紀"之"石"字刻讹成"台"字。

《孙辽铭记》有重刻本，17 行"彰"字上石花高处作"人"字形，原石无此。原石 20 行"於"字首损，重刻完好。

（三）翻刻本

《元始和墓志》有翻刻本，志文第8行末"忠"字，"中"部竖画与"心"中一点相连。11行"如不勝同氣"的"不"字，撇画与横画不相连。又11行"號憶以自絕"之"憶"字"意"部，心钩末端与"日"部相连，而原刻均不连。

《元思墓志》有翻刻本，翻本中5行"風教舊鄉"之"風"字，"虫"部中竖向上穿出短撇。2行"恭宗景穆皇帝"的"恭"字，原石头部已泐，而翻本不泐。

《元飖墓志》，5行"太師"的"太"字，翻刻漏掉一点成"大"字。10行"含仁履敬"的"仁履"、11行"端風丕映"的"丕映"，原石此4字上有石蟫痕，翻刻则无。原刻8行"領司徒公，諡曰"6字上有一条细擦痕，而翻刻本是第5行至第10行间有一条斜向细裂痕。

《宁陵公主墓志》，翻刻本界格十分明显，首行"墓誌"之"墓"字，原刻本一点似连非连，翻刻本则完全相连。9行"伊人長古"之"長"字的捺笔，翻刻过长，已与界格线相碰。末行"正月八日"之"八"字，原刻右侧有石花少许，翻本则无。

《孟敬训墓志》，4行"禀懷叡之奇氣"的"叡"字，原石左下刻为"目"部，翻刻则为"日"部。5行"鼓錘千里"的"錘"字"重"部，原刻为撇、横、下加一"里"部，翻刻则出头与长横相连。6行"撿無違度"的"違"字"韋"部，原石中间一"口"无左竖，翻刻则添刻左竖。8行"所謂"的"謂"字"言"部，原石"口"作倒三角形，翻刻则作四边形。8行"謹言慎行"的"謹"字右旁，原石中间"口"无左竖，翻刻则添刻左竖。10行"篤小星之逮下"的"篤"字，原刻竹字头的两小横，明显左低右高，翻刻则在一水平直线上。

《元彦墓志》有翻刻，石略小。原刻2行"墓誌銘"的"銘"字下第三空格右上角有细三点，呈品字形排列，翻刻则无。17行"皎潔斌鄉"的"斌鄉"两字间有细石筋痕数条，翻刻亦无。7行"卓爾俗表"的"表"字，翻刻提钩刻不成形。14行"唯王是焉"的"焉"字，原石下三点有游丝相连，上三小横平行且等间距分布，翻刻三点不连，三横不等分、不平行。

《耿寿姬墓志》，所见拓本有两种，首行"墓誌銘"的"銘"字"名"部，一本有点，一本无点，无点者系翻刻。

《元祐墓志》有翻刻本，翻刻笔画略肥且呆板。

《刘阿素墓志》原石8行"痛金蘭之奄契"的"金蘭"两字上有细石

筋痕；志石左上角"寄铭玄石"的"寄"字处有一条石裂纹，翻刻则无。

《刘玉墓志》原石藏海丰吴氏，光绪年间毁于大火，拓本稀少。有翻刻本存世。

《王偃墓志》有摹刻本，其笔道较原石稍细，损处硬凿易辨。

《刘懿墓志》有摹刻本，颇精。其原本、摹本之别，从志石之数道细石纹中，审其弯曲与侵损字口处的状况自然与否，即可知晓。

（四）伪（或疑伪）刻

墓志的早期伪刻，往往乱刻乱划、乱拼乱凑，容易鉴别。后来的伪刻，以模仿真品的文字和字体的手法为多，辨别起来尚有难度。面对丰富的北朝出土墓志以及随之而来的真伪混杂，学者们历有鉴别，不断积累经验，许多赝品在详明的举证面前，伪身自现，如在"辨伪著录"方面。清朝学者对于花样繁多的碑帖作伪手段早有关注，如顾燮光在编撰《古志新目初编》时就注意到墓志的作伪问题，于第四卷附"伪作各目"，自汉至明，按年序列，具有较高的参考价值。方若亦于《校碑随笔》一书之末列有历代伪刻56种。王壮弘为之增补为《增补校碑随笔》，其书末列伪刻比方书又增117种，对于石刻辨伪多有指导意义。孙贯文编著《北京大学图书馆藏历代金石拓本草目》一书专设"真伪"，其所作考述、校正，以及金石收藏的掌故逸事等，更有益于学者研究。赵超《汉魏南北朝墓志汇编》一书，在导师孙贯文先生著述的基础上，将业经考证的伪志及有明显疑点的墓志附列目录于书末计92方。其中北魏《游明根墓志》《鲁普墓志》《王蕃墓志》等55方，东魏《李祈年墓志》《王子贵墓志》《杨凤翔墓志》等7方，北齐《赵通墓志》《王早墓志》2方，北周《王君墓志》《长孙夫人罗氏墓志》《刘桂墓志》3方。朱亮主编《洛阳出土北魏墓志选编》一书附有73方伪刻录文和34幅伪刻图版，但没有具体分析和考辨。

北朝墓志中的伪志，包括疑伪者为数不少，现统计如下：

表7-1 　　　　　　　　　　　伪志（包括疑伪）目录①

姓名	卒葬年
靳英墓志	北魏始光二年八月廿二日
恒猷墓志	北魏神䶮元年二月十九日

---

① 参见赵超《汉魏南北朝墓志汇编》，天津：天津古籍出版社，1992年版，第56—61页；马子云、施安昌：《碑帖鉴定》，南宁：广西师范大学出版社，1993年版；朱亮：《洛阳出土北魏墓志选编》，北京：科学出版社，2001年版。

姓名	卒葬年
陶渊明墓志①	北魏神䴥三年
李氏墓志	北魏神䴥五年九月六日
源嘉墓志	北魏天安元年八月一日
周君砖志②	北魏天安二年三月二日
游明根墓志	北魏延兴元年正月
鲁普墓志	北魏太和二年九月五日
李端墓志	北魏太和八年正月
陶超墓志	北魏太和十年二月
王雍墓志	北魏太和十一年十月
杜懋墓志	北魏太和十七年七月
陶浚墓志③	北魏太和十八年十月
周哲墓志	北魏太和十九年十月二日
南安王君墓志	北魏太和二十年十月
王馨墓志	北魏景明元年十月
刘先生夫人墓志	北魏正始三年五月二日
侯氏张（列华）夫人墓志	北魏正始四年季秋
元暎墓志	北魏正始四年十月三日
陈峻岩墓志	北魏正始五年八月
郭达墓志	北魏正始八年正月五日
陆章墓志	北魏永平三年十月六日
元英墓志	北魏永平三年十二月
王蕃墓志	北魏永平五年十月廿七日
孟夫人墓志	北魏延昌元年二月十五日
秦夫人墓志	北魏延昌元年三月

① 王素：《近年以来魏晋至隋唐墓志资料的整理与研究——兼谈中国文物研究所的墓志整理工作》，《唐代史研究》第5号，2002年版。
② 此志文字是伪品中最不通者，其首行作"大魏墓故之民，显考周府君之墓之灵位"。
③ 宫大中：《隋唐五代墓志概述》，引自刘正成《中国书法全集30·隋唐五代墓志卷》，北京：荣宝斋出版社，2002年版。

姓名	卒葬年
何卓墓志	北魏延昌元年五月
高雍墓志	北魏延昌二年三月
严震墓志	北魏延昌二年四月十日
元君妻韩氏墓志①	北魏延昌二年五月二十三日
陈廞墓志	北魏延昌二年十月
王迁墓志	延昌三年五月
元质墓志	北魏延昌三年六月
元通墓志	北魏熙平元年七月廿八日
元容墓志	北魏熙平二年八月廿日
杨旭墓志	北魏神龟初年七月癸西
张澈墓志	北魏神龟元年八月
王迁墓志	北魏神龟二年二月
孔润生砖志	北魏神龟二年四月十八日
杨惠墓志	北魏神龟二年十月
颜迁墓志	北魏神龟四年十月
高植墓志	原神龟四年刊刻，正书，已残。现为正书兼隶，正光二年刻制，此乃妄凿之
何彦咏墓志	北魏正光元年四月
高举神铭	北魏正光元年四月
曹元标墓志	北魏正光元年六月
唐云墓志	北魏正光元年九月十二日
叔孙协及妻宇文氏墓志②	北魏正光元年十一月十五日
于高头墓志	北魏正光二年四月
郑孝穆墓志	北魏正光二年七月廿日
秦龙标墓志	北魏正光二年十二月六日
雷彰墓志	北魏正光三年四月
刘惠芳墓志	北魏正光三年四月五日

---

① 罗新:《北大馆藏拓本〈给事君夫人韩氏墓志〉辨伪》,《文献》1996 年第 1 期,第 253—255 页。

② 宫大中:《隋唐五代墓志概述》,引自刘正成《中国书法全集 30·隋唐五代墓志卷》,北京:荣宝斋出版社,2002 年版。

北朝墓志文献研究 下

姓名	卒葬年
尼慈云墓志	北魏正光三年八月一日
康健墓志	北魏正光三年十月五日
王晓墓志	北魏正光四年十月
綦俊墓志	北魏正光四年十月九日
段峻德墓志	北魏正光四年十一月二日
元晖墓志	北魏正光五年三月
吴方墓志	北魏正光五年六月三日
谭棻墓志	北魏正光五年六月五日
孙疗墓志①	北魏正光五年八月
吕达墓志	北魏正光五年十一月
薛孝通墓志	北魏孝昌元年二月十日
吴瑱墓志	北魏孝昌元年二月三日
卜文墓志	北魏孝昌二年二月廿四日
刘昭墓志	北魏孝昌二年八月
元飘墓志	北魏孝昌二年十月二日
朱奇墓志	北魏孝昌二年十月
周恒墓志	北魏孝昌二年十一月
阳作忠墓志	北魏孝昌二年十二月
元伯阳墓志②	北魏孝昌二年十月二十六日
段济墓志	北魏孝昌三年二月
元恂墓志	北魏孝昌三年三月七日
王仁墓志	北魏孝昌三年五月
张敬墓志	北魏孝昌三年九月十三日
元悦墓志	北魏孝昌三年十一月
张墀墓志	北魏孝昌三年十一月

① 以孙辽浮图造之,此志与前周哲墓志书法同,似出一人之手。
② 鲁才全:《北魏〈元伯阳墓志〉辨伪》,武汉大学《魏晋南北朝隋唐史资料》第 15 辑,1997 年版,第 141—146 页。

姓名	卒葬年
寇慰墓志	北魏孝昌四年九月三日
彭忠墓志	北魏建义元年九月廿六日
元広墓志	北魏建义元年十月四日
杨逸墓志	北魏永安元年五月廿三日
程延贵墓志	北魏普泰元年九月
吕仁墓志	北魏普泰二年正月
郑黑墓志	北魏普泰二年三月十七日
元虔墓志	北魏太昌二年十月
高珪墓志	北魏永熙三年十月九日
孙彦同墓志	东魏天平三年正月
南宗和尚之塔铭	东魏元象元年五月
王尉墓志	东魏兴和六年
王安墓志	东魏武定元年八月
李祈年墓志	东魏武定元年十一月八日
王子贵墓志	东魏武定二年正月廿六日
赵通墓志①	东魏武定二年六月
范颖墓志	东魏武定二年八月
杨凤翔墓志	东魏武定五年五月廿四日
郭□韶及侯氏墓志	东魏武定八年正月五日
赵通墓志	北齐武平二年六月四日
王早墓志	北齐武平四年二月六日
王君墓志	北周天和二年十月
韦通②	北周天和二年
刘桂墓志	北周天和三年七月
长孙夫人罗氏墓志	北周天和四年八月六日
安昌公夫人郑氏墓志	北周天和八年十一月
诸禄元墓志	北周建德元年

① 此志与隋杨松墓志志文雷同,字迹相似,如出一人之手。
② 此志与北魏陈峻岩、北周刘桂二志书法相同,如出一人之手。

第二节　北朝墓志的收藏

一、北朝志石及拓片的国内收藏

历史发展至两宋，收藏之风盛行。既有皇室设置专门收藏古器物的殿堂，又有士大夫的丰富收藏。欧阳修收藏历代石刻拓本；李公麟收藏古代钟鼎尊彝；赵明诚与李清照共同致力于金石书画的搜集和研究，其所藏商周彝器及汉唐石刻拓本等2000余件；米芾精于鉴裁，遇古器物书画，竭力求取，并多蓄奇石。

金、元、明时期，文物的收藏亦无间断，但水平不及宋代。金章宗完颜好藏古物，其收藏的字画皆钤"明昌御府中秘之珍"印章。元代大长公主收藏颇富，其中不少是宋朝内府珍物。明代的宣宗、神宗亦重视文物收藏。而私人收藏以严嵩、严世蕃父子最为著名。项元汴精于鉴赏，其天籁阁中收藏有法书、名画、金石、瓷器等，其储藏之富在私人收藏中冠绝前人。

清代是中国收藏发展史上的一个重要阶段。初期，文物多集于内府，至高宗乾隆历代珍品无不收藏，包括各种古代铜器、卷轴书画、宝石玉器、缂丝、拓本等，不胜枚举，成为帝王中古代文物的集大成者，并奠定了故宫博物院藏品的基础。不仅皇室收藏甚巨，民间收藏也兴盛不衰，从贵族官僚到殷实富户，都以收藏古物为时尚。从道光年间开始，一批学者、官吏如阮元、张廷济、吴荣光、刘喜海、吴式芬等，均以收藏钟鼎彝器和碑刻拓本既多且精而著称于时，成为清代后期金石碑版鉴藏的开启风气者。

（一）收藏者

20世纪前半叶，墓志大量出土，亦有拓片行世，有识之士收藏金石碑版的活动非常普遍，繁荣程度甚至超过书画原迹。此时的收藏方式大致分两种：有条件的收藏原墓志；次之则收藏墓志拓片。有关拓本，收藏者十分注意品相，如《语石》云《张黑女墓志》："旧拓在道州何氏，吾郡有翻本能乱真。嘉兴沈子培比部藏《高植志》，笔意渊穆，如古尊卣，不在《刁遵》之下。厂肆所售，摹本至陋，无毫厘相肖处。"① 据记载，《张黑女墓志》刊刻于北魏普泰元年（531年），出土较早，在明末

---

① ［清］叶昌炽撰，王其祎校点：《语石》卷四，沈阳：辽宁教育出版社，1998年版，第94页。

清初时已有拓本流传。由于该志的书体端庄秀丽，极受书法界重视，拓本被视若拱璧，原石却早已遗失。

当时颇有影响的收藏家有罗振玉、王懿荣、孙诒让、盛昱、刘鹗、端方等人。如罗振玉收集历代石刻及商周秦汉铜器拓片极富，仅古代墓志碑文拓片就有千余种。

随着搜访的广泛丰富，收藏家们进一步将藏品的质量、种类，特别是流传有绪、拓工精良的名器、名拓作为追求目标。

端方一生热衷古物收藏与鉴赏。他自称："余少稽此业，自为京朝官，及杖节方州，盖尝物色求，自诡以实验为准，因此，金石之新出者，争以购归余。其旧者藏于世家右族，余亦次第罗致。"① 端方藏石达643件之多，年代自汉至元，范围广于全国各地，形式不仅有古碑、造像、石经、墓志铭，还有泉范、塔记、井栏、田券、造像记等。端方被推为以私家藏石最为成功的收藏家。

吴荣光（1773—1843）出身于盐商家庭，经济实力雄厚，故其收藏十分丰富，除法书、名画外，尤以钟鼎彝器和碑版拓片著称，所藏铜器皆海内绝品，而碑版石刻多至2000通，是清代后期为数不多的大收藏家之一。他在担任湖南巡抚时，曾将回长沙应试的何绍基延入署中，尽出所藏，相互品评赏鉴，并请何氏题诗作跋。据何氏所记，其中碑帖类有80多种，"大约人间本亦具在是矣"②，足见所藏之富。吴氏在丰富收藏的同时，亦注重交往时贤和喜欢提拔后学，其收藏活动对年轻一辈学书者曾起到不小的促进作用。

后继收藏家中最有名者为梁启超（1873—1929）。梁启超，字卓如，号任公，广东新会人。他作为近代史上举足轻重的资产阶级政治家，在戊戌变法等影响中国现代进程的一系列重大事件中所起的作用已为国人熟知。作为一名手不释卷、博古通今的学者，从1892年他留下最早的文字《读书分目课程》至1928年病魔迫使他停止《中国文化史》的写作为止，36度春秋，总著述达1400万字，影响深远。梁氏曾一度倾心于金石碑帖的收藏。对碑帖收藏的兴趣缘于有清以来金石学勃兴的历史氛围，以及乾嘉以降书坛上碑学阵营的如虹气势。他的恩师康有为作为晚清重量级的碑学大师，对他的碑帖收藏也有潜移默化的影响。从他留下的约近1300种碑帖拓本中汉魏拓本约占40%以上的比例和他自身书法浓郁的

---

① 引自"团结网"2017年12月11日刊载的《被时代误解的晚清大藏家端方》。

② ［清］何绍基:《何绍基诗文集》文钞卷九《何蝯叟乙未归藏湘日记》。

方严峻拔的北魏书风之中，可见碑帖收藏对其影响之重。1925 年，梁启超跋北魏正光元年（520 年）《李璧墓志》云："碑以宣统元年（1900 年）出土，余方在日本，何澄一寄我一拓片，欢喜累日。"从现存中国国家图书馆善本部的梁氏金石拓本专藏看，其收藏历代金石拓本千余件，其中北朝 434 种。他的收藏中属上乘者应为几部明拓和清乾隆时拓本，如：清末杰出学者王懿荣旧藏明拓唐《李□碑》《颜氏家庙碑》；清初著名金石学家黄易（小松）旧藏乾隆拓汉《张迁碑》《孙夫人碑》；清晚期金石收藏家何昆玉旧藏乾隆拓北魏《刁遵墓志》等。而更多的是清嘉庆、道光年间拓本，以及清中期至民国期间新出碑志的初拓本，如北魏《元景造像残石》《寇臻墓志》《孙辽浮屠铭》等。作为晚清民国初年政坛学界的巨子，梁启超的很多拓本藏品来源于他人。其中有直接受赠者，如北魏景明三年《韩贞造像残刻》。梁氏跋记："在奉天义县城西北十里大凌河滨之石窟。周养庵与元景造像同时访得，以初拓本见赠，时辛酉十月。越四年乙丑正月，启超跋而藏之。"有异地寄赠者，如唐《刘仁墓志》，梁氏跋曰："此志以甲子年出土于山西之太谷，石今在太原图书博物馆中，曾望生遁以此初拓本见寄。唐书而有魏风，楷书而饶草意，可爱也。乙丑端午，启超题藏。"有游历受赠者，如南朝《梁瘗鹤铭》即为梁氏 1915 年游焦山时所获寺僧鹤洲拓"出水后第一精本"。除受赠之外，梁氏也从藏家商贾处购藏了一些曾经名家递藏或自己较为钟爱的拓本。从梁氏的诸多碑帖题跋看，他从铜梁王孝禹手上购买了不少拓本，如北魏《李超墓志》、隋《尉富娘墓志》、唐《刘懿墓志》等。

梁氏在他收藏的约 120 种拓本上留下的题记，约占其收藏总数的 10%。这些题记约写成于 1917 年至 1928 年间，集中题写于 1925 年的约占全部题记的 64%。这大概是因为 1924 年夫人李氏病逝和爱子思成、思永①赴美留学。他在是年 12 月 3 日《晨报》著文，叙述夫人卧病半年，中秋奄然化去。"丧事初了，爱子远行。中间还夹着群盗相噬，变乱如麻，风雪蔽天，生人道尽，块然独坐，几不知人间何世。"梁氏于是集联于宋人词句中，以平抚丧妻的哀痛与孤寂带来的无聊。虽然文章中未提玩碑题跋之事，但是，其读碑与集联应同是为了推动自己渡过情感的低谷。另外从题跋季节上看，梁氏题跋四分之三都写于隆冬 12 月至次年正月。这时北方正是天寒地冻，而时至岁尾，又较为闲暇。抽空读碑题记，梁公生活情趣之高雅可见一斑。

---

① 梁思成,中国古建筑权威。梁思永,中国现代考古学的奠基人。二人均为梁启超之子。

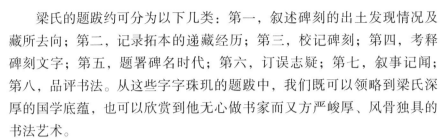

梁氏的题跋约可分为以下几类：第一，叙述碑刻的出土发现情况及藏所去向；第二，记录拓本的递藏经历；第三，校记碑刻；第四，考释碑刻文字；第五，题署碑名时代；第六，订误志疑；第七，叙事记闻；第八，品评书法。从这些字字珠玑的题跋中，我们既可以领略到梁氏深厚的国学底蕴，也可以欣赏到他无心做书家而又方严峻厚、风骨独具的书法艺术。

梁启超的收藏历程与藏品，对当今鉴藏不无启发。从收藏功能上讲，它再次证明收藏是一种高雅的文化活动，既能"怡情"也能"益智"，在社会和个人生活产生较大变故的时期，意义尤其显著，是人生的美好寄托之一。从碑帖收藏的方法上讲，梁启超的碑帖收藏更有其直接的示范意义。第一，系统全面，重点突出。梁氏收藏的金石拓本从商至民国无不有之，金文、小篆、汉隶、魏碑、唐楷种类齐全，钟鼎、碑石、造像无所不包。有的朝代的拓本只三五件，甚至一件，当系着意汇集以勿使一朝阙漏所致。系统全面的收藏有利于从藏品中洞见某一方面源流框架。梁氏读碑的目的之一在于探求书体嬗变的轨迹。但书法以碑刻（延及拓本）为主要流传载体当在秦汉至隋唐之间。唐代以后，书于纸素的墨迹原本越来越多，拓本的意义已不能和隋唐以前相提并论。故梁氏将其拓本收藏的重点放在了秦汉隋唐时期，以后各代的拓本只择少量而藏之，以求体系完整。而这一时期碑刻的拓本又以汉魏为重，其中北朝碑刻约占三分之一，折射出碑学大兴的时代脉络。第二，追求早拓与初拓。梁氏有几部明拓和清乾隆拓本，皆郑重为之题记。在《新莽莱子侯刻石》拓本上跋曰："新莽石刻存者惟此，此拓尚旧。丁巳三月，饮冰检题。"其收藏旨趣可见一二。其对新出碑刻的初拓亦十分重视，如西汉《麃孝禹刻石》、东汉《三老讳字忌日记》拓本皆认真标明"初出土拓"。第三，他对曾为名家收藏的拓本珍爱有加。他的藏品中许多为前贤名家的旧藏，如陈介祺、吴荣光、翁方纲、王懿荣等学者之旧藏。梁启超在北魏《朱岱林墓志》跋识云："此拓为王廉生旧藏，移赠王孝禹，且有刘燕庭印，其与通人作缘也久矣。"可见名家旧藏对他的吸引。

梁氏碑帖收藏的方法意义当不限于碑帖一端，而于各类收藏皆有参考作用。作为仅以金石拓本收藏为余事的社会名流，又能从百忙中参阅《金石录》《簠斋金石记》等多种金石学著作，写出大量极富个人见解的藏拓题跋，则更是值得那些满足于"藏品保管员"层次的收藏者们仰慕。

近代亦不乏碑志拓片的收藏爱好者，如鲁迅即为其中之一。鲁迅

（1881—1936），中国伟大的文学家、思想家和革命家，新文化运动的伟大旗手。他才学卓著，爱好广泛，对金石学颇为关注。他自1915年开始大规模购买石刻拓片，这在《鲁迅日记》①及书帐中均有体现。1913—1926年，日记后常附有书帐，记录了许多碑志拓片的购买情况，从中可见鲁迅对此事之钟爱。14年间计购买墓志拓片600余枚，其中北朝墓志拓片占绝大多数。这些拓片多购于琉璃厂、别肆、敦古谊等处，亦有亲朋好友的馈赠。下面以购置数量较多的1915—1921年为时限进行统计：

表 7-2

年份	墓志拓片数量/枚
1915	27
1916	279
1917	72
1918	104
1919	24
1920	27
1921	19
合计：552 枚	

　　鲁迅既收集拓片，必然也是有研究的，如南齐《吕超墓志》鲁迅先生考证曰："唯据郡名及岁名考之，疑是南齐永明中刻也。"② 后人已将鲁迅的石刻研究汇集出版，即《鲁迅辑校石刻手稿》③。据《鲁迅辑校石刻手稿》统计，鲁迅抄录碑铭260种，造像344种，墓志192种。鲁迅抄录的石刻材料大都以汉魏六朝为主，他早年计划写一部汉魏六朝石刻研究的专书，许寿裳《亡友鲁迅印象记》云："其实，鲁迅的汉魏六朝石刻研究，书未完成，故不付印。"鲁迅早年的计划是远大的，他所抄录的石刻应是其石刻研究的资料长编部分，鲁迅为实现这一计划，修订了《寰宇贞石图》，整理了《六朝墓名目录》《越中金石记目录》及《直隶现存汉魏六朝石刻录》等石刻目录，如此资料长编、石刻目录加上释文考

① 鲁迅：《鲁迅日记》，北京：人民文学出版社，1976年版。
② 刘运峰：《鲁迅佚文全集》，北京：北京群言出版社，2001年版。
③ 北京鲁迅博物馆、上海鲁迅纪念馆编：《鲁迅辑校石刻手稿》，上海：上海书画出版社，1987年版。

证形成了一部完备的汉魏六朝石刻研究。另，北京鲁迅博物馆现存鲁迅收藏的历代金石拓片有5100余种，6200余张。鲁迅广泛搜求金石拓本及相关著作，在民国金石学界是独树一帜的，他的学养及社会地位为其搜罗金石文献资料提供了坚实的基础。鲁迅一方面通过范寿铭、顾燮光、章寿康、周肇祥、徐以孙、台静农、姚克等人的帮助，极大丰富了自己的金石收藏，另一方面在前人基础上突破创新，考订、分辨前人未释或误释之石刻。

（二）收藏地

目前北朝墓志大多散存于各省、市、地、县博物馆或图书馆。但自清末民初以来，也涌现出一些较有影响的收藏斋馆。

1. 民国时期国立部门对北朝墓志的收藏

民国时期除私人藏家之外，公家的国立部门亦注重收藏墓志原石与拓本，如北平图书馆和北京大学图书馆等馆藏金石拓本数量均成规模。

（1）国立北平图书馆

国立北平图书馆筹建于1910年，其前身为京师图书馆，素来重视金石收藏，于1929年成立金石部，专门收集整理石刻资料。尤其是在接受梁启超后人、陆和九、何叙甫等人的捐赠后，金石拓本日渐丰富。1925年，该馆已有唐志1322种；到了1941年，馆藏石刻资料已达2万余种。范腾瑞编《国立北平图书馆藏碑目》（墓志类），于志目下著录题名、时间、书体等信息，书后附年代、种数统计表，便于检索。其中专设"墓志类"著录，馆藏历代墓志3407种（包括拓片，并附塔铭74种），其中李瑞、相州刺史南安王、元偃等北朝墓志299种。

（2）燕京大学图书馆

1919年成立、1952年撤销的燕京大学是20世纪中国最著名的教会大学，30年代已步入国内一流大学行列。燕京大学图书馆是当时享誉国内的大学图书馆之一，藏书中西并重。"中文书尤以丛书、史地、文集、金石为大宗。"[①] 其来源之一为经费购买。燕大图书馆主任田洪都云："本馆所藏石刻拓片，始不甚多，洎民国二十年，经洪煨莲、顾颉刚、容希白诸教授（搜访）……前后所积，不下六千种。"容媛也谈道："民国二十年夏，以洪煨莲、顾颉刚梁教授及家兄希白等乘暑假之便往大名、洛阳、曲阜等地访古，为燕京大学图书馆购得石刻拓片数百种，以后陆

① 夏自强：《燕京大学概述》，载于燕京研究院编《燕京大学人物志》第一辑，北京：北京大学出版社，2001年版。

续购得，约得五六千种。"① 太平洋战争爆发后，燕大转至四川成都办学，拓片采购工作也没有停止，抗战胜利返校，还从后方带回了 10 包拓片。② 其来源之二为燕京大学自拓。来源之三是他人捐赠。据燕京大学图书馆旧藏金石拓本分类及数量粗略统计，金石拓本总量达 1.2 万张，其中收藏墓志 2562 种。除收集金石拓本外，燕京哈佛学社北京办事处还收藏了一大批金石原物，如金器、陶类、石刻、砖刻等，有 2000 余件。截至 1938 年，容媛利用 7 年工余时间为图书馆 1931 年以来收集的整幅拓片编目。1939 年 1 月至 7 月，容氏将已编的《燕京大学图书馆所藏石刻草目》刊载在《燕京大学图书馆报》上，连载了十三期（122 期至134 期）。草目刊载了三类：碑类、墓志和造像，前两类完整刊载，造像仅仅刊载了一期。草目刊载的墓志 2285 个号。其中北魏 144 种，东魏 36种，北齐 21 种，北周 6 种。可见燕大图书馆墓志收集十分丰富，约占燕大拓片总数的 2/5。1923 年前后，北大研究所国学门收购艺风堂缪荃孙旧藏拓本 10800 余种；1931 年购入张钫千唐志斋藏志；1946 年又接收柳风堂张仁蠡藏金石拓本 13600 余种。还有洛阳金石保存所、端方旧藏，于右任鸳鸯七志斋、陶湘涉园、徐世昌藏志等，都是当时藏石者整批出售的墓志拓片，其中洛阳地区出土的唐代墓志最多，其次是北朝墓志。其中多数于 20 世纪 50 年代被调拨国家社管局，现存中国国家博物馆、故宫博物院等处，少数留存北京大学。③

（3）洛阳存古阁

道光二十年（1840 年），邑令马恕致力搜寻，除拓片外，将集到的梵幢墓志等石刻于洛阳东关地建存古阁贮藏。马氏于道光癸卯年（1843年）秋作文纪事《存古阁记》，其云建阁前搜访石刻拓本自晋至宋，计得 1300 余种。马恕之举为近代保护洛阳地方文物的先行者，使得一批石刻得以传世。

马恕于道光庚子嘱仿古洛阳的金石学者刘喜海以之"编次洛阳金石志""刘氏辑《金石苑》八种"，其中二种是《洛阳存古录》《龙门造像录》，惜未付梓传世。顾燮光言："洛阳存古阁藏有道光年间马氏所编《洛阳存古录》，编列龙门造像目录由北魏迄唐开元间止，只六百余种，

① 《燕京大学图书馆报》第 122 期所载《燕京大学图书馆所藏石刻草目·序》。
② 燕大学生自治会编印：《燕京大学图书馆概况》，引自《燕大三年》，1948 年 9 月。
③ 胡海帆：《燕京大学图书馆金石碑帖拓本收藏纪略》，《收藏家》2017 年第 4 期，第 64—73 页。

较今所得仅及三分之一耳。"① 所云与马氏搜集拓本数相差约五百种。

《北魏假节辅国将军东予州刺史元显魏墓志》于 1915 年夏出土，洛阳知事曾炳章将石"辇至署中，珍如拱璧"，如此，存古阁始见北朝墓志原石藏品。为更稳妥地保护原石，曾炳章又复刻一石以应求墨本者，几可乱真。1917 年调任时拟将原石携走，因地方人士力争而载复本离去，原石庋存古阁。

日本学者常盘大定、关野贞于正大七年（1918 年）和十年先后两次前来访察，所记实况云："存古阁在千祥庵之内。……朝东而建，宽约 20 尺，长 30 尺，正面敞开，其他三面是砖墙。内存八角经幢 30、塔形经幢 2、塔形墓志 2、神道柱 1、方形经幢 1、造像石 3。另有嵌在墙壁上的，北壁 5 石（其中墓志石 4、画像石 1，均唐宋间物），西壁 12 石（其中龛铭石 2，余皆墓志石，均唐宋间物），南壁 9 石（其中造像石 3、墓志盖石 2、墓志石 3，皆六朝至唐宋之物）。此外于北壁附近设有一道砖墙，上嵌 11 块残损的碑、幢、画像石等。于此建筑东北侧的廊子内还有 14 石，多为墓志，并立唐高元裕的大碑。"依此记录，当时存古阁的全部藏石为 89 石。②

千祥庵存古阁是官办的地方石刻保存所，民国年间无专人典守，由庵中和尚看管。1927 年，冯玉祥驻军士兵与洛阳各校学生在豫西民长任佑民率领下破除迷信打偶像，千祥庵亦罹难。1931 年春，张钫、刘镇华、武庭麟等在城内创办洛阳县河洛图书馆。"当组织河洛图书馆时，将各处断碑残碣以及存古阁旧藏古刻尽移置期间。"③ 河洛图书馆设金石部，藏有极名贵之魏正始三体石经残碑数方，北魏隋唐宋墓志、佛幢、碑碣、造象记等百数十种。1946 年，雷福祥与孙诒鼎合纂《洛阳县志》（稿本）金石卷，自汉至宋，墓志石刻数以千计，多无石存地点。记藏于河洛图书馆者仅 30 余石，其中原属于存古阁的石刻更少，只有韩寿墓表、元显魏志、兰师志、郭思谟志、元裕碑、韩通夫人董氏志、韩通志、王氏双松堂记 8 石。

---

① 顾燮光撰，王其祎校点：《梦碧簃石言》卷四《伊阙龙门魏造像》，沈阳：辽宁教育出版社，2001 年版，第 115 页。

② ［日］常盘大定、关野贞著，朱亮译：《支那佛教史迹第一集评解》，昭和四年（1929 年）四月印刷发行。引自赵振华、黄获苓：《洛阳存古阁及其藏石》，《考古与文物》1997 年第 4 期，第 68—78 页。

③ 关百益：《伊阙石刻表·张钫序》，民国二十四年版。引自赵振华、黄获苓：《洛阳存口阁及其藏石》，《考古与文物》1997 年第 4 期，第 68—78 页。

千祥庵存古阁，是1955年春洛阳专区组派员将在原河洛图书馆西跨院东墙边考放的和前院堆放的石刻，全部运到周公庙北边的河南省第二文物工作队仓库院（现洛阳市文物工作队所在地）收存。1959年，洛阳博物馆在王城公园内涧河北岸筹建"墓志长廊"，数年间将洛阳保存、收集的约千方墓志、石刻陆续搬迁过去，存古阁藏石包括在内。后在"文革"期间关门。1981年元旦，设在关林的洛阳古代艺术馆开馆。存古阁的旧藏韩寿墓表、常岳等百余人造像记等在西展厅陈列，王氏双松堂记等在东展厅陈列。①

（4）河南图书馆

河南图书馆也是藏石重镇。民国十二年（1923年），河南新郑的郑公大墓发掘后，出土700余件文物均入藏河南图书馆。后又收藏岳庙文物及金石编纂处等数百种汉魏墓志，影响渐大。据李根源《河南图书馆藏石目》所载，时馆藏汉代至金代碑刻329种，其中有魏故元使君墓志1种，未知志主。

总之，自民国初期至新中国成立前这一时期，出现了如上所述如范寿铭、端方、罗振玉、黄立猷、梁启超、于右任、张钫、顾燮光等杰出的私人收藏家，收藏墓志原石及拓本数量不胜枚举，墓志目录屡创新高，研究范围日呈渐广，基本可以反映民国时期私人收藏面貌。同时公立部门对北朝墓志原石，以及对金石拓片的收藏亦蔚为壮观，进而在墓志目录类方面产生了集大成之作，在北朝墓志的整理与研究等方面，也取得了骄人的成果。

总之，民国时期的碑志整理，其建树主要体现在：第一，对墓志的整理兴盛发展，也开启了对域外碑志的整理工作，如孙星衍、罗振玉等学者。第二，编撰石刻题跋索引等方面有所发展。

2. 新中国成立后北朝墓志的收藏

新中国成立后，涌现出一些较有影响的综合收藏与专项收藏的文博单位，均收藏有不同朝代的墓志志石或拓本。现从地域角度来梳理北朝墓志志石及拓本的收藏情况。

（1）北京地区

北京地区历史上出土北朝墓志甚少，仅1963年在怀柔县夷里发现了北齐武平二年（578年）《傅隆显墓志》一盒；同时出土两块刻字墓砖，

① 赵振华、黄茇苓：《洛阳存古阁及其藏石》，《考古与文物》1997年第4期，第68—78页。

上刻"安太二年傅隆显铭",该墓为北京首次发现有纪年的北齐墓。① 但作为新中国政治中心,首都北京逐渐成为重要历史文物的聚集地,各类博物馆与各型图书馆等文博单位收藏和保护碑志,包括北朝墓志亦逐渐丰富起来。

中国国家图书馆。该馆前身是筹建于1909年9月9日的京师图书馆,1931年,文津街馆舍落成(现为国家图书馆古籍馆);新中国成立后,更名为北京图书馆。该馆收藏墓志,以王连生藏南北朝墓志,张钫藏《千唐志斋》墓志,王懿荣、岳琪藏唐墓志,原河南博物馆藏唐墓志,于右任藏唐墓志为主,兼及专藏部分墓志。1987年,新馆落成,1998年12月12日经国务院批准,北京图书馆更名为国家图书馆,对外称中国国家图书馆。20世纪50年代以后,北京图书馆入藏的墓志拓片4638种,其中北魏252种、东魏38种、西魏1种、北齐47种、北周19种、北朝无年月2种,计北朝墓志《吕超墓志》《元延明墓志》《司马超墓志》等359种。近20多年来,该馆墓志续有采集,如河南洛阳新出墓志,周绍良先生旧藏墓志拓本,包括章钰旧藏200余种均为该馆缺藏。同时以各地考古机构捐赠重大考古发现中的石刻拓片为补充,如陕西西安安伽墓志、山西太原虞弘墓志、宁夏固原粟特家族墓出土的墓志等。目前,国家图书馆现存中文古代石刻拓片4万余种,共计13万件。

北京石刻艺术博物馆。该馆是我国第一座按石刻学分类陈列的露天博物馆,1987年建成。设在西直门外真觉寺(俗称五塔寺)内。该寺建于明永乐年间,为全国第一批重点文物保护单位。经多方征集,该馆现有碑碣、墓志、造像、石雕等各类石刻2500余件,拓片近2000种。其年代上迄东汉,下至民国。该馆《人与石》展厅内还陈列了从汉至清代的石刻雕精品69件,其中的东汉秦君神道阙残件、东汉石人、宋代的针灸穴位碑及东魏、北齐的佛造像,都是北京地区的石刻艺术精品。北京石刻艺术博物馆藏20世纪50年代以后出土墓志近百种。

故宫博物院。该院于1925年成立,20世纪50年代以后,在书画部下成立碑帖组,专门收集整理石刻资料。现藏石刻资料已达4万余种,其中,历代墓志(包括拓片)超过2万种,亦藏有北朝墓志若干。故宫博物院收藏的墓志多为清末民国初出土的端方、周季木、徐森玉、马衡等名家之旧藏。其中有北魏、东魏、北齐《元鸾墓志》《安绪墓志》《元演墓志》《孟敬训墓志》等墓志原石14种。马子云先生曾任故宫博物院

---

① 徐自强、吴梦麟:《古代石刻通论》,北京:紫禁城出版社,2003年版,第218页。

研究馆员、国家文物鉴定委员会委员，去世后，家属遵嘱将其所收集保存的碑帖与手拓金石拓片约1800件捐献故宫博物院。

中国国家博物馆。该馆为国家一级博物馆，是一座综合性的博物馆，是中华文物收藏量最为丰富的博物馆之一，藏品数量为100万余件。收藏墓志原石82种，其中北魏墓志6种（含志盖1种），东魏、北齐、北周墓志各1种。① 在博物馆收藏的众多历代墓志中，有一批在20世纪50年代初集中入藏的北朝墓志尤为引人注目，这就是1948年在河北景县发现的封氏家族成员诸墓志，其中包括北魏正光二年（521年）《封魔奴墓志》，东魏兴和三年（541年）《封延之墓志》，北齐河清四年（565年）《封子绘墓志》，隋开皇九年（589年）《封氏崔长晖墓志》。据张季《河北景县封氏墓群调查记》② 记载，这批墓志是1948年5月出土于景县安陵区前村乡十八乱冢墓群中的，事后被收集上交至中国历史博物馆（中国国家博物馆前身）。③ 1953年，《独孤信墓志》出土于陕西省咸阳市底张湾，出土时已无志盖。1959年，该志原石由陕西省博物馆划拨至中国历史博物馆，并成为馆藏北周墓志中的代表作。该馆亦藏有《独孤信墓志》拓片。

北京大学图书馆。1952年，全国高校院系调整，燕大图书馆馆藏一并汇入北京大学图书馆。此举无论是藏书还是拓本，都堪称新中国成立以来，北大图书馆接收校外文献中最大的收获。燕大拓片与北大拓片资源的合流，形成了4万余种、8万余拓片、300种丛帖的收藏规模。其中收藏自汉代到民国时期的墓志拓片计10194种。唐代为最大宗，达6000余种，而南北朝墓志达到639种。出土地以中原为主，江西中部有一定规模；另有63种朝鲜出土墓志。北京大学图书馆所藏墓志拓片，品种多，数量大，在国内外均属前列；传世收藏及版本类型尤为全面系统。这些拓片资料，有很高的史料价值，也有极高的版本和文物价值，不乏一些孤本，这些均是对北大图书馆藏品的重要补充，跻身国内外拓片收藏第三大馆地位，可见当初燕大藏拓贡献功不可没。④ 另中国社会科学院图书馆、北京市文物研究所等地亦收藏碑志原石或拓片。总之，北京

---

① 王义康：《国家博物馆藏墓志概述》，《中国历史文物》2008年第6期，第56—64页。

② 张季：《河北景县封氏墓群调查记》，《考古通讯》1957年第3期。

③ 赵超：《中国国家博物馆藏北朝封氏诸墓志汇考》，《中国历史文物》2007年第2期，第29—40页。

④ 胡海帆：《燕京大学图书馆金石碑帖拓本收藏纪略》，《收藏家》2017年第4期，第64—73页。

地区，原石收藏以中国国家博物馆和故宫博物院为多。拓本收藏以国家图书馆和北京大学图书馆收藏量最大。

（2）河南地区

河南历史文化积淀深厚，亦为北朝墓志的主要出土地。洛阳作为北魏的政治经济与文化中心，虽然邙山一带的大量墓葬早已遭到盗掘，但自新中国成立后，仍有部分墓志出土。北魏分裂成东魏、西魏，接着是北齐、北周。东魏和北齐的统治中心移到邺城、晋阳。接近邺城的河南安阳一带也有较多的贵族官员居住，新中国成立后出土了不少北齐墓志。

洛阳古代艺术博物馆。该馆（含北魏帝王陵园、东周车马坑、河南古代壁画馆）位于洛阳市南郊8公里处的关林镇，镇因关林而得名，是中国唯一的冢庙林三祀合一的古代经典建筑。经整修于1981年辟为"洛阳古代艺术博物馆"，是以收藏陈列洛阳出土的历代石刻艺术品、碑碣墓志为主的专题性博物馆，也是世界上规模最大展示中国古代葬俗制度演变轨迹的特色型博物馆。主要分为历代典型墓葬、北魏帝王陵、壁画馆三大展区。历代典型墓葬展区分为地上、地下两部分。馆内收藏历代墓志石刻，上起东汉、下至民国的石刻文物1118件，其中藏志774种，而收藏的北魏《元荣宗墓志》等20余种。西长廊为"石刻陈列室"，陈列艺术石刻70余件；东长廊为"碑碣墓志室"展出碑志400余种。该馆是研究中国古代建筑、书法、乡里社及家谱学的史料实物基地。

千唐志斋博物馆。1931年，张钫通过洛阳古董商人郭玉堂多方搜集流散于民间的出土古代墓志石刻，兼及碑碣、石雕，陆续运至故里铁门。为了更好地保存这批碑志，张钫于1935年河南新安铁门镇的故居花园"蛰庐"西侧辟地建斋。斋院自成一体，包括3个井院，1道志廊，15孔具有浓重豫西特色的拱式窑洞，将其历年所得志石大部分镶嵌在窑洞内外的墙壁上。先后搜集唐代墓志及其他石刻千余种，因其中藏石主要为唐代墓志，所以此斋于1936年建成以后，由王广庆命名为"千唐志斋"，并请章炳麟以古篆为之题额，跋语曰："新安张伯英，得唐人墓志千片，因以名斋，属章炳麟书之。"千唐志斋收藏西晋志石1件，北魏志石2件，隋代志石2件，唐代志石1191件，五代志石22件，宋代志石88件，元代志石1件，明代志石30件，清代志石2件，民国志石7件；另有墓志盖19件，其他各类书法、绘画、造像、经幢、碑碣54件；共计墓志石刻1419种。1963年，千唐志斋被列为省级重点文物保护单位，1984年成立了千唐志斋保管所，加强对墓志的保护、管理、研究工作。1992年更名为千唐志斋博物馆，1997年又被列为国家重点文物保护单位。20 世纪 90 年代以来，千唐志斋收藏墓志已达 600 余种。

偃师博物馆。该馆收藏历代墓志约 50 方，其中北朝墓志有《皮演墓志》《殷伯姜墓志》《尹祥墓志》《染华墓志》《石育墓志》5 方。

开封博物馆。开封博物馆收藏石刻近 900 种，洛阳出土的墓志 448种，墓志盖 287 种，合计 735 种。其中北魏墓志 10 种，志盖 2 种。

一些文博单位亦有零散收藏。如河南博物馆入藏北魏墓志 3 种，北齐《范粹墓志》等。北齐《刘宾及妻王氏墓志》① 现藏洛阳博物馆。洛阳市文物工作队、洛阳市第二文物工作队在历年考古发掘及文物征集过程中，也积累了为数众多的墓志材料。其中洛阳市文物工作队收藏北朝墓志 42 种，洛阳市第二文物工作队收藏北魏墓志 16 种、北齐1 种。河南省文物研究所、安阳金石保存所、安阳县文物管理所、卫辉市博物馆、濮阳县文化馆、焦作市博物馆、洛阳师范学院、洛阳大学等也藏有若干北朝墓志。如东魏天平元年（534 年）《姜夫人墓志》② 现藏沁阳市博物馆。北齐天保三年（552 年）《居士□道明墓志》③ 现藏焦作市博物馆。

私人藏品亦有之。如张海书法艺术馆陆续入藏庋集了民间散落的北朝至明代的志石百余种，时间跨度千年，地域则以河南、河北和山西为主，这些墓志中不乏书法水平高超、史料价值较大的精品。又见北魏永平元年（508 年）《王埾奴墓志》、熙平三年（518 年）《宇文永妻韩氏》二方墓志④洛阳张赫坤藏志。北魏熙平二年（517 年） 《赵盛夫妻墓志》⑤，不详出土时间、地点，石存洛阳，墨拓留藏于坊间。北齐武平七年（576 年）《可朱浑孝裕墓志》⑥ 现藏河南省许昌市民间等。

（3）河北境内

1948 年，考古工作者曾清理了旧称"十八乱冢"，即河北景县县城

① 沈淑玲、唐俊玲：《刘宾与妻王氏墓志考释》，《中原文物》1997 年第 2 期，第 99、75 页。刘宾郡望是彭城丛亭里刘氏，刘芳之曾孙，祖父刘廞、父刘鹭。

② 中国文物研究所、河南文物研究所合编：《新中国出土墓志·河南·壹》上册，北京：文物出版社，1994 年版，第 172 页。

③ 中国文物研究所、河南文物研究所合编：《新中国出土墓志·河南·壹》上册，北京：文物出版社，1994 年版，第 145 页；任军伟：《北齐道明墓志及其相关问题》，《书法丛刊》2010年第 2 期，第 52—61 页。

④ 洛阳市第二文物工作队等：《洛阳新获墓志续编》，北京：科学出版社，2008 年版。

⑤ 郑志刚、夏京州：《稀见古石刻丛刊——北魏赵盛夫妻墓志 唐吕府君墓志》，郑州：河南美术出版社，2010 年版。

⑥ 罗新：《跋北齐〈可朱浑孝裕墓志〉》，《北大史学》第八辑，北京：北京大学出版社，2001 年版，第 135—151 页。

东南的一组墓群，出土了300余件器物。1955年，北京历史博物馆在此进行调查，收集到一些墓志入藏北京。以后，河北等地文博单位又陆续进行调查，结果发现出土封氏墓群，石质墓志安放在墓中死者的头前，出土的随葬品很是考究，墓葬的规格也比较高级，墓中出土的青瓷尊、玻璃碗等，具有重要的研究价值。这一墓群的性质，由于墓志的明确记载而确认为封氏家族墓地。赞皇县高邑里村、前坊栅等地还发现了北齐李林、李稚廉墓志，以及北魏李静、李玄、李带等李氏家族成员的墓葬。磁县东陈村发掘出土尧氏家族墓志群，多为东魏、北齐墓志。另在河北临城西镇村西北的北齐墓群中出土了一批赵郡李氏墓志。在河间邢氏家族墓群出土了邢峦、邢伟、邢晏等人物墓志。

公家藏所。北朝墓志在河北省或一些地市文博单位有少量收藏，而以北齐、北周时期的墓志为主。如：河北省文物保护中心、河北省文物研究所等省级文博单位多有收藏；地市县级文博单位少有收藏，如石家庄市文物保管所、邯郸市博物馆；磁县博物馆、涿州市文保所、河间市文物保管所；满城、临城、博野、正定、柏乡、盐山、赵县、赞皇等县文物保管所。

私家藏所。河北省私人藏所以河北正定墨香阁最为有名。金石收藏家刘秀峰先生多年收藏已成规模，建阁庋藏并加以保护。所藏墓志151种，其中包含北朝墓志112种，其中北魏《李瞻墓志》《杨熙仙墓志》《杨老寿墓志》等14种，东魏《元颢墓志》《任祥墓志》《田盛墓志》等31种，北齐《李骞墓志》《元叡墓志》《崔仲姿墓志》等62种，北周《崔宣靖墓志》《崔宣默墓志》等5种。每种墓志均有完整的拓片图版。

（4）山东境内

据文献记载，东汉章帝、和帝时期，山东地区已经出现了墓志文字。山东墓志形制的发展大体可以分为两个阶段：一是自汉末经南北朝至隋灭亡，是多种形制并存的阶段；二是自唐代开始，经宋元至明清，是单一形制墓志存在的阶段。墓志内容也经历了由内容简单、叙事扼要向内容丰富、叙事详细、结构严谨完备的阶段。赖非先生认为："山东出土的古代墓志，虽不能与洛阳邙山出土的元魏宗室墓志相提并论，但它们却也有自己的特点。尤其是北朝隋唐时期的地方望族墓志，更以其出土集中、彼此关系密切而对历史与考古研究具有重大意义。名门望族墓地及墓志的形成，是传统的聚族而葬的古老习俗在门阀世族社会中发展膨胀的结果。就其资料信息而言，它甚至可以被看成庞大的封建世族社会网络上的一个个钮节。”① 近30年来，山东出土的北朝世族墓志有：清河（今属淄博市）崔氏家族墓志，蓨县（今属德州市）高氏家族墓志，泰山（今属新泰市）羊氏家族墓志，历城（今属济南市）房氏家族墓志，金乡（今属嘉祥县）徐氏家族墓志。此外，还有邹城《刘宝墓志》、淄博《傅竖眼墓志》、寿光《贾思伯墓志》、历城《傅华墓志》等。

山东省内北朝墓志收藏以公家藏所为主。如山东博物馆、山东石刻艺术博物馆、山东省文物考古研究院、济南市博物馆等文博单位。其中山东博物馆与山东省文物考古研究院为收藏之大宗。山博藏北魏《刁遵墓志》《韩君墓志》《李璧墓志》等7方，东魏《明赉墓志》《房悦墓志》2方，北齐《王道习墓志》1方。省文物考古研究院藏北魏《崔鸿墓志》1方，东魏《张玉怜墓志》《崔鹔墓志》2方，北齐《崔德墓志》《房子明墓志》《崔博墓志》3方。山东石刻艺术博物馆藏北魏《高道悦夫人墓志》《高道悦墓志》2方。

地市县级博物馆亦有收藏。济南市博物馆藏东魏《崔令姿墓志》1方，北齐《道贵墓志》《陈三墓志》《傅华墓志》3方。泰安市博物馆藏北魏《羊祉墓志》《崔神妃墓志》2方，东魏《崔元容墓志》1方。淄博市博物馆藏北魏《崔猷墓志》《傅竖眼墓志》2方。青州市博物馆藏北齐《张攀墓志》《崔頠墓志》2方。潍坊寿光市博物馆藏北魏《贾思伯墓志》1方，东魏《刘静怜墓志》1方；临朐市博物馆藏北齐《崔芬墓志》1方。滨州博兴县博物馆藏北周《朱林樵墓志》1方。

图书馆也有收藏。如德州乐陵县图书馆收藏北齐《刁翔墓志》1方；陵县图书馆收藏北齐《明湛墓志》1方等。

（5）陕西境内

陕西关中地区历来是华夏文化的一个中心，虽然在魏晋北魏时期，它的地位有所削弱，但仍然有一定的大姓势力存在。西魏和北周时期，这里又作为政治中心，聚集了一批官员贵族，他们定居并丧葬在关中，其墓葬制度沿袭北魏程式，因而也有一定数量的墓志出土。如在陕西华阴五方村及潼关等地发掘的杨氏族葬墓地，出土了一批北朝杨氏人物墓志，对了解这一地区的大姓世族生活状况有重要的参考价值。② 1986至1990年，陕西考古工作者配合咸阳底张湾北国际机场修建工程，发掘了

① 赖非：《齐鲁碑刻墓志研究·引言》，济南：齐鲁书社，2004年版，第4页。

② 杜保仁、夏振英：《华阴潼关出土的北魏杨氏墓志考证》，《考古与文物》1984年第5期，第17—27、16页，附图并录文。

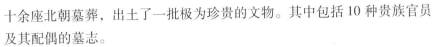

十余座北朝墓葬，出土了一批极为珍贵的文物。其中包括 10 种贵族官员及其配偶的墓志。

1991 年，原陕西省博物馆分为西安碑林博物馆和陕西历史博物馆，二者馆藏石刻可以互为补充。

西安碑林博物馆。西安碑林于北宋元祐二年（1087 年）始建，建筑呈古典风貌，是我国收藏各类石刻的重要场所，堪称收藏碑志之冠。到 20 世纪初，虽然收藏各类石刻数量众多，但墓志的收藏却几乎为空白。直至 1935 年，于右任将他购藏的墓志原石全部捐给碑林，西安碑林才结束了没有墓志的历史。而此后，碑林也开始了收集墓志的工作。如今，珍藏着汉至民国各代碑志刻石达 3500 余种，名碑名刻难以尽数。西安碑林博物馆是在具有 900 多年历史的"西安碑林"的基础上，利用西安孔庙古建筑群扩建而成的一座以收藏、研究和陈列历代碑石、墓志及石刻造像为主的艺术博物馆。馆区由孔庙、碑林、石刻艺术室三部分组成。现有馆藏文物 11000 余件，11 个展室。值得一提的是已有千年历史且藏量丰富的西安碑林，亦是于右任先生所捐 396 种藏石的收藏地，其中包含北魏《孙恪墓铭》《张夫人墓志》等 136 种，北齐 1 种，北周 4 种，为目前国内收藏北朝墓志最多者。于先生所捐藏石珍品占该馆所藏历代碑志刻石的十分之一还要多。

陕西历史博物馆。该馆馆区占地 65000 平方米，分文物库区和展厅，馆藏文物多达 37 万余件，上起远古人类初始阶段使用的简单石器，下至 1840 年前社会生活中的各类器物，时间跨度长达 100 万年。文物不仅数量多、种类全，而且品位高、价值广，其中的商周青铜器精美绝伦，历代陶俑千姿百态，汉唐金银器独步全国，唐墓壁画举世无双，在国家级博物馆中影响较大。其中收藏《杨阿难墓志》《杨颖墓志》《杨播墓志》《侯义墓志》等北朝墓志精品。西魏《冯景之墓志》于 1993 年出土于西安市长安县。该墓志出土之后即移藏陕西历史博物馆，拓本也十分少见。①

长安博物馆。该馆收藏新出土北魏至清墓志 184 种，其中北朝墓志 3 种。

公属文博单位。各地市县文博单位也收藏有零散出土的北朝墓志。如陕西省考古研究所收藏《韦孝宽墓志》《叱罗协墓志》《王钧墓志》等北周墓志。咸阳市博物馆收藏也是北周墓志，如《陈毅墓志》《贺兰祥

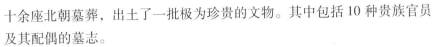

① 党斌：《北朝〈冯景之墓志〉考释》，《图书馆杂志》2019 年第 1 期，第 103—107、112 页。

墓志》等。天水市博物馆、户县文管会、彬县文化馆、渭城区文管会、西岳庙等亦有藏品。

西安大唐西市博物馆。该馆是近年来发展比较迅速的民营博物馆，该馆占地面积 15 亩，计有"十字街""道路车辙""石板桥""房基""水沟"等多处遗址，展览区面积 8000 平方米。该馆具有完备的陈列展览体系，集历史、艺术、民俗、收藏等各类陈列展览及主题活动于一体，馆藏文物 2 万余件，以西市遗址出土文物和博物馆创办人 20 多年来收藏的文物为主。其中馆藏墓志 500 余种，包含《刘阿倪墓志》《宇文测墓志》等北朝墓志 9 种。

（6）山西境内

山西也是北朝石刻遗存较为丰富的地区之一。山西大同附近是北魏早期的都城平城所在地，近年来这里出土了一些重要的墓志。太原附近是东魏、北齐重要官员的墓葬所在，也是我国发现北齐墓葬最多的地区之一。山西省博物馆有些许北朝墓志收藏。大同市文博单位亦有收藏，如大同市博物馆收藏《申洪之墓志》《司马金龙墓志》《封和突墓志》《元淑墓志》等北魏墓志 4 方。大同北朝艺术研究院收藏洛阳、邺城等地出土的《邢合姜墓志》《建康长公主墓志》《拓跋忠墓志》等 55 种北朝墓志拓本。

（7）辽宁境内

南北朝时期，辽宁西部曾经存在北魏、东魏、北齐等政权，保存有大量的历史遗迹。辽宁省博物馆收藏北朝墓志较为丰富，部分为罗振玉旧藏。其馆一楼常设"中国古代碑志展"，将墓志镶嵌于墙内，可近距离观赏。其中收藏《元飏墓志》《元略墓志》《元钦墓志》等北朝墓志 35 种。

（8）上海境内

上海博物馆、图书馆等文博单位为碑志拓本的收藏重镇，尤以上海博物馆收藏墓志颇丰，仅北魏墓志原石之收藏就有 6 种，北周 1 种。拓本的收藏数量更多。50 年代，孙伯渊先生曾捐赠上海博物馆 3920 件碑帖拓本，其中收录南北朝墓志 349 种。在孙先生之后，戚叔玉先生也陆续将旧藏 4800 余件碑志捐献给上海博物馆，其中包括 323 种南北朝墓志拓本。

（9）天津、江苏、四川境内

天津博物馆等文博单位收藏有少量北朝墓志，如北齐天保九年（558年）《皇甫琳墓志》等。

江苏苏州碑刻博物馆为专门收藏、研究、陈列和复制古代碑刻的专业性博物馆。该建筑始建于北宋景祐元年（1034年）的文庙，现存建筑多保持着明代重修时的风格。文庙占地约15000平方米，建筑总面积约2000平方米。该馆于1985年7月正式对外开放，收藏各类碑刻1100余种，还保存有明清以来的各类孤本、摹本拓片2000余张（册）。其中墓志摹本拓片不在少数。另南京博物院等文博单位也是墓志收藏地，如北齐《赵征兴墓志》① 拓片存南京市文物研究所。

四川彭州博物馆收藏李宗昉捐献的北朝隋唐碑志拓本，其中收藏北朝精拓本有120种之多。

（10）新疆、宁夏境内

在新疆的吐鲁番地区，出土砖志最早有记载可据的是清代末年吐鲁番厅巡检张清于1910年在高昌故城北郊挖掘古墓时出土的唐武周长寿三年（694年）《张怀寂墓志铭》1种，为石质，志文最初著录在1911年王树枏《新疆访古录·金石志》一书中。继此以后，由于清政府的腐败无能，西方探险家纷纷到西域进行探险活动，大量掠夺古代文物。日本的大谷光瑞、桔瑞超等人于1912年在吐鲁番阿斯塔那发掘，发现17种墓志，掠走5种，剩下的12种丢弃在墓地中，直至新中国成立后才被新疆维吾尔自治区博物馆考古队发现并收藏。1930年，参加中瑞合作科学考察的黄文弼先生在吐鲁番西面的雅尔崖地区进行发掘，发现墓砖、墓碑120种，后来收集在他编撰的《高昌砖集》一书中。这些出土墓志有相当一部分属于中原南北朝时期的遗物。吐鲁番市的哈拉和卓古墓区、阿斯塔那古墓区、雅尔崖古墓区以及鄯善县的鲁克沁古墓区是新疆出土墓志较多的地区，1958年以来，新疆博物馆考古队曾多次在这些地区进行发掘，出土墓砖志、墓碑100余种。使用墓志的人大多是官员及家属。墓志铭文简单，在砖或碑上面用墨或朱砂书写铭文，仍像晋代以后的部分墓志那样自称为墓表。

宁夏境内曾先后出土几种北朝墓志。如1964年，宁夏彭阳县彭阳乡姚河村出土北魏景和三年（503年）《员标墓志》②；1983年，宁夏固原南郊乡深沟村出土西魏大统十三年（547年）《吴辉墓志》和北周天和四

---

① 贺云翱：《〈齐故平南将军太中大夫金乡县开国侯赵君墓志铭序〉及其考释》，《南方文物》1999年第2期，第93—97页。

② 杨宁国：《宁夏彭阳出土北魏员标墓志砖》，《考古与文物》2001年第5期，第91—92页；罗丰：《北魏员标墓志》，引自《桃李成蹊——庆祝安志敏八十寿论文集》，香港：香港中文大学出版社，2004年版。

年（569年）《李贤墓志》①，此为李贤吴辉夫妇合葬墓；1993年，宁夏固原南郊乡王涝坝村出土北周保定五年（565年）《宇文猛墓志》②。这4种北朝墓志均见学者论文考释。另有北周《大利稽冒顿墓砖铭》等多种北朝墓志，收藏于宁夏回族自治区博物馆和宁夏固原博物馆。

（11）港台地区

台湾地区碑志拓本收藏主要集中于台湾"中央历史研究院"历史语言研究所傅斯年图书馆，计25000余种。其中收藏的北朝墓志有《李氏墓志》《元容墓志》《元理墓志》等341种，另有墓志盖6种。

台湾图书馆也收藏墓志拓本2707种，其中南北朝墓志计258种，包括《宋灵妃墓志》等北朝墓志若干。

孝昌元年（525年）《封□妻长孙氏墓志》③今藏香港。熙平三年（518年）《杨无丑墓志》④今藏香港中文大学文物馆。

二、北朝志石及拓片的域外收藏

中国古代碑石文化博大精深，因此千百年来，不仅深受国人的珍爱、收藏、鉴赏和研究，而且为世界所瞩目，并广为流传，影响久远。

（一）北朝墓志志石的域外收藏

海外文物收藏者和收藏机构历来对中国古代碑志深为青睐。鸦片战争后，中国古代碑志石刻与其他国宝一起，大量流出国境，散落于海外。黄立猷曾留学日本，故《石刻名汇续补》一书的末部附中外藏石处及墓志异名，信息丰富，视野开阔，是较早关注海外收藏的学者。据清杨守

---

① 宁夏回族自治区博物馆、宁夏固原博物馆：《宁夏固原北周李贤夫妇合葬墓发掘简报》，《文物》1985年第11期，第14—20页；顾铁符：《关于李贤氏姓、门望、民族的一些看法》、罗丰：《李贤夫妇墓志考略》、王卫明：《北周李贤夫妇墓若干问题初探》三文均引自《美术研究》1985年第4期；韩兆民：《北周李贤墓志铭考释》，《宁夏文史》第五辑；韩兆民：《固原北周李贤夫妇合葬墓发掘的主要收获》、何继英、杜玉冰：《浅谈固原北周李贤墓的学术价值》，《宁夏文物》1986年第1期；宿白：《宁夏固原北周李贤墓札记》，《宁夏文物》1989年第3期，第1—9页。李贤夫妇合葬墓志的出土，为确定该墓的时代提供了明确的证据，从而为北朝晚期墓葬的编年研究提供了一个墓主明确，时间清楚的标尺。墓葬还保存了大量壁画，借助墓志可以知道他们绘制的具体时间，对于了解北周绘画技艺以及考察隋唐壁画的源流都具有重要意义。

② 宁夏文物考古所固原工作队：《固原北周宇文猛墓发掘简报》，引自《宁夏考古文集》，银川：宁夏人民出版社，1996年版，第146页。

③ 王壮弘：《北魏封君夫人长孙氏墓志》，《书法》1995年第3期，第8页。

④ 在湖南省博物馆与香港中文大学文物馆联合举办的"中国古代铭刻文物展"中展出，照片及拓片图版，发表于为该展览而出版的《中国古代铭刻文物》一书中，该书还提供了录文及简短考证。

北朝墓志文献研究　下

敬《寰宇贞石图》、日本兴文社《增订寰宇贞石图》①、罗振玉《海外贞珉录》②、王壮弘《历代外流石刻》③、马子云《碑帖鉴定》④、梁披云《中国书法大辞典》⑤、刘正成《中国书法鉴赏大辞典》⑥ 等著作的记载与考证，日、美、法、德、瑞典等国家均藏有中国古代的碑志石刻，其中尤以日本和美国数量最多。

1. 日本文博机构和个人收藏

自汉代至西夏的中国古代碑碣志石数量有百种之多。罗振玉旅居日本时，通过了解日本收藏者，检阅西方人的著作，调查中国古董商等方式，得知140多种中国石刻流入日本、欧美诸国，于是在1915年作《海外贞珉录》以记其名目。其序云："尝闻我关津税吏言，古物之由中州运往商埠者，岁价恒数百万，而金石刻为大端。……我国古金石刻最富之地曰山左、曰关中、曰中州。……予尝谓古刻而至异域，殆不殊再入重泉也，予居东以来，颇见我国古石刻之流入东土者。"⑦ 书中记载，元飏、元飏妻王氏、元祐妃常季繁三方墓志于清宣统二年（1910年）在河南洛阳出土后，均为毗陵董康所得。董氏在民国时期将三志售于日本人太仓喜八郎，藏太仓集古馆。后于1924年毁于日本大地震。⑧ 日本兴文社将其辑入《增订寰宇贞石图》。刻于后秦弘始四年（402年）《吕宪墓表》、东魏《司马升墓志》今藏日本书道博物馆⑨。特别值得一提的是该

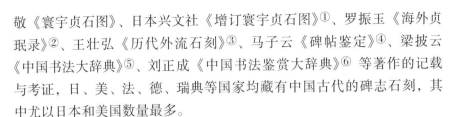

---

① 杨守敬将所收集的历代石刻拓本编辑为《寰宇贞石图》一书，于光绪八年（1882年）在日本印书局石印出版。该书初版收入周、秦、汉、唐、金等朝代及高丽、日本等地碑刻共300余种。宣统元年（1909年）在上海重印，1940年，藤原秀夫在初版基础上，新增加了一些石刻品种，删去了少量伪刻，使之增加到470余种，并且对所有石刻均选用精拓重新摄影印制，成《增订寰宇贞石图》一书。《寰宇贞石图》是中国第一部以影印方法出版的石刻图录，为石刻的保存传播开创了新的途径。1985年由上海书画出版社影印出版。

② 罗振玉：《海外贞珉录》，引自《雪堂丛刻》，1915年版，第1页。

③ 王壮弘：《崇善楼笔记·历代外流石刻》，上海：上海书店出版社，2008年版，第220—249页。

④ 马子云、施安昌：《碑帖鉴定》，南宁：广西师范大学出版社，1993年版。

⑤ 梁披云：《中国书法大辞典》，广州：广东人民出版社，1987年版。

⑥ 刘正成：《中国书法鉴赏大辞典》，北京：天地出版社，1989年版。

⑦ 罗振玉：《海外贞珉录·序》，民国乙卯年（1915年）罗氏家刻本。

⑧ 王壮弘、马成名：《六朝墓志检要》，上海：上海书画出版社，1985年版，第16页。

⑨ 书道博物馆以收藏书法文物而著称于世。该馆本是著名书法家和画家中村不折的私邸，早在1933年，中村不折就建馆将他的金石书法收藏品陈列出来，称作"金石馆"。1936年在金石馆的基础上建立了书道博物馆，中村不折为首任馆长。1995年，中村不折的后代将这座私立博物馆捐赠给了东京都台东区。2000年4月，书道博物馆作为台东区的区立博物馆正式开放。［日］中村不折著，李德范译：《禹域出土墨宝书法源流考》，北京：中华书局，2003年版，第173页。由该书所记知《吕宪墓表》与《司马升墓志》现藏于书道博物馆。《中国书法大辞典》亦记，刻于后秦弘始四年（402年）十二月的《吕宪墓表》流入日本，归江藤氏所藏。《历代碑刻外流考》称北魏《徐渊墓志》今藏日本书道博物馆。

馆收藏的《韩宝晖墓志》刊刻于北齐武平七年（576年）。据载："砖方一尺一寸八分，厚一寸八分。朱栏，黑漆书九行，行九字，共八十一字。八分书。河南省密县出土。"① 北魏正光六年（525年）《徐渊墓志》、北周大象二年（580年）《石难陀砖志》亦藏书道博物馆。②

2. 美国收藏

美国收藏的中国唐以前碑碣志石现所知有30余种，而以画像石和造像记石为多。据《历代碑刻外流考》考证，北魏《宁懋墓志并石椁》出土后不久，被商人买去，后经上海运往国外，现藏美国波士顿艺术博物馆。

3. 法国与德国收藏

法国与德国收藏的中国唐以前碑碣志石现所知分别是8种、4种，主要是画像题字石和造像记石。另有北魏《元熙墓志》今藏加拿大安大略皇家考古博物馆（Royal Ontario Museum of Archeology）。此外，流落于海外，但不知其现确切藏于何国何处的中国北朝刻石，还有不少，如刻于北魏的《元谧墓志》③ 等。

（二）北朝墓志拓片的域外收藏与传播

墓志石刻拓片具有重要的历史文化价值，尤其是一些已经亡佚的古代有名碑志，其遗存的拓片更是无价之宝，历来为收藏家和书法爱好者所重视和珍爱，海外人士也是不遗余力地收藏，因此流传于海外的拓片数量可观。在这些拓片中，有的甚至中国国内已经失传，使得海外收存的拓片为宇内仅存的孤本。

1. 日本收藏

北朝石刻自清代碑学复兴以来大受推崇，"碑学"派的观点，特别是在杨守敬于1880年至1884年出任驻日钦使随员期间广为宣传后，北朝石刻在日本更是大行其道，许多拓本被刊印而广为流传。

日本遂成为收藏印制中国古代碑志石刻拓本最多的国家，作为日本汉学研究中心，东洋文库是日本最大的东方学资料收藏机构。根据《东洋文库所藏中国石刻拓本目录》记载，东洋文库藏有中国石刻拓本2760

---

① 《集释》《汇编》《疏证》等书中未见著录，仅见［日］中村不折著，李德范译：《禹域出土墨宝书法源流考》，北京：中华书局，2003年版，第87—88、173页。

② ［日］梶山智史：《北朝墓志总合目录》，《东アジア石刻研究》创刊号，2005年12月，第84、107页。

③ 此刻石1926年出土于河南洛阳。《碑帖鉴定·石刻见闻录》谓其"出土不久，古董商售于英国某人"；《历代碑刻外流考》云"郭玉堂谓在日本"。现究竟藏于海外何处不详。

种，其中南北朝墓志有《侯氏墓志》《元飏墓志》等 78 种。与东洋文库比肩的日本京都大学人文科学研究所，也是日本汉学研究重镇。其图书馆网站公布，藏有拓片 1 万余件，其中南北朝墓志 213 种，相关图版可浏览京都大学网站及《日本京都大学藏中国历代文字碑刻拓本汇编》。需要说明的是，这 213 种拓本仅是人文科学研究所拓本收藏之一部分，并非全部藏品。

大东文化大学书道研究所藏中国石刻拓本，主要来自宇野雪村的捐赠。宇野雪村是日本书法名家，喜好中国石刻碑帖收藏。1997 年，宇野雪村将所藏书学、美术相关资料捐赠给大东文化大学书道研究所，其中石刻拓本 500 余册，1000 余种。据该所编《宇野雪村文库拓本目录》，收录南北朝墓志有《刘怀民墓志》《吕超墓志》等 293 种，部分墓志拓本为整拓、册页等不同装帧形式，较为珍贵。

淑德大学书学文化研究中心也是日本收藏中国石刻拓本的重要机构。该中心收藏《刘怀民墓志》《吕超墓志》《陶弘景墓志》《程虔墓志》《杨公则墓志》等墓志拓本 231 种，而且多为其他馆藏未见者。

参见《东京国立博物馆所藏竹岛卓一旧藏中国史迹写真目录》，东京国立博物馆收藏有数量众多的中国石刻拓本。大阪市立美术馆亦收藏南北朝墓志拓本 138 种。又见《三井文库馆藏名品撰》《听冰阁旧藏碑帖名帖撰》《木鸡室金石碑帖拾遗》图录刊行，知三井文库、听冰阁、木鸡室等私人收藏中国石刻拓本亦种类丰富。

日本神州国光社、博文堂、骎骎堂、清雅堂等皆有拓片影印本，另外，日本《书苑》、二玄社《书迹名品丛刊》《原色法帖选》、兴文社《增订寰宇贞石图》、平凡社《书道全集》等书籍中，中国自先秦至清代的许多著名的碑志拓片都被收入刊印。

杨守敬（1839—1915）为我国清末民初的著名学者。其一生著述宏富，在历史地理学、金石学、版本目录学、经学、书学等方面都有专著传世，单金石学方面的著作就有十余种，如《望堂金石》是他最早刊印，用力颇勤的一本书。其中收录北朝《崔敬邕墓志》《高植墓志》《张元墓志》3 种。他于 1880 年至 1884 年曾任清政府出使日本大臣随员。驻日期间，因见民间散存大量唐代以来的写本、佚书，遂以日本人士渴求的中国石刻拓本予以交换收集，影印成《古逸丛书》《留真谱》等，保存下了重要的中国古代文献。同时，他将所收集的历代石刻拓本编集成书传播。如《寰宇贞石图》于光绪八年（1882 年）在日本印书局石印出版。该书初版收入周至金各朝代及高丽、日本等地碑刻共 300 余种。

宣统元年（1909年）在上海重印，改为230余种，分为6册。收录北魏《司马景和妻孟氏墓志》《泾雍二州别驾皇甫驎墓志》《雒州刺史刁遵墓志》《镇远将军郑道忠墓志》《鞠彦云墓志》《吴高黎墓志》《南阳太守刘玉墓志》《怀令李超墓志》8方；东魏《南秦州刺史司马升墓志》《定州刺史李宪墓志》《齐州刺史高湛墓志》《太尉刘懿墓志》《渤海太守王偃墓志》《源磨耶墓志》《开府参军崔颋墓志》7方；《北周开府仪同贺屯公高植墓志》1方，合计收录北朝墓志16方。该书均仅印拓本，并未编目，次第或有混淆。该书为清代汇集历代重要石刻拓本的影印图录，是中国第一部以影印方法出版的石刻图录，为石刻的保存传播开创了新的途径。该书既便于查阅，又可通过它基本了解历代石刻风貌，具有一定的参考价值。该书以原碑石拓本缩小影印，虽然保留了原碑形制，但由于原碑巨大，缩小后往往无法细辨，有残泐者更无法看清，碑额、侧、阴等处也有缺漏不全现象，兼以杨氏所得拓本并非善本，甚至杂有少量翻刻，故深入研究，尚需另觅佳拓。因此，沈勤庐、陈子彝考其纪元、稽之公历，详核其石刻地点、别名等信息，订为目录，于民国二十一年（1933年）江苏省立苏州图书馆排印本《寰宇贞石图目录》1册2卷。鲁迅曾以所得《寰宇贞石图》散页，于1916年重新排列顺序，分为5册，共232种，并且编写了总目及分册目录，由上海书画出版社1985年影印出版。《寰宇贞石图》一书在日本颇受欢迎。由河井荃卢监修，藤原楚水在初版基础上，新增加了一些石刻品种，删去了少量伪刻，使之增加到470余种，并且对所有石刻均选用精拓重新摄影印制，于日本昭和十五年兴文社1940年印行《增订寰宇贞石图》四卷。该书较杨书增加石刻品种约238种。

《书道全集》刊有北魏《申洪之墓志》《元祥造像记》《姚伯多兄弟造像记》《郑长猷造像记》《广川王造像记》《高贞碑》；东魏《程哲碑》《高盛碑》；北齐《玄极寺碑》《徂徕山文殊般若经》等碑志的拓本。《中国书道大全》刊有北魏《司马悦墓志》等拓本。《增订寰宇贞石图》刊有北魏《李谋墓志》等拓本。博文堂影印本刊有北魏《司马昞墓志》和北魏后期墓志的杰出之作《崔敬邕墓志》等拓本。

2. 美国收藏

美国收藏中国石刻拓本机构很多，其中以哈佛大学燕京图书馆、伯克莱加州大学东亚图书馆及芝加哥富地博物馆为代表。

哈佛大学燕京图书馆现藏碑志拓本1066种，2465幅。其中北朝墓志有《元钻远墓志》《元徽墓志》等百余种。

伯克莱加州大学东亚图书馆收藏的善本碑帖及各类金石拓本达4753种，28000余品，是全美收藏金石拓片最多的图书馆。墓志类中以山东、河南、陕西等地出土的北朝及隋唐墓志为大宗，其中不乏《刁遵墓志》《王僧墓志》《李超墓志》《高湛墓志》《刘懿墓志》等名品。由伯克莱加州大学东亚图书馆编写的《伯克莱加州大学东亚图书馆藏碑帖》（2册），上海古籍出版社2009年刊行。该书收藏东亚图书馆收藏的各类金石拓本计2696种，上下两册，上册为图录，下册为总目。图录部分，遴选馆藏有代表性的拓本290种，分5类按时代排序，其中第1类碑石，包含刻石、碑、墓志、造像、塔铭、摩崖等。总目部分，将馆藏全部拓片分8类介绍，其中第3类为墓志、塔铭。总目提要的撰写和著录包含该拓本的名称、原称、标题、时代、尺寸、作者、书体、源地、藏家、拓本简况、题跋、钤印和著录等，极其规范，并有英文提要，以及石刻年代索引、源地索引和书者刻者索引，极便检索和查阅。

芝加哥富地博物馆，所藏中国金石拓本主要来源于美国著名汉学家劳费尔的收藏。劳费尔一生致力于汉学研究，曾游历中国，大量搜集中国金石拓本，前后所得，有大约19000件各类文物，其中包括3336种石刻拓本，其数量之多，品种之富，也是前所未有的，大部分为富地博物馆收藏。他的捐赠使其馆拥有独特而丰富的石刻拓本，引起世界汉学界和博物馆学界的注目。1981年，Hartmut Walravens主编《富地博物馆馆藏拓本聚瑛》出版。该书收录馆藏拓本2014种，其中北朝《崔敬邕墓志》等10种。其于每一目下详述该石刻年代、出土地、书体、尺寸等信息，书后又附"题名""人名""寺庙名"等多种索引。另外，劳费尔搜集的拓本还有约540种寄身于纽约美国自然历史博物馆。[①]

3. 法国收藏

法国各地博物馆、图书馆等也收藏有数量众多的中国古代石刻拓本。如汉学家沙婉、伯希和、赛和朗、奥龙等学者收藏的拓本，分别收藏于亚洲协会、吉美博物馆，法兰西国立图书馆、远东学院等机构，总数约7000余种。[②] 其中远东学院收藏唐宋墓志拓片388件，仅唐代就有370件。[③]

---

① 程章灿：《拓本聚瑛——芝加哥富地博物馆藏中国石刻拓本论述》，《中国文化研究》2012年秋之卷，第27—35页。

② 王连龙：《南北朝墓志集成·前言》，上海：上海古籍出版社，2013年版，第9页。

③ 饶宗颐：《唐宋墓志：远东学院藏拓片图录》，香港：香港中文大学出版社，1981年版。墓志拓片为整拓影印，无录文。

第三节　北朝墓志的鉴定

一、北朝墓志的作伪

　　石刻文献与甲骨文、金文、帛书、简牍文字一样，是珍贵的古代文字记录。其数量巨大，涉及面广，可比肩纸张记载的文献资料。尽管历代石刻浩如烟海，然或遇自然风化，或遭水火雷震之厄，乃至兵燹之灾等人为毁损，至今已十不存一。因而，人们较早开始将石刻文献进行作伪。古代墓志有重刻、翻刻、伪刻、嵌蜡填补、染色充旧、题记、影印和锌版、刮、涂墨、套配、印章、墨气和装潢等多种作伪手段。

　　伪刻是一种重要的作伪方法，其手法大致有这样几种情况：第一，据前人的诗文或故事捏造，如汉刘邦《大风歌刻石》《破张郃勒马铭》《黄叶和尚墓志》《故汉太史司马迁妾随清娱墓志铭》①，皆属此类。第二，将某一真品墓志作为底本，模仿它重刻一石，保留原志的内容与书体，仅改刻墓主的姓名、年号等关键字样，如北京图书馆藏北魏正光四年《段峻德墓志》，完全是正光四年《鞠彦云墓志》的翻版。北京大学图书馆藏北魏孝昌三年《元恂墓志》，完全与延昌二年《元演墓志》相同，仅改动了名字和年月干支几个字。第三，自行撰文，仿照南北朝墓志字体刻石。如河南省文物研究所藏北魏神龟元年《垣猷墓志》，即系自行拼凑成文，文字不伦不类，漏误百出，还将时间强提至神龟以显其古老。然而北魏早期并无如此完备格式的墓志存在，作伪者弄巧成拙。又如河南文物研究所藏晋咸和元年《黄淳墓表》，文字整齐如新刻，书体全仿二爨碑，内容拼凑而成，作伪之迹十分明显。第四，将其他朝代（如唐代）的墓志加以修改凿抹，冒充北朝（或汉晋）墓志。如北京图书馆藏北魏神龟二年《孔闰生墓志》，龟字似为龙字改刻，该石书体为唐代风格，名闰生也是唐代人习惯使用的名字，北朝人很少有称闰生者，可以肯定是唐代神龙三年的墓志。又如北京图书馆藏东魏元象元年《南宗和尚之塔铭》，书体与东魏碑志不同，通篇无一异体字，与当时通用异体别字的习惯不合，其刻写形式，文中词语也与时代不合，不能确认为东魏石刻。第五，将原石中已残损的某些字加以修补，或以其他志石中的文字替换已残损的字。这种做法多见于石刻拓片剪裱本，尤其是一些著名的贵重石刻拓本，它对原石的本来内容并无损害，在没有善本的情

---

①　朱关田：《关于〈司马迁妾随清娱墓志〉的几句话》，《中国书法》2003 年第 7 期，第 21 页。

况下可为参考。

作伪者的动机各不相同，但无论如何，作伪给世人鉴赏、考证等带来不便，乃至于造成不必要的混乱。所以，世人应该共同防伪、杜伪，达到去伪存真的目的。

二、北朝墓志的鉴定方法

墓志的鉴定，指以科学方法分析辨别古代墓志真伪、拓片的传拓时间、原拓与涂改、翻刻等问题。如果想将陈列、保管、展览、出版等工作做好，就不能缺少鉴定工作，而且墓志拓本的鉴定比其他各类文物更为复杂，不但有真与伪、精与粗问题，而且伪品中又有翻刻与伪造、涂描晚本充为早本、用蜡补原石充早本等问题。因此，想将鉴定工作做好，非得下一番苦功不可。鉴定的主要内容是辨别真伪，分出精粗优劣，品定其等级，并加以科学定名，使博物馆和文物界的藏品变成活化的知识，才能成为货真价实的物品，被更多的人所认识和使用。同时，也更有利于墓志拓本的保护，为石刻文献的研究者提供丰富的材料，提高对其研究的科学性。

志石及拓本的鉴定是一门较为复杂的学问，需要有多方面的知识。其鉴别，就是要分辨出真（原刻）、伪（伪刻）、新（新拓）、旧（旧拓）。在北朝墓志鉴定时，应该做到如下几点：

（一）应参考前人的著录与鉴定

参考前人的有关北朝墓志著录与鉴定成果，是做好墓志鉴定的前提条件，否则就会缺乏必备的知识准备。前人的北朝墓志著录是比较精审的，倘若前人没有著录的墓志就更需要谨慎辨别，前人积累鉴定墓志的经验是丰富的，后人不能视而不见。如方若鉴定碑刻用力之勤，为清代第一人。其《校碑随笔》搜校秦汉至五代碑志450品，后列历代伪刻56品。北凉以前碑凡未见前代著录者，辄刊以全文。校勘以古碑缺字多寡定拓本新旧，又从笔画识真伪，以纸墨别先后，虽一字角的漫漶，某点画的蚀泐皆详载靡遗。后有王壮弘把方若论述的500余种碑帖增至千种，名曰《增补校碑随笔》，对北朝墓志的鉴定辨伪贡献尤巨。后起张彦生自幼从事碑帖业，每见善本，必记其书刻、拓工、纸墨、装潢、流传，进而考证其新旧字的损伤，原本、翻刻、伪刻的不同，积60余年功力，成《善本碑帖录》一册，由中华书局于1984年出版，极便参考。孙贯文《北京大学图书馆藏金石拓片草目》中对拓片辨伪亦做了大量工作。一方志刻到手，应先识别、熟悉其名目，得知先前有无著录、存佚情况、拓本种数、有无真伪之争等系列情况，如此，了解前人的成就是必不可少的。

（二）原石拓本的版本鉴定

关于"初拓"，与志出土后最初的拓本不是完全等同的一个概念。志出土后，由于椎拓过多或保存不慎，总会有渐损，时间越长，渐损越甚。所以"初拓"是指志石出土后保持出土时原状的最初一段时间内的拓本。因初拓本数量少，所以珍贵。但是，原石出土时不是人人能见的，金石考据家对于初拓本的鉴定依据主要是：第一，熟悉真凭实据的初拓本特征，作为判断其他拓本的依据。第二，以前人记载的初拓本为判断依据。第三，视所见并经比较后的损渐最少的拓本为初拓。前两种情况鉴定的拓本为"绝对的初拓本"。第三类鉴定拓本可称之为"相对的初拓本"。例如，北魏《元钦墓志》，1916 年出土于洛阳，后归陶湘，今不知所在。据验证，此志的首行"故侍中特进骠骑大将军"，原石有一细擦痕自左至右斜贯"中特进"，因擦痕是自然形成的，很难模仿，这是鉴别伪刻与原石的依据。对初拓本的鉴定要审慎，除非有真凭实据，否则对上述那类"相对的初拓本"宁可称为"目前所见最早的拓本"为宜。

早拓本作伪手段很多，有涂描晚本充为早本，有嵌蜡填补原石充早本等方法。嵌蜡填补是在碑石上，根据早拓本将现已损坏的笔画、石花和断裂纹用蜡补上，以充未损的早本。如汉《杨孟文颂》，从明拓看，"高格"下之"高"字下面的"口"，只是一个白方块而无笔画，同时首行"惟"字尚未与右面的石花损连。乾嘉之后拓，"惟"字已与石花连上，而"高"字也被人剜出"口"字的笔画。后人作伪，将"口"内墨刮去，但仍保留了"惟"字连损石花的状态，相互矛盾，露出马脚。改动拓本之后，不免留下痕迹，或纸有刮痕，或墨色、光泽与周围有差别，或笔画精神不对。《爨龙颜碑》，道光年间阮元曾访并于上刻跋。在此之前早拓本，碑文内"卓尔不群"的"不"字撇笔仅是中间损粗。而阮跋以后的近拓，撇笔损甚，石花连及下面"群"字。有人将扩大了的石花用蜡填上再拓，于是改变了考据成为早拓。然作假者只是填补了考据字，而对其他石损之处往往不顾。如果全面比较与真正早拓本的差异，不难看出破绽。又，北魏《马鸣寺碑》石尚未断裂的是道光以前拓本，作伪者依其说，将原碑损坏的字或断裂处，用嵌蜡填补原石以充旧拓。故凡旧拓帖发现在考据处显得笔力软弱可疑的，或者发现纸墨不够年代、纸色不正的，都要引起注意，非经仔细研究，万不能随便论断。这种伪本，从填蜡处看是不易发现问题的。刮补涂墨是对晚拓本的加工，将晚本变瘦的笔画刮成肥笔，或涂墨掩盖石花而使石花缩小，以合早本的面貌。

（三）察看装潢属于何年代

现存的石刻资料拓本大多装潢成册，善本尤其如此，这一方面便于保存，同时也便于展玩。石刻拓本的装帧与线装书有些类似，有在背部托纸折叠的，称折叠装；从头至尾可以拉开摊平的，称经折装；不可拉开而将有文字的一面朝里对折起来，再将各页中缝对齐，粘于另一包背纸上的，称蝴蝶装。此外，还有竖翻的推蓬装、剪开镶贴的镶嵌裱等。一般经名家收藏的本子装帧必很讲究，工料细腻熨帖，年代愈久纸色愈雅。尤其须注意那些表面看似华贵而做工粗劣的拓本，如清末民初，北京琉璃厂曾出售过数种碑帖，有翻刻本唐《九成宫醴泉铭》，与其他翻刻本比较翻刻甚佳，然与原石相比却相差甚远。因后人仿前人的字，尽管下了一番苦心，刻工精致，但多得貌而失其神。

（四）察看题记跋语

古拓往往因流传有绪，历经名人收藏鉴别、作题记跋语于其上，其本身价值更能提高，鉴别者也往往迷信名家而深信不疑，殊不知作伪者正是利用人们的这一心理而大做手脚。如将名人题跋割下装裱到伪本上，或干脆作伪跋来抬高身价，所以一定要细看题跋内容，是否符合碑刻内容，若两者风马牛不相及，作伪无疑。

（五）察看印章

印章与题记一样，是考证、收藏的记录，本来是鉴别真伪的一项依据，因作伪者对其妄加利用，故印章本身的真伪也成了问题。伪印特征有：第一，刻写不佳；第二，印色不纯；第三，年代不同的收藏印，因一次性作伪而色泽竟可完全一样；第四，钤印之处杂乱不规范。如整张拓片，印应钤在首两行或末行以下空白处；而装裱本则钤在首页右下角或末页空白处；若有多家藏印，则各家所钤印处应是先四周，继而至中央。

（六）察看纸质

宋拓本以白麻纸为多，其色白中带青灰，不如后来的宣纸白。其纸浆较粗，故纸表面有小疙瘩，线纹间距不等，有五六分的，也有三四分的。此纸有厚薄两种，拓碑刻多用厚纸，如《九成宫碑》（云霞蔽本）。至明代以后，纸线纹皆三四分长，比较工细。同时，明代又有白棉纸见用，其色白不亚于宣纸，拓本多见明前、中叶。明末清初时，此纸质量降低，发黄且粗糙。清拓多用地方产纸，最著名者为宣纸，有料半、夹连、棉连、粉连之分。清中叶后又出现了净皮（小七刀），又名六吉棉连，该纸极薄，常用以拓铜器、玉器等。

（七）察看纸色

作伪者为了做旧，绞尽脑汁欲令拓本古色古香，染色充旧便是其惯用手法。一般采用茶叶、颜料、明矾、瓦花等物熬汁染纸。但假货在色泽上与真品相较，或太过，或不及，总有破绽露出。

（八）察看墨气

旧拓特别是珍本往往用墨考究，墨色浓重黝黑，或紫光隐现，墨香四溢。伪作急于求成，意在获利，用墨平淡或粗劣，拓时粗犷浮滑。这一特征无法掩饰，唯须多看，对真伪多做比较方可掌握。

（九）察看石花

石花即石刻上经过天然风化而成的剥落损蚀痕迹。天然的石花非常自然，人工难以仿刻，伪本石花人为椎凿痕迹明显，与天然损坏形成的石花，截然有别。

（十）看版别

近代印刷工艺发达后，精印本往往酷似原本，若再加上染色等手法充旧，更易使人真伪难辨。区别时持原物在阳光下细看，影印本呈现字口平滑，表面油光，纸质不易吸水的特点。而锌版制品则有拓墨粗犷，字纹细处不够挺阔等特征。

（十一）察看书法特点

一代有一代的书法，不同时期有不同的书法体势。至于伪造，因无原石本可对，在这种情况下，需从各个不同角度进行探索，抓住伪造中的某些破绽，才能证明是赝品。如《朱博残碑》，清光绪元年（1875 年）在山东青州东武（今诸城市）故城出土，为诸城尹彭寿所得。隶书，仅残存 10 行 30 余字。由于此残碑首行存"惟汉河"3 字，遂以为西汉河平三年（公元前 26 年）所刻。此石光绪年间出土后，经过研究和鉴别多数学者认为首行"惟汉河"3 字，细瘦而弱，无汉代石刻文字古朴浑厚气魄，石花呆滞，书法亦不类汉人，其为伪刻无疑。而方若以为真品，收于《校碑随笔》并云："有人疑伪，盖未见石耳。"罗振玉《石交录》云："《朱博残碑》乃尹竹年广文伪造，广文晚年也不讳言。"曾任上海博物馆馆长的著名鉴定家徐森玉先生在《西汉石刻文字初探》一文中，明确论证《朱博残碑》为伪作。①

① 徐森玉：《西汉石刻文字初探》，《文物》1964 年第 5 期，第 1—9、40 页。

北朝墓志文献研究 下

（十二）注意残损程度与有无刮、补、涂墨、套配

有的旧拓原字丰腴，因年代关系，后来的新拓字体变得纤细，作伪者便用刀将拓本笔画刮粗。如汉《张迁碑》旧拓笔画很肥，新拓瘦细，为充旧拓，遂以刀将拓本笔画刮粗。有的拓本残破，往往用纸墨相近的翻刻本或新拓本补配。重要考据之处，更要注意是否有用墨描填涂补。此外，还有因拓本蛀损、残破以新拓或影本衬底而套配的，也要注意看出它的残损程度。

三、北朝墓志辨伪

在研究北朝墓志过程中，特别值得注意的一个问题是辨伪。北朝诸帝皆喜润色金石，刻碑之风继东汉之后愈演愈烈，其中以墓志为最多。又因北朝以魏最盛，出土的碑刻亦最多，是墓志中之大宗，故世又称"魏碑"。北朝墓志历来是金石学研究的重点，也是书法界和收藏家们眼中的瑰宝。身价既高，拓本价格亦随之上升，更为恶劣的是商贾私下仿造、伪造墓志不断。就目前所知，凡重要的北朝墓志，大多有翻刻或伪刻本，致使真伪混淆，是非难辨，给使用这一时期的墓志材料造成了困难。新出《北京图书馆藏历代石刻拓本》一书，就将多件伪刻误识为真迹混杂其中，如北魏《李端墓志》《王蕃墓志》等。香港中华书局出版《元魏墓志书法选》也收入了伪刻北魏《元虔墓志》一种。民国年间古董商伪造了一方北魏始光元年（427年）《大魏故彭泽令陶公墓志》，这方陶渊明墓志，署"徐州刺史冠军将军都督中外诸军事并录尚书事刘敬宣撰文""晋护军右将军王羲之之孙登阁书丹"。志文内容基本上是陶渊明《五柳先生传》的翻版。此外，陶渊明之孙《陶浚墓志》，为"青州刺史持节车骑将军杜坦敬撰书"[1]，志文也与《五柳先生传》相似，或许也是一方伪志。惜陶浚墓志原石下落不明，只能看到一份拓工粗劣的拓本。魏志赝品伪作甚多，与魏碑书法名闻遐迩、蔚成风气是分不开的。可见辨伪一事要极其谨慎而不可忽视。

（一）《南阳王妃刘氏墓志》辨伪

据中国社会科学出版社1991年出版《洛阳出土历代墓志辑绳》一书介绍，西晋《南阳王妃刘氏墓志》刻于西晋末年晋愍帝建兴三年（315年），志石形制规范，高36厘米、宽36.5厘米，呈正方形，已完全没有墓碑的痕迹，行款整齐，首题为"故以左丞相都督诸军事南阳王妃墓志

---

[1] 拓本现藏洛阳市文物工作队。

铭并序"。志文 12 行，满行 19 字，志石最后刻有颂文四行。志文记载了墓主的身份为"□□刘康公之侄女也"，还记载了墓主的卒年，云："建兴三年岁次乙亥，享年不永，春秋四十有七。越三月戊寅朔，九日甲申窆葬于洛阳郡仁义里之原壤也。"又有刻于北魏太武帝始光二年（425年）《靳英墓志》，志石形制规范，呈正方形，石高 30 厘米、宽 29 厘米，志文七行，满行 13 字，后刻颂文三行，首题为"魏故靳府君墓志铭"。《南阳王妃刘氏墓志》比作为最早的具有完整形式刻于南朝孝武帝大明八年（464 年）《刘怀民墓志》早了整整 150 年；《靳英墓志》也比《刘怀民墓志》早 40 年。学者金其桢由此断言"西晋《南阳王妃墓志》应该说是目前所知的最早具有完整形制的墓志"①，此说不妥，因为该志明显为伪志。

判定该志为伪志主要依据如下：第一，已有学者对这两方墓志怀有疑问，如赵超先生在《汉魏晋南北朝墓志汇编》一书中已将《南阳王妃刘氏墓志》《靳英墓志》列入伪志（包括疑伪）之列。第二，该志不仅首题、志文、颂文三者齐全，且明言"墓志铭"，形制规范，行款整齐，显得墓志行文过分成熟。第三，该志为西晋偶然所出，无其他墓志可为旁证，显得突兀。第四，该志无出土时间、地点及收藏经过，即来路不明。第五，该志书体与西晋时期不类，且书法羸弱，无古人高古之风。第六，该志内容无法得到史书证实，有后人杜撰之嫌。由此判定其为伪志无疑。

（二）《韩氏墓志》与《元伯阳墓志》辨伪

采用两志石比较之法亦能发现其一为伪。北魏永平二年（509 年）《王氏墓志》与延昌二年（513 年）《韩氏墓志》比较，明显看出《韩氏墓志》为伪志，依据如下：

1. 两方墓志除个别字加以改动，其余皆同。如首题《王氏墓志》为"魏黄钺大将军太傅大司马安定靖王第二子给事君夫人王氏之墓志"；而《韩氏墓志》为"大魏扬列大将军太傅大司马安乐王第三子给事君夫人韩氏之墓志"。据《魏书·景穆十二王列传》记载，安乐王休，皇兴二年封，拜征南大将军，外都大官。蠕蠕犯塞，奋勇退之，入为内都大官，迁太傅。车驾南伐，领大司马。卒谥口靖王，诏假黄钺。有子安、蛮、愿平、永平、珍平、贵平。正史所记安乐王休之官职与首题一致，且第二子为蛮。而《韩氏墓志》中安乐王长乐，皇兴四年封建昌王，后改封

---

① 金其桢：《中国碑文化》，重庆：重庆出版社，2002 年版，第 197—198 页。

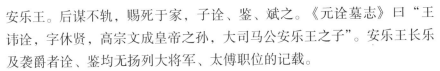

安乐王。后谋不轨，赐死于家，子诠、鉴、斌之。《元诠墓志》曰"王讳诠，字休贤，高宗文成皇帝之孙，大司马公安乐王之子"。安乐王长乐及袭爵者诠、鉴均无扬列大将军、太傅职位的记载。

2.《王氏墓志》记"夫人王氏，长乐遂城人也。燕仪同三司武邑公波之六世孙，圣朝幽营二州刺史广阳靖侯道岷之第三女，冀齐二州刺史燕郡康公昌黎韩麒麟之外孙"。而《韩氏墓志》只更换几个字，将"夫人王氏"改为"夫人韩氏"；"长乐遂城人"去掉"长乐"二字；"道岷之第三女"改"道岷之第二女"；"韩麒麟"变更为"黄麒麟"。韩麒麟，《魏书》有传。如韩氏为"道岷之第二女"，姓氏出现矛盾。

3. 赵超先生对《韩氏墓志》进行考证，认为"此志所记干支均不符，疑伪"。两方墓志记录墓主卒年不同，葬年完全一致。《王氏墓志》记其卒年为永平二年；而《韩氏墓志》卒年为延昌二年。《王氏墓志》所记干支无误；如此延昌二年与永平二年的月、日干支照搬就显得荒谬，且漏洞百出了。罗新先生《北大馆藏拓本〈给事君夫人韩氏墓志〉辨伪》一文，亦论证了《韩氏墓志》为伪志。

与《韩氏墓志》相同的情况还有《元伯阳墓志》①。北魏《元伯阳墓志》，北京大学图书馆藏拓；北魏《元显魏墓志》，北京图书馆藏拓，两方墓志仅改动了首题中之官职与名字，志传文中的赠官、葬年，其余内容则照搬无误。葬年《元显魏墓志》记"以孝昌元年十月壬申朔廿六日丁酉葬于金陵"，而《元伯阳墓志》载"以孝昌二年十月壬申朔廿六日丁酉葬于金陵"，葬年相差一年，但月、日相同。赵超先生对《元伯阳墓志》进行考证，认为"孝昌二年十月丁卯朔。孝昌元年为十月壬申朔。原志记年有误"。同样《元伯阳墓志》志传文中记载刻志的时间"孝昌二年十月壬申朔廿一日壬辰剋"也有误。知《元显魏墓志》所记干支是准确的；如此将孝昌二年与孝昌元年的月、日干支照搬就显得荒谬了。更可笑的是两者夫人、子嗣的名字等情况也完全相同。《元显魏墓志》记子嗣"息崇智，字道宗，年廿四，左将军府中兵参军。妻河东薛氏。父和，故南青州刺史。息崇朗，年十八。息崇仁，年十四。息崇礼，年十三。息女孟容，年廿一，适长乐冯孝纂。父聿，故给事黄门侍郎信都伯。息女仲容，年廿，适南阳员彦。父标，故充岐泾三州刺史新安子，谥曰世。息女叔容，年十六。息女季容，年十一"。而《元伯阳墓

① 鲁才全：《北魏〈元伯阳墓志〉辨伪》，引自武汉大学《魏晋南北朝隋唐史资料》第15辑，1997年版，第141—146页。

志》仅截取《元显魏墓志》"息崇智，字道宗，年廿□，左将军府中兵参军。妻河东薛氏"的前一部分内容。元显魏，《魏书·景穆十二王》中有传，而元伯阳无。如此非常明显，《元伯阳墓志》为伪作。

当下，我们对于新出土的墓志一定要采取审慎的态度，以科学方法分析辨别其真伪，方可公布于众。否则，若以自己之昏昏，又岂能令世人之昭昭呢？将鉴定工作做好，非得下一番苦功不可。只有这样，古代墓志才能真正彰显其历史价值、科学价值、艺术价值，而避免赝品鱼目混珠，混淆视听。

（三）《魏瑶光寺尼慈云墓志铭》的"戏作"伪案

目前仅见的《魏瑶光寺尼慈云墓志铭》旧拓本，为国民党政府官员宋香舟撰文，周觉书丹的《魏瑶光寺尼慈云墓志铭》"戏作"①。1932年1月28日，日本制造"上海事变"进攻上海，国民党政府由南京紧急迁入洛阳。宋香舟是国民党高官戴季陶的外甥，时任考试院铨叙部甄核司司长；周觉时任国民政府监察委员，为院长于右任的手下，工于书法。国民党政府迁入洛阳，正值洛阳邙山出土的北魏墓志身价倍增，大量赝品应运而生，北魏墓志真伪相杂之时。宋香舟与周觉二人突发奇想，戏弄疯狂时购者，亦玩笑中取乐为快事。于是二人依据《瑶光寺尼慈义墓志》合"戏作"《魏瑶光寺尼慈云墓志铭》，图写房帏，行文香艳，色情有加，颇具文采，吸人眼球，因墓志所述部分内容，可与《魏书》《北史》《伽蓝记》史料相印证，故有不少人信以为真，如民国文学家喻血轮未辨真伪即加以引用，在著作《绮情楼杂记》第一辑《奇异墓志铭》中云："民国三十一年，予客渝，有友归洛阳，谓在豫东其山见一废寺，名瑶光寺，为魏时所建，寺侧有一比丘尼慈云墓，墓志字迹尚完好，确为汉魏人所书，惟志文香艳淫亵，妙绝千古，而以和尚铭女僧，尤为奇特。"② 又因该志内容奇特，引人关注，亦有人出高价搜求拓片，其拓片一时间竟有洛阳纸贵之势。民国学者周肇祥记述此志云："世人爱奇而好色，闻斯志也，必有以为珍秘，而重价以求者，则作伪之技售，将迭出而不穷。余故考订而明辨之，庶欺无可售，则作伪海淫之风，可少息矣。"③ 足见高价求购此伪志之拓本者甚众。之后，此伪志亦出现翻刻本，可谓加上作

---

① 刘灿辉：《洛阳北魏墓志的作伪、考辨与鉴别》，《中国书法·书学B》2017年第10期，第56—64页。

② 喻血轮：《绮情楼杂记》，引自沈云龙《近代中国史料丛刊续编》，台北：台湾文海出版社，1974年，第九十六辑。

③ 《艺林月刊》第44期，1933年版，第14页。

假。刘半农曾收藏两种不同版本的《慈云墓志铭》拓片，皆为伪品。①

当代金石学家者宫大中得见此志一旧拓本，背面边缘处有以行书信手而作跋语云："一二八之变，国府迁洛，见市上出土及伪造者甚多，因戏作此石。民国廿一年吴兴周觉书丹，宋香舟撰文。"此"戏作"之赝品虽为目前仅见，但因其为高手所为，其文辞和书法均具有较高的水平，产生了一定影响。

（四）北魏《吕通墓志》《吕仁墓志》为辩伪特例

1987 年 8 月，洛阳文物工作队在洛阳市黄河北岸的吉利区开展考古工作，发掘了一批古代墓葬。其中两座北魏墓葬规模较大，出土了吕达、吕通、吕仁 3 方墓志及一些随葬品。《吕达墓志》中有"小子仁……以镌志"，说明其志是由子吕仁撰写的。《吕仁墓志》则由其子吕叶撰写，因此，从出土的墓志铭可知，这两座墓的墓主应为父子关系，其墓葬的相对位置为父前子后，符合当时法度。令人疑惑的是同一墓中所出的两方《吕达墓志》《吕通墓志》，均为青石质，正方形，志主的"名"并不相同，一为"达"，一为"通"，而字相同均为"慈达"，又"夫人天水尹氏父育沙州刺史"亦相同。似乎仅凭墓志内容即可断定其为伪志，其实不然。两者相较《吕通墓志》个别处并有缺字，结尾处还增加了一段文字："天子哀悼，缙绅悲惜，赠吊之礼，有国常准。乃下诏追赠辅国将军、博陵太守。考德立行，谥曰静，礼也。"从增加的这段文字内容看，《吕达墓志》先刻制好后未及时使用，天子下诏追赠新职，故又新刻一志，而以先刻制的《吕达墓志》旧志稿为底本，但刻好后并未改题新的刻写日期②，两方墓志同时入葬，一墓双志，内容虽然几乎完全相同，但书体风格则相差很大。考古报告所述情况几乎完全排除了墓志作伪的可能，证实这种一人双志真实地存在于墓室之中，具备不同的功用。③可见科学考古发掘所获的北魏《吕达墓志》《吕仁墓志》在辩伪工作中为特例存在。

第四节　北朝墓志的保护

一、墓志刻石的保护

北朝墓志作为稀缺文物资源，既然有其不可多得的价值，那就需

---

① 傅振伦：《六十年所见所闻录之作伪的奸商》，参见《中国文物报》1995 年 6 月 18 日第 4 版。
② 张蕾：《读北魏吕达、吕仁墓志》，《淮阴师范学院学报》2012 年第 5 期，第 647—653 页。
③ 程永建：《河南洛阳市吉利区两座北魏墓的发掘》，《考古》2011 年第 9 期，第 44—57 页。

要世人予以很好的保护。墓志的保护，应分类列项，既要区分墓志的可移动性和不可移动性，又要区分刻制墓志材料或拓本的质地，然后针对不同类别采取不同的保护措施，才能达到保护效果。

（一）室内墓志刻石的保护

墓志刻石，要么来源于考古发掘，要么来源于野外收集，无论刻石起初状况如何，如果不采取必要的保护措施，时间一久，都会受到不同程度的侵坏。概括起来，石刻的病状和原因主要有三种。第一，温湿度变化。刻石膨胀系数的差异，引起膨胀和收缩的不均匀变化，最终造成刻石的开裂。第二，可溶性盐的破坏。可溶性盐溶解，浸入石制品的内部，引起石刻的崩裂和剥蚀。第三，大气的污染。这三个导致刻石病变的因素都有一个共同之处，那就是刻石与外界不良环境的接触，而其中最为主要的就是室内潮湿程度。因此，室内存放的墓志刻石，应保证温度与湿度适宜，尽量减少污损，方能得以长期完好。

（二）室外墓志刻石的保护

有些不可移动的重要墓志刻石，只能在室外原地保护，但必须采取一定的措施，如建立专门保护亭、确立保护区或设立玻璃罩等保护措施，避免风吹日晒、可溶性盐的破坏和空气的污染。

二、墓志拓片的保护

拓片是墓志的化身，名志精拓本是难得的艺术佳品，而其史料价值亦是难以估量，是故拓片的保护就显得尤为重要了。拓片的保护首先体现在其装裱上，经装裱后的拓片，不但增加了艺术效果，而且便于观赏和收藏。

（一）拓片的装裱

1. 全拓的装裱

拓片经过名师装裱，能够长期保存达数百年，这对文物保护工作是一项重要的贡献。拓片的装裱是一门专门技术，它与字画的托裱是有区别的。石刻上的文字和纹饰都以凹凸不平和黑白不同的变化呈现在拓本上。在托裱时千万不能将其刷平展开，如果刷平展开就会使字和花纹变形，原物的本来面目就会失真，造成对于拓片的破坏。当然，我们不能否定托裱本身对于拓片是有着保护作用的。

2. 册页的装裱

装裱之法因人所好不同，目的不一，其装裱形式亦有差别。唐宋时期盛行的剪裱本，是将拓片剪成条后分页装裱成册页。如敦煌石室发现的碑刻古拓就是剪裱本，仍保留唐代时的形状。此方法要求拓片的字数和行数必须依照原石刻的文字顺序，其跳行空格、损泐之字应尽量剪裱。每页有若干行、抬头、年月、落款以乃首尾附题小跋的位置均应画好样式，文辞必须连贯，方可用楠木或红木制作成匣子盛之。

（二）拓片的收藏方法

将各种器物，经过上纸墨拓成片，这只是工作的一部分，更重要的则是如何保存这些拓片。拓好一张后，首先应将刻石或器物出土的时间、地点、名称，是碑志阴、阳或侧，及时用铅笔在拓片的右下角注明。如果所拓为碑志中的某一部分，还应该将其在整体中的具体部位记明。这些记录虽然字数甚少，但却关系着拓本的价值。

墓志的大幅拓片，揭下后应将拓片上下对折，按档案袋的大小（大16开）折叠，放入袋中保存。小件拓片可直接入袋。无论大小拓片入袋后，必须在档案袋上注明该拓片的名称和拓片的张数，并编号入库，登记入册，以便日后查用。在博物馆和图书馆里，拓片还必须按规定编制庋藏卡片和分类目录（按时代，也可按地区），以供读者选用。

拓片收藏的另一方法是将拓片夹置在两片无色透明的有机玻璃当中，四周用胶纸粘封起来，既方便陈列，又便于观瞻；还可将拓片保护在一个封套中，避免触摸磨损，并且可以安插排列在架上利于管理。当然，如此保存的拓本不可能太大。

（三）拓片的保护措施

要注意拓片储藏环境的质量。拓片能否保存更长的时间，同其所处环境的酸度、微生物、温度、干湿度和气体都有直接关系。选择适宜的存放环境，是保护拓本的首要问题。要设置测量光线、温度以及相对湿度的工具，控制库房的温湿度。要重视环境因素对纸张的危害，进而采取有效的防范措施。

要防止霉菌和昆虫的侵蚀。破坏纸质最常见因素是霉菌和昆虫，特别是在中国南方温暖湿润的地区，最适宜菌、虫害的生长，且蔓延很快，不仅使纸张性能变得脆弱，还会引起虫蛀。另一方面纸张的纤维都是有机物，在制作过程中大多还要加入动物胶和淀粉，在装裱拓片时所用的各种糨糊原料，这些都给霉菌和害虫生长提供了条件。在气候潮湿的江、浙一带，旧拓本很难保存下来，就是上述原因造成的。所以，拓本的保存必须经过消毒处理，以达到防霉、杀菌的目的。

要学会为拓片纸张去酸。古纸可延长寿命主要归之于它所含的碱性物质，然而现代纸却要面临着纸自身的分解问题，因为现今纸浆在混合过程中使用了亚硫酸和次氯酸溶液，经过强力的化学作用加以清洗和漂白，这些遗留下来的酸性残余物会直接破坏纸的纤维，很容易造成纸张的腐蚀和朽坏。由于古纸在化学上存在的优点，今天江西、安徽的某些造纸厂仍沿用传统的方法制造宣纸，以增强纸张的碱性程度。

北朝墓志拓片，世间难得之物，既已有之，就需珍惜，倘若损坏，悔之晚矣。

北朝墓志文献研究　下

总附表

表一 十六国时期墓志著录①

出土地/字数	墓主/籍贯	性别	卒年或葬年	官职或身份	年龄	出土时间/藏地
出土地不详 44字	某君墓志	男	建元二年（316）四月朔一日卒	护国定远侯（汉）	未载	出土时间不详 洛阳古代艺术馆
辽宁朝阳十二台营子 第1方：3行，15字 第1方：3行，16字	崔遹墓表（清河东武）	男	建兴十年（395）	昌黎太守（后燕）	未载	1979年朝阳市博物馆
辽宁锦州海锦大厦 3行，15字	李庑墓砖铭（蓟）	男	太宁二年（324）正月二十六日卒	未载（前燕）	未载	1992年锦州市博物馆
河南安阳 字数不详	鲁潜墓志②	男	建武十一年（345）	未载（后赵）	未载	1998年藏地不详《中国文物报》1998年第50期
甘肃威武西北赵家磨村 额：2字 表铭：9行，行8字 74字	梁舒墓表（安定郡乌式县）	男	建元十二年（376）十一月三十日	中郎中督护公国中尉晋昌太守（前秦）	未载	1975年武威市博物馆（文庙）
	宋华墓表（京兆）	女	建元十二年（376）十一月三十日	梁舒妻（前秦）	未载	

① 十六国及北魏平城时期是北朝墓志的端倪期，在此时段铭刻出土稀少。1975年，甘肃武威出土了前秦建元十二年（376年）《梁舒暨夫人宋华墓表》，这方墓表是至今发现最早的有"墓表"自称的碑形墓志，为研究墓碑向墓志转变提供了实物证据。该时期的墓志形制既具有墓碑形式，也具备了墓志的雏形，是从地表碑转埋于地下墓志的最初形式，值得重视。

② 邓叶君、杨春富：《安阳出土十六国后赵鲁潜墓志》，《中国文物报》1998年第50期。

北朝墓志文献研究 下

836

出土地/字数	墓主/籍贯	性别	卒年或葬年	官职或身份	年龄	出土时间/藏地
宁夏彭阳新集乡征集 额：2字 阴：2行，行6字 阳：9行，行8字 86字	梁阿广墓表 （司州西川）	男	建元十六年（380）三月十日卒，同年七月二十二日葬	领民酋大功门将袭爵兴晋王（前秦）	未载	2000年 宁夏固原博物馆
陕西咸阳渭城区密店镇东北 额：2字 表铭：35字 37字	吕宪墓表 （略阳）	男	弘始四年（402）十二月二十七日葬于常安北陵去城廿里	辽东太守（后秦）	未载	光绪年间 日本书道博物馆①
陕西咸阳渭城区密店镇东北原 额：2字 表铭：35字 37字	吕他墓表 （略阳）	男	弘始四年（402）十二月二十七日葬于常安北陵去城廿里	幽州刺史（后秦）	未载	20世纪70年代 西安碑林博物馆
内蒙古乌审旗毛乌素沙漠南端 53字	田奬墓志 （威武）	男	大夏二年（408）	建威将军散骑侍郎凉州都督护光烈将军北地尹将作大匠凉州刺史（夏）	未载	1992年 藏地不详 《中国文物报》1993年六月一日
甘肃酒泉肃州区果园乡丁家闸 额：12字 不详	尹氏砖志	女	嘉兴二年（418）十二月十九日	李超夫人（西凉）	未载	1999年 酒泉市博物馆
甘肃张家川木河志石二块各22行，满行20字	王真保墓志	男	大赵神平二年相当于永安二年（529）十一月十三日记	司徒（大赵）	60	1972年 甘肃省博物馆
甘肃酒泉肃州区果园乡丁家闸 额：8字 字数不详	梁氏墓砖铭	男	推测五凉时期（314—439）	镇军	未载	1977年 甘肃省博物馆

出土地/字数	墓主/籍贯	性别	卒年或葬年	官职或身份	年龄	出土时间/藏地
新疆吐鲁番阿斯塔纳 40字	且渠封戴墓表	男	承平十三年(445)四月二十四日	冠军将军凉都高昌太守都郎中大(大凉)	未载	1972年藏地不详
新疆吐鲁番哈拉和卓古坟茔 21字	张宗季墓表(敦煌)	男	推测为大凉政权时期(314—439)	河西王通事舍人(大凉)	未载	1930年藏地不详
	宋氏墓表(敦煌)	女	推测为大凉政权时期(314—439)	张宗季夫人(大凉)	未载	
出土地不详 20字	张幼达墓表(敦煌)	男	推测为大凉政权时期(314—439)	龙骧将军散骑常侍(大凉)	未载	出土时间不详 新疆博物馆
	宋氏墓表	女	推测为大凉政权时期(314—439)	张幼达夫人(大凉)	未载	
出土地不详 19字	张兴明墓表(敦煌)	男	推测为大凉政权时期(314—439)	折冲将军新城太守(大凉)	未载	出土时间不详 新疆博物馆
	杨氏墓表	女	推测为大凉政权时期(314—439)	张兴明夫人(大凉)	未载	

表二　　　　　　　　　　　北魏墓志著录

出土地/字数	墓主/籍贯	性别	卒年或葬年	官职或身份	年龄	出土时间/藏地
出土地不详 1行 6字	□墓砖铭	★①	北魏天兴三年(400)八月	未载	未载	出土时间藏地不详《中国砖铭》图版656
河南洛阳 字数不详	房诞墓志铭(魏郡清河)	男	神瑞三年(416)卒，泰常元年(416)十月葬	朝散大夫行洪州都督府丰城县令上柱国公	未载	出土时间不详 洛阳市文物工作队
出土地不详 21字	万纵□墓砖记(未载)	男	太延二年(436)四月九日葬	未载	未载	出土时间藏地不详 北图藏拓
	樊合会墓砖记(未载)	女	太延二年(436)四月九日葬	万纵□妻	未载	

① 不明墓主身份,暂以★表示。

838

出土地/字数	墓主/籍贯	性别	卒年或葬年	官职或身份	年龄	出土时间/藏地
山西大同 5整行，3残行，满行11—13字 可辨68字	孙恪墓铭 （昌黎郡）	男	代故正平元年 （451）	东宫中庶子谒者仆射建威将军宾徒子建节将军山阳荥阳二郡太守定陵侯 追赠宁东将军冀州刺史渔阳郡公谥曰康公	未载	出土时间藏地不详 20世纪末现身大同坊间
山西大同东面6里御河东岸迎宾大道 35字	叱干渴侯墓砖铭 （京兆郡长安县）	男	天安元年（466）十一月二十六日葬	未载	未载	2001年大同市考古研究所
辽宁朝阳于家窝铺凌河机械厂 105字	张略墓志 （西平郡阿夷县）	男	大代皇兴二年（468）十一月十三日葬	凉故凌江将军万平男金昌白土二县令东宫记室主簿尚书郎民部典征西府录事户曹二参军左军府户曹参领内直征西镇酒泉后都护留府安弥侯常侍□南公中尉千人军将	未载	1987年朝阳市博物馆
西安 35字	鱼玄明墓砖铭 （未载）	男	皇兴二年（468）十一月十九日	安西将军雍州刺史□康公	未载	出土时间藏地不详 《集释》P140
河南洛阳 31字	媛马铭 （未载）	女	皇兴三年（469）十月二十日葬	韩猛妻	未载	2002年藏地不详

出土地/字数	墓主/籍贯	性别	卒年或葬年	官职或身份	年龄	出土时间/藏地
山西大同桑干河 13 行,行 20 字,186 字;另有行楷后记 3 行,行 15 至 18 字,50 字 236 字	申洪之墓铭 (魏郡魏县)	男	延兴二年(472)十月五日卒,延兴三年(473)葬	未载	57	民国时期前出土 大同市博物馆
出土地点字数不详	王君嫔记 (未载)	女	延兴三年(473)正月	王君妻	未载	出土时间藏地不详 检要①P46
出土地点不详 20 余字	曹氏墓砖铭	女	北魏延兴三年(473)十一月八日	王源妻	未载	出土时间藏地不详 《中国砖铭》图版664
山西大同石家寨 正面 8 行,背面 4 行 130 字	钦文姬辰之铭 (河内郡温县肥乡孝敬里)	女	大代延兴四年(474)十一月二十七日葬	乞伏文照(昭)王外孙女、贺豆跋女、司马金龙妻	未载	1965 年 大同市博物馆 《文物》1972年第 3 期
山西大同阳高县东马家皂乡强家营村 4 行,足行 13 字 45 字	陈永墓砖铭 (元雍州河北郡安戎县)	男	大代延兴六年(476)六月七日葬	尚书令史	未载	1995 年 阳高县文管所
	刘夫人墓砖铭 (未载)	女	大代延兴六年(476)六月七日葬	陈永妻	未载	
河南洛阳 3 行,行 5 至 10 字不等 25 字	刘安妙娥墓砖铭 (未载)	女	太和元年(477)十一月二十日	县令上官何阴妻	未载	民国年间出土 藏地不详 《检要》P46
山西大同市城南七里村 71 字	杨众庆墓铭 (略阳郡清水县)	男	太和元年(477)十一月	赠冠军将军秦州刺史清水靖使	67	2001 年 藏地不详 《文物》2006年第 10 期
山西大同水泊寺乡曹夫楼村东北雁北师院 25 字	宋绍祖砖志 (敦煌郡)	男	大代太和元年(477)	幽州刺史敦煌公	未载	2000 年 藏地不详

① 王壮弘、马成名:《六朝墓志检要》,上海:上海书画出版社,1985 年版。

840

出土地/字数	墓主/籍贯	性别	卒年或葬年	官职或身份	年龄	出土时间/藏地
出土地点字数不详	王朝阳墓志（不详）	★	太和三年（479）四月	不详	不详	出土时间藏地不详日本淑德①P10
山东18行,满行24字	韩君墓志（不详）	男	太和三年（479）	不详	不详	出土时间不详山东省博物馆
陕西西安字数不详	杨珽墓志（不详）	女	太和四年（480）十月	刘英妻	不详	出土时间藏地不详《检要》P47
山西大同石家寨额:8字志:10行,66字74字	司马金龙墓志（河内郡温县肥乡孝敬里）	男	太和八年（484）十一月十六日葬	使持节侍中镇西大将军吏部尚书羽真司空冀州刺史琅琊康王	未载	1965年藏地不详《文物》1972年第3期
河南洛阳偃师3行,行6字与2字不等14字	将奴墓砖铭（未载）	男	太和九年（485）卒	未载	未载	2000年张氏收藏
河南洛阳刻砖铭二21字	郭氏墓砖铭（太原郡狼孟县）	女	太和十二年（488）二月三十日	董富妻	未载	1996年藏地不详
陕西西安27字	王阿隤墓志（好畤县）	★	太和十四年（490）九月二十三日葬	未载	未载	出土时间不详西安碑林博物馆
山西大同二电厂东南变电所18字	屈突隆业墓砖铭（未载）	★	太和十四年（490）十一月三日	未载	未载	2001年藏地不详
山西大同井间存20字	阳成惠也拔墓砖铭（未载）	★	太和十四年（490）	未载	未载	2005年藏地不详
河南洛阳东北八里唐寺门村字数不详	吕凤砖志（不详）	★	北魏太和十五年（491）五月十五日	不详	不详	1936年藏地不详《检要》P49

① ［日］中滨慎昭:《淑德大学书学文化やソター藏中国石刻拓本目录》,名古屋:爱知淑德大学出版社,1997年版。

出土地/字数	墓主/籍贯	性别	卒年或葬年	官职或身份	年龄	出土时间/藏地
山西大同城东南 阳:55字 阴:4字 59字	盖天保墓砖铭 (未载)	男	太和十六年(492)二月二十九日卒,同年三月十七日葬	积弩将军	未载	2005年藏地不详拓本见于市井间
出土地字数不详	□□墓志 (雍州京兆)	★	太和十八年(494)七月十三日卒	未载	未载	出土时间藏地不详《北大草目》二卷P46
河北唐县 28字	石定姬墓砖铭 (未载)	女	太和十九年(495)九月□日	唐县固城赵阿祥	未载	出土时间藏地不详《专门名家·广仓专录》第2集
河南洛阳北芒山 18行,满行19字 311字	冯熙墓志 (冀州长乐郡信都县)	男	太和十九年(495)正月二十四日卒,同年十二月庚申葬	太师京兆郡开国冯武公	58	出土时间藏地不详《中国书法》2010年第6期
出土地不详 15字	惠□□墓砖铭	★	太和二十年(496)十一月七日	未载	未载	出土时间藏地不详
河南洛阳城北高沟村东南 17行,满行18字 295字	元桢墓志 (未载)	男	太和二十年(496)八月二日薨于邺,同年十一月二十六日窆	使持节镇北大将军相州刺史南安王,谥惠王	50	1926年北图藏拓西安碑林博物馆
出土地不详 19字	李徐墓砖铭 (京兆郡霸城县)	★	北魏太和二十一年(497)二月三日	未载	未载	出土时间藏地不详《中国砖铭》图版667
河南洛阳城北高沟瀍水西岸 9行,满行16字 127字	元偃墓志 (未载)	男	太和二十二年(498)十二月二日葬	太中大夫顺侯谥法敏	未载	出土时间藏地不详北图藏拓
出土地不详 14字	未玄庆墓砖铭 (高密郡昌安县)	★	太和二十二年(498)	未载	未载	出土时间藏地不详《中国砖铭》图版668

出土地/字数	墓主/籍贯	性别	卒年或葬年	官职或身份	年龄	出土时间/藏地
河南洛阳城北高沟灅水西岸残存8行,满行18字	元简墓志(司州河南郡洛阳县都乡洛阳里)	男	太和二十三年(499)正月二十六日薨,同年三月十九日窆于河南洛阳之北芒	太保齐郡王谥顺王	40	1926年北图藏拓西安碑林博物馆
河南洛阳城北高沟灅水西岸2行,行5字	常氏志盖(未载)	女	未载	太保齐郡顺王元简妃	未载	
出土地不详16字	苏贯闺砖铭(未载)	女	太和二十三年(499)六月二十八日葬	毕小妻	未载	出土时间藏地不详《专门名家·广仓专录》第2集
内蒙古包头土右旗萨拉齐镇北2行23字	姚齐姬墓砖铭(未载)	女	太和二十三年(499)七月二十八日记(卒、葬时间不明)	廉凉州妻	未载	1986年藏地不详
河南洛阳城北南陈庄张羊村20行,满行20字338字	元弼墓志铭(河南洛阳)	男	太和二十三年(499)九月二十九日薨于洛阳,与夫人合葬于西陵	太尉府谘议参军	47	1926年北图藏拓西安碑林博物馆
	张氏(未载)	女		元弼妻	未载	
出土地不详4行33字	栗妙朱墓砖铭(定州钜鹿郡曲阳县)	女	太和二十三年(499)十月十三日	孙绍儿妇	未载	出土时间藏地不详《雪堂专录·专志征存》P4
河南洛阳城西北老仓凹灅水西岸355字	元彬墓志(未载)	男	太和二十三年(499)五月二日卒,同年十一月二十日葬于先陵	持节征房将军汾州刺史,赠散骑常侍谥恭	36	1925年北图藏拓开封博物馆
山西曲沃秦村6行,行4至8字不等35字	李诜墓砖铭(征平郡曲沃县)	男	太和二十三年(499)十二月二十五日	安邑令	未载	1957年藏地不详《考古》1959年第1期

出土地/字数	墓主/籍贯	性别	卒年或葬年	官职或身份	年龄	出土时间/藏地
河南洛阳城西北水口村 上额:3行9字 18行,行24字 418字	韩显宗墓志 (昌黎棘城)	男	太和二十三年(499)四月一日卒,同年十二月二十六日葬	著作郎	34	同治年间(一说为光绪十六年,即1890年)北图藏拓上海博物馆藏早期拓本
出土地不详 2行,行8字 35字	玄□姬墓砖铭 (河间郡荣城县)	★	北魏太和二十三年(499)	未载	未载	出土时间藏地不详《中国砖铭》图版669
河南洛阳城北高沟村 13行,满行14字 156字	元定墓志铭 (未载)	男	景明元年(500)十一月十九日葬	广平内史前河间王	未载	1922年北图藏拓西安碑林博物馆
河南洛阳 151字	元荣宗墓志铭 (未载)	男	景明元年(500)十一月十九日葬	元定长子	未载	出土时间不详洛阳古代艺术馆
河南洛阳城北南陈庄西 176字	元羽墓志铭 (河南)	男	景明二年(501)五月十八日卒,同年七月二十九日窆于长陵	使持节侍中司徒公骠骑大将军冀州刺史广陵惠王	32	1918年北图藏拓中国国家博物馆
河北赵县西封村 152字	赵谧墓志 (赵郡)	男	景明二年(501)十月二十四日葬	持节龙骧将军定州刺史	未载	1997年藏地不详
河南洛阳城西20里柿园村大冢 13行,满行14字 166字	李氏墓志 (未载)	女	景明二年(501)九月三日薨于长安,同年十一月十九日窆	雍州刺史任城王元澄妃	未载	1932年西安碑林博物馆
出土地不详 3行,行字不等 17字	张林长墓砖铭 (恒阳郡)	★	景明三年(502)二月六日	未载	未载	出土时间藏地不详《中国砖铭》图版672
河南洛阳城东北西山岭头西南 20行,满行22字 401字	穆亮墓志铭 (未载)	男	景明三年(502)闰四月卒,同年六月二十九日葬	太尉领司州牧骠骑大将军顿丘郡开国公穆文献公	未载	1925年北图藏拓西安碑林博物馆

出土地/字数	墓主/籍贯	性别	卒年或葬年	官职或身份	年龄	出土时间/藏地
出土地不详 3行,行字不等 23字	赵续生墓砖铭（河州金城郡广武县）	★	北魏景明三年(502)八月十三日	未载	未载	出土时间藏地不详《中国砖铭》图版673
宁夏回族自治区彭阳县彭阳乡姚河村 志砖正面7行,行16字;志砖右侧1行15字 131字	员标墓砖铭（泾州平凉郡阴槃县武都里）	男	景明三年(502)	兖岐泾三州刺史新安子	未载	1964年宁夏固原博物馆
河北临漳 20行,满行20字 350字	李伯钦墓志铭（秦州陇西郡狄道县都乡和凤里）	男	太和六年(482)二月二十七日卒,景明三年(502)十二月十二日葬	国子学生	13	2001年河北正定县墨香阁
河南洛阳城北安驾沟 16行,满行16字 240字	侯骨氏墓志铭（朔州）	女	景明四年(503)三月二十一日葬	显祖献文皇帝第一品嫔夫人	53	1911年北图藏拓辽宁省博物馆
河南洛阳北安驾沟 15行,满行18字 246字	冯氏志铭（冀州长乐信都县）	女	景明三年(502)十一月二十八日卒,景明四年(503)八月四日葬于北芒	司徒参军事元诱命妇	18	1923年北图藏拓西安碑林博物馆
河南孟津西40里王庄 16行,满行16字 249字	张整墓志铭（并州上党郡刘陵县东路乡吉迁里,源出荆州南阳郡白水县）	男	景明四年(503)十月二十一日卒,同年十一月二十五日葬于洛阳之西北斗泉陵	中常侍大长秋卿平北将军并州刺史云阳男	60	1929年北图藏拓西安碑林博物馆

出土地/字数	墓主/籍贯	性别	卒年或葬年	官职或身份	年龄	出土时间/藏地
山西大同小站村花圪塔台 12行,满行12字 142字	封和突墓志铭 (恒州代郡平城)	男	景明二年(501)正月卒,正始元年(504)四月葬	屯骑校尉建威将军洛州刺史昌国子	64	1981年大同市博物馆
河南洛阳城东北平乐村北小寨 787字	元龙墓志铭 (河南洛阳)	男	正始元年(504)十月十六日卒,葬于首阳之巅	追赠使持节平北将军恒州刺史谥武侯	未载	1929年藏地不详《集释》P9
河南偃师首阳山镇北邙山 16行,满行20字	王遇墓志 (霸城)	男	正始元年(504)十月二十四日葬	使持节镇西将军侍中吏部尚书太府卿光禄大夫皇构都得镇将作大匠雍华二州刺史宕昌恭公	62	出土时间不详《书法丛刊》2013年第5期
河南获嘉 6行,行5字至9字不等 38字	许和世砖铭 (高阳郡新城县前镇)	男	正始元年(504)十二月十三日葬	北府参军事	未载	出土时间不详北图藏拓《中国砖铭》图版674姚贵昉旧藏
出土地不详 3行,行8字左右 12字	□墓砖铭 (州道)	★	北魏正始元年(504)十二月□四日	未载	未载	出土时间藏地不详《中国砖铭》图版675
出土地不详 额:2行,8字 志:20行,满行23字	元忠墓志铭 (未载)	男	太和四年(480)七月十日卒,景明五年(504)十一月六日迁葬	侍中征西大将军尚书仆射城阳宣王	45	出土时间不详 河北正定县墨香阁
	司马妙玉 (未载)	女	景明五年(504)正月十四日卒,同年十一月六日葬	元忠妻追赠温县君	56	

出土地/字数	墓主/籍贯	性别	卒年或葬年	官职或身份	年龄	出土时间/藏地
河南洛阳城北后海资村北平冢西 240字	元鸾墓志（河南洛阳）	男	正始二年（505）三月二十五日卒，同年十一月十七日葬于北芒之营	使持节城阳怀王	38	1919年北图藏拓徐世昌旧藏
河南洛阳城北南陈庄 18行，满行19字 319字	元始和墓志① （河南洛阳）	男	正始二年（505）七月十二日卒，同年十一月十八日迁葬西陵之北岗	未载	17	1914年北图藏拓张先生收藏
河南洛阳城东30里天皇岭 4行，行9至10字不等 35字	鄯月光砖铭（未载）	女	正始二年（505）十一月二十七日	前部王故车伯生息妻	未载	1931年西安碑林博物馆
河南洛阳城东北40里省庄 17行，满行23字 335字	李蕤墓志铭（陇西郡狄道县都乡和风里）	男	正始二年（505）十一月九日卒，同年十二月二十四日窆	赠假节龙骧将军豫州刺史谥简	42	1931年北图藏拓西安碑林博物馆
出土地不详 3行，行字不等 19字	孙氏墓砖铭（未载）	女	北魏正始三年（506）二月十九日葬	司州府人虎洛仁妻	未载	出土时间藏地不详《检要》P63
河南洛阳城东拦驾沟 盖：1行，10字 志：18行，满行23字 377字	寇臻墓志（上谷昌平）	男	正始二年（505）二月十七日卒，正始三年（506）三月二十六日葬	赠龙骧将军幽州刺史谥威	未载	1918年北图藏拓曾归苏州古物保存会收藏，抗日战争时原石被毁

① 刘卫东、臧瑞平：《两方北魏墓志的发现》，《中国文物报》，2005年十月十九日第7版。文载："收藏者张先生。据柯昌泗《语石异同评》记，上个世纪30年代，番禺叶誉虎（恭绰）曾藏此石。不久，因其南迁，变卖家产时为经营当铺的张先生的祖父所购得。其后近百年来，未离张家，此前亦秘不示人。新中国成立后，此物为张先生继承。文革中，将其砌入墙中。故《北京图书馆中国历代石刻拓本汇编》中，'元始和墓志'条记'志出土于河南洛阳，今佚。有盖无志'。《汉魏南北朝墓志汇编》该条又记'志盖缺'。沉寂几十年之后，它又再现。"

出土地/字数	墓主/籍贯	性别	卒年或葬年	官职或身份	年龄	出土时间/藏地
河南洛阳城西车站 253字	寇猛墓志铭 （燕州上谷郡沮阳县都乡孝里）	男	正始三年（506）四月十一日卒于洛阳承华里，同年十一月二十九日葬	步兵校尉千牛备身武卫将军燕州大中正平北将军燕州刺史	37	1956年洛阳博物馆
河南孟津西20公里田沟南岭 14行，满行17字 222字	奚智墓志 （恒州樊氏山郭山浑）	男	正始四年（507）三月十三日合葬	徵士（不求朝利无任）	73	1926年北图藏拓西安碑林博物馆
	宋氏 （敦煌）	女	正始四年（507）三月十三日合葬	奚智妻	未载	
	宗氏 （南阳）	女	正始四年（507）三月十三日合葬	奚智妻	未载	
出土地不详 3行，行字不等 21字	杨贵姜墓砖铭 （未载）	女	正始四年（507）三月十四日	元达豆官妻	未载	出土时间藏地不详《中国古代砖刻铭文集》（下）P159
河南洛阳城北徐家沟 18行，满行17字 285字	元思墓志 （河南洛阳）	男	正始三年（506）五月六日遇疹，十二日卒，正始四年（507）三月二十五日葬	赠镇北大将军乐陵王	40	1916年北图藏拓吉林省博物馆
河南洛阳城北前海资村北 328字	元鉴墓志 （司州洛阳）	男	正始三年（506）五月二十六日卒，正始四年（507）三月二十六日窆于长陵之东岗	武昌王通直散骑常侍散骑常侍冠军将军河南尹左卫将军持节督齐徐二州诸军事征虏将军齐徐二州刺史，赠齐州刺史王如故	43	1928年北图藏拓西安碑林博物馆

出土地/字数	墓主/籍贯	性别	卒年或葬年	官职或身份	年龄	出土时间/藏地
河南洛阳城西柿园村西半里 17行,满行17字 257字	元嵩墓志 (司州河南洛阳文始里)	男	正始四年(507)三月三日卒,同年七月十六日窆于河阴县榖水之北岗	使持节都督扬州诸军事安南将军,赠车骑大将军领军将军扬州刺史高平刚侯	39	1932年 北图藏拓 西安碑林博物馆
河南洛阳城北18里后海资村北平冢第三冢 110字	鞠氏墓志 (未载)	女	正始四年(507)八月十六日卒,葬于长陵之东	城阳康王元寿妃	73	1919年 北图藏拓 河南博物馆
河南洛阳城北安驾沟 678字	元绪墓志铭 (河南洛阳)	男	正始四年(507)二月八日卒,同年四月二十七日迁枢于东都,五月二十七日达京,十月三十日葬于洛阳城之西北	赠征东大将军大宗正卿洛州刺史乐安王	59	1919年 北图藏拓 北京故宫博物院
河北邢台隆尧 16行,满行15字 225字	李瞻墓铭 (赵郡伯仁永宁乡吉迁里)	男	正始五年(508)正月一日葬	儒德李生	未载	2000年 隆尧碑刻馆
河南洛阳 2行,行字不等 13字	张洛都墓砖铭 (未载)	★	正始五年(508)五月十七日	未载	未载	出土时间不详 北图藏拓 《中国砖铭》图版678
陕西长安少陵原 15行,满行21字	赵超宗墓志 (天水新县)	男	永平元年(508)十月十日葬	赠征虏将军华州刺史寻阳伯	未载	2002年 西安碑林博物馆
河南洛阳城北张羊村西1里 15行,满行17字 末刻小字2行 231字	元勰墓志铭 (司州河南洛阳都乡光睦里)	男	永平元年(508)九月十九日卒,同年十一月六日窆于长陵北山	使持节侍中假黄钺都督中外诸军事太师领司徒公彭城武宣王	36	1919年 辽宁省博物馆

出土地/字数	墓主/籍贯	性别	卒年或葬年	官职或身份	年龄	出土时间/藏地
河南洛阳城北后海资村北平冢 12行,满行16字	元详墓志（司州河南洛阳都乡光睦里）	男	正始元年(504)六月十三日卒,永平元年(508)十一月六日窆于长陵	侍中太傅领司徒公录尚书事北海王谥平王	29	1920年上海博物馆藏拓志石不存
河南洛阳 492字	王墰奴墓志（乐浪遂城）	男	永平元年（508）六月八日薨,十一月六日葬于邙阜	赠营州刺史加使持节征虏将军广阳靖公	75	出土时间不详洛阳张赫坤藏志
山西大同小南头乡东王庄 20行,满行27字 554字	元淑墓志（司州河南洛阳）	男	正始四年（507）十月二十三日卒,永平元年（508）十一月十五日葬	赠使持节镇东将军都督相州诸军事相州刺史	61	1984年大同市博物馆
	吕氏墓志（未载）	女	正始五年（508）三月十五日卒,永平元年（508）十一月十五日葬	元淑夫人,赵郡吕金安第六之敬女	56	
河南洛阳城北张羊村西 18行,满行20字	石婉墓志铭（勃海南皮）	女	永平元年（508）十一月二十三日葬于西岗	江阳王元继次妃	未载	1909年北图藏拓上海博物馆
出土地不详 两面刻 存13字	□墓砖铭（未载）	★	永平二年（509）五月十四日	难以辨识	54	出土时间藏地不详《中国砖铭》图版679
河南洛阳城北郑凹南 15行,满行12字	穆氏墓志铭（未载）	女	永平二年（509）三月十二日卒,同年四月一日葬	章武王元融妃	未载	1935年西安碑林博物馆
河南洛阳 2行,满行6字 11字	孙桃史墓志（未载）	男	永平二年（509）四月葬	未载	未载	2004年秋李氏收藏
河南孟津宋庄村南310国道 盖:9字 志:462字	穆循墓志铭（河南洛阳）	男	永平二年（509）三月丁酉卒,同年十月九日葬	步兵校尉左将军东莱太守	53	1991年孟津县文管会
出土地不详 2行,行字不等 15字	赵光墓砖铭（未载）	女	永平二年（509）十月十一日	孙氏妻	未载	出土时间藏地不详《中国古代砖刻铭文集》（下）P160

出土地/字数	墓主/籍贯	性别	卒年或葬年	官职或身份	年龄	出土时间/藏地
出土地不详 10 行 127 字	杨恩墓志 （恒农华阴）	男	永平二年（509）十一月十一日葬	宁远将军河涧太守	38	出土时间不详 履薄斋藏拓
河南洛阳城北姚凹村 4 行，行字不等 38 字	元德墓砖铭 （未载）	男	永平二年（509）十一月十一日	昭成皇帝后常山王孙冗从仆射羽林监偏城太守	未载	1916 年 西安碑林博物馆
河南洛阳城北徐家沟 20 行，满行 18 字	王氏墓志 （乐浪遂城）	女	永平二年（509）五月二十三日卒，同年十一月二十三日葬	黄钺大将军太傅大司马安定靖王第二子给事君夫人	30	1925 年 北图藏拓 西安碑林博物馆
河南洛阳城北 20 里北陈庄东北 11 行，满行 20 字	元氏墓志铭 （未载）	女	永平三年（510）正月八日卒	宁陵公主元飖女儿王诵妻	22	1921 年 北图藏拓 德化李氏旧藏
河北涿县南关 3 行，行字不等 37 字	李道胜铭 （幽州范阳郡涿县）	男	永平三年（510）正月二十四日	昌黎太守	未载	1926 年 北图藏拓 《涿县志》7 编
河北定县 7 行，行 6 字 42 字	周千墓铭 （沙州建康郡表氏县）	男	永平三年（510）十月十七日葬	讨虏将军□□令	未载	出土时间不详 北图藏拓 辽宁省博物馆
山西太原南郊东太堡砖厂 61 行，满行 18 字 280 字	李庆容墓志 （秦州陇西郡狄道县都乡）	女	永平三年（510）闰六月二日卒，同年十二月十七日葬	辛祥妻	32	1975 年 山西省博物馆
河南孟县城关乡斗鸡台村 22 行，满行 23 字	司马悦墓志 （司州河内温县乡孝敬里）	男	永平元年（508）十月七日薨于豫州，永平四年（511）二月十八日窆于温县西乡岭山之阳	持节督豫州诸军事征虏大将军鱼阳县开国子豫州刺史	47	1979 年 孟县文化馆藏志

出土地/字数	墓主/籍贯	性别	卒年或葬年	官职或身份	年龄	出土时间/藏地
河南孟津宋庄乡东山头村 310 国道 17 行,满行 21 字 289 字	元罔墓志铭（未载）	男	永平二年（509）十二月二十四日薨于郡庭,永平四年（511）二月十八日葬	辅国将军汲郡太守阳平王谥恭王	27	1991 年孟津县文管会
甘肃 4 行,行字不等 28 字	马阿媚墓砖铭（未载）	女	永平四年（511）二月十八日	梁州武威郡觚增县民靳杜生妻	未载	出土时间藏地不详《中国古代砖刻铭文集》（下）P161
河南洛阳城北姚凹村东 12 行,行 12 字	元保洛铭（未载）	男	永平四年（511）二月二十六日葬	恒州别驾督护代尹郡	未载	1926 年北图藏拓西安碑林博物馆
河南孟县东北 8 里葛村 17 行,满行 22 字	司马绍墓志（河内温县）	男	太和十七年（493）七月十二日卒,永平四年（511）十月十一日迁葬在温城西北廿里	宁朔将军固州镇东将军鱼阳太守宜阳子	未载	1755 年北图藏拓
河南洛阳城北 40 里陈凹村 阳、阴各 13 行,满行 19 字	元伴墓志铭（洛阳都乡安武里）	男	永平四年（511）五月十五日卒,同年十一月五日窆	太尉府参军事	未载	1926 年北图藏拓辽宁省博物馆
陕西华阴五方村 13 行,行 9 字	杨范墓志铭（弘农华阴潼乡习仙里）	男	景明元年（500）二月九日卒于济州,永平四年（511）十一月十七日窆于里	未载	19	清代末年北图藏拓段氏旧藏
出土地点不详 12 行,满行 10 字 105 字	杨老寿墓志铭（弘农华阴潼乡习仙里）	男	景明二年（501）五月二十三日卒,永平四年（511),十一月十七日窆	未载	54	出土时间不详河北正定县墨香阁
陕西华阴五方村 24 行,满行 22 字	杨颖墓志铭（弘农华阴潼乡习仙里）	男	永平四年（511）五月二十七日卒于京师依仁里,同年十一月十七日葬于潼乡	华州别驾	38	1971 年陕西历史博物馆

北朝墓志文献研究 下

852

出土地/字数	墓主/籍贯	性别	卒年或葬年	官职或身份	年龄	出土时间/藏地
陕西华阴五方村 2 行,满行 19 字	杨阿难墓志铭（弘农华阴潼乡习仙里）	男	太和八年（484）四月七日卒于平城,殡于代,永平四年（511）十一月十七日返厝于华阴潼乡	赠中散杨播七弟	13	1971 年陕西历史博物馆
河南洛阳城北徐家沟村东南 22 行,满行 20 字	元悦墓志铭（河南洛阳）	男	永平四年（511）五月十一日卒,同年十一月十七日葬于其考靖王陵之左	益州刺史乐安哀王	36	1920 年北图藏拓
陕西华阴五方村 47 字	崔氏墓志（未载）	女	永平四年（511）十一月十七日镌记	杨椿妻	未载	1986 年华阴市公安局
河南洛阳 字数不详	刘氏墓志（未载）	女	延昌元年（512）三月二十五日卒,同年四月三日葬于洛邙之原陵	持节军冠军将军夫人康公之侄女	未载	出土时间不详 洛阳古代艺术馆
河南洛阳城东 20 里耀店瀍堂庙后 12 行,满行 12 字	封昕墓志（河南洛阳安武里）	男	永平五年（512）三月二十四日卒,同年四月十三日葬于北芒	奉朝请	未载	1930 年北图藏拓西安碑林博物馆
河南洛阳城北 30 里伯乐凹村西北 22 行,满行 23 字	元诠墓志铭（未载）	男	永平五年（512）三月二十八日,同年八月二十六日窆于河阴县	使持节骠骑将军冀州刺史尚书左仆射安乐王	36	1917 年北图藏拓上海博物馆
河南洛阳南陈庄村西后海资北平冢第三冢 16 行,满行 20 字	李元姜志铭（相州顿丘）	女	延昌元年（512）五月十二日卒,同年八月二十六日葬于长陵	北海王元颢妃	17	1920 年北图藏拓徐世昌旧藏
出土地不详 砖面刻 4 行,行字不等 22 字	靳彦姬墓铭砖（未载）	女	延昌元年（512）十月十五日	叔孙可知陵妻	未载	出土时间藏地不详《中国古代砖刻铭文集》（下）P161

出土地/字数	墓主/籍贯	性别	卒年或葬年	官职或身份	年龄	出土时间/藏地
河南洛阳城东北后沟村东北2里许关帝庙 盖:1行,行3字 志:19行,满行22字	鄯乾墓铭 (司州洛阳洛滨里)	男	永平五年(512)正月四日卒,同年八月二十六日葬	征房将军河州刺史临泽定侯	44	1931年北图藏拓西安碑林博物馆
山东临淄大武乡窝托村南辛店电厂 24行,满行34字	崔猷墓志铭 (东清河东郡)	男	永平四年(511)二月二十五日卒,延昌元年(512)十一月二十八日葬	赠员外散骑常侍	58	1983年临淄博物馆
河南洛阳城北18里后海资村北 盖:1行,行8字 志:19行,满行21字	元显俊墓志铭 (河南洛阳)	男	延昌二年(513)正月十四日卒,同年二月二十九日葬	处士	35	1917年北图藏拓中国历史博物馆
河南洛阳城北张羊村西北3里 18行,满行23字 391字	元演墓志 (司州河南洛阳穆族里)	男	延昌二年(513)二月六日卒,同年三月七日葬于西陵	维皇魏故卫尉少卿谥镇远将军梁州刺史	35	清代末年北图藏拓义州李氏旧藏
出土地不详 20行,满行20字	高雍墓志 (未载)	男	延昌二年(513)三月五日卒,同月八日葬	使持节安南将军豫州刺史	未载	出土时间藏地不详
河南洛阳城北十余里郑家凹村北1里许 27行,满行23字	王普贤墓志铭 (徐州琅邪郡临沂县都乡南仁里)	女	延昌二年(513)四月二日卒,同年六月二日窆于洛阳西乡里	世宗贵华恭夫人	27	1925年北图藏拓西安碑林博物馆
河南孟津家头村 11行,满行16字	王皓墓志 (兖州高平)	男	延昌元年(512)五月十七日卒,延昌二年(513)十一月二十二日葬	盪冠将军殿中将军领卫士令	37	2003年春赵氏收藏

出土地/字数	墓主/籍贯	性别	卒年或葬年	官职或身份	年龄	出土时间/藏地
洛阳城北张羊村西北姚凹村东 15行,满行17字	王氏墓志 (琅邪)	女	延昌二年(513)卒于京都,同年十二月四日葬	元飏妻	未载	1910年北图藏拓曾归日本太仓喜八郎。后毁于地震
河南洛阳 字数不详	□伯超墓志 (未载)	男	延昌元年(512)□月三日卒,延昌二年(513)□月三日卒	建成将军朔州刺史	32	出土时间藏地不详《辑绳》
河南孟县东北8里葛村 21行,满行21字	孟敬训墓志 (清河)	女	延昌二年(513)六月二十日卒,延昌三年(514)正月十二日葬	司马昞妻	42	1755年北图藏拓端方旧藏
河南洛阳城北安驾沟南 18行,满行20字 326字	耿氏墓志铭 (钜鹿宋子)	女	延昌三年(514)七月十五日	高宗文成皇帝元濬嫔	72	1914年北图藏拓辽宁省博物馆
河南洛阳城北张羊村北陵北陈庄村南陵 15行,满行14字	赵充华墓志 (南阳白水)	女	延昌三年(514)八月十三日卒,同年九月二十八日葬	高祖孝文帝元宏九嫔(赠充华)	48	1919年北图藏拓西安碑林博物馆
河南洛阳城东北西山岭头村南太仓村北 20行,满行18字	长孙史瑱墓志 (司州河南洛阳永乐里)	男	延昌元年(512)八月十三日卒,延昌三年(514)十月二十一日葬于北芒	左军领御仗左右西川子赠龙骧将军洛州刺史	56	1929年北图藏拓西安碑林博物馆
山西大同小南头村 126字	高琨墓志 (冀州渤海郡条崇仁乡孝义里)	男	延昌三年(514)十月二十二日迁葬	使持节都督冀瀛相幽平五州诸军事镇东大将军冀州刺史勃海郡开国公	未载	70年代初大同市博物馆

出土地/字数	墓主/籍贯	性别	卒年或葬年	官职或身份	年龄	出土时间/藏地
河南洛阳城北张羊村西北姚凹村东 24行,满行26字	元飏墓志 (司州河南郡洛阳县敷义里)	男	延昌三年(514)八月二十七日卒,同年十一月四日窆于洛阳之西陵	使持节冠军将军燕州刺史使君	45	1910年北图藏拓曾归日本太仓喜八郎,后毁于地震
河南洛阳城北陈庄南陵 25行,满行27字	元珍墓志铭 (河南洛阳)	男	延昌三年(514)五月二十二日卒于笃恭里,同年十一月四日葬	尚书左仆射骠骑大将军冀州刺史	47	1920年北图藏拓陶兰泉旧藏
河北定县赵村 12行,满行15字	姚纂墓志 (雍州京兆①)	男	延昌三年(514)正月十七日卒,延昌四年(515)正月十六日葬	定州卢奴②县令	未载	出土时间不详辽宁省博物馆
河南洛阳北南石山村西北 10行,满行12字	成氏墓志 (代郡平城)	女	延昌四年(515)正月九日卒,同年二月九日葬	显祖献文皇帝元弘嫔,15岁入宫	72	1926年北图藏拓西安碑林博物馆
河北河间 561字	邢峦墓志 (河间)	男	延昌三年(514)三月九日卒,延昌四年(515)二月十一日迁葬	追赠车骑大将军瀛洲刺史平舒文定公	51	1972年河北省文物研究所
河北河间沙洼乡南冬村东 522字	邢伟墓志 (河间鄚)	男	延昌三年(514)七月二十六日卒,延昌四年(515)二月十一日迁葬	追赠博陵太守	45	1956年河间市文物保管所
洛阳城东北25里后沟村西 15行,满行15字	山晖墓志铭 (河阴修仁里)	男	延昌四年(515)三月十八日迁葬于北芒山	鹰扬将军太子屯骑校尉	31	1921年北图藏拓西安碑林博物馆

---

① 补作"京兆",见詹文宏、李保平、邓子平:《燕赵碑刻·先秦秦汉魏晋南北朝卷》,天津:天津人民出版社,2015年版。

② 补作"卢奴",见詹文宏、李保平、邓子平:《燕赵碑刻·先秦秦汉魏晋南北朝卷》,天津:天津人民出版社,2015年版。

北朝墓志文献研究 下

出土地/字数	墓主/籍贯	性别	卒年或葬年	官职或身份	年龄	出土时间/藏地
河南洛阳城北西山岭头村东3里护驾庄南 19行，满行18字	王祯墓志铭 （乐浪遂城）	男	延昌三年（514）四月十日卒，延昌四年（515）三月二十九日葬	恒州治中晋阳男	39	1929年北图藏拓西安碑林博物馆
陕西鄠县 23行，满行40字	皇甫骥墓志铭 （安定朝那）	男	延昌四年（515）四月十八日葬	泾雍二州别驾安西平西二府长史新平安定清水武始四郡太守	75	咸丰年间北图藏拓端方旧藏
河南洛阳北南陈庄南 29行，满行29字	王绍墓志铭 （徐州琅邪郡临沂县都乡南人里）	男	延昌四年（515）八月二日卒，同年闰十月二十二日窆于洛阳西乡里	辅国将军徐州刺史昌国县开国侯使君	24	光绪年间北图藏拓苏州古物保存所旧藏，抗日战争时石毁
河南孟津平乐镇朱仓村 31行，满行32字	释僧芝墓志 （安定临泾）	女	熙平元年（516）正月十九日卒，同月二十四日葬	俗姓胡，胡太后姑母，比丘尼统法师	75	2000年原石佚仅存拓本
河南洛阳 26行，满行26字 637字	杨熙仙墓志 （恒农华阴潼乡习仟里）	男	延昌四年（515）十二月十二日卒，熙平元年（516）二月十二日葬	华州主簿秀才	31	出土时间不详河北正定县墨香阁
出土地点不详 三面刻，正面4行，行9字 背面3行，行存8字 侧1行，行9字 66字	王文爱铭记 （雍州京兆郡山北县）	男	熙平元年（516）三月四日葬	未载	未载	出土时间不详北图藏拓《北大草目》二卷P64
	刘江女铭记 （未载）	女	未载	未载	未载	
河南洛阳北太仓村 18行，满行18字	王昌墓志铭 （太原祁县高贵乡吉千里）	男	延昌四年（515）十二月二十六日卒于凉州，熙平元年（516）三月十七日窆于洛阳北芒	威远将军凉州长史长乐侯	37	1929年北图藏拓

出土地/字数	墓主/籍贯	性别	卒年或葬年	官职或身份	年龄	出土时间/藏地
河南偃师城关镇杏园村首阳山电厂 25行,满行24字	元睿墓志铭（河南洛阳）	男	延昌三年（514）三月四日卒于洛阳永和里,熙平元年（516）三月十七日迁葬	平远将军洛州刺史使君	40	1990年中国社会科学院考古研究所
河南洛阳城西东陲沟村东北李家凹村南 22行,满行23字	冯会墓志铭（苌乐信都）	女	熙平元年（516）八月二日葬	岐州刺史赵郡王元谧妃	22	1930年北图藏拓西安碑林博物馆
山西大同古平城遗址 盖:5行,40字 志:35行,满行47字 1567字	元郁墓志（河南洛阳绥武里）	男	太和十五年（491）六月二十六日卒,熙平元年（516）八月十四日刻	使持节侍中徐州诸军事启府徐州刺史济阴王	30	出土时间藏地不详《古代文明》2010年第4期
	慕容氏墓志（未载）	女	延昌四年（515）九月二十六日卒,熙平元年（516）八月十四日刻	元郁妻	63	
河南洛阳城北南石山村北 18行,满行15字	吴光墓志（冀渤海）	女	熙平元年（516）七月十六日卒,同年八月二十六日葬	本郡太守安生之长女	未载	1926年北图藏拓西安碑林博物馆
河南孟津朝阳乡南陈庄村 14行,满行15字	于昌容墓志（河南洛阳）	女	熙平元年（516）四月二十九日卒,同年八月二十七日葬	命妇元瓒妻	30	1998年洛阳古代艺术博物馆
陕西华阴五方村 32行,满行32字	杨播墓志铭（司州恒农郡华阴县潼乡习仙里）	男	延昌二年（513）十一月十六日卒于洛阳县依仁里,熙平元年（516）九月二日迁葬	使持节镇西将军雍州刺史华阴庄伯	61	1974年陕西历史博物馆
出土地不详 砖面刻3行,行5至8字不等 19字	王遵敬铭记（未载）	男	熙平元年（516）九月八日	未载	未载	出土时间不详故宫博物院
	薛氏铭记（未载）	女	未载	王遵敬妻	未载	北图藏拓《匋斋藏石记》六卷P20

出土地/字数	墓主/籍贯	性别	卒年或葬年	官职或身份	年龄	出土时间/藏地
河北保定望都东关外 砖面刻9行,行14字至26字不等 176字	刘颜墓砖铭 (中山蒲阴永安乡光贤里)	男	熙平元年(516)十月四日	屯骑校尉右军将军博陵太守	55	清光绪年间 北图藏拓
河南洛阳城北南陈庄西北 23行,满行23字	元彦墓志铭 (河南洛阳都乡光穆里)	男	熙平元年(516)九月四日卒,同年十一月十日窆于金陵	持节督幽豫二州诸军事冠军将军豫州刺史乐陵王	47	1917年 北图藏拓 天津博物馆
山东新泰天宝镇颜庄村宫里镇 44行,满行45字	羊祉墓志铭 (泰山梁父)	男	熙平元年(516)二月十二日卒,同年十一月二十日葬	镇军将军兖州刺史	59	1964年 泰安市博物馆
河南洛阳北姚凹东北 23行,满行21字	吐谷浑玑墓志 (河南洛阳)	男	熙平元年(516)六月二十日卒,同年十一月二十一日葬	直寝奉车都尉汶山侯	37	1929年 北图藏拓 西安碑林博物馆
河南洛阳 13行,满行13字 126字	源显明墓志 (乐都)	女	熙平元年(516)八月二十五日卒,同年十一月二十一日葬	杨津夫人	43	出土时间不详 履薄斋藏拓
河南洛阳姚凹村北 4行,满行9字 30字	元延生墓砖铭 (未载)	男	熙平元年(516)十一月二十一日葬	威烈将军奉朝请	未载	1926年 北图藏拓
河南偃师首阳山镇香玉村 23行,满行23字 495字	皮演墓志铭 (下邳郡下邳县都乡永吉里)	男	延昌三年(514)三月十七日卒,熙平元年(516)十一月二十二日葬	镇远将军凉州刺史	49	1995年 偃师商城博物馆
陕西华阴五方村 17行,满行18字	杨胤墓志铭 (恒农华阴潼乡习仙里)	男	熙平元年(516)四月卒,同年十一月二十二日葬	平东将军济州刺史长宁穆公	65	1910年 北图藏拓
河南洛阳城北姚凹北 19行,满行22字	元广墓志 (洛阳)	男	熙平元年(516)八月二十二日卒,同年十一月二十二日葬	宁远将军洛州刺史	50	1926年 北图藏拓 西安碑林博物馆

出土地/字数	墓主/籍贯	性别	卒年或葬年	官职或身份	年龄	出土时间/藏地
河南洛阳 19行,满行15字 282字	元进墓志 (未载)	男	熙平元年(516)卒,同年十一月二十二日迁葬	符玺郎中	未载	近年 河北正定县墨香阁
河南孟津麻屯镇 7行,满行10字	舆氏墓志 (未载)	女	卒年不详,熙平元年(516)十二月二十二日葬	秘书内小赠宁远将军渔阳太守昌黎府君夫人	未载	2006年 洛阳孟氏收藏
出土地不详 3行,行存字不等 15字	高阿逯墓砖铭 (未载)	男	熙平二年(517)二月九日	未载	未载	出土时间不详 北图藏拓
出土地不详 13行,满行15字 177字	赵盛墓志 (河州金城)	男	熙平二年(517)二月二十三日	平西府司马	59	出土时间不详 石存洛阳
	索始姜墓志 (敦煌)	女	熙平二年(517)二月二十三日	赵盛妻	72	
河南济源 30行,满行26字 768字	元苌墓志 (河南洛阳宣平乡永智里)	男	延昌四年(515)七月十一日卒,熙平二年(517)二月二十九日葬	侍中镇北大将军定州刺史松滋成公	58	2002年 现藏洛阳私人手中
陕西咸阳渭城区正阳镇后排村征集 字数不详	张宜墓志 (清河武城)	男	延昌四年(515)三月二十七日卒,熙平二年(517)三月二十三日葬	宁朔将军咸阳太守	62	1986年征集西安碑林博物馆
出土地点不详 2行,行字不等 12字	张雷墓砖铭 (未载)	★	熙平二年(517)六月二日	未载	未载	出土时间不详 端方旧藏,又归张仁蠡,后归北京大学文研所,1952年后藏故宫博物馆 《雪堂专砖·专志征存》P4
河南洛阳城北张羊村北陵 16行,满行20字	元怀墓志 (河南洛阳乘轩里)	男	熙平二年(517)三月二十六日卒,同年八月二十日葬	侍中太保领司徒公广平王	30	1925年 北图藏拓 河南博物院

出土地/字数	墓主/籍贯	性别	卒年或葬年	官职或身份	年龄	出土时间/藏地
河南洛阳城北北陈庄东 16行,满行19字 272字	元贵妃墓志铭 (河南洛阳)	女	熙平二年(517)二月十四日卒,同年八月二十日葬	王诵妻	29	1919年北图藏拓辽宁省博物馆
河南洛阳城北后海资村南凹村1里处 29行,满行28字	元遥墓志 (河南洛阳孝弟里)	男	熙平二年(517)九月二日卒	右光禄大夫中护军饶阳男	51	1919年北图藏拓西安碑林博物馆
陕西华阴五方村 字数不详	杨舒墓志铭 (恒农华阴潼乡习仙里)	男	熙平二年(517)九月二日	镇远将军华州刺史	46	1984年藏地不详
河北南皮刁楼废寺址 阳:28行,行33字 阴文残存:21行,满行32字	刁遵墓志 (勃海饶安)	男	熙平元年(516)七月二十六日卒,熙平二年(517)十月九日葬	赠使持节都督兖州诸军事平东将军兖州刺史	76	雍正年间北图藏拓山东博物馆
河北安平 29行,满行29字	崔敬邕墓志铭 (博陵安平)	男	熙平二年(517)十一月二十一日卒	持节龙骧将军督营州刺史征虏将军太中大夫临青男	未载	1679年原石不明去向上海图书馆、上海博物馆、南京博物院有藏本
河南洛阳城北张羊村北陵 30行,满行25字	李太妃墓志 (顿丘卫国)	女	熙平二年(517)十一月二十八日	幽王元新成妃	80	1920年北图藏拓陶兰泉旧藏
河南孟津 18行,满行17字	乞伏晔墓志 (凉州金城榆中凤林)	男	永平三年(510)五月上旬卒,熙平二年(517)十二月二十二日葬	直后员外散骑侍郎凉州大中正	30	2003年洛阳师范学院
陕西华阴南孟塬迪家 20行,满行22字	杨泰墓志铭 (未载)	男	熙平二年(517)五月三日卒,熙平三年(518)二月葬	朔州刺史华阴伯	54	1969年陕西历史博物馆

出土地/字数	墓主/籍贯	性别	卒年或葬年	官职或身份	年龄	出土时间/藏地
出土地点字数不详	杨无丑墓志铭（邑潼乡习仙里）	女	熙平三年（518）正月十八日卒，同年二月二十三日葬	杨顺女	21	出土时间不详香港中文大学文物馆
河南洛阳16行,满行16字218字	韩氏墓志（昌黎）	女	熙平三年（518）二月二十三日葬	宇文永妻	未载	出土时间不详洛阳张赫坤藏志
河南洛阳盖:1行4字志:12行,满行13字	耿寿姬墓志铭（定州钜鹿曲阳）	女	神龟元年（518）三月八日卒	高宗文成皇帝嫔	未载	出土时间不详北图藏拓陶兰泉旧藏
河南洛阳东北30里铺村南字数不详	高英墓志铭（勃海蓨）	女	神龟元年（518）九月二十四日卒,同年十月十五日迁葬	世宗元恪皇后瑶光寺尼慈义	未载	1929年藏地不详
河南洛阳马坡村25行,满行25字	李榘兰墓志（冀州勃海郡蓨县广乐乡新安里）	女	太和二十一年（497）十一月二十日卒于新安,神龟元年（518）十二月九日葬	未载	26	1920年北图藏拓西安碑林博物馆
河南洛阳关林镇16行,满行19字	常敬兰墓志（平州辽西郡肥如县崇义乡戚贵里）	女	神龟元年（518）七月十八日卒,同年十二月二十二日葬	夏州刺史李缅妻	53	2009年私人藏
山东德州二屯镇胡官营阳:28行,行30字阴:12行,行17字不等	高道悦墓志（辽东新昌安乡北里）	男	太和二十年（496）八月十二日卒于金墉宫,神龟二年（519）年二月二十日葬勃海蓨县崇仁乡孝义里	谏议大夫,追赠散骑常侍营州刺史	35	1969年山东省石刻艺术博物馆
山东德州二屯镇胡官营33行,行33字不等	李氏墓志（未载）	女	神龟元年（518）卒,神龟二年（519）年二月二十日与夫合葬于勃海蓨县崇仁乡孝义里	高道悦夫人	51	

862

出土地/字数	墓主/籍贯	性别	卒年或葬年	官职或身份	年龄	出土时间/藏地
河南洛阳城东北拦驾沟北陵 24行,满行20字	寇凭墓志(上谷昌平)	男	神龟元年(518)七月二十六日卒,神龟二年(519)二月二十三日窆于大墓	本郡功曹行高阳县兼郡丞	34	1918年北图藏拓曾归吴县古物保存会,抗日战争时原石被毁
洛阳城东北拦驾沟北陵 20行,满行21字	寇演墓志(上谷昌平)	男	神龟元年(518)七月二十七日卒,神龟二年(519)二月二十三日葬	汝南太守	55	1918年北图藏拓
河南洛阳北高沟村西 24行,满行23字 508字	元祐墓志铭(河南洛阳都乡照乐里)	男	神龟二年(519)正月六日卒,同年二月二十三日葬	持节督泾州诸军事征虏将军泾州刺史齐郡王	32	清末出土北图藏拓辽宁省博物馆
出土地不详 23行,满行24字	杨莲墓志(恒农胡城)	男	太和二十二年(498)正月十一日卒,神龟二年(519)三月六日葬	赠河东太守	76	履薄斋藏拓
河南偃师顾县乡营坊村 25行,满行44字	元琛墓志(河南洛阳)	男	神龟二年(519)正月八日卒,同年三月十八日葬	使持节散骑常侍镇北将军定州刺史,谥曰贞侯	47	1997年征集洛阳古代艺术馆
河北元氏县 盖:25行,满行27字 476字 盖右侧斜边:2行,行18字,36字 志:33行,满行33字 1075字 计1587字	崔宾媛墓志(博陵安平)	女	神龟元年(518)十一月二十五日卒,神龟二年(519)四月十二日与夫合葬	赵郡太守李叔胤夫人	61	1996年《收藏家》2012年6月河北正定县墨香阁

出土地/字数	墓主/籍贯	性别	卒年或葬年	官职或身份	年龄	出土时间/藏地
河南洛阳北邙山3行,行字不等19字	马罗墓砖铭（河阴县）	女	神龟二年（519）七月五日葬	刘荣先妻	未载	出土时间不详藏洛阳民间洛阳王木铎藏拓
陕西潼关管南11行,满行23字141字	杨胤季女墓志铭（未载）	女	神龟二年（519）七月二十九日	华荆州济四州刺史杨胤季女	未载	1981年潼关县文管会
河南洛阳城北后海资村南凹村1里,10行,行7字	梁氏墓志（未载）	女	正始元年（504）八月十日卒,神龟二年（519）八月合葬	元遥妻	未载	1919年北大图藏拓西安碑林博物馆
河南洛阳城北孟津县南陈庄南盖:6行,行5字志:20行,满行20字	穆玉容墓志铭（河南洛阳）	女	神龟二年（519）九月十九日卒于河阴遵让里,同年十月二十七日葬	轻车将军太尉中兵参军元琛妻	27	1922年北图藏拓西安碑林博物馆
河南洛阳城北徐家沟东北18行,满行18字	元腾墓志铭（司州河南嘉平里）	男	正始四年（507）四月十一日卒,神龟二年（519）十一月九日合葬于长陵之东北	城门校尉	未载	1925年北图藏拓开封博物馆
	程法珠墓志铭（广平）	女	神龟二年（519）七月十四日卒,同年十一月九日合葬于长陵之东北	元腾夫人	未载	
河南孟津23行,满行23字	元瓒墓志铭（河南洛阳）	男	熙平元年（516）十一月六日卒,神龟二年（519）十一月十日葬	使持节镇远将军朔州刺史	37	2004年洛阳古代艺术博物馆
河南洛阳北邙山30行,满行22字	罗宗墓志（河南洛阳）	男	神龟元年（518）九月二十日卒,神龟二年（519）十一月二十七日葬	持节辅国将军洛州刺史赵郡武公	43	2004年秋洛阳张氏
河南洛阳城北官庄村东小冢内志文残存16行,满行19字	高照容墓志（冀州勃海蓨）	女	太和二十年（496）卒,神龟二年（519）葬	文昭皇太后	未载	1946年洛阳市王城公园碑林

出土地/字数	墓主/籍贯	性别	卒年或葬年	官职或身份	年龄	出土时间/藏地
河南洛阳 存8行,行3至8字不等	某君残墓志 (未载)	男	神龟二年(519)	平西将军	未载	出土时间不详 开封图书馆
山东德州 字数不详	高偃墓志 (未载)	男	神龟二年(519)	未载	未载	出土时间藏地不详 仅见著录
出土地不详 80字	崔氏墓志 (未载)	女	神龟三年(520)二月二十八日葬	常袭妻 崔隆宗女	未载	1984年河北迁安县征集 唐山市文物管理所
河南洛阳城北40里陈凹村西 31行,满行31字	元晖墓志铭 (河南洛阳)	男	神龟二年(519)月庚午卒,神龟三年(520)三月十日葬	使持节侍中都督中外诸军事司空公领雍州刺史文宪公	55	1926年北图藏拓 西安碑林博物馆
山西太原南郊东太堡砖厂 34行,满行33字 961字	辛祥墓志 (陇西狄道)	男	神龟元年(518)八月十三日卒,神龟三年(520)四月三十日葬	征虏安定王长史义阳太守	55	1975年山西省博物馆
河南洛阳城东北西山岭头西南 16行,满行24字	尉太妃墓志铭 (河南洛阳)	女	神龟二年(519)十一月十日卒于洛阳安贵里,神龟三年(520)六月三十日	太尉公穆亮妻	66	1925年北图藏拓 西安碑林博物馆
出土地不详 28行,满行28字 738字	张弁墓志 (清河东武城安阳乡宜王里)	男	神龟三年(520)二月二十八日卒,正光元年(520)十一月十五日窆	赠清河太守	52	出土时间不详 河北正定县墨香阁
河南洛阳柿园村西大冢内 残存字5行	元澄墓志 (未载)	男	神龟三年(520)	未载	未载	民国二十一年(1932)六月初七郭玉堂购
山东德州 21行,行约30字	高植墓志 (勃海蓨)	男	神龟年间	济青相凉朔恒六州刺史	未载	康熙年间北图藏拓
河北定县 3行,行字不等 16字	达法度墓砖铭 (安熹)	男	正光元年(520)八月十四日	未载	未载	出土时间不详 北图藏拓

出土地/字数	墓主/籍贯	性别	卒年或葬年	官职或身份	年龄	出土时间/藏地
山东益都 15行,满行17字	韩玄墓志铭 (齐郡临菑)	男	神龟二年(519)十一月二十六日卒,正光元年(520)十月二十一日葬	齐郡府君	82	出土时间不详 端方旧藏 北大图藏拓
河南洛阳城北姚凹村东 盖:2行,行5字 志:20行,满行20字	赵光墓志铭 (南阳苑县都乡白水里)	女	正光元年(520)七月二十日卒,同年十月二十一日葬	元君妻	38	1926年 北图藏拓 西安碑林博物馆
河南洛阳城北南石山村 13行,满行16字	刘阿素墓志铭 (齐州太原)	女	正光元年(520)八月卒,十月葬	魏宫内太监	67	1928年 北图藏拓 西安碑林博物馆
河南洛阳 字数不详	刘滋墓志 (定州中山)	男	永平三年(510)六月卒,正光元年(520)十一月三日葬	游击府功曹参军	未载	出土时间藏地不详 《辑绳》33
陕西西安市郊任家口村西北1里 11行,满行15字	邵真墓志铭 (相州魏郡阿阳)	男	正光元年(520)十一月三日葬明堂北乡永贵里	阿阳令假安定太守	97	1955年 西安碑林博物馆
河南洛阳城北安驾沟村西小冢 16行,满行15字	元谭墓志 (河南洛阳)	男	神龟三年(520)三月十四日卒,正光元年(520)十一月十四日葬	假节镇远将军恒州刺史谥宣公	31	1920年 北图藏拓 开封博物馆
河南洛阳北安驾沟 24行,满行25字 586字	元贿墓志铭 (司州河南洛阳)	男	神龟三年(520)四月二十六日卒,正光元年(520)十一月十四日葬	镇远将军安州刺史成公	67	出土时间不详 《辑绳》34 洛阳博物馆
河南洛阳城北北陈庄 22行,满行21字	元孟辉墓志铭 (河南洛阳恭里)	男	神龟三年(520)三月二十一日卒,正光元年(520)十一月十五日葬	给事中晋阳男	17	1926年 北图藏拓 西安碑林博物馆

出土地/字数	墓主/籍贯	性别	卒年或葬年	官职或身份	年龄	出土时间/藏地
河南孟县东北8里葛村 18行,满行17字	司马昞墓志 (河内温)	男	正光元年(520)七月二十五日卒,同年十一月二十六日葬	持节左将军平州刺史宜阳子	未载	1755年北图藏拓 端方旧藏
山东德州 阳:33行,行31字 阴:14 行,行 5至10字不等	李璧墓志 (勃海蓨县广乐乡吉迁里)	男	神龟二年(519)二月二十一日卒,正光元年(520)十二月二十一日迁葬	太尉府谘议参军事	60	宣统年间北大图藏拓 山东省博物馆
河南洛阳城西北水泉村 21行,满行22字 434字	司马显姿墓志铭 (河内温)	女	正光元年(520)十二月十九日卒,正光二年(521)二月二十二日葬	世宗宣武皇帝元恪第一贵嫔夫人	30	1927年北图藏拓 辽宁省博物馆
河南洛阳城西北水泉村 盖:2行,行3字 志:26 行,满行26字	穆纂墓志铭 (洛阳)	男	正光二年(521)二月十八日卒于京师宜乐里,同月二十八日迁葬景陵之右	东荆州长史征虏将军颍川太守	30	1926年北图藏拓 西安碑林博物馆
洛阳北南石山村东 18行,满行15字	刘华仁墓志铭 (定中山)	女	正光二年(521)正月卒于洛阳宫,同年三月十七日葬	魏宫品一太监	62	1925年曾归吴县古物保存会,抗日战争时期原石被毁 北图藏拓
河南洛阳城北南石山村西 16行,满行17字	冯迎男墓志 (西河介)	女	正光二年(521)三月十八日卒于金墉宫,同年三月二十六日葬	官御作女尚书	56	1925年北图藏拓
河南洛阳城北杨凹村北 盖:2行,行4字 志:16 行,满行15字	张安姬墓志铭 (兖州东平)	女	正光二年(521)二月卒于洛阳宫,同年三月二十九日葬	宫第一品	65	1922年北图藏拓 西安碑林博物馆
出土地点不详 3行,行字不等 18字	范氏墓砖铭 (洛阳)	女	正光二年(521)五月二十一日	段华息妻	未载	出土时间不详 方若旧藏 《中国砖铭》图版685

出土地/字数	墓主/籍贯	性别	卒年或葬年	官职或身份	年龄	出土时间/藏地
河南洛阳城北杨凹村北 15 行,满行 16 字	王遗女墓志 (勃海阳信)	女	终于正光二年(521),同年八月二十日刊立	傅姆	83	1919 年 北图藏拓 西安碑林博物馆
河南洛阳北南石山村东南 盖:2 行,行 3 字 志:15 行,满行 16 字	王僧男墓志 (安定烟阳)	男	终于正光二年(521),同年九月二十日刊立	女尚书 赠一品	68	1917 年 北图藏拓
河北景县县城东南十八乱冢 26 行,满行 26 字	封魔奴墓志 (渤海蓨)	男	太和七年(483)十一月九日卒,太和八年(484)二月葬于平城,正光二年(521)十月二十日改葬	使持节平东将军冀州刺史勃海定公使君(魏书卷 32 有传)	68	1948 年 中国国家博物馆
河南洛阳北杨凹村北 23 行,满行 16 字	杨氏墓志 (恒农华洽)	女	正光二年(521)十一月三日葬	宫内司马高唐县君	70	1918 年 北图藏拓 西安碑林博物馆
出土地不详 18 行,满行 18 字 309 字	程眪墓志 (泾州安定郡乌氏县奉义乡崇贤里)	男	正光二年(521)六月三日卒,同年十一月二十六日葬	讨寇将军奉朝请 天水太守	57	出土时间不详 《新出土墓志精粹》(北朝卷上)P5 河北正定县墨香阁
出土地不详 18 行,满行 16 字 217 字	□(父讳生)墓志 (定州常山郡蒲吾县兴安里)	未载	正光三年(522)正月二十八日立	曾祖相州魏郡太守 祖讳明卒赠使持节镇远将军安州刺史 父讳生中散墓主官职未载	未载	引自中国泠网北魏《馆藏魏志八品》之八《正光三年墓志》

出土地/字数	墓主/籍贯	性别	卒年或葬年	官职或身份	年龄	出土时间/藏地
河南洛阳城北伯乐凹村南 21行,满行20字	张卢墓志铭 (冯翊高陆)	男	正光三年(522)三月二十三日	中山太守	83	1935年 北图藏拓
	刘法珠墓志铭 (恒农)	女	正光三年(522)三月二十三日	张卢妻	80	
河北 3行,行字不等 24字	尹弎和墓砖铭 (瀛洲河间郡洛县)	★	正光三年(522)四月二十三日	未载	未载	出土时间不详 端方旧藏
河南洛阳城北小乐村 23行,满行23字	卢令媛墓志铭 (范阳涿)	女	正光三年(522)四月十六日卒,同月三十日葬	充华嫔	12	1926年 北图藏拓 西安碑林博物馆
河南洛阳纱厂西路 252字	郭定兴墓志 (太原晋阳)	男	正光三年(522)四月末卒	河涧太守	未载	2001年 洛阳市第二文物考古队
河南洛阳城西东陡沟村 盖:4行,行2字 侧:14行,行2字 志:26行,满行26字	元氏墓志 (河南郡洛阳县崇恩里)	女	正光三年(522)四月壬戌朔日卒,同年十月二十五日葬	直阁将军辅国将军冯邕妻	38	1926年 北图藏拓 美国波士顿艺术博物馆
河南荥阳 23行,满行23字	郑道忠墓志 (荥阳开封)	男	正光三年(522)十月十七日卒,同年十二月二十六日葬	镇远将军统军将军	47	道光年间 北图藏拓 郦禾农旧藏
山西太原南郊东太堡砖厂 24行,满行19字 391字	胡显明墓志 (安定临泾)	女	正光三年(522)六月十三日卒,同年十二月二十七日葬	东安太守陇西辛凤麟夫人	74	1973年 藏地不详 存盖,志石已毁
河南洛阳城北杨凹村南 12行,满行17字	孟元华墓志 (清河)	女	正光三年(522)十二月卒,正光四年(523)正月十六日葬	内侍	70	1936年 北图藏拓

出土地/字数	墓主/籍贯	性别	卒年或葬年	官职或身份	年龄	出土时间/藏地
河南洛阳北伯乐凹村西北双冢 24行,满行25字	元秀墓志铭 (河南洛阳都乡孝悌里)	男	正光三年(522)八月卒,正光四年(523)二月甲申日葬	假节督洛州诸军事□骧将军洛州刺史使君	33	1926年北图藏拓西安碑林博物馆
河南灵宝焦村镇焦村 32行,满行30字	席盛墓志铭 (安定临泾)	男	正光四年(523)二月二十四日葬	冠军将军	61	1987年灵宝市文物管理所
河南洛阳城西北高沟村 26行,满行26字	常季繁墓志铭 (先住河内温,后迁辽西郡肥如县)	女	正光三年(522)正月十九日卒,正光四年(523)二月二十七日合葬	齐郡王妃	43	1910年北图藏拓曾归武进董氏。后流往日本归太仓喜八郎,1924年毁于地震
河南洛阳 28行,满行28字 762字	王虬墓志 (并州太原)	男	正光三年(522)正月二十六日卒,正光四年(523)二月二十七日合葬	肴藏令	未载	21世纪初近年新出历代碑志精选系列
河南洛阳城北徐家沟村 25行,满行25字	元仙墓志铭 (河南洛阳)	男	正光二年(521)八月二十二日卒,正光四年(523)二月二十七日葬	镇远将军前将军赠冠军将军正平太守	50	1927年北图藏拓西安碑林博物馆
河南洛阳城北凹村东张羊村西北 19行,满行22字	元倪墓志铭 (司州河南郡洛阳县都乡照明里)	男	太和二十一年(497)二月卒,正光四年(523)二月二十七日迁葬	宁远将军敦煌镇将	34	民国初年北图藏拓上海博物馆
河南洛阳城北姚凹东南岭 16行,满行15字	元引墓志铭 (河南洛阳)	男	太和二十四年(500)卒,正光四年(523)二月二十七日葬	龙骧将军	43	1925年北图藏拓西安碑林博物馆
河南洛阳城北后李村 15行,满行18字	元敷墓志 (河南洛阳)	男	正光三年(522)二月二十二日卒,正光四年(523)二月二十七日葬	襄威将军汝南太守	60	1936年北图藏拓

870

出土地/字数	墓主/籍贯	性别	卒年或葬年	官职或身份	年龄	出土时间/藏地
河南洛阳郊区邙山乡井沟 233 字	张丰姬墓志铭 （南阳）	女	正光三年（522）十二月十九日卒，正光四年（523）二月二十七日葬	未载	未载	出土时间不详 洛阳市关林古代艺术馆
洛阳城北安驾沟西南 20 行，满行 20 字	司马氏墓志铭 （河内温）	女	正光三年（522）六月五日卒，正光四年（523）三月二十三日葬	元宗正夫人即元谭妻	27	1927 年北图藏拓西安碑林博物馆
河南洛阳城北后海资村西北 27 行，满行 27 字	元灵曜墓志铭 （河南洛阳安众乡崇让里）	男	正光三年（522）十一月十日卒，正光四年（523）三月二十三日葬	征虏将军平州刺史使君	37	1927 年北图藏拓西安碑林博物馆
出土地不详 20 行，满行 20 字	王静墓志铭 （略阳安融）	男	正光三年（522）四月五日卒，正光四年（523）三月十一日葬	善无太守略阳王府君	未载	出土时间不详 《洛阳新获七朝墓志》P16
出土地不详 3 行,6 字至 8 字不等 21 字	姬伯度墓砖铭 （河内郡白水县）	男	正光四年（523）五月二十四日	未载	未载	出土时间不详 北图藏拓 《中国砖铭》图版 688
陕西华阴县五方村 盖:14 字 志:89 字	吕法胜墓志 （天水）	女	正光四年（523）九月二十二日卒，同月二十六日葬	杨顺妻	61	1993 年西岳庙
出土地不详 3 行,5、6 字不等 16 字	李贞姬铭 （未载）	女	正光四年（523）十月	平珎显妻	未载	出土时间不详 端方旧藏北图藏拓
河南洛阳城东北山岭头村南 3 里 21 行，满行 24 字	王基墓志铭 （乐浪遂城）	男	正光三年（522）二月二十四日卒，正光四年（523）十月二十日葬	处士	42	1927 年北图藏拓西安碑林博物馆
山东黄县 盖:4 行,行 4 字 志:14 行，满行 13 字	鞠彦云墓志 （黄县都乡石羊里）	男	正光四年（523）正月十六日卒,同年十一月二日葬	宁远将军统军本州司马中坚将军	未载	光绪初年北图藏拓山东省博物馆

出土地/字数	墓主/籍贯	性别	卒年或葬年	官职或身份	年龄	出土时间/藏地
河南洛阳东北小李村 31行,满行31字	高猛墓志铭 (勃海蓚)	男	正光四年(523)四月十日卒,同年十一月二日葬	使持节侍中都督冀州诸军事车骑大将军司空公冀州刺史驸马都尉勃海郡开国公	41	1948年洛阳关林博物馆
河南洛阳城北后海资村 15行,满行31字	元斌墓志铭 (河南洛阳)	男	正光四年(523)九月二十一日卒,同年十一月二十七日葬	襄威将军大宗正丞	30	1927年北图藏拓西安碑林博物馆
河南洛阳城北安驾沟西 22行,满行22字	元尚之墓志铭 (河南洛阳)	男	正光四年(523)十一月二十七日葬	威烈将军	未载	1936年北图藏拓
河南洛阳西北孟津西瀍水发源处田沟村南岭 20行,满行20字	奚真墓志铭 (河阴中练里)	男	正光四年(523)十一月二十七日葬	孝廉	60	1926年北图藏拓西安碑林博物馆
河南洛阳 20行,满行22字	渴丸环墓志 (河南河阴)	男	神龟元年(518)六月薨,正光四年(523)十二月九日葬	使持节都督安州诸军事平北将军安州刺史	未载	《邙洛碑志三百种》P15《渴丸环墓志》
河南孟县张河村 盖:4行,行4字,志铭文甚漫漶,惟首2行余字可辨	陆希道墓志 (未载)	男	正光四年(523)	泾州刺史淮阳男	未载	1789年移置县忠义祠北图藏拓
河南洛阳西东陡沟村东北李家凹村南 20行,满行20字	元谧志铭 (河南洛阳)	男	正光五年(524)闰二月三日葬	使持节征南将军侍中司州牧赵郡贞景王	未载	1930年北图藏拓
河南洛阳城北乡姚凹村东南岭 18行,满行18字	元平墓志铭 (河南洛阳)	男	正光五年(524)三月十日葬	宣威将军百水太守小剑戍主	47	1925年北图藏拓西安碑林博物馆

出土地/字数	墓主/籍贯	性别	卒年或葬年	官职或身份	年龄	出土时间/藏地
河南洛阳城东北6里马坡村北盖有花纹无字志:36行,满行35字	元昭墓志铭（河南洛阳）	男	正光三年（522）二月二十二日卒,正光五年（524）三月十一日葬	使持节散骑常侍车骑大将军仪同三司尚书左仆射冀州刺史	60	1922年北图藏拓郑州王顺喜藏拓天津张氏旧藏
出土地不详707字	元隐墓志铭（河南洛阳）	男	正光五年（524）三月十一日葬	持节督恒州诸军事平北将军恒州刺史	44	出土时间不详《辑绳》38洛阳古代艺术馆
河南孟津邙山乡30里铺村473字	侯掌墓志（上谷郡居庸县崇仁乡修义里）	男	正光五年（524）三月二日卒,同年四月二十九日葬	本国中正奉朝请燕州治中从事上谷侯	69	1985年藏地不详
河南洛阳城东山岭头村东南5里26行,行26字1945年石毁,仅存右上角残石二块,计存全字69,半泐者8字	王钟儿墓志铭（太原祁）	女	正光五年（524）五月七日卒,同月十八日葬	比丘尼统慈庆	86	1923年北图藏拓残石存辽宁博物馆
河南洛阳孟津县24行,满行24字	韩玫墓志（南阳堵阳）	男	正光五年（524）四月二十七日卒,同年七月二十四日葬	员外散骑侍郎	41	2007年《秦晋豫新出土墓志搜佚》1册P27
河南洛阳30行,满行16字	孙辽铭记（定州）	男	正光五年（524）七月二十五日	浮图	67	北图藏拓黄县丁氏旧藏
河南洛阳城北张羊村西小冢36行,满行37字951字	李媛华墓志铭（陇西狄道县都乡和风里）	女	正光五年（524）正月十五日卒,同年八月六日葬	彭城武宣王元勰妃	42	1920年北图藏拓辽宁省博物馆

出土地/字数	墓主/籍贯	性别	卒年或葬年	官职或身份	年龄	出土时间/藏地
河南洛阳城北南陈庄村南 27行,满行31字	元子直墓志铭 (河南洛阳都乡光里)	男	正光五年(524)四月十二日卒,同年八月六日葬	使持节散骑常侍安南将军都官尚书冀州刺史	未载	1922年北图藏拓西安碑林博物馆
河南洛阳北南石山村北地 12行,满行16字	杜法真墓志 (黄如)	男	正光五年(524)十月三日葬	傅母宫大监	66	1933年北图藏拓西安碑林博物馆
山西永济蒲州镇侯家庄村南 字数不详	赵猛墓志铭 (南阳西崿)	男	太和十二年(488)八月十七日卒,正光五年(524)十月二十日葬	未载	70	1987年永济县博物馆
河南洛阳孟津 23行,满行24字	长孙嵩墓志铭 (河南河阴)	男	正始四年(507)八月卒,正光五年(524)十一月三日葬	龙骧将军鲁阳太守	49	2000年《邙洛碑志三百种》P16《长孙嵩墓志铭》
河南洛阳吉利区 28行,满行28字	吕通墓志铭 (东平寿张清乡吉里)	男	正光五年(524)四月一日卒,同年十一月三日葬	辅国将军博陵太守	64	1987年《考古》2011年第9期
河南洛阳城北张羊村西北三家槐之南 22行,满行26字	元璨墓志 (河南洛阳都乡敷义里)	男	正光五年(524)四月二十九日卒,同年十一月三日葬	赠使持节左将军齐州刺史	43	1926年北图藏拓西安碑林博物馆
河北曲阳嘉峪村 26行,满行27字	高氏墓志 (勃海蓨)	女	正光四年(523)十一月十九日卒,正光五年(524)十一月三日葬	韩贿妻	71	1964年河北省文物研究所
河南洛阳城北安驾沟村 20行,满行20字	元崇业墓志铭 (洛阳)	男	正光五年(524)三月二十七日卒,同年十一月十四日葬	使持节辅国将军平州刺史使君	38	1927年北图藏拓西安碑林博物馆
河南洛阳城北徐家沟村东南 26行,行14至44字不等	冯季华墓志铭 (长乐郡信都)	女	正光五年(524)三月三十日卒,同年十一月十四日合葬	元悦妻	未载	1920年北图藏拓安阳古物保存所

出土地/字数	墓主/籍贯	性别	卒年或葬年	官职或身份	年龄	出土时间/藏地
河南洛阳北伯乐凹村 20行,满行20字	元宁墓志 (河南洛阳)	男	正光五年(524)卒,同年十一月十五日	轻车将军	61	1926年 北图藏拓 西安碑林博物馆
河南洛阳姚凹村北 22行,满行21字	郭显墓志铭 (并州太原郡晋阳县)	男	正光四年(523)六月二十三日卒于洛阳受安里,正光五年(524)十一月二十六日葬	中给事中谒者关西十州台使	53	1926年 北图藏拓 西安碑林博物馆
河南洛阳 27行,满行27字	檀宾墓志铭 (兖州高平平阳县都乡箱陵里)	男	正光五年(524)八月八日卒,同年十一月二十七日葬	龙骧将军府君	61	出土时间不详 北图藏拓 西安碑林博物馆
陕西西安 24行,满行25字 561字	杜祖悦墓志铭 (京兆山北)	男	正光五年(524)六月十四日卒,同年十一月远旬葬	镇远将军太尉府谘议参军前行南秦州事	52	出土时间不详 河北正定县墨香阁
出土地字数不详	王悦墓志铭 (略阳龙城)	男	正光五年(524)八月五日卒于京师,同年葬	使持节平西将军秦洛二州刺史	61	出土时间不详 北图藏拓
出土地不详 3行,行7、8字不等 17字	杜延登墓砖铭 (广川郡丞强县)	女	正光五年(524)	王僧玉妻	未载	出土时间不详 范寿铭旧藏
河南偃师乔家村 26行,满行26字	李超墓志铭 (秦州陇西郡狄道县都乡华风里)	男	正光五年(524)八月十八日卒,正光六年(525)正月十六日葬	怀令	61	出土时间不详 北图藏拓
河北无极南苏乡史村 盖:3行,行3字 志:19行,满行19字	甄凯墓志 (未载)	男	正始四年(507)二月二十七日卒,正光六年(525)正月二十七日附葬其母墓中	处士中山	14	1957年 正定县文物保管所
河南洛阳 22行,满行21字	缑光姬墓志 (齐郡卫国)	女	正光六年(525)正月十九日薨,二月二十一日葬	第一品家监	72	《邙洛碑志三百种》P17《缑光姬墓志》

出土地/字数	墓主/籍贯	性别	卒年或葬年	官职或身份	年龄	出土时间/藏地
出土地不详 27行,满行20字 字数不详	徐渊墓志铭 (高平金乡)	男	正光六年(525)正月四日卒,同月二十七日葬	旷野将军石窟署丞	□4	北大图藏拓日本书道博物馆
河南洛阳城北南陈庄村寨北 22行,满行22字	元茂墓志铭 (河南洛阳都乡光穆里)	男	正光六年(525)正月八日卒,同年三月十七日葬	平南府功曹参军	31	1936年北图藏拓
河南洛阳 盖:3行,行2至6字不等 32行,满行32字	李遵墓志 (陇西狄道)	男	正光五年(524)五月八日卒,正光六年(525)五月二十日记,二十二日葬	龙骧将军洛州刺史泾阳县开国子	52	北图藏拓首都博物馆藏
山东新泰天宝镇颜庄村宫里镇 25行,满行25字	崔神妃墓志 (清河东武城)	女	正光六年(525)三月二十五日卒,孝昌元年(525)八月三十日葬	羊祉妻	66	1964年泰安市博物馆
河南偃师南蔡庄乡 354字	殷伯姜墓志铭 (雁门)	女	正光六年(525)五月十四日卒,孝昌元年(525)八月十二日葬	泾州三水令张府君夫人	63	1990年偃师商城博物馆
河南洛阳城西北6里安驾沟南 23行,满行25字	元华光墓志铭 (河南洛阳嘉平里)	女	孝昌元年(525)九月十六日卒,同月二十四日葬	金城郡君	37	1923年北图藏拓山阴张氏旧藏
河南洛阳孟津县邙山 志:23行,满行24字 侧:5行,满行22字	裴谭墓志 (河东闻熹)	男	正光五年(524)九月十九日卒,孝昌元年(525)十月二日葬	平南将军使持节豫州刺史兰陵郡开国公	33	2005年藏地不详
河南洛阳北后海资村北 26行,满行28字	元显魏墓志铭 (河南洛阳)	男	正光六年(525)二月七日卒,孝昌元年(525)十月二十六日葬	假节辅国将军东豫州刺史	24	1916年北图藏拓开封博物馆

出土地/字数	墓主/籍贯	性别	卒年或葬年	官职或身份	年龄	出土时间/藏地
河南洛阳北张羊村西北姚凹村东 盖:5行,行5字 志:31行,满行30字	元焕墓志铭 (河南洛阳)	男	孝昌元年(525)七月四日卒,同年十一月八日葬	龙骧将军荆州刺史广川孝王	21	1926年北图藏拓西安碑林博物馆
河南洛阳孟津邙山 盖:9字 志:27行,满行27字	张问墓志 (南阳西鄂)	男	景明二年(501)七月二十四日卒,孝昌元年(525)十一月八日葬	尚书祠部郎安东府马	54	2003年侯氏收藏
出土地点不详 盖:3行,5字 志:22行,满行22字	长孙氏墓志铭 (河南洛阳)	女	孝昌元年(525)七月二十五日卒,同年十一月十九日葬	轻车将军给事中尉封君夫人	40	出土时间不详香港
河南洛阳城北安驾沟村北 30行,满行30字 849字	元熙墓志铭 (河南洛阳)	男	孝昌元年(525)八月二十四日卒,同年十一月二十日葬	使持节大将军太尉公中山王	未载	1919年北图藏拓加拿大安大略皇家考古博物馆
河南洛阳城北安驾沟村北 25行,首行35字,余25字	元诱墓志铭 (河南洛阳)	男	正光元年(520)九月三日卒于岐州,孝昌元年(525)十一月二十日葬	使持节车骑大将军仪同三司都督秦雍二州诸军事雍州刺史	37	1923年北图藏拓西安碑林博物馆
河南洛阳盘龙冢村 32行,满行32字	元怿墓志 (河南洛阳)	男	神龟三年(520)卒,孝昌元年(525)十一月二十日葬	使持节侍中假黄钺太师丞相大将军都督中外诸军事录尚书事太尉公清河文献王	34	1942年洛阳古代艺术博物馆
河南洛阳城北安驾沟村北 22行,满行23字	薛伯徽墓志铭 (河东汾阴)	女	正光二年(521)四月二十四日卒,孝昌元年(525)十一月二十日葬	元诱妻	30	1923年北图藏拓西安碑林博物馆

出土地/字数	墓主/籍贯	性别	卒年或葬年	官职或身份	年龄	出土时间/藏地
河南洛阳城北安驾沟村北 20行,满行21字	元纂墓志铭 (河南洛阳)	男	正光元年(520)八月二十四日卒,孝昌元年(525)十一月二十日葬	持节都督恒州诸军事安北将军恒州刺史	未载	1919年 北图藏拓 辽宁省博物馆
河南洛阳城北安驾沟村北 22行,满行22字	元晫墓志铭 (河南洛阳)	男	孝昌元年(525)十月十七日卒,同年十一月二十日葬	青州刺史敬公	18	1919年 北图藏拓 陶兰泉旧藏
陕西西安西郊小土门村 9行,满行9字	元义华墓志 (河南洛阳)	女	孝昌元年(525)十一月二十日葬	景穆皇帝之玄孙	4	1956年 西安碑林博物馆
山东寿光城关镇李二村 33行,满行33字 1114字	贾思伯墓志 (齐郡益都县钩台里)	男	孝昌元年(525)七月十六日卒,同年十一月葬	散骑常侍尚书右仆射使持节镇东将军青州使君	58	1973年 寿光县博物馆
河南洛阳 字数不详	元悫墓志铭 (河南洛阳)	男	正光五年(524)五月卒,孝昌元年(525)十二月二日葬	假节中间将军 玄州刺史	未载	出土时间不详 《辑绳》44
河南洛阳城东北6里马坡村西 29行,满行30字	元宝月墓志铭 (河南洛阳)	男	正光五年(524)五月二十五日卒,孝昌元年(525)十二月三日葬	持节都督秦州诸军事平西将军秦州刺史孝王	23	1929年 北图藏拓 西安碑林博物馆
河南洛阳 13行,满行12字	吴高黎墓志 (徐州琅邪郡治下里)	男	正始元年(504)十月十五日卒于洛阳,孝昌二年(526)正月十三日合葬	士	未载	出土时间不详 北图藏拓 端方旧藏
	许氏墓志 (未载)	女	孝昌二年(526)正月十三日合葬	吴高黎妻	未载	
河南洛阳偃师 17行,满行17字	房文姬墓志 (清河清)	女	正光五年(524)二月二十六日卒,孝昌二年(526)正月二十三日葬	尚书主事郎赵安妻	87	《邙洛碑志三百种》P18《房文姬墓志》
山东安丘 18行,满行20字 314字	李谋墓志 (辽东襄平)	男	正光四年(523)二月十日卒,孝昌二年(526)二月十五日葬	介休县令	27	1892年 北图藏拓 山东省博物馆

出土地/字数	墓主/籍贯	性别	卒年或葬年	官职或身份	年龄	出土时间/藏地
河南洛阳孟津县 志盖:3行8字 志石:18行,满行17字 299字	贾祥墓志 (武威姑臧)	男	孝昌二年(526) 二月十日卒,同年 同月二十七日葬	武威太守	37	2007年 《魏碑集珍·贾祥墓志》《秦晋豫新出土墓志蒐佚》P26 河北正定县墨香阁
河南洛阳东北小李村 22行,满行29字	元瑛墓志 (未载)	女	孝昌元年(525) 十二月二十日薨, 孝昌二年(526) 三月七日合葬	长乐长公主 高猛妻	37	1948年 洛阳关林博物馆
山东昌邑 20行,满行20字	李颐墓志 (南阳孝建)	男	正光元年(520) 五月十九日卒, 孝昌二年(526) 三月八日葬	南阳太守持节洛州刺史	39	清代 北图藏拓
河南洛阳 字数不详	元过仁墓志 (河南洛阳)	男	孝昌二年(526) 三月二十二日卒, 同月二十七日葬	处士	未载	出土时间不详 《辑绳》46 洛阳古代艺术馆
河南洛阳城北南石山村 盖:3行,行4字 志:13行,满行15字	于仙姬墓志 (未载)	女	孝昌二年(526) 二月二十七日卒, 同年四月四日葬	文成皇帝夫人	90	1926年 北图藏拓 西安碑林博物馆
河南洛阳东山岭头东 17行,满行17字	昝双仁墓志铭 (济南平陵)	女	孝昌二年(526) 五月二十六日卒, 同月二十九日葬	龙骧将军崇训太仆少卿中给事中明堂将伏君妻	38	1926年 北图藏拓 西安碑林博物馆
河南偃师南蔡庄乡 盖5字,首题18字 志:25行,满行26字 667字	尹祥墓志铭 (天水上封)	男	止光五年(524) 七月十八日卒, 孝昌二年(526) 七月二十四日葬	襄威将军东代郡太守	未载	1986年 偃师商城博物馆

出土地/字数	墓主/籍贯	性别	卒年或葬年	官职或身份	年龄	出土时间/藏地
河南洛阳城北前海资村东南大冢 盖：无字 志：40行，满行40字 1571字	元乂墓志铭（河南洛阳）	男	孝昌二年（526）三月二十日卒，同年七月二十四日葬	使持节侍中骠骑大将军仪同三司尚书令冀州刺史江阳王	41	1925年出土墓志 1935年出土志盖 北图藏拓 河南博物院
河南洛阳城北南石山村南 20行，满行20字	李氏墓志（赵郡）	女	孝昌二年（526）八月六日葬	世宗宣武帝元恪嫔	未载	1926年 北图藏拓 西安碑林博物馆
河南洛阳城东马沟村东郊 18行，满行20字	鲜于仲儿墓志（渔阳）	女	孝昌二年（526）五月二十八日卒，同年八月十八日葬	太尉府功曹参军 丘哲妻	53	1927年 北图藏拓 西安碑林博物馆
山东淄博大武乡窝托村南辛店电厂 28行，满行28字	崔鸿墓志（齐州清河）	男	孝昌元年（525）十一月二十九日卒，孝昌二年（526）九月十七日葬	使持节镇东将军督青州诸军事度支尚书青州刺史	48	1973年 山东省文物考古研究所
山东淄博临淄区大武乡窝托村 30行，满行16字	张玉怜墓志（齐国西安）	女	天平三年（536）卒，天平四年（537）二月合葬于黄山之阴文贞侯崔鸿之陵	崔鸿夫人	未载	
河南洛阳城东北平乐北小寨沟 盖：1行，11字 志：21行，满行21字	秦洪墓志（邰阳）	男	孝昌二年（526）十月十八日葬	东莞太守	100期颐	1926年 北图藏拓 西安碑林博物馆
河南洛阳城东北马沟村西陵 盖：4行，行4字 志：33行，满行33字	侯刚墓志（上谷居庸）	男	孝昌二年（526）三月十一日卒，同年十月十八日葬	侍中使持节都督冀州诸军事车骑大将军仪同三司冀州刺史武阳县开国公	61	1926年 北图藏拓 西安碑林博物馆

出土地/字数	墓主/籍贯	性别	卒年或葬年	官职或身份	年龄	出土时间/藏地
河南洛阳城北南陈庄村南 盖:3 行,行 4 字 志:15 行,满行 18 字	元珽墓志铭 (未载)	男	孝昌二年(526)七月二十八日卒,同年十月十九日葬	左军将军司徒属赠持节督豫州诸军事龙骧将军豫州刺史	33	1922 年北图藏拓西安碑林博物馆
河南洛阳东北马坡村东北 盖:3 行,行 3 字 志:33 行,满行 35 字	元寿安墓志铭 (河南洛阳)	男	孝昌二年(526)十月十九日葬	使持节侍中司空公都督冀瀛沧三州诸军事领冀州刺史	未载	1922 年北图藏拓辽宁省博物馆
河南洛阳城东北 20 里后沟村西北 盖:3 行,行 3 字 志:23 行,满行 23 字	杨乾墓志 (恒农)	男	卒于洛阳中练里,孝昌二年(526)十月十九日葬	清水太守恒农男	70	1929 年北图藏拓西安碑林博物馆
河南洛阳城东马沟村北陵 20 行,满行 24 字	高广墓志 (勃海蓨)	男	孝昌二年(526)七月卒,十月葬	员外郎散骑常侍西阳男	77	1923 年北图藏拓辽宁省博物馆
河南偃师城关镇杏元村砖厂 25 行,满行 25 字	染华墓志 (魏郡内黄)	男	正光五年(524)十一月二十日卒,孝昌二年(526)十一月十四日葬	镇远将军射声校尉	60	1990 年偃师商城博物馆
河南洛阳小梁村北 盖:4 行,行 3 字 志:22 行,满行 26 字	公孙猗墓志 (辽东襄平)	男	孝昌二年(526)三月九日卒,同年十一月十四日葬	假节东夏州刺史	65	1926 年北图藏拓西安碑林博物馆
河南洛阳北伯乐凹村西 盖:3 行,行 3 字 志:28 行,满行 29 字	于景墓志铭 (河南洛阳)	男	孝昌二年(526)十月八日卒,同年十一月十四日葬	武卫将军正虏将军怀荒镇大将恒州大中正	未载	1919 年北图藏拓中国历史博物馆

出土地/字数	墓主/籍贯	性别	卒年或葬年	官职或身份	年龄	出土时间/藏地
河南洛阳城东北拦驾沟北陵 盖:3行,行3字 志:32行,满行31字	寇治墓志 (上谷昌平)	男	正光六年(525)正月二十日卒,孝昌二年(526)十一月十七日葬	使持节卫将军荆河雍四州刺史七兵尚书	69	1919年北图藏拓曾归吴县古物保存所,抗日战争时石毁
河南洛阳 29行,满行29字 900余字	宇文善墓志 (司州河南郡河阴县都乡静顺里)	男	孝昌二年(526)十一月二十五日葬	使持节车骑将军都督冀州诸军事冀州刺史襄乐县开国男	未载	出土时间不详 郑州市华夏艺术博物馆藏拓
河南洛阳城北安驾沟村 13行,满行20字	元则墓志铭 (河南洛阳)	男	孝昌元年(525)十一月二十九日卒,孝昌二年(526)闰十一月七日窆于景陵之东北	齐州平东府中兵参军	31	1929年北图藏拓固始许氏旧藏 中国国家博物馆
河南洛阳北伯乐凹村 盖:3行,行4字 志:25行,满行24字	于纂墓志铭 (河南洛阳)	男	孝昌二年(526)五月二十八日卒于洛阳瀔阳里,同年闰十一月七日迁葬	赠银青光禄大夫	39	1926年北图藏拓 西安碑林博物馆
河南洛阳 15行,满行19、20字不等	赵亿墓志 (未载)	男	孝昌二年(526)四月二十八日卒,同年闰十一月八日葬	陵江将军朔方太守	未载	2003年孟氏收藏
河南洛阳城北后李村北 29行,满行29字	元朗墓志铭 (未载)	男	孝昌二年(526)九月卒,同年闰十一月十九日葬景陵东岗	安西将军银青光禄大夫	51	1927年北图藏拓 西安碑林博物馆
陕西长安韦曲镇北原 35行,满行44字	韦彧墓志 (京兆杜)	男	孝昌元年(525)八月二十六日卒于长安城永贵里,孝昌二年(526)十二月十日葬于旧兆杜陵	使持节散骑常侍太常卿尚书都督雍州诸军事抚军将军豫雍二州刺史文烈公	51	1998年藏地不详

出土地/字数	墓主/籍贯	性别	卒年或葬年	官职或身份	年龄	出土时间/藏地
河南洛阳邙山 3行,行5至8字不等 20字	舆龙姬砖铭(未载)	女	孝昌二年(526)十二月二十日葬	元伏生(郁)妻	未载	出土时间不详 北图藏拓 《中国砖铭》图版690
河南洛阳东北拦驾沟北陵 盖:3行,行3字 志:15行,满行14字	寇偘墓志(上谷昌平)	男	孝昌二年(526)十二月十二日卒,同月二十六日葬	督护舞阴太守	41	1920年 北图藏拓 德化李氏旧藏
河南洛阳城东北马沟 6行,满行12字	董伟墓志(未载)	男	正光四年(523)四月二十五日卒,孝昌三年(527)二月十六日葬	宣威将军骑都尉	49	1925年 北图藏拓 西安碑林博物馆
河南洛阳城东北太仓村北陵 17行,满行17字	苏屯墓志铭(武功)	男	孝昌二年(526)二月十三日卒,孝昌三年(527)二月二十一日葬	密阳令武功	81	1929年 北图藏拓 西安碑林博物馆
河南洛阳城北白鹿庄南、营庄北 35行,满行36字	元融墓志铭(河南洛阳宽仁里)	男	孝昌三年(527)二月二十七日葬	使持节侍中司徒公都督雍华岐三州诸军事车骑大将军雍州刺史章武武庄王	46	1928年 北图藏拓 西安碑林博物馆
河南洛阳城北后海资村北 字数不详	元晔墓志铭(河南洛阳)	男	孝昌二年(526)六月十八日卒,孝昌三年(527)二月二十七日葬	假节龙骧将军南青州刺史	未载	1934年 洛阳古代艺术馆
河南洛阳城东北马沟 24行,满行24字	和遂墓志铭(朔州广牧黑城)	男	孝昌二年(526)九月十一日卒,孝昌三年(527)二月二十七日葬	使持节后将军肆州刺史	56	1927年 北图藏拓 西安碑林博物馆

出土地/字数	墓主/籍贯	性别	卒年或葬年	官职或身份	年龄	出土时间/藏地
河南洛阳 21行,满行21字	李达墓志 (相州魏郡魏县崇义乡吉迁里)	男	太和元年(494)九月二十八日卒,孝昌三年(527)五月十日合葬	都护阳平郡事	59	《邙洛碑志三百种》P19《张氏墓志》
	张氏墓志 (林虑)	女	孝昌三年(527)卒,同年五月十日合葬	李达妻	未载	
河南洛阳城东北刘家坡村西沟内 27行,满行27字	于纂墓志铭 (河南郡河阴县景泰乡熙宁里)	男	孝昌三年(527)二月四日卒,同年五月十一日葬	假节征虏将军岐州刺史富平伯	70	1909年北图藏拓西安碑林博物馆
河南洛阳北杨凹西北小方家 盖:3行,行3字 志:33行,满行21字	胡明相墓志铭 (安定临泾)	女	孝昌三年(527)四月十九日卒于建始殿,同年五月二十三日葬	昭仪	19	1919年北图藏拓陶兰泉旧藏
出土地不详 3行,行3至10字不等 20字	张□□墓砖铭 (□县)	男	孝昌三年(527)七月十九日	张神龙息	未载	出土时间不详端方旧藏《中国砖铭》图版690
出土地不详 16行,满行16字	侯愔墓志铭 (燕州上谷)	男	孝昌三年(527)九月三日卒,同年十月十三日葬	车骑秘书郎	56	浙江杭州西泠印社旧藏北图藏拓
河南洛阳 盖:3行,前后2行各3字,中间1行2字 志:32行,满行31字 908字	张斌墓志 (凉州燉煌)	男	孝昌三年(527)四月十一日卒,同年十月二十六日葬	左将军银青光禄大夫太仆卿,赠使持节都督青州诸军事抚军将军青州刺史	67	2001年张海书法艺术馆

出土地/字数	墓主/籍贯	性别	卒年或葬年	官职或身份	年龄	出土时间/藏地
河南洛阳南陈庄东寨壕 25行,满行25字	元固墓志铭 (河南洛阳)	男	孝昌三年(527)九月二日卒,同年十一月二日葬	使持节车骑大将军仪同三司雍州刺史	未载	1918年 北图藏拓 洛阳古代艺术馆
河南洛阳 16行,满行17字	元悦墓志 (河南洛阳)	男	孝昌元年(525)十月二十九日卒,孝昌三年(527)十一月四日葬	开府仪同三司徐州刺史	43	出土时间不详 北图藏拓
河南洛阳城东三里桥 9行,满行8字	胡毛进墓志 (安定郡临泾县)	男	孝昌三年(527)十一月十三日	泾州主簿宣威将军猗氏令谏议大夫镇远将军汝南太守使持节辅国将军豫州刺史	未载	出土时间不详 北图藏拓 固始许氏旧藏
出土地不详 24行,满行24字	于神恩墓志① (河南洛阳)	男	孝昌三年(527)六月二十九日卒,同年十一月十四日葬	宁朔将军南梁太守	52	出土时间不详 履薄斋藏拓
陕西西安 19行,满行17字	刘玉墓志铭 (弘农胡城)	男	孝昌三年(527)十一月二十四日卒	咸阳太守	78	清代 北图藏拓 1892年毁于火灾
河南洛阳北邙 38行,满行38字	元渊墓志铭 (河南洛阳)	男	孝昌二年(526)十月二日卒,孝昌三年(527)十一月二十五日葬	使持节侍中骠骑大将军仪同三司吏部尚书兼尚书仆射东北道行台前军广阳王	42	2006年 私人收藏 《秦晋豫新出土墓志搜佚》1册P29

---

① 参见2007年九月十七日琉璃厂在线履薄斋《于神恩墓志》拓片。

出土地/字数	墓主/籍贯	性别	卒年或葬年	官职或身份	年龄	出土时间/藏地
河南洛阳故城北半坡 17行,满行17字	宁懋墓志 (济阴)	男	景明二年(501)卒,孝昌三年(527)十二月十五日葬	横野将军甄官主簿	48	1931年西安碑林博物馆
	郑氏墓志 (荥阳)	女	孝昌三年(527)正月六日卒,同年十二月十五日葬合葬	宁懋妻	未载	出土时间藏地不详
河南洛阳北安驾沟北 盖:3行,行3字 志:22行,满行22字	薛慧命墓志铭 (河东汾阴)	女	武泰元年(528)二月十七日卒	元湛妻	未载	1931年龙门石窟博物馆
河南洛阳 盖:4行,12字 志:30行,满行30字,905字	辛穆墓志铭 (陇西狄道)	男	孝昌三年(527)五月五日卒,武泰元年(528)正月十五日葬	持节后将军幽州刺史贞简	77	2006年《洛阳理工学院学报》(社会科学版)2011年第1期
河南洛阳 24行,满行24字	徐起墓志铭 (高平金乡)	男	孝昌三年(527)九月六日卒,武泰元年(528)正月十五日葬	襄威将军员外将军	50	出土时间藏地不详《邙洛碑志三百种》P23《徐起墓志铭》
河南洛阳南陈庄村 29行,满行26字	元举墓志铭 (河南洛阳)	男	孝昌三年(527)三月二十七日卒,武泰元年(528)二月二十一日	员外散骑侍郎	25	1934年北图藏拓西安碑林博物馆
河南洛阳城北8里金家沟西 33行,满行33字	元昞墓志铭 (河南洛阳)	男	孝昌三年(527)十月二十日卒,武泰元年(528)三月十六日葬于景陵东山之阳	使持节散骑常侍卫大将军尚书右仆射都督雍岐南幽三州诸军事雍州刺史南平王	38	1928年北图藏拓开封博物馆

出土地/字数	墓主/籍贯	性别	卒年或葬年	官职或身份	年龄	出土时间/藏地
河南洛阳城北安驾沟村西北 21行,满行20字	元举墓志铭 (河南洛阳)	男	孝昌三年(527)十一月二十九日卒 武泰元年(528)三月十六日	宁朔将军梁国镇将	19	1926年 西安碑林博物馆
河南洛阳 24行,满行24字 567字	杨济墓志 (天水寄)	男	武泰元年(528)四月十三日卒,同年八月二十五日葬	龙骧将军肆州刺史广平侯	51	出土时间不详 洛阳张书良
河南洛阳城北白鹿庄南 盖:3行,行3字 志:23行,满行24字	元洛神墓志 (河南邑)	女	建义元年(528)四月十八日卒	穆丞命妇	23	1928年 北图藏拓 西安碑林博物馆
河南孟津宋庄乡 19行,满行21字	穆景胄墓志 (河南洛阳)	男	建义元年(528)五月五日葬	龙骧将军广州刺史	未载	2005年 魏氏收藏
河南洛阳城北张羊村北 盖:4行,行4字 志:28行,满行28字	元悌墓志铭 (河南洛阳)	男	武泰元年(528)四月十四日卒,建义元年(528)六月十六日葬	侍中使持节骠骑大将军太尉公尚书令冀州刺史广平文懿王	23	1922年 北图藏拓 辽宁省博物馆
河南洛阳盘龙冢村东南 38行,满行38字	元邵墓志 (河南洛阳)	男	武泰元年(528)四月十三日卒,建义元年(528)七月五日葬	侍中司徒公骠骑大将军使持节定州刺史常山文恭王	23	1965年 洛阳古代艺术博物馆
河南洛阳城西柿园村西北 28行,满行34字	元顺墓志铭 (河南郡洛阳县)	男	建义元年(528)四月十三日卒,同年七月五日葬	侍中骠骑大将军司空公尚书令定州刺史东阿县开国公	42	1937年 北图藏拓 西安碑林博物馆
河南洛阳城北徐家沟村安驾沟村 第1面5行,第2面4行,第3面3行,满行20字	元均之墓铭 (河南洛阳)	男	武泰元年(528)四月十三日卒,建义元年(528)七月六日葬	平西将军瓜州刺史	38	1928年 北图藏拓 西安碑林博物馆

出土地/字数	墓主/籍贯	性别	卒年或葬年	官职或身份	年龄	出土时间/藏地
河南洛阳城西柿园村 28行,满行27字	元彝墓志铭 (河南洛阳)	男	武泰元年(528)四月十三日卒,建义元年(528)七月六日葬	使持节都督青州诸军事车骑大将军仪同三司青州刺史任城王	23	1932年北图藏拓西安碑林博物馆
河南洛阳城西柿园村西半里 32行,满行33字	元瞻墓志铭 (河南洛阳)	男	建义元年(528)四月十三日卒,同年七月六日葬	散骑常侍抚军将军金紫光禄大夫仪同三司车骑大将军司空公充雍三州刺史	51	1932年北图藏拓西安碑林博物馆
河南洛阳城北安驾沟西 29行,满行30字	元谭墓志铭 (河南洛阳)	男	建义元年(528)四月十三日卒,同年七月六日葬	使持节卫大将军仪同三司青州刺史城安县开国侯	41	1927年北图藏拓西安碑林博物馆
河南洛阳城北陈凹村西 21行,满行21字	元信墓志铭 (洛阳)	男	建义元年(528)七月十二日卒	假节龙骧将军晋州刺史	15	1929年北图藏拓西安碑林博物馆
河南孟津城西陈凹村 20行,满行21字	元悛墓志铭 (河南洛阳)	男	建义元年(528)四月十三日卒,同年七月十二日葬	龙骧将军太常少卿	未载	1926年北图藏拓西安碑林博物馆
河南洛阳 22行,满行24字	元惛墓志铭 (河南洛阳)	男	建义元年(528)四月十三日卒,同年七月十二日葬	辅国将军广州刺史	未载	出土时间不详 北图藏拓西安碑林博物馆
河南洛阳城北护驾庄村南 16行,满行23字	元诞墓志铭 (河南洛阳)	男	建义元年(528)七月十七日葬	殊志气,不仕	44	1930年北图藏拓

出土地/字数	墓主/籍贯	性别	卒年或葬年	官职或身份	年龄	出土时间/藏地
河南洛阳城东北后沟村东 33行,满行34字	元端墓志铭 (河南洛阳)	男	武泰元年(528)四月十三日卒,建义元年(528)七月十七日葬	使持节仪同三司都督相州诸军事车骑大将军相州刺史	36	1930年洛阳古代艺术博物馆 北图藏拓
河南洛阳城东北马沟 21行,满行21字	陆绍墓志铭 (河南河阴)	男	武泰元年(528)四月十三日卒,建义元年(528)七月十七日葬	司空城局参军	51	光绪年间北图藏拓曾归开封关葆谦,后归吴县古物保存所,抗日战争时石毁
河南洛阳城北安驾沟村 21行,满行21字	元宥墓志铭 (河南洛阳)	男	武泰元年(528)四月十三日卒,建义元年(528)七月既望后二日葬	征北将军相州刺史	54	1929年北图藏拓固始许氏旧藏 中国国家博物馆
河南洛阳城北安驾沟村北 34行,满行33字	元略墓志铭 (司州河南洛阳都乡照文里)	男	建义元年(528)四月十三日卒,同年七月十八日葬	侍中骠骑大将军仪同三司尚书令徐州刺史太保东平王	43	1919年辽宁省博物馆
河南洛阳城北安驾沟村北 29行,满行28字	元湛墓志铭 (河南洛阳宽仁里)	男	建义元年(528)七月十三日卒,同年七月十八日葬	使持节征东将军仪同三司都督青州诸军事青州刺史	38	1931年北图藏拓西安碑林博物馆
河南洛阳城北安驾沟村北 22行,满行28字	元廞墓志铭 (河南洛阳)	男	建义元年(528)四月十三日卒,同年七月十八日葬	使持节中军将军征东大将军散骑常侍瀛州刺史	43	1921年北图藏拓西安碑林博物馆
河南洛阳城北陈庄东北大冢 33行,满行33字	王诵墓志铭 (徐州琅邪临沂)	男	建义元年(528)四月十三日卒,同年七月二十七日葬	使持节侍中司空尚书左仆射骠骑大将军徐州刺史	47	1921年北图藏拓

出土地/字数	墓主/籍贯	性别	卒年或葬年	官职或身份	年龄	出土时间/藏地
河南洛阳 22行,满行22字 444字	王馥墓志铭 (太原晋阳)	男	建义元年(528)六月二十五日卒,同年七月二十九日窆	冠军将军左中郎将	65	出土时间不详(近年)2007年九月十七日琉璃厂在线履薄斋《王馥墓志》拓片《邙洛碑志三百种》P24《洛阳新获七朝墓志》P26河北正定县墨香阁
河南洛阳城北安驾沟村 18行,满行20字	元昉墓志铭 (河南洛阳光睦里)	男	建义元年(528)四月十三日卒,同年七月三十日葬	使持节抚君将军光州刺史懿公	19	1928年北图藏拓开封博物馆
河南洛阳城北徐家沟村北 盖:3行,行3字 志:21行,满行21字	元毓墓志铭 (河南洛阳光睦里)	男	建义元年(528)四月十三日卒,同年七月三十	使持节卫大将军仪同三司冀州刺史赵郡宣恭王	20	1915年北图藏拓绍兴周氏旧藏
河南洛阳城北前海资村北 17行,前14行,行17字,后3行字数不等,280字	吐谷浑氏墓志铭 (未载)	女	建义元年(528)七月三日卒,同年八月十一日迁葬	武昌王元鉴妃	未载	1921年北图藏拓西安碑林博物馆
河南洛阳城西东陡沟村大平家 28行,满行29字	元子正墓志铭 (河南洛阳)	男	建义元年(528)四月十三日卒,同年八月二十四日葬	始平王	21	1931年北图藏拓千唐志斋
河南洛阳城北南陈庄村东 22行,满行22字	元周安墓志铭 (河南洛阳)	男	建义元年(528)九月七日葬	使持节卫大将军仪同三司定州刺史俊仪县开国男	未载	1925年北图藏拓西安碑林博物馆

出土地/字数	墓主/籍贯	性别	卒年或葬年	官职或身份	年龄	出土时间/藏地
陕西华阴 盖:3行,行3字 志:39行,满行39字,1492字	杨钧墓志（弘农）	男	正光五年(524)八月二十九日卒,建义元年(528)九月三十日葬	使持节侍中司空公都督雍州诸军事车骑大将军雍州刺史临贞县开国伯	未载	21世纪初河南新安千唐志斋
出土地不详 2行,行字不等 9字	鲍必墓砖铭（南□）	★	建义元年(528)	未载	未载	出土时间不详《雪堂砖录·砖志征存》P5
出土地不详 33行,满行33字 1042字	王导墓志铭（陈留武平）	男	武泰元年(528)四月卒,永安元年(528)十月二十二日葬	持节安东将军南兖州刺史	62	出土时间不详河北正定县墨香阁《墨香阁藏北朝墓志》P26
河南洛阳城东北马沟村 21行,满行23字	唐耀墓志铭（鲁郡邹）	男	建义元年(528)四月十三日卒,永安元年(528)十一月二日葬	持节左将军襄州刺史邹县男	47	1920年北图藏拓西安碑林博物馆
河南孟津 20行,满行21字	源模墓志（凉州西平）	男	孝昌二年(526)七月十三日卒,永安元年(528)十一月八日葬	尚书郎中	未载	21世纪藏地不详《近年新出历代碑志精选系列·源延伯墓志》
河南孟津 27行,满行27字	源延伯墓志（凉州西平）	男	孝昌三年(527)十二月二十七日卒,永安元年(528)十一月八日葬	使持节都督凉州诸军事平北将军凉州刺史浮阳县开国伯	24	
河南洛阳城北张羊村北 37行,满行35字	元钦墓志（河南洛阳）	男	建义元年(528)四月十三日卒,永安元年(528)十一月八日葬	侍中特进骠骑大将军尚书左仆射司州牧司空公钜平县开国侯	59	1916年北图藏拓辽宁省博物馆

出土地/字数	墓主/籍贯	性别	卒年或葬年	官职或身份	年龄	出土时间/藏地
河南孟津朝阳镇 22行,满行23字	元诞业墓志（河南洛阳）	男	□三日卒,永安元年（528）十一月八日葬	平东将军齐州刺史	31	出土时间不详 石存洛阳《洛阳出土历代墓志辑绳》P52
河南洛阳 盖:4行,行3字 志:23行,满行25字 509字	元昂墓志（河南洛阳）	男	永安元年（528）十一月八日葬	赠平东将军光州刺史	35	出土时间不详 北京大学图书馆藏拓 河北正定县墨香阁
河南孟津朝阳镇 22行,满行22字 449字	元道隆墓志（未载）	男	建义元年（528）四月十三日卒 永安元年（528）十一月十八日葬	辅国将军南秦州刺史	30	2000年 洛阳市第二文物考古队
河南洛阳,17行,17字至22字不等	兰将墓志铭（昌黎昌黎）	女	建义元年（528）九月二十一日卒 永安元年（528）十一月二十日葬	武卫将军元景略妻	51	北图藏拓 辽宁省博物馆
河南洛阳北陈庄村西南陵 19行,满行19字	元礼之墓志（河南洛阳）	男	建义元年（528）四月十三日卒 永安元年（528）十一月二十日葬	安东将军光州刺史	23	1926年 北图藏拓 西安碑林博物馆
河南洛阳北陈庄村西南陵 20行,满行20字	元子永墓志（河南洛阳）	男	武泰元年（528）四月十三日卒 永安元年（528）十一月二十日葬	镇军将军豫州刺史	25	1926年 北图藏拓 西安碑林博物馆
出土地不详 20行,满行20字 370字	元甝墓志铭①（未载）	男	建义元年（528）四月十三日卒 永安元年（528）十一月二十日葬	赠假节平远将军朔州刺史	34	出土时间藏地不详《中国文物报》2005年10月19日

① 此志从未著录于金石考古诸书;元甝亦不见史载,为新发现。《中国文物报》2005年十月十九日第7版第一次刊发。

892

出土地/字数	墓主/籍贯	性别	卒年或葬年	官职或身份	年龄	出土时间/藏地
河南偃师首阳山镇寨后村 19行,满行21字 474字	李略墓志 (相州魏郡魏县崇义乡吉迁里)		建义元年(528)四月十三日卒,永安元年(528)十二月十三日葬	使持节龙骧将军襄州刺史	41	2000年偃师商城博物馆 中国西泠网北魏《馆藏魏志八品》之六《李略墓志》
河南洛阳 13行,满行14字 174字	杨倪墓志 (未载)	男	永安二年(529)二月九日卒	厉威将军颍川郡丞	45	出土时间不详 履薄斋藏拓 张海书法艺术馆
河南偃师首阳山 23行,20行有字满行23字 425字	慕容纂墓志 (河南洛阳)	男	永安二年(529)二月十四日葬	使持节安北将军恒州刺史	未载	2003年偃师商城博物馆
河南洛阳城东北马沟村 30行,满行30字	王翊墓志 (徐州琅邪郡临沂县都乡南仁里)	男	永安元年(528)十二月二十日卒,永安二年(529)二月二十七日葬	散骑常侍镇南将军金紫光禄大夫领国子祭酒济州刺史	45	1926年北图藏拓西安碑林博物馆
河南洛阳城北前海资村东南 24行,满行24字 517字	元馗(字道明)墓志 (未载)	男	永安二年(529)三月九日葬	使持节征东将军青州刺史	47	1920年北图藏拓马叔平旧藏
河南洛阳城北后海资村东 24行,满行24字	元维墓志 (河南洛阳崇让里)	男	建义元年(528)四月十三日卒,永安二年(529)三月九日	安西将军凉州刺史	26	1920年北图藏拓徐世昌旧藏
河南洛阳城西东陡沟村西南 盖:3行,行3字 志:27行,满行26字	笱景墓志铭 (河南洛阳)	男	永安元年(528)十月十六日卒,永安二年(529)四月三日葬	使持节卫大将军仪同三司冀州刺史博野县开国公	29	1928年北图藏拓西安碑林博物馆
河南洛阳后沟村东2里 18行,满行18字	冯氏墓志 (冀州长乐信都)	女	永安二年(529)闰月十五日卒,同年八月十一日葬	车骑将军司空公元端妻	34	1929年北图藏拓

出土地/字数	墓主/籍贯	性别	卒年或葬年	官职或身份	年龄	出土时间/藏地
河南洛阳东 15 里杨树村 盖:3 行,行 3 字 志:31 行,满行 30 字	元继墓志铭 (河南洛阳)	男	永安元年(528)卒,永安二年(529)八月十二日葬	丞相江阳王	64	1927 年北图藏拓西安碑林博物馆
河南洛阳 29 行,满行 30 字	元纯陁墓志铭 (未载)	女	永安二年(529)十月十三日卒,同年十一月七日葬	车骑大将军平舒文定邢公继夫人大觉寺比丘尼	未载	北图藏拓西安碑林博物馆
河南洛阳东北营庄东后营村西北 24 行,满行 24 字	山徽墓铭 (河南洛阳)	男	永安二年(529)三月八日卒,同年十一月七日葬	谏议大夫建城侯	58	1929 年北图藏拓西安碑林博物馆
河南洛阳城北十里头村南 29 行,满行 26 字	尔朱绍墓志铭 (北秀容)	男	永安二年(529)六月二十三日卒,同年十一月七日葬	使持节式中骠骑大将军司徒公都督冀州诸军事冀州刺史赵郡开国公	28	1928 年北图藏拓西安碑林博物馆
河南洛阳北十里头村南,张凹村东北 盖:3 行,行 3 字 志:28 行,满行 26 字	尔朱袭墓志铭 (北秀容)	男	永安二年(529)六月二十三日卒,同年十一月七日葬	使持节车骑大将军仪同三司都督定州诸军事定州刺史万年县开国伯	18	1928 年北图藏拓西安碑林博物馆
河南洛阳北安驾沟北 盖:无字 志:22 行,满行 22 字	元恩墓志铭 (河南洛阳)	男	永安二年(529)七月三日卒,同年十一月十九日葬	员外散骑侍郎	25	1921 年北图藏拓西安碑林博物馆
河南洛阳东北马沟东 19 行,行 19 字	丘哲墓志 (河南洛阳)	男	武泰元年(528)正月二十一日卒,永安二年(529)十一月十九日葬	使持节征虏将军华州诸军事华州刺史	57	1927 年北图藏拓西安碑林博物馆

出土地/字数	墓主/籍贯	性别	卒年或葬年	官职或身份	年龄	出土时间/藏地
河南洛阳北白鹿庄南 盖:3行,行3字 志:23行,满行23字	穆彦墓志铭 (河南洛阳)	男	永安二年(529)六月二十三日卒,同年十二月二十六日葬	兖州长史	31	1928年北图藏拓西安碑林博物馆
河南洛阳城东北拦驾沟北,杨凹村南 19行,满行19字	寇霄墓志 (上谷昌平)	男	永安三年(530)二月一日葬	未载	25	1925年北图藏拓西安碑林博物馆
河南洛阳北张羊村东北,瓦店南 36行,满行31字	元液墓志铭 (河南洛阳)	男	建义元年(528)四月十四日卒,永安三年(530)二月十三日葬	使持节镇东将军冀州长平县开国男	34	1929年北图藏拓西安碑林博物馆
河南洛阳 盖:4行,行4字 志:41行,满行42字 1674字	元祉墓志铭 (河南洛阳)	男	永安二年(529)十一月二十一日卒,永安三年(530)二月十四日葬	使持节侍中太保司徒公都督冀定沧瀛四州诸军事骠骑大将军冀州刺史平原武昭王	51	出土时间、藏地不详
河南洛阳北北陈村 138字	陆孟晖墓志铭 (未载)	女	永安三年(530)二月十五日卒	元懿公之元子妻	未载	1926年北图藏拓
河南洛阳邙山 7行,行7、8字不等 50字	王舒墓砖铭 (乐梁□城)	男	永安三年(530)九月十一日葬	未载	未载	北图藏拓徐森玉旧藏
河南偃师 盖:4行,行4字 志:25行,满行25字	緱静墓志 (巴西汉昌)	男	永安三年(530)十月十五日卒,建明二年(531)二月二十日葬	冠军将军	60	2009年《近年新出历代碑志精选系列·緱静墓志》

出土地/字数	墓主/籍贯	性别	卒年或葬年	官职或身份	年龄	出土时间/藏地
河南孟津 盖:4行,行4字 志:23行,满行23字	长孙子梵墓志 (河南洛阳)	男	永安三年(530)五月十七日卒,普泰元年(531)三月二日葬	假节征房将军益州都督	27	2001年《邙洛碑志三百种》P28—29《长孙子梵墓志》
河南洛阳邙山 22行,行24字	陆蕤蕤墓志 (未载)	女	永安三年(530)八月十五日卒,普泰元年(531)三月五日葬	罗宗妻	56	20世纪末
河南洛阳北张羊村北 盖:3行,行3字 志:27行,满行27字	元海墓志 (河南洛阳)	男	永安三年(530)十二月三日卒,普泰元年(531)三月二十七日葬	尚书左仆射司徒范阳王	26	1920年北图藏拓辽宁省博物馆
出土地不详 3行,行字不等36字	沈起墓砖铭 (幽州范阳郡固安县)	男	永安四年(实为普泰元年)(531)四月二十二日	东郡太守	未载	出土时间不详端方旧藏《检要》P186
出土地不详 25行,满行25字	长孙盛墓志 (河南洛阳)	男	普泰元年(531)三月二日葬	左将军散骑常侍长孙公	46	出土时间不详履薄斋藏拓
河南洛阳西北王村 30行,满行30字	赫连悦墓志铭 (河南洛阳)	男	普泰元年(531)五月十八日卒,同年七月十四日葬	使持节镇北将军都督建兖华三州诸军事华州刺史罢平县开国伯	44	1935年北图藏拓西安碑林博物馆
河南洛阳东北营庄 盖:4行,行4字 志:35行,满行36字	元天穆墓志 (河南洛阳)	男	永安三年(530)九月二十五日卒,普泰元年(531)八月十一日葬	使持节侍中太宰丞相柱国大将军假黄钺都十州诸军事雍州刺史武昭王	42	1926年北图藏拓西安碑林博物馆
河南洛阳城东北营庄安驾沟村 25行,满行27字	元弼墓志 (河南洛阳)	男	永安二年(529)七月二十一日卒,普泰元年(531)八月十一日葬	侍中使持节征北大将军尚书右仆射司州牧新兴王	40	1926年北图藏拓西安碑林博物馆

北朝墓志文献研究　下

896

出土地/字数	墓主/籍贯	性别	卒年或葬年	官职或身份	年龄	出土时间/藏地
山西永济 20行,满行20字 367字	张玄(黑女) 墓志 (南阳白水)	男	太和十七年(493)卒,普泰元年(531)九月一日葬	南阳太守	32	原石早亡 何绍基"孤本" 藏上海博物馆 北图藏拓
河南洛阳 9行,满行9字	程延贵墓志	男	普泰元年(531)九月二十一日葬	宁远将军	未载	出土时间藏地不详
山东长山 24行,满行30字 678字	贾瑾墓志 (武威姑臧)	男	普泰元年(531)十月十三日葬	散骑	21	1891年 北大图藏拓 端方旧藏
	贾晶墓志 (武威姑臧)	男	普泰元年(531)十月十三日葬	贾瑾子	未载	
出土地不详 23行,满行23字	赵广舄墓志① (南阳)	男	普泰元年(531)四月十八日卒,同年十月十三日葬	相州刺史	62	履薄斋藏拓
河南洛阳北白鹿庄东南 34行,满行35字	穆绍墓志铭 (河南洛阳)	男	普泰元年(531)九月十三日卒,同年十月二十四日迁葬	侍中尚书令太保使持节都督冀相殷三州诸军事大将军冀州刺史司空	51	1922年 北图藏拓 北京大学
河南洛阳吉利区 27行,满行27字	吕仁墓志铭 (东平寿张清乡吉里)	男	永安二年(529)五月八日卒,普泰二年(532)正月十九日葬	宁远将军	32	1987年 《考古》2011年第9期
河南洛阳西南宜阳县丰李镇马窑村三道岭 8行,满行7字 56字	梁氏墓志 (安定)	女	北魏普泰二年(532)二月十三日(卒、葬时间不明)	杨机妻梁伯珍女	未载	2005年征集藏地不详
河南洛阳城北王庄村 阳:20行,行27字 阴:20行,满行22字	韩震墓志铭 (昌黎郡棘城县)	男	孝昌二年(526)十月十三日卒于晋阳,普泰二年(532)三月二十日葬	使持节都督恒州诸军事前将军恒州刺史使君	62	1926年 北图藏拓 西安碑林博物馆

① 参见2007年九月十七日琉璃厂在线履薄斋《赵广舄墓志》拓片。

出土地/字数	墓主/籍贯	性别	卒年或葬年	官职或身份	年龄	出土时间/藏地
出土地点不详 字数不详	侯忻墓志铭（上谷居庸）	男	普泰二年（532）二月二十五日卒，同年闰月二十一日葬	平北将军燕州刺史	60	20世纪90年代征集 中国历史博物馆
河南洛阳小梁村西北 49行，满行40字 1895字	元延明墓志铭（未载）	男	梁大通二年（528）三月十日卒，太昌元年（532）七月二十八日葬	侍中太保特进使持节都督雍华岐三州诸军事大将军雍州刺史安丰王谥曰文宣元王	47	1919年北图藏拓 河南博物院
河南洛阳城北南陈庄西后海资北平冢 32行，满行28字	元顼墓志铭（河南洛阳）	男	永安三年（530）七月二十七日卒，太昌元年（532）八月二十三日葬	使持节侍中太尉公尚书令骠骑大将军都督雍华岐三州诸军事雍州刺史东海王	29	1920年北图藏拓 西安碑林博物馆
河南洛阳北南陈庄村西后海资北平冢 33行，满行32字	元颢墓志铭（河南洛阳）	男	永安三年（530）七月二十一日卒，太昌元年（532）八月二十三日葬	北海王	36	1920年北图藏拓
河南洛阳城东北40里省庄村南 11行，满行12字	李彰墓志（秦州陇西郡狄道县都乡和风里）	男	太昌元年（532）九月二十九日葬	通直散骑侍郎左将军瀛州刺史	22	光绪年间太仓陆氏旧藏
河南洛阳北伯乐凹村 20行，满行22字	和丑仁墓志（河南洛阳）	女	太昌元年（532）九月二十一日卒，同年十月二十四日	平州刺史钜辘郡开国公于祚妻	64	1926年北图藏拓 西安碑林博物馆
出土地点不详 300字	宋虎墓志铭（燉煌）	男	建明元年（530）二月二十六日卒，太昌元年（532）十一月十八日葬	中坚将军桑乾太守	70	出土时间不详 北图藏拓
河南洛阳 25行，满行26字 587字	长孙季墓志（河南洛阳）	男	太昌元年（532）十一月十八日合葬	赠征虏将军安州刺史	未载	2000年洛阳赵光潜藏拓
	慕容氏（昌黎）	女	太昌元年（532）十一月十八日合葬	赠昌黎郡君袜比公主	90	

出土地/字数	墓主/籍贯	性别	卒年或葬年	官职或身份	年龄	出土时间/藏地
河南洛阳城北安驾沟村 26行,满行28字	元袭墓志(河南洛阳)	男	永安二年(529)六月二十一日卒,太昌元年(532)十一月十九日葬	赠使持节散骑常侍都督青州诸军事中军大将军青州刺史,谥文公	44	1927年北图藏拓西安碑林博物馆
河南洛阳北后海资村北南陈庄村西平冢 17行,满行19字	元文志铭(河南洛阳)	男	太昌元年(532)十一月十九日迁葬	赠车骑大将军仪同三司林虑哀王	9	1920年北图藏拓辽宁省博物馆
河南洛阳南陈庄村西北 32行,满行33字	元恭墓志(河南洛阳)	男	太昌元年(532)十一月十九日迁葬	使持节假车骑将军都督晋建南汾三州诸军事镇西将军晋州刺史大都督节度诸军事兼尚书左仆射西北道大行台平阳县开国子	未载	1933年北图藏拓千唐志斋
河南洛阳城北后海资村北平冢 31行,满行32字	元徽墓志铭(河南洛阳)	男	永安三年(530)十二月五日卒,太昌元年(532)十一月十九日葬	使持节侍中太保大司马禄尚书事司州牧城阳王	41	1918年北图藏拓辽宁省博物馆
洛阳城北后海资村 16行,满行18字	元馗墓志铭(未载)	男	普泰元年(531)六月二十九日卒,太昌元年(532)十一月十九日葬	司空府参军事	17	1917年北图藏拓西安碑林博物馆
陕西华阴五方村 21行,满行26字	杨侃墓志铭(弘农华阴潼乡习仙里)	男	普泰元年(531)六月二十八日卒,太昌元年(532)十一月十九日葬	车骑大将军开府仪同三司秦州刺史	44	1986年华阴市公安局
陕西华阴五方村 27行,满行27字	杨椿墓志铭(弘农华阴潼乡习仙里)	男	普泰元年(531)六月二十九日卒,太昌元年(532)十一月十九日葬	大丞相司徒冀州刺史	78	出土时间不详西安碑林博物馆藏拓

出土地/字数	墓主/籍贯	性别	卒年或葬年	官职或身份	年龄	出土时间/藏地
陕西华阴五方村24行,满行27字	杨昱墓志铭（弘农华阴潼乡习仙里）	男	普泰元年（531）六月二十九日卒,太昌元年（532）十一月十九日葬	骠骑大将军司空公定州刺史	54	1993年陕西省考古研究所
陕西华阴五方村13行,满行13字161字	杨子谧墓志铭（弘农华阴潼乡习仙里）	男	普泰元年（531）六月二十九日卒,太昌元年（532）十一月十九日葬	追赠尚书金部郎中	13	2003年西安交通大学博物馆
陕西华阴五方村15行,满行11字161字	杨广墓志铭（弘农华阴潼乡习仙里）	男	普泰元年（531）六月二十九日卒,太昌元年（532）十一月十九日葬	追赠琅琊太守	22	2003年西安交通大学博物馆
陕西华阴五方村12行,满行11字130字	杨地伯墓志铭（弘农华阴潼乡习仙里）	男	普泰元年（531）六月二十九日卒,太昌元年（532）十一月十九日葬	追赠尚书殿中郎中	13	2003年西安交通大学博物馆
陕西华阴五方村12行,满行12143字	杨孝桢墓志铭（弘农华阴潼乡习仙里）	男	普泰元年（531）六月二十九日卒,太昌元年（532）十一月十九日葬	追赠尚书左民郎中	19	2003年西安交通大学博物馆
陕西华阴五方村13行,满行13161字	杨子谐墓志铭（弘农华阴潼乡习仙里）	男	普泰元年（531）六月二十九日卒,太昌元年（532）十一月十九日葬	追赠尚书虞曹郎	11	2003年西安交通大学博物馆
陕西华阴五方村11行,满行11字116字	杨严墓志铭（弘农华阴潼乡习仙里）	男	普泰元年（531）六月二十九日卒,太昌元年（532）十一月十九日葬	追赠汝南太守	21	2003年西安交通大学博物馆

899

出土地/字数	墓主/籍贯	性别	卒年或葬年	官职或身份	年龄	出土时间/藏地
陕西华阴五方村34行,满行30字	杨津墓志铭(弘农华阴潼乡习仙里)	男	普泰元年(531)七月四日卒,太昌元年(532)十一月十九日葬	太傅大将军司空公雍州刺史 赠使持节太傅大将军都督秦华雍三州诸军事雍州刺史	63	出土时间不详 西安碑林博物馆藏拓
陕西华阴五方村19行,满行26字	杨顺墓志铭(弘农华阴潼乡习仙里)	男	普泰元年(531)七月四日卒,太昌元年(532)十一月十九日葬	太尉公尚书事相州刺史	66	1993年西岳庙文物管理处
陕西华阴五方村21行,满行21字	杨仲宣墓志铭(弘农华阴潼乡习仙里)	男	普泰元年(531)七月四日卒,太昌元年(532)十一月十九日葬	尚书右仆射青州刺史	48	1993年陕西省考古研究所
陕西华阴五方村26行,满行26字	杨遁墓志铭(弘农华阴潼乡习仙里)	男	普泰元年(531)七月四日卒,太昌元年(532)十一月十九日葬	车骑大将军仪同三司幽州刺史	42	1985年华阴市公安局
陕西华阴五方村393字	杨遵智墓志铭(弘农华阴潼乡习仙里)	男	普泰二年(532)四月一日卒,太昌元年(532)十一月十九日葬	骠骑将军兖州刺史	23	《西安碑林》第十一辑
陕西华阴五方村20行,满行20字 362字	杨孝邕墓志铭(弘农华阴潼乡习仙里)	男	普泰二年(532)三月一日卒,太昌元年(532)十一月十九日葬	赠使持节东梁州诸军事抚国将军东梁州刺史	34	出土时间藏地不详 《近年新出历代碑志精选系列·杨孝邕墓志》
陕西华阴五方村153字	杨叔贞墓志铭(弘农华阴潼乡习仙里)	男	普泰元年(531)七月四日卒,太昌元年(532)十一月十九日葬	兰陵太守	17	《西安碑林》第十一辑

出土地/字数	墓主/籍贯	性别	卒年或葬年	官职或身份	年龄	出土时间/藏地
陕西华阴五方村 144字	杨幼才墓志铭	男	普泰元年（531）七月四日卒，太昌元年（532）十一月十九日葬	尚书主客郎中	15	《西安碑林》第十一辑
河南洛阳孟津北邙山 20行，满行22字	张太和墓志 （南阳）	男	太昌元年（532）六月九日卒，同年十一月十九日葬	龙骧将军太中大夫修武侯	56	2000年孙氏收藏
河南孟津朝阳乡西沟村西地 字数不详	王温墓志铭 （燕国乐浪乐都）	男	普泰二年（532）二月二十六日卒于昭明里宅，太昌元年（532）十一月二十五日葬	使持节抚军将军瀛州刺史，简公	66	1989年藏地不详
河北高邑 字数不详	李林墓志 （未载）	男	太昌元年（532）十二月		未载	出土时间不详 无定县文物保管所
河南开封朱仙镇老谭家寨村 正面书2行，14字 背面14栏，每栏4—8字不等，71字 85字	郑胡墓砖铭 （未载）	男	延昌四年（515）卒，太昌元年（532）十二月□□日葬	镇北将军银青光禄大夫平阳太守	未载	20世纪60年代出土 20世纪80年代征集藏地不详 《文物》1998年第11期
陕西华阴县五方村 27行，满行27字	杨昕墓志 （弘农华阴）	男	建义元年（528）四月十三日卒，太昌元年（532）迁葬	使持节都督雍州诸军事卫将军仪同三司雍州刺史	55	1989年张江涛藏
河南洛阳东15里西吕家庙村北 盖:3行，行4字 志:26行，满行26字 侧:1行，行19字	宋灵妃墓志 （广平烈）	女	永兴二年（533）正月十四日卒，同月二十日葬原陵	长孙士亮妻	20	1936年北图藏拓
陕西西安长安韦曲镇塔坡村 29行，满行30字	韦辉和墓志 （京兆杜）	男	永熙二年（533）正月二十六日葬	员外散骑侍郎	18	2001年藏地不详

出土地/字数	墓主/籍贯	性别	卒年或葬年	官职或身份	年龄	出土时间/藏地
河南洛阳西南宜阳县丰李镇马窑村三道岭 8行,满行7字 56字	梁氏墓志 (安定)	女	北魏普泰二年(532)二月十三日	杨机妻 梁伯珍女	未载	2005年征集 藏地不详
河南洛阳北安驾沟村 23行,满行23字	元肃墓铭 (洛阳)	男	永熙二年(533)二月二十六日葬	使持节侍中司徒公鲁郡王	未载	1926年 北图藏拓 西安碑林博物馆
洛阳东北营庄北白鹿庄南 30行,满行30字	乞伏宝墓志 (金城郡榆中县)	男	太昌元年(532)十一月卒,永熙二年(533)三月二十一日葬	使持节都督河凉二州诸军事卫大将军河州刺史宁国伯	未载	1928年 北图藏拓 西安碑林博物馆
河南偃师府店镇 31行,满行45字 922字	高树生墓志铭 (勃海蓨)	男	永熙二年(533)四月二十七日葬	使持节侍中太师假黄钺录尚书事都督冀相沧瀛殷定六州中外诸军事大将军冀州刺史渤海高王	未载	2005年 洛阳师范学院河洛古代石刻艺术馆
河南偃师府店镇 26行,满行44字 651字	韩期姬墓志 (昌黎昌黎)	女	永熙二年(533)四月二十七日葬	使持节侍中太师假黄钺录尚书事都督冀相沧瀛殷定六州中外诸军事大将军冀州刺史渤海高王妃 太妃	未载	
河南荥阳 29行,满行33字	李晖仪墓志 (陇西狄道)	女	永熙二年(533)三月十二日卒,同年五月二十二日葬	假节督南青州诸军事征房将军南青州刺史郑氏夫人	71	2002年 李氏收藏

出土地/字数	墓主/籍贯	性别	卒年或葬年	官职或身份	年龄	出土时间/藏地
河南洛阳北太仓村西北山岭头南 盖:3行,行3字 志:25行,满行25字	张宁墓铭 (南阳)	男	永熙二年(533)五月二十七日卒,同年八月二十八日葬	持节督南岐州诸军事前将军南岐州刺史	65	1932年 北图藏拓 西安碑林博物馆
河南洛阳汉魏故城 2行 16字	赵树墓砖铭 (未载)	女	永兴二年(533)九月七日	李爱妇	未载	1997年洛阳民间藏 《中国书法》2001年第4期
河南洛阳城东北左家坡北 盖:4行,行3字 志:23行,满行23字 500字	石育墓志铭 (乐陵厌次)	男	永熙二年(533)三月七日卒于河阴延沽里,同年十一月二十五日合葬	赠使持节都督沧州诸军事龙骧将军沧州刺史	73	1923年 偃师商城博物馆
	戴氏墓志铭 (未载)	女	永熙二年(533)十一月二十五日合葬	石育妻	未载	
河南洛阳东15里董家村北 26行,满行26字	元爽墓志铭 (河南洛阳)	男	永熙二年(533)二月二十五日卒,同年十一月二十五日葬	使持节都督泾岐秦三州诸军事卫大将军秦州刺史尚书左仆射	33	1928年 北图藏拓 西安碑林博物馆
河南洛阳城北南陈庄 30行,满行31字	元钻远墓志铭 (河南洛阳)	男	永熙二年(533)二月二十七日卒,同年十一月二十五日葬	使持节都督齐州诸军事平南将军齐州刺史广川县开国侯	32	1920年 北图藏拓 辽宁省博物馆
河南洛阳城西北山岭头村东南 盖:无字 志:25行,满行25字	王悦墓志铭 (未载)	男	正光五年(524)八月五日卒,永熙二年(533)合葬	秦洛二州刺史	61	1927年 北图藏拓 西安碑林博物馆
	郭氏墓志铭 (未载)	女		王悦妻	未载	
陕西西安 30行,满行30字 866字	辛璨墓志 (陇西狄道)	男	正光五年(524)十一月二十四日卒,永熙三年(534)正月十二日葬	持节征虏将军华州刺史辛术兄	47	出土时间藏地不详 引自孔子拍卖网

出土地/字数	墓主/籍贯	性别	卒年或葬年	官职或身份	年龄	出土时间/藏地
陕西西安长安韦曲镇塔坡村 22行,满行25字	韦乾墓志（京兆杜）	男	永熙二年（533）六月四日卒,永熙三年（534）正月二十六日葬	韦辉和弟	20	2001年藏地不详
河北曲阳 584字	尉陵墓志（善无）	男	正光五年（524）二月二十日薨,永熙三年（534）正月二十六日合葬	仪同三司定州刺史	61	出土时间不详曲阳县文物保管所
河北曲阳 483字	贺示廻墓志（广牧富昌）	女	中兴元年（531）十月十日薨,永熙三年（534）正月二十六日合葬	尉陵妻	58	
河南洛阳北蟠龙冢西盖:4行,行4字志:21行,满行22字	杜法师墓志铭（京兆）	男	永熙三年（534）二月三日葬	昭玄沙门大统僧令	81	1929年北图藏拓西安碑林博物馆
山东淄博淄川区二里乡石门村正面37行,左侧7行共44行,满行29字 1355字	傅竖眼墓志（清河贝丘）	男	孝昌二年（526）四月二十四日卒,永熙三年（534）二月七日葬	使持节散骑常侍司空公都督相州诸军事车骑大将军武强县开国子	67	1970年淄博市博物馆
河南洛阳城东北东山岭头村20行,满行20字 370字	长孙子泽墓志铭（河南洛阳）	男	永熙二年（533）十月十七日卒,永熙三年（534）三月二十七日葬	使持节都督雍州诸军事车骑将军雍州刺史江陵县开国男	45	1925年北图藏拓
河北行唐 223字	李盛墓志（常山行唐）	男	永熙三年（534）四月二十九日卒,同年十月二十二日葬	常山太守	未载	出土时间不详傅俊敏藏

表三 　　　　　　　　　　　　　　 东魏墓志著录

出土地/字数	墓主/籍贯	性别	卒年或葬年	官职或身份	年龄	出土时间/藏地
出土地不详 11 行,满行 11 字	李光显墓志 (汉中南郑)	男	天平元年(534)丙戌朔已酉日①葬	车骑大将军	34	出土时间藏地不详《稀见古石刻丛刊·东魏李光显墓志》
河南沁阳 18 行,满行 19 字	姜氏墓志 (长安天水)	女	普泰二年(532)三月十日卒于洛阳城休里,天平元年(535)年十一月十七日袝于君墓	未载	56	1984 年征集沁阳市博物馆
河北临漳县东南 104 字	李氏 (未载)	女	天平二年(535)二月十八日葬邺城	安东将军徐夫人	62	2004 年藏地不详
河南洛阳西南宜阳县丰李镇马窑村三道岭 30 行,满行 27 字 810 字	杨机墓志 (秦州天水郡冀县崇仁乡吉迁里)	男	北魏永熙二年(533)八月五日,东魏天平二年(535)三月二十七日迁葬	使持节都督华州诸军事华州刺史卫将军右光禄大夫度支尚书	未载	2005 年征集藏地不详
河南洛阳城北蟠龙冢村西南 1 里 盖:3 行,8 字 志:25 行,满行 25 字	元玕墓志铭 (河南洛阳)	男	天平二年(535)四月十四日薨于洛阳正始里,同年七月二十八日葬于景陵东山	平南将军太中大夫	44	1917 年辽宁省博物馆
河南孟县东北 8 里葛村 26 行,满行 21 字	司马升墓志铭 (河内温县孝敬里)	男	天平二年(535)二月二十一日卒于怀县,同年十一月七日葬于温县	南泰州刺史,赠使持节冠军将军都督南泰州诸军事南泰州刺史	41	1755 年日本书道博物馆
河北沧县南王寺镇 志:25 行,满行 25 字 侧:1 行,行 9 字	王僧墓志铭 (沧州浮阳饶安)	男	天平二年(535)三月十日卒于平阳,天平三年(536)二月十三日葬	龙骧将军谏议大夫赠假节督沧州诸军事征虏将军沧州刺史	58	1842 年北图藏拓

───────────

① 由《中国史历日和中西历日对照表》知"天平元年(534)丙戌朔已酉日"为"天平元年(534)十二月一日"。

北朝墓志文献研究 下

出土地/字数	墓主/籍贯	性别	卒年或葬年	官职或身份	年龄	出土时间/藏地
河北磁县双庙乡东小屋村 35行,满行33字	元诞墓志铭（河南洛阳）	男	天平三年（536）四月二十六日卒,同年八月四日葬	司徒昌乐王	22	1970年磁县博物馆
河南洛阳 24行,满行23字 552字	王茂墓志铭（京兆霸陵）	男	永安二年（529）七月二十二日卒,天平四年（537）正月二十五日窆	使持节抚军将军幽荆二州刺史王使君	54	出土时间不详 张海书法艺术馆
山东淄博大武乡窝托村南辛店电厂 22行,满行21字	崔鹔墓志铭（清河郫县）	男	武泰元年（528）四月十四日卒于京师,天平四年（537）二月十九日窆于先君旧兆	使持节冠军将军济州刺史使君	43	1973年山东省文物考古研究所
山东淄博大武乡窝托村南辛店电厂 30行,满行16字	张玉怜墓志（齐国西安）	女	天平三年（536）正月卒,天平四年（537）二月丙寅合葬	崔鹔妻	未载	
河北临漳 24行,满行24字 536字	慕容鉴墓志（河南洛阳）	男	天平四年（537）闰九月五日卒,同月二十二日葬	后将军太中大夫	49	出土时间不详 河北正定县墨香阁
河南安阳安丰乡洪河村 21行,满行21字	赵明度墓志（秦州天水郡清水县崇仁乡礼贤里）	男	天平三年（536）四月二十五日卒,天平四年（537）十月十五日葬于邺城之西南	宁远将军太常博士领鼓吹丞博陵太守	未载	2007年《考古》2010年第10期
河北磁县北白道村 21行,满行22字 382字	公孙甑生墓志铭（辽东襄平）	女	天平四年（537）六月十九日卒于魏郡邺县敷教里,同年七月十六日窆于邺城之西	侍中大司马华山王元鸷妃	37	1913年辽宁省博物馆
河北景县大高乐村 30行,满行29字	高雅墓志（勃海蓚）	男	神龟二年（519）卒于孝义里,天平四年（537）十月六日与次子德云、长女元仪及妻司马氏合葬于孝义里	赠使持节散骑常侍都督冀州诸军事平北将军冀州刺史谥贞	44	1973年河北省文物研究所

出土地/字数	墓主/籍贯	性别	卒年或葬年	官职或身份	年龄	出土时间/藏地
河北磁县南乡八里塚 盖:3行,行3字 志:32行,满行32字	张满墓志 (南阳西鄂)	男	天平四年(537)五月九日卒于州解,同年十一月十二日葬于山陵北	司空公兖州刺史	未载	1912年辽宁省博物馆
河北磁县县城南 32行,满行32字 864字	元祐墓志 (河南洛阳)	男	天平四年(537)八月十六日卒,同年闰九月二十二日葬	徐州刺史赠使持节太傅司徒公录尚书事都督冀定沧瀛四州诸军事本将军冀州刺史侍中开国如故谥孝穆	56	2006年藏地不详
山东济南历城姚家镇圣佛寺 盖:5行,行5字 志:16行,满行15字	崔令姿墓志 (清河武城)	女	武泰元年(528)三月三十日卒,元象元年(538)正月一日窆于历城县荣山乡石沟里	邓恭伯妻	29	1965年济南市博物馆
河北临漳 27行,满行25字 675字	于彧墓志铭 (河南洛阳)	男	天平三年(536)十一月二十一日薨,元象元年(538)正月十二日窆	诏赠使持节都督冀定瀛三州诸军事骠骑大将军仪同三司定州刺史太原郡开国公	21	出土时间不详张海书法艺术馆
河北高邑 字数不详	李玄墓志 (未载)	男	天平五年(538)正月	未载	未载	出土时间不详正定县文物保管所
河南安阳 29行,满行29字	赵鉴墓志 (南安)	男	天平四年(537)四月二十六日薨,元象元年(538)二月七日葬	持节都督秦州刺史诸军事安西将军秦州刺史	52	2007年《稀见古石刻丛刊·东魏赵鉴墓志》
河南安阳 25行,满行25字 575字	慧光(俗姓杨)墓志 (中山卢奴)	男	元象元年(538)三月十四日卒,同月十七日葬	昭玄沙门大统	70	2002年《中原文物》2006年第1期河北正定县墨香阁

出土地/字数	墓主/籍贯	性别	卒年或葬年	官职或身份	年龄	出土时间/藏地
出土地不详 2行,行字不等 16字	张保妻墓砖铭 (未载)	女	元象元年（538）三月十七日	□阳令张保妻	未载	出土时间不详 《中国古代砖刻铭文集》（下） P168
出土地字数不详	净智师铭	男	元象元年（538）四月十一日圆寂	比丘	73	出土时间藏地不详 北图藏拓
河北曲周北油村	段荣墓志	男	元象元年（538）六月	未载	未载	1993 年
河北鸡泽 28行,满行30字	任祥墓志 (西河显成)	男	元象元年（538）八月三日卒,同年十月二十三日葬	使持节侍中太保都督冀定瀛幽安五州诸军事骠骑大将军冀州刺史太尉公录尚事魏郡开国公	47	出土时间藏地不详 河北正定县墨香阁 《新见北朝墓志集释》P86
山东淄博大武乡窝托村南辛店电厂 32行,满行32字	崔混墓志铭 (东清河鄃)	男	元象元年（538）二月五日卒,同年十一月五日葬	镇远将军秘书郎中	34	1973 年 山东省文物考古研究所
出土地不详 25行,满行25字	郭挺墓志 (太原中都)	男	天平三年(536)十一月二十一日卒,元象元年(538)十一月十七日葬	使持节都督殷州诸军事平东将军殷州刺史	61	出土时间藏地不详 《稀见古石刻丛刊·东魏郭挺墓志》
河北赵州西廿五里段村 47行,满行49字 1885字	李宪墓志铭 (赵国柏仁)	男	元象元年（538）十二月二十四日合葬于旧墓	使持节中都督定冀相殷四州诸军事骠骑大将军定州刺史尚书令仪同三司	58	出土时间不详 赵县文物保管所

出土地/字数	墓主/籍贯	性别	卒年或葬年	官职或身份	年龄	出土时间/藏地
山东德州卫第三屯 25行,满行27字	高湛墓志铭 (勃海蓨)	男	元象元年(538)正月二十四日卒,元象二年(539)十月十七日迁于故乡司徒公之茔	假节督齐州诸军事辅国将军齐州刺史	43	1749年 北图藏拓
河南安阳 36行,满行36字	公孙略墓志铭 (辽东)	男	元象二年(539)四月十四日薨于邺城嵩宁里,同年十月二十九日迁葬于漳水之西	使持节侍中都督嬴幽营三州诸军事骠骑大将军营州刺史尚书左仆射太尉公清苑县开国公	67	出土时间不详 西安碑林博物馆
河南安阳 21行,满行22字 404字	田盛墓志 (冯翊)	男	元象元年(538)十二月二十四日卒,兴和二年(540)正月十二日葬	扬烈将军始平郡太守	64	出土时间不详 河北正定县墨香阁 《文化安丰》P167
河北行唐 31行,满行25字	高娄斤墓志铭(勃海蓨)	女	天平三年(536)九月七日卒,兴和二年(540)正月二十四日葬	太保尉公妻常山郡君	未载	出土时间不详 河北正定县墨香阁 《新见北朝墓志集释》P78
山西忻县西九原岗 32行,满行33字	刘懿墓志铭 (弘农华阴)	男	兴和元年(539)十一月十七日薨于邺都,兴和二年(540)正月二十四日葬于四卢乡孝义里	使持节侍中骠骑大将军太保太尉公录尚书事都督冀定瀛殷并凉汾晋建肆十一州诸军事冀州刺史郏肆二州大中正第一酋长敷城县开国公	未载	道光初年山西省博物馆
满行6字 残志仅存28字	□墓志 (定州)	男	兴和二年(540)二月十五日	大将军	未载	出土时间不详 河北正定县墨香阁

出土地/字数	墓主/籍贯	性别	卒年或葬年	官职或身份	年龄	出土时间/藏地
出土地不详 12行,满行11字 115字	辛琛墓志 (陇西都乡狄道里)	男	天平三年(536)正月十一日卒,兴和二年(540)五月二日葬	侍中使持节都督南秦膠鄯三徐岐雍八州诸军事骠骑大将军仪同三司八州刺史尚书右仆射东南道大行台司空公略阳县开国侯	未载	出土时间不详 河北正定县墨香阁 《文化安丰》P171
出土地不详 3行,行字不等 23字	□敬妃墓砖铭 (□州高阳县)	女	兴和二年(540)闰五月九日	王立周妻	未载	出土时间不详 《中国古代砖刻铭文集》(下)P168
山东福山 5行,满行7字 30字	郗盖族铭 (齐州太原郡祝阿县)	男	兴和二年(540)闰五月二十一日	安东将军前山茌县令	未载	出土时间不详 北图藏拓故宫博物院
出土地不详 6行,满行10字 59字	张法会墓志 (未载)	男	兴和二年(540)九月十一日葬	车骑大将军左光禄大夫前河间内史	未载	出土时间不详 河北正定县墨香阁
出土地不详 3行,行3至7字不等16字	王显庆墓记 (太原)	男	兴和二年(540)九月十三日	未载	未载	出土时间不详 辽宁省博物馆
河南安阳 22行,满行29字	闾伯昇墓志铭 (河南洛阳)	男	兴和二年(540)五月卒,同年十月葬于邺城西南18里	仪同	未载	出土时间不详
河南安阳 7行,满行29字	元仲英墓志铭 (河南洛阳)	女	兴和二年(540)二月十五日卒,同年十月二十八日合葬	乐安郡公主闾伯昇夫人	55	西安碑林博物馆
山东陵县东北于集乡孟家庙村 33行,满行28字 924字	明赟墓志 (青州平原鬲)	男	兴和二年(540)卒,兴和三年(541)葬	辅国将军琅琊太守	未载	1973年山东省博物馆

出土地/字数	墓主/籍贯	性别	卒年或葬年	官职或身份	年龄	出土时间/藏地
河南安阳 5行,行5字至10字不等 31字	范思彦墓砖铭 (瀛州河涧郡中水县)	男	兴和三年(541)正月二十九日	未载	未载	出土时间不详 范寿铭旧藏 北图藏拓 《书法丛刊》1998年第1期
河北易县 33行,满行24字	元阿耶墓铭 (河南洛阳)	女	永安二年(529)七月十六日卒于西界安城,兴和三年(541)二月十八日葬于范阳酒县崇仁乡贞侯里	祖子硕妻	30	出土时间藏地不详 北图藏拓
出土地不详 30行,满行30字 893字	高永乐墓志 (勃海蓨)	男	兴和二年(540)五月九日卒,兴和三年(541)二月十八日葬	赠太师太尉公录尚书都督冀定沧瀛殷诸军事冀州刺史谥曰武诏	25	出土时间不详 河北正定县墨香阁 《文化安丰》P178
河南安阳 19行,满行19字 350字	韩彦墓志铭 (南阳)	男	兴和三年(541)三月十三日葬	前将军太中大夫青徐二州别驾河间乐安二郡太守	73	2006年 张海书法艺术馆
河北磁县 30行,满行30	元宝建墓志 (河南洛阳)	男	兴和三年(541)七月九日卒,同年八月二十一日葬于文宣王陵之右	宜阳郡王	未载	1922年 北图藏拓 开封博物馆
出土地点不详 23行,满行23字	张略墓志 (清河武城)	男	兴和元年(539)十一月十七日卒,兴和三年(541)八月二十二日葬	镇远将军光州即默县护长广太守	73	出土时间、藏地不详
河北磁县南乡八里塚 35行,满行36字 1183字	元鸳墓志铭 (司州河南郡洛阳县天邑乡灵泉里)	男	兴和三年(541)六月九日卒于京师,同年十月二十二日窆于邺县武城之北原	假黄钺侍中尚书令司徒公都督定冀瀛沧四州诸军事骠骑大将军冀刺史华山王	69	1912年 北图藏拓 辽宁省博物馆

出土地/字数	墓主/籍贯	性别	卒年或葬年	官职或身份	年龄	出土时间/藏地
河北景县县城东南十八乱冢 盖:16字 志:38行,满行30字	封延之墓志铭（勃海蓨）	男	兴和二年(540)六月二十四日卒于晋阳,兴和三年(541)十月二十三日葬于广乐乡新安里	侍中大司徒尚书左仆射	54	1948年中国国家博物馆
河北景县县城东南十八乱冢	崔长晖墓志（博陵安平）	女	隋开皇九年(589)葬	封延之妻	未载	
出土地不详 30行,满行30字 895字	司马僧光墓志（河内温）	男	兴和三年(541)十一月十六日窆	诏赠持节都督怀洛二州诸军事骠骑大将军仪同三司怀州刺史	41	出土时间不详 河北正定县墨香阁《文化安丰》P179
山东高唐城关 26行,满行26字	房悦墓志铭（清河南乡阴晋里）	男	兴和四年(542)六月十一日卒,同年十一月十七日葬	赠使持节都督济州诸军事征东将军济州刺史谥宣成公	未载	1972年山东省博物馆
河北河间 1359字	邢晏墓志（河间县）	男	武泰元年(528)二月十三日卒,兴和三年(541)十一月十七日迁葬	赠左将军济州刺史。追加使持节尚书左仆射都督瀛洲诸军事征北将军瀛洲刺史	51	1972年河北省文物研究所
河北磁县西南滏阳村簸箕冢 29行,满行31字	司马兴龙墓铭（河内温）	男	太和十四年(490)正月八日卒,兴和三年(541)十一月十七日葬	追赠使持节司徒公都督定瀛沧幽殷五州诸军事骠骑大将军定州刺史	40	1953年河北省文物研究所

出土地/字数	墓主/籍贯	性别	卒年或葬年	官职或身份	年龄	出土时间/藏地
河北临漳 35行,满行41字 1437字	元儁墓志 (河南洛阳)	男	兴和二年(540)六月二十四日卒,兴和三年(541)十一月十七日葬	领军将军尚书令使持节都督瀛州诸军事瀛州刺史仪同开府封濮阳县开国伯;追赠使持节都督青冀齐三州诸军事骠骑大将军青州刺史录尚书司徒公	62	出土时间不详 张海书法艺术馆
河南安阳 37行,满行37字	李挺墓志 (陇西狄道)	男	兴和三年(541)六月十七日卒,同年十二月二十三日葬	追赠使持节侍中都督秦泾三州诸军事州刺史司徒公尚书左仆射谥文贞	64	出土时间不详 西安碑林博物馆
河南洛阳 字数不详	刘幼妃墓志 (彭城)	女	正始四年(507)十月十七日卒,兴和三年(541)十二月二十三日与夫合葬	李挺妻	29	出土时间不详 西安碑林博物馆
河南洛阳 20行,满行22字 434字	元季聪墓志 (河南洛阳)	女	永安三年(530)卒,兴和三年(541)十二月二十三日与夫合葬	高密长公主孝文帝孙女,清河文献王元怿第三女李挺继妻	21	出土时间不详 西安碑林博物馆
河南 盖:3行,行3字 志:24行,满行24字, 561字	慕容纂墓志 (辽西)	男	兴和三年(541)九月二十六日卒,兴和四年(542)十一月十一日葬	骠骑大将军左光禄大夫光禄勋卿	65	出土时间不详 偃师商城博物馆

出土地/字数	墓主/籍贯	性别	卒年或葬年	官职或身份	年龄	出土时间/藏地
河北磁县 32行,满行35字	元惊墓志 (河南洛阳)	男	兴和四年(542)十一月二十日卒,武定元年(543)三月十九日葬	追赠使持节侍中太傅司徒公假黄钺都督定瀛沧三州诸军事骠骑大将军定州刺史,谥文靖	未载	出土时间不详 北图藏拓
河北博野同连村南 21行,满行20字 407字	崔景播墓志铭 (博陵安平)	男	兴和三年(541)六月十七日卒,五月七日卒,武定元年(543)十月三日葬	镇远将军	32	1958年博野县文物保管所
出土地不详 23行,满行23字 473字	何琛墓志 (卢江)	男	武定元年(543)正月卒,同年二月二十四日葬	员外散骑常侍前将军太傅开府掾	未载	出土时间不详 河北正定县墨香阁 《文化安丰》P182
河北磁县东陈村 30行,满行30字 845字	尧奋墓志铭 (上党长子)	男	武定元年(543)九月十五日薨,同年十月十六日葬	使持节都督兖豫梁三州诸军事骠骑大将军兖州刺史司空公安夷县开国伯	41	出土时间不详 张海书法艺术馆
19行,满行19字 338字	史郎郎墓志 (建康)	女	兴和四年(542)十一月二十四日卒,武定元年(543),十月二十七日葬	蔺君妻	60	出土时间不详 河北正定县墨香阁
山东陵县东门外3里河刘家庄北 盖:3行,行3字 志:22行,满行23字 472字	王偃墓志铭 (太原晋阳)	男	武定元年(543)闰月二十一日卒,同年十月二十八日葬于临齐城东六里	勃海太守府君	75	1875年北图藏拓张祖翼藏拓

出土地/字数	墓主/籍贯	性别	卒年或葬年	官职或身份	年龄	出土时间/藏地
河北石家庄 281字	房兰和墓志 （常山零寿）	男	中兴元年（531）六月六日薨，武定元年（543）十月二十八日葬	永昌太守	未载	出土时间不详 石家庄市文物保管所
出土地不详 6行，满行16字 78字	曹道洪墓志 （谯郡谯）	女	武定元年（543）十一月一日卒，同月五日葬	尼	81	出土时间不详 河北正定县墨香阁
出土地不详 4行，行字不等 46字	贾尼墓砖铭 （未载）	女	武定二年（544）正月二十八日	琅琊王祖母太妃	50	出土时间藏地不详 《文物》1965年第10期
出土地不详 24行，满行24字 548字	吕盛墓志 （东平）	男	兴和四年（542）十月卒于邺县宣平里，武定二年（544）二月葬	安东将军银青光禄大夫	75	出土时间不详 河北正定县墨香阁 《文化安丰》P184
河南安阳 34字	陈平整墓记 （未载）	女	武定二年（544）四月二十五日	冠军将军中散大夫北豫州镇城都督长孙伯年妻	未载	出土时间不详 北图藏拓马叔平旧藏
河南安阳 盖：4行，行3字 志：36行，满行37字	元湛墓志 （河南洛阳）	男	武定二年（544）五月十四日卒于邺，同年八月八日葬于武城之北原	使持节使持节假黄钺侍中太傅大司马尚书令定州刺史广阳文献王	35	1917年北图藏拓安阳金石保存所
河南安阳 盖：3行，行3字 志：21行，满行21字	王令媛墓志铭 （琅琊临沂）	女	兴和四年（542）十月二十日卒，武定二年（544）八月八日合葬于武城之北原	元湛王妃	20	
河南安阳 28行，满行30字	元显墓志 （河南洛阳）	男	太和二十四年（500）卒，武定二年（544）八月二十日移葬于邺城之西陵	赠使持节都督梁州诸军事安西将军梁州刺史散骑常侍	44	出土时间不详 北图藏拓安阳金石保存所

916

出土地/字数	墓主/籍贯	性别	卒年或葬年	官职或身份	年龄	出土时间/藏地
河南安阳 25行,满行25字	元均墓志 (河南洛阳)	男	永安二年(529)六月二十一日卒于洛阳里,武定二年(544)八月二十日与夫人合葬	赠使持节都督冀沧幽三州诸军事骠骑大将军仪同三司冀州刺史谥孝武	52	出土时间不详 北图藏拓安阳金石保存所
	杜氏墓志 (未载)	女	天平二年(535)六月二十一日卒,武定二年(544)八月二十日合与夫葬于邺西	元均夫人	未载	
出土地不详 3行,行字不等 24字	赫连阿妃墓砖铭 (未载)	女	武定二年(544)十月四日	张氏妻	未载	出土时间不详 北图藏拓
河北磁县南乡王家店 盖:3行,行3字 志:21行,满行22字 447字	侯海墓志铭 (上谷居庸)	男	武定二年(544)四月卒,同年十月十日葬于漳水之阳	伏波将军诸冶令侯	未载	1912年辽宁省博物馆
河南安阳 19行,满行21字 355字	间详墓志 (河南洛阳)	男	武定二年(544)七月卒,同年十月二十二日葬	征虏将军兖州高平太守	53	出土时间不详 《东方艺术》2016年第4期
出土地不详 3行,行字不等 16字	罗家娣訾要墓砖铭 (未载)	★	武定二年(544)十一月三日	未载	未载	出土时间不详 《中国古代砖刻铭文集》(下)P169
河南卫辉太公泉乡吕村 16行,满行16字	吕贬墓志 (汲郡汲)	男	正光二年(521)五月卒,武定二年(544)十一月五日改岁于朝阳乡太公里	河东太守	83	1967年卫辉市博物馆
出土地不详 24行,满行24字 548字	霍育墓志 (赵郡柏)	男	武定元年(543)二月卒,武定二年(544)十一月十六日葬	前将军汝北太守	74	出土时间不详 河北正定县墨香阁《文化安丰》P187

出土地/字数	墓主/籍贯	性别	卒年或葬年	官职或身份	年龄	出土时间/藏地
河北赞皇南邢郭村 30行,满行30字	李希宗墓志 (未载)	男	兴和二年(540)卒,武定二年(544)十一月二十九日葬	司空 谥文简	40	1975年 正定县文物保存所
山东新泰天宝镇颜庄村宫里镇 27行,满行19字	崔元容墓志 (清河东武城)	女	武定二年(544)正月二十五日薨,同年十一月二十九日合葬	羊深妻	60	1973年 新泰市博物馆
山东寿光城关镇李二村 28行,满行28字	刘静怜墓志 (长广)	女	兴和三年(541)六月十九日卒,武定二年(544)十一月二十九日葬	贾思伯妻	58	1973年 寿光县博物馆
出土地不详 19行,满行22字	叔孙氏墓志 (司州魏郡邑县)	女	武定二年(544)九月十四日卒,同年十一月二十九日葬	可足浑洛妻	48	出土时间不详 《洛阳新获七朝墓志》P37
河南辉县 8行,满行14字 94字	隗天念墓志 (司州林虑郡共县城内)	男	武定二年(544)十一月二十九日葬	板授城阳太守汲郡太守	未载	出土时间不详 北图藏拓
河南安阳 27行,满行28字	叔孙固墓志 (河南洛阳)	男	武定二年(544)十一月二十九日窆于紫陌之阳	使持节都督三州诸军事骠骑大将军东梁州东徐州刺史当州大都督仪同三司兖州刺史临济县开国侯 谥武恭	78	1915年 北图藏拓安阳金石保存所
出土地不详 29行,满行30字 854字	宇文绍墓志 (河南洛阳)	男	武定三年(545)正月五日葬	安南将军尚书右丞修国史	45	出土时间不详 河北正定县墨香阁 《文化安丰》P194

北朝墓志文献研究 下

出土地/字数	墓主/籍贯	性别	卒年或葬年	官职或身份	年龄	出土时间/藏地
河南洛阳 首：11 行，行12字 盖：3行，行4字	元光基墓志（河南）	男	武定三年（545）二月十九日卒，同年六月二十八日迁窆西陵	侍中征西将军雍州刺史司空公吴郡王	19	出土时间不详 北图藏拓
河南安阳 29行，满行29字	宗欣墓志铭（志文不清）	男	武定三年（545）七月七日卒，同年十月二十八日窆于邺都之西望马岗之左	荆州刺史	67	出土时间不详 北图藏拓
河北磁县 25行，满行26字	元暐墓志（河南洛阳）	男	武定三年（545）闰月二十日卒，同年十一月二十九日葬迁葬于邺城西北15里武城之阴	散骑侍郎汝阳王	38	出土时间不详 北图藏拓
出土地不详 25行，满行26字 637字	陆子玉墓志（河南洛阳）	男	天平四年（537）七月六日卒，武定四年（546）正月二十九日葬	使持节都督齐州诸军事平东将军齐州刺史	46	出土时间不详 河北正定县墨香阁《文化安丰》P192
河北吴桥大齐区西宋门乡小马厂村西南 27行，满行28字	封柔墓志铭（冀州勃海蓨县）	男	武定二年（544）三月十九日卒，武定四年（546）二月十一日合葬	谘议府君	67	1956年河北省文物研究所
	崔氏墓志铭（博陵）	女	熙平二年（517）八月十日卒，武定四年（546）二月十一日合葬	封柔夫人	29	
河北吴桥大齐区西宋门乡小马厂村西南 23行，满行23字	毕修密墓志铭（兖州东平郡）	女	兴和三年（541）七月十一日卒于辛安里，同年十月二十三日葬，武定四年（546）二月十一日合葬	封柔继夫人	51	
出土地不详 17行，满行18字 238字	阴宝墓志铭（武威）	男	武定二年（544）二月八日卒，武定四年（546）五月八日葬	征东将军金紫光禄大夫	75	出土时间不详 河北正定县墨香阁《文化安丰》P199

出土地/字数	墓主/籍贯	性别	卒年或葬年	官职或身份	年龄	出土时间/藏地
河北临漳 7行,行10至12字不等 72字	可足浑桃杖墓砖铭 (司州魏郡邺县)	男	武定四年(546)九月十二日卒,同年九月二十一日葬	章武王仪同开府参军事	22	出土时间不详(近年) 砖藏民间 《中国古代砖刻铭文集》(下)P169
出土地不详 64字	刘强墓志 (中山上曲阳平洛城内)	男	正始三年(506)二月十六日卒,武定四年(546)十月二十八日与夫人杨氏同穴	未载	43	出土时间藏地不详 《文物》1965年第10期
	杨氏墓志 (未载)	女	武定四年(546)十月二十八日与夫同穴	刘强妻	未载	
河北磁县南乡八里塚 23行,正文19行满行22字;尾题4行满行44字	卢贵兰墓志铭 (范阳涿县)	女	武定四年(546)十一月八日卒,二十二日葬于漳水之北	章武王元融妃	54	1912年 北图藏拓 辽宁省博物馆
出土地不详 17行,满行20字 316字	姬朗墓志 (燕州广甯)	男	武定四年(546)八月二十五日卒,同年十二月四日葬	冠军将军中散大夫	51	出土时间不详 河北正定县墨香阁 《墨香阁藏北朝墓志》P66
河南河阴西十余里大觉寺 残存25行,行20至26字不等	郑君墓志 (未载)	★	武定五年(547)二月七日	西兖州刺史	未载	出土时间不详 中国历史博物馆
出土地不详 20行,满行20字 393字	文罗气墓志 (南阳)	女	武定五年(547)二月十七日葬	雷亥郎妻	71	出土时间不详 河北正定县墨香阁 《文化安丰》P200
出土地不详 3行,行字不等 12字	乔贰仁墓砖铭 (未载)	★	武定五年(547)二月二十日	未载	未载	出土时间不详 《中国古代砖刻铭文集》(下)P169

出土地/字数	墓主/籍贯	性别	卒年或葬年	官职或身份	年龄	出土时间/藏地
河北磁县东陈村 盖:3行,行3字 志:29行,满行29字	赵胡仁墓志（南阳苑）	女	武定三年(545)卒,武定五年(547)二月二十九日葬于邺城西7里之北	南阳郡君尧荣妻	78	1974年磁县文物保管所
出土地不详 6行,行12或13字 74字	田洛墓记（未载）	男	武定五年(547)五月十三日葬于邺都城西狗寺南	姚崇下人宁朔将军寺人	66	出土时间藏地不详《稀见古石刻丛刊·田洛墓记》
河北磁县 30行,满行31字	冯令华墓志铭（长乐信都）	女	武定四年(546)四月四日薨于国邸,武定五年(547)十一月十六日窆于邺城西岗漳水之北	任城文宣王元澄文竫太妃	60	出土时间不详 北图藏拓安阳金石保存所
河南安阳 22行,满行22字	陆顺华墓志铭（河南洛阳）	女	武定五年(547)五月十一日卒于邺城修正里,同年十一月十六日窆于武城之西北	东安王元凝太妃	59	出土时间不详 北图藏拓安阳金石保存所
出土地不详 29行,满行29字	穆景相墓志（霸都魏郡邺）	男	武定五年(547)十二月二十一日葬	散骑常侍中书舍人使持节骠骑大将军南豫州刺史	53	出土时间不详《洛阳新获其朝墓志》P38
出土地不详 2行,行9字 14字	王显明墓砖铭（未载）	★	武定六年(548)四月十五日	未载	未载	出土时间不详《中国砖铭》图版705
出土地不详 22行,满行23字 469字	间氏墓志（茹茹）	女	武定六年(548)四月十三日卒,同年五月三十日葬	高欢妻	19	出土时间不详 河北正定县墨香阁《文化安丰》P203
河北 字数不详	元韶墓志（未载）	男	武定六年(548)六月	未载	未载	出土时间不详 河北定县金石保存所

出土地/字数	墓主/籍贯	性别	卒年或葬年	官职或身份	年龄	出土时间/藏地
出土地不详 34行,满行34字 1116字	张琼墓志 (燉煌)	男	天平五年(538)十一月卒,武定六年(548)十月二十二日葬	使持节司徒公	65	出土时间不详 河北正定县墨香阁 《文化安丰》P158
出土地不详 31行,满行31字 931字	张遵墓志 (燉煌)	男	武定六年(548)正月薨,同年十月二十二日葬	使持节仪同三司	41	出土时间不详 河北正定县墨香阁 《墨香阁藏北朝墓志》P74
河北磁县南乡八里塚 22行,满行21字 435字	冯氏墓铭 (未载)	女	武定六年(548)十月二十二日葬于风义里	安丰王元延明妃	64	1912年北图藏拓 辽宁省博物馆
出土地不详 盖:3行,行3字 志:18行,满行18字 931字	刘钦墓志 (燕郡蓟)	男	武定六年(548)十一月十五日葬	龙骧将军	54	出土时间不详 河北正定县墨香阁 《文化安丰》P204
出土地不详 3行,行5、6字 13字	丁今遵墓砖铭 (未载)	★	武定七年(549)七月二十六日	未载	未载	出土时间不详 《中国砖铭》图版706
出土地不详 22行,满行21字 407字	王讹墓志铭 (魏郡)	男	岁次戊辰即武定六年(548)卒,武定七年(549)十一月九日葬	冠军将军太中大夫	70	出土时间不详 河北正定县墨香阁 《墨香阁藏北朝墓志》P78
河北赞皇南邢郭村 字数不详	崔氏墓志 (未载)	女	武定七年(549)	李希宗妻	未载	1975年正定县文物保管所
出土地不详 2行,行字不等 15字	王阿妃墓砖铭 (未载)	女	武定八年(550)正月二十日	石绍妻	未载	出土时间不详 顾燮光旧藏 《中国砖铭》图版695

出土地/字数	墓主/籍贯	性别	卒年或葬年	官职或身份	年龄	出土时间/藏地
出土地不详 26行,满行26字 628字	郭钦墓志 (太原晋阳)	男	武定七年(549)七月十九日卒,武定八年(550),正月二十三日葬	前将军太尉东阁祭酒	54	出土时间不详 河北正定县墨香阁《文化安丰》P206
河南濮阳这河砦村 字数不详	郑氏墓志 (颍阳开封)	女	武定七年(549)四月十一日卒于邺,武定八年(550)二月二十八日迁于旧茔	李云妻	41	1958年濮阳县文化馆
河北磁县大塚营村 盖:3行,行4字 志:40行,满行41字 1952字	萧正表墓志 (兰陵)	男	武定七年(549)十二月二十三日卒,武定八年(550)二月二十九日葬于邺城之西	吴邵王	42	1913年北图藏拓辽宁省博物馆
河南氾水 93字	源磨耶圹记 (未载)	男	武定八年(550)三月六日	未载	6	出土时间不详西安碑林博物馆
出土地不详 28行,满行28字 732字	甯恒墓志 (幽州广宁)	男	武定八年(550)三月六日	冠军将军辛平太守	89	出土时间不详河北正定县墨香阁《墨香阁藏北朝墓志》P82
河北磁县大塚营村 22行,满行22字	间叱地连墓志铭 (未载)	女	武定八年(550)四月七日卒于晋阳,同年五月十三日葬齐献武王之茔内	茹茹公主高湛妻	13	1979年磁县文物保管所
河南洛阳 21行,满行21字	元孟瑜墓志 (河南河阴)	女	武定七年(549)四月十六日卒,武定八年(550)五月十三日葬	郑践妻	23	2000年藏地不详
河南安阳 25行,满行25字	穆子岩墓志 (河南洛阳)	男	武定七年(549)十二月十八日卒,武定八年(550)五月十三日葬	太原太守	35	1916年北图藏拓安阳金石保存所

出土地/字数	墓主/籍贯	性别	卒年或葬年	官职或身份	年龄	出土时间/藏地
出土地不详 4 行,首行 7 字 第 2、3 行,行 8 字 末行 6 字	张元砖志 (未载)	★	大统元年(535) 九月	未载	未载	清末 方若旧藏
陕西长安 28 行,行字不等 后 7 行下有双行小字	王氏墓志 (京兆霸城)	女	大统元年(535) 二月二十七日卒 大统二年(536) 四月二十六日葬	赵超宗妻	65	2002 年 西安碑林博物馆
出土地不详 26 行,满行 21 字 480 字	刘阿倪提墓志 (恒农郡胡城县)	男	大统三年(537) 十月十五日卒, 同年十一月十一日葬	使持节骠骑大将军仪同三司尚书右仆射都督恒幽平安燕五州诸军事恒州刺史乐城县开国武公	35	出土时间不详 大唐西市博物馆 《大唐西市博物馆藏墓志》1 册 P2
陕西 22 行,满行 23 字 379 字	宇文测墓志 (河南洛阳)	男	大统三年(537)十月八日卒,大统四年(538)十二月葬	使持节骠骑大将军开府仪同三司绥州刺史广川靖伯	54	2007 年 《大唐西市博物馆藏墓志》1 册 P4
陕西西安西郊三民村 294 字	姬买勠墓志 (京兆长安)	男	大统五年(535) 四月二十六日葬	东夏州刺史	82	1954 年 西安碑林博物馆
河南洛阳 27 行,满行 26 字 676 字	元颢墓志 (河南洛阳)	男	孝昌二年(526) 二月十一日卒, 大统六年(540) 十一月十一日葬	使持节都督冀州诸军事车骑大将军冀州刺史司空公	55	河北正定县墨香阁
河南洛阳宜阳 15 行,满行 14 字 187 字	杨兰墓志 (泰州天水)	男	大统七年(541) 十一月二十八日葬	司空府录事参军	未载	2005 年 张海书法艺术馆
河南洛阳宜阳 15 行,满行 15 字 214 字	杨莹墓志 (泰州天水)	男	大统七年(541) 十一月二十八日葬	七阳太守	未载	2005 年 张海书法艺术馆

出土地/字数	墓主/籍贯	性别	卒年或葬年	官职或身份	年龄	出土时间/藏地
出土地不详 2行，行字不等 11字	蒋黑墓砖铭 （颖阳县）	★	大统七年（541）	未载	未载	出土时间不详 《中国砖铭》图版706 1952年后藏故宫博物院
甘肃天水 8行，满行14字 116字	猲生墓志 （未载）	男	大统九年（543）十月二十七日葬	使持节安北大将军都督南荆州诸军事银青光禄大夫南荆州刺史当州大都督昌阳子三门县开国伯 赠秦州刺史	未载	《新见北朝墓志集释》P105
陕西咸阳渭城区窑店乡胡家沟村 12行，满行13字	侯义墓志 （燕州上谷郡居郿县）	男	大统十年（544）五月二十六日葬	太师开府参军事	15	1984年咸阳博物馆
陕西 21行，满行26字 430字	梁氏墓志 （秦州天水）	女	大统七年（541）五月十六日葬，大统十年（544）十一月二十九日葬	韦隆妻	65	出土时间不详 西安碑林博物馆
出土地字数不详	王毅墓志 （未载）	男	大统十年（544）葬	未载	未载	出土时间藏地不详 《金石录》卷二
陕西西安东郊韩森寨 29行，满行18字	邓子询墓志 （南阳）	男	大统十二年（546）正月二十日卒，同月二十九日葬于长安洪固乡永贵皇	假节督东荆州诸军事征虏将军东荆州刺史	53	1956年西安碑林博物馆
陕西西安 志：25行，满行25字 侧：3行，满行26字 593字	辛术墓志 （陇西狄道）	男	大统十年（544）八月三日卒，大统十二年（546）正月三十日葬	使持节都督东雍州诸军事卫将军东雍州刺史	64	出土时间藏地不详 《新见北朝墓志集释》P108

出土地/字数	墓主/籍贯	性别	卒年或葬年	官职或身份	年龄	出土时间/藏地
山西晋中 320 字	杜何拔墓志 （安定乌氏）	男	武定四年（546）九月十一日卒，大统十三年（547）八月二十二日葬	未载	53	出土时间藏地不详《三晋石刻总目》
宁夏固原南郊深沟村 20 行，满行 20 字	吴辉墓志 （高平）	女	大统十三年（547）九月二十六日卒于州治，同年十二月二十一日葬于高平	长城郡君李贤妻	38	1983 年固原博物馆
出土地不详 刻 3 行，5、6 字不等 16 字	任小香墓砖铭 （未载）	★	大统十五年（549）九月二十八日	未载	未载	出土时间不详北图藏拓
陕西西安东郊韩森寨 15 行，满行 16 字	任氏墓志① （安定县）	女	大统十五年（549）卒，同年十月二十七日葬	朱龙妻	58	1956 年西安碑林博物馆
陕西长安韦曲镇北原 23 行，满行 23 字	柳敬怜墓志 （河东南解）	女	大统十五年（549）十一月十九日卒，庚午岁即大统十六年（550）二月四日与夫合葬杜陵旧兆洪固乡畴贵里	澄城郡君韦彧妻	73	1998 年藏地不详《文博》2000年第 2 期
陕西华阴南孟塬迪家 18 行，满行 18 字	元氏志铭 （河南洛阳）	女	大统十五年（549）薨于长安，十七年（551）三月二十八日葬	华山郡主杨泰妻	71	1969 年西岳庙
陕西咸阳文林路北 18 字	谢婆仁墓砖铭 （未载）	★	大统十六年（550）七月九日	未载	未载	1991 年藏地不详《考古与文物》2003年第 1 期
河南三门峡 356 字	刘晦墓志 （弘农华阴）	男	正光四年（523）卒，废帝元年（552）正月夫妻合葬	州都君之子追赠假节龙骧将军洛州刺史	71	1998 年藏地不详
	韦氏墓志 （京兆）	女	永熙元年（532）卒，废帝元年（552）正月夫妻合葬	刘晦妻追赠华山郡君	未载	

---

① 有学者对《朱龙妻任氏墓志》是否真伪存疑。引自李楠《杞芳堂读碑记》，杭州：西泠印社出版社，2014 年版，第 361—362 页。暂著录于此。

出土地/字数	墓主/籍贯	性别	卒年或葬年	官职或身份	年龄	出土时间/藏地
陕西蓝田冯家村 16行,满行16字	金予史军墓志 (洛平广州鲁阳)	男	废帝元年(552) 二月十四日	□军持节兖州刺史	62	1997年 藏地不详
陕西长安韦曲镇北原 15行,满行18字 207字	柳遗兰墓志铭 (河东郡南解县)	女	废帝二年(553) 二月二十日薨	韦彪妻	未载	1998年 藏地不详 《文博》2000 年第2期
陕西西安 20行,满行20字	柳桧墓志 (河东解)	男	废帝元年(552)卒, 废帝二年(553)二月十六日葬	使持节抚军大都督通直散骑常侍东梁州刺史万年县开国子	46	出土时间藏地不详 《新见北朝墓志集释》P116
陕西 16行,满行18字	韦隆墓志 (京兆杜)	男	大统十七年(551)十二月卒,废帝元年(552)十月二十七日葬	持节安西将军赠南秦州刺史	未载	出土时间不详 西安碑林博物馆
陕西 24行,满行25字	杨穆墓志 (恒农华阴)	男	废帝二年(552)卒,同年十一月二十五日葬	诏赠使持节骠骑大将军开府仪同三司侍中华州刺史	69	出土时间藏地不详
陕西户县 字数不详	赵悦砖志 (未载)	★	废帝三年(554)正月	未载	未载	出土时间不详 户县文管会

表五　　　　　　　　　北齐墓志著录

出土地/字数	墓主/籍贯	性别	卒年或葬年	官职或身份	年龄	出土时间/藏地
河南安阳 8行,行字不等 49字	苏绣墓砖铭 (南阳)	女	天保元年(550)三月十日	张海钦妻	未载	2005年 藏郑州民间
出土地不详 3行,行9至11字不等25字	马姜墓砖铭 (徐州沛郡萧县)	女	天保元年(550)五月十三日	羊文兴息妻	未载	出土时间不详 《中国砖铭》图版708

出土地/字数	墓主/籍贯	性别	卒年或葬年	官职或身份	年龄	出土时间/藏地
河北 3 行,行字不等 22 字	孟萧姜墓砖铭 (武德郡平皋县)	女	天保元年(550)八月二十九日	未载	未载	出土时间不详 河北正定县墨香阁
河北临漳 26 行,满行 26 字 668 字	麹神墓志铭 (西平晋兴)	男	武定七年(549)七月卒,天保元年(550)十一月三日葬	平东将军南顿太守持节当郡都督	78	出土时间不详 张海书法艺术馆
河北赞皇 36 行,满行 36 字 1269 字	李骞墓志铭 (赵郡柏仁)	男	武定七年(549)四月二十七日卒,天保元年(550)十二月十日葬	侍中使持节都督殷沧二州诸军事车骑大将军仪同三司殷州刺史谥曰文惠	未载	出土时间不详 《墨香阁藏北朝墓志》P86
出土地不详 24 行,满行 24 字 537 字	阴继安墓志 (河南洛阳)	男	天保元年(550)八月二十六日卒,同年十二月二十七日葬	平南将军前太中大夫	54	出土时间不详 河北正定县墨香阁 《文化安丰》P213
出土地不详 22 行,满行 22 字 433 字	岩诠墓志 (冯翊临晋)	男	天保二年(551)正月四日卒,同月十五日葬	冠军中散	57	出土时间不详 河北正定县墨香阁 《文化安丰》P215
出土地不详 20 行,行 5 至 25 字不等	郭彦道墓志 (未载)	★	天保二年(551)正月二十三日	定县故县禄事	未载	出土时间藏地不详
出土地不详 17 字	赵问铭记 (未载)	男	天保二年(551)闰三月五日	赵苟生息子	未载	出土时间不详 《集释》P69
山东临朐冶源镇海浮山 667 字	崔芬墓志 (清河东武城)	男	天保元年(550)十月十九日卒,天保二年(551)十月九日窆	威烈将军行台府长史	48	1986 年临朐县博物馆

北朝墓志文献研究 下

出土地/字数	墓主/籍贯	性别	卒年或葬年	官职或身份	年龄	出土时间/藏地
河南安阳（一说河北磁县）34 行，满行 34 字	元贤墓志铭（河南洛阳）	男	天保二年（551）四月八日卒，同年十一月三日葬于魏之旧陵（邺城西漳水之阳 12 里）	使持节都督扬怀颍徐兖五州刺史骠骑大将军太府卿山鹿县开国伯洛川县开国子安次县都乡男	55	出土时间不详 北图藏拓
河北 3 行，行字不等 25 字	萧丑女墓砖铭（未载）	★	天保二年（551）十一月二十六日	未载	未载	出土时间不详（近年）河北正定县墨香阁
出土地不详 第一石：23 行，满行 23 字 第二石：14 行，满行 16 字 692 字	段通墓志（雁门广武）	男	孝昌二年（526）三月十五日卒，天保二年（551）十一月二十七日葬	陵江将军	70	出土时间不详 河北正定县墨香阁《墨香阁藏北朝墓志》P90
河南焦作郊区安阳城乡毛寨村 22 行，满行 19 字 405 字	□道明墓志（颍州永阴）	男	武定七年（549）十月二日卒，天保三年（552）正月十五日葬	居士	84	1976 年征集焦作市博物馆
山东益都 24 行，满行 26 字	张攀墓志（清河武城）	男	天保三年（552）正月十五日葬于石屋山里	骠骑将军左光禄大夫治书侍御史	55	清末民国时期 山东青州市博物馆
出土地不详 28 行，满行 30 字 785 字	韩智辉墓志（昌黎棘城）	女	天保二年（551）十一月二十八日卒，天保三年（552）二月二十二日迁葬	上党王国太妃	48	出土时间不详 河北正定县墨香阁《文化安丰》P218
河南安阳 24 行，满行 24 字	元孝辅墓志（河南洛阳）	男	天保三年（552）三月十六日卒，同月二十六日葬	平西将军太子庶子	42	2008 年《新见北朝墓志集释》P126

出土地/字数	墓主/籍贯	性别	卒年或葬年	官职或身份	年龄	出土时间/藏地
出土地不详 3行,行12字 26字	明姬墓砖铭(未载)	女	天保三年(552)七月四日	孙檠龙妻	未载	出土时间不详 西安碑林博物馆
出土地字数不详	上官长孙氏圹记(未载)	★	天保三年(552)七月	未载	未载	出土时间藏地不详
山西太原寺底村字数不详	优婆塞夏侯念墓志(未载)	★	天保三年(552)	未载	未载	2003年藏地不详
出土地不详 33行,满行33字 1060字	元叡墓志(河南洛阳)	男	天保三年(552)三月一日卒,同年八月二十五日葬	通直散骑常侍	47	出土时间不详 河北正定县墨香阁《文化安丰》P222
河南洛阳字数不详	刘悦墓志	男	天保三年(552)十一月八日葬	使持节督安州诸军事辅国将军安州刺史	69	出土时间藏地不详《洛阳新获七朝墓志》P39
出土地不详 27行,满行30字 774字	间子璨墓志(河南洛阳)	男	天保二年(551)五月十六日卒,天保三年(552)十一月二十一日葬	征虏将军西兖州别驾	41	出土时间不详 河北正定县墨香阁《文化安丰》P226
河北磁县 42行,满行42字	司马遵业墓志铭(河内温)	男	天保三年(552)十二月二十五日卒于邺都中壇里,天保四年(553)二月二十七日葬于邺城西北15里山岗之左	使持节都督冀定瀛沧怀五州诸军事太师太尉公怀州刺史阳平郡开国公	64	出土时间不详 北图藏拓姚贵昉旧藏
山西太原西南万柏林区义井村 22行,满行22字 473字	贺拔昌墓志(朔州鄯无)	男	天保四年(553)二月二十七日葬于晋阳城北廿里	追赠都督沧瀛二州诸军事瀛州刺史	42	1999年藏地不详《文物》2003年第3期
山东益都 16行,满行17字 252字	崔颙墓志铭(清河东武城)	男	武定六年(548)七月七日卒,天保四年(553)二月二十九日葬	开府参军事	26	乾隆年间北图藏拓 山东青州市博物馆

出土地/字数	墓主/籍贯	性别	卒年或葬年	官职或身份	年龄	出土时间/藏地
出土地不详 7行,满行8字 53字	成磨子墓志 (司州魏郡邺县民)	女	天保四年(553)四月十七日卒,同月二十一日葬	前国子曹吏杨昇游妻	未载	出土时间不详 河北正定县墨香阁《墨香阁藏北朝墓志》P98
出土地不详 21行,满行23字 472字	宋氏墓志 (广平列人)	女	武定二年(544)八月十日卒,天保四年(553)八月二十四日迁葬	镇远将军尚书祠部郎中杨元让妻	29	出土时间不详 河北正定县墨香阁《安丰文化》P230
出土地不详 3行,行字不等 16字	清儿墓砖铭 (未载)	男	天保四年(553)九月二十一日	阿刘息	未载	出土时间不详 《中国古代砖刻铭文集》(下)P172
山东莱阳田家溉 896字	王道习墓志 (太原祁)	男	天保四年(553)三月四日卒,同年十一月二十六日葬	赠平东将军护军司马沧州仪同开府长史五郡太守	63	出土时间不详 山东省博物馆
河北磁县讲武城乡孟庄村南 364字	元良墓志 (河南洛阳)	男	天保四年(553)十一月二十四日卒,同年闰十一月八日葬	浮阳郡守	33	1978年磁县博物馆
山东 243字	君讳弘,字法雅 (崇仁乡孝义里)	男	天保四年(553)十一月二十六日葬于肇山	东济北武邑二郡太守	未载	民国时期《集释》P70
河北磁县 26行,满行26字	敬氏墓志 (平阳平阳)	女	天保五年(554)岁离阉茂月二十五日薨于晋阳,同年十月七日葬于邺城献武陵之西	襄乐国妃太献武帝之从弟高君妻	53	出土时间藏地不详《集释》P116

出土地/字数	墓主/籍贯	性别	卒年或葬年	官职或身份	年龄	出土时间/藏地
出土地不详 4行,行字不等 37字	王洛妃墓砖铭 (未载)	女	天保五年(554) 十月七日	张黑奴妻	未载	出土时间不详 罗振玉旧藏《蒿里遗文目录三上·专志征存目录上》P4
河北磁县 18行,满行18字	尔朱世邕墓志 (梁郡)	男	天保六年(555) 正月四日葬	征虏将军都督永安县开国男历城县开国男	40	出土时间不详 《新见北朝墓志集释》P132
河南安阳漳水旁 38行,满行41字	窦泰墓志铭 (清河灌津)	男	天平四年(537) 正月十七日卒, 天保六年(555) 二月九日改葬	使持节侍中太师大司马太尉公录尚书事显蔚相冀定并恒瀛八州刺史广阿县开国公谥武贞	38	出土时间不详 北图藏拓 安阳古物保存所
河南安阳 24行,满行27字	娄黑女墓志铭 (代郡平城)	女	天保五年(554) 三月二十四日卒于邺都允忠里第,天保六年(555)二月九日合葬于窦泰之穴,邺城西20里	窦泰妻	59	
山东掖县 16行,满行16字	赵氏墓志 (南阳)	女	天保六年(555) 四月七日卒于光州子城内,同年七月六日葬于城西正山之上	襄城郡君 (先为并州主簿王怜之妻,后适光州刺史陈氏)	70	出土时间不详 《集释》P70 吴县吴氏旧藏
河北磁县 盖:4行,行3字 志:34行,满行34字 1114字	高建墓铭 (勃海蓨)	男	天保六年(555) 三月七日卒于晋阳,同年十月十四日葬于邺城之西北	齐沧二州刺史	56	出土时间不详 辽宁省博物馆

出土地/字数	墓主/籍贯	性别	卒年或葬年	官职或身份	年龄	出土时间/藏地
河南安阳 23行,满行30字	元子邃墓志铭 (河南洛阳)	男	天保六年(555)十月十五日卒于邺城,同年十一月七日与夫人李氏移窆于邺城之西南	征西将军上洛县开国男	未载	出土时间不详 北图藏拓 西安碑林博物馆
河南安阳 20行,满行21字	李艳华墓志铭 (陇西狄道)	女	兴和三年(541)应钟月二日卒,同年十一月十七日葬,天保六年(555)十一月七日与夫合葬	元子邃妻	30	
河南安阳章濄 2行,行字不等 11字	李识菑墓砖铭 (未载)		天保七年(556)四月二十日	未载	未载	出土时间不详 范寿铭旧藏《循园金石文字跋尾》卷上P9
出土地不详 刻3行,行8字 20字	车延晖墓砖铭 (未载)	女	天保七年(556)八月二十五日	魏世俊妻	未载	出土时间不详 罗振玉旧藏 北图藏拓
河北赞皇 362字	李子叔墓志 (赵国柏仁)	男	天保五年(554)四月二十三日卒,天保七年(556)十一月九日葬	直后冠军将军	45	出土时间不详 赞皇县文物保管所
河北赞皇 250字	李德元墓志 (赵国柏仁)	男	天保三年(552)七月三日卒,天保七年(556)十一月九日葬	直后冠军将军李子叔长子	15	出土时间不详 赞皇县文物保管所
河北赞皇南邢郭村 33行,满行35字	李希礼墓志 (赵郡平棘)	男	天保七年(556)八月二十二日卒,十一月二十日葬	使持节都督州诸军事大鸿胪卿瀛洲刺史	46	1975年 正定县文物保管所
河北赞皇 字数不详	李希仁墓志 (不详)	男	天保七年(556)十一月	不详	不详	出土时间不详 藏地不详
山西太原双塔郑村 23行,满行19字 423字	柳子辉墓志 (高柳)	男	天保七年(556)十一月十八日卒,同年十二月三日葬于晋阳	直荡大都督鱼龙县开国子白水县开国男	未载	1960年 藏地不详

出土地/字数	墓主/籍贯	性别	卒年或葬年	官职或身份	年龄	出土时间/藏地
河南安阳 2砖 53字	张比娄墓砖铭 （安定）	女	天保七年（556） 十二月十五日	若干子雄妻	18	出土时间不详 河北正定县墨香阁 《中国书法》2004年第8期
山西晋阳榆次 字数不详	韩买奴墓志 （未载）	★	天保七年（556）	未载	未载	2002年 藏地不详
出土地字数不详	比丘尼灵弁墓志 （未载）	女	天保八年（557） 正月	未载	未载	出土时间不详 日本淑德著录
河南安阳 26行,满行26字 671字	李宁墓志 （秦州陇西）	男	天保七年(556)十二月二十九日卒,天保八年(557)五月二十一日葬	平西将军泾州平凉太守当郡都督	90	出土时间不详 《东方艺术》2016年第6期
出土地不详 4行,行8,9字 32字	纂息奴子墓砖铭 （未载）	男	天保七年（556）九月十九日生,天保八年（557）五月二十四日卒	未载	未载	出土时间不详 罗振玉旧藏 北图藏拓
出土地不详 3行,行字不等 24字	杨六墓砖铭 （弘农郡）	★	天保八年（557）七月十二日	未载	未载	出土时间不详 北图藏拓
出土地不详 29行,满行29字	元鉴墓志铭 （河南洛阳）	男	孝昌三年（527）八月二十三日卒,天保八年（557）七月十二日迁葬	使持节侍中司空公定州刺史安乐王	28	出土时间藏地不详 《稀见古石刻丛刊》
出土地不详 2行,行5至8字 13字	秘天兴墓砖铭 （未载）	★	天保八年（557）八月二日	未载	未载	出土时间不详 《中国砖铭》图版711
河北临漳 22行,满行24字	吴穆墓志铭 （渤海蓚）	男	天保九年（558）三月二十六日卒,同年五月二十八日葬	前将军清菀县令	68	出土时间不详 张海书法艺术馆
河南洛阳 4行,行字不等 30字	谢欢同墓砖铭 （洛阳县）	★	天保九年（558）十月十六日	未载	未载	出土时间不详 北图藏拓1952年后藏故宫博物院

出土地/字数	墓主/籍贯	性别	卒年或葬年	官职或身份	年龄	出土时间/藏地
河南安阳 盖:3行,行3字 志:22行,满行22字	皇甫琳墓志铭（安定朝那）	男	天保九年（558）□月二十三日卒于京户,同年十一月二十日迁于邺城西北20余里	直阁将军员外散骑侍郎镇东将军金紫光禄大夫顺阳太守广州大中正	76	出土时间不详 北图藏拓 天津博物馆
河南安阳北稻田村西岭 36行,满行36字	徐彻墓志铭（高平金乡）	男	天保九年（558）七月二十日卒于州府,天保10年（559）正月二十一日葬于邺西南野马岗之东	使持节大都督广徐阳怀洛五州诸军事骠骑大将军五州刺史司农鸿胪二大卿昌阳县开国男	57	1933年 北图藏拓 安阳金石保存所
河北石家庄赵陵铺镇北运河北岸 3行,行字不等23字	张承墓砖铭（真定）	★	天保十年（559）闰四月八日	未载	36	出土时间藏地不详 《考古》1959年第7期
山西晋阳寿阳贾家庄 323字	尉氏墓志（恒州代郡平城）	女	天保十年（559）五月十七日葬	郡君 库狄回洛妾	51	1973年 山西省博物馆
山西太原晋源区罗城镇开化村 382字	窦兴洛墓志（扶风槐里）	男	天保十年（559）十月十三日	骠骑大将军直齐都督	未载	2002年 藏地不详
出土地不详 38行,满行38字 1345字	尉标墓志（代郡平城）	男	天保十年（559）闰四月二十日卒,同年十一月十九日合葬	卫大将军仪同三师武乡县开国子诏赠开府仪同三师齐济瀛三州诸军事瀛州刺史	70	出土时间不详 河北正定县墨香阁 《北京大学图书馆新藏金石拓本精华》P114
	王金姬鹏墓志（太原晋阳县）	女	天保十年（559）五月二十八日卒,同年十一月十九日合葬	尉标妻	64	

出土地/字数	墓主/籍贯	性别	卒年或葬年	官职或身份	年龄	出土时间/藏地
山西太原西南蒙山山麓圹坡 14行,满行14字	张肃俗墓志 (代郡平城)	男	天保十年(559)七月二十七日卒,同年十一月十九日葬	处士	26	1955年山西省博物馆
出土地不详 3行,行7至9字 17字	刘景墓砖铭 (未载)	★	乾明元年(560)二月二十五日	原武县令	未载	出土时间不详《中国砖铭》图版713
陕西西安 4行,行字不等 33字	董显□墓砖铭 (雍州京兆郡杜县)	★	乾明元年(560)三月二十一日	未载	未载	出土时间不详北图藏拓1952年后藏故宫博物院
河北磁县南乡八里塚 28行,满行29字 798字	高湝墓志 (勃海蓚)	男	天保二年(551)三月二日卒于晋阳,乾明元年(560)四月十六日葬于邺城西北28里	襄城郡王	16	1912年北图藏拓辽宁省博物馆
出土地字数不详	高湜墓志 (勃海蓚)	男	乾明元年(560)二月六日卒,同年四月十六日葬	赠使持节假黄钺太师司徒录尚书事都督冀定瀛汾晋云显青齐兖十州诸军事□州刺史	23	出土时间不详北图藏拓
出土地不详 16行,满行16字 254字	刘整墓志 (河间)	男	皇建二年(560)正月十三日卒,同月十九日窆	刘仪同息	22	出土时间不详河北正定县墨香阁《文化安丰》P259
河南安阳 25行,满行15字	褚宝慧墓志 (吴郡钱塘)	女	皇建二年(560)四月四日卒,同年五月四日窆于邺城之西	张僧明妻	71	出土时间藏地不详《书法丛刊》2011年第3期
山西太原北郊区义井乡神堂沟 379字	贺娄悦墓志 (未载)	男	皇建二年(560)十一月二十六日葬	大将军安州刺史太仆少卿礼丰县开国子	56	1986年藏地不详

出土地/字数	墓主/籍贯	性别	卒年或葬年	官职或身份	年龄	出土时间/藏地
河北 刻3行,行字不等 19字	辅道念墓砖铭 （未载）	★	皇建二年（561）四月十日	未载	未载	出土时间不详（近年）河北正定县墨香阁
出土地不详 11行,满行13字 119字	裴融墓志 （桑梓河东郡闻喜县桐乡）	男	乾明元年（560）五月五日卒,太宁元年（561）十一月十八日葬	太尉府谘议参军东兖州长史	72	出土时间不详河北正定县墨香阁《文化安丰》P264
河北磁县 盖:3行,行3字 志:21行,满行22字	邢阿光墓志铭 （河间郑）	女	皇建元年（560）十月十六日卒于邺城,太宁元年（561）十一月十九日葬于漳河被4里之山	大都督是连公妻	83	出土时间不详北图藏拓沈阳博物馆
河南安阳 27行,满行27字	石信墓志铭 （乐陵厌次）	男	皇建二年（561）六月二十一日卒于郑州府内,太宁元年（561）十一月十九日葬于邺城西10里漳河之阳	赠开府仪同三司使持节都督恒灵赵三州诸军事骠骑大将军赵州刺史中书监南乡县子	68	出土时间不详北图藏拓安阳金石保存所
河北柏乡 267字	路众墓志 （赵州赵郡高邑）	男	太宁元年（561）十一月十九日夫妻合葬	殷州刺史	100	出土时间不详柏乡县文物保管所
	潘氏墓志 （未载）	女	太宁元年（561）十一月十九日夫妻合葬	路众妻	未载	
河南安阳西40里天喜镇永庆寺 19行,满行14字	法懃铭记 （未载）	男	太宁二年（562）正月五日	禅师	未载	出土时间不详西安碑林博物馆
河北磁县讲武城北垣 32行,满行33字	垣南姿墓志 （未载）	女	太宁元年（561）闰十二月二十七日卒,太宁二年（562）二月二十日葬	司马氏太夫人比丘尼	未载	1957年河北省文物研究所
出土地字数不详	张氏墓志 （袭爵河东伊氏县）	男	太宁二年（562）正月五日卒	云门寺法懃禅师	69	出土时间不详北图藏拓

出土地/字数	墓主/籍贯	性别	卒年或葬年	官职或身份	年龄	出土时间/藏地
河北 3行,行6至7字 20字	封胤墓砖铭 (未载)	★	太宁二年(562)四月二十四日	未载	未载	出土时间不详(近年)河北正定县墨香阁《中国书法》2004年第8期
山西晋阳寿阳贾家庄 191字	斛律昭男墓志铭 (朔州怀朔)	女	武定三年(545)卒于夏州,河清元年(562)八月十二日与夫库狄回洛合葬于朔州城南门	武始郡君库狄回洛夫人	33	1973年山西省博物馆
山西晋阳寿阳贾家庄 31行,满行31字 930字	库狄回洛墓志 (朔州部落)	男	河清元年(562)三月卒于邺,窆于晋阳大法寺,八月十二日与妻合葬于朔州城南门	定州刺史太尉公顺阳王	57	
出土地不详 2行,行字不等 15字	张胡仁墓砖铭 (未载)	★	河清元年(562)八月十八日	未载	未载	出土时间不详北图藏拓
出土地不详 23行,满行23字 507字	王敬妃墓志 (营州乐浪)	女	孝昌元年(525)卒,河清元年(562)十一月十八日迁葬	公孙氏妻	未载	出土时间不详河北正定县墨香阁《文化安丰》P270
出土地不详 24行,满行25字	崔宣华墓志铭 (博陵安平)	女	永安元年(528)六月二十四日卒于荥阳郑里,河清元年(562)十一月十八日祔先茔	中坚将军赵州长史李夫人	28	出土时间不详北图藏拓西安碑林博物馆
出土地不详 22行,满行23字 477字	李思约墓志 (陇西狄道)	男	河清二年(563)四月十二日卒,同年五月二十七日葬	奉朝请	33	出土时间不详河北正定县墨香阁《墨香阁藏北朝墓志》P126
山西太原岗头村 字数不详	刘贵墓志 (未载)	男	河清二年(563)	东夏州刺史	未载	2003年藏地不详

出土地/字数	墓主/籍贯	性别	卒年或葬年	官职或身份	年龄	出土时间/藏地
河南安阳水治乡镇西北 盖:2 行,行 2 字 志:23 行,满行24 字	尔朱元静墓志 (北秀容)	女	河清三年(564)正月二日窆于邺城西南柏山之阳	阳平长郡君	72	1918 年 北图藏拓西安碑林博物馆
河北临漳汉魏邺城故地 凡 21 行,行 25至 30 字不等	郑始容墓志 (荥阳开封)	女	河清三年(564)正月十七日卒,同月二十日窆于邺城西南柏柱地	太妃 元羽妻	86	2004 年 河北正定县墨香阁
河北磁县南乡八里塚 盖:3 行,行 4 字 志:22 行,满行23 字 471 字	斛律氏墓志铭 (朔州部洛)	女	河清二年(563)八月十九日卒于邺县永康里,河清三年(564)三月二日祔于武城西北 3 里	谥良戴妃 乐陵王高百年妃	15	1912 年 北图藏拓辽宁省博物馆
河北磁县南乡八里塚 盖:3 行,行 3 字 志:22 行,满行22 字	高百年墓志铭 (勃海蓚)	男	河清三年(564)卒,同年三月二日祔葬于武城西北 3 里	乐陵王	未载	
出土地不详 8 行,满行 8—11 字 70 字	康僧庆墓志 (未载)	男	河清三年(564)三月十五日葬	西河太守康道周孙息	未载	出土时间不详 河北正定县墨香阁 《墨香阁藏北朝墓志》P128
河南安阳 盖:4 行,行 4 字 志:23 行,满行23 字	间炫墓志铭 (代郡平城)	女	武定元年(543)九月二日卒于林虑郡,河清三年(564)三月二十四日迁葬于豹祠西南 5 里	赫连子悦妻	34	出土时间不详 北图藏拓西安碑林博物馆
河北临漳与河南安阳之间 25 行,行 25 字	丰洛墓志 (云中云阳)	男	河清三年(564)闰九月十五日卒	赠使持节都督定瀛沧幽安五州诸军事本将军定州刺史司徒公尚书令	57	2000 年 藏地不详

出土地/字数	墓主/籍贯	性别	卒年或葬年	官职或身份	年龄	出土时间/藏地
出土地不详 4行,行5至8字 22字	孙龙贵妻墓砖铭 (冀州安德郡平原县)	女	河清三年(564)九月二十七日	孙龙贵妻	未载	出土时间不详 《中国砖铭》图版715
出土地不详 23行,满行24字 535字	陆盛荣墓志 (河南洛阳)	男	河清元年(562)十一月八日卒,河清三年(564)十一月十二日葬	未载	39	出土时间不详 河北正定县墨香阁 《文化安丰》P276
出土地不详 11行,满行12字 123字	李静墓志 (陇西狄道)	男	皇建二年(561)七月十四日卒,河清三年(564)十二月十九日葬	未载	未载	出土时间不详 河北正定县墨香阁 《文化安丰》P275
山西太原迎泽区王家峰村 29行,满行28字 790字	狄湛墓志 (冯翊郡高陆县)	男	河清三年(564)十二月十九日葬	泾州刺史	6□	2000年 藏地不详
河北盐山 253字	张僧显墓志 (南阳平昌崇人乡孝义里)	男	河清二年(563)四月一日卒,河清四年(565)二月七日葬	未载	61	出土时间不详 盐山县文物保管所
河北磁县 盖:2行,行3字 志:24行,满行24字 533字	梁伽耶墓志铭 (安定乌氏)	男	河清元年(562)十月八日卒于宣平行里,河清四年(565年)二月七日	太尉府墨曹参军	47	出土时间不详 北图藏拓 辽宁省博物馆
河北景县县城十八乱冢 盖:16字 志:48行,满行31字	封子绘墓志 (勃海蓨)	男	河清二年(563)闰九月二十日卒,河清四年(565)二月七日归窆于先公之旧茔	尚书右仆射冀州使君	52	1948年 中国国家博物馆
河北景县县城十八乱冢 596字	王楚英墓志 (太原晋阳)	女	开皇元年(581)十二月二十八日卒,三年(583)二月十五日葬	封子绘妻	未载	

出土地/字数	墓主/籍贯	性别	卒年或葬年	官职或身份	年龄	出土时间/藏地
出土地不详 27行,满行28字	薛広墓志铭 (河东河东)	男	河清二年(563)卒于成安县条仁里,四年(565)二月七日迁葬于野马岗东壹十里所	荥阳太守	67	出土时间不详 北图藏拓 首都历史博物馆
河南安阳 4行,行字不等28字	宋迎男墓砖铭 (都郡成安县)	★	河清四年(565)四月二十七日	未载	未载	2005年 郑州民间藏
出土地不详 2行,行4至7字11字	兖众敬墓砖铭 (未载)	★	天统元年(565)五月三日	未载	未载	出土时间不详 《中国砖铭》图版715
河南洛阳 25行,满行25字 608字	元洪敬墓志 (未载)	男	河清四年(565)四月一日卒,同年八月二十二日葬	太尉中郎	68	2000年 河北正定县墨香阁 《文化安丰》P279
山东淄博临淄区窝托村南辛店电厂 22行,满行22字	崔德墓志 (清河武城)	男	天统元年(565)二月一日卒于五坊里,同年十月四日葬于黄山之北	未载	43	1973年 山东省文物考古研究所
山西太原晋源区寺底村 529字	张海翼墓志 (代郡平城)	男	天统元年(565)六月二日卒于汾晋,同年十月十一日葬	司马苌安侯	42	1991年 藏地不详
河南安阳 29行,满行33字	赵(字道德)墓志铭 (安定临泾)	男	天统元年(565)五月十日卒于晋阳,同年十月十二日葬于邺城西北十里	使持节都督赵安二州诸军事骠骑大将军赵州刺史开府仪同三司中书令河阴县开国伯戎安县开国子	未载	出土时间不详 北图藏拓
山东乐陵杨家乡史家村 17行,满行20字	刁翔墓砖铭 (勃海饶安西乡东安里)	男	孝昌三年(527)三月卒,天统元年(565)十月十二日葬	主簿	57	1985年 乐陵县图书馆

出土地/字数	墓主/籍贯	性别	卒年或葬年	官职或身份	年龄	出土时间/藏地
山东益都 17行,满行20字	房周陁墓志 (齐郡益都县都乡营丘里)	男	河清三年(564)九月十三日卒于营丘里,天统元年(565)十月二十四日窆于鼎足山之阳	处士	35	光绪初年 北图藏拓
出土地不详 24行,满行24字 568字	张彦墓志铭 (燉煌)	男	太宁元年(561)二月十二日卒,天统元年(565)十一月六日葬	威例将军员外奉朝请	54	出土时间不详 河北正定县墨香阁 《墨香阁藏北朝墓志》P136
河北定县 14行,满行22字	张起墓志铭 (南阳白水)	男	天统元年(565)十一月六日葬	宁朔将军	84	出土时间不详 北图藏拓
出土地不详 18行,满行19字 310字	孙显墓志 (昌黎)	男	天统元年(565)十一月二十四日葬	襄城太守	78	出土时间不详 河北正定县墨香阁 《文化安丰》P279
出土地不详 769字	赵征兴墓志 (秦州天水郡桑乡)	男	天统元年(565)六月十六日卒,同年十二月二十四日葬	平南将军太中大夫金乡县开国侯	62	出土时间不详 南京市文物研究所藏拓
河北涿州 26行,满行28字	卢誉墓志 (范阳涿)	男	东魏兴和元年(539)正月十日卒,北齐天统元年(565)十一月十九日葬	征虏将军中散大夫	49	出土时间不详 河北涿州市文保所
出土地不详 25行,满行25字	王君墓志铭 (临漳)	男	天统元年(565)十月五日卒,同年十一月二十三日葬	开府从事中郎	79	出土时间藏地不详 《集释》P72 端方旧藏
出土地不详 23行,满行23字 523字	董仪墓志 (陇西临洮)	女	天统元年(565)八月二十日卒,同年十一月六日葬	张君妻	81	出土时间不详 河北正定县墨香阁 《文化安丰》P279
河北满城 首题:14字 志铭文:516字	张法墓志 (幽州范阳庸城)	男	武定二年(544)八月卒,天统元年(565)十一月八日葬	征虏将军中散大夫	未载	出土时间不详 满城县文管所

出土地/字数	墓主/籍贯	性别	卒年或葬年	官职或身份	年龄	出土时间/藏地
山东济南南部 字数不详	房子明墓志 （未载）	男	天统元年（565）	未载	未载	80年代 山东省文物考古研究所
河北平山上三汲乡上三汲村南 443字	卢修娥墓志 （范阳涿）	女	天保二年（551）二月二十九日卒于邺县修人里，天统二年（566）二月十四日祔于常山旧茔	崔昂前妻	37	1968年河北省文物保护中心
河北平山上三汲乡上三汲村南 盖:4行，行4字 志:33行，满行33字	崔昂墓志铭 （博陵安平）	男	天统元年（565）六月二十九日卒，天统二年（566）二月十四日葬	祠部尚书赵州刺史	58	
河北磁县 盖:3行，行3字 志:18行，满行18字	高朏墓志 （勃海蓚）	男	皇建二年（561）十一月二十六日卒于晋阳之第里，天统二年（566）二月二十五日葬于邺北紫陌之阳	仪同公之孙	9	光绪初年北图藏拓
出土地不详 26行，满行26字 523字	董季和墓志 （陇西临洮）	男	天统二年（566）正月二十五日卒，同年二月二十七日葬	巴州录事参军	68	出土时间不详 河北正定县墨香阁《墨香阁藏北朝墓志》P142
出土地不详 21行，满行21字 412字	柴朗墓志 （平阳临汾）	男	天统二年（566）二月二十六日卒，同年三月三日葬	中常侍	68	出土时间不详 河北正定县墨香阁《安丰文化》P294
出土地不详 2行，行字不等 9字	吕氏墓砖铭 （未载）	女	天统二年（566）六月	宇文妻	未载	出土时间不详 《中国砖铭》图版718
出土地不详 24行，满行23字 322字	王秀墓志 （并州太原）	男	天统二年（566）七月八日卒，同年八月十六日与夫人合葬	隼击将军尚食典御	49	出土时间不详 河北正定县墨香阁《安丰文化》P296

出土地/字数	墓主/籍贯	性别	卒年或葬年	官职或身份	年龄	出土时间/藏地
山西大同祁县白圭镇 盖:3行,行3字 志:28行,满行34字	韩裔墓志 (未载)	男	天统三年(567)正月十三日卒于青州治所	特进,赠使持节瀛沧幽三州诸军事中书监三州刺史	54	1973年 藏地不详
河北磁县东陈村 27行,满行28字	吐谷浑静媚墓志 (河南洛阳)	女	天统元年(565)六月三日卒于京师永福里,天统三年(567)二月二十日与夫合葬	尧峻妻	47	1975年 磁县博物馆
河北磁县东陈村 33行,满行31字	尧峻墓志 (上党长子)	男	天统二年(566)六月七日卒,天统三年(567)二月二十日与妻合葬于邺西漳北负郭七里	开府仪同三司中书监征羌县开国侯	62	出土时间藏地不详
河北磁县东陈村 31行,满行30字 887字	独孤华墓志铭 (代郡平城)	女	天统三年(567)二月二十日薨,同年十月十六日迁葬	使持节骠骑大将军左光禄大夫汾颍豫兖梁五州刺史司空武忠公尧奋妻	62	出土时间不详 张海书法艺术馆
河北磁县城南申庄乡西陈村 27行,行满27字	赵炽墓志 (高陆)	男	天统三年(567)七月九日卒,同年十月十七日葬	使持节骠骑大将军假仪同三司安平鄀三州刺史	65	1998年 磁县博物馆
河南孟津宋庄乡南310国道 盖:12字 志:386字	张忻墓志 (河内轵县南乡济涧里)	男	天保十年(559)九月十三日卒,天统三年(567)十一月葬	安南将军抚夷县开国伯	73	1993年 孟津县文管会
山西太原小店区南平头村 21行,满行21字	库狄业墓志 (荫山)	男	天统三年(567)七月一日卒于库洛拔,同年十一月十二日葬在看山之阳	册赠仪同三司太仆卿兖州刺史	未载	1984年 藏地不详

北朝墓志文献研究 下

出土地/字数	墓主/籍贯	性别	卒年或葬年	官职或身份	年龄	出土时间/藏地
河南安阳 20行,满行20字	刘难陀墓志 (河间郡河间)	男	天统二年(566)四月二十四日卒,天统四年(568)十一月十六日窆于邺城之西	伏波将军	59	出土时间藏地不详《书法丛刊》2011年第3期
出土地不详 盖:10字 志:19行,满行21字 志侧:14行,满行4字	宋休墓志铭 (西河介休)	男	皇建二年(561)十月八日终,天统四年(568)十一月十八日改葬	处士	68	出土时间不详《东方艺术·书法》2017年第10期下半月P68—85
河北 4行,行字不等 31字	徐氏墓砖铭 (未载)	女	天统四年(568)十一月二十九日	车骑大将军沧州乐陵县令郭小伯妻	未载	出土时间不详(近年)河北正定县墨香阁
河北临漳 665字	薛怀俊墓志 (河东汾阴县)	男	兴和四年(542)卒,天统四年(568)十二月二十三日合葬	使持节都督北徐州诸军事北徐州刺史	60	出土时间藏地不详
河北临漳 385字	皇甫艳墓志 (未载)	女	天统二年(566)十二月六日葬,天统四年(568)十二月二十三日合葬	薛怀俊妻	70	
山西太原小井裕村 字数不详	韩祖念墓志 (未载)	男	天统四年(568)	大将军武功王		1982年藏地不详
河南洛阳 3行,行字不等 16字	戴仲和墓砖铭 (未载)	★	天统五年(569)二月	未载	未载	出土时间藏地不详《考古学报》1959年第2期
出土地不详 2行,行字不等 12字	扈葳墓砖铭 (未载)	★	天统五年(569)四月二十六日	未载	未载	出土时间不详北图藏拓
河北临漳县西 518字	袁月玑墓志文 (陈郡阳夏)	女	天统五年(569)五月二十九日卒,同年七月二十一日迁窆于邺县	蔡彦深妻	62	出土时间藏地不详《中国书法》2005年第4期

出土地/字数	墓主/籍贯	性别	卒年或葬年	官职或身份	年龄	出土时间/藏地
出土地不详 3 行,行字不等 17 字	张明月墓砖铭（未载）	女	天统五年（569）八月三日	□军人妻	未载	出土时间不详《中国古代砖刻铭文集》（下）P176
河南安阳 21 行,满行 21 字	于孝卿墓志（河南洛阳）	男	天统五年（569）九月三十日卒,同年十月五日窆于横河之西七里	开府参军事	24	出土时间藏地不详《书法丛刊》2011 年第 3 期
山西太原南郊王郭村 30 行,满行 30 字	娄叡墓志（太安狄那汗殊里）	男	武平元年（570）二月五日卒,同年五月八日葬	假黄钺右丞相谥恭武王	未载	1979 年藏地不详
河北磁县 盖:3 行,行 3 字 志:26 行,满行 26 字	暴诞墓志铭（魏郡斥丘）	男	孝昌元年（525）七月十日卒,武平元年（570）五月九日迁葬	左仆射云州刺史	56	出土时间不详北图藏拓磁县博物馆
河北磁县申庄乡政府驻地北 27 行,满行 27 字 666 字	李难胜墓志铭（赵郡柏仁永宁乡阴灌里）	女	武平元年（570）五月十四日卒,同月三十日葬	济南愍悼王妃	22	1978 年磁县博物馆
出土地不详 11 字	李彦休墓砖铭（未载）	★	武平元年（570）八月十三日	未载	未载	出土时间不详《中国砖铭》图版 720
出土地不详 6 行,行字不等 22 字	道洪墓砖铭（未载）	女	武平元年（570）十月十七日	比丘尼	未载	出土时间不详《雪堂专砖·专志征存》P10
出土地字数不详	李胜鬘墓志（未载）	★	武平元年（570）十一月	胡君妻	未载	出土时间藏地不详

946

出土地/字数	墓主/籍贯	性别	卒年或葬年	官职或身份	年龄	出土时间/藏地
河南安阳城西北洪河屯北原 盖:3行,行3字 志:21行,满行22字	刘双仁墓志铭 (广平)	男	武平元年(570)闰二月十日卒,同年十一月十一日葬于邺城西30里	假节都朔州诸军事朔州刺史	91	北图藏拓 安阳金石保存所
河南安阳丰乐镇 盖:3行,行3字 志:31行,满行31字	刘悦墓志铭 (太安狄那)	男	武平元年(570)七月十五日卒,同年十一月十二日窆	特进骠骑大将军开府仪同三司广州刺史济阴郡开国公赠朔肆恒三州诸军事朔州刺史尚书右仆射泉城王	53	1933年 北图藏拓 安阳金石保存所
河北临漳 29行,满行29字	吴迁墓志铭 (勃海安陵)	男	武平元年(570)十一月十二日窆	使持节都督东雍州诸军事骠骑大将军仪同三司豳雍二州刺史武平县伯	69	出土时间不详 北大图藏拓 首都博物馆
河北黄骅西才元村 15行,满行18字	常文贵墓志 (沧州浮阳郡高城县崇仁乡修义里)	男	武平二年(571)二月四日葬	兖州嬴县令,赠青州乐安郡太守	未载	1977年 黄骅县文物保管所
山东寿光北田刘村 40行,满行34字	朱岱林墓志 (乐陵湿沃)	男	武平二年(571)二月六日葬	主簿	54	1725年访得 北图藏拓
山东陵县东北于集乡孟家庙村 26行,满行20字	明湛墓志 (青州平原鬲)	男	天统五年(569)五月七日卒,武平二年(571)二月十八日葬	中兵参军功曹史 明赉子	72	1982年 陵县文博苑

出土地/字数	墓主/籍贯	性别	卒年或葬年	官职或身份	年龄	出土时间/藏地
山西襄汾永固乡家村 45 行，满行 45 字 1961 字	裴良墓志铭（河东闻憙桐乡高阳里）	男	天平二年（535）七月四日卒，武平二年（571）二月六日改葬	使持节散骑常侍都督雍华陕三州诸军事卫大将军雍州刺史部尚书	61	1986 年襄汾县博物馆
	赵氏（天水）	女	天保七年（556）四月薨，武平二年（571）二月六日合葬	裴良夫人	79	
山西晋南 29 行，满行 28 字 724 字	裴子诞墓志（河东闻憙）	男	天保三年（552）十月卒，武平二年（571）二月六日改葬	侍御	45	1992 年征集山东运城地区河东博物馆
山东济南历城姚家镇马家庄北 15 行，满行 14 字 207 字	□道贵墓志（南阳）	男	天统五年（569）二月二十日卒，武平二年（571）二月十八日葬	祝阿县令	76	1984 年济南市博物馆
河南安阳 盖：3 行，行 3 字 志：20 行，满行 20 字	乞伏保达墓志（金城金城）	男	武平元年（570）十二月十一日卒，武平二年（571）二月二十八日窆	骠骑大将军颍川太守齐昌镇将	36	1921 年北图藏拓
河南安阳野马岗 盖：3 行，行 3 字 志：31 行，满行 31 字	梁子彦墓志铭（安定天水）	男	武平二年（571）二月二十五日卒，同年四月二十日葬	仪同三司大理卿豫州刺史	58	出土时间不详北图藏拓安阳韩魏公祠旧藏
山东益都 21 行，满行 21 字	刘忻（字始㥦）墓志（弘农胡城）	男	武平元年（570）十二月十八日卒，武平二年（571）五月三日葬	中坚将军	75	出土时间不详北图藏拓端方旧藏
山东益都 额：3 字 志：16 行，满行 22 字	逄哲墓志（北海下密）	男	天统四年（568）三月十二日卒，武平二年（571）十月十日窆	祭酒	未载	1909 年潍县郭氏旧藏

出土地/字数	墓主/籍贯	性别	卒年或葬年	官职或身份	年龄	出土时间/藏地
河北磁县东陈村 27行,满行28字	独孤思男墓志（代郡平城）	女	武平二年（571）七月二十六日卒,同年十月二十二日葬	长平郡君尧峻妻	60	1975年磁县博物馆
河南安阳 25行,满行15字	任逊墓志（汾州西河）	男	武平二年（571）七月十三日卒,同年十一月五日葬	平远将军太祝令	69	出土时间藏地不详《书法丛刊》2011年第3期
北京怀柔韦里村志:9行54字	傅隆显墓志（未载）	男	武平二年（571）十一月十六日	渔阳郡功曹二代正解褐平北将军幽州治中土垠雍奴路渔阳四县令	未载	1963年藏地不详
山西太原迎泽区郝庄乡王家峰村志差:16字 30行,满行30字 885字	徐显秀墓志（忠义）	男	武平二年（571）正月七日卒,同年十一月十七日葬	大尉公太保尚书令武安王	70	2002年山西省博物馆
河北磁县南孟庄村东南 24行,满行25字	元始宗墓志（河南洛阳）	男	武平二年（571）四月三日薨,同年十一月二十八日葬	魏元皇帝八世孙	36	1984年邯郸地区文物保管所
出土地不详 14字	李好信墓砖铭（保都郡指挥）	男	武平二年（571）	未载	未载	出土时间不详《中国古代砖刻铭文集》（下）P177
河南洛阳 3行,满行9字 22字	张佃保墓砖铭（未载）	男	武平三年（572）正月十一日葬	未载	未载	2005年藏地不详
河南安阳安丰乡北李庄 20行,满行20字	贾进墓志（河南洛阳）	男	武平二年（571）十二月十五日卒,武平三年（572）二月十二日葬	车骑大将军雕阳王郎中令	68	2009年藏地不详
出土地点不详 14行,满行24字	张洁墓志（清河）	男	武平元年（570）四月二十一日卒于东阳,武平三年（572）三月十八日葬	祭酒从事史	52	出土时间不详《考古与文物》2008年第1期

出土地/字数	墓主/籍贯	性别	卒年或葬年	官职或身份	年龄	出土时间/藏地
河北磁县 盖:3 行,行 4 字 志:46 行,满行 46 字	徐之才墓志铭 (东莞姑幕)	男	武平三年(572)六月四日卒于清风里,同年十一月二十二日葬于邺城西北廿里	太子太师	68	出土时间不详 北图藏拓 辽宁省博物馆
山西太原龙堡村 765 字	□憘墓志 (代郡平城)	男	武平二年(571)四月二十四日卒,武平三年(572)十月十六日葬	赠使持节都督胶南青二州诸军事开府义同三司卫尉卿胶南刺史	63	2001 年藏地不详
武安鼓山 21 行,满行 17 字	曹礼墓志 (未载)	男	武平三年(572)	未载	未载	出土时间藏地不详 《集释》P75
	李氏墓志 (未载)	女	未载	曹礼妻	未载	
河南彰德 13 字	岳守信砖志 (未载)	★	武平三年(572)	未载	未载	出土时间藏地不详 《检要》P259
河南安阳安丰张家村 28 行,满行 29 字	和绍隆墓志 (清都临漳)	男	天统四年(568)七月十二日卒,同年十月二十三日葬,武平四年(573)八月二十八日与妻元华合葬	东徐州刺史	76	1975 年河南省文物研究所
河南安阳安丰张家村 18 行,满行 20 字	元华墓志铭 (河南洛阳)	女	武平四年(573)六月二十五日卒,同年八月二十八日与夫和绍隆合葬	和绍隆妻	64	1975 年河南省文物研究所
山东淄博临淄区窝托村南辛店电厂 21 行,满行 20 字	崔博墓志 (清河武城)	男	武平四年(573)十月十日葬于黄山之阴	徐州长史	56	1973 年山东省文物考古研究所
河北磁县南乡八里塚 盖:3 行,行 3 字 志:25 行,满行 25 字 584 字	王氏墓志铭 (太原祁)	女	武平四年(573)四月卒于修义里,同年十月十七日祔葬于邺城西北之旧茔	夏州金明郡君高建妻	66	1912 年辽宁省博物馆

北朝墓志文献研究 下

950

出土地/字数	墓主/籍贯	性别	卒年或葬年	官职或身份	年龄	出土时间/藏地
河南安阳 盖:3 行,行 3 字 志:36 行,满行 36 字	赫连子悦墓志 (化政代名)	男	武平四年（573）八月二十四日卒于邺都里舍,同年十一月二十三日迁措于邺城西南十五里所	侍中车骑大将军开府仪同三司左仆射吏部尚书太常卿饮丘县干	73	出土时间不详 北图藏拓 西安碑林博物馆
河南安阳 15 行,满行 16 字	高僧护墓志铭 (勃海蓚)	男	武平四年（573）十一月薨于京师	太常卿	6	出土时间不详 北大图藏拓 西安碑林博物馆
出土地不详 664 字	云荣墓志 (朔方人)	男	武平四年（573）十月九日薨于西中府,武平五年（574）正月十日葬于邺城西廿五里	开府仪同	70	出土时间不详 北大图藏拓
出土地不详 63 字	陈太伯墓铭 (颍川人)	男	天统三年（567）葬,武平五年（574）正月十二日改葬	处士	未载	山东博物馆
河北元氏县 阳:26 行,行 26 字 侧:4 行,满行 23 字	李琮墓志 (赵国平棘)	男	武平二年（571）五月二十二日卒于孝德里,武平五年（574）正月十二日葬	功曹	55	出土时间不详 北图藏拓 河北元氏县金石保存所旧藏
山东济南八里洼小区 阳:14 行,满行 20 字 阴:5 行,满行 13 字	陈三墓志铭 (颍川)	男	武平二年（571）□月二日卒于历城,武平五年（574）正月十二日葬	处士	未载	1989 年济南市博物馆
出土地不详 15 行,满行 14 字	君讳昌墓志 (吉迁里)	男	武平五年（574）九月十日卒	骠骑大将军金紫光禄大夫	未载	出土时间不详 北图藏拓
河北盐山刘范乡蔡八里村 208 字	□忝墓志 (广平)	男	武平五年（574）正月卒,同年十月二十二日葬铭记	未载	54	1974 年盐山县文物保管所

出土地/字数	墓主/籍贯	性别	卒年或葬年	官职或身份	年龄	出土时间/藏地
河北磁县 564字	元始宗墓志 （河南洛阳）	男	武平二年（571）四月三日卒，武平五年（574）十一月二十八日葬	外兵参军	36	出土时间不详 邯郸市文物保管所
河北高邑 字数不详	李稚廉墓志 （不详）	男	武平五年（574）十一月	不详	不详	出土时间不详 正定县文物保管所
河南安阳 22行,满行22字	魏懿墓志铭 （清都邺）	男	武平五年（574）十月二十二日卒于清风里，同年十一月二十九日葬	翊军将军	65	出土时间不详 北图藏拓
河北临城县西镇村 28行,满行29字 728字	宋令媛墓志 （广平列人）	女	皇建二年（561）六月十七日卒，武平五年（574）十二月十日葬	李祖牧夫人	49	1975年临城县文物保管所
	李君明 （宋令媛墓志记载）	男	武平五年（574）十二月十日葬	齐符玺郎中李祖牧第二子	39	
河北临城县西镇村 30行,满行30字 850字	李祖牧墓志 （赵郡平棘）	男	天统五年（569）七月五日卒，武平五年（574）十二月十日葬	大鸿胪卿赵州刺史	59	
河北临城县西镇村 25行,满行27字 621字	李君颖墓志 （赵郡平棘）	男	武平四年（573）十二月十日卒，武平五年（574）十二月十日葬	开府长史李祖牧第三子	34	
河南安阳（一说山东郓城） 盖:2行,行2字 志:23行,满行23字	郑子尚墓志铭 （荥阳开封）	男	武平五年（574）五月二十一日卒，同年十二月二十三日葬	长史	57	出土时间不详 北图藏拓 端方家旧藏
河南安阳洪河屯乡洪河屯村 17行,满行18字	范粹墓志 （边城郡边城）	男	武平六年（575）四月二十日卒，同年五月一日葬	骠骑大将军开府仪同三司凉州刺史	27	1971年河南博物院

北朝墓志文献研究 下

出土地/字数	墓主/籍贯	性别	卒年或葬年	官职或身份	年龄	出土时间/藏地
河南安阳 字数不详	君讳韶字叔胤墓志（定州户奴县）	男	武平六年（575）卒，同年大梁月（八月）十八日葬	未载	43	出土时间不详 北大图藏拓《石刻名汇》卷二 P20
河南安阳 19行，满行18字 320字	尉囧墓志（代郡平城）	男	武平二年（571）二月二十八日卒，武平六年（575）十二月二十三日葬	辅国将军广平太守	73	出土时间不详《新见北朝墓志集释》P166
河南密县 9行，满行9字 81字	韩宝晖墓志（北豫州城皋郡密县）	男	武平七年（576）二月十一日薨于邺第，同年二月二十四日葬	折冲将军司农乡襄乐县开国伯	57	出土时间不详 日本书道博物馆
河北磁县东槐树村 35行，满行35字	高润墓志铭（勃海蓨）	男	武平四年（573）八月二十二日卒，武平七年（576）二月迁葬	侍中假黄钺左丞相文昭王 高欢第14子	未载	1975年磁县文物保管所
出土地点不详 20行，满行20字 397字	张谟墓志（安定乌氏）	男	武平六年（575）十一月五日卒，武平七年（576）三月十二日葬	仪同三司幽益二州刺史 大理卿	70	出土时间不详 殷宪2007年于井市间购得该志拓片《中国书法》2012年第4期
盖:4行，行4字 志:24行，满行24字，可辨识者557字	可朱浑孝裕墓志（太安郡狄那县）	男	武平五年（574）五月十一日卒，武平七年（576）五月七日葬	尚书右仆射司空公扶风王	38	出土时间不详 河南许昌民间
山东济南槐荫段店镇后周王村 29行，满行32字	傅华墓志铭（清河贝丘）	女	武平七年（576）正月十四日卒于邺城宣化里，同年五月七日祔于夫赵奉伯之茔	宜阳国太妃卒赠女侍中（二品）赵奉伯妻	94	1977年济南市博物馆
山东历城后周村 5行，满行6字	赵奉伯志盖（云南阳宛）	男	武平七年（576）卒	使持节都督齐兖南青诸军事齐州刺史尚书左仆射司空	未载	

出土地/字数	墓主/籍贯	性别	卒年或葬年	官职或身份	年龄	出土时间/藏地
河南安阳许家沟水冶镇清峪村 11行，满行18字	颜玉光墓砖铭（齐州）	女	武平七年（576）八月二十六日卒	弘德夫人 赠诏太妃 高洋妃	47	1972年安阳县文物管理所
河北赞皇南邢郭村 36行，满行37字	崔幼妃墓志铭（博陵安平）	女	武平六年（575）十二月二十二日卒于邺之道政里，武平七年（576）十一月七日祔于司空文简公之茔	太姬 李希宗妻	74	1975年正定县文物保管所
河南濮阳这河砦村 28行，满行28字	李云墓志（黎阳卫国）	男	武平六年（575）八月卒，武平七年（576）十一月十日与妻合葬	豫州刺史	79	1958年濮阳县文化馆
河南濮阳这河砦村 16行，满行16字	郑氏墓志（未载）	女	武平七年（576）四月十一日卒，同年十一月十日与夫合葬	李云妻	未载	

表六　北周墓志著录

出土地/字数	墓主/籍贯	性别	卒年或葬年	官职或身份	年龄	出土时间/藏地
陕西咸阳底张湾 16行，满行17字 220字	独孤信墓志（河南洛阳）	男	孝闵帝元年（557）三月卒，同年四月葬于石安之北原	柱国大将军雍州刺史河内庚公	54	1953年中国国家博物馆
陕西西安大兆乡小兆寨与西曹村间 79字	拓跋育墓志（未载）	男	西魏恭帝二年（555）二月十七日薨，北周明帝二年（558）十月十二日葬	淮安公	未载	1982年西安碑林博物馆
陕西华阴县 16行，满行15字 220字	叱罗招男墓志（河南洛阳）	女	武成元年（559）十月六日葬	乌丸光夫人曲梁县君	未载	2000年藏地不详《秦晋豫新出土墓志搜佚》
陕西西安 15行，满行15字 203字	拓王回叔墓志（灵州临河郡临河县）		普泰元年（531）四月十四日卒，武成二年（560）正月二十一日迁葬	伏波将军给事中	未载	出土时间藏地不详《新见北朝墓志集释》P169

954

出土地/字数	墓主/籍贯	性别	卒年或葬年	官职或身份	年龄	出土时间/藏地
陕西咸阳渭城区北杜镇成仁村 志:23 行,满行23 字 侧:2 行,14 字 542 字	独孤浑贞墓志 (桑干郡桑干县侯头乡随厥里)	男	武成二年(560)四月十五日卒,同年八月五日葬杜原	使持节柱国大将军晋原郡开国公	61	1993 年 西安碑林博物馆
陕西华阴 30 行,满行30 字 825 字	王光墓志 (太原祁)	男	武成二年(560)四月二十二日卒,同年八月三十日葬	使持节骠骑大将军开府仪同三司大都督侍中上黄郡开国公	未载	2000 年 藏地不详
出土地不详 字数不详	拓跋府君墓志 (未载)	男	保定元年(561)十一月	太学生	未载	出土时间藏地不详 《金石录》卷22
陕西西安 15 行,满行18 字 235 字	(辛术妻)裴氏墓志 (河东)	女	魏二年(553 或555)四月八日卒,保定二年(562)十二月二十六日迁葬	雍州刺史辛术夫人赠相州顿丘郡君	未载	出土时间藏地不详 《新见北朝墓志集释》P109
陕西长安东 字数不详	韩无忌墓志 (霸城)	男	保定二年(562)	未载	未载	1999 年 藏地不详
陕西咸阳渭城区周陵乡贺家村 盖:4 行,行4 字 志:40 行,满行40 字 1283 字	贺兰祥墓志 (河南洛阳)	男	保定二年(562)二月二十七日薨,同年三月二十日窆于洪渎原	使持节太师柱国大将军大都督大司马十二州诸军事同州刺史凉国景公	48	1965 年 咸阳市博物馆
出土地不详 52 字	王息墓志 (略阳)	★	保定三年(563)十月二十九日葬于石安原	未载	未载	出土时间藏地不详
陕西咸阳 字数不详	陈毅墓志 (未载)	★	保定三年(563)十二月十九日	仪同	未载	出土时间不详 咸阳市博物馆

出土地/字数	墓主/籍贯	性别	卒年或葬年	官职或身份	年龄	出土时间/藏地
陕西咸阳渭城区渭城乡坡刘村 凡28行,满行28字, 742字	拓跋虎墓志 (河南洛阳)	男	保定四年(564)三月一日卒,同年三月二十六日葬	使持节骠骑大将军开府仪同三司大都督云宁县开国公	38	1990年渭城区文管会
陕西旬邑 25行,满行22字	贺屯植墓志 (建昌郡)	男	保定三年(563)正月二十三日卒,保定四年(564)四月二十一日葬	追赠使持节骠骑大将军开府仪同三司大都督光杨平三州诸军事光州刺史肥城县开国公谥斌公	58	出土时间不详 北图藏拓 长安宋氏旧藏
陕西西安 23行,满行23字 510字	李稚华墓志 (陇西狄道)	女	保定四年(564)六月二十七日卒,八月二十三日葬	司空尚书令留守大都督冯翊简穆王妃	67	出土时间不详 大唐西市博物馆
陕西西安北郊南康村 字数不详	李诞墓志 (赵国平棘)	男	保定四年(564)薨于万年里,葬中乡村	赠邯州刺史	59	2005年藏地不详
宁夏固原南郊乡王涝坝村 532字	宇文猛墓志 (平高)	男	保定五年(565)七月十五日卒,同年十月二十三日葬	大将军大都督原监灵会交五州诸军事原州刺史槃头郡开国襄公	69	1993年宁夏固原博物馆
陕西咸阳底张湾 盖:12字 志:621字	董荣晖墓志 (陇西郡襄武县)	女	保定五年(565)六月二十九日薨,同年十一月五日窆石安原	周大将军广昌公王士良夫人	41	1988年藏地不详
陕西咸阳渭城区 字数不详	郑国夫人墓志 (不详)	女	天和三年(568)三月葬	不详	不详	出土时间藏地不详

出土地/字数	墓主/籍贯	性别	卒年或葬年	官职或身份	年龄	出土时间/藏地
陕西咸阳渭城乡坡刘村西 30行,满行30字 877字	王令妠墓志 (京兆霸陵)	女	天和三年(568)五月五日卒,同年十月二十二日葬	司徒临淮王记室柳鸷夫人 延寿县君	未载	1990年 藏地不详 《新见北朝墓志集释》P175
甘肃 字数不详	石兰靖墓志 (不详)	★	天和三年(568)十月	不详	不详	出土时间藏地不详
河南洛阳 39字	韩木兰墓志 (未载)	男	天和三年(568)十一月十八日葬	使持节大将军大都督新义郡开国公	未载	出土时间不详 北图藏拓 西安碑林博物馆
出土地不详 374字	元氏墓志 (河南洛阳)	女	天和四年(569)二月二十六日卒,同年三月二十日归葬于咸阳之石安原	贺拔君妻	52	出土时间藏地不详
宁夏固原南郊乡深沟村 31行,满行31字	李贤墓志铭 (原州平高)	男	天和四年(569)三月二十五日卒于长安,同年五月二十一日葬于原州西南陇山之足	使持节柱国大将军大都督原泾秦河渭夏陇成幽灵十州诸军事原州刺史河西桓公	66	1983年 固原博物馆
陕西西安 15行,满行18字	罗氏墓志 (恒州代郡天平县)	女	天和四年(569)二月八日卒,同年八月六日葬	长孙瑕妻	23	出土时间不详 北图藏拓
陕西咸阳渭城区渭城乡坡刘村 盖:3行,行3字 志:16行,行20字 267字	尉迟将男墓志 (邓城郡)	女	天和四年(569)十一月卒,同年十一月二十五日葬	拓跋虎夫人	37	1990年 渭城区文管会
陕西长安镐京乡丰镐村 盖:12字 志:832字 844字	郑术墓志 (荥阳开封)	男	天和三年(568)四月一日卒,天和四年(569)十二月十七日葬	使持节骠骑大将军开府仪同三司大都督始州刺史清渊侯	未载	2002年 藏地不详

出土地/字数	墓主/籍贯	性别	卒年或葬年	官职或身份	年龄	出土时间/藏地
陕西西安长安区韦曲镇 23行,满行23字 499字	元世绪墓志（河南洛阳）	男	天和四年（569）五月五日卒,天和六年（571）三月二十二日葬	使持节车骑大将军仪同三司大都督义州刺史定公	45	出土时间不详 大唐西市博物馆
甘肃天水秦城区瓦窑坡北山香山寺 盖:3行,12字 志:29行,850字 862字	赵佺墓志铭（天水上邽）	男	天和六年（571）正月初日卒,同年十月二十八日窆	赠骠骑大将军开府仪同三司大都督凤州诸军事凤州刺史	48	出土时间不详 天水市博物馆
陕西西安北郊区坑底寨村 行21字,满行20字 397字	康业墓志（康国）	男	保定三年（563）正月卒,天和六年（571）十一月二十九日葬	赠甘州刺史	60	2004年藏地不详
陕西咸阳国际机场二期扩建工程工地 字数不详	宇文通墓志（未载）	男	天和六年（571）卒,天和七年（572）与母合葬	冀国公周文帝宇文泰第十四子、周武帝宇文邕之弟	17	2001年藏地不详 《中国文物报》2001年五月二日
陕西咸阳国际机场二期扩建工程工地 字数不详	乌六浑氏墓志（未载）	女	保定二年（562）卒,天和七年（572）与子合葬	冀国太夫人宇文泰妃宇文通之母	42	
陕西咸阳国际机场二期扩建工程工地 字数不详	□氏墓志（未载）	女	孝闵帝二年（558）卒,天和七年（572）迁葬	谯国太夫人宇文泰妃宇文俭之母	28	
陕西咸阳底张镇龙枣村 盖:2行,行3字 志:28行,满行28字 746字	独孤宾墓志（勃海蓨）	男	建德元年（572）五月十二日卒,同年八月二日葬	使持节骠骑大将军开府仪同三司大都督赠并冀二州诸军事并州刺史武阳县开国伯	70	2007年《考古与文物》2011年第5期

出土地/字数	墓主/籍贯	性别	卒年或葬年	官职或身份	年龄	出土时间/藏地
出土地不详 17字	何□宗砖志（长安县）	★	建德元年（572）□月二十日	未载	未载	出土时间不详 北图藏拓
陕西咸阳底张湾 盖:3行,行3字 志:28行,行28字	步六孤须蜜多墓志铭（吴郡吴）	女	建德元年（572）七月九日卒于成都,同年十一月十一日归葬长安之北原	赠谯国夫人 谯国公夫人	21	1953年 西安碑林博物馆
陕西咸阳底张湾 盖:3行,行4字 志:30行,满行31字	匹娄欢墓志铭（云州盛乐）	男	天和七年（571）正月二十五日卒,建德元年（572）十一月二十二日合葬	使持节少傅大将军大都督恒夏灵银长五州诸军事恒州刺史普安壮公	63	1953年 西安碑林博物馆
	尉迟氏墓志（武威）	女	西魏废帝二年（553）八月二十五日薨,建德元年（572）十一月二十二日合葬	文成县君 赠普安国夫人 匹娄欢妻	26	
	匹娄罗刹墓志（云州盛乐）	男	建德元年（572）十一月二十二日与祖父母合葬	匹娄欢孙	12	
陕西咸阳 30行,满行30字	达符忠墓志（沛国谯人）	男	建德元年（572）十一月二十二日	信州总缩大将军东来公,赠少司空谥宾公	未载	出土时间藏地不详《西安碑林》第十四辑 P7
宁夏固原西郊乡北十里村 62字	大利稽冒顿墓砖铭（云州盛乐）	男	建德元年（572）十二月二十三日	赠原州刺史	未载	1994年 固原博物馆
陕西三原陵前乡肖家村 字数不详	叱罗氏墓志（云州盛乐）	女	建德二年（573）正月	未载	未载	60年代藏地不详

出土地/字数	墓主/籍贯	性别	卒年或葬年	官职或身份	年龄	出土时间/藏地
陕西咸阳北古洪渎原 33行,满行35字 1141字	宇文显和墓志 (上党武乡)	男	魏恭帝元年(554)二月薨,建德二年(573)二月二十五日迁葬	使持节骠骑大将军开府仪同三司大都督少司空长广良公	58	2005年 西安碑林博物馆
陕西西安 20行,满行20字 410字	裴智英墓志 (河东闻喜)	女	建德元年(572)十二月二日卒,建德二年(573)二月二十五日葬	上蔡公元荣兴夫人 正平郡君	74	出土时间藏地不详 《新见北朝墓志集释》P182
陕西彬县太裕乡蒙家岭村 85字	乞伏龙璨墓志 (河南洛阳)	男	建德二年(573)十二月二十二日卒,建德三年(574)正月十二日葬	使持节骠骑大将军仪同三司大都督黎阳郡公总六坊十二州军士	未载	出土时间不详 彬县文化馆
西安市公安局文物辑查二大队查获一盗卖文物案时收缴所得 盖:3行,行3字 志:27行,满行29字 754字	徒何纶墓志 (梁城郡泉洪县)	男	建德三年(574)十二月十六日薨,建德四年(575)正月二十八日葬三原浊谷原	使持节骠骑大将军开府仪同三司大都督洛凤兴三州诸军事三州刺史河阳郡开国公	40	2002年缴得藏地不详
陕西咸阳北斗乡靳里村东 盖:3行,行3字 志:35行,满行37字 1274字	叱罗协墓志 (代郡太平县)	男	建德三年(574)十月十七日薨,四年(575)三月五日卜兆于中原乡	骠骑大将军开府仪同三司大都督南阳郡开国公	75	1989年 陕西省考古研究所
宁夏固原南郊乡 盖:4行,行4字 志:36行,满行38字 1365字	田弘墓志 (原州长城郡长城县)	男	建德四年(575)正月三日,同年四月二十五日归葬于原州高平之北山	使持节少师柱国大将军大都督襄州总管襄州刺史	65	1996年 藏地不详
陕西咸阳底张湾 盖:3行,行3字 志:21行,满行23字 446字	王钧墓志 (太原)	男	建德五年(576)十月二十七日葬石安原	使持节仪同大将军新市县开国侯王士良子	30	1988年 陕西省考古研究所

出土地/字数	墓主/籍贯	性别	卒年或葬年	官职或身份	年龄	出土时间/藏地
陕西长安韦曲镇北原 31行,满行31字 918字	韦彪墓志 (京兆杜)	男	武城二年(560)卒,建德五年(576)十一月九日窆	车骑大将军廷尉卿仪同三司频阳县开国侯	59	1998年 藏地不详
陕西咸阳底张湾 字数不详	杜欢墓志铭 (未载)	男	建德五年(576)	未载	未载	1953年 西安碑林博物馆
陕西西安 字数不详	单英儒墓铭 (万年县族正俗业下民)	★	建德五年(576)九月一日葬	未载	未载	50年代 西安碑林博物馆
陕西西安长安韦曲夏殿村西 盖:3行,行4字 志:32行,满行32字 983字	莫仁诞墓志 (扶风郿)	男	建德五年(576)十月二十七日卒,六年(577)三月二十三日葬	使持节上开府仪同大将军赵郡开国定安公	34	2009年 藏地不详
陕西 216字	杨济墓志 (弘农华阴)	男	西魏恭帝元年(554)卒,周建德六年(577)四月七日葬	行军府掾	33	出土时间藏地不详
河北磁县 盖:3行,行3字 志:17行,满行18字	郝夫人墓志 (云州云中郡)	女	建德六年(577)三月三日卒于邺城,同月十一日葬于广都里漳河之北四里	张满泽妻	16	出土时间不详 北图藏拓 天津王氏旧藏
河北磁县 22行,满行24字	梁安宁墓志 (太原)	★	周建德六年(577)四月三十日	未载	未载	出土时间藏地不详 《集释》P77
河南安阳 12行,满行12字 114字	李元俭墓志 (陇西)	男	建德六年(577)十一月九日卒,同年十二月二十一日葬	去齐劲武将军并州田曹参军周总管府户曹参军	36	出土时间藏地不详 《新见北朝墓志集释》P193
	李勇 (陇西)	男	建德六年(577)十二月二十一日葬	李元俭第二子	11	

出土地/字数	墓主/籍贯	性别	卒年或葬年	官职或身份	年龄	出土时间/藏地
陕西咸阳国际机场新建停机坪 盖:4 行,行 4 字 志:11 行,满行 15 字 169 字	宇文俭墓志（未载）	男	建德七年（578）二月五日卒,同年三月十七日葬	使持节上柱国大冢宰谯忠孝王	28	1993 年藏地不详
陕西咸阳底张湾 盖:4 行,行 4 字 志:27 行,满行 29 字	若干云墓志（朔州）	男	宣政元年（578）四月十二日葬	骠骑大将军上开府仪同大将军	41	1988 年藏地不详
陕西西安长安韦曲夏殿村西 盖:3 行,行 3 字 志:32 行,满行 33 字 1024 字	莫仁相墓志（长安扶风）	男	宣政元年（578）四月二十三日葬	使持节大将军丹淮青幽豫五州刺史定安县开国公	69	2009 年藏地不详
	虎氏	女	薨于北齐,宣政元年（578）四月二十三日同葬	无	42	
	云氏	女	宣政元年（578）四月二十三日同葬	赠定安国夫人	63	
河南安阳 盖:3 行,行 3 字 志:13 行,满行 13 字	高妙仪墓铭（冀州勃海）	女	宣政元年（578）薨于都邑,同年四月二十三日葬于邺城西北五里	雍州扶风郡公主	18	出土时间不详 北大图藏拓《集释》P69
陕西长安郭杜镇岔道口村 字 盖:3 行,行 3 字 志:29 行,满行 31 字 865 字	宇文瓘墓志（京兆万年）	男	建德六年（577）十月十七日卒,宣政元年（578）四月二十四日葬	使持节仪同大将军安州总管府长吏治隋州刺史建安子	43	1987 年藏地不详
陕西咸阳底张湾 盖:16 字 志:27 行,满行 29 字 706 字	独孤藏墓志（朔州）	男	宣政元年（578）八月四日卒,同年十月二十日葬	大都督武平公金州刺史	35	1988 年藏地不详

961

962

出土地/字数	墓主/籍贯	性别	卒年或葬年	官职或身份	年龄	出土时间/藏地
山东青州城南郊井亭村 额：4 行，行 3 字，12 字 志：19 行，满行 27 字 454 字	朱绪墓志铭（乐陵）	男	武定元年（543）六月八日卒，宣政元年（578）十一月三日葬	乐安太守	49	2013 年青州市博物馆
山东诸城西古娄乡 19 行，满行 16 字	时珍墓志（钜辘苑乡）	男	建德五年（576）三月二十七日卒，宣政元年（578）十二月九日葬	伪齐在京为荷王释褐辟任齐安成主倅，赠车骑将军	68	1881 年西安碑林博物馆
河南洛阳 盖：3 行，行 3 字 志：15 行，满行 15 字 194 字	寇胤哲墓志铭（上谷昌平）	男	宣政二年（579）正月四日葬	汝北郡中正	19	1922 年北图藏拓辽宁省博物馆
河南洛阳马沟村西陵 20 行，满行 20 字 341 字	寇炽墓志（上谷昌平）	男	宣政二年（579）正月四日葬	广州别驾襄城顺阳二郡守	57	1925 年西安碑林博物馆
河南洛阳 盖：3 行，行 3 字 志：15 行，满行 19 字	薛氏墓志（河东）	女	大统十三年（547）卒于长安，宣政二年（579）正月四日与夫合葬	赠广州襄城县君寇峤后妻	45	1922 年北图藏拓
陕西咸阳底张湾 盖：3 行，行 3 字 志：27 行，满行 37 字 1247 字	尉迟运墓志（河南洛阳）	男	大象元年（579）二月二十四日薨，大成（579）十月十四日葬	使持节上柱国卢国公	41	1988 年藏地不详
河北平山上三汲乡上三汲村 盖：3 行，行 3 字 志：16 行，满行 37 字 264 字	崔宣靖墓志（博陵安平）	男	北魏永熙三年（534）九月十七日卒于晋阳，周大象元年（579）十月二十六日窆于临山之阳	秘书郎	17	1998 年藏地不详

出土地/字数	墓主/籍贯	性别	卒年或葬年	官职或身份	年龄	出土时间/藏地
河北平山上三汲乡上三汲村 盖:4 行,行 4 字 志:18 行,满行 18 字 321 字	崔宣默墓志 (博陵安平)	男	北魏永熙三年(534)九月十七日卒于晋阳,周大象元年(579)十月二十六日窆于临山之阳	广平王开府祭酒	15	1998 年 藏地不详
陕西西安 16 行,满行 16 字 228 字	尉迟廓墓志 (秦州天水)	男	建德六年(577)正月十九日卒,周大象元年(579)十月二十六日葬	淮安国世子	18	出土时间藏地不详 《新见北朝墓志集释》P190
河北景县县城东南十八乱冢 1390 字	封孝琰墓志 (渤海蓨)	男	建德六年(577)正月二十六日卒,周大象元年(579)十月二十七日葬	赠使持节仪同大将军广州刺史瀛州平舒县开国男	51	1966 年 河北省文物研究所
河北景县县城东南十八乱冢 字数不详	崔娄诃墓志 (博陵安平)	女	隋开皇十九年(599)六月二十八日薨,同年十一月十二日葬	封孝琰妻	72	
陕西西安未央区大明宫乡炕底寨村 盖:3 行,行 4 字 志:17 行,满行 19 字 301 字	安伽墓志 (姑臧昌松)	男	大象元年(579)五月卒,同年十月葬	大都督同州萨保	62	2000 年 藏地不详
河南洛阳 10 行,满行 10 字	梁嗣鼎墓志 (黎州黎阳郡黎阳县)	男	大象二年(580)六月二十一日卒于洛阳里,二十三日葬北邙原	扫寇将军武骑司马	未载	1929 年北图藏拓西安碑林博物馆
河南洛阳城东妈坡村东北 盖:3 行,行 3 字 志:26 行,满行 28 字	卢兰墓志铭 (幽州范阳涿县)	女	大统十七年(551)十月葬,大象二年(580)十一月二十日与夫合葬于洛阳邙山之旧陵	雍州刺史元寿安妃	67	1922 年西安碑林博物馆

出土地/字数	墓主/籍贯	性别	卒年或葬年	官职或身份	年龄	出土时间/藏地
出土地不详 55字	李义雄铭志 （赵国柏仁县阴灌里）	男	大象二年（580）十二月九日葬	开府参军事	未载	出土时间不详 北图藏拓
陕西长安韦曲镇北原 盖:3行,行3字 志:40行,满行40字 后5行两格刻3字	韦宽墓志 （京兆杜陵）	男	大象二年（580）十一月二十七日卒,大象三年（581）十二月九日合葬	使持节太傅上柱国雍州牧郧襄公	72	1990年藏地不详 《文博》1991年第5期
	郑氏或贺兰氏墓志① （未载）	女	西魏废帝二年（553）葬;大象三年（581）十二月九日与夫合葬	韦孝宽妻	未载	
河北武安邑城乡北峭河村东南砖瓦窑 字数不详	朱益墓志铭 （未载）	男	大象二年（580）薨	尚书都事	46	1993年邯郸市博物馆
山东博兴马家村 字数不详	朱林携墓志铭 （未载）	男	大象二年（580）	功曹	未载	1985年博兴县博物馆
出土地字数不详	石难陀墓砖铭 （未载）	★	大象二年（580）	未载	未载	出土时间不详 日本书道博物馆
河北隆尧 23行,满行23字	祖氏墓志 （范阳）	女	河清二年（563）七月八日卒,大象三年（581）正月四日葬	济南太守李府君妻	未载	出土时间不详 隆尧碑刻馆

① 《韦宽墓志》称夫人华阴杨氏;夫人荥阳郑氏,改姓贺兰;夫人河南拓跋氏。又见墓主韦宽夫人出土墓志两方,一方称"郑氏",乃西魏废帝二年（553年）埋葬时所刻;另一方称"贺兰氏",而云"夫人讳毗罗,本姓郑氏。魏末改为贺兰",是后来迁葬于夫君墓时重新刻制,即一人两方墓志。

出土地/字数	墓主/籍贯	性别	卒年或葬年	官职或身份	年龄	出土时间/藏地
河南洛阳东翟泉镇北寨沟 21 行,满行 20 字	惠猛法师墓志（未载）	男	不详	不详	不详	同治元年端方旧藏
河北景县县城东南十八乱冢 字数不详	祖氏墓志盖（未载）	女	不详	郡君	不详	1948 年藏地不详
河南洛阳北高沟瀍水西岸 2 行,行 5 字	常氏志盖（未载）	女	不详	齐郡顺王元简妃	不详	1928 年北图藏拓 西安碑林博物馆
河南洛阳城北张羊村北 3 行,行 3 字	元献墓志盖（未载）	男	不详	济南王	不详	1921 年北图藏拓
河南洛阳城北后海资村 3 行,行 12 至 20 字不等	元瑗墓志（未载）	男	不详	平北将军殷州刺史	不详	1926 年北图藏拓
河南洛阳 字数不详	王妃残墓志（未载）	女	不详	京兆康王妃	不详	1911 年北图藏拓
陕西华阴五方村 11 行,满行 10 字	杨穆墓志铭（弘农华阴潼乡习仙里）	男	北魏时期	荡寇将军渭南令	53	1993 年西岳庙
辽宁朝阳城北西上台 额题 6 字 志文正反面各 6 行 两侧各 3 行,行 11 字 正文 165 字 194 字	刘贤墓志（朔方）	男	推测卒于兴安元年至和平六年(452—465)之间	营州临泉戍主	64	1965 年辽宁省博物馆
出土地不详 3 行,行 3 字	赵王墓志盖（未载）	男	不详	宣恭赵王	不详	出土时间藏地不详

出土地/字数	墓主/籍贯	性别	卒年或葬年	官职或身份	年龄	出土时间/藏地
河南洛阳字数不详	残墓志（未载）	★	不详	不详	不详	出土时间藏地不详《鸳鸯七志斋藏石》P139
河南洛阳字数不详	梁氏墓志（未载）	女	不详	寇峤妻	未载	出土时间藏地不详《汇编》P509
河南洛阳字数不详	残墓志（未载）	★	不详	不详	不详	出土时间藏地不详《汇编》P509
出土地不详3行，行字不等，凡9字，上方又刻1字10字	田鸾墓砖铭（未载）	男	北朝·魏（386—556）	未载	未载	出土时间藏地不详《汇编》P506
出土地不详2行，行6字12字	曹永康砖志（未载）	男	北朝·魏（386—556）	使持节仪同大将军	未载	出土时间藏地不详《汇编》P506
出土地不详字数不详	残砖志（未载）	★	不详	不详	不详	出土时间藏地不详《汇编》P510
陕西长安字数不详	苟氏墓志（未载）	女	不详	韦咸妻	不详	出土时间藏地不详《考古与文物》1990年第5期
出土地不详字数不详	马氏墓志（未载）	女	北朝时期	吕猛妻	不详	出土时间藏地不详《汇编》P506
陕西华阴五方村一为6字，一为4字	杨氏砖志（未载）	★	北朝时期	未载	未载	1993年西岳庙
山西大同东面3公里御河东岸迎宾大道1行，6字	□一□墓砖铭（未载）	★	北朝时期	未载	未载	2002年藏地不详

出土地/字数	墓主/籍贯	性别	卒年或葬年	官职或身份	年龄	出土时间/藏地
河南孟津平乐镇朱仓村	赵使君墓志盖（未载）	男	北魏时期迁窆北芒	相州刺史	未载	2009年墓志被盗，残留墓志盖一方《文物》2012年第12期
河南洛阳1行,6字	朱阿买夫妇墓砖铭（未载）	夫妇	北朝时期	未载	未载	民国年间《邙洛碑志三百种》P31《朱阿买夫妇铭》
出土地不详2行,行字不等14字	□□妻墓砖铭（定州中山郡）	女	北魏时期（386—534）制	未载	未载	出土时间不详《中国古代砖刻铭文集》（下）P166
河南洛阳东郊白马寺镇大杨树村北砖厂2行,6字	韩无忌砖铭（霸城）	★	北魏时期（386—534）制	未载	未载	1998年现存洛阳董氏《邙洛碑志三百种》P33《韩无忌砖铭》
出土地不详4行,行存6字18字	郎□墓砖铭（卢奴亭下村）	女	北魏时期制（386—534）三月二十七日	吴名桃妻	未载	出土时间不详《中国砖铭》图版679
出土地不详2行,行2字;左侧1行4字;右侧1行1字,凡8字	辅保达墓砖铭（无）	★	北魏时期（386—534）制	未载	未载	出土时间不详《中国古代砖刻铭文集》（下）P164—165
出土地不详3行,行4字12字	王氏墓砖铭（齐州太原郡山荏县）	女	北魏时期（386—534）制	矫军妻	未载	出土时间不详《中国砖铭》图版956

出土地/字数	墓主/籍贯	性别	卒年或葬年	官职或身份	年龄	出土时间/藏地
出土地不详 2行，行2至8不等 凡存9字	来僧护夫妻墓砖铭 （卢奴□下村）	男女	北魏时期（386—534）制	夫妻墓	未载	出土时间不详 《中国砖铭》图版960
出土地不详 2行，行3至8字 12字	郎山晖墓砖铭 （卢奴城村）	女	北魏时期（386—534）制	李荣妻	未载	出土时间不详 《中国砖铭》图版964
出土地不详 2行，行4字 8字	刘氏墓砖铭 （苌安雍州）	女	北魏时期（386—534）制	刘夫生女	未载	出土时间不详 《中国砖铭》图版958
出土地不详 2行，行5字 10字	傅双之墓砖铭 （高唐县）	女	北魏时期（386—534）制	刘平头妻	未载	出土时间不详 《中国砖铭》图版971
出土地不详 2行，行5、6字 11字	刘谭刚墓砖铭 （无）	男	北魏时期（386—534）制	镇东将军北地太守	未载	出土时间不详 《中国砖铭》图版964
出土地不详 2行，行4、5字 9字	焦氏墓砖铭 （未载）	女	北魏时期（386—534）制	阳平太守孟琮妻	未载	出土时间不详 《中国砖铭》图版970 1952年后藏故宫博物院
出土地不详 1行 4字	裴僧仁墓砖铭	★	北魏时期（386—534）制	未载	未载	出土时间不详 范寿铭旧藏《循园金石文字跋尾》卷上 P9
山西大同西南 1行 4字	宿光明墓砖铭	★	北魏时期（386—534）制	未载	未载	1995年《书法丛刊》1999年第1期

出土地/字数	墓主/籍贯	性别	卒年或葬年	官职或身份	年龄	出土时间/藏地
山西大同东南智家堡 1行 4字	王羌仁墓砖铭	★	北魏时期(386—534)制	未载	未载	1997年《书法丛刊》1999年第1期
出土地不详 2行,行4字 8字	晏崇妻墓砖铭 (齐郡临淄)	女	北魏时期(386—534)制	晏崇妻	未载	出土时间不详《中国砖铭》图版961
出土地不详 2行,行5字 10字	杨难受、杨敬德墓砖铭 (□晋)	★	北魏时期(386—534)制	未载	未载	出土时间不详《中国砖铭》图版967
出土地不详 1行 5字	赵国墓砖铭 (蒲荫)	★	北魏时期(386—534)制	未载	未载	出土时间不详《中国砖铭》图版955
河南荥阳 1行3字	董保和墓砖铭 (未载)	★	北朝·魏(386—556)	未载	未载	1996年《中原文物》1997年第3期
河南荥阳 1行4字	董康生妻墓砖铭 (未载)	女	北朝·魏(386—556)	未载	未载	1996年《中原文物》1997年第3期
出土地不详 1行4字	刘登墓砖铭 (未载)	★	北朝·魏(386—556)	未载	未载	出土时间不详《中国砖铭》图版941
出土地不详 2行,行10字 20字	马氏墓砖铭 (未载)	女	北朝·魏(386—556)	大原大陵都乡建昌里部曲督宁朔参军吕猛妻	未载	出土时地不详北图藏拓
出土地不详 2行,行5字,侧1行5字,上方刻1字 14字	赵氏墓砖铭 (未载)	女	北朝·魏(386—556)	中山北平张虎妻	未载	出土时间不详《中国砖铭》图版972

出土地/字数	墓主/籍贯	性别	卒年或葬年	官职或身份	年龄	出土时间/藏地
河北 砖面刻 2 行,行 5 字 8 字	公乘墓砖铭 (未载)	女	北朝·魏(386—556)	下曲阳赵豪妻	未载	出土时间不详 河北正定县民间
出土地不详 2 行,行 5 字 8 字	郭氏墓砖铭 (未载)	女	北朝·魏(386—556)	京上村赵向妻	未载	出土时间不详 《中国砖铭》图版 954
河北	孙休延墓砖铭 (中丘县)	男	北朝(386—581)	畦逮骑	未载	出土时间不详 《中国书画》2004年第 8 期

征引文献

[1] [汉]司马迁:《史记》,北京:中华书局,1959年版。

[2] [汉]班固:《汉书》,北京:中华书局,1962年版。

[3] [南朝宋]范晔:《后汉书》,北京:中华书局,1965年版。

[4] [晋]陈寿:《三国志》,北京:中华书局,1959年版。

[5] [唐]房玄龄等:《晋书》,北京:中华书局,1974年版。

[6] [南朝梁]沈约:《宋书》,北京:中华书局,1974年版。

[7] [南朝梁]萧子显:《南齐书》,北京:中华书局,1972年版。

[8] [唐]姚思廉:《梁书》,北京:中华书局,1973年版。

[9] [唐]姚思廉:《陈书》,北京:中华书局,1972年版。

[10] [唐]李延寿:《南史》,北京:中华书局,1975年版。

[11] [北齐]魏收:《魏书》,北京:中华书局,1974年版。

[12] [唐]李百药:《北齐书》,北京:中华书局,1972年版。

[13] [唐]令狐德棻等:《周书》,北京:中华书局,1971年版。

[14] [唐]李延寿:《北史》,北京:中华书局,1974年版。

[15] [唐]魏征等:《隋书》,北京:中华书局,1973年版。

[16] [宋]欧阳修等:《新唐书》,北京:中华书局,1975年版。

[17] [后晋]刘昫等:《旧唐书》,北京:中华书局,1975年版。

[18] [宋]司马光:《资治通鉴》,北京:中华书局,1956年版。

[19] [唐]刘知幾撰,[清]浦起龙释:《史通通释》,上海:上海古籍出版社,1982年版。

[20] [唐]杜佑:《通典》,长沙:岳麓书社,1995年版。

[21] [宋]郑樵:《通志》,北京:中华书局,1995年版。

[22] [元]马端临:《文献通考》,上海:华东师范大学出版社,1985年版。

[23] [晋]葛洪:《西京杂记》,引自程荣《汉魏丛书》,长春:吉林大学出版社,1992年版。

[24] 陈戍国点校:《周礼·仪礼·礼记》,长沙:岳麓书社,1989年版。

[25] 袁愈荌译诗,唐莫尧注释:《诗经全译》,贵阳:贵州人民出版社,1981年版。

［26］《庄子》，中华书局诸子集成本，1954年版。

［27］《荀子》，中华书局诸子集成本，1954年版。

［28］《孟子》，中华书局诸子集成本，1954年版。

［29］［南朝梁］萧统：《文选》，上海：上海书店，据清胡克家刻本影印，1988年版。

［30］［北魏］杨衒之著，范祥雍校注：《洛阳伽蓝记》，上海：上海古籍出版社，1958年版。

［31］［北周］庾信撰，倪璠注，许逸民校点：《庾子山集注》，北京：中华书局，1980年版。

［32］［南朝宋］刘义庆撰，余嘉锡笺疏：《世说新语笺疏》，上海：上海古籍出版社，1993年版。

［33］［晋］张华撰，范宁校正：《博物志》，北京：中华书局，2014年版。

［34］［汉］王充撰，黄晖校释：《论衡》，北京：中华书局，2018年版。

［35］［南朝梁］刘勰著，周振甫译：《文心雕龙今译》，北京：中华书局，1986年版。

［36］［汉］王符著，［清］汪继培笺，彭铎校正：《潜夫论笺校正》，北京：中华书局，1985年版。

［37］［唐］欧阳询：《艺文类聚》，上海：上海古籍出版社，1999年版。

［38］［宋］欧阳修：《集古录跋尾》，四部丛刊全集本四部备要·集部本，1936年版。

［39］［宋］赵明诚撰，金文明校证：《金石录校证》，桂林：广西师范大学出版社，2005年版。

［40］［宋］陈思：《宝刻丛编》，北京：中华书局《丛书集成初编》本，1985年版。

［41］［明］赵崡：《石墨镌华》，《丛书集成初编·艺术类》本，1936年版。

［42］［宋］曾巩撰，陈杏珍、晁继周点校：《曾巩集》，北京：中华书局，1984年版。

［43］［元］潘昂霄：《金石例》，雅雨堂金石三例本。

［44］［明］王行：《墓铭举例》，雅雨堂金石三例本。

［45］［清］黄宗羲：《金石要例》，雅雨堂金石三例本。

［46］［清］梁玉绳：《志铭广例》，行素草堂金石丛书本。

［47］［清］李富孙：《汉魏六朝墓志纂例》，行素草堂金石丛书本。

［48］［清］吴镐：《汉魏六朝墓金石例》，学后知不足斋丛书本。

[49]［清］王昶：《金石萃编》，北京：中国书店出版，1985 年影印本。

[50]［清］陆增祥：《八琼室金石补正》，希古楼刻本。

[51]［清］赵翼：《廿二史札记》，广州局本。

[52]［清］端方：《陶斋藏石记》，宣统元年石印本。

[53] 罗振玉：《芒洛冢墓遗文》，自刻本。

[54] 罗振玉：《广陵冢墓遗文》，自刻本。

[55] 罗振玉：《邺下冢墓遗文》，自刻本。

[56] 罗振玉：《吴中冢墓遗文》，自刻本。

[57] 罗振玉：《山左冢墓遗文》，自刻本。

[58] 罗振玉：《襄阳冢墓遗文》，自刻本。

[59] 罗振玉：《贞松堂集古遗文》，自刻本。

[60] 罗振玉：《恒农冢墓遗文》，永慕园双钩石印本。

[61] 罗振玉：《蒿里遗文目录》，东方学会铅印本。

[62] 罗振玉：《辽居稿》，民国石印本。

[63] 罗振玉：《松翁近稿》，1925 年铅印本。

[64] 罗振玉：《雪堂金石文字跋尾》，永丰乡人稿刻本。

[65] 罗振玉：《海外贞珉录》，雪堂丛刻本，1915 年版。

[66] 罗振玉：《寰宇访碑录》，上海：商务印书馆，1935 年版。

[67] 罗振玉：《补寰宇访碑录》，行素草堂金石丛书本，1898 年版。

[68] 罗振玉：《再续寰宇访碑录》，精舍石印本，1893 年版。

[69] 罗振玉：《六朝墓志菁英》，上虞罗氏影印本，1917 年版。

[70] 吴士签：《九钟精舍金石跋尾》，自刻本。

[71] 郭玉堂：《洛阳出土石刻时地记》，洛阳：大华书报供应社，1941 年版。

[72] 郭玉堂：《洛阳出土石刻时地续记》，稿本。

[73] 狄楚青：《六朝墓志精华》，北京：正书局石印本，1920 年版。

[74]［清］叶昌炽撰，王其祎校点：《语石》，沈阳：辽宁教育出版社，1998 年版。

[75]［清］叶昌炽撰，柯昌泗评，陈公柔、张明善点校：《语石　语石异同评》（考古学专刊丙种第四号），北京：中华书局，1994 年版。

[76]［清］叶昌炽：《缘督庐日记》（12 册），南京：江苏古籍出版社，2002 年版。

[77]［清］武亿撰，高敏、袁祖亮校点：《授堂金石跋》，郑州：中州古籍出版社，1993 年版。

[78]［清］胡聘之：《山右石刻丛编》，南昌：江西人民出版社，1988 年影印本。

[79]［清］顾炎武：《日知录》，长沙：岳麓书社，1994 年版。

[80]［清］顾炎武：《金石文字记》，顾亭林先生遗书本，1906 年版。

[81]［清］陈介祺：《簠斋金石文字考释》，云窗丛刻本，1914 年版。

[82]［清］吴式芬：《金石汇目分编》，家刻本。

[83]［清］孙星衍：《寰宇访碑录》，引自《石刻史料新编》第一辑，第 26 册，台北：台湾新文丰出版公司，1982 年第 2 版。

[84]［清］翁方纲：《复初斋文集》，1877 年刻本。

[85]［清］钱大昕：《潜研堂金石文跋尾》，引自《嘉定钱大昕全集》，杭州：浙江古籍出版社，1997 年版。

[86]［清］钱大昕：《十驾斋养新录》，南京：江苏古籍出版社，2000 年版。

[87]［清］缪荃孙：《艺风堂金石文字目》十八卷，清光绪三十二年刻本，徐乃昌批补。

[88] 缪禄保：《艺风堂续藏金石文字目》五卷，徐氏绩学齐抄本。

[89] 方若：《校碑随笔》，光绪年间石印本。

[90] 方若：《拓墨鉴题稿本》，1954 年辑。

[91] 张彦生：《善本碑帖录》，考古学专刊第十九种，北京：中华书局，1884 年版。

[92] 李健人：《洛阳古今谈》，洛阳：史学研究社，1936 年版。

[93] 程荣：《汉魏丛书》，长春：吉林大学出版社，1992 年版。

[94] 康有为著，姜义华、张荣华编校：《广艺舟双楫》，北京：中国人民大学出版社，2010 年版。

[95] 梁启超：《中国近三百年学术史》，北京：东方出版社，1996 年版。

[96] 柯昌泗：《汉晋石刻略录》，双沟石印本，1925 年版。

[97] 黄本骥：《古志石华》，三长物斋丛书本，1928 年版。

[98] 张钫：《千唐志斋藏志》，北京：中国旅游出版社，1989 年版。

[99] 石韫玉：《独学庐二稿》，清乾嘉间刻本。

[100] 杨殿珣：《石刻题跋索引》，北京：商务印书馆，1990 年版。

[101]［清］严可均：《全上古三代秦汉三国六朝文》，北京：中华书局，1958 年版。

[102] 李安宅：《巫术与语言》，上海：商务印书馆，民国二十五年。

[103] 马衡：《凡将斋金石丛稿》，北京：中华书局，1977 年版。

［104］范文澜:《中国通史简编》(修订本第二编),北京:人民出版社,1964 年第 4 版。

［105］陈寅恪:《魏晋南北朝史》,万绳楠整理,合肥:黄山书社,1987年版。

［106］陈寅恪:《金明馆丛稿二编》,上海:上海古籍出版社,1980年版。

［107］陈寅恪:《隋唐制度渊源略论稿》,北京:中华书局,1963 年版。

［108］刘师培:《中古文学论三种》,沈阳:辽宁教育出版社,1997年版。

［109］陈引驰:《刘师培中古文学论集》,北京:中国社会科学出版社,1997 年版。

［110］顾颉刚:《当代中国史学》,上海:上海古籍出版社,2002 年版。

［111］黄侃:《广韵校录》,北京:中华书局,2006 年版。

［112］朱光潜:《散文的声音节奏》,引自《中国现代散文理论》,南宁:广西人民出版社,1984 年版。

［113］施蛰存:《金石丛话》,北京:中华书局,1991 年版。

［114］姚徽元:《北朝胡姓考》,北京:中华书局,1962 年版。

［115］张光直:《中国青铜时代》,北京:生活·读书·新知三联书店,1999 年版。

［116］周一良:《魏晋南北朝史论集》,北京:北京大学出版社,1997年版。

［117］周一良:《魏晋南北朝史札记》,北京:中华书局,1985 年版。

［118］田余庆:《秦汉魏晋史探微》,北京:中华书局,2004 年版。

［119］田余庆:《东晋门阀政治》,北京:北京大学出版社,2005 年版。

［120］田余庆:《拓拔史探》,北京:生活·读书·新知三联书店,2003年版。

［121］王瑶:《中古文学史论集》,上海:上海古籍出版社,1982 年版。

［122］唐长孺:《魏晋南北朝史论丛》,石家庄:河北教育出版社,2002年版。

［123］唐长孺:《魏晋南北朝史论拾遗》,北京:中华书局,1983 年版。

［124］吕思勉:《两晋南北朝史》,上海:上海古籍出版社,1983 年版。

［125］马长寿:《碑铭所见前秦至隋初的关中部族》,桂林:广西师范大学出版社,2006 年版。

［126］马长寿:《乌桓与鲜卑》,桂林:广西师范大学出版社,2006

年版。

[127] 王仲荦:《北周地理志》,北京:中华书局,1980 年版。

[128] 王仲荦:《魏晋南北朝史》,上海:上海人民出版社,2003 年版。

[129] 钱玄:《三礼通论》,南京:南京师范大学出版社,1996 年版。

[130] 周伟洲:《吐谷浑史》,银川:宁夏人民出版社,1984 年版。

[131] 高敏:《魏晋南北朝史发微》,北京:中华书局,2005 年版。

[132] 徐传武:《左思左棻研究》,北京:中国文联出版社,1999 年版。

[133] 赵超:《中国古代石刻概论》,北京:文物出版社,1997 年版。

[134] 赵超:《古代墓志通论》,北京:紫禁城出版社,2003 年版。

[135] 赵超:《古代石刻》,北京:文物出版社,2001 年版。

[136] 袁仲一:《秦始皇陵西侧瓦文》,引自《考古学会第二次年会
(1980)论文集》,北京:文物出版社,1982 年版。

[137] 袁仲一:《秦代陶文》,西安:三秦出版社,1987 年版。

[138] 金其祯:《中国碑文化》,重庆:重庆出版社,2002 年版。

[139] 徐吉军:《中国丧葬史》,南昌:江西高校出版社,1998 年版。

[140] 朱剑心:《金石学》,北京:文物出版社,1981 年版。

[141] 陆和九:《中国金石学讲义》,北京:北京图书馆出版社,2003
年版。

[142] 岑仲勉:《金石论丛》,北京:中华书局,2004 年版。

[143] 鲁迅:《鲁迅日记》,北京:人民文学出版社,1976 年版。

[144] 王壮弘:《增补校碑随笔》,上海:上海书画出版社,1981 年版。

[145] 米文平:《鲜卑石室寻访记》,济南:山东画报出版社,1997
年版。

[146] 丁文隽:《书法精论》,北京:中国书店,1983 年版。

[147] 黄金明:《汉魏晋南北朝诔碑文研究》,北京:人民文学出版社,
2005 年版。

[148] 郭英德:《中国古代文体学论稿》,北京:北京大学出版社,2005
年版。

[149] 杨文虎:《文学:从元素到观念》,北京:学林出版社,2003 年版。

[150] 王岳川:《艺术本体论》,上海:上海三联书店,1994 年版。

[151] 吴先宁:《北朝文化特质与文学进程》,北京:东方出版社,1997
年版。

[152] 漆永祥:《乾嘉考据学研究》,北京:中国社会科学出版社,1998
年版。

［153］陈星灿:《中国史前考古史研究(1885—1949)》,北京:生活·读书·新知三联书店,1997 年版。

［154］马宝山:《书画碑帖见闻录》,北京:北京燕山出版社,1997 年版。

［155］刘运峰:《鲁迅佚文全集》,北京:北京群言出版社,2001 年版。

［156］刘正成:《中国书法鉴赏大辞典》,北京:天地出版社,1989 年版。

［157］梁披云:《中国书法大辞典》,广州:广东人民出版社,1987 年版。

［158］黄明兰:《洛阳北魏世俗石刻线画集》,北京:人民美术出版社,1987 年版。

［159］启功:《启功丛稿·论文卷》,北京:中华书局,1999 年版。

［160］信立祥:《汉代画像石综合研究》,北京:文物出版社,2000 年版。

［161］尚秉和:《历代社会风俗事物考》,北京:中国书店,2001 年版。

［162］施安昌:《善本碑帖论集》,北京:紫禁城出版社,2002 年版。

［163］梁白泉:《国宝大观》,上海:上海文化出版社,1990 年版。

［164］臧云浦等:《历代官制·兵制·科举制表释》,南京:江苏古籍出版社,1987 年版。

［165］张金龙:《北魏政治与制度论稿》,兰州:甘肃教育出版社,2003 年版。

［166］杨光辉:《汉唐封爵制度》,北京:学苑出版社,2001 年版。

［167］夏炎:《中古世家大族清河崔氏研究》,天津:天津古籍出版社,2004 年版。

［168］赖非:《齐鲁碑刻墓志研究》,济南:齐鲁书社,2004 年版。

［169］罗新:《青徐豪族与宋齐政治》,北京:中国广播电视出版社,1994 年版。

［170］刘海峰、李兵:《中国科举史》,北京:中国出版集团东方出版中心,2004 年版。

［171］陈爽:《世家大族与北朝政治》,北京:中国社会科学出版社,1998 年版。

［172］吴玉贵:《资治通鉴疑年录》,北京:中国社会科学出版社,1994 年版。

［173］中国魏晋南北朝史学会、四川大学历史文化学院:《魏晋南北朝

史论文集》,成都:巴蜀书社,2006 年版。

[174] 山东省文物管理处、济南市博物馆:《大汶口——新石器时代墓葬发掘报告》,北京:文物出版社,1974 年版。

[175] 刘驰:《六朝士族探析》,北京:中央广播电视大学出版社,2000 年版。

[176] 荣新江:《中古中国与外来文明》,北京:生活·读书·新知三联书店,2001 年版。

[177] 张轸:《中华古国古都》,长沙:湖南科学技术出版社,1999 年版。

[178] 池田温:《中国古代籍帐研究》,北京:中华书局,1984 年版。

[179] 高文:《汉碑集释》,郑州:河南大学出版社,1997 年版。

[180] 仁井田陞:《唐令拾遗》,长春:长春出版社,1989 年版。

[181] 郭正忠:《三至十四世纪中国的权衡度量》,北京:中国社会科学出版社,1993 年版。

[182] 孔令纪等:《中国历代官制》,济南:齐鲁书社,1993 年版。

[183] 陈茂同:《中国历代职官沿革史》,天津:百化文艺出版社,2005 年版。

[184] 陶新华:《北魏孝文帝以后北朝官僚管理制度研究》,成都:巴蜀书社,2004 年版。

[185] 牛润珍:《汉至唐初史官制度的演变》,石家庄:河北教育出版社,1999 年版。

[186] 阎步克:《察举制度变迁》,沈阳:辽宁大学出版社,1997 年版。

[187] 刘海峰:《中国科举史》,上海:东方出版中心,2004 年版。

[188] 齐如山:《中国的科名》,沈阳:辽宁教育出版社,2006 年版。

[189] 杨树达:《汉代婚丧礼俗考》,上海:上海古籍出版社,2000 年版。

[190] 谢宝富:《北朝婚丧礼俗研究》,北京:首都师范大学出版社,1998 年版。

[191] 杨宽:《中国古代陵寝制度史研究》,上海:上海古籍出版社,1985 年版。

[192] 徐吉军:《中国丧葬史》,南昌:江西高校出版社,1998 年版。

[193] 丁凌华:《中国丧服制度史》,上海:上海人民出版社,2000 年版。

[194] 姜书阁:《骈文史论》,北京:人民文学出版社,1986 年版。

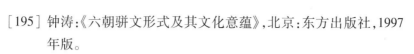

[195] 钟涛：《六朝骈文形式及其文化意蕴》，北京：东方出版社，1997年版。

[196] 陶东风：《文体演变及其文化意蕴》，昆明：云南人民出版社，1994年版。

[197] 褚斌杰：《中国古代文体概论》，北京：北京大学出版社，1990年版。

[198] 童庆炳：《文体与文体创造》，昆明：云南人民出版社，1994年版。

[199] 吴承学：《中国古代文体形态研究》，广州：中山大学出版社，2000年版。

[200] 陈明：《儒学的历史文化功能》，上海：学林出版社，1997年版。

[201] 许辉：《六朝文化》，南京：江苏古籍出版社，2001年版。

[202] 张同印：《隋唐墓志书迹研究》，北京：文物出版社，2003年版。

[203] 王鹤鸣：《中国谱牒研究》，上海：上海古籍出版社，1999年版。

[204] 章义和、陈春雷：《贞节史》，上海：上海文艺出版社，1999年版。

[205] 李金河：《魏晋隋唐婚姻形态研究》，济南：齐鲁书社，2005年版。

[206] 杨际平：《五—十世纪敦煌的家庭与家族关系》，长沙：岳麓书社，1997年版。

[207] 史凤仪：《中国古代的家族与身份》，北京：社会科学文献出版社，1999年版。

[208] 王善军：《宋代宗族和宗族制度研究》，石家庄：河北教育出版社，2000年版。

[209] 李卿：《秦汉魏晋南北朝时期家族、宗族关系研究》，上海：上海人民出版社，2005年版。

[210] 赵沛：《两汉宗族研究》，济南：山东大学出版社，2002年版。

[211] 柏贵喜：《四—六世纪内迁胡人家族制度研究》，北京：民族出版社，2003年版。

[212] 杨建新：《中国西北少数民族史》，北京：民族出版社，2003年版。

[213] 李德山：《中国东北古民族发展史》，北京：中国社会科学出版社，2003年版。

[214] 陈炳应：《古代民族》，兰州：敦煌文艺出版社，2004年版。

[215] 文史知识编辑部：《中国古代民族志》，北京：中华书局，1993

年版。

[216] 李吉和:《先秦至隋唐时期西北少数民族迁徙研究》,北京:民族出版社,2003 年版。

[217] 郑岩:《魏晋南北朝壁画墓研究》,北京:文物出版社,2002 年版。

[218] 李书吉:《北朝礼制法系研究》,北京:人民出版社,2002 年版。

[219] 邓奕琦:《北朝法制研究》,北京:中华书局,2005 年版。

[220] 王镛:《中国书法全集 9·秦汉金文陶文》,北京:荣宝斋出版社,1992 年版。

[221] 刘涛:《中国书法史》,南京:江苏教育出版社,2002 年版。

[222] 张啸东:《揭示古典的真实——丛文俊书学、学术研究论集》,郑州:中州古籍出版社,2003 年版。

[223] 华人德:《六朝书法》,上海:上海书画出版社,2003 年版。

[224] 于明诠:《墓志十讲》,上海:上海书画出版社,2003 年版。

[225] 蒋文光、张菊英:《中国碑帖艺术论》,北京:中国工人出版社,1995 年版。

[226] 洛阳市文物局:《汉魏洛阳故城研究》,北京:科学出版社,2000 年版。

[227] 毛汉光:《中国中古政治史论》,上海:上海书店出版社,2002 年版。

[228] 毛汉光:《中国中古社会史论》,上海:上海书店出版社,2002 年版。

[229] 毛汉光:《唐代墓志铭汇编附考》,台北:中央研究院历史语言研究所,1984—1994 年版。

[230] 毛汉光:《历代墓志铭拓片目录》,台北:中央研究院历史语言研究所,1985 年版。

[231] 徐自强、吴梦麟:《古代石刻通论》,北京:紫禁城出版社,2003 年版。

[232] 路远、裴建平:《历代碑刻琐谈》,成都:四川教育出版社,1996 年版。

[233] 周佩珠:《传拓技艺概说》,北京:人民美术出版社,2004 年版。

[234] 雷志雄:《日本金石举要》,武汉:湖北美术出版社,1998 年版。

[235] 洛阳市文物工作队:《洛阳考古四十年——1992 年洛阳考古学术研讨会论文集》,科学出版社,1996 年版。

北
朝
墓
志
文
献
研
究

下

[236] 殷宪:《北朝史研究——中国魏晋南北朝史国际学术研讨会论文集》,北京:商务印书馆,2005 年版。

[237] 中国魏晋南北朝史学会、大同平城北朝研究会:《北朝研究》第二辑,北京:北京燕山出版社,2001 年版。

[238] 中国魏晋南北朝史学会、大同平城北朝研究会:《北朝研究》第四辑,郑州:中州古籍出版社,2004 年版。

[239] 赵万里:《汉魏六朝冢墓遗文图录》,北京:中央研究院历史语言研究所石印本,1936 年版。

[240] 赵万里:《汉魏南北朝墓志集释》,北京:科学出版社,1956 年版。

[241] 赵超:《汉魏南北朝墓志汇编》,天津:天津古籍出版社,1992 年版。

[242] 荣丽华编辑,王世民校订:《1949—1989 四十年出土墓志目录》,北京:中华书局,1993 年版。

[243] 罗新、叶炜:《新出魏晋南北朝墓志疏证》,北京:中华书局,2005 年版。

[244] 王壮弘、马成名:《六朝墓志检要》,上海:上海书店出版社,2008 年版。

[245] 河南省文物研究所:《千唐志斋藏石》,北京:文物出版社,1982 年版。

[246] 洛阳文物工作队:《洛阳出土历代墓志辑绳》,北京:中国社会科学出版社,1991 年版。

[247] 洛阳市第二文物工作队:《洛阳新获墓志》,北京:文物出版社,1996 年版。

[248] 洛阳市地方史志编纂委员会:《洛阳市志·文物志》,郑州:中州古籍出版社,1995 年版。

[249] 洛阳古代石刻艺术馆:《隋唐五代墓志汇编》,天津:天津古籍出版社,1991 年版。

[250] 北京图书馆:《北京图书馆藏中国历代石刻拓本汇编》,郑州:中州古籍出版社,1989 年版。

[251] 北京图书馆善本金石组:《先秦秦汉魏晋南北朝石刻文献全编》,北京:北京图书馆出版社,2003 年版。

[252] 图书馆金石组编:《历代石刻史料汇编》,北京:北京图书馆出版社,2000 年版。

[253] 文物编辑委员会:《文物考古工作三十年》,北京:文物出版社,1979 年版。

[254] 文物编辑委员会:《文物考古工作十年》,北京:文物出版社,1991 年版。

[255] 中国社会科学院:《新中国的考古发现和研究》,北京:文物出版社,1984 年版。

[256] 南京市博物馆:《南京出土六朝墓志》,北京:文物出版社,1980 年版。

[257] 北京市文物工作队:《北京市出土墓志目录》(内部印行),1964 年版。

[258] 北京市文物研究所:《北京考古四十年》,北京:燕山出版社,1990 年版。

[259] 徐自强、王翼文、冀亚平:《北京图书馆藏墓志拓片目录》,北京:中华书局,1990 年版。

[260] 徐自强、王翼文、冀亚平:《北京图书馆藏北京石刻拓片目录(三国—南北朝石刻)》,北京:书目文献出版社,1994 年版。

[261] 周绍良、赵超:《唐代墓志汇编》,上海:上海古籍出版社,1992 年版。

[262] 周绍良、赵超:《唐代墓志汇编续集》,上海:上海古籍出版社,2001 年版。

[263] 吴钢:《全唐文补遗》,西安:西安三秦出版社,1994—2000 年版。

[264] 余扶危、张剑:《洛阳出土墓志丧葬地资料汇编》,北京:北京图书馆出版社,2002 年版。

[265] 黄文弼:《高昌砖集》,北京:科学出版社,1957 年版。

[266] 侯灿、吴美琳:《吐鲁番出土砖志集注》,成都:巴蜀书社,2003 年版。

[267] 陈柏泉:《江西出土墓志选编》,南昌:江西教育出版社,1991 年版。

[268] 李百勤:《河东出土墓志录》,太原:山西人民出版社,1994 年版。

[269] 山西省考古研究所:《山西碑碣》,太原:山西人民出版社,1997 年版。

[270] 谭棣华等:《广东碑刻集》,广州:广东高校教育出版社,2001

年版。

[271] 韩明祥:《济南历代墓志铭》,济南:黄河出版社,2002年版。

[272] 张江涛:《华山碑石》,西安:三秦出版社,1995年版。

[273] 陕西省博物馆:《西安碑林》,西安:陕西人民出版社,1986年版。

[274] 张鸿杰:《咸阳碑石》,西安:三秦出版社,1990年版。

[275] 张沛:《昭陵碑石》,西安:三秦出版社,1993年版。

[276] 员安志:《中国北周珍贵文物——北周墓葬发掘报告》,西安:陕西人民美术出版社,1992年版。

[277] 李根源:《曲石精庐藏唐志》,济南:齐鲁书社出版,1984年版。

[278] 许宝驯、王壮弘:《北魏墓志百种》,上海:上海书画出版社,1987年版。

[279] 赵力光:《鸳鸯七志斋藏石》,西安:三秦出版社,1995年版。

[280]《碑林集刊》第一辑—第十四辑,西安:陕西人民美术出版社,1993—2006年版。

[281] 赵君平:《邙洛碑志三百种》,北京:中华书局,2004年版。

[282]《中国大百科全书·考古学》,北京:中国大百科出版社,1986年版。

[283]《中国大百科全书·文物博物馆》,北京:中国大百科出版社,1992年版。

[284]《中国美术全集》,北京:文物出版社等,1989年版。

[285] 中国社会科学院考古研究所图书资料室:《中国考古学文献目录1949—1966》,北京:文物出版社,1978年版。

[286] 文物编辑部:《文物500期总目索引》,北京:文物出版社,1998年版。

[287] 中共中央马克思恩格斯列宁斯大林著作编译局编:《马克思恩格斯选集》第一—第四卷,北京:人民出版社,1972年版。

[288]《马克思恩格斯文选》(两卷集),北京:人民出版社,1961年版。

[289] 斯大林:《马克思主义与民族殖民地问题》,北京:人民出版社,1953年版。

[290] 黑格尔:《美学》第三卷上册,朱光潜译,北京:商务印书馆,1979年版。

[291] 爱德华·萨丕尔著,陆卓元译:《语言和文学》,引自汉译世界学术名著丛书《语言论》,北京:商务印书馆,1997年版。

[292] 沃伦、韦勒克:《文学理论》,北京:三联书店,1984 年版。

[293] 小罗伯特·B. 埃克伦德:《经济理论和方法史》,北京:中国人民大学出版社,2001 年版。

[294] 威克纳格:《诗学·修辞学·风格学》,引自《文学风格论》,上海:上海译文出版社,1982 年版。

[295] 段德智:《死亡哲学》,武汉:湖北人民出版社,1996 年版。

[296] [日]二玄社·成濑映山著,金涛译:《北魏墓志铭》,长沙:湖南美术出版社,2004 年版。

[297] [法]谢阁兰等:《中国西部考古记吐火罗语考》,北京:中华书局,2004 年版。

[298] 烟台市莱山区博物馆:《庆祝莱山区建区二十周年莱山馆藏历代碑刻拓片精选》,济南:山东友谊出版社,2014 年版。

[299] 叶炜、刘秀峰:《墨香阁藏北朝墓志》,上海:上海古籍出版社,2016 年版。

[300] 赵振华:《洛阳古代铭刻文献研究》,西安:三秦出版社,2009 年版。

[301] 陈爽:《出土墓志所见中古谱牒研究》,上海:学林出版社,2015 年版。

[302] 王连龙:《新见北朝墓志集释》,北京:中国书籍出版社,2013 年版。

[303] 赵君平、赵文成:《河洛墓刻拾零》,北京:国家图书馆出版社,2007 年版。

[304] 赵君平、赵文成:《秦晋豫新出土墓志搜佚》,北京:国家图书馆出版社,2011 年版。

[305] 齐运通:《河洛新见墓志》,上海:上海古籍出版社,2011 年版。

[306] 齐运通:《河洛新获七朝墓志》,北京:中华书局,2012 年版。

[307] 乔栋、李献奇、史家珍:《洛阳新获墓志续编》,北京:科学出版社,2008 年版。

[308] 胡戟、荣新江:《大唐西市博物馆藏墓志》,北京:北京大学出版社,2012 年版。

[309] 毛远明:《汉魏六朝碑刻校注》,北京:线装书局,2008 年版。

[310] 毛远明:《汉魏六朝碑刻校注》,北京:中华书局,2014 年版。

[311] 秦公、刘大新:《碑别字新编(修订本)》,北京:文物出版社,2016 年版。

[312] 陆明君：《魏晋南北朝碑别字研究》，北京：文化艺术出版社，2009年版。

[313] 魏宏利：《北朝碑志文研究》，北京：中国社会科学出版社，2016年版。

[314] 于涌：《北朝文学南传研究》，北京：中国社会科学出版社，2016年版。

[315] 李建栋：《北朝东西部文学交流研究》，芜湖：安徽师范大学出版社，2016年版。

[316] 贾振林：《文化安丰》，郑州：大象出版社，2011年版。

[317] 中国文物研究所、河南省文物研究所：《新中国出土墓志·河南·壹》上下册，北京：文物出版社，1994年版。

[318] 中国文物研究所、河南省文物研究所：《新中国出土墓志·河南·贰》，北京：文物出版社，2003年版。

[319] 中国文物研究所、河南省文物研究所：《新中国出土墓志·河南·叁·千唐志斋(壹)》，北京：文物出版社，2008年版。

[320] 故宫博物院、陕西省古籍整理办公室：《新中国出土墓志·陕西·壹》，北京：文物出版社，2000年版。

[321] 故宫博物院、陕西省古籍整理办公室：《新中国出土墓志·陕西·贰》，北京：文物出版社，2003年版。

[322] 吴敏霞主编：《新中国出土墓志·陕西·叁》，北京：文物出版社，2016年版。

[323] 中国文物研究所、北京石刻艺术博物馆：《新中国出土墓志·北京·壹》，北京：文物出版社，2003年版。

[324] 中国文物研究所、河北省文物研究所：《新中国出土墓志·河北·壹》，北京：文物出版社，2004年版。

[325] 中国文物研究所、常熟博物馆：《新中国出土墓志·江苏·壹·常熟》，北京：文物出版社，2006年版。

[326] 中国文物研究所、南京市博物馆：《新中国出土墓志·江苏·贰·南京》，北京：文物出版社，2014年版。

[327] 中国文物研究所、重庆市博物馆：《新中国出土墓志·重庆·壹》，北京：文物出版社，2002年版。

[328] 中国文化遗产研究院、上海博物馆、天津文化遗产保护中心：《新中国出土墓志·上海天津》上下册，北京：文物出版社，2009年版。

后　记

　　拙作《北朝墓志文献研究》书稿的校对工作今天终于完成了，将之寄回出版社，内心顿感释然，真是非经历者不可体会到这种心情中包含的甘苦味道。

　　忆当初，求学山大，正值年轻，可谓心有志焉。博士论文选题，不畏险途，知难而进，最终确定北朝墓志文献作为研究对象。一旦着手研究，自己方才有所悟，便逐渐发现北朝墓志研究既需要尽可能多地搜集到散落在各地的墓志资料，又需要文学、历史学、社会学、艺术学、文献学等多学科知识基础，还需要具有驾驭这些广博资料以及多学科知识的能力，这对于学识不足的我来说确实是一个极大的挑战，非下大气力不可。万万没有想到，毕业论文能够得到答辩老师的肯定，并获得了"优秀"的等级以及"百篇论文提名"之殊荣。

　　博士毕业之后，本人对于自己博士论文研究领域可谓"矢志不渝"，又以"北朝墓志文献研究"为选题成功获得国家社科基金后期资助项目立项。一路走来，在论著即将付梓之际，我真的要感谢身边的许多人和事，感谢这个美好的时代赋予自己的许多难得的机会！

　　在整个求学过程中，我始终怀有一颗感恩之心！感谢祥和的社会，感谢老师、同学和同事，更要感谢业师徐传武教授。先生敏锐的学术洞察力，严谨求实的学风，诚挚宽厚的人品，悉心相教的无私，使我一生受用不尽。感谢业师多年的教育、鼓励与帮助！

　　我还要感谢我的父母和公婆！感谢夫君蔡先金教授！他不仅鼓励我报考山东大学攻读硕士和博士学位，而且在论文的选题、框架的建构、写作以及后续的修改与完善过程中，均提出了许多重要的参考性意见。感谢他百忙中抽出时间为论著撰写了《序言》，并题写了书名（因国家社科办统一图书封面而未使用）。他既是夫君，又是益友。如果没有他的关爱与支持，我很难在求知之路上走得这么远，走得这般心旷神怡。还要感谢我挚爱的儿子蔡则可！每每妈妈5：30起身，做好早餐，6：20准时冲出家门，赶往山大上课，难以忘记小小年纪的他，安静地吃完妈妈准备的早餐后，背着大书包穿过马路一个人上学的情景，以及他穿上妈妈毕业博士服拍照时自豪而快乐的笑颜。他见证了妈妈这篇论文的写作过程，如今，他也成为一名高校教师，亦初为人父，希望他和他的爱人王婷在高校教师岗位上为人师表、敬业乐群、知类通达，且诗意地生活在这片美丽的大地上！

感谢我的同道学姐、学弟！忘不了我们的共同的研讨与相互鼓励。还要向参与拙著审阅的诸位专家，以及帮助过我、指导过我、鼓励过我的学者致以衷心的感谢！

拙作交付出版，得到了山东交通学院科研处领导的积极协助；得到国家社科基金的资助，以及山东人民出版社领导的支持和吕士远女士的精心编辑，在此一并致以诚挚的谢意！

生有涯，而知无涯。北朝墓志文献研究可谓广袤无边，需要同志者与时俱进，不断开拓。拙作存在的不足之处，敬请贤良雅士不吝赐教！

2022 年 6 月 1 日于山东交通学院无影山怡心兰堂